# 张敦富文集

张敦富 著

经济管理出版社
ECONOMY & MANAGEMENT PUBLISHING HOUSE

**图书在版编目（CIP）数据**

张敦富文集/张敦富著. —北京：经济管理出版社，2018. 9
ISBN 978-7-5096-5976-2

Ⅰ. ①张… Ⅱ. ①张… Ⅲ. ①经济学—文集 Ⅳ. ①F0-53

中国版本图书馆 CIP 数据核字（2018）第 200182 号

组稿编辑：申桂萍
责任编辑：范美琴 王格格 张莉琼
责任印制：司东翔
责任校对：张晓燕

出版发行：经济管理出版社
（北京市海淀区北蜂窝 8 号中雅大厦 A 座 11 层 100038）
网 址：www. E-mp. com. cn
电 话：（010）51915602
印 刷：三河市延风印装有限公司
经 销：新华书店
开 本：787mm×1092mm/16
印 张：52.75
字 数：1142 千字
版 次：2019 年 1 月第 1 版 2019 年 1 月第 1 次印刷
书 号：ISBN 978-7-5096-5976-2
定 价：298.00 元

作者像

# 著名经济学家张敦富教授

张敦富，中国人民大学教授，博士生导师。1939 年 11 月 26 日生，山东淄博人。中共党员。1961 年 7 月毕业于北京师范大学地理系化学地理专业。曾任职于教育部、安徽师范大学、北京师范大学、中国人民大学。1994~2001 年任中国人民大学区域经济研究所、软科学研究所所长，校学位委员会和校学术委员会经济组成员。任中国投资环境学会法人、常务副理事长兼秘书长，全国经济地理研究会原副理事长，中国投资学会城市规划研究会顾问，中国软科学学会常务理事，中国资产评估学会常务理事，中国自然资源学会常务理事，中国地理学会原常务理事，中国国际工程咨询公司专家委员会委员，中国县市区长工作研究网高级顾问，巴黎第 12 大学客座教授，《城市经济·区域经济》执行编委，中国改革系列丛书《当代中国领导参考文库》特邀编委,《城市发展研究》杂志编委，中国系统工程学会《交通运输系统工程与信息》杂志编委等。是区域经济学专业学术带头人，享受国务院政府特殊津贴。

张敦富教授对区域经济学学科及专业的主要贡献是：

**一、对中国人民大学区域经济学专业被评为国家重点学科做出了重要贡献**

张敦富教授任所长的 8 年期间，率领全所撰写出版了中国第一套区域经济系列丛书。在社会上和区域经济学界产生很大影响，起了极好作用；引导支持所内中青年教师都考入博士学位学习，为本专业在全国继续领先奠定了坚实基础，全所承担和完成了数十个国家和地方科研课题，不仅继承了前辈理论联系实际的传统，更开拓出了数量地理学、环保、旅游规划等新的实践领域；在巩固区域经济学专业的同时，开辟出“投资环境评价与投资决策”的新方向，在国内外产生良好影响；发扬前辈同国内高校、科研院所、中央及地方职能部门联系与协作的做法，更建立和强化了同美、英、法、韩等国的学术联系与交流，带领全所首次闯出用教学与科研创收的路子；等等。这些顽强扎实的努力与毫不懈怠的工作，是使中国人民大学区域经济学专业在 2002 年初全国区域经济学专业首届评审国家重点学科中获得成功的重要条件（当时评审通过的仅有南开大学和中国人民大学两个单位的“区域经济学专业”）。

---

* 本文选自《强国丰碑——人才强国科教卷》，中央文献出版社 2004 年版，第 266~269 页。

**二、教学与科研影响突出**

张敦富教授从教 40 多年，他认定地理学对经济建设有用，决定为之奋斗。他在青年时期即系统加学了高等数理化（这对张教授事业上的成功起了奠基性作用），进而积极地参与了自 20 世纪五六十年代开始的多个领域的“地理学革命”。除开设《地形测量学》《经济地图学》《高等数学基础》《高等物理基础》等传统课程外，更开设出与时俱进，服务于经济建设的《遥感应用》《计量地理学》《环境经济分析》《工业布局学》《生产布局学原理》《区域经济学》等课程。1986 年以来，他培养硕士生 32 名，博士生 29 名（其中留学生 2 名、台湾学生 1 名），博士后 1 名，访问学者 9 名（其中国外访问学者 2 名）。他为硕士生开设出《区域经济分析》《区域经济学原理（8 大专题）》《投资环境评价与投资决策》等专业主干课程；为博士生和博士后开设出《区域经济理论与实践》《布局理论与实践》《区域组合投资》等专业课程。他培养的博士、硕士研究生不仅具有宽厚扎实的区域（城市）经济学理论与实践能力，而且有较系统深入的投资环境评价与投资决策的知识。因此，他们毕业后 60%~70%被银行、财政金融、投资部门录用，其他也都到高校、科研、决策与管理单位工作。张教授在区域经济学领域开拓出了一个极富活力的“投资环境评价与投资决策”的新方向，对区域经济学的发展至关重要。

张敦富教授主持完成的国家级、省部级及地方课题 30 多项，其中有数项获奖、获高评价，产生波及与连锁效应，维护和强化了中国人民大学区域经济学专业的声誉。“深圳机场选址论证”项目，张敦富教授曾在临近机场选址拍板会议上依据研究成果，提出了与多数专家选址于深圳市内的尖锐对立意见，几经周折，最后张教授的意见建议被采纳。深圳市政府、深圳机场公司致函对中国人民大学表示感谢，并予以表彰。此事在校内外产生良好影响，校报、《科技日报》等做了报道和转载；“九江市旅游发展总体规划研究”是通过全国竞标获得，完成后在省级鉴定评审会上，被评为省内质量最上乘，当即就有数市县要求予以做旅游规划；完成国家哲学社会科学“八五”重点攻关课题“区域经济开发研究”后，即引来“大连市国际城市发展研究”和多个省市地的“九五”“十五”规划研究以及投资环境评价项目等课题。

1995~2001 年，张敦富教授主持了 6 次中韩（中国人民大学与韩国中央大学）“国际区域发展研讨会”；1998 年，邀请中国人民大学校友、英国利兹大学高级讲师金玉献来校对本专业研究生讲授《西方区域经济学》；1999 年，邀请美籍华人、美国克里夫兰州立大学教授丁成上来校向本专业研究生讲授《西方城市经济学》；2000 年 5 月，张敦富教授以巴黎第 12 大学客座教授名义，应邀赴巴黎讲学等。张敦富教授努力促使中国人民大学区域经济学专业走向世界，加强与世界的学术交流，为其在世界上产生影响，做出了富有成效的努力，使其迈出了坚实的步伐。

**三、主编多部专业论著，为专业发展添砖加瓦**

张敦富教授主编出版的中国第一部关于中国投资环境的书籍，获北京市第三届哲学社会科学优秀成果二等奖；美台港商购买该书版权于香港出版繁体字版本；进而由张教授发起，教育部、国家计委批准，民政部注册成立了国家一级学会——中国投资环境学会。其他论著有《环境规划方法及实例》《产业布局学原理》《区域经济开发研究》《投资环境评价与投资决策》《资源价格》《区域经济学原理》（获2001年“五个一工程奖”）等22部专业著作；参加编写的著作《社会运行导论》获首届（1999年）国家哲学社会科学优秀成果二等奖；应邀参加《西方经济学大辞典》编写，任编委并主编《区域经济学》部分。他发表论文80余篇（其中有数篇获奖，或载入跨世纪文集、文库中）。近年来，他还在主持《区域经济系列丛书（16卷本）》中《城市经济学原理》等后面几本的撰写与出版，以及主持进行着6个科研项目等。总之，张教授如此众多的耕耘与心血，加之前述他颇有影响力的教学与科研成果，使他在区域经济学和经济学界产生一定影响，占据一定地位，为区域经济学学科和专业的发展添了砖加了瓦，对国家做出了重要贡献。

张敦富教授崇尚的教育格言是：学习、实践、开拓、创新。

# 前 言

我简要阐明以下几点：

第一，论文集中选入的论文，有的选自专论文集、选编教材、期刊……较多的是选自我主编的专业论著。为何较多选自我的论著呢？因为我自大学毕业，就一直向往做专业研究，但那个年代服从分配是天职，所以一直未能如愿。几经坎坷，20 年后才走上专业研究的道路。为追回失去的时光，就抓紧又抓紧地干！先是积极潜心、深入地研读了以“工业布局学”为主（组织安排我着重从事“工业布局学”教学与科研）的《生产布局学》，进而多面向本科和研究生开设专业课，完成多项科研任务……通过较多的研读与实践，结合大学所学和较长时期的学识积淀，产生了许多研读“心得”和专业思想“火花”！经过积累、梳理、归纳、系统，最终形成论著！从 20 世纪 80 年代初至 21 世纪初，这 20 多年里我主编出版 16 部专业论著，参编出版 6 部专业论著，实现为学科发展、专业建设添砖加瓦，做出贡献的真实过程！如今从这些论著中选择论文，入编“论文集”，我想是顺理成章的吧！

第二，“论文集”有两个附录，主要是想把我对区域经济学专业若干问题的思考和为该专业生存、发展而践行的点滴，与区域经济学专业的“后来者”——博士、硕士研究生交流、共勉！

第三，“论文集”最后所附的 14 份“奖状与证书”（未找到的主要有“三峡库区工业结构与工业布局规划纲要”“三峡库区交通布局规划纲要”两项获得科技部优秀成果奖，“山西能源基地开发环境规划研究”获优秀成果奖……中国投资学会城市发展顾问证书、重庆市经济与环境保护同步发展顾问证书、渡口市经济与环境保护协调发展顾问证书等，共约 19 份），相比成绩卓著的前辈和同辈，可能是小巫见大巫，但我这里只是想表明，我为区域经济学专业的发展、建设做出的成绩是得到国家和社会认可的。

还需说明的是，退休后，我培养的博士后、博士生每年在元旦或春节前后邀请我和我爱人欢聚，就在 2017 年初的聚会期间，孙久文博士、教授向我建议选编、出版我的专业论文集！我听了很高兴，欣然应诺！然而，动手之后，又实感不易！在此情景下，付晓东博士、教授主动前来帮助。在这一年多的时间里，他先是帮我选编专业论文，帮我打印、修改我写的“前言”“附录”，进而带领他的博士、硕士研究生对纸质专业论文录入为电子版并做了多次认真校对等，可谓耗费了他诸多的时间和精力！最后在孙久文教授、付晓东教授的辛勤组织推动下，会同各位博士、博士后等联合出资（见“附录”后学生名单），并和经济管理出版社接洽好，使我的这部专业论著得以面世！在此，我向所有为之做出努力和付出的挚友致以由衷的谢意！

中国人民大学经济学院区域经济学专业

**张敦富**

2017 年 10 月

# 目　录

## 一、区域经济研究

论区域经济学 …… 3
区域经济开发的基础理论与方法 …… 19
论中国区域经济的发展与改革 …… 59
论中国区域发展战略的核心及其实现途径 …… 80
论区际贸易与生产要素流动 …… 84
关于区域经济开发的国际经验与教训 …… 112
运用经济区划手段引导空间投资促进区域经济分工与合作
——兼论治理重复建设、结构趋同问题 …… 138
区域经济合作与区域分工问题研究 …… 143
西部工业化中的结构调整与优化 …… 148
区域调控——宏观调控的重要手段 …… 155
对《区域经济学》和区域规划的若干思考 …… 159
论区域经济理论的新变化与区域创新系统 …… 165
关于企业布局和项目评估 …… 186

## 二、城市经济

论城市经济学 …… 227
论城镇体系与区域经济发展 …… 237
论城市化及其形成机制 …… 253
论中国城市化的轨迹与特征 …… 277
中国城市化发展区域比较研究 …… 291
关于城市化与区域经济、社会、环境发展的关系 …… 303

"山地住宅建设与发展" …… 331
——中国区域城市化研究的重点问题

## 三、投资环境

论投资环境 …… 335
关于投资环境的理论与方法 …… 346
关于地区投资环境的综合分析评价 …… 378
论地区投资的部门取向选择 …… 385
论地区投资环境的改善途径 …… 424
论中国投资环境的新变化 …… 435
关于投资决策及其程序 …… 444
关于投资机会选择与市场预测 …… 456
关于投资项目生产建设条件和技术方案评价 …… 468
关于投资方案比较与决策分析 …… 495
关于投资项目后评价 …… 507
关于投资项目国民经济评价 …… 525
关于投资项目影响评价 …… 548
关于交通通信业投资环境分析 …… 561
关于区域经济发展中投资方向、投资结构的数量分析 …… 590
认识投资环境建设的重要性 …… 605
创建和开展"中国投资环境评价、评审"制度 …… 608
对八届全国人大三次会议第662号建议的答复 …… 616

## 四、资源与可持续发展

论人类与其生存环境的协调发展 …… 619
论资源资本化、价格化与可持续发展 …… 631
论生态环境保护的有效途径：对环境资源价格的科学核算 …… 638
关于我国资源价格的研究 …… 657
论资源资本化、价格化是构建中国资源保障体系的基础工作 …… 664
关于自然资源价格理论研究 …… 669
论人力资源学 …… 680
世界人力资源开发的经验借鉴与我国的人力资源开发 …… 705

## 五、其 他

论知识经济的基本问题 …… 713
论知识经济与城市化 …… 727
论知识经济与区域市场 …… 740
论知识经济与产业政策和区域政策 …… 752
北京应成为21世纪中国知识经济的中心首都发展战略 …… 765
关于区域性工业战略布局模型的探讨 …… 771
山西能源基地开发的环境经济规划系列模型概要 …… 778
投入产出与线性规划模型在地区工业环境经济中的应用 …… 784
论环境规划 …… 792

**附录** …… 800

**后记——不能忘怀的情谊** …… 821

张敦富文集

一、区域经济研究

QU YU JING JI YAN JIU

# 论区域经济学*

人类的一切活动都离不开一定的地域空间——区域，任何国家或地方的经济发展都是在一定区域内完成和实现的。不同的区域环境，将塑造出性质各异、层次不同、各具特色的区域经济发展模式。

区域经济学，以区域为着眼点，运用以经济学为主的理论与方法，研究和探索区域经济发展和变化的规律，简言之，就是人类经济活动的空间规律。区域经济学是随着人类社会实践的深入和科学技术的迅猛发展，近几十年才产生的一门新兴学科。区域经济学的贡献与独到之处就在于它以空间维度来观察经济现象，对经济活动作出理性的解释和把握。

经过 20 年的改革开放，我国的区域经济学从理论到实践都得到了空前的发展。论文与专著纷纷出版发行，区域经济学的一些重要理论原则和方法进入政府决策，对我国经济发展和宏观政策产生了重大影响。我国以东、中、西三大地带为主的区域经济框架结构已经形成，在迈向 21 世纪的发展中，国家又构建出了七个跨省区市的经济区域①。可以预见，伴随着我国经济体制由计划经济向市场经济的转轨和地方政府自主权的进一步扩大，区域经济将在国民经济和社会发展中扮演更加重要的角色，区域经济学及其研究也将进入蓬勃发展、丰富多彩的时代。

## 一、区域经济学赖以存在的客观基础

### （一）对区域的认识

“区域”一词是一个含义十分广阔、使用领域极多、大小范围变幅极大的词汇，它或以实体概念被使用，或以抽象的空间概念被使用。不同的学科对它有不同的解释，就是在经济学这一学科中也有不同所指。常见的区域有：北美自由贸易区、东北亚经济区、田纳

---

* 本文选自张敦富：《区域经济学原理》，中国轻工业出版社 1991 年版，第 1~24 页。该书获中宣部第八届“五个一工程”奖。参撰者：付晓东。

①《国民经济和社会发展“九五”计划和 2010 年远景目标纲要》，《人民日报》1996 年 3 月 20 日。

西河流域开发区和经济特区、开发开放区等，其中有跨国的、跨国内行政区的，还有一国内为特别目的设立的区域。

区域经济学关于区域的概念可以表述为：经济活动相对独立，内部联系紧密而较为完整，具备特定功能的地域空间。这一表述包括三个特征：

1. 地域性

区域是一个地域空间概念，是某个整体中的一部分，是局部的概念。它指的是人类经济活动及其必需的生产要素存在和运动所依赖的“载体”——地域空间，这种经济活动的载体，由于自然的、社会的、历史的、经济的、文化的因素作用，形成一个复杂的有机结合体，表现出明显的系统性、综合性、层次性以及实体性。尽管人类的科学探索活动已达遥远的宇宙星际空间，但就经济活动而言，还只局限于地球表面，因此，地域空间的概念还有水平延展变化的特性，这是我们从平面上划分经济区域的依据所在。一旦科学技术使人类的经济活动超出地球，那时不仅要修正“地域”概念，也要修正“区域”概念了。既然每一项经济活动都必须落实在一定的区域上，那么，从空间维度来分析、考察经济活动就构成了区域经济学的根本出发点，这是理解与解决区域问题的关键。

2. 独立性

区域是区内各经济利益主体经济上紧密联系，社会、文化趋于或融为一体的地域空间。不仅区域内部利益主体具有独立性，就是任何一个区域与其他区域之间也有着较明显的功能差异或界面分割，各区域相对独立。由于经济规律的作用，经济活动往往超越行政管辖权的范围，这种跨行政区，甚至跨国界的经济意义上的区域，具有相对的独立性和稳定性，是区内各主要经济利益主体共同利益的结合与表现，通常设有必要的协调机构，共同的利益是区域经济存在和发展的根本动因。从研究和实用上考虑，我们把区域限在一个主权国家疆域内，来考察它的地位、职能、作用、区际联系与变化规律。需要指出的是，这种区域尽管国家对它拥有政治、经济管理权，但它不是纯粹的行政区概念，也不是完整的自然地理单元，它是在一定层次的行政区划基础上，按照经济活动的内在联系形成的经济区域。

3. 开放性

一个独立的区域并不是一个封闭的区域，它是在一国总体目标的指导下，不断与外界进行物质与能量交换、优化调整自身组织结构、发挥自己独特功能的单位。没有对外的开放性，就很难找准其生存的位置；失去总体目标的导向，就会走向无序、无度，陷入盲目、封闭、僵化、停滞之中。

各区域在发挥各自比较成本优势、追求自身利益最大化的同时，也随之建立起一套各具特色、专业化突出的经济结构，塑造了在整体中的地位与形象。在一国内部，不同区域之间既有分工又有协作，既相互竞争又相互依存，既相互独立又相互联系，构成了整个国民经济体系。由此可看出，区域经济学研究的区域问题，并不是把经济学原理简单地照搬到区域上，而是从区域入手，运用经济学及其他相关学科的手段，揭示区域经济结构、区域内外生产、交换、流通和消费等有机联系及其在整体中的功能和地位。

### （二）区域经济学存在和发展的客观基础

一个国家的经济之所以会出现地域空间上的分异、形成不同的专业化产业和分工、经济结构和水平相异的区域，有其内在的、本质的必然原因。区域经济学，作为一门学科或理论，与其他任何学科一样，其产生和发展有其赖以存在的逻辑前提和客观基础。

1. 自然禀赋的差异性

自然禀赋的差异性包括自然条件的不同性、资源的稀缺性、生产要素分布的不均衡性和不完全流动性。

人类的经济活动总要落脚在一定的地域空间上，而这个地域空间经过亿万年的沧海桑田变迁，自然条件千差万别。一些地方的自然条件适于人类的生存与发展需要，而另一些地方就不适宜或难以适应人类的生存与发展需要；一些地方宜于粮棉油农业生产，另一些地方则宜于矿业开发建设；还有一些地方，资源在这里组合效率优于其他地方。由此产生了区域差异、区域位势或区位的不同，这可以理解为自然形成的区域“级差地租”。

与人类需求的无限性相比较，无论是自然资源、人力资源，还是社会经济资源及社会财富，都是有限的。这些稀缺的资源，即使分布均匀，由于区位效应的作用，也会向某些地区集聚。由此产生了对资源进行优化配置、使经济发展质量达到最大化的生产力布局这一区域经济学的基本理论。倘若资源不是稀缺的，而是无限的，那么区位将失去位势，区域差异消失，区域经济就成为无本之源了。

生产要素分布的不均衡性和生产要素的不完全流动性，使得人类的经济活动不可能形成空间均衡化。假如生产要素分布是均衡的，或者即使不均衡但却在空间上可自由流动，各要素供给自然会从要素富集地区流向稀缺地区，形成世界大同的“均质”状态，要素可随时随处供给，在这一条件下，将不会存在交换，不会有要素价格，实际上意味着经济活动的停滞、窒息和死亡。

因此，自然禀赋的差异和要素的不完全流动性是区域经济的灵魂与活力所在，是区域经济分异的前提，也是区域经济多样性、互补性和区域分工的基础。

2. 经济活动的极化性

毫无疑问，自然禀赋的差异可以导致区域经济分异，但并不是自然禀赋完全一致时就不产生分异。自然条件的不同、资源的稀缺性、要素分布的不均衡性和不完全流动性只是解释区域经济差异存在的一个必要条件，而不是充分条件。从不均衡性来看，它是流动性产生的前提条件，只有不均衡才会产生流动的需要，但要素的不完全流动性阻止了要素均衡的实现途径，产生了区域差异；从均衡性来看，即使要素分布完全一致，理论和现实都证明经济的空间格局也将不完全一致。我们知道，经济从来不是完全在自然力作用下产生的，区域经济的差异实际上还有更深刻的因素在发挥作用。自然因素毕竟只是客观条件，它需要人类的主观活动才会发挥作用，否则就会陷入“地理环境决定论”的信条中。确实，自然因素在区域经济中起着不可忽视的作用，在某些情况下甚至起着决定性作用，但这些因素如不通过人类有目的的经济活动作用转化为经济因素，资源优势就不能变成经济优势，优越的自然条件不能转化为现实的生产力，自然条件的价值也就无从体现。因此，无论是在自然条件均质的情况下，还是在自然条件不均质的情况下，区域经济差异产生的更为根本的因素是人为因素，这也就是人类经济活动的极化性。

经济活动的极化性表现为规模经济和集聚经济，它是由经济本身的趋利性和节约性而导致的。在经济规律的作用下，要素的流向总是趋向于使其增值或提高效率的方向。一个企业生产规模在一定限度内增大，一般可获得节省单位产品成本和提高效率的好处，这就是企业的规模经济。若干个企业集中于一个地点，能为各个企业带来成本节约等经济利益，这就是集聚经济。规模经济和集聚经济使得各生产要素和经济单位集结在一定空间上，形成极化点或经济增长极，这些极化点、增长极在极化效应的作用下，不断壮大、强化，从而形成以城市为极化中心的区域经济。

3. 空间距离的不可灭性

人类的经济活动离不开地域空间，有空间就有距离，既然要进行经济活动，就会产生运动、产生位移，就要克服空间的距离限制，支付距离成本。在均质的条件下，距离的远近也会导致费用成本的不同，因而经济活动也会因空间距离因素而发生分异。距离因子是区位论的重要研究内容。尽管现代科技和交通、通信业的发展已将全世界变成了“地球村”，使空间距离对人类活动的限制越来越少，但只要距离存在，经济活动就要支付距离成本，就要占用时间，而“时间就是金钱”。这些距离成本仍对区域的自然禀赋优势的发挥和空间集聚经济的实现产生极为重要的影响，使得经济活动局限于一定的地域空间范围内。

综上所述，自然禀赋的差异和空间距离的不可灭性是区域差异的基础，这是自然力形成的，靠人力是难以改变或消除的，人类只能顺其自然，趋利避害，加以利用。这不仅是区域经济多样化、区域分工的前提，也是区域经济研究的中心内容。经济活动的极化性，是人类经济活动对区域条件的利用、改造，它既有扩大区域经济差异方面的作用，也有缩小区域经济差异方面的影响，而区域经济学研究的目的与任务即是使所有区域在发挥各自优势、尽可能地获得进一步健康发展的条件下，走向更高层次的均衡，使人类的物质生活条件趋于均等化。上述三个方面构成了区域经济存在和分异的重要基础，围绕上述三个方面的研究，也就相应地构成了区域经济学的重要理论支柱。

## 二、区域经济学的产生与发展

### （一）区域经济学的酝酿、兴起与发展

区域经济学是一门新兴的科学，它的形成与发展仅有半个多世纪的时间，但其每一步

进展都与经济社会发展的客观现实紧密联系在一起。区域经济学的产生和发展可分为三个阶段：

1. 酝酿阶段

在20世纪20年代后的20多年里，由于全球性的经济危机和世界大战的冲击，西方许多国家的区域经济问题变得十分突出。贫富两极分化加剧，失业与萧条阴云不散，局部区域经济状况恶化。经济领域产生了凯恩斯主义，主张国家调节经济活动。这期间，一些学者开始关注区域经济问题，探讨区域差异的形成及其作用因素，并对市场机制的缺陷开始进行反思，提出实行国家干预的主张。到50年代末，人们已经形成这样的认识，"市场力的作用倾向于扩大而不是缩小地区间的差别"①，条件优越的地区在发展过程中不断为自己积累有利因素，从而进一步遏制落后地区的经济发展，使落后地区的不利因素越积越多，处境日益恶化。这种认识进一步上升为理论，认为区域核心的极化效应和扩散效应在同时发生作用，但极化效应的作用是支配一切的。极化效应作用的结果扩大了地区差别，因此，要改变这种情况，缩小地区差别，唯一可实行的办法是加强国家干预。一些学者还比较系统地提出了区域开发的理论与方法，为国家干预提供了工具，也为区域经济理论奠定了基础。

2. 兴起阶段

进入20世纪六七十年代后，西方国家战后的繁荣时期宣告结束，经济发展势头锐减。过去那种以为发达地区可以把自己的繁荣建立在别的地区贫困之上的传统认识已站不住脚。许多国家如美国、日本、法国等都通过政府的干预，促进落后地区的经济发展，调整区域之间的经济关系。这一时期，区域经济学研究通过参加区域开发与规划实践，开始对传统生产布局理论在解决区域经济发展与布局上的局限性进行反思，进而比较系统地建立了区域经济学的理论基础。

第一，借鉴古典区位论。区域经济学把其研究对象从单个企业最优区位调整到以区域为基础的整体优化和长远利益上，从而完成了从传统的区位理论学说的蜕变，建立起了有明确研究对象的区域经济学体系。需要说明的是，区域经济学的发展并不否认和排斥区位论中提出的一些基本原则和要求，它们仍是区域内部门布局所不能违背的准则。当然它们之间确实已经存在明显差异，从研究方向上看，古典区位论重点研究企业降本谋利的最优区位，区域经济学则重点研究国家区域内最优产业结构和区域合理分工；从布局层次上看，区位论属于微观范围，区域经济学则属于宏观范畴；从布局手段上看，区位论依赖的是市场机制的作用，区域经济学则是在市场体制下同时需要依靠国家行政手段干预来实现；从研究方法上看，区位论主要运用静态、局部均衡的方法，区域经济学则应用了宏观的、动态的和综合的方法；从产生结果上看，区位论可使个别企业或局部效率达到最高，但容易出现和产生两极分化，甚至造成区域产业结构畸形发展，而区域经济学可使区域间

---

① 周起业等：《区域经济学》，中国人民大学出版社1989年版，第6页。

差距缩小，区际关系得到调整，整体利益尽可能最大化，但也会制约一些企业或个别地区的发展。不管怎样，应当说，古典区位论对区域经济学的产生和发展有着先导性的重要贡献。

第二，运用西方经济学的最新成果。西方一些经济学家在凯恩斯主义的影响下开始运用宏观经济的分析方法，研究不同区域的资本积累、劳动就业增加与国民收入增长的关系，研究投资率、失业率、通货膨胀率与区域经济增长率的区际差异，研究如何形成国内各地区的最佳产业结构和地区的合理分工格局，以及研究如何采用行政手段援助衰退和落后地区的发展，控制大城市的过度集聚和改善生态环境，实现全国各地区的均衡发展目标[①]。

第三，应用现代科技手段。许多学者应用当代计算机技术、网络技术、系统理论等，建立区域经济计量模型以及区域政策效应的评价和测度等系统。上述几方面的研究在区域经济理论的系统性、宏观性、动态性上进行了开拓，同时，也吸收了诸如地理学、社会学、人口学、城市科学等许多学科的研究成果，终于形成了经济学的一门新分支——区域经济学。

3. 发展阶段

到了 20 世纪 80 年代后，全世界进入了和平与发展为主要特征的时期，世界经济呈现出区域化、集团化、一体化的趋势，西方发达国家经济从徘徊走向复苏，发展中国家的经济也迅速启动。区域经济学研究出现了一些新的特征，主要表现在新的理论的创建与实践、区域经济发展与协调、运用最新科技手段上。如区域增长极理论研究、区域经济发展梯度转移理论研究，区域交通、流通、信息等网络系统研究，特别地区（贫困地区、民族地区、经济开发区、经济特区）研究，实现全国均衡发展下的区域宏观政策、策略及效应研究，区域可持续发展战略研究、区域发展的不平稳及经济增长与居民生活质量提高的协调研究、区域城市系统建设研究、区域类型划分和区域病理诊断研究、区域竞争力研究以及运用计算机信息技术对区域经济进行动态监测、预警、预测研究等。可以看出，区域经济学研究进入了一个全面发展的新时期。

### （二）我国区域经济的理论与实践

我国是一个幅员辽阔、人口众多、各地自然条件千差万别、资源禀赋各有千秋、社会经济水平差异明显的大国。这种客观现实构成了我国国民经济及其空间结构的多样性和复杂性，如何从国情出发、合理组织经济的空间运动，就成为我国经济发展中的重大课题之一，也成为区域经济学研究的重大现实和理论问题。

早在 1956 年，毛泽东同志就在《论十大关系》中把经济建设中的沿海与内地关系问题作为推进我国现代化事业的十大关系之一，从最高决策层开始就已经十分重视并开始处理

① 陈栋生：《区域经济学》，河南人民出版社 1993 年版，第 11~12 页。

区域协调发展问题。70 年代末改革开放后，邓小平同志指出，要允许一部分地区、一部分企业、一部分人先富起来，带动其他地区和其他单位的人们。这样，就会使整个国民经济不断地波浪式向前发展，使全国各族人民都能比较快地富裕起来，并且强调“这是一个大政策、一个能影响和带动整个国民经济的政策。”① 随后指出我们的根本目的是实现共同富裕，不是两极分化。“平均发展不可能，先有一部分地区好起来，再去帮助差的地区，那就比较容易了。”② 邓小平同志还设想了在 20 世纪末达到小康水平的时候，就要突出地提出和解决区域经济发展差距问题。“到那个时候，发达地区要继续发展，并通过多缴利税和技术转让等方式大力扶持不发达地区。不发达地区又大都是拥有丰富资源的地区，发展潜力是很大的。总之，就全国范围来说，我们一定能够逐步顺利解决沿海同内地贫富差距的问题。”③ 邓小平同志以高屋建瓴之势勾画了我国区域经济的大政方针，不仅极大地推动了以沿海为龙头的全国经济的发展，加快了社会主义现代化建设的步伐，也极大地促进了我国区域经济学的迅速发展。

我国的区域经济学研究起步较晚，作为一门经济学的重要分析学科，受到人们的关注不过是近十几年的事，它是伴随着我国改革开放的深入而兴起和成长的。目前区域日益成为整个国民经济持续、稳定、协调发展的重要因素，区域经济学研究也由此进入蓬勃发展的时期。

1. 区域经济学研究的历史背景

我国的区域经济发展及其研究明显地分为两个阶段：一是改革开放前在计划经济体制下以建设内地为主的平稳发展阶段；二是改革开放后在发挥市场机制作用下以发展沿海地区为主的梯度推移的不平衡发展阶段。这两个阶段的不同区域政策都取得了一定的成绩，同时也都存在着不足之处。

改革开放前，我国经济体制是以中央高度集权、计划行政管理、排斥市场机制为特征。对国民经济空间层面上的研究，由于受苏联模式的影响，主要局限于生产力布局的理论和方法上，区域政策的取向以平衡布局发展为目标，追求和维护国家的政治和经济利益，区域利益主体没有独立性，区域内部产业结构配置以及区域间利益协调、产业分工格局均由中央政府统一安排，地方政府只是被动执行国民经济计划的一个环节，区域经济利益往往被忽视，或置于次要地位。

这一时期区域平衡发展政策的积极效果是，改变了旧中国生产力布局的严重畸形状况，推进了内地的经济开发，增强了内地的自我发展能力。但区域平衡政策也产生了一些问题：第一，超越我国经济发展的进程，在国民经济主要任务是发展而不是缩小空间差异时，过早提出和实施了区域平衡发展战略，实际上反而使区域差距扩大了；第二，区域平

①《邓小平关于建设有中国特色社会主义的论述专题摘编》，中央文献出版社 1992 年版，第 239 页。
②《邓小平关于建设有中国特色社会主义的论述专题摘编》，中央文献出版社 1992 年版，第 241 页。
③《邓小平关于建设有中国特色社会主义的论述专题摘编》，中央文献出版社 1992 年版，第 242 页。

衡发展的指导原则之一是为国防安全服务，而不是消除贫困，尤其在“三线”建设时期，这一原则被推向极致，造成巨大损失；第三，强调区域自成体系，导致区域产业结构趋同化，形成“大而全”“小而全”的经济结构，丧失了区域分工效益；第四，思想方法片面化、教条化，如强调生产关系决定论，忽视生产力对生产布局的作用，盲目模仿和照搬苏联的有关理论和方法，把经典理论绝对化、教条化、无条件化，使区域经济研究陷入僵化、缺乏活力的境地，抑制了它对实践的指导作用。

改革开放后，我国经济体制开始由计划经济逐步向市场经济迈进，区域经济发展与研究的宏观环境发生了重大变化：第一，国家对宏观经济的管理由直接控制转向间接调控，市场在资源配置中的作用越来越大；第二，地方经济主体得到确立，其地位与作用逐步增强，由于财政、税收、计划、投资体制的深化改革和地方经济调控权的扩大，地方政府的责任、利益进一步强化；第三，我国经济发展战略模式由速度型、粗放型向效益型和集约型转变，传统的“均衡”布局已不适应市场经济规律的要求，代之以“效率”为目标的布局原则和政策导向；第四，实行对外开放政策，重点对沿海实行特殊优惠政策，结果使区位条件优越、经济基础雄厚的沿海地区得到高速发展。

这一时期区域不平衡梯度推移政策实施的结果主要表现在以下几个方面：第一，使我国经济建设的重心大规模东移，又一次改变了原有的生产力布局；第二，在改革开放和经济发展的层次上出现了由80年代沿海向内地的梯度推进格局，转变为90年代的全方位开放与发展的新局面；第三，投资主体多元化、布局机制复杂化，新的经济主体和利益分配机制开始形成；第四，新兴工业地区和经济增长极成长迅速；第五，三资企业、乡镇企业和个体私营企业迅猛发展；第六，引进外资和对外贸易取得了长足发展，国民经济总体水平和质量有了明显提高；第七，人民生活水平增长较快，翻两番目标已提前实现，国民经济近20年保持了10%以上的增长速度。区域经济成为国民经济增长的新动因，它对国民经济的贡献份额明显提高，过去那种单一的产业经济增长机制被打破，代之以区域经济为主体的新的国民经济增长机制。

在取得经济高速发展的同时，也出现了一些不合理的现象和不容忽视的矛盾与问题：区域经济不平衡程度不断加剧，区域差距进一步拉大，经济重心更加偏向东南沿海；扩权后的地方保护主义严重，出现地区封锁和市场分割，严重阻碍了区域分工与协作关系的发展；由于缺乏明确的区域产业政策指导，区域分工模糊，各地重复建设，产业结构趋同，缺乏规模经济，老工业基地相对萎缩，资源配置效率不高；区域倾斜政策与产业倾斜政策没能有机配合，导致产业结构失衡和生产布局不合理。

2. 改革开放后我国区域经济学研究的新进展

近20年来，随着我国改革开放的深入和经济体制由计划经济向市场经济的推进，我国的区域经济研究呈现十分活跃的局面。

（1）对“均衡”与“非均衡”、“公平”与“效率”的反思。从实践结果看，过去那种片面的不顾环境条件的“均衡”布局原则，给我们带来了十分深刻的教训。生产力分散布局，既牺牲了总体利益，损失巨大，也难以实现公平目标，阻碍了我国现代化的进程。从思想认识根源上看，过去那种片面强调生产关系的决定作用，把区域经济不平衡发展看作资本主义的经济规律，使人们不能把握经济活动的真正规律，也产生了较大的负面影响。因而，改革的目标取向转为追求效率，打破“大锅饭”机制，建立市场调节机制。于是，改革开放伊始，传统的“均衡”思想和布局战略就受到质疑、挑战，并逐渐被人们冷落，而“非均衡”发展则得到重视和确立，我国立足于沿海的区域经济发展战略也因此形成并逐步得到强化。

“效率”与“公平”孰重孰轻、孰先孰后，不同发展时期会给出不同的答案，但二者始终是相互联系、相互统一的。开放扩大了我国经济理论界的视野，西方经济学理论和国际经济理论开始不断被引入我国。根据短缺经济学原理和生产要素流动特性，在经济发展起步时期，受资源短缺的约束，有限的生产要素在经济规律的作用下，只能流向效率较高、区位条件较好的地区，区域不平衡发展构成国民经济整体有效增长的必要条件，因此应执行“效率”优先原则；在经济发展中后期，有效需求成为经济发展的关键因素，促进新的经济增长点成长，实现区域平衡发展成为保证国民经济持续、稳定、协调发展的重要条件，经济增长和区域平衡目标是一致的，“公平”原则便跃居首要地位。

（2）开展区域发展战略研究。发展战略研究在层次上可分为宏观区域发展战略和地方发展战略研究；在内容的深度和广度上可分为国土整治规划、区域开发开放规划、可持续发展战略研究等方面，以及一些专题性研究，如区域产业结构调整研究、地方政府行为研究、区域市场发育研究等。这些研究以改革开放后新的视角、新的观念为出发点，集国内外最新理论之大成，推出了一批我国区域经济的研究成果，不仅在理论研究上，而且在参与经济建设的实践上，都呈现出一派生机勃勃的景象。各种发展战略理论层出不穷，代表性的有经济区（带）划分、梯度开发、逆梯度开发、增长极开发、点轴开发、网络开发、圈层开发等理论。我国东中西三大地带的划分与梯度开发推进理论、七个经济区（带）的划分与功能定位，都不同程度地应用了上述有关区域经济开发理论。同时也说明我国区域经济研究对国家社会经济发展不可忽视的巨大贡献。

不同区域或不同主题的发展战略，均是在国家总体战略目标下，以区域为实施单元，从整体上或从某个专题上，推进区域产业空间配置和区域分工合理化，提高资源利用效率，发挥地区优势，从而推动全国经济的发展。

（3）区域经济关系与调控体系的研究。随着中央部分权力的下放和分散，以地方政府为代表的区域经济利益主体地位和职能逐步形成并得到强化。尽管区域经济得到了较大的发展，但在区域关系上却出现了一些问题，主要表现在地方保护主义阻碍资源的合理配置，重复建设、资源大战及贸易封锁越演越烈，产业结构趋同，区域分工不清，以及区域利益关系扭曲，区域差距逐步扩大。这些现象不仅不利于区域经济的进一步发展，也直接影响了全国经济活动的有序平稳运行以及改革的深化，因而引起理论界的普遍关注。许多学者深刻分析了上述区域关系不良现象产生的体制与政策方面的背景原因，提出了依靠完善社会主义市场经济体制来克服这些区域扭曲关系的政策措施。另一些学者则探讨了区域经济协调发展的问题，指出了区域经济协调发展的内涵、主要指标和实现的条件。

由于中央部分权力的下放和分权出现的另外一个问题就是国家宏观调控能力大为削弱。我国经济体制向市场经济推进需要国家的宏观调控，市场经济的欠缺又需要国家行政手段的弥补。这方面的研究在于合理地确定中央与地方的经济管理权限，建立起国民经济的两级调控体系，通过深化计划、投资、财政、税收等多种体制改革，完善经济和法律调控手段，明确两级调控主体的目标与责任，构建出区域经济管理体制框架。

3. 关于我国区域经济学研究的评价及发展方向

改革开放为我国的区域经济发展开辟了广阔的天地，同时也为区域经济的研究提供了用武之地。我国的区域经济学在两方面做出了突出贡献：第一，积极参与我国社会主义经济建设和改革的实践，在回答并逐步解决着现实提出的一系列问题的同时，提出许多颇有价值的理论和方法，有效地指导了区域经济发展的实践；第二，积极引进国外的区域经济研究成果和经验，大大地推进了我国区域经济研究的深度与广度，为我国的现代化建设提供了新视角、新理论、新方法、新工具、新手段。

我国的区域经济学是在较短时间内建立和发展起来的，它在许多方面还有待发展和完善。从总体上看，当前存在的主要问题有：开拓创新性研究不足，引进引用国外理论较多；应用性、实用性研究不足，释义性规范性研究偏多；微观领域研究不足，宏观领域研究较多；定量研究不足，定性研究偏多。我国的区域经济学理论范式与结构还停留在对策措施层面上，未能进入更深层次的领域，不能完全满足经济建设的客观需要。

经过对过去几十年间我国区域经济理论与实践的反思，我国区域经济研究正朝着更加完善的方向迈进。不少学者已尝试从不同的角度、以不同的方式探索这一年轻而富有希望的领域。主要研究有：区域经济增长与发展动因和因素分析、区域经济体制改革、区域产业结构及演变分析、区域市场发育研究、区域协调发展（可持续）研究、区域关系与地方行为研究、区域政策与产业政策结合研究、区域开放研究、区域经济学与相关学科关系研究，以及区域经济学研究手段现代化定量化等。

只有恰如其分、客观地分析和评价过去，才能真正找到区域经济学研究的当前立足点和未来的发展方向。我们相信，只要我们在研究中坚持实事求是的科学态度，把握区域的基本特征，吸收和借鉴人类的一切文明成果，尤其是国外的区域经济理论和现代信息技术，我国的区域经济学研究一定会步入一个更高的层次。

## 三、区域经济学的研究对象、内容和任务

### （一）研究对象

人类的经济活动是一项十分复杂而又遵循一定规则运行的活动，它随着空间和时间的变化而变化，不仅受自然规律制约，还受到经济规律及社会、文化、科技等人文规律的影响。纷繁的经济活动、经济现象总是要落脚在特定的地域空间，这种经济活动与地域空间的相互作用，不仅造就了丰富多彩的区域经济，也构筑了区域经济学的基本研究领域。

作为一门独立存在的学科，不仅要有自己独特的研究对象和领域，而且应该有一个准确、规范的表述。中外许多学者基于不同理解、不同角度、不同侧重点，对区域经济学的研究对象作了不同的表述。有的从经济学理论出发，认为区域经济学是研究特定地理范围的经济学；有的从人类经济活动的地理分布和空间组织来界定，认为区域经济学是研究为人们所忽视的经济空间秩序、研究稀有资源的地理分布的科学，区域经济学的研究对象是国民经济发展的地域组织规律，区域经济即空间经济学；有的从区域内外两个层次加以界定，认为区域经济学是以经济学的观点，研究在资源不均匀分配且不能完全自由流动的世界中，各个地区的差异以及各地区间关系的科学；还有的学者从宏观上和政策实用层面上进行了界定。几种不同的定义和界定，都是在某种程度上对区域经济学的本质把握和揭示，还未形成公认、统一的定义。确实，要用简洁、精确的语言，对区域经济学作出高度的概括和科学严谨的抽象，绝非一件简单、轻而易举之事，这是一项十分艰巨的任务，需要许多人的不断探索。有些学科的理论和本质的抽象就经历了几十年或上百年的探索，甚至时至今日还有争论，何况是新生的区域经济学学科。

我们认为，区域经济学是研究和揭示区域与经济相互作用规律和相互关系的一门科学。这样界定区域经济学的研究对象，主要是力求体现出下述三个原则的要求：

第一，高度抽象的科学内涵。这就要求对本学科在复杂、纷繁的社会经济生活中所进行的各种实践活动作出合乎实际、合乎逻辑的科学概括。首先，把区域和经济作为两个相对独立的概念加以考察，这里的“区域”是指具有地域性、独立性、开放性的区域，这里的“经济”是指各种经济活动、经济现象、经济规律及经济政策等。其次，把区域与经济作为一个有机的统一体来认识，它们之间既相互独立又相互联系，既相互作用又相互统一，构成区域经济学最根本、最核心的研究内容。最后，把区域和经济的相互作用及其相互关系问题作为研究对象，自然地划分了与其他学科的界限，便于理顺与其他相关学科的关系。一门学科研究对象的特殊性和排他性得到了维护和体现。

第二，简洁、明了、准确的语言概括。一个学科只有运用自己特定的专门术语或概念揭示和表现本学科的理论本质，才能具有旺盛的生命力，学科建设才趋于成熟、臻于完

善。正如数学把数和形及其量的关系作为研究对象，化学把物质组成、结构、性质及其变化作为研究对象，地理学把人地关系作为其研究对象一样，区域经济学也是将区域与经济的相互关系作为其研究对象。这种表述，删减了不必要的修饰成分和条件因素，避免了罗列无尽的对区域经济问题的定义方式，淡化了时代性、倾向性，从而突出了研究的本质特点，保持了定义的抽象性、客观性、科学性和稳定性。

第三，容易理解，易于接受，便于记忆和使用。区域经济学是一门实用性很强的学科，有的学者称之为决策性科学。它从经济和社会生活中来，也将回到经济和社会实践中去并为其服务。把区域与经济的相互作用及其相互关系作为研究对象，直观形象、容易理解，且简明扼要、体现本质，有利于使用和指导实践。

### （二）研究内容

区域经济学的研究内容，是依据其研究对象而确定的。它是把区域与经济相互作用、相互联系与关系作为其中心内容，不是孤立地或分别地研究区域空间或经济学问题，而是把区域与经济作为一个有机整体来观察，分析其产生、发展、演变的规律。区域经济学既揭示区域经济的总体运行趋势规律，又探讨区域各组成要素、各经济因素的相互作用及其变化规律；既研究在国家宏观经济体系中区域经济的地位与功能的变动规律，也研究区域之间的分工协作以及区域内部经济结构与变动规律；既研究各经济因素在不同区域的不同组合规律，也研究不同区域条件对经济因素的作用与效率规律；等等。区域经济学对上述内容的研究，是国民经济计划学、部门经济学、生产力经济学或地理学所不能替代的。区域经济学也绝不是“区域”与“经济”的简单叠加。具体而言，可以把区域经济学的主要研究内容概括如下：

（1）研究区域经济演变规律，尤其是探索在市场经济条件下生产力的空间分布及发展变化规律。

（2）研究在国家范围内建立多层次经济区域体系、在发挥各地区优势的基础上实现资源优化配置和整体经济效益最佳的途径。

（3）研究区域经济增长、产业结构转换升级、区域政策和效应规律。

（4）研究区际经济关系发展变动规律，主要包括区际间的均衡与国民经济总效率的关系、区域分工与经济技术协作、区域差异与区际关系的调整等。

（5）研究运用现代科学技术手段和相关学科成果，完善区域经济研究方法和开拓区域经济研究领域。

（6）引进国外区域经济学的研究成果和实践经验，丰富我国的区域经济学。

### （三）研究任务

任何一门学科都是在适应社会需求、符合时代需要的基础上发展起来的。区域经济学也是如此，它要生存、要发展，就必须为经济建设、现代化建设服务。因此，区域经济学的根本任务主要体现在以下两个方面：

1. 深入开展理论研究

一种理论要有效地指导实践，就必须不间断地探索、总结和提高其水平。我国社会主义市场经济体制正在建立和完善之中，国内外经济发展又十分迅速，发展历史不长的区域经济需要跟上时代的步伐，在理论上深入探索，许多在实践中行之有效的方法、措施和经验须进一步总结，现实中提出的新问题、新矛盾仍要及时、深入地研究。只有不断地把区域经济的经验及时总结、梳理、升华，上升到理论，并在实践中加以检验、完善、充实、提高，才能把这门学科推向新的高度。

2. 积极参加经济建设，推动现代化进程

区域经济学是在经济建设的实践中兴起的，具有显著的应用性特征。区域经济学在我国经过几十年特别是改革开放后 20 年的发展，已经成为我国社会主义建设中必不可少的重要学科之一。改革开放前，区域经济学主要用于厂址选择、铁路与公路选线、流域规则、地区规划、城市总体规划等方面；改革开放后，除原有领域外，主要涉及经济社会发展战略的制定、国土整治、重大项目布局论证、经济区带的划分及其体系构建、城市体系的建立、区域与城市规划、区域市场体系建设、区际关系协同与调整、区域可持续发展与区域政策制定等方面。

我们可以从国民经济的发展进程中，看到区域经济研究及理论指导实践的重要作用。在我国的《国民经济和社会发展第六个五年计划》中，第一次专门列出了"地区经济发展计划"的篇章，根据沿海、内地和少数民族地区三者的不同条件与特点，指出了各类地区产业布局方向。"七五"计划则进一步提出了"要加速东部沿海地带的发展，同时把能源、原材料建设的重点放到中部，并积极做好进一步开发西部地带的准备"。在迈向 21 世纪的《国民经济和社会发展"九五"计划和 2010 年远景目标纲要》的宏伟蓝图中，把"促进区域经济协调发展"放在了十分重要且突出的位置，并在三大地带的框架基础上提出了七个跨省市区的经济区域以及有关政策措施。可以看到，我国区域经济发展的基本框架和政策体系已初步建立起来，随着我国改革开放和市场经济的深入发展，区域经济学参与经济建设的任务会更多，需要区域经济学加以解决的现实问题会层出不穷，服务的范围会更加广阔、更加深入。

## 四、区域经济学与相关学科的关系

区域经济学的研究对象是区域与经济的相互作用、相互关系及其变化规律，也就是经济活动的空间表现形式，由此看来，区域经济学属于社会经济科学，是经济科学的一个分支。

一方面由于地域空间的多样性、复杂性，另一方面由于经济活动和经济现象空间运动和表现形式的多重性、丰富性，以及解决区域经济问题涉及学科的广泛性，既有自然科学，也有社会科学，区域经济学有着横跨多学科且与多学科紧密联系的特征，因此，这是一门边缘性学科。

区域经济学在改革开放和经济建设的社会实践中，通过汲取和运用诸多相关学科的科学理论素养、思路与方法，并在与之共同解决区域经济重大问题的过程中，同这些学科形成了紧密的联系。这些相关学科主要有生产力布局学、生产力经济学、部门经济学、环境科学、经济地理学、国土经济学等。

生产力布局学是研究社会物质生产部门空间分布的发展变化规律及其在一定的地域范围内如何进行优化组合的科学。这与区域经济学所研究的内容——在一定的经济体制下和一定的地域空间内，对资源进行优化配置，使经济发展水平达到最大化，有共同的部分。从区域经济学的产生和发展可以看出两者的关系，生产力布局学一直是区域经济学研究的主要领域，并成为区域经济学的基础理论之一，但这并不意味着生产力布局学完全包容在区域经济学之中。从研究对象的范围看，二者就不完全吻合，生产力布局学研究的范围可以是一个完整的区域，也可以跨区域、跨国家；就生产力布局而言，区域经济学只是限于一国之内某一级别区域的生产力布局问题。在研究内容上，区域经济学比生产力布局学更为广泛，涉及诸如区域差异、区域分工、区域市场、区际关系协调等问题。从研究的侧重点看，生产力布局学主要研究生产力的空间配置最优化，而区域经济学则更多关注的是区域整体经济水平最大化。生产力布局学的发展为区域经济学提供了有力的理论支持和方法手段，丰富了区域经济学的内容；而区域经济学的进展，同样也为生产力布局学开创了新的领域。

生产力经济学也是一门新兴学科，于50~60年代酝酿萌发，改革开放后兴起。它是以生产力本身的发展运动规律为研究对象的科学。通过剖析生产力内部构成和外部环境条件来研究其发展运动规律；它的研究内容主要包括生产力要素质的匹配（生产力结构）、生产力要素量的组合（生产力规模）、生产力要素空间的安排（生产力布局）、生产力要素时间的协调（生产力时序）以及生产力运营等。由此可知，区域经济学研究的生产力空间布局与生产力经济学的研究对象存在着交叉。然而，实际上，两个学科研究的着眼点并不相同。生产力经济学是联系生产关系专门研究生产力运动规律的理论经济学，它从生产力要素出发，从宏观上、理论上对社会物质生产进行部门布局和空间布局；而区域经济学则是从区域发展角度，研究生产力或其他经济现象的空间运行规律，通常涉及具体方法、具体政策与措施的研究，是一门实用性很强的学科。

部门经济学是研究社会经济规律在各个经济部门中的表现形式和运用形式，着眼于部门的产生、发展、演变规律的研究，探索解决各个部门发展的途径和方法，确定获得各部门经济最佳效果的条件和因素。各经济部门的空间布局是部门经济学的重要内容之一，但它只从部门经济利益最大化的角度考察问题，重点并不在全面研究整个国民经济或区域经济的宏观、中观层次上。然而，部门经济存在与发展的条件，通常是区域经济研究所不容忽视的重要内容之一，它是区域经济实现结构调整优化、整体效益提高的基础。近年来，我国已开始加大实施区域经济政策的力度，使过去单一的部门经济政策导向向部门与区域政策相结合的方向发展。

环境科学是20世纪60年代诞生的一门新兴综合性学科。它以人类与其生存环境构成的“人类—环境”系统为对象，研究它们的相互作用、相互制约、相互协调与适应，以期达到既使社会经济获得应有的开发与发展，又对环境变化进行预测、控制、改善和保护的目标。它运用现代自然科学原理和现代化技术手段，对人类活动所带来的环境问题进行系统的研究，特别是着重研究污染物质在大气、水体、土壤和生物等环境中的运动规律及其对环境质量的影响，以及生物效应和对人体健康的影响。大量的、经常的人类活动仍然是经济活动，因而经济活动与环境的关系问题自然也就成为区域经济学研究的内容之一。但两者侧重点不同，环境科学以环境为中心，研究如何建立和保护良好的人类赖以生存的环境；而区域经济学则是从经济发展的角度，研究经济活动与区域环境的协调，在环境容量允许的情况下，探讨区域经济效益最大化和应有的环境效益目标实现，实现可持续发展。由此可知，环境科学的研究结论和成果是区域经济学的重要基础和依据；反之，区域经济学（如经济活动的规模和开发程度）的结论和成果同样也为环境科学提供了基本素材。

经济地理学是人文地理学的一门重要分支学科，它研究各国各地区生产力布局的差异和特征，研究这些差异形成的条件及其变化规律。它研究的生产力布局包括：单个企业和一组企业布局、各经济部门的布局、全国范围内的总体布局或区域性布局等。从字面上看，经济地理学的研究对象也是生产力地域分布规律或生产力布局，与区域经济学相同。其实两者在研究内容上是有区别的。经济地理学着眼于已形成的生产力布局状况并分析这种状况形成的条件及原因，着重点是其现存性和静态性；而区域经济学不仅研究已经形成的生产力布局状况及其成因，而且重点研究区域经济未来变化的趋势和规律，着重点是其前瞻性和动态性。

国土经济学是一门实践性很强的新兴学科。它以国家的国土作为研究对象，主要研究国土开发、利用、保护和治理等内容。它与区域经济学、环境科学等在研究内容上有交叉，但国土经济学的特点有两个：一是着眼于全国；二是强调国土资源的保护与利用。区域经济学与国土经济学的差异主要表现在两个方面：一是着眼于一国之内的区域范围；二是强调区域内资源最优配置与区际关系的协调。而环境科学则重在强调环境保护，改善人类的生存环境。

区域经济学还与国民经济计划学、数量经济学、城市经济学等学科有着千丝万缕的联系，在其发展中不断汲取这些相关学科的素养。同时，随着经济社会的发展、科学技术的进步，区域经济学也将会在更广阔的领域里发挥更大的作用。

**主要参考文献**

[1] 周起业等：《区域经济学》，中国人民大学出版社1989年版。

[2] 陈栋生:《区域经济学》，河南人民出版社 1993 年版。

[3] 刘再兴:《中国生产力总体布局研究》，中国物价出版社 1995 年版。

[4] 刘勇:《中外区域政策对比研究》,《区域经济研究》1995 年第 4 期。

[5] 刘晓萍等:《我国区域经济政策的回顾与展望》,《中国投资与建设》1996 年第10 期。

[6] 张秀岩:《积极有步骤地解决地区差距问题》,《中国人民大学复印报刊资料F10》1997 年第 1 期。

# 区域经济开发的基础理论与方法*

## 一、区域开发的概念与特性

### （一）区域开发的概念与内容

区域开发，即对特定区域的自然、经济和社会资源进行综合利用，在不损害环境与生态效益的基础上，求得最大的经济发展和社会进步。

不同的区域有不同的区情，在区域开发内容上必须体现各自的水平与特色，服从不同发展目标的需要，确定不同的发展方向与开发步骤。但是，从区域开发活动的共性来看，各级各类区域开发的内容则基本相同，比如在综合利用各类资源的基础上进行经济开发活动，同时注重生态环境的保护与再造等。具体说来，区域开发主要包括以下三个方面的内容：

1. 资源的综合评价

资源评价是区域开发的基础，它用动态的、经济的观点分别对区域自然资源禀赋、经济发展实力、资金多寡、技术高低、人力资源状况和社会历史条件等作出系统分析。通过资源的综合评价确定区域发展的优势资源和制约区域开发活动的劣势资源、短线资源，从而对区情有一个全面了解，概算出综合区力。

2. 区域开发战略的制定

在资源评价基础上制定区域开发战略，确定区域经济发展的方向、目标和具体措施，这是区域开发的主体部分，一般应包括下述内容：

（1）确定开发目标。建立区域开发的目标体系，原则上应在保证生态环境不受破坏的前提下追求经济发展和社会进步。开发目标中应包含经济发展的方向、速度及人口、资源与环境的发展前景等方面的内容。

（2）选择开发模式。常用的区域开发模式有四种类型：增长极开发、点轴开发、网络

---

* 本文选自张敦富：《区域经济开发研究》，中国轻工业出版社 1998 年版，第 1~64 页。参与者：周玉霜、陈劲。

开发和地域生产综合体开发。各区域可根据地理条件、经济发展水平、城镇分布状况等因素采用不同的适合自身发展特点的开发模式。

（3）规划开发重点。选择区域发展的主导专业化部门，通过建立其前后向关联产业、相关产业及综合发展部门来完善区域产业结构，确定开发治理的重点部门和重点区域，使投资向此倾斜。

（4）进行区域经济布局。区域经济的空间安排，一般分宏观、中观和微观三个层次进行，即确定区域在国家总体布局中的地位和角色，区域内各产业的布局及各子区域的经济布局，重大项目的微观布局（即厂址选择、投资决策等）。区域既能积极参与地域分工，又能合理地组织区内生产，形成宏观管好、微观搞活的格局。

制定区域开发战略后要采取相应的手段和措施予以落实，在战略实施前要进行事前评价，以确定方案是否可行；在战略实施过程中要进行事中评价，以及时调整开发方案、拨正发展方向；在战略实施之后要进行事后评价，以确定方案的实施是否达到预期目标，并为区域的深层次再开发总结经验。

3. 生态环境保护

由于资源利用和经济开发往往缺乏环保观念，从而导致生态环境的恶化。因此，在开发过程中要采取工程措施、自然措施及经济乃至行政的措施，对已经形成的破坏进行必要的治理，对可能产生的影响加以预防，对特种资源或濒危物种进行保护，以保证和满足人类发展生产和改善生活的需要。

### （二）区域开发的特性

区域开发是一种特殊的经济社会活动，它着眼于特定的区域，发挥区域内自然要素和人文要素的最佳整体效益。它与一般的经济社会活动的区别在于它具有以下几个方面的特性：

1. 地域性

区域开发具有明显的地域特点。不同的区域有不同的资源条件与开发能力，要从区域的实际区情出发，因地制宜，扬长避短；同时，服从全局地域分工协作和社会经济发展的要求，协调本区域与其他区域乃至更大区域之间的利益关系。既要保证区域自身利益的实现，又要在全国一盘棋思想指导下服从全局利益的要求，从而避免各地自行其是、自成体系的开发行为。

2. 战略性

区域开发是一种具有全局性、长远性和稳定性的战略行为。首先，它必须符合全国国土开发的总体规划，同时必须符合本区的发展方向，要有统筹全局的决策高度；其次，区域开发应从长远着眼，避免掠夺资源和以破坏生态为代价的短期行为；最后，要保证开发战略的连续性和稳定性，通过预决性研究来保证项目的可行性，从目标制定到组织实施过程都要认真研究，实行有序开发。也就是说，区域开发要立足现在、放眼未来，立足本区、放眼全局，从而保证开发活动的合理性。

3. 综合性

区域开发是一种多目标、多因素、多部门的综合性行为。首先，区域开发要以经济发展、社会进步和环境保护为基本目标，同时兼顾开发项目的经济效益、社会效益和生态效益；其次，区域内有多种资源，每种资源又都有多种利用方式，要综合利用各种资源，选择资源配置的最优途径；最后，区域开发涉及区内各部门的发展，要综合协调各部门的关系，如专业化部门与综合发展部门的关系，科研、生产和营销及行政管理部门的关系，经济发展部门同环保部门的关系等。

### （三）区域开发的指导思想和基本原则

中国共产党第十四届五中全会关于制定国民经济和社会发展第九个五年计划（1996~2000 年）和到 2010 年远景目标的建议提出今后 15 年我国经济和社会发展必须贯彻的九条方针，其中第八条是“坚持区域经济协调发展，逐步缩小地区发展差异”。在此方针的指导下，我国各种类型区域的开发活动应努力贯彻以下原则：

1. 因地制宜原则

区域开发必须从地区区情出发，充分发挥区域优势，确定区域发展方向。东部地区要充分利用现有的资金、技术和人才优势，大力发展外向型经济，靠高新技术和集约经营，重点发展资源消耗少、附加价值大、技术含量高的产业和产品，同时建立比较发达的产业化农业，在转变经济增长方式和提高经济素质和效益方面为全国提供新经验。中西部地区主要是积极发挥资源优势，大力发展农林牧业及其加工业，开发能源和矿产资源，积极发展优势产业及其产品，提高加工深度，使资源优势转化为经济优势；同时要积极利用劳动力多而廉价的优势发展劳动密集型产业，扩大就业，提高收入；加强水利和通信等基础建设，逐步改善区域投资环境硬件，为经济开发活动提供必要的基础设施。当然，东部地区还有一些经济比较落后的区域，中西部地区也存在一些较发达的城市，各地要从本区的条件和特点出发，扬长避短，切忌“一刀切”。

2. 可持续发展原则

区域是一个包括人与自然在内的复杂系统，人们在通过资源利用来推动经济发展、促进社会进步的同时，还要注重节约资源和保护环境，协调经济、社会和生态效益三者之间的关系，走可持续发展之路，保证系统的高效、有序运行。

（1）节约资源。对资源进行经济评价，合理规定资源开发利用的价格，实行资源有偿使用制度，减少资源浪费；资源利用除向广度方向发展外，还应向纵深方向发展，积极开展系列开发，推广综合利用技术；在开发利用的同时，应注重资源的保护与增值，实现区域资源的可持续利用。

（2）保护环境。在生产过程中要以“预防为主、防治结合、综合治理、全面规划”，推行清洁生产，尽可能地将污染消灭于生产过程之中，对于已造成污染的产业或部门应本着谁污染、谁治理的排污收费制度，并且确定环保目标责任制，使污染源业主有意识地减少环境污染；区域开发中经济建设、城乡建设、环境建设应同步规划、同步实施、同步发展，实现经济效益、社会效益和生态效益的统一。

区域开发走可持续发展之路，即在资源开发的同时，注意环境整治，既要满足当代人生产、生活的需求，又不会损害后代人满足需求的能力，这是一种符合区域长远利益的选择，可保证区域资源永续利用，区域经济持续发展。

3. 统筹兼顾、协调发展原则

为了确保区域快速而有序地发展，区域开发活动中应注意以下几个方面关系的协调与处理：

（1）以提高效益为中心，速度与效益相结合，既要注重经济发展速度，保证区域经济实力和人民生活水平有较快的提高，更要注重开发的效益，以并不充裕的资源创造出尽可能多的社会财富，克服为盲目追求发展速度而忽视效益的错误倾向。

（2）局部利益与全局利益，即近期利益与长远利益相结合。区域自身的近期利益是区域开发的主要动力，尤其在目前的行政干部业绩考核制度下，地方政府的区域开发行为几乎都以短期内本位收益最大化为目标，但这种目光短浅的开发并不能使区域得以持续、稳定、协调地发展。因此，开发决策者必须有统筹全局、放眼未来的思维高度，遵从局部服从整体的原则，协调本区域与其他区域乃至全国的关系，协调近期利益与长远利益的关系。

## 二、区域开发的现状分析与评价

### （一）区域开发的自然、经济和社会资源的分析与评价

1. 自然资源的分析与评价

（1）自然资源的概念与特性。自然资源是指在一定条件下为人类社会生产和生活消费带来经济利益与社会福利的自然环境要素和条件，它具有以下特性：

1）不可缺性。自然资源是人类社会生存和发展的物质基础。自然资源禀赋状况对于开发不充分、经济欠发达的区域来说尤为关键，它决定着开发的方向和速度。

2）地域性。受自然力综合作用的结果，自然资源在空间上呈非均衡分布状态，不同的区域拥有不同的资源种类、数量和质量。

3）有限性。就整个自然界而言，自然资源的利用具有无限的潜力，各类资源通过相互转换或者相互替代和补偿来满足人类的需求；但就某一区域及区域的某一类自然资源而言，其使用是有限的。

4）综合性。自然资源在一定地域范围内组成了一个有机的自然综合体，构成了区域生产的物质基础。

（2）自然资源的分类。从不同的角度出发，按照不同的标准，对自然资源有不同的分类。

1）按资源本身性质分为：生物资源，即各种动物、植物；矿物资源，包括固、液、气三种形态，如煤、铁、石油、天然气等；环境资源，如气候资源、水土资源。

2）按资源再生能力分为：可更新资源（非耗竭型），如生物资源、水资源；不可更新资源（耗竭型），如煤、铜等各种矿产资源。

3）按地域分布特点分为：广布资源，即各地都有的资源；地方资源，即本地特有的资源。

4）按资源部门分为七大自然资源，即气候、水、土地、生物、矿产、旅游及海洋资源。

（3）自然资源评价的原则和程序。对区域的自然资源进行评价，也就是从经济利用的角度出发，在自然地理研究成果的基础上，分析区域自然资源的存在价值，为区域开发提供科学的自然基础。

自然资源评价要综合考虑自然可能性、经济合理性与技术可行性，兼顾资源的经济效益、社会效益和生态效益，从定性和定量两个方面对区域自然资源的种类、数量、质量及其分布状况进行全面分析和综合评价。评价过程应遵循先考察再评价的顺序，一般包括如下几个步骤：

1）确定评价的地域范围。明确区域开发中“区域”的范围界限。通常所指区域开发可有三个从小到大的层次：国内特定区域开发、以国为单位的全国性综合国土开发、若干国家和地区联合对特定区域的开发。

2）全面调查区域资源情况。收集区域自然资源有关情况的详细数据资料，结合野外实地考察及卫片、航片等遥感技术，对区域自然资源有一个充分的认识，为分析与评价提供材料。

3）确定评价指标。根据评价的目的来确定评价的指标，一般应包括绝对量指标和相对量指标两个方面。不同资源及用于不同部门的同种资源需要有不同的衡量指标，而从整个区域出发则要注重综合评价指标体系。

4）进行单项评价。根据掌握的数据资料，运用既定的评价指标，对区域内自然资源逐个进行定量计算和定性分析，对该项资源的数量、质量及其分布状况及开发利用的条件有一个明确的认识，确定其在区内资源中的重要性排序及在经济发展中的地位和作用。

5）进行综合评价。在单项评价基础上综合评价全区自然资源，确定区域开发中自然资源方面的优、劣势，并在此基础上制订区域资源利用的最佳设计方案。综合评价的另一个含义是，除对自然资源进行经济评价外，还应进行生态效益评价，分析资源开发可能给生态和环境带来的影响，由此提出国土整治和环境保护的对策。

（4）自然资源评价的基本内容与主要指标。概括地说，自然资源评价的基本内容包括以下几方面：

1）区域自然资源种类与数量、质量的综合分析 在数量上要了解区域所拥有的资源总数量、各品种的资源丰度及人均资源拥有量，重点评价关键资源对于产业发展的保证程度；质量上主要分析自然资源的富集程度，资源开发利用技术上的可行性与经济上的合理性及自然上的可能性；确定自然资源的潜在价值和使用年限。

2）自然资源的分布与组合状态。主要资源的时空分布对于其开发使用及区域的专业化发展意义重大，分析重要资源的地域组合，即分析其配套利用或相互替代的可能性，决定着区域综合发展的方向和能力。

3）自然环境和地理位置。地理位置主要关注区域主要交通干线的远近及周围地区的发展状况，自然环境则主要考察地形、气候、地质构造及灾害性自然因素的影响等。

4）资源开发的社会经济与生态效果预测。对资源开发行为产生的效果进行预测，尤其对引起生态环境变化的工程和项目要进行严格评价，预计其对环境破坏所造成的损失及弥补损失所需花费的代价。

分析评价各类自然资源，必须确定相应的评价指标，如表 1 所示即为种类资源通常采用的评价指标体系。

**表 1 自然资源评价体系表**

| 评价指标<br>资源名称 | 资源评价基础指标 | 开发利用评价指标 |
| --- | --- | --- |
| 气候资源 | 气候型（大陆性气候、海洋性气候）<br>气候带（热带、温带、暖温带等）<br>太阳辐射能总量（kJ）<br>太阳辐射能量密度（kJ/cm$^2$）<br>日照时数（h）<br>多年平均积温（摄氏度，℃）<br>无霜期（天/年）<br>多年平均降水量（mm）<br>多年平均风速（m/s）<br>年风能总量（kW）<br>气候资源时空分布特点 | 太阳能利用率<br>农作物光能利用率<br>>0℃积温（℃）<br>>10℃积温（℃）<br>农作物一年几熟制<br>降水相对变率和保证率（%）<br>可开发利用风能量（kW）<br>风能利用率（%） |
| 水资源 | 水资源总量（m$^3$）<br>地表水资源总量（m$^3$）<br>地下水资源总量（m$^3$）<br>人均占有水资源量（m$^3$/人）<br>亩均占有水资源量（m$^3$/亩）<br>河川多年平均径流量（m$^3$/年）<br>河流总长度（km）<br>江湖水面总面积（公顷）<br>水能理论蕴藏量（kW）<br>人均水能拥有量（kW/人）<br>水资源水质状况<br>水资源与水能资源时空分布规律 | 年耗水总量（m$^3$）<br>工业耗水总量（m$^3$）<br>农业耗水总量（m$^3$）<br>城市生活耗水总量（m$^3$）<br>地下水可采量（m$^3$）<br>水库总库容和有效库容（m$^3$）<br>水资源开发利用率（%）<br>内河通航里程（km）<br>可养殖水面面积（公顷）<br>可养殖水面开发利用程度（%）<br>可开发水能蕴藏量（kW）<br>水电站已装机容量，年发电量（kW，kW·h）<br>水能开发利用程度（%） |

续表

| 资源名称 \ 评价指标 | 资源评价基础指标 | 开发利用评价指标 |
|---|---|---|
| 土地资源 | 土地总面积（$km^2$）<br>山地面积（$km^2$）<br>平原盆地面积（$km^2$）<br>水面面积（不含海域）（$km^2$）<br>耕地面积（公顷）<br>林地面积（公顷）<br>草场面积（公顷）<br>人均土地面积（亩/人）<br>人均耕地（亩/人）<br>人均林地（亩/人）<br>人均草地等（亩/人）<br>土壤类型及其面积（亩）<br>土地资源质量状况 | 垦殖指数：<br>垦殖土地面积/土地总面积×100%<br>农作物栽种<br>复种指数：<br>累计面积/耕地总面积×100%<br>森林覆盖率：<br>林地面积/土地总面积×100%<br>土地利用类型及其面积<br>农业用地：粮食作物用地、经济作物用地等<br>林业用地：用材林、经济林、防护林等<br>畜牧用地<br>水产养殖业用地<br>工矿交通用地<br>城镇居民用地 |
| 生物资源 | 动物资源种数<br>野生陆栖动物种数与性状<br>水生动物种数与性状<br>鸟类种数与性状<br>毛皮兽类和其他经济动物种类<br>家禽家畜动物种数与性状<br>珍稀保护动物种数与性状<br>动物资源时空分布特点<br>植物资源种群数<br>森林植物资源情况<br>草原植物资源情况<br>粮食作物种数与性状<br>经济作物种数与性状<br>珍稀保护植物种数与性状<br>植物资源时空分布特点 | 全年水产总值（万元）<br>全年渔业产量（万吨）<br>野生动物毛皮产量（万张）<br>畜牧业生产总值（万元）<br>全年牲畜出栏数（万头）<br>猪、牛、羊肉年总产量（万吨）<br>森林木材蓄积量（$m^3$）<br>全年森林采伐量（$m^3$）<br>造林面积（公顷）<br>造林成活率（%）<br>全年粮食作物总产量（万吨）<br>全年各类经济作物总产量（万吨） |
| 矿产资源 | 矿产资源品种总数<br>矿产探明储量（吨或其他单位）<br>矿石平均品位（%或其他）<br>矿物理化特性<br>伴生、共生矿物和有害杂质含量<br>能源矿产探明储量与性状<br>煤炭、石油、天然气、地热、核能矿产等<br>金属矿产各矿种储量与品位：<br>黑色金属：Fe、Mn、Cr 等<br>有色金属：Cu、Pb、Zn、Al、W 等<br>贵金属：Au、Ag、Pt 等<br>稀有金属：Ge、Ga、Se、Te 等<br>化工原料非金属矿产：P、S、K 等<br>冶金辅助原料非金属矿产：熔剂灰岩、白云岩等<br>建筑材料非金属矿产：水泥灰岩、大理石等<br>特种非金属矿产：金刚石、水晶等 | 优势矿产品种数<br>劣势矿产品种数<br>矿产保有储量（吨或其他单位）<br>矿产可采储量（t）<br>矿石工业品位（%或其他）<br>矿产工业储量（t）<br>矿石埋藏深度（m）<br>矿产地质位置、交通运输条件<br>矿山水文地质、工程地质条件<br>矿产年开采量（t）<br>各能源矿产保有储量<br>可采储量<br>实际年生产能力<br>各种金属矿产保有储量<br>可采储量<br>年生产能力<br>各种非金属矿产保有储量<br>可采储量<br>年生产能力 |

续表

| 资源名称 \ 评价指标 | 资源评价基础指标 | 开发利用评价指标 |
|---|---|---|
| 旅游资源 | 旅游资源类型<br>自然旅游资源<br>旅游区（片）数<br>旅游点个数<br>各旅游点性状、特征 | 已开发旅游点个数<br>旅游接待设施情况（宾馆数、床位数等）<br>全年旅游总人数<br>旅游收入总额 |
| 海洋资源 | 领海与内海面积（$km^2$）<br>海域专属经济区面积（$km^2$）<br>大陆架面积（$km^2$）<br>滩涂面积（$km^2$）<br>海岸线总长度（km）<br>海洋生物资源种数<br>主要经济鱼类情况<br>大陆架石油资源储量（t）<br>天然气资源储量（$m^3$）<br>其他矿产资源情况<br>海洋能源资源：潮汐能、波浪能、温差能等理论蕴藏量 | 已开发利用的盐场面积<br>已勘探的大陆架面积<br>已利用的滩涂面积<br>已开发利用的港口数<br>海洋运输业情况<br>海洋养殖总产量（t）<br>海洋石油总产量（t）<br>天然气总产量（$m^3$）<br>潮汐能可装机容量（kW）<br>海洋能源开发利用程度 |

资料来源：郑魁浩、李树琮：《中国国土经济学》，三秦出版社 1989 年版。

在单项指标计算基础上，综合计算区域资源总量指标，通常用“资源综合优势度”指标来衡量，其计算公式如下：

$$P_i = m \times n - \sum_{n}^{m} d_{ij} / (m \times n - m)$$

式中：$P_i$——i 区域资源综合优势度；m——资源种类数（若计算气候、水、土、生物、矿产、旅游及海洋资源七大类，则 m = 7）；n——与 i 区域对比的区域数；$\sum_{n}^{m} d_{ij}$——i 区域 m 种资源保有储量占全国位次之和。

$P_i$ 值越大，说明区域自然资源实力越强；反之，$P_i$ 值越小，则区域自然资源实力越弱。

区域种类资源的组合状况可以用标准差来衡量，其计算公式为：

$$\delta = \sum_{j=1}^{m} (X_j - \bar{X})/m$$

$$\bar{X} = \sum_{i=1}^{m} X_i / m$$

式中：δ——标准差；X——资源平均比重；$X_j$——该区第 j 种资源在全国该项资源中所占比重；m——同上式。

δ 值越大，说明各项自然资源占全国的比重高低悬殊，资源组合配套能力低，综合发展能力越弱；反之，δ 值越小，则各项资源在全国均占有一定比重，且相互间差别较小，地域组合配套能力强，有利于资源的开发与经济的综合发展。

还可利用区域资源承载力指标反映区域人均资源情况，表明地区人口对资源造成的压力。其计算公式为：

$Y = R_s / N_s$

式中：Y——区域资源承载力；$R_s$——区域人均资源数；$N_s$——全国人均资源数。

在区域自然资源评价过程中，有一个资源价值量与价格量的问题。长期以来，我国实行资源低价甚至无价的政策，导致了对资源的掠夺式经营，浪费相当严重。在国家提出“完善自然资源有偿使用制度和价格体制，逐步建立资源更新的经济补偿体制”的政策后，应对自然资源进行正确估价，理顺价格，推进资源节约和综合利用。地区兴建开发区，对土地投资入股时则应客观地评估地价，防止为吸引外资而竭力压低地价的不规范行为。

2. 经济、社会资源与条件的分析与评价

经济社会资源与条件主要是指人力资源、资金、技术、交通和市场等方面。

(1) 人力资源评价。人是区域开发的主体，人力资源的数量和素质关系到自然资源开发利用的规模和程度。只有人力资源与自然资源相结合，才能推动区域经济的发展。因此，必须对人力资源进行客观评价，以便更好地在区域开发过程中发挥人的主观能动性。人力资源评价应从以下几个方面入手：

1) 人口数量。人是生产的主体，因此人口数量多意味着劳动力资源丰富，对经济建设有利；同时，人也是消费主体，过多的人口使得资源紧缺，环境压力大，加之我国经济发展水平不高，就业机会有限，过多的人口造成了劳动就业的困难。因此，对于人口数量应进行辩证分析，在考察区域人口数量时，要综合考察人口自然增长率和妇女总和生育率，动态地掌握人口资料；同时，要注重统计劳动适龄人口比例及区域失业率，评价劳动力利用状况。

2) 人口素质。一般以人均寿命和文化程度构成两项指标来反映区域人口的自然素质和文化素质。贫困落后地区人口素质一般较为低下，它们无力改善医疗卫生条件和提高教育水平；相反，发达地区人口素质较好。

3) 人口结构。人口结构包括性别构成和年龄构成两方面，特别是人口年龄构成对区域经济发展影响较大。如我国目前已步入老龄化社会，过多的老年人口会成为一个沉重的社会负担，而且青壮年劳动力也会出现相对短缺。

一个地区的人力资源总量状况取决于以上三方面因素，其计算公式为：

$L = N \times S$

式中：L——人力资源总量；N——区域劳动者数量；S——劳动者平均技术熟练水平。

劳动者的平均技术熟练程度是综合计算人口素质和人口就业结构得出的。

(2) 资金评价。区域开发活动需要投入一定量的货币资金来保证开发项目的实施和运行，资金是区域开发活动的启动条件之一。对资金条件的评价应包括以下内容：

1) 资金的供给。区域资金的供给表明了区域的经济实力，总供给量越大，则区域开发的后劲越足；反之，亦然。区域资金主要有企业资金、信贷资金、财政资金、外汇储备、居民储蓄及手持货币等。区域资金的总供给量取决于区域国民收入水平和积累率的高低，一般说来，区域国民收入越高，积累率越大，则资金可供量也越大。资金总供给量的计算公式为：

$K_s=Y\times S$

式中：Y——区域国民收入；S——积累率；$K_s$——资金总供给量。

2）资金的需求。资金的需求反映了区域经济发展的成熟程度。一个地区经济增长越快，则需要的积累率越高，资金需求量也就越大。资金积累率的计算公式为：

$S=K\times g$

式中：S——积累率；K——资本产出率；g——经济增长率。

上式即哈罗德—多马模型。将其代入资金供给公式，可得：

$K_s=Y\times K\times g$

由此即可计算出某一时期区域保持一定增长速度所需的资金投入。

若资金的供给大于需求，即区域资金供过于求，表明可加大开发力度；若区域资金供给小于需求，即区域资金供不应求，则要求吸引区外资金以保证建设资金的供给，或者压缩建设规模以减少资金需求。

3）资金流通。主要是指区域资金市场的发育程度。区域资金市场主要包括区域短期拆借市场、商业票据市场、国库券市场、股票市场、债券市场等。资金市场的主要功能在于通过筹集资金和发放资金来调剂资金短缺，引导资金流通。资金市场越发达，流通渠道越通畅，区域开发资金就越有保证。

（3）技术评价。科技是第一生产力，是区域经济发展和社会进步的原动力。科技力量的大小决定了资源配置的效率及区域开发的深度。评价区域科技条件可从以下几方面入手：

1）技术水平。主要指区域现有企业的技术装备水平，包括机器设备本身的技术水平、企业职工的技术装备及生产过程中科技应用状况三方面。其计算公式为：

$S=P\times M$

式中：S——技术水平；P——劳动生产率；M——资金产出率。

2）科技开发能力。科技开发力量的大小取决于包括科技开发机构个数、科研人员数、机器设备数、研究课题及经费数、科技成果数、专利数等在内的多种因素，可用科技开发综合能力指数来衡量。其计算公式为：

$T=(E+S+P+R+X+N)/6$

式中：T——科技开发综合能力指数；E——科研经费投入指数；S——新产品销售指数；P——科研人员指数；R——技术转让指数；X——新产品出口指数；N——科研成果指数。

（4）营销能力评价。在市场经济条件下，必须重视市场导向作用，通过考察区域市场状况，研究区域开发的规模与走向。

1）市场容量。通常以区域市场总需求量表示。需求可用生产和消费需求来表示，而生产需求主要指固定投资需求。其计算公式如下：

$M_q=F_c+C_u$

式中：$M_q$——区域市场容量；$F_c$——区域固定资产投资额；$C_u$——消费总额。

对于某一类产品，除考察其市场需求量外，还应看目前市场供给水平，可用投资饱和度表示。其计算公式为：

$C=I/P$

式中：C——投资饱和度；I——边际效益；P——利率。

若投资饱和度大于1，则投资未饱和，市场尚有一定的容量；反之，则投资过于饱和，说明市场已开发殆尽。

2）营销状况。营销状况包括区内原材料供应渠道和产品销售渠道是否顺畅、区际贸易情况、交易行为的规范化情况等，特别是区域交通条件的便捷与否。对交通条件的评价，可从区域运网密度和货运能力两方面进行。运网密度和货运能力的计算公式分别为：

$T_d=L/S$

$C_t=Q_t/R_t$

式中：$T_d$——运网密度；L——交通线长度；S——区域面积；$C_t$——货运能力；$Q_t$——区域货运量；$R_t$——区域货物周转量。

运用以上两个指标进行综合运算，可得出区域交通条件综合指数。其计算公式为：

$I_t=T_d/C_t$

式中：$I_t$——区域交通运输综合指数；$T_d$——运网密度；$C_t$——货运能力。

在分别评价了区域的自然资源和社会经济条件几个主要方面之后，还要对区域的区情做一个全面的、综合的分析，计算综合区力，即将自然资源、人力资源、资金、技术、市场及交通等各项指标用几何平均法计算出一个综合评价指标，在此不再赘述。

### （二）区域发展阶段的分析与评价

正确认识和评价区域经济发展所处的阶段，有利于全面掌握区域情况，便于针对发展阶段的特点制定相应的开发战略，同时也可以衡量该区域在全国范围内的发展水平。

通常采用的区域经济发展阶段划分模式有以下几个：

1. 用罗斯托的线性阶段模式判断区域经济发展阶段

美国经济学家罗斯托将社会经济发展进程划分为以下六个阶段：

（1）传统社会阶段。即现代科学技术产生以前的社会，大部分人口从事农业，社会组织形式以家族和氏族为主。

（2）起飞准备阶段。由以农业为主的社会逐渐向以工业、交通、商业及服务业为主的社会转变，积累率达5%，主导产业主要是饮食、烟草、水泥、砖瓦等产业部门。

（3）起飞阶段。这是经济发展的关键阶段，产业革命引起了生产方法的剧烈变革，经济增长发生质的飞跃，积累率提高至10%以上，其主导部门是替代进口的消费品制造业综合体系，主要是纺织工业等非耐用消费品的生产。

（4）成熟阶段。现代科技得以全面推广到各生产领域，工业化向多样化方向发展，积累率稳定在10%~20%，主导部门为重型工业和制造业综合体系，如钢铁、煤炭、电力、机械等工业部门。

（5）高额群众消费阶段。工业高度发达，耐用消费品生产占用了越来越多的社会资源，主导部门为汽车工业制造综合体系。

（6）追求生活质量阶段。居民消费注重以服务业为代表的生活质量部门生产的无形产品，如教育、卫生保健、旅游业等，建筑业也得到了很大发展。

依据投资积累率和主导专业化部门来判断区域发展阶段有一定合理性，大多数区域的发展都印证了以上六个阶段的发展轨迹，但这也不是绝对的。如有的地区由于基础薄弱，尽管其积累率高达20%以上，其发展水平仍可能处于传统阶段；从主导产业看，受高额利润的驱使，有些区域建立起与其发展基础不太相应的产业结构体系，盲目追求高新，因而无法正确反映地区经济的发展水平。

2. 用产业结构深化规律判断区域经济发展阶段

处于不同发展阶段的区域拥有不同的经济内容，从而有不同的产业结构。基于区域产业结构的变化，可将区域经济发展分为以下六个阶段：

（1）传统社会。产业结构以第一产业为主，大部分人口集中于农业生产部门，极少有现代化工业，生产力水平低下。投资范围主要集中于农业、采矿业等第一产业。

（2）工业化初期阶段。以食品、烟草、水泥、采掘等初级产品生产为主的工业开始得以发展，对资金的吸收、消化能力逐步增强，但投资主要集中于劳动密集型产业，资金需求量不是很大。

（3）工业化中期阶段。制造业迅速由以轻型工业为主转向以重型工业为主，工业劳动力开始占主体，第三产业也迅速发展。资金消化吸收能力激增，投资收益高，为资金密集型产业迅速发展的时期。这一阶段的区域开发可吸收大量外来资金，发展重化工业及高中档耐用消费品生产，第三产业也具有良好的发展前景。

（4）工业化后期阶段。其主要特点是第三产业呈现持续高速增长，社会经济发展服务化，此阶段最好的投资领域为以第三产业的金融、信息、广告、技术咨询等为主的生产性服务部门。

（5）后工业化社会。制造业由资金密集型为主转向技术密集型为主，同时生活方式走向现代化，高档耐用消费品迅速发展。这一阶段的区域开发，要在注重发展高新技术产业的同时，积极采用先进技术改造传统产业，提高技术装备水平，增加科技含量。

（6）现代化社会。第三产业分化出的智能、知识密集型产业占据了主导地位，人民的消费开始追求独特的个性与高水平的质量，宜大力发展知识密集型产业和现代化服务业。

从总体上看，我国目前基本上处于工业化中期阶段。但由于我国各区域发展水平参差不齐，区域差异很大，存在处于各种发展阶段的区域。东部沿海地区的一些发达城市已经进入后工业化阶段并向现代化阶段迈进，而中西部落后区域某些贫困乡村尚处于刀耕火种的传统农业社会阶段。不同区域应根据不同的产业发展水平确定不同的开发投资方向，切不可盲目追求高新，急于求成。

3. 其他划分方法

胡佛与弗希尔将区域发展过程分为五个阶段：自给自足阶段、乡村工业崛起阶段、农业生产结构变迁阶段、工业化阶段、服务业输出阶段。F. I. I. 汉密尔顿则将工业结构发展分为幼年时期、青年时期、壮年时期、老年时期，表明了工业由产生到发展乃至衰亡的整个演化过程。国际上一般将不同发展水平的国家分别称为落后国家、发展中国家和发达国家。参照此法，我们将处于不同发展阶段的区域分为落后地区、发展中地区和发达地区三大类。综合分析地区经济实力（总产值）、发展速度、人均收入、工业化程度、城市化水平、技术力量、积累能力等指标，以此划分区域类型。

## （三）区域产业结构的分析与评价

区域产业结构是指区域内各产业部门之间的相互联系和比例关系。从不同角度考察，区域产业结构有不同的分类方法，目前主要有两部类分类法、农轻重分类法、三次产业分类法、标准产业分类法、产业功能分类法、霍夫曼分类法、资金密集程度分类法等。研究不同区域的产业结构，可根据不同的研究目的采用相应的划分方法。

产业结构是区域开发研究的重要内容之一。合理的产业结构有利于资源的合理配置和区域经济的协调发展；反之，则会延缓甚至阻碍区域经济改革的步伐。评价区域产业结构是否合理：一要看区域产业结构是否与本区资源结构相适应，能否最有效地发挥区域优势；二要结合国民经济全局性发展的要求，看区域产业结构是否能有效地发挥自身的作用、承担相应的分工；三要看区域内产业的关联度如何；四要看区域产业结构的转换能力与应变能力如何。能与本区资源结构相适应、能成功承担全国劳动地域划分中的一项或几项特定功能、区内产业关联度高即能协调发展、具有较强的结构转换和调整能力的产业结构，应视为优良；反之，则存在欠缺，需加以改进。

从区域产业结构本身来看，要着重分析以下三方面内容：

1. 专业化生产程度

区域专业化生产，即区域按照生产地域分工规律，利用特定区域某类行业或产品的特殊有利条件进行大规模集中生产，而后向区外输出，以求取得最大经济效益。区域专业化生产部门，即直接或间接为外区提供商品或劳务的部门，是区域经济体系的核心。

衡量区域专业程度的指标有：

（1）区位商。其计算公式为：

$$Q_{ij}=\frac{L_{ij}/L_i}{N_j/N}$$

式中：$Q_{ij}$——i 区 j 部门的区位商；$L_{ij}$——i 区 j 部门的职工人数；$L_i$——i 区职工总人

数；$N_j$——j 部门的全国职工人数；N——全国职工总人数。

也有人用产值指标代替职工人数指标来计算区位商。若 $Q_{ij}>1$，则 i 地区 j 部门为专业化部门，区位值越大，生产的专门化程度也就越高；反之，亦然。

（2）地区专门化指数。其计算公式为：

$$I_s=\frac{P_{ij}/P_{mj}}{P_{in}/P_{mn}}$$

式中：$I_s$——地区专门化指数；$P_{ij}$——i 区 j 部门的净产值；$P_{mj}$——全国 j 部门的净产值；$P_{in}$——i 区全部工业净产值；$P_{mn}$——全国总工业净产值。

（3）产品商品率。其计算公式为：

$$C=\frac{Q_{ij}}{Q_j}$$

式中：C——产品商品率；$Q_{ij}$——i 地区 j 产品输出区外的数量；$Q_j$——i 地区 j 产品总产量。

（4）区际商品率。其计算公式为：

$$R=\frac{Q_{ij}}{Q_j}$$

式中：R——区际商品率；$Q_{ij}$——i 地区 j 产品输出区外的数量；$Q_j$——全国各区 j 产品输出区外的总量。

以上各项指标值越大，则说明地区专业化生产程度越高；反之，亦然。

在区域产业结构中，真正占据主体地位的是主导专业化部门，即主导产业，它决定着区域经济的发展方向和速度。

一般说来，区域主导专业化部门具有以下特点：①它担负着全国分工体系中的特定职能，其区位商值很高（一般大于 2），产品大部分参与区际交换。②其产值在区域总产值中所占份额大，生产规模大，经济效益好，部门效率高。③与区内其他产业间关系密切、处于生产链中的关键环节，通过前瞻影响、后顾影响和旁侧影响带动关联产业乃至整个地区经济一起发展。

因此，确立合适的区域主导专业化部门对某一特定区域的经济发展意义重大，要综合考虑区域优势与发展目标、产业特点与发展潜力等内容，找到区域与产业的最佳结合点。一般采用的方法主要有：优势资源优先开发法、需求收入弹性法、劳动生产率上升法和产销区划法，在本章后面部分有较详细的论述，在此从略。

评价区域主导产业的发展情况，除前面提及的区位商、产品需求收入弹性系数、生产率上升率及完全核算费用指标外，还经常综合使用市场占有率、比较劳动生产率、产业波及率、产业贡献率等指标，由此反映区域主导专业化生产部门的发展情况，以便及时采取措施解决发展中存在的问题，更好地推动区域经济健康发展。

但专业化程度并不是越高越好，片面的专业化使得区域经济基础脆弱，经不起市场价格波动的冲击，同时也不利于专业化部门自身的发展。任何部门不可能孤立发展，而需要一些产前、产中和产后的辅助性与服务性部门予以扶持。因此，在建设好专业化生产部门外，还应发展非专业化部门，包括为地区主导专业化部门提供服务的部门、与地区主导专业化部门配套互补的部门（如劳动力利用上的互补性）以及为本地区消费服务的自给性部门。既要防止片面化生产，又要防止大而全、小而全的诸侯经济，防止各地区产业结构趋同。

衡量区域产业结构趋同与否可采用产业结构相似系数指标，这在后面章节中有详尽介绍，在此不再赘述。

2. 二元经济结构

系统论的观点认为，如果系统内各要素间的比例关系严重失调，则系统的整体功能只能以最低水平的因素为基准来确定，从而导致系统总体水平低下。区域是区内各产业相互联系、相互作用而形成的一个复杂系统，因而分析区域产业结构时必须注重二元结构的评价。

二元结构的评价指标有：

（1）劳动生产率对比指标。其计算公式为：

$$A=(A_{ij}/A_j)/(B_{ij}/B_j)$$

式中：A——劳动生产率对比指标；$A_{ij}$——区域农业劳动生产率；$A_j$——全国农业劳动生产率；$B_{ij}$——区域工业劳动生产率；$B_j$——全国工业劳动生产率。

（2）城乡收入对比指标。其计算公式为：

$$E=\frac{C_{ij}/C_j}{d_{ij}/d_j}$$

式中：E——城乡收入对比指标；$C_{ij}$——区域农村收入；$C_j$——全国农村平均收入；$d_{ij}$——区域城镇居民收入；$d_j$——全国城镇平均收入。

二元结构的主要特征是现代化的工业生产与传统的小农经济并存，现代化城市与落后的乡村并存。目前我国有一批达到了世界先进水平的现代化工业企业和现代化城市，但从总体上看，我国发展水平依然不高，在世界上排名也比较靠后，其原因就在于我国还存在广大落后的乃至一部分处于待开发状态的农村地区，尚有 7000 万人口生活在偏远山区。

从各个地区看，二元结构也普遍存在。据统计，我国的城乡经济发展水平差距已远远大于东、中、西的区域差异。而在三大地带内部，城乡差异的水平也是不同的。差异最大的是西部地区，其次是东部地区，最小的是中部地区。随着各区域城乡收入差距的扩大，社会不稳定因素增多。现代化工业与传统农业之间出现断层，技术力量对比悬殊，使得技术辐射、扩散能力弱化，从而影响区域整体实力的提高。因此，必须大力发展农业和农村经济，淡化二元经济结构，保证国民经济及地区经济的持续、稳定、协调发展。

大力发展农业，多渠道筹集农业发展资金，增加农业生产投入，改善农业生产基本条件，增强农业发展后劲；加大农业科技投入，提高农业技术含量，走高产、优质、高效、低耗的科技农业之路。农业区域开发要在广泛开发的基础上向纵深方向发展，积极利用

“四荒”（荒地、荒滩、荒山、荒水），综合开发“四低”（中低产田、低产林、低产果园、低产水域），提高复种指数。在生产条件较好的区域建设重要产品（包括粮食、棉花、油料、糖类、肉类及水产品）生产基地，进行农业专业化生产和集约经营；因地制宜地积极开展多种经营。

活跃农村经济，将乡镇企业作为农村经济发展的战略重点，改变农村搞农业、城市搞工业的传统格局。乡镇企业的发展吸收了大量农村剩余劳动力，提高了农业劳动生产率，也增加了农民的收入。同时，通过吸收城市中已不具竞争优势的产业来加速科技在农村的渗透，为改造传统农业提供了资金、技术及物质保证，促进了农业发展。在农村乡镇企业相对集中和发展水平相对较高的地区，则可以建设生活小区，并进行服务设施的配套建设，逐步建成一种融现代化、城市化于一体的农村新型城镇。

3. 产业结构的变动

从一、二、三产业的划分来讲，产业结构变动的一般趋势是：第一产业比重急剧下降，第二产业的比重稳步缩小，第三产业的比重迅速上升。这已被世界各国的经济发展历程所证实。

从工业结构的变动情况来看，在整个工业化过程中，工业制造业内部的演化大致可分为以下三个阶段：

（1）重化工业化阶段。工业结构由以轻工业为主逐渐转向以重工业为主，表现为霍夫曼比例（轻工业产值/重工业产值）呈不断下降趋势。

（2）深加工化阶段。以非农产品为原料的工业比重上升，以农产品为原料的工业比重下降，表明工业增长对原材料的依赖度相对下降。其计算公式为：

$I_P = P_1 / P_2$

式中：$I_p$——深加工指数；$P_1$——以非农产品为原料的工业产值；$P_2$——以农产品为原料的工业产值。

（3）技术集约化阶段。区域产业向高新技术化方向发展，高技术产业在区域经济中占主导地位。技术集约化指数是指高技术产业产值与区域工业总产值之比值，其计算公式为：

$I_t = P_h / P$

式中：$I_t$——技术集约化指数；$P_h$——区域高技术产业产值；P——区域工业总产值。

分别计算以上三个指标，判定区域产业结构变动所处的阶段，区别不同类型的区域，结合不同特点的产业，予以积极引导。

从区域上看，东部地区要积极利用现有的资金技术优势发展高新技术产业，并积极运用高新技术改造传统产业，积极借助科技推动产业结构的升级换代。

科技进步必须依靠创新，熊彼特认为创新有五种形式：①引进新产品或提供一种产品的新质量；②采用新技术及新的生产方法；③开辟新市场；④获得原材料新来源；⑤实现企业组织的新形式。

东部地区必须通过创新实现技术导向，其发展模式可以用产品生命循环阶段来表示：

第一阶段，通过创新技术推出新产品，拓展销售市场，直到区内市场饱和；第二阶段，将满足区内市场后剩余的产品销往区外，开拓区外市场；第三阶段，随着区外市场的发展，将资金、技术、产品一同输出，在输入国发展该种产品的生产；第四阶段，区外生产具有价格低廉的优势，其产品为扩展市场，返回本区参与竞争，迫使本区放弃这种产品的生产而转向开发更高技术的新产品。

对于中西部等欠发达区域，则要结合本区优势资源的开发，积极吸收并模仿发达区域的成熟技术，在重点发展优势资源产业的基础上，适度发展一些加工制造业。生产技术在发达地区得以创新，而后扩散至落后地区，后者对之加以模仿，使得技术得以推广。中西部地区必须通过模仿来紧密追随技术变革的潮流。其发展模式大致可分为三个阶段：第一个阶段，区内发展相对于区外生产来说极为落后，则区外商品涌入区内，开辟了区内市场；第二个阶段，该区积极模仿输入产品的生产技术，并利用其后发优势（资源、劳动力等）与高技术相结合，促进本区该产品的生产；第三个阶段，随着该区的生产规模扩大，利用其低成本优势转向输出该产品，去竞争区外市场。

### （四）区域经济布局的分析与评价

区域经济布局是区域开发的核心内容。区域经济的合理布局有利于资源的有效开发利用，使国民经济各部门形成最佳地域组合，促进劳动生产率的提高。对区域经济布局合理性的分析与评价应从三个层次来展开。

1. *宏观布局即国家总体布局*

我们以经济技术发展水平为主要依据，结合地理位置，将全国分为东部沿海、中部内陆和西部沿边三大地带来进行总体战略布局。其中，东部沿海地带经济基础雄厚，科学技术先进，教育水平高，经济效益好，属于高梯度地区；中部内陆地带地处全国腹地，战略位置十分重要，且在三线建设时基本上形成了一个以重工业为主体、门类比较齐全的工业体系，属于中梯度地区；而西部沿边地带经济落后，基础差，底子薄，属于低梯度地区。

根据生产力空间梯度推移战略，首先让有条件的高梯度地区即东部沿海地带发展先进技术，然后逐步向中、低梯度地区推移。随着经济的发展，推移进程加速，从而区域间差距得以缩小。

为了提高东部地带的梯度位势，中央采取了向东部倾斜的政策，增加了对东部地带的投资，并且从政策上给东部地区以优惠；同时，长期资源低价、工业产品高价的价格政策使得中西部资金逆向集聚至东部地带，使得本来就具有良好发展条件的东部迅速超越中西部而在经济上占据绝对优势，东部与中西部的差距越来越大，可由以下三级指标反映出来：

首先，从国内生产总值（GDP）的增长率来看，按可比价格计算，1994 年我国 GDP 增长率为 11.8%，其中东部地带 GDP 增长率为 15%，而中西部地带仅为 10%，东部地带经济增幅明显高于中西部地带，增长最快的浙江省与增长最慢的宁夏回族自治区之间差距高达 13.3 个百分点。其次，从工业产值增长率来看，1994 年全国乡及乡以上工业总产值按 1990 年不变价格计算比上年增长 21.4%，其中东部地带增长 23.6%；中西部增长 15.1%，除安徽、湖北和江西三省外，其余西部 15 省区均低于全国平均水平。最后，从固定资产投资增长率来看，1994 年全社会固定资产投资总额比上年增长 27.8%，其中东部为 33%，中西部为 25.6%，中西部除湖北、河南以外，其余 16 省区均低于全国平均水平。从投资比例看，东部地区占 65%，中西部地区仅占 35%（1993 年中西部占 36.7%）。

东中西部地区发展条件不同，因而必然存在发展水平的差距，空间梯度推移就是建立在这种差距基础上的技术空间推移过程，其预期结果是不断以先进带动后进，在整体技术水平提高的基础上逐渐缩小差距，实现共同进步。但我国目前的区域差距越来越大，根据累积循环因果理论，只要地区发展条件出现差异，则条件好的地区将不断积累有利于自身发展的因素，而在积累这些因素的同时也不断积累遏制其他区域发展的因素。因此，我国在总体经济布局中必须注重中西部地区的发展，从投资引导和产业政策两方面来推动中西部地区的经济发展，避免其经济陷入贫困恶性循环。

*2. 中观经济布局*

主要是指区域内的产业布局和城乡规划。它是连接宏观布局与微观布局的纽带，以微观布局为基础，受宏观布局引导。具体说来它包括以下几项内容：

（1）区域经济布局总体框架。结合区域在全国总体布局战略中的地位与作用及区域发展的自身条件，确定区域发展的方向与目标，并据此设计区域经济布局包括产业布局与城乡规划的总体框架。

（2）重点建设部门的布局。重点建设部门可以分为两类：一类是服从国家整体利益而进行重点建设的部门，如特种产品生产，或基于国家安全考虑的国防建设；另一类是从本地区利益出发而进行重点建设的部门，如发挥区域优势的主导专业化部门、创造区域良好投资环境的基础设施部门等。

（3）重点建设区域内项目的综合布局。包括相关项目的区位选择、项目规模上的配套与建设时序上的衔接、资源的有效配置等。

（4）城镇体系规划。主要研究城乡规划中城镇体系的规模结构、职能结构及地域结构，使城镇发展成为带动区域经济增长的推动力。

在区域经济中观布局中要特别注意处理好一对关系，即集中与分散的关系。在现代化大生产条件下，生产的地域布局存在着集中的倾向，即那些在生产或分配上有密切联系的或是在布局指向性上相同的产业，按一定的比例集聚在某个有特定优势的区域。集中使得生产规模扩大，从而获得规模经济效益，降低生产成本，提高劳动生产率，并通过统一使用公共设施节约了厂外工程投资费用。但聚集是有一定限度的，当聚集发展到一定规模，往往会出现关键资源短缺现象，争地、争水、争原料、争燃料等现象会愈演愈烈，交通拥堵、环境恶化也会限制集聚规模。而同时，某区位的集中往往是以其他区位的停滞为代价的，因而会在区域内部出现失衡发展。因此，必须处理好区域总体布局中集中与分散的关系，以适当的集中保证聚集经济效益的实现，保证规模适度，实现结构优化。

### 3. 微观布局

微观布局主要是指工厂选址、农村土地资源利用、乡村及城镇基础设施的布局等，即工业布局、农业布局及交通运输布局的详细内容。下面主要讲一下工业企业布局问题。

工业企业本身的生产特点及区位条件的差异，使得一个工业企业布局时往往具有指向性。一般说来，影响企业布局指向的吸引力有投入物（包括原料、燃料、资金、技术、劳力）在成本中所占的比重及地区差价，投入物及产出物的可运移性。由此可以归纳出工业布局的八种指向性类型：

（1）原料地指向，适用于消耗原料多的企业布局。

（2）燃料动力指向，适用于消耗燃料、动力比较多的企业布局。

（3）市场指向，适用于消耗原燃料少且市场决定型的企业布局，包括中间产品和最终产品的营销。

（4）劳动力指向，主要指劳动力数量和素质两方面，适用于简单劳动密集型企业和复杂劳动密集型企业的布局。

（5）资本指向，适用于资本密集型工业企业的布局。

（6）科技指向，适用于科技要求比较高的工业企业布局。

（7）运输指向，适用于原燃料及产品运量大、运费成本高的工业企业的布局，一般多布局在重要交通枢纽或港口。

（8）其他指向，如特殊的自然风光、特殊政策等。

工业企业布局指向性具有复杂性。同一工业的各个生产阶段也有不同指向性，如炼钢业有采矿、选矿、冶炼、精铜、铜加工五个阶段，前三个阶段属原料地指向，后两个阶段属市场指向，而且工业布局的指向性随技术进步而不断发生变化。如钢铁工业至今已经历了燃料地指向—原料地指向—市场指向的演变。由于原材料利用水平的提高，回收技术发展加快，高新技术工业成本中原材料比重低及现代工业原料的节约等原因，加上运输比较费用的降低，原料在工业生产中的重要性越来越小，原料地指向性越来越不明显，而技术指向和市场指向日趋加强。

有的工业布局有多种指向类型，我们在制订布局方案时必须运用成本比较法，从符合指向性要求的布局点中选取成本最低点。其操作步骤如下：

（1）确定新布局企业产品生产成本中占主要地位的因素。

（2）对所选定的因素进行审核、增删，增加一些隐性因素（如环境，不能用数值反映在成本比较法中，但又非常重要），将之在表下注明。

（3）删除一些在成本构成中比重很大但没有地区差别的因素。

（4）选择比较点（包括符合指向性的布局点和已建成的、布局较成功的点）进行范围由大到小、重要性由主到次的筛选，将未被筛选的点定为比较点。逐步计算各点的单位成本，编制成本比较表，进行成本比较，选出成本最低点作为布局点。

## 三、区域开发目标体系及目标冲突的协调

### （一）区域开发的目标体系

区域开发需要确定战略目标，以明确区域发展的方向。一般说来，区域开发的总目标应当是经济、社会和资源环境的协调发展，其中社会发展是主体，经济增长为核心，生态与环境的改善为前提。为了全面反映区域开发目标体系，国内外专家学者提出了物质生活质量指数法（即 PQLI 法）、ASHA 指标法、联合国开发计划署的人类发展指数法（HDI）、阿德尔曼和莫里斯的发展指数法等。下面介绍一种经济、社会综合目标指数法，用以综合各子目标的目标取向。这种方法的操作步骤为：

1. 列出各子目标的指数值

（1）生产指数，包括社会总产值、国民收入、工农业总产值和劳动生产率。

（2）生活指数，包括人均收入水平、人均消费水平、消费结构、识字率、人口自然增长率。

（3）生态指数，包括森林覆盖率、人均森林面积、水土流失控制面积和环境质量。

2. 加权平均计算各项子目标指数的综合指数

其计算公式为：

$$X=\sum_{i=1}^{m} X_i \times F_i$$

式中：X——综合指数；$X_i$——第 i 项分指数；$F_i$——第 i 项指数的权数。

假设某区域规划期理想综合目标指数为 1，而经济各指标组各元素加权平均计算的结果是：生产指数能达到 1.1，生活指数能达到 0.7，生态指数能达到 0.5，它们的权数依次为 0.5、0.3 和 0.2，则计算综合指标得：

$$X=\frac{1.1\times 0.5+0.7\times 0.3+0.5\times 0.2}{0.5+0.3+0.2}=0.86<1$$

计算结果表明，该区域综合指数达不到理想值 1，因而该方案不可取。为保证综合目标指数达到 1，则需要追加投资或采取其他措施，以保证生活质量的提高与环境质量的改善，即生活指数与生态指数的提高。

### （二）区域开发的目标冲突

区域开发的各子目标之间存在着对立统一的关系。一方面，经济增长能够促进社会发展与环境质量的改善；另一方面，经济增长又可能与社会发展的某些要求不一致，并且可能导致更严重的环境污染与生态恶化。

1. 经济增长与生态环境

高速的经济增长可以在较短时期内增强区域经济实力，从而提高区域综合开发整治的能力，增加环保投入，改善已遭受破坏的生态环境，加强生产设备的技术改造工作，防治环境污染。但是，经济增长的高速度往往是建立在资源大量消耗的基础上，以牺牲环境质量为代价的。就中国目前大部分区域来说，经济增长越快，人为的环境污染就越严重。

2. 经济增长与社会发展

经济增长与社会发展之间既相互促进，又彼此矛盾，对立与统一的关系主要表现在以下几个方面：

（1）经济增长与就业。根据奥肯定律，当经济增长率超过 2.5%时，随着经济的增长，失业率下降。也就是说，经济增长能够促进就业增长。但是，技术创新是经济增长的原动力，劳动节约型的技术进步（资本/劳动比例提高，即资本有机构成提高）会刺激资本代替劳动，发展资金、技术密集型产业，从而导致就业机会的相对减少。目前我国国有企业正处于经营机制与生产技术的转轨时期，为提高经济效益，减轻经济增长的负荷，采取了裁减冗余人员的政策措施，从而导致了结构性失业。

（2）经济增长与收入分配。经济快速增长，国民收入增加，劳动者的收入状况就会得到改善，但收入的提高不是一种平均分摊的增量，而是伴随着收入差距的扩大。

首先，从个人收入方面看，如果发展的目标是实现社会公平，那么就会吃“大锅饭”、搞平均主义，挫伤劳动者的积极性，降低社会劳动生产率；如果单纯追求经济高速增长，则必须以多劳多得的分配利益机制刺激生产者的积极性，那么就会拉大收入差距，有碍社会公平。

其次，从区域收入看，如果发展的目标取向为社会公平，则必须兼顾发达地区与贫困落后地区的发展，予以公平的发展权；如果发展的目标是经济效益最大化，则应将资金投向见效快的发达地区，结果必然是穷的越穷、富的越富，区际差距拉大，“马太效应”越来越明显。

（3）经济增长与通货膨胀。经济的高速增长可能引发通货膨胀。首先，经济要增长，则必然要消耗大量的能源与原材料，即对投资品的需求量增加很快；其次，经济的增长必然伴随着居民收入的提高，因此对消费品的需求也日益加大。经济高速增长必然导致需求的旺盛，但社会供给却可能因为项目建设周期过长、投资战线过长等原因而滞后增长，因此，社会总需求过旺就成了拉动通货膨胀的动力。

（4）经济增长与人民生活。二者之间的关系即积累与消费的比例关系。一方面，积累与消费相互促进，积累的目的是扩大再生产，增加人民收入，从而更好地消费；消费需求的满足可以刺激劳动者的积极性和能动性，从而创造出更多、更好的产品，为再生产提供更好的物质基础。另一方面，在国民收入一定的情况下，积累与消费是此消彼长的矛盾关系，积累的量少了，则消费的量就多了，眼前人民生活提高就快；积累的量多了，则经济增长就会加速，但会影响到当前人民的生活消费。

3. 社会发展与资源环境

社会发展与资源环境之间的关系主要表现为人口与资源、环境的矛盾。

人类的生产活动是利用自然、改造自然的过程，同时人类的生存和发展离不开生活资料，而生活资料归根结底来自自然。因此，人口的增长一方面增加了人类改造自然的能力，另一方面也增加了自然资源和环境的压力。

（1）资源压力。我国资源总量相当丰富，可谓是地大物博，但从人均水平看则可以看出资源供给形势的严峻：人均耕地、人均水量和人均森林面积分别为世界平均水平的 1/3、1/4 和 15%，而城乡建设中不合理的开发方式、掠夺式经营大量存在，加之自然界本身的因素，使得我国自然资源以惊人的速度减少；相反，人口却以每年 1400 万的速度净增，预计 21 世纪末将达 14 亿，进而加剧了人地矛盾，资源短缺问题更加突出。对于东部地区来说资源压力就更大，目前我国 94%的人口生活在东部 46%的土地上，资源承载属超负荷型。

（2）生态压力。人口的过快增长造成对资源的过度需求，从而引起生态环境恶化。有人提出用定量指标分析人口增长对环境的负面影响，其计算公式为：

$$I=P\times A\times T$$

式中：I——人口对环境造成的破坏；P——人口数；A——人均消费量；T——技术影响。

从上式可以看出，在技术水平一定的情况下，区域人口数越多，人均消费量越大，则对生态环境造成的破坏也就越大。

## （三）区域开发目标的制定与冲突的协调

区域开发目标冲突的实质是资源配置的矛盾，即在国民收入既定的情况下如何分配投资的问题。由于经济增长、社会发展及生态环境的改善是区域发展的三个重要方面，不应该舍弃或偏废任何一个方面，在制定区域开发目标时必须根据不同的情况，确定目标的优先顺序和主从关系，协调目标冲突。主要应处理好以下两对关系：

1. 公平与效益的关系

要根据经济实力状况和区域差别大小来确定公平和效益何者优先。

（1）经济实力。经济发展阶段和发展水平决定着社会资金积累状况及政府用于开发的财力状况。若一国工业化发展水平较低，工业基础相当薄弱，资金数量有限而需求缺口很大，则应将资金集中投放于发展条件比较好的区域，提高资金使用效率，刺激这些区域优先发展起来，从而增强整体的经济实力，然后以先进带后进，再将投资转向落后地区的开发。即在经济实力弱的情况下效益优先，兼顾公平，通过一个阶段的不平衡发展，为实现更高水平的平衡发展创造条件。如果一个国家经济实力十分雄厚，则效益与公平的矛盾症结并不在于资金的多少，应完全做到效益与公平并重，或者根据自身不同的生产目的或开发动机进行排序。

(2) 区域差别。如果一个国家内部各区域的发展水平差别过大，则不利于整个国民经济的发展，同时可能引发潜在的社会矛盾。落后地区的过度落后会使得发达地区已经成熟的夕阳产业转移不出去，而政府用于改善这些发达地区投资环境的大量投资又使得这些陈旧的产业部门有可能继续生存。发达地区一方面不断建立新的产业部门，而另一方面旧的产业部门又没有及时淘汰和清除，导致产业结构杂乱、无序地集中，不仅收不到集聚经济效益，而且会出现部门间争水、争地、争燃料动力、争原料、争市场等愈演愈烈的现象，不利于产业结构升级换代，同时隐藏了结构性危机。

落后地区的过于落后使得自身陷入贫困恶性循环。从资金需求方面看，落后地区由于收入低下，购买力水平低，从而使得投资引诱不足，对资金的需求小，生产率难以提高，进一步造成收入的低下；从资金供给方面看，落后地区由于收入水平低，储蓄能力也低，从而使得资本形成不足，资金可供量少，生产率水平依旧低下，也造成收入的低下。如此周而复始，导致了落后地区的贫困恶性循环（见图 1）。

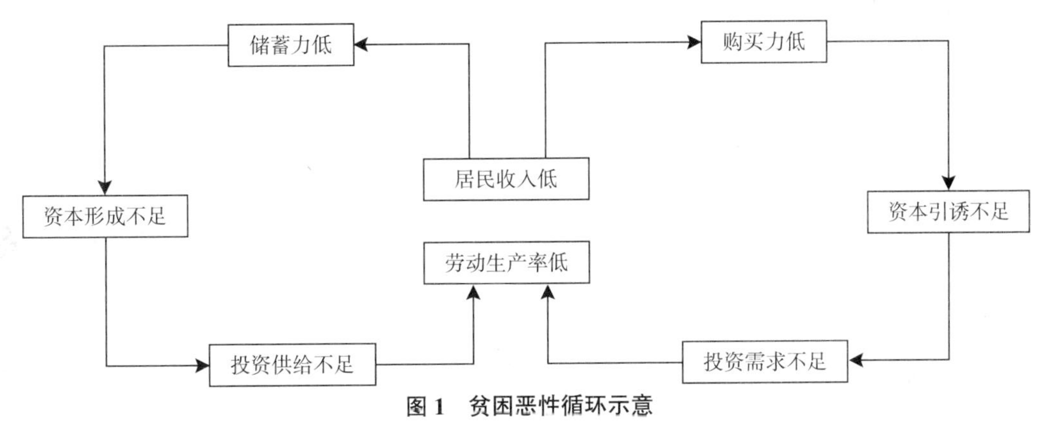


**图 1　贫困恶性循环示意**

因此，在区域差别过大的情况下要注重社会公平，增加对落后区域的投资，通过注入资金推动落后地区的发展；同时加快发达地区传统产业的转移，加速本地区产业结构的升级换代，同时带动落后地区产业的进步。

改革开放以来，我国一直采取倾斜政策，鼓励有条件的地区先发展起来，提倡先富的带动和帮助落后的，从而实现全国各地经济的共同发展和人民生活水平的普遍提高。但由于多种因素影响，我国的区域经济差距正日益扩大，而就目前我国的经济实力看，还不可能在沿海和内地都大幅度增加投资，因此，中央提出从“九五”开始要更加重视内地的发展，实施有利于抑制区域差距扩大趋势的政策，并逐步加大工作力度，积极朝缩小差距的方向努力。应采用资源节约和保护环境的生产技术，促进生产模式由传统向现代的过渡，实现两个转变。

2. 传统生产模式和现代生产模式的关系

这里主要是关于资源节约和环境保护的生产技术问题，对此要实现两个转变：

(1) 经济增长方式由粗放型经营向集约型经营的转变。依靠经济体制改革，形成有利于资源节约、降低能耗且增加效益的企业经营机制，有利于自主创新的技术进步机制以及市场公平竞争和资源优化配置的经济运行机制的形成。

（2）推行清洁生产技术，变终端处理为全过程控制。目前，人类正在耗费巨资修复已遭破坏的地球，先污染后治理的老路子代价巨大，这已被西方发达工业国家所证明。把终端治理作为污染控制的目标在工业环境管理的实践中已遭到了严重挑战：

1）治理投资和运行费用高，经济效益小，污染控制的经济性差，使企业没有治理污染的积极性，而宁可缴纳排污罚款，能源资源得不到有效利用，一些本来可以回收利用的原材料变成“三废”排入环境，造成资源浪费与环境破坏。

2）单纯依靠处理设施往往不能从根本上消除污染物，而只是污染物在不同介质间转移，有害物质往往转化为新的污染物，从而形成新的污染循环，同时使得工业生产中环境与生产相互脱节。

因此，积极推行清洁生产技术，将综合预防的环境策略持续地应用于生产过程和产品中，将环境保护工作纳入经济增长和社会发展过程中。

## 四、区域开发布局模式的选择

区域开发对象的相对落后状态，决定了区域开发只能以不平衡的发展过程求得平衡的发展目标的实现。

以纳克斯为代表的西方经济学家早期对于区域开发总体战略问题的研究，曾提出要摆脱这种相对落后而形成的“恶性贫困循环”，只能实行平衡增长的战略，即在整个工业或经济系统内的各部门同时进行大规模投资，通过部门间相互提供投入和投资引诱，实现各部门的全面增长。实际上，这种百废俱兴、全面推进所需的大量资金和资源正是这种相对落后地区所缺乏的，而完全依靠宏观调控来控制每一个部门的发展和它们的相互作用，不仅是落后地区的经济主体难以胜任的，而且会遏制经济的自主、内在运行，使经济丧失活力。

针对平衡增长的缺陷，以赫希曼为首的不平衡论者指出，在落后地区应实行不平衡的增长，集中有限的资金重点发展罗斯托所称的“主导部门”，依靠经济关系的传递和放大，带动其他部门的发展，以经济运行的内在机制促成平衡的实现。美国学者威廉姆逊继而提出的增长与平衡间的倒“V”形相关规律进一步说明，落后地区的经济发展必须经历由不平衡到平衡的发展过程。

这种不平衡增长理论适应了开发地区的现实情况，从而成为区域开发理论的主流，而且其运用范围也从产业体系引申到地域空间，被众多的区域经济学者所接受。正是在对不平衡增长的阐述中，佩鲁创立了增长极概念，并系统地提出了增长极的作用机制。在此基础上，以这种作用机制为工具相继产生了区域开发的增长极布局模式、点轴布局模式和网络模式。这三种模式的应用与依次更替，既是一个产业体系日趋完善与先进的过程，也是一个借助点、轴、面的空间组织形式，实现由单点开发，然后由点及线、以线带面的产业体系的空间展开和密集化的过程，最终反映的正是一个区域经济由不平衡走向平衡的过程。由这三种模式组成的完整的机制，使区域经济能够从一种落后的稳定状态，以不平衡的发展向更高的稳定水平前进；并且能够不断突破已有的稳定状态，始终处于一种不断更新、上升的过程之中，区域经济充满活力。正确选择、科学应用区域开发的布局模式并及时地转换，就构成了区域经济持续发展的一个重要动力。

### （一）增长极开发模式

增长极理论是由法国经济学家弗朗索瓦·佩鲁于 20 世纪 50 年代提出的一种非均衡增长理论。他在其论文《经济空间：理论与应用》中首次提出了一个完全不同于地理空间的经济空间的概念，构成这一空间的是抽象的以数学方式表现的“存在于经济元素之间的经济关系”。继而指出，在这种空间里，由于各经济元素的规模、交易能力、经营性质不同，它们的创新能力也存在差异，因而存在着不对称和不可逆的支配效应，富于创新的大规模经济单位处于支配地位。这样，经济空间就不是一个均衡的空间，而是一个“由中心及运输各种力的场所组成”的处于极化过程之中的极化空间。在其中处于支配地位、具有推动效应的“推动型经济单位”，在经济空间的不平衡增长过程中起着类似磁极的主导作用，佩鲁将其形象地称为增长极，从而形成了最初的增长极概念。

佩鲁的增长极理论以抽象的数学空间为基础，其中的经济单位不是存在于地理上的某一区位，而是存在于产业间的数学关系之中，增长极的极化效应也仅限于推动型单位在产业结构中的极化，即功能极化，缺乏对极化效应的地域分析，因而只是一种片面的部门增长极理论。

而真正将增长极概念引入到区域经济理论中来，从而最终完善这一理论的是法国经济学家布代维尔。他认为，经济空间不应仅仅包含经济单位间的数学关系，还应包括经济单位间的空间关系；极化过程不仅是功能性的，同时也是地域性的；增长极不仅仅是一个推动型单位或一组推动型产业，同时也表现为这些推动型单位或产业在地域空间集聚而成的城市。这样，增长极就从经济空间引申到地理空间，由一个经济单位转化为一个空间单位。全面准确地理解增长极概念，就需要将这两方面结合起来考虑。

最后我们得到增长极的定义为：由推进型产业及其相关产业的空间聚集而形成的经济中心，它具有较强的创新和增长能力，并能通过扩散效应以自身的研究发展带动其他产业和周围腹地的发展。

无论是部门增长极或是城市增长极，其作用机制都包含着相互对立的两个过程：极化过程（效应）与扩散过程（效应）。极化过程是经济能量在增长极点积累聚集的过程，扩散过程就是这一极化能量向其他空间的释放过程。但部门增长极对以产业结构为组织形式的经济空间与城市增长极对城乡体系为组织形式的地域空间，其作用机制表现出不同的特点，具体的表现形式也有所不同。

部门增长极的转化过程表现为相对较强的创新能力与增长能力，使其在产业结构中的比重日益提高至主导地位；而其相对较高的生产效率和资金收益会使（外来投入）结构内和结构外的投资格局向己方倾斜，形成资金、资源等生产要素的集中，进一步强化这种主导地位。其对于经济发展的作用可以分为两个方面：一是直接贡献，即其自身产出的增长增加了区域所得；二是间接贡献，即由于其产出增长所引发的包括其他产业在内的整个产业体系产出的增长。显然后者是增长极的经济贡献的主要方面，这主要依靠的就是增长极的扩散效应。

部门增长极的扩散效应表现在以下两方面：

（1）推进型产业的扩张必然会通过与相关产业的投入产出矩阵引起相关产业的扩张，进而推进型产业的单位投入会引发系统总产出的成倍增长，这是外部经济的乘数效应。

（2）一种新产业的建立会刺激其他产业的模仿和相关产业的创新，从而带动产业结构的高级化，这是增长极的示范效应。具体问题将在下节关于主导产业的论述中进行详细的分析。

当推进型产业及其相关产业已形成了一定的空间聚集，从而形成城市增长极时，引起的资金和资源的集中投影于地域空间上，就表现为这些资金与资源等生产要素从周围腹地向城市中心的流入和集中，这就是（空间的）城市增长极化效应的表现形式。如果说部门增长极的极化效应的形成包含一部分追求规模经济效益的因素，那么城市增长极在此之外还包括经济主体对空间聚集经济效益的追求。对这两种效益追求的结果是导致城市的产生与膨胀。

同部门增长极一样，城市增长极对区域经济发展的主要作用在于其扩散效应方面。这一扩散效应表现在以下两方面：

（1）城市增长极的建立和发展会形成对农副产品、原材料、零部件及辅助产品等产品的高需求，从而刺激周边地区相关部门的建立及生产规模的扩大。

（2）城市增长极为保持其创新优势和合理的经济规模而需要将部分产业外迁，城市周围的腹地将首先成为这种“产业外溢”的受益者。

通过以上分析，我们可以看到，实际上部门增长极与城市增长极的划分，只是同一个经济过程在经济空间和地域空间这两个不同的空间中的反映。只要赋予经济单位一定的区位含义，确定经济单位与区域单位之间的转换关系，则经济流的移动与空间流的移动是互为投影的。部门增长极与城市增长极的极化与扩散过程从根本上说是等同的。

在增长极产生和发展的过程中，极化效应始终是与扩散效应相伴而行的，只是在不同的发展阶段，不同的效应占据主导地位，才发生扩散与极化的交替。在增长极刚刚形成的最初阶段中，极化作用占主导地位，扩散效应只具有较小的影响范围和力度，极的生长与系统整体的相关系数较小；而随着增长极规模和实力的扩大，扩散效应逐渐加强，极的增长与系统的整体增长的相关关系也逐渐加强，最后扩散效应会绝对地超过极化效应，此时极的增长系统转向均衡化发展，完成不均衡到均衡的过渡。

以上对增长极的作用机制作了一个概述。需要指出的是，这一作用机制既是一个经济系统的自组织过程，同时也是一个可控的过程。我们可以通过引入和控制区域增长极的极化过程，引发系统内的一系列具有调整能力的连锁反应，最终获得预想的扩散效果，从而实现区域开发目标。这正是增长极开发模式的理论基础。

增长极开发模式的基本内容就是：通过在区域经济系统内引入推动型产业并布局于适当的区位，通过功能极化与地域极化形成部门增长极和城市增长极，同时在经济空间和地域空间中以预想的渠道和强度，通过扩散效应释放其极化能量，推动其他地区和部门的发展，促进区域开发目标的实现。

这一开发模式在问世之初，尤其是60年代，曾受到经济学界的高度重视，并被广泛应用于各个国家和地区的开发实践。但60年代后期以来，仅仅以增长极的引入和建立为主要手段的传统增长极开发模式，在应用于欠发达区域和贫困地区的区域开发时，总体效果不佳。这方面典型的例子很多，如印度对其落后地区的增长中心政策，韩国在其南部沿海设置的针对汉城的“对应极”等。这些增长极内都形成了现代化的生产能力和一定的城市规模，但它们并没有像规划者所预期的那样，发挥带动地方经济与均衡全国经济格局、分散大城市人口与产业的作用，而是成为楔入当地传统经济中的一些现代化的“飞地”，形成一种经济的、技术的、城乡结构的“二元结构”。人们对此进行了深刻的反思，重新检讨了增长极开发模式，并得出以下结论：

1. 区域增长极的设置要切实考虑区域经济的要求，并制定相应的区域发展政策和区域发展目标

在上述例子中，无论印度还是韩国，都只是从国民经济均衡发展对区域经济的相应要求出发，将国民经济政策区域化的结果，与从区域自身出发发展经济的要求之间存在一定的偏差。从国民经济出发自上而下地发展区域经济，往往会忽视区域自身的要求，简单地引进一个或一级大型推动合作企业，既未考虑其对区域发展的正负面影响，也未考虑与地方经济的衔接与合作问题。严格地说，这种以国家目标为主的增长极不是真正意义上的区域增长极，自然也就起不到区域增长极应有的作用。比如印度在落后地区建成的化工、钢铁与机器制造等产业，其产品主要是销往全国的，在当地没有多大市场；而韩国的蔚山工业园区，形成了大规模的石化产品的生产能力，但原料来源及使用其化工产品的最终产品加工工业都不在当地，成为一种“借场地的工业”。这些大型企业与当地经济的联系又因二者间技术、经济的梯度差过大而受到限制。这样，它们不仅对当地直接贡献较少，间接贡献也很有限，抑制了极化和扩散效应。因此，在这种自上而下式的增长极开发中，应注意在国民经济目标之外，辅助一定的区域政策，与区域目标进行综合考虑，使增长极真正具有区域的性质。

2. 从区域自身要求出发，不同发展水平的区域的增长极开发有着不同的内容与实施方式

增长极发挥作用的关键在于其扩散效应。扩散效应大体上又以乘数效应、示范效应为主。由于发达与不发达区域的经济结构和发展条件不同，增长极扩散效应的实际发挥程度也各不相同。

从区域角度看，乘数效应可以分为留在区内与漏往区外两种流向，前者为区域乘数效应，后者为区际乘数效应。区域增长极扩散效应的大小就以区域乘数效应的最大化为标准。在发达区域，产业结构与城市体系发育成熟，具有完整的产业关系与空间关系矩阵，引进增长极的效果能得到完全的扩散和吸收，从而获得较大的区域乘数效应。而在不发达区域，产业结构与城市体系残缺，很难保证区域乘数效应大于漏出的区际乘数效应。根据布塞尔的理论，区域乘数是区域专门化系数的倒数。经济结构越多样化，越完整，区域乘数就越大。区域乘数的最大化有赖于一个多样化的经济结构。

而要实现增长极的示范效应，需要相应的技术基础与人力资本，而这些在相对发达地区和不发达地区都是极度稀缺的。因而在发达地区与不发达地区实施增长极开发，有着不同的内容和实施方式。在发达地区引进单一增长极便可有大的区域乘数效应和示范效应。而在不发达地区，仅仅引进单一增长极还不够，还需要同时创立产业联系与空间联系体系，引进和完善产业关系与空间关系矩阵。这也就是传统的单一增长极开发在发展中国家或落后地区收效不大，而在有着发达基础的经济萧条区应用效果较好的缘故。

除此之外，发达区域还要投资于人力资本，并需要结合当前的技术基础，适当选择增长极的技术等级与规模。舒马赫提出“小的是美好的”，即在不发达区域推行具有适当的生产方式与吸收能力的小型适用技术。在落后地区，区域自身要求的并非一定是大型的先进企业，而是能真正在现有体系中顺利地发挥增长极作用的企业。印度在农村中实行的“农村服务中心”的初级增长极政策就收到了较好的效果。

## （二）点轴开发模式

自佩鲁提出增长极理论之后，这一关于经济不平衡发展的全新观点吸引了更多的学者投入到对这一领域的深入研究中。他们以增长极的作用机制为基础，不断提出新的见解，从而将增长极理论进行引申和扩展，点轴理论就是其中一个成功的例子。

在点轴理论中，点与轴的结合成为经济活动的空间组织形式。其中，“点”指的就是以高创新能力和高增长能力带动区域发展的各类区域增长极；而“轴”则指的是连接各增长极的线状基础设施束，包括水陆交通干线、动力供应线、水源供应线及其沿线地带。“轴”这一概念来源于70年代经济学家纳·松巴特提出的“生长轴”理论。这一理论对增长极的单点极化过程加以发挥，认为空间极化不仅会出现在若干点上，而且可以出现在连接各点的重要交通干线及其沿线的线状地带上。因为这类交通线的建立将有利于人口的流动和物资的运输，从而有效地降低运输费用和生产成本，在沿线形成有利于产业布局的新

区位。因而它一产生，就会对产业和人口产生巨大的吸引力，导致产业和人口在沿线的聚集，并由此产生新的增长极点，形成点线一体的极化地带。另外，区域增长极的极化与扩散都是以各类交通线为主要渠道的。交通线的建立和集聚，将有力地强化和加快这两个过程的进行，促进增长极自身的发展及其对区域经济推动作用的实现。正因为这类重要交通干线对区域经济的增长存在着类似增长极的作用机制，松巴特将其称为“生长轴”。点轴理论即是由增长极与生长轴相结合而成的一种新的区域不平衡发展理论。

在这一理论背景下，相应形成了区域开发的点轴布局模式。其基本内容是：由控制一点的极化过程发展为控制一条轴线的不断延伸和聚集，从广度和深度两方面拓展这一扩散过程，直至完成整个区域的平衡发展。这一开发模式基本依靠的还是增长极的作用机制，但由于引入了轴线的概念，使极化过程与扩散过程在空间上可以沿着既定的方向连续进行，由单个、静态的点成为一个空间向量，因而具有了动态的性质；而由于强调了对轴线的重视和开发，方便了极点与腹地间经济流的传递，加快和强化了这二者间的脉冲与反馈过程，使得依托各轴线的各极点推动经济增长的效果更为显著。点轴开发机制以这种点与轴的相互依托和互相促进，完善了增长极的作用机制。

在规划区域实施点轴开发模式，首先要确定开发轴线。选择开发轴线，要根据区域增长极的分布现状及自然、社会条件的禀赋与组合状况所蕴含的潜在生产力的分布态势来进行。所选的点轴必须具备以下条件：

(1) 这条轴线由于所连接的各极点经济梯度上的一致性或相似性，或是其经济结构的互补性，因而在这个方向上能以最快的速度完成点轴一体的极化区的建设，从开发极点向其他各点的扩散作用也能产生最大的效果，这个方向因此而具有区内最高的开发效率。

(2) 这条轴线及其沿线地带有较丰富的自然或社会经济资源，有适合产业和人口聚集的自然条件与环境容量。

(3) 这条轴线本身具有较强的通过能力和较高的传递效率，其通达性程度与所连各点的产业的兴衰有较强的相关关系。

由此确定的轴线既是一个现实存在的以轴线相连接的产业密集带，又是一个规划的经济能的空间辐射方向。

其次，要对轴线内各极点进行等级划分，建立体系，确定极点和轴线的开发顺序。各极点由于规模不同，发展水平不同，因而对区域内的吸引能力也有大有小。我们可以依据既定的标准，将轴线上强弱不同的极点划分为不同的等级，组建起轴线上极点的等级规模体系，从中选择重点开发的极点；同时，由于各轴线的中心城市存在着等级差别，轴线的宽度和吸引能力也相应存在着等级差别，从中我们可以选择级别最高的轴线作为重点开发轴，然后随着经济实力的增强，依次进行二级、三级轴线的开发，并不断将低级别的极点和轴线纳入开发规划之中，将开发引向欠发达和不发达地区。这样，通过对极点和轴线的等级划分和择优开发，点轴开发便具有了空间上和时间上的连续。

最后，要对轴线内各原有极点及预测中的新生极点的发展方向和规模进行规划，使城市增长极点的设置及其所属产业与区域、产业结构的总体规划以及区域地域分工系统相一致，完成产业体系在空间上的展开过程。

以我国为例，无论是在现实中还是在规划状态中，点轴开发都得到了较为广泛的应用。最典型的是在我国的宏观经济战略中，确定了以长江岸线和沿海岸线为一级轴线，沿江和沿海开放城市为一级增长极点的点轴式总体规划。这一点轴系统包括了目前我国东部最主要的几大工业区，并连通了中西部的主要资源区，既便利了我国既有经济能量的扩散，又便利了与广大中西部地区发展外引内联，形成新的增长区，从而克服了梯度战略平面推移的局限性，符合我国区域经济发展的现实情况，因而更具实效。事实上，以往我国历史上形成的工业向沿海、沿江、沿公路铁路线集中的分布状况，正是经济活动点轴模式自行展开的结果，是一种自发的点轴系统，这表明以这种方式组织区域经济开发系统在我国这样的发展中国家是有效的，而关键在于如何在其中加入主体作用，使之成为调整区域经济分布格局的有力工具。

作为三种开发模式的中间一环，点轴模式具有以下特征：

（1）方向性和时序性。即如前所说的空间和时间上的动态连续特征，是极化能量摆脱单点的限制走向整个空间的第一步。

（2）过渡性。点轴开发开始将开发重点由点转向了轴线，而轴线的交织就形成为网络，点轴开发是网络形成的过渡阶段。而随着区域网络的完善，极化作用减弱，扩散作用增强，区域经济逐渐走向均衡，点轴开发也是一个区域不平衡发展向平衡发展的过渡阶段。

对于规划者来说，点轴开发除提供了极点设置这一规划工具之外，还提供了极化方向和时序的控制这一新手段，使得规划者在达成区域发展目标的努力中享有更大的自由度，增强了可控性。

### （三）网络开发模式

经过增长极开发与点轴开发这两个阶段，当区域经济的空间展开过程已达到使中心极与边缘区的极化边际效应缩减到与其扩散边际效应持平的程度时，区域的发展已趋于倒V形线的顶点，即由不平衡走向平衡的转折点；而这时资金不再成为全面的均衡开发的障碍，区域开发的进程为自己创造了转向以均衡化和分散化为特征的非极化阶段的可能条件。另外，长期的极化过程导致了经济活动在极化区的过度集中且已引起集聚规模不经济，形成交通等公共成本上升、环境质量恶化、膨胀病等，以致影响到区域的进一步发展，则均衡化与分散化就成为区域经济自身发展的必然要求。这种非极化的区域开发一般采用的是网络开发模式。

在了解网络开发模式之前，有必要先明确一下网络的含义。依照空间结构理论，经济的空间结构是由节点、域面、网络三大要素相互交织构成的。网络是节点与域面间联系的依托，它既表现为交通运输网络、邮电通信网络等既存于一定区位的可见的联系渠道，同时也表现为产业间和地域间经济联系构成的抽象的有序系统。二者的统一构成完整的网络概念，缺一不可，因为这二者并不是天然地直接统一的，渠道只构成系统的物质载体与必要条件，而非充分条件，前者的形成并不一定意味着后者的存在。

网络开发就是以这种在区域内逐步完善和趋于密集为手段，将整个区域发展引向均衡化的。其基本内容包括以下两方面：

（1）将已有各点轴系统内的交通与通信等轴线加以连接，扩展成一个纵横交织、遍布全区的网络，从而各极点的扩散效应也交织成网，它影响的将是一个区域的整体，任何一个极点的成长都能从区域的每个角落里反映出来。而网络基础设施条件的普及化，使得极化发展失去了必要。

（2）将已有各点轴系统内的产业体系与增长极城镇体系连接为一个完整的网络，形成一个结构完整、多样化的区域产业系统。在这一个系统内，分工细密、紧密协作的大量中小企业以完善的产业链条紧紧围绕在若干主导部门的周围，同时造就一个规模上衔接紧密、职能上各具特色而又相互依托的增长极体系。它保证资金、技术和信息的流动直接来往于最高级的极点与广大农村腹地之间，在各级城镇中的传递畅通无阻。

这两个网络的建成与进一步发展，将会极大地提高区域各节点间、各区域面间，特别是节点与区域面之间各种生产要素交流的广度与密度，最终实现区域经济的一体化，带动更大范围的区域发展。

网络开发模式是区域开发的最后完成阶段，它实施的前提如前所述，是长期开发的积累。在我国，区域开发理论刚刚被运用于实际工作中，各地大多处于构造或强化点轴系统的阶段，还难以形成较大、较完整的网络。目前，苏南、浙北一带沿长江、沿海、沿沪宁杭铁路与公路等若干轴线和以上海、南京、杭州及苏锡常为主的城市密集带，经过长期的建设和开发，具有雄厚的经济技术基础、高度发达的经济水平，区域经济已呈现出城乡一体化的趋势，应抓住时机在这里实施网络开发，实现区域经济质的飞跃。

### （四）重点开发区域的选择

如果说三个开发布局模式所构成的不平衡发展机制揭示的是开发过程在微观与中观区域内的空间展开，那么全国范围内开发重点与开发顺序的确定就是区域开发在宏观战略上的展开，是区域开发的战略布局，直接影响着整个国民经济的未来格局，意义更加重大。

1. 效率优先、兼顾公平的原则

确定重点开发区域，首先要解决宏观发展政策中的公平与效率的难题。效率意味着社会财富的增长，往往伴随着不平等的增长，而公平则要求平等地享受这种增长的机会与增长带来的好处，因而要以效率的损失为代价。

我国以前长期推行的是重公平、轻效率的发展政策，结果造成了资源的浪费和财富的损失；而改革开放以后又曾一度过于强调效率，政策向发达地区长期倾斜导致了沿海与内地的区际差距过于悬殊，直至区际冲突的公开化，影响到宏观经济运行与社会安定。历史证明，这一选择不可畸轻畸重、有所偏废，而要寻找二者相互兼顾而总代价最小的组合方式与结合点。

中央目前确立的效率优先、兼顾公平的战略原则，基本上适应了我国目前的国情，较好地将公平与效率统一起来。所谓效率优先，具体地说就是在国民经济生产过程与国民收入初次分配中使用效率原则，达到资源的最佳配置，实现经济效益最大化。而兼顾公平则是在国民收入的再分配过程中体现公平原则，向在效率竞争中处于不利地位的经济单位与居民提供财政支持与平等福利，使得公共福利最大化。我们在选择开发重点时应该贯彻上述原则。

在区域开发中追求效率优先，首先要明确效率在区域开发中的含义。区域开发是一种人为的自主的调控过程，不是经济在追逐效益中的自组织过程；其开发资金既具有资金的性质与要求，要去追求最大利润，但更是一种开发手段，需要为区域开发目标服务。因而区域开发的效率不仅表现为开发资金回报率的大小，还表现为开发对区域经济目标的实现程度，以及实施开发后区域经济相对的增长效果。在这一前提下，以效率优先原则选择开发重点体现为边际效益最大的选择标准。

假若单以平均的投入产出效益为标准，那么发达地区无疑具有最高的效率。但以边际的投入产出效益来看，最具效率的不一定就是发达区域。一些处于经济起飞和结构演进的临界点的不发达区域，只要从外部施以“临界最小努力”，即可摆脱低水平的稳定状态，实现经济质的飞跃与量的飞速增长，这时开发资金每增加一单位，将获得极高的区域增长效果；相反，某些发达区域由于经济规模已处于饱和状态，每增加一单位的资金投入，甚至会获得负的规模效益与聚集效益，区域增长的效果就不会很明显。在这种情况下，选择前者显然比选择后者更具效率。

2. 补偿性开发原则

在区域开发中兼顾公平，其公平的含义有两层：一是在生产过程与初次分配中保证经济公平，即各区域现有条件下的发展机会平等与竞争平等，摒除人为的不合理机制与非理性因素的干扰；二是在再分配过程中将发达区域高效率赢得的经济剩余投向落后地区，使其摆脱累积因果论所称的“恶性贫困循环”和由此形成的在效率竞争中的不利地位。对于前一种公平，需要通过市场经济的逐步发展、全国市场体系的逐步完善与市场机制的逐步成熟来解决。而后一种公平，则表现在开发重点的选择中实行补偿性的开发原则。依据这一原则，国家应对那些缺乏自我发展能力的区域，或是受极化效应过久而尚未被扩散效应波及，从而造成资源损失的区域实施补偿性的重点开发，以保证国民经济的增长格局趋于均衡。

这两个开发重点只有同时存在于国民经济运行的不同层次中，才能真正体现效率优先与兼顾公平的统一。

3. 产业重点原则

另外，产业的重点开发也影响到区域的重点开发。在对国民经济产业结构的规划中，也存在着重点发展的产业与次要产业的区别。这种重点产业或是支撑未来国家发展的主导产业，或是在目前明显落后于其他产业而破坏了产业结构的综合平衡、抑制了产业体系的整体增长的“瓶颈”或短线产业，它们的重点发展是国民经济战略计划顺利实施的保障。而如前所述，每一产业最终都要具体落实在地域空间上，经济空间与地域空间是通过一定的转换关系一一对应的，产业的重点也相应地转化为区域的重点。对产业的重点发展，也就是对产业所在区域或拥有该产业的区域的重点开发，从而形成了对区域开发重点选择的第三个原则：产业重点原则。

在区域开发中正确地应用这三个原则，合理地确定区域开发战略展开的立足点与先后顺序，才能体现区域开发对国民经济总体运行的意义，实现区域经济以各区域发展促进国家整体发展的根本宗旨。

## 五、区域开发产业结构的选择

区域产业结构指的是规划区域内各部门、产业间及其内部的组成、结构与比例关系。它是区域经济系统在经济空间中的组织形式，该系统在这种经济空间中，依据增长极作用机制不平衡地发展着。正是在这种一连串的不平衡发展中，区域经济系统内不断产生对投资、创新与结构完善的新的引诱，构成其持续发展的动力机制。产业结构正是作为经济主体的人对这一不平衡发展过程施加主体影响的重要渠道，规划产业结构的重要意义就在于，合理地构筑极化点及其与各经济单位间的关系，使极化作用在预想的范围内发生，沿设定的渠道扩散，使这种不平衡发展机制在人为区域开发目标的框架内持续地运行。

同时，区域产业结构还是自然资源向现实效益转化的中介，决定着资源转化的方式与效率，是促成生态环境与经济系统间协调发展、相互促进和良性循环，从而保证包括生态系统在内的整个区域生态经济系统持续发展的重要环节。这二者的持续发展，构成区域持续发展的基本内容。

### （一）区域产业结构合理化的目标模式

评价区域产业结构是否合理，不同的立场会有不同的结论。首先必须明确两个评价前提：一个区域存在着自己相对独立的经济利益，该区域的产业结构合理与否，要考虑与这种区域独立利益的符合程度；作为整个国民经济中的一部分，区域经济利益必须与国民经济的整体利益协调起来，以区域经济效益最大化促成国民经济效益的最大化。

从长远、全面的观点来看，这二者是趋向一致的，从而为区域产业结构实现这一双重目标提供了可能。

在这两个前提下，区域产业结构合理化的目标模式应包括以下内容：

1. 有能力将自然禀赋或历史形成的区域自然资源或社会资源向现实的效益转化，并求得效益的最大化

这一效益目标又可分解为以下两个子目标系统：

（1）经济效益目标系统。它包括依据资源相对或绝对优势进行专业化生产而获得的区域比较利益，由专业化部门的大规模生产而获得的规模经济效益，由专业化部门的发展所吸引的相关产业的空间聚集而形成的聚集经济效益。这一效益目标系统的最大化，要求区域产业结构依据区域优势发展大规模的主导专业化部门，并围绕这一部门建立一般专业化部门和辅助部门，形成一个由生产、分配和技术联系结合起来的比例协调、相辅相成的整体。

（2）生态经济目标系统。它包括对资源的全面和深层次的利用带来的资源潜在效益的最大化；对资源实行保护性开发带来的资源的持续供给能力的最大化；对多种资源的统筹考虑、综合利用带来的资源组合效益的最大化。因以上资源开发利用方式带来的资源损失与废弃的最小，从而使环境污染的损失最小化，优化环境质量。

这一目标系统要求产业结构的技术层次不断提高，在有限的资源中开发出尽可能多的经济产品；要求产业结构有较高的系统性和完善程度，使结构内的部门和产业尽可能地覆盖区内的多种资源与资源的多种用途，并完善以资源开发为起点的产业链条，以增加物质资源的转化和利用环节，减少能量资源的转化环节，达到转换能量耗散与物质废弃的最小，而这二者正是环境污染的主要来源。高质量、无污染的生态环境，不仅意味着由污染带来的经济损失与治理费用的节省，而且其自身也因满足了人类的生态需要而具有了使用价值，由于凝结着人类保护环境的一般劳动而具有了价值，从而成为一种生态产品。经济产品与生态产品的综合效益最大化，是这一目标系统的最终评价标准。

2. 使区域经济具有自主发展的能力

这一目标也可分解为以下三个子目标：

（1）区域经济的自我积累能力。区域产业结构应能在保证国民经济目标的前提下，立足于区域的独立利益，使资源转化的效益能较多地增加区域内所得，使产业创新和发展形成的乘数效应能较多地为区内经济所消化，使区域作为一级利益主体有足够的经济实力与经济手段保证自身利益的实现。

（2）区域经济的自我创新能力。区域产业结构应以具有一定先进水平的产业为主导，形成不同技术层次的梯次配备，相互间紧密衔接，保证主导层次的技术创新能有效地传递到其他各层次，带动区域产业结构整体技术水平的提高，而不至于相互脱节，形成产业上的二重结构；同时区域应具有不断淘汰旧产业、吸收新产业的动力机制，从而保证产业结构不断向高级化演变。

（3）区域经济的自我调整能力。区域产业结构应有良好的系统性和整体性，形成以主导产业为核心的区域多部门紧密联合、相互促进的区域经济系统。在区内形成各地域单元的多层次地域分工系统，从而避免区域产业发展的片面专业化和区域经济结构的单一性，

以便在发生经济波动与外界干扰时，区域经济系统能有完善的机制与充分的余地及时进行调整，而不致形成全局性的经济失调，使全区经济陷入萧条。

3. 促成国民经济效益最大化

能与整体国民经济运行相协调，以地域分工的形式积极参加区际协作，以区域经济的繁荣带动国民经济的整体发展，促成国民经济效益最大化。

区域的相对独立利益必须得到承认，但对这一利益的追求必须是以国家这一最高利益主体的利益实现为最终目标的。区域产业结构的合理与否，很重要的一方面就在于能否将区域效益最大化的过程与国民经济效益最大化的过程统一起来。这也是带有国民经济目标的区域经济政策与带有区域开发目标的国民经济政策，分别从区域和全国这一利益格局中的两极走向相互接近与相互衔接。区域产业结构的合理化就体现在接近与衔接的程度上。

## （二）区域产业结构的导向

区域产业结构的导向指的是宏观上区域产业结构的调整中，其变动和演进的基本方向。对于规划区域来说，其产业导向的确定依据主要包括两个方面：①区域资源状况，包括区域内自然资源的禀赋条件与社会经济资源的数量、质量及其组合状况和相对于区外的优势度。②区域社会和经济发展状况，包括区域经济发展的总体水平及所处的发展阶段，其产业结构的发展水平及特点等。

由于这些基本依据因地而异，各区域产业结构的导向也不尽相同，概括起来主要有以下三种基本类型：

（1）资源导向。即将资源开发与资源密集型加工业作为振兴区域经济、积累发展资金的重点产业进行大力发展，使其在产业结构中居于主导地位。

（2）结构导向。即在区域产业结构的调整中，以完善产业结构的整体性与系统性为主要方向，并依照这一目标建立新产业、改造旧产业，建立起一个以加工型主导产业为核心的多部门紧密结合的区域产业系统以及区内各地域单元的地域分工系统。

（3）技术导向。即在区域产业结构的调整中，着力提高产业结构的技术层次，大力扶持和发展高技术产业，并加强传统产业的技术改造，使产业结构中的技术比重逐渐提高，直到高技术产业在整个产业结构中居于主导地位。

我们可以依据规划区域的客观情况，结合区域开发和全国劳动地域分区的需要，对这三个导向类型进行选择。

在不发达区域中，自然资源多处于未开发状态，而经济发展水平低，自然资源方面的优势度远远高于经济技术的优势度，因而以资源开发和资源密集型的加工业为起点进行区域内的工业化和资金积累，即选择资源导向是可取的。但在产业结构的演变过程中，这是一个低层次的结构模式，单一的资源开发与粗加工，远不能将区内的资源优势全方位、多层次地加以利用，资源的潜在价值不能得到充分开发，因而不能转化并得到相应的经济优势。而且从发展上看，资源导向的开发对象多为不可再生的自然资源，其数量是有限的，因而资源导向的发展方式摆脱不了资源容量的限制，不能提供持续的发展动力。加之其片面的专业化结构，会导致区域经济发展的不稳定。从生态上看，这种对资源的单一利用方式，会导致环境污染的加剧和开采条件的恶化。这种导向只能应用于不发达地区的起飞准备阶段，其经济与生态效益的损失是起飞前必须忍受的代价，而要使这种代价最小，则要尽快地在资源导向达到一定规模后迅速向结构导向转化。

进入结构导向后，通过建立与资源产业相关的综合开发、综合利用的加工业和自给性服务业，形成完善、系统的产业体系，其益处有：

一是有利于资源潜在价值的全面、深入地开发。每一种资源优势都存在着多种利用方式，其利用广度与深度会随着产业链的延展而扩大。从整个区域经济系统来看，只有建立了完整的产业体系，才能得到完整的区域经济关系矩阵。

二是有利于经济的发展摆脱资源的限制，使产业结构从产出与资源消耗同步增长的阶段向资源消耗相对稳定而产出不断增长的阶段转化，最终达到产出增长而资源消耗相对下降。这样，直接利用资源的部门在产业结构中的比重会越来越小，间接乃至基本不消耗资源的部门的比重会越来越大，从而使经济发展有可能突破资源容量的限制而具有更大的发展余地。

三是有利于区域经济的稳定发展。健全的产业体系与不断沿资源开发—资源粗加工—资源深加工—二次产品加工业连续更替的主导部门，强化了区域的自我调整能力，使区域经济始终充满勃勃生机。

四是有利于区域的持续发展。同样多的经济产品所需的资源消耗不断下降，有利于加强资源的持续供给能力；资源综合利用则能有效地降低环境污染，从而为区域的持续发展提供足够的资源和环境容量。

当结构导向发展到较为完善的程度，区域产业结构已较为健全，经济发展已有相当水平，要寻求区域经济的进一步飞跃时，就需要实行技术导向，将经济增长极从产业链顶端的资源开发和资源密集型加工业，彻底转变为产业链末端的最新的高技术产业，并围绕这一新的增长极，实现产业体系的重组和升级，从而在新高度上开始又一轮的结构导向的调整，区域经济由此达到高度发达水平，实现区域开发的目标。

这三种不同的导向反映了不同发展水平下的区域产业结构的变动方向，在区域的持续发展中则表现为依次演进的三个过程。选择区域产业结构导向的关键在于清醒地认识规划区域的发展现状和资源现状，不发达地区以资源导向为主，欠发达区域向结构导向转化，中等发达区域实行结构与技术的双重导向，发达区域以技术导向为主。确定各自当前的导向，然后以此为起点，依上述次序逐步转换，及时实现产业结构的飞跃，最终完成区域经济的发展目标。

### （三）区域主导产业的选择

主导产业指的是区域产业结构中有很高的生产效率和创新能力、有较大的专业化生产规模和区内或区外市场的占有率、其产出和资源占用在全区经济结构中占很大比重，并且能够以自身的发展对产业体系内的其他部门和产业产生强大的推动力，从而在一定程度上主导整个区域产业结构的运行和发展的产业。它对于区域产业结构就如同经济空间中的增长极，是整个经济空间增长的驱动轮。它是区域产业结构的核心，正是围绕着它才得以建立起各类专业化部门、辅助部门紧密结合的经济体系。要实现区域产业结构合理化的目标模式，首先要科学地、正确地选择区域的主导产业。

1. 在实现区域资源转化效益最大化的目标下，选择主导产业的原则

（1）区域优先原则。立足区域优势，建立产业优势。区域的优势产生于自然的、经济的、社会的、区位的等多种有利于生产的资源条件在空间上的分布不均衡。某一区域拥有区外缺乏或较区外更优的资源条件及它们的组合，因而从事某种产品的生产时能有效地降低生产成本，在进行区际贸易时能够获得比较利益。正是这种比较利益的存在，导致地域分工的出现，为区域内实行大规模的专业化生产、建立主导专业化部门创造了条件。也正是这种比较利益以及大规模生产的规模经济效益的存在，才使得主导专业化部门能获得较高的利润和效率，能够成为区域发展中的增长极，主导整个经济的发展，演化成区域产业结构中的主导产业。因而主导产业相对于其他产业的优势是来自对区域优势的转化，而选择区域主导产业，自然也要以发挥当地的区域优势为基本立足点。

（2）产业关联原则。部门增长极在经济空间中的作用机制，最重要的一点就是在扩散过程中将极化能量释放于整个空间。主导产业也正是遵循这一机制，通过部门间、产业间的投入产出关系，产生对其上游产业的前向影响，对下游产业的回顾影响，对平等产业、辅助和服务部门乃至整个经济、社会的旁侧影响，引起相关产业的扩张，对主导产业的单位投入，被投入产出矩阵传递到各个经济单位，带动整个区域经济系统以乘数的效果增长。主导产业与其他产业的关联度越大，相对应的投入产出矩阵越大、越完整，其产生外部经济的能力就越强，其扩张产生的乘数效应也就越明显。

某一产业的关联度可以理解为影响相关产业的程度和受相关产业影响的程度两个方面。前者我们称之为该产业的影响力，后者则称之为该产业的感应度。借助列昂惕夫投入产出矩阵，我们可以将这两项指标系数化，得到影响力系数与感应度系数。前者综合表明该产业每增加一单位产出会对其他产业的产出有多大的引诱力，后者表示其他产业的最终需求增加一个单位对该产业的产出有多大的引诱力。这两种系数的组合就是钱纳道—沃特赖伯指数。作为主导产业，这两项指标至少应有一项是高于各部门平均值的。

（3）先进性和动态性原则。只有先进的区域产业结构才能提高资源转化环节的效率，保证区域经济的兴旺发达与持续发展。而主导产业作为其中的核心，是否具备较高的技术层次和创新能力，更是起着关键的作用。

在这一原则下选择主导产业，主要有以下两种方法：

1）需求收入弹性法。需求收入弹性是指人们对某一产品需求增量与人均国民收入增量的关系，用需求收入弹性系数表示，其计算公式为：

$E=R_p/R_n$

式中：E——需求收入弹性系数；$R_p$——产品需求增长率；$R_n$——人均国民收入增长率。

在价格和其他条件不变的情况下，收入的增长一般会相应带来商品需求的增长，但对于不同技术含量、不同消费档次的商品，收入的变化带来的影响有很大区别，需求收入弹性也各不相同。需求收入弹性大于1，表示收入的增长带来该产品需求的更多的增长，说明该产品属于技术含量、消费档次高的产品；需求收入弹性小于1，表示收入的增长带来的该产品需求增长较小，说明该种产品属于技术含量、消费档次低的产品。以这种方法选择需求收入弹性大的主导产业，其产品的需求增长快，有着广阔的市场前景，且其技术层次也较高。

2）比较劳动生产率上升法。比较劳动生产率是指某产业的国民收入相对比重与其劳动力相对比重的乘积。这一指标反映的是不同产业劳动密集程度和资本有机构成的区别。一般来说，农业的比较劳动生产率小于1，工业的比较劳动生产率则大于1。随着经济发展水平的提高，农业的国民收入比重与劳动力比重都呈现下降趋势，但前者的下降速度更快，因而其比较劳动生产率一直处于下降过程；工业的比较劳动生产率在到达后工业化社会前处于持续上升的过程，但速度逐渐趋缓，在进入后工业化社会后大致稳定。因而在后工业化以前的社会中，一般以比较劳动生产率持续上升的工业作为主导产业。而在工业内部，也正是这一规律决定了重化工业取代轻纺工业、高新技术产业取代重化工业的主导部门的更替顺序，这已被许多国家的经济发展进程与成功经验所证实，表明比较劳动生产率上升法能够切实有效地保证主导产业的先进性。

在科技发展一日千里的当今社会，无论多么先进的部门都会随着时间的流逝而老化，区域产业结构要保持其技术上的领先地位，就需要建立主导部门的梯队序列，不断淘汰旧的主导部门，从后备产业中选择新的主导部门，创造出一个活跃的新陈代谢机制，发展区域的自我创新能力。动态性的要求与先进性的要求实质上相同，真正的持久的先进性寓于这一动态的更替过程之中。而当今西方资本主义国家区域经济中出现的结构性萧条，正是其主导部门的选择上缺乏动态性的恶果，其深刻教训应引起我们的重视。

主导产业的动态性也遵循一定的规律，在这方面的主要理论有：扶植幼小产业理论与动态比较费用理论及产品生命循环周期理论。扶植小产业理论由德国经济学家李斯特提出，后被日本经济学者运用于实践，并发展成为动态比较费用理论。这种观点认为，产品的比较成本是可以在经济发展中发生转化的。当前在区际贸易中处于劣势的产业，可以由于其比较成本的变化而转化为优势产业。因而落后地区应当扶植目前尚无优势但有可能转化为优势的幼小产业，作为现有主导部门的后备梯队，在时机成熟时予以替换，不断促进其产业结构的高级化。战后的日本正是依靠这一理论实现了经济的起飞，后为其他国家所效仿。

产品生命循环周期理论的首创者是美国的弗农，他认为，每一种产品的发展过程都经历了创新、发展、成熟、衰退四个阶段。处于创新阶段的产品，其生产集中于有强大经济实力科技力量和完善的产业结构的经济高梯度区；而随着市场需求上升带来相应生产规模的扩大，当地已无法容纳，产品生产开始向区外扩散，产品进入发展阶段；而此时该产品生产技术经过长期与多次的转让，已丧失垄断和创新地位而趋于标准化，比较容易掌握，由技术密集型向劳动密集型转变，生产向低梯度区转移，产品进入成熟和衰退阶段。

这一理论对于主导产业动态性的意义在于：不同发展水平的地区可以依据自身不同层次上的比较优势，选择那些处于不同阶段的产业作为主导产业，然后依次向低梯度的地区转移其衰老产业，接受高梯度区转来的较新产业。这样，不发达地区可以利用发达地区的衰老产业与自身的较低层次的比较优势相结合，然后沿着产业循环的周期依次上升，可以以更快的速度完成新旧产业的更替，向先进地区的结构类型演进。这被称为落后地区的"后发优势"。"亚洲四小龙"的经济奇迹就产生于对这一后发优势的及时利用，而以马来西亚为首的东盟各国也正沿着这一道路取得飞速发展，其成功的经验值得我们借鉴。

2. 对选择主导产业原则的修正

实现区域自主发展以及区域经济、国民经济的双重效益最大化目标的最大障碍在于区域经济中存在的二元结构。防止区域开发中类似情况的出现，需要对以上原则进行一些修正。

在本节所涉及的区域产业结构范围内，二元结构的含义是指少数处于垄断地位的现代化大型企业与大量的带有前资本主义特征乃至自然经济特征的中小型企业在区内的并存与对立。这是地区的基本特征之一，是国民经济与区域经济不相协调的产物。国家在规划以地域分工或某些政策为依据的大型专业化企业时，没有考虑与当地经济体系相协调与融合的问题，使得现代化大企业没能纳入当地经济体系而留在国民经济体系中。而越在落后地区，其地方经济体系与国民经济体系的差距和断层就越大，两个体系在区内互不联系、自我循环、互不连接的现象越明显，而且还会因大企业占用当地主要资源而且服务于国民经济体系带来两大体系的利益冲突。这种二元结构首先使现代化大型企业难以发挥其应有的作为区域主导部门的作用，并造成区域资源损失；其次，它剥夺了地方经济的发展机会，抑制了区域经济自主发展能力的形成，不利于区域经济的持续、稳定发展。

主导产业的选择如何避免二元结构的问题，笔者已在前面一节对增长极开发的评价中有过详细论述。总的说来，需要对区域主导产业的选择原则作若干补充：

(1) 对于产业关联度原则，应从区域角度，结合区内产业体系的现状和潜力，选择适当关联度的产业。一方面以求得区内乘数最大化为标准，另一方面要根据产业发展的潜力与可能条件，以及区域产业政策和对未来产业结构导向的规划，诱导和推动规划中的新兴产业，以便最终形成一个具有较强聚集经济效益的产业体系。

(2) 对于先进性原则，则不应一味地强调技术的高新程度，而要强调区域内的适用程度，无论是需求收入弹性法还是比较劳动生产率上升法，都只能以区内自身的状况为基准，促使当地农业的现代化也是淡化和消除二元结构的重要手段。

以上是针对区域自身选择主导产业的原则的论述和修正，而在现实的区域开发中，国家为将国民经济目标区域化，常常从国民经济效益出发，以地域分工的形式确定各区的主导部门。这种主导部门与区域自行选择的部门若能相互衔接或重合自然最好；若不能，应尽可能地为区域主导部门的形成分出一定的自然资源与经济资源，即提供一定的发展空间，并以自身投入或国家投入区域财政，从而保证区域着手进行自身经济体系的建设，并向着区域自主发展的方向前进，实现区域持续发展以及开发资金的区域与国家双重效益的最大化。

# 论中国区域经济的发展与改革*

20 世纪 90 年代中后期对我国经济发展和体制改革具有十分重要的意义，国民经济将进入一个以结构变革为中心的新的成长阶段，体制改革将面临一个外围改革基本完成、核心改革逐步展开的“攻坚”时期。以国民经济空间结构和区域经济管理体制为中心的区域经济的发展与改革，将成为关系到社会经济发展第二步战略目标和社会主义市场经济体制能否实现和形成的重要环节之一。因此，中国区域经济的发展与改革就成为中国经济社会发展与经济体制改革的重要组成部分和重大课题之一。

## 一、改革以来中国区域经济发展的回顾与反思

中国传统计划体制的主要弊端之一是忽视中国疆域辽阔、区域差异极大的基本国情，全国各地区不论具体条件如何，实行统一的体制、统一的方针政策、统一的工作重点和中心任务。中央对各地区实行集人、财、物为一体的统一调控，各地区不仅没有管理自己区域内经济社会发展的权力，也没有自己相对独立的利益，区域间的资源配置和产、供、销等社会再生产的各个环节都由中央计划统一规定。这种集权体制在新中国成立初期推进了国家工业化，实现了大规模资本积累，建立了较完整的工业体系，使我国实现了其他发展中国家难以达到的目标。但随着经济的发展，这种体制暴露出越来越严重的弊端，它压抑了地方的积极性，也超出了中央政府的能力，违背了系统管理特别是像中国这样巨型系统管理需要分层进行的客观要求，从而不可避免地造成体制的僵化和效益的低下。正是基于这种原因，党的十一届三中全会决议明确指出：现在我国经济体制的一个严重缺点是权力过于集中，应该有领导地大胆下放权力，让地方和工农业企业在国家统一计划的指导下有更多的经营管理自主权。从这一思路出发，中国经济体制改革便以中央向地方和企业放权让利为主线，循着重新构造经济主体和利益分配机制的道路全面展开。

中央在财政、投资、流通、价格、外贸等方面向地方放权让利的结果，使高度集中

---

* 本文选自袁宝华、黄达主编：《中国人民大学经济研究报告：市场化改革整体推进条件下的中国经济》，中国人民大学出版社 1995 年版，第 146~167 页 。参撰者：蒋清海、韦伟。

的、以中央指令性计划为主的经济体制有了明显的弱化，地方政府在经济运行中的地位和作用明显增强，并逐步成为具有独立利益和决策权力的经济主体。正是这一变化引致了中国区域经济的空前发展。

1. 中国区域经济发展所取得的成就

以放权让利为中心的经济体制改革，使地方政府在区域经济事务中的决策空间不断拓展，改变了地方政府过去那种被动执行的行为模式，激发了地方政府对本区域经济建设的扩张冲动，从而增加了区域经济活力，刺激了区域经济的增长，取得了举世瞩目的巨大成就。

（1）促成了中国区域经济的空前发展和从未有过的建设高潮，塑造了新的国民经济增长的主动因。以放权让利为中心的经济体制改革，极大地调动了地方发展经济的积极性，使地方政府成为经济发展的主体，使国民经济成长的主动因不再是中央财政投资的推动，也不是以企业为主体、市场为导向的市场拉动（因为企业还没有真正成为市场主体，市场还远远没有健全），而是在改革开放中形成并不断强大的区域利益主体的经济扩张冲动。这可以从国家预算内外投资比重的变化上得到说明。1992 年与 1978 年相比，全社会固定资产投资中，国家预算内投资所占比重由 77.7%降到 4.3%，而预算外投资比重由 22.3%上升到 95.7%，预算外投资的绝大部分是由地方政府筹措和实施的。这种新主动因的形成，改变了过去那种以产业经济为主体的国民经济流程，使区域经济对国民经济的贡献份额明显提高。

（2）增强了区域经济的自我组织、自我发展能力，提高了国民经济的宏观效益。地方经济权限的扩大，增加了地方发展经济的责任，改变了以往区域经济发展和结构调整完全取决于中央计划和投资的被动局面，解决了传统体制下始终不能解决的经济决策时效性与经济发展动力机制问题，改善了国民经济的宏观管理，发挥了中央和地方两个积极性，提高了国民经济宏观效益。如表 1 所示，除几个老工业基地由于基数较大，改革开放后的国民收入增长速度低于前几十年外，其他省区改革开放后的国民收入增长速度都不同程度地高于改革开放前，而且浙江、广东、福建、江苏、山东、新疆等省区在长达 14 年的时期内以双位数的速度增长。全国各地区经济的普遍高涨，使改革开放后整个国民经济的增长速度大大高于改革开放前。

**表 1　各地区国民收入年平均增长速度及其位次**

| 位次 | 1953~1978 年 | | 1979~1992 年 | | 后一时期与前一时期相比，上升为+，下降为- |
|---|---|---|---|---|---|
| | 地　区 | 增长速度（%） | 地　区 | 增长速度（%） | |
| 1 | 北　京 | 12.5 | 浙　江 | 12.8 | + |
| 2 | 上　海 | 8.7 | 广　东 | 12.8 | + |
| 3 | 青　海 | 7.7 | 福　建 | 12.0 | + |
| 4 | 天　津 | 7.4 | 江　苏 | 11.5 | + |

续表

| 位次 | 1953~1978 年 | | 1979~1992 年 | | 后一时期与前一时期相比，上升为+，下降为- |
|---|---|---|---|---|---|
| | 地　区 | 增长速度（%） | 地　区 | 增长速度（%） | |
| 5 | 辽　宁 | 7.3 | 山　东 | 10.7 | + |
| 6 | 陕　西 | 7.0 | 新　疆 | 10.2 | + |
| 7 | 黑龙江 | 6.3 | 云　南 | 9.1 | + |
| 8 | 宁　夏 | 6.2 | 安　徽 | 9.0 | + |
| 9 | 云　南 | 6.0 | 北　京 | 8.6 | - |
| 10 | 山　西 | 5.9 | 湖　北 | 8.6 | + |
| 11 | 甘　肃 | 5.8 | 广　西 | 8.5 | + |
| 12 | 新　疆 | 5.8 | 江　西 | 8.4 | + |
| 13 | 内蒙古 | 5.7 | 贵　州 | 8.3 | + |
| 14 | 浙　江 | 5.7 | 内蒙古 | 8.2 | + |
| 15 | 山　东 | 5.7 | 吉　林 | 8.1 | + |
| 16 | 江　苏 | 5.6 | 四　川 | 8.1 | + |
| 17 | 吉　林 | 5.5 | 河　北 | 8.0 | + |
| 18 | 湖　南 | 5.5 | 山　西 | 8.0 | + |
| 19 | 福　建 | 5.4 | 上　海 | 7.9 | - |
| 20 | 河　南 | 5.4 | 宁　夏 | 7.8 | + |
| 21 | 河　北 | 5.3 | 陕　西 | 7.7 | + |
| 22 | 广　东 | 5.3 | 甘　肃 | 7.6 | + |
| 23 | 四　川 | 5.2 | 天　津 | 7.3 | - |
| 24 | 湖　北 | 5.0 | 河　南 | 7.3 | + |
| 25 | 广　西 | 5.0 | 辽　宁 | 7.1 | - |
| 26 | 贵　州 | 4.6 | 湖　南 | 7.1 | + |
| 27 | 江　西 | 3.8 | 青　海 | 6.5 | - |
| 28 | 安　徽 | 3.6 | 黑龙江 | 5.9 | - |
| | 全　国 | 6.0 | 全　国 | 8.8 | |

资料来源：根据《全国各省（自治区、直辖市）历史统计资料汇编（1949~1989)》，中国统计出版社 1990 年版，和 1991~1993 年的《中国统计年鉴》计算。

（3）推动了各地区资源配置和产业结构的变化，实现了产业结构的转换。由于地方经济权益的扩大，使地方政府对区域内资源配置和产业结构状况给予了极大关注，并采取各种手段干预地区资源配置和进行产业结构调整，结果使各地区的农、轻、重结构，三次产业结构和所有制结构都发生了很大变化。全部地区农业在工农业总产值中的比重，从 1952 年到 1978 年一直是呈下降趋势，1979~1992 年除个别省市如北京、天津、辽宁、西藏、甘肃略有上升外，绝大部分地区仍是呈下降趋势。这一变化符合工业化过程中产业结构的演变趋势。从重工业在工业总产值中的比重看，改革开放以前由于实行优先发展重工业的方针，所有地区重工业比重都呈上升趋势，改革开放后，轻重工业的发展基本上处于正常发展状况，其中有约一半地区重工业比重继续上升，另一半地区重工业比重呈下降趋势。从第三产业在国内生产总值中的比重看，改革开放后，除广西略有下降外，其他所有地区均呈上升趋势。

（4）推动了区域联合，扩大了经济的规模效益。区域经济主体的确立，使区域间的关系由过去那种单纯的计划媒介关系，转变为商品经济关系，市场成为桥梁。各地区在平等互利的原则下，发展了各种形式的经济技术合作。据不完全统计，全国不同类型的、跨区域的横向经济联合组织已有 100 多个，具有一定规模的企业集团有 2 万多个，已初步形成了东西南北纵横交错的经济协作网络。区域联合的发展，促进了资金、物资、技术和人才的交流，促进了资源的开发和生产要素的合理流动与配置，促进了商品流通和社会主义统一市场的形成，促进了产业结构和企业组织结构的优化，扩大了经济的规模效益。

（5）对旧的投资布局格局进行了大规模调整，塑造了一系列新的经济增长极。首先，在巩固和加强原有经济重心区的同时，逐步形成了一批具有全国意义的新的经济重心区。40 年来，在充分利用原有工业的基础上，加强和改造了以上海为中心的长江三角洲工业区、京津唐工业区和辽中南工业区；改革开放后，珠江三角洲、山东半岛、闽南三角地区、以武汉为中心的长江沿岸地区、成渝地区正在崛起和成长为新的具有全国意义的经济重心区，从而奠定了沿海沿江“T”字形经济密集带的生产力布局的基本框架。其次，一大批能源、原材料基地建设建立，生产力布局西移。在沿海地区建设宝钢和扬子、齐鲁、上海乙烯工程，以及建设浙江秦山、广东大亚湾核电站等基地的同时，在内陆地区，国家进行了大规模的能源、原材料基地建设。以山西为中心的能源重化工基地已具相当规模，其开发重点正在向陕北、蒙西地区转移，黄河中上游、长江干流、乌江、红水河、澜沧江等能源、原材料基地建设已有较大规模，新疆石油基地也已揭开大开发的序幕。这种能源、原材料工业布局西移的态势，适应了我国能矿资源的分布格局，因而从生产力布局的角度看是合理的，对于促进国民经济和区域经济进一步持续协调发展具有战略意义。最后，“三线”企业搬迁调整基本完成。进入 80 年代以后，随着国内外形势的变化，国家在改变生产力布局战略的同时，也确定了“三线建设要调整改造，发挥作用”的方针，对“三线”建设进行了一系列调整和改造。到 1991 年底，国家安排的 121 个调整单位累计完成投资 31 亿元；25 个撤并和就地转产项目，完成了 24 个；93 个搬迁项目，已全迁和部分搬迁 71 个。这不仅解决了“三线”建设中选址不当、规模过大、布局分散的问题，而且在当地不少城市形成了工业小区和企业群体，形成了一批带动地方经济发展的增长点。

（6）全方位开放格局逐步形成。随着改革开放的逐步推进，一个多层次、有重点、点面结合的“经济特区—沿海开放城市—沿海经济开发区—内陆省会开放城市—沿边开放区—沿江开放区”的全方位对外开放格局正在形成中；各地区经济呈现出利用国内国外两种资源、两个市场的态势，有力地推动了各地区经济的高速增长。

2. 中国区域经济发展所面临的问题

20 世纪 80 年代以来，以放权让利为主线的改革虽然调动了地方政府发展经济的主动性和积极性，推动了区域经济的发展，但也造成了一系列不容忽视的矛盾和问题。

（1）空间比例失调，区域经济发展的不平衡性加剧。十多年的改革和发展扭转了过去 30 年的平衡发展模式，企图用倾斜发展模式来迅速造就一个繁荣的工业增长地带，进而拉动全国的工业化进程。尽管这些努力调动了地方发展经济的积极性，促成了中国区域经济的空前发展和从未有过的建设高潮，增强了区域经济的自我组织、自我发展能力，提高了国民经济的宏观效益，但同时也造成了空间比例的失调，强化了中国区域经济发展的不均衡格局。这表现在三个方面：一是东、中、西三大地带增长速度上的差距在不断扩大。1981~1988 年，东、中、西三大地带国民生产总值的增长速度分别为 11.8%、10.83%和 10.77%，中、西部地区分别相当于东部地区的 92%和 91%；1989~1991 年治理整顿期间，东、中、西三大地带的国民生产总值增长速度均有大幅度下降，分别为 5.76%、3.48%和 6.11%，除西部地区略高于东部地区外，中部地区只相当于东部地区的 60%；1992 年结束治理整顿后，各地区经济增长速度大幅度回升，东、中、西三大地带分别为 18.37%、11.58%和 9.23%，中、西部地区仅相当于东部地区的 63%和 50%。二是东、中、西三大地带经济总量差距不断拉大。1980 年，东、中、西三大地带国民生产总值占全国国民生产总值的比重分别为 52.17%、31.31%和 16.52%，到 1992 年东、中、西三大地带该比重分别达 56.66%、27.95%和 15.50%，东部上升了 4.38 个百分点，中部和西部分别下降了 3.36 个和 1.02 个百分点。三是东、中、西三大地带的经济发展水平差距不断拉大。1980 年，东、中、西三大地带人均国民生产总值分别为 488.3 元、336.0 元和 274.3 元，中、西部地带分别仅相当于东部地带的 74.95%和 56.17%，到 1992 年，东、中、西三大地带的人均国民生产总值分别为 1398.9 元、796.3 元和 692.0 元，中、西部地区分别只相当于东部地区的 56.92%和 49.47%，中、西部地区与东部地区的相对差距分别拉大了 18.03 个和 6.70 个百分点。如果考虑到投资的地区配置刚性和滞后效应及现存的地区间不公平的竞争环境，三大地带间的差距将进一步扩大。区域间差距的迅猛加大，使经济落后地区地方财政拮据，不仅个人收入偏低，群众生活困难，而且使城镇建设、基础产业和基础设施、地方性科教文卫事业等严重缺乏发展和维持资金，更重要的是导致扩大再生产的投资能力削弱。这加剧了区域间发展的不平衡，使区域经济在因果累积效应作用下，陷入“马太效应”恶性循环。

（2）区域分工含混，区域产业结构严重趋同。区域间差距的不正常拉大，加强了地方政府追求和保护地方利益的冲动。发达地区为了保持自己在经济发展中的领先地位，落后地区为了避免“马太效应”的继续扩大，纷纷在价高利大、投资周期短的加工工业领域内进行激烈竞争，使重复建设、盲目引进、外延扩张、搞小配套在所难免，投资浪潮长盛不衰，基本建设资金久压不下。其结果是在经济的持续过热中出现严重的区域产业结构趋同化。据我们计算，1981 年按全部工业部门计算的相似系数达 0.9 以上的地区为 18 个，占地区总数的 62.1%，到 1989 年则增至 22 个，占地区总数的 75.9%。如果剔除几个属于资源偏在型的产业之后计算相似系数，则 1981 年达 0.9 以上的地区为 24 个，占地区总数的 82.8%，1989 年达 0.9 以上的地区增至 26 个，占地区总数的 89.7%。[①] 而且绝大多数地区 1989 年的相似系数都大于 1981 年的相似系数，由此可见，区域产业结构趋同的趋势不断加剧。

（3）区域关系紊乱，区域间贸易摩擦和资源争夺加剧。改革开放以来，中央在放权让利的同时，缺乏对中央与地方权力的明确划分和严格界定，缺乏对市场发育的充分估计，忽视了构造地方政府权力和利益的约束机制，致使地方政府的经济行为以自身利益为导向，表现出对内的开放性和对外的排他性的特征，既要向外争利，又要防止肥水外流。为此，地方政府除采取一些正常的手段外，还利用行政权力，筑起名目繁多的贸易壁垒，设卡放哨，围追堵截，设置一道道屏障，对区域资源、技术、人才和商品的进出实行垄断和封锁。结果，导致各区域间大规模的以争夺原材料为主要内容的“资源大战”的爆发和以关、卡、封为特征的地方保护主义的盛行。

（4）地方行为失控，中央政策的贯彻受到扭曲和阻碍。随着地方自主权的增大和追逐地方利益的冲动增强，地方政府在执行中央政策时往往偏重于发挥其选择、过滤功能，结果不仅使中央政策在区域中实施的阻力增大，而且时常产生不同程度的变异、偏差和阻隔，导致中央政策的扭曲和作用失效。可以说，20 世纪 80 年代中国的经济进程深深地刻上了中央政策与地方对策不断较量抗衡的印迹。在财政“分灶吃饭”、地区经济承包、外贸包干等体制的实施过程中，分成比例和承包基数的确定缺乏科学的依据，只能靠中央与地方的讨价还价来确定，加之中央政府行为不规范，因而，地方政府在向中央争项目、争投资、争信贷资金额度的同时，在分成比例和承包基数上讨价还价，就成为中央与地方、地方与地方矛盾冲突的焦点。

## 二、中国区域经济的未来走势展望

在过去的十多年中，中国区域经济的发展，由于受经济体制改革和对外开放政策的刺激而取得了巨大的成就，同时也由于体制转轨过程中的一些摩擦、失误和市场机制的欠发育，产生了一系列矛盾和问题。在认真分析这些矛盾和问题的基础上，把握中国区域经济的未来走势，对于制定区域经济发展战略和区域经济政策，具有重大的现实意义。

### 1. 区域差距的未来变化与走势

由于自然和历史等方面的原因，我国区域经济发展水平严重不平衡。新中国成立以后，我们曾付出 30 年的努力和巨大的财力、物力和人力上的代价，试图改变这种不平衡

① 蒋清海：《中国区域经济政策模式的转变与重新选择》，载《经济科学》1991 年第 5 期。

状况，尽管没有从根本上扭转这种区域格局，但也着实取得了一定的成就。改革开放后，随着改革的不断深入和经济社会发展战略的转变，我国区域经济发展不平衡进一步加剧，成为令世人关注的影响国民经济健康发展的重大问题。那么，我国未来一个时期区域间的差距将呈现出一个怎样的走势呢？

（1）区域差距的未来走向。从我国的现实情况看，在改革开放和市场经济体制与机制逐步建立的背景下，区域间差距拉大是不可避免的。这是因为：

1）导致东、中、西部地区间差距拉大的原因并没有消失。根据我们的研究，东、中、西部地区间差距拉大的主要原因有：东、中、西部地区经济发展基础不同所决定的经济增长能力的差异；东、中、西部地区产业结构的差异所决定的经济增长能力的差异；东、中、西部地区区位因素的不同所决定的竞争能力的差别；东、中、西部地区经济发展战略导向上的差异，极化效应和因果循环效应的叠加形成了东、中、西部地区间的“马太效应”；东、中、西部地区间资金投入上的差异；不公平的竞争环境是东、中、西部地区差距拉大的最直接的人为原因。这些原因在今后区域经济发展中仍将不同程度地存在，仍将对区域差距拉大施加持久的作用力。

2）区域间静态不平衡差（指某一时点上，两个经济实体间经济实力的差距）的缩小，要靠相反的动态不平衡差（指在某一时期内，两个经济实体间在发展速度上的差距）来实现。具体地说，我国东部地区与中、西部地区间现实的差距要借助于中、西部地区高于东部地区的发展速度才能实现。[①] 如 1992 年东部地区人均国民生产总值比中部地区高 76%，比西部地区高 102%。这就要求，只有在中部地区人均国民生产总值的增长速度高于东部 76%，西部地区人均国民生产总值的增长速度高于东部地区 102%的条件下，中、西部地区与东部地区间的绝对差距才会逐年趋于缩小；只有在中、西部地区人均国民生产总值的增长速度高于东部地区的条件下，中、西部地区与东部地区间的相对差距才会逐年缩小。显然，从目前三大地带经济增长的势头来看，这两种情况近期内都将是难以实现的。第一，随着我国市场取向的经济体制改革的进一步深化和投资主体行为的不断规范化，在国家投资占全社会固定资产投资的比重不断缩小的条件下（见表 2），由于东部地区经济效益、投资环境、优惠政策等方面原因，资金东聚亦即全社会固定资产投资重心位居东部地区的状况会维持相当长一个时期，因此，通过大规模投资西移来推动中、西部地区以高于东部地区的经济发展速度增长是不现实的，也是不可能的。第二，20 世纪 80 年代，沿海一些老工业基地曾一度出现经济增长相对滞后现象。近年来，上海浦东的开放开发和辽宁正在实行的第二次创业，将再次启动老工业基地的经济增长，从而使之进入一个新的成长阶段。第三，经过十多年大规模经济建设，沿海新兴工业地区的投资环境日臻完善，自我发展、自我积累能力显著增强，预计在未来 10~20 年，这些地区仍将保持高速增长的势头。第四，从西方资本主义国家的实践和区域经济理论看，市场的力量将会扩大而不是缩

① 蒋清海：《中国区域经济分析》，重庆出版社 1990 年版，第 104 页。

小区域间的差距。正是在这种市场力量的作用下，目前中、西部地区的劳动力、资金、人才等生产要素已开始出现向东部沿海地区集聚的趋势，而且随着市场机制的逐步完善，这一趋势还会加剧。这种市场力量将加剧东部地区与中、西部地区经济发展不平衡的状况。第五，恢复关贸总协定缔约国地位后，中、西部地区的企业将同时面临来自沿海与国际市场的双重竞争压力。在这种竞争中，中、西部地区工业特别是一些幼稚工业会因起步晚、基础差、竞争力弱等，处于更加不利的地位。因此，从上述几方面看，在今后相当一段时期内，东部地区的经济增长速度仍将高于中、西部地区，中、西部地区与东部地区的绝对差距乃至相对差距仍将继续扩大。

**表 2 国家预算内投资占全社会固定资产投资的比重变化（%）**

| 年份 | 1981 | 1982 | 1983 | 1984 | 1985 | 1986 | 1987 | 1988 | 1989 | 1990 | 1991 | 1992 |
|---|---|---|---|---|---|---|---|---|---|---|---|---|
| 比重 | 28.1 | 22.7 | 23.8 | 23.0 | 16.0 | 14.6 | 13.1 | 9.1 | 8.3 | 8.7 | 6.8 | 4.3 |

资料来源：《中国固定资产统计资料》（1950~1985、1986~1987、1988~1989），中国统计出版社出版；《中国统计年鉴》（1991、1992、1993、1994）。

（2）对区域差距扩大的基本看法。

1）虽然从现阶段看，我国区域间的差距拉大是不可避免的，但这并不意味着导致区域间差距拉大的因素都是合理的。上述分析表明，我国区域间差距拉大的原因是复杂的，存在着一些人为的不合理的因素，因此，我们完全有必要也有可能减少甚至消除这些不合理的人为因素，以减慢区域间差距拉大的速度，减小区域间差距拉大的程度。

2）区域间应保持一定的比例关系。区域间客观上要求有一定的比例关系，这是马克思社会再生产理论在空间上的必然反映。虽然说区域间差距拉大在现阶段不可避免，但这并不意味着就可以不要区域间的比例关系。如果区域间的比例关系适当，就会使各区域经济保持协调发展的势头，促进各地区和全国国民经济的普遍高涨；反之，就会导致一些地区的兴起伴随着另一些地区的停滞和落后，就会造成一系列社会、民族、政治问题。因此，在区域间差距拉大的时候，我们就更应该通过综合手段来调控区域间的经济发展差距，以保持区域间比例的协调，促进区域经济的协调发展。

3）怎样看待区域间差距拉大问题，归根结底是怎样看待区域经济发展中公平与效率的关系。公平与效率的关系一直是经济学研究的重要命题，长期以来人们已经对公平与效率之间的关系有了一个比较清晰的把握。如美国学者阿瑟·奥肯所指出的，如果平等与效率双方都有价值，而且其中主方对另一方没有绝对的优先权，那么在它们冲突的方面就应该达成妥协。这时，为了效率就要牺牲某些平等，为了平等就要牺牲某些效率。然而作为更多地获得另一方的必要手段（或者是获得某些其他有价值的社会成果的可能性），无论哪一方的牺牲都是公正的。从纯经济学的角度看，奥肯的观点无疑是正确的，但公平与效率的关系绝不是一个简单的经济学概念，它还涉及社会、政治、道德伦理等领域，因此，在现实生活中，对公平与效率的取舍从来没有出现过只追求一方而舍弃另一方的现象。甚至进一步说，也不能为了一方而过度牺牲另一方。这已为历史经验所证明，过分偏重于公平目标（如“三五”时期），将损害总体经济效益，这种过度牺牲效率、缺乏物质基础的区域公平，只能是区域的普遍贫穷，这种公平也是维持不下去的；反之，过分偏重于效率目标（如80年代），将进一步拉大区域差距，甚至造成区域间的两极分化。各地区、各民族在利益关系上的失衡，是各地区、各民族间发生摩擦而引发社会矛盾、民族矛盾的根源。没有稳定的社会环境，无论是哪一类型的区域都不可能有持续的高效率的经济增长。因此，现实的选择只能是公平与效率的妥协。具体地说，就是要寻找公平与效率的最佳“结合区间”，即公平、效率兼顾，区域经济协调发展。

2. 区域差距的“区间”及几种方案

关于公平与效率的结合区间，亦即关于区域间差距的“度”的把握，我们曾做过规定,[①] 即区域间的公平、平衡应以不影响或很少影响整体国民经济的发展与增长为上限，应以贫困地区的可承受度及不发生社会和民族矛盾为下限。

为了进一步界定区域间差距的“度”，中国人民大学刘再兴教授用量化指标给出了更为具体的规定。[②] 他指出，在20世纪内，效益与均衡这两个政策目标合理的“结合区间”应当是：区间的一端，以不影响2000年全国第二步战略目标的实现为界限，即保证后10年（从1990年算起）全国国民生产总值再翻一番，全国人均国民生产总值达到1000美元，大体达到小康水平；区间的另一端以不致出现两极分化、保证社会安定为界限，即把后10年东西差距扩大的幅度控制在一个较低点上，至少是比80年代的扩幅有所缩小。

为了进一步考察这一目标实现的可能性，刘再兴教授提出了1990~2000年区域经济发展的几种方案和设想，并进行了定量分析。其分析测算的基本前提主要是：1990~2000年国民生产总值在1980~1990年的基础上再翻一番，国民生产总值年均增长速度必须达7.2%以上；所有数据均按可比价格计算，以1978年价格为100；小康水平以人均国民生产总值1000美元为标志；以1990年我国人均国民生产总值（按可比价格计为860.6元）相当于600美元计算，则人民币折算美元的系数为1.4343，那么2000年要达到全国人均国民生产总值1000美元，折人民币1450元，为1990年的1.6849倍，10年年增长5.4%，根据袁永熙的预测，2000年全国总人口为133548万，其中东部地区为57227万，中西部地区为76321万。[③] 以这些前提为基础，刘先生提出了如下四种设想：

**设想Ⅰ：**

如果保证中西部地区年均增长7.2%，即保证中西部地区在20世纪80年代的基础上再翻一番，其总产出达9090亿元；东部地区年均增长率略高于中西部地区为7.5%，其总产出为10904亿元，那么全国总产出合计达19994亿元，年均增长7.3%，可达到在20世纪80年代的基础上再翻一番的目标，并略有超过。

---

①② 刘再兴：《中国区域经济：数量分析与对比研究》，中国物价出版社1993年版，第53页。
③ 袁永熙：《中国人口总论》，中国财政经济出版社1991年版。

按此设想，在总产出上，东部地区与中西部地区的静态不平衡差由 1990 年的 14.08% 扩大到 2000 年的 16.64%，比 90 年代扩大了 2.56 个百分点（见表 3），这个扩幅只相当于前 10 年扩幅（7.39 个百分点）的 34.6%，扩幅相对缩小了 65.4%。

在人均产出上，东部地区、中西部地区和全国水平分别为 1905 元、1191 元和 1497 元，保证了小康水平的实现，区域间的不平衡差由 1990 年的 39.40%缩小到 2000 年的 37.49%，缩小了 1.91 个百分点；绝对差由 1990 年的 442 元扩大到 714 元，扩大了 272 元，但相对差由 1：1.65 缩小为 1：1.60。

**设想Ⅱ：**

如果保证东部地区产出年增长 7.2%，即在 20 世纪 80 年代的基础上再翻一番，2000 年达 10508 亿元；中西部地区以高于东部地区的速度增长，年均增长 7.5%，2000 年达 9368 亿元，全国总计达 19948 亿元，10 年年均增长 7.3%，也将超过 20 年翻两番的原定目标。

按此设想，在总产出的东部、中西部差距上，比 1990 年缩小了 2.62 个百分点。

**表 3　1990~2000 年区域经济四种设想的主要指标对比**

| | | 设想Ⅰ | | | 设想Ⅱ | | |
|---|---|---|---|---|---|---|---|
| | | 东部地区 | 中西部地区 | 全国 | 东部地区 | 中西部地区 | 全国 |
| 国民生产总值 | 1990 年总产出（亿元） | 5259 | 4545 | 9835 | 5259 | 4545 | 9835 |
| | 后 10 年年增长率（%） | 7.5 | 7.2 | 7.3 | 7.2 | 7.5 | 7.3 |
| | 2000 年总产出（亿元） | 10904 | 9090 | 19994 | 10580 | 9368 | 19948 |
| | 总产出排序 | | | 9 | | | 4 |
| | 总产出的不平衡差 | | | | | | |
| | 1990 年 | | 14.08 | | | 14.08 | |
| | 2000 年 | | 16.64 | | | 11.46 | |
| | 差距变动趋势 | | | | | | |
| | 扩大（+）缩小（–） | | +2.56 | | | –2.62 | |
| 人均国民生产总值 | 绝对值（元/人） | | | | | | |
| | 1990 年 | 1122 | 680 | 860.6 | 1122 | 680 | 860.6 |
| | 2000 年 | 1905 | 1191 | 1497 | 1849 | 1227 | 1494 |
| | 绝对差（元/人） | | | | | | |
| | 1990 年 | | 442 | | | 442 | |
| | 2000 年 | | 714 | | | 622 | |
| | 2000 年比 1990 年 | | | | | | |
| | 扩大（+）缩小（–） | | +272 | | | +180 | |
| | 2000 年比 1990 年 | | | | | | |
| | 扩大倍数 | | 0.62 | | | 0.41 | |

续表

| | | 设想Ⅰ | | | 设想Ⅱ | | |
|---|---|---|---|---|---|---|---|
| | | 东部地区 | 中西部地区 | 全国 | 东部地区 | 中西部地区 | 全国 |
| 人均国民生产总值 | 相对差 | | | | | | |
| | 1990 年 * | | 1∶1.65 | | | 1∶1.65 | |
| | 2000 年 * | | 1∶1.60 | | | 1∶1.51 | |
| | 2000 年比 1990 年 | | | | | | |
| | 扩大（+）缩小（–） | | –3% | | | –8% | |
| | | 设想Ⅲ | | | 设想Ⅳ | | |
| | | 东部地区 | 中西部地区 | 全国 | 东部地区 | 中西部地区 | 全国 |
| 国民生产总值 | 1990 年总产出（亿元） | 5259 | 4545 | 9835 | 5259 | 4545 | 9835 |
| | 后 10 年年增长率（%） | 7.9 | 7.2 | 7.3 | 9.6 | 8.7 | 9.1 |
| | 2000 年总产出（亿元） | 11315 | 9090 | 20405 | 13230 | 10467 | 23697 |
| | 总产出排序 | | | 2 | | | 1 |
| | 总产出的不平衡差 | | | | | | |
| | 1990 年 | | 14.08 | | | 14.08 | |
| | 2000 年 | | 19.67 | | | 20.88 | |
| | 差距变动趋势 | | | | | | |
| | 扩大（+）缩小（–） | | +5.59 | | | +6.80 | |
| 人均国民生产总值 | 绝对值（元/人） | | | | | | |
| | 1990 年 | 1122 | 680 | 860.6 | 1122 | 680 | 860.6 |
| | 2000 年 | 1977 | 1191 | 1528 | 2312 | 1371 | 1774 |
| | 绝对差（元/人） | | | | | | |
| | 1990 年 | | 442 | | | 442 | |
| | 2000 年 | | 786 | | | 941 | |
| | 2000 年比 1990 年 | | | | | | |
| | 扩大（+）缩小（–） | | +344 | | | +499 | |
| | 2000 年比 1990 年 | | | | | | |
| | 扩大倍数 | | | | | | |
| | 相对差 | | 0.78 | | | 1.13 | |
| | 1990 年 * | | | | | | |
| | 2000 年 * | | 1∶1.65 | | | 1∶1.65 | |
| | 2000 年比 1990 年 | | 1∶1.66 | | | 1∶1.69 | |
| | 扩大（+）缩小（–） | | +0.6% | | | +2.42% | |

注：* 以中西部为 1。

资料来源：刘再兴：《中国区域经济：数量分析与对比研究》，中国物价出版社 1993 年版，第 57 页。

在人均产出水平上，东部、中西部和全国分别为 1849 元、1227 元和 1494 元，也实现了小康目标；区域不平衡差比 1990 年缩小了 5.76 个百分点，人均产出绝对差只扩大了 180 元，而相对差由 1：1.65 缩小为 1：1.51。

**设想Ⅲ：**

如果按 20 世纪 80 年代东部、中西部年增长速度之比 1：1.103 来类推 20 世纪 90 年代的地区增长速度，在保证中西部地区再翻一番所要求的 7.2%的速度的同时，就必须使东部地区以 7.9%的速度增长，到 2000 年全国总产出达 20405 亿元，10 年年增长 7.5%，为 1980 年的 4.9 倍。

按此设想，东部与中西部间的不平衡差将比 1990 年扩大 5.59 个百分点。

在人均产出上，东部为 1977 元，中西部为 1191 元，不平衡差为 39.76%，比 1990 年缩小 0.37 个百分点；绝对差达 786 元，比 1990 年扩大 344 元，相对差 1：1.66，比 1990 年扩大了 0.6%。

**设想Ⅳ：**

如果按 20 世纪 80 年代东部、中西部的年增长率来考虑，即东部仍年增长 9.6%，中西部仍年增长 8.7%，那么，2000 年全国总产出达 23697 亿元，为 1980 年的 5.69 倍，大大超过 20 年翻两番的原定目标，10 年年增长 9.1%。

按此设想，在总产出上的不平衡差为 20.88%，比 1990 年扩大了 6.80 个百分点，相当于 20 世纪 80 年代扩幅的 92%，即差距扩幅缩小了 8%。

在人均产出上，东部、中西部分别达到 2312 元和 1371 元，不平衡差为 40.7%，比 1990 年扩大了 1.3 个百分点，绝对差为 941 元，比 1990 年扩大了 499 元，即 1.13 倍，相对差为 1：1.69，比 1990 年扩大了 2.42%。

从四个设想比较起来看，前两个都可满足兼顾总体效益与适当控制东、中西差距扩大幅度的要求，但第二个设想的实现要求中西部地区以快于东部地区的速度增长，这种可能性不大，因此，以第一种设想相对较优。设想Ⅲ全国总产出的增长有限，而区域间差距的扩大却相当大，因此，这一设想不可取。设想Ⅳ速度最高，区域差距扩大幅度也最大，但中西部地区大体上可达到小康目标，东部与中西部间的差距是小康水平与趋于富裕水平的差距，在人们心理上还是可以承受的，因而设想Ⅳ也是可以考虑的。

如果我们把设想Ⅰ作为可行的低方案，设想Ⅳ作为可行的高方案的话，那么通过上述的定量分析，我们可以得出如下结论：

首先，无论是低方案还是高方案，只要东部、中西部地区能够以不低于 7.2%的增长速度增长，就能保证翻两番目标的实现。从改革开放十多年的经济增长趋势看，如果不发生重大意外的话，实现这一目标没有什么问题。

其次，对区域差距问题，如果不是采取放任自流的政策，而是采取以市场配置资源为主与政策上的宏观调节相结合，在保证实现翻两番、人均国民生产总值 1000 美元的目标的同时，东部与中西部的相对差距（无论是总产出还是人均产出水平）比 20 世纪 80 年代有所缩小是完全可能的。

总之，区域差距的未来走势是：差距呈扩大趋势，但如果政策适当，差距是可以控制的，可以比 80 年代的差幅有所缩小。

3. 区域分工与区域产业结构的未来变化

区域分工含混、区域产业结构趋同化是我国 80 年代产业结构变动的重要特征之一。随着我国经济的发展和体制改革的深化，导致区域产业结构趋同的因素将逐步消失，区域分工和区域产业结构将呈现出多样化趋势。

（1）影响区域产业结构趋同的体制背景将发生变化。以放权让利为中心的经济体制改革，使地方政府成为日益活跃的经济利益主体和投资主体，这一方面极大地调动了地方发展经济的积极性，另一方面也导致产业利益在区域板块上的分割和地方政府对区域利益的热心追逐，使地方政府行为表现出严重的短期化、不规范化倾向。在扭曲的比价关系和市场利润的导向下，地方投资大量涌向价高利大的“短、平、快”加工工业，从而导致了对资源产业的过度需求和巨大的资源缺口，资源的短缺又迫使各地区发展自己的缺门产业。结果，区域产业结构的专业化倾向不断减弱，封闭性、独立性和完整性逐步提高，区域产业结构严重趋同。

随着以建立社会主义市场经济体制为目标的改革的深入，一方面，政府职能将由直接控制向间接控制为主转变，地方政府作为投资主体的地位将大大削弱，同时，财税体制的改革将约束地方政府对自身利益的盲目追求，这将大大减弱地方政府为追求自身利益而推动产业结构趋同的内在诱因；另一方面，企业改革的不断推进和现代企业制度的逐步建立，使企业作为市场活动主体的地位不断加强，效益将成为企业决策中的主要力量，企业投资区位的选择将不受行政区划的约束，从而使区域分工不断加强。此外，市场体系的发育和统一市场的形成将冲破人为的地区封锁，增强生产要素的流动性，从而削弱区域经济的封闭性和独立性。显然，这些变化都将促使区域产业结构的变化摆脱地方政府行政干预的轨道，走向依据自身经济发展水平、生产要素供给和市场需求压力等结构变动条件而变化的正常轨道。在这种背景下，区域分工和区域产业结构多样化就成为必然趋势。

（2）价格改革和价格体系的合理化有利于区域分工的深化。中国区域产业结构的重要原因就在于价格体系不合理所造成的部门间收益率差距悬殊，使各地区争相发展价高利大的加工工业。价格体系的不合理主要表现在工农产品的剪刀差和基础原材料产品价格偏低。随着价格改革和价格体系的调整及市场机制的作用，各工业部门间利润平均化规律将逐步发挥作用，各工业部门的收益率将趋于均等。如 1978 年，我国各工业部门资金利税率的标志变异度（离散系数=标准差/均值）为 0.74，1985 年下降为 0.59，1990 年进一步下降为 0.47。加之在过去十多年中加工工业的过度扩张，势必会造成今后一个时期能源、基础原材料产品供不应求，其价格上扬速度必然快于制成品，价格体系不合理程度将进一步缩小，部门收益率均等化趋势将进一步加强。在相对合理的价格体系中，区域分工的机制将不断完善，区域分工将不断深化。

(3) 需求结构的变化将对区域产业结构趋同产生冲击。长期的短缺经济和公平分配政策使区域间的人均收入水平特别是城镇居民的人均收入水平基本均衡，消费层次比较接近，消费结构雷同。供不应求的总量结构和高度同构的消费结构对区域产业结构趋同有着强烈的牵引作用。经过十多年的改革和发展，短缺经济已经消失，社会总供求基本平衡，需求结构发生了两方面变化：一是投资需求和出口需求比重上升，消费需求比重下降，投资需求和出口需求成为推动经济发展的主要力量；二是地区间收入差距拉大，消费需求层次性显著。

对于投资需求来说，其拉动的是生产资料生产部门的增长，生产资料生产部门或者是具有明显区位指向的资源开发与利用型的上、中游工业，如冶金、化工、建材等，或者是虽不具有明显的区位指向，但资本与技术门槛较高、规模经济明显的下游工业，如机电设备制造等。这类工业由于受区位条件和区域要素供给条件的约束强烈，不可能出现遍地开花的同构趋势，其发展有利于区域分工的深化。

对于出口需求来说，其拉动的是出口创汇产业的发展。由于这类产业的市场是国际市场，其能否生存发展不是地方政府行政能够干预的；相反，这类产业的发展必须依靠自身的技术水平和资源优势。因此，这类产业的发展同样有利于发挥地区优势，深化区域分工。

对于消费需求来说，其仍然是影响产业结构变动的重要因素。但由于区域收入差距的拉大，消费需求结构呈现出明显的层次性，这无疑会对区域产业结构趋同产生巨大冲击。

(4) 各地区经济发展阶段的差异决定了各地区结构升级的快慢。区域产业结构趋同化的一个重要特征就是各地区为追求加工工业因价格不合理所具有的双重利润，导致沿海地区高度化不足，内陆地区虚高度化。随着经济的发展，内陆加工业的发展和沿海地区劳动力成本的上升等因素的影响，沿海发达地区在一般加工业方面的优势将日益消失，在发展高新技术产业、第三产业方面的优势日渐突出。这种优势的转换将有力地推动沿海地区产业结构的高度化。与此相对应，内陆地区将凭借劳动力资源、自然资源的优势和一定的加工工业基础，努力消化和解决20世纪80年代的产业结构虚高度化问题，其产业结构将处于一个相对稳定时期。

4. 区域经济关系的未来变化

区域间贸易摩擦和资源争夺、区域封锁和市场分割，是中国20世纪80年代以来区域经济关系的基本特征之一。这种被称为"诸侯经济"的行为特征，导致了宏观经济调控失灵，区域经济发展陷入严重的失衡和无序状态。随着体制改革的深化和社会主义市场经济体制的建立，区域间的关系将朝着合理分工、相互协作、协调发展的方向转化，区域间的封锁和摩擦将逐步消除。其原因是：

(1) 影响区域关系的体制背景将发生变化。区域经济关系紊乱的体制背景是双重体制，即传统的计划经济体制已经被打破，但新的社会主义市场经济体制还尚未完全建立，新旧体制并存。在这种体制模式下，地方拥有相当的经济发展自主权和经济利益，是区域经济发展的主体和区域经济利益的总代表，但中央与地方无论是在事权、财权，还是在调控权上都没有明确的划分和严格的界定，地方政府与企业间的关系也没有理顺，政府干预企业经营活动、企业依赖政府的现象很突出。地方政府为了追逐自身利益，势必会运用行政权力干预区域间正常的经济交往，产生行政封锁和市场割据。随着改革的深入和计划机制与市场机制有机结合的社会主义市场经济体制的建立，中央、地方、企业的权、责、利关系将得到明确划分和严格界定，中央与地方的财政关系以分税制为特征，地方政府将成为区域经济的运行和调控主体，发展主体的地位将转移给企业，区域间的关系将转换为以企业为主体的分工与联合的关系。

（2）价格体系合理化与市场机制完善化。过去10年中区域关系紊乱的一个重要原因是价格体系不合理所造成的能源、原材料与加工工业制成品间的价格“剪刀差”。这一方面使东部沿海地区在中西部地区向其输出能源、原材料和初级产品时因价格偏低而转移了大量价值（利润）；另一方面又使东部地区高价向中西部地区返销制成品，把中西部地区创造的部分价值（利润）带到东部地区。对双重利润的追逐使各地区纷纷利用行政手段封锁资源、争夺市场，造成区域关系的严重无序化。随着价格体制的改革，价格体系将逐步得以理顺，各要素市场和市场体系基本形成，使各地区的比较利益得以确保和实现，从而奠定了区域经济关系有序化的基本前提。

（3）区域分工国际化、水平化程度加深。新中国成立后，国家按照自然资源和经济技术的空间逆向梯度分布，在我国沿海与内地间塑造了一种比较特殊的垂直性区域分工关系，沿海生产和输出加工工业制成品，内地生产和输出能源、原材料和初级产品。这种垂直性的区域分工是造成我国区域利益关系扭曲的结构前提，即使在价格体系合理的情况下，由于分工的垂直性也会置沿海与内地分别于中心与外围的地位，其区域间的不平等交换关系也在所难免。随着我国经济的进一步发展和对外开放的继续扩大，各地区不同程度地加入了国际分工，同时对动态比较利益的强烈追求也使区域间的分工从以资源为基准的低水平上升到以技术和规模为基准的较高水平。区域分工的国际化和水平化使区域间的交换环境和交换关系大大改善，使各区域间的关系置于更为平等的基础上。

（4）过度倾斜的不公平的区域政策将逐步被改变。改革开放后，为了促进东部地区的较快发展，实施了过度倾斜的区域政策，对东部地区进行大幅度、大面积的放权和优惠，这虽然对加速东部地区经济发展起到了一定作用，但由于过度倾斜政策本质上是对市场公平竞争和机会均等原则的破坏，致使区域间同等努力得不到同样的收益，造成区域间利益关系的严重扭曲。随着国家对过度倾斜区域政策弊端的认识，过度的不合理的倾斜性将得到抑制，区域政策与产业政策将得到有机结合，区域政策体系也逐步得以完善，造成区域关系紊乱的政策因素将逐步得以消除。

（5）国家宏观调控体系逐步健全和完善。过去的十多年，国家为了调动地方的积极性，充分发挥各地区组织管理经济的职能，把很大一部分权力下放给地方和企业，形成了社会财富高度分散的格局，中央财政支出占全部财政支出的比重从1981年的54%下降到1990年的39.7%，同时国家直接掌握的固定资产投资、指令性计划产品、统配物资等大幅度缩减。中央可支配的财力所占份额的急剧下降表明，通过直接配置资源的方式来实现国家经济发展战略和调节国民经济运行已力不从心。然而，在这种情况下，本应加强的中央政府的宏观调控体系没有及时得到加强，因而当区域经济发展中出现某些矛盾和问题时，无法实行有效的宏观调控。

随着经济体制改革的深入和分税制的实施，中央可支配财力将得到充实和保证，同时宏观调控体系的不断完善和健全，各种经济法规的制定和完善，都将对区域经济运行中的区域行为和区域关系产生有力的影响和调控，促进区域关系的逐步合理和协调。

## 三、中国区域政策的战略选择与体系设计

在过去的40多年特别是改革开放的10多年中，中国区域经济的发展始终与区域政策密切相关。区域政策作为国家在地理空间上指导社会经济发展的行动准则和调控手段，不仅在很大程度上决定着各地区的发展方向和途径，决定着各地区在国家发展战略中的地位和作用，而且决定着各地区经济发展的外部环境和内部条件。因此，区域政策的合理程度在很大程度上也影响着区域经济的协调发展。

1. 协调：中国区域政策的战略选择

区域政策的实质是效率与平衡之间的关系问题。那么如何处理效率与平衡之间的关系呢？我们的态度是，我国区域间平衡的“度”的把握，应该依据这样的原则：区域间的平衡应以不影响或很少影响整体国民经济的发展与增长为上限，以贫困地区的可承受度及不发生社会和民族矛盾为下限。那种过度追求经济增长的高速度和投资效益的最优化，置最低限度的平衡于不顾的选择，在目前东部地区经济增长的市场和资源依托过分依赖中西部地区的情况下，虽然可以在近期内使国民经济增长速度得到进一步的提高，但很可能在短期内使区域间的不平衡“度”超出可承受的界限，导致社会和民族矛盾冲突甚至社会不安定局面。同时，也会增强东、中、西部地区同构性产业竞争和增长挤压。以牺牲全国经济发展速度和宏观经济效益为代价，强制实现区域平衡，使我国经济发展绕过区域增长不平衡阶段。这种选择明显不利于国家整体利益，而且在改革开放的前提下，也是不可能的，除非经济体制回归到传统模式。唯一正确的选择是，调整和完善目前的区域倾斜政策，在注重效率目标的同时，充分考虑我国复杂和独特的区域问题，以区域经济的非均衡协调发展为目标，在区域经济非均衡协调发展中求得平衡与效率、全局利益与局部利益的统一，把东部地区的发展和中西部地区的开发很好地结合起来，以东部地区的发展带动中西部地区的经济增长，以中西部地区的经济开发支持东部地区的经济发展，实现沿海与内地和东、中、西三大地带各地区经济的持续增长和协调发展。

据此，我们认为，中国区域政策的制定和选择，要以促进国民经济和区域经济的持续稳定协调发展为基本指导思想，以兼顾效率和平衡目标为原则，既要有利于重点地区的快

速发展和国家整体实力的提高，又要有利于合理的区域分工和区域利益格局的形成，既要有利于充分发挥地区优势，实现资源的优化配置，又要有利于在比较利益的基础上协调好区域经济关系，减少区域之间、地方与中央之间的经济矛盾和摩擦。为此，我们应做好以下几方面工作：

（1）区域倾斜与产业倾斜相结合，实现产业政策的区域化和区域政策的产业化。理论与实践已经反复证明，在一个大国中要实现产业结构和空间结构的双重合理化，必须使区域倾斜与产业倾斜有机结合，使产业政策区域化、区域政策产业化。针对我国的情况，要调整和完善区域倾斜政策和产业倾斜政策，必须在产业政策区域化和区域政策产业化两方面同时做出努力。

1）产业政策区域化。我国产业政策的基本要点是向农业、能源、原材料、交通邮电和高新技术产业倾斜。由于我国自然资源和经济技术水平的地区差异很大，必须把产业政策分解落实到相应地区。具体地说，就是东部沿海地区经济技术发达，但能矿资源贫乏。因此，产业政策中的高新技术产业要具体落实到东部沿海地区，在高新技术产业投资和政策优惠上要向这一地区倾斜。同时，产业政策中的能源、原材料是中西部地区的优势产业，在这些产业的投资和政策上要落实到中西部地区。而农业、交通邮电的地区差异性较小，可由中央政府根据实际情况具体落实到各地区。

2）区域政策产业化。我国区域政策的基本要点是向沿海地区、沿江地区、沿边地区、沿线地区倾斜。由于我国各地区及“四沿”地区的产业结构各不相同，经济环境和内外条件也相差很大，区域政策的实施也必须以产业为对象。具体地说，沿海地区经济技术发达，对外联系方便，对东部沿海地区的倾斜要具体落实到对沿海地区高新技术产业、出口创汇产业的扶持上；沿江地区、沿线（陇海—兰新线）地区交通方便，经济技术力量雄厚，能源资源丰富，对这一地区的倾斜要具体落实到能源、原材料、重化工、机械加工等产业上；沿边地区地理位置优越，对外贸易方便，经济技术基础较差，对这一地区的倾斜要具体落实到对外经济贸易合作、出口创汇等产业的扶持上。

只有把区域政策与产业政策结合起来，才能同时实现区域分工和产业结构的合理化，也才能够既利于市场机制作用的发挥，又体现在市场机制基础上的政策导向作用，解决调控中观经济布局、微观经济布局，使之与国家宏观经济布局同向化的问题。

（2）加强对区域倾斜政策效应的宏观调控。中央政府要加强对区域倾斜政策效应的调控，包括以下几方面内容：一是对倾斜对象的调控，即应根据国内外经济政治形势的变化和政策效应的实现程度，重新选择和变换倾斜对象；二是对倾斜力度的调控，即根据经济发展状况和政策效应实现程度调节倾斜的力度；三是对倾斜时间的调控，即根据经济发展情况和政策效应实现程度及时终止或开始倾斜政策；四是对倾斜方式的调控，即根据区域经济发展状况、国内外经济环境和倾斜政策效应的实现程度采取不同的倾斜方式。常见的倾斜方式主要有：点（城市）倾斜、线（交通线路）倾斜、面倾斜亦即板块倾斜、优区位倾斜、区域倾斜与产业倾斜相结合等。

（3）完善区域政策体系。建立和完善包括区域产业政策、区域布局政策、区域开放政策、区域市场政策、区域关系政策、区域调控政策、区域补偿政策在内的区域倾斜政策体系，特别是要建立和健全区域调控政策、区域补偿政策、区域关系政策，以保证区域倾斜政策效应的充分发挥和区域经济的稳定、协调发展。

（4）为区域倾斜政策的实施创造条件。理顺严重扭曲的价格体系，建立合理的劳动地域分工体系；深化管理体制改革，理顺中央与地方的关系；推动区域市场的发育和全国统一市场的形成，强化中央政府的宏观调控能力，合理划分中央与地方政府的权力，建立和完善中央政府对地方政府的再调控机制，强化对区域经济运行的调控；运用各种经济杠杆，调整现存扭曲的区域利益格局，促进区域经济协调发展；积极完善区域倾斜政策，提高各地区对区域倾斜政策的认同性；建立健全维护区域经济交往和要素合理流动的法规体系，约束地方政府行为。

2. 区域政策体系的调整与设计

20 世纪 90 年代中后期乃至 21 个世纪初相当长一段时期内，必须根据我国区域经济发展的新格局，本着改革、开放、发展相结合的宗旨和合理分工、各展所长、优势互补、协调发展的原则，以正确处理好沿海与内地、经济发达地区与较不发达地区、发挥地区优势与全国统筹规划的关系为基点，确立我国的区域政策体系，以保证区域经济和国民经济的协调发展。能否如此，直接关系到我国经济发展第三步战略目标的实现和社会经济的稳定与发展。

今后一个时期，中国区域政策体系大体包括以下几个方面：

（1）区域调控政策。区域经济调控政策的基本方向是建立中央与地方（主要是省、自治区、直辖市）二级调控模式。以二级调控模式为特征的区域调控政策主要由中央调控、地方调控和中央对地方的调控三个有机联系的部分组成。其基本前提是中央与地方事权、财权和调控权限的合理划分和严格界定，以及市场体系的充分发育和调控手段的逐步完善。其基本原则是，既要充分发挥中央与地方政府（主要是省级政府）参与管理和调控经济的积极性，又要严格约束和规范各级政府的行为。

（2）区域投资布局政策。今后一个时期，中国区域布局政策的基本框架是，按沿海、沿江、沿线（陇海—兰新沿线和黄河中上游地区、沿西南能矿资源聚集带）、沿边拓展生产力布局，同时集中投资建设若干个“经济增长三角”，奠定未来 20 年乃至更长时期我国生产力布局的大框架。

1）沿海地区要继续以发展外向型经济为主导，参与国际分工，以产业结构高度化和市场拓展国际化为主要目标，逐步建成出口产业带和高新技术产业带。

2）沿江地区要以浦东开发为龙头，以长江干流为主轴，以干流及湘江、汉江、赣江、乌江、川江等支流组成的网络为骨架，以上海、南京、武汉、重庆及一批各具特色的中小城市为支撑点，辐射联络各自腹地内的中心城市和广大农村，使其逐步形成一条我国最大的东西向经济走廊和横贯东西、连接南北的产业密集带。

3）沿线地区要以环渤海地区为依托，以欧亚大陆桥为纽带，以郑州、西安、太原、兰州、西宁、银川、乌鲁木齐、徐州等大中城市为支撑点，深化黄河上中游优势能矿资源的开发，重点建设陇兰沿线和黄河中上游、以山西为中心的能源重化工基地两大能源、原材料工业带。

4）沿西南能矿资源集聚带，要发挥水能资源和矿产资源富集的优势，以及“三线”工业庞大的加工能力优势，利用“三线”工业改组改造和“军转民”的有利时机，增强其对能源、原材料产业的渗透和对地方工业发展的带动能力，形成若干生产要素优化组合的产业技术链和川、滇、黔接壤区：滇西、乌江、西江工业走廊。同时，加快南昆线的建设，开通大西南的出海通道，为大西南的开放开发创造条件。

5）沿边地区要充分利用地理位置优势和对外开放政策优势，加强口岸建设和交通运输建设，扩大开放，深化改革，调整产品结构和出口结构，建立边境自由贸易区、开发区，启动南北边疆地带的发展。

（3）区域产业政策。在今后相当长一段时期内，区域产业政策仍然以合理分工、各展所长、优势互补、协调发展为原则，促进各地区优势的发挥，引导各地区的生产要素向能够体现本地区资源优势的主导产业转移，以形成各具特色的区域产业结构，促进全国产业结构的合理化和高度化。

1）沿海地区要在加强改造传统产业、提高现有企业的技术水平、促进产品升级换代的同时，大力发展高、精、尖、新产业和产品，有计划地将消耗能源原材料高、运量大的项目，转移到能源充裕和资源富集的内地，继续积极发展外向型经济和出口创汇产业，同时也要加强基础设施建设和第三产业的发展。

2）内陆地区要发挥资源丰富的优势，加快能源、原材料工业和农牧业的开发和建设，特别要注意发展本地区有特殊资源优势、面向国内外市场的产业和产品。同时，在经济发展水平较高的城市和地区，积极发展知识技术密集型产业和新兴产业，加强交通运输、邮电业等基础设施和第三产业的发展。

（4）区域开放政策。我国的对外开放已经形成了由沿海向沿江、沿边和内陆地区推进，全方位、多元化对外开放的新格局。今后应继续抓住对外开放的每个机遇，根据不同类型区域的优势和特点，确定各区域的对外开放战略、产业重点和发展方向。

1）沿海地区在今后相当长一段时期内仍将是我国对外开放的重心地区，在推动我国对外开放和国民经济发展中继续发挥先导作用。其主要任务是进一步发展外向型经济，优化出口产业和产品结构，确立以高附加值的机电工业为外向型经济的主导产业，在保持劳动密集型产品出口的同时，着力扩大技术密集程度较高的机电产品和成套设备的出口，在进一步鼓励有条件的中小企业、乡镇企业出口的同时，积极创造条件使大中型骨干生产企业进入国际市场，实现不同层次企业、产业和开放区的协调发展。

2）沿长江地区的对外开放，要根据自身的条件和特点，借鉴沿海地区的成功经验，形成自己的特色。在产业选择上，起点要高，重点发展资金—技术密集型产业，在地区布局上，要“点面结合，以点带面”，即以长江沿岸的中心城市为重点，辐射和带动周围地区对外开放；在战略措施上，要根据这一地区横跨东、中、西三大地带，存在一定的经济技术梯度的特点，形成不同的开放层次，确定相应的发展方向。

3）沿边地区的对外开放，应以向周边国家开放为重点，并逐步通过周边国家向更广阔的国际市场推进。要在巩固现有贸易市场的同时，向全面经济技术合作领域推进；以开放为契机，推进改革和发展，促进资源的开发和工业化进程；加强沿边地区与沿海地区及内陆地区的经济合作，以强化自身在国际分工中的竞争优势；根据西南沿边开放区、东北沿边开放区和西北沿边开放区的地域差异及对象国的不同，制定相应的开放策略，并促进多国三角协作区和经济圈的形成。

4）在扩大沿海、沿江、沿边地区对外开放的同时，尽快推进沿线（陇兰线）地区的对外开放，充分发挥欧亚大陆桥和沿线地区资源丰富、经济技术雄厚的优势，形成第二条横贯东西、连接南北的经济开放地带，以配合生产力布局战略，推进改革开放的深化。

（5）区域关系政策。为了促进区域经济的协调发展，建立和完善社会主义市场经济机制，必须继续鼓励和发展区域间的经济协作和横向联合。

1）在全国统一规划和政策指导下，鼓励和促进各地区之间按照互惠互利、风险共担、发挥优势的原则，开展多领域、多层次、多形式的横向联合与协作，并制定相应的法律、法规，保证合作各方的利益。

2）继续完善和发展以省、区、市为基础，以跨省、区、市横向联合为主要内容的各种形式的经济协作区，尤其要鼓励发展发达的沿海省市与较不发达的内陆地区的经济协作组织。要按照市场机制，利用经济手段协调区域利益关系，使合作各方都能从中得到实惠。

3）区域经济协作和联合的重点，要放在统筹规划和开发建设跨省区的能源、交通、通信、原材料等基础产业和基础设施上，以解决跨省区交通运输、邮电通信和重大基础设施的矛盾，促进区域经济的协调发展。

4）推动区域市场的发育和建设，以形成区域大市场为中心，建设跨省区、布局适当、流向合理的商品集散市场，促进省区间的商品流通，组建区域金融市场，利用资金流转的间歇和时差，在省区间相互拆借资金，支持重点建设。以区域市场的发育和发展促进全国统一市场的形成和完善。

（6）区域补偿政策。总的方向是，要进一步完善现有的扶贫政策、民族政策和中央财政补贴政策，调整区域利益关系，改变对“老、少、边、穷”地区的援助方式，促使这些地区增强自我发展能力。

1）中央在制定和实行以分税制为基础的财税改革方案时，要重视对贫困地区的扶持，尽可能地提高对贫困地区的返还比例。中央的财政补贴应与实施国家和地方产业政策有机结合起来，以改善投资环境，增强自我发展能力。

2）建立贫困地区开发基金。我国沿海地区与内陆地区的差距是长期发展过程中形成的，可以考虑在沿海地区筹集资金，建立“贫困地区开发基金”，用于贫困地区优势资源的开发和初级产品的就地加工，并在项目建成后按各地提供基金的股份，以原材料和初级产品的形式返还。

3）国家对贫困地区继续发放“支援不发达地区发展资金”和低息贴息贷款，对中西部地区的扶贫资金试行更灵活的方式，可把对中西部贫困地区的扶贫资金的投资在全国范围内招标，以吸引东部地区的人才，提高扶贫资金的使用效率。

4）继续组织经济发达地区的城市对口支援不发达地区。对口支援可采取技术转让、人员培训、补偿贸易、合资经营、合作开发等多种形式。

5）由于我国经济不发达地区大都处于生态环境薄弱的地区和江河流域的上游，其生态环境状况对全国生态环境和经济社会发展具有重大影响。为理顺这些地区保持生态环境与经济开发建设的关系，国家应设立“生态环境补偿基金”，用于中西部地区生态环境的保护和治理。

6）加大中西部贫困地区的经济改革力度，实行更加优惠的政策，以改革促进贫困地区的开发和建设，以改革促进市场机制的生成和发展。

# 论中国区域发展战略的核心及其实现途径*

近年来，我国区域（城市）经济有了很大发展，但也存在诸多问题，主要是未抓住区域（城市）经济发展战略的核心与实质，或未按区情区力找到实现战略目标的途径与措施，做了很多事倍功半的事情。如何改变这种状况，做到事半功倍，加快区域（城市）经济发展，为全面建设小康社会做出贡献，我们提出以下三点看法：

一是区域（城市）经济发展战略的核心与实质是工业化与市场化。从发达国家和我国部分发达地区的实践看，决定区域或城市发展速度与水平的不是区域内无主体无核心的所谓发展，也不是城市、城镇本身扩展与伸张速度，而是工业化（尤其制造业）发展的速度与水平，是农村和农业（产业化）发展的速度与水平。如果没有这两个最基本的支撑要素，即使是区域、城市建设得再好，区域内城市面积再大，城市人口增加得再多、再快，区域功能、城市功能也无从体现与发挥；相反，尤其城市还会招致许多消极的后果，诸如第三产业落不到实处，第一产业得不到第二产业的武装与改造，经济社会运转梗阻，城市化、城镇化反成为区域经济发展的包袱。同工业化发展相适应、相伴随的，是对工业化发展起支撑、开拓和保障作用的市场化发展。没有市场化及其发展，就没有公平竞争、开放兼容、改革纳新、效率优先等现代意识与行为，更不可能有以人为本、尊重知识、尊重人才、自由平等、人与人相互尊重的现代社会基础、现代社会理念与现代社会制度。比如有人列举苏联即是在非市场经济情况下，实现了工业化。但它要求的是以统治、服从为宗旨的社会经济结构，是等级和非自主意识，这种工业化只能是为政治家服务，只能是实现政治家拟定目的的手段与工具。因此对于推动我国解决“三农”问题的区域经济发展与区域内的城市化、城镇化，以及实现全面小康社会的建设，都必须是在推动工业化的同时，大力推进市场化。也就是说，所有区域或城市的发展（现代化），其战略的核心与实质必须恒定在工业化与市场化上面。当然不是说区域内的其他建设与发展，比如生态建设，尤其是区域内的城市化、城镇化对工业化、市场化没有拉动作用，否定这个反作用也是片面的、错误的。结合我国当前有关区域内城市化、城镇化出现的种种主张与做法，要特别指

---

* 本文选自《战略论坛》，2005 年第 6 期，第 45~47 页。

注：引自朱文辉、张玉斌：《改革开放以来中国区域政策的四次调整及其研究》。

作者：张敦富，中国人民大学区域经济与城市管理研究所教授、博导；杨勇，北京市财政局，博士；张红，北京中地华夏评估咨询中心有限公司量事长、硕士；张欣，北京中国资产评估有限责任公司总经理、硕士。

出的是区域内的城市化、城镇化，必须看到它们是工业化、市场化共同创造的有形产物，绝不是其他，因为这是社会经济运行规律所决定的。我们还必须看到，区域和区域内城市、城镇竞争力或核心竞争力，也是由两者（工业化、市场化）交互作用形成的。因为区及其城市、城镇竞争力或核心竞争力，主要表现在区域对区域，城市、城镇对其腹地的吸引力和辐射力上，而这两个力的大小，也正是由工业化、市场化发展水平的高低所决定的。“两化”（工业化、市场化）水平高，“两力”（吸引力、辐射力）即大即远；“两化”水平低，“两力”即小即近，这都是极其明白的道理。关键是我们在发展区域经济，推进区城城市化、城镇化过程中，能否真正始终抓住工业化、市场化这两个根本点。诚然，抓所住了这两个根本点，也就能真正卓有成效地促进区域经济的发展，塑造区域和城市、城镇核心竞争力，为有效解决“三农”问题和全面实现小康社会战略目标做出实质性贡献。

二是实现区域经济工业化和市场化必须区分区情区力。区域（城市）经济发展战略的核心与实质，是工业化和市场化。但是实现区域经济的工业化与市场化必须按区情、区力，绝不能“一刀切”。那么，各级各类型区域（城市）如何创造性地将工业化、市场化化为当地的现实，又与时俱进地将其推进和发展呢？我们认为，这里有几个相互关联的问题需要明确并予以探讨。其一是区域经济的发展有阶段性，即从不发展（待开发）阶段到发展中（成长）阶段，再到成熟（发达）阶段等。不同发展阶段都有其发展的特征，基本内容和实质性的发展条件要求，各级各类型区域必须明确认识和设计出各自所处发展阶段及发展的具体途径与措施，方能使发展获得事半功倍的效果，否则即会事倍功半，甚至会延缓、损伤、破坏区域经济发展。其二是要明确关于区域经济发展与区域经济开发，以及区域经济开发的几个阶段同区域经济发展阶段的关系。我们认为区域经济发展是客观的区域内经济社会的全面进步与发展，而区域经济开发，是为了推动区域经济发展，在某一时段针对区域发展中所遇的问题，而选择和采取的一系列途径与措施。它是人们对区域经济发展所采取的一种主观行动与作为，一旦开发目标实现，这一时段的区域经济开发任务即告完成与结束。通过考察和对比分析过去、现在诸多有关区域经济开发内容，发现（有的学者已做出归纳）区域经济开发也有其发展阶段性，并各有其开发的实质性内容、特征与模式，即区域经济开发初始阶段，是资源型开发模式为其主要特征；区域经济开发中期阶段，以产业开发（包括市场开发）模式为主要特征，区域经济开发成熟阶段，以知识经济和高新技术开发模式为主要特征。在这一考察对比研究中，还发现区域经济开发的阶段、模式又大致与区域经济发展阶段相匹配、相适应，并且其间相互又有一定的交叉与重叠。即区域经济发展的三个阶段，不是一对一的同区域经济开发三阶段开发模式相对应、相匹配，多数情况下是在同一个发展阶段以一种开发模式为主，其他两种开发模式也有表现，只因发展阶段之不同开发模式比例互有消涨。从理论上讲，处于不发展阶段类型区，其开发重点多以资源性（型）开发模式为主，也会有产业开发模式，甚至会有极个别的知识经济与高新技术开发模式的雏形；处于发展中（成长）阶段类型区，其开发的重点是产业开发（市场开发）模式为主，还有资源性（型）开发模式，或知识经济与高新技术开发模式，处于成熟（发达）阶段的类型区，产业开发（市场开发）模式已很充分，知识经济、高新技术开发模式已有很大势头，并渗透、武装和改造着产业（市场）开发模式，在经济总量中举足轻重。区域经济发展阶段同区域经济开发阶段与模式之关系，除以上的相互对应与关联外，还必须了解和明了后边的、先进的区域开发阶段与模式，对前面的、落后的区域开发阶段与模式的影响作用。即后边的、先进的开发模式由于其已产生和存在，就对前面的、落后的开发模式予以影响、渗透和改造，加速其向先进模式的转化与发展。这在现实区域经济开发过程中已处处有所表现，必须注意的问题是要使区域经济发展的每个阶段发展充分，防止揠苗助长！其三是关于“区域经济发展规划”，我们认为实际上即是“区域经济开发规划”，各级各类区域经济开发规划都应该参照或基本符合上述区域经济发展阶段、区域经济开发模式的有关论述。否则即会走弯路，事倍功半。

三是实现中国区域经济工业化、市场化，关键在于对“市场化资源”的挖掘、培育、塑造。从我国区域经济政策调整的实践，寻查中国区域经济发展实效。改革开放至今，我国经历了四次区域政策调整。第一次是1980~1992年对广东、福建两省实行的“特殊政策、灵活措施”，使广东很快成为中国改革开放的前沿阵地，广东迅急成为中国经济实力最强的省份；第二次始自1990年的上海浦东开发开放以来，使上海重现国际大都市形象，长江三角洲成为全球关注的热点；第三次是1999年底中央提出推行西部大开发，投资已超6000亿元（人民币），但到目前成效并不明显；第四次始自2003年的振兴东北和华南安排（包括香港在内的“CEPA”——《内地与香港更紧密经贸关系安排》），业已显示可能成为优先突破的区域。四次区域政策调整，第一、二次或再加上第四次的经济社会效益都是或都会是很明显（即其工业化、市场化有很长足的推进与发展），只有第三次调整，西部大开发历时已过5年，成效不尽如人意（即其工业化、市场化推进不大）！原因何在？这从中国区域政策发生作用的逻辑关系追寻可作出探讨与回答。即中央政策提供区域发展的启动机会（契机），地方政府的响应能力决定发展速度，市场原动力的形成决定政策调整成效，外向型和内源性经济的良性综合程度是区域优势能否持续的关键。我们认为其中“地方政府的响应能力”“市场原动力的形成”“外向型和内源性经济的良性综合程度”，都是区域发展“两力”（工业化、市场化）中市场化“资源”挖掘、培育、塑造的三种主要表现。如果说“中央政策”是外因，那么“区城市场化资源挖掘、培育、塑造的三种表现”就是内因。从外因通过内因起作用这一规律看，四次区域政策调整的四种受惠区域为什么有不同的表现与成效，即明白无误！上述虽是从宏观角度阐述了“市场化资源”对区域经济发展的关键作用，从微观角度我们认为亦是适合的。比如在我们完成的诸多地区、市县经济发展战略规划研究课题，以及调研和考察的诸多市县乡镇经济社会发展状况，如果从区域经济发展实质（工业化、市场化）去观察、去考虑，不论它们发展得好与不好，都与市场化资源的挖掘、培育、塑造有着直接的因果关系。

总之，我国区域经济发展至今，就其发展状况看，可说优、良、中、劣都有。在中央明确提出21世纪头20年实现全面建设小康社会战略目标的今天，各级各类地区应不论其过去发展走了什么样的路径，都应该吸取经验，接受教训，抓住区域经济发展的实质——工业化和市场化，并结合区情区力将其具体化。只要地方政府和民众真正抓住区域经济发展的实质与关键，并持之以恒地做出努力，各级各类区域经济就会大为改观，就会出现共同高涨的景象，实现全面建设小康社会的战略目标，做出卓有成效的贡献。

# 论区际贸易与生产要素流动*

区域，大到跨国区域，小到村庄，都是开放的，它们在不同程度上以不同方式与外界进行着物质、能量和信息交流，这种交流主要通过经济联系的形式来实现。各区域根据自身条件、利益和发展原则，与其他区域进行分工合作，开展区际贸易，从而推动生产要素的区间流动。

区域间的差异为区域分工与合作提供了可能和基础，而区域分工与合作的主要表现形式之一，就是区际贸易和伴随而来的生产要素流动。随着市场经济体制的不断完善和生产力水平的进一步提高，特别是第二次世界大战后世界经济一体化进程的加快，区际贸易正在朝着全球化、多样化、纵深化的方向发展。

加强横向经济联系，开展广泛、深入、多样的区际贸易，促进生产要素在区域之间频繁、自由、顺畅地流动，既是建立区域经济的必然要求，又是完善区域经济的重要手段和标志。本章继上一章之后，在详细阐述区间差异和区域分工的基础上，重点讨论区际贸易和生产要素流动及其对区域经济发展的影响。

## 一、区间差异和区域分工

同其他个体一样，区域有其独特的存在形态和方式，以至于人们对不同的区域产生不同的印象，在进行区域分工与合作、开展区际贸易时就会选择不同的区域对象。从感性认识到理性思维，及至现实中的区际经济联系，都是建立在区域差异基础上的。区域的特殊性决定了人们认识它和处置它的方式。

### （一）区间差异是区域分工合作的前提和基础

1. 区间差异的内涵、分类及影响

区间差异是指不同区域之间的异质性。从内容来看，有自然条件及自然资源差异、经

* 本文选自张敦富：《区域经济学原理》，中国轻工业出版社 1999 年版，第 190~233 页。本书获中宣部第八届“五个一工程”奖。参与者：陈学斌、黄静。

济差异、社会因素差异、技术差异等；从差异的变动特性来看，有可以改变的差异和不能改变的差异；从物质形态来看，分为有形差异和无形差异。

（1）自然条件和自然资源差异。自然条件是指环绕人类的自然环境，包括作为生产资料和劳动对象的各种自然要素，如大气圈、水圈和岩石圈等；而自然资源则是指自然条件中可以被人类生产和生活利用的自然条件，如矿产资源、气候资源和水资源等。不同产业和不同经济发展阶段，自然条件和自然资源所起的作用是不一样的。从总体来看，第一产业（农业和采矿业）对自然条件和自然资源的依赖程度最高，第二产业（制造业）次之，第三产业（商业、贸易、金融、信息、技术、服务、通信业等）最小。同时，随着人类认识世界和改造世界能力的提高，自然条件和自然资源对区域经济发展的约束力在逐渐减小。但就目前来说，自然条件和自然资源仍然是制定区域经济发展战略、确定区域产业结构和布局模式所必须考虑的重要因素之一。

例如，地势地貌条件决定了一个区域的农业资源的空间结构和开发格局，以及区域经济中心的位置，决定了水资源的空间分布及植被的地域性和非地域性生态特征。工业化以前，生物气候带对社会经济起着决定性作用。农业社会的生产以农业、牧业、林业和渔业为主，生物气候带决定了动植物的地域分布，从而决定了社会生产的空间格局。南方多雨水，热量充沛，热带、亚热带植物生长茂盛，许多国家和地区就是以热带植物如香蕉、龙眼、荔枝、天然橡胶、椰子等作为主要贸易品来发展经济的；北方以温带、寒温带为主，盛产小麦、苹果等；干旱地区多生长喜温作物，如瓜果、棉花等，我国西北地区的葡萄、哈密瓜、长绒棉就是优势作物。在工业化时代，农业仍然是按照因地制宜的原则发展的。即使像美国这样发达的资本主义国家，其农业生产也是依据生物气候条件建立起规模巨大的小麦带、玉米带、棉花带、牧业带等农业专业化生产地带的。

水土比例作为重要的工农业生产条件，在很大程度上影响着一个区域的工农业结构和城市发展的规模与布局。山地与平原之间的空间对比关系决定着区域经济重心的位置及区域内经济中心的位置，我国经济较发达的地区和城市都分布在平原地区或地势相对平坦的地方，如辽中南、环渤海、长江三角洲、珠江三角洲、川中南等地，穿插其间的山地是相对落后的地区或贫困地区，如南岭、太行山区、武夷山区、秦巴山区等。山地与平原的数量对比关系也十分重要，山地与平原孰多孰寡对区域经济的多样性产生重要影响。

矿产资源如石油、煤炭、天然气、铁矿、铜矿、各种建筑材料矿等的生成和富积都与地质条件密切相关。不同的地质赋存条件下会生成不同的矿产，不同的矿产决定着标志区域特色的工业。沉积地质条件下形成的矿床具有区域性，如煤炭、石油、天然气、部分铁矿、盐矿、建筑材料矿等；岩浆型地质条件下形成的矿床具有地带性，如有色金属、贵金属、稀土矿等；火山型地质条件下形成的矿床具有地点性或小尺度地域性，如花岗岩、大理石、金矿、钻石等。

我国区域自然资源禀赋的总体形势为：农业生物资源丰度由东到西、由南到北逐渐下降，水资源南多北少，能源资源北多南少、西多东少，水能资源集中分布于西南，金属矿产资源基本上分布在由西部高原到东部山地丘陵的过渡地带。区域性资源东部和南部为海洋，西部和北部高原为牧区，华南为热区等。

自然资源丰度决定着国民经济的基础。农业资源主要有土地、水资源和气候资源。工业资源主要是矿产资源，其中至关重要的是：燃料矿中的煤和石油，金属矿中的铁、铜、铝，化学矿中的硫与磷。煤、石油、铁、铜是四种最基本的矿产资源，它们可以满足人类最主要的燃料和原材料需求①。我国北方农业以温带、暖温带作物为主，还适宜于发展大型畜牧业生产；南方农业以亚热带、热带作物为主，初级产品生产力很高，在世界同纬度地区是一块不可多得的宝地。正是由于自然资源存在区际差异，我国工业布局格局才呈“南轻北重”的态势。全国 13 个大型钢铁企业中有 8 个在北方；全国产量在 1000 万吨以上的煤矿（10 个）也都在北方②；石油方面，除最近几年勘探和开发的南海、东海油田外，其他都分布在北方的东北、环渤海地区和西北。主要重工业基地也都集中在北方，南方以轻纺工业为主。

区际自然条件及自然资源差异在区域经济发展的不同阶段上以不同形式、在不同程度上发挥着作用，或促进或抑制区域经济的发展。

（2）社会经济差异。区域是人化了的“自然地理空间”，自然条件和自然资源都被深深地打上了人类作用的烙印。除自然条件和自然资源差异外，在历史发展过程中形成的、建立在自然差异基础上的区域人口、文化、历史、生产力水平、产业结构和区位条件也都存在差异，它们是标志区际差异的重要特征。

社会经济差异包括经济区位差异、人口和劳动力资源差异及社会历史差异等。经济区位是指某一个地域与其他区域之间空间经济关系的总和，它是影响区际贸易和生产要素流动的重要条件。特定的经济区位对不同产业的影响是不同的。如沿海地区具有比较便利的海运优势，对需要利用海上通道运输大量原料和产成品的钢铁工业具有很大的吸引力，而对技术含量很高、运量较小的高新技术企业的吸引力则相对较小。在经济发展的不同阶段，区域有不同的主导产业，需要布置在具有优势的经济区位。

区域人口和劳动力资源的差异包括人口和劳动力的数量、年龄结构、知识与科技结构、劳动力的身体素质与劳动态度、劳动效率的差异等多个方面。作为具有深厚社会关系的群体，区域人口对区域差异的主要影响表现为：人既是生产者又是消费者，人口则是生产力和消费力的统一。人正是以这种双重身份影响着各个地区的生产、流通、分配和消费中的各种活动的。因此，区域人口数量在一定程度上决定着区域市场的购买力、就业水平、产业结构和社会经济发展速度和水平。从生产角度来看，人口是劳动力的来源，而劳动力又是生产要素之一。地区劳动力的供给状况是决定地区生产力发展与产业布局的一个重要条件。从消费角度来看，人口的数量从总体上通过有效需求影响消费结构。在市场经

① 李文彦：《我国矿产资源与地理位置的地区差异》，载《地理研究》1982 年第 1 期，第 20 页。

② 陆大道等：《中国工业布局的理论与实践》，科学出版社 1990 年版，第 46 页。

济中，生产的目的就是满足市场需求，大规模的有效需求能推动生产的发展；由于有大规模的有效需求，那么就能形成一定的区域消费结构，也正是区域性的消费结构的形成，推动了区域产业结构的形成和发展。在大规模有效需求的推动下，相邻区域根据比较利益，将调整一部分生产力为该区域的市场服务，这样就能形成更大的区域市场，最终促进区域经济的发展。

社会历史差异则包括社会经济基础、经济管理体制、法律法规和政治条件等多个方面。区域生产力水平是推动区际贸易和生产要素流动的重要因素。生产力水平的高低决定着区域生产的效益：生产力水平高，区域产品数量大、质量好，不仅能满足区内的生产生活需要，而且还有大量优质产品输出到区外，为该区域争取更多的区外生产要素用以发展区内生产；相反，区域生产力低，则该区域将在社会化大生产中成为其他区域的分工对象，或者承担部分产品生产，或者输出原材料或初级产品。许多发展中国家和地区在外围强大的竞争压力下，经常成为被分工的对象和原材料产地就是很好的例证。

区域产业结构是区际贸易和生产要素流动的重要基础。由于区域产业结构是区域内各种类型的产业部门之间的比例关系，一定的区域产业结构决定着区域的产品结构，这种产品结构只能满足部分消费需求。因此，只有通过贸易和生产要素流动来平衡市场，满足人们的不同需求。区域产业结构并不是固定不变的，其调整与区域发展战略有关。“进口替代”“出口导向”“出口替代”战略的成功就能很好地改变原有的产业结构，以至于区域中的个别产业成为区域经济的主导部门和优势所在，在区际贸易和生产要素流动中发挥重要作用。

此外，社会经济差异还包括市场竞争状况、金融环境、基础设施条件和技术供给状况的差异等。

从对经济发展的影响来看，上述各项区间差异可以归类为供给差异和需求差异。区间供给差异包括影响经济发展的各种自然条件、自然资源，劳动力的数量和质量，资金数量的多少和获得的难易程度，区域的技术创新能力，区域基础设施的完备程度，以及法律、行政制度等方面的差异等。区域间需求差异则包括不同区域对商品和服务的需求状况、购买力水平、消费结构等的差异。区域供给和需求水平的差异，综合表现为区域经济发展水平的差异，主要以人均国民生产总值、人均国内生产总值、人均社会总产值等指标来衡量。

2. 对区域间差异的正确认识与评价

区域间差异包含的内容是多方面的，有些是自然形成的，如矿产资源种类和储量的差异，气候条件和水资源条件的不同等。有些则是区域发展过程的阶段性产物，如区域经济发展水平的差异、区域需求结构的差异等。因此，区域差异既是自然的产物，又是社会发展过程的体现，是历史的产物。对区间差异必须从区域差异的内容和成因来进行实事求是的分析，要防止区域差异绝对化的观点。其原因有二：

第一，区域发展条件有些是可以改变的。首先，不同的经济发展阶段，人类对各种资源的需求是不一样的。随着经济的发展和社会的进步，人类认识、改造自然能力的不断提高，有些原先对经济发展不利的因素，可能会变为有利因素。如金属分离技术的革新，原来难以解决的伴生铁矿的开采，会由于对稀有金属需求的增加而使伴生矿储藏区域发展的条件得到改观，从而加速伴生铁矿的开采，带动该区域的经济发展，缩小与其他经济区域间的差距。其次，有些区位因素是可以改变的。如区域的政治法律制度。绝大多数发展中国家正在实施的改革开放政策，逐步发挥市场在资源配置中的基础性作用，积极参与国际分工，充分利用区内、区外两种资源和区内区外两个市场，极大地解放和发展了生产力，使发展中国家与发达国家在区域经济发展机制中的差距在逐步缩小。

第二，有些区位因素在空间上是可以移动的。随着世界经济的全球化和一体化进程的加速发展，绝大部分生产要素如劳动力、资本和技术等在不同区域间是可以移动的。区位因素的移动，可以缩小或扩大区域间差异。因此，对区间差异的分析，既要做客观的分析和评价，又要树立发展的观点和动态的观点，防止地理环境决定论。

## （二）区域分工合作是生产力发展到一定阶段的产物

### 1. 区域分工与合作的含义和分类

如前文所述，区域分工与合作是指不同区域间的劳动分工与合作。按照分工所处的水平不同可以分为水平型分工、垂直型分工和混合型分工三种。

（1）水平型分工。水平型分工指生产水平基本相近的区域间的分工，可分为部门内的水平分工和部门间的水平分工两种。其中部门内的水平分工表现为制成品在产品、零部件以及工艺方面的专业化分工过程。产品专业化分工是指不同区域在生产同种类但不同品种、不同规格产品上形成的分工；零部件专业化分工是指不同区域分别生产某一产品的部分零部件，最终完成整个生产过程的分工；工艺专业化分工是指不同区域在同一生产工艺流程的各道工序上的分工。水平分工的形成有以下几个渠道：

1）初级产品加工与复杂加工业之间的分工。

2）劳动密集型工业与资本密集型工业、技术密集型工业之间的分工。

3）劳动密集型、资本密集型与技术密集型工业之间工序与零部件生产上的分工。

4）高技术产品工序与零部件生产之间的分工。

（2）垂直型分工。垂直型分工表现为不同生产阶段和不同生产水平之间的分工。不同生产阶段的分工是指不同区域分别从事产品不同生产过程的分工。如由某一个区域完成原材料的开采和简单加工，再由另一个区域完成产品的精深加工的分工方式。不同生产水平之间的分工是指生产水平上有较大差异的区域之间的分工，如农业区域与工业区域之间的分工，我国东部沿海与西部地区之间的分工等。

（3）混合型分工。任何一个区域都与外部经济有着广泛、密切、复杂的联系，因而不同区域间的分工往往不单纯是水平分工或垂直分工，而是一种混合型分工，即既有水平型分工又有垂直型分工的一种分工方式。

2. 区域分工与合作的原则

如上所述，社会经济条件可以延缓或推进区域分工与合作的发展进程。不同的社会制度和社会意识形态下，可能采取不同的分工合作方式，遵循不同的区域分工合作原则。一般来说，区域分工与合作必须贯彻以下两个基本原则：

（1）发挥优势原则。任何区域都具有优势和劣势。区域之间正是通过分工与合作，以充分发挥地区优势，与其他区域间进行商品贸易及劳动力、资金和技术流动等，进行优势互补。区域优势的确定有多种方法，最常见的定量方法有区位商分析法和区域产业经济效益指数分析法。关于区位商及其计算公式本书其他章节已有详述，在此从略。区域产业经济效益指数分析法的计算公式为：

$$E_{ij}=\frac{P_{ij}/(C_{ij1}+C_{ij2})+P_{ij}/(V_{ij}-P_{ij})}{\sum_{j=1}^{k}P_{ij}/\sum_{j=1}^{k}(C_{ij1}+C_{ij2})+\sum_{j=1}^{k}P_{ij}/\sum_{j=1}^{k}(V_{ij}-P_{ij})}$$

式中：$E_{ij}$——i 地区 j 产业的经济效益指数；$P_{ij}$——i 地区 j 产业的利税总额；$C_{ij1}$——i 地区 j 产业的固定资产净值；$C_{ij2}$——i 地区 j 产业的流动资金额；$V_{ij}$——i 地区 j 产业的净产值。

当 $E_{ij}$ 高于全国平均水平时，表明该区域在某一产业方面具有经济效益优势。对不同区域同一产业经济效益指数分析比较，可以看出各个区域在不同产业生产中的现实经济优势。

通常对于区域优势的分析，要分清单项优势和综合优势。区域优势的确定要和经济发展的需要结合起来，即把必要性和可能性结合起来。首先，区域发展优势必须与国家的总体战略发展目标一致，才有可能得到确立；其次，区域发展优势只有通过对区域内全部生产发展的有利条件和不利因素进行综合评价后才能确定。

（2）效率优先兼顾公平原则。区域优势的发挥和利用及区域间分工合作的形成，对提高区域的整体社会生产力具有重要意义。但为了使区域分工与合作能够长期坚持和发展下去，在实行效率优先的同时，必须兼顾公平，处理好近期与长远、先进与落后的关系。因为固化的区域分工与合作形式不利于社会生产力的进步。战后殖民地和半殖民地国家的纷纷独立，使国际分工由原来的殖民地和宗主国之间的垂直分工，变为不同国家之间的以生产要素密集程度不同形成的水平分工，极大地调动了参与分工的国家的积极性，推动了国际经济的发展和国际区域分工合作的深入。

3. 区域分工与合作的发展阶段和演变趋势

区间差异为区域分工与合作提供了现实基础和条件，但从历史发展进程来看，区域分工与合作是生产力发展到一定阶段的产物。在人类社会发展和科学技术进步的历程中，区域分工合作经历了萌芽、发展与形成和深化等几个发展阶段。

（1）萌芽阶段。在原始社会初期，人们只能靠集体劳动，通过采集果实、狩猎和捕鱼等获取有限的生活资料，生产力水平极度低下，没有剩余产品，因此也就不可能有区域分工与合作。随着人类三次社会大分工的出现，有了农业与牧业、手工业及农业和商业与手工业之间的部门分工，而部门分工总是和一定的地域相联系的，因此也就逐步产生了最初的地域分工与合作。

在奴隶社会，自然经济占主要地位，区域分工仍停留在对自然生产条件的利用和简单的加工生产上，区域分工合作的目的是满足王室和奴隶主的消费需要，交换的产品主要是宝石、装饰品、各种饰物和香料等奢侈品。到了封建社会时期，生产力水平有了很大发展，随着封建地租由劳役和实物地租变为货币地租，商品经济得到进一步发展，区域间的分工和合作逐步得到加强。但由于自然经济长期居于统治地位，再加上交通运输不发达，自给自足的经济严重阻碍了商品交换的扩大和社会劳动地域分工的发展，因而区域分工特别是区域合作的发展也十分缓慢。

(2) 形成和发展阶段（18 世纪 60 年代至 20 世纪 40 年代）。自 18 世纪 60 年代开始，以英国为首的一系列国家开始了以机器大工业的发展为特征的产业革命，从而推进了区域分工特别是国际分工的迅速发展。这是因为：

首先，机器大工业的建立，提高了加工业的生产能力和生产规模，需要更多的生产原料供应和更大的产品销售市场，需要更多的原料生产基地为其服务。这时，英国等殖民主义国家通过殖民统治、公布各种法令和发动商业战争等措施，强迫殖民地按照宗主国的需要种植农作物，接受自由贸易政策，从而沦为宗主国的原料产地和产品销售市场。

其次，机器大工业的发展改变了运输方式，提供了现代化的交通工具，从而使原料和产成品的快速便捷运输成为可能。生产的原料和产品都要通过市场进行交换，地方市场联结成全国市场和世界市场。不同区域凭借着当地经济发展的有利条件，在竞争中逐步形成了自己的专业化生产部门，各区域间彼此互为市场，从而形成了现代意义上的区域分工与合作。交换的商品已经由奢侈品变为小麦、棉花、羊毛等大宗商品。

这一阶段的国际分工具有以下明显特征：

一是以欧洲为中心的工业产品生产国家与广大的亚、非、拉的初级产品（农产品、矿产品）生产国家形成一种垂直分工方式。亚、非、拉国家的经济变为畸形的、片面的单一经济，其主要作物和出口商品高度集中于少数的一两种或两三种产品，其绝大部分用于对工业产品生产国家的出口，因而高度依赖国际市场，特别是工业发达国家的市场。

二是工业发达国家间逐步形成了以经济部门为主的国际水平分工关系。如挪威专门生产铝，比利时专门生产铁和钢，芬兰专门生产木材加工产品，荷兰和丹麦专门生产农产品，美国成为谷物的生产大国等。

三是随着国际分工体系的形成，世界各国之间的相互依赖关系及对国际分工的依赖性得到加强。

(3) 深化阶段。第二次世界大战以后，随着殖民地国家的相继独立和殖民体系的瓦解，随着以原子能利用、电子计算机、空间技术和信息技术为代表的第三次产业革命的出现，区域分工与合作发生了新的变化：

第一，区域分工与合作正朝着全球化、一体化方向发展。第二次世界大战后第三次科技革命特别是以计算机为核心的信息技术革命，极大地推进了社会生产力的发展。越来越多的国家积极走向世界，参与国际分工和竞争，区域间贸易和生产要素流动规模迅速扩大，不同区域形成一个相互联系、密不可分的有机体，出现了世界经济及区域分工合作的全球化。日益增强的全球化趋势已经成为世界经济增长的一个主要动力。

第二次世界大战后，国际社会为恢复被战争破坏的世界经济，加强世界范围的经贸联系和经济合作，成立了一系列的国际金融和贸易组织，如国际货币基金组织、国际复兴开发银行及关税和贸易总协定等，在一定程度上促进了投资和贸易的自由化。与此同时，由于世界各国在政治制度、经济体制、经济水平和文化传统等方面的差异太大，区域分工合作的全球化进程又受到一定的限制。一些文化相近、体制相同、水平相似、地理邻近的国家纷纷建立了区域性的贸易集团、自由贸易区、关税同盟、共同市场等区域经贸合作组织，出现了区域经济一体化。

战后的区域分工合作一体化经历了两次高潮：第一次高潮出现于 20 世纪 50~60 年代，建立的具有代表性的区域经贸合作组织有比荷卢经济联盟（1948）、经互会（1949）、欧洲经济共同体（1957）、欧洲自由贸易联盟（1964）、中美洲共同市场（1960）、拉美自由贸易联盟（1961）、东非共同体（1961）、中非各国联盟（1964）、阿拉伯共同市场（1965）、东南亚国家联盟等。

20 世纪 80 年代以来，区域分工合作一体化出现了第二次高潮，其中起主导作用的是欧洲联盟，其前身是欧洲经济共同体。1985 年，欧共体决定在 1992 年底以前实现成员国商品、劳务、资本和人员的自由流动。1992 年，欧共体成员国签署了《欧洲联盟条约》，决定在实现欧洲统一大市场的基础上加快成员国经济一体化的步伐，形成统一的、协调一致的对外经贸政策。1998 年 2 月，欧盟 15 国政府首脑在布鲁塞尔作出了一项历史性的决定，接受欧盟和欧洲货币局的推荐，确认比利时、德国、西班牙、法国、爱尔兰、意大利、卢森堡、荷兰、奥地利、葡萄牙和芬兰 11 个成员国达到了 1992 年签署的《马斯特里赫特条约》规定的单一货币要求，自 1999 年 1 月 1 日起加入经济货币联盟（英国、丹麦、瑞典和希腊因各自的原因未能加入），欧元将作为经济货币联盟成员国的非现金交易货币进入流通。从 2002 年起，欧元将完全替代各成员国货币，成为欧元区内独立、法定的货币。欧元的启动对全球经济将产生极其深远的影响。就欧盟内部来讲，它将促进欧盟内部市场的完善、深化欧盟内部的分工、增强竞争的力量、推进成员国经济的现代化，从而提高欧盟的吸引力和竞争力。此外，欧盟还一直在加紧实施东进中东欧、南下地中海的战略，已经与中东欧的波兰、匈牙利等 9 国签署了旨在最终吸收这些国家参加的联系国协定，与地中海南亚 12 国制订了到 2010 年建立欧盟—地中海自由贸易区的计划。

此外，美洲国家在 1992 年已经成立了北美自由贸易区的基础上，正在就建立美洲自由贸易区进程问题不断进行磋商。亚太经济合作组织自 1989 年 11 月部长级会议召开以来，也已连续举行了 9 届部长级会议，并自 1993 年开始每年召开一次非正式首脑会议。

东盟自由贸易区的建设步伐也在不断加快。据世界贸易组织提供的资料，目前全球区域集团化组织已经达到 109 个，其中 1/3 是在 1990~1994 年建立的。目前，欧盟、北美自由贸易区和亚太经济合作组织是最大的区域性贸易集团。全球区域内贸易占世界贸易总额的 50.4%。

第二，战前以自然资源为基础的分工逐步发展为以现代化工艺、技术为基础的分工，各区域之间工业部门内部分工有逐步增强的趋势，工业化国家之间的水平分工在国际分工格局中居于主导地位。随着社会分工的发展，原来的生产部门逐步划分为更多更细的部门，在越来越多的生产领域中，以国内市场为界限的生产已经不能适应规模经济发展的需要。因此，在一个国家范围内各部门之间的分工逐步向部门内部分工发展的同时，越来越多的次部门走向世界，形成国际间的部门内部分工。

第三，发达资本主义国家与发展中国家之间的分工在不断发展，而工业产品生产国与初级产品生产国之间的分工却日渐削弱。战后的科技革命和跨国公司的经营活动使得某些工业产品的生产从发达国家向发展中国家转移，出现了高精尖工业与一般工业的分工，资本、技术密集型产品与劳动密集型产品的分工。1985~1994 年，世界贸易中工业制成品贸易年均增长 9.8%，而初级产品仅为 2.2%。目前工业制成品占世界贸易总额的 73%以上，而初级产品的贸易份额却不到 27%。

第四，区域分工机制有了明显变化。从国际分工产生到第二次世界大战以前，国际区域分工与合作的形成和发展机制主要是殖民统治、垄断和资本输出以及价值规律下的市场自发力量。战后随着殖民体系的瓦解、社会主义国家的出现和跨国公司在国际经济中地位的加强，国际分工机制发生了较大的变化，跨国公司的作用大大增强，出现了有组织的“协议式”的国际分工。

第五，区域分工从有形的生产和贸易领域向劳务等服务部门发展，相互结合、相互渗透。“二战”后，保险、银行和通信等私人服务部门增长迅速，超过了旅游和运输业的发展。目前世界服务贸易已占全球贸易的 1/5 强。

我国区域分工合作的发展有着悠久的历史，但长期以来进展缓慢。虽然在隋唐时期，就有北煤南运、南粮北调的地域分工合作关系，但由于我国封建社会延续了几千年，自然经济长期居于统治地位，商品经济迟迟得不到发展，社会劳动地域分工发展也十分缓慢。自新中国成立至 1978 年底党的十一届三中全会召开，我国实行的是高度集中的计划经济体制，主要采取行政手段来组织区域分工和区域合作。1958 年起，我国曾经以行政区划为基础划分为七大经济协作区：东北、华北、西北、西南、华东、华中和华南（1961 年华中和华南合并为中南区，形成六大经济协作区），并设有专门机构负责协调区内各省之间的经济联系，组织各种经济协作，这在一定程度上推进了我国区域分工合作的发展。但由于高度集中的计划管理体制是以纵向联系为主，因此，横向的区域分工合作就难以顺利开展。各地区自成体系，搞“大而全”“小而全”形成了高度雷同的地区经济产业结构，彼此在低水平上重复生产，重复建设，造成地区优势难以发挥。

改革开放以后，随着市场经济体制的不断确立，国内区域分工合作进展不断加快，并呈现出一些新的特征：

首先，区域分工与合作的规模迅速扩大，形成了上百个不同形式、不同规模、各具特色的区域合作和经济网络组织。按照区域分工的层次不同，目前的区域分工合作组织可以划分为省际间的经济协作区（如上海经济区、东北经济区等）、省毗邻地区的经济协作区（如苏鲁豫皖交接的淮海经济区、湘鄂赣的武汉经济协作区等）、省内的经济协作区（如辽宁中部城市联合体、珠江三角洲等）和城市间经济技术网络［如长江沿岸中心城市经济协调会、环渤海地区经济联合市长（专员）联席会议等］。区域间贸易和生产要素流动的规模迅速扩大。

其次，省区间的分工由水平分工为主向生产要素密集度分工为主转变。区域间的经济发展水平的差距有扩大的趋势。例如，我国三大地带人均 GNP 的比值由 1980 年的 1.87:1.22:1 变为 1985 年的 1.81:1.23:1，1990 年的 1.82:1.17:1 和 1993 年的 2.20:1.17:1，呈现出明显扩大的趋势。

最后，省区间的分工合作机制发生明显变化，由计划向市场、由被动向主动转变。根据国民经济和社会发展计划，我国将在 20 世纪末初步建立起社会主义市场经济体制。市场将成为实现资源配置的主要机制。为了更好地发挥各地区的优势，推进区域经济合作，在党的十五大报告中明确提出了开发中部、西部的重大战略方针，并通过中央财政的转移支付、东西互助合作等多种形式来帮助中西部地区发展经济，加快我国区域分工合作的发展进程。

## 二、区际贸易

区际贸易和生产要素流动是区域分工合作的两种表现形式。关于生产要素的流动将在下一节中单独讲述，本节主要讨论区际贸易。

### （一）区际贸易的含义与分类

区际贸易是指不同区域间的商品和劳务交换活动。从货物的移动方向来分，有进口贸易、出口贸易和过境贸易；从贸易商品的形式来分，有有形贸易和无形贸易；从货物的运输方式来分，有陆路贸易、海路贸易、空运贸易和邮购贸易；从贸易的完成方式来分，有直接贸易、间接贸易和转口贸易；从清偿方式来分，有货币结算贸易和易货贸易。

1. 进口贸易、出口贸易和过境贸易

甲区域生产和加工的商品，经过乙区域境内，运往丙区域的市场销售，对甲区域来讲，叫出口贸易；对于丙区域来讲，叫进口贸易；而对于乙区域来讲，就叫过境贸易。当然，有些贸易并不一定需要经过乙区域，而是直接由甲区域和丙区域进行贸易。当输入丙区域的货物再输出到其他区域时，称为复出口；反之，输出到区外的货物再输入到本区域时，称为复进口。通常对某一具体区域来讲，是既有出口又有进口，如果出口大于进口，则称为净出口；反之，则称为净进口。

2. 有形商品贸易和无形商品贸易

可以看得见的商品的贸易称为有形商品贸易。在国际贸易方面，由于有形贸易的商品种类繁多，为了便于统计，联合国制定了国际贸易标准分类。根据 1974 年的分类标准，有形商品贸易共分为食品及供食用的活动物，饮料和烟类，燃料以外的非食用粗原料，矿物燃料、润滑油及有关原料，动植物油脂及油脂，未列品化学品及有关产品，主要按原料分类的制成品，机械及运输设备，杂项制品，没有分类的其他商品等十大类。无形的劳务交换，如运输、保险、旅游、技术等劳务的提供和接受，就称为无形商品贸易，它是伴随有形商品贸易而发展起来的。

3. 直接贸易、间接贸易和转口贸易

商品生产区域甲和商品消费区域乙不通过第三个区域丙进行商品交易的，叫直接贸易；通过第三个区域丙进行交易的，对于甲区域和乙区域来说，就叫做间接贸易，而对于丙区域来讲，则称为转口贸易。

4. 货币结算贸易和易货贸易

以货币为清偿工具的区际贸易称为货币结算贸易。以货物经过计价作为清偿工具的，则称为易货贸易，其特点是把进出口直接联系起来，双方有进有出，进出基本平衡。

## （二）区际贸易的基本理论

区域间差异的存在为各区域间的经济合作提供了客观基础，但对区际贸易的理论解释，历来的不同学者提出了不同观点。

1. 绝对成本学说

西方对区域分工合作理论的探讨首推古典经济学家亚当·斯密的绝对成本学说。斯密认为分工能够大大提高劳动生产率，因为每个人专门从事某项作业能够使劳动者的熟练程度增加，可以节省与生产没有直接关系的时间，使得专门从事某项作业的劳动者比较容易改良工具和发明机械。因此，每个人专门从事一种物品的生产，然后彼此进行交换，对每个人都是有利的，对整个国家来说也是合理的。他认为，这种分工原理也适合地域分工和国际分工。各国都存在着适宜于生产某些特定产品的绝对有利的自然条件或者是后来获得的专长，即都具有生产条件上的某种绝对优势。各国专门生产具有绝对优势的产品，实行国际分工，就能够提高每个国家的劳动生产率和社会总产量，并在国际贸易中获得较大的利益。

显然，绝对成本学说包含一个基本的前提，即各国都具有某种商品，它在生产上占有绝对优势。这种假设在现实世界中是不存在的。对现实中没有绝对优势的国家如何参与国际分工，并进行自由贸易，该学说无法解释。

绝对成本学说的重大意义在于，它揭示了社会分工及国际分工能够使资源得到更有效的利用，从而提高劳动生产率的规律；各国利用自己的优势进行专业化生产，然后进行国际贸易，则各国都能从贸易中获利，从而揭示了国际贸易产生的原因及开展国际贸易的动机和目的。

2. 比较成本学说

英国资产阶级经济学家大卫·李嘉图发展了亚当·斯密的理论，提出了“比较成本学说”。他认为，在比较利益的情况下，当一国在两种商品的生产上都处于劣势，而另一国家在两种商品的生产上都处于优势时，虽然一国在两种商品的生产上都处于劣势，但两者的不利程度肯定有所不同，相比之下总有一种商品的劣势要小一些，即具有相对优势。如果一国利用这种相对优势进行专业化生产，然后将其产品进行国际交换，贸易双方同样能从贸易中获益。因此，每个国家不一定生产所有的商品，而应生产那些利益较大或不利较小的商品，然后通过国际贸易，在资本和劳动力不变的情况下，使生产总量增加，这种分工方式对参与贸易的各国都是有利的。

李嘉图以英国和葡萄牙为例，对比较成本学说做了阐述。假定世界上只有两个国家，英国和葡萄牙；两个国家都只生产两种商品，毛呢和葡萄酒。生产要素抽象为只有劳动力一种，劳动力在国内能够自由流动，而在国与国之间不能流动。假定在英国酿造 1 单位的葡萄酒需要 120 个人 1 年的劳动，生产 1 单位的毛呢需要 100 人 1 年的劳动；而在葡萄牙酿造 1 单位的葡萄酒仅需要 80 人劳动 1 年，生产毛呢需要 90 人劳动 1 年。显然，英国在葡萄酒和毛呢的生产上都不具有绝对优势。但李嘉图认为，相对而言，由于两国在葡萄酒上的生产成本差是 40，大于毛呢的生产成本差 10，葡萄牙在酿酒上的优势要大于生产毛呢，英国在毛呢生产上的不利状况要较酿酒的不利状况轻，因此根据比较优势原则，葡萄牙专门酿造葡萄酒，英国专门生产毛呢，然后进行交换，将会使生产总量增加，因而对双方都有利。分工产生的利益可用表 1 来表示。

**表 1　比较成本优势下分工产生的利益**

| | | 英　国 | 葡萄牙 | 合　计 |
|---|---|---|---|---|
| 分工前 | 毛呢 | 100 人劳动 1 年生产 1 个单位 | 90 人劳动 1 年生产 1 个单位 | 2 个单位 |
| | 葡萄酒 | 120 人劳动 1 年生产 1 个单位 | 80 人劳动 1 年生产 1 个单位 | 2 个单位 |
| 分工后 | 毛呢 | 220 人劳动 1 年生产 2.2 个单位 | | 2.2 个单位 |
| | 葡萄酒 | | 170 人劳动 1 年生产 1 个单位 | 2.125 个单位 |

资料来源：大卫·李嘉图：《政治经济学及赋税原理》，商务印书馆 1976 年版。

比较成本学说揭示了一个客观规律——比较成本法则。它从实证经济学的角度证明，无论是生产力水平高还是生产力水平低的国家，按照比较利益的思想参与国际分工和国际贸易都可以得到实际利益，从而为世界各国参加国际贸易和国际分工的必要性作了理论上的证明。

比较成本学说也有不足之处：一是该学说所揭示的国际贸易利益是一种短期利益，即静态利益，短期利益有时往往和动态的长远利益相矛盾。现在生产某种商品可能处于比较不利地位，但随着条件的改变，将来可能会处于比较有利的地位。

二是和绝对成本学说一样，比较成本学说未能揭示国际贸易交换价格是如何确定的。由于未能充分理解劳动的两重，在分析方法上跳过一些中间环节，加上其他客观因素如世界市场还未充分发展等，李嘉图在把支配一国商品交换的价值规律运用到国际商品交换时，感到迷惑不解。他认为，支配一个国家商品相对价值的规则，不能支配两个或更多国家间相互交换的商品的相对价值；一国内部生产要素可以自由流动，国内利润率可以随生产要素的转移而趋于平衡，从而形成一致的价格，但是生产要素在国家之间不能流动，各国产品价值存在差异，无法实现均衡，因而在国际交换中会出现同国内交换价格相背离的情况，即产品交换不是由各自在生产中所消耗的劳动量决定的。但到底由什么因素决定，李嘉图没有能够作出回答。

3. 赫克歇尔—奥林生产要素比例说（H–O 理论）

H–O 理论是由瑞典经济学家赫克歇尔和奥林提出来的。该理论假定：在各个区域内或各个国家内，生产诸要素是可以自由流动的，而在各区域或国家间则不能自由流动；货物流通中的一切限制都不存在；生产诸要素是完全可以分割的，单位生产成本随着生产的增减而变化，因而没有规模经济的利益；只有有形的商品贸易，贸易是平衡的，出口恰恰足以支付进口；只存在两个区域或国家，且两国的技术水平是一样的。

在上述假定下，该理论认为，一个区域或国家的商品和生产要素的价格是由它们各自的供求关系决定的。由于各国生产要素的自然禀赋不同，在一般情况下，各国的生产要素的价格是不同的。因为生产要素彼此之间是不能完全替代的，不同的商品生产需要不同的生产要素比例，因而不同的地方对某一个产业来说对其所需要的生产要素条件的满足程度是不同的，即不同的地区适合不同产业的发展。因此，各国在生产那些能较密集地利用其较充裕的生产要素的商品时，必然会有比较利益产生。各个国家最终将出口能利用其充裕的生产要素的那些商品，以换取那些需要较密集地使用其稀缺的生产要素的进口商品。国际贸易的最重要的结果是，各国都能更有效地利用各种生产要素，实现合理的国际分工。

H–O 理论正确地指出了生产要素的差异对国际分工的影响，所提出的区域分工和专业化生产的依据较李嘉图的比较成本学说更为深入和全面。但该理论也有以下几个缺陷：一是以要素禀赋差异的理论来反对劳动价值论，抹杀了劳动收入和财产收入的区别；二是忽视了科学技术在区域分工中的重要作用；三是舍去了生产关系，抽象地谈论对外贸易的作用，不符合实际情况；四是掩盖了国际贸易和国际分工的最重要的原因，如资本主义的生产关系下资本家追逐利润和超额利润，使市场和生产无限扩大等。

### （三）区际贸易与区域经济增长

区际贸易对区域经济发展的影响主要表现在两个方面：一是区际贸易的直接利益，即静态利益；二是区际贸易的动态利益。

1. 区际贸易的直接利益（静态利益）

区际贸易的直接利益表现在，各区域总是利用自己的比较优势，生产和出口具有比较优势的产品，进口本区域在生产上具有相对劣势的产品，由此形成的区域分工和贸易格局，对参与区际贸易的区域来讲，可以从两方面受益：一是由于分工，区域可以将大部分资源从事其具有比较优势产品的生产，区内产量组合发生了变化，可以生产更多具有比较优势的产品，从而提高了资源的利用效率；二是通过贸易，可以获得本区域不能生产的产品，或者以比区内生产更低的成本来获得它们，使消费者得到更高水平的满足。因而从整体来看，区际贸易可以使参与区域的整体国民福利得到提高。

区际贸易的直接（静态）利益反映了在资源总量、生产成本、技术状况等都不发生变化的条件下贸易的作用。但这种静态利益是一种在实际贸易发生以前就已潜存的利益。实际上，通过区际贸易还可以得到更加重要的动态利益，即贸易可以促进区域的经济增长，改变区域的收入分配，加快区域的技术进步和制度创新，促进区域经济结构的转换。

2. 区际贸易的动态利益

（1）区际贸易促进了区域经济增长。区际贸易的动态利益首先表现在区际贸易通过进口和出口为区域经济的持续快速增长创造了条件。一方面，通过出口，为区域提供了新的市场和需求，可以使区域的资源逐步得到开发和利用，使区内的生产能力进一步提高，生产的扩大也带来了就业的增加，区内储蓄率也有可能提高，从而带动投资增长，导致经济增长水平和人均收入的上升。另一方面，通过进口和吸引外资，可以使区外的生产要素投入到本地区的生产部门，大大促进一些部门的发展。区际贸易，特别是出口，不只是一次性地带动区域经济的增长，它还可以使区域经济增长过程连续进行，从而使国民收入成倍增加。

（2）区际贸易加快了区域技术进步和制度创新步伐。技术进步和制度创新是经济发展的两个重要因素，对经济发展意义重大。区际贸易可以通过引进区外的新技术、新体制、新的管理方法，促进技术进步和制度创新，从而带动区域经济发展。

首先，区际贸易是区域技术进步所需技术的主要供给渠道。各区域技术进步仅靠自身发明远远无法满足。随着现代经济发展对技术的需求日趋强烈，现代技术发明愈益具有集合性、规模性和国际性，任何一个区域的技术发明都离不开外部区域，都不得不引进区外的现成技术，尤其是基础和原生技术。

其次，贸易具有重要的“技术外溢”效应和“边干边学”效应，即通过贸易活动，可以间接地带来区外的先进技术，并且这些先进技术可以“外溢”到区内的其他行业。

制度创新也是如此。贸易活动增强了区内外的信息交流，开阔了人们的视野，有利于形成制度创新所需要的意识形态。同时，对外贸易部门往往是新制度的最先采用者，其作用相当于制度创新的“第一行动集团”，对于制度创新具有重要的示范作用，通过学习效应可以把新制度外溢到其他部门。

最后，贸易为技术进步和制度创新起到了需求拉动作用。贸易形成的市场和经济规模的扩大，迫切需要制度创新以降低交易费用，同时贸易所带来的外部竞争迫使区内的经济主体积极地进行制度创新和技术进步，淘汰毫无希望的低效率的区内企业，同时促使其他企业进行更大的努力和谋求更高的性能指标。

（3）区际贸易促进了区域产业结构演进。区际贸易不仅能够带动区域经济增长，促进区域的技术进步和制度创新，而且还有助于区域经济结构转型能力的提高和产业结构的转换，从而带动区域经济发展，这是区际贸易动态利益的重要方面。

第一，通过参与贸易活动，可以发挥区域比较优势，并围绕比较优势发展优势产业。一方面，贸易所导致的生产专业化和资源优化配置，可以大大促进区域优势产业的发展；另一方面，区外生产要素的进口，可以克服本区的要素“瓶颈”，使区域优势产业得到更大程度的发展。随着区域比较优势的变动，产业结构也不断趋于高级化。在经济发展初期，劳动力丰裕而资本和技术短缺，这时主要生产和出口劳动密集型产品，进口资本和技术密集型产品。随着时间推移，区域比较优势发生变化，劳动力不再富裕，而资本和技术也不再短缺，区域的资本密集型和技术密集型产业就随之发展起来，从而实现产业结构的高级化。

第二，区际贸易为新兴产业的发展提供了市场条件。在新兴产业发展的初期，当区内需求达不到规模经济的要求时，区际贸易通过提供新的需求支持了这一行业的发展。特别是当区域的需求结构同资源结构不一致时，以优势资源为基础的产业的发展，如果离开了贸易，几乎不可能建立起来。例如，如果没有国外需求和对外贸易，中东国家的支柱产业——石油工业就不可能发展起来。在区际贸易环境中，一些行业最终发展成为区域的基础部门，形成几乎与国内消费隔绝的“飞地”。

第三，区际贸易所带来的竞争，可以使各产业部门努力提高效率，改善管理，最大限度地保证产业结构演进的效率。

区际贸易对产业结构的影响还可以通过生产要素的区际转移来实现。日本经济学家赤松要和美国经济学家弗农分别提出了雁形产业发展形态理论和产品循环周期理论。赤松要首先对日本棉纺织业的发展进行了考察。在日本现代棉纺织业尚未发展起来时，西方棉纺织品大量涌入日本市场，迅速开拓了日本棉纺产品的市场，并使这一市场不断扩大，从而为日本棉纺工业的发展准备了市场条件。国内市场、近代技术和低工资成本的组合，促进了日本棉纺工业的发展。随着国内生产条件的成熟和规模经济的显现，加上低工资，棉纺织品的生产成本大幅下降，在国际市场上占有价格优势，成了日本的重要出口产品。日本棉纺织品的上述发展过程可以被形象地比拟为三只飞翔的大雁：第一只大雁为进口浪潮，第二只大雁为国内生产的浪潮，第三只大雁就是出口浪潮（见图 1）。因此，人们将这个过程形象地称为“雁形产业发展形态理论”。

弗农总结的是贸易对美国这样高度发达的工业先行国家的产业结构的影响。弗农以美国工业开发的新产品在市场上的出现为出发点，产品循环表现为以下若干过程：从新产品

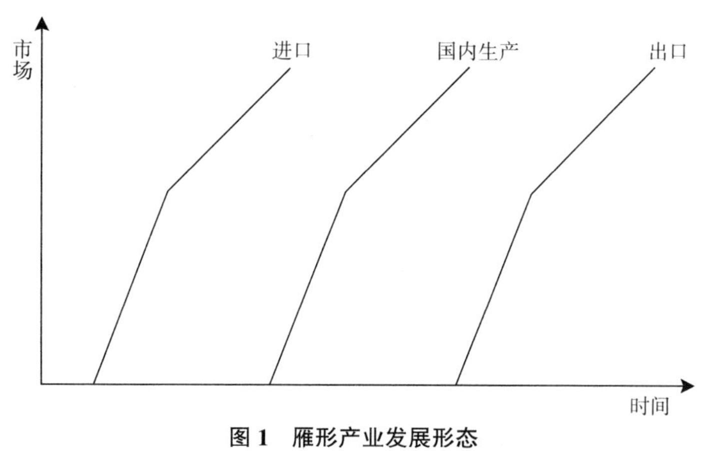


**图 1 雁形产业发展形态**

问世、扩大市场直至饱和，这是第一个阶段；而后这一产品将出口到国外，开拓国外市场，这是第二个阶段；随着国外市场的形成，便有资本和技术的出口，促成资本和技术与当地廉价劳动力和其他资源结合的过程，这是第三个阶段；国外生产能力的形成又会使这种产品以更低的价格返销本国市场，这就使开发此新产品的工业先行国不得不放弃这种产品的生产，而去开发更新的产品，这是第四个阶段。

从上述贸易对经济发展的影响来看，经济欠发达区域可以利用经济较发达地区的资本和技术，避开风险多、花费大的技术开发过程，从而缩短工业化的过程，这就是所谓的"后发优势"。

## （四）战后区际贸易的发展状况

战后，随着区域分工和国际分工的深化，区际贸易以前所未有的速度发展，并呈现出以下几个显著特征：

1. 规模迅速扩大

战后发达国家与广大发展中国家经济的迅速发展，国际货币基金组织和关税及贸易总协定等国际性机构的建立，以及区域经济一体化的形成，跨国公司的迅猛发展等，使区际贸易一直以高于生产数倍的速度增长，贸易规模不断扩大。自 1948 年以来，世界商品出口贸易一直以高于世界产出增长 3 倍的速度在发展。1996 年世界商品出口总额已经达到 5.1 万亿美元，服务贸易额也已达到 1.2 万亿美元。

2. 贸易结构不断高级化

第一，工业制成品贸易发展迅速，服务贸易在区际贸易中的比重不断增加。随着战前以垂直分工为主的地域分工逐渐向以生产要素分工为主的水平分工的转变，区域商品贸易中工业制成品贸易所占的比重逐渐提高。近 10 年来，世界贸易中工业制成品贸易年均增长 9.8%，而初级产品的年均增长率仅为 2.2%。目前工业制成品贸易占贸易总额的 73%以上，而初级产品贸易的比重不到 27%。

第二，高新技术产品和绿色环保产品在工业制成品中的份额不断提高。高新技术产品的出口增势强劲，已领先于化工、汽车、纺织、服装等行业。联合国专家把包括办公用机器及数据处理设备、电信设备和电子组件等在内的商品称为“新产品”，这类产品的世界出口额已由1980年的760亿美元增长到1993年的3700多亿美元，在工业制成品中的比重由7.8%上升为14.3%，年均增长率为13%，超过了工业制成品7%的增长速度。由于这类产品的价格下降很快，特别是电子计算机和半导体，价格的平均年降幅为15%~25%，因此这类产品的出口增长更快，估计1986~1993年计算机出口年增长率达到30%~40%。同时，随着人类环保意识的增强，“绿色标志”产品或“绿色”产品的开发在世界新产品中的比重不断上升，已从1985年的0.5%上升到1993年的10%。

第三，服务贸易发展迅速。在工业制成品贸易不断增长的同时，服务业在经济生活中的比重越来越大，区域间的服务贸易也呈迅速增长态势。目前，服务贸易已占全球贸易总额的20%以上，金融和通信业超过了在传统上占重要地位的旅游和运输业，在世界服务贸易出口额中占46%，而旅游和运输业的比重则分别为30%和24%。

3. 区域一体化贸易协定激增，区际贸易在地区间很不均衡

不同国家间以降低贸易壁垒、推进贸易自由化为中心的区域贸易协定激增，协定区域内贸易日益活跃和扩大。欧盟、北美自由贸易区和亚太经合组织是世界上最大的三个区域性贸易集团。目前，西欧的区域内贸易已占区域内国家对外贸易的69.9%，北美地区为33%，亚洲地区为49.7%，拉美地区为19.4%，亚洲和中东地区分别为8.4%和9.4%，中东欧和独联体为19.7%。全球协定区域内贸易占世界贸易的比重已达50.4%。

从区域间贸易的地区分布来看，全球发展很不均衡。经济发达国家占据了世界贸易70%的份额，美、德、日是世界头三号贸易大国，其进口和出口贸易额分别占世界总量的30.1%和30.5%。广大发展中国家随着经济的迅速发展，其在世界贸易中的总体地位在逐步上升（见表2）。

**表2　1995年世界商品贸易主要国家和地区排名**

单位：亿美元、%

| 名次 | 出口方 | 金额 | 份额 | 年增长率 | 进口方 | 金额 | 份额 | 年增长率 |
|---|---|---|---|---|---|---|---|---|
| 1 | 美国 | 5839 | 11.6 | 14 | 美国 | 7708 | 15 | 12 |
| 2 | 德国 | 5064 | 10.1 | 21 | 德国 | 4417 | 8.6 | 18 |
| 3 | 日本 | 4430 | 8.8 | 12 | 日本 | 3359 | 6.5 | 22 |
| 4 | 法国 | 2845 | 5.7 | 21 | 法国 | 2724 | 5.3 | 19 |
| 5 | 英国 | 2399 | 4.8 | 17 | 英国 | 2677 | 5.2 | 18 |

资料来源：《世界经济年鉴》（1996）。

4. 跨国公司正大力向世界市场扩张，成为区际贸易的主要组织者和推动者

目前全世界共有4万多家跨国公司母公司和近30万家设在各地的子公司，其产值占

全球国内生产总值的 1/4。到 1996 年底，全球跨国直接投资累计总额达到 3.2 万亿美元。跨国公司国外分支机构的销售额在 5 万亿美元以上，占全球销售额的 20%。跨国公司带动的贸易已成为世界进出口贸易的重要组织部分。

新中国成立以来，我国对外贸易和省际贸易额不断增加。资源分布、加工能力和区域需求的差异，决定了我国省际间贸易的基本格局。我国绝大部分矿产资源如煤炭、石油等主要分布在中西部地区，而加工业则主要集中分布于沿海地区和大中城市。在实行高度集中的计划经济体制近 30 年的时间内，我国的商品交换很不发达，省际间商品的交换主要依靠计划和行政指令完成。商品交换的基本格局是西煤东调、南粮北运、北林南下，工业制成品则主要由沿海地区向中西部地区运送。

自改革开放以后，随着社会主义市场经济体制的逐步建立，市场成为资源配置的重要手段之一，省际间贸易在规模迅速扩大的同时，还呈现出一些新的特征：一是商品贸易的结构有很大改变。除大宗农产品、矿产品等的交换外，随着工业部门的细化，工业制成品在交换商品中的比例有很大提高。二是商品流向的日趋多元化。企业成为商品贸易的主要组织者和参与者，从全国甚至从亚太地区或全球范围内组织商品贸易，使商品贸易的流向逐步多元化，既有工业制成品的城乡流动，又有由东向西和由西向东的流动。三是服务贸易的规模也在不断扩大。金融、保险、交通、旅游等部门不断创新，方式日益多样化，服务贸易在省际贸易中的比重逐渐增加。

在对外贸易方面，自实行改革开放政策以来，我国积极参与国际分工与合作，进出口贸易迅速增加。对外贸易额已经从 1978 年的 206 亿美元增加到 1996 年的 2899 亿美元，对外贸易的年增长速度远远高出同期国内生产总值年均 9%左右的增长速度。对外贸易已经成为拉动我国经济增长的一股重要力量。

## 三、生产要素流动

生产要素包括资本、劳动力、土地和技术等，其中，土地通常是不能在区域间流动的，因而本节着重讨论劳动力、资本和技术流动对区域经济发展的影响。

### （一）劳动力流动与区域经济发展

*1. 劳动力流动的分类*

劳动力是各生产要素中最为活跃的因素。劳动力的流动从时间上来讲，可以分为短期流动和长期流动。一般以一年为界，流动期限在一年以内的，称为短期流动；流动期限在一年以上的，称为长期流动。从流动的距离来看，可分为短距离流动和长距离流动。从流动的地域范围来看，在一个国家内的流动称为国内流动；跨越国界的，属国际流动。由一个区域迁到另一个区域长期定居的，叫人口迁移。从流动的方向来看，有劳动力的流入与流出。

2. *劳动力跨区域流动的原因*

（1）经济原因。劳动力的区域间流动首先是出于经济原因。著名的美国经济学家阿瑟·刘易斯和 M. P. 托达罗等人在对发展中国家传统二元结构进行分析的基础上，对劳动力的城乡流动从经济学上做了较为深入的分析，分别建立了劳动力流动模型，并试图阐明劳动力的流动对经济发展的影响。

诺贝尔经济学奖获得者刘易斯在他的“二元结构模型”中阐述了农村中普遍存在的潜在失业人口提供了这部分剩余劳动力向城市转移的可能性，而城乡在收入上的悬殊差距促使这些人走上了向城市转移的道路。在一篇题为《发展中国家的失业》的论文中，刘易斯进一步指出，在不少国家，乡村教育的加速发展，使得年轻人的进城势头更加迅猛，而发展和福利开支不成比例地集中于城市，使得城市更具吸引力。并指出，正是由于这种农村人口向城市的流动，建立起了城市工业和农村农业间的相互联系，工业资本通过利用大量廉价的农村剩余劳动力，增加了利润，充实了资本，扩大了企业的规模和实力，而农村也摆脱了由于大量剩余劳动力存在而造成的困境，开始走上经济成长之路。

发展经济学家托达罗认为，影响劳动力从农村向城市转移的因素是城乡预期收入的差异，而不是现实的城乡工资差异，是比较利益与成本的理性考虑。影响预期的因素有两个：一是城乡实际工资的差异；二是在城市谋得工作机会的可能性。他认为，根据西欧和美国的经验，劳动力从农村流向城市是经济发展的一个重要标志。劳动力从传统农业中释放出来，重新配置到城市生产部门，促进了工业化和城市化。

上述刘易斯和托达罗关于人口在城乡间流动的经济原因同样可以用于解释劳动力的区域间流动。劳动力区域间流动的经济原因在于不同区域间预期收入的差异，而预期收入又由实际工资差距和获得工作的机会来决定。通常，劳动力的区域间流动与实际工资差距成正比，与获得工作的难易程度成反比。

（2）其他原因。劳动力的跨区域流动，特别是国际流动还有政治、民族、宗教压迫和自然灾害等原因。“二战”以后发生的印度与巴基斯坦分治，造成了战后最大规模的一次人口迁移。偶尔发生的难民浪潮，如 1956 年匈牙利事件后的匈牙利难民，1975 年后的越南难民，1980 年的古巴难民以及 20 世纪 90 年代以来发生的东欧难民主要就是出于非经济的政治和民族等原因。

就某一个具体区域来讲，劳动力通常是既有流入又有流出。流出与流入的数量对比取决于区域对劳动力流入的拉力和对劳动力流出的推力。区域劳动力流出的推力主要来源于那些促成劳动力外迁的政治、经济、社会与自然等因素。而区域对劳动力流入的拉力则主要来源于该区域有利于改善人民生活和工作条件的因素，也涉及政治、经济和社会等多个方面。

3. *劳动力流动对区域经济发展的影响*

劳动力的跨区域流动，对流入和流出区域的经济发展都具有一定的影响。一般认为，劳动力的区域间流动可以缩小区域间的劳动工资差别，提高劳动力资源的整体配置效益，促进区域整体经济效益的提高。其经济效益可以用图 2 来表示。

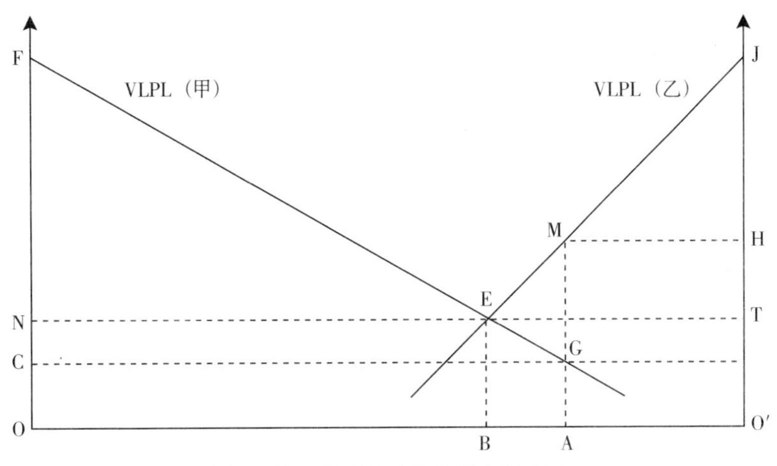


**图 2 劳动力区域间移动的经济效益**

图 2 中，横轴代表劳动力的供给，OA 为甲区域的供给量，O′A 为乙区域的供给量；纵轴表示劳动力的边际生产率，VLPL 为边际劳动产品价值线，即每增加一个劳动力的单位投入，其边际产品就会有一定量的减少，在自由竞争条件下，它们也表示两国劳动力的实际工资线。在发生劳动力的区际流动以前，甲区域劳动力总量为 OA，工资为 OC，总产量为 OFGA；乙区域劳动力总量为 O′A，工资为 O′H，总产量为 O′JMA。当 AB 量的劳动力由甲区域流到乙区域，甲乙两区域的工资水平达到均衡状态，这时甲区域的总产量由 OFGA 缩小为 OFEB，而乙区域的总产量由 O′JMA 扩大到 O′JEB。显然，乙区域增加的产量要大于甲区域减少的产量，超过部分为 EMG。因此，劳动力的区际流动会使区域的总产值增加，实现资源的优化配置。

事实上，劳动力的区域间流动有时并不一定能够引起劳动力流入地区工资水平的降低和流出区域工资水平的提高。劳动力的区域间流动所带来的最直接的经济效益，是可以调剂劳动力的区域间余缺，更好地满足区域经济发展对劳动力的需求。

劳动力的区域间流动对区域经济发展的不利影响是，劳动力的区域间流动与区域经济发展的要求有时总是不相适应。如果不加以引导，就会加大区域经济的发展差距。发展中国家大量的高级技术和专门人才大量流向发达国家，在促进发达国家经济发展的同时，更加剧了发展中国家人才的紧缺，制约了发展中国家经济的发展。对于各国家内部劳动力的流动也常常存在流出人口与流入人口在质量要求上的不一致及经济欠发达地区向经济发达地区人才流失的问题。为了吸引人才留在经济欠发达地区，通常需制定一套优惠政策与措施，鼓励人才迁入，减少人才外流。

4. 我国劳动力的跨区域流动

我国由于实行特殊的户籍制度，在改革开放以前，劳动力的流动规模很小，且绝大部分属于工作性迁移，属于一种有组织、有计划的劳动力区域间流动。如为开发西北和东北地区，我国曾经从黄河中下游、四川、湖南、上海等地组织过2500万~3000万人的技术人员向西北和东北等地区转移，有力地支援了国家的经济建设和重点项目的实施，推动了流入区域的经济和社会发展。

自实行以市场为导向的改革开放政策以来，由于产业结构和经济政策的调整，特别是劳动用工制度的改革和户籍管理制度的松动，我国的劳动力流动特别是农村剩余劳动力向其他产业转移的速度加快。除乡镇企业已经吸纳了1.2亿人左右的农村剩余劳动力外，流入大中城市从事建筑、服务等行业的农村劳动力的数量也相当可观，形成规模空前的民工潮。农村劳动力的大规模流动，在满足城市经济发展对劳动力的需求、推动城市经济发展、解决农村剩余劳动力就业、提高农村居民的收入水平和开阔农村居民视野、提高农村劳动力素质和适应社会的能力等方面，起到了极其重要的作用。但是由于管理和组织不善等原因，关于农村劳动力流入城市后进行盗窃、抢劫及其他违法犯罪行为的报道也屡见不鲜，对城市的社会稳定等带来一定的负面影响。

从现在起到21世纪中叶，是我国人口出生和劳动力就业的高峰，解决农村新增劳动力和由于农村产业结构调整、农业吸纳劳动力减少后增加的农村剩余劳动力的就业是中国面临的一个极其重大的经济问题和社会问题。据估计，到2000年，我国农村剩余劳动力将达2.1亿人。解决农村剩余劳动力向非农产业的转移，不可能走发达资本主义国家走过的老路，通过大批农民的破产，以农村崩溃为代价，造成工业的高度集中和大城市的恶性膨胀，也不可能走旧中国的道路，而是要根据我国的基本国情，按照因地制宜、分类指导的基本方针，开创性地解决农村剩余劳动力的就业问题。

在东部沿海地区，经济发展水平比较高，随着农业现代化的推进，农业部门吸纳的劳动力总体上将呈现出下降趋势，农业剩余劳动力可以通过大力发展第二、三产业来解决。发展趋势是通过贸工农一体化和农业的产业化经营，把农村的第一、二、三产业有机结合起来，实现农村劳动力在不同产业间的有机结合。在中部地区，农业劳动力的剩余量和剩余率比较高，农业和农村经济的发展还有很大的潜力，要把解决农村劳动力就业的重点放在农村第一、二产业的发展上，重点建设商品粮和主要经济作物基地，重点发展以农副产品深加工为主的农村第二产业，相应地发展农村第三产业。对于经济发展相对落后的西部地区，还有大量可以开发利用的土地资源，农业增产的潜力还很大，解决农村劳动力就业的关键在于发展第一产业，要在保护农业生态环境的前提下，加速大农业或生态农业的发展，并在此基础上适度发展第二、三产业。

在我国农业剩余劳动力的空间转移方面，历来有不同的观点：第一种观点主张离土不离乡，即由农业中分离出来的剩余劳动力，通过就地发展乡镇企业、发展农村第三产业来解决。第二种观点主张不离土不离乡，通过搞农业，发展家庭工业和家庭运输业，实行自我就业。第三种观点主张离乡不离井，即原来的农村户籍制度不变，在农业生产不需要时可以到迫切需要劳动力的地方去，也可以进入城市，季节性或不定期地往返于原籍与工作地之间，当收入低于一定水平或者失去就业机会时就返回原籍。第四种观点主张离土又离乡，将农村剩余劳动力向大中城市和小城市转移，实现城乡劳动力的完全流动。显然，解决我国大量的农村剩余劳动力的就业问题，应该多管齐下，在有组织地安排农村剩余劳动力向城市流动的同时，应该把重点放在就地转移和就地消化上，实现城乡经济的协调发展和全国经济布局的合理化。

## （二）资本流动和区域经济发展

1. 资本流动的分类

（1）长期流动与短期流动。流入或流出期限在一年以内的，称为资本的短期流动；在一年以上的称为资本的长期流动。

（2）资本流入与资本流出。资本从甲区域流向乙区域，对于甲区域来说，就是资本流出，而对于乙区域则称为资本流入。通常，一个区域既有资本流入，又有资本流出，如果资本的流入大于资本流出，则为资本的净流入区；反之则为资本的净流出区。

（3）对外直接投资和对外间接投资。对外直接投资是指一个区域内的投资者输出生产资本到另一个区域的企业，并直接参与企业的经营和管理活动。对外间接投资包括证券投资和借贷资本输出，其特点是不直接参与这些企业的经营和管理。证券投资是指一个区域的投资者，通过购买另一区域的股票、债券而引起的资金的跨区域流动，这种流动的目的在于获得证券的收益，而不直接参与企业的经营管理活动。区域的借贷资本输出，包括资本援助、金融机构贷款、金融市场贷款和中长期出口信贷等。资本援助是一个区域向另一个区域提供的非营利性的资本支持和帮助。

2. 资本流动的成因

区域间资本流动的原因比较复杂。不仅在不同的时期有不同的原因，而且就是在同一时期，不同资金跨区域流动的原因也是不一样的。一般来说，区域间资本流动的原因有经济和社会等多个方面。

（1）经济原因。早期的经济理论一般认为，区域间资本流动的原因在于追逐经济收益的最大化和分散风险。一方面，区域间利率的差异引起资本在区域间流动，资本从利率低的区域流向利率高的区域，直到利差消失为止。对由于利差引起的资本的国际间流动，除利率的差别外，通常还需考虑汇率的变动。当获得的利差不足以弥补由于汇率变动而导致的汇兑损失时，通常不会发生纯粹由于利差原因而发生的资本的国际流动。另一方面，分散货币和投资风险的要求，加大了资本的区域间特别是国际间流动。资产多样化大大降低了风险，它诱使投资者持有不同的资产，包括不同国家的资产。随着财富的增加，投资者为了保持资产的收益，总是采取最优的资产组合，让资本在各国之间流动。因此，即使国际利率不变，随着国际财富的增加，我们也可以观察到资本在各国间的相互流动。一些保值性资本的流动通常与资本的安全得不到保证以及资本的价值得不到稳定有关。这通常有以下几种情况：第一，由于某一国家政局不稳，从而发生资本逃避，以求安全；第二，某一国家的经济形势每况愈下，或者是由于通货膨胀，或者是由于对外贸易条件恶化，国际收支持续出现逆差，从而本币可能贬值，于是资本向货币稳定的国家转移；第三，由于某国实行外汇管制，使资本的运用受到限制，或由于颁布新税法，如加征资本税等，于是资本外流以避免损失。

随着国际间资本流动，特别是以跨国公司为主体的国际间对外直接投资规模的迅速扩大，国际间资本流动出现了一些新的特征，特别是美国成为世界上最大的资本流入国和资本流出国，传统的经济理论显然无法解释。为此，经济学家提出了一些新的理论，主要有：

1）需求导向区域理论。该理论认为，市场和竞争者的分布情况决定着投资的地域选择。金德尔伯格指出，为了防止另一个企业取得夺人之先的优势，每个企业都必须与其他企业亦步亦趋。当一家汽车公司要在巴西建设一个规模小、效率也不高的企业时，就会有15家以上的公司接踵而至。尽管收益难以保证，但能够防止可能引起的损失。这种理论可以解释一些大企业对外投资方面的激烈竞争，但不足以解释一般对外投资特别是发展中国家对外投资的原因。

2）贸易障碍诱发理论。该理论认为，当区域间的商品贸易由于人为的贸易壁垒或运输成本而不能够自由实现时，就会引起资本的区域间流动，引起企业的对外直接投资，以此来绕过贸易壁垒和降低运输成本，保护和开拓产品市场。例如，60年代中期，美国迫使香港实行纺织品自动出口限额，香港公司就去新加坡设厂。以后新加坡又被限制，就又转到泰国和马来西亚等地设立子公司。这种理论确实能够用来解释不少对外投资的原因，但却不能概括所有对外投资的动机。

3）内部化理论。该理论提出，跨国公司为了尽可能多地获取经济利益，通过在不同国家和不同区域设立子公司，并通过控制各子公司的活动，把正常的商业交往变成公司集团的内部转移，使各子公司的业务活动都服从于整个公司集团的利益。由于跨国公司的资金有多种渠道，可以比较充分地利用国际分工的好处，并最大限度地发挥技术垄断的优势，从而形成跨国公司和当地企业间的不完全竞争。

（2）其他原因。战后资本的区域间流动特别是资本的国际间流动通常还有政治等其他因素。1945~1960年，美国对西欧的经济援助和对一些亚洲国家的经济与军事援助总额达到778亿美元，主要就是美国出于政治战略等的考虑而形成的大规模的资本流动。战后成立的世界银行集团和一些区域性的国际金融组织，如亚洲开发银行、美洲开发银行等，出于全球或地区政治和经济的战略考虑，也在不断加大对一些发展中国家的资金援助，重点用于发展中国家的农业、教育、环保和医疗卫生等项目，使得流入发展中国家特别是一些经济较贫困国家的资金在增加。

3. 资本流动对区域经济发展的影响

资本的区域间流动对区域经济的发展产生了极其深刻的影响。首先，它冲破了各区域间的金融市场的界限，消除了市场利率、交易方式和交易条件等方面的差异，形成了市场统一的均衡利率，促进了资本在全国或全球范围内的合理配置。其次，以直接投资为主的资本区域间流动促进了资本与流入区域资源和劳动力等的有机结合，为资本流入地区创造了就业机会，促进了产业结构的升级和区域经济的发展。

图 3 中，横轴代表资金的供给，OA 为甲区域的资金供给量，O′A 为乙区域的资金供给量；纵轴表示资金的边际生产率。在发生资金的区际移动前，甲区域的总产量为 OFGA，乙区域的总产量 O′JMA。当 AB 量的资金由甲区域流入乙区域后，甲区域的总产量由 OFGA 减少为 OFEB，乙区域的总产量由 O′JMA 扩大为 O′JEB，乙区域的增加部分 AMEB 大于甲区域的减少部分 AGEB，超过部分为 MEG。因此，资本的区际流动会带来总产出的增加，实现资金资源的更有效配置。

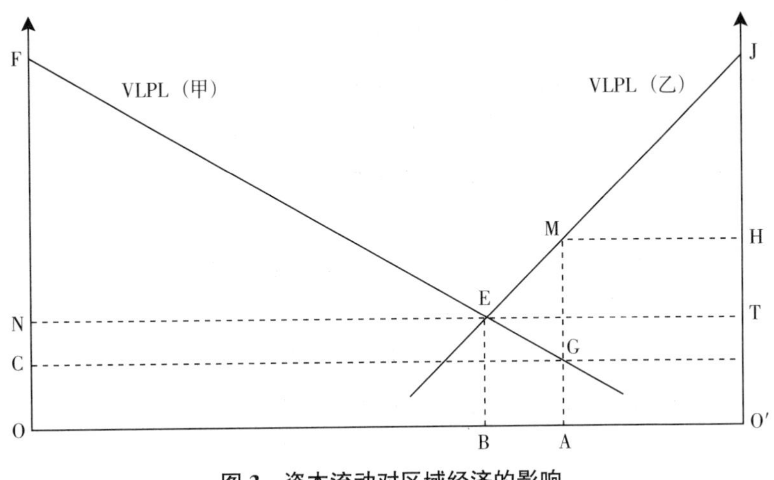


**图 3　资本流动对区域经济的影响**

但是，资本的区域间流动，特别是投机资本的流动，处理不好会对流入区域的经济产生不利影响。一是加剧了外汇投机，短期资本在国际间的人规模流动可能会使汇率水平出现过头反应。1997 年下半年出现的东南亚国家金融危机，除与东南亚国家自身利用外资的规模和结构不合理以外，投机性资本大量抛售泰铢导致泰国股市和汇市的剧烈波动，是引起这次危机的导火索。二是如果对外借贷过多，可能诱发债务危机。三是如果对外政策掌握不好，可能冲击民族工业，造成国民经济对外资的过分依赖或某些关键产业被外国公司所控制，不利于国民经济长期稳定地发展。

4. 战后区域间资本流动的现状和特点

在流动规模不断扩大的同时，战后区域间资本流动还呈现出以下几个显著特征：

（1）从资金流动形式上看，直接投资逐步成为区域间资本流动的一个重要形式。据联合国贸发会议统计，1995 年国际间的直接投资总额已达 3250 亿美元，国际间直接投资累计总额已达 1.7 万亿美元。外国直接投资占国家资本形成的比重已经由 1986~1990 年的 4.1%提高到 1993 年的 4.3%，并呈现出两个显著特征：一是跨国公司的迅速发展成为区域间资本流动的一个极其重要的因素。为了扩大销售额、避开关税壁垒等保护措施，获得廉价的原料和劳动力，获取专门生产技术、推销网络或管理经验等，跨国公司对外直接投资迅速增加，成为区域间特别是国际间资本流动规模迅速扩大的一个重要方面。二是国际融资的证券化比例日益提高。20 世纪 80 年代中期，国际证券发行额首次超过国际信贷额，从而使国际融资由银行信贷向股票、债券和商业票据等直接融资手段转变。据有关资料显示，目前证券交易及信贷额已占国际资本市场借贷总额的 85%，证券市场在国际资本市场上的地位在不断上升。

（2）从流动时间看，短期资本流动在区际资本流动中不断增强。近年来，与区际贸易有关的短期资本流动的规模在不断增多，而与投机有关的短期资本流动也日趋活跃。在金融自由化大发展、世界各国普遍进行了以放松管制为特征的金融改革而又缺乏应有的监管制度和措施的大背景下，加上金融工具不断创新，各类投资基金数量的迅速增长，保险业对投资的不断渗入，金融运作手段电脑化等，区域间以获取短期利润为目的的游资规模不断扩大，在不断冲击着金融市场。另外，与保值相联系的区域间短期资本流动也时有发生。20 世纪 80 年代中期，墨西哥资本为保值，外逃量一度达到该国外债余额的近 80%。

（3）从流动方向看，由原来的主要流向发展中国家变为既有发达国家又有发展中国家，资金流向不断多元化。以发达国家和新兴工业化国家和地区为直接投资目标，是战后尤其是 20 世纪 70 年代中期后国际直接投资的一个重要特征。50 年代，美国是世界上最大的直接投资输出者，其中有近 50%流向发展中国家。日本则直至 70 年代主要直接投资流向仍是发展中国家。此后，国际直接投资在资金流向上则逐步集中于发达国家。80 年代末流向发达国家的直接投资已占当年全球直接投资总额的 80%左右，这一比重在 90 年代初一直是比较稳定的。在 1995 年 2300 亿美元的国际直接投资中有 1380 亿美元流向了发达国家，占总额的 60%（见表 3）。

**表 3 世界及部分国家吸收外资和对外直接投资累计额**

单位：百万美元

| 国家 \ 项目 / 年份 | 吸收外资累计 | | | 对外直接投资累计 | | |
|---|---|---|---|---|---|---|
| | 1990 | 1993 | 1994 | 1990 | 1993 | 1994 |
| 美国 | 394911 | 445268 | 504401 | 435219 | 559688 | 610061 |
| 英国 | 218213 | 196811 | 214231 | 230825 | 253213 | 281170 |
| 日本 | 9850 | 16884 | 17772 | 201440 | 259795 | 277733 |
| 中国 | 14135 | 57172 | 90972 | 2489 | 11802 | 13802 |
| 巴西 | 37143 | 40371 | 41871 | 2397 | 4651 | 5402 |
| 韩国 | 7874 | 11209 | 12000 | 2095 | 5555 | 7628 |
| 墨西哥 | 27856 | 41912 | 46344 | 575 | 1039 | 1215 |
| 世界总计 | 1709299 | 2079288 | 2319286 | 1667580 | 2134619 | 2378025 |

注：1994 年为预计数。

资料来源：《世界经济年鉴》（1996）。

(4) 从资金提供者看，发达地区仍是区域间流动资本的主要提供者，但发展很不均衡。1995 年美国、日本等世界五大对外投资国占全球投资总额的近 70%。战后美国取代了英国成为世界上最大的直接投资国，其对外直接投资额占世界直接投资额的 40%左右。70 年代中后期以来，美国的直接投资地位有所下降，而日本、德国、法国等国家的地位在不断上升。80 年代中后期，一些新兴工业化国家和地区也不断加大对外直接投资的比重。另外，近年来一些发展中国家和地区的对外直接投资额也在逐渐增加。

在改革开放以前，我国实行生产资料公有制，企业的投融资都是由国家计划统一安排、统一调拨，也就不存在现在意义上的直接投资。改革开放以来，特别是党的十五大关于鼓励企业并购政策出台以来，以资产重组为主要方式的直接投资规模迅速扩张。长虹、海尔、康佳等一批上市公司通过跨区域的资产重组和资产兼并，迅速扩大了生产规模，成为行业的排头兵。在间接融资方面，我国证券市场规模迅速扩大，目前沪深上市公司总数已经超过 800 家，通过证券市场实现的区域间资金流动日益呈现出多元化的特征。在资金借贷方面，随着商业银行和政策性金融的分业经营及商业银行资产负债比例管理的实施，国家对中西部基础设施的投入将不断加大，在部分商业性资金由中西部向东部流动的同时，政策性资金向中西部流动的规模将不断加大。

## （三）技术流动与区域经济发展

### 1. 技术流动的特殊性和主要形式

技术是指制造某项产品、应用某项工艺或提供某项服务的系统知识，但不包括仅涉及货物买卖或器物出租的知识。技术作为一种特殊的生产要素通常融载于以下要素中：一是拥有生产技术知识的劳动者；二是物化成一定的机械装备和装置；三是生产产品、生产工艺、操作技巧的专利和技术秘密；四是传播技术的情报信息等。

区域间的技术流动，有时又称为技术转移，是指一个区域的技术持有人把技术的使用权或所有权转让给另一区域其他人的过程。根据转让的是否有偿，技术流动可分为区域间的技术贸易、区域间的技术交流和区域间的技术援助三种形式。

(1) 区域间的技术贸易。它是指不同区域的企业、经济组织或个人之间，按一般商业条件从事技术使用权买卖的一种交易行为。区域间技术贸易是技术要素在区域间流动的一种主要形式。区域间技术贸易的形式主要有：

一是直接技术贸易，即通过专利技术、专有技术、技术秘密的转让，引进方从输出方取得制造、销售某种产品的权利，并得到相应的技术。

二是引进成套或关键设备。虽然设备贸易和技术贸易分别属于硬件贸易和软件贸易，属不同的贸易形式，但由于在实际的成套或关键设备的引进中通常带有技术，或者在引进技术时附带有设备的买卖，因此人们把设备和技术结合在一起的贸易也作为技术贸易的一种方式。对于成套或关键设备的引进，技术出让方通常要带有相应的技术服务和协作，或者由技术出让方派遣人员到接受方帮助调试设备、指导生产和讲授技术，或者由接受方派出自己的技术人员到出让方进行培训和实习。

三是区域间联合投资。可以通过合资、合作经营等多种形式，由拥有技术的一方将技术作为无形资产折价入股或提取技术补偿费等措施，将技术传递给合作的另一方。

（2）区域间的技术交流。它属于无偿的技术转让，一般是通过非市场的渠道进行。随着人员、货物和信息等在区域间往来和交换的日趋频繁，技术交流在区域间的技术流动中的作用也不断扩大。区域间技术交流的方式有科技资料、情报和仪器样品的交换、举办学术会议和国际博览会、举办技术开发中心和共同研究项目、进行访问、考察或工作等。

（3）区域间的技术援助。这是指一区域向另一区域无偿地或按优惠条件传授技术知识，协助建立科技、文化机构并提供相应设施，以促进受援区域经济和科学技术的发展。区域间技术援助的方式主要有派遣专家和技术人员，提供技术服务；协助受援区域培训技术人员，建立科研机构、职业培训中心、医院、学校和技术推广站；承担受援区域一些项目的可行性研究、设计等投资前准备工作；提供技术资料和文献以及示范性项目和设备等。

2. 技术流动的原因

（1）经济原因。技术在区域间流动的经济原因主要有以下四个方面：第一，技术转让是跨国公司维持和扩大其竞争优势的重要手段。跨国公司将其拥有的技术向国外子公司和分公司转让，可以使这些公司在当地的市场竞争中获得优势。第二，以技术换市场会引起技术转移；通过出口成套设备商品实现技术输出带动商品出口，或者是通过把技术输入到另一个区域，换取对方开放市场，都会引起技术的区域间流动。第三，为获取技术转让费用，尽快收回技术投资。由于各个区域的技术状况存在差异，技术作为一种特殊商品，相同的技术商品在不同的区域会有不同的价格，因此会发生技术商品从价格低的区域向价格高的区域流动。另外，随着世界技术革新的周期越来越短，投入的科研费用越来越多，技术拥有者也迫切需要尽快收回投资。第四，技术输出可代替或带动其他生产要素的输出。如通过技术入股来发展对其他区域的直接投资，或者通过技术输出带动劳动力或资本等的输出等。

（2）其他原因。出于政治或者军事等方面的考虑，技术先进国家或地区也会无偿或者按优惠条件通过技术援助和技术交流等形式向一些技术落后国家或地区提供技术。如目前一些国家和一些国际组织希望通过向发展中国家无偿或按优惠条件转让一些先进技术，以推动发展中国家技术水平的提高，促进发展中国家产业结构的调整和出口规模的扩大。

3. 技术流动对区域经济发展的影响

随着人类社会分工的不断加深，技术在经济发展中的作用在不断加大，各国各地区对技术进步非常重视。我国早就明确提出，科学技术是第一生产力。但由于起点不同，目前世界各国在技术水平上仍有很大差距。技术创新主要集中在发达国家和发展中国家的极少数地区，一些先进技术仍由少数发达国家所控制。技术在区域间特别是发达国家和发展中国家之间的流动就显得十分必要。技术的区域间流动对区域经济的发展将起到非常重要的作用：

第一，它可以缩小区域间的技术和经济发展水平的差距，加快经济欠发达区域的经济发展。通过引进区域外现成的适用的科学技术，可以减少重复科研，加快产业结构的调整和优化，促进新兴产业部门的建立与发展和传统产业的技术改造，加快国民经济发展速度，增强区域经济实力。这就是通常所说的后发国优势。战后日本和原联邦德国正是通过技术引进较快地缩短与美英等国的经济发展差距的。1950~1975 年的 25 年，日本共支付近 60 亿美元，进口了 2 万多项新技术，因此，只用了 20 年的时间就走完了英、美等国花了 40~50 年才完成的技术道路。

第二，它可以帮助技术输出区域尽快收回科研投资，延长技术生命周期并扩大技术效用。通过技术的区域间流动特别是技术贸易，可以获取一定的技术转让费用，同时，对于一些在本区域已经处于成熟阶段的技术，转移到还需要这种技术的国家和地区，让这些技术继续发挥作用，这样就等于延长了某项技术的生命，即延长了依靠该技术获取利润和报酬的期限。技术出让方同时还可以获得更新技术的时间和空间，优化产业结构，发展新兴产业，从而促进技术的不断更新和发展。出于以技术换市场原因而引起的区域间技术流动，还能够为流出区域提供更大的市场空间，带动其他生产要素的流动和促进区域的商品出口。

**主要参考文献**

[1] 李时雨、陆燕：《世界贸易新发展及我国的对策》，《求是》1997 年第 15 期。
[2] 刘力：《贸易的动态利益与发展中大国的贸易战略选择》，《国际贸易问题》1997 年第 6 期。
[3] 陈同仇、薛荣久：《国际贸易》，对外贸易教育出版社 1993 年版。
[4] 陈彪如：《国际经济学》，华东师范大学出版社 1993 年版。
[5] 陈彪如：《国际金融概论》，华东师范大学出版社 1988 年版。
[6] 周起业等：《区域经济学》，中国人民大学出版社 1989 年版。
[7] 张万清等：《区域合作与经济网络》，经济科学出版社 1987 年版。
[8] 陶文达：《发展经济学》，四川人民出版社 1992 年版。
[9] 陆大道等：《中国工业布局的理论与实践》，科学出版社 1990 年版。

# 关于区域经济开发的国际经验与教训*

世界各国对区域开发都十分重视。各国结合本国经济发展的要求及各地区的特点，分别制定了相应的区域开发战略和地区发展规划。其中，许多区域开发战略的实施，不但极大地促进了地区经济的发展与繁荣，也为我们提供了宝贵的经验。但是，也有一些规划的实施产生了许多不良后果，它们所带给我们的教训也是深刻的。因此，研究世界各国区域开发的经验与教训，对我国区域开发的理论研究与实践都具有重要的指导作用。

## 一、美国区域开发的经验教训

美国是一个幅员辽阔、自然条件繁杂多样、经济发展水平高的发达资本主义国家。全国划分为 50 个州和一个区。从地形条件来看，西部主要为高原山地，中部为平原地区，东部则主要为阿巴拉契亚山地。总的来看，东北部和中部自然条件较为优越。正是这种自然条件的差异，加上自然资源及历史的原因，造成了美国经济发展的不平衡性。北部的五大湖沿岸、东北大西洋沿岸地区成为全国的经济重心。随着美国经济不断向西、向南推进，西部太平洋沿岸地区及南部地区的经济发展速度明显加快，工农业及第三产业都取得了很大的成绩，缩小了这些地区与经济发达地区之间的差距，这就是人们所称的“阳光地带的兴起”。

在开发落后地区、改造传统产业及新兴工业区的开发方面，美国积累了许多成功的经验。其中最著名的是田纳西河流域的开发及阿巴拉契亚工业区的改造等，堪称区域开发的典范。

流域开发属于区域开发的一种特殊类型，故将田纳西河流域开发事例放在第八章中进行详细介绍，这里不再赘述。

传统工业区的改造复兴，也是区域开发的重要方面之一。下面我们就介绍一下美国阿巴拉契亚煤炭工业区的复兴与环境治理。

---

* 本文选自张敦富：《区域经济开发研究》，中国轻工业出版社 1998 年版，第 65~105 页。参与者：冯东方。

## （一）阿巴拉契亚煤炭工业区的复兴与环境治理

阿巴拉契亚区位于美国东部阿巴拉契亚山地和阿巴拉契亚高原地带，区域面积 47.3 万 $km^2$，人口近 2000 万人。该区是美国开发最早、最大的煤炭产区，区内煤炭资源十分丰富，地质储量为 3107 亿吨，已探明储量约 1000 亿吨。该区同时也是世界最大的煤炭产区和出口地之一。

早在 20 世纪之初，阿巴拉契亚地区的煤炭产量就占全美煤炭产量的 70%以上。第二次世界大战期间，由于炼钢工业的刺激，煤炭工业得到迅速发展，1947 年的煤炭产量达 4.7 亿吨，创历史最高纪录，占当年全美煤炭产量的 3/4。

但在 20 世纪 50~60 年代，阿巴拉契亚地区的煤炭工业由于美国能源政策向石油、天然气等新能源倾斜而日益衰落，煤矿纷纷关闭 1960 年煤炭产量仅 2.66 亿吨，全区失业率达 8.7%，比当时全美平均失业率高出 50%。因此，该区许多地方陷入工业结构性危机。据统计，当时美国近 8094 个贫困县就分布于该区，被称为“美国的危机区之一”。

到 20 世纪 60 年代中期，美国政府决定对阿巴拉契亚地区进行整治，重振煤炭工业。其采取的有效政策如下：

1. 建立专门机构，实施阿巴拉契亚区域开发法案

20 世纪 60 年代中期，由阿巴拉契亚区所在各州（包括西弗吉尼亚、俄亥俄、宾夕法尼亚、马里兰、弗吉尼亚、田纳西、肯塔基、佐治亚、亚拉巴马、密西西比、纽约、北卡罗来纳和南卡罗来纳州）的代表和联邦政府的代表共同组成了“阿巴拉契亚地区委员会”。该委员会的基本职能是：

——制定全区的开发方案及具体规划措施；

——协调联邦政府与地方政府之间的关系；

——提供一定的技术、经济援助；

——保护地区生态环境等。

1965 年出台了《阿巴拉契亚区域开发法案》，在该法案的基础上又成立了经济开发署，直接参与政府提供的开发资金的使用和管理。在法案执行的头 10 年，政府提供了 10.92 亿美元的援助款用于发展地区经济及环境治理。经济开发署得到了更多的资金，头 5 年得到的拨款总额达 32 亿美元，其中用于公共设施建设方面的资金大部分为赠款。

专门的区域开发法案的制定及专门的管理、执行机构的建立，大量政府资金投入，使该地区的经济开始复苏。1970 年，该区煤炭产量达 3.5 亿吨，比 1940 年的 2.66 亿吨增长了 32%。同时，区内整体经济增长水平显著提高，甚至某些年份其经济增长率还高于全国平均水平。

2. 投入大量资金建设交通运输系统，打通区域内外的联系通道

阿巴拉契亚区地处山区及高原地带，由于缺乏有效的交通运输系统，虽邻近大西洋沿岸及中部经济发达区，但煤炭运输不畅。因此，阿巴拉契亚区域委员会认为，该区贫困的

主要原因是地处山区，交通不便。针对地区的实际状况，该委员会把建设发达的交通运输系统作为复兴煤炭工业、带动地区经济发展的中心任务来抓，加强公路网建设，健全强大的铁路和水运系统，建设特大煤港。

委员会规划建设5300km的公路以加强区内重要城市之间及这些城市与区外的联系，到70年代初已完成了约2600km。政府投入资金（包括拨款和赠款）的3/4以上都用于公路的建设方面。公路目前已成为该区煤炭运输的重要工具之一。1980年，汽车运煤达6000多万吨，占该区煤炭总运量的1/7以上。

另外，该区自60年代实施开发计划以来，已经逐渐形成了强大的铁路与水运能力。区内建有5万公里以上的铁路，运煤能力每年在2亿吨以上。内河年运煤能力也相当可观，达1亿吨以上，密西西比河、俄亥俄河、田纳西河等都已成为该区重要的煤炭运输河道。同时，为了加强煤炭的水陆联运，在东部和南部还建设了汉普敦罗兹、巴尔的摩、新奥尔良和莫比尔等特大型煤港，成为煤炭外运及美国煤炭出口的重要交通枢纽。

总之，阿巴拉契亚地区交通运输网的建设，促进了该区煤炭工业的复兴，为地区经济的整体发展奠定了基础。

3. 调整产业结构，综合发展区域经济

为了促进煤炭工业的发展，阿巴拉契亚地区采取了综合发展经济部门的战略措施，发展区内的钢铁、电力、轻工、食品、商业和旅游业等部门。综合经济部门的发展，扩大了煤炭需求量，解决了由于煤炭工业机械化程度提高而出现的劳动力过剩问题，有力地促进了煤炭工业的复兴。

该区的钢铁生产立足于区内丰富的煤炭资源，同时炼钢所需的煤炭和电力，反过来又促进了电力及煤炭工业的发展。特别是火力发电的发展，为地区其他经济部门的发展提供了直接的能源保障，进一步带动了煤炭工业的复兴。近年来，该区煤炭产量的1/2以上用于发电，年耗煤2亿吨左右，减轻了煤炭外运的压力。

同时，食品、印刷、化工、建筑及商业发展，改变了地区经济的单一结构，吸引了大批人员就业。在不到10年的时间内，这些部门的职工就增加了50万人，缓解了地区失业问题，改善了地区人民的生活质量。

4. 吸引外资，增强煤炭出口能力

美国是世界上最大的煤炭出口国，其出口煤炭的95%以上由阿巴拉契亚地区提供。1981年的煤炭出口近1亿吨，占世界当年煤炭总出口量的1/3还多。

由于阿巴拉契亚地区不但煤炭储量大，而且煤质好（可生产优质冶金焦炭），煤层埋藏浅，易于露天开采，因此吸引了许多煤炭进口国在此地投资采煤。地方政府采取了欢迎外资进入煤炭开采行业的态度，鼓励国外企业在当地合作开发煤炭资源，进一步增强煤炭出口能力。目前，德国、日本、法国、意大利及罗马尼亚等国均已在该区投资开发煤炭，其中德国就投资新建了七个煤矿。外国资金的引进，不断扩大了煤炭产量，增加了煤炭出口，而且更进一步促进了地区煤炭工业的复兴。

5. 治理生态环境，改善地区环境状况

阿巴拉契亚煤炭的开发历史悠久，煤炭开采及消费过程对生态及环境造成了巨大的破坏。其不利影响主要表现为三个方面：

一是煤炭露天开采对地表植被的严重破坏，造成大量的水土流失，整个生态系统十分脆弱。

二是采煤过程中产生的酸性废水对矿区地表及地下水造成严重污染，许多河段鱼虾绝迹。

三是燃煤过程产生的二氧化硫和粉尘使当地的大气污染日益加剧，特别是燃用高硫煤带来的酸雨问题十分严重，对整个生态环境带来极大危害。据统计，美国每年由酸雨造成的损失约为 70 亿美元，阿巴拉契亚地区就是酸雨危害最严重的地区。

阿巴拉契亚地区环境状况的恶化引起了当地政府的重视，60 年代以来先后采取了许多强有力的措施来治理和改善地区环境。仅矿区环境保护方面的法令就有 15 个，涉及土地复垦、水净化、大气净化、酸雨控制和区域发展等诸多方面。环境治理和保护的重点是土地、水体和大气，采用的主要措施有以下几个：一是规定煤炭开采后必须复田。即开采土地恢复原貌，用于农业生产或植树种草，保护土地生态，减少水土流失；二是严格煤矿废水的处理，使污水达到排放标准后方可进入天然水体，减轻水污染，保护水源；三是加强燃煤废气的消烟除尘工作，减少大气中二氧化硫和粉尘的排放量，改善大气环境质量。

经过长期的治理，该区的生态状况及环境质量都有了很大改善：许多矿坑已经复田，出现了新牧场、良田和成片的森林；河水变清，鱼虾重新出现；城市的烟尘明显减少，出现了许多“无烟城”（如原来的烟城匹兹堡）；酸雨的危害也在减弱。

总的来看，阿巴拉契亚区煤炭工业的复兴及环境治理是成功的，其成功的经验主要有：一是设立专门的开发机构；二是以专门的开发法案及法律做保障；三是政府给予资金支持，发挥地区优势；四是注重交通等基础设施的建设；五是平衡发展综合经济部门；六是改善环境质量。

因此，阿巴拉契亚地区的开发建设，使当地经济增长速度加快，就业机会增多，人民生活水平提高，改变了地区的落后状况。

## （二）奥兰治开发的成功经验

除落后地区的开发和传统工业区的复兴以外，区域开发的另一个重要方面就是小区域开发，县域开发就是其中一项重要内容。美国在县域开发方面也积累了成功的经验，其中奥兰治的开发就是一个成功的案例。

奥兰治位于美国西部大城市洛杉矶的南部，是该市的一个郊区县，面积 2066km$^2$，人口超过 200 万。在开发前，奥兰治只是西部一个默默无闻的郊县。这里没有像样的工业，矿产资源缺乏，只有碧蓝的天空、秀丽的景色和许多牧场。随着“阳光带”的兴起，奥兰治也开展了区域经济开发工作，并围绕如何更好地发挥大城市郊区独特的区位优势，如何更好地利用本地优越的自然条件及阳光带的优势，采取了一系列区域开发措施，取得了十分显著的成绩。奥兰治通过发展旅游业、高新技术产业、商业及高效农业，经过 20 余年的努力，一跃成为美国最富裕的县份之一。1978 年，该县中等家庭收入达到 22300 美元，比全美的平均水平高出 20%。

奥兰治开发的成功经验主要有以下几个：

1. 利用地区区位优势，发展旅游业

奥兰治紧邻美国西部的大城市洛杉矶，洛杉矶的繁荣和发展为其邻近县份提供了许多便利条件。利用有利的区位优势，抓住美国战后广泛实行休假旅行制度的良机，奥兰治制定了发展旅游业的经济起飞战略。

奥兰治发展旅游业的有利条件除区位条件以外，该地气候条件优越，气候温和，阳光充足，降雨适度。其不足之处是缺乏秀丽迷人的自然景色。针对这种情况，奥兰治采用了发展人为景观吸引旅客的旅游业开发战略。

1995 年，好莱坞著名的动画制作家华文特·迪斯尼在奥兰治的阿纳海姆建设了大型的现代化游乐中心——迪斯尼乐园。该园采用了大量的现代科技，妙趣横生，吸引了大批游客。迪斯尼乐园的建设使奥兰治一举成为世界著名的游览地，极大地刺激了当地旅游业的发展。此后，该县又在诺特伯里农场附近兴建了一个主题公园，使其与迪斯尼乐园共同成为全美仅次于佛罗里达迪斯尼世界的大众化游乐中心。围绕这些游乐场所兴建的旅馆、餐馆、停车场、出租汽车公司、汽车修配行、商店和银行等，使相关服务行业也得到蓬勃发展。同时，该县在阿纳海姆安排了美国人喜爱的棒球和橄榄球队的精彩表演，吸引了更多的游客。阿纳海姆也因此成为著名的旅游城市，利用旅游业积累了资金，从 60 年代起开始向周围地区发展。在某种意义上，阿纳海姆市被看成南加利福尼亚地区经济发展的中心，对带动整个地区经济的发展具有重要意义。

总之，旅游业发展所取得的巨大成功，为奥兰治经济起飞积聚了大量的资金，是地区经济发展的先导产业。

2. 大力发展技术密集型和知识密集型的尖端工业

奥兰治在发展旅游业的同时，也十分注意制造业的发展。

奥兰治地处阳光带，有晴朗的天气，同时该县位于洛杉矶和圣地亚哥两大城市之间，具有劳动力、资金和市场等发展工业的优势，加之美国经济向西部阳光带转移，为当地工业发展提供了有利的时机。奥兰治在充分发挥地区优势的基础上，制定了发展高新技术产业的工业战略。

奥兰治于“二战”后就致力于发展宇航工业，宇航工业的发展又为电子计算机及其相关产业的发展奠定了基础。70 年代末，电脑工业已在奥兰治初具规模。由于高新技术产业的高利润回报，吸引了大城市的财力和人力向该地区转移，同时还吸引了许多相关的科研机构及公司在此落户。以高精尖技术为主导的工业在奥兰治得到了迅猛的发展，并使其一跃成为美国最重要的新兴工业中心之一。

3. 注重城市规划，创造良好的投资环境

奥兰治虽是由一些中小城市组成，但城市规划都做得十分精细，各城市职能特色鲜明。如阿纳海姆为旅游中心，新港小城为工业中心和经济中心等。特别是新港小城，是70年代发展起来的崭新城市，集工业、行政、商业等多功能于一体，城市规划合理并具有新意，成为吸引区外投资的重要场所。新港的建设规划，对奥兰治经济的进一步发展起到推波助澜的作用，使该县经济又上了一个台阶。因此，合理规划、创造良好的投资环境也是奥兰治经济起飞的成功经验。

美国在区域开发取得成功的同时，也曾有过许多经验教训。如美国西部土地开垦过程中，由于缺乏统一的规划，忽视生态系统的特点，使自然植被及草原生态系统遭到严重破坏，土壤风蚀现象严重。加之单一的耕作制度和超载放牧，进一步加速了土壤侵蚀。30年代初美国西部地区连年干旱，终于于1934年5月12日引发了规模空前的“黑风暴”。一股长达900km、宽560km的灰黄色尘土带，历时3天，以每小时40~60km的速度席卷了超过美国半数以上的国土，直达东部海岸。风尘暴携带着3亿吨土壤，不仅使良田变成贫瘠的土地，更使大片土地被荒废，许多农民和牧场主背井离乡。美国政府不得不拨出巨款来做善后救济工作，从此就更加注意土地治理和保护。先后成立了专门机构，颁布了相应的法规，投资数十亿美元的资金修建水利设施，发展灌溉，取得了不少成绩。但时至今日，由于缺乏防护林体系，该地区还不时受到不同规模的尘暴袭击，农业生产波动幅度较大。总之，美国西部土地开垦的教训是十分深刻的，其主要原因是忽视生态系统自身发展的规律，从而酿成了生态失衡的悲剧。

另外，美国区域开发过程中环境污染造成巨大损失的教训也很多，如五大湖地区的水污染、阿巴拉契亚地区的酸雨问题，都使得美国政府不得不投入大量的财力、物力和人力来进行治理，其经济代价和生态损失都十分沉重。因此，如何在区域开发过程中注意环境保护和生态保护，是一个值得我们注意和探讨的问题。关于这方面的教训在下面介绍日本区域开发的经验教训中将更详细地加以介绍。

## 二、日本区域开发的经验教训

日本十分重视国土综合开发工作，早在1950年就制定并颁布了《国土综合开发法》，以求合理进行产业布局或调整生产力布局，综合开发利用资源，对环境进行治理。

日本国土开发中突出的矛盾是，全国各地区的经济发展十分不平衡，存在着严重的“过密”和“过疏”区。其突出表现为工业企业和人口大都集中于太平洋沿岸的“工业地带”，即所谓“过密”地带。这些地区工业企业密布，工业容量已超负荷，环境状况也日趋恶化，制约了工业的进一步发展。特别是东京、大阪、名古屋等大都市的情况更为严重。而“过疏”地区的经济却十分落后，人口稀少。

因此，日本的国土开发及区域开发的总体思路和战略目标是：调整生产力布局，缩小地区间差距，解决“过密”“过疏”问题开发落后地区，发展中小城市。结合区域开发的实际，我们将对日本区域开发的经验和教训做如下介绍。

## （一）日本临海型工业地带的形成

日本是一个自然资源贫乏的岛国，工业用原材料需大量进口。“二战”以后，日本确立了工业贸易为立国之本的基本国策，并从20世纪60年代起开始实施收入倍增计划，经济进入了高速增长时期。由于资源缺乏，产业结构选择的基本方针是：进口资源—产品加工—产品出口。

战后日本经济结构是以重、化工业为中心的工业结构。主要工业部门包括钢铁、金属加工、机械工业、炼油和石油化学工业。从工业布局的基本要求来看，像日本这样一个资源缺乏的国家，发展重、化工业的原料几乎全部依赖于进口。同时，产品的国内市场有限，多数需销往海外。因此，采取了临海布局战略，许多重、化工企业均分布在港口附近，有的甚至在厂区内设置专用港，以便于原料的进口和产品出口。

另外，日本的太平洋沿岸拥有许多天然良港，吸引了大量的企业在此安家落户，从而形成了太平洋沿岸带状工业地区，即包括京滨、中京、阪神、濑户内、北九州岛五大工业地带及其周围地区的16个县。其面积为10万$km^2$，占全国总面积的23.9%，人口和工厂却占全国的60%左右，职工人数占全国的67.2%，工业产值及国民收入分别占全国的75.1%和65.3%。其中京滨、阪神、中京三大都市圈生产密度及人口密度更高，其占全国6.6%的国土面积，却拥有占全国45.2%的人口和47.9%的工业产值。太平洋临海工业地区在形成的同时，也带来了工业分布“过密”所产生的一系列社会问题，并成为日本进行区域开发及国土整治中一个长期存在的难以解决的问题。

日本以重、化工业为基础形成了临海型经济地带的生产力布局模式，极大地促进了重、化工业的发展，成为战后日本经济迅速崛起的关键所在。临海型工业布局形式也成为资源缺乏地区利用水运条件发展工业贸易的成功范例。在此基础上，又发展起来了现代的“临空型”工业布局模式，其基本出发点就是要使生产企业尽可能地接近原料地和消费市场，交通条件成为生产力布局及区域开发规划的重要因素。

太平洋工业地带的形成，促进了日本经济的发展，为日本20世纪70~80年代工业结构向电子、仪表、汽车等技术密集型产业的转换奠定了资金、技术和劳动力基础，使日本经济一改往日大量消费原材料的单一基础资源型工业结构的面貌。另外，技术密集型产业的发展也减少了对国外能源及矿物原料等的依赖程度，减轻了环境污染，缓解了日本出现的公害危机。但是太平洋工业地带的“过密”问题也产生了许多不良后果。由于环境遭到破坏，公害问题严重，居民反对情绪高涨。同时，生产密度过高，造成了用地紧张、地价上涨、供水不足、地下水超采、地基下沉等一系列问题；住房、交通等社会问题也十分严重。

因此，日本政府为减缓地区压力，平衡地区经济发展，于 1962 年和 1965 年先后禁止在东京、大阪以及川崎和横滨等大城市新设工厂，制订了“全国综合开发计划”，出现了工业布局向此地带外扩散的趋势。扩散趋势的特点是：

——向原有工业地带的周围和外缘的内陆地区扩展。京滨工业带沿公路网呈放射状扩展，使东京圈由半径 50km 扩大到 100km，新建了鹿岛临海工业区、相南临海工业区及关东内陆工业区。

——建立地方工业据点和向边远地区移动。日本《全国综合开发计划》颁布以来，先后指定了 15 个地区为新地方工业城市及 6 个工业调整特别地区，在边远地区沿海兴建临海重工业及化学工业基地。这样达到了防止城市过度集中和平衡地区间经济发展的目的。

——充分利用地方资源优势和劳动力优势，分别发展地方工业和劳动密集型产业，如高知利用电力和石灰石资源发展起来的水泥工业，关东内陆新建的劳动密集型的家用电器、制衣和精密工业中心等。

工业地带的扩散，并未改变日本工业布局的特点，即以太平洋带状工业地区为中心的临海型区域开发模式。日本的区域经济发展模式是资源配置的合理体现，其成功的经验是显而易见的。日本之所以能够在一个资源贫困的小岛上建立起一个强大的经济国家，不仅得益于其正确的经济发展策略，依赖高技术和较高的国民素质，其中重要的一点就在于临海型工业及贸易格局的形成。因而，日本的临海型工业发展及布局模式，也成为区域经济开发的成功范例。

同时，日本的临海工业布局也造成了经济分布“过密”的问题，并由此进一步产生了一系列社会及生态环境问题。特别是日本强调发展重工业和化学工业的发展战略及长期以来对环境、生态问题的忽视，曾造成了严重的环境污染和生态破坏，出现了震惊国内外的公害事件，其教训也是十分深刻的。

### （二）濑户内海污染的后果及治理

濑户内海濒临太平洋，面积 18000km$^2$，是日本最大的内海。其周围被本州岛、四国和九州岛三个岛屿环抱，拥有许多优良的港口。在日本工业化前，这里是全国著名的鱼产区。20 世纪 50 年代其鱼产量占日本渔业总产量的 25%；60 年代水产养殖业十分发达，鱼产量几乎占到日本养殖鱼产量的一半。同时，濑户内海山清水秀，也是日本著名的旅游胜地。

但是，随着日本工业化进程的加快，特别是临海型重、化工业的发展，曾给濑户内海造成严重的污染，渔业及旅游业萧条。由于内海沿岸港湾条件好，终年不冻，避风条件好，因而成为临海工业布局的有利地区，加之该地区的交通便利，水源充足，有相当的工业基础，更进一步促进了临海工业的发展。从 20 世纪 50 年代中期开始，内海沿岸就形成了临海工业开发区。到 60 年代，濑户内海沿岸工业“过密”现象已经出现。在这里，集中了全国 40%的炼油厂和 37%的石油化工企业，钢铁占 44%，火力发电占 30%以上。沿岸地区的工业产品占到全国的30%。同时，经济的繁荣与发展，也促进了地区城市发展及人口规模的扩大，这里竟集中了全国1/4的人口。经济发展及人口增长和城市化进程的加快，直接导致了内海水体严重污染。特别是在20世纪50~60年代，环境问题还未引起人们的重视，环境法律不严，环保标准低，环境治理投资少。这样，内海沿岸大量的工业污水和生活废水未经就处理排入内海，使海水水质受到严重污染，海洋自然生态系统遭到严重破坏。

除工业及城市发展的不利影响外，交通运输也给内海造成了严重的污染。濑户内海作为连接阪神和北九州岛两大工业区的海上通道，同时也是四国和本州岛岛的重要海上通道，又是国立公园，旅游运量较大。因此，内海的海运十分繁忙，平均每日有5000艘船只通行，占全国海上交通量的一半以上。船舶上生活废水和洗舱等废水的排入，特别是沿岸炼油企业油船的泄漏及其他废水中油的大量排放，进一步加剧了濑户内海的水污染。据日本环境厅调查统计，污染事件中绝大多数是油污染引起的。

濑户内海水质污染造成了严重的后果。首先，由于大量营养性物质排入水体，造成水体严重的富营养化，赤潮现象频繁发生，而且持续时间越来越长，造成的经济损失越来越重。1956~1965年，曾经发生赤潮93次，1966~1970年发生35次，而1971年一年就发生赤潮57次之多。赤潮期间，大批鱼类等海洋生物因缺氧而死亡，而死亡的海洋生物又进一步加剧了水体的缺氧状况，危害十分严重，不但水产资源遭受破坏，而且使海水变得又黑又臭，使内海的旅游功能完全丧失。

其次，沿岸排放的大量工业废水中含有大量的有毒有害物质，这些物质有的可以通过食物链的传递，通过鱼体富集后被人食用而进入人体，直接对人体健康造成危害。因此，当人们认识到这种危害后，不敢再购买在受污染海域捕获的鱼虾等海产品，使渔业也因此蒙受损失。

内海的严重污染，破坏了原有的海洋生态系统，使内海变成了“濒于死亡的海洋”。

濑户内海严重的水污染从20世纪70年代开始引起了日本政府的高度重视。1973年，日本颁布了《濑户内海环境保护临时措施法》，同时加强了综合治理的研究工作。首先，对濑户内海的水质进行调查，摸清了污染源。同时，投入巨资进行水文模拟试验，研究内海的环境容量，确定总的污染物量及控制目标，进行长期的水质监测和预报；加强沿岸污染源的污水治理和控制，减少污水排放量，降低污水排放浓度；严格标准及环境执法。通过数年的努力，濑户内海的水质已明显变好，海水的自净能力提高，水产资源及渔业已得到恢复和发展，旅游业重新兴旺。濑户内海恢复了昔日美丽、丰饶的景象。

濑户内海污染给我们的启示是，在工业发展的同时，应注意环境保护工作。特别是在水文条件差、水体交换能力弱、水体自净能力较小的内海沿岸，工业布局和污水处理问题应引起足够的重视，避免悲剧的重演。特别是对于我国来说，经济还较落后，不可能拿出巨资进行后期环境污染治理，应以预防为主，避免走“先污染，后治理”的老路。

### （三）东京的改造及实施办法

日本工业过度集中所带来的大都市膨胀问题也十分严重，东京在这方面进行了区域再开发和调整的有益尝试。

东京都由 23 个特别区、26 个卫星城市、7 个町（镇）和 8 个村组成。面积 2156$km^2$，人口逾 1000 万，其中市区人口 815 万，人口密度每 $km^2$ 达 11257 人，是世界上人口最密集的城市之一。包括千叶、埼玉和神奈川县在内的"大东京"，集中了全国工业产值的 1/4 和商品批发零售额的 1/3 以上。同时，这里集中了全国 1/2 以上的公司、事务所和大学生。

随着经济的发展，大批工厂、企业拥向东京都，从而使得市内工厂拥挤，用地十分紧张。同时，人口的增长也十分迅速，1955~1960 年的 5 年间，人口增加了 160 余万，1960~1970 年的 10 年间人口又增加了 30 余万。人口的急剧增长，造成了住房困难、交通紧张、城市污水处理设施不足等一系列问题。为此，东京从 50 年代后期开始，有计划地向郊区搬迁市区的工厂。

1959 年日本制定了《关于东京首都圈建成区控制发展工业法》，严格限制在东京市区新建和扩建工厂，并鼓励高耗能及重污染工业企业向周围郊区县搬迁。其疏散市区工业的具体办法是建立"工业团地"，即根据规划建造工业用地，建设现代化的生产和生活设施，吸引工业群来此布局。该方法实施以来，成效比较显著，许多迁建和新建的重工业和石油化学工业大厂向周边沿海工业地带集中；同时，一些电子、汽车和机械工业企业也在东京邻近的神奈川和千叶等地发展起来。1973~1974 年，从东京市区迁出了 161 家工厂。截至 1972 年，已在东京附近建成了 165 个工业团地，共占地 100017 公顷。市区工业用地在 1965~1974 年的 10 年间减少了 26.2%。

大量迁出公害严重的企业，使东京的环境污染、工业密度及工业结构都有不同程度的改善，为城市改造奠定了基础。目前，工业中居主要地位的是出版印刷、金属制品、一般机械、服装加工等行业，另外，服务性行业如金融机构等也占有重要地位。

东京进行城市改造的另一举措是加强城市的立体化建设，解决用地紧张问题。主要战略是向空中、地下和海上发展。向空中发展主要是在距市中心一定距离的地区建设一批超高层的建筑群，这些地区逐渐发展成"次中心"地区。向地下发展主要是修建地下铁道及地下街道，如在中央区地下 20 米深处修建的地下街道，商店和娱乐场所众多，成为著名的八重洲地下城。东京修建的十余条地铁线，每天可输送 520 万人次，缓解了地面交通的拥挤状况。在向海上发展方面主要是利用现代技术进行大规模的填海造陆，对东京城市的发展起到了积极的作用，为大城市解决用地紧张矛盾和交通困难提供了宝贵的经验。

东京在实施城市改造过程中，在周围发展起一批中小城市，这些城市具有明确的功能，与东京联系十分方便，发展十分迅速。如东京东北部新建的筑波科学城，是一个集科研、生产和贸易于一体的新兴工业园区，具有高新技术产业区的特点。东京郊外还建设了一些"卧城"，以解决东京由于人口剧增而产生的住房困难。东京东部的千叶，工业发展迅速，成为东京工业及人口向外疏散的主要截流地区，经济发展十分引人注目。东京外圈的君津已逐渐发展成为拥有 8 万余人的钢铁城，横须贺已成为重要的港口城市。通过上述举措，东京都的人口及职工人数都有所下降，工业产值所占的比重也有所下降。

东京城市改造主要是解决工业过度集中、人口密集、交通拥挤、用地紧张和环境恶化等问题。东京在实施了一系列改造措施和相应的法规后，城市面貌得到了很大改善，但问题尚未根本解决。特别是城市服务性行业的迅猛发展和外围地区经济的飞速发展，导致都市圈规模的进一步膨胀。由于职工多在市区上班，交通堵塞问题仍十分严峻，城市的人口流量加大，“大都市病”依然存在。

从东京城市改造的实践中，我们可以发现大城市盲目发展所带来的一系列弊端，这对我国城市化过程中如何进行城市规划和建设具有重要的借鉴作用。

### （四）日本的区域经济开发计划

日本的区域开发的另一重要特点是，政府对该项工作十分重视，先后制定了不同时期的区域经济发展战略，即 1950 年的“特定地区开发计划”，1962 年的“全国综合开发计划”，1969 年的“新全国综合开发计划”，1977 年的“第三次全国综合开发计划”和 1987 年的“第四次全国综合开发计划”。其区域经济开发政策主要由中央的“国土综合开发计划”、地方“自治制度”和企业“公团”三个层次构成。以中央的计划作指导，地方自治制度作保障，由企业公团实施具体开发项目。

1.“特定地区开发计划”

“二战”后至 50 年代是日本经济的困难时期。“二战”结束后，日本作为战败国，经济受到冲击，殖民地减少，资源缺乏，失业人口增多，自然灾害频繁。

于是，日本政府以美国田纳西河流域开发的成功经验为指导，制定本国的“特定地区开发计划”。其目标是开发资源、振兴产业、保全国土、防止灾害等。并选择“特定地区”作为开发重点，主要重于“河川综合开发”。由于用于开发的资金缺乏，所谓的“特定地区”数目又太多，以及发展道路交通建设和重化工业的经济战略调整，该计划最终走向失败。

2.“全国综合开发计划”

1962 年 10 月 5 日，日本政府通过了第一个“全国综合开发计划”（简称“一全综”），其开发计划的基本目标是均衡地区间的发展，主要通过选择重化工业为“据点产业”，来带动其他产业的发展，提高地区的收入水平。这种以据点式开发为主的全国综合开发计划的地区开发程序和步骤如下：

（1）集中公共投资，用于产业基础设施建设。

（2）引进原材料，重点发展重化工业。

（3）发展相关产业。

（4）实现地区城市化及生活方式的变化。

（5）周围乡村的农业、渔业实现现代化。

（6）增加地方财政收入。

（7）完善生活基础设施，提高居民的福利。

（8）使企业和人口得到疏散。

（9）解决“过密”“过疏”问题。

（10）实现地区间平衡发展的目标。

然而，第一次全国综合开发计划也以失败而告终。其结果进一步削弱了区域经济的内在发展动力，强化了向心型区域经济结构，使“过密”“过疏”问题更加突出。

“一全综”实施结果如图 1 所示。

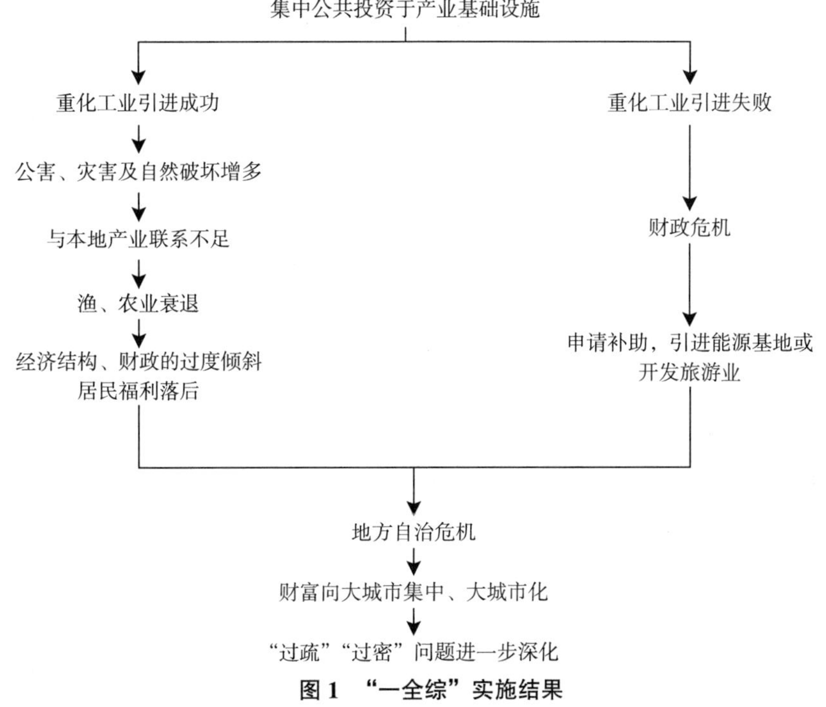


**图 1 “一全综”实施结果**

资料来源：［日］宫本宪一：《经济大国》（增补版），1989 年版。

3.“新全国综合开发计划”

随着“一全综”的失败，日本国内对该计划的意见和批评日益激增。而同时，日本经济一直处于高速增长状态，人口、产业进一步向大城市集中，“过密”“过疏”问题日益严重。在这种背景下，日本政府于 1969 年 4 月正式出台了“新全国综合开发计划”。该计划从“一全综”的地区开发转向国土开发，把日本全域作为一个整体进行考虑，故称为“大规模开发”阶段。

“新全综”开发理论有三个基本组成部分，即广域生活圈、大型项目和引进民间资本。

所谓广域生活圈，就是大城市以 30~50km 为半径，农村地区以 20km 为半径的区域，构成生活圈范围。该计划首先是通过将东京、大阪等大中心城市连接形成日本列岛的主轴，然后以这七大中心城市以及地方中心城市为核心，建设“广域生活圈”。在此基础上，形成区域开发划分的广域开发行政圈，并以七大中心城市作为地方圈的中心城市。

大型项目开发作为“新全综”计划的开发方式，其核心内容有：

——在“过疏”地区建立大工业基地、大型粮食基地和大型旅游基地，并将中枢管理职能和劳动密集型加工组装工业集中于太平洋沿岸地带。

——为了使地区间的分工能够有效地结合，建设交通、通信网络，形成国土开发的“新骨架”。

“新全综”计划还试图引进民间投资，通过大规模建设，实现资本密集型的开发，取得“规模”效益。

但“新全综”计划实施不久便遭到了挫折。大规模经济开发对环境和居民产生了巨大压力。出于对环境污染及公害的恐惧，对无视地区自主发展的中央集权开发思想的反感，反对“大规模开发”的群众运动广泛展开。加之石油危机等一系列国际、国内条件的变化，计划再次失败，地方自治体财政陷入危机，居民纷纷出走。

4.“第三次全国综合开发计划”

进入 20 世纪 70 年代，日本经济高速增长的势头放慢，进入了“稳定增长”时期，同时资源及能源的有限性问题也日趋表面化。1977 年，日本政府再次通过了“第三次全国综合开发计划”，并以综合整治居住环境为目标提出了“定居构想”。

该计划与前两次全国综合开发计划相比，具有强烈的社会改良性质。其“定居构想”是以有限的国土资源为前提，继续发挥地方特色，有计划地整治人类居住环境，形成与自然协调、有安定感、健康、具有文化气息的人类居住环境。其主要措施是加强中小城市的基础设施建设，以便吸引大城市工业向中小城市转移并用服务业及高层次组装产业吸引城市人口向外流动。这一计划虽取得一定成绩，但计划的目标最终未能实现。

5.“第四次全国综合开发计划”

随着日本经济的进一步发展，“过密、过疏”问题不但未能解决，反而日趋严重，特别是向东京一极集中更严重。一方面，东京圈的都市病日益严重，物价上涨，用地紧张，环境恶化，交通拥挤，住房条件差；另一方面，一些落后的农村和山区，则出现了新的人口外流浪潮。鉴于前几次全国综合开发计划的失败，1987 年，日本政府根据国内外的经济状况及区域开发中存在的问题，出台了“第四次全国综合开发计划”。“四全综”提出了以交流网络为开发手段，实现多极分散型的国土开发政策目标。

该计划的主要内容包括：

——在继承“三全综”的理念和目标的基础上，提出了能够适应产业结构转换和国际化新情况的理念和开发方式。

——仍把“以东京圈为首，以关东圈、名古屋圈及地方中枢中心城市为核心的广域圈域”作为基础；另外，依旧以建设和治理交通、信息、通信体系作为构成全国国土整治的战略性项目，强调地方圈的产业振兴项目和城市综合整治项目等。

“四全综”同样未能解决日本区域经济发展中存在的主要问题，特别是“过密、过疏”问题，因此受到许多人士的批评。本地区经济的差距很大，这与日本不成功的全国区域开发政策有很大关系，应引起我们足够的重视，避免在我国的区域开发中犯同样的错误。

## 三、西欧各国区域开发的经验教训

西欧包括欧洲的西部、北部和中南部的部分地区，主要国家有奥地利、比利时、丹麦、德国、希腊、法国、爱尔兰、冰岛、意大利、卢森堡、荷兰、英国、挪威、瑞典、芬兰、瑞士、葡萄牙和西班牙 18 个国家。

西欧区域经济的发展极不平衡，主要表现为区域内国与国之间发展的不平衡及各国内部地区间经济发展的不平衡。区域内经济发达的国家主要有西欧中部的德国、比利时、荷兰、英国、瑞士和法国等，而其南部及西北部地区的西班牙、葡萄牙、希腊及意大利南部、冰岛、爱尔兰等国的经济相对落后。

总的来看，西欧区域经济开发具有以下三个突出特点：

——“二战”后，西欧各国对区域经济开发十分关注，并以此作为各国干预和调节经济发展的一个重要手段。

——区域开发的重点是对落后地区的开发，力求使地区间经济不平衡的矛盾得到缓解。

——地区发展计划与经济部门的结构调整相联系，注重对传统工业区的改造。

其区域经济开发政策的关键，是区域经济发展的支持政策。对于欠发达地区，主要采取投资刺激政策，给欠发达地区提供各种财政补贴、税收政策和投资方面的优惠条件。其主要目标是促进地区经济增长。对于老工业区和传统工业区，主要采取整顿传统工业、调整产业结构、扶持第三产业、开辟新工业区等措施，主要目标是进行结构性调整。对于经济新开发区，则给予资金援助、技术支持、政策倾斜等优惠政策，发展新兴产业，迎接新产业技术革命的挑战。

西欧各国的区域开发规划还提出了许多有价值的区域经济开发战略。其中比较著名的有“增长极理论”和“增长区理论”。

法国政府首先提出了“增长极”发展战略。1964 年法国以大中城市为中心，在全国范围内规划出八个“增长极点”，分布于国土四周。该战略旨在通过促进边缘地区城市的发展，改变以巴黎为核心的区域分布格局，建立起依托多个增长极点的新的区域经济格局。一些国家接受了这种理论，如意大利实施了发展区与“增长极”相结合的开发战略。“增长极”战略的实施，有力地推动了区域经济布局结构的均衡，但也使城市与农村的差距进一步扩大。

因此，英国、德国、荷兰等国更注重“增长区”的规划战略即在大区中进一步规划出小区或发展中心作为地区经济发展的“增长区”。70 年代后，“增长区”战略特别强调发挥小城镇的作用以缩小城市与农村之间的差距。

西欧区域经济开发的另一方针是，针对大城市地区的经济发展，实施一些管理和控制措施。如法国的巴黎、英国的伦敦、比利时的布鲁塞尔、荷兰的阿姆斯特丹—鹿特丹地区等，都先后被列为控制发展对象。其管理和控制的主要措施包括四个方面：一是调整中心城市的经济结构，限制在中心区发展工业，建立大城市发展区；二是对某些工业实行投资许可证制度；三是对中心城市的某些工业征收特别税；四是改善发展区的投资环境和条件。

下面将分别结合区域开发的实例，介绍各国区域开发的经与教训。

### （一）法国区域开发的经验教训

法国国内的地区经济发展不平衡，经济发达区主要在北部地区，而南部地区则相对落后。“二战”后，为了克服区域之间经济发展不平衡的局面，充分发挥地区经济优势，合理开发国土资源，法国制定和推行了一整套比较合理的国土整治和区域经济发展政策，取得了积极的效果，在西欧各国令人瞩目。

法国的国土整治和区域发展政策的制定和实施经历了一个逐步完善和发展的过程。战后初期，政策的重点是恢复东北老工业区，促进煤、铁等基础工业部门的发展。50 年代初提出了国土整治的最初设想，就煤产区等“危急区”的就业问题及限制巴黎扩展的问题采取了一系列措施。1955 年，政府决定将全国划分为 22 个经济区，并从此开始了法国的国土整治行动。60 年代以来，政府有计划、有步骤地制定和实施了一系列国土整治指导方案和区域经济发展“远景规划”，确定法国西部、西南部、中央高原和东北老工业区为“优先”整治地区。

“整治方案”主要有：①整治全国主要交通干线和通信网络、保护和整治包括滨海地区在内的 5 个“方案”；②整治中央高原和山区的 6 个“方案”；③整治主要城市的 11 个“方案”。

“远景规划”主要有：①“布列塔尼公路网建设规划”；②“中央高原开发计划”；③“南方滨海地区旅游开发和生态保护计划”；④“科西嘉地区整治与开发计划”；⑤东北部诺尔—加来和洛林老工业的“结构改革计划”和“工业结构改革方案”等。

由此形成了一套比较完整的区域开发政策。同时，为确保整治“方案”和“远景规则”的顺利实施，中央还先后成立了专门的行政权力机构，如“国土整治全国委员会”“国土整治与区域行动评议会”及“区域经济发展委员会”等。

下面重点介绍法国的城市发展政策，即控制大城市（巴黎）的扩展，建立多极中心城市以及发展地方中小城市，它是“增长极”战略的具体应用。

巴黎是法国的首都及全国最大的城市，市区面积 105km²，人口 215 余万（1990 年）。包括周围郊区及远郊区在内的“巴黎区”面积 12012km²，占全国的 2.2%；人口约 1065 万（1990 年），占全国的 18.7%，是法国的经济、文化、金融和政治中心，也是商业中心和旅游中心。随着城市的不断发展，巴黎也出现了“大都市病”，主要表现在以下三个方面：

一是人口过度密集。巴黎人口超过法国全国平均水平的200余倍（市区），城市人口密度超过英国伦敦等国际大城市。因此，人口过密是它面临的首要问题。

二是市区与郊区发展不平衡。巴黎核心区是巴黎的商业、金融、行政和科学文化的集中区，而郊区的工业城镇，不但工业区与居民区混杂，而且缺乏商业、娱乐、文化、教育等生活服务设施，市区与郊区发展很不平衡。

三是交通设施不能适应发展的需要，交通拥挤现象普遍。主要因为道路布局不合理，交通设施不能满足巨大客流量的需要。

针对这种情况，法国实施了一系列的城市发展战略。在限制巴黎城市扩展方面采取了一系列措施。首先，严格限制特大城市的扩展。从20世纪50年代初，政府首先严格控制巴黎人口和经济活动的盲目发展，并采取了以下几个方面的主要措施：

1. 限制创办新企业

1955年政府通过一项强制性的法令，规定凡在巴黎创办企业须取得政府批准的“许可证”。此后又于20世纪60年代、70年代和80年代对该法令的某些条款作了修改，对小企业审批手续放宽，而对占地征收的“租金”，按其所处的位置及相应的功能上下浮动，并对违反规定者处以重罚。

2. 鼓励企业外迁

政府通过提供奖金和其他财政、税收、资金等优厚条件，鼓励工业企业、行政机构、商业和金融机构等向中小城市及欠发送地区迁移。通过上述鼓励措施的实施，巴黎的人口流动出现了迁出大于流入的趋势，外迁厂家在1955~1964年10年间就有2800余家，新建企业用地面积比重减少，城市膨胀趋势得到初步控制。

3. 兴建卫星城市

政府制定了“巴黎地区整治远景规划”，决定在巴黎城郊建立9座新型的卫星城市和9个副中心，并通过高速公路、高速地铁和火车等交通干线同市区相连，形成以巴黎为依托的多点结构的城镇体系，缓解市区的各种矛盾。

4. 加速发展地区中心城市，建立同巴黎相抗衡的大城市，从全国宏观规划上控制巴黎的过度膨胀

1966年，政府决定将里昂、马赛、里尔、南锡、南特、图卢兹和波尔多8座城市建为“平衡大城市”，使其逐步成为地区的经济中心（即增长极点）。这些城市分别制定了各自的远景规划，并特别强调加强交通、通信等基础设施的建设，创造良好的投资环境。这样就避免了经济发展过度集中于巴黎地区，促进了地区经济的平衡发展。

5. 大力发展地方中小城市和卫星城市

新兴小城市的城市规划和环境优良，地处乡村风景游览区以及交通干线与中心城市的外围地带，发展相当迅速。它们不仅在抑制巴黎及其他中心城市过度膨胀方面发挥了积极作用，而且对农村地区的繁荣和地区间平衡发展发挥了重大作用。

同时，巴黎还通过旧城区改造、交通网的建设和造林绿化等手段，改变了巴黎的面貌，使巴黎变得更加美丽。

法国的区域开发一方面强调国家干预，另一方面也注重地方自主权。为使国土整治及区域开发政策和规划得以顺利实施，法国主要采用了以下手段：

一是财政资助手段。主要是采取补贴奖励制度和优惠的税收措施，建立各种开发基金和奖金，鼓励和促进区域开发计划的执行；并通过补贴和减免税收等措施吸引投资向国家制定的开发区倾斜。

二是制订地区发展计划，签署国家与地区间的“计划合同”。主要通过设立专门机构来研究并向政府提出制定远景规划的意见，并由国家和地方共同承担义务或通过签署合同的方式来实施有关规划与大型开发项目。

三是实行权力下放。法国政府在实践中认识到，中央权力的加强和过度集中，限制了地方积极性的发挥，不利于地方经济的发展。政策决定将权力下放到地区和省，并建立了“地区经济发展委员会”这种协商机构，协调中央政府与地方的关系。由地方主要负责地区计划的制订和实施，使地方在行政权力、经济权力等方面具有更大的自由度，促进了地方经济的发展。

但是，法国的国土整治及区域经济发展政策也存在着一些问题和困难：主要是财政负担过重，资金困难；地区间不平衡发展仍然存在；传统工业区的结构调整困难重重。特别是资金缺乏，或是使得法国的许多区域开发政策无法顺利实施，或是国土整治和区域开发的政策实施给政府财政造成沉重的负担。因为法国的许多开发计划和政策，都在补贴、奖金和税收方面给予了极大优惠，这就使政府不但要为开发计划耗费大量钱财，同时也使补贴、奖金等的开支十分庞大，使国家财政赤字大幅增加，从而使政府不得不实行经济紧缩政策，影响了政府区域开发计划的实施效果及开发进程。这一教训是值得我们吸取的。

### （二）德国区域开发的经验教训

德国地处欧洲中部，北部为平原，中部为山地，南部为巴伐利亚高原。“二战”后，德国的经济开始恢复建设。进入20世纪60年代后，城市人口集中、经济过度集中于大城市及交通干线的矛盾日益突出，地区间经济发展的不平衡现象引起了政府的重视。为了协调区域间的发展，政府提出了“由集中建设转向整个区域开发”的区域发展战略，并出台了《德国共同任务法》，其核心是促使资本和劳动力等向欠发达地区移动，以加快落后地区的发展，实现全国范围内区域经济的平衡发展。

德国在实现区域平衡发展方面采取的主要措施包括：

1. 财政平衡政策

财政平衡政策是联邦政府和各级地方间通过平行拨款和垂直拨款来平衡各州和各地方的财政力量，从而达到保障各地生活水平相对平衡的目标。

平行拨款把全国的州及地方分为两类：一类是有义务提供援助的州和地方，这类地区经济发达，财政力量雄厚：另一类是有权利得到援助的州或地方，这类地区的经济一般相对落后或经济严重衰退。平行拨款办法的实施，使那些有权利得到援助的地区的税收能力提高到了联邦各州平均水平的95%，为这些地区的发展提供了保障。

垂直拨款主要是指联邦政府给各州，以及州政府给各地区的拨款，它分为一般性拨款和专项拨款。一般性拨款为税收能力弱的地方政府提供了财力补充。专项拨款是指具有特定用途的专门款项，由州政府提供。垂直拨款对于地方财政具有极为重要的意义，它的拨款额相当于地方收入的1/3，因此对地区经济的发展起到了推动作用。

联邦政府的财政平衡政策取得了较好的成效，一些落后地区的经济赶上了全国的水平，出现了一些新兴工业区。巴伐利亚州慕尼黑—斯图加特地区的经济发展就是一个典型的例子。

2. 投资补贴

投资补贴是政府为吸引资本、劳动力等向落后地区转移而采取的措施。联邦政府还制定了相应的“投资补贴法”，规定可享受补贴的地区及补贴标准。如统一后的原东德地区全部被划为补贴区，每年可得到约150亿马克的补贴。同时该项措施出台后，原东德地区吸引了1000亿马克的投资，对改善地区经济起到了积极的作用。

3. 提供低息贷款

为了鼓励中小企业在重点开发资助区投资，银行可以向在该区投资的中小企业提供低息贷款。国家信贷银行为支持原东德地区中小企业和自由职业者，1991年和1992年分别为其提供了70亿和65亿马克的低息贷款，有力地促进了当地经济的发展。

4. 投资担保

投资担保主要是为了鼓励投资者向重点开发区投资，国家对这些投资企业的投资贷款提供担保，其担保额一般达投资总额的90%。

5. 税收减让和特殊折旧

税收减让办法一方面是对落后地区的企业予以税收减免，另一方面对落后地区的地方税收给予减让，以提高企业和地方的财力。特殊折旧是对一些特别开发区的新办企业的优惠折旧，它通过较大的折旧率，使企业的课税额减少，扶持新建企业的发展。

6. 改善地区的投资环境

对于落后地区的开发，政府还在改善这些地区的基础设施方面进行了大量的投资，改善了这些地区的交通、供水、电力及其他基础性设施。这为吸引投资提供了良好的环境条件。

7. 扶持传统产业，加快传统产业区的改造

为了扶持传统产业，特别是煤炭产业，改造鲁尔工业区，德国政府在政策上给予了很大的支持，如限制煤炭进口，对电力部门使用自产煤给予差价补贴等优惠政策，促进煤炭工业的发展。

8. 重视中小企业的发展

德国十分重视中小企业的发展，中小企业不但是区域经济结构政策的重要组成部分，在国民经济中也占有重要的地位。为扶持中小企业的发展，国家在立法、税收、财政、资金等多方面给予优惠政策，促进了中小企业的发展，并使其在全国经济结构调整中起到了重要作用。

德国区域经济开发政策的成功之处在于促进了落后地区经济的发展，主要表现在以下几个方面：一是人均国民收入增加；二是就业机会增多，失业率下降；三是使落后地区经济得到发展，促进了区域经济发展的平衡性。

可以看出，在投资、财政、税收等方面给落后地区以优惠的政策；改善地区投资环境，进行基础设施建设；制定相关的产业政策；鼓励中小企业发展；重视传统工业区的改造和新工业区的建设，是德国区域经济开发成功的重要经验。同时，由于缺乏权威性，联邦规划委员会在实施计划时与地方不时发生矛盾；联邦议会与联邦规划委员会在资助方面的矛盾也不时出现；缺乏有效的监督机构，投资产生的效益受到影响；由于资助、财政、税收等多方面开支庞大，政府财政负担沉重。

下面介绍一下德国新兴工业区——巴伐利亚州区域开发的成功经验。

巴伐利亚州是德国最大的一个州，地处欧陆南部的阿尔卑斯山下，多瑙河流经该州全境。目前该州是德国仅次于鲁尔区所在的北莱茵—威斯特伐利亚州的第二大经济区，号称“德国的加利福尼亚”。巴伐利亚州开发前农业经济占重要地位，全区从事农林业的人口占总人口的30.6%。通过工业化进程，该区农林业人口下降到10%左右，全州国民经济增长了15.3倍，增速居全国首位。

巴伐利亚州能够从农业经济区变为一个以新兴工业为主体的工业区，其区域开发的成功经验主要有：

1. 重视能源建设，为工业化和新兴工业化奠定了基础

巴伐利亚州能源缺乏，因此，战后数十年来，地方政府一直把发展能源经济当作发展地区经济的首要任务来抓，进行能源基地建设，保证能源供给。发展能源的供给：一是利用该区域内众多河流进行水力发电，先后建成150个大型水力发电站；二是在慕尼黑北部地区建设大规模的现代化石油提炼中心，满足该州对石油产品的需求，稳定石油产品的价格；三是建设火力和原子能发电站，1981年的发电量达11720兆瓦；四是开发本地天然气资源和外地天然气输气管道建设，确保区内天然气供给。通过上述措施，巴州的能源不仅在数量和质量上优于全国其他州，而且在价格上也优于其他各州。这对吸引投资，促进工业化进程都起到了十分重要的作用。

2. 便捷的交通网络，为新兴工业的发展提供了优良的外部条件

巴伐利亚州政府十分重视交通运输系统的建设。目前该州已拥有原联邦德国铁路总长的25%，高速公路总长的21.4%，形成了四通八达、十分便捷的铁路、公路网。同时区内的多瑙河和莱茵河把巴伐利亚与莱茵河地区、多瑙河地区连成一体，改善了该地区北部和

中部的运输条件。航空运输发展迅速，已成为著名的欧洲空中交通网。方便、快捷的交通运输条件，为新兴工业的发展创造了良好的条件。

3. 结合地区优势，重点发展新兴产业

巴伐利亚地处高原，矿藏少，传统的煤炭及钢铁工业基础薄弱，没有重工业的包袱。因此，在区域开发的产业方针上，该州将新兴的电子电气工业、宇航工业、原子工业等作为区域重点产业发展。同时，重视中小企业的作用，使产业结构调整及产品、生产技术改造等适应新兴产业发展的要求。在资金上，由国家给予投资津贴、低息贷款等优惠政策，鼓励人们积极在巴伐利亚州投资。经过战后 40 余年的努力，巴伐利亚区形成了自己的经济优势，新兴工业发展快，在整个工业领域中占有较大的比重；新兴的中小企业发展迅速，不仅为经济增添了活力，地区经济更具灵活性和发展势头，经济结构弹性大，能紧跟世界新兴工业的发展步伐。

4. 重视教育及科学技术研究

巴伐利亚州为促进地区工业的发展，十分重视发展高等教育，先后创办了 7 所大学和 10 所高等专科学校，为科技开发和生产第一线输送了大批高素质人才。通过加强科学技术研究，特别是对生产发展具有直接影响的研究，使生产工艺技术、产品创新和新材料、新技术等不断应用于生产领域，极大地促进了新兴工业及其他工业部门的发展。知识和技术密集型工业发展快，在经济部门中所占的比重增大，而劳动密集型产业的比重则逐步缩小。

巴伐利亚州经过数十年的开发，经济实力大大增强，形成了自己的经济优势，人民生活水平得到了极大的提高。但其工业发展也存在着一些问题：一是区域内部经济发展不平衡。该区内部的上巴伐利亚区和中弗兰肯区工业发达，而其他 5 个地区的工业发展则相对滞后，农、林业在国民经济中占较大的比重。这种不平衡发展，不利于该州的工业化发展进程，同时也带来一系列经济、社会问题。二是传统工业发展迟缓，与迅猛发展的新兴工业形成鲜明的反差，两者不能相互协调和适应。因此，如何在发展优势产业的同时平衡和调整产业结构，是巴州今后区域开发应考虑的重要问题之一。

### （三）意大利新兴工业化地区的发展模式

意大利新兴工业化地区主要分布于意大利的东北部和中部地区。同传统工业区相比，新兴工业化地区具有以下特点：一是企业规模小；二是以轻工业和传统工业为主；三是生产过程分散；四是资本集中程度低，市场竞争自由活跃；五是多数新兴工业化区分布于乡镇地区。因此，新兴工业化区也被称为“分散型工业化区”。

新兴工业化地区经过 20 余年的发展，已形成了自己的特色——意大利工业小区发展模式。所谓“工业小区是指一个地区的中小企业以一项经营活动为中心，根据现代经营的需要，逐步建立起来的一种相互信赖、比较稳固的协作关系和产供销体系。它有助于加强专业化，提高生产效率，降低产品成本，增强在国内外市场上的竞争力。只有选择符合当地自然条件的经营方向，企业间具有横向和纵向协作的条件及良好的社会文化氛围，才能形成工业小区。目前，意大利已形成 70 多个工业小区，它们是这些地区工业化的基本动力，也是推动全国经济发展的重要力量。意大利东北部和中部工业小区生产的服装、鞋类和家具等产品在国际市场上享有很高的声誉，为国家创汇做出了重大贡献。

意大利新兴工业化区发展的社会经济条件主要有以下几个：

（1）东北部和中部地区的廉价劳动力是其经济发展的基础。在 20 世纪 50~60 年代，意大利东北部、中部地区出现了大批的廉价劳动力。廉价劳动力的存在，使中小企业的生产成本降低，增强了产品的竞争力。

（2）70 年代后的产业结构调整有利于中小企业的发展。70 年代后，由于原料和能源提价，意大利政府压缩了化工、冶金等高耗能部门，加强了食品、纺织、服装、制鞋、皮革和木器加工等行业的发展，从而为中小企业集中的部门提供了发展的空间，推动了东北部和中部地区中小企业的发展。

（3）适应市场竞争需求，新兴工业化地区兴起。国际市场的激烈竞争，使小规模的企业生产无法实现规模效应。而工业小区的出现，不但保留了中小企业灵活、对市场适应性强的特点，又兼有了大企业规模经济的长处。因此，工业小区在意大利东北部和中部的广大地区蓬勃兴起。

（4）政府对新兴工业化地区给予了一定的支持。主要是为手工业企业和中小企业提供优惠贷款、低息贷款和减免税款等优惠条件，促进了中小企业的发展。

（5）银行信贷为新兴工业化地区的发展提供了保障。在新兴工业化地区，适应中小企业的分布特点，银行信贷机构分布十分广泛。这些广泛分布的金融机构不但有利于将分散资金集中，而且便于为中小企业提供贷款，加速资金的周转。它们为中小企业的技术改造和发展提供了资金保障，成为地区工业化的支柱。

位于意大利亚平宁半岛北部西海岸的普拉托工业小区就是一个成功的典范。普拉托早在 16 世纪就出现了毛纺生产，并成为当地的传统产业。20 世纪 50 年代，已拥有的毛纺业 787 个个体企业多为手工作坊，彼此联系极少。这种落后的经营形式，阻碍了生产工艺和产品质量的提高，无法实现规模经济生产。因此自 70 年代开始，普拉托开始重视专业化分工和团结协作，并逐渐成为全国著名的毛纺业专业小区。目前，普拉托市已有各种企业 1400 家，绝大多数与毛纺业有关。这些企业有的纺纱，有的印染，有的织布，每个企业只生产一两种产品，专业化程度很高。同时，围绕这些毛纺业生产企业，还形成了一批银行、保险、运输等服务机构，形成了一个机构完善、功能齐全的生产—销售—服务—信息网络。普拉托工业小区变成了一个实际上比大型企业规模更大的巨型“联合企业”，规模经济效益显著。由于产品优良、成本低、工艺考究、款式新颖，普拉托产品深受消费者喜爱，它的核心梳毛产品在全国同类产品出口中占 70%，换取了大量的外汇，极大地促进了地区经济的发展。

工业小区开发模式的成功经验是宝贵的，但它也有不足之处：一是不能在工业体系中占主导地位，不能取代其他工业特别是传统工业和高新技术产业的重要地位；二是工业小区内的经济结构单一，易受市场冲击；三是分布广泛，浪费土地。但在意大利的区域经济发展中，新兴工业化地区的发展模式仍然占有举足轻重的地位，它对促进地区经济的发展、实现全国地区间经济平衡发展起到了极大的促进作用，同时也是发展民族传统工业的有效途径。

### （四）荷兰城市圈的区域发展模式

荷兰发展模式是适应城市化和工业化进程而出现的城市圈发展模式。其典型特征是：经济上以大港口、大城市为依托，充分发挥临海沿海的区位优势，扬经济之长，避资源贫乏之短，建立和发展外向型沿海工业和商品性、集约型城郊农业，形成城乡结合、经贸结合、运贸结合的经济综合体。聚落的空间结构是大片分散、小块集中，城、镇、乡楔插，浑然一体的多中心网络型城镇群体。

荷兰的城市圈是由 94 个城市和乡镇组成的城镇体系，主要大中城市分布于沿海和南北两侧，中间是集约化农业区及游览休憩区，其中散布着众多小城镇。城市圈具有多中心的特点，如荷兰的阿姆斯特丹、鹿特丹、海牙和乌德勒支四大城市为最高层次的中心城市，分别承担全国中心城市的不同功能。海牙是行政中心，鹿特丹是世界第一大港，阿姆斯特丹是金融和商业中心，乌德勒支则是内河航运和铁路交通枢纽。它们之间是一种相互依存、相互补充的关系。同时，各不同层次的中心城镇之间也具有同样性质的关系，各具特色，不可相互替代。如大学城莱顿、最大花市阿尔斯梅尔、轻工业城市哈勒姆、钢铁生产基地艾默伊登等，都是不同层次、具有不同功能和特点的中心城市。沿四大城市，自然构成了两条工业聚带。荷兰城市圈拥有纵横交错、四通八达的水路、公路、铁路、航空及管线运输网络，区内城市彼此联系紧密，形成了一个多核（中心城市）型城镇群体，具有显著的特色和优势。

城市圈的特点是充分发挥大港口、大城市的中心城市作用，以运输和贸易为先导，形成一种贸工农一体化的外向型经济结构。工业以沿海型工业为主，主要集中分布于城市圈边缘地区，港口城市即工业城市，港区即工业区，工业以加工和贸易为主。农地位于城市圈的内部，主要是发展专业化集约农业，荷兰著名的蔬菜、花卉生产基地即分布在此。

荷兰城市圈的区域发展模式是卓有成效的，它创造了荷兰 60%的国民生产总值，提供了 60%以上的国家财政收入，承担了全国海运总量的 80%，解决了大量的就业问题。同其他国家的特大城市相比，其“大城市病”要表现得轻得多。这主要得益于城市圈的中心城市不是唯一的，而是由多个中心城市共同组成，每个中心城市的规模并不大。同时，中小城市的迅速发展，也减轻了对大城市的压力。这种城市发展模式对于水系密布、港口众多的三角洲地区的区域开发和城镇体系建设具有重要的借鉴作用。多核城市体系的建立，对控制大城市盲目膨胀，改善“大城市病”严重的当今世界城市发展现状，提供了一个可供参考的发展模式。合理和切合实际的城市圈发展模式，充分发挥了荷兰的地理优势，扬弃了其资源贫乏等发展的限制条件，利用国际市场，发展农工贸一体化的经济结构，成为荷兰经济的心脏区。这一成功的经验，引起了世界各国的高度重视。

从上述四个西欧国家的区域开发模式我们可以看出，各国的区域开发战略、措施和开发模式各具特点，但都是在充分发挥本国、本地区区位优势和特点的基础上制定的，无论是法国的增长极，还是意大利的小工业区、荷兰的城市圈和德国的新兴工业区，都为我国区域开发的规划和实施提供了宝贵的经验教训。

## 四、发展中国家区域开发的经验教训

发展中国家是指“二战”前的殖民地、半殖民地和附属国，现在已取得独立的国家，它是对应于发达国家而言的。联合国曾经将人均年收入低于500美元的国家列为发展中国家。目前世界上的大多数国家均属于发展中国家，它们主要分布在亚洲、非洲和南美洲。

发展中国家的共同特点是：劳动生产率水平低，经济不发达；人均收入低，贫富差距显著，生活质量差；人口出生率高，平均寿命短；教育水平低，卫生条件差；工业生产部门主要以原材料的初级加工为主。

发展中国家的区域经济表现为显著的二元结构，现代工业集中地的城市与传统农业生产区乡村间存在巨大的差距。因此，如何协调好城乡之间的关系、促进地区经济发展、消除区域经济的二元结构，是发展中国家区域开发的重点和难点。

在处理城乡关系过程中，发展中国家的区域发展政策大致经历了两个不同阶段：“二战”至20世纪70年代，大多数国家采取了发展以工业为主的城市，并以此来推动农村地区发展的战略，但结果却加大了城乡间的差距，导致农村地区经济发展的滞后。从70年代开始，不少发展中国家重新审视过去的区域经济发展政策，强调农村地区的经济开发，力图协调城乡间的经济关系，以此来促进城市乃至整个国民经济的发展。

### （一）区域经济二元结构阶段

通常，发展中国家均有一些相对发达的城市。城市以工业为主，技术比较先进，生产规模大，劳动生产率和人们的工资收入水平相对较高，产品主要是为了在市场上出售。然而大多数地区还是十分落后的农村地区。这里以传统农业生产为主，生产技术落后，生产规模小，基本上还是自然经济，产品主要供自己消费，商品化率很低。这些城市与乡村地区之间存在着严重的不对称，这就是区域经济的二元结构。在发展中国家，几乎40%的人口生活在绝对贫困中，有的国家甚至高达60%，他们的收入不足以提供充分的营养。这些贫困人口主要分布在农村地区，大约占70%以上。

发展中国家二元经济最初是由在印度尼西亚进行社会经济研究的伯克在1953年提出的。他把印度尼西亚的社会经济划分为两部分：传统部门和现代部门。现代部门是由荷兰殖民主义者经营的资本主义部门。随后，诺贝尔经济学奖获得者刘易斯引用二元经济结构说，提出了第一个系统的二元经济发展模型。

尽管发展中国家的大多数地区是农村，但在经济发展和结构转换过程中，现代工业集中的城市仍起着主导作用。城市经济的发展、工业资本的积累，为工业发展和城市扩张奠定了基础。于是劳动力逐渐由农业部门向工业部门转移。这种劳动力转移对工业和农业两个部门，以及城市和乡村两类地区的发展都是有利的：

——乡村劳动力的减少，改善了劳动与土地的关系，为乡村劳动生产率的提高创造了条件。

——乡村劳动力进入城市，为工业发展提供了廉价的劳动力，支持了城市工业经济的发展。

——当乡村地区的剩余劳动力被吸收完毕后，城市地区规模扩大，产业部门基本建立起来了，同时，农村地区也走出了自然经济，进入了农业生产商业化的发展阶段。

### （二）城市工业经济发展阶段

"二战"以后，相继独立的发展中国家开始着手经济重建和发展。当时无论是理论上还是实践中，大多数国家都提倡采用优先发展城市工业的区域开发战略。主要原因如下：

——发达国家经济发展的历史表明，城市化、工业化后，农业才能逐步现代化，工业发展是农业发展的基础。

——工业化有利于解决农村地区的剩余劳动力就业问题。由于工业生产率，尤其是边际生产率高于农业，工业劳动收入高于农业，城市工业将吸引农村剩余劳动力，从而提高整个社会的劳动生产率水平。

——改善发展中国家的国际贸易条件，工业制成品出口增加有利于调整发展中国家长期以初级产品为主的出口结构。

经济学家通过考察发达国家的发展历史，提出了相应的发展理论，如上面提到的刘易斯的二元经济发展模型。发展中国家的一些经济学家认为，发展中国家如果不能建立起独立的工业体系，不能迅速实现工业化，就不能在经济上摆脱对原殖民地国家的依附，也就不能获得政治上的独立。发展中国家的政策制定者也倾向于这种观点，他们简单地把自身经济的发展看作经济发达国家历史的重演。

于是，发展中国家的投资向城市工业倾斜，农村地区资本形成受到遏制。据联合国粮农组织 70 年代的调查表明，在被调查的 18 个国家中，20 世纪 50~60 年代分配给农业部门的投资只占国家总投资的 12%。然而这些国家中农业生产占国民总产值的比重则为 30%，就业占整个就业的 60%以上。除投资分配向城市工业倾斜外，发展中国家还通过人为压低农产品价格，用农业剩余去资助工业资本的形成。

在这种经济政策指导下，不少发展中国家的经济增长速度十分可观，特别是工业和商业年增长率甚至达 10%以上。然而整个经济水平却没有明显的改变，特别是希望通过城市工业发展来带动乡村经济发展的愿望不仅没有实现，反而形成了城乡之间、工农之间更大的差距，区域经济的二元结构问题更加严重，农村经济处于停滞状态，农村人口普遍贫困。在1970年以前的20余年里，发展中国家的人均粮食生产量和人均农业产出的年增长率不足1%。

印度便是这方面的一个典型例子。1942年印度独立，当时为了缓解粮食短缺的局面，曾在"一五"计划中把农业作为重点，在土地改革、增加农业投入的基础上，农业生产总值增长了23%，粮食增产25.4%。"二五"计划期间由于农业投入大幅度减少，结果导致农业生产下降，同时也影响了以农产品为主的加工工业的发展，出现了严重的农业危机。"三五"计划期间，国家不得不进口粮食1000万吨，弥补缺口，耗费了大量的外汇，给工业发展带来了不利的影响。

从大多数发展中国家来看，60年代乡村农业生产几乎停滞，出现了世界性的"粮食问题"。

尽管发展中国家的城市化水平不高，但仍出现了"城市病"。在发展中国家独立以前就存在着一些现代化的城市，然而这些城市的发展不是依靠本国的民族工业，而是依赖宗主国的资本和技术，是一种依附型城市。其结果是造成人口高度集中于少数几个城市。经济独立后，发展中国家支持发展大城市的区域政策，进一步刺激了城市人口的增加，导致了严重的"城市病"。城市公共产品严重不足，出现了普遍缺水现象，而且城市环境状况急剧恶化，如在雅加达，自来水还不能满足城市1/4人口的供水需求，大多数人使用质量很差、含有害物质的水。更令人吃惊的是，城市人口的高速增长超过了城市工业发展对劳动力需求的增长，城市化与工业化脱节，出现了"超城市化"或"过度城市化"。大量农村居民为了摆脱贫困而盲目涌入城市，给城市的就业、住房、交通和环境等形成了巨大的压力。在城市工业化的战略指导下，发展中国家把大部分资金用于发展城市工业部门，尤其是一两个大城市的资本密集型大企业，使得发展中国家的城市数量较少，规模却很大。如墨西哥城人口超过2000万人，成了世界上最大的城市。

进入70年代，发展中国家在总结以往经验教训的基础上，开始重新评价农业在工业化和经济发展中的作用，农村和农业发展越来越受到重视。

### （三）城乡经济一体化阶段

20多年经济发展的实践，让经济学家和政府官员认识到，农村地区经济发展并不只是一个次要的、被动的部分，而是经济持续发展的基础。先集中在城市发展工业，再回到乡村、支持乡村发展的道路是行不通的。广大发展中国家片面执行工业化战略的失败就是证明。因此，必须在城市工业发展的同时，高度重视农村地区经济的发展，坚持城乡经济一体化的发展战略。

实行城乡一体化战略，进行综合开发，不仅是因为发展中国家主要以乡村地区为主，而且是因为发展中国家的"城市病"，也只有在乡村经济有所发展的基础上才能解决。20

世纪70年代以后，大多数发展中国家的区域经济政策开始向农村倾斜，主要表现在以下几个方面：

1. 增加农业投入

1985年，非洲国家首脑会议通过的《1986~1990年非洲经济复兴优先纲领》中提出，将农业投资保持在总投资的20%~30%。一些国家在农村地区建立了“粮食生产贷款制度”，为农民提供优惠贷款。此外，发展中国家还改变长期以来对农产品价格人为压制的做法，调整不合理的农业生产要素价格，提高乡村地区农业自身积累资金的能力。

2. 提高农业生产的技术水平

诺贝尔经济学奖得主舒尔茨提出了改造传统农业的建议。他认为，技术停滞是传统农业最基本的特征，是农业发展的障碍，也是农村落后和贫困的主要原因。农村地区的经济发展，关键是要大力推行应用新技术。不少发展中国家政府积极制定农业技术进步政策，加强农业应用技术研究，并建立相应的推广服务体系。如亚洲一些国家通过“绿色革命”，改良了粮食品种，实行先进的灌溉、施肥及耕作技术，大大提高了粮食产量。

3. 调整城市化的空间结构

发展中国家少数大城市畸形发展与广大落后乡村地区形成了强烈的反差。20世纪70年代后，一些发展中国家开始调整不合理的城市化空间结构。其途径主要有：推动经济中心城市向周围农村地区扩展；寻找新的增长极；确定新的区域开发中心；建立新城市；积极发展小城镇，促进农村地区的城市化；等等。

4. 乡村地区的非农业化

乡村地区非农业化是指农村地区非农产业的发展，它不仅仅限于乡村工业化，还包括第三产业的发展。乡村地区的非农业化对增加农民收入、就地吸收农业剩余劳动力和消除二元经济结构具有积极的意义。将一些工厂从城市有目的地向乡村地区疏散，以此来调整经济布局和乡村地区的经济发展，是亚洲地区乡村非农业化的显著特点。这主要与当地的气候条件有关，在旱季或冬季等农闲期间，出现了劳动力闲置，为乡村非农业化提供了条件。农民为了获得更高的收入，积极从事其他非农产业活动，促进了乡村非农业化的进程。

70年代以来，发展中国家对区域发展政策做了重大调整，出现了城市和乡村地区协调发展的趋势。从总体上看，在处理区域开发中的城市化、工业化、消除二元结构方面，发展中国家取得了一定的成功。但存在的问题也很多，还需要区域工作者和经济学家进行更深入的研究。

# 运用经济区划手段引导空间投资促进区域经济分工与合作

## ——兼论治理重复建设、结构趋同问题*

随着市场经济的发展，区域或地方作为经济主体的地位不断得到加强，各级经济管理部门面临越来越多的区域分工、合作、空间的投资与生产力布局等问题。经济生活中出现的无序竞争、重复建设、结构趋同、地方保护等不断冲击着传统的管理体制和观念，也同样给中央的宏观管理与决策部门提出了新的课题。如何进行区域经济的分工与合作，进行经济区划和空间投资，来避免或减少重复建设、结构趋同，是我国社会主义市场经济发展中需要解决的几个根本性问题之一。

## 一、进行经济区划的必然性

1. 进行经济区划是我国国情的需要

我国是一个地域辽阔、内部差异明显的大国。区域问题并不依附于某种体制而存在，只是在不同的体制下表现的方式、激烈程度不同而已，在市场经济条件下，区域的活力与发展冲动更为强烈，所支配的经济资源的流量与规模越来越庞大，如若处理不当，则破坏性更大。所以，区域理所应当成为我国经济管理中的一项重要内容。

2. 进行经济区划是对区域经济发展引导的需要

改革开放以来，我国国民经济增长日趋由产业推动型转向区域和产业联合推动型，区域经济（包括跨省、省域、县域等不同层次的地方经济）越来越显示出强大的活力，大大地促进了我国工业化、城市化进程。

市场经济下，区域的自主性和区域经济的发展冲动是客观存在的，但是区域又不是孤立存在的。从世界经济一体化的趋势看，区域之间的联合与合作已成为一种历史趋势。因此，打破各个区域独立发展的思维方式，确立区域协调发展、联合协作模式是时代的要求。

---

* 本文选自吴郁文、张敦富、陈佳源、刘清泉：《21世纪中国区域经济发展》，中国轻工业出版社2001年版，第94~100页。参与者：付晓东。

3. 进行经济区划是社会进步、社会分工的需要

由于我国各地的资源、经济社会、科技发展水平存在着很大的差异，要求以同样的方法、模式、速度、效率“齐步走”，是不可能的。无论是系统科学，还是耗散结构理论，都指出了一个道理，就是各地发展必然会有差异，同一化是没有出路的，至少是非优的。区域分工是社会分工的重要内容，它是社会化大生产的要求，无论是发达国家的发展，还是世界经济的发展，可以说都是在区域分工或国际分工的基础上实现的。

经济区划是在全国一盘棋下，科学合理地确定各区域（如省自治区、直辖市）在一定范围内承担的经济（社会劳动）地域分工。经济区划是合理配置资源、布局重大项目、优化协调区域经济结构的基本依据，也是缩小地区差距、促进区际关系协调发展的有效手段之一。由此可见，随着市场经济的确立，当宏观调控的基础内容和对象发生变化时，有着独特作用的经济区划手段也就显得越来越重要且不可替代。

## 二、区域分工与合作中的问题及根源

我国正在由计划经济向市场经济发展过渡的过程中，一方面，政府有意识地缩减计划控制的范围并扩大市场调节的范围；另一方面，地方和企业的经济自主权在扩大，经济活动中的区域因素和地方特色越来越浓厚，发展区域（地方）经济的冲动不断增强。由此，中央和地方的关系、条条和块块的关系、沿海与内地的关系问题在一个侧面集中反映在区域问题上。

改革开放后，我国区域经济获得了长足的发展。但由于我国市场经济刚刚起步，经济信息不完全，管道并不畅通，加上地方利益驱动膨胀和传统的自我意识，区域的分工受到了限制，区域间的合作、联合受到了人为的分割，在市场经济发展的过程中，也出现了一些矛盾和问题（包括一些失控现象），如表现在区域生产力分布和区际关系上：①产业结构雷同，项目重复建设、重复引进；②投资分散而形不成经济规模；③区域（地方）保护主义出现，市场分割和经济摩擦加剧；④收入分配和地区经济水平差距拉大；⑤部分企业生产能力闲置，造成浪费。

上述问题究其根源，主要有以下三个方面的原因：

一是认识上模糊。似乎搞市场经济就可以放开一切，任其竞争，认为重复建设、结构趋同是市场经济的必然现象，否则就没有优胜劣汰。实际上，稍微考察一下国外的情况就可以看出，发达国家的市场经济中，竞争也不是无约束的，经济区划的宏观管理手段也不是弃之不用的。法国在 20 世纪 60 年代颁布法令，将全国划分为 21 个地区，此后又以 9 大城市或城市群体为核心，将全国划分为 9 个经济区；日本将全国划分为过密地区、整治地区和开发地区 3 种类型，对不同类型的地区采取不同的开发方式；美国将全国划分为 10 大经济区，同时相应制定各个经济区的发展规划。我国经过 20 年的改革开放，区域地

位不断上升，对于要不要区域调控、要不要实行经济区划，可以说我国的现实与国外实践已经做出了回答和选择。尽管我国与西方发达国家的体制不同，走的道路不同，但在经济社会发展中对区域的宏观指导和调控，却有相通的方面，可以借鉴。

二是体制上失灵。区域竞争下的重复建设之所以能够愈演愈烈、屡禁不止，原因之一就是投资体制出现了失灵的情况：一方面，是总体上缺乏空间地域分工和生产专门化的目标。各地方追求自身利益、自我发展的冲动与势头不减，对这种动机的引导乏力，造成各自为战、缺乏协调，甚至出现地区封锁、地区壁垒或以邻为壑。另一方面，投资行为缺乏约束。转轨时期，无论从项目审批立项，还是从资金供应管道来看，现在已不同于以往计划经济的做法。地方可以上大项目，至于资金，可以自筹、拆借或利用外资等。投资主体多元化后，投资方向和规模的投资约束机制还未有效地建立起来。比如，目前我国预算外资金已由改革初期的300亿元发展到目前的几千亿元规模，总量可与预算内资金相提并论，但却缺乏对预算外资金的管理监督。

三是干部知识结构上的缺陷。现有的经济管理干部队伍中，尤其是领导干部，从专业结构到知识结构都还比较缺乏区域经济和生产力布局的理论素养，遇到项目决策或项目审批时，难以从区域的角度进行把握，遇到处理区域发展或区际关系时，难以对区域的地位、作用、分工、合作等做出合理的选择，因而，还不能适应国家、地方经济发展的需要。

## 三、解决问题的途径

为使我国经济在产业（条条）和区域（块块）两个层面上相互协调配合、健康发展，作为政府，可在发挥产业政策作用的同时，充分发挥区域政策，尤其是经济区划手段的作用。针对区域经济发展当中重复建设、结构趋同、区域分工与合作问题，我们认为，这些问题的解决可以从以下几方面着手进行。

1. 由政府经济管理部门和研究机构共同制定全国经济区划

经济区划可分不同层次，从上到下为国家级、大协作区级、省级和县级。这样的区划（区域空间分工规划）经过法定程序认定或批准后，即可为各级政府及其相关经济管理部门提供管理和决策的依据，用来宏观控制和引导。我们认为，现在要搞的经济区划，与以往应当有所不同。即把竞争机制和国内外市场因素作为经济区划的重要内容。尤其是投建关系国计民生的大项目，必须要有经济区划作为最基本的蓝图性依据。这是我国各级经济管理部门，尤其是各级经贸委和各级计委领导和组织经济活动或宏观管理的基本标志。

对于长期困扰我们且至今没有得到有效克服的重复建设、结构趋同问题，可以说是因为我们没有真正做出从上至下、从宏观到微观的具有可操作性的各级经济区划。当然，从中央到地方开展全国的经济区划，是一项很繁重的科研与经济管理工作。但是，在以往搞全国乃至地市县的“国土规划”和地区发展战略的基础上，从中央到地方按三个层次开展经济区划研究，从而逐步确定各级区域在全国乃至各大经济区、省、地、县的劳动地域分工。一是使各级区域明确其发展方向与任务，二是使各级经济管理部门进行较科学的空间投资决策。

区域经济学可以在这方面大显身手。区域经济学研究的主要内容，可以归结为两个方面，即区域内部的经济发展和区域之间的经济联合与协作。区域经济技术联合与协作的基础是区域分工。要推动我国区域经济技术联合与协作发展，必须首先分别研究各级、各类型区域分工。只有如此，才能真正使各级、各类区域明确其自身如何发展，及其在区域间的经济技术如何协调与合作。区域经济联合与协作，是不同区域间本着优势互补、互惠互利、共同发展的原则，在产业、部门、行业中找到合作开发、合作投资、合作建设的项目或项目群，在相互联合的更大区域内选择更为适宜的地点进行投建，促进和加速区域经济的发展。

2. 充分发挥政府资源分配主体的作用

首先，应该在国家权威部门的领导下，设置中央与地方的经济区划领导机构；尽快制定出全国和省级可操作性的经济区划。其次，政府运用直接或间接的分配与再分配手段，尤其是再分配手段，调控产业空间布局。利用价值规律，促使资源要素的空间流动和分布更趋合理。由于各地区产业结构不同，而不同的产业结构又有不同的利润率或附加值，这样对地区或整体经济的贡献就有差别，因而引起的重视程度、投入力度就不同。对此，国家应在全国一盘棋的区域分工蓝图下，从整体利益出发，设计出相应的价格机制、税收机制、再分配机制等，调节地区之间产业利润率的差别和调整产业布局，实现各地区的相对平衡，减少盲目追求高附加值产业项目、重复引进、重复建设的浪费现象。此外，政府还可以利用自身的经济行为，参与市场活动，引导经济发展。政府的收支活动是经济运行的重要变量，通过政府采购、补贴及扶持等行为，调节资源流向，塑造或强化各地区的空间地域分工，打破封闭式的经济结构，弥补经济活动在空间运行方面的缺陷。

3. 培养、培训各级经济管理干部，提高素质，重用和提拔具有区域经济专长的人才

这是现在即可实施的一项措施。可以先在计委、经贸委系统或包括计划单列市，选送一批领导干部进行培训。委托有区域经济研究实力的大学负责培训工作，可以开设区域经济研究生（高级）班课程进修教育，用系统的区域经济和空间投资理论武装头脑、更新知识。

各级经济管理干部，尤其是领导干部有无战略性、区域性头脑和长远眼光，对经济建设、项目布局起着决定性的影响。要改变我国的干部晋升机制长期由上级任命的状况，一方面，要在新选拔的领导干部中，切实履行民主推荐程序，重用和提拔具有区域经济专长的人才；另一方面，树立整体发展观。各级领导干部是最重要的主体，应该走在前面。这将有利于从整体上把握区域（地方）的经济发展脉络，更好地发挥管理部门的综合、协调职能。

4. 制定相关的区域性补偿政策和有关法律制度，做到有法可依

从当前来看，我国地区间发展不平衡的问题越来越突出，国家还没有形成完善的区域经济政策体系。缺乏对区域经济进行调控和利益分配的手段。因此，制定具有权威性和可操作性的区域政策，完善国家宏观调控体系势在必行。

这方面可以先从补偿政策入手。如果没有相应的补偿措施，即使国家在做出区域分工和经济区划部署后，一些地方可能也会难以接受，尤其是那些为全局利益做出牺牲或让出发展机会的地方。对于这些为全局利益、公共利益做出贡献，承担起重任的地方，国家应当采取诸如资源补偿政策、发展机会补偿政策以及一些财政转移支付的有关优惠政策，使得受“难”地区与受益地区能够共享利益或共担风险。

积极推进决策的科学化和民主化。市场经济的本质是法制经济，经济区划的制定可以说是对经济活动法制化的一个贡献。经济区划被批准实施后，至少可以形成一种压力，形成一种监督力量。从国外的情况来看，开展经济区划成就显著的国家都有相应的法律作为保障，同时还借助经济、行政等手段加以实施。经济手段包括财政支持、发放补贴、设立诱导基金、税收减免等；行政手段包括政府规定在某些地区鼓励或限制某些行业的发展。

# 区域经济合作与区域分工问题研究*

## 一、区域分工与合作中的问题及其产生根源

我国正处在由计划经济向市场经济转型的过程中，一方面，政府有意识地缩减计划控制的范围并扩大市场调节的范围，中央政府直接调控经济活动的领域减小了，而新的调控手段和机制正在逐步形成、建立和完善中；另一方面，地方和企业的经济自主权在扩大，区域（地方）意识在增强，经济活动中的区域因素和地方特色越来越浓厚，发展区域（地方）经济的冲动不断增强。由此，中央和地方的关系、条条和块块的关系、沿海与内地的关系问题在一个侧面集中反映在区域问题上。

确实，我国在改革开放后，地方的经济管理权限扩大了，地方政府的经济主体地位得到了确认，区域经济获得了长足的发展。但由于我国市场经济刚刚起步，经济资讯不完全，管道并不畅通，地方利益驱动膨胀，传统自我意识复苏，使区域的分工受到了限制，区域间的合作、联合受到了人为的分割，出现了一些矛盾和问题（包括一些失控现象）。

一是产业结构雷同。国家计委投资研究所在对 31 个省市区“九五”规划和 2010 年发展纲要的研究成果中，很尖锐地指出各省市区主导产业选择存在着严重的结构趋同（如汽车工业存在于 22 个省市区、化工工业 23 个省市区、电子工业 24 个省市区、机械制造工业 25 个省市区），但产业发展也不是无约束的，经济区划的宏观管理手段也不是弃之不用的。法国在 60 年代颁布法令将全国划分为 21 个地区，日本将全国划分为过密地区、整治地区和开发地区 3 种类型，对不同的类型地区采取不同的开发方式；美国将全国划分为 10 大经济区，同时相应制定各个经济区的发展规划。我国经过 20 年的改革开放，区域地位不断上升，对于要不要区域调控，实行经济区划，可以说我国现实与国外实践已经做出了回答和选择。尽管我国与西方发达国家的体制不同，走的道路不同，但在经济社会发展中对区域的宏观指导和调控却有相通的方面，可以借鉴。如果我们现在仍然对区域问题熟视无睹、麻木不仁，那将丧失整治良机，贻误推进现代化建设的根本大计。

*参撰者：付晓东。

二是体制上失灵。区域竞争下的重复建设所以能够愈演愈烈，屡禁不止，重要的原因之一，就是投资体制出现了失灵的情况。一方面，总体上缺乏空间地域分工和生产专门化的目标。各地方追求自身利益、自我发展的冲动与势头不减，对这种动机的引导乏力，造成各自为战、缺乏协调，甚至出现地区封锁、地区壁垒或以邻为壑。另一方面，投资行为缺乏约束。转轨时期，不论从项目审批立项，还是从资金供应管道来看，现在的情况已不同于以往计划经济的情景。地方上大项目可以绕过中央可以大项目变小项目、化整为零；至于资金，可以套用国家资金，可以占用其他资金，或自筹、拆借，利用外资，甚至摊派等。投资主体多元化后投资方向和规模的投资约束机制还未有效地建立起来，尽管有产业政策，但产业政策又缺乏相应的有力的区域政策配合，因而产业政策的效力难以发挥。比如对预算外资金管理缺乏监督，目前我国预算外资金已由改革初期的 300 亿元发展到今天的几千亿元规模，总量可与预算内资金相提并论，因而，对这部分庞大的预算外资金的使用与管理也应成为新形势下区域调控的重要内容。另外，对于竞争、适度竞争、过度竞争、重复引进等现象的界定说法不一有待于进一步研究确定。如果对于形成新的重复建设、结构趋同的机制不加以深入分析，不改进宏观管理方式，仍用过时的办法管理，只能导致管理形同虚设。

三是干部管理制度和素质上的缺陷。应该说不论组织上对干部的要求，还是干部自身的要求，都是相当高的，如“为官一任，造福一方”。但负面的效应也随之出现了，既然要使“一方”改变面貌，那么各地的“官”就会想方设法出政绩，营造轰动效应，甚至弄虚作假，盲目拼凑项目，包装贴金。这种急功近利的做法，常常没有为当地带来福祉，反而留下了长期的隐患，不仅使当地也使整体长期为此付出代价。我们在此不是说为官不要造福，不要政绩，问题是出在了干部的政绩考核制度上。究竟是有利于地方和国家长远发展的政绩，还是一时装饰门面的政绩，如何认定政绩十分重要。如果干部管理体制能够科学地测定、认定政绩，就可以引导干部的行为真正去做有利于长治久安、可持续发展的政绩。

另外，现有的经济管理干部，尤其是领导干部，从专业结构到知识结构都还比较缺乏区域经济和生产力布局的理论素养，遇到项目决策或项目审批时，难以从区域的角度进行把握，处理区域发展或区际关系时，难以对区域的地位、作用、分工、合作等做出合理的选择，因而，不能适应国家、地方经济发展的需要。这也是造成重复建设产业结构趋同的原因之一。当然，区域经济学正在成长发展之中，没有能够及时提供强有力的认识武器，这方面也同样需要加强和完善。

## 二、解决问题的途径

为使我国经济在产业（条条）和区域（块块）两个层面上相互协调配合，健康发展，作为政府，可在发挥产业政策作用的同时，充分发挥区域政策，尤其是经济区划的职能作用。针对区域经济发展当中重复建设、结构趋同、区域分工与合作的问题，我们认为，这些问题的解决可以从以下几方面着手进行：

第一，承认区域意识树立新的发展观。

市场经济下，区域的自主性和区域经济的发展冲动是客观存在的，但是区域又不是孤立存在的，不是生存在经济的真空中。从世界经济一体化的趋势看，区域之间的联合与合作已成为一种历史趋势，这种联合与合作的基础是区域的差异性和各自的相对优势。因此，打破各个区域独立发展的思维方式，确立区域协调发展、联合协作模式是时代的要求、现代化的要求。而科学合理地确定各区域（地区）在全国甚至全世界的一定范围内承担的经济（社会劳动）地域分工，实现各地区个性的张扬、优势的发挥则需要政府运用宏观调控的手段加以实现。加强区域意识和观念，树立新的发展观，各级领导干部是最重要的主体应该走在前面。我国各级领导干部中许多是长期从事部门（条条）工作的，尽管有着扎实雄厚的专业管理经验，但在新的形势下，更需要加强区域意识，这将有利于从整体上把握区域（地方）的经济发展脉络更好地发挥管理部门的综合协调职能。

第二，由政府经济管理部门和研究机构共同制定全国经济区划。

经济区划可分不同层次，从上到下为国家级、大协作区级、省级和县级。这样的区划（区域空间分工规划）经过法定程序认定或批准后，即可为各级政府及其相关经济管理部门提供管理和决策的依据，用来进行宏观控制和引导。当然制定后的经济区划须根据经济、社会、科技的发展，进行滚动研究，适时修订。我们认为，现在要搞的经济区划，与以往的应当有所不同，即应把竞争机制和国内外市场因素作为经济区划的重要内容。尤其是投建关系国计民生的大项目，我们认为必须要有经济区划作为最基本的蓝图性依据。这是我国各级经济管理部门尤其是各级经贸委和各级计委领导和组织经济活动或宏观管理的基本标志。

困扰我们近50年，至今没有得到有效克服的重复建设、结构趋同问题之所以产生，就是因为我们没有真正做出从全国到省、地、县，从宏观到中观再到微观的具有可遵循、可操作的各级经济区划。我们50年代末会把全国划分为6个大经济协作区，80年代提出过三大经济地带，90年代又提出了有重叠拼压的新的七大经济区，有的专家学者还提出过其他划分方法与方案。这些方法与方案，由于过分粗糙与范围过大，起不到避免或减小重复建设、科学组织地区经济发展的作用。确实从中央到地方开展全国的经济区划是一项很繁重的科研与经济管理工作。同时，由于以往没有如此搞过，会出现或遇到诸多想不到的问题。但是我们认为在以往搞全国乃至地市县的“国土规划”和地区发展战略的基础上，从中央到地方按三个层次开展经济区划研究从而逐步确定各级各类区域在全国乃至各大经济区、省、地县的劳动地域分工，一是可以使各级各类区域明确其发展方向与任务，二是能够使各级经济管理部门进行较科学的空间投资决策，较有效地避免和克服重复建设和结构趋同问题。

第三，充分发挥政府资源分配主体的作用。

首先，应该在国家权威部门的领导下，设置中央与地方的经济区划领导机构，尽快制定出全国和省级的可操作性的经济区划，以使国家经济管理部门，尤其是经贸委和计委的经济管理工作符合科学性和权威性原则在国家宏观层次上配置全国性资源。我们现在所提出的经济区划机构与区划方案，都不是一次性的临时性的工作机构应该是常设的。其次，政府运用直接或间接的分配与再分配手段，尤其是再分配手段，调控产业空间布局。尊重价值规律，用经济杠杆建立起利益动力机制，促使资源要素的空间流动和分布更趋合理，这也是政府转变职能、运用经济手段管理经济的重要内容。

第四，培养培训各级经济管理干部，提高素质，重用和提拔具有区域经济专长的人才，改进干部管理考核制度。

各级经济管理干部，尤其是领导干部有无战略性、区域性头脑和长远眼光，对经济建设、项目布局有着决定性的影响。而领导者是否具有这种头脑和眼光与领导者产生的机制密切相关。一些调查说明，他们最关心上级主管部门的评价，这与我国的干部晋升机制长期由上级任命有关。要改变这种状况，一方面要在新选拔的领导干部中重用和提拔具有区域经济专长的人才；更重要的是要在干部的政绩考核机制上进行改革，组织力量研究制定一套较为科学的测评指标体系，增加客观性、长期性的指标。只有这样，才可能从体制上斩除急功近利、重复建设的根源，使领导者关注区域问题的切实解决，使“政绩”真正经得起时间的检验。

第五，制定相关的区域性补偿政策和有关法律制度做到有法可依。

我国国民经济增长日趋由产业推动型转向区域和产业联合推动型，这表明随着市场经济的发展，宏观调控的基础和对象正在发生变化。现实需要有力的区域调控，在各区域或地方越是追求自身利益的条件下，越是需要区域协调、区域调控。只有按照各自有利的条件进行区域分工和交换，才会使各地区的数据、劳动力和资本得到最有效的利用，克服不利因素提高劳动生产率和增加物质财富。为使我国经济在产业（条条）和区域（块块）两个层面上相互协调配合、健康发展，作为政府，可在发挥产业政策作用的同时，充分发挥区域调控的职能作用，制定相应的区域政策。区域政策的作用对象是区域，目的是缩小区域差异，实现均衡发展，也就是改善经济活动的空间分布，实现资源在空间上的优化配置，控制区域差异过分扩大，推进区际关系协调发展，以实现国民经济的健康成长和社会公平的合理实现。从当前来看，我国地区发展不平衡的问题越来越突出，适应新体制的地区增长方式和分工格局尚未形成，相应的地区经济管理和调控体系尚未建立。国家现有的区域政策主要是针对特殊地区的专门政策，还没有形成完善的区域经济政策体系。这致使在地方经济管理权限扩大、地方利益驱动机制增强和生产要素空间流动不断加大的情况下，缺乏对区域经济和利益分配的调控手段。因此，制定具有权威性和可操作性的区域政策，完善国有宏观调控体系势在必行。

首先，可从补偿政策入手。目前，用于解决区域差异的经济利益和社会平衡调节机制还未建立，对高附加值产业和低值产业、高收入层和低收入层、发达地区和落后地区的差距进行调节或补偿的机制还不健全，有待于加强研究并尽早建立，否则，利益的驱使，必将导致各地不顾市场实际的需要，一哄而起、一哄而上，争相上马高附加值产业和项目。如果没有相应的补偿措施，即使国家在做出区域分工和经济区划后，一些地方可能难以接受，尤其是那些为全局利益做出牺牲或让出发展机会的地方。对于这些为全局利益、公共利益做出贡献，承担超重任的地方，如长江上游放弃森林采伐业、密云水库地区因保障水质而放弃的发展机会、一些原料地为保障现有的供应格局而放弃的深加工项目机会等国家应当通过相应的机制给予补偿。国家可以专题立项研究，出台诸如资源补偿政策、发展机会补偿政策以及一些财政转移支付的有关优惠政策，使得受“难”地区与受益地区能够共享利益或共担风险。

其次，应积极推进决策的科学化和民主化，尽管这是一个长期而艰巨的任务。市场经济本质上是法制经济，经济区划的制定可以说是对经济活动法制化的一个贡献。经济区划被批准实施后，至少可以形成一种压力，形成一种监督力量。从国外的情况来看，开展经济区划工作成就显著的国家都有相应的法律作为保障，同时还借助经济、行政等手段加以实施。经济手段包括财政支持、发放补贴、设立诱导基金、税收减免等，行政手段包括政策明令在某些地区鼓励或限制某些行业的发展。例如，法国有《领土整治与开发指导法》；德国有《联邦改善区域结构共同任务法》和《联邦空间布局法》；日本有《国土综合开发法》；美国自 60 年代以来，相继颁发了一系列促进地区开发，特别是落后地区开发的法案，使得联邦政府的资金和其他补助款项开始进入贫困地区。这都是我们可以借鉴的。

这里需要注意的是：①在市场竞争的原则上适度竞争是需要的。满足市场竞争的条件，建立多个竞争主体，这将有利于产业产品技术水准、服务水平的提高，有利于市场的完善与发展。也就是说，要尊重客观经济规律，既不是一味强求“一花独放”的垄断，也不是任意放纵的盲目重复。②进行经济地域分工规划，既不是搞“各行其是”，也不是搞“千篇一律”，而是“扬长补短，合理分工”，优化配置资源，取得最佳的比较效益。一个地区确立的产业发展方向并不能否定或禁止其他地区发展同一产业，当然也不意味着一个地区确立的产业必须在地区内部平均发展、“遍地开花”。③在地域分工中，并不是没有确立的产业就是禁止的，也不意味着现在没有基础或条件的产业就必须限制。情况都在变化，条件可以改变，而应以动态发展的观点不断认识和调整地域分工，发现和发挥各地区新的优势和能力。

总之，经济活动正常、有序、健康的发展和社会生产力总体水平的提高需要一个强有力的、高效率的政府，要由“一只看得见的手”来校正市场这只“看不见的手”引起的不公和偏向，消除市场失灵，调节区域的不平衡和失衡。

# 西部工业化中的结构调整与优化*

随着西部大开发战略的实施，中国加入世界贸易组织，西部的工业化不断深入，其经济结构将日益纳入国际经济体系中，不可避免地出现全面调整与改组的格局，整个所有制结构、产业结构、投资信贷结构及消费结构等均会发生巨大变化。

## 一、所有制结构的调整优化

（1）变革国企产权制度。根据中共十五大和十五届四中全会精神，在西部工业化过程中，必须把国企改革与改组、改造、加强管理结合起来。采取改组、联合、兼并、租赁、承包经营、股份合作制、出售等形式，加快放开搞活固有小型企业的步伐。对于面广量大的国有小型企业。采取改组、联合、承包、租赁、中外合资、托管经营、股份合作、兼并、破产、有偿转让、公开拍卖等形式中的任何一种办法，逐步改为非国有或非国家经营的企业。将少数特殊垄断性的国有大中型企业改为国有独资公司，将部分规模较大、效益好、有竞争能力、有发展前途的企业改为股份有限公司，多数企业则改为有限责任公司。

（2）变革国企组织制度。在工业化过程中，必须着眼于搞好整个西部国民经济，对固有企业实行战略性改组。以资本为纽带，通过市场形成具有较强竞争力的跨地区、跨行业、跨所有制和跨国经营的大企业集团或跨国公司。通过国有企业与各类非国有企业之间的联合，使原有企业资产带动数倍于自身的非国有资产，从而提高西部国民经济总体运行效率。

（3）培育和扶持非固有经济成长。应借鉴主要发达国家和地区工业化的经验，遵循工业化的一般规律，从西部社会生产力水平低的实际出发，制定一系列有利于非国有制经济发展的政策法规，让各种非固有制企业在社会主义市场经济中展开机会均等、税负平等的竞争，让客观的市场决定所有制的最优结构。在西部工业化过程中，发展乡镇企业对推进西部国民经济成长和农村工业化意义重大。因为西部经济落后的主要区域是农村，21 世纪经济发展的主要拖力也在农村。根据西部实际和国内外市场需求，乡镇企业发展的重点

*参撰者：朱坚真。

应是种植业、养殖业、农副产品加工业、为城市工业配套的加工业及出口创汇产业，并因地制宜地发展采矿、建筑、运输、商贸、饮食服务等产业。以乡、村为单位，建立集体林果场，配套建段农副产品加工厂；充分利用当地资源发展各具特色的深加工产品，如特色食品、饮料、烟草、纺织；服装、皮革制品、制鞋、木材制品、家具装饰、橡胶制品等，不断提高产品附加值；与邻近城市、城镇工商企业携手，发展内联企业和外向型企业；加快农村第三产业发展。

通过改革调整，以产权结构代替长期存在的行政权力结构。在新建产权结构的基础上，正确选择产权分布、经济行为、人的行为目标及政府干预的方式和程度，形成以市场为导向、多元化、多层次、协调发展的市场主体群，为加快西部工业化进程奠定制度基础。

## 二、产业结构调整优化

（1）大力发展农业，为工业化的持续推进提供基础。切实加强农业这个国民经济基础产业的地位，以提高农业生产力为首要任务，以科技兴农为主攻方向，积极发展高产、优质、高效农业。近期要以提高综合效益为中心，以国内外市场需求为导向，以各地优势资源为依托，以增加农民收入和实现小康为目标，调整农业生产结构和耕作制度，大力发展生态农业和创汇农业，大力发展名、优、特、新水果和其他经济作物，实现农林牧副渔全面增长。

重点建立和完善农业产业化经营体系和农村社会化服务体系，调整优化农村产业结构，实现传统农业向现代农业转变。在稳定粮食生产的基础上，搞好生态水源林建设，注重城郊型农业发展，加快以生物工程、信息技术为重点的农业高新技术的示范、推广、应用、培植畜牧、林业、水果、蔬菜、粮食等生产基地并使之产业化，在此基础上形成特色产业和拳头产品，发展乡镇企业。建立以特色产业为龙头的集约化经营体系。

（2）进一步完善基础设施。西部地区的基础设施建设是推进工业化的重要前提。未来一个时期，随着人口的增加，人口城镇化加快，人流、物流、信息流需求明显增加，对能源、交通、通信等基础设施建设的需求逐步增加。近期必须做好基础设施规划，明确能源、交通、通信、城市公用事业等基础设施发展战略目标、方向、重点及实施规划的项目与对策措施，进而从根本上改善西部投资环境，增强其自我发展的能力，并为吸引外资创造条件。

在能源建设上，坚持火电与水电并举、大中小并举的原则，坚持以国家和外资为主、地方为辅的方针，在开发常规能源的同时，拓宽能源生产领域。并处理好资源综合利用与环境保护的关系。稳定发展大中型煤炭、石油、天然气生产，使其年开采能力保持在适度规模；依法规范乡镇小型煤矿和民间煤矿生产，保证煤矿资源的可持续利用。重点提高西南地区及黄河上游地区水能资源的开发利用率，因地制宜建设各种电站，并充分利用太阳能、风能和核能资源，形成合理的能源供给结构。

在交通建设上，今后 20 年西部地区交通运输规划总的发展目标是，与西部工业化及国内外经济社会发展相适应，大力发展集装箱运输；充分发挥各运输方式的优势，建立铁路、公路、管道、航空、水路的综合运输体系，巩固和发展西部作为我国沟通中亚、南亚乃至欧洲的交通枢纽地位，使交通在建设规模、建设速度和建设时序安排上适当超前，以适应国民经济与社会大发展对运输的需要。公路建设方面，重点完成公路客货运主枢纽建设。形成以高速公路为骨架、干线公路为枝干、县乡公路为叶脉，与周边经济区域联通的比较完善的公路交通网，使公路交通为西部地区承担中短途运输最主要的运输方式。铁路建设方面，近期重点完成对现有主要枢纽站的自动化改造提高解编能力，完成主要干线的延长工程，提高其牵引定数。中远期重点完成主要枢纽站的综合自动化改造。对主干线进行技术改造，提高其输送能力；根据沿线大中型企业和中心城市发展需要，对重要车段站逸行改造；新建一批整车货场，将现有货场改造为以集装箱运输为主的货场；新建东西和南北向的出关、出边铁路，对主干线进行扩能改造，增建二线或采用电气化。水路建设方面，重点改造长江上游、黄河上游水系，整治航道险滩，扩建内河港口泊位，配套建设装卸地面设施和进港道路，扩大客货吞吐能力。此外，根据客货流量流向，进一步完善现有航空、管道运输设施，开辟新航线、新管道。

在邮电通信建设上，继续保持业务总量和业务收入增速高于 GDP 增长速度，提高综合通信能力和国民经济信息化水平。保持邮电通信适当超前发展，力争 5 年后主要指标达到目前中部水平，电话普及率达到 10%以上，基本实现乡村通邮通电话。10 年后，实现村村通邮通电话，并提高移动电话覆盖率。20 年后，实现通信网向个人化、宽带化、综合化、数字化、智能化方向发展。

在城市公用事业建设上。根据西部各地的自然资源特点和未来社会经济发展态势，按主要发达国家工业化的经验，以中心城市和重要城市、城镇为辐射中心或节点，建设连接各节点的区域性基础设施，尤其是高速公路、铁路、管道及信息高速公路，形成城镇发展轴，重点完成城市供排水、污水处理、垃圾处理、城市快速环道等城市基础设施建设，形成与西部工业化及现代化城市发展相适应的城市基础设施体系。

(3) 加速发展具有区域特色的主导产业。根据劳动生产率上升率基准、需求收入弹性基准、产业关联效应基准、就业增长弹性基准、出口换汇率基准、产业区位系数，以及西部各地工业化的实际进程和中长期经济发展目标，应选择轻加工工业的食品工业（含饮料、糖果、烟草、粮油食品、酒等行业）、重加工工业的机械电子工业，原材料工业中的有色金属、建材及能源工业，作为西部区域性主导产业。

食品工业是目前西部规模较大的工业部门，是投资少、见效快、利税高，对资金积累有重要作用的支柱产业，其发展对西部经济成长有较强的带动作用。应在充分利用门类齐全的食品工业体系、挖掘现有生产能力的基础上，扩充一批高层次的技术密集型和劳动技术混合密集型项目，提高农副土特产品的加工比例和产品附加值。

机械电子工业是反映工业技术进步和产业结构水平的主要标志，对产业结构的优化起着决定性作用。目前西部机电工业的总产值和职工人数居各工业部门之首，将其作为主导产业加快发展，对于提高西部国民经济装备水平，推进西部工业化进程，有着不可替代的作用。为加快西部机电工业发展，迎接国际经济、知识经济的严峻挑战，应针对西部国民经济与社会发展需要，重点加强机电工业在先进技术和高技术领域的科技合作。应把握国内外高新技术发展的趋势，坚持"有限目标、突出重点"的原则，把提高自主研发能力和市场竞争力、掌握知识产权、实现产业化作为主要目标，有计划地组织有条件的科研院所、大学、企业实施高新技术发展计划，在电子信息、光机电一体化等方面达到国内中上水平，在高新技术领域内占有一席之地。

有色金属、建筑材料和能源工业是西部重要的工业部门，将其作为主导产业加快发展，对于充分利用西部丰富的有色金属、建材、能源进行深加工和精加工，形成有区域特色的产业结构，有重要的作用。应进一步调整有色金属、建材及能源工业的布局和组织结构，大力发展深度和精度加工，扩大产品系列。搞好资源的综合利用，并扩大产品外向度，不断提高出口创汇能力和经济效益。

（4）协调发展相关产业。在加快基础产业和主导产业发展的同时，重视相关产业的发展。特别是前向产业中的冶金、石化、林化工业和后向产业中的化纤、纺织、造纸工业的发展，逐步形成各产业间相互推进、递进有序发展的新格局。

（5）加快发展第三产业。第三产业发展水平是衡量一国或地区工业化进程的重要标志。全面、快速地发展第三产业，对西部调整和优化产业结构，缓解城乡就业压力，提高人民生活，推动经济体制转换，都具有重要意义。随着西部地区经济体制和政治体制改革不断深化，企业经营机制转换，政府职能转变，越来越多的人将转入第三产业领域。多种经济成分尤其是非国有经济的发展，必将拓宽第三产业活动的空间与内容。西部地区应重点加快金融、保险、旅游、商贸、运输、科技、文化教育、卫生、信息咨询等行业及农村第三产业发展，使西部第三产业上一个新台阶。

## 三、产业地区结构和组织结构的调整优化

（1）实施科学的产业地区结构政策。西部工业化应在目前区域产业分工布局框架的基础上，以西安、兰州、成都、重庆、昆明、贵阳等工业中心城市为依托，以沿江、沿线、沿边经济区为重点，在加速发展条件较好的关中地区、兰州—白银地区、成渝地区、昆明—攀枝花—六盘水地区等发展的同时，积极支持边缘区域的开发，继续发挥资源优势，重点培植支柱产业和区域性经济综合体，在优化产业结构的基础上重点发展中心城市、城镇，形成一批区域增长中心。

（2）实施重点产业区域布局政策。坚持产业与空间有机结合，在纵横交错坐标中找到

最优的产业发展政策。西部农业布局的重点应放在那些具有现实的或潜在的生产优势和目标区域。以提高粮食自给率和总产量为目标，重点加强成都平原、关中平原、河套平原及北疆的商品粮生产基地建设；能源布局的重点，西南以水电为主，西北以火电为主，有条件的地方实行水火电并举；原材料工业重点布局在甘肃、青海、云南、贵州，发展以各种金属冶炼为主的重化工业；加工业生产基地重点放在工业化水平较高的陕、渝、川及工业城市兰州、西安、西宁、重庆、攀枝花、贵阳等市以重工业为主，昆明、乌鲁木齐、拉萨等市以轻加工业为主；交通建设布局重点放在东西向和南北向的公路、铁路上。

（3）实施科学的产业组织政策。以建立有效竞争的市场结构为主要目标，建立大中小型企业合理配置、协调发展的产业组织结构。促进大中型企业改革开放，成为合理的产业组织核心；分门别类地引导中小企业发展，协调大中型企业与众多小企业包括乡镇企业的关系。在市场机制作用和分工协作的基础上，建立起大中小型企业有机结合的、合理的企业组织结构。根据市场经济法则，建立起竞争性的具有分层竞争和协作相结合的市场结构，实现多层多级竞争与多层多级规模经济的统一。根据产业技术、资源类型和发展阶段，结合产业结构的调整目标，分类确定产业组织结构调整优化的具体内容。通过加强宏观管理，改善投资体制，实行重点扶持与重点限制的产业政策。制定独立的中小型企业发展规划，鼓励中小型企业与大企业建立各种系列化关系。制定独立的中小型企业发展规划。鼓励中小型企业与大企业建立种种系列化关系，为中小企业创造良好的竞争环境。根据市场需求和经济效益等来确定扶持对象，促进中小企业的技术和管理水平不断提高；对环境污染、资源浪费严重的企业，必须用严格的行政、法律手段加以制止。适应各国工业化现代化的一般趋势，积极稳妥地组建企业集团和跨国公司，有计划地建设一批不同层次、不同类型的工业区、开发区和开放区，吸引众多的企业形成聚集效应。建立平等竞争和要素流动的机制，逐步形成统一的区域市场，创造一个使企业能自由进入金融市场的环境，使之自觉地进行组织结构调整。

## 四、技术结构的调整优化

（1）坚持适用技术为主、传统技术及现代技术并举的方针，保证技术上的继承性和连接性。长期以来，西部各族人民在开发利用大自然的过程中积累了丰富的传统技术，如食品加工方面的烹调技术、工艺美术方面的特艺技术、机械制造过程中热加工的青铜铸造技术、精耕细作的农业种植技术等。这些传统技术可以在现代生产和生活中继承与发展，以保持自身的技术特色。同时，技术是不断进步的，只有进步才有生命力，工业化和经济增长往往得益于新兴技术的产生与发展，作为现代化社会生产力的体现——现代技术，能完成传统技术无法完成的生产加工任务。如化学抛光、高能射束加工等现代技术，能完成传统的磨削技术无法完成的超精加工。而在精密丝杠配研、高精度块规研磨、球面滑动轴加工、刻线刀刀磨等方面，则只能依靠少数手工艺精湛的老匠艺的手工特艺技术。因此，现代技术应当与传统技术相结合，形成一种相互渗透、相互补充的关系，尤其是经济技术较落后的西部不发达区域，在传统技术中劳动强度大、效率低、劳动条件差的产业居相当比重，更应坚持现代技术与传统技术相结合的方针。通过结合，产生出新的综合技术，包括新产品、新工艺及新材料等。

（2）充分发挥技术系统内各技术要素的积极作用，促使其协调发展，从而发挥整个技术系统的最高效能。建议国务院和西部地区组织有关部门研究制定相应的技术政策，西部农业、林业、轻工、化工、地质矿产、有色金属、环境保护、能源、公路、水运、电子、医疗卫生、医药工业、城镇住宅建设以及钢铁、黄金、白银等具体行业的技术政策，进一步完善研制—开发—推广的技术进步体系，根据市场需求和产品发展方向加速企业技术进步。

（3）形成合理的技术要素、层次及相关结构，注意技术的成套性。由于构成技术结构的诸要素即壳备、工具、工艺及掌握一定科学知识与技能的科技工作者、管理人员和技术工人等，存在着质的差别及量的比例关系；由于不同水平技术即先进技术、中间技术和初级技术之间存在着质的差别及量的比例关系，且技术系统内主体技术、共有技术及相关技术之间存在着质的差别及量的比例关系，因而协调技术结构中的要素内部各成分之间的比例关系，不同水平技术之间的比例关系，以及相关技术的关系（即子结构），形成功能齐全、运作有序的能级结构或循环体系，是调整优化技术结构的重要内容。同时，要注意技术的成龙配套问题，要求技术项目之间、技术项目内部以及技术项目整体之间的相互配套。如技术改造与基本建设项目中，生产技术设施与非生产技术设施之间，生产技术设施内部之间等必须相互配套。

（4）积极推进科技管理体制改革。对国防科技工业和固有企业的技术进行“移植”“嫁接”“播条”“交配”等，开发和生产“名、优、高、精、尖、新”产品，使之成为西部工业化与经济增长的“创新板块”。

## 五、财政税结构的调整优化

（1）变资源优势为财源优势，强化农村基础财源建设，着力调整农村产业结构，积极发展多种经营和乡镇企业，千方百计增加农业收益。

（2）提高工业企业的经济效益，抓好效益型财源建敌。因地制宜地搞好企业转制，把一些小、亏的国有企业让给集体或个人经营。重点扶持产品有销路、效益好的企业，使有限的资源得到最佳配置。同时加强企业内部管理，推行目标成本核算，降低生产成本和经营费用，坚决整治“三乱”。

（3）大力发展非国有经济和第三产业，抓好新兴财源建设。

## 六、信贷结构的调整优化

(1) 进一步理顺银行与财政、银行与企业、银行与政府及银行与银行之间的相互关系，摆脱财政拖欠企业、企业拖欠银行及企业间相互拖欠等问题。切实解决企业不合理储备和占用资金过多的问题，清收沉淀逾期贷款。

(2) 充分发挥国家宏观调整金融的作用，通过建立西部开发专项资金，发行西部开发建设公债、彩票、继续推行小额信贷办法，千方百计增加对西部地区的资金投入。

(3) 开放金融市场，健全金融市场法规体系。允许西部利用融资租赁方式，创建风险投资基金、发行地方公债等进行融资。

## 七、其他结构的调整与优化

组织有关力量，根据国内外工业化与国民经济成长的经验教训，大范围地、长时间跨度地、系统地分析西部总量结构础动及其内在规律。如从供给与需求的相互关系上。研究总需求变动的供给效应，并在此基础上制定调节需求，推进供给的具体政策。

研究总量平衡的方法很多，主要有国民收入分配法、物价总水平测算法、货币收入加成法及国民生产总值支出法。科学测定西部不同时期的社会总需求与总供给，需要各方面配合。这项工作应由国务院有关部门和西部各省、区、市政府来组织开展。只有了解西部社会总需求与总供给结构状况，才能制定出合理的投资规模和投资率，解决西部乃至全国工业化与国民经济增长过程中的总量结构失衡问题，避免经济的过度波动。

近期重点预测和制定不同时段西部工业化与国民经济增长过程中的消费需求、投资需求及净出口需求，为进行西部不同时段的社会总需求实证分析提供基础性条件，从而为进一步调整和优化西部消费结构、进出口结构及投资结构提供科学依据。

# 区域调控
## ——宏观调控的重要手段

### 一、起着基础作用的区域调控

我国改革开放以来，加快了市场经济和经济主体多元化的进程，我国国民经济增长日趋由产业推动型转向区域和产业联合推动型。区域经济（包括跨省，省域、县域等不同层次的地方经济）越来越显示出强大的活力。

区域是经济活动依存的空间，从区域空间的角度看，我国的改革开放是先从局部区域开始的，从宣布 14 个沿海开放城市到确立经济特区和各类开发区，从沿海开放战略的实施到目前加大中西部地区的发展力度，每一步进程都与区域紧密相连。尽管国家未专门颁布明确的区域政策，但实际上在实施的政策中，许多都包含了区域政策的内容，尤其是国民经济社会发展规划、国土整治规划、区域与城市规划的制定实施。这些政策不仅加快了沿海地区的发展，而且也推动了内陆经济的成长，涌现出了许多“亿元村”“百强县”“苹果、茶叶、小商品跨区市场”“资产、劳动力、信息区域性中心”以及“新型城市”“都市带”。区域经济蓬勃发展，大大地促进了我国工业化、城市化进程。

由此可见，区域经济是客观存在的，作为宏观调控重要手段之一的区域调控，在经济生活中一直发挥着独特的作用，而且随着市场经济的确立，当宏观调控的基础和对象发生变化时，具有独特功能的区域调控手段就显得越来越重要且不可替代。

### 二、现实呼唤着有力的区域调控

我国正在由计划经济向市场经济转轨的过程中，一方面，政府有意识地缩减计划控制的范围并扩大市场调节的范围，政府直接调控经济活动的领域缩小了，而新的调控手段和机制正在逐步建立、形成和完善中；另一方面，地方和企业的经济自主权在扩大，区域（地方）意识在增强，经济活动中的区域因素和地方特色越来越浓厚，发展区域（地方）

经济的冲动不断增强。由此，中央与地方的关系、条条和块块的关系、沿海与内地的关系问题在一个侧面集中反映在区域政策上。在市场经济发展过程中，也出现了一些矛盾和问题（包括一些失控现象），如表现在区域生产力分布和区域关系上：①产业结构雷同。有资料反映，1995 年在 31 个省（直辖市、自治区）中，有 22 个省（直辖市、自治区）汽车工业当作支柱产业，16 个省（市、自治区）将机械工业、化学工业当作支柱产业，24 个省（直辖市、自治区）将电子工业当作支柱产业。②项目重复引进、重复建设。全国有 28 个省（直辖市、自治区）同时从事纺织、化肥、钢铁、卷烟等生产，20 多个省（直辖市、自治区）从事电视机、电冰箱生产。③投资分散而形不成经济规模。全国汽车整车生产厂家 130 多个，企业数量上超过发达国家全部汽车厂的总和，但全部产量还不及美国通用公司一家的产量。④区域（地方）保护主义出现，市场分割和经济摩擦加剧。近几年资源与原料大战此起彼伏，羊毛大战、棉花大战、烟叶大战、水资源大战等不断出现并升级。⑤收入分配和地区经济水平差距拉大。⑥部分企业生产能力闲置，造成浪费。这些现象使得在计划经济时期各地形成的“大而全、小而全”“建立各自完整的工业（经济）体系”等问题还未解决的情况下，又叠加了新的问题。这些问题再加上目前经济方面的国有企业困难、国有经济效率不高、下岗职工安置和农村剩余劳动力就业困难、资源利用与环保问题等，一起构成了我国经济迈向 21 世纪的障碍。

目前，区域调控方面的任务还很重，主要表现在以下几方面：

一是总体上缺乏空间地域分工和生产专门化的目标。各地追求自身利益、自我发展的冲动与势头不减，对这种动机的引导乏力，造成各自为战、缺乏协调，甚至出现地区封锁、地区壁垒、以邻为壑。

二是投资主体多元化后，投资方向和规模的投资约束机制还未有效地建立起来，尽管有产业政策，但产业政策缺乏相应的有力的区域政策配合，因而产业政策的效力难以发挥。另外，对于竞争、适度竞争、过度竞争、重复引进等界定，说法不一，认识还不一致，有待于进一步研究确定。

三是对预算外资金管理缺乏监督。目前我国预算外资金已由改革初期的 300 亿元发展到今天的几千亿元规模，总量可与预算内资金相提并论，因而，对这部分庞大的预算外资金的利用与管理也应成为新形势下区域调控的重要内容。

四是经济利益和社会平衡调节机制还未建立，对高附加值产业和低值产业、高收入层和低收入层、发达地区和落后地区的差距的调节或补偿机制还不健全，有待于加强研究并尽早建立，否则，利益的驱使必将导致各地不顾市场实际的需要，一哄而起、一哄而上，争相上马高附加值产业和项目。

## 三、实施区域调控的途径

在各区域或地方越是追求自身利益的条件下，越是需要区域协调和区域调控。只有按照各自有利的条件进行区域分工和交换，才能使各地区的资源、劳动力和资本得到最有效的利用，克服不利因素，大大提高劳动生产率和增加物质财富。为使我国经济在产业（条条）和区域（块块）两个层面上相互协调配合，健康发展，作为政府，可在发挥产业政策作用的同时，充分发挥区域调控的职能作用。

第一，增强区域意识，树立新的发展观。市场经济条件下，区域的自主性和区域经济的发展是客观存在的，但是区域又不是孤立存在的。从世界经济一体化的趋势来看，区域之间的联合与合作已成为一种历史趋势，这种联合与合作的基础是区域的差异性和各自的相对优势。因此，打破各个区域独立发展的思维方式，确立区域协调发展、联合协作模式是时代的要求也是现代化的要求。而科学合理地确定各区域（地区）在全国甚至全世界的一定范围内承担的社会劳动地域分工，实现各地区个性的张扬、优势的发挥则需要政府运用宏观调控的手段加以实现。加强区域意识和观念，树立新的发展观，各级领导干部是最重要的主体，应该走在前面。我国各级领导干部许多是长期从事部门（条条）工作的，尽管有着扎实的专业管理经验，但在新的形势下，仍需要加强区域意识，这将有利于从整体上把握区域（地方）的经济发展脉络，更好地发挥管理部门的综合、协调职能。

第二，由政府经济管理部门和研究机构共同制定全国经济地域分工规划。规划可分不同层次，从上到下为国家级、大协作区级（包括流域、三角洲、城市带）、省级和县级，这样的规划经过法定程序确认或批准后，即可为各级政府及其相关经济管理部提供管理和决策的依据，用来宏观控制和引导。当然，制定后的区域空间分工规划需根据经济、社会、科技的发展，进行滚动研究，适时修订。

第三，充分发挥政府资源配置主体的作用。政府运用直接或间接的分配与再分配手段，尤其是再分配手段，调控产业空间布局。尊重价值规律，用经济杠杆建立起利益动力机制，促使资源要素的空间流动和分布更趋合理，这也是政府转变职能、运用经济手段进行经济管理的重要内容。由于各地区产业结构不同，而不同的产业结构又有不同的利润率或附加值，这样对地区或整体经济的贡献就有差别，因而引起的重视程度、投入力度就不同。对此，国家应在全国一盘棋的区域分工蓝图下，从整体利益出发、设计出相应的价格机制、税收机制、再分配机制等，调节地区之间产业利润率和调整产业布局，实现各地区的相对平衡，减少盲目追求高附加值产业项目、重复引进、重复建设的现象。正在深化的金融体制改革将为效率的形成机制产生积极作用。只有建立和形成这样一种高效而均衡的机制，才有利于保持一种整体效益优化的产业结构，从而保证国民经济持续、稳定、协调、健康地发展。

第四，作为市场主体之一，政府应利用自身的经济行为，参与市场活动，引导经济发展，促进各地区发挥和挖掘优势。政府的收支活动是经济活动的重要变量，通过政府采购、补贴及扶持等行为，调节资源流向，塑造或强化各地区的空间地域分工，打破封闭式的经济结构，弥补经济活动在空间运行方面的缺陷。

这里，需要注意的是：①在市场的原则下适度竞争是需要的。满足市场竞争的条件，建立多个竞争主体，这将有利于产业产品技术水平、服务水平的提高，有利于市场的完善与发展。也就是说，要尊重客观经济规律，即不是一味地强求"一花独放"的垄断，也不是任意放纵的盲目重复。②进行经济地域分工规划，既不是搞"各行其是"，也不是搞"千篇一律"，而是"扬长避短，合理分工"，达到优化配置资源，取得最佳的比较效益。一个地区确立了产业发展方向并不能否定或禁止其他地区发展同一产业，当然也不意味着一个地区确立的产业必须在地区内部平均发展，"遍地开花"。③在地域分工中，并不是没有确立的产业就是禁止的，也不意味着现在没有基础或条件的产业就必须限制。情况都在变化，条件可以改变，应以动态发展的观点不断认识和调整地域分工，发现和发挥各地区新的优势和能力。

总之，经济活动正常、有序、健康的发展和社会生产力总体水平的提高需要一个强有力的、高效率的政府，需要由一只"看得见的手"来校正市场这只"看不见的手"引起的不公和偏向，消除市场失灵，调节区域的不平衡或失衡。

# 对《区域经济学》和区域规划的若干思考*

我从事“区域经济学”[①]学习、教学、研究与实践已30余年。其间教过专业本科，更多的是培养了15届32名硕士生、8届31名博士生和博士后，以及9名国内外访问学者；参编一项国土规划，完成多项区域或城市规划、环境与经济协调发展规划、地区旅游规划等；主持或参加过百余名博士生、博士后学位论文答辩会和书面评审近200份博士生、博士后学位论文，以及参评若干个城市或省地县发展规划报告。

从事以上活动，有几个问题曾是在课堂上由学生多次提出引起争论、探讨，也是在我脑海里长期萦绕尚未完全解决的问题，现借此机会提出来和大家进一步商讨。一是在高校有的开设“经济地理学”，有的开设“区域经济学”，这两门课程异同何在？二是区域经济学专业的社会实践，主要是编制或参与编制“区域规划”[②]，“区域规划”在我国经济社会发展中的必要性和发展前景如何？三是“区域经济学”为什么会出现多种版本，如何学习才能学得深入，做到学以致用？四是编制区域规划至今没有规范程序，有无可能探讨出比较实用的规范思路和模式？五是当今我国盛行着多种规划，它们有无共同的基础理论？它们应该如何协调、关联并形成一个整体？下面先把我们的一些思路提出来，以抛砖引玉。

第一，“经济地理学”和“区域经济学”的异同。我们认为，“经济地理学”是研究和阐述既有生产分布（或已有经济社会现象分布）现状、来龙去脉及其规律的科学；“区域经济学”是研究和阐发规划和计划中的生产分布（或谋划拟开发、建设的经济社会项目分布）状况及其规律的科学。“区域经济学”重点研究地区的社会经济特征，而“经济地理学”还需要侧重区域的地理环境（包括区位、自然资源和自然条件）。如关于京津唐地区规划，“区域经济学”重点强调其政治中心影响、经济基础雄厚、科技人才荟萃、工农业结构较完整等；而“经济地理学”除上述内容外，还需强调地区水资源缺乏、断裂带纵横、地震隐患等制约条件，即自然地理条件对区域规划的影响。“经济地理学”是“区域经济学”的基础；“区域经济学”是“经济地理学”理论与实践的推进和发展。“区域经济学”

---

* 本文选自张敦富：《区域经济学导论》，中国轻工业出版社2013年版，第432~436页。

①② “区域经济学”在国家学科目录中是一级学科“实用经济学”的二级学科之一，“区域经济学”包含着“城市经济学”。那么，“区域规划”从理论上讲，也包含着“城市规划”，并且是其核心内容之一。在学习和实践中，“城市经济学”和“城市规划”，又常常分别从“区域经济学”和“区域规划”中单列出来，进行专门深入的理论学习与规划实践。

应该充分利用“经济地理学”所阐述的内容，吃透规划（或计划）范围内的区情、区力，以便在既有经济与社会基础上，充分、深入、创造性地运用经济学的理论与方法，科学地规划生产的、经济社会的再分布。“经济地理学”要在了解、掌握“区域经济学”及其“规划”要求的情况下，主动地在广度、深度上将既有生产分布、经济社会现状及其规律做出探讨，为“区域经济学”“区域规划”提供可靠的学习与研究成果。

第二，区域规划的必要性和发展前景。改革开放 30 多年，使我国成为世界第二大经济体，这是我国成功地运用了社会主义市场经济和科学的宏观调控（即国家和省级宏观调控，以下简称“国家宏观调控”）的结果。我们把“社会主义市场经济”和“国家宏观调控”称为两只巨大的“抓手”，这双“抓手”的有效运作，驱动我国经济社会顺畅、强劲地发展。这双“抓手”，过去、现在和未来都将是驱动我国经济社会健康发展不可或缺和缺一不可的要素。社会主义市场经济是对经济社会资源起基础性配置作用和驱动经济效率、盈利最大化的手段；国家宏观调控既是及时矫正市场经济弊端实现经济社会资源优化配置的手段，更是将推行社会主义市场经济过程中不断出现的新情况和新问题（诸如制约发展的深层次问题、继续改革攻坚任务，等等）予以科学解决的重要手段（每一个时段都尽可能地使社会逼近公平，使空间迈向公正）。从较长时期区域经济学的理论与实践中我们体会到，“社会主义市场经济”和“国家宏观调控”这双“抓手”都以其不断实践的新内容注入其后编制的区域规划。当今我国的区域规划，就是由于从这两方面不断地获得补充、修正、丰富与发展，不仅使区域规划本身得到了长足进步，而且对地区和国家经济社会发展越来越起着举足轻重的作用。从某种意义上讲，区域规划已经成为我国从中央到地方无处不有的发展方略；也可以说全国各级各类地区凡是谋划发展即不可没有区域规划。区域规划不仅存在于国家的、省（市、区）的、市县的“国民经济和社会发展五年规划（计划）”之中，也存在于全国各地的“城乡规划”“国土规划（土地利用规划）”之中，存在于 2009 年至 2010 年 2 月国家批准的“广东珠三角”“海峡西岸经济区”等 13 个区域规划，以及新近国务院批复的“东北振兴‘十二五’规划”之中。这些规划不仅内容有区域规划，不少本身就是区域规划！随着现阶段我国经济社会转型，区域规划大有增强、加大的趋势。诸如国家加强了对区域发展的指导，区域规划在我国已经成为各级政府重要的公共行政和公共服务职能的具体体现，成为实现社会公平和空间公正的主要决策与政策手段，是各级经济社会管理职能部门调节经济、监管市场、管理社会、履行政府职责不可或缺的依据。所以，我们说“区域规划”和“社会主义市场经济”，在我国越来越成为结伴而生的“路”与“车”的依存关系，市场经济这辆“车”越发育、发展、成熟、发达，越需要有行之有效的、高质量的、科学的区域规划为其“铺路”“架桥”，提供“路况信息”，为“车”指明“前进方向”与“目标”（恰是区域规划的方向与目标），以促使我国的经济社会获得卓有成效的健康的发展。这是我国人民多经磨难，在中国共产党领导下为我们中华民族的伟大复兴探索出来的行之有效的途径、方法与道路！可否这么比喻：“乒乓球”发明于英国，而今成为中国的“国球”！“区域规划”发端于发达国家，而今已成为我们国家和各级各类地区谋划发展不可或缺的手段，“区域规划”已经广泛而深入地扎根于中国，且不断地开出绚丽的“花朵”。那么，“区域规划”我们可否称之为“中国规划”？所以，我们不仅要坚持，还要发扬光大！现在我们的任务是在认定“区域规划”（是国家和地区发展潜力的“挖掘机”，是可持续创新发展的“推进器”）于国、于民有用的前提下（不是无用或可有可无），要主动积极地学习国内外“区域经济学”理论与实践，结合我国各级各类区域实情和社会主义市场经济发育、发展现状与趋势，梳理、总结已有区域规划的经验、教训，不断及时地编制出富有时代特征、反映区情区力、具有实用价值、高水平、高质量的区域规划和城市规划。

第三，从三个方面讲，一是区域经济学版本和学科构成特点：《区域经济学》面世的已有诸多版本，之所以如此，是因为它涉及的问题复杂、多变，尚未形成严谨的学科体系，大家都在学习、实践、探索和总结，各种版本各有所长，都在深化、完善过程之中。至于如何才能学好区域经济学，并能学以致用。我们认为，先是要认识“区域经济学”的学科特点，它是由地理学相关学科（主要是经济地理学、自然地理学）和经济学相关学科（主要是宏观经济学、微观经济学、产业经济学、制度经济学、发展经济学等）结合、交融的交叉学科，同时，它又是不实践即无生命力的实用经济学。二是学习区域经济学如何才能学得深入，并达到学以致用？这要针对学科特点，再按照国家对本专业博士生、硕士生、本科生和相关专业本科生的质量与水平要求进行学习、研读，我们为本专业和相关专业设计的学习区域经济学的层次、内容是：相关专业本科生主要是认知区域经济学的一般理论、知识与方法，以及区域或城市规划包括的主要内容（不同专业，对区域经济学章节可能有其侧重）。本专业本科生（国家要求其具有基本基础理论与专业知识和专业实践的初步能力）：①以本教材为准掌握所阐述的理论与方法；对教材每个章节后的学习参考题做出书面作业；对参考书目进行有重点的选读，做出扼要读书笔记。②在教师带领下阅读一两个典型性区域或城市规划报告案例，了解区域（城市）规划框架、思路与方法，力求初步具备协助编制区域（城市）规划分项目的能力。③每学期有准备地参加一两次区域经济学学术研讨会，以了解学术前沿，开拓学术视野，增强学术氛围，提高学术交流、交往能力。本专业硕士生、博士生，在分别（深度不同）系统学习地理学相关学科和经济学相关学科基础上，再专门将区域经济学理论与方法以“分论”（对本教材所阐发的理论、方法作调整、组合与引申。主要包括：“中自论”“中经论”“区位论”“分工论”“阶段论”等十几个“分论”，囊括“区域经济学”的所有理论、方法。“分论”，随着区域经济学的推进也会继续丰富与发展。）形式进行深入学习。本专业硕士生（国家要求其具有宽广的基础理论和系统的专业知识）：①学习《区域经济学导论》或原《区域经济学原理》“分论”，除学习本教材内容外，主要是研读各“分论”，主要经典论著（每“分论”一部，共十几部，但要结合硕士学位论文，每位硕士生主要研读书目不一），写出研读笔记。②结合所学“分论”研读4~5个典型（3个区域、2个城市）规划报告案例，写出每一规划案例的编制思路、要点和编制技巧的分析报告作业，力求达到学以致用，从而具有独立承担编制区域或城市“规划”分项目的能力。③每学期每位硕士生有准备地至少参加两次国内外专业学术前沿研讨会，增强学术研讨和对外学术交流、交往能力。本专业博士生（国家要求其具有宽广坚实的基础理论和系统深入的专业知识）：①主要是系统深入地研读《区域经济学导论》或原《区域经济学原理》各“分论”国内外（共60余部）经典论著。具体要求是每一“分论”有一部精读（结合博士学位论文确定，每位博士生精读书目不统一），几部泛读。对精读经典论著要写出评价报告作业，对泛读经典论著，写出研读笔记。②结合学习区域经济学的理论与方法，系统深入地研读8~10个区域与城市规划报告案例，并做出两个方面的研究分析：其一是对每个规划报告案例分析、归纳出编制思路与方法，并做出分析评价。其二是对几个区域规划案例和几个城市规划案例在分别做出分析评价作业基础上，再分别对区域的与城市的规划报告案例做出综合对比分析评价报告作业，从而达到基本具有独立承担编制区域或城市规划的理论能力。在学习期间，力争同所在地的有关规划职能部门或研究单位加强联系做一定的实习，从而获得相关规划工作信息和实践的学问，并尽可能地参加并完成一项区域或城市规划编制任务，从而达到基本具有独立承担编制整体区域或城市规划的实践能力。③每个月末每位博士生有准备地参加一次或国内外专业学术前沿，或经典论著精读，或规划案例分析评价的学术交流研讨会，以激励和促进学习，取长补短，活跃学术气氛，增进和强化学术交流交往能力。三是在学习、研读区域经济学基础上，针对进一步深化钻研的方向、方法我们为其提出了更高的要求。主要是无论硕士生、博士生，尤其是博士生在研读《区域经济学导论》或原《区域经济学原理》“分论”之前、之中、之后，都要对以下三个方面进行长期、反复、深入、系统的研读与揣摩。①《中国自然地理纲要》（任美锷著）、《中国经济地理》（修订版）（刘再兴等著，主要学习其分析问题的思路和着眼点，具体内容要与时俱进）、《区域经济地理学》（陈才等著，2001）。②现代经济学的“九大要点”：“三个假设”（“经济人假设”“资源稀缺假设”“保护个人产权假设”）、“三个原理”（“利润最大化原理”“供求原理”“等价交换原理”）“三个方法”［“成本收益分析法”“均衡分析法”“帕累托（最优状态）标准”］——（王东京，2001）。③不断地学习、梳理、总结并深化理解“社会主义市场经济”“国家宏观调控”[①]的概念、内容、机制、体系（或系统——比如国家计划和财政政策、货币政策等相互配合的宏观调控体系），并着重研究两者如何相互作用、协调、融合展现社会主义市场经济体制的本质要求，探讨在全国各级各类区域规划中如何发挥和利用两者的优势，提高经济增长的质量与效益，使民生得到更好的保障与改善。对这三个方面越熟悉，掌握得越深入，与“区域经济学”的各“分论”越交融，就越有利于学深、学透“区域经济学”，越有利于解决“区域经济学”的实践问题。以上即是我们对学习区域经济学的学生教与学“方法论”的尝试性探索与实践

① “社会主义市场经济”和“国家宏观调控”对区域经济来说，分别隐含着两个关键内容，即“创新经济”（与时俱进不间断地产生着，区域经济才能不断地得到发展，并且是区域经济活力所在）和“可持续发展”（是国家宏观调控重要内容与目标之一）。

(其中有的部分是构想过)。诚然，随着专业学科理论与实践的不断与时俱进，对学生教与学的“方法论”也应该不断地修正、调整、补充、丰富和改进。

第四，如今我国盛行的“规划”主要有国民经济和社会发展规划、主体功能规划、土地利用规划、城乡规划、区域规划等，它们分属不同部门编制、管辖，但都要求相关地区、单位遵照贯彻执行。问题是它们在编制过程中缺乏“顶层设计”来形成一个有机整体，因此出现了诸多的矛盾、问题，而且长期得不到有效、及时的解决，这既浪费了大量人力、物力、财力，更妨碍了发展建设，也延误了时间。从某种意义上讲，这是对我们中华民族伟大复兴的脚步掣肘，产生着不利影响。我们认为国家应该尽快下决心，把这项工作视为国策级大事来抓！由国家经济社会发展决策部门（如国家发改委）联合国土资源部、住房与城乡建设部等部门，在国务院领导下开展我国规划发展的“顶层设计”——国家的国土规划编制工作。如此做法既可以把国家发改委的“主体功能规划”、国土资源部的“国土规划”实际是“土地利用规划”、住房和城乡建设部的“城乡规划”诸内容与功能直接纳入其中，对“三级三类”(国家的、省区市的、市县的)“国民经济和社会发展五年规划”“区域发展规划”等起统领、约束和指导作用。把各种规划之间的关系理顺，在全国形成相互匹配、互相补充和相互促进发展的规划系统，使国家和各级各类地区的发展获得事半功倍的成效。这其中还有一个极为重要的方面，就是我们提出的各种规划的“顶层设计”——在国务院领导下编制出的“国土规划”，即可以通过全国人大批准将其法制化，这是非同小可的。这是使我国的规划从此走上法制化、正规化的必由之路，从而也就弥补了长期以来我国规划的重大缺失。当然，如若这一步能坚实地迈出，其他各种规划也就会随着由各级各类人大批准，使其也走上法制化。那么，鉴于我国各种规划不仅类型众多、广泛深入、向前向后延续时间长，而且还在不断地推进与发展，如果我国能尽快实施以上做法（法制化），还可彰显出我国社会主义法制化的重大进步并上升到更加成熟的台阶。

通过考察、研究各种规划的编制思路与方法，我们认为其理论根据，主要源于区域经济学所讨论、阐述的理论与方法。所以，我们说“区域经济学”是推动各种规划形成与发展的基础理论与方法之一，该学科在我国尚有很大的发展机遇与空间。

第五，研究和编制“区域发展规划”是本专业的主要任务和社会实践，该工作有无规律可循，能否探索出一定的思路、程序和模式？我们做过一定试探，认为这和区域经济学研究对象的复杂性、多变性一样，问题多、难度大，但坚持探索，找对路子或许不是不可能的。新近（2012 年 3 月 19 日）《经济日报》第 13 版刊载的“TRIZ”：神奇点金术（发明问题解决理论），给我们以很大启迪。据报道讲，1946 年苏联发明家根里奇·阿奇舒勒等学者，在研究了世界各国 200 多万份高水平专利的基础上，提出了一套具有完整体系的发明问题解决理论和方法。20 世纪 90 年代，TRIZ 传入美、欧、日、韩等国后，得到了更加广泛的应用和发展。该理论目前已总结出 40 条创新原理用于指导解决各领域遇到的问题。从中我们看到探寻编制“区域规划”的规范规律，和获得 TRIZ（发明问题解决理论）所遇到的问题的复杂性、多变性可能是雷同的。TRIZ 通过艰苦努力能够探索出来，“区域规划”编制规范规律只要做大量、坚持不懈的努力，应该也能探索出来。我们曾做过如下探讨，即将区域规划要素及其属性，设计出 N 维系列，又用类似聚类分析模式把 N 维要素相互关联做出展示，以“时间维”展示区域发展阶段；“空间维”展示区域发展状况，诸如区情、区力和特殊阶段（与时间关联）发展特征等；“决策维”提出区域发展阶段目标和设计与实现目标的规划机理、机制（把主要政策、措施寓于规划设计之中），提出实现经济发展方式转变的重要思路与措施等。诚然，这种试探是很初步的、有待商榷的。在如今“区域规划”已成为我国经济发展重要手段之一的前提下，探索其编制的规范规律，能提高规划的质量、速度和有效性，这大概是可以认同的。若有可能，我们联合起来，进行长时期、接力棒式地坚持探索，可能会一步步逼近成功。

如上所述，是我们较长时间以来经常思考的一些问题，书内不易直述，借此机会抛砖引玉，当然也是为了促使我国的区域经济学获得更好、更深入的推进；更是为了使我国的区域规划编制工作尽快走上更科学、更规范的发展道路，理顺各种规划的相关关系，促进国家和地区获得更顺畅、更健康、更卓有成效的发展，使我们中华民族的伟大复兴更早更快地到来！

# 论区域经济理论的新变化与区域创新系统*

## 一、区域经济的客观基础

“区域”一词是一个含义十分广泛、使用领域极多、范围变幅极大的词汇，它或以实体概念被使用，或以抽象的空间概念被使用。不同的学科对它有不同的解释，在经济学中也有不同所指。常见的区域有：贸易区、经济区、流域开发区和经济特区、开发开放区等，其中有跨国的也有国内的区域。

区域经济学关于区域的概念可以表述为：经济活动相对独立、内部联系紧密而较为完整、具备特定功能的地域空间。

一个国家的经济之所以会出现地域空间上的分异，形成不同的专业化产业和分工、经济结构和发展水平的区域，有其内在的、本质的必然原因。区域经济学作为一门研究区域发展和区域关系的学科，与其他任何学科一样，有其赖以存在的逻辑前提和客观基础。

### （一）自然禀赋的差异性

自然禀赋的差异性包括自然条件的不同性、资源的稀缺性、生产要素分布的不均衡性和不完全流动性。

人类的经济活动总要落脚在一定的地域空间上，而这个地域空间的自然条件千差万别。一些地方的自然条件适宜人类的生存与发展，而另一些地方就不适宜或难以适宜人类的生存与发展需要；一些地方适宜粮棉油农业生产，另一些地方则适宜矿业开发建设；因此，一些地方的资源组合效率优于其他地方，并由此产生了区域差异和区域位势。

与人类需求的无限性相比较，无论是自然资源、人力资源，还是社会经济资源及社会财富，都是有限的。这些稀缺的资源，即使分布均匀，由于区位效应的作用，也会向某些地区集聚。由此产生了对资源进行优化配置，使经济发展质量达到最大化的生产力布局这一区域经济学的基本理论。

---

* 本文选自张敦富、付晓东等：《知识经济与区域经济》，中国轻工业出版社2000年版，第50~81页。参撰者：付晓东。

生产要素分布的不均衡性和生产要素的不完全流动性，使得人类的经济活动不可能形成空间均衡化。假如生产要素分布是均衡的，或者即使不均衡但却在空间上可自由流动，各要素自然会向条件好的地区集中，形成空间上的聚集。因此，自然禀赋的差异和要素的不完全流动性是区域经济的灵魂与活力所在，是区域经济分异的前提，也是区域经济多样性、互补性和区域分工的基础。

### （二）经济活动的不完全可分性

毫无疑问，自然禀赋的差异可以导致区域经济分异，但并不是自然禀赋完全一致时就不产生分异。自然条件的不同、资源的稀缺性、要素分布的不均衡性和不完全流动性只是解释区域经济差异存在的一个必要条件，而不是充分条件。从不均衡性来看，它是流动性产生的前提条件，只有不均衡才会产生流动的需要，但要素的不完全流动性阻止了要素均衡的实现途径，产生了区域差异；从均衡条件来看，即使要素分布完全一致，理论和现实都证明经济的空间格局也将不完全一致。我们知道，经济从来不是完全在自然力作用下产生的，区域经济的差异实际上还有更深刻的因素在发挥作用。自然因素毕竟只是客观条件，它需要人类的主观活动才会发挥作用。确实，自然因素在区域经济中起着不可忽视的作用，在某些情况下甚至起着决定性作用，但这些因素如不通过人类有目的的经济活动作用转化为经济因素，资源优势不能变成经济优势，优越的自然条件不能转化为现实的生产力，自然条件的价值也就无从体现。因此，不论在自然条件均质的情况下，还是自然条件不均质的情况下，区域经济差异产生都是不可避免的。

经济活动的极化性表现为规模经济和集聚经济，它是由经济本身的趋利性和节约性导致的。在经济规律的作用下，要素的流向总是趋向于使其增值或提高效率的方向。一个企业生产规模在一定限度内增大，一般可收到节省单位产品成本和提高效率的好处，这就是企业的规模经济。若干个企业集中于一个地点，能为各个企业带来成本节约等经济利益，这就是集聚经济。规模经济和集聚经济使得各生产要素和经济单位集结在一定空间上，形成极化点或经济增长极，这些极化点、增长极在极化效应的作用下，不断壮大、强化，从而形成以城市为极化中心的区域经济。

### （三）距离成本

人类的经济活动离不开地域空间，有空间就有距离，既然要进行经济活动，就会产生运动，产生位移，就要克服空间的距离限制并支付距离成本。在均质的条件下，距离的远近也会导致费用成本的不同，因而经济活动也会因空间距离因素而发生分异。距离因子是区位论的重要研究内容。尽管现代科技和现代交通、通信业的发展已将全世界变成了“地球村”，使空间距离对人类活动的限制越来越少，但只要距离存在，经济活动就要支付距离成本，这些距离成本仍对区域禀赋优势的发挥和空间集聚经济的实现产生极为重要的影响，使得经济活动局限于一定的地域空间范围内。

综上所述，自然禀赋的差异和空间距离成本是区域差异的基础，这是自然力形成的，靠人力是难以改变或消除的，人类只能顺其自然，趋利避害，加以利用。这不仅是区域经济多样化、区域分工的前提，也恰恰是区域经济研究的中心内容。经济活动的极化性，是人类经济活动对区域条件的利用、改造，它既有扩大区域经济差异方面的作用，也有缩小区域经济差异方面的影响，而区域经济学研究的目的与任务即是使所有区域在发挥各自优势、尽可能获得进一步健康发展的条件下，走向更高层次的均衡，使人类的物质生活条件趋于均等化。上述三个方面构成了区域经济存在和分异的重要基础，围绕上述三个方面的研究，也就相应构成了区域经济学的重要理论支柱。

区域经济产生之后，具有如下三个特征：

1. 地域性

区域是一个地域空间概念，是整体中的一个部分，是局部的概念。它指的是人类经济活动及其必需的生产要素存在和运动所依赖的“载体”——地域空间，这种经济活动的载体，由于自然的、社会的、历史的、经济的、文化的因素作用，形成一个复杂的有机结合体，表现出明显的系统性、综合性、层次性以及实体性。尽管人类的科学探索活动已达遥远的宇宙星际空间，但就经济活动而言，还只局限于地球表面，因此，地域空间的概念还有水平延展变化的特性，这是我们从平面上划分经济区域的依据所在。一旦科学技术使人类的经济活动超出地球，那时不仅要修正“地域”概念，也要修正“区域”概念了。既然每一项经济活动都必须落实在一定的区域上，那么，从空间维度来分析、考察经济活动就构成了区域经济学的根本出发点，这是理解与解决区域问题的关键。

2. 独立性

区域是区内各经济利益主体经济上紧密联系，社会文化趋于或融为一体的地域空间。不仅区域内部利益主体具有独立性，就是任何一个区域与其他区域之间也有着较明显的功能差异或界面分割，各区域相对独立。由于经济规律的作用，经济活动往往超越行政管辖权的范围，这种跨行政区，甚至跨国界的经济意义上的区域，具有相对的独立性和稳定性，是区内各主要经济利益主体共同利益的结合与表现，通常设有必要的协调机构，共同的利益是区域经济存在和发展的根本动因。从研究和实用上考虑，我们把区域限在一个主权国家疆域内，来考察它的地位、职能、作用、区际联系与变化规律。需要指出的是：这种区域尽管国家对它拥有政治、经济管理权，但它不是纯粹的行政区概念，也不是完整的自然地理单元，它是在一定层次的行政区划基础上，按照经济活动的内在联系形成的经济区域。

3. 开放性

一个独立的区域并不是一个封闭的区域，它是在一国总体目标的指导下不断与外界进行物质与能量交换，优化调整自身组织结构，发挥自己独特功能的单位。没有对外的开放性，就很难找准其生存的位置；失去总体目标的导向，就会走向无序、无度，陷入盲目、封闭、僵化、停滞之中。

各区域在发挥各自比较成本优势，追求自身利益最大化的同时，也随之建立起一套各具特色、专业化突出的经济结构，塑造了在整体中的地位和形象。在一国内部，不同区域之间既有分工又有协作，既相互竞争又相互依存，既相互独立又相互联系，构成整个国民经济体系。由此也可看出，区域经济学研究的区域问题，并不是把经济学原理简单地照搬到区域内，而是从区域入手，运用经济学及其他相关学科的手段，揭示区域经济结构，以及区域内外生产、交换、流通和消费等的有机联系及其在整体中的功能和地位。

## 二、区域经济学研究的对象、内容和任务

### （一）研究对象

人类的经济活动是一项十分复杂而又遵循一定规则运行的活动，它随着空间和时间的变化而变化，不仅受自然规律制约，还受到经济规律及社会、文化、科技等人文规律的影响。纷繁的经济活动、经济现象总是要落脚在特定的地域空间，这种经济活动与地域空间的相互作用，不仅造就了丰富多彩的区域经济，也构筑了区域经济学的基本研究领域。

作为一门独立存在的学科，不仅要有自己独特的研究对象和领域，而且应该有一个准确、规范的表述。中外许多学者基于不同理解、不同角度、不同侧重点，对区域经济学的研究对象作了不同的表述。有的从经济学出发，认为区域经济学是研究特定地理范围的经济学；有的从人类经济活动的地理分布和空间组织出发，认为区域经济学是研究稀有资源的地理分布的科学，区域经济学的研究对象是国民经济发展的地域组织规律，区域经济即空间经济学；有的从区域内外两个层次加以界定，认为区域经济学是以经济学的观点，研究在资源不均匀分配且不能完全自由流动的世界中，各个地区的差异以及各地区间的关系的科学；还有的学者从宏观上和政策实用层面上进行了界定。几种不同的定义和界定，都是在某种程度上对区域经济学本质的把握和揭示，但还未形成公认、统一的定义。确实，要用简洁、精确的语言，对区域经济学作出高度的概括和科学严谨的抽象，绝非一件简单、轻而易举之事，这是一项十分艰巨的任务，需要许多人的不断探索。有些学科的理论和本质的抽象就经历了几十年或上百年的探索，甚至时至今日还有争论，何况一个新生的区域经济学学科。

我们认为，区域经济学是研究和揭示区域与经济相互作用规律和相互关系的一门科学。这样界定区域经济学的研究对象，主要是力求体现出下述三个原则的要求：

第一，高度抽象的科学内涵。这就要求对本学科在复杂、纷繁的社会经济生活中所进行的各种实践活动作出合乎实际、合乎逻辑的科学概括。首先，把区域和经济作为两个相对独立的概念加以考察，这里的“区域”是指具有地域性、独立性、开放性的区域，这里的“经济”是指各种经济活动、经济现象、经济规律及经济政策等。其次，把区域与经济

作为一个有机的统一体来认识，它们之间既相互独立又相互联系，既相互作用又相互统一，构成区域经济学最根本、最核心的研究内容。最后，把区域和经济的相互作用及其相互关系问题作为研究对象，自然地划分了与其他学科的界限，便于理顺与其他相关学科的关系。一门学科研究对象的特殊性和排他性得到了维护和体现。

第二，简洁、明了、准确的语言概括。一个学科只有运用自己特定的专门术语或概念揭示和表现本学科的理论本质，才能具有旺盛的生命力，学科建设才趋于成熟、臻于完善。正如数学把数和形及其量的关系作为研究对象，化学把物质组成、结构、性质及其变化作为研究对象，地理学把人地关系作为研究对象一样，区域经济学也是将区域与经济的相互关系作为其研究对象。这种表述删去了不必要的修饰成分和条件因素，避免了罗列无尽的对区域经济问题的定义方式，淡化了时代性、倾向性，从而突出了研究的本质特点，保持了定义的抽象性、客观性、科学性和稳定性。

第三，容易理解，易于接受，便于记忆和使用。区域经济学是一门实用性很强的学科，有的学者称之为决策性科学。它从经济和社会生活中来，也将回到经济和社会实践中去并为其服务。把区域与经济的相互关系作为研究对象，直观形象、容易理解，且简明扼要、体现本质，利于使用和指导实践。

### （二）研究内容

区域经济学的研究内容，是依据其研究对象而确定的。它是把区域与经济相互作用、相互联系的关系作为其中心内容，不是孤立地或分别地研究区域空间或经济学问题，而是把区域与经济作为一个有机整体来观察、分析其产生、发展、演变的规律。区域经济学既揭示区域经济的总体运行趋势规律，又探讨区域各组成要素、各经济因素的相互作用及其变化规律；既研究在国家宏观经济体系中区域经济的地位与功能的变动规律，也研究区域之间的分工协作以及区域内部经济结构与变动规律；既研究各经济因素在不同区域的不同组合规律，也研究不同区域条件对经济因素的作用与效率规律等。区域经济学对上述内容的研究，是国民经济管理学、部门经济学、生产力经济学和经济地理学所不能替代的。区域经济学也绝不是“区域”与“经济”的简单叠加，具体而言，可以把区域经济学的主要研究内容概括如下：

（1）研究区域经济演变规律，尤其是探索在市场经济条件下生产力的空间分布及发展变化规律。

（2）研究在国家范围内建立多层次经济区域体系，在发挥各地区优势的基础上实现资源优化配置和整体经济效益最佳的途径。

（3）研究区域经济增长、产业结构转换升级、区域政策和效应规律。

（4）研究区际经济关系发展变动规律，主要包括区际间的均衡与国民经济总效率的关系、区域分工与经济技术协作、区域差异与区际关系的调整等。

（5）研究运用现代科学技术手段和相关学科成果，完善区域经济研究方法和开拓区域经济研究领域。

（6）引进国外区域经济学的研究成果和实践经验，丰富我国的区域经济学。

## （三）研究任务

任何一门学科都是在适应社会需求、符合时代需要的基础上发展起来的，区域经济学也是如此。它要生存、要发展，就必须为经济建设、现代化建设服务。因此，区域经济学的根本任务主要体现在以下两个方面：

1. 深入开展理论研究

一种理论要有效地指导实践，就必须不断地探索、总结和提高其水平。我国社会主义市场经济体制正在建立和完善之中，国内外经济发展又十分迅速，发展历史不长的区域经济学需要跟上时代的步伐，在理论上深入探索，许多在实践中行之有效的方法、措施和经验须进一步总结，现实中提出的新问题、新矛盾仍要及时、深入地研究。只有不断地把区域经济的经验及时总结、梳理、升华，上升到理论，并在实践中加以检验、完善、充实、提高，才能把这门学科推向新的高度。

2. 积极参加经济建设，推动现代化进程

区域经济学是在经济建设的实践中兴起的，具有显著的应用性特征。区域经济学在我国经过几十年特别是改革开放后 20 年的发展，已经成为我国社会主义建设中必不可少的重要学科之一。改革开放前，区域经济学主要用于厂址选择、铁路与公路选线、流域规划、地区规划、城市总体规划等方面；改革开放后，除原有领域外，主要还涉及经济社会发展战略的制定、国土整治、重大项目布局论证、经济区和经济地带的划分及其体系构建、城镇体系的建立、区域与城市规划、区域市场体系建设、区际关系协同与调整、区域可持续发展与区域政策制定等方面。

我们可以从国民经济的发展进程中，看到区域经济研究及理论指导实践的重要作用。在我国的《国民经济和社会发展第六个五年计划》中，第一次专门列出了“地区经济发展计划”的篇章，根据沿海、内地和少数民族地区三者的不同条件与特点，指出了各类地区产业布局方向。“七五”计划则进一步提出了“要加速东部沿海地带的发展，同时把能源、原材料建设的重点放到中部，并积极做好进一步开发西部地带的准备”。在迈向 21 世纪的《国民经济和社会发展“九五”计划和 2010 年远景目标纲要》的宏伟蓝图中，把“促进区域经济协调发展”放在了十分重要且突出的位置，并在三大地带的框架基础上进而提出了七个跨省市区的经济区域，以及有关政策措施。在进行“十五”计划的研究和中央发展经济的总体部署中，进一步把协调区域关系和加大西部开发力度放到重要位置。可以看到，我国区域经济发展的基本框架和政策体系已初步建立起来，随着我国改革开放和市场经济的进一步深入发展，区域经济学参与经济建设的任务会更多，需要区域经济学加以解决的现实问题会层出不穷，服务的范围会更加广阔、更加深入。

## 三、我国区域经济研究与区域经济理论的新变化

### （一）我国的区域经济研究

我国是个幅员辽阔、人口众多、各地自然条件千差万别、资源禀赋各有千秋、社会经济水平差异明显的大国。这种客观现实构成了我国国民经济及其空间结构的多样性和复杂性，如何从国情出发，合理组织经济的空间运动，就成为我国经济发展中的重大课题之一，也成为区域经济学研究的重大现实和理论问题。

早在1956年，毛泽东同志就在《论十大关系》中把经济建设中的沿海与内地关系问题作为推进我国现代化事业的十大关系之一，从最高决策层开始就已经十分重视并开始处理区域协调发展。20世纪70年代末改革开放后，邓小平同志指出，要允许一部分地区、一部分企业、一部分人先富起来，带动其他地区和其他单位的人们。这样，就会使整个国民经济不断地波浪式向前发展，使全国各族人民都能比较快地富裕起来。并且强调“这是一个大政策，一个能影响和带动整个国民经济的政策”。[①] 随后又指出我们的根本目的是实现共同富裕，不是两极分化。“平均发展不可能，先有一部分地区好起来，再去帮助差的地区，那就比较容易了。”[②] 邓小平同志还设想了在20世纪末达到小康水平的时候，就是要突出地提出和解决区域经济发展差距问题。“到那个时候，发达地区要继续发展，并通过多交利税和技术转让等方式大力扶持不发达地区。不发达地区大都是拥有丰富资源的地区，发展潜力是很大的。总之，就全国范围来说，我们一定能够逐步顺利解决沿海同内地贫富差距的问题。”[③] 邓小平同志以高屋建瓴之势勾画出了我国区域经济的大政方针，不仅极大地推动了以沿海为龙头的全国经济的发展，加快了社会主义现代化建设的步伐，也极大地促进了我国区域经济学的迅速发展。

我国的区域经济学研究起步较晚，作为一门经济学的重要分支学科，受到人们的关注不过是近十几年的事，它是伴随着我国改革开放的深入而兴起和成长的。目前区域日益成为整个国民经济持续、稳定、协调发展的重要因素，区域经济学研究也由此进入蓬勃发展的时期。

我国的区域经济发展及其研究明显地分为两个阶段：一是改革开放前在计划经济体制下以建设内地为主的均衡发展阶段；二是改革开放后在发挥市场机制作用下以发展沿海地区为主的梯度推移的不平衡发展阶段。这两个阶段的不同区域政策都取得了一定的成绩，

① 《邓小平关于建设有中国特色社会主义的论述专题摘编》，中央文献出版社1992年版，第239页。
② 《邓小平关于建设有中国特色社会主义的论述专题摘编》，中央文献出版社1992年版，第241页。
③ 《邓小平关于建设有中国特色社会主义的论述专题摘编》，中央文献出版社1992年版，第242页。

同时也都存在着不足之处。

改革开放前，我国经济体制是以中央高度集权、计划行政管理、排斥市场机制为特征。对国民经济空间层面上的研究，由于受苏联模式的影响，主要局限于生产力布局的理论和方法上，区域政策的取向以平衡布局发展为目标，追求和维护国家的政治和经济利益，区域利益主体没有独立性，区域内部产业结构配置以及区域间利益协调、产业分工格局均由中央政府统一安排，地方政府只是被动执行国民经济计划的一个环节，区域经济利益往往被忽视，或置于次要地位。这一时期区域平衡发展政策的积极效果是：改变了旧中国生产力布局的严重畸形状况，推进了内地的经济开发，增强了内地的自我发展能力。但区域平衡政策也产生了一些问题：第一，超越我国经济发展的进程，在国民经济主要任务是发展而不是缩小空间差异时，过早提出和实施了区域平衡发展战略，实际上反而使区域差距扩大了；第二，区域平衡发展的指导原则之一是为国防安全服务，而不是消除贫困，尤其在“三线”建设时期，这一原则被推向极致，造成巨大损失；第三，强调区域自成体系，导致区域产业结构趋同化，形成“大而全、小而全”的经济结构，丧失了区域分工效益；第四，思想方法片面化之，教条化，如强调生产关系决定论，忽视生产力对生产布局的作用，盲目模仿和照搬苏联的有关理论和方法，把经典理论绝对化、教条化、无条件化，使区域经济研究陷入僵化、缺乏活力的境地，抑制了它对实践的指导作用。

改革开放后，我国经济体制开始由计划经济逐步向市场经济转变，区域经济发展与研究的宏观环境发生了重大变化：第一，国家对宏观经济的管理由直接控制转向间接调控，市场在资源配置中的作用越来越大；第二，地方经济主体得到确立，其地位与作用逐步增强，由于财政、税收、计划、投资体制的深化改革和地方经济调控权的扩大，地方政府的责任、利益进一步强化；第三，我国经济发展战略模式由速度型、粗放型向效益型和集约型转变，传统的“均衡”布局已不适应市场经济规律的要求，代之以“效率”为目标的布局原则和政策导向；第四，实行对外开放政策，重点对沿海实行特殊优惠政策，结果使区位条件优越、经济基础雄厚的沿海地区得到高速发展。这一时期区域不平衡梯度推移政策实施的结果主要表现在以下几个方面：第一，使我国经济建设的重心大规模东移，又一次改变了原有的生产力布局格局；第二，在改革开放和经济发展的层次上出现了由20世纪80年代沿海向内地的梯度推进格局，转变为90年代的全方位开放与发展的新局面；第三，投资主体多元化，布局机制复杂化，新的经济主体和利益分配机制开始形成；第四，新兴工业地区和经济增长极成长迅速；第五，三资企业、乡镇企业和个体私营企业迅猛发展；第六，引进外资和对外贸易取得了长足发展，国民经济总体水平和质量有了明显提高；第七，人民生活水平增长较快，翻两番目标已提前实现。区域经济成为国民经济增长的新动力，过去那种单一的产业经济增长机制被打破，代之以区域经济为主体的新的国民经济增长机制。

在取得经济高速发展的同时，也出现了一些不合理的现象和不容忽视的矛盾与问题：区域经济不平衡不断加剧，区域差距进一步拉大，经济重心更加偏向东南沿海；扩权后的地方保护主义严重，出现地区封锁和市场分割，严重阻碍了区域分工与协作关系的发展；由于缺乏明确的区域产业政策指导，区域分工模糊，各地重复建设，产业结构趋同，缺乏规模经济，老工业基地相对萎缩，资源配置效率不高；区域倾斜政策与产业倾斜政策没能有机配合，导致产业结构失衡和生产布局不合理。

## （二）改革开放后我国区域经济学研究的新进展

近 20 年来，随着我国改革开放的深入和经济体制从计划经济向市场经济的推进，我国的区域经济研究呈现十分活跃的局面。这些新进展表现在以下几个方面：

第一，对“均衡”与“非均衡”“公平”与“效率”的关系进行总结和反思。从实践结果上看，过去那种片面的不顾环境条件的“均衡”布局原则，给我们带来了十分深刻的教训。生产力分散布局，既牺牲了总体利益，损失巨大，也难以实现公平目标，阻碍了我国现代化的进程。从思想认识根源上看，过去片面强调生产关系的决定作用，把区域经济不平衡发展看作资本主义的经济规律，使人们不能把握经济活动的真正规律，也产生了较大的负面影响。因而，改革的目标取向转为追求效率，打破“大锅饭”机制，建立市场调节机制。于是，改革开放伊始，传统的“均衡”思想和布局战略就受到质疑、挑战，并逐渐被人们冷落，而“非均衡”发展则得到重视和确立，我国立足沿海的区域经济发展战略也因此形成并逐步得到强化。

“效率”与“公平”孰重孰轻、孰先孰后，不同发展时期会给出不同的答案，但二者始终是相互联系、相互统一的。开放扩大了我国经济理论界的视野，西方经济学理论和国际经济理论开始不断被引入我国。根据短缺经济学原理和生产要素流动特性，在经济发展的起步时期，受资源短缺的约束，有限的生产要素在经济规律的作用下，只能流向效率较高、区位条件较好的地区，区域不平衡发展构成国民经济整体有效增长的必要条件，因此应执行“效率”优先原则；在经济发展中后期，有效需求成为经济发展的关键因素，促进新的经济增长点成长，实现区域平衡发展成为国民经济持续、稳定、协调发展的重要条件，经济增长和区域平衡目标是一致的，“公平”原则便跃居首要地位。

第二，积极开展区域经济发展战略研究。开展区域发展战略研究在层次上可分为宏观区域发展战略和地方发展战略研究；在内容的深度和广度上可分为国土整治规划、区域开发开放规划、可持续发展战略研究等方面，以及一些专题性研究，如区域产业结构调整研究、地方政府行为研究、区域市场发育研究等。这些研究以改革开放后新的视角、新的观念为出发点，集国内外最新理论之大成，推出了一批我国区域经济的研究成果，不仅在理论研究上，而且在参与经济建设的实践上，都呈现出一派生机勃勃的景象。各种发展战略理论层出不穷，代表性的有经济区（带）划分、梯度开发、逆梯度开发、增长极开发、点轴开发、网络开发、圈层开发等理论。我国东中西三大地带的划分与梯度开发推进理论、七个经济区（带）的划分与功能定位，都程度不同地应用了上述有关区域经济开发理论。同时也说明我国区域经济研究对国家社会经济发展不可忽视的巨大贡献。不同区域或不同主题的发展战略，均是在国家总体战略目标下，以区域为实施单元，从整体上或从某个专题上推进区域产业空间配置和区域分工合理化，提高资源利用效率，发挥地区优势，从而推动全国经济的发展。

第三，进行区域经济关系与调控体系的研究。随着中央部分权力的下放和分散，以地方政府为代表的区域经济利益主体地位和职能逐步形成并得到强化。尽管区域经济得到了较大的发展，但在区域关系上却出现了一些问题，主要表现为地方保护主义阻碍资源的合理配置，重复建设、资源大战及贸易封锁愈演愈烈，产业结构趋同，区域分工不清，区域利益扭曲，区域差距逐步扩大。这些现象不仅不利于区域经济的进一步发展，也直接影响了全国经济活动的有序平衡运行以及改革的深化，因而引起理论界的普遍关注。许多学者深刻分析了上述区域关系不良现象产生的体制与政策方面的背景原因，提出了依靠完善社会主义市场经济体制来克服这些区域扭曲关系的政策措施。另一些学者则探讨了区域经济协调发展的问题，指出了区域经济协调发展的内涵、主要指标和实现的条件。

由于中央部分权力下放引发而出现的另外一个问题就是国家宏观调控能力大为削弱。我国经济体制向市场经济推进需要国家的宏观调控，市场经济的欠缺又需要国家行政手段的弥补。这方面的研究在于合理地确定中央与地方的经济管理权限，建立起国民经济的两级调控体系，通过深化计划、投资、财政、税收等多种体制改革，完善经济和法律调控手段，明确两级调控主体的目标与责任，构建出区域经济管理体制框架。

## （三）知识经济时代区域经济理论的新变化

知识经济时代的来临使区域经济学的研究进入一个新的阶段，区域经济的实践也面临着诸多新问题。我们必须从理论上探索知识经济条件下区域经济运行的规律，塑造区域经济学理论的新构架。

*1. 区域经济研究以知识经济理论为基础*

知识经济是指以知识为基础的经济，区域经济则是指在特定区域内的经济，二者的关系在于：第一，知识经济是区域经济的重要组成部分，任何区域经济都是各种经济形态组合而成的综合体，各不同形态的经济所构成的比例关系决定了该区域经济的发展水平和特征；第二，区域经济是知识经济的载体，像其他任何经济形态一样，知识经济都必须落实在一定的区域上（知识经济的存在需要具备许多必要的环境条件，主要是指政策、人才等软环境条件，自然区位等硬环境条件要求不高）只有一定的发展，知识经济对区域经济发展的作用越来越大，使区域经济进入一个新发展时期，其特点是区域经济的全面关联时代的到来，世界经济全球一体化经济的到来。

*2. 区域经济发展转为以智力作为主要资源*

知识经济揭示了这样一个事实：那就是工业化之后，人类的脑力劳动的重要性超过了单纯的体力劳动，一个建立在脑力劳动及其产品的形式——知识为主的经济形态诞生并取代了以体力劳动为主的工业化经济形态。

“劳动是财富之父。”而劳动有两种基本形态：一是体力劳动；二是脑力劳动。经济发展过程就是一个脑力劳动不断代替体力劳动的过程，最后，终于在工业化之后，社会经济达到了这样一个水平，即脑力劳动的重要性超过了体力劳动，成为财富的主要创造因素，人类迎来了知识经济时代。从世界范围来看，工业化起源于英国，知识经济则出现于美国。20 世纪 50 年代末 60 年代初，美国首次出现“白领”阶层的职工人数超过“蓝领”阶层的职工人数，这可以说是知识经济（按照上述脑力劳动与体力劳动相关替代关系而论）诞生的起点。之后，作为知识经济的主要工具和服务形式的计算机工业和信息产业在美国迅速发展起来，逐步形成了美国经济的支柱产业，奠定了知识经济的坚实基础。接下来，“神奇的”计算机芯片和“神秘的”信息技术的强大的渗透力，对传统产业开始了根本性的改造，使整个经济从科研开发、设计到生产、销售等全过程信息化、自控化、智能化。一句话——知识化，最终实现了知识经济的完整形态。

从我国目前发展的水平来看，我国知识经济尚处于萌芽状态，无论是“白领”阶层的比例，还是计算机工业和信息产业的发展水平，以及传统产业的现状，都距知识经济的要求相去甚远。但是我国政府和领导人历来高度重视知识在经济发展中的作用，改革开放的总设计师邓小平同志，多次强调科学技术是生产力，而且是第一生产力，并且认为，中国虽然是一个发展中国家，但由于我们是一个十几亿人口的大国，因此，我们必须在高科技领域占有一席之地，否则，我们这样一个大国在世界的舞台上就将会始终处于被动地位。江泽民总书记也多次论述了知识经济的重要性。虽然知识经济从世界范围来说，还是初露端倪，中国则还显得有一定的距离，但作为经济发展方向，党和国家领导人从战略高度提出向知识经济迈进的目标是具有高瞻远瞩的眼光的。而且在现实经济中，我们应该从现在开始，就自觉地应用知识经济的一些要素和模式去发展经济，这样才会促进我国知识经济的到来。

3. 区域经济关系在知识经济影响下发生新的变化

知识经济为我国区域经济的协调发展提供了一个难得的机遇。长期困扰着我国区域经济发展的一些老大难问题，如区域分工不明确、地方重复建设、区域为争夺稀缺资源而战、空间市场分割、地方保护主义盛行等，有望在知识经济发展所带来的从技术、产品、服务到制度的变革中得到有效的解决。

区域经济是从地域空间的角度对地球上某一特定地区的经济所做的分析。区域经济最大的特点是从区域所具有的优势资源出发，根据区域分工原则，以满足市场需求为目标，建立有区域特色的产业体系和布局合理的空间结构体系。

从区域经济发展的具体内容来看，区域经济有三大主题：一是区域合理分工；二是区域空间市场一体化；三是区域差距的调控。知识经济作为区域经济发展的重要新动力，在区域经济发展的这三个方面都能发挥重要作用。

# 四、区域创新系统

## (一) 区域创新系统与模式

区域创新系统的概念来源于国家创新系统。最早提出国家创新系统概念的是英国经济学家弗里曼，他认为“国家创新系统是由公共部门和私营部门中各种机构组成的网络，这些机构的活动和相互影响促进了新技术的开发、引进、改进和扩散”。此后，美国和经济合作与发展组织，在国家创新系统的基本框架设计上，各自提出了一套有代表性的做法。

1. 美国模式

美国的国家创新系统在结构上一般分为创新执行机构、创新基础设施、创新资源、创新环境和国际互动五大部分。

创新执行机构——指企业、大学、国立科研机构、中介机构。企业是国家技术创新的主力，大学作为知识创新和知识传播的主体，国立科研机构是知识创新和技术创新的补充力量，中介机构是国家创新系统的重要环节。

创新基础设施——包括国家技术标准、数据库、信息网络、大型科研设施和图书馆等基本条件。

创新资源——指人才、知识、专利、信息资源和资金。

创新环境——是国家政策与法规、管理体制、市场和服务的统称。

国际互动——是指国家创新系统应参与国际竞争与合作，包括国际科技交流与合作以及国际贸易。

上述国家创新系统的五个部分，构成相互密切关联和互动、缺一不可的网络系统，各部分必须协调、均衡地发展，有效地运行。

2. 经合组织模式

经合组织认为，创新是不同主体和机构间复杂的互相作用的结果。创新系统的核心是企业，此外，科研机构和高校、中介机构则是创新系统中的主体。他们把国家创新体系作为一个动态系统来对待，其四大要素包括：

创新动力——指企业以及影响企业创新的直接动力因素。

转移因素——指影响企业了解和传递创新信息的人文、社会、文化因素。

科学和工程基础——指已积累的知识和科研机构，包括大学、基础研究、公共 R&D 机构和技术培训系统等。

环境条件——指为创新提供规则和机会的国家体制和结构因素，包括国民基础教育、通信基础设施、财政、金融、产业政策等。

经合组织强调以下四种知识和信息的流动：一是企业之间的相互作用，尤其是联合研究活动和技术协作；二是企业、高校和公共研究机构之间相互作用；三是知识和高技术向企业扩散；四是人员的流动，重点是技术人员在公共、私有部门内部之间的流动。这些技术和信息是创新过程的关键所在。

3. 其他模式

还有一些国内学者提出将创新体系分为知识创新、技术创新、知识应用和知识传播四个系统（方面）。

## （二）区域创新系统的基本框架

1. 目标模式设计的原则

第一，渐进性、动态性、阶段性和有限目标。创新系统是一个动态的概念，随着经济和社会的进步，创新系统也在不断发展与完善。不仅对于创新系统而言，不同的阶段完成的主要任务不同；就是对于政府来说，在不同的阶段调控的主要内容也不同。创新系统是一个复杂的系统，其组成部分的变革与进步，对整体的推进也只能是渐进式的，加上我国经济体制改革的渐进性，也就决定了建立和完善创新系统必然采取渐进式、阶段性推进和有限目标的方式。

第二，长远性、战略性与可持续性。创新系统的设计与运行，不仅要考虑近期实施的需要，更主要的是要考虑经济发展的可持续性要求。只有走技术创新可持续发展的道路，才能真正保持企业产品或产业的持久竞争力，才能从根本上解决资源、环境、人口与经济社会协调发展的问题。

第三，实用性、有效性、有序性或可操作性。建立创新系统的目的，在于培育与激发创新欲望和创新机制，壮大创新能力，优化资源配置，提高经济和社会效益，建立良好的创新环境，培养和壮大新兴产业、主导（重点）产业，激发老工业基地的活力（改造老国有企业、传统产业）；为实现“两个根本转变”，提升整个产业结构水平和实现经济的可持续发展服务。

创新系统的设计将紧紧围绕解决现存问题和未来发展的需要而展开。按照阶段性目标，针对不同时期技术成果商品化和产业化过程中的主要问题，顺序推进有力措施，加以解决；在创造有竞争力的优质产品方面、创新机制方面进一步提高。该项原则也是检验创新系统能否成功的重要内容。

第四，开放性、系统性。开放是技术创新的一个重要源泉。当今社会，技术创新过程本身就是开放的。搞系统封闭是行不通的。任何一个区域或城市，进行技术创新活动所需的资源、资金、人才、技术、设施、信息等不可能应有尽有。如果仅局限于自身开展技术创新，那将会走入死胡同，窒息创新活力。我们的原则是在建立区域创新系统的过程中，强化知识、技术流的形成，淡化部门概念、隶属概念、地域概念、系统概念，强调区域整体的开放性，使区域创新系统中的各个部分及其组织机构间，具有明显的开放特征，充分吸收和利用外部的条件，推动区域创新系统的完善和创造经济发展的活力。

2. 区域创新系统的目标定位

第一，培育与激发创新欲望和创新机制，建立良好的创新环境。针对某些区域创新欲望（观念）不强，技术改造包袱沉重，研发困难，创新机制与环境欠佳（研发成果保护不力、转化投入不足、优惠政策不落实）等问题，区域创新系统的目标就是要从机制和体制上着手，建立良好的创新环境，解决这些不利于技术创新活动的重大问题，真正实现由粗放型向集约型转变，由计划经济向市场经济转变，实现经济的可持续发展。

第二，壮大创新能力，优化资源配置，促进产业结构高级化。根据区域或城市产业结构的调整方向，以及资源的可支配性和可获得性，实施有重点、分阶段地培养和壮大新兴产业、主导（重点）产业，激发老工业基地的活力（改造老国有企业、传统产业），以加快创新能力的获得和扩散，有效地利用技术成果创造出有竞争力的优质产品，最终提升整个产业技术结构水平，使区域创新系统成为区域经济发展的“火车头”。

3. 区域创新系统的时序进程

区域创新系统从建立到成熟是一个发展的过程，其中有渐进式，也有跳跃式。实际上，创新本身就意味着非“常规”。不同的阶段可以有不同的发展模式。总体上来看，区域创新系统的模式变化可以分为几个主要阶段：

第一阶段，也就是创立阶段。该阶段系统正处于构建时期或雏形期，其组成要素并不完整，系统的建立要靠政府来推动（可称创新系统的政府主导型），企业和科研院所虽然进入到创新领域中来，但其科研开发力量仍是分散的、无序的，合作开发是脆弱的、随机的（偶然的），市场的作用还很不突出。此时，中介机构很不健全。

第二阶段，也就是成长阶段。这一阶段开始由政府单独推动技术创新逐步转变为向市场多元主体共同推动技术创新，科研院所、大专院校与企业之间的联系在市场的作用下，进一步加强，中介机构得到较大发展。企业与创新系统的实力得到增强，表现在新产品不断涌现，引进基础上的消化吸收和国产化水平在不断提高，企业技术改造速度加快，经济得到较快增长和人民生活水平得到较快改善。这一时期的特征是市场和政府共同推进技术创新（可称创新系统的政府与市场共推型）。

第三阶段，也就是成熟阶段。创新系统的产业化和商品化水平基本跟上社会需求，创新系统的对外输出占有突出份额，此阶段的特征是政府的作用已退居次要，而让位于市场（可称创新系统的市场主导型），市场在组织、调整、配置资源方面起着主导作用。此时，中介机构十分发达。

**表 1　区域创新系统的模式变化的主要阶段特征**

| 阶段 | 企业 | 政府 | 市场 | 中介机构 |
|---|---|---|---|---|
| 雏形阶段 | 主体（弱小） | 主导 | 作用弱 | 不健全 |
| 成长阶段 | 主体（壮大） | 共同作用 | 共同作用 | 大发展 |
| 成熟阶段 | 主体（独立） | 引导 | 主导 | 发达 |

下面我们以山东淄博市区域创新系统的构建为例，进行简单的分析。

淄博市的区域创新系统是一个分阶段系统发展完善的模式。为了与国家国民经济和社会发展规划时间序列相吻合，淄博市区域创新系统的建设分为两个时段：近期是“十五”时期，中远期为2010年。

第一发展阶段：“十五”期间主要任务是初步形成在山东半岛城市群中强有力的创新基地，基本完成创新系统模式第一阶段向第二阶段的转换，具备较为完善的合作开放的研发体系，政府宏观间接管理的政策导向体系，市场和中介机构作用明显的调节、服务传系。总之，有利于科技与经济结合的，科技、产业、市场、政府等各系统相互联系促进的组织网络和运行机制已经建立起来。

可首先发展石化、陶瓷、机械、医药等优势产业的创新子系统。高新技术产业开发区是近期系统建设的重点。创新系统建设的起点应是加强中小企业的技术创新服务体系，构筑大企业与中小企业产业分工基础上的创新系统。现阶段创新活动的重点，一是提高名牌产品的持续创新能力，二是以高新技术改造传统中小企业。

目前，发展本地风险投资的条件尚不成熟，发展高新技术产业应选择以下途径：依托大企业或现有名牌产品，借用外地的风险投资，实现现有资产重组。

第二发展阶段：到2010年以后，力争在全国工业城市中，形成重要的技术创新中心，将创新系统模式由第二阶段向第三阶段（成熟阶段）推进，彻底完成区域创新系统的政府主导型向市场主导型转换，创新行为进入自觉创造阶段。

**表2 创新系统两个发展阶段的主要指标**

| 主要指标 | 1998年 | 2005年 | 2010年 |
|---|---|---|---|
| 新产品产值率 | | 25% | 35% |
| 高新技术产品产值占工业总产值 | 7.5% | 20% | 30% |
| 科技进步在经济增长中的比重 | | | 55% |
| 专业技术人员占总人口的比重 | | 8.7% | |
| 大中型企业生产装备与技术工艺水平达到发达国家水平 | | 20世纪90年代中期水平 | 21世纪初水平 |

## （三）区域创新系统的总体设计

学习和借鉴国外建设国家创新系统的经验，参照我国目前建立国家创新系统的设想，区域创新系统应是以激发创新欲望、提高创新能力、建立有效的创新机制和服务于经济和社会发展目标为导向，由多元化的创新主体、网络化的创新过程和集效化的创新目标所共同组成的开放的组织和系统。从系统结构上来说，区域创新系统框架建设包括创新机构、创新资源、中介服务系统、管理系统四个相互关联、相互协调的主要组成部分。

在区域创新系统中，创新机构指企业、科研院所、大专院校和政府有关部门（如政府直接推动实施的重大科技项目），不包括中介机构。其中企业是最重要的创新活动行为主体，它应逐步成为技术创新、知识应用、创新投入的主力。创新体系必须充分激发各创新主体的积极性，促进各创新主体之间的协调与联合。科研机构应为创新活动提供知识和技术的支持；大专院校要为创新人才的培养、知识的创新和传播发挥基础作用。创新资源是创新活动的基础要素。创新人才是创新的核心资源；资金是创新活动正常进行的重要保证，多渠道的创新资金投入体系是创新系统的关键环节。对于信息、知识及知识产权等资源在创新活动中的作用同样应给予重视。中介服务系统在技术和知识转移过程中起着桥梁的作用，发展中介机构也是社会主义市场经济体制的基本要求。管理系统创新需要政府对创新目标进行引导并营造有利于创新的环境，制定有利于创新的政策，如包括建立起有利于创新资源和要素流动与互动的公平竞争机制，有利于创新活动的分配激励机制，有利于参与国际合作与交流的政策。

创新系统的总体设计如图 1 所示：

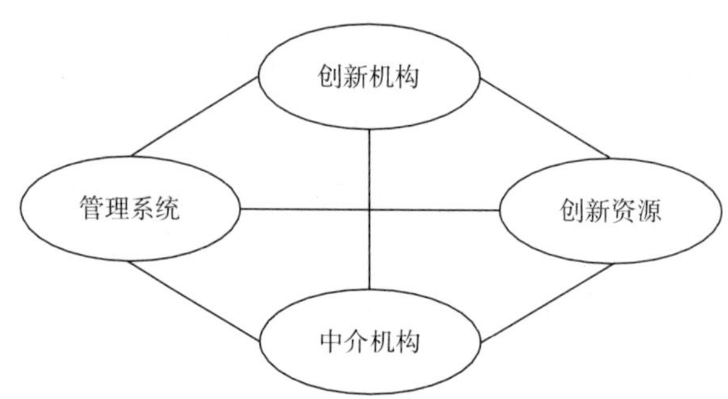


**图 1　创新系统的总体设计**

1. 创新机构

第一，企业是实施创新的主体。企业作为实施物质生产、流通和交换等经济活动的一种主要组织形式，已经成为技术创新活动的基本单位。在整个创新过程中，企业是首要环节，可以说创新始于企业，也终于企业。企业既是创新的组织者，又是实施者。企业的创新并非是要企业来完成一切研发以至中试、生产的全过程，它可以借助外部的力量和资源，实行开放性的技术引进和合作方式来最终实现其产品或工艺的创新、管理的进步、市场与利润的扩大。

企业能否成为技术创新的主体，是技术创新系统建立成败的关键。企业是科技与经济的结合点，是经济质量和市场竞争力的体现。要实现产业结构调整和经济结构优化必须切实加强企业在技术创新中的地位，促使企业把加快技术进步放在企业发展的突出位置，并尽快成为技术创新的主体。企业要成为技术创新的主体，首先必须成为创新投入的主体，必须解决好创新的活力与动力问题，主要是在机制和体制上调动企业技术创新的积极性，增强企业技术创新的能力。例如，淄博市创新主体的建设，近期仍应以国有大中型企业为主，但同时要积极推进众多小企业创新机制的建设；对中小企业技术开发给予补贴；投资补贴或贴息贷款带有风险分担作用，以支持成果转化活动。国有大中型企业主要是解决创新机制和经营体制问题，小企业主要是帮助其解决市场或中介服务问题；私营和外商投资企业本身具备较好的创新机制，虽不是政府推进创新工作的重点，但要积极保护，使其成为创新系统中最具活力、最具影响力、带动力的因素。中远期则以完善中小企业的创新机制为主，从而全面将企业推向市场竞争的舞台。

目前，困扰我国大多数企业技术创新的主要外部因素是：市场体系发育不够和市场规则不健全；企业的主体地位没有真正确立；缺乏技术创新所需要的资金；缺乏市场和技术信息及其他可利用的外部服务；难以找到适用的人才；对技术创新的扶持和激励薄弱等。对此，淄博市企业与科研院所合作共建的几种形式还是值得提倡的。如一些大中型企业或骨干乡镇企业，或是出资控股科研院所中的相关部分科研单位，买断其科研成果；或是以利益共享、风险由企业负担的优惠条件与科研院所合办技术开发机构；或是直接在科研院所建立自己的科研机构，把其最新成果用最短的时间转化到企业。

第二，科研机构是创新的源泉之一。科研机构通过研究和开发新产品、新技术，推动区域的科技创新。科研机构一般有政府所属和企业所属两类。淄博市 24 所开发型专业科研机构中，已有过半数进入企业，成为行业或企业的技术开发中心。淄博市的一些行业性的研究机构，如齐鲁石化公司研究所，技术力量强大、设备先进、实力雄厚，主要承担着国家比较长远性的任务，其目的是为国家的长期发展提供建设支持，但也进行一部分商业性的技术开发。他们既为国家也为当地发展提供双重服务，因此，他们是区域创新系统的重要组成部分。还有一些自主经营的研究与发展机构，如淄博市民营科技企业已有较大发展，目前有 316 家，从业人员 20665 人，科技人员占到半数以上，1998 年这些企业实现技工贸总收入 25.43 亿元，年产值超亿元的有 8 家，过千万元的有 38 家；有 12 家被认定为高新技术企业。他们的研究重点是面向市场，开发具有近期商业价值的项目。这些机构创新速度快、周期短，对于保持经济的活力有一定的益处，在创新系统中充当重要的补充作用。

第三，大专院校在创新系统中有着独特的功能。大专院校在创新系统中，既可承担研发任务，又可承担教学任务，进行培训和知识传播。传播知识是其一方面的任务，但更重要的是，今后在创新系统的发展中，他们的职能主要是为当地、为企业培训和输送有创新能力的人才，出来办企业的人越多，转化的科技成果越多，在知识传播、经济发展中的作用越大。

在进行先进技术开发或引进中，需要避免过去一直没有很好解决的单纯追求高技术嫁接改造生产或工艺的问题，因为这并不意味着经济效益一定提高，反而会加大生产成本；致使一些企业造成“技术改造不改等死，改造找死”的局面。同样，追求高附加值产品也有类似的问题，要看自身的技术水平和产品出路。衡量标准只能以产品有无市场来定。

此外，国际间的科技合作与交流是一个不可忽视的方面。由于世界经济一体化和知识经济的推动，网络社会、信息产业、电子商务等发展迅速，科技对外开放随之扩大。例如，淄博市“九五”期间引进外国专家20人次进行技术指导和培训，引进外国专利技术。“十五”期间，推进高新技术产业化是完善创新系统的一个重要方面。

2. 创新资源

创新资源由两部分组成：

第一部分，创新资金。长期以来，我国的科技投资体制主要是依靠政府的投入，这种格局在今后一段时期不会有大的变化。但随着我国社会主义市场经济体制的发展完善，国家、集体、外资、社会（个人）等多层次、多渠道的投融资机制将会成为科技投资发展的方向。目前，创新系统的投融资系统，应主要以财政为主、银行等配合，作为技术创新的“种子”投入。同时，积极建立金融市场（风险投资）等新兴手段，包括利用基金等其他融资渠道，为创新系统的健康成长奠定基础。

远期的融资系统，应以市场运作为主，包括积极吸引外资，发挥风险基金（投资）的功能。由于有些地区财政负担较重，基本属于吃饭财政，政府近期难以拿出较多的资金进行公共创新基础建设。可考虑在动员社会资金的基础上，实施流动递增建设思路。即集中有限资源，重点支持某一领域的技术创新待取得创新成效后从增加税收中按一定比例用于增加公共创新基础建设投资。

第二部分，创新人才。人才是创新之本。发挥现有技术人才的作用，调整人才结构是区域创新系统构建中亟待解决的重要问题。例如，淄博市高层次人才数量仅占全市专业技术人才总数的1.5%，在高层次人才中，基础性人才与开发应用性人才之比为10∶1，且年龄结构趋于老化，“断层”现象日益突出，缺乏高层次、高水平的科技攻关带头人；另外，人才分布或使用错位，在大中型企业中具有高级职称的技术人员仅占职工总数的0.5%，许多人才并不在技术开发第一线，而是在政府和文教系统，这种情况加剧了该市经济和社会发展对人才需求的压力，因此，近期要对人才引进、人才培养和人才配置上采取更为有力的措施，包括人才的聚集机制和使用、激励机制。

制定对创新者（包括技术人才、管理人才）的激励政策和人力资源开发与管理政策。建立人才的引进与使用的虚拟网络，通过期股、住房、奖励、创业基金等方式鼓励人才进行技术创新，并促使人才流向技术开发第一线，是区域创新系统构建的重要措施。经验证明，一方面，要发展和支持大型的企业或集团公司进行技术创新，另一方面，还需要放手让科技人员去办各种中小型技术公司。

企业家作用的发挥直接关系到企业的技术创新活动是否活跃；创新活动的成功与否，在很大程度上取决于企业家的战略眼光；科技成果商品化的成功实际上取决于企业家对创新过程的成功管理。

此外，应积极吸收国外先进技术和智力，鼓励国外科技机构或企业合资创办研发、咨询机构。

3. 中介机构

中介机构是创新活动和科技成果产业化中的一支不可忽视的重要力量，是市场机制的重要载体，是联系科技与经济的中介，他们是市场经济条件下的组织创新，是衔接创新组织系统中各个部分的重要桥梁和纽带。这些中介服务和技术支持系统的作用是：催化、裂变、促进、服务。主要包括：信息中心、培训中心、咨询公司、经纪人组织、技术评估机构、技术争议仲裁机构、创业服务中心、生产力促进中心、技术开发交流中心，以及技术市场、科学园区、高新技术产业开发区等。

技术创新源于市场、依赖于市场。市场环境是促进技术创新的一个基本动因。为了增强技术创新动力和提高技术创新效益，需要一个开放、统一、有序、能够进行公平竞争、优胜劣汰的市场环境。技术创新是以市场经济为基础的，技术创新的来源包括技术发展主要依赖于市场的需求，技术创新的成功又是以创新产品或服务取得市场上的成功为主要标志的。

在促进中介服务机构（系统）成长的政策方面，主要包括：信息业、咨询业、教育培训业、技术服务业、创业服务中心、生产力促进中心建立和发展的激励政策。目前，可以先扶持隐含在企业或科研机构内有关市场信息机构、技术信息机构、中介机构的成长，到一定阶段，使其脱钩分离。

4. 管理系统

管理系统是指政府为了建立和管理区域创新系统的机构和机制。也就是说，以政府行政手段为主，辅之以经济（市场）、法律手段进行的调控、整合、监测、评价工作系统。当企业需要从外部获取创新资源时，往往需要政府部门提供某些资源。

政府在促进技术创新工作中有着特殊的地位与作用，在创新系统的建立和成长阶段起着第一推动力的作用。在创新系统的成熟阶段，政府的工作在于发挥市场的调节作用。政府作为区域创新系统中的重要组成要素，既是区域创新系统规则的制定者，也是区域创新活动的直接参与者。在国家宏观管制日渐放松的情况下，地方政府作为地方发展的直接指导组织，一方面贯彻国家的宏观指导政策，另一方面结合本地的实际情况，制定促进当地发展计划和设计执行有关区域发展的各种机制，为企业技术创新创造良好的环境。

创造良好的政策环境是政府促进创新的首要职责。政府在创新中要充分行使目标引导和创造环境两个主要职能，完成三个机制的建造与监督运行，即规范机制运行（发现和确立新型的、更加有效和高效的机制）、协调机制运行（消除矛盾，达成共识，创造合作机会）、参与机制运行（平等参与，弥补市场作用缺陷）。创新不仅需要短期的扶持政策，更需要一个长期稳定的政策环境。政府的管理或干预，主要应集中在对创新环境的改善上，而技术的发展仍然是企业按照市场需求自行推进的。

当前政府的管理要以市场为导向，放权到位。进一步推进国有企业改革，建立现代企业制度；同时，深化科技体制改革；鼓励有条件有实力的开发型科研机构，创办科工贸一体化企业，或向企业、企业集团转化；鼓励厂办科研机构独立挂牌，成为厂两特区，面向企业，也面向社会。

技术创新主体是企业，但并不意味着政府无所作为。即使创新系统发展到了高级阶段，也不可能不要政府，因为市场毕竟还不完善，有失灵、有缺陷。地方政府在技术创新活动中是大有作为的。美国目前出现的一些主要的新创举，如风险投资、创新中心、卓越中心以及像硅谷、波士顿128号公路之类的科学园区，并不是首先由联邦政府提出和支持的，而是在各个州发展起来的。还有一些是由民间自发搞起来的。地方和民间的创举比之中央政府的措施，常常更有成效。

政府促进技术创新和创新系统发展的政策手段主要有：政府对科学研究和创新活动的直接拨款；促进高新技术发展和传统技术改造的各种大型技术计划；各种财政金融手段如贷款、补贴、减免税、风险投资等；对研究活动的协调；专利系统的改善；减少市场的不确定性和不完备性；鼓励创新活动的各种奖金和奖励措施；为创新活动创造良好环境的宏观和微观管理，各种教育培训计划。政府政策的出发点应放在如何更好地启动和发挥市场机制的作用上，只有通过政府政策使市场机制得到有效发挥，政府政策才能发挥最大效力。

创新活动包括一系列环节，诸如开发决策、研发资金的筹集与使用、研究开发、成果转化和产业化等过程。在这些不同的环节上或过程中，都需要有相应的政策加以支持，如：①研发过程：鼓励建立中试机构、技术支持（大企业支持机制）组织的政策。②研发资金的筹集与使用：制定技术开发基金、开发贷款担保、财政与税收（折旧、减免税、基金）的优惠政策。③开发决策过程：制定信息收集、处理等科学民主决策程序，如提供标准顾问团、专利与市场信息、不干预企业决策的规定等。④研发成果、成果转化和产业化：对研发成果的支持包括专利申请资助（开发基金）、技术评估后向银行推介；对成果转化包括成果转化的优惠政策、与有关科研院所（或其他企业）联合开发和转化的政策，以及引进国外技术的鼓励政策、（引进和吸收外国技术）等。⑤对技术成果产业化包括：贴息贷款、质量监督、建立技术成果商品化和产业化的激励机制等。市场开拓方面包括：行业自律管理，保护知识产权。

5. 创新系统的关联机制与调控

在市场经济下，推动和实施技术创新的主体是企业，今后，区域创新系统建设与运行都将以企业为中心，特别是以有创新能力的企业为中心展开。主要的创新者是企业家。在一般情况下，研究机构只有部分技术创新功能。对于有些由政府推动的特别是一些重大技术创新项目来说，政府也成为创新的主体，政府的有关管理人员和负责人也是创新者。

创新主体、研发、融资、中介、管理等各系统之间的关联，是依照内在的利益机制和外部的竞争压力机制，相互依存、相互约束、相互作用。其中基本的机制包括：利益驱动机制、决策信息机制、竞争协作机制、学习培训机制。关联机制中的一大关键是，处理好地方与中央企业发展关系，打破条块分割、封闭开发的状况，相互沟通、通力协作、发挥各自的优势。因此，发挥区域优势，优化配置当地资源，是政府调控的重要目标。

关联机制的另一个问题是企业的大小关联、强弱关联、不同所有制的关联。在区域创新系统中，存在着一些有创新能力的企业不想或不敢创新，一些缺乏创新能力的企业却仿冒严重的问题，长期下去这将直接影响企业产品竞争力和创新系统的持续创新能力。大企业创新活动一方面拉动了地方中小企业发展，但另一方面却造成大企业产品被仿冒，削弱了产品的市场竞争力。政府应引导创新扩散与模仿，引导中小企业正当模仿，使大企业与中小企业的产品合理分工，有序跟进，大企业与小企业可形成一定的配套分工体系，建立大企业带动小企业，小企业支撑大企业的创新组织体系。

强化关联在于以发展产业链为纽带、以市场为中介、以效益为中心，进行不同层次、不同范围的协作、配套、服务。

技术创新活动并不简单的是企业的事情，技术创新系统的建立也并不简单的是部门的事情。技术创新是涉及科学技术、经济和社会发展的复杂过程。企业是技术创新竞赛场上的运动员，部门则是裁判执法者，真正的欣赏者是社会公众（消费者）。

技术创新系统在于把社会上分散的、局部的、单项的活动，按照一定目标和一定规律组合成为有机结合、相互作用的有序系统（美国著名的曼哈顿计划、阿波罗计划、星球大战计划、信息高速公路便是如此）。由此看来，政府的作用不可缺少，尤其是在我国现阶段市场经济还不完善的情况下，更需要政府来组织。

政府在促进技术创新政策上的三个基本点是：支持创新者、减少创新障碍、建立创新机制（技术文化）。引导企业建立起可持续的创新机制和企业的教育培训系统（持续性教育），倡导名牌、优质品牌的创新。政府直接与企业关联，参与企业的活动，以支持重点发展的产业或产品，也是创新当中不可或缺的。类似美国的“集成电路技术发展公司”，1987 年由联邦政府和 10 家私营公司（包括 IBM、AT&T、INTEL、HP 等）各出资 1 亿美元组成，其目的是振兴集成电路工业进行创新前沿研究。政府的扶持、调控、协调、管理等都需要站在较高的层次上进行，并且力争用最低的管理成本获得较高的收益或效率。这就离不开战略研究。技术创新所需要的不仅仅是研发的投入，以及市场刺激因素，而且还要有战略研究、科学决策和管理技术，正是由于后者，才把新技术的可能性与市场的需求结合起来。例如，近期淄博的战略研究重点应是扶持和协调政策，中远期重点是管理政策。三类政策中还可具体分，如扶持政策中的科技政策；加强对教育和研发的投资，如支持建立工程技术中心、工程技术学校等；积极支持科技成果迅速转化为商品，如为建立的创新开发公司、风险投资公司等提供“种子资金”等。

# 关于企业布局和项目评估*

## 一、企业布局

### （一）企业与企业布局

企业的一般定义，是指利用所拥有或控制的各种经济资源，为社会提供某种产品或服务的经济组织。其本质是人们在行政关系中组织起来，分工协作，生产出比单个人劳动更多的产品。具体到不同的经济体制框架中，企业又有不同的含义，企业与政府的关系、企业与企业之间的关系都不尽一致。显然由于这种差别，不同体制背景下企业的经营目标，其布局决策的原则、范围、程序和结果都各不相同。所谓企业布局，是指企业为了达到一定目标而在空间上选择有利于该目标实现的位置，这个位置即称为企业布局的最优区位。企业布局就是企业最优区位的选择。

传统的计划经济体制下，政府通过计划行政手段直接组织国民经济生产和分配活动，企业只不过是政府属下的生产部门或生产机构而已，完全依附于政府各部委（“条条”）和地方各级政府（“块块”）。企业虽然也要讲求经济利益，但其经营的利润目标常常被迫让位于产值规模目标，以便使其在国家计划行政等级序列中占据更高位置。政府的政治目标、社会目标代替了企业的利润目标、资产目标，部门和地方利益代替了企业的自身利益。表现在企业布局决策上，是普遍的从地方和部门的本位利益出发，争投资、争项目，盲目布点，重复建设。

随着社会主义市场经济体制的逐步确立和完善，企业逐步获得了经营自主权，自负盈亏，自担风险。企业与政府的关系，逐步从行政隶属关系转化为受资企业与出资者的关系，或宏观经济管理关系。企业凭其资产拥有法人地位和法人财产权，能够独立自主地做出经营决策，企业自身利益得到更大保障。企业布局的原则从政治、社会方面转移到了经济、环境方面，有利于企业利润最大化成为企业区位选择的出发点。企业布局决策的范围

---

* 本文选自中国人民大学区域研究所《产业布局学原理》，中国人民大学出版社 1997 年版。参与者：胡建平。

也扩大了，不仅要决定在何处生产和销售，而且要决定企业流通渠道的空间形式。

由于企业布局目标和原则的变化，企业布局的依据也会产生相应变化。传统体制下企业布局决策由政府计划部门做出或批准执行，其根据是国家的社会经济发展目标和全国地区生产力综合平衡。而在市场体制下企业布局决策由企业自己做出，其根据是企业自身拥有的资源条件和外部环境状况。

企业拥有或控制的内部资源条件即为企业的所有权（公司）特征。它包括企业名下的人力、财力、物力等硬件资源和商标、专利、商誉、公共关系等软件资源。企业所面临的外部环境主要有两个方面的内容：①从需求方面来说，企业要想在竞争中取胜，就必须千方百计满足市场需求，为目标市场提供令顾客满意的产品和服务。以此为出发点，企业精心设计其产品的品型、质量、价格、销售渠道和推销方式等营销组合要素。为了保证营销组合目标的实现，必须从企业的资源投入到产品产出和分配等一系列环节采用适当的组织方式、技术装备、生产工艺和管理技术。它们共同构成了企业的技术特征。企业的技术特征主要包括两个方面：产业技术特征和规模技术特征。前者指企业所属行业的基本技术特征，不同的行业其生产设备、技术工艺等各不相同；后者指企业由于规模不同而采用不同的生产方式和工艺流程。企业的技术特征必须在其所有权特征支持下才能得到实现。②从供给方面来说，企业特征（所有权特征和技术特征）的实现，有赖于企业外部资源条件的组合状况。企业特征一旦确定，就必须寻找其实现所必需的各种外部资源条件的最佳组合，以便使企业特征优势得到充分发挥，在市场竞争中赢得一席之地。

## （二）企业布局的指向性

### 1. 企业布局指向性原理

上面我们说过，市场经济体制下的企业，其布局依据是：①企业特征，包括所有权特征和技术特征；②外部资源条件组合。不同的企业有不同的企业特征，因而需要有适合其生存发展和特征优势发挥的不同的外部资源条件，这些条件越具备，则企业越能更好地组织生产经营活动，降低生产成本，实现更大利润，提高和保持市场竞争力。问题是外部资源条件在空间上的分布是不平衡的，一方面，每个地区都有其独特的外部资源条件组合，适合于不同企业的企业特征要求；另一方面，任何一个特定企业所要求的外部资源条件不可能都集中在某个区位上，相反却常常分布于几个不同的地区，并从各个方向上对企业布局施加引力。来自各个区位的引力互相作用抵消，必然使企业布局指向引力最大的区位。该区位可以最大限度地满足企业对外部资源条件的要求，称为企业布局的最优区位。因此，所谓企业布局的指向性，就是指企业在布局决策中，趋向于选择（或者说指向）能最大限度满足其企业特征的资源条件要求的最优区位。

寻求企业布局的最优区位是区位论研究的核心内容。自 1826 年杜能发表《孤立国》以来，区位论作为经济学的一个分支已具有悠久的历史。随着资本主义经济的历史发展，区位论对产业布局的研究也大致经历了成本学派、市场学派、成本—市场学派、社会学派、行为学派等不同的发展阶段。对区位因素的研究也逐渐从单一过渡到多重。但从总体上看，区位论对企业布局最优区位的研究角度大致如下：

（1）运输费用。“原料地—生产地—销售地”可视为厂商运输的简单理论模型。从节约成本及提高效率的角度出发，企业布局时必然会追求运输费用最小。当原料地与销售地发生空间上的分离时，就会产生多角关系，几个力从不同的角上对企业施加引力。在这种情况下，企业位置的选择可通过力学模型导出，亦可视特殊吸引因素而定。

（2）劳动力费用。区位论在运费研究的基础上进一步叠加劳动力费用因素，如果空间上存在劳动力费用最低点，且不与运输最低点重合，就存在两者引力的平衡问题，表现在空间上就是最优区位的重新认定。区位论对这个问题的解决是从属原则，即倾向于费用节约最大点。另外，也可视不同产业对以上两因素依赖程度的大小而相机选择。

（3）集聚与分散因素。这就是经济学中常常谈论的外部性问题。在一定阶段，集聚能导致企业巨大的外部收益，带来生产上的便利，直接促成利润的增加；但超越一定规模，由于过度拥挤，外部条件的优越性会丧失，甚至走向反面，给企业规模带来不经济、成本增加、销售困难、环境污染等是最突出的表现。这时就要寻求最佳集聚点，做出空间区位选择。

随着现代市场经济的发展，区位论对企业布局的研究也在逐步深化，理论和方法都较以往有很大不同，模型也从静态转为动态。数学，尤其是统计学的介入在加强。目前发展较为成熟的系统动力学模型可视为企业布局区位选择微观化的显著标志。

2. *产业布局的产业指向性*

运用企业布局指向性的概念，可以很方便地在企业布局决策活动中抓住主要矛盾，从企业特征出发来选择企业布局的最优区位。但是我们知道，企业特征的内容很多，具体从哪个特征出发来确定企业的指向性呢？大量的实践经验表明，企业的产业技术特征是决定企业布局指向性的主要方面。不同的企业有不同的产业技术特征，隶属于不同的产业部门，从而其对外部资源条件的要求也各不相同。企业布局的产业指向性，就是指企业布局指向该企业所属产业部门所要求的外部资源条件集中的地区，以就近利用这些条件，降低生产成本，扩大利润。但必须注意产业指向性只是一种趋势过程。由于影响企业布局的因素很多，只可能把其中最主要的因素同指向性概念表达出来，次要因素对企业布局的作用则理解为对指向性趋势的偏离。也就是说，在进行产业布局决策时，必须先考虑其产业指向性，再结合其他因素最终确定企业最优区位。

产业部门种类繁多，不同的部门有其独特的指向性特征。粗略分来，一般有以下几类指向。

（1）燃料、动力指向。这类部门包括：火电站，铝、镁、钛等有色金属冶炼，电冶合金，稀有金属生产，合成橡胶生产和石油化工等。燃料、动力资源对重型机器制造、水泥、玻璃、纸浆造纸等部门影响也很大，但不是最主要的，在这一类部门中，燃料动力的耗费在总生产耗费中所占比重较其他部门高得多，一般占到35%~60%。

（2）原料地指向。这类部门包括采掘部门，原料用量大或原料可运性小的加工部门，如各种原料开采，化工中的化纤、人造树脂和塑料生产，水力发电，钢铁、建材、森林工业，用料多的重型和部分中型机械制造部门，轻纺工业中的制糖、罐头、乳肉加工、水产加工以及茶叶、棉花、毛皮等的初步加工等。总之是物耗高的部门。

（3）消费地指向。主要是指为当地消费服务的部门，以及产品易腐变质、不耐运或不易贮存的部门。另外还有产品比原料更不宜于远运的部门，如起重、搬运机器或锅炉等制造部门，金属结构、钢筋混凝土预制构件，面包、糖果，缝纫以及带有大量水分的产品生产部门（酱油、醋、酒类、各类软饮料等）。

（4）劳动力指向（包括劳动力的量和质两个方面）。此类部门有仪器、纺织、制鞋、缝纫、制药、塑料制品等。

（5）中心指向。这里的中心可视为中心城市，也可视为单一功能突出的科技文化中心、商业中心等。有此类指向的产业多为技术密集型的新兴产业，如电子、信息等产业，该类产业技术附加值高，需要大量优秀科技人才和畅通的信息环境，以保证生产经营的顺利进行。

（6）无定指向。这是指布局指向不太明显的部门，其特点是各地区基本上都具备发展条件，原料和成品运输在费用上大体相似。

需要指出的是，上述布局指向虽然不能据以解决具体的布局问题，但明确各部门的产业指向性仍具有十分重要的意义，对完善投资环境尤其具有指导意义。随着“二战”后海外投资活动的加强，各类新兴经济区迅速繁荣起来，已成为吸引外资、带动本国经济成长的基地，这与各类产业指向性的聚集和完备是分不开的。

3. 对企业布局指向性的影响因素

企业布局的指向性，主要是指其产业指向性，此外还有诸多因素影响到企业布局的指向性。在实践中，这些因素使得企业的布局偏离其产业指向，对产业指向性起一个修正作用。

（1）企业规模技术特征。企业规模之所以对企业布局指向性有影响，是因为不同规模的企业一般来说其采用的生产技术、组织管理方式不尽相同，所要求的外部资源条件状况也不一样，从而影响和改变了企业布局的指向性。比如纺织业中，大企业采用先进的技术装备，劳动生产率高，利用较少的劳动力资源，因而劳动费指向性不如利用较多劳动力的小企业强。

（2）企业所有权特征。企业固有的所有权特征也会强烈影响企业布局指向性。企业为了达到其利润目标，会千方百计力求发挥自己的所有权特征优势。所有权特征的实现需要有适当的环境条件，迫使企业布局指向拥有这些条件的地方。比如港台资本拥有中华文化特征，直接促进了当地资本向祖国大陆的转移。

（3）科学技术发展。科技因素决定了企业的产业技术特征和规模特征。同时，科学技术进步改变了企业的产业技术和规模技术特征的现状，从而改变了企业布局的指向性。例如，近几十年来钢铁冶炼技术的飞速发展，使得钢铁企业规模越来越大，生产效率越来越高，受原材料和燃料地区分布的限制越来越少，从而使得钢铁企业布局从原料地指向和燃料地指向变为消费地指向或港口指向。

（4）市场竞争的变化。市场竞争对企业布局的影响作用很复杂，在产品无差异的情况下，一般来说，竞争会使得企业布局在空间上趋于分散，以便最大限度地瓜分市场份额。在所提供的产品或服务有差异的情况下，企业布局在空间上趋于集中，以便充分利用共同的基础设施和市场的条件。例如商店的布局，各具特色的专卖店在布局时总是趋于集中在某个区位，为消费者同时提供千差万别的服务；而杂货店的布局却趋向于分散在千家万户之中，为其提供共同的基本生活需求。

### （三）大企业布局

以上所述企业布局，是针对单厂企业来说的。所谓单厂企业，是指一个工厂（或一个单位）成为一个企业。单厂企业大多是中小型工厂企业或商业单位。随着单厂企业的发展壮大，单厂企业必然演变为多厂企业，甚至企业集团。单厂企业的布局是点式布局，是从众多区位中选择一个点作为企业的最优区位，企业组织实体集中分布于一小块连续的面上。而多厂企业，或者说大企业的布局是网式布局，是在更大的空间范围内创建企业组织，充分利用不同区位所拥有的外部资源条件，从整体上降低生产成本，扩大企业利润。

大企业和企业集团都是由多家工厂或单位所构成的，但是大企业具有独立的法人地位，拥有多个事业部或分公司，而企业集团是由多家具有独立法人地位的企业共同组成的，本身并不是一个法律概念。因而所谓企业集团是指由具有一定经济联系的多个企业联合组成的大型经济组织，其内部各企业间有密切的经济技术联系。跨国公司就是最典型的企业集团。大企业和企业集团都是由多个经济单位组成的，因此在布局上具有相同的特征。

一般来说，大企业或企业集团在企业布局决策中遵循以下原则来构筑自己的企业组织空间网络体系：①整体利益原则。即在大企业布局时，其下属各经济组织的空间分布要服从于企业整体利益，为企业总的利润目标服务。这就使得企业布局指向发生了质的变化，原来有利的区位现在可能变得不利了。②竞争原则。即大企业的布局要形成全球视野，与对手全面竞争，在布局上紧随竞争对手。这是因为市场瞬息万变，大企业要保住自己的竞争地位，必须时刻关心竞争对手的活动，寸步不让。③发展原则。大企业的布局要服从于企业利润和企业价值的增长目标，不断开拓新的市场（产品市场和地区市场），因而其空间规模逐步壮大，空间组织形态不断扩散和变化。④风险原则。大企业的空间布局，要尽可能地服从风险分散的目标，仔细地甄别地区风险和国家风险，把所属经济组织布置在不同地区和国家，“不把所有的鸡蛋放在同一个篮子里”，以避免全军覆没的危险。

实际上，在大企业的布局实践中，要针对大企业的不同组织部分进行企业布局决策，以最大限度地同时满足上述布局原则。以企业集团为例，企业集团是多个法人企业在不同层次上的经济联合，其构成一般包括总公司（母公司）、子公司、分公司（事业部）和关联企业等。①总公司是企业集团的核心企业，一般担负着管理中心和投资中心的重任。大型企业集团的总公司一般依托大型城市设立，因为管理中心和投资中心的运行要求有完善的城市基础设施条件和及时充分的信息资源供给，这些都是中小城市无法提供的。此外，总公司的行政指挥中心即公司总部，一般集中于大的经济中心城市市中心或主要街道两侧。作为公司存在的象征。②子公司、分公司和关联公司作为企业集团的中间层次，担负着利润中心的责任。它们具有独立的经营决策权，担负着某种商品的生产经营任务，是公司利润实现的地方。利润中心的运行仍然需要基本的基础设施条件和相应的政策法律环境，因而布局指向各类城市，并以城市为中心覆盖地区市场。③集团各公司下属的工厂或生产单位是企业集团的成本中心，其特征是具有生产决策权，通过经济核算来降低生产成本，提高产品质量。成本中心的布局原则与单厂企业相类似，指向能大幅度降低产品成本的区位。④科研中心。大的企业集团一般拥有自己专门的科研部门，雇用大量科技人员开发新产品，其科研部门一般布局在公司总部所在城市郊区风景优美的地方，以创造优越环境吸引高级人才。此外，为了分享外国先进的科学技术和丰富的科研人才，大企业还常常在国外设立某个专项的科研中心。

总之，大企业的布局内容完全不同于单厂企业，现阶段中国经济高速增长，大企业和企业集团纷纷涌现，大企业的布局研究显得越来越必要。

### （四）现代企业布局的发展趋势

以上从企业特征与空间区位相互关系出发所做的关于企业布局的论述是对企业布局行为最概括、最一般的描述，更适合于早期企业布局的状况。事实上，由于科技进步，企业布局对空间区位的依赖程度正逐渐被削弱，交通技术、信息技术、能源技术的发展日新月异，同时现代企业制度的演进也促进了这一趋势的发展。相应地，竞争因素受到了前所未有的重视，随着“二战”以后全球经济的复苏与繁荣，市场竞争变得日益激烈，企业布局时更多地从市场竞争出发，谋求比较优势。所以与前文述及的费用区位论相比，这种布局思想可称之为优势区位论。

经验分析表明，企业优势大致表现在两个方面：一是企业自身拥有的特殊优势，或可称之为企业禀赋；二是特殊区位因素，企业自身拥有的特殊优势来源于技术和市场技能、寡占市场结构和行为、过剩的管理能力、资本和货币因素（包括易于得到廉价的资本和投资多样化），以及易于得到原材料等。经济学中的厂商理论和垄断竞争理论认为，企业自身拥有的上述优势是市场不完全的产物，同时企业布局时又会尽力促成这种优势，造成市场的不完全性，以求得在国内或国际市场上的垄断地位。特殊区位因素包括相对劳动成本、市场规模与增长、地区间政策差异等，如果延伸到国际范围则还应包括贸易壁垒、政府政策等许多方面。对企业布局特殊区位因素的研究是国际贸易和区位理论研究的主要内容，目前已发展成为一门相对独立的学科——投资环境学。投资环境学已有专门的计量经济学模型研究企业布局中的特殊区位问题。

需要指出的是，以利润最大化为目标的企业在进行布局决策时是将以上两种优势结合在一起考虑的，以求得最大优势合力。一方面要扬长避短，发挥企业自身的竞争优势，另一方面也要选择具有特殊区位优势的地点。这种选择是动态的、全局的，往往有具体的目标体系，而且紧密结合企业自身禀赋，着眼于市场竞争中的相对优势，与传统区位论的方法有很大区别。

优势区位论作为现代企业布局的理论依据正在得到越来越广泛的应用，特别是随着“二战”后跨国公司的兴起，寻找优势区位已成为跨国投资行为最为显著的特征。

## 二、项目评估

### （一）项目评估概述

项目评估是对投资项目建设的必要性、可行性及其成本、效益所做的评审与估价，它是我国建设项目投资决策程序中的重要步骤。在项目投资决策前，投资决策机构或贷款银行通常要委托咨询机构或组织专家小组对项目的可行性研究报告进行审查和评估，其任务是以项目的可行性研究为基础，运用定量分析与定性分析、动态分析与静态分析、宏观分析与微观分析相结合的方法，对投资项目的产品市场与建设规模、工艺技术与设备选型、生产条件与厂址选择、财务效益与经济效益等内容进行调查、测算与分析，衡量项目建设与投产全过程的利弊得失，估算项目的社会经济效益，提出项目评估报告，为投资决策和贷款决策提供确切依据。

项目评估同可行性研究一样，都是项目投资决策前必不可少的重要环节。项目评估与可行性研究之间有着密切的联系，但也各有特点，有着明显的区别。

1. 项目评估与可行性研究的共性

（1）两者同处于项目投资的前期。可行性研究是继项目建议书批准后，对投资项目在技术、工程、外部协作条件和经济上的合理与可行与否所进行的全面分析与论证；项目评估是在决策前对项目的可行性研究报告及其所选方案做系统的评审、估价和提出决策性建议。两者都是投资前期的重要准备工作，都将决定项目的先天素质，是关系项目的生命力及其未来在市场上的竞争能力的重要步骤。

（2）两者的出发点是一致的。项目评估与可行性研究都应当从市场的需要出发，遵循建设有中国特色社会主义的理论，按照国家关于加快改革开放和现代化建设的方针与部署，把资源条件同产业政策与行业规划结合起来进行抉择。

（3）两者考察的内容与方法也是共通的。项目评估与可行性研究应当运用同一尺度，即运用国家已规范化的评价方法和统一颁布的技术标准、经济参数及定额资料，经过测算、验证、衡量和比较，形成抉择性建议。同时，两者考察的基本内容都是：①要根据国情，从实际出发，做产品的市场研究，判断项目是否必要。②评价项目的工艺技术方案，核实项目的生产建设条件是否具备，技术上是否可行。③进行财务、经济效益分析，预测项目的效益，判断项目是否合理。

（4）两者的目的与要求是相同的。项目评估同可行性研究一样，目的是要提高建设项目投资前的技术经济分析水平，为实现项目决策科学化、规范化服务，促使项目提高投资效果。既然如此，理所当然地，从事这两项工作，均应组织精干的队伍，认真对待，做调查研究应力求广泛、深入，进行预测与分析，必须实事求是地采取科学方法，自始至终遵守国家有关的法规与制度。保证资料可靠，数据准确，得出的结论客观而公正。

2. 项目评估与可行性研究也有明显的区别

（1）为了保证项目决策前的调查研究和审查评价活动的质量与深度，对于可行性研究与项目评估两步工作，有必要由不同的机构去分担，因而承担这两项工作的主体是不同的。项目的可行性研究在我国通常是由项目业主，即投资的企业或项目的主管部门来主持的。项目业主可以把这项工作委托给专业的设计单位或咨询机构去执行，但受委托的这些单位与机构只对项目业主负责。而项目评估一般是由项目投资的决策机构（如国家主管投资计划的部门）或项目贷款的决策机构（如贷款银行）主管和负责的。主管评估的机构既可自行组织评估班子进行项目的审查与评价，也可把这项工作委托给专门的咨询机构去做。而在后一种情况下，评估的主体仍然是投资或其贷款的决策机构。

（2）由于两者的主体不同，它们在进行项目评价的视角和着重点也就有所不同。可行性研究先要从企业角度去估量项目的盈利能力，决定项目之弃取，因此必须着重讲求投资项目的微观效益；而国家投资决策部门主持项目评估，讲究的是要从国民经济和全社会利害着眼去估价项目的社会经济效益，必然侧重于项目的客观效益。与此不同，投资专业银行所做的项目评估，由于贷款风险的机制，必然讲求属于投资项目之中的银行收益，即投资贷款的安全性及其本息的返还问题，因而非常重视从借款企业微观角度去估价项目的财务效益及偿还能力。不过，在当前我国社会主义市场发育还不够完善，价格尚未完全理顺，有关法规还未完备地建立起来的情况下，专业银行仍担当着国家相当一部分宏观调控的职能。因此，在其项目评估工作中尤其要讲究整个国民经济发展的利弊得失，注重投资项目的宏观效益。

（3）项目评估与可行性研究在为项目决策服务中的具体任务和目的也不一样。可行性研究的任务，除了对项目的合理性与可行性进行分析、论证以外，还必须为建设项目规划多种方案，并从工程、技术经济等方面对这些方案进行比较和选择，从中挑出最佳方案。可以想象，这是一项较为复杂的技术经济论证工作，完成这一任务需组织较多的专业人员和经历相当长的时间。而项目评估一般均可借助可行性研究的成果，也无须为建设项目规划实施方案，其主要任务是对可行性研究报告的全部内容，包括所筛选的项目实施方案，进行系统的审查、核实，并做出评价和提出建议。担当这项任务，有利条件较多，应当抓住时机，赶在决策之前，尽快较好地完成。

（4）项目评估与可行性研究在项目决策过程中所处的时序和地位也有差别。可行性研究是项目决策活动中十分重要的步骤，不可忽略，但它在决策过程中，还不是项目决策的最终依据。它是给项目决策提供必要的基础，从而成为项目评估的重要前提。可见，它与项目评估在工作顺序上有先后之别，它是决策的首要环节。不过，项目评估也是项目决策的必备条件。综如前述，它在评估活动中，确实可以，而且应当充分利用可行性研究的成果，但却应超脱地对项目及其实施方案进行评审估价，独立地提出决策性建议。因而，它在项目决策中所处的地位，是为决策者提供直接的、最终的依据，比可行性研究具有更大的权威性，是可行性研究所不可取代的。

总之，在投资决策过程中，可行性研究和项目评估是两大基本步骤。它们一先一后，彼此照应，相辅相成，缺一不可。两者在决策程序中的关系是：前者为后者提供工作基础；后者则承前者做进一步的论证，是前者的自然延伸和再研究。

## （二）项目评估的内容和工作程序

1. 项目评估的内容

项目评估作为投资决策的必要前提，其内容以拟建项目的财务和社会经济评价为核心，包括对项目建设必要性、生产建设条件和技术方案等多方面、系统的评审与估价，具体地说，有以下几项：

（1）建设必要性方面。要通过市场调查与预测，比较项目投产后市场产品的供求情况；分析建设项目是否必要；根据国家规划，分析建设项目的作用；根据市场预测与产品方案，推断项目产品是否符合市场需求和有无竞争能力；根据产品的市场需求及所生产要素的供应条件，分析拟建项目的规模是否经济合理。

（2）建设与生产的条件方面。要考察拟建项目地点的地质状况是否勘察清楚；生产所需原材料、燃料、动力等的供应是否有可靠来源；运输条件有无保证；协作配套项目有无同步建设方案；环境保护有无治理方案；项目所需建设资金能否落实，资金来源是否符合国家有关政策与规定。并综合这些条件，分析厂址选择与建设方案是否合理。

（3）技术选择方面。要分析拟建项目采用的工艺、技术、设备是否先进、经济、适用，并符合国家的技术发展政策；采用的新工艺、新技术、新设备是否完全可靠和经济合理；引进的技术与设备是否经过比选；是否符合我国国情，是否配套；产品方案与资源综合利用是否合理。

（4）关于投资项目成本、效益数据的预测与分析方面。要按照项目的投资结构和主要单项工程估算建设投资及相应需要的流动资金：资金筹措的安排是否可行；依据生产规模、产品方案和各项技术经济指标预测项目投产后各年的销售收入与企业成本；依照国家税收制度和分配政策测算企业各年应缴税金和自留的利润；依据投资筹措方案、市场利率及贷款条件测定各年还本付息数额；根据动态分析要求，预计建设期与生产期各年的资金流出、流入数量。

（5）企业财务效益方面。应按现行财务制度与价格水平，从企业微观角度，预测项目投产后企业的成本与效益，分析企业的盈利能力和偿还投资贷款的能力。其基本的标志是未来企业的利润。对企业财务效益评估的主要指标有：财务净现值、财务内部收益率、投资利润率及贷款偿还期，涉外项目还应计算外汇净现值、外汇偿还能力、财务换汇成本及投资节汇率。

（6）国民经济效益评估方面。要求从宏观角度分析建设项目对整个国民经济以至整个社会带来的效益。社会主义国家考察建设项目的投资效益，不仅要看企业的经济效益，更重要的是看建设项目对国民经济和社会发展所做贡献的大小。因此，国民经济效益估计是项目评估中最为重要的事情。它也是投资决策部门和贷款银行衡量项目优劣、做项目取舍的基本准绳。对项目进行国民经济效益评估，应从宏观角度调整企业的成本与效益；并运用影子价格、影子汇率、社会折现率，测算项目可为国民经济带来的净增量效益。与此同时，也要审查为项目做可行性研究的单位，对投入物—产出物采用的影子价格水平的准确与否。项目国民经济效益评估的指标主要是经济净现值、经济净现值率和经济内部收益率。

（7）项目的社会效益方面。要分析确认项目建成投产后给国民经济发展带来的间接经济效益和辅助经济效益。其内容包括可定量分析的项目产值综合能耗，对社会的就业效果和分配效果，以及一般只做定性分析的各项目建成后对提高人民物质文化生活及社会福利的影响，对提高资源综合利用率的影响，以及对环境保护和生态平衡的影响等。

（8）进行项目效益的不确定性分析。这是由于项目效益评估所采用的数据大部分来自预测与估算，存在着一定程度的不确定性。对项目效益作不确定性分析，作用就在于测算项目财务经济效益的可靠程度和项目承担风险的能力，以利于项目的抉择。

（9）项目总评估。即在上述全面调查、预测、分析的基础上对建设项目进行总结性评估。总评估要对项目的建设必要性、技术可行性和经济合理性做出判断，提出关于可否批准项目可行性研究报告的建议，以及能否给予贷款的意见。在评估过程中，如果发现直接影响项目投资效益发挥的政策规定和体制约束等问题，还应从发展国民经济的全局利益出发，权衡其利弊，提出相应的建议。

以上评估内容是就列入国家前期计划的重点建设项目进行评估的要求。为了加强投资管理，促进提高投资效果，对一般建设项目和技术改造项目，也要进行评估，但要求应视项目情况而有所不同。

2. 项目评估的工作程序

项目评估是一项复杂细致的工作，要有精干的组织领导和知识面宽广的技术经济人员来担当，并且按一定的步骤，有计划地开展下去。

（1）要明确评估对象。即确定具体的评估项目，并依据其性质、特点与兴建背景，确定在评估中需着重解决的问题，以便明确目标，并利于提高评估的效率与质量。

（2）应组建评估小组，落实评估人员。主持项目评估的机构或单位，应根据项目大小和工作繁简程度之不同，及时选配专、兼职人员组建项目评估小组。项目评估小组的组建，一是要及时，项目评估固然以可行性研究报告为主要依据，但并非等到可行性研究报告提出后才去组织评估班子。只要项目建议书已经批准，评估对象已经明确，即可及早成立评估小组，随时了解可行性研究的进展情况，尽快着手有关项目的调查研究，掌握可靠的数据资料，又快又好地完成评估的准备工作。二是小组的人数与构成应同评估任务相适应，对较复杂的项目，要配齐担当项目工程技术、产品市场、财务经济分析等各类专业人员，必要时应向社会聘请有关专家参加评估。

（3）制订评估工作计划。评估小组成立后头一件事就是制订评估工作计划。这是小组一系列评估活动得以有条不紊地开展的必要保证。一般来说，项目评估工作计划应包括以下内容：

1）评估目的与任务。根据评估对象的基础条件及其特点，明确评估的目标与使命。

2）评估内容。根据项目决策的需要和项目的具体情况，逐一确定调查、测算、分析和论证的具体内容与要求。

3）信息资料。依据评估的目的与内容，拟定所需信息资料目录和取得信息资料的途径与方法。

4）人员分工。根据资料收集、市场分析、财务、经济分析等项工作的性质与特点，分别安排相关的人员负责，实行分工协作，共同完成评估任务。

5）时间进度。按照调查、审查、评估的具体内容与要求，合理安排各项具体工作的进度，既保证评估工作的质量，又力求使有关工作的时间进度相互衔接，尽可能地缩短整个评估的日程，提高评估的效率。

（4）开展调查，搜集评估资料。项目评估所需资料，包括有关该项目产品市场、厂址选择、生产技术、建设条件、工程造价、生产成本、产品价格、税收等方面的资料，通常可通过两个途径取得：一是从可行性研究报告取得；二是通过调查收集。一般来说，评估需要的基本数据、资料大部分可从项目的可行性研究中取得，但必须经过核实，弄清一个个数据的来源、计算依据、计算方法以及数据间的关联之后，再用作评估论证。此外，还应根据评估内容与分析要求，进行企业调查和项目调查，进一步收集必要的数据和资料。所谓企业调查，是指通过索取书面资料和现场实地考察访问，对主办改扩建项目的企业的调查。要求较透彻地了解和掌握其历史沿革、现有生产规模、近年生产经营情况、经济效益和存在的问题；而项目调查，则以同评估对象有密切关联的单位、部门甚至咨询机构为调查对象，收集有关项目产品的国内外市场、工艺技术、设备选型、原材料供应、产品价格和成本等方面的资料。

对于调查中收集到的资料要查证核实、加工整理、汇总归类，使之真实、准确、系统、完整，以便同可行性研究报告比较分析和编制评估报表及文字资料之用。

（5）审查分析。通过调查收集到必要的资料以后，就应及时开展对项目的审查分析与论证工作。在这方面，通常是分以下几方面对项目加以评审与估价：

1）企业和项目概况的审查。主要根据对企业和项目的调查，结合项目可行性研究报告的有关部分，审查分析项目建设的必要性，弄清楚项目拟议的背景、建设的目的与内容，以及需要进一步深入分析的重点和关键问题。

2）市场调查预测与生产规模分析。即结合可行性研究报告，对拟建项目产品的供求状况进行调查、预测，并对主要原材料、能源等生产条件的供应可能加以核实、预测、分析，推断最为经济合理的建设规模。

3）工艺技术和设计分析。结合可行性研究报告，分析、评审项目所选择的工艺、设备和技术方案是否恰当，从而论证技术上的可行性。

4）财务数据预测。利用调查、整理的数据资料，审查测定项目建设的总投资和分年投资，预测项目建成投产后各年的成本、收益及还本付息等数据，为分析项目的财务、经济效益做好准备。

5）财务效益分析。分析项目对企业的微观经济收益，确定微观的经济合理性。

6）国民经济效益分析。分析项目对整个国民经济的得失利弊，论证项目宏观的经济合理性。

7）总评估。归纳以上各方面审查分析的结果，对项目建设的必要性及其技术、财务、经济的可行性提出总的结论性意见。

（6）要写出评估报告。即以审查分析过程大量的数据测算、指标计算与论证推算为基础，写出评估报告，表达对项目可行性研究的分析结论，包括对可行性研究报告的基本意见，方案比选的意见，以及对相关政策、制度的建议等，提交领导部门审议，以做出投资与贷款决策。

项目评估的工作内容和各程序间的联系如图 1 所示。

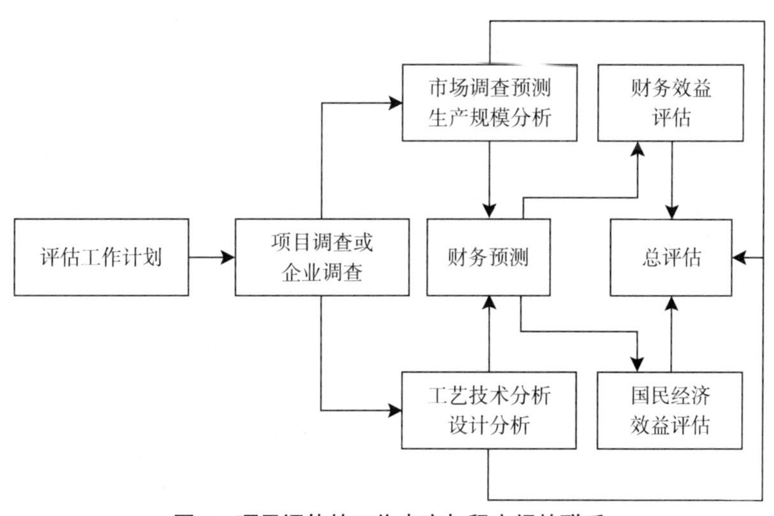


**图 1　项目评估的工作内容与程序间的联系**

## （三）项目财务效益评估

财务效益评估是项目评估的重要组成部分，它是在国家现行财税制度、现行价格和有关法规的基础上，鉴定、分析项目可行性研究报告提出的投资、成本、收入、税金和利润等财务费用和效益，从项目（企业）角度，测算项目建成投产后的获利能力、清偿能力和外汇平衡情况等财务状况，以评价和判断项目在财务上是否可行。

财务效益评估的主要目标是项目的盈利能力、清偿能力和外汇平衡状况。盈利能力是反映项目财务效益的主要标志。在财务评估中，应当考虑拟建项目建成投产后是否有盈利，盈利能力有多大，其盈利能力是否足以使项目可行。项目的盈利主要是指其建成投产后所产生的利润和税金。拟建项目的清偿能力包括两个层次：一是指项目的财务清偿能力，即项目收回全部投资的能力。明智的投资者总是希望能在最短的时间内收回全部投资。二是指债务清偿能力，主要指项目偿还固定资产投资借款的能力。提供贷款的银行应考察项目是否具有清偿能力，还应考察投资贷款的偿还期是否符合银行的有关规定。外汇平衡状况是指涉及外汇收支的项目在计算期内各年的外汇余缺程度，说明项目在哪一年外汇短缺，需要安排短期外汇借款。

1. 进行财务效益评估的财务数据和对数据的分析评估

进行财务效益评估，首先要分析和估算项目的财务数据，包括对项目总投资、资金筹措方案、产品成本、销售收入、销售税金和销售利润以及其他与项目有关的财务数据进行鉴定分析和评估。其次，在分析和估算财务数据之后，对财务基本报表进行分析和评估，一是要审查基本报表的格式是否符合规范要求，二是要审查所填列的数据是否准确。最后，评估财务效益指标，一是审查计算方法是否准确，二是审查计算结果是否准确。如果计算方法不准确或计算结果不准确，需重新进行计算。

（1）现金流量表，是反映项目在计算期内各年的现金流入、现金流出和净现金流量的计算表格。用于计算财务内部收益率、财务净现值、投资回收期等反映项目财务盈利能力的指标。根据投资计算基础不同，财务现金流量表可分为全部投资财务现金流量表（见表1）、自有资金财务现金流量表（见表2）。全部投资财务现金流量表是将拟建项目所需要的全部投资均视为投资者自有资金，不考虑投资中的资本金及利息的偿还问题；自有资金财务现金流量表则是以企业自有资金作为基础，并考虑借款本息的偿还。全部投资财务现金流量表用以计算全部投资的财务内部收益率、财务净现值和投资回收期等指标，反映项目自身的盈利能力，为项目不同方案比选提供相同的基础。自有资金财务现金流量表用以计算自有资金的财务内部收益率和财务净现值，反映企业自有资金的盈利能力。

（2）利润表（又叫损益表，见表3），是反映项目在生产期内各年利润额的表格。利润表综合反映项目每年实际的盈利水平，是计算投资利润率、投资利税率和资本金利润率的基础。另外，还要进行利润分配，并据此计算可用以还款的利润总额。

（3）资金来源与运用表（见表4），是反映项目计算期内各年的资金盈余或短缺情况，用于选择资金筹措方案，制订适宜的借款及偿还计划，并为编制资产负债表提供依据。

**表 1 现金流量表（全部投资）***

单位：万元

| 序号 | 项目 | 建设期 | | 投产期 | | 达到设计能力生产期 | | | | 合计 |
|---|---|---|---|---|---|---|---|---|---|---|
| | | 1 | 2 | 3 | 4 | 5 | 6 | … | n | |
| | 生产负荷（%） | | | | | | | | | |
| 1 | 现金流入 | | | | | | | | | |
| 1.1 | 产品销售（营业）收入 | | | | | | | | | |
| 1.2 | 回收固定资产余值 | | | | | | | | | |
| 1.3 | 回收流动资金 | | | | | | | | | |
| 2 | 现金流出 | | | | | | | | | |
| 2.1 | 固定资产投资（含投资方向调节税） | | | | | | | | | |
| 2.2 | 流动资金 | | | | | | | | | |
| 2.3 | 经营成本 | | | | | | | | | |
| 2.4 | 销售税金及附加 | | | | | | | | | |
| 2.5 | 所得税 | | | | | | | | | |
| 3 | 净现金流量（1–2） | | | | | | | | | |
| 4 | 累计净现金流量 | | | | | | | | | |
| 5 | 所得税前净现金流量（3 + 2.5 + 2.6） | | | | | | | | | |
| 6 | 所得税前累计净现金流量 | | | | | | | | | |

计算指标： | 所得税后 | 所得税前
---|---|---
财务内部收益率 | |
财务净现值 | （$i_c$ = %） | （$i_c$ = %）
投资回收期 | |

注：* 根据需要可在现金流入和现金流出栏里增减项目；生产期发生的更新投资作为现金流出可单独列项或列入固定资产投资项中。

**表 2 现金流量表（自有资金）***

单位：万元

| 序号 | 项目 | 建设期 | | 投产期 | | 达到设计能力生产期 | | | | 合计 |
|---|---|---|---|---|---|---|---|---|---|---|
| | | 1 | 2 | 3 | 4 | 5 | 6 | … | n | |
| | 生产负荷（%） | | | | | | | | | |
| 1 | 现金流入 | | | | | | | | | |
| 1.1 | 产品销售（营业）收入 | | | | | | | | | |
| 1.2 | 回收固定资产余值 | | | | | | | | | |
| 1.3 | 回收流动资金 | | | | | | | | | |
| 2 | 现金流出 | | | | | | | | | |

续表

| 序号 | 项目 | 建设期 | | 投产期 | | 达到设计能力生产期 | | | | 合计 |
|---|---|---|---|---|---|---|---|---|---|---|
| | | 1 | 2 | 3 | 4 | 5 | 6 | … | n | |
| 2.1 | 自有资金 | | | | | | | | | |
| 2.2 | 借款本金偿还 | | | | | | | | | |
| 2.3 | 借款利息支付 | | | | | | | | | |
| 2.4 | 经营成本 | | | | | | | | | |
| 2.5 | 销售税金及附加 | | | | | | | | | |
| 2.6 | 所得税 | | | | | | | | | |
| 3 | 净现金流量（1–2） | | | | | | | | | |

计算指标：财务内部收益率

财务净现值（$i_c = \%$）

注：* 自有资金是指项目投资者的出资额。

**表 3　损益表 ***

单位：万元

| 序号 | 项目 | 投产期 | | 达到设计能力生产期 | | | | 合计 |
|---|---|---|---|---|---|---|---|---|
| | | 3 | 4 | 5 | 6 | … | n | |
| | 生产负荷（%） | | | | | | | |
| 1 | 产品销售（营业）收入 | | | | | | | |
| 2 | 销售税金及附加 | | | | | | | |
| 3 | 总成本费用 | | | | | | | |
| 4 | 利润总额（1–2–3） | | | | | | | |
| 5 | 所得税 | | | | | | | |
| 6 | 税后利润（4–5） | | | | | | | |
| 7 | 可供分配利润（6–7） | | | | | | | |
| 7.1 | 盈余公积金 | | | | | | | |
| 7.2 | 应付利润 | | | | | | | |
| 7.3 | 未分配利润 | | | | | | | |
| | 累计未分配利润 | | | | | | | |

注：* 利润总额应根据国家规定先调整为应纳税所得额（如减免所得税、弥补上年度亏损等），再计算所得税。

**表 4 资金来源与运用表**

单位：万元

| 序号 | 项目 | 建设期 | | 投产期 | | 达到设计能力生产期 | | | | 上年余值 | 合计 |
|---|---|---|---|---|---|---|---|---|---|---|---|
| | | 1 | 2 | 3 | 4 | 5 | 6 | … | n | | |
| | 生产负荷（%） | | | | | | | | | | |
| 1 | 资金来源 | | | | | | | | | | |
| 1.1 | 利润总额 | | | | | | | | | | |
| 1.2 | 折旧费 | | | | | | | | | | |
| 1.3 | 摊销费 | | | | | | | | | | |
| 1.4 | 长期借款 | | | | | | | | | | |
| 1.5 | 流动资金借款 | | | | | | | | | | |
| 1.6 | 其他短期借款 | | | | | | | | | | |
| 1.7 | 自有资金 | | | | | | | | | | |
| 1.8 | 其他 | | | | | | | | | | |
| 1.9 | 回收固定资产余值 | | | | | | | | | | |
| 1.10 | 回收流动资金 | | | | | | | | | | |
| 2 | 资金运用 | | | | | | | | | | |
| 2.1 | 固定资产投资（含投资方向调节税） | | | | | | | | | | |
| 2.2 | 建设期利息 | | | | | | | | | | |
| 2.3 | 流动资金 | | | | | | | | | | |
| 2.4 | 所得税 | | | | | | | | | | |
| 2.5 | 应付利润 | | | | | | | | | | |
| 2.6 | 长期借款本金偿还 | | | | | | | | | | |
| 2.7 | 流动资金借款本金偿还 | | | | | | | | | | |
| 3 | 盈余资金 | | | | | | | | | | |
| 4 | 累计盈余资金 | | | | | | | | | | |

（4）资产负债表（见表 5）。能综合地反映项目计算期内的全部财务状况，如实反映项目各年的资产、负债和资本金的增减变化情况及相互间的对应关系，据以了解企业各年拥有的资产总额及其构成状况，考察企业财务结构的优劣和负债经营的合理程度，评估企业的偿债能力和筹措能力，预测企业未来的财务状况和财务安全度。根据资产负债表可以计算项目计算期各年的资产负债率、流动比率和速动比率等指标。

（5）财务外汇平衡表（见表 6）。适用于有外汇收支的项目，用以反映项目计算期内各年外汇余缺程度，进行外汇平衡分析。

**表 5　资产负债表**

单位：万元

| 序号 | 项目 | 建设期 | | 投产期 | | 达到设计能力生产期 | | | |
|---|---|---|---|---|---|---|---|---|---|
| | | 1 | 2 | 3 | 4 | 5 | 6 | … | n |
| 1 | 资产 | | | | | | | | |
| 1.1 | 流动资产总额 | | | | | | | | |
| 1.1.1 | 应收账款 | | | | | | | | |
| 1.1.2 | 存货 | | | | | | | | |
| 1.1.3 | 现金 | | | | | | | | |
| 1.1.4 | 累计盈余资金 | | | | | | | | |
| 1.2 | 在建工程 | | | | | | | | |
| 1.3 | 固定资产净值 | | | | | | | | |
| 1.4 | 无形资产及递延资产净值 | | | | | | | | |
| 2 | 负债及所有者权益 | | | | | | | | |
| 2.1 | 流动负债总额 | | | | | | | | |
| 2.1.1 | 应付账款 | | | | | | | | |
| 2.1.2 | 流动资金借款 | | | | | | | | |
| 2.1.3 | 其他短期借款 | | | | | | | | |
| 2.2 | 长期借款 | | | | | | | | |
| | 负债小计 | | | | | | | | |
| 2.3 | 所有者权益 | | | | | | | | |
| 2.3.1 | 资本金 | | | | | | | | |
| 2.3.2 | 资本公积金 | | | | | | | | |
| 2.3.3 | 累积盈余公积金 | | | | | | | | |
| 2.3.4 | 累积未分配利润 | | | | | | | | |

计算指标：资产负债率（%）
流动比率（%）
速动比率（%）

**表 6　财务外汇平衡表 ***

单位：万美元

| 序号 | 项目 | 建设期 | | 投产期 | | 达到设计能力生产期 | | | | 合计 |
|---|---|---|---|---|---|---|---|---|---|---|
| | | 1 | 2 | 3 | 4 | 5 | 6 | … | n | |
| | 生产负荷（%） | | | | | | | | | |
| 1 | 外汇来源 | | | | | | | | | |
| 1.1 | 产品销售外汇收入 | | | | | | | | | |
| 1.2 | 外汇借款 | | | | | | | | | |

续表

| 序号 | 项目 | 建设期 | | 投产期 | | 达到设计能力生产期 | | | | 合计 |
|---|---|---|---|---|---|---|---|---|---|---|
| | | 1 | 2 | 3 | 4 | 5 | 6 | … | n | |
| 1.3 | 其他外汇收入 | | | | | | | | | |
| 2 | 外汇运用 | | | | | | | | | |
| 2.1 | 固定资产投资中外汇支出 | | | | | | | | | |
| 2.2 | 进口原材料 | | | | | | | | | |
| 2.3 | 进口零部件 | | | | | | | | | |
| 2.4 | 技术转让费 | | | | | | | | | |
| 2.5 | 偿付外汇借款本息 | | | | | | | | | |
| 2.6 | 其他外汇支出 | | | | | | | | | |
| 2.7 | 外汇余缺 | | | | | | | | | |

注：* 其他外汇收入包括自筹外汇等；技术转让费是指生产期支付的技术转让费。

2. 利用现金流量表计算的反映项目盈利能力的指标

（1）财务净现值。财务净现值（FNPV）是指把项目计算期内各年的净现金流量，用投资基准收益率折算到第零年的现值之和。其表达式为：

$$FNPV=\sum_{t=1}^{n}(CI-CO)_t(1+i_c)^{-t}$$

式中：$(CI-CO)_t$——第 t 年的净现金流量；n——计算期；$i_c$——投资基准收益率；$(1+i_c)^{-t}$——第 t 年的折现系数。

计算出的净现值可能有三种结果，即FNPV>0，或 FNPV=0，或 FNPV<0。当 FNPV>0 时，说明项目用净效益抵付了相当于用折现率计算的利息以后，还有盈余，从经济角度考虑，项目是可行的。当 FNPV=0 时，说明拟建项目的净效益正好抵付了用折现率计算的利息，这时，判断项目是否可行，要看所选用的折现率。在财务评估中，若选择的折现率大于部门基准收益率或银行长期贷款利率，项目是可以考虑接受的；若选择的折现率等于或小于部门基准收益率或银行长期贷款利率，一般可判断项目不可行。当 FNPV<0 时，说明拟建项目的净效益不足以抵付用折现率计算的利息，甚至有可能是负效益，一般可判断项目不可行。

（2）财务内部收益率。财务内部收益率（FIRR）是一个重要的动态评价指标，它是指使计算期内各年净现金流量现值之和为零时的折现率。内部收益率反映拟建项目的实际投资收益水平。其表达式为：

$$\sum_{t=1}^{n}(CI-CO)_t(1+FIRR)^{-t}=0$$

财务内部收益率与财务净现值的表达式基本相同，但计算程序却截然不同。在计算净现值时，预先设定折现率，并根据此折现率将各年净现金流量折算成现值，然后累加得出净现值。在计算内部收益率时，要经过多次试算，使得净现金流量现值累计等于零。财务内部收益率的计算比较繁杂，一般可借助电子计算机或多功能的计算器完成，如用手工计算时，应先采用计算法，后采用插入法。

运用试算法计算项目财务内部收益率的基本步骤如下：

第一步，先用估计的某一折现率对拟建项目整个计算期内各年财务净现金流量进行折现，并得出净现值。如果得到的净现值等于零，则所选定的折现率即为财务内部收益率。如所得财务净现值为正数，则再选一个更高一些的折现率再次试算，直至正数财务净现值接近于零为止。

第二步，在第一步的基础上，再继续提高折现率，直至计算出接近零的负数财务净现值为止。

根据上两步计算所得的正、负财务净现值及其相对应的折现率运用插入法计算财务内部收益率。为了保证计算的准确性，两个折现率之差不应大于5%。

插入法是将试算法得出的数据代入插入法计算公式来求财务内部收益率的一种方法。

插入法的计算公式推导如下：

设折现率为 $i_1$ 时，$FNPV_1>0$；折现率为 $i_2$ 时，$FNPV_2<0$。

将 $i_1$、$i_2$、$FNPV_1$、$FNPV_2$ 表示在直角坐标系中，连接AC与纵轴相交于D点，在这一点上，FNPV＝0，即在此点的折现率为财务内部收益率，可用FIRR表示。过C（$FNPV_1$，$i_1$）点引一条平行于横轴的直线，过A（$FNPV_2$，$i_2$）点引一条平行于纵轴的直线，两条直线相交于B（$FNPV_2$，$i_1$）点，如图2所示。

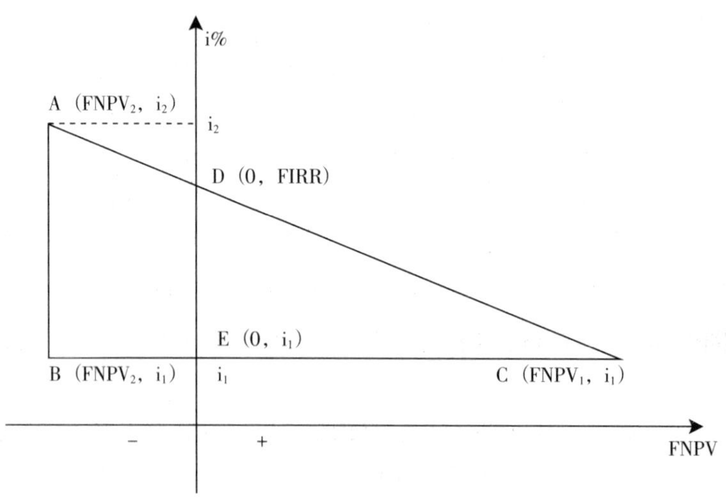


**图2　财务内部收益率示意图**

△ABC与△DCE是两个相似三角形，其对应边成比例，即：

$$\frac{FIRR-i_1}{i_2-i_1}=\frac{FNPV_1}{FNPV_1+|FNPV_2|}$$

将上式整理，得：

$$FIRR = i_1 + (i_2 - i_1)\frac{FNPV_1}{FNPV_1 + |FNPV_2|}$$

式中，$i_1$——低折现率；$i_2$——高折现率；$FNPV_1$——正净现值；$FNPV_2$——负净现值。

计算出的财务内部收益率要与国家规定的基准收益率进行比较，如果前者大于后者，则说明项目的盈利能力超过国家规定的最低标准，因而是可行的；否则是不可行的。

财务内部收益率表明项目自身的实际盈利能力或所能承受的最高利率是一个比较可靠的评估指标，一般可作为主要评估指标。但应当指出，内部收益率是数学高次方程式 $\sum_{i=1}^{n}(C_I - CO)_t(1+FIRR)^{-t}=0$ 之解。所以，可能出现这样几种情况：内部收益率是唯一的；内部收益率有多个，即有多根内部收益率；无实数内部收益率（即无解），即现金流量有不确定的内部收益率。多根与无解是内部收益率的重要特性。因此，使用内部收益率指标需持慎重态度。如果拟建项目有多根内部收益率或无实数内部收益率，则运用内部收益率指标将会使投资决策误入歧途，在此情况下，应当运用别的指标。

为了说明内部收益率的多根或无解，有必要了解常规项目与非常规项目的区别。常规项目是指项目寿命期内各年净现金流量在开始一年或数年为负值，在以后各年为正值的项目；非常规项目是指项目寿命期内各年净现金流量的正负符号的变化超过一次的项目。一般来讲，常规项目有唯一实数内部收益率；非常规项目有多根内部收益率或无实数内部收益率。

(3) 投资回收期。投资回收期是指可用于回收投资的资金来源抵偿总投资所需要的时间。用于回收投资的资金来源包括项目投产后的利润总额和其他收益（如减免的销售税金）等。若每年的回收投资资金来源数额基本相同，可用下式计算：

$$投资回收期 = \frac{总投资}{各项资金来源数之和}$$

若各年的回收投资资金来源数额差别较大，累计来源数额等于投资总额的年份为投资回收年。投资回收期可采用现金流量表按下列公式计算：

$$投资回收期 = 累计净现金流量出现正值的年份 - 1 + \frac{上年累计净现金流量的绝对值}{当年净现金流量}$$

计算出的投资回收期要与行业（部门）规定的标准投资回收期或行业（部门）平均投资回收期进行比较，如果小于标准投资回收期或行业平均回收期，则认为项目是可以考虑接受的；否则是不可行的。

3. 利用利润表（损益表）计算的反映项目盈利能力的指标

(1) 投资利润率。投资利润率是项目的年利润总额与总投资之比，计算公式为：

$$投资利润率 = \frac{年利润总额}{总投资} \times 100\%$$

式中，年利润总额可选择正常生产年份的年利润总额，也可以计算出生产期平均年利润总额；总投资为固定资产投资、无形资产与开办费、建设期利息和流动资金之和。

如果考察项目自有资金的盈利能力，那么分母中的总投资可以为项目自筹的建设投资和流动资金之和。

计算出投资利润率要与行业（部门）的标准投资利润率或行业（部门）的平均投资利润率进行比较，若大于标准投资利润率或行业平均投资利润率，可认为项目是可以考虑接受的；否则是不可行的。

(2) 投资利税率。投资利税率是项目的年利润总额与销售税金之和与项目总投资之比。其计算公式为：

$$投资利税率=\frac{年利税总额}{总投资}\times 100\%$$

式中，年利税总额可以选择正常生产年份的年利润总额与销售税金之和，也可以选择生产期平均的年利润总额与销售税金之和。

计算出的投资利税率要与行业的平均投资利税率进行比较，若前者大于后者，则认为项目是可以考虑接受的；否则是不可行的。

(3) 资本金利润率。这是指项目达到设计生产能力后的一个正常生产年份的年利润总额与资本金的比率，它反映投入项目的资本金的盈利能力。其计算公式为：

$$资本金利润率=\frac{年利润总额或年平均利润总额}{总投资}\times 100\%$$

式中，资本金是指新建设项目设立企业时在工商行政管理部门登记的注册资金。

4. 根据资产负债表可以计算项目各年的资产负债比率、流动比率和速动比率，反映项目的抵偿能力

(1) 资产负债比率。这是反映项目所面临的财务风险程度及偿债能力的指标。即项目负债合计总额与全部资产的比率。这项指标不仅在项目筹集资金时具有重要作用，而且也是衡量投资者承担风险程度的尺度。如这一比率越小，则说明回收贷款的保障越大；反之，则投资风险程度就越高，因此投资者希望这一比率接近于1。此比率按下式计算：

$$资产负债比率=\frac{负债合计}{全部资产总额（资产合计）}\times 100\%$$

$$=\frac{长期贷款+短期贷款}{全部资产总额（资产合计）}\times 100\%$$

资产负债比率不仅能反映企业的经营活动能力，而且也能反映债权人发放贷款的安全程度。

(2) 流动比率。这项指标是反映项目偿付流动负债能力的指标。其计算公式为：

$$流动比率=\frac{流动资产}{流动负债}\times 100\%$$

此比率能衡量企业短期偿债能力。

(3) 速动比率。这一指标是反映项目快速偿付流动负债能力的指标，其中，速动资产

是流动资产减去存货和预付费用后的金额。其计算公式为：

$$流动比率 = \frac{流动资产}{流动负债} \times 100\%$$

$$= \frac{流动资产-存货和预付费用}{流动负债} \times 100\%$$

速动资产也是指容易转变成为现金的流动资产，如现金、有价证券和应收账款等。

## （四）项目国民经济评估

1. 国民经济评估的方法和目的

国民经济评估是根据国民经济长远发展目标和社会需要，运用社会费用效益分析方法，采用影子价格、影子汇率、影子工资和社会折现率等国家参数，计算和分析国民经济为项目所付出的代价（费用）与项目为国民经济所做的贡献（效益），评估项目在宏观经济上的合理性。

国民经济评估是一件较复杂的分析评价工作，根据目前我国的实际条件和可能，只是对某些在国民经济建设中有重要作用和影响的大中型重点建设以及特殊行业和交通运输行业等项目开展国民经济评估工作，主要是一些涉及国民经济若干部门的重大工业项目和重大技术改造项目，严重影响国计民生的重大项目，有关稀缺资源开发和利用的项目，涉及产品或原材料进出口或替代进出口的项目以及产品和原材料国内价格明显失真的项目，技术引进及中外合资经营项目。

国民经济评估是对项目进行宏观经济效益的分析和评估，评估目的是更有效地合理分配和利用国家资源，因此，国民经济评估的主要目标应包括宏观经济效益和社会效益两方面。国民经济效益评估主要是对项目经济盈利能力和外汇效果进行鉴定分析，从总体上分别复核各种评价指标计算是否正确，参数选用是否符合要求，分析结论是否准确完整。应着重分析经济内部收益率、经济净现值和经济换汇（或节汇）成本等指标。社会效益评估是分析评估项目为社会发展目标所做的贡献及产生的影响。衡量项目对社会贡献的大小，主要是评估项目对地区和部门经济发展的效果。

2. 项目的财务评估和国民经济评估的关系

两者是相互联系和制约的。这两种评估在形式上的共同之处在于两者都是从项目的“费用”和“效益”关系入手，评估项目的利弊，做出项目可行与否的判断。它们的主要区别是由于着眼点和评估角度不同，导致项目在“费用”和“效益”的划分范围上不同，于是在评估的目标、范围、计算基础，以及评估的方法、内容和深度上都有明显的差别（见表 7）。当两种评估结论有矛盾时，对于某些国计民生急需的建设项目，如果国民经济评价认为可行，而财务评估认为不可行的，可向国家和主管部门提出采取相应经济优惠政策和建议；如果项目企业财务上有效益或可行，但国家和社会需要付出较大代价而不能获得应有的效益，这类项目一般应予以否定。

表 7 国民经济评估与企业财务评估的区别

| 类别 | 企业财务评估 | 国民经济评估 |
|---|---|---|
| 评估角度 | 从企业的角度出发，考察项目本身的盈利能力、清偿能力及外汇效果等财务情况 | 从国民经济和社会需要出发，分析、考察项目对社会福利和国家基本发展目标（主要是经济目标）的贡献，以及国家资源的合理分配和有关利用程度 |
| 评估范围 | 根据项目直接发生的财务收支，计算其直接效益和直接费用的可以计量的货币效果 | 根据项目所耗费的有用资源和对社会提供的有用产品（包括服务）来考察项目的费用和效益，除直接效果外，还有间接的、外部的、相关的效果 |
| 费用和收益范围 | 企业收益包括企业净利润和折旧基金；费用和效益仅考虑直接的 | 国家收益包括企业上交的利润、折旧、税金、工资、利息和租金等；费用和收益除直接外，还有间接与相关的 |
| 价值尺度和国家参数 | 采用的价值尺度是现行价格体系中的会计核算价格；采用部门、行业的基准收益率（或项目占用资金的综合资金成本率）作为折现率；大项目耗费外汇资金时以实际发生的汇率作为计算汇率 | 采用的价值尺度是除失真因素后的影子价格；采用统一制定的社会折现率（国家基准收益率）为折现率；采用影子汇率作为计算汇率 |
| 评估的内容和方法 | 企业财务评估的内容和方法较为简单，而且涉及面较宽 | 国民经济评估的内容和方法都较复杂，涉及的范围较广，需要进行最终的多目标因素综合 |

3. 国民经济评估的内容

在财务评价基础上进行国民经济评估，主要包括：①对项目效益和费用的范围进行调整，剔除财务效益和费用中的转移支付，主要是税金、补贴、利息等，识别项目的间接效益和间接费用。②调整价格，用影子价格重新估算项目的效益和费用，包括总投资、经营费用和收益。为简化计算一般只对主要投入物和产出物、价格明显不合理的投入物和产出物的影子价格进行分析计算，对于那些在项目投入中所占比重不大的货物，可直接用《建设项目经济评价方法与参数》中给出的影子价格或影子价格换算系数，也可以直接采用财务价格。③在项目效益和费用等经济数据调整的基础上，编制国民经济效益费用流量表（全部投资），如表 8 所示。利用外资项目还应编制国民经济效益费用流量表（国内投资），如表 9 所示，以及经济外汇流量表，如表 10 所示。在评估时，应复核这些国民经济评估报表的表格设置，编制内容和数据计算是否符合规定，是否正确。④根据国民经济评估报表计算反映项目盈利能力的经济净现值和经济内部收益率指标，及反映项目外汇效果的经济外汇净现值和经济换汇（节汇）成本指标。对难以用货币价值量化的外部效果做定性分析评估。⑤对项目的社会效益进行评估。主要应对项目给地区或部门经济发展带来的效果进行定量或定性的分析。包括对收入分配、产业结构、科技水平、劳动力就业、环境保护、资源利用、产品质量，以及对人民物质文化生活和社会福利等影响的分析评估。

**表 8 国民经济效益费用流量表（全部投资）***

单位：万元

| 序号 | 项目 | 建设期 | | 投产期 | | 达到设计能力生产期 | | | | 合计 |
|---|---|---|---|---|---|---|---|---|---|---|
| | | 1 | 2 | 3 | 4 | 5 | 6 | … | n | |
| | 生产负荷（%） | | | | | | | | | |
| 1 | 效益流量 | | | | | | | | | |
| 1.1 | 产品销售（营业）收入 | | | | | | | | | |
| 1.2 | 回收固定资产余值 | | | | | | | | | |
| 1.3 | 回收流动资金 | | | | | | | | | |
| 1.4 | 项目间接效益 | | | | | | | | | |
| 2 | 费用流量 | | | | | | | | | |
| 2.1 | 固定资产投资 | | | | | | | | | |
| 2.2 | 流动资金 | | | | | | | | | |
| 2.3 | 经营费用 | | | | | | | | | |
| 2.4 | 项目间接费用 | | | | | | | | | |
| 2.5 | 净效益流量（1–2） | | | | | | | | | |

计算指标：经济内部收益率

经济净现值（$i_s$ = %）

注：* 生产期发生的更新改造投资作为费用流量单独列项或列入固定资产投资项中。

**表 9 国民经济效益费用流量表（国内投资）***

单位：万元

| 序号 | 项目 | 建设期 | | 投产期 | | 达到设计能力生产期 | | | | 合计 |
|---|---|---|---|---|---|---|---|---|---|---|
| | | 1 | 2 | 3 | 4 | 3 | 6 | … | n | |
| | 生产负荷（%） | | | | | | | | | |
| 1 | 效益流量 | | | | | | | | | |
| 1.1 | 产品销售（营业）收入 | | | | | | | | | |
| 1.2 | 回收固定资产余值 | | | | | | | | | |
| 1.3 | 回收流动资金 | | | | | | | | | |
| 1.4 | 项目间接效益 | | | | | | | | | |
| 2 | 费用流量 | | | | | | | | | |
| 2.1 | 固定资产投资<br>中国内资金 | | | | | | | | | |
| 2.2 | 流动资金中国内资金 | | | | | | | | | |
| 2.3 | 经营费用 | | | | | | | | | |
| 2.4 | 流至国外的资金 | | | | | | | | | |
| 2.4.1 | 国外借款本金偿还 | | | | | | | | | |
| 2.4.2 | 国外借款利息支付 | | | | | | | | | |

续表

| 序号 | 项目 | 建设期 | | 投产期 | | 达到设计能力生产期 | | | | 合计 |
|---|---|---|---|---|---|---|---|---|---|---|
| | | 1 | 2 | 3 | 4 | 3 | 6 | … | n | |
| 2.4.3 | 其他 | | | | | | | | | |
| 2.5 | 项目间接费用 | | | | | | | | | |
| 3 | 净效益流量（1–2） | | | | | | | | | |

计算指标：经济内部收益率
经济净现值（$i_s$=%）

注：* 同表8。

（1）影子价格的评估是国民经济评估的主要内容。为了正确确定项目各种投入物、产出物的影子价格，需将其分为外贸货物、非外贸货物和特殊投入物三种。所谓外贸货物是指其生产或使用直接或间接影响国家进出口的货物；非外贸货物是指其生产或使用不影响国家进出口的货物；特殊投入物是指劳动力和土地。

**表10　经济外汇流量表**

单位：万美元

| 序号 | 项目 | 建设期 | | 投产期 | | 达到设计能力生产期 | | | | 合计 |
|---|---|---|---|---|---|---|---|---|---|---|
| | | 1 | 2 | 3 | 4 | 5 | 6 | … | n | |
| | 生产负荷（%） | | | | | | | | | |
| 1 | 外汇流入 | | | | | | | | | |
| 1.1 | 产品销售外汇收入 | | | | | | | | | |
| 1.2 | 外汇借款 | | | | | | | | | |
| 1.3 | 其他外汇收入 | | | | | | | | | |
| 2 | 外汇流出 | | | | | | | | | |
| 2.1 | 固定资产投资中外汇支出 | | | | | | | | | |
| 2.2 | 进口原材料 | | | | | | | | | |
| 2.3 | 进口零部件 | | | | | | | | | |
| 2.4 | 技术转让费 * | | | | | | | | | |
| 2.5 | 偿付外汇借款本息 | | | | | | | | | |
| 2.6 | 其他外汇支出 | | | | | | | | | |
| 3 | 净外汇流量（1 – 2） | | | | | | | | | |
| 4 | 产品替代进口收入 | | | | | | | | | |
| 5 | 净外汇效果（3 + 4） | | | | | | | | | |

计算指标：经济外汇净现值（$i_s$=%）
经济换汇成本或经济节汇成本

注：* 技术转让费是指生产期支付的技术转让费。

影子价格的确定有以下几种方法：

1）外贸货物的影子价格以实际可能发生的口岸价格为基础确定。具体定价方法如下：

①对于产出物（项目产出物的出厂价格）来说，影子价格的计算有以下几种：

直接出口产品（外销产品）的影子价格（SP）等于离岸价格（FOB）乘以影子汇率（SER），减去国内运输费用（$T_1$）和贸易费用（$T_{r1}$）。其表达式为：

$SP=FOB\times SER-(T_1+T_{r1})$

间接出口产品（内销产品，替代其他货物使其他货物增加出口）的影子价格等于离岸价格乘以影子汇率，减去原供应厂到口岸的运输费用（$T_2$）及贸易费用（$T_{r2}$），加上原供应厂到用户的运输费用（$T_3$）及贸易费用（$T_{r3}$），再减去拟建项目到用户的运输费用（$T_4$）及贸易费用（$T_{r4}$）。其表达式为：

$SP=FOB\times SER-(T_2+T_{r2})+(T_3+T_{r3})-(T_4+T_{r4})$

原供应厂和用户难以确定时，可按直接出口考虑。

替代进口产品（内销产品，以产顶进，减少进口）的影子价格等于原进口货物的到岸价格（CIF）乘以影子汇率，加口岸到用户的运输费用（$T_5$）及贸易费用（$T_{r5}$），再减去拟建项目到用户的运输费用及贸易费用。其表达式为：

$SP=CIF\times SER+(T_2+T_{r5})-(T_4+T_{r4})$

具体用户难以确定时，可按到岸价格计算。

②对于投入物（项目投入物的到厂价格）来说，影子价格的计算有以下几种：

直接进口产品（国外产品）的影子价格等于到岸价格乘以影子汇率，加国内运输费用和贸易费用。其表达式为：

$SP=CIF\times SER+(T_1+T_{r1})$

间接进口产品（国内产品，如木材、钢材、铁矿、铬矿等。以前进口过，现在也大量进口）的影子价格等于到岸价格乘以影子汇率，加口岸到原用户的运输费用及贸易费用，减去供应厂到用户的运输费用及贸易费用，再加上供应厂到拟建项目的运输费用（$T_6$）及贸易费用（$T_{r6}$）。其表达式为：

$SP=CIF\times SER+(T_5+T_{r5})-(T_3+T_{r3})+(T_6+T_{r6})$

原供应厂和用户难以确定时，可按直接进口考虑。

减少出口产品（国内产品，如石油、可出口的煤炭和有色金属等，以前出口过，现在也能出口）的影子价格等于离岸价格乘以影子汇率，减去供应厂到口岸的运输费用及贸易费用，再加上供应厂到拟建项目的运输费用及贸易费用。其表达式为：

$SP=FOB\times SER-(T_2+T_{r2})+(T_6+T_{r6})$

供应厂难以确定时，可按离岸价格计算。

2）非外贸货物的影子价格按下述原则和方法确定：

①对于产出物来说，影子价格的计算有以下几种：

增加供应数量满足国内消费的产出物。供求均衡的，按财务价格定价；供不应求的，参照国内市场价格并考虑价格变化的趋势定价，但不应高于相同质量产品的进口价格；无法判断供求情况的，取上述价格中较低者。

不增加国内供应数量，只是替代其他相同或类似企业的产出物，致使被替代企业停产或减产的。质量与被替代产品相同的，应按被替代企业相应的产品可变成本分解定价；提高产品质量的，原则上应按被替代产品的可变成本加提高产品质量而带来的国民经济效益定价，其中，提高产品质量带来的效益，可近似地按国际市场价格与被替代产品的价格之差确定。

产出物按上述原则定价后，再计算为出厂价格。

②对于投入物来说，影子价格的计算有以下几种：

能通过原有企业挖潜（不增加投资）增加供应的，按可变成本分解定价。

在拟建项目计算期内需通过增加投资扩大生产规模来满足拟建项目需要的，按全部成本（包括可变成本和固定成本）分解定价。当难以获得分解成本所需要的资料时，可参照国内市场价格定价。

项目计算期内无法通过扩大生产规模增加供应的（减少原用户的供应量），参照国内市场价格、国家统一价格加补贴（如有时）中较高者定价。

投入物按上述原则定价后，再计算到厂价格。

③劳动力的影子工资及土地的影子费用按下述原则确定：

劳动力的影子工资应能反映该劳动力用于拟建项目而使社会为此放弃的效益，以及社会为此而增加的资源消耗。

影子工资可通过财务评价时所用的工资与福利费之和乘以影子工资换算系数求得。影子工资换算系数由国家统一测定发布。

④土地的影子费用应能反映该土地用于拟建项目而使社会为此放弃的效益，以及社会为此而增加的资源消耗（如居民搬迁费等）。

⑤影子汇率反映外汇的真实价值，用于国民经济评价中外汇与人民币之间的换算，同时也用作经济换汇或节汇成本的判据。

影子汇率可通过国家外汇牌价乘以影子汇率换算系数求得，影子汇率换算系数是一个重要的通用参数，由国家统一测定发布。

（2）对经济效益指标的评估是从国民经济整体角度考察项目给国民经济带来的净效益（净贡献），包括盈利能力分析和外汇效果分析两方面。

国民经济盈利能力分析计算经济内部收益率和经济净现值等指标。

1）经济内部收益率（EIRR）。经济内部收益率是反映项目对国民经济净贡献的相对指标。它是项目在计算期内各年经济净效益流量的现值累计等于零时的折现率。其表达式为：

$$\sum_{t=1}^{1}(B-C)_t(1+EIRR)^{-t}=0$$

式中：B——效益流入量；C——费用流出量；$(B-C)_t$——第 t 年的净效益流量；n——计算期。

经济内部收益率等于或大于社会折现率表明项目对国民经济的净贡献达到或超过了要求的水平，这时应认为项目是可以考虑接受的。

2）经济净现值（ENPV）。经济净现值是反映项目对国民经济净贡献的绝对指标。它是指用社会折现率将项目计算期内各年的净效益流量折算到建设初期的现值之和。其表达式为：

$$ENPV=\sum_{t=1}^{n}(B-C)_t(1+i_s)^{-t}$$

式中：$i_s$——社会折现率。

经济净现值等于或大于零表示国家为拟建项目付出代价后，可以得到符合社会折现率的社会盈余，或除得到符合社会折现率的社会盈余外，还可以得到以现值计算的超额社会盈余，这时就认为项目是可以考虑接受的。

3）涉及产品出口创汇及替代进口节汇的项目，应进行外汇效果分析，计算经济外汇净现值、经济换汇成本、经济节汇成本指标。

①经济外汇净现值（$ENPV_F$）。经济外汇净现值是反映项目实施后对国家外汇收支直接或间接影响的重要指标，用以衡量项目对国家外汇真正的净贡献（创汇）或净消耗（用汇）。经济外汇净现值可通过经济外汇流量表计算求得，其表达式为：

$$ENPV_F=\sum_{t=1}^{n}(FI-FO)_t(1+i_s)^{-t}$$

式中：FI——外汇流入量；FO——外汇流出量；$(FI-FO)_t$——第 t 年的净外汇流量；n——计算期。

当有产品替代进口时，可按净外汇效果计算经济外汇净现值。

②经济换汇成本和经济节汇成本。当有产品直接出口时，应计算经济换汇成本。它是用货物影子价格、影子工资和社会折现率计算的为生产出口产品而投入的国内资源现值（以人民币表示）与生产出口产品的经济外汇净现值（通常以美元表示）之比，即换取 1 美元外汇所需要的人民币金额，是分析评价项目实施后在国际上的竞争力，进而判断其产品应否出口的指标。其表达式为：

$$经济换汇成本=\frac{\sum_{t=1}^{n}DR_t(1+i_s)^{-t}}{\sum_{t=1}^{n}(FI'-FO')_t(1+i_s)^{-t}}$$

式中：$DR_t$——项目在第 t 年为出口产品而投入的国内资源（包括投资、原材料、工资、其他投入和贸易费用）；FI′——生产出口产品的外汇流入；FO′——生产出口产品的外汇流出（包括应由出口产品分摊的固定资产投资及经营费用中的外汇流出）；n——计算期。

当有产品替代进口时，应计算经济节汇成本，它等于项目计算期内生产替代进口产品所投入的国内资源的现值与生产替代进口产品的经济外汇净现值之比，即节约1美元外汇所需的人民币金额。其表达式为：

$$经济节汇成本=\frac{\sum_{t=1}^{n}DR''_t(1+i_s)^{-t}}{\sum_{t=1}^{n}(FI''-FO'')_t(1+i_s)^{-t}}$$

式中：$DR''_t$——项目在第t年为生产替代进口产品而投入的国内资源（包括投资、原材料、工资、其他投入和贸易费用）；FI″——生产替代进口产品所节约的外汇；FO″——生产替代进口产品的外汇流出（包括应由替代进口产品分摊的固定资产及经营费用中的外汇流出）。

经济换汇成本或经济节汇成本（元/美元）小于或等于影子汇率，表明该项目产品出口或替代进口是有利的。

### （五）项目社会效益分析和社会评估

项目社会评价的概念和内容，国内外尚无统一标准。在国外的评价方法中，将项目的经济评价加上所得分配效果分析，如积累与消费之间（时间分配），贫富各收入阶层和各地区之间（空间分配），以及优先商品和非优先商品之间分配效果的衡量，称为项目的社会评价。世界银行近年来对项目与社会各方面的关系的分析越来越重视，分析项目与所处的社会环境是否相适应。这种广泛的项目与社会关系的分析英国ODA的专家称之为社会动态分析。从理论上讲，衡量一个投资项目的社会价值及与社会的关系的社会评价，应包括项目在社会经济、政治、文化艺术、教育、卫生等各个社会生活领域的分析评价。从这个意义出发，社会评价一方面是指项目对各个社会目标的贡献和效益；另一方面是指项目与社会环境各方面相适应的关系的分析。按照上述概念，并借鉴国际经验，我国的项目社会评价应包括社会效益的衡量、收入分配衡量，以及社会动态分析三部分。前两部分属定量分析，可称之为社会评价；后一部分为定性分析，可称之为社会分析。下面对三部分内容分别进行探讨。

1. 评估项目对社会目标的贡献，计算社会效益

社会评估指标可以采用通用指标与专用指标相结合。一般来说，通用指标应当包括：①就业效果指标，主要有总就业效果、直接就业效果、间接就业效果；②节能效果指标，主要有国民收入综合能耗；③节约时间效果指标，主要有节约时间的效益；④基础结构费用指标；等等。

专用指标可以有：①创汇换汇率；②降低运输成本额；③减少交通事故的效果；④土地使用价值的增值；等等。

2. 评价项目的分配效果

经济增长与公平分配是所有社会的基本目标。国外的项目评价方法都同时考虑经济增长目标和公平分配目标，并在影子价格的推导中予以体现。如联合国工发组织（UNIDO）以累积总消费和收入分配公平为评价目标，经济合作与发展组织（OECD）以社会收入及其合理使用为评价目标，世界银行（WB）以社会效益最大为评价目标。我国实行的是社会主义制度，目前虽未形成个人之间或社会集团之间收入分配悬殊并造成社会问题的情况，但随着经济体制的改革和利益关系的调整，城乡之间、区域之间的贫富差别日趋严重，落后地区的经济发展已开始引起人们的普遍关注。而且，在中央财政再分配职能逐步减弱的情况下，通过税收政策和财政支出政策来调节收入再分配既不现实效果也不好。这种情况下，由项目投资来改善收入再分配这一途径越发重要。因此，我国在项目评估中也应当考虑收入分配效果问题，对能促进政府收入分配项目的那些项目给予优先权。

从具体处理方法来看，国外的评估方法是将项目的费用和效益对不同收入阶层和地区的承担者和接受者赋予不同的权重。如 UNIDO 法提出了一个数学公式来计算不同收入阶层的权重，但这需要用到边际效用和边际效用弹性的概念。边际效用弹性由于主观判断的原因很难准确地测定，因此也很难推算每个阶层的收入分配权重，而且项目的费用和效益承担者和收益者本身也是难以确定的。同样，对储蓄（积累）和消费的处理，确定储蓄溢价（即调整系数），同样需要众多难以获取的参数。考虑到我国的具体情况，一方面，复杂的计量办法难以实行；另一方面，再投资（储蓄）与消费或积累与消费的问题主要并不是由项目这一项决定的，投资（积累）与消费比例是由国家统一安排的。因此，项目的分配效果分析可以不通过采用社会影子价格的方式进行，而是在社会评价中对项目的收入分配作比较简单的计算。一般有以下分配效果指标：①职工分配指数；②企业（部门）分配指数；③国家（包括地区）分配指数；④未分配（积累）的增值指数；⑤地区分配指数。

3. 项目的社会动态分析

我国过去项目评估中，涉及社会评估的定性指标应当继续保留。如项目对技术进步的作用，对部门经济和地区经济的作用，对调整产品结构、提高产品质量、改进管理的作用，对资源利用与远景发展的影响，对城市社会经济发展的影响，对减少污染、改善环境、促进旅游发展的影响，对促进民族团结、加强国防的影响，对调动职工积极性、提高劳动生产率的影响，等等。但是，为了保证项目的顺利实施，还有必要增加项目社会动态分析的内容，包括项目所在地区的各种社会环境构成因素，如当地的社会文化、人口结构特征，教育、卫生、娱乐设施，生产的社会组织，包括家庭、家族结构、劳动力状况，土地及各种资源的取得与控制等。这些都将对项目的设计与实施产生程度不同的影响。根据国际经验，项目社会分析的目的在于使项目设计适应于所处的社会环境，即与所在地的社会情况相适应，保证项目实施取得群众和社会各方面的支持，以达到项目建设的目标；并促使社会进步与变革，以适应项目的生存与发展。可以说，这种社会分析是促使项目与社会两相适应、相互协调的分析。

这种项目社会动态分析应与项目的技术、财务、经济等分析放在同等重要的位置，并贯穿在项目立项直到实施完成或整个项目周期。据报道，世界银行有 30 个与社会环境相协调的项目，其经济收益率比其他项目高出一倍以上，可见社会动态分析对提高项目成功率的重要意义。我国应在已有经验的基础上，借鉴国际经验与专业方法，将项目社会动态分析专业化、系统化。

如果说项目国民经济评估指标是项目决策的决定性指标的话，社会评估指标一般是作为参考性和补充性指标，这样便于从各个方面剖析项目在经济和社会方面的真正价值。

## （六）项目环境经济评估

项目的环境影响是一种重要的外部效果，我国规定在可行性研究报告阶段，必须进行环境影响评价，但它对于国民经济评价来说，只是一种外部效果的定性分析，因而极有必要用环境经济评价方法来定量分析项目的环境影响，将其真正纳入到国民经济定量评价中去。

大部分建设项目都会对环境产生好的或坏的影响，称为环境效益或环境费用。环境影响评价，就是力图用定量的形式测量这些影响，而环境影响的经济评价，就是力图用货币值来计量这些影响。环境影响经济评价的内容和步骤如图 3 所示。

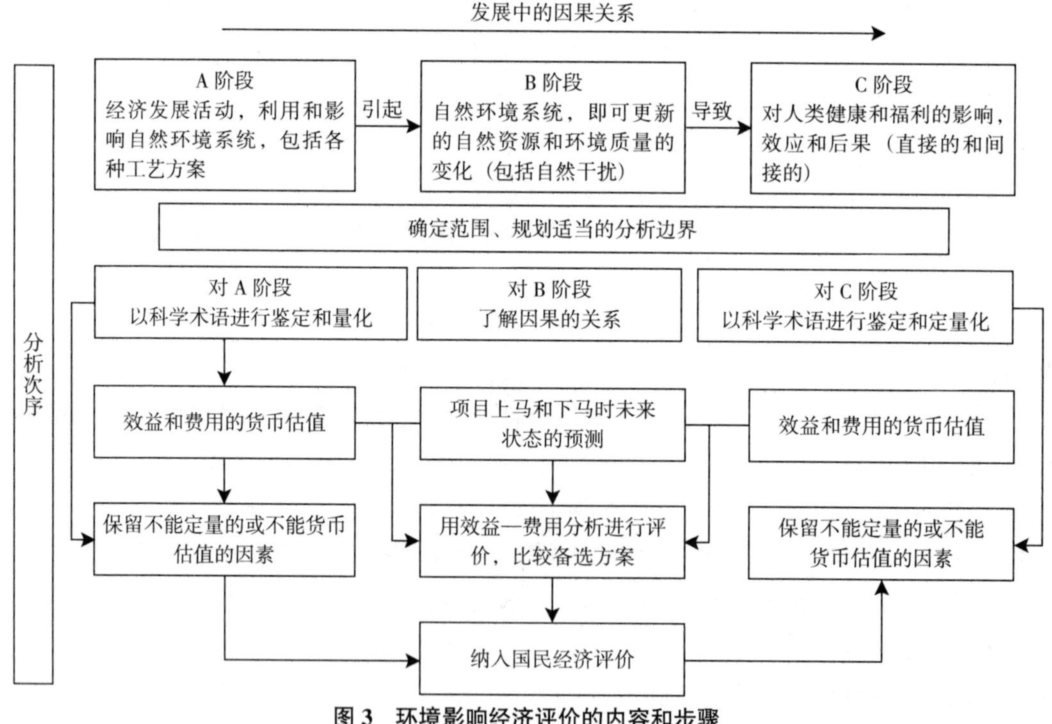


**图 3　环境影响经济评价的内容和步骤**

整个环境影响和经济评价方法的关键，是用货币价值来定量描述各种对外界环境影响的能力。这些影响很难以货币计值，因而发展出一套环境影响估值技术，以期尽可能准确地把环境效益和环境费用货币化。如表 11 所示，环境影响的估值技术主要包括两大类五种方法。

**表 11 环境质量影响的效益和费用经济评估方法分类**

| 评估方法 | 应用实例 | |
|---|---|---|
| | 生产性商品和劳务 | 消费性商品和劳务 |
| (一) 以市场为主的方法<br>1. 用生产性商品和劳务的实际市场价格评价效益<br>(1) 产出价值的变化<br>(2) 收入的损失 | 由于化学品渗漏引起的农作物的价值损失<br>由于空气污染引起疾病和死亡的增加，损失了生产性劳务价值 | |
| 2. 用环保投入的实际市场价格评价费用<br>(1) 防护费用法<br>(2) 恢复费用法<br>(3) 影子工程法<br>(4) 费用效果分析法 | 工程项目设计中环保措施费用<br>恢复被酸雨损害的建筑物的费用<br>被排出物损害的商业性淡水渔业的复原费用<br>热能工程项目的废水各种处理的费用 | 隔离噪声费用，饮水处理费用<br>空气污染损害的房屋附加的油漆费用<br>被发展工程项目破坏而另外提供的运动、钓鱼、娱乐等设施费用 |
| 3. 用替代市场评估效益<br>(1) 用销售的商品作为环境的替代物<br>(2) 资产价值法<br>(3) 其他的土地价值法<br>(4) 旅行费用法<br>(5) 工资差额法<br>(6) 接受补偿法 | 用污水处理过程代替生态系统对水净化的费用<br>水污染引起的商业资产价值的变化<br>对谷物损失的补偿 | 以参观私人花园和文娱活动的费用替代参观自然保护区的价值<br>因空气污染所引起的住宅资产价值的变化<br>政府为国家公园而保留的土地所付的费用<br>公园娱乐效益的评价<br>工人为改善环境质量而愿意损失的工资的估计<br>对健康不利的影响 |
| (二) 以调查为主的方法（假想评估）<br>1. 对支付意愿的直接询问<br>投标博弈法 | | 对一个城区公园支付愿望的估计 |
| 2. 对数量选择的直接询问<br>无费用选择法 | | 对空气污染的假想的应用 |

## （七）不确定性分析

项目评价所采用的数据，大部分来自预测和估算，有一定程度的不确定性。为了分析不确定性对经济评价指标的影响，需进行不确定性分析，以估计项目可能承担的风险，确定项目在经济上的可靠性。

不确定性分析包括敏感性分析、盈亏平衡分析和概率分析。盈亏平衡分析只用于财务评价，敏感性分析和概率分析可同时用于财务评价和国民经济评价。

1. 敏感性分析

敏感性分析是通过分析、预测项目主要因素发生变化时对经济评价指标的影响，从中找出敏感因素，并确定其影响程度。在项目计算期内可能发生变化的因素有产品产量（生产负荷）、产品价格、产品成本或主要原材料与动力价格、固定资产投资、建设工期及汇率等。敏感性分析通常是分析这些因素单独变化或多因素变化对内部收益率的影响。必要时也可分析对静态投资回收期和借款偿还期的影响。项目对某种因素的敏感程度可以表示为该因素按一定比例变化时引起评价指标变动的幅度（可列表表示），也可以表示为评价指标达到临界点（如财务内部收益率等于财务基准收益率或经济内部收益率等于社会折现率）时允许某个因素变化的最大幅度，即极限变化。为求此极限，可绘制敏感性分析图。

2. 盈亏平衡分析

盈亏平衡分析是通过盈亏平衡点（BEP），分析项目成本与收益的平衡关系的一种方法。盈亏平衡点通常根据正常生产年份的产品产量或销售量、可变成本、固定成本、产品价格和销售税金及附加等数据计算，用生产能力利用率或产量表示。其计算公式为：

$$\text{BEP（生产能力利用率）}=\frac{\text{年固定总成本}}{\text{年产品销售收入}-\text{年可变总成本}-\text{年销售税金及附加}}\times 100\%$$

$$\text{BEP（产量）}=\frac{\text{年固定总成本}}{\text{单位产品价格}-\text{单位产品可变成本}-\text{单位产品销售税金及附加}}\times 100\%$$

BEP（产量）= 设计生产能力 × 生产能力利用率

盈亏平衡点越低，表明项目适应市场变化的能力越强，抗风险能力越强。

3. 概率分析

概率分析是使用概率研究预测各种不确定性因素和风险因素的发生对项目评价指标影响的一种定量分析方法。一般是计算项目净现值的期望值及净现值大于小于或等于零时的累计概率，累计概率值越大，说明项目承担的风险越小。也可以通过模拟法测算项目评价指标（如内部收益率）的概率分布。根据项目特点和实际需要，有条件时应进行概率分析。

## 三、投资方案比较

项目评估和投资决策归根结底是一种方案比较，是通过比较来选取最优方案的。项目的优选和排队是通过项目间的比较来进行的，同一项目的多方案选优也是采用方案比较的方法。方案比较贯穿于项目可行性研究的始终。在项目可行性研究过程中进行各项主要经济和技术决策（如工厂规模、产品方案、工艺流程和主要设备选择、原材料和燃料供应方式、厂址选择、工厂布局以及资金筹措等）时，都应根据实际情况提出各种可能的方案进行筛选，并对筛选出的几个方案进行经济计算，结合其他因素的详细论证比较，做出抉择。因此，方案比较是寻求合理经济和技术方案的必要手段，是项目可行性研究与评估的重要组成部分。

### （一）互斥方案及其比较

这里所讲的投资方案的比较主要指互斥方案的比较。所谓互斥方案是指为达到同一目标而设置的彼此可以相互替代的方案。也就是说，方案具有排他性，采纳方案组中的某一方案，就会自动排斥这组方案中的其他方案。互斥方案的比较可按各个方案所含的全部因素（相同因素和不同因素）计算各方案的全部经济效益和费用，进行全面的对比，也可以仅就不同因素相对经济效益和费用，进行局部的对比。

方案比较的方法很多，常用的方法有净现值法、净现值率法、年等值法、差额投资内部收益率法、最小费用法等，所对应的判断指标有净现值、净现值率、年等值、差额投资内部收益率和费用现值及年费用等。净现值法是指通过计算各方案的净现值来比较方案优劣的方法，以净现值大者为优；年等值法是指通过计算各方案的年等值来比选方案，年等值最大的方案是最优方案；差额投资内部收益率法是指计算差额投资的内部收益率来比选方案，差额投资内部收益率大于基准收益率，投资大的方案优于投资小的方案；反之，投资小的方案优于投资大的方案；最小费用法是通过计算各方案的费用，比较其大小，费用最小的方案为最优方案。

一般而言，比较各方案的经济合理性，可以选择以上这些方法和指标中的一种来进行。但是，在不同情况下，不同的指标会有差异，有时甚至会出现矛盾。例如，净现值与净现值率两个指标在方案比较和项目排队中有时会导致相反的结论，假设 A、B 两个方案投资现值分别为 IA＝200，IB＝340，净现值分别为 NPVA＝100，NPVB＝160，那么按净现值进行比较，应选择方案 B，按净现值率进行比较则应选择方案 A。因此，在具体进行方案比较时，应根据不同的情况选择合适的方案比较方法和指标。

选择方案比较方法和指标，一般应注意以下几点：①比较的各方案是否有相同的产出效益。当多个方案都可以满足同样的需求，即产出效益相同，这时可以采用最小费用法。特别是在各方案的产出效益相同却难以估算的情况下，采用最小费用法最为简便。它只需计算各方案的费用，比较其大小，费用最小的方案为最优方案。②明确各方案有无资金限制条件。在没有资金限制的条件下，应选用净现值法和年等值法，在有明确的资金限制条件下，应选用净现值率法。当两个方案的投资均满足资金的约束条件且两个方案自身的经济指标都满足要求时，比选这两个方案，应采用差额投资内部收益率法。差额投资内部收益率大于基准收益率时，投资大的方案为优。反之，投资小的方案为优。③方案计算期是否相同。对计算期不同的方案，可以采用局部比较法，如年值法和年费用比较法，如果采用净现值法、费用现值法或其他方法时，则需对各比较方案的计算期做适当处理后再进行比较。总之，选用何种方案比较方法和指标，应根据各方案的特点和要求来确定。几种方法和指标的应用范围可归纳成表 12。

### （二）差额投资内部收益率法

差额投资内部收益率法是通过计算两个投资额不相等方案的差额投资部分的内部收益率来比较两个方案的优劣。差额投资内部收益率定义为两个投资额不相等方案各年净现金流量差额的现值之和等于零时的折现率，表达式分为两种情况。

表 12　方案比较方法和指标应用范围

| 用途＼指标 | 净现值 | 内部收益率 | 净现值率 |
|---|---|---|---|
| 项目经济评价（独立项目的可行性判断） | NPV≥0 时，可考虑接受 | IRR≥i 时，可考虑接受 | NPVR≥0 时，可考虑接受 |
| 方案比较（互斥方案选优） | 无资金限制时，可选择 NPV 较大者 | 一般不直接用，可计算差额投资内部收益率（ΔIRR）当 ΔIRR≥i 时，以投资较大为优 | 存在明确的资金限制时，选择 NPVR 较大者 |
| 项目排队（独立项目按优劣排序的最优组合） | 可单独使用 | 一般不采用 | 按 NPVR 大小将项目排序，选择满足资金限制条件的项目组合，使 NPV 最大 |

财务评价时，表达式为：

$$\sum_{i=1}^{n}[(CI-CO)_2-(CI-CO)_1]_t(1+\Delta FIRR)^{-t}=0$$

式中：$(CI-CO)_2$——投资大的方案的净现金流量；$(CI-CO)_1$——投资小的方案的年净现金流量；ΔFIRR——差额投资财务内部收益率；n——计算期。

国民经济评价时，表达式为：

$$\sum_{i=1}^{n}[(B-C)_2-(B-C)_1]_t(1+\Delta FIRR)^{-t}=0$$

式中：$(B-C)_2$——投资大的方案的年净效益流量；$(B-C)_1$——投资小的方案的年净效益流量；ΔFIRR——差额投资经济内部收益率。

两方案比较时，不是计算两方案的 IRR 指标进行比较，而是按上述公式计算差额投资内部收益率（ΔIRR），并与基准收益率或设定的收益率 $i_c$ 进行对比，当 $\Delta IRR \geq i_c$ 时，以投资大的方案为优。之所以这样做，原因在于比较内部收益率指标有时可能与净现值发生矛盾，而差额投资内部收益率则与净现值一致。例如，有 A、B 两个方案，方案 A 投资大于方案 B，其净现值曲线如图 4 所示。设 A、B 两方案的净现值曲线与横轴 i 的交点坐标为 $IRR_A$ 和 $IRR_B$，显然 $IRR_A$ 和 $IRR_B$ 分别为 A、B 两方案的内部收益率，且有 $IRR_A<IRR_B$，两曲线的交点 C 所对应的横坐标即差额投资内部收益率（ΔIRR）。

如果只按内部收益率的大小来选择方案，由于 $IRR_A<IRR_B$，显然应选择 B 方案。但是，如果做更详细的分析，按净现值来选择，就会得出两种结论，当两方案净现值曲线的交点的横坐标 ΔIRR 大于基准收益率或社会折现率（$i_c$ 或 $i_s$）时，方案 A、B 的净现值分别为 $NPV_A$ 和 $NPV_B$，从图 4 可以看出 $NPV_A>NPV_B$，方案 A 是较优方案，当 ΔIRR 小于基准收益率或社会折现率（$i_c$ 或 $i_s$）时，方案 A、B 的净现值分别为 $NPV'_A$ 和 $NPV'_B$。从图 5 可以看出 $NPV'_A<NPV'_B$，方案 B 是较优方案。这样，同样的两个方案比较，用内部收益率指标与用净现值指标在 $i_c(i_s)$ 小于 $\Delta IR_R$ 时将得出矛盾的结论。

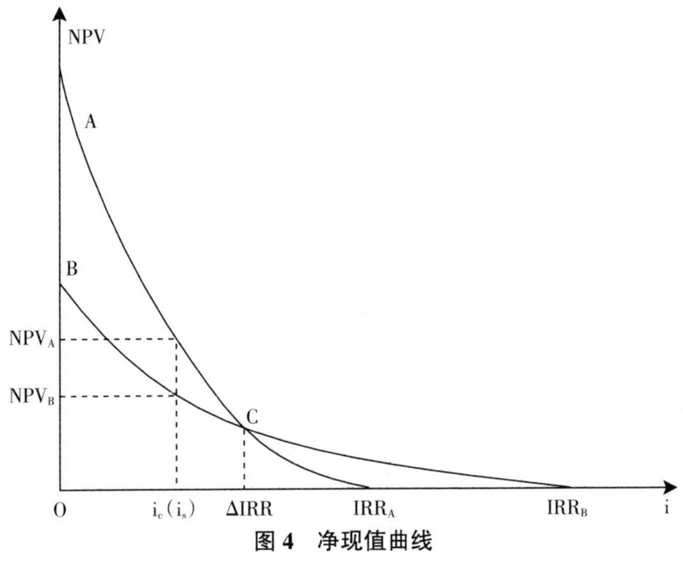


**图 4 净现值曲线**

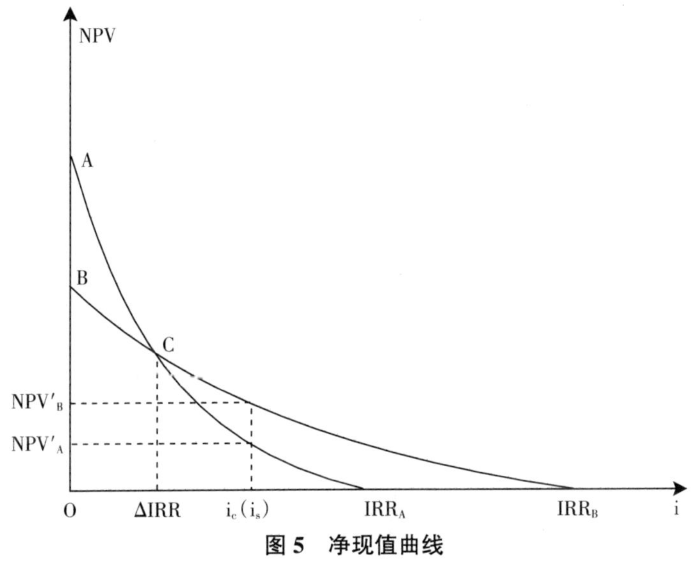


**图 5 净现值曲线**

现在我们用差额内部收益率指标来判断，当 $\Delta IRR > i_c$ 或 $i_s$ 时，投资大的方案 A 优，同时，与使用净现值（$NPV_A > NPV_B$）的判断相一致，当 $\Delta IRR < i_c$ 或 $i_s$ 时，投资小的 B 方案优，亦同使用净现值的判断（$NPV_B > NPV_A$）结论相一致，因此，在方案比较中，一般不直接使用内部收益率指标，而采用差额投资内部收益率指标。

多个方案进行比较时，要先按投资大小由小到大排序，再依次就相邻方案两两比较，从中选出最优方案。

### （三）方案比较的其他方法

1. 净现值法

将分别计算的各方案的净现值进行比较，以净现值较大的方案为优。

2. 年值法

将分别计算的各比较方案净效益的等额年值（AW）进行比较，以年值较大的方案为优。年值的表达式为：

$$AW=\left|\sum_{t=1}^{n}(S-I-C'+S_v+W)_t(P/F,\ i,\ t)\right|\cdot(A/P,\ i,\ n)$$

或 $AW=NPV\cdot(A/P,\ i,\ n)$

式中：S——年销售收入；I 为年全部投资（包括固定资产投资和流动资金）；C′——年经营费用（成本）；$S_v$——计算期末回收的固定资产余值；W——计算期末回收的流动资金；（P/F，i，t）——现值系数；（A/P，i，t）——资金回收系数；i——社会折现率或财务基准收益率；NPV——净现值。

3. 净现值率法

净现值率（NPVR）是净现值与投资现值之比。计算公式为：

$NPVR=NPV/I_P$

式中：$I_P$——方案的全部投资的现值。

净现值率说明该方案单位投资所获得的超额净效益。用净现值率进行方案比较时，以净现值率较大的方案为优。

4. 最小费用法

当方案效益相同或效益基本相同，但又难以具体估算时，为简化计算可采用最小费用法，包括费用现值比较法和年费用比较法。

费用现值比较法（简称现值比较法）是计算各比较方案的费用现值（PC）并进行对比，以费用现值较低的方案为优，计算公式为：

$$PC=\sum_{t=1}^{n}(I+C'-S_v-W)_t\cdot(P/F,\ i,\ t)$$

年费用比较法是计算各比较方案的年等额费用（AC）并进行对比，以年费用较低的方案为优，计算公式为：

$$AC=\left[\sum_{t=1}^{n}(I+C'-S_v-W)_t\cdot(P/F,\ i,\ n)\right]\cdot(A/P,\ i,\ n)$$

或 $AC=PC\cdot(A/P,\ i,\ n)$

5. 最低价格法（最低收费标准法）

对产品产量 c 不同，产品价格（服务收费标准）又难以确定的比较方案，当其产品为单一产品或能折合为单一产品时，可采用这种方法，分别计算各比较方案净现值等于零时的产品价格并进行比较，以产品价格低的方案为优。

最低价格（$P_{min}$）可按下式求得：

$$P_{min}=\frac{\sum_{t=1}^{n}(I+C'-S_v-W)_t\cdot(P/F,\ i,\ n)}{\sum_{t=1}^{n}Q_t(P/F,\ i,\ n)}$$

式中：$Q_t$——第 t 年产品（或服务）量。

6. 静态差额投资收益率法

当两个方案产量相同或基本相同时，可采用静态的简便的比较方法，包括静态差额投资收益率法或静态差额投资回收期法，计算公式为：

$$R_a=\frac{C_1'-C_2'}{I_2-I_1}\times 100\%$$

$$P_a=\frac{I_2-I_1}{C_1'-C_2'}\times 100\%$$

式中：$R_a$——静态差额投资收益率；$P_a$——静态差额投资回收期；$C_1'$、$C_2'$——两个比较方案的年总经营成本；$I_1$、$I_2$——两个比较方案的全部投资。

当静态差额投资收益率大于社会折现率或财务基准收益率，或静态差额投资回收期短于基准投资回收期时，投资大的方案较优。

## （四）计算期不同方案之间的比较

方案比较时，一般要求各方案具有可比性，计算期相同是方案可比的条件之一。然而许多情况下各方案的计算期并不一定相同。对于计算期不同的方案进行方案比较的问题，采用年值法和年费用比较法较为简便。如果需要采用净现值法、费用现值法或其他方法时，则需对诸比较方案的计算期做适当处理后再进行比较。一般有两种处理的方法：①以诸方案计算期的最小公倍数作为比较方案的计算期。这种方法称为方案重复法，即将诸方案计算期各年净现金流量或费用流量进行重复，直到与最小公倍数计算期相等，然后计算各指标进行方案比较。②以诸方案中最短的计算期作为比较方案的计算期。以净现值为例，其表达式为：

$$NPV_1=\sum_{t=1}^{n_1}(S_1-I_1-C_1'+S_{v_1}-W_1)_t\cdot(P/F,\ i,\ t)$$

$$NPV_2=\left[\sum_{t=1}^{n_2}(S_2-I_2-C_2'+S_{v_2}-W_2)\cdot(P/F,\ i,\ t)\cdot(A/P,\ i,\ n_2)\right]\cdot(P/A,\ i,\ n_1)$$

式中：$NPV_1$、$NPV_2$——两方案的净现值；$S_1$、$S_2$——两方案的年收入；$I_1$、$I_2$——两方案的年投资费用；$C_1'$、$C_2'$——两方案的年总经营成本；$S_{v1}$、$S_{v2}$——两方案计算期末回收的流动资金；$n_1$、$n_2$——两方案的计算期（$n_2>n_1$）；（P/F，i，t）——现值系数；（A/P，i，$n_2$）——资金回收系数；（P/A，i，$n_1$）——年现值系数。

张敦富文集

# 二、城市经济

CHENG SHI JING JI

# 论城市经济学*

城市经济学是经济学的重要分支学科，与其他经济学科相比，它年轻而富有活力。正如商品经济发展和工业化促使现代经济学形成和发展一样，全球城市化的快速推进是城市经济学产生和发展的客观基础。

## 一、城市经济学是一门新兴的经济学分支

城市经济学是研究城市空间分布规律以及城市内部经济社会活动合理组织的科学。前者是宏观城市经济学的研究范畴，后者是宏观城市经济学研究的范畴。

城市经济学要研究两大类相互作用的内容：一类是将城市作为点，研究在更大区域范围内其产生和发展的规律，研究如何使点不增加。点的规模不断扩大，以及建立点与点之间合理的经济社会联系，解决城市化和城镇体系问题。另一类是将城市作为面，研究其中的各种经济社会现象发展的规律，以及在城市发展的过程中政府如何尽可能地提供完备的公共服务，弥补市场不足，促进城市经济社会发展，提高城市竞争力。

这样的城市经济学框架与西方传统的城市经济学研究框架有所不同。西方大部分城市经济学教科书的框架都以微观层面的城市经济学研究为主，对于城市化及城市体系问题涉及比较少。英国著名城市经济学家 K. J. 巴顿于 1976 年在伦敦麦克米伦出版公司出版的《城市经济学——理论与政策》[①]，全书共 11 章，只在第二章“地理集中的经济学”中将极少的篇幅应用于城市化问题的研究；美国加利福尼亚大学教授沃纳·赫希于 1984 年在纽约麦克米兰出版公司出版的《城市经济学》[②]，全书共 14 章，也仅在第二章“城市化与城市增长”中列出了一个“城市化经济学”问题。

为什么西方城市经济学较少地涉及城市化问题呢？我们认为，在西方城市经济学的研究框架中，之所以城市化的篇幅很小，并不是因为城市化问题不重要，而是因为西方城市

---

* 本文选自张致富、叶裕民、刘治彦：《城市经济学原理》，“前言”，中国轻工业出版社 2007 年版。

① ［英］K. J. 巴顿：《城市经济学——理论和政策》，商务印书馆 1984 年版。

② ［美］沃纳·赫希：《城市经济学》，中国社会科学出版社 1990 年版。

经济学研究和学科形成是在西方国家完成了城市化过程之后，在西方国家现实发展中已经不存在城市化过程，以及由此引起的种种经济社会矛盾与问题，因此，城市化也未成为西方城市经济学研究的对象。

在西方城市经济学兴起的过程中，西方城市的主要问题都表现为城市内部发展过程中的一系列问题，诸如城市经济增长、城市土地利用、城市住宅乃至城市的教育问题、犯罪问题等，自然这些问题成为西方城市经济学必须面对和回答的问题，从而成为西方城市经济学研究的主体。对于西方城市经济学微观和宏观层面的偏差，以及城市经济学的研究结构，英国城市经济学家巴顿作了比较贴切的阐释："我们试图在微观和宏观经济理论之间取得分量上的平衡，但是，由于英国的主要城市问题大部分属于微观性质，所以对这些理论有某些偏重"。[①]

任何学科的发展都来源于实践的需要，西方城市经济学框架来源于西方当时城市发展的实践需要，中国当前正处于城市化高速发展的过程中，中国城市化是世界城市化史上规模最大、背景最为复杂、问题也最为尖锐的城市化过程，它将影响到每一个城市的发展，涉及大多数中国民众利益调整和生活质量的改善。同时，中国规模巨大的城市化过程又发生在中国社会制度转型的过程中，导致城市化过程中的各种矛盾和问题十分复杂。中国的城市发展问题，首先是城市化问题，其次才是单个城市的发展问题。因此，作为中国城市经济学学者，研究中国城市经济问题，首先需要研究如何将中国这样一个人口大国由农村社会送达城市社会的彼岸，这是中国城市经济学家不容回避的历史使命。

鉴于此，我们提出城市经济学框架和内容要进行拓展，应该包括两大部分：宏观城市经济学——城市化的理论与方法；微观城市经济学——城市内部经济社会活动的合理组织与发展。

中国当前的城市化是世界城市化的重要组成部分。20 世纪 70 年代以来。世界正在进入新一轮城市化发展的过程之中，发展中国家是这一轮世界性城市化的主体，城市化将改变世界的发展面貌。因此，城市化问题不仅是中国学者需要关注的问题，也受到发展中国家的关注，必将受到发达国家城市经济学者的充分关注。深入研究城市化规律，一定会成为城市经济学学科发展的重大趋势之一，将城市化研究纳入城市经济学架构会逐渐被西方学者接受，最终成为城市经济学规范结构的组成部分。

特别需要指出的是，在最新出版的西方城市经济学著作中，城市化的篇幅在逐渐增加。比如，奥沙利文于 2000 年在美国麦格劳—希尔教育（亚洲）出版公司出版的《城市经济学》[②]，全书共分 6 大部分 22 章，其中第一部分的前五章都是从更大区域范围内来研究城市的产生与成长问题，其中第四章"西方城市化历史"专门研究西方社会城市化问题。Elsevier Science Ltd.1998 年出版的《区域与城市经济学手册》是西方集大成之作，其中第二

① ［英］K. J. 巴顿：《城市经济学——理论和政策》，商务印书馆 1984 年版。
② ［美］阿瑟·奥沙利文：《城市经济学》，中信出版社 2003 年版。

卷《城市经济学》[1]的第二十八章“发展中国家农村向城市移民”和第三十二章“发展中国家城市化：模式、问题和政策”都是专门研究发展中国家的城市化问题；第三卷《应用城市经济学》[2]也单独用第四十三章“转轨经济中的城市化”来研究城市化问题。

可见，世界范围内的城市经济学体系也处于不断完善之中，在世界经济一体化的时代，城市化问题作为发展中国家的重大城市问题一定会受到世界城市经济学家的普遍关注。

## 二、城市经济学的产生

与许多成熟的经济学科相比，城市经济学是经济学家族中晚到的一员。直至20世纪60年代，美国经济学家威尔伯·汤普森（Wilbur Thomson）撰写的《城市经济学导论》是第一部系统研究城市经济学的著作。它的出版，标志着城市经济学的诞生。

与很多学科一样，城市经济学的形成和发展经历了很长的历史过程，早在18世纪工业革命开始，人口和产业大规模向城市集中，城市数量急剧增加，城市规模迅速扩大，城市化进程不断推进。到1850年，英国、法国等欧洲工业革命的发源地，城市人口比重已经超过50%，初步进入了城市社会。城市的发展，一方面，为工业的发展提供了良好的环境，大大地促进了工业化进程，使更多人能够享受到城市文明，提高生活质量。但是，另一方面，由于城市的发展速度始料不及，前所未有，带来了一系列严重的社会问题，包括住房紧张、交通拥挤、环境恶化、犯罪率上升、城市基础设施严重短缺等。现实呼唤着城市经济学的诞生。

在很长的时期内，西方学者将城市问题归结为城市规划不合理，认为有一个合理而科学的城市规划，各种城市问题就会迎刃而解。而城市规划问题的解决又主要取决于工程技术，属于自然科学的范畴，经济学作用的空间不大。但是，经过长期的实践和探索，人们逐渐认识到，许多城市问题是综合性的，并且根源于经济的或者是社会的原因，仅仅依赖于自然科学、依赖于城市规划，难以得到根本解决，人们开始从经济学的角度研究城市问题。

经济学家们首先关注的是城市的空间结构问题，在20世纪20~30年代，美国经济学家用经济学的理论研究城市的房地产价格、土地使用与各种经济活动空间分布的关系，试图通过建立数学模型，来解决城市发展过程中的土地有效使用问题。40~50年代，人们又开始将区域论运用于城市经济学之中，试图解决城市中的企业选址、住宅选择以及相关的城市区位问题。此后，经济学家们意识到公共部门和公众利益在城市经济发展中的重要地

---

① ［美］埃德温·S.米尔斯：《区域和城市经济学手册第二卷：城市经济学》，经济科学出版社2003年版。

② ［英］保罗·切希尔、［美］埃德温·S.米尔斯：《区域和城市经济学手册第三卷：应用城市经济学》，经济科学出版社2003年版。

位，于是，从福利经济学的角度研究关于人类居住问题、交通问题、环境问题等，这样城市经济学作为一个独立的学科逐渐得到发展，并且走向成熟。

1965年汤普森出版《城市经济学导论》，作为第一部城市经济学的系统论著，有力地推动了西方形式经济学的研究和发展。欧美发达国家的大学纷纷开设城市经济学课程，培养城市经济学的专业人才，并且开始授予博士学位。当前，在西方的城市规划专业、区域经济专业，甚至经济学、社会学专业都将城市经济学列入教学计划之中。城市经济学成为最重要的学科之一。

## 三、西方城市经济学流派

美国城市经济学家约翰·F.麦克唐纳（John F. McDonald）在他1997年出版的《城市经济学基础》中将西方城市经济学概括为三大流派，主流经济学、传统经济学和马克思主义经济学[①]，并认为这三大流派在政治上的观点有相互吻合的地方。

麦克唐纳认为，大多数城市经济学家都属于主流经济学派。城市经济学的主流经济学派首要任务是理解城市经济的运行规律；其次，在一定时候制定相应的政策使得收益大于成本。主流经济学主要研究如何实现社会成员效用水平最大化。他们认为，由于几乎所有城市的发展都受到土地、资本和（最主要）社会成员的工作时间稀缺性的制约，要实现经济效用的最大化，就必须使商品和劳务的边际收益（价格）等于边际成本，否则将不可避免地导致一些人的效用损失。

主流经济学家认为，市场是配置资源最有效的手段，但是，市场失灵也会经常在许多领域发生，典型的领域比如公共住宅，这时就需要城市政府干预经济。主流经济学家相信政府有能力利用货币政策和财政政策使经济在短期内获得稳定并在长期内获得增长，同时解决城市问题。政府颁布的政策也可能有错误或过时，但从整体上看，一个民主的政府制定的政策是能够提高社会福利的。因此，主流经济学家的研究非常重视针对现实问题为政府提出各种政策和建议，并且对这些政策建议进行成本和收益分析。

传统经济学家不相信政府的政策能够提高个人的自由，他们认为城市经济在完全的市场经济作用下能够达到最优，并且解释为什么市场自身产生的结果是最优的，“看不见的手”在特定的情况下是如何发挥作用的。两位诺贝尔经济学奖获得者米尔顿·弗里德曼（Milton Friedman）和弗里得里希·A. 哈耶克（Friedrich A. Hayek）是该学派的代表。他们的基本观点是人的自由极其重要和竞争性的资本主义制度是一个自由经济系统；政府的作用必须限制在一定范围内——提供纯公共产品，比如国防、维护法律和秩序，保证自愿签

---

① John F.，McDonald. Fundamentals of Urban Economics. Dept. of Economics，University of Illinois at Chicago Prentice Hall.

订的合同得到实行，限定和保护私有产权，制定货币政策等，这些都有助于市场经济的竞争。他们不同意通过政府的垄断性的调控和公共政策来纠正外部性问题。

比如对于城市贫困，弗里德曼认为贫困具有负的外部性，减少贫困则对社会具有经济的意义："我为我看到的贫困现象感到深深的不安，我在这种现象的缓减中受益，很多人和我一样不管是否为减轻贫困付出了成本，但都获得了同等的利益"（Milton Friedman，1962）。因此，弗里德曼认识到社会有责任减少贫困，但不是通过政府制定的任何反贫困政策（提供公共住宅、培训等），而是执行他的一个著名的主张；对穷人征收负个人所得税，无论穷人的职业、地位、性别和地区的差异如何。弗里德曼认为征收负所得税有三个基本的好处：直接增强了穷人的购买能力、没有干涉市场的运行、激励了穷人的工作热情。他相信负所得税比其他实施政策更有效地资助了穷人。弗里德曼认为，城市社会需要的是简单法律制度而不是权力机构官员。他们很乐意地看到政府制定的政策产生的结果证明与先前的预计大相径庭的例子，因为在他们看来这是必然的。

马克思主义城市经济学家的观点是，发达国家的阶级斗争和国家中心都集中在城市。20世纪70年代初，马克思主义者开始考虑已经引起地区冲突的城市问题。他们研究为何大量的产业资本转移到美国的阳光地带和一些发展中国家，为何美国由工业型经济转型为服务型经济呢？这样的变动是怎样影响城市中的阶级矛盾的呢？这些矛盾会产生什么样的结果呢？马克思主义经济学家寻找发达资本主义危机的所在地，引导它最终导致社会主义革命。

当前，已经被介绍到中国的大量西方城市经济学著作大多属于主流经济学派城市经济学者的论著。他们首先观察揭示城市发展规律，而后针对市场失灵，研究政府如何采取政策弥补市场之不足，以求最大的社会效用，并通过建立模型，分析政策的成本效益关系，找到一个最优点，使得效益大于成本。由于解决任何社会问题都需要成本，而解决问题又必须是有效益的，因此，在效益低于成本时，该问题无解，换言之，问题在一定限度内存真是必然的和理性的，是被允许的。比如，奥沙利文在研究犯罪与处罚问题时，提出："因为防止犯罪的代价是很昂贵的，所以存在最优量犯罪是不容置疑的。换言之，允许犯罪的发生是比较理智的。"[①] 城市经济学的责任就在于利用模型找出最优犯罪量。同样，主流经济学的城市经济学家们允许城市问题被控制在解决该问题存在经济性的前提下，如果解决问题存在经济性，则应该解决问题，如果问题的解决成本大于效益，则解决问题是不经济的、非理性的，允许问题存在则是理性的、合理的。

关于城市经济学流派的研究，中国还比较少，国内学者流派的划分也还十分的不确定。基本的原因在于中国的城市经济学仍然处于发展期，对于许多问题的研究还不成熟；另一个原因来自中国城市化和城市发展前所未有的复杂性，现实城市的运行不断涌现出新的矛盾与问题，这些矛盾和问题是发达国家发展的过程中没有出现过的。需要中国城市经

① ［美］阿瑟·奥沙利文：《城市经济学》，中信出版社 2003 年版。

济学者进行大胆的探索与创新。我们相信，中国丰富的城市化与城市发展实践，必将会孕育出一大批对城市经济学发展做出历史性贡献的学术大家。

## 四、中国城市经济学的产生与发展

中国城市经济学的研究起步于改革开放以后。改革开放以前，由于特殊的工业化道路所决定，中国的城市化进程在很长时间内近乎停滞，对城市化的研究也非常薄弱。日本学者越泽明 1978 年在他的研究报告《中国的城市建设——非城市化的工业化道路》的前言中写道，“中国 25 年来的经济建设，也是实现快速工业化的过程。在近代社会中，城市化现象是工业化的必然结果。关于这一点中国的情况如何，几乎完全没有研究”[①]。

改革开放大大地促进了中国城市化进程和城市的发展，城市化水平由 1978 年的 17.38%增长到 2004 年的 41.8%，城市个数由 1978 年的 192 个增加到 2003 年的 660 个，城镇人口由 1978 年的 1.72 亿增加到 2004 年的 5.4 亿，中国成为全世界城镇人口最多的国家。随着城市化水平的提高，城市数量也会不断增加，各级各类城市的发展问题，包括城市化问题、城市发展制度问题、城市经济增长问题、城市建设与形象塑造问题、城市的土地问题，住房问题、交通问题、城市教育问题、城市政府行为问题等层出不穷，城市经济学面临着复杂而艰巨的历史任务。

随着城市化进程的加深和城市的发展，城市经济学的研究逐步兴起，20 世纪 80 年代初，中国社会科学院财贸经济研究所率先成立城市经济研究室，各省的社会科学院也相继成立城市经济研究所或研究室，将中国城市经济的研究逐步推进。20 世纪 80 年代以来，很多大学也陆续开设城市经济学专业，1995 年华南开大学设立全国第一个城市经济学博士点，系统培养城市经济的管理与研究人才。目前，已经有多所高等院校都开始设立城市经济学课程，开辟城市经济学硕士或者博士点。

北京大学城市与环境学系孟晓晨博士 1992 年出版的《西方城市经济学——理论与方法》[②]，是中国第一部介绍西方城市经济学的专著；1994 年清华大学谢文惠教授撰写的《城市经济学》[③] 出版，该著作比较系统地介绍了城市经济学理论，并对 20 世纪 90 年代上半期中国城市发展进行了详细深入的研究，对中国城市经济学的教学与研究起了重要的推动作用；1997 年南开大学蔡孝箴教授主编的《城市经济学》[④] 出版，该书系统地介绍了西方城市经济学理论方法，并运用这些理论和方法对中国城市化与城市发展问题进行了大量的实证研究，将城市经济学研究推向了一个新的高度；1999 年东北财经大学饶会林教授出

① 越泽明：《中国的城市建设——非城市化的工业化道路》，1978 年版。
② 孟晓晨：《西方城市经济学——理论与方法》，北京大学出版社 1992 年版。
③ 谢文惠：《城市经济学》，清华大学出版社 1994 年版。
④ 蔡孝箴：《城市经济学》，南开大学出版社 1997 年版。

版的《城市经济学》[1] 著作，内容丰富、涉及面广、逻辑严谨，全书以“城市经济”为脉络展开，包括城市经济发展、城市经济结构、城市经济环境、城市经济效益、城市经济区域和城市经济管理六大部分，全面研究城市经济运行规律、中国城市经济运行的问题及可能的政策选择。著作中处处体现出学者的历史责任感和使命感，以及老一代学者的研究风范。

随着城市经济学研究的深入，越来越多的外国城市经济学研究成果被介绍到中国。上海社科院 1984 年翻译出版了英国城市经济学家巴顿的《城市经济学——理论与政策》[2]，这是最早被翻译成中文的西方城市经济学著作；1987 年刘世庆等将美国城市经济学家沃纳·赫希的《城市经济学》[3] 介绍到中国。这两部著作迄今为止让中国学者了解了西方城市经济学的重要文献。2003 年苏晓燕等人翻译出版了美国经济学家阿瑟·奥沙利文的著作《城市经济学》[4]，这是当前西方国家高等院校影响最大、使用最为广泛的城市经济学教材之一；同年由郝寿义等翻译的美国经济学家埃德温·S.米尔斯编的《城市经济学》[5] 以及安虎森等翻译的英国经济学家保罗·切希尔与美国经济学家埃德温·S.米尔斯合作主编的《应用城市经济学》[6] 出版，这是由美国著名经济学家 K.J.阿罗和 M.D.英特里盖特总主编的 44 卷本《经济学手册》中的两本，收集了 30 余个西方学者对城市经济学研究的最新成果。

到目前为止，中国已经公开出版的以《城市经济学》命名的著作已经有 10 余部之多，相关方面的系统著作 100 多部，翻译的国外研究成果也非常多，已经初步构建起城市经济学的学科体系框架。每部著作各有所长，从不同的方面丰富和深化了城市经济学的研究。

## 五、城市经济学的重点研究区域与发展方向

从国外城市经济学研究趋势来看，发达国家比较关注城市公共经济管理、城市经济发展能力培育、城市郊区化、再城市化与城市再生、城市经济持续发展等综合研究以及城市房地产、城市就业、城市社会保障、城市环境治理等专项研究。发展中国家的城市经济研究更关注于城市化、城市经济发展等问题。在我国今后几十年里，城市化与现代化是社会发展的主旋律，因此，我们认为以下几方面问题将是城市经济学应用研究的重点领域。

（1）城市化支撑条件与战略布局。作为世界上人口最多的发展中国家，处在全面建设小康社会的工业化中期，我国面临繁重的城市化任务。辽阔的国土上，东、中、西自然条件差异与经济社会发展水平差距较大，如何根据不同的发展条件建立合理的城市体系是当

① 饶会林：《城市经济学》，东北财经大学出版社 1999 年版。
② ［英］K. J. 巴顿：《城市经济学——理论与政策》，商务印书馆 1984 年版。
③ ［美］沃纳·赫希：《城市经济学》，中国社会科学出版社 1987 年版。
④ ［美］阿瑟·奥沙利文：《城市经济学》，中信出版社 2003 年版。
⑤ ［美］埃德温·S. 米尔斯：《区域和城市经济学手册第 2 卷》，经济科学出版社 2003 年版。
⑥ ［英］保罗·切希尔、［美］埃德温·S. 米尔斯：《区域和城市经济学手册第三卷：应用城市经济学》，经济科学出版社 2003 年版。

前我国城市经济学的重要任务，从未来城市格局看，我国东部将形成沿海都市密集区，中西部将形成几大城市密集群和沿线城市带。城市经济学应对这种分布的合理性超前予以科学判断，特别是分析这些城市密集地区经济发展的资源环境支撑条件，为城市可持续发展规划提供科学依据。其中还要着重研究众多小城镇设置、建设的时序与安排，及大中小城市在不同地域组建类型、等级不同，各具功能特色，展示所在区域乃至国家竞争力的区域城市化模块（城市群、城市带、城市密集区）问题。

（2）经济全球化与城市新形态。新的技术革命所带来的交通、通信的便捷，使可流动要素得以在全球范围内配置，以跨国公司为载体的经济全球化，使得经济活动超出了国界，在世界范围内展开。跨国公司在世界中心城市设立公司总部或分支机构，从事产品研发、生产、销售、管理和提供服务。这催化了现代化的世界城市的形成与发展，并以世界城市为核心形成都市密集区与城市网络体系，如何构建我国现代化的世界城市与城市网络体系、增强国家竞争力是十分紧迫的课题。同时在我国一些大都市密集区出现了城市郊区化现象，如何合理规划、有效引导、促进城市区域的形成，也需要城市经济学积极参与。

（3）知识经济与城市经济结构重建。我国经济发展面临双重重任：一是继续完成工业化，二是要不失时机地推进知识经济体系建立。不同于工业社会，知识经济社会有许多新兴产业崛起，如教育、旅游、休闲、体育、康乐、文化、传媒业及信息产业等，成为城市经济研究的新领域（杨重光，2003）。亦即世界城市化在 20 世纪的快速城市化中主要体现在重数量、规模、地域的发展，21 世纪城市化主要体现在追求城市质量、结构、功能的发展，而我们只能也必须是两步并作一步走，并保持两者的有机协调与统一。应该说这是我国城市化的深层次、内涵型发展，它既是千载难逢的大好机遇，也是非同寻常必须实施的巨大挑战。

（4）城市特色、功能定位、发展战略与主导产业确立和转换。我国目前有设区城市 200 多座，这些城市是各地的经济、政治、文化中心。经过多年发展已形成一定的产业基础，但在国内市场经济体制趋于成熟和新经济崛起的条件下，中心城市包括一些资源型城市和老工业城市，如何根据所在区城的环境条件确立在城市网络中的功能，如何将资源优势转化为经济优势，并制定基于比较优势与竞争优势的发展战略？如何根据地区特色确立具有比较优势的主导产业，如何适应市场变化及时促进产业结构升级转换，并处理好主导产业、辅助产业与基础产业的相互关系，确保城市经济持续发展？

（5）城市经济发展能力评价与改进途径。城市发展能力是国家发展能力的集中体现，尤其是增强城市竞争力更是倍加引人注目，但城市之间虽存在着竞争，更主要的是合作，城市提高自身发展能力是首位的。如何客观评价城市的发展能力，落实科学发展观，找出影响城市发展的限制因素并加以改进，是增强城市发展能力的根本举措。

（6）城市社会文化、人力资源产业开发与城市经济发展。如何通过城市文化传承和城市文明熏陶，以及加强城市社会文化基础设施建设与管理等，培养和造就现代社会新人，构建文明和谐、富有文化特色的城市社会。同时，我国每年新增就业人口在 1000 万以上，加上近千万的城市下岗失业人口以及一亿多的农村剩余劳动力人口，就业压力非常大。如何对城市各类人力资源进行合理开发，将人口压力及时地转化为人力资源。随着一些大城市逐步进入老年社会后，城市社会保障与福利问题尤为严峻，如何建立城乡统筹的医疗卫生、养老等社会保障体系等，这些问题应在城市经济发展中予以超前研究。

(7) 统筹城乡发展与“二元经济结构”淡化。目前我国的城乡发展差距仍然比较突出，二元结构问题依然十分明显。如何通过大中小城市与小城镇协调发展的多元城市化道路来转移农村剩余劳动力，最终实现城乡统筹发展是我国全面实现现代化的关键。

(8) 城市土地开发、收益分配。城市是人口和经济社会发展的载体，土地是城市发展的平台，是城市政府的最大资产，如何经营好、最大限度地配置好稀缺的城市土地资源，确立合理的城市功能空间布局与土地分类开发模式是城市经济学研究的重要内容，城市发展与建设离不开对土地的征用与开发，但由于耕地是宝贵的生存资源，在城市发展过程中如何协调这一矛盾，实现占补平衡是有待深入研究的，特别是农用土地被占用时，如何分配土地收益、有效保护失去土地的农民利益问题，应在理论上作出科学界定，以妥善协调各社会主体的利益矛盾，建立政府、开发商与市民在城市土地开发中的和谐关系。

(9) 城市基础设施建设、生态环境治理与可持续发展。城市供水、供电、供气，电信、道路交通、安全应急防护等基础设施建设与城市发展的关系，以及基础设施管理的方法与手段的变革、创新等是城市经济学特色研究领域。21 世纪是人与自然和谐相处的世纪，城市由于高度的人口聚集，生态问题异常突出，如何建立有效的环境治理机制，治理城市污染、构建循环经济，确保人口、经济社会发展与区城资源环境承载力协调等都是关系到城市可持续发展的主要问题，有待于城市经济学予以回答。

(10) 城市经营管理的有效机制。在以人为本的和谐发展观指导下，从宏观视角把握现代城市管理，了解政府经营城市的基本趋势与主要领域。探讨如何建立城市发展过程中市场与政府的二元调控机制，确立在市场经济条件下政府的新型职能，建立政府职能转换的过程机制，构建适应现代城市管理要求的行政管理系统和专业管理系统，确保城市健康发展。

另外，城市经济学必须在应用研究基础上加快学科理论体系的构建，加强先进研究方法手段的运用。如城市与区域经济关系理论、城市之间经济相互作用理论，城市经济结构形成、演化与自身组织理论等都亟待有所突破。在方法手段上采用信息收集、开发与定性分析相结合的方法等，促进城市经济学向中观经济学主体学科的方向发展。

## 六、关于本书的有关说明

全书共 18 章，分为三大部分：上篇宏观城市经济学，包括 1~4 章，主要研究介绍城市化的理论与方法，将城市作为一个点，研究点的增长和扩大的过程，涵盖城市化的经济学原理、城市体系的经济学分析、世界城市化进程分析和中国城市化的经济分析等内容；中篇微观城市经济学，包括 5~12 章，将城市展开为一个面，研究城市作为相对独立的经济社会体系，其运行的基本规律，涵盖城市经济增长、城市经济发展、城市土地经济、城市住宅经济、城市人口经济、城市公共部门经济、城市环境经济和城市福利经济等内容；下篇城市经济与社会管理，包括 13~18 章，侧重研究城市发展过程中的政府职能及其作用。涵盖城市政府管理与电子政务、城市资本运营与经营城市、城市社会问题与管理、城市发展战略管理、城市规划与布局管理、国外城市管理模式等内容。尽管本书初衷是尝试分析城市经济运行的基本原理，但由于城市经济的复杂性，以及研究时间短暂，书中尚未取得预期的目标，有待于今后进一步探讨，诚然，全书及各章节也会有欠妥、疏漏甚至错误之处，敬请专家、学者和广大读者不吝赐教，以利再版修改。

本书《城市经济学原理》和已出版的《区域经济学原理》（都在《区城经济学系列丛书》中出版）以及在中国人民大学出版社出版的《产业布局学原理》是由张敦富教授主持编写的区域经济学“三原理”的理论著作。随着时间的推进，在可能时，再对其分别做出修订、充实和完善，以期对我国区域经济的蓬勃发展做出更多贡献。

# 论城镇体系与区域经济发展*

## 一、城镇在区域经济发展中的基本功能

城镇与区域是一个相互联系、相互依赖、相互促进的整体，两者互为前提和条件。城镇是区域经济发展到一定阶段的产物，而城镇功能的增强、城镇体系的完善又促进了区域经济、社会、文化水平的提高。城镇在区域经济发展中主要有聚集功能、创新功能、协调功能和辐射功能。

### （一）聚集功能

城镇的基本特点之一就是具有高度的聚集性，它是区域人口、经济、信息、技术、活动、智力、金融集中地，且集中程度随着区域经济实力的增强而提高。1995年，全世界已有45%的人口生活在城镇之中，西欧、北美等国家城镇人口比重多达90%以上。城镇集中了人类社会的大部分物资和生产、生活设施，是第二、第三产业活动的高度集中地。就空间特征而言，城镇是一个高质量的“点”，而周围区域则是环绕其分布的“面”，“点”与“面”通过交通通信“线”相连接，彼此之间进行着能量、信息、技术、人才交流。

城镇之所以成为区域聚集中心，其根本原因在于城镇具有农村难以比拟的聚集效益。城镇一般是区域交通便利、环境条件优越的优位点，多种经济活动向城镇推移和集中。美国区域经济学家哈里斯（C. D. Harris）和乌尔曼（E. L. Ullman）认为，经济活动实际上是各种行业以自身利益为前提的区位过程，也是一个生产聚集利益的区位过程，其结果是各种经济活动布局边际效益提高，生产成本下降。经济活动聚集，使城镇成为社会分工和生产专业化发展的基地。大量的生产和经济活动部门，彼此互为市场，相互提供和利用燃料、原材料、半成品、成品，甚至可以有效地利用废料，扩大了企业的市场规模，增强了企业之间的互补性和协作性。城镇的分工效益也是聚集效益的一种具体体现。专业化协作

---

* 本文选自张敦富：《区域经济学原理》，中国轻工业出版社1999年版，第56~78页。本书获中宣部第八届“五个一工程”奖。参撰者：李玉江。

是先进的企业组织形式，城镇企业集中，分工发达，为企业生产和管理提供了便利的条件。分工越细，协作越紧密，效率就越高。

第二次世界大战后，资本和技术的集中出现了新的态势，第三世界国家的城镇在国际劳动地域分工中的地位越来越突出。美国夏威夷大学城镇与区域规划专家郭彦弘教授认为，世界城镇经济的发展过程，主要是高水平的国际行业聚集的过程。聚集主要包括三种类型：一是“与信息工业同步”的聚集，主要包括管理、银行、金融、法律服务、会计、技术咨询、通信、国际交通、研究机构、高等院校等的聚集；二是“为第一种聚集服务”的聚集，如地产业、建筑业、宾馆、酒家、高档商品商店和娱乐业等；三是“根据国际公司的需要而设立的旅游业、私人警卫和家庭服务等的聚集”[①]：新的国际性公司促进了世界性城市的相互联系，并成为跨国公司的管理中心和国际分工的联络点。

城镇的聚集功能增强了城镇实力，在区域发展中的作用也越来越大。1845 年，恩格斯在论述伦敦时说：“这样的城市是一个非常特别的东西。这种大规模的集中，250 万人这样聚集在一个地方，使这 250 万人的力量增加了 100 倍。”[②]

## （二）创新功能

城镇是新技术、新观念的创新地，是带动区域进步的驱动器。科学的发展、技术的进步是区域经济水平提高的动力和源泉，区域实力的强弱以及发展速度的高低关键在于该区域有无创新能力。它不仅使区域生产力产生巨大飞跃，而且对区域社会、文化以及人们的生活具有深刻的影响。

科学的发展与技术的创新需要一定的基础和环境条件。先进的技术设备、丰富的图书情报资料，雄厚的人力、物力、财力是创新的基本前提。在当今世界，劳动者的生产能力除表现为体力之外，更重要的决定于其智力高低。智力在劳动者能力构成中的比重越来越大，劳动者如果没有较高的专业知识和技能，其生产能力将会越来越弱。城镇是高素质人口尤其是高素质劳动者的集中地，劳动者的文化知识、技术水平、思想道德水平高，能适应经济、技术迅速发展的需要。城镇中发达的高等教育、科学研究、实验测试、情报信息、文化出版、电信交通设施，可以使人们很容易地进行信息的检测、变换、存储、处理、显示、识别、提取、控制和利用。城镇除自身在不断创新外，还能将国内外先进技术及时引进、消化和吸收。城镇中金融机构众多，能为创新活动筹措和管理资金。

城镇创新的另一个原因是由于人口、经济的高度集中，客观上使人们产生一种竞争激励，促使人们更好地从事工作，提高工作和学习效率。市场经济是竞争经济。强大的竞争压力迫使生产经营者改进技术，以便在剧烈的市场竞争中求生存、求发展。竞争也容易使人们产生新观念，使企业家更富有创造精神。

---

① ［美］郭彦弘：《城市规划概论》，陈洁光编译，中国建筑工业出版社 1992 年版，第 48~49 页。

② 恩格斯：《英国工人阶级状况》，《马克思恩格斯全集》第 2 卷，人民出版社 1957 年第 1 版，第 303 页。

### （三）辐射功能

辐射功能是城镇对区域经济发展的重要作用之一。城镇的发展，必然要对周围区域产生扩散作用（Diffusion Effect）。扩散有两种基本形式：一是无形扩散，如智能、信息、服务的扩散等。智能扩散表现为城镇教育文化、科学技术、思想观念向农村的传播，信息扩散着重表现为城镇向农村提供及时、准确、适用的各种信息，服务扩散则为城镇向农村提供更广泛意义上的方便、高效的无形支持。二是有形扩散，人才流动、资金信贷、生产设备转移、商品提供等都属于有形扩散的范畴。

城镇辐射功能的两种扩散形式是同时进行的。但在扩散初期以有形扩散为主，随着扩散的加速和区域整体经济水平的提高，无形扩散则逐步居于主导地位。城镇辐射功能的强化与发展，最终会导致城镇与其影响区域的空间一体化（Spatial Integration）。整个区域成为一个完整的网络系统，城镇与区域相互支持、融合，区域内任何一点发展质量的提高都会带动其他区位的发展。城镇功能的扩展及城镇与其区域的结合最终将达到4M状态，也即大众一体化（Mass）、发展稳固化（Maturity）、区域现代化（Modernity）、交流双向化（Mutuality）。

### （四）协调功能

城镇对区域经济增长具有显著的“棘轮作用”，也即允许区域经济的“车轮”向前，而能有效地阻止“车轮”后退下滑，原因在于城镇以其强大的技术、资金和人才实力，充分发挥主导产业的作用，不断培育潜导产业。城镇经济具有多样性，对市场需求的应变能力强，在区域经济发展过程中，能增强整个区域经济发展的稳定性。

在一个区域内部，城镇与城镇、城镇与区域、区域与区域之间不可避免地会产生矛盾与摩擦。这些矛盾集中表现为城镇与区域之间经济发展不平衡、二元结构突出。然而矛盾的主导方是城镇，协调发展的关键也在于城镇。城镇可以主动地与区域建立合理的横向和纵向分工，将初级、中级产品向区域内部转移，在区域腹地大力发展劳动密集型和适用知识、技术密集型产业，而城镇则应集中力量发展高技术、强带动型的产业。城镇与区域在协调发展中，可以相互利用各自的优势，优势互补、资源共享，实现区域范围内资源的合理利用与优化配置，组建跨所有制、跨行业的区域企业集团。城镇的协调功能还表现为城镇对区域的支持，城镇通过人才培养、教育培训、技术转让、资金与物质的支持，尽快提高区域经济发展活力。

## 二、中心地理论

中心地理论（Central Place Theory）是关于一定区域范围内城镇等级、规模、职能间相互关系及其空间结构规律性的学说，由德国区域学家克利斯泰勒（W. Christaller）创立。他通过对德国南部城镇空间模式进行研究，于1933年出版了《南部德国的中心地》一书，提出了著名的“中心地理论”，后又发表、出版了30多篇（部）学术论著，对这一问题进行了深入的研究和论证。

中心地学说的理论基础是杜能（J. H. von Tunen）的农业区位论和韦伯（A. Weber）的工业区位论。为便于研究，克利斯泰勒提出了如下假设：土地表面是平坦、均质的，土壤肥力同等，资源均匀分布，无边界，人口密度、对货物的需求、消费方式都是一致的；统一的交通系统，对同一规模所有城镇的便捷性相同，交通费用与距离成正比，向各个方向的移动都可行；生产者、消费者都具有合理的消费行为，生产者为谋求最大利润，尽可能地扩大市场区，消费者为减少旅行费用，自觉到最近的商店购买货物或取得服务；消费者购买货物所付出的实际价格为货物的销售价格与交通费用之和。

克利斯泰勒认为，一个具有经济活动的区域发展必须有自己的核心，这些核心由若干大小不同的城镇所组成。城镇具有商业、娱乐、教育、文化等多种服务职能，为周围区域的居民和居住单位提供货物和服务。城镇在空间上形成一种经济力，这种经济力促进区域的发展。每个城镇大都位于它所服务区域的中央部位，故而称为“中心地”。中心地的大小和排列形式具有一定的规律性，某一等级城镇的数量与其规模大小成反比。等级越低，其数目越多，规模越小；反之，亦然。

克利斯泰勒提出了中心地六边形模式。各级中心（城镇）分别位于六边形的中心或边或角上。按照杜能的观点，城镇尽可能地向外扩展服务区域，其最终影响范围应为圆形。如若为圆形，就会出现两种可能：或三个圆的接触处接受不到中心地的服务，或产生相邻中心地服务范围的交叉重叠。因此，克利斯泰勒将中心地的服务区域转换成六边形体系（见图1）。

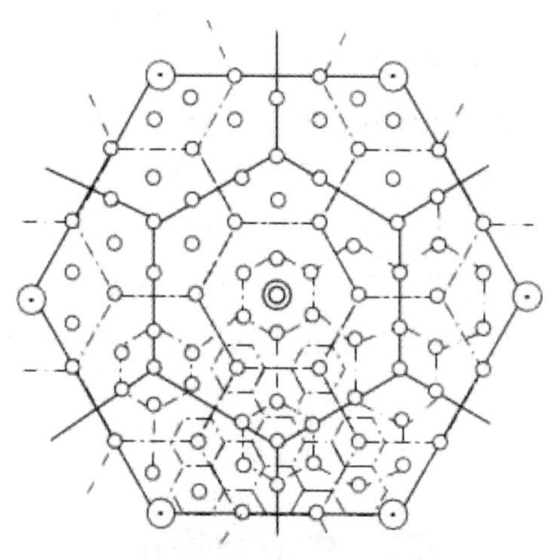

**图1 克利斯泰勒的中心地体系**

在提出中心地六边形模式之后，克利斯泰勒分析了中心地形成的条件，认为城镇等级系统的形成受市场最优原则、交通最优原则、行政最优原则的制约。随着社会分工和商品交换的加深，城镇往往成为商业和服务机构的集中分布地。

在市场最优原则作用下，k=3，会形成 1、2、6、18、54、162……的城镇分布系列，这一等级序列主要分布在开放、便于通行的地区；在交通网线最经济合理的前提下，交通网的交叉点经常产生城镇。

在交通最优原则作用下，k=4，会形成 1、3、12、48、192……的城镇分布系列，这一等级序列主要体现在年轻的国家或新开放、交通线路地位重要的地区；城镇一般是政府所在地，且行政管理中心级别与城镇规模大小成正比。

在行政最优原则作用下，k=7，会形成 1、6、42、294、2058……的城镇等级系列，在山间盆地、较为封闭的区域常出现这一等级序列（见图 2）。

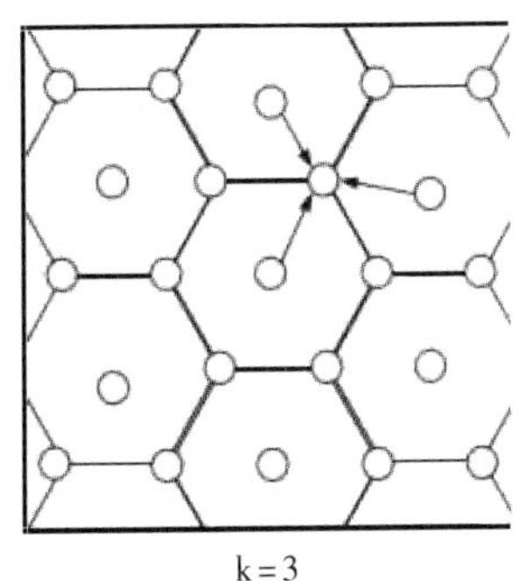
k=3

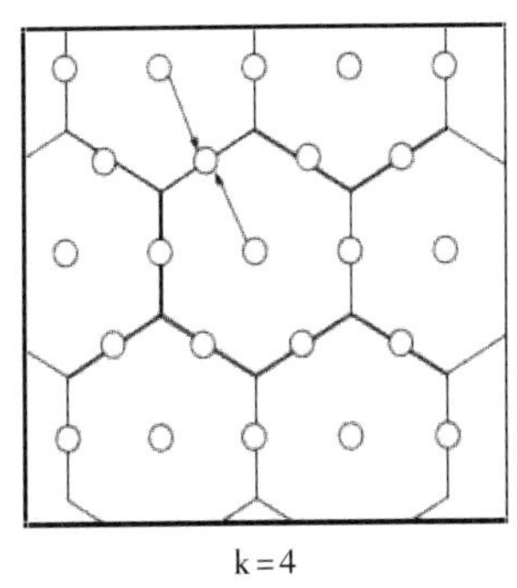
k=4

k=7

**图 2 城镇分布系列**

在各种因素综合作用下，一个国家或地区的城市可能出现如下的等级体系：一级城市 1 个，二级城市 2 个，三级城市 6~12 个，四级城市 42~54 个，五级城市 118 个。

德国经济学家廖什（A. Losch）1940 年出版了《区位经济学》一书，将中心地理论应用于工业区位研究，用工业市场区取代克氏的聚落市场区，引入利润原则和空间经济思想，对市场区体系与经济景观进行了深入探讨，形成了自己独具特色的市场区位理论。廖什对中心地理论的主要贡献在于：一个中心地系统有若干 k 值，门槛人口规模多种多样，中心地的地位变化更大，城镇对绝大多数商品和服务而言具有各不相同的影响范围。他将市场网络按照经济法则排列而成的经济分布空间的等级序列称之为经济景观，认为在自然条件相同、人口分布均匀的情况下，其经济景观可以有规律地扩展，即按照三角形工业、聚落和城市分布及六边形市场区，形成一个区域、一个国家甚至整个世界的经济景观，即所谓的廖什景观。

中心地理论自 20 世纪 40 年代面世以来，相继在美国、荷兰、瑞典等国家和地区得到认可，50~60 年代荷兰须德海在围海造陆的土地上按照中心地理论设计居民点和交通网获得成功，后逐步为区域经济学、地理学、社会学、人口学、区域规划与城镇规划等领域的学者接受并加以应用。但中心地理论也存在诸多不完善之处：在现实世界中，资源、地形、河流等都会引起城镇区位的变异；交通运输工具的改进可以扩大大城市的辐射范围，并影响低级中心地职能的发挥；处于系统中不同等级上的中心地的影响范围是相互重叠的；中心地的功能具有多样性，单一的服务功能难以表明城镇在客观世界中的地位。尽管如此，中心地理论的基本原理在城镇体系研究和规划中仍有十分重要的意义。

## 三、城镇职能体系

### （一）城镇体系与城镇职能体系

城镇体系又称城镇系统（Urban System），是指在一定区域范围之内由职能各异、规模不等，既相互分工又密切协作的城镇组成的空间组织形式，它具有多层次性、开放性和发展性等特点。美国霍普金斯大学出版社（Hopkings University Press）1960 年出版了邓肯（O.D.Duncan）等人的《大都市与区域》（*Metropolis and Region*）一书，首次提出了“城镇体系”的概念，并认为美国大城市诸如底特律、西雅图、达拉斯、亚特兰大等把区域经济相互联结成一个整体，这样可以更好地发挥区域优势，组织和进行专业化生产，进行区域分工和交换。1978 年加拿大区域学者鲍恩（L. S. Bourne）与西蒙斯（J. W. Simmons）出版了《城市体系》一书，详细阐述和讨论了有关城镇体系的各家学说。

城镇体系的发育程度和完善性是衡量一个地区经济、社会、文化、发展水平高低的重要标志，也是区域经济发展和布局的前提。在前资本主义时期，由于以农业生产为主，城镇自身发展具有明显的封闭、半封闭性特征，城镇的横向联系少，多以纵向垂直联系尤其是自上而下的行政联系为主。城镇与其腹地区域处于被动地位，生产要素向城镇的聚集并未带动区域经济的整体发展：各级城镇之间的职能分工不明确，行政职能、商业职能是绝大多数城镇的主导职能。在商业职能中，商品交换多在大城市和中等城市之间展开，而小城镇内部、城镇与腹地之间的商品交换十分薄弱。城镇的空间结构以畸形聚集为主要特征，偏集于少数经济相对发达的区域，而广大区域城镇发展则长期处于停滞、半停滞状态。工业革命以后，城镇与区域发展相互促进、相互依赖、共同发展，城镇体系逐步建立和完善，在区域经济发展中起着越来越重要的作用。

城镇职能着重体现在城镇在区域经济、文化、政治生活等方面所居的地位和发挥的作用。城镇的某些职能如为本城镇以外即为区域提供货物和服务的职能以及相应的工业、商业、交通运输业、文化教育、科研、行政、旅游业对区域发展起着至关重要的作用。邓肯等人认为，各城镇的功能是不相同的。首都华盛顿和其他一些特大城市如纽约、洛杉矶可以为其他区域乃至全国服务，中心城镇则多为所在区域服务。

城镇在区域经济、社会、文化中的作用不仅随着城镇职能的不同而影响各异，而且随着距离城镇的远近而发生变化。美国学者弗里德曼（J. Friedmann）和米勒（J. Miller）在《城市场》(The Urban Field）一文中认为，城镇对周围区域的影响犹如磁力场，这一磁力场是由多个城镇结节点（Multi-nodal）组成的空间地域，城市场与城市场之间也相互作用和关联。在一个国家和区域范围内，由众多职能各异的城镇组成的城镇职能体系（Urban Functional System）共同推动着区域经济的发展。

## （二）城镇职能分类

对城镇职能体系进行系统研究并划分职能类型的奠基人是英国学者奥隆索（M. Aurousseau)。奥隆索 1921 年在《地理评论》杂志上发表了《人口分布》一文，在确定城镇类别体系之后，强调城镇职能的专门化，突出一项职能，以简明通俗的描述进行了命名和分类。所以，奥隆索分类法也被称为城镇职能体系的描述分类法。奥隆索将城镇职能体系分为六大类（见表 1)。

**表 1　奥隆索描述性分类法城镇职能分类**

| 体系类型 | 城镇类型 |
|---|---|
| 行政城市 | 首都、税收城市 |
| 防御城市 | 要塞城市、驻军城市、海军城市 |
| 文化城市 | 大学城市、教堂城市、艺术中心、朝圣中心、宗教中心 |
| 生产城市 | 加工工业城市 |
| 交通运输城市 | 采集城市、运输城市、贸易城市 |
| 娱乐城市 | 疗养胜地、旅游胜地、度假胜地 |

资料来源：Auronsseau M. Distribution of population [J]. Geographical review，11，563，1921.

在奥隆索描述性职能体系分类法提出之后，为了准确地确定城市的主导职能，人们力图利用统计资料尤其是各行业就业人数占城市就业总人数的比重作为划分城镇职能的主要依据，把个别城镇与国家（区域）城镇职能体系相联系，根据职能专门化相似程度进行分类。由于这一方法主要用统计资料作为分类依据，所以一般称之为城镇职能体系的统计分类法。

城镇职能体系统计分类方法最早是由日本学者土井喜久一于 1938 年提出的。1943 年，美国学者哈里斯（C. D. Harris）发表了《美国城镇职能的分类》(A Functional Classification of Cities inthe United States）论文，根据 1930 年美国人口普查和 1935 年生产普查 (Census Business）资料，把美国 605 个 1 万人以上的城市（镇）分成 10 大类（见表 2)。

1955 年纳尔逊（H. J. Nelson）在《经济地理》(Economic Geography）杂志上发表了“美国城市的服务分类”（A Service Classification of American Cities）的论文，根据 1950 年的统计资料，把就业部门划分成 9 种类型，利用算术平均值和标准差两个统计量，对美国 897 个 1 万人以上的城市（镇）进行了分类。按职能专业化程度，纳尔逊将所有城市

表 2 哈里斯统计分类法城镇职能体系

| 城市（镇）体系 | 类型号 | 总量（个） | 比重（%） |
| --- | --- | --- | --- |
| 加工工业城市 | M′ | 118 | 19.50 |
| 制造业城市 | M | 140 | 23.14 |
| 综合型城市 | D | 130 | 21.49 |
| 零售商业城市 | R | 104 | 17.19 |
| 交通运输业城市 | T | 32 | 5.29 |
| 批发商业城市 | W | 27 | 4.46 |
| 娱乐修养城市 | X | 22 | 3.64 |
| 教育城市 | E | 17 | 2.81 |
| 矿业城市 | S | 14 | 2.31 |
| 行政城市 | P | 1 | 0.17 |
| 总计 | | 605 | 100.0 |

资料来源：Yeates. M.，Garner.B（1976），The North American City.

（镇）划分为加工工业（Mf）、零售业（R）、金融业（F）、批发业（W）、运输业（T）、私人服务（Ps）、专门服务（Pf）、行政（Pb）、采矿业（Mi）、多样化（D）10 种类型。这一分类比哈里斯分类更为客观、严密，反映了城镇职能的多样性和主导职能的专门化程度。

随着影响城镇的因素逐步增多和研究方法手段的革新，出现了城镇职能体系的多变量分类方法。1972 年贝利（B. J. Berry）在《城市分类手册》（City Classification Handbook）中，对 97 个变量进行因素分析后得到 14 组因素，涉及城镇的职能规模、居民社会经济地位、人口、经济、就业等众多变量。1977 年成俊庸在《南朝鲜的城市系统》论文中，将 34 个变量分成 5 组，将韩国 35 个 5 万人以上的城市划分为综合性大城市、大城市及工业城市、汉城近郊城市、综合职能城市、停滞型城市、孤立型城市 6 种类型（见表 3）。

表 3 成俊庸韩国多变量城镇职能体系分类

| 城市体系 | 城市名称 |
| --- | --- |
| 综合性大城市 | 汉城 |
| 大城市及工业城市 | 釜山、仁川、浦项、大邱、水原、大田、光州、群山、蔚山、马山 |
| 汉城近郊城市 | 城南、议政府、安养、富川 |
| 综合职能城市 | 春川、全州、清州、晋州、里里、安东、镇海、木浦 |
| 停滞型城市 | 原州、丽水、束草、江陵、庆州、忠武、天安、金泉、顺天、三千浦 |
| 孤立型城市 | 济州 |

资料来源：成俊庸：《南朝鲜的城市系统》，1977 年。

## 四、城镇规模体系

城镇规模是指城镇各种要素的集中程度，是一个反映城镇大小量的指标，一般分为自然规模和经济规模两大类。自然规模多以城镇的人口规模和用地规模来表达；经济规模是城镇经济实力的具体体现，可用单项指标或复合指标来表达。自然规模和经济规模相互关联，密不可分。自然规模是经济规模的基础和存在的前提，经济规模则是自然规模作用的外在表现。城镇用地规模和经济规模一般随着人口规模的增长而增长，而人口规模具有明确的划分标准和衡量指标。所以人们更为关注城镇的人口规模。本节也主要讨论城镇的人口规模。

### （一）城镇规模体系的理论

20世纪以来，经济、地理、社会、统计等领域的诸多学者都从各自的角度探讨城镇规模分布规律，并提出许多模式。主要有统计模式（如顺序—规模分布、对数正态分布、帕累托分布）、随机模式（如比例效果律、市场机会模式、熵最大化模式）以及马尔柯夫链模式等。

1. 顺序—规模法则（Rank-size Rule）

顺序—规模法则主要阐释一个国家或较大区域某一城镇人口规模与其在所有城镇排序之间的关系。1913年奥尔巴斯（F. Auerbach）在分析了欧美国家城镇人口资料后，发现城镇人口与其序列之间具有以下关系：

$P_i \times R_i - K$

式中：$P_i$——一个国家或较大区域在按人口规模排序中第i个城镇的人口数；$R_i$——第i个城镇的排序位次；K——常数。

这一公式表明一个国家或较大区域范围内的某一城镇的人口规模与其排列位序的乘积不变，因此可以定量计算。

1949年推夫（G. K. Zipf）提出了更为简洁、适用的表达式：

$P_r = P_1 / R$

式中：$P_r$——一个国家或较大区域按人口规模排序中第r位次城镇的人口数；$P_1$——一个国家或较大区域第1位城镇的人口数；R——$P_r$城镇的排列位序。

这一公式使得城镇人口规模与顺序之间的关系更为简单：在已知最大城镇人口数量之后，即可推算出某一位序城镇的人口数量。如第2位城镇是首位城镇人口的1/2，第10位城镇是首位城镇人口规模的1/10。

2. 城市指数

为了更全面地反映城镇规模与顺序关系，学者们又提出了四城市指数和十一城市指数。四城市指数和十一城市指数的表达式分别为：

$S_4=P_1/(P_2+P_3+P_4)$

$S_{11}=P_1/(P_2+P_3+P_4+\cdots+P_{11})$

式中：$S_4$、$S_{11}$——四城市指数和十一城市指数；$P_1$，$P_2$，…，$P_{11}$——城市体系中城市人口规模自大而小排序第1，2，…，11位城市的人口数量。

按照顺序—规模法则，$P_2$、$P_3$、$P_4$三城市人口总量与$P_1$城市人口总量基本上相同，也即$S_4$值为1。同理，$S_{11}$值也约为1。

城市规模顺序法则和城市指数与现实有一定的背离。20世纪60年代初，贝利（B. J. L. Berry）对城镇规模分布进行了检验。38个国家的城市只有13个国家接近规模—顺序法则。但这一法则仍有其重要的应用价值，在一个国家和地区之内，城镇排列位序与其数量一般都呈显著的反向关系，也即呈金字塔状分布。

3. 城市首位度

1939年杰弗逊（M. Jefferson）在《地理评论》（Geographical Review）杂志上发表了《首位城市规律》（The Law of Primatecity）的论文，提出了著名的首位城市和城市首位度的概念。首位城市是指一个国家或地区内人口规模最大的城市。杰弗逊在分析了51个国家城市人口规模分布之后，认为首位城市不仅仅表现为人口规模大，而且常常体现了一个国家和民族的智慧和情感，在国家城市以至整个经济、社会、文化生活中占据举足轻重的地位。多数国家的首位城市是首都，非首都的首位城市在经济方面通常占有最为突出的地位。

城市首位度（Urban Primacy）多用来衡量一个国家或地区城镇化程度和规模分布状况。城市首位度有两种计算方法：一是首位城市与第二位城市人口总量之比；二是首位城市人口与全国（或地区）城镇人口之比。城市首位度概念的应用有一定的局限性，区域范围越小，适用性越低。

在城市首位度的基础上，学者们进一步提出了城市首位分布的概念，将首位度大的城市分布称之为城市首位分布。城市首位分布与顺序—规模法则是两种不同的城市规模分布现象。如果按照顺序—规模法则，城市规模与位序之间自上而下均匀变化，而城市首位分布则体现为首位城市在国家或地区城市中居于绝对优势地位，经济、人口、活动、物质在首位城市高度聚集。

### （二）最佳城镇人口规模

最佳城镇人口（Optimum Urban-population）也称适度城镇人口，是一个历来争论不休的问题。在古希腊，柏拉图（Plato）以广场中心的容量为标准，认为最佳城镇人口规模为5040人。19世纪末，英国学者霍华德（E. Howard）在“田园城市”（Idyllic City）理想模式中，认为中心城市人口应为58000人，而外围则是人口各为32000人的六个田园城市。苏联工程经济学家达维多维奇认为，40万人是城镇的最佳规模。美国地理学家莫尔（R.

L. Morrill）认为，中等城市最为理想，当城市人口达到25万~35万人时，既可有较强的实力，成为相对独立的区域中心，设施完备，产生工业聚集效益，又可避免大城市的严重弊病。法国学者戈必依1922年则设计出了30万人口的“理想城市”。

城镇人口规模是城镇发展与规划中不可回避的客观现实问题。多样的经济发展水平、各异的区位条件、不同的研究目的，就会导致衡量最佳城镇人口规模的尺度迥然不同。英国学者巴顿（K. J. Button）提出了四种不同的最佳城镇人口规模的选择类型：①将地方当局的开支减至最小；②将现有居民享受的纯效益增至最大；③尽量考虑潜在迁入居民的纯效益；④对各种私人企业的目标予以满足[①]。

1. 行政管理最佳城镇人口规模

从行政管理角度分析，最佳城镇人口规模应具备行政组织便利、管理有序高效、居民人均服务支出费用最低的要求。从居民人均支出行政管理费用变化趋势分析，不同城镇发展阶段差异甚大。在城镇发展的低级阶段，由于人口总体规模小，人均支出管理费用高；随着人口增长，聚集效益增大，人均支出管理费用下降；然后城镇人口继续增加，导致“城市病”产生，管理难度和费用急剧上升，居民人均支出管理费用趋于上升。居民人均支出管理费用曲线呈“U”字形分布，但人们对行政管理最佳城镇人口规模的认识极不一致（见表4）。

**表4 行政管理最佳城镇人口规模**

| 文 献 | 最佳人口规模（万人） |
|---|---|
| 贝克（Baker，1910） | 9 |
| 马尼特住房调查委员会（Barnett，1938） | 15~25 |
| 洛马克斯（Lomax，1943） | 10~15 |
| 克拉克（Clark，1945） | 10~20 |
| 邓肯（Duncan，1956） | 50~100 |
| 赫希（Hirsch，1959） | 5~10 |
| 大伦敦地方政府皇家委员会（1961） | 10~25 |
| 斯韦美兹（Svimez，1967） | 3~25 |
| 英国地方政府皇家委员会（1969） | 25~100 |

资料来源：［英］巴顿：《城市经济学》，上海社会科学院部门经济研究所城市经济研究室译，商务印书馆1984年版。

2. 市民角度最佳城镇人口规模

城镇市民对于城镇人口规模反应十分敏感。作为城镇政府，在城镇规模的扩大和制定城镇人口规划时，必须充分考虑居民的生活、居住、交通、文化、娱乐等各个方面的需求，使市民有一个良好的生产、生活环境。仅就城镇居民生活而言，居民对城镇的满意度

① 巴顿：《城市经济学》，上海社会科学院部门经济研究所城市经济研究室译，商务印书馆1984年版。

主要取决于两个方面：居民的收入与支出。一般而言，居民的收入与劳动生产率变化相一致。劳动生产率提高与城镇的聚集效益密切相关，但当城镇达到一定规模之后，劳动生产率与聚集效益就会下降。所以，城镇居民收入呈倒"U"形分布。当城镇人口达到"饱和"状态后，不仅会因为长途上下班而增加交通费用，地价上涨而增加住房费用，而且城镇环境污染、治安状况恶化也会增加心理压力。所以居民支出曲线与收入曲线相反，呈"U"字形分布。两者正向差值（收入大于支出）极大时的城镇人口规模即为市民角度的最佳城镇规模。

3. 企业生产角度最佳城镇规模

从企业角度分析，能获取最大利润的城镇人口规模为最佳。如图 3 所示，TR 代表总收入，TC 代表总成本。假定生产一批产品，如果在一定区域内价格相同，则总收入不变，这时，企业家为获取最大利润，必须降低生产成本。同理，生产成本的变化也与聚集效益相关，其变化也呈"U"字形分布。所以，企业生产角度的最佳城镇人口规模为 $P_1$。

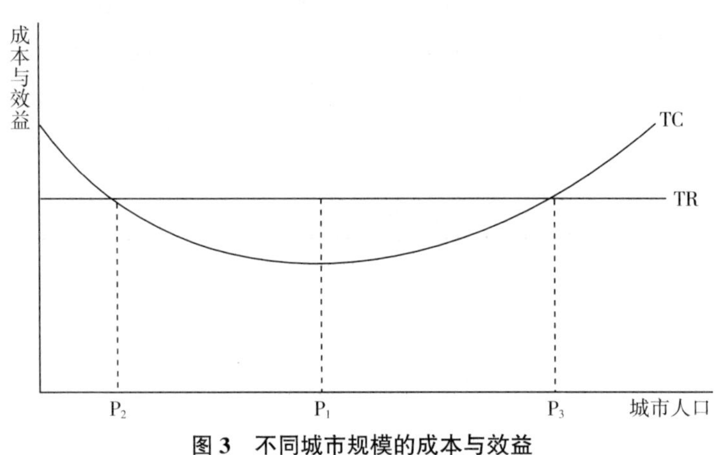


**图 3 不同城市规模的成本与效益**

## （三）我国的城镇规模体系

我国著名建筑学家梁思成教授 1945 年就在《大公报》上发表《市镇的体系秩序》一文，建议"预先规划，善于辅导，使市镇发展为有秩序的组织体"①。新中国成立后，1958 年 7 月建设工程部在青岛召开的城市规划工作座谈会提出了建设城镇规模体系的基本思路，即"大、中、小相结合，以发展中小城市为主，在大城市周围建立卫星城镇"。1980 年 10 月，全国城市规划工作会议对城镇规模体系发展提出了"控制大城市规模，合理发展中等城市，积极发展小城市"的方针。进入 90 年代以来，中国城镇体系越来越得到更多学者的研究。

经过长期的历史发展，我国城镇规模体系形成了自己的特征。

① 《梁思成文集》第四卷，中国建筑工业出版社 1986 年版，第 360~364 页。

从城镇类型规模分析，1996 年，在我国城市与建制镇中，如若按照城市户籍注册的非农业人口指标划分，超大城市（为便于分析，现将非农业人口大于 200 万人的城市称之为超大城市）、特大城市（人口>100 万）、大城市（人口 50 万~100 万）、中等城市（人口 20 万~50 万）、小城市（人口<20 万）、建制镇的数量分别为 11 个、23 个、44 个、195 个、393 个、17998 个，如果以超大城市为 1，则呈现出 1：2.09：4.00：17.73：35.73：1636.18 的金字塔形分布状态。

从城市非农业人口规模分析，超大城市、特大城市、大城市、中等城市、小城市非农业人口总量分别为 4224.6 万人、3094.2 万人、3000.8 万人、5951.4 万人、4548.1 万人，若以超大城市为 1，则呈现出 1：0.73：0.71：1.41：1.07 的两头大、中间小的分布状态。

从经济规模（以工业总产值计，不包括市辖县）分析，五种城市类型的工业总产值分别 12905.3 亿元、8546.5 亿元、9298.2 亿元、22009.3 亿元、22387.5 亿元，呈现出 1：0.66：0.72：1.71：1.73 的弱金字塔形分布状态。

由此可以看出，我国城镇规模体系的主要特征有：

（1）城镇规模等级体系呈现出显著的金字塔形状分布状态，符合世界城镇规模等级体系发展的一般规律。

（2）与城市相比，建制镇数量众多。说明建制镇具有强大的发展潜力和极其重要的联结城市与其腹地的纽带作用。

（3）城市类型数量结构与城市人口规模结构、经济结构相背离。超大城市、特大城市虽然仅占城市数量的 5.03%，却占城市非农业人口规模的 34.56%、工业总产值规模的 28.7%，两者在我国区域经济发展中占有极其重要的地位。相对而言，大城市、中等城市、小城市人口集中程度低，经济实力不强，是城镇规模体系中发展较为薄弱的环节。

## 五、城镇空间结构体系

城镇空间结构体系表现为城镇的地域分布、排列及其组合状况。从区域范围而言，又可分为宏观空间结构、中观空间结构、微观空间结构三种类型，共同组成城镇的空间结构体系。由于城镇微观空间结构以研究城镇内部功能分区为主，属于城镇规划的范畴，本节对此不进行讨论。

### （一）城镇宏观空间结构

城镇宏观空间结构是指全国性的城镇地域分布状态。从图 4 中可以看出，城镇宏观空间分布是在人口、政治、文化、社会、经济、技术、环境、资源、历史等众多因素共同作用下形成的。而城镇宏观空间分布一旦形成，将会对区域发展如城乡空间布局、土地利用、建筑景观、社会生态、居民生活方式等产生重大而持久的影响，并进而影响到政府决策与城镇、区域规划。

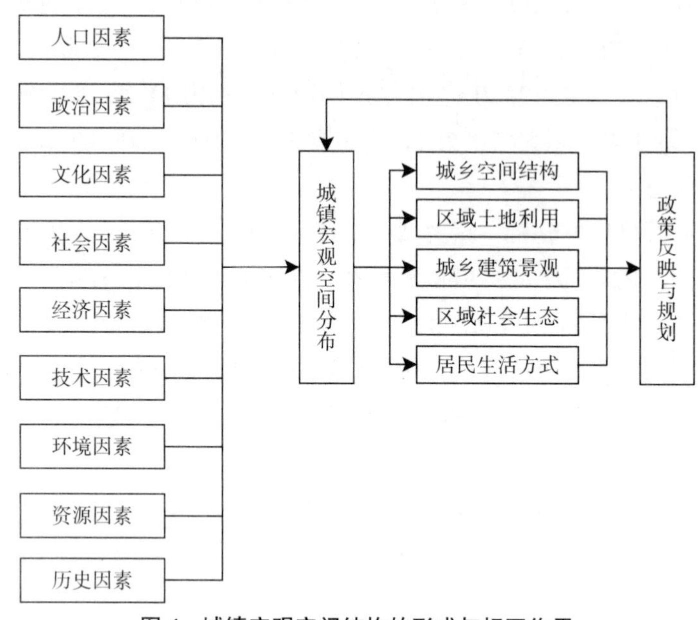


**图 4 城镇宏观空间结构的形成与相互作用**

从世界范围而言，城镇空间分布具有集中于中纬度平原地带的特征。美国东北部大西洋沿岸巨型城市带（也称“Boswash”巨型城市带）、日本太平洋沿岸巨型城市带、欧洲西北部巨型城市带（自阿姆斯特丹向东南，经德国鲁尔区，向西北折向法国北部）、美国五大湖沿岸巨型城市群（也称“Chipitts”巨型城市群）、英格兰巨型城市群等都是地域范围十分宏大的世界上最为著名的城镇集中分布区域。

我国是一个国土面积辽阔，经济、文化、历史、资源等区域非均衡性都极为显著的国家，城镇空间分布结构的地域差异突出。从城镇分布总体趋势看，我国呈现出由沿海地带和长江沿岸构成的“T”字形城镇宏观空间分布结构特征。我国东中西三大地带城市空间结构差异也十分突出（见表 5），这种差异不仅仅表现在城市密度上（以东部地区为 1，东中西部比例为 1∶0.37∶0.10），更重要的是表现在城市质量的空间差异上。东部地区市区

**表 5 我国城镇宏观空间结构差异**

| 指标 | 东部地区 | 中部地区 | 西部地区 |
| --- | --- | --- | --- |
| 总面积（万 $km^2$） | 130.5 | 287.8 | 541.8 |
| 市区面积（万 $km^2$） | 45.2 | 66.4 | 62.4 |
| 城市总量（个） | 298 | 245 | 123 |
| 城市密度（个/万 $km^2$） | 2.28 | 0.85 | 0.23 |
| 市区人口密度（人/$km^2$） | 587 | 253 | 131 |
| 市区 GDP 密度（万元/$km^2$） | 668.2 | 175.4 | 83.8 |

人口密度分别是中部、西部地区的2.32倍和4.48倍，说明东部地区城镇人口承载力远远高于中西部地区。反映城市经济水平的市区GDP密度也呈现出东高西低的分布态势（若以东部地区为1，东中西部比例为1：0.26：0.13）。

### （二）城镇中观空间结构

从区域角度来看，城镇中观空间结构一般是相对于各省、市、自治区而言的，即使跨省份分布，城镇的影响也以区域性为主。

在城镇中观范围内，多形成由省会和自治区首府、地区驻地城市（或地级市）、县城和建制镇三级组成的城镇空间结构。省会和自治区首府多是该省区的政治、经济、文化中心，具有多种职能。城镇规模越小，职能也越单一。改革开放以来，我国省区城镇发展出现了政治中心与经济中心分离和空间结构多元化的趋势，如辽宁省的沈阳与大连、山东省的济南与青岛、福建省的福州与厦门等。

在城镇中观范围内，城镇的空间聚集趋势日趋明显。按照城镇发展规律，城镇空间聚集以至城镇连绵带的形成，是一个由低级向高级渐次推进的过程。大致可分为三个阶段：

在城镇发展的初期，呈聚集向心型发展。着重表现为第二、第三产业和人口不断向城镇集中，城镇的基本性质也逐步发生变化。从城镇形态而言，以单一中心城镇为主。在地形、气候、交通、资源等因素影响下，有的形成了双中心城市、三中心城市、组群式城市、母子城市等类型。

聚集向心型城市进一步发展，则进入分散离心型发展阶段，以城镇性质的外延与扩散为基本特征。城镇聚集向心发展的结果，是人口规模、用地规模、经济规模越来越大，边缘区距离市中心则越来越远，交通、生活费用也随之提高，城镇的向心力相对减弱。相反，城镇的工业、居住、科学研究功能向城市郊区扩散，卫星城镇（Satellite City）出现。

第三阶段，城镇规模继续扩大，城镇群和区域性城镇连绵带出现。卫星城镇规模扩大，可能出现与母城距离较远、实力与母城相当的反磁力中心，在地域上逐步与母城相连，形成城镇连绵带。如果原有两个同量级大城市同时扩展，也有可能形成两个大城市互为郊区的城镇连绵带。

我国城镇中观空间结构聚集主要有团块状和条带状两种形式，前者如辽中南城镇群、长江三角洲城镇群、珠江三角洲城镇群等，后者以胶济铁路沿线城镇群为代表。

**主要参考文献**

[1]［英］巴顿：《城市经济学》，上海社会科学院部门经济研究所城市经济研究室译，商务印书馆1984年版。

[2]［美］帕克、伯吉斯、麦肯齐：《城市社会学》，宋俊岭等译，华夏出版社1987年版。

[3]杨吾扬：《产业和城市区位导论》，河南大学出版社1985年版。

[4]［美］郭彦弘：《城市规划概论》，陈浩光编译，中国建筑工业出版社1992年版。

[5] 包宗华：《中国城市化道路与城市建设》，中国城市出版社 1995 年版。
[6] 顾朝林：《中国城镇体系》，商务印书馆 1996 年版。
[7] 周一星：《城市地理学》，商务印书馆 1995 年版。
[8] 于洪俊、宁越敏：《城市地理概论》，安徽科学技术出版社 1983 年版。
[9] 郑杭生：《走向两个文明全面发展轨道的中国社会》，中国人民大学出版社 1998 年版。
[10] Knox，Paul L. Urbanhaton，Prentice-Hall，1994.

# 论城市化及其形成机制*

美国著名经济学家、诺贝尔奖获得者斯蒂格利兹（Stiglitse）在世界银行1998年年会上预言：21世纪初期，影响世界最大的两件事：一是新技术革命，二是中国的城市化。城市化是农村人口和非农产业向城市不断集中的过程，是一个国家或地区社会经济和社会发展的过程和结果，同时也是经济和社会持续发展的创新载体。城市化的健康、持续、快速发展对于一个国家或地区，特别是发展中国家来说，在实现现代化、推进产业结构升级、促进地区协调发展和可持续发展以及提高国际竞争力等方面具有重要而深远的意义。城市化的形成机制是推动城市化发生和发展所必需的动力产生机理，以及维持和改善这种作用机理的各种经济关系、组织制度等所构成的综合系统的总和，主要包括城市化的动力机制、实现机制和推动机制。本文首先分析了城市化的概念内涵、影响因素、测度方法和发展规律，然后从产业结构演变、经济作用原理、市场和制度三个方面入手将城市化的形成机制分为动力机制、实现机制和推动机制进行了详细的探讨。研究城市化的概念内涵和形成机制，制定合理的城市化政策，有利于一个国家或地区城市化的健康发展。

## 一、关于城市化的概念

### （一）城市化的概念和内涵

1. 城市及城市化的概念

城市是生产力发展、社会分工细化和生产关系变革的结果，以及生产关系变迁的自然历史过程。城市化不仅是农业人口转化为非农业人口，并向城市集中的聚集过程，而且是城市在空间数量上的增多、区域规模上的扩大、职能和设施上的完善以及城市的经济关系、居民的生活方式以及现代社会文明广泛向农村渗透的过程。城市化过程既是城市本身的发展过程，也是广大农村居民物质生活和精神生活得到极大提高，逐步实现城乡协调发

* 本文选自张敦富：《中国区域城市化道路研究》，中国轻工业出版社2008年版，第1~40页。参撰者：孙久文、叶裕民、李丽萍、付晓东。

展，最终实现消除城乡差别和工农差别的过程。

2. 城市化的内涵

总结以上对城市化概念的分析和论述，本文认为城市化的科学内涵应从以下几方面来展开：

(1) 城市化是城市人口增长及其比重不断提高的过程。一国的城市化水平主要是由城市人口在总人口中所占比例来衡量的，这也是分析社会现代化过程的重要指标之一。城市化是一个城乡人口分布结构转换的过程。在这个过程中不只表现为城市本身人口的不断增长，同时表现出分散的农村人口向城市集中，农村人口的不断减少，导致城市人口在总人口的比重不断增大，农村人口占总人口的比重不断减小。另外，城市化是一个人口的多维流动的过程，在城市化发展到一定阶段以后，它既包括农村人口向城市的转移，同时也包括城市人口向农村或郊区的扩散过程。

(2) 城市化是城市不断发展的过程。人口和非农产业向城市的不断集中，为城市的发展提供了强大的动力。城市化对城市发展的影响可以从外延、内涵和空间形态三个方面来分析。从外延方面来看，人口、劳动力及各种经济活动向城市的涌入，促进了城市规模的不断增大、数量的不断增多；从内涵方面来看，居民对城市各种设施数量和质量的大量需求，促使城市基础设施、服务设施不断完善；从空间形态来看，随着农业用地向城市用地的转变，城市建成区不断扩大，同时新的城市地域不断涌现。

(3) 城市化是产业结构转变的过程。城市化意味着农业在国民经济中所占比重的下降，第二、第三产业所占比重有序上升的过程。城市化进程也要求对城市和农村的产业结构同时进行调整。城市的第三产业必须有较大发展，这样才可以吸收农村的剩余劳动力。农业内部也必须实现产业结构转换，积极促进非农产业的发展，以提供必要的就业劳动力，同时也为城市经济发展提供所需的劳动力。

(4) 城市化是社会结构不断转变的过程。城市化过程中，劳动力从第一产业向第二产业、第三产业的转移，导致产业结构的不断升级转换，社会逐步由传统的农业社会演进为工业化或后工业化的现代社会，居民生活和消费水平不断提高，市场不断扩张，同时中产阶级逐渐形成并占主体。所以，城市化是一个国家现代社会结构形成的过程，是农村人口城市化和城市现代化的统一。

(5) 城市化是一个城市文明不断发展并向广大农村渗透和传播的过程。城市集中了大量的人口和财富，集中了各种不同的经济活动、社会活动和文化活动，因而聚集了现代社会发展的动力。城市化过程中，城市文明在自身不断发展的同时，城市的价值观念和生活方式也不断向乡村地区渗透和扩散，传统乡村文明逐步走向现代城市文明，最终实现乡村人口的城市化和现代化。

(6) 城市化是城乡一体化的过程。城市化是农村与城市之间的一个多维互动过程，它既包括农村的劳动力、资金与技术等要素向城市的流动，也包括城市先进的生产力向农村的扩散、渗透和辐射。城市化不仅意味着城市对农村的作用，而且也意味着农村对城市的影响；它不仅是城市自身的发展，也是农村的发展。

除上述六个方面外，还需要说明的是，城市化是一个连续不断的历史过程，主要有以下两方面原因：一是城市化是社会现代化的基本特征之一，是现代化过程中各种特征发展的综合反映，社会现代化的连续不断性决定了城市化是个持续不断的过程；二是城市化只能消除农业与城市产业间生产方式的差距，消除城乡差别，而不能消灭农村，农村和城市在人类社会中都将长期存在和发展下去。在进入高度城市化发展阶段以后，虽然城市化速度会有所减缓，但这并不排斥城市化过程的长期性和连续性。到那个时候，城市化的主要特征将是城市与农村的融合和协调发展。

## （二）城市化水平的测度

从城市化的内涵看，城市化涉及人口、土地、经济、社会等各个方面。目前，确定城市化指标及测度方法主要有两种，即以一种主要指标来度量的单一指标法和以多种指标复合度量的综合指标法。

1. 单一指标法

（1）城市人口比重法。即以某地区的城市人口占当地总人口的比重来反映城市化水平。$PU=U/P\times100\%$，PU 为城市化水平，U 为城市人口，P 为当地总人口。这一度量方法，由于最简明、资料最容易得到，且通用性强，因而在实践中被广为使用。

（2）非农业人口比重法。即以某地区的非农业人口占当地总人口的比重来反映城市化水平。$PU=NA/P\times100\%$，PU 为城市化水平，NA 为非农业人口，P 为当地总人口。

（3）城市用地比重法。即以某地区的城市建成区的面积占该区域总面积的比重来反映城市化水平。$LU=U/L\times100\%$，LU 为城市化水平，U 为城市建成区面积，L 为区域总面积。

单一指标法是选择对城市化表征意义最强的又便于统计的个别指标来描述城市化达到的水平。然而，这种度量方法存在着很大的局限性。如它不能反映城市化的其他性质、非城市型景观向城市型景观的转化过程、城市化发展的总体规模，更不能反映城市生活方式向农村地域的扩散过程。

2. 综合指标法

综合指标法是选用与城市化有关的多种指标予以综合分析，以考察城市化的进展水平。然而，指标多，必然与具体地域结合紧、针对性强、通用性差。所以，复合指标法多半是在对具体城市地域，或者对具体国家地区作城市化分析时使用，而无法进行国际间的比较分析。

（1）指标选取。城市化是一个复杂的系统工程，包含了人口、经济、社会、景观环境等诸多因素，对某一地区城市化水平的评价，可从以下四个方面选取综合测度城市化水平的参评因素因子。

人口城市化水平：人口城市化是区域城市化的核心，表现为人口向工业区聚集、农业人口转化为非农业人口，涉及人口在产业间分布的合理性，城市人口增长对城市功能的影响等方面，可从人口结构、人口数量等方面选择指标，如人口自然增长率、非农业人口比重、第三产业从业人员比重、城镇人口比重等。

经济城市化水平：经济发展是区域城市化实现的基础，可以从经济实力、产业结构、经济外向性、经济效益等方面选择指标，如人均 GDP、城镇居民人均可支配收入、非农产值比重、工业增加值占 GDP 比重、第三产业产值比重、社会总产值在三产业间的比例、恩格尔系数、人均消费水平、消费结构等。

社会生活城市化水平：社会和谐、文化氛围浓厚、生活舒适便捷是区域城市化的本质，可从这三个方面可选择指标，如基尼系数、社会保险覆盖率、万人学校及科研机构数量、万人体育场馆数量、万人艺术表演场所数量、万人图书馆数量、万人医生数、人均居住面积、万人公交车辆、人均商业饮食网点数量等。

景观建设城市化水平：可从地域景观、城市建设等方面选取指标，如建成区面积比重、建成区绿化覆盖率、人均绿地面积、人均道路面积、移动电话普及率、人均用水量、人均用电量、城市燃气管道覆盖率、城市污水排放量等。

（2）测度方法。定量化的测度方法基本步骤一般为：首先，按照城市化指标体系采集相关数据，并对数据进行标准化处理，以消除量纲的影响；其次，确定各个指标的权重和标准值，计算加权综合指标值；最后，既可以对单个指标值和综合指标值进行与标准值之间的差距分析，以及本地区年度比较分析，还可以与其他地区进行比较分析，从而得出本地区城市化处于一个什么样的水平。

在指标的权重的确定上，有两种方法：一是定性法，即通过咨询城市经济、城市地理、城市规划、城市管理等方面的专家，确定指标的权重；二是定量法，即通过主成分分析法或因子分析法计算，确定主成分因子的权重。下面以主成分分析法为例，简要分析一下定量法。

采用主成分分析法，可以避免在系统分析中对权重的主观判断，使权重的分配更合理，并通过精确计算变量的相似性和差异性减少重叠信息的不良影响，克服变量之间的多重相关性。其基本思想是通过降维，把多项指标（如 p）转化为少数几个（如 m 个，$m<p$）综合指标的多元统计方法。此方法的核心是通过主成分分析，选出多个主分量即主成分 $F_1$，$F_2$，…，$F_m$。主成分个数 m 的多少取决于能够反映原来变量 80%以上的信息量为依据，即当累计贡献率≥800 时的主成分的个数。然后对主成分进行分析，考察各主成分与原始指标集之间的联系和数量关系，特别是可以考察主成分与哪些指标关系密切，从而确定各主成分的内部结构以及认定各主成分的经济含义。之后根据各主成分的方差贡献率 $w_j$（$w_i=\theta_i/\sum\theta_i$，式中 $\theta_i$ 为第 i 个主成分所对应的方差百分数，i=1，2，…，m）以及各主成分内部主要指标的得分系数，构造如下城市化水平的综合评价模型：

$F=\sum\omega_i F_i$，式中 $F_i=\sum\sigma X'$

式中：F——区域城市化水平综合得分值；$\omega_i$——第 i 个主成分得分的权重；$F_i$——第 i 个主成分的得分；σ——指标 X′的权重；X′——原始指标 X 标准化后的值。

### （三）城市化的规律

1. 城市化伴随着经济发展水平的提高而提高

城市化作为一个自然历史过程，随着经济发展水平的提高而提高。有学者曾用一些国家和地区的典型材料和数据，从不同侧面、不同角度，具体、直观地说明了城市化与经济发展的关系[①]。统计分析表明，城市化水平与国民生产总值的人均占有量成正比，即城市化水平越高，人均国民生产总值越高。同样，城市化水平与国民生活水平、工业化水平与第一产业呈反比例关系，而与第二产业、第三产业呈正比例。也就是说，按照一般发展规律，工业化水平高，第二产业、第三产业发达的国家或地区，其国民生产总值、城市化水平与国民生活水平也较高。

经济发展促进了城市化，使劳动力从农业生产部门向城市产业部门大量转移。随着经济的发展，国民收入的增加，收入中用于食品消耗的比重逐渐降低，人们对工业品和服务业方面的需求逐渐增大，消耗在这方面的收入份额也随着收入总量的增加而上升，从而使工业和服务业劳动力收益相对于农业劳动力较高。这种比较利益的诱惑，导致了大量的劳动力从农业生产部门转移到其他部门。而工业和服务业的发展也为劳动力的转移提供了可能。同时，随着经济发展而繁荣起来的工业和服务业，由于受规模经济和聚集经济效益的影响，加之自身都属非土地密集型产业，受土地规模和自然条件影响相对较小，故而大多集中在城市及周边地区。这样，大量的农业劳动力向城市地区转移，从而促进了城市化。

城市化进一步促进了经济发展，城市化对社会经济增长具有极大的辐射带动作用。城市的规模经济和集聚经济能有效地降低企业的经济成本，从而为进一步促进经济效益、吸纳农村剩余劳动力、扩大经营规模创造了条件；经济活动主体在城市的聚集带动了交通运输、通信、金融、保险、餐饮娱乐、信息等产业的发展，同时促进了教育科学、文化、卫生体育等各项社会事业的发展，带动了社会全面进步；城市人口的增长，收入的增多，刺激了对工业品的需求，从而刺激了工业各部门的发展；城市作为市场经济的载体，还促进了社会分工、协作和市场交换的发展；城市化还扩大了社会流动性，促进了交流与竞争，便于科技革新与扩散。总之，城市化极大地促进了社会生产力和劳动生产率的发展与提高，带动了城市和城市辐射区域乡村经济的发展，促进了社会进步。

2. 城市化的阶段性规律

（1）城市化的三阶段论。1979 年，美国地理学家诺瑟姆（R. M. Northam）发现，世界各国城市化发展过程所经历的轨迹，可以概括为一条被拉平的 S 形曲线，如图 1 所示。用数学模型表示为：

$$Y = 1/(1 + C_e - rt)$$

式中：Y——城市化水平；t——时间；$C_e$——积分常数，表明城市化起步的早晚；r

① 谢文蕙、邓卫：《城市经济学》，清华大学出版社 1996 年版。

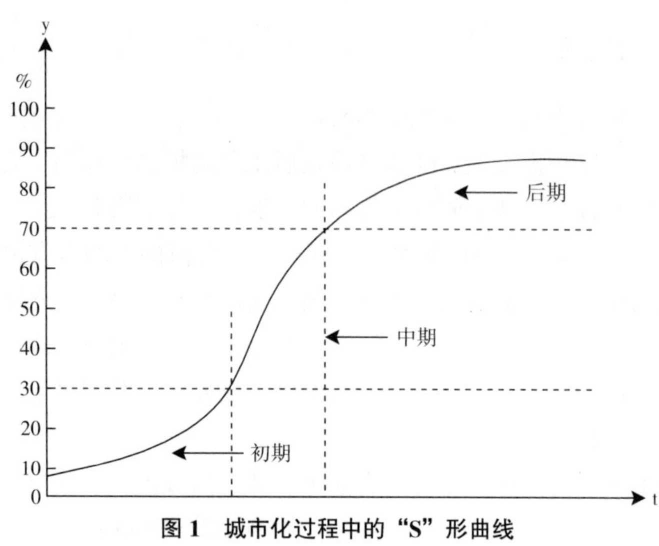


**图 1　城市化过程中的“S”形曲线**

——积分常数，表明城市化的速度。

根据世界城市化的历程，一般可以将城市化的发展过程分成以下三个阶段：

第一阶段：城市化水平在 30%以下为城市化初期，或称发生阶段，区域经济发展处于工业化前期，城市化进程缓慢，社会以传统的农业为主，城市化以农业的发展为主要推动力量，城市化的发展速度比较缓慢，在一些优势区位点出现了一些城市，并不断吸引周边经济要素向城市集中。

第二阶段：城市化水平在 30%~70%为城市化中期，城市化处于快速发展阶段，区域经济发展进入工业化中期，社会逐步由传统的农业社会演进为工业化社会，随着工业化过程的迅速推进以及服务业的发展，城市化呈现出快速增长的态势，城市开始沿着交通等便利的线路蔓延发展。

第三阶段：城市化水平在 70%以上为城市化后期，城市化进入成熟阶段，区域经济发展到工业化后期，产业结构以服务业为主，城市化水平提高的速度开始减缓，城市人口比重最终大体稳定，城市的扩散效应占据主导，城市体系不断发展，逐步出现了城市群。

由此可见，城市化过程要经历发生、发展、成熟三个阶段。其中，城市化水平处于 30%和 70%是两个重要的转折点。一般认为，城市化处于 30%的时间点为工业化前期，即社会开始步入工业化阶段，而城市化处于 70%的时间点为工业化后期。

（2）城市化的四阶段论。根据城市化发展过程中的空间形态变化，可以将城市化划分为四个阶段，可分别称之为城市化、郊区城市化、逆城市化和再城市化。

第一阶段是典型的城市化阶段，工业化迅猛发展，城市数量增加迅速，农村人口及社会经济活动明显向城市集中，尤其是向大城市集中，城市中心的人口和资源快速增长，集中性是该阶段最重要的特征。

第二阶段是指城市性质的外延和扩散阶段，服务业不断发展，制造业从城市中心外迁，城市的经济活动和性质向城市郊区和边缘的农村地区延伸，特别是随着公共交通的发展和私人轿车拥有率的提高，越来越多的家庭到郊区居住，分散性是该阶段的重要特征。

第三阶段是指居民和厂商离开市中心，选择自然性质充分的城市化地区以外的中小城市居住和生活，随着城市中心人口的减少，产业的外迁，城市中心不断衰败下去，这是社会生产力高度发达的结果，是由富裕阶层的人们更加追求环境品质所致。

第四阶段是城市中心的更新阶段，过度郊区化出现的城市中心衰落、交通拥挤等问题引起政府的高度重视，政府针对性地出台若干促进城市更新的政策对城市中心进行再开发，随着政府的干预和政策引导，城市中心不断得到复兴。

城市化的四种形态在现实生活中很有可能交织出现，但在一定时期内总有一种城市化形态占主导地位。依据占主导地位的城市化形态，可以将城市化分为集中型城市化和扩散型城市化两种类型。集中型城市化即人口和非农业经济活动由农村向城市集中、由小城镇向大中城市集中、由欠发达地区城市向发达地区城市集中的过程。这时的城市，表现为像一个巨大的磁力场。在城市化的起步阶段，集中型城市化占据主导地位。扩散型城市化即城市的人口和非农经济活动由中心城市向城市边缘地区的扩散，将其周边的非城市地域转化为城市地域的过程。这时的城市，表现为像一个强大的辐射器。在城市化的中期和后期阶段，扩散型城市化占据主导地位，又包括外延型（或连续型）城市化和飞地型（或跳跃型）城市化两种。依照上述划分，可以将第一阶段称为集中型城市化，第二阶段、第三阶段称为扩散型城市化（郊区城市化和逆城市化）。

（3）城市化的五阶段论。根据城镇人口增长系数 K（K=城镇人口增长规模/总人口的增长规模）的变化规律及城市化发展水平的高低，可将整个城市化过程划分为五个阶段：

第一阶段：K<0.5，为前城市化阶段。K<0.5 意味着城镇人口的增长规模小于乡村人口的增长规模，城市化水平很低，增长缓慢，甚至没有增长。这一时期的经济发展一般是处于农业社会。

第二阶段：0.5≤K<1，为城市化前期阶段。K≥0.5 是城市化水平快速提高的起点，与此相适应，这时的区域经济发展一般处于工业化的前期阶段。K≥0.5 意味着城镇人口的增长规模超过乡村人口的增长规模，这是城市化过程中的第一个重要转折点，意味着城市化开始进入快速增长时期。这一时期，由于乡村人口规模相对庞大，尽管其增长规模小于城镇人口的增长规模，但乡村人口的绝对量仍然增长着。这一时期的经济发展一般处于工业化的前期阶段，是轻工业大发展的时期，由此引致的劳动力第一次转移浪潮正是推动城镇人口增长系数跨过 0.5 这一历史性转折点的基本动力。

第三阶段：K≥1，城市化的中期阶段。K≥1 意味着总人口的增长全部表现为城镇人口的增长，乡村人口的绝对规模开始由上升转为下降态势。这是城市化过程中第二个重要的转折点，它意味着工业化过程中非农产业吸收劳动力的能力大大提高，以至于随之而来的乡村人口进入城镇的规模大于乡村人口自然增长的规模。这一时期的经济发展一般处于工业化的中期阶段，重工业化过程正在不断深化，第三产业获得大规模发展，由此引致的乡村劳动力转移的第二次浪潮正是将城镇人口增长系数提升超过 1 的基本动力。

实现城镇人口增长系数由小于1到大于1的转变，具有十分重要的现实意义。乡村人口绝对下降，意味着农村土地的人口压力开始减少，人地矛盾开始缓和，农业的规模化和现代化经营的条件正在形成，从而农业产业开始由低效率向高效率转换，从事农业与非农产业的收入差距开始减少，城乡二元结构得以淡化。而这正是城市化和城乡一体化的重要物质基础。因此，城镇人口增长系数K≥1，是城乡一体化的起点。

另外，城镇人口的持续大规模增长可以为城镇第三产业的发展提供广阔的市场，城镇经济的繁荣进一步增加其吸纳劳动力的能力。因此，通常乡村人口绝对量由增长转为下降，意味着城市化开始进入良性循环，并往往会真正进入高速成长阶段。

第四阶段：城镇人口比重≥50%，初步进入城市社会，或者称之为城市化的后期阶段。城镇人口比重≥50%，表明城镇人口绝对量超过乡村人口，意味着该国家（或地区）已经初步实现城市化。随着乡村富余劳动力两次转移浪潮的接替跟进，迅速使城市化水平达到并超过50%，一半以上的居民得以生活在城市，这是城市化过程中第三个重要的转折点。与工业化相联系，这一时期处于工业化的中后期阶段，技术密集型的制造业和新兴第三产业迅速发展，成为支持城市化水平进一步提高的主要产业。由于这一时期的经济发展已经由高速增长转向低速持续的推进阶段，因此，城市化水平也开始由高速增长向低速增长过渡，城市化速度会低于城市化的前期阶段和中期阶段，但高于成熟的城市社会。

第五阶段：城镇人口比重≥65%，进入成熟的城市社会。这一时期，工业化已经走到尽头，进入后工业化社会或现代社会，现代城市文明广为普及，城乡居民只是居住空间及就业岗位有差别，生活水平和生产生活方式基本趋于一致，城乡一体化作为城市化的终极目标已经成为现实。这时，城镇人口增长系数一般在1左右小范围变动，城乡人口格局呈现基本稳定的态势。

3. 大城市超前增长规律

城市化过程中，大城市的超前增长主要表现在三个方面：一是在城市化的中前期，大城市具有进行性扩张增长的趋势；二是规模等级较高的城市人口总是具有高于规模小的城市人口的增长速度；三是等级较高的城市人口比重的增长指数高于规模等级低的城市人口比重增长指数。这三个方面是互相联系的，是一定历史时期的必然发展趋势。大城市超前增长的根本原因是大城市具有强大的经济实力和聚集优势，对周围地区的发展具有很强的辐射力，吸引着资源和经济要素向大城市集中，从而组织和带动周围地区产业布局和产业结构调整，推进整个国家或地区的现代化进程。在工业化中期阶段，即城市化的迅速发展阶段，大城市超前增长规律表现得最为明显。

大城市的超前快速增长，也导致了以大城市为核心的都市圈、城市群和城市带的产生。都市圈是指以大城市为核心，周边辐射地区为腹地的城市经济区；城市群是指以大城市为核心和周边有紧密联系的中小城市所组成的城市体系；而城市带是指几个城市群的联合。城市与区域之间存在着密不可分的联系，区域是城市的基础，城市是区域的核心。中心城市的功能强弱是以规模和实力为基础，其在区域发展中的核心地位是在聚集——扩散—再聚集—再扩散的链式过程中不断得到强化的，而都市圈、城市群正是在大城市聚集和扩散效应的循环中形成的。

## 二、城市化的动力机制

产业的发展是驱使城市化发生和发展的源动力，包括第一产业、第二产业和第三产业在内的产业的发展，影响了城市化的发展，而且产业发展的空间布局是城市化空间布局的主要依据。

### （一）农业驱动机制

农业的发展是城市化的原始动力，主要表现为农业剩余的贡献。城市化首先产生于那些农业分工完善、农村经济发达的地区，这些地区在农业生产力发展到一定程度之后产生了农业剩余，为城市化的发生和发展奠定了基础。

农业剩余既包括农产品剩余，也包括农业劳动力和农业资本等的剩余，是一种广义的农业剩余。农业剩余对城市化的驱动作用主要表现在：

第一，产品贡献的驱动作用，即农业为城市化的推进提供了充足的商品粮和工业原料。一般情况下，在城市化的初期，一个国家农业提供农产品剩余的多少是决定该国城市人口多少的一个关键因素。随着经济的发展，尽管农业的就业和产值份额都在大幅度地下降，但人们所需要的食物仍然要来自农业。伴随着农村人口的非农化和城市化，城市人口对食物在数量和质量上的需求也在不断提高。由于许多工业都是建立在农业原料的供给基础之上，如果没有农业原料的稳定供给，这些城市工业将无法发展，所以农业部门提供的原料，也直接推动了作为城市发展动力的工业的发展。工业化初期，许多任务业化国家都是从轻纺工业开始工业化进程的，其工业化、城市化与农产品剩余的依赖关系表现得更为明显。

第二，市场贡献的驱动作用，即农业为城市化的推进提供了广阔的市场。农村不仅从原料供给方面推进了城市化，而且从工业产品的需求方面推动着城市化的发展。农村是一个潜力巨大的工业品市场，随着农业发展和农民收入水平的提高，农民对生产投入品和生活消费品的需求将不断增加，从而使城市工业品的销售市场不断扩大，使城市化动力不断加强。

第三，要素贡献的驱动作用，即农业为城市化的推进提供了生产要素。城市的发展和扩张，必然要求资源的不断增加和聚集。农业资源向外转移，特别是资本和劳动力的转移，是这些非农部门增加资源的基本途径。农业的发展和农业剩余的积累为城市工业提供资本的原始积累，促进了工业化的启动和发展；同时，农业劳动生产率的提高，使得大量剩余劳动力从农业中解放出来，为城市化的发展提供人力资源。这种资源转移的动力除国家依靠政府行政力量促使农业资源转向非农部门外，城市经济对资源的高效利用以及由此提供的要素的高价格，也诱导着市场条件下的农业劳动力、资本、土地等生产要素向非农部门的转移，这些生产要素是城市化实现的基本条件。

第四，外汇贡献的驱动作用，即农业为城市化的推进提供外汇方面的支持。通过农产品出口换取外汇，可以为工业发展换回进口国外技术设备所必需的外汇，从而促进工业技术水平的提高和工业化的进一步发展，而工业化的发展又推动了城市化发展。所以，农业剩余通过外汇的贡献作用也间接地推动了城市化的发展。

农业主要通过四种方式为工业化，从而为城市化发展提供剩余：一是赋税方式，即农民通过赋税提供剩余；二是价格方式，即农业剩余通过不利的贸易条件由农业流向工业，由农村流往城市；三是储蓄方式，即通过吸收农民在金融机构的存款和对政府及企业债券的认购提供剩余；四是财产剥夺方式，即政府当局凭借政治力量使农民无偿放弃财产向非农产业和城市提供剩余[①]。由于提供农业剩余的政策干预下的价格方式、强制性方式、无偿性方式、财政调节方式的效率分别好于市场机制下的价格方式、自愿性方式、有偿性方式和金融调节下的方式，因此，在工业化初期阶段，大多数国家及地区，在资本积累对农业剩余汲取方式的选择上，对政府干预下的方式的偏好要明显高于市场机制下的方式，从而更有效地促使农业剩余转向非农产业和城市。

### （二）工业驱动机制

随着工业化和城市化水平的提高，农业发展对城市化的推动作用逐渐下降，而工业化却逐步成长为城市化的主要推动力量。工业化进程中，在其自身的经济规律驱使下，人口与资本等经济要素向城市聚集，城市规模不断扩张，城市数量急剧增加。

工业化首先是个技术不断创新的过程，但工业化要依托于企业的规模经济和产业的聚集经济的发展。规模经济是指经济主体随着生产和经营规模的扩大，单位产品成本不断下降，收益递增的趋势；而聚集经济则是经济资源在地理空间的聚集所产生的专业化分工协作、资源高效率配置、成本降低、效益提高的经济。正是规模经济特别是聚集经济，使工业化成为城市化的主要动力。因此，城市化是工业化的必然结果，工业化是城市化的必要条件和基本动因；即工业化是城市化的经济本质，城市化是工业化的空间聚集表现。

工业化之所以是城市化直接产生和发展的推动力量，原因在于工业化与城市化之间的紧密联系。

第一，在资源按比较利益原则自由流动条件下，工业化的起步就是城市化的开端。各种要素从利润低的区域流向利润高的区域，具有较高利益优势的地区逐渐成为工业企业聚集地带，而这一聚集地带实质从人口、土地、资金上构成了城市的开端。城市的发展为面向地区或全国市场的工业达到最低临界值，从而为设立企业创造了条件。

---

① 刘传江：《论城市化的生成机制》，《经济评论》1998 年第 5 期。

第二，工业化的发展也是城市化的发展。工业布局与城市布局存在空间匹配关系，工业化的发展依靠规模化与专业化。工业化对规模化和专业化的追求，导致企业资源、要素在空间上的分工与聚集，为城市的发展创造了各种必需的条件，构成了城市的实质内容，在本质上也就是城市的发展。产生规模经济的主要原因有：单一企业规模的扩大，可节约各种费用，有利于设备与劳动力配置的合理化，提高生产效率；同一产业不同部门的空间聚集，有利于专业化分工协作，降低成本，提高效益；多种产业部门的空间聚集，有利于降低公共设施的使用成本，获得聚集经济效益。

第三，由工业引起的产业链效应促进了城市的扩张。工业化通过产业链的带动作用推动了其他相关联产业的发展，产业链中多种产业的协调发展，加速了城市化进程，推动了城市的扩张，强化了城市化的聚集与扩散功能。

第四，初始棘轮效应促进了城市化的持续推进。也就是说，过去人口和经济活动分布，影响着现在的选址决策，因为绝大多数选址决策必须接受现在的市场、投入和交通设施。而工业实力雄厚、基础设施良好的城市，能为新工业的设立和发展提供更好的基础。新工业的不断出现，使得城市化能持续发展。

第五，工业生产发展的循环累积效应推动了城市化的发展。某一新工业在特定区位上的设置，可使地方就业增加、消费市场扩大，吸引消费品工业、服务业及与自身生产相关的工业的发展。工业和服务业的发展又带动了地方财富的增加，可以更好地进行基础设施建设和投资环境改善，从而吸引新的工业来此聚集布局。如此循环累积，使城市规模不断扩大。

工业化进程中产业结构的转换也影响了城市化的发展。工业化过程中，产业结构沿着轻工业—重工业—第三产业的轨迹演进。

在工业化初期，以农产品为原料的轻工业的大规模发展，为大量农村剩余劳动力提供了足够多的就业机会，在收入差异的诱导下，大量农业劳动力向轻工业转移，导致就业结构发生了很大的变化，农业人口在总人口中的比重开始逐渐下降，而工业人口在总的人口中的比重开始稳步上升。于是，工业发展所形成的聚集效应使工业化对城市化产生直接、强劲的拉动作用。轻工业的充分发展为重工业的发展奠定了基础。在基本消费结构得到满足以后，人们的消费需求也向重工业产品转移。

重工业的发展标志着工业化进入中期阶段。相对于劳动密集型的轻工业，重工业是属于资本或技术密集型产业。产业结构变化和消费结构升级的作用超过了聚集效应的作用，工业化对城市化的带动作用减弱，城市化的演进不再主要表现为工业比重上升的带动。重工业化的发展和消费结构的提升导致了第三产业的发展。第三产业具有劳动密集型的特点，吸纳了大量由于工业技术装备水平的提高而出现富余的劳动力，这个阶段的城市化就更多地表现为非农产业（包括工业和第三产业）比重上升的拉动。所以，当工业化演进到较高阶段之后，对城市化进程的主导作用逐步由工业转变为整个非农产业，就业结构也发生了相应的变化。

在工业化过程中，工业化对城市化的带动效应，主要取决于工业化对非农化的拉动效应[①]。如果工业化对非农产业尤其是第三产业发展的拉动效应较大，对城市化的带动效应就较强；反之，对非农业产业尤其是第三产业发展的拉动效应较小，对城市化的带动效应就相应地较弱。

## （三）三产驱动机制

第三产业对城市化的驱动作用是动态变化的。随着城市化逐渐走向高级阶段，城市的职能更加复杂和多样化，它成为整个社会的经济中心、科技中心、文化中心、商贸中心和信息中心，第三产业就业的比重不断上升，工业化对城市化的推动作用明显减弱，第三产业成为城市化的后续驱动力量。

工业化是城市化和第三产业发展的重要的初始动力，但到后工业化时期，随着第三产业在国民经济中的比重增大，第三产业作为城市化后续动力则日益显现，其主要表现在以下三个方面：

第一，生产配套性服务的增加。企业生产的进一步发展要求城市提供更多、更好的配套性服务行业，如金融、保险、科技、通信业；商品流通要求有仓储、运输、批发、零售业的服务；市场营销要求有广告、咨询、新闻、出版业的服务。企业的专业化程度越高，越要求企业间的协作与交流，也越要求有发达的市场服务体系。

第二，生活消费性服务的增加。随着收入的提高和闲暇时间的增多，人们开始追求更丰富多彩的物质消费和精神享受，如住房、购物、文化教育、体育娱乐、医疗保险、旅游度假、法律诉讼、社会福利等，由此促进城市相关第三产业的快速发展，并且带来相应的就业机会与人口的增加。在经济发展的高级阶段，第三产业对城市化的贡献要明显高于第二产业。

第三，城市现代文明程度的提高。城市化不仅是人口的城市化和人们物质生活的城市化，更包括高度发达的精神文明建设及高水平的市民科学文化素质和思想道德素质建设。由于第三产业对城市基础设施的投入，尤其是对科教文卫等基础设施的大量投入，使城市的现代教育和科学技术中心、文化艺术活动中心、政治中心的地位得到进一步的巩固和加强，城市居民能优先获得现代科学技术的教育，优先获得先进文化和艺术的熏陶，优先享受民主政治所赋予的各种权利。

第三产业的发展也在确保城市实现规模经济效益、聚集经济效益和扩散效应方面推动着城市化的发展。

首先，城市聚集效益是通过第三产业的发展实现的。交通、通信及商业的发展有助于解决大机器工业生产分工带来的原料运输、产品市场问题，以利于生产的聚集，从而促进城市聚集的进一步发展；金融保险、信息咨询、公共事业等生产性和生活性服务业的发展

① 郭克莎：《工业化与城市化关系的经济学分析》，《中国社会科学》2002 年第 2 期。

可以为工业资本的不断扩张、城市经济的持续稳定发展提供良好的外部环境；教育、文化、广播电视、科学研究等事业的发展保证了城市经济发展有较高素质的劳动力资源；社会公共事业部门的发展，则在一定程度上为城市经济的稳定发展提供了法律保证。

其次，第三产业是一个行业范围广、技术层面包容性强的产业。因此，发展第三产业是城市经济实现劳动力聚集的重要途径。所以，第三产业所创造的优越的投资环境，如较高素质的劳动力资源、发达的市场体系、完备齐全的公用事业服务系统、密集的信息、先进的信息传播手段等，使企业的运输及交易成本大大降低，吸引着大企业和跨国公司总部在城市的设立。

最后，第三产业是城市经济发挥辐射效应的重要条件。城市可以发挥增长极的作用，对邻近地区的发展产生巨大的辐射效应。交通运输、通信服务业的发展，金融及各种要素市场的发育，就是实现生产从城市向边缘地带转移的前提。而且，第三产业越发达，城市经济的扩散范围越大。城市郊区化发展的结果不是城市的衰退，而是城市群的诞生，从而最终推动了区域城市化的发展。

可以说，城市化就是在一定地理空间范围内第二产业、第三产业区位的形成、聚集和发展以及与其相伴产生的消费区位的形成和聚集过程。城市的成长主要表现为第二产业、第三产业的成长，产业本身的聚集效应及产业之间特有的关联效应使第二产业、第三产业的聚集还会产生乘数效应，进一步促进资源集聚和城市发展，从而推动城市化进程。

城市聚集经济的乘数效应是指第二产业、第三产业在城市的聚集会增强产业之间的相互联系，通过产业联系，一种产业内新的投资会带动其他产业的增长，从而更大幅度地推动整个城市经济的增长。其中，由第二产业推动第三产业的相应发展的作用可称为第一乘数效应，由城市第三产业构成的投资环境吸引新一轮工业项目投入的作用可称为第二乘数效应。这两种乘数的交互作用和循环累积，使城市聚集经济不断增强，从而使城市化水平不断提高。

在推进城市化的过程中，第二产业、第三产业的地位、作用有明显区别：第一，从对城市空间聚集的作用看，城市空间聚集包括单个企业聚集与多个企业聚集，前者亦可称为规模经济。规模经济效益的实现可由工业企业本身依据行业的生产技术特点来实现。对于多个企业聚集，第二产业存在着对聚集的技术要求和利益要求，而聚集的实现必须依靠第三产业，它是实现多个企业空间聚集的物质基础与市场条件。第二，从对城市发展的驱动力看，以工业为主体的第二产业是城市化的重要动力，现代第三产业的发展也是建立在第二产业不断发展的基础之上的，而第三产业是工业化发展到一定阶段时城市化的后续动力。第三，从城市化对经济影响的后果看，第二产业的发展主要推动城市规模的扩大，而第三产业的发展在推动城市规模扩大的同时，更侧重于城市功能的建设；第二产业的发展突出地表现为城市的聚集效应，第三产业的发展更多地表现为城市辐射力和城市的扩散效应的增强。

综上所述，城市化动力机制可以分解出两大基本力量，即以农业发展为代表的农村推力和由工业化与第三产业为代表的城市拉力。两种力量的协同作用，驱使城市化的发生和发展。在推动城市化的进程中，三次产业发挥着不同的作用。第一产业主要为城市非农产业的聚集提供农业剩余；第二产业、第三产业则推进了这种聚集，成为城市化的主要动力。

## 三、城市化的实现机制

### （一）规模经济效益

规模经济一般是指处于某一特定区位的经济主体，随着生产和经营规模的扩大，单位产品成本不断下降、收益递增的趋势。广义的规模经济包括单个企业在某一特定区位通过自身发展扩张而形成的内部规模经济，以及众多企业在局部空间呈一定规模的聚集，由此而带来的外部规模经济：

内部规模经济（Internal Economies of Scale）是指传统意义上单个企业的规模经济，内部规模经济的原因主要有以下几个：

一是专业化和分工。专业化和分工的发展，不仅提高了生产效率，节约了生产资源，而且为技术进步、提高资源利用率提供了社会经济条件，从而为社会带来经济利益，并吸引着社会经济活动的空间集聚。社会经济活动的空间集中，不仅强化了已有的社会分工与协作，而且由此形成的紧密联系会进一步推动分工与专业化的深化和发展。

二是要素投入的不可分割性（存在于技术装备的采用、销售、财政、研究和开发等方面）。如果投入具有最小的效率规模，那么这个投入对于生产过程而言是不可分割的，如果将不可分割的投入分为几部分，那么这几部分的总产出要小于整体投入的产出。

三是规模的扩大所形成的生产、销售和管理等方面效率的提高。随着企业规模的扩大以及先进技术和生产组织的采用，企业的生产能力也将提高，单位产品所分担的广告宣传、产品运输和贮藏等销售成本将降低，管理的专业化和管理功能的规范化也随之增强，从而管理技能和管理水平随之提高。

另外，大企业在筹集资金、吸引人才、购买原材料、零部件或半成品等方面都具有优势，特别是大企业可以利用行政行为在企业内部替代市场行为，节约交易费用。以上诸多因素都可以造成产品平均成本的下降，从而带来收益递增。如果说技术上的规模经济主要表现为单位生产成本的降低，那么企业组织上的规模经济则主要体现在交易成本以及管理成本的节省上。

外部规模经济（External Economies of Scale）是指企业外部、行业内部的规模经济，主要是指同一行业的企业向特定地区集中，加速技术交流、信息传递带来的“免费搭车”，以及生产工艺的仿效竞争而带来的平均成本的节约。具体来看，外部规模经济的效率来自以下四个方面：

第一，企业的空间聚集能促进专业化设备供应商队伍的形成。在很多行业中，新产品的开发和产品的生产需要使用专门的设备和配套服务，单个企业不可能提供足够大的服务需求来维持众多供应商的生存，但行业的地区集中却能解决这个问题，大量企业集中在一起则足以提供一个服务需求极为旺盛的市场，使各种各样的专业化设备供应商得以生存；行业中专业化供应商网络的存在，反过来使企业更便宜、更容易获得关键设备的服务，于是企业把有关业务交给供应商做而集中精力搞好自己终端产品的生产，因此，行业集中地区的企业比其他地区的企业拥有更大的竞争优势。

第二，企业的空间聚集分布有利于劳动力市场的共享。企业的集中会吸引拥有高度专业化技术的工人集聚在其周围，并能为这些工人创造出一个完整的劳动力市场，这个市场不仅有利于企业也有利于工人，企业较少面临劳动力短缺的问题，工人也较少面临失业的风险。

第三，企业的空间聚集有助于知识外溢和信息传播。新发明、新产品、新设计和新思想在企业集中的地区容易得到迅速的传播，传播的途径是专业技术人员间的信息交流和新知识的相互启发。企业的集聚还能产生现有产业的扩散效应，不断有新产业产生，带动更多的竞争，释放更多的创造力，激发更多的创新。因此，企业的集中有利于相互间的技术交流和技术创新，有利于新技术的普及和广泛应用。

第四，企业的地理集中可以共享各种基础设施和公共服务设施，以及辅助性行业所提供的专业服务，从而产生外部性经济效应。基础设施包括公路、桥梁、码头、机场、车站和供电、供水、通信等系统的供给，它们在空间上具有集中的特点，它们是企业的必要生产条件，企业集聚可以共享基础设施，从而节约建设基础设施的费用。公共服务包括广告、信息咨询、法律、金融、公共教育等服务，企业的高度集聚可以共享公共服务。

总之，企业及其活动的空间聚集可以相互提供供给和需求，使各自通过聚集都能获得外部经济效应。

企业为了达到一定的市场规模门槛，越过最低临界条件，追求规模经济，倾向于在城市布局；而城市良好的软、硬件投资环境为企业提供了良好的发展条件，这样，企业与城市之间形成了良好的相互促进格局。企业追求规模经济的过程促进了城市规模的扩大，推动了城市化的发展；城市的不断发展和功能完善，为企业的发展创造了更加优越的发展环境，更有利于企业规模经济的实现，并吸引更多的企业到此布局。

### （二）聚集经济效益

聚集经济一般是指经济要素和经济主体在地理空间的聚集所产生的专业化分工协作、资源高效率配置、成本降低、效益提高的经济。从本质上看，与经济活动的空间分布密切相关的聚集经济是规模经济的外延，专业化分工带来的经济性，导致经济活动的集聚和规模的增大，以及专业化和多样化的同时发展。从更广泛意义上说，与专业化经济相联系的规模经济和与多样化经济相关联的范围经济是聚集经济内涵中不可或缺的两个方面。更确切地说，聚集经济是一种通过规模经济和范围经济的获得来提高效率和降低成本的系统力量。所以，聚集经济应包括同一企业内部生产要素聚集所产生的规模经济，同一产业内部同类企业聚集的地方化经济（Localization Economies）和不同产业多类企业聚集的城市化经济（Urbanization Fconomles）。本节主要分析后两种。

地方化经济是指一种产业的聚集经济，即某一特定产业内的同类企业在某一个地区聚集所形成的由于整个产业扩大而产生的成本节约。地方化经济本质上是一种典型的空间上的外部规模经济。聚集经济的产生决定于产业内多个企业或一组密切相关的行业，密集聚合的空间分布状态，企业间可以就近得到相互之间的便利。地方化经济的出现主要有以下几个基本原因：中间投入品的规模经济、范围经济与关联经济、买和卖的规模经济与聚集外在性、熟练劳动力市场共享的效率、信息外部经济。

城市化经济是指多个产业的多类企业的聚集经济，即多个产业在城市集中，由于共享基础设施、公共服务等所获得的利益。这种整个城市范围的聚集经济与空间经济分布的状态有密切关系。城市化经济的出现，其原因与地方化经济基本相同，只是内容上有所扩大：中间投入品的规模经济不仅包括来自生产竞争性产品中间产品供应者的规模经济，还包括来自生产公共产品、准公共产品中间产品供应者的规模经济；范围经济与关联经济，已经由企业或行业的产品和生产过程聚集（产品多样化和生产纵向一体化）发展到企业集群式的聚集，甚至形成了企业网络；买和卖的外在性和规模经济，追求规模效益的商贸企业已经从单店经营发展到连锁经营；共享熟练劳动力市场的效率在大城市表现得更完善；信息外部经济由产业内部扩展到产业之间，加深了社会性，促进了创新。

总之，产业的规模经济、范围经济和关联经济导致了地方化经济；产业之间共同需求的规模经济、范围经济和关联经济形成了城市化经济。地方化经济和城市化经济构成了不同层次的聚集经济，吸引企业家及其企业、劳动者及其家属、投资者及其资本等不断进入城市，促使城市规模不断扩大。

### （三）产业集聚效益

所谓产业集聚，是指同一或不同产业在某一特定地理空间上高度集中的现象，即在一定区域范围内，特定产业的不同规模等级的企业，为这些企业配套的专业化供应商、服务供应商等上下游相关企业，以及交互关联的服务业，通过竞争与合作关系网络高密度地聚集在一起[①]。

产业集聚的经济性可从三个不同方面分析：首先，从外部规模经济和范围经济角度分析，不同企业分享公共基础设施并伴随垂直一体化与水平一体化利润，大大降低了生产成本；其次，从降低交易费用角度分析，建立在共同产业文化背景下的人与人之间信任基础上的经济网络关系，可以维持老顾客，吸引新顾客和生产者前来；最后，从区域创新角度

① 迈克尔·波特：《国家竞争战略》，华夏出版社2002年版。

分析，大量具有紧密联系的企业集聚在一起，有利于知识和技术的创新和扩散，实现产业和产品创新等，使经济要素更健康、高效地在城乡之间流动和重组。

产业集聚，包括一个产业内部的同类企业的聚集和不同产业的多类企业的聚集所出现的产业集群，是对城市化的影响，主要表现如下：

第一，产业集聚提高了产业的竞争力。产业集聚对产业发展的促进作用表现在：扩大产业规模、促进新企业的产生、降低产业的进入壁垒、构建有竞争力的价值链环节、保证产业的持续创新、克服产业衰退等方面，从而提升产业竞争力。从外部效应来看，产业集聚有利于技术、管理知识的交流和人力资源的培养和利用；产业集聚有利于专业性外部服务业和配套设施的发展。产业内不同企业，以及不同产业的企业，在专业化分工协作的基础上的聚集有利于提高效率。

第二，产业集聚为城市化推进奠定基础。产业集聚带动了资本、技术等其他生产要素的集聚，并进一步推动金融、法律、餐饮、交通等服务行业和相关产业的发展，促进生产资料市场、商品市场以及城市其他行业的兴起和繁荣，使劳动力向第二、第三产业大批转移，增强城市的吸引力和承载力。同时，通过实施乡村工业向城市集中，招商项目向工业园区集中，一般企业向优势企业集中，在促进产业规模集聚的同时，为城市化降低了成本、拓展了地理空间。

第三，产业集聚提升了城市竞争力。主要表现在：产业集聚可以形成产业分工；形成有利于创新的文化环境，创造更好的增长机制；树立城市形象，吸引更多的资金和技术；基于本地资源基础，发挥比较优势促进城市发展；形成生产和开发的基础结构，从而提高城市竞争力。城市竞争力的提高过程也是城市化的推进过程。一方面，城市发展是城市化的重要内容之一。在市场经济条件下，城市也要在竞争中求发展。只有城市竞争力提高，才能吸引更多的人才、资金、技术等生产要素，促进城市发展。因此，提高城市竞争力不仅能促进城市的发展，而且能推动城市化进程。另一方面，城市竞争力的提高必然带动城市经济增长，而经济增长是城市化的支撑。因此，产业集聚增强了产业竞争力，促进了产业发展，扩大了城市化的经济基础。

第四，产业集聚改变了产业在不同地区转移的规律，因而对区域间城市化进程会产生影响。产业的布局要以一定的空间为依托，而这种空间一般是资本、劳动力、交通运输、信息等条件良好的地区。在追求聚集经济的驱使下，产业向某一个具有良好区位条件的地区聚集，从而推进了该区域的城市化，同时通过产业关联也会影响其他相关区域的城市化；当聚集达到一定的规模，就会导致成本上升，产生聚集不经济，该地区对产业的吸引作用就会减弱，一些产业依据自身的特点向能降低其成本的其他地区转移，这样就促进了接收产业转移区域的城市化的发展。因此，产业的聚集导致了产业在区域间的聚集和扩散转移，这种聚集和扩散作用影响了区域间的城市化进程。

### （四）城市的磁场效应

城市磁场效应是指在城市化的过程中，城市像一个巨大的磁场，在规模经济和聚集经济的作用下，不断地吸引各种经济要素和经济活动集中到城市，在聚集达到一定程度时，通过辐射扩散效应向周边地区进行经济要素和经济活动的输出。城市的磁场效应一般呈现距离衰减规律，即距离城市越近，磁场效应越强；反之，亦然。从地理空间上的表现形式来看，集聚的过程导致集中型城市化，扩散的过程引起扩散型城市化。城市的磁场效应可以分为城市对其腹地的磁场效应和中心城市对非中心城市的磁场效应。

在一定范围内，经济要素向企业的聚集会产生规模经济效应；资源向产业的聚集，即产业规模的扩大，会产生聚集经济效应；从城市的角度来看，随着城市规模的扩大也会产生规模经济效益和聚集经济效益。

从空间上看，一个城市就像一个巨大的磁场，通过它的磁力线向外放射出强烈的磁力吸引周围更多的劳动力、资本、资源等经济要素[①]。这些经济要素一旦被吸引到城市里来便会磁化，从而与城市里原有的经济要素一起形成更为强烈的磁场。从城市的整体性来考察一座城市就是一个庞大的引力场载体，城市这个大系统是由许多子系统组成的，如政治、社会、文化、工业、商业、贸易、金融、交通、旅游、城建基础设施等，这些因素都成为城市引力场的磁力因子，通过各自的外在形式和内在机制发挥着自己的引力功能，这些引力功能通过一系列的引力场的机制作用于被吸引的对象，从而构成了一座城市的总体引力机制。城市引力场的机制主要表现为通过集中各种经济要素来扩大市场范围，提高聚集经济效益。

英国城市经济学家巴顿把城市的聚集经济效益归纳为十大类：一是本地市场的潜在规模；二是大规模的本地市场对实际生产费用的减少；三是交通运输业的设置和发展规模所需要的人口限度标准；四是某种工业在地理上集中于一个特定地区，有助于促进辅助性工业建设，以满足其进口的需要，也为成品推销与运输提供方便；五是企业的集中致使熟练劳动力的汇集和适合于当地工业发展所需要的一种职业安置制度的建立；六是有才能的经营家和企业家的聚集；七是大城市金融与商业机构条件更为优越；八是娱乐、社交和教育设施的集中；九是工商业者可面对面地打交道；十是企业的聚集竞争，刺激企业进行更大规模的改革[②]。

1. 城市对其腹地的磁场效应

城市对腹地的磁场效应是指城市通过聚集效应和扩散效应推动城市与其腹地整个区域的城市化。根据增长极理论，城市是周围地区经济增长的动力源，通过向周围地区的聚集效应、创新扩散、信息传播和产业关联效应等带动周围地区的经济发展，是该区域内低一

---

① 高佩义：《中外城市化比较研究》，南开大学出版社 1991 年版。
② ［英］巴顿：《城市经济学——理论与政策》，商务印书馆 1984 年版。

级城市形成与发展的重要影响因素。城市化的发展必然促使各种资源、要素和经济活动向城市聚集，加速城市化的发展；同时，随着城市化的发展，又通过扩散效应带动郊区和乡村的经济发展，并推动整个区域城市化的进一步发展。

在市场经济条件下，城市化总是最先发生在区域内那些具有比较优势和区位条件相对优越的地方，形成极点并迅速聚集和扩张，然后由极点产生扩散效应，逐步推进到腹地区域。首先，城市以其有利的区位，相对良好的基础设施和投资环境，较多的就业机会和方便的服务设施及协作配套条件，以及其特有的规模经济效益和集聚经济效益吸引着各种经济要素在高收益率的诱导下，持续不断地向城市集中。经济活动从城市向其腹地扩散的过程中，可能出现新的经济增长点。新的增长点可能具有劳动力上的优势、市场的优势、自然资源上的优势，新的聚集中心的出现，使城市与区域形成了一个相互联系、互动互利的发展空间，即区域性的城市化空间。

城市对其腹地的吸引和扩散作用的大小，是同城市聚集的程度成正比的。城市聚集程度越高，吸引和扩散作用越强，周围地区受益越大；反之亦然。在市场经济条件下，城市的市场是覆盖一个很大地区的资源配置中心，拥有高效的资本、土地、技术、劳动力等生产要素市场，以及高效地与这些市场相关联的交通、仓储、金融、教育、科技、信息和其他服务业。这样的中心需要集聚高密度的人才和投入，这种集聚功能越强，城市对周围地区服务的功能也越强。城市通过技术转让、产业转换、资本输出、信息传播等多种方式，可带动周围地区迅速发展，从而推动整个区域的城市化的发展。

城市对其腹地的磁场效应在空间上主要表现为三种形式：一是内城的更新与改造，包括危旧房的改建，商贸街的改造，大型商场的成批涌现，大型公共建筑向市中心区聚集，中心商务区的逐步形成。二是外延扩展，主要是指城市不断向周围郊区蔓延，包括连片发展、分片发展和渐进发展。连片发展多呈块状或指状，分片发展为使各片具有相对独立城市功能的组团式规划产物，渐进发展是连片发展的一种特殊类型，是指大城市地区由内向外、由商业中心区向城市住宅区、城市基础设施建设区、农村地区呈圈状层状渐变交替的过程。三是郊区城市化，一般指郊区转变为城市地区，包括农业用地向非农业用地转化，农户向非农户转化，农村经济由以第一产业为主向以第二、第三产业为主转化，农村生活方式向城市生活方式转变，外来人口大量聚集于城市的近郊，加速了郊区的城市化。

2. 中心城市对非中心城市的磁场效应

中心城市对非中心城市的磁场效应是指中心城市通过聚集效应和扩散效应推动城市群区域的城市化。城市群是中心城市对非中心城市的磁场效应的结果，是城市化达到一定阶段的必然产物。城市群即在特定的空间范围内具有相当数量的不同性质、类型和等级规模的城市，依托一定的自然环境条件，以一个或几个超大或特大城市作为地区经济的核心，借助于现代化的交通工具和综合运输网的通达性，以及高度发达的信息网络，发生与发展着城市个体之间的内在联系，共同构成一个相对完整的城市集合体。

德国地理学家克里斯泰勒的中心地理论认为，城市是为居住在它周围地域的居民提供商品和服务的地方，城市的基本功能是作为影响的服务中心，为其影响区提供中心性商品和服务，由于这些中心性商品和服务依其特征可分为若干档次，因而城市可按其提供的商品和服务划分成若干等级，各城市之间构成一个有规则的层次关系[①]。根据一定区域内各中心城市提供商品和服务的高、中、低档次来分析和定性，可以确定一个中心城市在中心区位系统中的地位和作用。因此，城市中心理论可以用来说明一定区域内城市等级及空间分布特征。

城市群是由不同等级的中心城市和其影响的非中心城市（也称为城市圈）组成的系统，包括纵向的中心城市对非中心城市的磁场效应和横向的非中心城市之间的磁场效应两个层次（见图 2）。城市群的纵向层次体现了中心城市与非中心城市之间的梯度效应和辐射效应，横向层次则更体现了非中心城市之间的分工效应和协作效应。城市群通过纵向和横向两个层次的联系，可以产生连锁效应，即系统内的各城市在其发展过程中形成的直接和间接的相互依存、相互制约的经济联系。这种联系会产生正效应，形成城市价值链，原因在于城市群形成了密集的网络化、组织化的空间联系，使区域内的资源和要素摆脱行政束缚，可以在城市群内各城市之间遵循市场交易机制自由流动；所有城市共享城市群内的公共资源和外溢资源，人才、资本、生产、信息和基础设施的一体化，使资源在更大范围内实现优化配置，实现区域经济的规模化、集团化，建立区域经济的共同市场，降低区域之间交易费用，促进区域经济的协调发展和城市群的协调发展，最终推动整个区域的城市化进程。

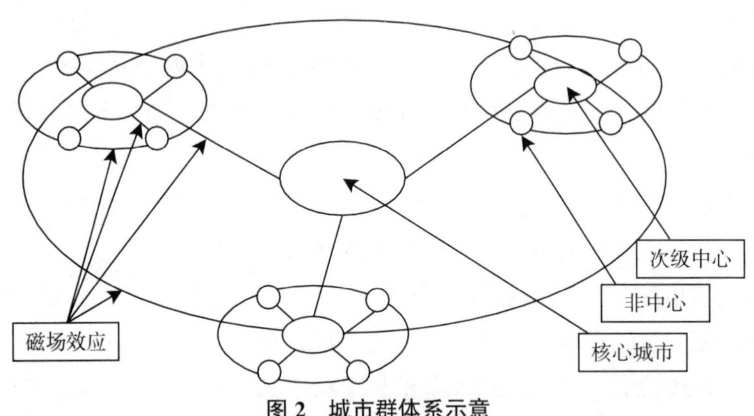


**图 2　城市群体系示意**

城市群的形成主要源于以下几个方面：

第一，产业结构演进和梯度转移的作用。随着中心城市规模的扩大、经济发展水平的提高、产业结构的不断升级，其中心区的功能会逐步变化，大规模的专业化生产功能逐步退出中心城市而向外围转移，中心城市具有更多的商务活动中心功能。产业转移及社会分工的深化使城市之间的相互联系程度增强，通过产业间的前、后向联系，在中心城市周围

① 李小建：《经济地理学》，高等教育出版社 1999 年版。

会形成较大的人口和产业集聚区。

第二，聚集机制的作用。随着中心城市规模的扩大和经济发展水平的提高，聚集利益区位将会发生变化，从而在中心城市外围地区会形成新的聚集中心，并且新的聚集中心总是以一定的经济活动的聚集点为基础，这些新的聚集点就是原有的中小城市（非中心城市）。因为在中心城市发展的初期，资源向中心城市聚集可以获得比较优势和利益，而随着中心城市的成长，原有的比较优势会逐渐丧失，包括大城市土地、劳动力等要素价格的上升，同时在其他方面又形成新的优势，导致在中心城市丧失优势的经济活动向周边中小城市和城市转移。

第三，扩散机制的作用。在城市化中后期，扩散型城市化成为城市化的主要内容。聚集是扩散的基础，中心城市的能量聚集到一定程度，必然会有能量的释放即中心城市的扩散。扩散的过程引起扩散型城市化。在这种扩散过程中，区域内各层级城市之间的经济联系更加密切，城市之间协调发展，从而增强了区域内城市体系功能的完整性，带动整个区域经济的发展和城市化水平的提高。

城市群的形成和发展，需要建立一整套的机制和条件，具体包括：一是产业协调机制，即应推进产业合理化布局，适度进行功能性分工和产业结构调整。在避免产业同构和重复建设的基础上，依托产业辐射和城市群体，形成多层次网络型协调发展的产业布局体系。二是区域协调机制。在城市群的发展过程中，应建立由区域内城市共同参与的协商制度。通过协商制定共同的行动准则，以推进区域经济一体化，保证经济资源的自由流动和跨地区的经济合作。三是形成区域内的核心辐射源。中心城市在集聚与辐射中带动区域经济的整体发展，而中心城市的集聚力和辐射力与中心城市发展水平成正比，所以要促进中心城市的产业集聚和经济规模的实现。四是形成区域内合理的城市等级结构。一个城市群中应具有完善的城市网络体系，包括各级规模的城市，这样才能有效衔接产业链条及城市之间的分工协作，以利于区域的整体发展。五是分工合作机制。城市群中的各级城市都有其独特的功能，其中核心城市是城市群发展的龙头，能带动其他各类城市的快速发展；区域性中心城市的快速发展，能增强城市群的整体功能和辐射带动能力，有利于整合区域经济资源；以县级市为主的中、小城市的建设，能带动区域经济的繁荣，促进城乡一体化发展；小城市作为城乡经济联系的枢纽，既能为现有的大、中城市发展提供支持，也能为农村提供服务，也是培育新兴城市的摇篮。

## 四、城市化的推动机制

### （一）制度变迁的推动作用

新制度经济学认为，现实的人是在由现实的制度所赋予的制度约束中从事社会经济活动的，制度和天赋要素、技术及偏好是经济理论的四大基石。土地、劳动和资本这些要素，在有了制度时才得以发挥功能。制度是重要的，它对经济行为的有关分析应该居于经济学的核心地位。经济增长的关键在于制度因素。有效率的制度安排能够促进经济增长和发展，无效率的制度安排则会抑制甚至阻碍经济的增长和发展。在技术不变的条件下，通过制度创新（变迁）同样可以大大促进经济发展。城市化作为伴随社会经济增长和结构变迁而出现的社会现象，同样与制度安排及其变迁密切相关。

制度变迁对经济发展推动作用的经济学原理：一是制度变迁可以有效地降低交易费用，即降低现实世界上信息不对称、存在外部性与机会主义条件下的不确定性，从而降低交易成本，提高效益。二是制度变迁可以为各类市场主体提供激励机制，从而激发人们参与交易活动、进行生产和技术创新，使人们的主观能动性得到有效发挥。三是制度变迁可以为有效的合作创造条件，提供保证。制度作为人们在竞争与合作中经过多次博弈而造成契约的总和，能够规范人们之间的相互关系，减少信息成本和不确定性，为人们在广泛社会分工中的合作提供一个基本的框架和有效的保证，使合作能够顺利进行。

产业结构升级和经济要素流动必须紧密结合、同步转换，才能促进城市化的健康发展，这是理想的城市化发展模式。按照新制度经济学的观点，经济增长的关键在于制度因素。如果缺乏有效率的制度，或是提供不利于经济要素聚集的制度安排，就会阻碍要素的流动、产业结构的升级、规模经济和聚集经济的实现以及城市吸引和扩散效应的实现，从而会阻碍城市化正常发展。

制度变迁对城市化的推动作用主要体现在以下六个方面：一是通过有效率的推进农业发展的制度安排，可以促进农业生产效率和农业产出水平的提高，使得农业在维持产业内部发展需要的同时产生农业产品剩余和要素剩余，为非农产业和城市化的发展提供推力；二是通过有效率的推进工业、非农产业发展的制度安排，可以促进经济的工业化和非农化，从而为吸收农业剩余创造必要的拉力；三是通过有效率的经济要素流动制度安排，使农业的要素流出推力（在开放经济中，还包括外地过剩要素进入的制度安排）和非农业的要素流入拉力相结合形成集聚的合力；四是通过有效率的推进城市建设的制度安排，可以促进城市基础设施和城市房地产的开发，以满足城市非农产业和人口集聚的现实需要和不断增长的需要；五是通过有效率的土地、户籍、社保、教育等的制度安排，促进农村人口向城市人口的真正转变，并为城市化和现代化的持续推进提供保证；六是通过有效率的制度安排，促使要素和经济活动在聚集达到一定程度后从城市向其腹地区域辐射扩散，以及从中心城市向非中心城市辐射扩散，实现城乡一体化和协调发展，从而推进整个区域的城市化发展。

### （二）比较利益的推动作用

比较利益理论认为，相对第二、第三产业而言，农业是一个比较利益较低的弱质产业，要受到市场和自然两种风险的双重约束。由于比较利益的驱动，农业内部的资本、劳动力等生产要素必然要在非农部门外在拉力和农业部门内在推力的双重作用下，流向非农部门。从农业内部推力看，大量农村剩余劳动力的存在及其快速增长，超出了有限耕地的有效承载能力，农民得不到充分就业。在农业生产和各种摊派费用不断增加的情况下，农民收入增长缓慢，生产积极性降低。从农业外部推力看，由于城乡利益差别及农村经济相对贫困的加剧，使城市表现出巨大的利益吸引。

配第—克拉克定理指出：随着经济的发展，劳动力将首先从第一产业转向第二产业，并伴随着人均国民收入水平的进一步提高，逐步向第三产业转移。在实践过程中，伴随着劳动力在不同产业间的转移，也必然导致劳动力在空间分布上的重新配置。产业转移主要体现为从传统产业向现代产业、从农业向非农产业的转移，空间转移主要体现为由分散到集中，由农村流向城市的转移。产业结构的演进导致了经济的非农化和工业化，产业空间布局的转移导致了人口定居方式的聚集化、规模化，这实质上就是城市化的发展过程。同时，当第二产业及人口的聚集程度达到第三产业大规模发展的门槛条件后，也将极大地促进第三产业的发展。在第二、第三产业大力发展所带来的规模经济效益和聚集经济效益作用之下，城市必将表现出巨大的利益吸引拉力，从而使城市化在比较利益的驱动下进一步成长起来。其他资源和要素也是在比较利益的驱动下发生空间流动、向城市聚集。

因此，制度变迁是一只“看得见的手”，比较利益则是一只“看不见的手”，它们通过促使资源和要素在产业间的转移和空间上的聚集，共同推动着城市化的发展。

总之，城市化的形成机制可以用图 3 来概括表示：农业发展、工业化和第三产业的发展是城市化产生和发展的动力机制，这种产业结构的转换和升级是在比较利益和制度变迁的推动作用下进行的，要依托企业的规模经济和产业的聚集经济来实现对城市化的驱动作用；城市化发展到一定的程度就产生了城市群，在中心城市对非中心城市、非中心城市之间和非中心城市与其所影响腹地之间的磁场效应下，城市群区域实现了城市化；城市群地

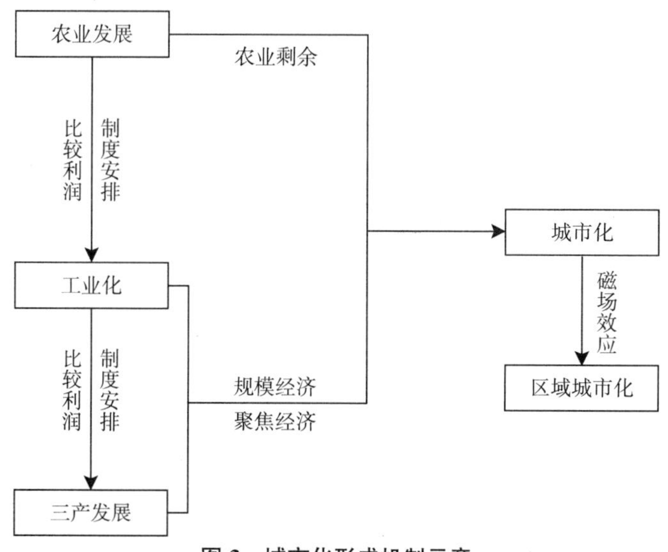


**图 3　城市化形成机制示意**

区对非城市群地区的磁场效应，又进一步影响了区域间的城市化进程。所以，从经济学的角度分析，城市化就是在这些动力机制、实现机制和推动机制的综合作用下不断推进的。

**主要参考文献**

[1] 高佩义：《中外城市化比较研究》，南开大学出版社 1991 年版。

[2] 周一星：《城市地理学》，商务印书馆 1995 年版。

[3] 谢文蕙、邓卫：《城市经济学》，清华大学出版社 1996 年版。

[4] [英] 马歇尔：《经济学原理》，朱志泰译，商务印书馆 1997 年版。

[5] 吕玉印：《城市发展的经济学分析》，三联书店 2000 年版。

[6] [美] 阿瑟·奥沙利文：《城市经济学》，苏晓燕、常荆沙、朱雅丽主译，中信出版社 2003 年版。

[7] 冯云廷：《城市聚集经济》，东北财经大学出版社 2001 年版。

[8] [美] 迈克尔·波特：《国家竞争战略》，李明轩、邱如美译，华夏出版社 2002 年版。

[9] [德] 柯武刚、史漫飞：《制度经济学》，商务印书馆 2000 年版。

# 论中国城市化的轨迹与特征*

## 一、中国城市的产生与发展

### （一）城市的起源

迄今为止，人类社会已有近5500年的城市历史，可以说城市已经成为悠久人类文明所不可或缺的组成部分。人类历史上最早的城市诞生在公元3500年左右的两河流域，如巴比伦城、吉什等城市。我国最早的城市位于河南偃师二里头一带，距今4000年左右。公元后，城市的数量有所增加，而且城市规模也趋于扩大，出现了两座人口超过100万的大城市；那就是中国唐朝的长安和伊拉克的巴格达。而当时虽然出现了一定数量的城市，但并不能说这就意味着人类社会开始了城市化进程，因为城市化不仅指人口向城市集中的过程，而且还应该表明社会结构、生活方式、价值观念、文化等变化的过程。

应该说，城市的产生与发展是一个历史过程，关于城市的起源，国内外学者也有众多不同的解释，总体上来看有以下几种：

（1）防御说。持这种意见的人们认为，城市聚集者通过集中形成集体力量，有利于抵御大自然的危害，也便于抵御外来入侵者的干扰和侵害。“筑城以卫君”“君是城之本”便是古代城市兴起动因最初的记录。

（2）分工说。一些学者认为，社会分工促使城市形成。第一次社会分工是农业与畜牧业的分工。产生了以农业为主业的农民，从而带来了产品剩余。第二次社会分工由金属工具的制造与使用，引起手工业与农业分离，产生了以交换为目的的商品生产。第三次社会分工是随着商品生产与市场范围的不断扩大，出现了商人，最终工商业劳动与农业劳动分离，进而城市和乡村分离。

（3）阶级说。一些学者认为，城市是统治阶级压迫被统治阶级的有效工具之一，所以

---

* 本文选自张敦富：《中国区域城市化道路研究》，中国轻工业出版社2008年版，第114~133页。参撰者：孙久文、叶裕民、李丽萍、付晓东。

它应该是阶级产物。经济史学家傅筑夫便是这种观点的代表人物。

此外，还有私有制说、集市说、地理或环境决定论等。不同的说法，从不同的角度、不同的层次对城市的起源做了回答，有着一定的道理。

## （二）中国早期城市

中国是世界上著名的文明古国之一，很早便有了城市的出现。20 世纪 80 年代初，考古学家发掘了“登封王城岗古城堡遗址”，据考证距今有 4000 年左右，相当于夏代早期。商代是中国奴隶制的鼎盛时期，剩余产品增加，生产技术改善，畜牧业日趋发达，构成了城市形成的物质基础。到周朝时，城市建设已有一定的规范。后至战国时代，七国都城都是当时的大城市，这些地方既是工商业发达的经济中心，又是政治文化中心。

1. 封建时期的城市

这段时期应从春秋战国开始，终于 1840 年鸦片战争开始，这两千多年的时间里，城市的发展一般可以划分为三个时期：

春秋至东汉时期。这一时期城市的主要特征为：开始出现完整意义上的城市，北部中国的城市体系建立。

三国至宋辽金时期。这一时期城市的主要特征为：城市发展开始向南转移，出现了建康（今南京）、杭州、苏州这样的大商埠和众多的商业城市。城市的经济功能不断增强。

元朝至清朝中后期。这一时期城市的主要特征为：资本主义萌芽开始出现，涌现了不少工商业城镇。这一时期城市的数量、规模、类型、结构、功能等都比前代有了显著变化，形成了手工业集中的城市、商业集中的城市和行政中心的城市。

中国这种封建专制主义的特点，决定了中国封建城市存在着两种基本的类型：一类是都城及各级行政区划的中心；另一类则是以发挥经济功能为主的城镇，但这种类型由于在中国封建专制主义的条件下，其经济辐射力相当有限，打上了明显的政治中心的烙印。

2. 近代城市

近代城市是工业革命的产物。中国由于没有经过资本主义工业革命的阶段，中国近代城市确切地说是 19 世纪末才形成的。当时官僚资本与外国资本、本国封建地主经济结合起来，发展成为买办的封建国家垄断资本主义。由于帝国主义控制了中国的财政、经济命脉，垄断了市场，并被纳入了世界资本主义商品流通的范围内，中国经济发展呈极端不平衡状态。这一时期的城市可以大致分为三类：

第一，由资本主义发展直接带动起来的城市。具体又可分为：①受某一个帝国主义国家侵略和控制的城市，如大连、哈尔滨、青岛等；②受几个帝国主义国家控制的城市，如上海、天津便是最为典型的。

第二，随着外国资本的入侵，由封建传统城市转变而成的近代资本主义城市。它们普遍是全国或地区长期以来的政治中心。近代以来，工商业有了一定程度的发展，经济功能也在增强。如北京、西安等。

第三，随着交通（主要是铁路）的建设而发展起来的城市。如石家庄、郑州。

总之，鸦片战争后中国城市的发展，一方面向现代城市缓慢前进，另一方面迅速半殖民地半封建化，沿海沿江城市逐渐成为发展的主题，分区中心城市的体系框架初步形成。

接下来的军阀统治时期，社会动荡，极大抑制了城市的发展。有些城市遭到严重破坏，从而衰落、萎缩。国民党统治时期，许多城市的流通功能、生产功能日益削弱，中国城市处于一种停滞、倒退和畸形发展状态。

3. 新中国成立后的城市发展

1949 年 10 月 1 日，中华人民共和国成立标志着一个崭新时期的开始，中国的城市发展也进入了一个新的进程。自新中国成立至今虽然只有 59 年，在历史长河中只是短暂的一瞬，但它所创造的物质文明与精神文明，以及在城市建设、城市化发展上取得的成就，是以前的任何一个历史时期都无法比拟的。随着大规模的经济建设，中国工业化正式开始。1953 年以后，工业得到了一定的恢复和发展，生产力不断提高，但城市化明显滞后于工业化进程，这样持续到 1978 年，城市发展迈入了一个新时期。回顾过去，应该说中国城市化发展的总体趋势是不断向前的，但中间也多有曲折。

1949~1977 年近 30 年的时间里，中国实行的是高度中央集权的计划经济体制，城市化的发展模式是政府发动和包办型的自上而下的城市化，广大农村和众多农民被游离于工业化的进程之外，大量的剩余劳动力滞留在农村，不能进入城市化的进程，这就使中国城市化水平仅仅从新中国成立之初的 10.6%、136 个建制市增加到 1978 年底的 17.9%、193 个建制市。这一时期大体有三个发展阶段：曲折不稳定发展时期（1958~1965 年）、健康正常发展阶段（1949~1957 年第一个五年计划完成）、停滞发展阶段（1966~1977 年）。

1978 年开始的改革开放促使中国政治、经济形势发生了深刻的变化，东部沿海地区经济持续增长，尤其是在 1992 年邓小平同志南方谈话后，人民思想得到了新的解放，确定了计划经济向市场经济转换、走社会主义市场经济的道路。同期，还颁布了一系列城市建设政策，使城市结构与布局日趋合理。中国城市化进入了快速发展的新时期，城市化的发展模式是以市场导向的改革进程中新出现的由民间力量或社区组织发动并得到政府认可或支持的自下而上的城市化。这期间，城乡之间的壁垒被逐渐打破，各种生产要素开始在城乡之间跨地区流动。伴随着农村经济的快速发展、乡镇企业的崛起，大量农村剩余劳动力摆脱了土地和农业的束缚，向城镇和非农产业转移，有力地推动了中国的城市化进程。2003 年底，中国城镇人口已达 5.24 亿，占总人口的比重为 40.5%，比 1978 年提高了 22.61 个百分点。全国建制市共有 660 个，比 1978 年增加了 467 个。在这些城市当中，百万人口以上的特大城市 34 个，50 万~100 万人的大城市 72 个，20 万~50 万人的中等城市 113 个，小城市 441 个。初步形成了以特大城市为中心、大中城市为骨干、小城市为纽带协调发展的城镇体系。这一时期有四个发展阶段：恢复发展阶段（1978~1985 年）、稳步发展阶段（1986~1991 年）、全面推进阶段（1992~1997 年）、加速发展阶段（1998 年至今）。

## 二、中国城市化进程与特点

### （一）城市化的内涵与起点界定

虽然在几千年前便出现了城市，并且达到了一定的数量与规模，但并不能就此说人类开始了城市化进程，因为这涉及城市化界定的问题，城市化不仅仅是指人口向城市集中的过程，而且还表明了社会结构、生活方式、价值观念、文化等的变化过程，是在一个国家经济达到一定发展水平的产物，特别是工业化程度不断提高的产物。

要正确制定一个国家城市化的发展战略，就应该深入了解它的城市化历史进程与基础以及每一个阶段的特点。这里，我们将对中国城市化的进程进行具体的分析与比较。

我国城市化始于近代工业技术的引入，因此将1840年的鸦片战争作为中国城市化的历史起点较为准确，这个起点比世界城市化的历史开端晚了40年。而中国城市化真正得到持续发展是在中华人民共和国成立之后，这里我们主要来看新中国成立以后的城市化进程。

### （二）城市化进程

中华人民共和国成立后的50多年里，国民经济水平的持续上涨，为城市繁荣打下了坚实的基础。我国社会是典型的“二元结构”——城市与乡村之间存在差异，这种结构可以构成经济起飞的基础体系，利用国家制定的政策促进了较为先进城市形成的同时，也造就了落后的农村，从而构成人均收入、城市基础设施、文化科技水平等多方面较大的城乡差距。目前在我国，反映居民消费支出的恩格尔系数呈下降趋势说明了人民整体生活水平的提高，但是反映社会公平的基尼系数还较高，其中最高收入的10%与最低收入的10%人口之间差距达到12.7倍。

纵观新中国成立后的整个城市化发展历程，总体可以分为1949~1977年的曲折发展与1978年至今的改革发展两个阶段。

1. 曲折发展阶段（1949~1977年）

这20余年间，城市化有了一定的发展，但由于诸多的政治经济原因，发展过程也多有曲折与停滞。

由表1和表2的数据并结合当时的经济与政治背景来看，这28年间，中国的城市化发展大致可以划分为三个时期：健康正常发展阶段、曲折不稳定发展阶段、停滞发展阶段。

（1）健康正常发展阶段（1949~1957年第一个五年计划完成）。这一时期城市的发展特征是消费型城市向生产型城市转化。自1953年开始，全国进入大规模经济建设，开始进入工业化时期，与此相适应，一批新城镇出现，城市化呈稳步上升趋势，城市人口迅速增

**表 1 1952~1977 年城市化过程及城乡人口增长**

| 年份 | 城镇人口（万人） | 乡村人口（万人） | 城镇人口比重（%） | 城镇人口增长率（%） | 乡村人口增长率（%） | 城镇人口增长规模（万人） | 乡村人口增长规模（万人） |
|---|---|---|---|---|---|---|---|
| 1952 | 7163 | 50319 | 12.46 | — | — | — | — |
| 1953 | 7826 | 50970 | 13.31 | 9.26 | 1.29 | 663 | 651 |
| 1954 | 8549 | 52017 | 13.69 | 5.41 | 2.05 | 423 | 1047 |
| 1955 | 8285 | 53180 | 13.48 | 0.44 | 2.24 | 36 | 1163 |
| 1956 | 9185 | 53643 | 14.62 | 10.86 | 0.87 | 900 | 463 |
| 1957 | 9949 | 54704 | 15.39 | 8.32 | 1.98 | 764 | 1061 |
| 1958 | 10721 | 55273 | 16.25 | 7.76 | 1.04 | 772 | 569 |
| 1959 | 12371 | 54836 | 18.41 | 15.39 | –0.79 | 1650 | –437 |
| 1960 | 13073 | 53134 | 19.75 | 5.67 | –3.10 | 702 | –1702 |
| 1961 | 12707 | 53152 | 19.29 | –2.80 | 0.03 | –366 | 18 |
| 1962 | 11659 | 55636 | 17.33 | –8.25 | 4.67 | –1048 | 2484 |
| 1963 | 11646 | 57526 | 16.84 | –0.11 | 3.40 | –13 | 1890 |
| 1964 | 12950 | 57549 | 18.37 | 11.20 | 0.04 | 1304 | 23 |
| 1965 | 13045 | 59493 | 17.98 | 0.73 | 3.38 | 95 | 1944 |
| 1966 | 13313 | 61229 | 17.86 | 2.05 | 2.92 | 268 | 1736 |
| 1967 | 13548 | 62820 | 17.74 | 1.77 | 2.60 | 235 | 1591 |
| 1968 | 13838 | 64696 | 17.62 | 2.14 | 2.99 | 290 | 1876 |
| 1969 | 14117 | 66554 | 17.50 | 2.02 | 2.87 | 279 | 1858 |
| 1970 | 14424 | 68568 | 17.38 | 2.17 | 3.03 | 307 | 2014 |
| 1971 | 14711 | 70518 | 17.26 | 1.99 | 2.84 | 287 | 1950 |
| 1972 | 14935 | 72242 | 17.13 | 1.52 | 2.44 | 224 | 1724 |
| 1973 | 15345 | 73866 | 17.20 | 2.75 | 2.25 | 410 | 1624 |
| 1974 | 15595 | 75264 | 17.16 | 1.63 | 1.89 | 250 | 1398 |
| 1975 | 16030 | 76390 | 17.34 | 2.79 | 1.50 | 435 | 1126 |
| 1976 | 16341 | 77376 | 17.44 | 1.94 | 1.29 | 311 | 956 |
| 1977 | 16669 | 78305 | 17.55 | 2.01 | 1.20 | 328 | 929 |

表 2 1949~1977 年中国各级规模城市数量及在城市总数量中所占比重

| 年份 | 合计 | | 10 万人及以上 | | 50 万~100 万人 | | 20 万~50 万人 | | 20 万人以下 | |
|---|---|---|---|---|---|---|---|---|---|---|
| | 城市数量（个） | 比重（%） | 城市数量（个） | 比重（%） | 城市数量（个） | 比重（%） | 城市数量（个） | 比重（%） | 城市数量（个） | 比重（%） |
| 1949 | 136 | 100 | 5 | 3.7 | 8 | 5.9 | 17 | 12.5 | 106 | 77.9 |
| 1950 | 141 | 100 | 6 | 4.2 | 7 | 5.0 | 22 | 15.6 | 106 | 75.2 |
| 1952 | 157 | 100 | 9 | 5.7 | 10 | 6.4 | 23 | 14.6 | 115 | 73.3 |
| 1957 | 178 | 100 | 10 | 5.6 | 18 | 10.1 | 36 | 20.2 | 114 | 64.1 |
| 1958 | 176 | 100 | 11 | 6.3 | 19 | 10.8 | 36 | 20.4 | 110 | 62.5 |
| 1959 | 183 | 100 | 15 | 8.2 | 20 | 10.9 | 32 | 17.5 | 116 | 63.4 |
| 1960 | 199 | 100 | 15 | 7.5 | 24 | 12.1 | 32 | 16.1 | 128 | 64.3 |
| 1961 | 208 | 100 | 15 | 7.2 | 22 | 10.6 | 33 | 15.9 | 138 | 66.3 |
| 1962 | 198 | 100 | 14 | 7.1 | 20 | 10.1 | 52 | 26.3 | 112 | 56.5 |
| 1963 | 174 | 100 | 15 | 8.6 | 18 | 10.4 | 54 | 31.0 | 87 | 50.0 |
| 1965 | 171 | 100 | 13 | 7.6 | 18 | 10.5 | 43 | 25.2 | 97 | 56.7 |
| 1966 | 172 | 100 | 13 | 7.6 | 18 | 10.5 | 46 | 26.7 | 95 | 55.2 |
| 1970 | 176 | 100 | 11 | 6.3 | 21 | 11.9 | 47 | 26.7 | 97 | 55.1 |
| 1973 | 181 | 100 | 15 | 8.3 | 21 | 11.6 | 54 | 29.8 | 91 | 50.3 |
| 1974 | 181 | 100 | 15 | 8.3 | 22 | 12.1 | 53 | 29.3 | 91 | 50.3 |
| 1975 | 185 | 100 | 13 | 7.0 | 25 | 13.5 | 52 | 28.1 | 95 | 51.4 |
| 1976 | 188 | 100 | 15 | 8.0 | 22 | 11.7 | 57 | 30.3 | 94 | 50.0 |
| 1977 | 188 | 100 | 15 | 8.0 | 24 | 12.8 | 56 | 29.8 | 93 | 49.4 |

资料来源：顾朝林：《中国城镇体系——历史·现状·展望》；朱铁臻主编：《中国城市手册》、《中国城市统计年鉴》、《中国统计年鉴》。

长。特别是在搞好苏联援建的 156 个项目和 694 个限额以上项目建设的基础上，促进了旧城镇的改造与新城镇的产生。这个时期的主要特点有以下四个：

第一，在大规模工业建设基础上开展城市建设。1949 年的中国仅有城市 136 个，第一个五年计划提出以后，大大促进了城市发展。到 1957 年时，全国已有城市 178 个。城市人口也大幅度增加。这个时期，城市的发展动力在于工业尤其是重工业的大力发展。由于工业化的发展必须以城市地区为依托，所以建立了一系列城市工业基地，例如煤炭工业城市鸡西、钢铁工业城市马鞍山等。同时也改变了原有工业的畸形状况，比如合理利用了东北、上海等地已有工业基础，加强了鞍山钢铁工业的发展，在西南开始部分新工业项目建设等。

第二，城市建设步入正轨。1955 年 6 月，国务院颁布了《关于设置市、镇建制的决定》，有效解决了过去市镇设置的主观性与随意性，有了具体法规依据后，城市发展逐步走上了正轨。并且，新中国成立后，全国进行了大规模城镇整治工作，城市基础设施有了很大的进步。其中包括大力发展公共交通、清除垃圾、实施自来水供应等多项措施。城市规划得到了重视，城市的建设与管理有了合理性。

第三，城市空间布局由东向西转移。由于历史原因，中国近代城市地理分布极不平衡，东部发展迅速，西部日渐衰落，为了改变这种状态，在改造建设原来城市基础上，国家有计划地把城市建设重点由东向西转移。在西部地区新建了一些工业城市，如南宁、乌兰浩特、个旧等。从而在 1949~1957 年，城市增长了 42 个，涨幅为 30.4%。西部地区尤为明显，由 13 个增至 73 个，涨幅高达 138.5%，初步改变了新中国成立初期的东密西疏的不平衡状态。

第四，城市经济功能有所增强。新中国成立以前，中国城市经济功能很小，消费型城市占据主导地位。新中国成立以后，中央把城建放到了重要位置，将其纳入了国家经济建设计划，从而与经济建设紧密结合，增强了城市的经济功能。并通过大力提高生产力，调整生产力布局，促进经济区域的形成与发展。

（2）曲折不稳定发展阶段（1957~1965 年）。在 1958 年鼓足干劲、力争上游的“大跃进”时期，全国市市办工业，大炼钢铁，全面跃进，导致了农村劳动力爆发性地涌进城市，致使我国城市化进入了一个盲目发展阶段。

由表 3、表 4 可以看出，1957~1960 年，城市增加了 21 个，城市人口平均年增加 1041 万人，城镇人口幅度增加较快。由于交通、电力、水源、住房等多方面基础设施水平与城市人口增长不协调，影响了国民经济发展，城市居民生活困难重重。

**表 3　1957~1960 年中国城市化历程及城乡人口的增长**

| 年份 | 城镇人口（万人） | 乡村人口（万人） | 城镇人口比重（%） | 城镇人口增长率（%） | 乡村人口增长率（%） | 城镇人口增长规模（万人） | 乡村人口增长规模（万人） |
|---|---|---|---|---|---|---|---|
| 1957 | 9949 | 54704 | 15.39 | 8.32 | 1.98 | 764 | 1061 |
| 1958 | 10721 | 55273 | 16.25 | 7.76 | 1.04 | 772 | 569 |
| 1959 | 12371 | 54836 | 18.41 | 15.39 | -0.79 | 1650 | -437 |
| 1960 | 13073 | 53134 | 19.75 | 5.67 | -3.10 | 702 | -1702 |

**表 4　1957~1960 年中国各级规模城市数量及在城市总数量中所占比重**

| 年份 | 合计 | | 100 万人及以上 | | 50 万~100 万人 | | 20 万~50 万人 | | 20 万人以下 | |
|---|---|---|---|---|---|---|---|---|---|---|
| | 城市数量（个） | 比重（%） | 城市数量（个） | 比重（%） | 城市数量（个） | 比重（%） | 城市数量（个） | 比重（%） | 城市数量（个） | 比重（%） |
| 1957 | 178 | 100 | 10 | 5.6 | 18 | 10.1 | 36 | 20.2 | 114 | 64.1 |
| 1958 | 176 | 100 | 11 | 6.3 | 19 | 10.8 | 36 | 20.4 | 110 | 62.5 |
| 1959 | 183 | 100 | 15 | 8.2 | 20 | 10.9 | 32 | 17.5 | 116 | 63.4 |
| 1960 | 199 | 100 | 15 | 7.5 | 24 | 12.1 | 32 | 16.1 | 128 | 64.3 |

资料来源：《中国统计年鉴》、《中国城市统计年鉴》。

1961年后，政府相继颁布了新的市镇设置标准，压缩城市人口，让进入城市的农村人口返回农村，从而城市人口大幅度减少。

**表5　1961~1965年中国城市化历程及城乡人口的增长**

| 年份 | 城镇人口（万人） | 乡村人口（万人） | 城镇人口比重（%） | 城镇人口增长率（%） | 乡村人口增长率（%） | 城镇人口增长规模（万人） | 乡村人口增长规模（万人） | 城市数量（个） |
|---|---|---|---|---|---|---|---|---|
| 1961 | 12707 | 53152 | 19.29 | -2.80 | 0.03 | -366 | 18 | 208 |
| 1962 | 11659 | 55636 | 17.33 | -8.25 | 4.67 | -1048 | 2484 | 198 |
| 1963 | 11646 | 57526 | 16.84 | -0.11 | 3.40 | -13 | 1890 | 174 |
| 1964 | 12950 | 57549 | 18.37 | 11.20 | 0.04 | 1304 | 23 | 173 |
| 1965 | 13045 | 59493 | 17.98 | 0.73 | 3.38 | 95 | 1944 | 171 |

资料来源：《中国统计年鉴》、《中国城市统计年鉴》。

由表5可以看到，1961~1963年，城镇人口减少了1100万人，城市减少了34个。1963年后又基本恢复了增长。但这种恢复性增长背后还有一个重要原因——城市建设指导方针的战略偏差。当时提出的“三线”建设（即战略后方）的问题，决定“一线”（即沿海地区）要搬家，“二线”（即中部地区）、“三线”要加强。这就形成了不建城市，“山、散、洞”模式，致使城市化发展大大落后于经济建设。

（3）停滞发展阶段（1966~1977年）。1966年开始的“文化大革命”以及政治、经济领域里一系列的重大决策失误，使我国国民经济蒙受了巨大损失，也严重制约了城市的发展。由于“文化大革命”，撤销了城镇机构，停止了城市建设工作，大批下放城市人口，约有3000万城市人口下放到农村。而且由于“三线建设”，使工厂建设分散，工业发展不集中，根本无法形成城市。

**表6　1966~1978年中国城市化历程及城乡人口的增长**

| 年份 | 城镇人口（万人） | 乡村人口（万人） | 城镇人口比重（%） | 城镇人口增长率（%） | 乡村人口增长率（%） | 城镇人口增长规模（万人） | 乡村人口增长规模（万人） | 城市数量（个） |
|---|---|---|---|---|---|---|---|---|
| 1966 | 13313 | 61229 | 17.86 | 2.05 | 2.92 | 268 | 1736 | 172 |
| 1967 | 13548 | 62820 | 17.74 | 1.77 | 2.60 | 235 | 1591 | — |
| 1968 | 13838 | 64696 | 17.62 | 2.14 | 2.99 | 290 | 1876 | — |
| 1969 | 14117 | 66554 | 17.50 | 2.02 | 2.87 | 279 | 1858 | — |
| 1970 | 14424 | 68568 | 17.38 | 2.17 | 3.03 | 307 | 2014 | 176 |
| 1971 | 14711 | 70518 | 17.26 | 1.99 | 2.84 | 287 | 1950 | — |
| 1972 | 14935 | 72242 | 17.13 | 1.52 | 2.44 | 224 | 1724 | — |
| 1973 | 15345 | 73866 | 17.20 | 2.75 | 2.25 | 410 | 1624 | 181 |
| 1974 | 15595 | 75264 | 17.16 | 1.63 | 1.89 | 250 | 1398 | 181 |

续表

| 年份 | 城镇人口（万人） | 乡村人口（万人） | 城镇人口比重（%） | 城镇人口增长率（%） | 乡村人口增长率（%） | 城镇人口增长规模（万人） | 乡村人口增长规模（万人） | 城市数量（个） |
|---|---|---|---|---|---|---|---|---|
| 1975 | 16030 | 76390 | 17.34 | 2.79 | 1.50 | 435 | 1126 | 185 |
| 1976 | 16341 | 77376 | 17.44 | 1.94 | 1.29 | 311 | 956 | 188 |
| 1977 | 16669 | 78305 | 17.55 | 2.01 | 1.20 | 328 | 929 | 188 |
| 1978 | 17245 | 79014 | 17.92 | 3.46 | 0.91 | 576 | 709 | 192 |

资料来源：《中国统计年鉴》、《中国城市统计年鉴》。

由表 6 可以看到，1966~1971 年全国城镇人口由 13313 万人增至 14711 万人，增长了 10.5%，而全国总人口则增长了 17%，并且城市化水平下降了 0.7 个百分点。1976 年，“四人帮”粉碎后，城市化进程又有了一定的发展，城市化率也比 1970 年增长了近 0.54 个百分点。10 年间，年平均上升了 0.06 个百分点，而 1949~1957 年年平均上升 0.6 个百分点。由此，这段时期城市化发展水平非常迟缓。

后两个阶段城市化的主要特点是：

第一，城市发展严重受到政策干扰、法规约束。1957 年的“左”倾错误，1958 年的“大跃进”，之后的“三线建设”“文化大革命”等，都严重制约了中国城市化的发展，引致倒退的结果。而诸多的国家硬性约束也使城市发展趋于停滞状态。

第二，城市空间布局进一步向西转移。与当时的政策相适应，中西部地区发展速度加快，进一步改变了全国城市空间布局。1957 年，全国 178 个城市，西部 31 个，占 17.6%，到 1978 年时，西部增加了 40 个，占全国城市的 20.7%。

第三，大中城市发展较快，小城市呈下降趋势。

1957~1978 年，100 万人以上大城市增加 3 个，50 万~100 万人的大城市增加 9 个，20 万~50 万的中等城市增加 23 个，而 20 万人以下的小城市则由 112 个减至 92 个（顾朝林：《中国城镇体系——历史·现状·展望》，第 188 页，商务印书馆 1996 年版），由此，大中城市发展速度大大快于小城市发展。

2. 改革发展阶段（1978 年至今）

1978 年开始的改革开放，促进了国民经济和城市的迅速发展，而且与 1978 年之前的城市化发展过程具有许多不同的特点。表 7、表 8 反映了这 20 余年来城市化过程以及总人口、非农业人口变化发展情况。改革发展阶段大体可以分为以下四个时期：

**表 7　1978~2000 年中国城市化历程及城乡人口的增长**

| 年份 | 城镇人口（万人） | 乡村人口（万人） | 城镇人口比重（%） | 城镇人口增长率（%） | 乡村人口增长率（%） | 城镇人口增长规模（万人） | 乡村人口增长规模（万人） |
|---|---|---|---|---|---|---|---|
| 1978 | 17245 | 79014 | 17.92 | 3.46 | 0.91 | 576 | 709 |
| 1979 | 18495 | 79047 | 18.96 | 7.25 | 0.04 | 1250 | 33 |
| 1980 | 19140 | 79565 | 19.39 | 3.49 | 0.66 | 645 | 518 |
| 1981 | 20171 | 79901 | 20.16 | 5.39 | 0.42 | 1031 | 336 |
| 1982 | 21480 | 80174 | 21.13 | 6.49 | 0.34 | 1309 | 273 |
| 1983 | 22274 | 80734 | 21.62 | 3.70 | 0.70 | 794 | 560 |
| 1984 | 24017 | 80340 | 23.01 | 7.83 | –0.49 | 1743 | -394 |
| 1985 | 25094 | 80757 | 23.71 | 4.48 | 0.52 | 1077 | 417 |
| 1986 | 26366 | 81141 | 24.52 | 5.07 | 0.48 | 1272 | 384 |
| 1987 | 27674 | 81626 | 25.32 | 4.96 | 0.60 | 1308 | 485 |
| 1988 | 28661 | 82365 | 25.81 | 3.57 | 0.91 | 987 | 739 |
| 1989 | 29540 | 83164 | 26.21 | 3.07 | 0.97 | 879 | 799 |
| 1990 | 30191 | 84142 | 26.41 | 2.20 | 1.18 | 651 | 978 |
| 1991 | 30543 | 85280 | 26.37 | 1.17 | 1.35 | 352 | 1138 |
| 1992 | 32372 | 84799 | 27.63 | 5.99 | –0.56 | 1829 | –481 |
| 1993 | 33351 | 85166 | 28.80 | 3.02 | 0.43 | 979 | 367 |
| 1994 | 34301 | 85549 | 28.62 | 2.85 | 0.45 | 950 | 383 |
| 1995 | 35174 | 85947 | 29.04 | 2.55 | 0.47 | 873 | 398 |
| 1996 | 35950 | 86439 | 29.37 | 2.21 | 0.57 | 776 | 492 |
| 1997 | 36989 | 86637 | 29.92 | 2.89 | 0.23 | 1039 | 198 |
| 1998 | 37942 | 86868 | 30.4 | 2.58 | 0.27 | 953 | 231 |
| 1999 | 38892 | 87017 | 30.9 | 2.50 | 0.17 | 950 | 149 |
| 2000 | 45594 | 80739 | 36.1 | 17.2 | –7.2 | 6702 | –6278 |

**表 8　1978~2000 年中国各级规模城市数量在城市总数量中所占比重**

| 年份 | 合计 | | 100 万人及以上 | | 50 万~100 万人 | | 20 万~50 万人 | | 20 万人以下 | |
|---|---|---|---|---|---|---|---|---|---|---|
| | 城市数量（个） | 比重（%） | 城市数量（个） | 比重（%） | 城市数量（个） | 比重（%） | 城市数量（个） | 比重（%） | 城市数量（个） | 比重（%） |
| 1978 | 192 | 100 | 13 | 6.8 | 27 | 14.1 | 60 | 31.2 | 92 | 47.9 |
| 1979 | 216 | 100 | 16 | 7.4 | 27 | 12.5 | 67 | 31.0 | 106 | 49.1 |
| 1980 | 223 | 100 | 15 | 6.7 | 30 | 13.5 | 70 | 31.4 | 108 | 48.4 |
| 1981 | 233 | 100 | 18 | 7.7 | 28 | 12.0 | 70 | 30.1 | 117 | 50.2 |
| 1982 | 245 | 100 | 19 | 7.8 | 29 | 11.8 | 70 | 28.6 | 127 | 51.8 |

续表

| 年份 | 合计 | | 100万人及以上 | | 50万~100万人 | | 20万~50万人 | | 20万人以下 | |
|---|---|---|---|---|---|---|---|---|---|---|
| | 城市数量（个） | 比重（%） | 城市数量（个） | 比重（%） | 城市数量（个） | 比重（%） | 城市数量（个） | 比重（%） | 城市数量（个） | 比重（%） |
| 1983 | 289 | 100 | 19 | 6.6 | 29 | 10.0 | 73 | 25.3 | 168 | 58.1 |
| 1984 | 295 | 100 | 19 | 6.4 | 31 | 10.5 | 81 | 27.5 | 164 | 55.6 |
| 1985 | 324 | 100 | 21 | 6.5 | 31 | 9.6 | 94 | 29.0 | 178 | 54.9 |
| 1986 | 353 | 100 | 23 | 6.5 | 31 | 8.8 | 95 | 26.9 | 204 | 57.8 |
| 1987 | 382 | 100 | 25 | 6.5 | 30 | 7.9 | 103 | 27.0 | 224 | 58.6 |
| 1988 | 434 | 100 | 28 | 6.5 | 30 | 6.9 | 110 | 25.3 | 266 | 61.3 |
| 1989 | 450 | 100 | 30 | 6.7 | 28 | 6.2 | 116 | 25.8 | 276 | 61.3 |
| 1990 | 467 | 100 | 31 | 6.6 | 28 | 6.0 | 117 | 25.1 | 291 | 62.3 |
| 1991 | 479 | 100 | 31 | 6.5 | 30 | 6.3 | 121 | 25.2 | 297 | 62.0 |
| 1992 | 517 | 100 | 32 | 6.2 | 31 | 6.0 | 141 | 27.3 | 313 | 60.5 |
| 1993 | 570 | 100 | 32 | 5.6 | 36 | 6.3 | 160 | 28.1 | 342 | 60.0 |
| 1994 | 622 | 100 | 32 | 5.2 | 41 | 6.6 | 175 | 28.1 | 374 | 60.1 |
| 1995 | 640 | 100 | 32 | 5.0 | 43 | 6.7 | 191 | 29.9 | 374 | 58.4 |
| 1996 | 666 | 100 | 34 | 5.1 | 44 | 6.6 | 195 | 29.3 | 393 | 59.0 |
| 1997 | 668 | 100 | 34 | 5.1 | 47 | 7.0 | 205 | 30.7 | 382 | 57.2 |
| 1998 | 668 | 100 | 37 | 5.5 | 49 | 7.3 | 205 | 30.7 | 377 | 56.4 |
| 1999 | 667 | 100 | 37 | 5.5 | 49 | 7.3 | 216 | 32.4 | 365 | 54.7 |
| 2000 | 663 | 100 | 40 | 6.0 | 53 | 8.0 | 218 | 32.9 | 352 | 53.1 |

（1）恢复发展阶段（1978~1985年）。随着工作中心的转移和改革开放的逐步展开，我国城市建设也迎来了一个崭新时期。通过拨乱反正，上山下乡的知识青年和干部大批返回城市，同时相当数目的农民进入城市发展，为城市增添了新的活力，推动了城市化进程。这一阶段以农村体制改革对城市化发展的推动为主，主要发展形式是先返城后城建，呈现恢复性特征。

党的十一届三中全会拉开了农村经济体制改革的序幕，家庭联产承包责任制的推广极大地调动了广大农民的积极性。农村的改革与发展通过多种途径有力地推动了城市化进程：第一，农村承包制的实施使约2000万上山下乡的“知青”、干部和技术人员因失去农活而返城就业，这部分人口在原有城市实现了恢复性的城市化。第二，城乡集贸市场的开放，加强了城乡之间的物资和人员的交流，使大量有经营头脑的农村商业人员成为城市暂住人口。这是一种城市功能的完善和加强引起的人口城市化。集贸市场的建设在一定程度上带动了城市相关基础设施的建设，也促进了与市场建设配套的乡镇交通道路的建设。第三，乡镇企业发展带动了部分建制镇的发展。在当时的政策鼓舞下，农民们自带口粮，本着“离土不离乡，进厂不进城”的原则，把乡镇企业集中起来，建立起他们自己的城镇，开启了我国农村就地城镇化的萌芽。与此同时，第三次全国城市工作会议提出了在部分大城市中实行工商利润的5%用于城市维护和建设费；国家每年拨一定的专款用于城市住房补贴的恢复性城市建设的措施。城市建设打破了多年徘徊的局面，为吸纳“知青”返城及其他人口的机械迁移创造了条件。

在农业大发展、乡镇企业兴起以及城市建设的恢复等多种因素的作用下，这一时期我国的城市化有了十分迅速的提高。设市城市从1978年的193个增加到1985年的324个，增长了67.9%，平均每年增加18.7个。全国城镇总人口由1978年的17245万人增加到1985年的25904万人，年均增长率为5.5%，城镇人口占总人口的比重（城市化水平）从1978年的17.9%提高到23.7%，年均提高0.83个百分点。

（2）稳步发展阶段（1986~1991年）。这一阶段是以城市体制改革对城市化发展的拉动为主的阶段，主要发展形式是发展新建城市和小城镇，呈现外延式扩张。

城市化的动力主要来自劳动密集型轻工业及乡镇企业的高速发展。1984年我国经济体制改革由农村转向城市，我国城市经济进一步增强了活力。我国经济发展的特点是，经过改革开放初期经济结构的调整，适合我国经济发展阶段和国情的劳动力密集型轻工业在城乡各地得到迅猛的发展。随着农村改革的成功和城镇改革试点的顺利进展，“七五”开始，城镇经济体制改革成为整个经济体制改革的主体，改革的重点是逐步扩大企业和地方政府财政与生产经营自主权，开放和拓展各种市场，逐步建立市场体系，并积极引进外资，实现资本多元化，城镇发展对国家投资的依赖逐步减弱，城镇发展也呈现多元化的趋势，原有城镇第三产业迅速发展，同时出现了一批以商贸流通、旅游、文化为特色的新兴城镇。一方面，乡镇企业的进一步发展，极大地强化了自下而上的城镇化过程，小城镇的数量迅速增加，经济实力稳步增长，建制镇持续增长，1990年达12084个，比1985年增加了2944个，平均每年增加589个；另一方面，一批区位适中、发展潜力大的小城镇发展为小城市。为此，经过几年的实践摸索，国家于1986年正式发布了新的设市标准，将设市非农业人口标准由原来的10万人降低为6万人。这些措施极大地促进了建制镇和新城市的涌现和发展。设市城市进入快速增长期，1990年，设市城市达467个，比1985年增加143个，平均每年增加28.6个。在市镇发展的同时，随着城乡改革的不断深化，特别是对流动人口控制的放松，在一些农业人口比例较高，当地非农产业不能提供充足就业机会的地区，产生了规模较大的农村剩余劳动力向城镇的跨地区流动，对城镇的发展产生了巨大的影响。

由于宏观管理的机制和力度不能适应资本多元化的新形势，在城镇发展自主性增强的同时，政府尤其是地方政府对城镇化和城镇发展的调控机制没能得到相应的完善，管理手段比较僵化，城镇发展面临许多新的问题，主要是城镇产业结构雷同，城市建设过于分散、土地浪费严重和环境污染扩大等问题。

（3）全面推进阶段（1992~1998年）。这一时期城市化的主要形式是原有城市的建设和功能的完善，具体表现在开发区的建设、旧城区的改造和建立国际大都市的热潮。

1992 年邓小平南方谈话和党的十四大建立社会主义市场经济体制总目标的确立，给经济发展和城镇建设注入了新的活力。我国经济发展开始了新一轮的高速增长，全国各地经济建设的热情高涨。特别是沿海地区开发区的建设和“三来一补”企业吸引了大批民工。这一轮新的经济增长是在追赶东南亚所谓新的“四小虎”及实现小康的目标下进行的，其特点是在温饱问题基本解决以后，住房、汽车及其他升级产品和有关的配套基础设施成为经济发展的动力。开发区是这一时期经济发展的主要形式，其实质就是原有城市周围建设的新的建成区。开发区有良好的投资环境，产业结构起点高、技术先进，是吸引外资的重要窗口。各开发区建设基本上都是以城市基础设施和房地产开发作为起步，这是这一时期城市化的主要动力之一。

在原有城市建设得到加强的同时，为克服前一阶段新建城市发展过快、城市建设过于分散的问题，国家制定了城市适当集中发展的政策。为贯彻这一方针，1993 年，国务院公布了提高设立县级市的新标准，新的设市标准由原来的非农业人口 6 万人提高到 8 万人，使设市难度有所增加。但是，由于前一个时期发展速度的惯性以及开发区热潮期强大的刺激作用，新设城市数目的增加速度不仅没有放慢，反而出现了更快的增长，进入后期增长的幅度才出现放慢并呈急剧下降的趋势。

但由于“价格双轨制”和微观主体的“软预算约束”，刚开启的城镇化和经济过快增长对城镇发展产生了一定的误导，一些地方盲目扩大城镇规模，擅自设立开发区、招商城，导致了“房地产热”“开发区热”等经济泡沫，不仅破坏了原有城镇的规划布局和环境，而且造成了土地资源的浪费，形成巨额不良资产，国家不得不对国民经济开始调控，进行“软着陆”，加上城镇改革、国有企业改制造成大量工人下岗，城镇对劳动力的吸纳能力下降。

（4）加速发展阶段（1998 年至今）。1997 年亚洲金融危机的爆发，使社会各界开始认识到城镇化滞后的危害性。城镇化滞后是影响内需市场扩大的主要障碍，成为国民经济发展和运行的矛盾焦点。城镇化逐渐列入各级政府的议事日程，成为促进经济发展、解决“三农”问题、缩小城乡差距的重要战略。2000 年党的十五届五中全会确定了“积极稳妥地推进城镇化”的指导思想，国家通过积极的财政政策、发行国债，大规模投资于基础设施启动内需，极大地推动了城镇化进程。另外，住房消费信贷的启动，将消费者与城镇化进程对接，房地产业成为支撑经济的重要因素，城镇化第一次在市、镇数量不增加的情况下高速发展，并呈加速之势。2005 年城镇人口达 56212 万人，比 1998 年增加了 18270 万人，年均增加 2610 万人。城镇人口占总人口的比重由 1998 年的 30.4%提高到 2005 年的 43.0%，提高 12.6 个百分点，年均提高 1.8 个百分点。

随着国家积极推进城镇化进程，各地方政府加快了城镇化建设的步伐，城市发展目标不断提高，2003 年全国 660 个城市中有 182 座城市提出要建设国际化大都市，掀起了建设国际化大都市的热潮，但与此同时，城区面积不断扩张，侵占耕地现象严重。

通过以上分析可以看出，改革开放 20 多年来，我国城市化发展速度明显加快，目前已经进入城市化快速发展阶段。

**主要参考文献**

浦善新：《走向城镇化新农村建设的时代背景》，中国社会出版社 2006 年版。

# 中国城市化发展区域比较研究*

**摘　要**：本文从区域经济学角度，对中国省级行政区城市化现状特征、历史演进、人口年龄结构进行了对比分析，并探讨了形成机制，提出了相关结论与建议。

**关键词**：城市化；区域对比；形成机制；中国

城市化，也称城镇化，既包括非农产业人口与非农产业在规模不同的城市环境中的集中过程以及乡村景观转化为城市景观的地域推进过程，即“显性城市化”，还蕴含着城市文化、城市生活方式和价值观念等在农村的地域扩散过程以及城市内部地域的分化和组合，即“隐性城市化”。城市化表明，城市在人类社会发展过程中的作用不断提高，城市化的社会存在对人们的价值观念等思想意识具有积极的影响，城镇化的本质是资源（生产要素）在地理空间上的集聚。加快城市化进程是中国“十五”时期重大而艰巨的任务，也是21世纪中国实现城市与乡村协调发展、区域公平与经济效率兼顾、充分发挥城市在未来社会经济发展中主体作用的关键。因此，对中国不同区域城市化现状特征、发展演化轨迹、人口年龄结构进行区域比较研究，分析其形成机制，对于推动21世纪中国国民经济和社会健康与可持续发展，因地制宜制定城市化发展战略具有重要的现实意义。

## 一、静态比较

### （一）中国城市化水平现状特征

城市化是一个在时间上不断地连续发展的过程，但也可对某一时间断面进行横向考察。现根据第五次人口普查统计资料，对中国各省区城市化状况进行静态比较分析。

“五普”资料显示，2000年中国城镇人口占总人口比重为36.22%，比世界城市化平均水平约低10个百分点（同期世界城市化水平平均为46%），滞后于世界整体城市化进程，与世界先进国家相比差距更大。例如，1996年美国75%，德国87%，日本78%，英国

---

* 参与者：陈培安。

90%，法国 73%，加拿大 77%，菲律宾 54%，埃及 45%，澳大利亚 85%，巴西 78%，阿根廷 87%。从省市区角度分析（见表 1），中国城市化具有以下三个显著特征：

**表 1　中国内地省级行政区城市化水平差异比较（2000 年 11 月）**

| 城市化类型 | 分类指标（城市化水平） | 省区 | 市镇人口比重（%） | 经济地带归属 | 城市化类型 | 分类指标（城市化水平） | 省区 | 市镇人口比重（%） | 经济地带归属 |
|---|---|---|---|---|---|---|---|---|---|
| 高度城市化 | ≥70% | 上海 | 88.31 | 东部 | 接近城市化 | 30%~50% | 新疆 | 33.82 | 西部 |
| | | 北京 | 77.54 | 东部 | | | 重庆 | 33.09 | 西部 |
| | | 天津 | 71.99 | 东部 | | | 宁夏 | 32.43 | 西部 |
| 基本城市化 | 50%~70% | 广东 | 55.00 | 东部 | | | 陕西 | 32.26 | 西部 |
| | | 辽宁 | 58.24 | 东部 | 待城市化 | ≤30% | 湖南 | 29.75 | 中部 |
| | | 黑龙江 | 51.54 | 中部 | | | 广西 | 28.15 | 东都 |
| 接近城市化 | 30%~50% | 吉林 | 49.68 | 中部 | | | 安徽 | 27.81 | 中部 |
| | | 浙江 | 48.67 | 东部 | | | 江西 | 27.67 | 中部 |
| | | 内蒙古 | 42.68 | 中部 | | | 四川 | 26.69 | 西部 |
| | | 福建 | 41.57 | 东部 | | | 河北 | 26.08 | 东部 |
| | | 江苏 | 41.49 | 东部 | | | 甘肃 | 24.01 | 西部 |
| | | 湖北 | 40.22 | 中部 | | | 贵州 | 23.87 | 西部 |
| | | 海南 | 40.11 | 东部 | | | 云南 | 23.36 | 西部 |
| | | 山东 | 38.00 | 东部 | | | 河南 | 23.20 | 中部 |
| | | 山西 | 34.91 | 中部 | | | 西藏 | 18.93 | 西部 |
| | | 青海 | 34.76 | 西部 | 全国总计 | | | 36.22 | |

资料来源：据《中国统计年鉴》（2001）资料整理。

第一，以接近城市化和待城市化为主，城市化水平较低。一般而言，城镇人口占总人口比重≤30%为待城市化，（30%，50%）为接近城市化，（50%，70%）为基本城市化，≥70%为高度城市化。2000 年底，中国内地 31 个省区中这四类省区分别为 3 个、3 个、14 个、11 个，分别占省区总数的 9.68%、9.68%、45.16%、35.48%，具有十分明显的以接近城市化和待城市化两类地区为主的特点，该两类型省区达 25 个，占中国省市区总量的 80.65%。

第二，城市化水平省际差异极为显著。在所划分的四种类型中，无论是类型间还是类型内的差异都十分突出，从类型之间分析，各类型之间分类临界值相差 20 个百分点；从省市区而言，最高者上海（88.31%）和最低者西藏（18.93%）竟相差近 70 个百分点。由全国 31 个人口城市化水平组成的数据系列的标准偏差达 16.26 个百分点，离差系数高达 44.25%。区域差距之大，在世界各国中极为罕见。

第三，城市化水平东高西低的态势明显。高度城市化的所有三个省区、基本城市化所有三个省区中的前两个省区均分布于东部沿海经济地带，另一省区也分布于中部经济地带；接近城市化的14个省区中，5个地处东部、4个位于中部、5位于西部，位于西部的这5个省区也是接近城市化这一类城市中城市化水平最低的5个省区；待城市化是城市化水平最低的一类省区，东、中、西部经济地带分别有2个、4个、5个。城市化水平高于全国平均水平的14个省区全部位于中国东中部地区，其中东部地区占10个；低于全国平均水平的17个省区全部位于中西部地区，西部经济地带10省区全部处于这一城市化水平上。东、中、西三大经济地带之间的差别大，2000年底人口城市化水平东、中、西分别为44.60%、33.50%、27.66%。

## （二）中国城市化水平省际差异机制分析

城市化是一种复杂的社会经济现象，是多种因素综合作用的，生产力水平是决定性因素，文化素质等对人口城市化区域分异现象的形成也具有一定的影响。

1. 生产力发展水平

城市化源于工业化，工业化的到来直接推动了城市化的迅速发展。城市化是社会经济发展到工业化阶段的必然产物，工业化为人口城市化提供了必要的物质技术基础与条件，推动了人口城市化的起步与发展。事实上，世界城市化也正是18世纪中叶以来随着大工业的发展和工业化的进程而发展和勃兴起来的一种大规模的城乡人口迁移运动。工业生产企业在地域上的适度集中可以获得“集聚经济效益”，因而适当的集中是工业生产的客观要求与趋势。工业生产的顺利进行需要交通、商业、贸易、金融、房地产、邮电通信、文化教育、休闲娱乐、卫生保健、社会管理等生产性与生活性行业部门的配合。工业的高速发展导致了资本、人力资源在某些区位上不断集聚，不仅促使既有城市规模不断扩大，也促进了众多新城镇的产生，城镇化水平不断提高。没有工业化就没有城市化，特别是在城市化与工业化的初期、中期阶段更是如此。随着区域经济发展，工业与第二产业缓慢下降，第三产业上升，工业在城市化发展中的作用趋于下降，城市第三产业则逐步取代工业成为城市化的主要推动因素。没有城市自身经济的发展，就不可能产生可持续的人口城市化，人口城市化是建立在城市经济发展基础之上的。

城市的发展与其腹地经济总量的大小具有密切的关系，相同的土地面积条件下，经济越发达的地区腹地经济规模越大，腹地对其中心地的支撑力度与需求越大。腹地经济的发展是城市化的基本动力，城市化与区域经济发展具有互促共进规律，这也是业已被世界发展历史证明了的不争的客观事实与规律。中国的城市规模大小差别悬殊，辐射力与吸引范围差别巨大，但是一般地，某省区所拥有的各个城市的吸引范围往往仅限于本省内部，吸引力超出省区界限的城市毕竟是少数，而且就是这极少部分城市的基本职能构成中为省外服务的比例极小，省外需求或市场对省内一般城镇发展的推动作用也是有限的。

综合以上两方面的因素可以看出，城市的发展与区域生产力总水平具有内在的密切的联系。定量分析也表明了同样的规律。2000年中国内地31个省市区人口城市化水平

(y，%）与人均 GDP（x，元/人）（见表 2）之间的相关系数高达 0.9090，远大于当 f=31-2=29，a=0.001 时的临界相关系数 0.562，呈极显著的统计正相关关系。相关关系式为：

$$y=-4\times10^{-8}x^2+0.0037x+12.367$$

$$R^2=0.8557$$

**表 2　中国内地经济与教育发展水平（2000 年）**

| 省份 | 人均 GDP（元/人） | 平均受教育年限（年） | 省份 | 人均 GDP（元/人） | 平均受教育年限（年） |
|---|---|---|---|---|---|
| 北京 | 22460 | 9.586 | 湖南 | 5639 | 7.312 |
| 天津 | 17993 | 8.558 | 广东 | 12885 | 7.406 |
| 河北 | 7663 | 7.260 | 广西 | 4319 | 6.970 |
| 山西 | 5137 | 7.344 | 海南 | 6894 | 6.995 |
| 内蒙古 | 5872 | 7.260 | 重庆 | 5157 | 6.730 |
| 辽宁 | 11226 | 7.967 | 四川 | 4784 | 6.525 |
| 吉林 | 6847 | 7.825 | 贵州 | 2662 | 5.438 |
| 黑龙江 | 8562 | 7.804 | 云南 | 4637 | 5.707 |
| 上海 | 34547 | 8.961 | 西藏 | 4559 | 2.998 |
| 江苏 | 11773 | 7.438 | 陕西 | 4549 | 7.188 |
| 浙江 | 13461 | 6.999 | 甘肃 | 3838 | 5.978 |
| 安徽 | 4867 | 6.473 | 青海 | 5087 | 5.586 |
| 福建 | 11601 | 7.080 | 宁夏 | 4839 | 6.311 |
| 江西 | 4851 | 6.914 | 新疆 | 7470 | 7.028 |
| 山东 | 9555 | 7.119 | 东部 | 10768 | 7.415 |
| 河南 | 5444 | 7.169 | 中部 | 5978 | 7.208 |
| 湖北 | 7188 | 7.348 | 西部 | 4606 | 6.306 |

资料来源：据《中国统计年鉴》（2001）资料整理。

2. 文化素质

文化素质是人口与劳动力素质的核心。文化素质高有利于劳动力创新能力和劳动生产率的提高，促进区域经济的发展。中国人口与劳动力文化素质的区域差异很大，其与城市、区域经济发展互为因果，对中国城市化区域差异的形成有着不可忽视的影响。2000 年中国内地 31 个省区人口城市化水平（y，%）与全部人口平均受教育年限（x，年）（见表 2）之间的相关系数为 0.7707，也呈现极显著的正相关关系，相关关系式为：

$$y=2.4863\ln(x)-1.9463$$

$$R^2=0.6463$$

3. 中国城市化水平区域分异机制实证分析

中国城市化区域分异的具体原因各异，发展背景各不相同，受篇幅所限，现仅对高城市化水平区域分布及形成机制进行简要分析。

从表 1 中可以看出，中国高城市化地区大体可以分为三类：

一是上海、北京、天津三个直辖市，可称之为城市区域型。城市化水平均高于 70%，遥遥领先于其他省市。究其原因，主要在于三个直辖市自新中国成立以来一直为省级建制，具有较为宽松的发展空间和相对独立的体制环境，尤其是 1978 年以来在对外开放政策、战略发展规划、财政金融投资政策、城市基础设施建设等方面均受到政府的高度关注和不同程度的倾斜，经济、社会、文化诸方面都得到了稳定协调发展。其辖区范围的狭小，也使得其影响大大溢出其行政辖区范围，它们的发展也得益于行政辖区以外腹地的支撑。2000 年，上海、北京、天津三市人均 GDP 分别为 34547 元、22460 元、17993 元，分别为全国平均水平（7062.84 元/人）的 4.89 倍、3.18 倍、2.55 倍，具有较为坚实的发展城市化的基础。同时，从区域类型而言，城市区域城市化水平也应该高于非城市区域。

二是东南沿海地区，可称之为对外开放型。主要包括广东（2000 年城市化水平为 55%）、浙江（48.67%）、福建（41.57%）、江苏（41.49%）4 省，城市化水平均高于 40%。这一类型区域是中国改革开放的前沿地带，利用自身的区位优势和政府的政策优势，积极引进外资，发展多种经济成分，形成了多元化、高层次、外向型的经济结构，经济实力不断增强，2000 年上述 4 省人均 GDP 分别为 12885 元、13461 元、11601 元、11773 元，仅次于 3 个直辖市之后分别居全国各省市区第 5、第 4、第 7、第 6 位。在该区域形成了城市人口密集、产业高度集中的珠江三角洲、长江三角洲两大城市群。

三是东北地区，可称之为老工业基地型。主要包括辽宁（2000 年城市化水平为 58.24%）、黑龙江（51.54%）、吉林（49.68%）3 省。这类地区在旧中国既具有相对雄厚的经济基础与城市化基础，也是新中国成立以来重点发展的老工业基地，具有雄厚的工业基础，城市化发展水平高，并始终名列前茅。1965 年，辽宁、黑龙江城镇人口总量分别达 1132 万、827 万人，各占同年全国城镇人口总量的 8.68%、6.34%，遥居全国各省市区前两位。根据第四次人口普查数据，上述 3 省 1990 年城市化水平分别为 50.86%、47.17%、42.65%，仅次于上海、北京、天津 3 个直辖市，分别居全国各省区第 4、第 5、第 6 位。尽管自 20 世纪 90 年代以来在产业结构调整中产生诸多矛盾，城市化步伐有所减缓，但总体水平仍居前列。

## 二、动态比较

### （一）中国城市化发展速度区域差异巨大

改革开放以来，尤其是进入 20 世纪 90 年代以来，中国城市化进入较快发展时期。全国城镇人口由 1982 年“三普”的 20658 万人、1990 年“四普”的 29651 万人增加到 2000

年“五普”的45594万人，城市化水平由20.60%、26.23%提高到36.22%。20世纪90年代中国人口城市化水平平均每年增长约1个百分点，这意味着10年间约有1.5亿农村人口转化为城市人口。

但是，中国各地区城市化发展速度地区差异巨大。根据1991~2000年10年间区域人口城市化水平绝对增幅大小，大体上可以将中国内地31个省划分为三大类型（见表3）。增幅达到或超过20个百分点的为高速增长型，包括上海、江苏、福建三省市。增幅达到5个百分点但是不足20个百分点的为中速增长型，共包括21个省，其内部按照增速大小由高到低又可以分为三个亚类：第一亚类增速较高，包括广东、海南、浙江、重庆四个省市；第二亚类增速居中，包括广西、湖南、湖北、陕西、山东五个省区；第三亚类增速较低，包括安徽、云南、河南、青海、江西、吉林、河北、宁夏、内蒙古、西藏、山西、四川12个省区、增幅低于5个百分点的为低速增长型，包括贵州、北京、黑龙江、辽宁、天津、甘肃、新疆7个省市区。“四普”至“五普”10年间，不同类型省之间城市化发展速度的差别巨大，高速增长型各省的增长幅度都在20个百分点以上，而低速增长型各省的增幅均低于5个百分点，增幅最大的上海高达22.08个百分点，增幅最小的甘肃、新疆则均不到2个百分点，相差悬殊。

**表3 中国各地区1991~2000年城市化水平增幅比较**

| 城市化增长速度类型 | | 分类指标（2000年比1990年增长百分点） | 地区* |
|---|---|---|---|
| Ⅰ高速增长型 | | ≥20% | 上海（66.23，22.08），江苏（21.24，20.25），福建（21.36，20.21） |
| Ⅱ中速增长型 | Ⅱ-1 | [15，20] | 广东（36.77，18.23），海南（24.05，16.06），浙江（32.81，15.86），重庆（17.38，15.71） |
| | Ⅱ-2 | [10，15] | 广西（15.1，13.05），湖南（18.23，11.52），湖北（28.91，11.31），陕西（21.49，10.77），山东（27.34，10.66） |
| | Ⅱ-3 | [5，10] | 安徽（17.9，9.91），云南（14.72，8.64），河南（15.52，7.68），青海（27.35，7.41），江西（20.4，7.27），吉林（42.65，7.03），河北（19.08，7），宁夏（25.72，6.71），内蒙古（36.12，6.56），西藏（12.59，6.34），山西（28.72，6.19），四川（21.29，5.40） |
| Ⅲ低速增长型 | | ≤5% | 贵州（18.93，4.94），北京（73.08，4.46），黑龙江（47.17，4.37），辽宁（50.86，3.38），天津（68.65，3.34），甘肃（22.04，1.97），新疆（31.91，1.91） |

注：*为“地区”列各省后面括号中的两个数据，第一个数据是1990年人口城市化水平（%），第二个数据是2000年比1990年人口城市化水平增加百分点。

资料来源：据《中国人口统计年鉴》（2001）有关资料计算整理。

## （二）中国城市化发展速度省际差异机制分析

一般而言，在同一个国家范围之内，政治与经济体制环境差异不大，也实施基本相同的城市化发展政策，而城市化发展速度迥异，笔者认为其根本原因在于经济规模的大小、增长速度的高低以及城市化发展阶段的不同。

就总体而言，中国过去及今后一段时间内处于城市化加速发展的初期与中期阶段，国民经济发展速度依然是影响城市化发展速度最重要的因素。城市化是经济发展在空间上的表现形式，也是经济发展的必然结果。城市化为现代经济的发展创造了有利的外部条件，经济规模效益的实现以资本、技术、人口与劳动力等要素集中到一定程度为前提，而城市本身所具有的集聚经济效益和巨大的市场引力，将会不断地吸引大量的资金、技术与劳动力不断向城市集中，从而促进了经济的进一步发展（见图 1）。不同的经济发展速度是中国区域城市化发展速度不同的基本原因。定量分析也证明了这一论断。

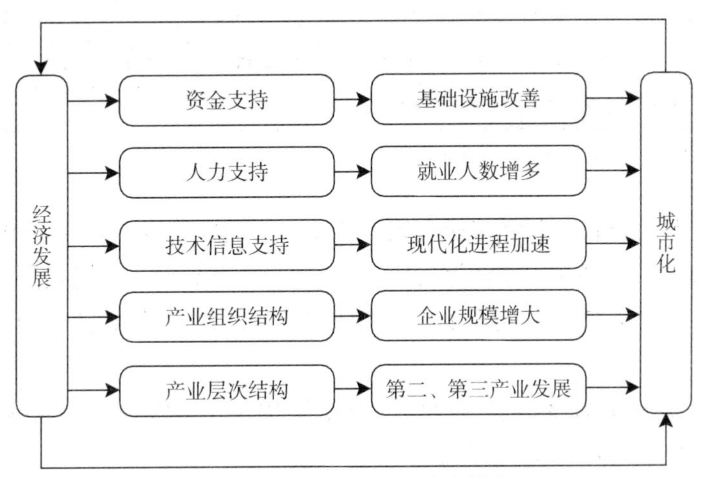


**图 1　经济发展对城市化的支撑作用**

**表 4　中国区域 GDP 增速与城市化水平增速比较**

| 地区 | 国内生产总值（亿元） | | | | 1991~2000 年城市化水平增幅（个百分点） | 地区 | 国内生产总值（亿元） | | | | 1991~2000 年城市化水平增幅（个百分点） |
|---|---|---|---|---|---|---|---|---|---|---|---|
| | 2000 年（当年价） | 1990 年（当年价） | 2000 年（1990 年价） | 2000 与 1990 年 GDP 之比（1990 年价） | | | 2000 年（当年价） | 1990 年（当年价） | 2000 年（1990 年价） | 2000 与 1990 年 GDP 之比（1990 年价） | |
| 北京 | 2478.76 | 500.82 | 1325.78 | 2.647 | 4.46 | 湖北 | 4276.32 | 824.38 | 2287.22 | 2.774 | 11.31 |
| 天津 | 1639.36 | 310.95 | 876.82 | 2.820 | 3.34 | 湖南 | 3691.88 | 744.44 | 1974.63 | 2.653 | 11.52 |
| 河北 | 5088.96 | 896.33 | 2721.87 | 3.037 | 7.00 | 广东 | 9662.23 | 1471.84 | 5167.92 | 3.511 | 18.23 |
| 山西 | 1643.81 | 429.27 | 879.20 | 2.048 | 6.19 | 广西 | 2050.14 | 449.06 | 1096.53 | 2.442 | 13.05 |
| 内蒙古 | 1401.01 | 319.31 | 749.34 | 2.347 | 6.56 | 海南 | 518.48 | 102.49 | 277.31 | 2.706 | 16.06 |
| 辽宁 | 4669.06 | 1062.74 | 2497.28 | 2.350 | 3.38 | 重庆 | 1589.34 | 336.69 | 850.07 | 2.525 | 15.71 |
| 吉林 | 1821.19 | 425.28 | 974.08 | 2.290 | 7.03 | 西川 | 4010.25 | 849.53 | 2144.91 | 2.525 | 5.40 |
| 黑龙江 | 3253.00 | 715.23 | 1739.89 | 2.433 | 4.37 | 贵州 | 993.53 | 260.14 | 531.40 | 2.043 | 4.94 |
| 上海 | 4551.15 | 756.45 | 2434.22 | 3.218 | 22.08 | 云南 | 1955.09 | 451.67 | 1045.69 | 2.315 | 8.64 |
| 江苏 | 8582.73 | 1416.5 | 4590.54 | 3.241 | 20.25 | 西藏 | 117.46 | 24.45 | 62.83 | 2.570 | 6.34 |
| 浙江 | 603.6.34 | 897.99 | 3228.58 | 3.595 | 15.86 | 陕西 | 1660.92 | 404.3 | 888.36 | 2.197 | 10.77 |

续表

| 地区 | 国内生产总值（亿元） | | | | 1991~2000年城市化水平增幅（个百分点） | 地区 | 国内生产总值（亿元） | | | | 1991~2000年城市化水平增幅（个百分点） |
|---|---|---|---|---|---|---|---|---|---|---|---|
| | 2000年（当年价） | 1990年（当年价） | 2000年（1990年价） | 2000与1990年GDP之比（1990年价） | | | 2000年（当年价） | 1990年（当年价） | 2000年（1990年价） | 2000与1990年GDP之比（1990年价） | |
| 安徽 | 3038.24 | 658.02 | 1625.02 | 2.470 | 9.91 | 甘肃 | 983.36 | 242.81 | 525.96 | 2.166 | 1.97 |
| 福建 | 3920.07 | 523.3 | 2096.68 | 4.007 | 20.21 | 青海 | 263.59 | 69.94 | 140.98 | 2.016 | 7.41 |
| 江西 | 2003.07 | 419.54 | 1071.36 | 2.554 | 7.27 | 宁夏 | 265.57 | 64.84 | 142.04 | 2.191 | 6.71 |
| 山东 | 8542.44 | 1511.19 | 4568.99 | 3.023 | 10.66 | 新疆 | 1364.36 | 274 | 729.74 | 2.663 | 1.91 |
| 河南 | 5137.66 | 934.65 | 2747.92 | 2.940 | 7.68 | | | | | | |

资料来源：据《中国统计年鉴》（2001）资料计算整理。

表4是中国内地各省区GDP增速与城市化水平增速比较表。表中按1990年价格表示的2000年的GDP数量，是以2000年当年价格的GDP为基础，利用全国整体资料校核得到的。具体来说，是用2000年当年价格的GDP除以校核系数得到的。校核系数的计算公式为：

校核系数=[2000年GDP（当年价）/(1990年GDP)（当年价）]/[2000年GDP（1978年价）/(1990年GDP)（1978年价）]

利用《中国统计年鉴》(2001）资料计算可得，校核系数为1.8697。

计算用1990年价格表示的2000年GDP与1990年GDP之比值（记为x），与1991~2000年城市化水平增长百分点（计为y）之间的相关系数，得0.67397，亦为极显著的正相关关系。相关关系式可以表示为：

$y=2.2303x^2-4.9913x+6.5839$

$R^2=0.4673$

就区域城市化发展动力而言，大体可分为第二产业推动型与第三产业推动型。浙江(2000年第二产业比重为52.7%)、江苏（51.7%）属于第二产业推动型，两者“四普”至“五普”之间城市化水平各提高20.25个、15.86个百分点，居各省市区第2位、第5位。工业的高速发展导致了资本、人力资源在某些区位上不断集聚，不仅促使既有城市规模不断扩大，也促进了众多新城镇的产生。同时，工业生产的顺利进行需要交通、商业、贸易、金融、房地产、邮电通信、文化教育、休闲娱乐、卫生保健、社会管理等生产性与生活性行业部门的配合，城镇化水平不断提高。上海（2000年第三产业产值为50.6%)、福建（40.0%)、海南（42.3%)、重庆（40.8%）属于第三产业推动型。上述4省市“四普”至“五普”之间城市化水平各提高22.08个、20.21个、16.06个、15.71个百分点，增长幅度分别居全国各省市区第1位、第3位、第4位、第6位。在工业化发展到一定阶段之后，从GDP构成分析，工业与第二产业缓慢下降，第三产业上升，在城市化水平继续提高的同时，城市化水平增长幅度有所下降，工业在城市化发展中的作用趋于下降，第三产业则逐步取代工业成为城镇化的主要推动因素。

城市化发展速度除受经济等因素影响外，也与该区域所处城市化发展阶段相关联。一般而言，城镇人口占总人口比重<25%为城市化起始阶段，25%~70%为城市化加速阶段，>70%为城市化完成阶段。城市化原有水平很高与很低的地区，增长速度都相对缓慢。如北京、天津两市，1990 年城市化水平为 73.08%和 68.65%，到 2000 年各增长了 4.64 个、3.34 个百分点；而原有城市化水平较低的广西、安徽两省区，1990 年城市化水平为 15.10%和 17.90%，到 2000 年，则各增长了 13.05 个、9.91 个百分点。20 世纪 90 年代，浦东地区的开发使得上海的城市化水平在既有的高水平基础之上又有了极大的提高。我们剔除上海市这一极端事例，将其余的 30 个省按 1990 年城市化水平的高低分为四种类型，分别计算这四种类型各个区域城市化水平绝对增幅平均的平均值。计算结果（见表 5）表明，城市化水平大于 40%的地区平均增幅最小，城市化水平小于 20%的地区平均增幅倒数第二。

**表 5　中国城市化增速与既有城市化基础相关性**

| 1990 年城市化水平（%） | 平均增幅（个百分点） |
| --- | --- |
| 大于 40 | 3.888 |
| 25~40 | 9.427 |
| 20~25 | 11.704 |
| 小于 20 | 9.421 |

## 三、人口年龄构成比较

城市人口年龄结构是反映一个地区和城市人力资源潜力、经济发展活力、消费构成变动的表征指标，也是制定人口城市化发展战略的重要依据。

### （一）以成年型和老年型城市化类型为主，直辖市人口老化现象十分突出

在联合国 1956 年发表的《人口老化及其社会经济后果》中，将人口划分为年轻型人口（0~14 岁占总人口 40%及以上，65 岁及以上占 4%及以下）、老年型人口（上述两项指标分别为 30%及以下、7%及以上）和成年型人口（两项指标介于年轻型和老年型之间）。现仅根据 65 岁及以上人口占总人口比重这一指标进行，利用 2000 年中国城镇人口年龄结构地区差异数据（见表 6）对中国城市人口年龄类型进行划分，划分结果如表 7 所示。

**表 6　中国城镇人口年龄结构的地区差异（2000 年）**

| 地区 | 0~14 岁 | 15~64 岁 | ≥65 岁 | 地区 | 0~14 岁 | 15~64 岁 | ≥65 岁 |
|---|---|---|---|---|---|---|---|
| 全国平均 | 18.43 | 75.27 | 6.30 | 河南 | 21.54 | 72.73 | 5.73 |
| 北京 | 11.96 | 79.68 | 8.36 | 湖北 | 19.61 | 74.78 | 5.61 |
| 天津 | 14.05 | 77.46 | 8.49 | 湖南 | 18.46 | 75.65 | 5.89 |
| 河北 | 18.69 | 75.34 | 5.67 | 广东 | 19.32 | 75.74 | 4.94 |
| 山西 | 22.37 | 72.41 | 5.22 | 广西 | 21.05 | 72.95 | 6.00 |
| 内蒙古 | 19.63 | 75.52 | 4.85 | 海南 | 23.51 | 71.20 | 5.29 |
| 辽宁 | 15.42 | 76.66 | 7.92 | 重庆 | 16.94 | 75.44 | 7.62 |
| 吉林 | 16.70 | 77.32 | 5.98 | 四川 | 17.81 | 75.37 | 6.82 |
| 黑龙江 | 16.96 | 77.15 | 5.89 | 贵州 | 24.04 | 70.54 | 5.42 |
| 上海 | 12.17 | 76.59 | 11.24 | 云南 | 19.50 | 75.04 | 5.46 |
| 江苏 | 17.10 | 75.51 | 7.39 | 西藏 | 21.60 | 75.56 | 2.84 |
| 浙江 | 16.18 | 76.72 | 7.10 | 陕西 | 20.08 | 74.25 | 5.67 |
| 安徽 | 21.26 | 72.21 | 6.53 | 甘肃 | 18.73 | 76.41 | 4.86 |
| 福建 | 18.73 | 75.53 | 5.74 | 青海 | 20.71 | 74.88 | 4.42 |
| 江西 | 21.25 | 73.24 | 5.50 | 宁夏 | 21.37 | 74.01 | 4.62 |
| 山东 | 18.25 | 75.54 | 6.21 | 新疆 | 20.81 | 74.82 | 4.37 |

资料来源：国家统计局人口和社会科技统计司：《中国人口统计年鉴》(2001)，中国统计出版社 2001 年版。

**表 7　中国城镇人口年龄结构的区域类型**

| 类　型 | | 划分指标（老年人口占总人口比重） | 地　区 |
|---|---|---|---|
| Ⅰ年轻型城市化 | | ≤4.00% | 西藏 |
| Ⅱ成年型城市化 | Ⅱ-1 成年型城市化 | 4.00%~5.49% | 云南、贵州、海南、山西、广东、甘肃、内蒙古、宁夏、青海、新疆 |
| | Ⅱ-2 成年型城市化 | 5.50%~7.00% | 四川、安徽、山东、广西、吉林、湖南、黑龙江、福建、河南、陕西、河北、湖北、江西 |
| Ⅲ老年型城市化 | | ≥7.00% | 上海、天津、北京、辽宁、重庆、江苏、浙江 |

由表 7 可知，中国城市人口年龄结构以成年型、老年型城市化类型为主，年轻型城市化仅西藏一个自治区，成年型城市化计 23 个省区，老年型城市化有 7 个省市，其中直辖市人口老化现象尤为突出。上海市 65 岁及以上人口占总人口比重竟高达 11.24%，已逼近美国 1998 年 13%的水平，北京、天津这一指标也分别高达 8.36%、8.49%。在中国成年型人口类型中，四川、安徽、山东、广西、吉林、湖南、黑龙江、福建、河南、陕西、河北、湖北、江西 13 个省区 65 岁及以上人口占总人口比重也在 5.50%以上。

中国城市人口老化程度具有明显的从东部沿海向内陆逐步降低的规律与特点。全部13个老年型城市化省区中有6个位于东部沿海地区，全部13个老化程度较高的成年型城市化Ⅱ-2省区中除四川、陕西以外其余的11个均位于中国的中、东部地区。造成城市人口年龄东西分异这一分布特点的最主要的原因是中国差别计划生育政策的影响。中国计划生育政策在不同的人口集团上具有明显的差异，这主要表现为对城市居民的计划生育政策比对农村居民严，对汉族的计划生育政策比对少数民族严（中国的少数民族主要分布于西部经济地带）。近30年的全国性计划生育工作，使得城市人口年龄结构的东西差异趋于显性化。

### （二）少儿人口比重严重偏低

中国所有省市区城市人口中，0~14岁人口占总人口比重都低于老年型人口所规定的30%临界值（见表6），最高者贵州省仅为24.04%。内蒙古等19个省市区这一比重都在20%以下，尤其是北京、天津、上海，少儿人口都在15%以下，最低者北京市更低至11.96%。这充分说明中国所有省市区城市人口年龄结构严重失衡，面临着城市人口迅速老化的严峻局面。城市人口一对夫妇只生一个孩子的计划生育政策，是产生这一特点的根本原因。

### （三）各地区城市劳动力资源极为丰富

中国各地区城市人口中15~64岁人口比重都在70%以上，比重之高，覆盖面之广，都居世界各国前列。这说明短期内，中国各地区城市都不会发生劳动力短缺问题，就总体而言劳动适龄人口的负担较轻，有利于社会经济的发展。

总之，造成中国各地区城市上述人口年龄结构特征的原因主要在于自20世纪70年代以来，在全国实施了计划生育政策，在城市中这一政策更得到了有力贯彻和实施。中国人口年龄结构的转变，仅用了30多年的时间就走过了西方国家一二百年的历程，城市少儿人口比重之低，成年人口比重之高世所罕见。西方国家的人口老龄化大多都是在经济发展水平、工业化、城市化水平较高的情况下出现的。但是中国是在经济发展水平较低的条件下实现城市人口结构转变的，支撑城市人口老龄化的经济实力不强。我们应在充分利用和开发丰富的城市劳动力资源的同时未雨绸缪，尽快建立完善养老等社会保障体系。

## 四、简要结论

（1）中国城市化总体水平低，类间差、类内差大是中国城市化的主要静态区域特征。这是中国自然、经济、社会、文化诸因素长期综合作用的结果和现实体现。

（2）中国已进入第二产业和第三产业共同推动城市化发展的阶段，经济规模的大小、增长速度的高低以及城市化发展阶段的不同是导致城市化动态发展差异的关键因素。

（3）以成年型和老年型为主是中国各地区城市人口年龄结构的突出特征。中国城市人口老化速度之快、规模之大在世界各国城市化发展史中也不多见，未来城市养老任务极其繁重。

（4）中国不同地区应采取相异的发展政策。东部地区尤其是直辖市以及东北、东南沿海地区应以提高城市化质量、调整人口结构为重点，西部地区城市化应外延式扩张与内涵式发展相结合。

**主要参考文献**

[1] 张敦富、李玉江、欧阳志远：《城市与乡村建设——走向两个文明全面发展轨道的中国社会》，中国人民大学出版社 1998 年版。

[2] 叶舜赞：《城市化与城市体系》，科学出版社 1994 年版。

[3]《中国城市统计年鉴（2000）》、《中国人口统计年鉴（2001）》、《中国统计年鉴（2001）》。

[4] http：//www.cpdrc.org.cn.

# 关于城市化与区域经济、社会、环境发展的关系*

城市化过程和区域之间是相互影响、相互作用的，城市化水平的提高，不仅要与经济的发展水平相协调，同时必须与区域的社会发展状况相适应，需要一定的资源和环境来提供保障。城市化与区域经济、社会、环境发展是一个长期的、动态的、相互作用的过程，这个相互作用的目的是促使城市化与区域经济、社会、环境协调发展。

## 一、城市化与区域之间的相互作用

城市化和区域之间是相互影响、相互作用的。首先，城市化对区域既有正面的作用，也存在负面的影响。一方面，城市化通过影响区域的经济发展水平、农业现代化水平、城乡结构、社会进步状况来实现整个区域的经济社会环境协调发展；另一方面，城市化进程中也会出现城乡矛盾和二元结构、土地资源浪费、区域环境污染等负面的问题。其次，区域的经济、社会发展水平、环境状况也会影响城市化的进程和质量。

### （一）城市化对区域的作用

1. 正面的影响和作用

城市化一方面通过对工业、农业的直接促进作用，推动区域经济发展；另一方面，它通过城市中心地的形成，成为区域社会经济发展的驱动中心和管理中心，从而间接推动区域经济发展。

（1）促进区域工业化进程、带动区域经济发展。一方面，城市化通过促进工业化进程带动区域经济发展。城市化导致既有城市规模的扩大和新城市的产生，而城市规模的扩大、基础设施的完善及市场网络的发育，又为工业发展提供了良好的外部环境，吸引工业企业进一步集中，从而促进工业化进程。

另一方面，城市化所带来的聚集经济效应和规模经济效应也促进了区域经济发展。城

* 本文选自张敦富：《中国区域城市化道路研究》，中国轻工业出版社 2008 年版，第 41~86 页。参撰者：孙久文、叶裕民、李丽萍、付晓东。

市化使人口和资本由分散无序状态变为高度集中的有序状态，使生产要素得到合理组织，先进技术得到广泛应用，劳动生产率得到大幅度提高，促进了城市的高速度大规模发展。

再者，城市又通过其巨大的辐射作用，引导着整个区域的经济发展。一方面，城市在资本、信息、科技等方面的输出，直接或间接推动着本区域经济的发展。另一方面，区域内的经济基础在城市强大的辐射功能下，产生的经济增长又被城市良好的经济环境所吸引，大量的资金回流城市，加剧了城市的资本积累和经济实力。这种过程循环往复，形成了整个区域内经济的大循环，这样大大降低了区域经济发展的成本，促进区域的整体经济发展水平。

（2）促进农业现代化。农业现代化是一个科学的概念，它是指用现代科学技术全面地改造农业系统，将传统农业转变为现代农业的一个经济过程。农业现代化是一个动态概念，也是人类社会进步、经济发展必然的历史进程。当前，农业现代化建设面临的矛盾和制约主要有四个：一是劳动生产率低下；二是小规模经营和手工劳动；三是农村剩余劳动力过多；四是农业劳动者素质低下。

这四个因素中，农村剩余劳动力过多成为制约人均劳动生产率低下的一个重要因素。首先，城市化的过程中吸纳农村剩余劳动力，将剩余劳动力从农村解救出来，一方面，解决人均土地资源不足的矛盾，并相应提高人均劳动生产率；另一方面，农村劳动力从乡村向城市转移，促使土地不断地集中，有利于实现规模经营，而规模经营是实现农业现代化的一个重要方式（条件）。其次，城市化和工业化的发展，可以“反哺”农业，加速农业的资金积累，加快农业的现代化进程。再次，城市化所带来的科学技术的提高，对影响农业科技水平、提高农业劳动生产率有着直接的作用。最后，城市化过程中吸纳的农业剩余劳动力和广大农村和农民还有着千丝万缕的联系，这一部分群体在收入水平、文化素质、思想观念上都要相对超前于农村劳动力，他们能够极大地促进城市文明的地域扩散，而且对于提高农民收入、改善农民素质、提高农业科技、影响农民观念都有着不可忽视的作用。

（3）改变城乡二元结构，实现城乡一体化。城乡结构不合理及二元结构模式是发展中国家发展过程中必须面临的难题，也是城市化初、中级阶段的必然现象。与此同时，城市化是最终解决城乡二元结构、促进城乡协调发展形成城乡一体化的根本出路。美国著名经济学家阿瑟·刘易斯提出了封闭经济中的二元结构模式，高度现代化的城市和相对闭塞的农村这两个截然不同的经济部分并存。城乡之间的差距根源在于劳动生产率的差距上，城乡二元结构的比率=城市劳动生产率/农村劳动生产率。在外在体现上，城乡之间，不仅经济发展水平的差距大，而且居民消费水平、生活方式和思想观念也有巨大差异，城乡之间形成了身份不同、待遇迥异的两种社会形态和两大利益集团。

在城市化的中级阶段后期和高级阶段，城乡矛盾逐渐消除，城乡之间的关系逐渐向协调、统一的方向发展。而城市化是最终解决城乡结构不合理、促进城乡一体化和城乡协调发展的基本途径。城市化的核心是吸纳大量农村劳动力，从事非农生产，这种对农村剩余劳动力的吸纳为农村规模经营铺平了道路，而且城市吸纳的这部分劳动力能更好地促进城乡之间的对接和交流。上述的两个作用最终将促进农村的劳动生产率的提高、农民收入水平的增加，以及农村文化、观念、生活方式的转变。随着城市化不断向高级阶段发展，城乡二元结构比率的值越来越小，当城乡二元结构比率为 1 时，即城市劳动生产率等同于乡村劳动生产率时，城乡二元结构消失，城乡之间的差异只是居住地点的差异，城乡一体化实现，城乡之间得以协调发展。这时的城乡关系不再是对立的，而是相互协调的统一体，城市空间不断扩展，农村空间变成了一个综合空间，农村的基础设施改善，农民收入水平提高，消费方式逐渐向城市靠拢，这样，整个区域开始实现网络化、整体化，城乡之间加强物质、能量、信息、人才的流动，从而城乡在相互融合中实现整个区域的共同进步。

(4) 促进区域社会进步。城市化在促进区域经济发展的同时，也促使区域在社会、文化方面不断进步。

首先，人口的聚集、城市的崛起，也促使城市在不断地规划、建设、完善其公共基础设施，并发展公共事业为城市居民提供更好的生产、生活条件，这些生产、生活基础设施的发展和优化不断改善着区域的“硬环境”。

其次，文教、卫生、科研等设施和机构在城市的聚集产生规模效益，不仅大大改善现有的生产、生活质量，更为重要的是，它不断改变人的思想观念，甚至变革生产方式，这些都为城市乃至整个区域的进一步发展带来深远的影响和变革。

再次，从社会结构上讲，城市化导致区域社会阶层的分化，在这个分化过程中，不断地促进城市乃至整个区域中产阶级群体的形成，并促使其逐渐占到主体的地位，从而促进区域现代社会结构的形成。

最后，城市化的外延是人口由农业向非农产业的转化，农业人口向非农产业从业人口的转化，城市化的内涵则是人口城市化的同时，城市文明通过城市向农村地区广泛传播的过程。具体来说，就是由传统的农业生活方式向现代化的城市生活方式转变的过程，是传统的农业观念和价值取向向现代化的城市观念和价值取向更替的过程。城市化内涵式的转变促进了整个区域生活方式和价值取向的进步和改善，进而带来整个区域城市文明的提高，区域城市文明的提高进一步带来区域在文化上的融合。

(5) 形成区域驱动、组织、管理中心，最终实现区域社会经济环境协调发展。城市化的出现，改变了区域的无序均质状态，使得人口、优势产业和部门向空间集中，物质流、能量流、信息流也向该点聚集，这种极化过程形成区域的增长极——城市。于是城市在区域兴起，并形成区域的驱动、组织、管理中心。这个城市形成的过程，极化作用大于扩散作用。随着城市化的发展，城市逐渐利用它的驱动、组织、管理功能，向区域扩散它的经济、政治、社会、文化信息。

扩散的过程中，在技术外部性和市场外部性的作用下，城市的发展促使整个区域劳动生产率提高，区域盈利能力增强，从而导致新的资本生成和区域经济增长。这种经济增长反过来又会进一步促进人口和产业、部门及物质流、能量流、信息流向城市地域集中。在市场这个媒介的作用下，区域要素不断地在区域内流动，这种流动也构成了城市化与区域经济累积性互动增长的驱动力。最终，城市和乡村劳动生产率趋向统一，城乡居民收入水平差距缩小，受教育机会逐渐均等化，文化素质、思想观念差距也逐渐缩小，最终实现整个区域的经济、社会、环境协调发展。

图 1 表明了城市化对区域正面影响作用的关系图，其中城市化是因，工业、农业发展、城乡一体化及社会进步等是中间结果，城市化的发展最终要实现区域社会经济环境协调发展。

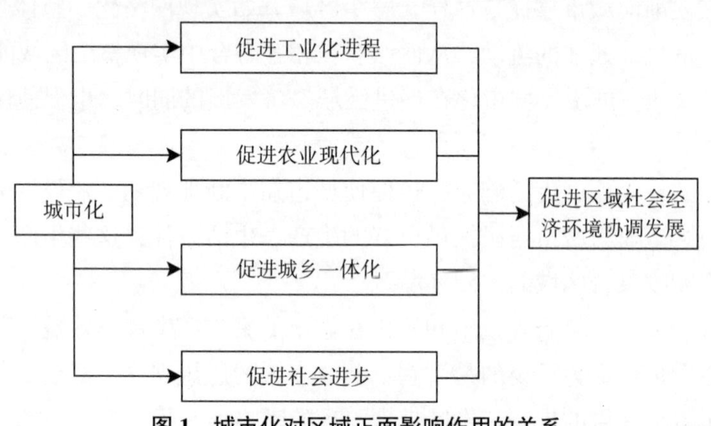


**图 1　城市化对区域正面影响作用的关系**

2. 负面的影响和作用

城市化和区域经济、社会、环境的不协调发展也会给整个区域发展带来负面的影响。

（1）城市化进程中出现城乡矛盾和二元结构。所谓城乡二元结构，就是高度现代化的城市和相对闭塞的农村这两个截然不同的经济部分并存，城乡矛盾就是区域中的城市和乡村的经济、社会发展差距过大。对于这种社会现象，我们认为，首先，城乡矛盾和二元结构是城市化初级和中级阶段的必然结果，是城市化由低级向高级发展的必由之路，它符合自然规律。城市化的过程本身是一个不均衡发展的过程，它的初期以要素向城市聚集的极化过程为主。研究表明，城市化的初级阶段（一般认为城市化水平在 30%以下），城市的扩散作用较弱，辐射能力较差。在城市化的中级阶段（一般认为城市化水平在 30%~70%），城市的扩散和辐射能力慢慢增强，其中，当城市化水平达 50%时，城市的辐射能力最强。由此可知，在城市化的初级、中级阶段，虽然要素会在整个区域内循环流动，但还是以向城市的聚集为主导。所以这个过程中的城市和乡村的发展差距呈扩大的趋势，出现高度发达的城市和相对落后的农村并存的城乡二元结构现象。

其次，城市化过程中国家的政策干预和制度因素也是造成城乡矛盾和二元结构的不可忽视的原因。主要表现为国家在城市化过程中实行非均衡发展战略，以城市发展为重心，并通过城乡隔离制度、户籍制度、就业制度、土地管理制度等限制城乡之间的联合、协调发展。

上述原因导致城乡差距日益扩大。一方面是城乡收入差距的扩大，反映城乡收入差距的最主要指标分别是城镇居民家庭人均可支配收入和农村居民家庭人均纯收入及城镇居民收入增长速度和农民收入增长速度。在中国，2002 年的城镇居民家庭人均可支配收入和农村居民家庭人均纯收入之比已经达到 2.9：1 的历史最高水平。按国际劳工组织发表的 1995 年 36 个国家的相关资料，城乡差距超过 2：1 的国家只有 3 个，中国便是其中之一。与此同时，城镇居民收入增长速度接近农民收入增长速度的 2 倍。除此之外，城乡差距还包括社会福利差距，城乡居民不仅统计收入上存在较大差距，在统计收入之外，享受的各种社会福利也存在较大差距，很多社会福利实际上是居民的一种隐性收入。城乡收入差距的最终反映是生活水平的差距。1999 年城镇居民的人均消费水平是农民人均消费水平的 3.53 倍。另一方面，城乡的观念、文化、素质的差距更是短期内难以改善和提高的。

总之，城乡二元结构是城市化初级和中级阶段的必然结果，但随着城市化进程推进，城乡差距缩小，城乡关系由对立转向协调、统一，最终会形成协调统一的区域。

（2）城市化过程中土地资源浪费和污染严重。城市化的推进势必要进行城市建设，城市建设需要大量土地资源，在这个过程中，占用了大量的土地资源，同时也造成不同程度的土地污染。

首先，城市建设大量蚕食土地。一方面，在整体城市化的过程中，将农村或郊区直接变成城市的一部分，大量城市和建制镇从农村演化而来，这种属于低水平、粗放型数量扩张的城镇化，过度夸大了城镇化水平，存量土地的调整和置换缺乏具体规定，用地指标与用地实际需求相脱节，出现了乱占耕地、圈而不用的现象，造成了土地资源的浪费。另一方面，城市化过程中农村剩余劳动力的迁移，造成农村大量土地弃耕、荒芜，最终造成土地资源的浪费。

其次，土地质量下降、用地效益低下。整体城市化的城镇建设用地扩展多发生在土地质量较高与适宜性较好的地区，造成了大量高质量农用土地的丧失，即使有新垦耕地，也多为劣质地，从而导致土地尤其是耕地质量的下降。同时，大量农村劳动力的转移使得农用地难以集中，不能规模经营。从而使得土地集约程度差，效益低下。

最后，土地污染严重，城市化过程中乡镇企业的兴起和工业化进程的快速推进，无形中造成“三废”排放增加，污染了农田水利、水体，并对土地造成长期的威胁。

（3）城市环境污染的区域化，即城市对区域自然环境的破坏。城市化对环境造成重大压力，带来严重的环境污染。随着城市数量和规模的扩大，人类大幅度地改变了人类生存的生态环境的组成与结构，改变了生态系统的物质循环与能量转化的功能，虽然扩大了人类的生存空间，改善了人类的物质生活条件，与此同时也带来了严重的环境压力和生态危机。

首先，城市化所带来的人口大量聚集，人口密度增大对生态环境造成压力，而且城市化通过提高人们消费水平和促使消费结构变化，使人们向环境索取的力度加大、速度加快。

其次，城市化过程中经济的扩张对环境产生压力。比如，企业增大用地规模或占地密度，导致区域空间上的紧张；伴随着经济总量的扩张，要消耗更多资源和能源，导致了某些不可再生资源、能源的过度开发与利用，引发资源枯竭的危机。

再次，城市化过程中的交通扩张对生态环境产生压力。主要表现在：交通建设引起水土流失和尘土飞扬；交通运输产生噪声污染；汽车尾气带来大气及土壤污染；高架桥对景观破坏，产生视觉污染。

最后，城市化所伴随的工业化在其发展过程当中忽视对环境的影响、忽视生态效益，会造成严重的生态环境破坏和资源浪费，导致一系列污染问题，大气污染、水污染、垃圾污染、固体废物、噪声污染等，这些污染问题对人类的生存与发展都造成重大危害，并且加剧了经济发展的成本。

总之，城市化对区域的正面影响与负面影响并存，其中正面影响远远大于负面影响，因此城市化是人类社会发展的必然，它必然推动区域的经济社会环境的发展。正是因为正面作用大，我们努力推进城市化；正是因为有负面影响存在，我们要制定调控性质的战略和政策，预防负面影响的发生，把负面影响降到最小。

## （二）区域对城市化的影响

### 1. 区域经济发展水平对城市化的影响

一个国家的经济发展与这个国家的城市化有着必然的、密切的联系。一个区域的城市化水平受很多因素影响，但所有因素中，城市化水平与经济发展水平之间的关系最为密切。

（1）国民生产总值对城市化的影响。专家研究表明，城市化水平与国民生产总值呈现正相关关系。周一星教授以城镇人口比重代表城市化水平，人均国民生产总值代表一国经济发展水平，对 1977 年世界 157 个国家和地区的资料进行统计分析，结果是一种十分明显的对数曲线关系，即城市化水平随国民生产总值的增长而提高，但提高的速度又随人均国民生产总值的增加趋缓。这一规律性的揭示在理论上很好地解释了城市化过程的阶段性。因为对数曲线关系表明城市化水平的增长在不同的阶段有不同的数量关系，在工业化发展的前期，人均总值增加一定数量，需要相应提高城镇人口比重相当大。在经济水平很低的情况下，实际的城市化速度是比较慢的。但越往后，人均总值增长同一数量，相应需要提高的城镇人口比重就趋于减少，直至后期阶段，经济发展的同时，城市化水平提高很慢而趋于稳定。在城市化的初期和中期阶段，经济发展是城市化的主要推动力。以我国为例，1979~1998 年，城镇人口增长了 25080 万人，平均每年增长 1320 万人。城市化水平提高了 17.2 个百分点，平均每年增长 0.91 个百分点。这一阶段，我国城市迅速发展和城市化水平明显提高的根本原因，还是我国的经济得到了持续快速健康发展，1998 年我国的城市化水平达到了 30.4%，按照国际上的通常说法，一个国家的城市化水平达到 30%，这个国家即进入了城市化中期的快速发展阶段。

（2）人均收入水平对城市化的影响。人均收入水平的增长会促进城市化水平的提高。从供给的角度讲，人均收入水平的提高影响劳动力的供给结构的变动。配第—克拉克定律揭示：随着人均收入水平的提高，劳动力首先由第一产业向第二产业转移，当人均收入水平进一步提高时，劳动力便向第三产业转移。劳动力在产业间的分布状况是：第一产业减少，第二、第三产业增加。由于第二产业中的轻工业和第三产业均能大量吸纳劳动力，因此带来城市化水平的提高。

从需求角度讲，由于人均收入水平的提高，人们的需求也得到提高。在众多的商品中，农作物产品的需求收入弹性较低，人们对该类产品的实际需求会随着收入的增长而相对减少；相反，制造业产品和服务业的需求收入弹性较高，收入增长导致对他们的需求更快的增长。这就产生了需求结构随着收入提高而转移的倾向。而变动了的需求结构必然带动投入结构和产出结构相应由第一产业向第二产业、第三产业的大规模转移，由此带来劳动力转移的浪潮，城市化步伐相应加快。

（3）区域基础设施水平对城市化的影响。基础设施可划分为生产性基础设施和生活性基础设施。其中，生产性基础设施是指可以充当若干个生产单位共享的生产条件的固定资产设施和经营这类设施的机构，主要包括交通运输系统、能源供给系统、供排水系统、物资供应系统等；生活性基础设施是指专门为人民生活创造共同条件而提供公共服务的设施和机构，它主要包括住宅及公用设施、生活服务、公用事业等。

区域基础设施是区域运行的基础，也是城市活动所产生的人流、物质流、信息流的基本载体。随着城市化进程的发展，基础设施建设也要求随之发展。可以说，城市化的发展速度与发展水平，直接受基础设施承载能力的制约。如果区域基础设施服务能力偏低，城市环境建设相对滞后，交通、通信、能源、供排水、供气等设施建设标准不高，一方面，制约了城市整体支撑能力的提高和辐射功能的强化；另一方面，设施供给跟不上城市人口总量的增长同时也影响城市的人口容量，进而限制了城市化过程中对劳动力的吸纳能力。再者，城市化也是由落后的农业文明转变为以现代化城市基础设施及公共服务设施为标志的现代城市文明的过程。因此，区域的生产和生活性基础设施的供应和质量，不仅会影响城市化水平，而且会影响城市化质量。

从长远的观点看，城市基础设施建设供应不足将制约城市化向高级化发展，其中交通运输设施和通信设施影响最为深远。其一，以高速公路网、家庭轿车、地下交通等为代表的交通运输设施，极大地改变了人们的空间概念和生活方式，对城市化成熟阶段的“郊区化”和“城市密集带”的出现，起到推波助澜的作用。例如，欧美等国家的郊区化和大城市群、大城市带的出现便是一个典型的代表。其二，突飞猛进的通信设施和网络使得信息的传播和扩散的成本大为降低，传播的速度也大大加快，这也使得城市文明借助这些现代通信手段向郊区、乡村传播，从而通过改变农村的价值观念和生活方式来加快城市化的步伐。

（4）区域产业结构转换对城市化的影响。城市化过程表现在生产方式上，就是产业结构的升级，即农业剩余劳动力向非农产业部门的转移。城市化的实质是由社会经济的发展使得各种生产要素从农业向非农业部门、从低层次向高层次部门的流动过程，也就是产业结构从低层次向高层次发展的进程。因此，产业结构的升级必然伴随着城市化水平的提高。

首先，第二产业、第三产业的发展，是区域经济发展的基础。第二产业、第三产业的发展有其自身的要求，诸如经济效益、规模经济、人口集聚、生产条件和基础设施条件等。特别是第三产业的发展，更要求人口的集聚。因此，第二产业、第三产业的发展促进了区域经济的发展，推动了区域发展和城市化进程。

其次，第三产业的发展水平，与区域经济发展水平和城市化发展水平有着更加密切的关系。随着经济的发展，人们对城市配套性服务和消费性服务的需求日益增加，第三产业日益成为城市产业的龙头和主导，同时它也逐渐成为城市化的最重要的推动力量。

再次，分析产业结构的演进对城市化的作用，第一产业向第二产业的演化主要是有助于城市化在“量”上的扩张，它带来城市规模的大量扩张和城市数目的急剧增多；同时，第二产业向第三产业的演化促进的则是城市化在“质”上的进步，即主要表现为城市软硬件设施的完善和人民生活水平的提高。因为第三产业大多是劳动密集型和知识、技术密集型行业，不仅能吸纳较多的劳动者就业，成为加快城市化进程的重要因素，将有利于提高整个国民经济的运行质量和效益。

最后，产业结构的演进和更替的规律导致了劳动力在三次产业间的转移，从农业向轻工业的转移导致了城市化的第一次浪潮，从重工业向第三产业的转移，导致了城市化的第二次浪潮。其中，第三产业对劳动力的吸纳、对城市化水平的提高，扮演着越来越重要的角色。但是，由于我国走了一条非城市化的工业化道路，影响了第三产业的发展，第三产业所占比重仅为32%。这个比重不仅远远低于发达国家，而且低于许多发展中国家。这种状况影响了我国的城市发展和城市化水平的提高，同时也影响了我国城市经济的发展。因此，大力发展第三产业，是我国当前以及今后相当长时期的一项重要任务。

2. 区域社会发展对城市化的影响

区域的社会发展对城市化的影响显现出越来越重要的作用，这种影响主要作用在城市化质量的提高方面，它影响着以生活方式、价值观念、文化素质水平为标志的城市文明的构建和传播。

(1) 社会阶层的分化、居民生活方式的改变、价值取向的更替。城市化不仅是由农业人口和产业向非农产业和人口转变的过程，也是由落后的农业文明转变为现代化的城市文明的过程。城市文明的形成包括现代社会结构的形成、现代生活方式价值取向的更替。一方面，社会结构、现代生活方式和价值取向的形成是内涵式城市化的结果；另一方面，这三个层面的改进和提高必然提升城市化的质量，促进城市化水平的内涵式增长。

世界范围内，区域经济的发展及其所带来的居民收入水平的提高导致了社会阶层的分化。当前，社会阶层分化的总体趋势是社会的阶层结构从“金字塔”形逐渐向橄榄球形转化，社会中下层或较低收入层人数逐渐减少，社会中间层或中等收入层的人数逐渐增加，并逐渐形成中间阶层为主的社会结构。这种趋势正和城市化的内涵相吻合：城市化是中产阶级形成并占主体的现代社会结构形成的过程。

所谓现代生活方式和价值取向，就是建立在现代的基础设施基础上的现代思维方式、生活行为方式、价值观念，它为人类经济社会发展提供价值导向和发展动力，但是传统的封闭的居民生活方式和价值观念也会带来一些负面影响，如传统的生育方式造成农村人口增长过快，农村人口总量超过农村工业化和城市化的吸纳能力，给城市化带来沉重负担。另外，传统生活方式所导致的对生活质量的忽视也是在农村地区难以发展起为生活质量服务的第二产业、第三产业的原因之一，因为农村产业结构的单一而产生相对更多的剩余劳动力，这些劳动力超过城市合理吸纳能力不能被有效吸纳，从而造成城市化总体水平低下。再者，传统生活方式和价值观念的制约使得在农村城市化过程中，忽视了农村中为生产和生活服务的现代基础设施的建立，这一方面降低了城市化质量，另一方面也造成更多农村居民盲目流动，降低了总体城市化的水平。居民生活方式的改变、价值取向的更替影响着农村文明向城市文明的过渡，影响着整个区域城市文明的实现，我们在今后的城市化建设的过程中，要更加注意现代生活方式和价值观念的构建。

（2）教育、文化、科技水平对城市化的影响。首先，区域教育状况的影响。教育作用于劳动者，培育人才，提高和改善劳动力素质，还具有更为深远的意义，劳动者技能和素质的提高创造更多的社会财富，所以区域的教育水平不仅影响城市化水平的提高，还会影响到城市化质量的进步。当代中国农村城市化的重点和难点是广大农村地区落后的教育文化水平的制约。我们促进城市化进程的一个重要方式就是提高农业劳动者的教育文化素质，为了提高农业劳动力的素质，要对其进行基础教育、职业教育、继续教育、社区教育、终身教育和转岗培训等。我们的目的一方面是为了成功实现农村剩余劳动力向城市的转移；另一方面增加农业劳动力的技能以期更快地掌握农业科技，快速推进农村的产业化经营和整体经济发展，以减少农村剩余劳动力，给城市化分流、减轻压力。这些教育方式的作用一是培养农民的基本素质，为其进一步的学习和工作打下基础；二是改善和增强农民的专业素质，提高农民的专业技能。农民在接受这些教育之后才能具有一技之长，从而具备向城市转移的生存能力。

其次，区域科学技术实力对城市化的影响。科学技术是第一生产力，它通过提高劳动生产率变革产业结构、劳动组织结构、物质空间结构，影响城市化进程。其中以下三项技术对城市化的影响最为深远：一是先进的农业、技术、农业劳动生产率的提高使得对农业劳动力的需求和投入减少，这将促进农业人口向城市的转移；二是科技进步为人类带来了更为便捷的交通、运输技术，以高速公路网、家庭轿车、地下交通等为代表的运输方式，极大地改变了人们的空间概念和生活方式，对城市化成熟阶段的“郊区化”和“城市密集带”的出现，起到推波助澜的作用。例如，欧美等国家的郊区化和大城市群、大城市带的出现便是一个典型的代表。三是突飞猛进的通信技术使得信息的传播和扩散的成本大为降低，传播的速度也大大加快，这也使得城市文明借助这些现在通信手段向郊区、乡村传播，从而通过改变农村的价值观念和生活方式来加快城市化的步伐。

（3）宗教与民俗对城市化的影响。宗教及民俗均是一种社会文化现象，属于社会意识形态范畴，是一种社会群体活动表征。它们均通过对人的思想观念、行为方式的作用，起到一定的社会控制功能和促进社会发展的作用。

宗教一方面给人们提供精神关怀，它依靠和人们的精神联系、对人们的精神关怀，起着某种形式的社会号召和组织作用，从而有助于社会稳定和经济发展，进而有助于稳定城市化的发展进程，这种功能在社会转型期往往能得到更好的发挥。另一方面，宗教对人们的世界观、人生观、行为方式、人的素质产生重大影响，宗教甚至成为一种生活方式，或者是维持、管理社会的文化形式。这种多元的社会文化对各个区域的城市化发展有不同的影响，它们影响着人口流动和迁移的习惯和方向，并且影响着城市文明的传播，影响着城市化的质量。

民俗作为一种历史积淀和文化传承，对人们思想观念和行为方式的影响同样根深蒂固。例如，中国农村地区某些普遍落后迷信的民风民俗，如农村“重男轻女”“养儿防老”“嫁出去的闺女泼出去的水”等观念，大大增加了农村地区的人口负担，壮大了农村剩余劳动力的流动大军，从而制约城市化水平及进程，因此，我们对于民风民俗，应该采取扬弃的态度，借助科学文化知识的力量，取其精华、弃其糟粕。

某些多宗教或者多民族聚集区，因为思想观念、行为方式等方面的异质性，会弱化各宗教各民族之间的交往，使这些区域之间产生一种无形的阻碍，进而不利于区际的要素流动，不利于经济的发展和城市化水平的提高。比如，青藏高原东缘区域的民族构成具有多元特征，有信仰佛教的藏、羌、蒙古、土族等，也有信仰伊斯兰教的回、撒拉、东乡等族，这使得各民族之间存在着一定的异质性，要素流动也存在一定障碍。不过我们可以通过行政界线的划分和行政管理手段的执行，人为弱化这些区域之间的流通障碍，更好地发挥它们之间的互补性，努力实现它们之间的融合，更好地推进城市化。

## 二、区域制度环境对城市化的影响

当前中国正出于经济转轨和体制变革的特殊时期，特殊的制度环境对城市化进程有着不可忽视的重要影响。其中影响较为重大的是经济的市场化程度和户籍制度、土地制度、社会保障制度等因素。

1. 区域市场化程度对城市化的影响

市场化实质是市场机制作用增强的过程，微观经济学意义上，下述条件是衡量市场化程度的基本标准：一是要素能够自由流动，资源可充分利用；二是信息完全，信息传播无阻滞；三是市场主体理性（以利益最大化为目标）。此外，市场还应是公平竞争的。尽管在现实中不可能完全满足上述纯粹意义上的市场条件，但这些条件却可作为衡量市场化程度的基本标准。同时，测度中国经济体制市场化程度的具体指标分三个大方面、11 个领域：首先按照经济体制构成可分为政府行为、企业行为、市场行为（包括商品市场、劳动力市场、金融市场、房地产市场和技术市场）；其次按照产业结构可分为农业、工业和外贸；最后为地区差别。

研究表明，市场化程度和城市化水平呈现正相关关系，城市化的实质是要素集聚，而要素集聚的关键是要素的自由流动，如人口的自由迁徙、资本的自由流动等。因此，要加快城市化进程必须提高市场化程度，积极消除要素流动中的制度阻碍，形成一个各地制度环境大致相同的体制环境。此外，从城市化与经济发展的互动性来看，市场化还将提高企业对于生产销售成本变动的敏感性，这将使企业由于区位的不同而具有不同的收益率，并对这种不同的收益率的变化具有高度的敏感，从而增强企业的要素集聚冲动。可见，实施城市化战略，提高城市化水平，必须注重市场化程度的推进。

前人的研究结果表明，中国的东中西区域的市场化程度呈梯度减弱的趋势，这和东中西区域的城市化水平也呈梯度减弱的现象是吻合的。目前东西部差距最集中地体现在市场化的程度上，如要素、资本的流动性，非国有经济的发展程度以及地方政府行为方式的差异等。市场化进程在相当大程度上影响了地区经济结构（包括产业结构、所有制结构、技术结构、规模结构等）的调整与优化，进而影响到经济运行效率和经济增长方式，最终要影响到城市化进程。正是因为中国包括市场化程度等因素在内的区域差异巨大，因此有必要根据各区域的特点实施差异化的城市化战略。

2. 其他制度环境对城市化的影响

本文主要论述户籍制度、土地制度、社会保障制度对城市化的影响。

中国户籍制度限制了农业人口向城市的转移。在传统体制下，城乡分割的户籍管理制度是限制农民进入城镇，从而限制城市化进程的主要制度障碍。改革开放以来，随着经济发展对非农产业就业需求的增加，中央政府多次改革户籍管理制度，渐进式地逐步放宽对农民进入城镇的限制。但是，当前户籍管理制度的一些规定仍然限制了城市化进程。如当前对农村居民全面开放的只是城镇户口，农民到大中城市落户的制度障碍依然存在；农民获得城镇户口的条件是必须购买住房，而城镇的房价又很高，农民能够实现的积累有限，因此这种以货币构筑的新门槛对普通农民来说仍然难以逾越；户籍制度改革的目标是淡化户籍管理，但是其他制度改革不同步又强化了户籍的重要性。比如，就业制度的中观和微观层面对拥有本地户口居民的保护，中小学招生只面向本地生源等。因此，这就要求我们积极推进户籍制度的深化改革，积极消除城市化的制度障碍。

土地制度分为城镇土地制度和农村土地制度。当前的城镇土地制度仍然存在严重的问题，突出地表现为城镇土地的批租制度提高了城市化的门槛。根据规定，土地使用权出让最高年限视土地使用性质的不同为 40~70 年，并且“土地使用者应当在签订土地使用权出让合同后 60 日内，支付全部土地使用权出让金”。这种土地使用权批租隐含有重大的问题，因为开发商需要一次性交付很高的土地出让金，他们为了尽快收回高昂的土地出让成本，只能将其作为成本打入商品房价格或土地价格中，昂贵的房价和土地价格又使农民和企业投资者望而却步。昂贵的房地产价格不仅降低了房地产市场的需求量，而且也限制了企业和农民向城市的集聚，从而不利于城市化。因此，需要进一步深化城镇土地制度改革，将本来一次性收回的土地出让金依据土地出让年限分 40~70 年收回（考虑利息）。因此，我们应加快城镇土地制度的进程，并与房地产市场改进和城镇建设投融资体制改革相结合，以规范房地产市场，拓宽建设融资渠道，从而促进城市化进程。

目前，我国农村土地的基本制度是家庭承包经营制，土地使用权制度方面的流转失灵限制了土地规模经营和农业现代化进程，从而限制城市化进程。因此，我们要进行农村土地改革，将之建立在对土地所有权与使用权相分离的基础上，建立农民承包土地使用权的流转机制。土地规模经营是提高农业生产的机械化程度和农业劳动生产率的前提条件，也是农民增加土地技术投入、提高农业现代化水平的前提条件。伴随着中国城市化的迅速推进，农业土地规模经营开始成为可能。首先，中国的就业结构正在发生着根本性的变化，农村劳动力无论是绝对量还是相对比重都趋于下降。农业劳动力绝对量的下降大大降低了土地经营的压力，为土地进行规模经营提供了基础。其次，由于规模经营土地能够带来规模经济效益，因此仍然愿意从事农业的农村劳动力希望多承包土地，扩大经营规模。我们应通过制度规范，将一部分愿意转让土地使用权的居民的土地顺利地让渡给愿意进行规模经营的劳动者手中，而为达到此目的，则需要建立农村土地使用权流转机制。

总之，土地既是一种商品，又是不可再生的自然资源，这是土地的两个特性。现有土地管理制度忽略了前一特性，对城市化构成障碍，因此，要改革。但完全由市场来调节土地的供需，又忽略了土地的第二个属性，造成城市化进程中土地资源的浪费。因而我们要建立起以市场调节为主，以政府适当干预为辅的土地管理制度。

当前的社会保障制度存在着一个重大问题，就是将进入城镇就业和落户的农民排除在绝大部分社会保障享受对象之外。其中最低生活保障明确不包括建制镇居民和农民工人，其他社会保障（失业保障、医疗保障、养老保险）对农民工能够享受的程度或者含混不清，或者干脆将他们排除在外。这样，城市不能满足农村居民在城镇稳定生活所需要的基本条件，大大阻碍了农业人口进城的步伐。因此，应为进城农民提供以下保障：失业保险、医疗保险、养老保险，以及最低生活保障。建立城乡统一的社会保障网可解决这一问题，促进城市化水平提高。

3. 区域的环境条件对城市化的影响

我们将区域的环境条件分解为三个部分，分别论述这三个部分对区域城市化的影响。

（1）自然环境条件对城市化的影响。众所周知，自然环境宜人的区域具备更好的区域发展条件，为城市化过程中的经济产业社会发展提供更好的空间基础，扫清城市化发展的自然障碍。如长江三角洲的沿江沿海城市的城市化初期无不得益于得天独厚的地貌、水文、植被、气候条件。而且，在城市化向中高级发展的过程中，正是因为这些自然环境条件有利于区域内、区域间各种要素的流动性，所以，长江三角洲整个区域的城市群和城市带的发展水平较之国内其他区域要更高一些。同理，自然生态环境的恶劣会大大降低居住环境的舒适度，提高生态环境要素的开发、使用成本，进而排斥居住人口，抑制城市化。从投资者的角度讲，自然生态环境是地区竞争力的重要方面，低下的自然生态环境会降低投资环境竞争力、排斥企业资本、减缓城市化。例如，中国的西北内陆一些省区，如西藏，植被稀少，气候严寒，土地贫瘠，海拔高度过高引起空气稀薄，人们呼吸困难，这些都成为排斥人口居住的重要因素，因此也决定早期的城市化的低水平。同时，地貌以高原为主，因为高原的阻隔不利于要素流动，因此城市化发展的后期，它只能形成几个孤立的中小城市，阻碍了这些城市向彼此间形成合理分工、要素合理流动的城市群、城市带的发展。

我们将中国的自然环境分为以下几种类型，分别论述其对城市化的影响。如沿海沿江平原区、内陆平原或丘陵区。丘陵区最适合城市发展，城市化水平高，形成城市群或城市带；内陆高原区，不甚适合城市发展，因此，只能形成孤立的几个中小城市。

(2) 资源、能源储备与开发状况对城市化的影响。资源能源为工业化和城市建设提供原材料，我国的资源和能源区域分布极其不均衡，且人均占有量差异巨大，如资源或能源富集的区域往往会利用这个优势进行城市的职能分工，发展专业化的城市，如富集煤矿或铁矿的城市，就发展成采煤或冶金业城市，如鞍山、攀枝花、包头等，这些区域利用资源能源优势通过合理开发迈开了城市化的步伐，当然这些城市建设的例子都是在新中国成立初期、改革开放前夕完成。同理，资源能源缺乏的区域也会因为土地、电力、天然气、水等供应的不足和相应供应成本的增高而抑制城市化的发展进程。自从交通运输条件发生了日新月异的变化，资源能源可以更方便地实现跨区域流动，他们对城市化和城市发展建设的制约作用也就越来越小。目前，我国正在实施全国性的资源调度工程，如南水北调、西气东输、西电东送，以协调各个不同区域在城市化的过程中的资源和能源的需求量，以期在全国范围内更高效、更节约地利用这些资源和能源。

(3) 区位因素对城市化的影响。良好的区位条件会影响城市化水平，增强城市化的经济效益，如交通枢纽地区、沿海沿江城市等，这些区域的发展具有良好的要素流动条件，具有良好的区域外向性，通过贸易和区内、区际合作，实现资源的有效配置，生产效益的最大化，从而拉动区域经济发展，促进城市化水平提高。同理，封闭的区位条件也会限制要素流动，进而制约城市化的发展。

正是因为上述环境条件在中国分布的不均衡性，并且这些不均衡的环境条件不仅造成现在的城市化水平的区域差异，而且将深化未来的城市化水平差异。因此，我国的城市化要实施不均衡发展战略，根据各区域的不同的条件和基础，因地制宜，制定不同的城市化发展方针。

另外，生态环境污染对城市化的阻碍不容忽视。生态环境中的重要污染或灾害性事件也会影响城市化进程，有些是通过影响城市周边农村区域而间接影响城市化的，比如，酸雨沉降、污染灌溉造成大片农田颗粒绝收，致使农业基础受损和大批农民破产。还有些恶性事件则直接对城市造成破坏，比如，水土流失引发洪涝灾害破坏城市基础设施从而影响城市化等。再如，“三废”污染降低土地质量，增加建设、修复成本进而影响城市化进程等。

## 三、城市化与经济、社会、环境发展协调度的内涵及测度

城市化是一个社会、经济、空间的结构变化的过程，因此单纯以经济指标衡量城市化是否协调，不仅忽视了自然资源和环境要素，也不能正确反映社会发展水平。而协调性的城市化若不能促进一系列社会发展目标和环境目标的实现，就不能承认其为真正意义上的协调。因此，未来的区域城市化应当是兼顾经济效益、社会效益、环境效益的协调型的城市化，衡量城市化协调度的时候不仅要考虑到城市化与传统的经济发展水平之间的关系，还要考虑到城市化与社会发展水平、环境状况之间的相互作用和影响。

### （一）协调度的概念与内涵

协调度是探索人口城市化与经济发展水平、社会发展水平和环境状况这三个因素之间的协调程度而得出的规律，协调度=城市化水平/区域社会经济环境质量。它不仅强调城市化与经济发展之间的平衡，而且强调城市化与社会发展、环境状况之间的平衡。它包括三个层面：城市化与经济协调发展、城市化与社会协调发展和城市化与环境协调发展。与以往协调度不同之处在于它要求我们衡量城市化协调度的时候不仅要考虑到城市化与传统的经济发展水平之间的关系，还要考虑到城市化与社会发展水平、环境状况之间的相互作用和影响。也就是不仅强调城市化量的增长，而且要重视城市化的真实效率和质量的提高。它体现了城市化不仅要实现经济效益，而且要兼顾社会效益、环境效益的长远和可持续的目标。

具体做法是，用经济、社会、环境三个方面的系列指标来测度城市化的发展水平，寻求它们之间的关系。建立一个综合性的指标，该指标能够较准确地反映该国或该地区的经济、社会、环境质量水平所允许和要求的城市化水平。指标体系中，社会文化、观念、居民消费等指标及环境质量、资源利用效率等指标表明，协调度不仅是一个衡量城市化水平的指标，还是一个衡量城市化质量的重要依据。

### （二）协调度的测度指标体系、表征及意义

1. 协调度指标体系

城市化指标体系从大的方面应该包括经济指标、社会指标和环境指标等方面，而这些指标可以进一步细分，从而构成一个指标集合。我们通过相关性分析、聚类分析、因子分析和回归分析等方法，在遵循指标含义的明显性、描述差异的鲜明性、数据的可得性、指标的全面性（指标尽可能少、具有客观性、具有数据可比性）等原则的基础上来选择。我们选用的一级指标分为经济、社会、环境三大类，二级指标体系共有 13 个指标组成，三级指标共 43 个（见表 1）。

**表 1　城市化与经济、社会、环境发展协调度指数**

<table>
<tr><td rowspan="35">城市化与区域经济、社会、环境发展协调度指数</td><td rowspan="11">经济指标体系</td><td rowspan="2">经济发展总体指标</td><td>人均 GDP</td></tr>
<tr><td>全社会劳动生产率</td></tr>
<tr><td rowspan="4">农业与农村经济主要指标</td><td>农业增加值增长率</td></tr>
<tr><td>农业现代化率</td></tr>
<tr><td>农业劳动生产率</td></tr>
<tr><td>农民纯收入</td></tr>
<tr><td rowspan="3">产业结构的指标</td><td>第三产业占 GDP 比重</td></tr>
<tr><td>第三产业增加值占 GDP 比重</td></tr>
<tr><td>非农产业占 GDP 比重</td></tr>
<tr><td>人均收入水平指标</td><td>人均收入水平</td></tr>
<tr><td>市场化程度指标</td><td>市场化程度</td></tr>
<tr><td rowspan="16">社会指标体系</td><td rowspan="3">人口与消费主要指标</td><td>居民消费支出构成比例</td></tr>
<tr><td>耐用消费品普及率</td></tr>
<tr><td>人均居住面积</td></tr>
<tr><td rowspan="6">教育与科技进步主要指标</td><td>人口平均受教育程度</td></tr>
<tr><td>教育经费占 CDP 比重</td></tr>
<tr><td>每万人口大专学历人数</td></tr>
<tr><td>科技进步贡献率</td></tr>
<tr><td>研究与开发经费占 GDP 比重</td></tr>
<tr><td>科技成果转化率</td></tr>
<tr><td rowspan="6">文化、卫生与体育主要指标</td><td>人均文化消费支出</td></tr>
<tr><td>广播电视人均覆盖率</td></tr>
<tr><td>人均文化事业财政补助</td></tr>
<tr><td>每千人口医院床位数</td></tr>
<tr><td>全民体育锻炼达标率</td></tr>
<tr><td>人均竞技体育获奖数</td></tr>
<tr><td>非农产业的就业结构指标</td><td>非农业从业人员占全部从业人员比重</td></tr>
<tr><td rowspan="8">资源与环境指标体系</td><td rowspan="5">环境质量主要指标</td><td>大气总悬浮微粒年日均值</td></tr>
<tr><td>饮用水质达标率</td></tr>
<tr><td>“三废”处理率</td></tr>
<tr><td>城市噪声达标率</td></tr>
<tr><td>城市绿化覆盖率</td></tr>
<tr><td rowspan="3">环境保护主要指标</td><td>排污收费率</td></tr>
<tr><td>环保投入占 GDP 比重</td></tr>
<tr><td>环保产业占 GDP 比重</td></tr>
</table>

续表

| | | | |
|---|---|---|---|
| 城市化与区域经济、社会、环境发展协调度指数 | 资源与环境指标体系 | 资源利用指标 | 土地利用率 |
| | | | 森林覆盖率 |
| | | | 资源利用效率：万元 GDP 所耗费的能源、水量 |
| | | | 水资源开发利用率 |
| | | | 能源平均消费弹性系数 |
| | | 生态系统主要指标 | 城市人均绿化面积 |
| | | | 生态农业面积 |
| | | | 荒漠化防治率 |

（1）经济指标体系。众所周知，区域城市化和区域的经济发展之间存在千丝万缕的联系，二者之间存在高度的吻合。具体经济指标如下：

1）经济发展总体指标：人均 GDP、全社会劳动生产率。表达经济子系统的人均 GDP 是迄今为止反映人类经济活动最重要的综合性指标。以人均 GDP 与城市化水平的关系来分析城市化与经济发展的关系，相对来说能比较全面地描述城市化水平与经济的吻合度。从理论上说，人均 GDP 的增长必然伴随着城市化的加速。

2）农业与农村经济主要指标：农业增加值增长率、农业现代化率、农民纯收入、农业劳动生产率。农业是城市化的内在动力机制之一，它的发展形成城市化的推力。理论上讲，农业增加值增长率、农业现代化率、农民纯收入、农业劳动生产率的提高和增加会产生剩余劳动力，这些剩余劳动力从农村向城市转移，必然会加速城市化的进程。

3）产业结构指标：第三产业占 GDP 比重、第二产业增加值占 GDP 比重、非农产业占 GDP 比重。产业结构的经济指标是经济发展水平和质量的重要标志，同时也是反映城市化质量的一个重要标志。城市化过程实质上是产业结构由低级向高级不断演进的过程。按照库兹涅茨定律，农业向工业转化、再由工业向第三产业转化是产业结构演化的一般规律。按照配第—克拉克定理，随着人均国民收入水平的提高，劳动力首先由第一产业向第二产业转移，当人均国民收入水平进一步提高时，劳动力便向第三产业移动。城市化正是这些定理的最好体现，因为城市经济的特征就在于第二、第三产业较为发达。反映产业结构城市化的指标主要有第三产业占 GDP 比重、第三产业增加值占 GDP 比重、非农产业占 GDP 比重、非农产业从业人员占全部从业人员比重。这些指标不仅可以反映一国或地区的城市化水平，而且可以反映其城市化所处的阶段。以非农产业占 GDP 的比重与城市化水平的关系来分析城市化与经济发展的关系，相对来说能比较全面地描述城市化水平与经济的吻合度。因为经济发展导致城市化的过程当工业产值占到 GDP 一定比重以后，主要是非农产业的发展起主导作用的。从理论上说，非农产业的增长必然伴随着城市化的加速。同理，非农业从业人员占全部从业人员比重的增加也必然伴随着城市化的加速。

4）人均收入水平指标：人均收入水平的提高通过影响劳动力在三次产业间的转移和

影响需求结构来提高城市化水平。

5）市场化程度指标：研究表明，市场化程度和城市化水平呈现正相关关系，市场化程度越深，就越有利于实现城市化过程中要素的集聚，而要素集聚的关键是要素的自由流动，如人口的自由迁徙、资本的自由流动等。因此，积极推进市场化程度的深化，消除要素流动中的制度阻碍，形成一个各地制度环境大致相同的体制环境，为城市化铺平道路。

（2）社会指标体系。社会子系统包含国民素质、基本社会服务和社会结构三个主题，分别从不同侧面概括地反映了社会全面发展战略中稳定人口、改善卫生健康和基础教育、提高科技水平、满足生活基本需要、适度城市化、促进社会参与和社会公平等基本内容。这些指标反映了城市化和人们的社会观念、文化、消费之间的相互影响。城市化过程不仅仅是人口由乡村向城市转移的过程，而且是生活服务设施不断完善、居民生活质量不断提升的过程。如果人们的生活消费、社会文化、价值观念仍停留在传统落后的状态，那么这种城市化并不是真正意义上的城市化，或者只能称其为低级城市化。

反映城市化和社会发展水平相互关系的指标主要包括：

1）人口与消费主要指标：居民消费支出构成比例、耐用消费品普及率、人均居住面积。城市化和经济发展最终表现为人们的生活水平全面提高，居民消费支出构成比例、耐用消费品普及率、人均居住面积等指标是反映生活水平、生活质量的重要指标。同时，这些指标也是反映城市化质量的重要指标。理论上，人们的消费水平、生活质量的提高和城市化水平的提高应该存在正相关的关系。

2）教育与科技进步主要指标。①教育指标：人口平均受教育程度、教育经费占 GDP 比重、每万人口大专学历人数；科学技术主要指标：科技进步贡献率、研究与开发经费占 GDP 比重、科技成果转化率。②教育水平中基础教育的普及直接关系到整个国家或区域国民基本素质的高低，高等教育则构成国家或区域人才制约因素的“瓶颈”。整体的教育水平关系到国家或区域的长远发展潜力、创新能力，不仅是先进发达地区长足发展的动力，也成为落后地区发展的制约和阻力。一方面，教育水平间接影响着城市化的进程和质量；另一方面，城市化的结果必然带来整个区域教育水平的改善和提高。科技进步在当代社会中扮演越来越重要的角色，一方面，它通过提高农业劳动生产率，甚至整个社会的劳动生产率促进城市化的进程；另一方面，它所带来的交通、通信方式的巨大变革也影响着城市化的方式和进程。

3）文化、卫生与体育主要指标：广播电视人均覆盖率、人均文化消费支出、人均文化事业财政补助、每千人口医院床位数，体育指标有全民体育锻炼达标率、人均竞技体育获奖数。城市化的最终结果包括社会的全面进步，文化、卫生与体育是社会进步的重要方面，上述广播电视人均覆盖率、人均文化消费支出、人均文化事业财政补助、每千人口医生数、每千人口医院床位数、体育指标有全民体育锻炼达标率、人均竞技体育获奖数、与国外体育交往次数和人数等是反映文化、卫生与体育进步的重要指标，从理论上讲，他们的提高和增长与城市化的加快呈正相关关系。

4）非农产业的就业结构指标：非农业从业人员占全部从业人员比重。描述了理论上人口相对地向城市集中的要求。一般地说，非农产业的就业人口的生存空间主要在城市，其居住地也主要在城市。城市化的过程实质上也是就业领域变化的过程。但人口是否真的向城市集中又是另外的问题。城市化的实际水平与非农产业就业人口占全部就业人口的比重，也反映了城市化与社会发展的吻合程度。

（3）资源和环境指标体系。城市化的过程是一个人与自然、人与环境相互作用的过程，一方面，城市化的过程会对资源的利用、环境质量状况产生影响，同时城市化伴随的工业化还可能造成严重的环境污染和生态危机；另一方面，资源、地理环境状况也会对城市化的进度、规模等产生影响。总之，耕地、水、森林、矿产、燃料储量等自然资源是促进城市持续发展的重要物质条件，如果恣意掠夺性开发而不加爱护，就会使本地区的可持续发展失去宝贵的自然资源基础。而环境质量直接反映人类对周围环境的影响，环境污染对人类的潜在威胁，以及人类在治理和资源保护方面的努力。我们选取的资源和环境指标如下：

1）环境质量主要指标：大气总悬浮微粒年日均值、饮用水质达标率、"三废"处理率、城市噪声达标率、绿化覆盖率。

2）环境保护主要指标：排污收费率、环保投入占 GDP 比重、环保产业占 GDP 比重。

3）资源利用指标有：土地利用率、森林覆盖率、水资源开发利用率、资源利用效率、万元 GDP 所耗费的能源与水量、能源平均消费弹性系数。

4）生态系统主要指标：城市人均绿化面积、生态农业面积、荒漠化防治率。

2. 协调度指数的意义

其一，上述协调度指数，与以往只论述城市化与经济发展水平关系的协调度指数不同之处在于，以往的指数只强调了城市化是一个经济过程，经济发展水平是城市化过程的内生因素，它忽视了城市化同时也是一个社会过程，是一个可持续发展的过程，社会因素、环境因素等外生因素同样对城市化的发展水平、发展质量、区域差异等方面发挥着重要影响和作用。

其二，以往的城市化与经济发展水平关系的协调度指数内涵较为狭隘，它主要反映城市化数量水平。如今，我们的协调度指数综合了人口与消费、教育科技、文化卫生体育及环境质量、资源利用效率、生态环境等因素对城市化的影响，因此该指数不仅能反映城市化的水平，而且能反映区域的城市化质量。

其三，上述协调度指数体现了区域可持续发展的理念。区域可持续发展是区域中城市、乡村的数量、规模和结构由小到大、由低级到高级、由不协调到协调、由非持续到可持续的变化过程。城市可持续发展的内涵，从城市规划与设计的角度看，可持续的城市必须与其自然环境相适应，与环境和谐一体；从城市生态专业看，可持续的城市与社区不仅要有良好的生活环境，还应与政治、经济和文化相和谐，是一个健康、自立且能自然平衡的社会—经济—自然复合态系统。从城市化的角度看，这种可持续发展，就是城市化既要和经济发展水平相协调，又要和社会发展、环境状况相协调，它表现在三个方面：生态持续性、经济持续性和社会持续性。这三者是紧密联系、不可分割的整体。这三者顾此失彼，容易引发如二元结构矛盾、资源枯竭、环境污染等社会、环境问题，区域走可持续发展之路，意味着生产方式、生活方式、价值观念、社会制度等方面都将发生根本性的转变。因此，我们用经济、社会、环境的综合指标体系来衡量城市化的协调度指数深刻体现了可持续发展的理念。

其四，协调度指标通过经济、社会、环境的发展来衡量城市化的进程、城市化质量、城市化水平，最终为国家和区域的城市化发展战略的制定、政策的调整、对策的执行提供依据、参考和决策支持。

总之，在目前城市化进程中，只讲经济效益，不顾社会效益、环境效益，只顾眼前利益，不顾长远利益，只注重城市利益，不注重农村利益的现象普遍存在。“凡事预则立，不预则废”，我们建立一个经济、社会、环境三大系统的指标体系目的就是给城市化一个衡量的标准，并根据这些指标来合理调整城市化进程的弊端，预防和纠正城市化飞速发展过程中出现的众多问题，最终实现协调型的、可持续的城市化，能够带来区域经济、社会、环境全面发展的城市化，而不是一味地追求经济发展、经济效益，重视量的增加，忽视质的提高的城市化。

## 四、用协调度划分的城市化类型

### （一）协调型城市化

协调型城市化即同步的城市化模式。这里的所谓“同步”并不一定意味着城市化水平与工业化水平完全一致，而主要是指城市化与经济发展呈显著的正相关关系，城市化率与工业化率（工业劳动力占总劳动力的比重或工业总产值占国民生产总值的比重）互相协调，城市人口的增长与人均国民收入的增长相对一致，农村人口城市化的数量与经济发展提供的城市就业量大致平衡，城市化的发展与农业提供的剩余农产品基本适应。这是一种经济发展推动型的比较合理的城市化道路，它能够实现城市化与工业化和社会经济的同步发展。

当然，我们不能要求城市化水平的提高与经济发展保持同一速度，否则城市集约型的经济效益就失去了。从定性来分析，由于第二产业、第三产业的效益高于农业，而劳动的密集程度低于农业，由经济结构变化引起的城市化进程其速度必然要低于经济增长的速度。但城市化既然是由经济发展所引起的，城市化水平与经济发展水平之间就会存在某种具有规律性的关系。城市化与经济发展水平、社会发展水平、环境状况同步正比增长和提高，就是协调型的城市化。

## （二）不协调型城市化

其特征就是城市化速度大大超过经济、社会发展和环境改善的速度，同时以牺牲农业为代价，这种城市化缺乏工业和农业发展的基础，被称为“过度城市化”。城市化与经济发展水平、社会发展水平、环境状况发展不同步，存在超前或滞后，“超前型城市化”又称过度城市化，即城市化水平大大超过经济、社会、环境的发展进步速度，造成了城市化水平与三者的脱节。滞后型城市化是城市化水平落后于经济发展水平，更不能兼顾社会发展水平及生态环境的建设和改善。

1. 超前型城市化

超前型城市化（Over Urhanization），又称过度城市化。是指城市化水平明显超过工业化和经济发展水平的城市化模式。城市化的速度大大超过工业化的速度，城市化主要依靠传统的第三产业（传统的生活性、商业性服务）来推动，甚至是“无工业化的城市化”（Urbanization Without Industrialization），大量农村人口涌入少数大中城市，城市人口过度增长，城市建设的步伐赶不上人口城市化的速度，城市不能为居民提供就业机会和必要的生活条件，农村人口迁移之后没有实现相应的职业转换。总之，城市人口的增长和真正的城市化（就业性质、生活质量、文化教育水平等方面全部转入城市生活方式）日益脱节，这是一种以牺牲农业发展为代价、造成严重的“城市病”、不利于经济和社会健康发展的畸形城市化。这种过度城市化不仅没有带来高度工业化和经济繁荣；相反还使农业衰败、乡村凋敝，粮食由出口国变成进口国。

超前型城市化的城市化水平大大超过经济、社会发展水平和生态环境的建设和改善，表现为城市化水平能与发达国家、区域城市化水平一较高下，但是这些国家的经济发展水平远远不能跻身于发达行列。

在这种超前城市化区域，存在几种特有的现象。首先，贫民窟包围城市现象，大量由农村迁移到城市的农民由于在城市无法觅到合适、稳定的职业和居住场所，仍然缺乏经济来源，思想和观念也没有随着他们的迁移和城市进行融合，因此他们在城市的某些角落聚集，形成了包围城市或散布在城市角落的“贫民窟”现象。其次，城市化的超前，还会导致人口在某一个或几个大城市的过度集中。这种过度集中往往使得城市的首位度偏高，即某国或区域的大城市人口数和第二大城市人口数比值偏高。城市首位度是衡量一个国家或区域城市规模结构的一个有效指标，我们采取的指标是居住在最大城市的人口占城市总人口的百分比。首位度与一个国家的历史因素、自然地理因素、发展阶段、政府类型等因素密切相关，但最根本的还是经济因素。一般认为，首位度小于 2 表明结构正常，集中适当；大于 2 就结构失衡，过度集中。而拉美的一些国家，如阿根廷和秘鲁城市首位度竟然超过10。

造成过度城市化的主要原因是二元经济结构下形成的农村推力和城市拉力（其中推力作用大于拉力作用），而政府又没有采取必要的宏观调控措施。具体分析如下：

其一，从劳动力转移的动力角度分析“超前城市化”的成因。“超前城市化”中，劳动力大量进入城市在相当程度上是由于城市的拉力而非农村的推力造成的。传统城市化是由农业现代化、农业劳动生产率的提高生产出大量的剩余劳动力为基础的，即农村的推力造成了劳动力的大量转移。“超前城市化”是由城市比农村较高的劳动生产率、较好的生产、生活条件、较高的工资水平所形成的拉力造成的，这种拉力归根结底是由农村和城市的巨大经济、社会差距造成的。

其二，国家发展政策的倾斜导致了大城市高速发展。国家把发展重点都放在城市，工业、基础设施的发展、价格政策和投资优惠都明显向城市倾斜，相比之下，本来就落后的农村地区就更加缺少发展空间了。农村落后的生产关系带来了广泛的贫困问题，农村人口的增长驱使大批劳动力到城市地区谋求生路，城市较高的发展水平和生活水平也吸引着农村居民向城市迁移。以泰国为例，泰国的城市化起步晚、起点低，但进入 20 世纪 70 年代后，城市化速度明显加快，城市人口平均增长率达到 53%，而同期农村人口增长率仅为 23%，80 年代城市人口增长率也超过农村的 34%。

其三，农村的经济落后，农业劳动生产率低下、农民收入持续偏低导致农民失业、经济来源微薄，从而大量农民为求生存、为求温饱涌向城市谋求就业机会。由于城市有限的吸纳能力和农村居民的素质限制，很多移民只能在一些低级的第三产业部门勉强就业，实际上也是处于失业或是半失业状态。他们和大量找不到工作的移民一起沦为城市贫民，生活在城市的最底层。

“超前城市化”表明，这种城市化不是由工业化及农业的劳动生产率提高所推动的，而是由大量贫困的乡村移民造成的。因此，只有加快农村的发展，缩小城乡差别，提高农民的生活水平，促进农村综合发展，特别是发展非农产业，使农村经济多元化，才能吸收来自农业部门的过剩劳动力，使城市化发展与整个国家的工农业发展相适应。

上述两种超前城市化现象都会给城市、区域或国家带来负面影响。贫民窟包围城市现象不仅破坏了城市的形象和城市景观，而且加大了城市的建设压力、交通压力。俗语称，物极必反，这些贫民窟的聚集也给城市安全带来威胁，给城市的治安和秩序带来难题。而人口在某些大城市的过度集中则会带来“大城市病”，它使城市的交通、住房等基础设施以及水等自然资源面临空前的紧张；同时也使人们在城市生活的时间、金钱、心理成本升高。部分“过度城市化”的城市或区域由于人口基数太大，城市人口的绝对数在一定时期内还会继续增长，使原来就已经存在的环境污染、强占定居、失业、通货膨胀等城市问题更加严重。而且，由于少数几个城市的“过度城市化”，限制了其他小城市的发展；而城市布局的不合理，致使城市在国家经济社会发展中不能起到应有的辐射扩散作用，从而无法带动整个国家或区域的腾飞。

“超前型城市化”的调整对策如下：

其一，采取宏观调控措施，对人口、工业进行分散。以东南亚的国家为例，如印度尼西亚采取了人口转移计划和工业疏散政策；马来西亚制定了旨在缩小地区差别的发展措施，重视发展新型城镇，开发新土地和有计划地进行移民，鼓励国内外厂商到落后的地区办厂，以推动当地经济的全面发展；菲律宾也实施了人口迁移的计划，把限制马尼拉的增长作为首要目标；泰国则提出了分散繁荣的政策，大力推进东海岸的建设，制定各种优惠条件，促进国内外资本到内地投资，开发次区域中心。

其二，解决“三农”问题。首先，发展农业的产业化经营，发展规模经营。农业的产业化就是以市场为导向，按专业化组织农业生产，形成农工商、生产、加工、销售一体化的生产经营模式，使农业成为市场化、社会化、集约化的农业。显然，农业的产业化要变革土地承包制度，完善农村土地使用权流转机制，通过制定土地使用权转让的法规，让农民根据自己的意愿有偿转让土地使用权，使分散的土地向专业户集中，进而实现土地的规模经营。其次，加大农业投入、提高农业劳动生产率。加大对农业、农村基础设施和农业科技的研究与推广投入。用先进适用技术对农业和整个农村经济进行根本改造。最后，加大农村税费改革的力度，提高农民收入。

其三，缩小城乡差距。城乡之间有一定的差距是正常的，也正是差距的存在才促进了城乡之间要素的流动，促进了城乡的共同发展。但城乡差距过大，反过来就会成为发展的障碍。缩小城乡差距除了要加大农业投入、综合发展农村地区外，笔者认为最重要的是要均等城乡的教育机会。就中国而言，均等城乡受教育机会固然有难度，但一定要把发展农村基础教育及初、中等职业教育提上日程。

其四，发展农村城镇化，发展小城镇，降低设镇标准。实现农村城镇化在四个方面都要达到一定标准：人口比例、社会标准、经济标准、社会环境标准。在我国实现农村城镇化的过程中要注意软结构建设问题，即城市化与农民心态、文化的转变问题；同时要采用农村用地微调政策，促进农村非农产业人员与土地解耦；最后要注意改革现行户籍制度，使其利于农村城市化。

2. 滞后型城市化

“滞后型城市化”（Underurbanization）是指城市化水平落后于经济、社会发展水平和环境改善状况的城市化模式。滞后城市化产生的主要原因是政府为了避免城乡对立和“城市病”的发生，采取了种种措施限制城市化的发展，结果不仅使城市的集聚效益和规模效益都不能很好地发挥，工业化和农业现代化的进程及城市文明的普及受到严重阻碍，而且还引发了诸如工业乡土化、农业副业化、离农人口“两栖化”、小城镇发展无序化、生态环境恶化等“农村病”现象。这是一种违背工业化和现代化发展的城市化模式。改革前的中国城市化是这种城市化的突出代表。1980 年，世界城市人口的比重为 42.2%，发达国家为 70.2%，发展中国家为 29.20%，而中国城市人口比重仅为 19.39%。尽管改革初期城市化的步伐加快，但在 20 世纪 80 年代，中国推行的是“离土不离乡，进厂不进城”的分布式的农村工业化模式，农村劳动力的职业转换不仅先于地域迁移，甚至没有引起相应的地域迁移，城市化进程明显慢于工业化速度。滞后的城市化既不利于工业现代化，也不利于农业现代化和居民生活的现代化。

“滞后型城市化”的根源如下：

其一，工业化发展不足是城市化滞后的经济根源。在经济发展的历史进程中，工业化与城市化犹如同胞兄弟，同生同长。工业化是城市化的经济内容，城市化是工业化的空间落实，是工业化的必然结果。因此，中国城市化的滞后绝不仅仅是简单的人口布局不合理的问题，它有着更深层次的经济根源：它是中国工业化发展不足的必然结果。在区域经济发展中，工业化和城市化相互关系的一般规律表现为以下过程：随着区域工业化水平的提高，非农产业就业比重相应提高，非农产业就业人口及其家属向城市迁移并引起城市人口比重的提高，工业化进程诱导城市化进程；城市规模的扩大，为工业发展提供良好的外部环境，吸引工业企业进一步集中，城市化反过来又促进工业化进程。但是，在中国由于特殊的发展历史，致使中国非农业产业就业比重的提高速度滞后于工业化水平的提高速度，同时市镇人口比重的提高速度又滞后于非农产业就业比重的提高速度，这双重滞后最终导致中国的城市化进程滞后于工业化。

其二，从产业结构的角度分析，这种就业结构的滞后主要由第二产业就业比重滞后及第三产业就业滞后造成的。前者主要是由于轻工业劳动密集型特性没有得到充分体现，其比较劳动生产率甚至高于重工业。合理的状态应该是：轻工业的比较劳动生产率较低，吸纳工业化过程中大量从第一产业转移的就业人数；而重工业则始终保持高技术密集型特性，比较劳动生产率高，技术进步快，从而为整个国民经济的发展提供了先进的技术装备，保证了产业的整体高素质。现实情况中，应该实现快速技术进步的重工业没有相应地实现技术进步，劳动生产率低，产品的国际竞争力弱；应该大规模吸纳劳动力的轻工业技术进步快，吸纳劳动力能力有限。轻工业的技术从总体上看处于低梯度上，因此，工业的整体技术水平和产业素质难以提高，同时工业吸纳劳动力的能力也相应降低，并严重限制了城市化进程。后者主要由于第三产业比重低，发展严重滞后。在中国，它与乡镇企业发展的弱质性有千丝万缕的联系。由于非农产业人口的集聚是城市化水平提高的前提，中国第二、第三产业就业均滞后于工业化，必然导致中国城市化总体水平的滞后。

其三，中国的城市化水平还因为市镇人口比重又滞后于非农产业的就业比重而显得更加滞后。一个完整的城市化进程划分为两个环节：首先实现职业转换，即人口从农业转向非农产业，实现非农化；其次实现地域转换，即人口从农村进入城市，实现城市化。非农化与城市化之间存在一个时间差，在这个时间差内作“钟摆式”流动的半城市化人口就是中国改革开放以来城市化滞后的最直接的体现。改革开放以来，乡镇企业提供了一半以上的非农产业就业机会。但是，这些乡镇企业的就业职工大部分是“离土不离乡、进厂不进城”，他们并没有真正地向城市集中，其职业非农化了，居民身份并没有城市化，致使市镇人口比重的提高滞后于非农产业人口比重的提高。1978~1997 年中国非农产业就业人数年均增长 5.8%，同期市镇人口的年增长率仅为 4.1%，城市化水平每年滞后 1.7 个百分点。

其四，从制度角度分析，户籍制度、土地制度、社会保障制度、就业制度等都可能成为限制农村人口进入城市的障碍。以中国为例，首先，典型的城乡隔离制度严格限制了农村人口进入城市。1958年以后实行的户籍管理制度，对农村人口进入城市进行严格限制。由于绝大部分农村居民被封闭在狭窄和单一的产业领域，落后的生产方式和生活方式依然如故。其次，城镇土地的批租制度提高了城市化的门槛。再次，当前的社会保障制度存在着一个重大问题，就是将进入城镇就业和落户的农民排除在绝大部分社会保障享受对象之外。最后，这些因素导致城市化的外在推力固然十分强大，但城市化的内在机制十分薄弱，而且付出了高昂的代价，城市数量的增加和城市规模的扩大，并不能成为城市化按其本身固有规律正常健康发展的标志。相反，由于这种发展以牺牲农业、剥夺农民当代价，依靠工业本身的自我循环，结果城乡差距拉大了，工业化的内在动力也在不断减弱，原有城市发展缓慢，城市综合功能下降。

其五，城市化滞后在中国有着特殊的社会根源。首先，因为中国的人口总量庞大，转移任务艰巨。1998年，我国人口总量达12.5亿之巨，超过了所有发达国家人口之和，占世界人口的1/5强，这意味着我国城市化水平每提高1个百分点，就要转移1250万农村人口，相当于一个中等人口规模国家的人口。其任务之艰巨可想而知。其次，由于在农村比在城市执行更为松动的计划生育政策。农村人口出生率要大大高于城市，政府所采取的一些积极的转移政策，往往被农村的高出生率所抵消。据统计，1952~1998年的46年间，农村净增人口3.65亿人，依然大于城市净增人口。在城乡执行不同的生育政策，也是导致我国城市化滞后的重要根源。

由于城市化进程的滞后，造成农业效率低下、农业现代化和产业化经营困难，消费内需不足、产业结构调整困难、教育文化等社会发展水平难以全面提高，环境和资源状况日趋恶化。具体分析如下：

第一，限制了农业的长足发展，限制了农业现代化的实现和农业的产业化经营。这两者的基本前提是农业的规模经营及农民基本素质的提高。改革开放以来，由于城市化滞后，进入乡镇企业的工人没有同时成为市民，他们并不放弃土地，致使农村土地的规模经营难以全面展开。实际上，中国的农业劳动力平均种植的耕地面积由1978年的5.26亩下降到1995年的4.1亩，下降了22.4%。小规模经营，加之土地报酬递减规律的作用，直接导致农民对经营土地缺乏热情，他们无意于为了几亩土地学习新的科学知识，掌握新技术。人地矛盾导致农民缺乏对现代化的追求是中国农业现代化步履维艰的重要原因。此外，面对3.47亿农业劳动力，国家普及农业技术的成本是巨大的，我国目前的国情、国力确实难以承担。

第二，导致产业结构调整困难，市场扩张能力弱。产业结构调整分为两个方面：一是产业内部，特别是制造业内部技术结构的升级；二是三大产业之间比重的转换。在发达国家，制造业内部技术结构升级的过程是大城市不断将较低技术的生产扩散给中小城市（含镇），腾出空间来发展高新技术产业的过程。在中国，小城市和建制镇经济发展“土”味太浓：产业以农产品加工为主，工厂在农村，职工是农民，小城镇的发展基本上还没有纳入城市现代产业发展的轨道，致使大中城市的产业扩散缺乏空间依托。从三大产业结构的转换看，第三产业发育、发展困难，其原因除了上述第二产业弱质外，另一个重要原因是缺乏市场需求。我国的市场需求从 20 世纪 80 年代的全面扩张到 90 年代中期的相对萎缩，是中国经济发展内在矛盾的必然体现。从市场结构看，可以分为生产资料市场、消费资料市场和服务业市场。生产资料市场需求来自企业，而在中国，作为近 20 年经济增长主要动力的乡镇企业，由 80 年代的迅速增长到 90 年代中期发展滞缓是生产资料市场相对萎缩的重要原因。我国消费资料和服务业的市场需求则明显分为城、乡两个群体，城市是高消费需求群体，乡村是低消费需求群体，城市化过程正是促使低消费需求群体向高消费需求群体转化的过程，城市化滞后则限制了这一转化的规模和速度，从而限制了我国消费品和服务业的市场扩张。矛盾逐步积累，最终体现为消费品全面过剩，服务业发展缓慢。

第三，不利于教育、文化等社会事业的全面发展，限制了人的现代化进程。由于农村的分散性以及农民收入的有限性，因为农村的教育、文化、信息、医疗、保健和娱乐等公共服务系统明显不如城市，目前中国农村人口中文盲、半文盲占 44%，小学文化程度占 37.2%，相比之下，城市已基本普及 9 年制义务教育。城市化滞后在阻碍农村人口向城市转移的同时，使这部分人难以分享城市公共服务，其素质自然难以达到城市的水准。城市化滞后，使得更多的国民远离现代化生产、生活方式，严重限制了人的进步和社会发展。毋庸置疑，倡导教育、文化、卫生事业的全面社会发展的战略重点在农村，但是难点也在农村。如 1995 年，中国仍有 30.5%的村庄未通电，这些地区的公共服务在短期内难有根本改观。允许并鼓励已从事非农产业、有可靠收入的农村居民及其家属移居城镇，使他们分享城市文明，并不要国家多少投入，而人们的教育、文化等素质，却可以因环境的变化得到迅速的改善。

第四，不利于资源和环境的可持续发展。中国的环境问题包括两个方面：一是生态环境；二是工业污染。1978 年以来，伴随着中国城市化进程的加快，中国农村人口总量仍然在增加。1997 年的乡村人口比 1978 年净增 7623 万，同期耕地却由 14.91 亿亩减少到 14.25 亿亩，也就是说，越来越多的农村人口仍然靠日趋减少的土地求生存，农民的生存空间在减少，其必然的后果是：为了生存，为了发展，农民不得不更高强度地开发利用土地资源，包括耕地过度施用化肥、农药，以及草原过牧、森林过伐，导致土地板结，地力下降，草原沙漠化，森林水源涵养力越来越低，洪涝灾害日趋频繁，生态环境日益恶化。1998 年，长江、松花江特大洪灾，唤醒了人们的环境意识，国务院有关部门郑重发布通知，禁止砍伐森林。但是，我们认为这不完全是行政命令能解决的，根本的问题是要给至今仍然依赖于脆弱生态环境生存的农民寻找更好的生存空间和发展机会，从根本上缓解环境压力。另外，从防治环境污染的角度分析，污染是各国城市化、工业化面临的共同课题。当前的环境状况日益让人担忧。大气污染居高不下，水质污染明显加重，工业废渣与日俱增，噪声污染日益扩大，环境质量整体还在恶化。城市化滞后是造成这种状况的一个主要原因。因为“农民进厂不进城”，乡镇企业布局分散，防治污染成本相对较高，这些企业防污治污的技术和管理水平相对较低，环保监管也难以到位，所以客观上给防污、治污增加了难度。据环保部门统计，近两年关闭的6.5万家治理污染无望的企业大多数是乡镇企业。加快城市化进程，引导乡镇企业向城镇工业小区集中，有利于加强对企业排污的监督，有效防止和控制污染，同时还能通过集中治污，降低企业治污成本，使经济发展和环境保护并行不悖。

滞后型城市化的调整对策如下：

其一，通过提高工业化水平为城市化奠定更牢固的经济基础。提高工业化水平不仅要加速工业化进程，而且要提高工业化质量。这关键要解决以下两个问题：第一，从产业结构角度调整轻、重工业的技术结构，在大城市和经济发达区域，努力发展深加工工业和技术密集型产业，加速重工业的技术进步，提高制造业产品的质量和国际竞争力。另外，在中小城市和较为落后的区域，除了发展为大中城市重工业配套的产业以外，更重要的是要发展轻工业。要充分发挥轻工业劳动密集型特性，以丰富廉价的劳动力资源替代稀缺的资金资源，发展劳动密集型的轻工业，扩大就业机会，为更多的民众能够参加到工业化的行列中来创造条件。第二，提高工业化的质量，就要关注工业化的微观主体即企业——国有企业和乡镇企业质量的提高。加快对国有企业的公司制改革，使之真正成为市场经济条件下富有竞争和活力的经济主体。这样企业为了追求经济效益，必然彻底改变“大而全”“小而全”的经营方式，大大减少企业办社会的非经济行为，为第三产业的发展提供社会条件。对于乡镇企业，除了资源指向极强的产业（如小水电、小型采矿业等）及服务业外，鼓励其尽可能地集中于小城镇发展，以便获取外部规模经济效益。因为适度规模经营才能产生集聚的内在要求，有利于改变乡镇小企业布局过度分散的局面和降低乡镇小企业生产成本，并通过规模经营取得更多的效益。由此可见，乡镇小企业的适度规模经营是解决城市化进程滞后于工业化进程的必由之路。

其二，加速第三产业的发展，更好地发挥第三产业的拉力作用。我们知道，第三产业的发展是城市化动力机制中举足轻重的动力之一。第三产业的发展，不仅吸纳众多的劳动力，从而通过劳动力的转移加速城市化的进程。而且第三产业的发展本身又会促进城市软、硬体系设施的完善和人民生活水平的提高，即促进城市化“质”的提高。这里我们要注意，发展第三产业不能在一片空地上发展，一般来说，第三产业的发展是在工业化发展所需生产性配套服务的增加和城市发展所导致的生活消费性服务的增加的基础上发展起来的，伴随着工业化的发展和城市规模的扩张第三产业发展起来。但是，在个别自然、社会发展条件特殊的地区，第三产业可以“超前发展”，我们可以考虑通过第三产业的发展带动整个区域的经济发展水平，促进整个区域的城市化。例如，赌城拉斯维加斯就是建立在无工业化以博彩等服务业为主的第三产业的基础上的。同理，对于一些受自然资源、区位条件、经济发展水平落后等条件限制，不适合发展工业的区域，我们可以考虑优先发展旅游、博彩、商业等对区域条件限制少，但见效快、对生态的压力和环境的污染也较小的第三产业。通过第三产业的发展快速带动城市化。

其三，走“区域化”的城市化发展道路。对于各个国家或者区域的城市化道路，笔者认为，应该立足于国家或区域的实际情况，从实际出发，因地制宜，选择不同的城市化发展模式。它根据各个区域的具体经济、社会发展水平，经济和环境发展容量，把一个国家或者大区域分区划片，划分成不同的区域或是子区域，然后各个区域分别制定自己的城市化模式。例如，在中国的“珠三角”“长三角”“环渤海”等经济区域，因为其本身城市化水平较高，经济、社会发展水平也较为突出，因此这些区域发展的重点就是城市化成熟阶段的发展模式，发展城市群、大城市带，不仅要培育和发展区域的经济中心，建造全国性乃至国际性的大都市，而且更要发挥这些区域的龙头和带动作用，带动整个区域的一体化发展。就城市化本身的发展而言，要把发展重点放在产业结构的调整与升级上，放在提高城市质量、提高城市的现代化水平上。如将第三产业发展成为重要的主导产业，加速大城市制造业结构的调整，尽快改变“大而全”的格局，选择 3~4 个支柱产业，以若干个大型企业集团为核心加以重点发展。实际上，以大城市为中心，以若干企业集团为龙头来组织区域经济，是中国未来时期产业组织的主要方向。另外，在中国的西部地区等落后地区，要采取分散性为主，有集中性的方式，大力发展小城镇，以扩大城镇网络结构及其覆盖面，并以此作为推进农村城市化的经济增长点。有两个方面的问题要密切注意，即明确功能分区和城镇建设用地的适度集中。同时，在小城镇的规划建设中，还有必要加强软环境的建设，加强生活设施的建设，发展多种职业教育、成人教育及业余文教体育活动，为城镇经济发展培养人才。只有大幅度提高居民的基本素质，小城市和建制镇才有可能接受新技术、发展新产品，才有可能提高技术在经济发展中的贡献率，从而由粗放经营向集约化经营过渡。同时，在落后地区，要有计划地发展大中城市，尤其在省会、交通枢纽等地区应注意大、中城市的建设。

其四，为了改变城市化滞后的状况，加快城市化进程，必须破除制度障碍，构建全新的制度基础。首先，要破除造成城乡分割状况的就业制度和户籍制度，通过改革与创新，形成有利于加快城市化进程的制度基础。从中国当前的制度特征看，直接影响城市化进程的制度主要包括就业制度、户籍制度、土地制度、社会保障制度、行政管理制度、城镇建设的投融资体制、市镇设置的有关法律制度。由于城市化本质上是人口在城市空间积聚的过程，而对这种积聚过程影响较大的是就业制度与户籍制度。传统计划经济体制下的就业制度与户籍制度是服务于重工业超前发展战略的城乡分割制度。这种制度阻碍了农民向非农产业和城镇转移，从而阻碍了城市化的进程。为了加快城市化进程，就必须打破这种城乡分割的就业制度和户籍制度。就就业制度而言，应无差别地对待农村居民和城镇居民，彻底消除对农村劳动力的歧视，建立统一的开放的全国劳动力市场。尽管《劳动法》已经明确了这一点，但体现在地方政府政策条文中的地方性劳动力保护政策对农村劳动力的歧视和体现在企业招聘职工中的歧视还普遍存在，而且后者通常以前者为前提条件。要真正建立全国性劳动力市场，加快农村剩余劳动力转移速度和城市化进程，就必须尽早根除对农村劳动力在城市就业的歧视，消除城市和农村劳动力就业机会事实上的不平等。就户籍制度而言，中国的户籍制度改革有两条途径，即裂变式改革与渐进式改革。实践证明，以身份证制度代替户籍管理、取消户籍制度以及与此相关的种种制度规定的一步到位的裂变式改革不符合中国国情。我们应选择渐进式改革的方式，即户口管理制度仍然保留，但逐步淡化户口作用，并且使户口迁移变得容易，为农村居民进入城镇、在制度上真正成为城镇一分子创造条件。当户口迁移变得很容易时，户籍制度对人口流动限制所导致的对社会经济发展的限制作用也就自然消失了，户籍改革任务就彻底完成了。为此，中国户籍制度今后要在以下三个方面进行改革：第一，放宽大中城市对农民户口迁入的管制，允许具备一定条件的农民自由选择进何种等级的城市就业与生活；第二，重新设定农村居民户口迁入城镇的条件，如取消必须购房的规定等；第三，加快与户籍制度直接相关的配套制度改革，如淡化就业、社会保障等制度中对户口的特殊要求，取消对外地户口的歧视性政策。

**主要参考文献**


[1] 马成文：《城市化进程的综合评价指标和方法》，《经济论坛》2001 年第 23 期。

[2] 叶裕民：《中国城市化之路——经济支持与制度创新》，商务印书馆 2001 年版。

[3] 叶裕民：《中国城市化滞后的经济根源及对策思路》，《中国人民大学学报》1999 年第 5 期。

[4] 冯俊：《中国城市化与经济发展协调性研究》，《城市发展研究》2002 年第 2 期。

[5] 孙超英：《发展中国家城市化道路及其借鉴》，《四川行政学院学报》2002 年第 5 期。

[6] 沈建国：《世界城市化的基本规律》，《城市发展研究》2000 年第 1 期。

[7] 陆大道、刘毅、樊杰：《中国区域发展报告 1999》，商务印书馆 1999 年版。

[8] 赵山：《农村工业化、农业现代化和农村城市化的关系探讨》，《乡镇经济》2001 年第 5 期。

[9] 周一星：《改革以来中国城市化道路及城市化理论研究述评》，《中国社会科学》2002年第 2 期。

[10] 林泉：《城市化指标体系的实证分析》，《城市问题》2001 年第 4 期。

[11] 陈斌：《城市可持续发展指标体系研究及其应用》，《长沙交通学院学报》2000 年第4 期。

[12] 饶会林：《城市经济理论与实践探索》，东北财经大学出版社 1998 年版。

[13] 郭梅军、原梅生：《我国农村剩余劳动力与城市化问题初探》，《山西财经大学学报》2002 年第 2 期。

[14] 徐海贤：《城市与区域研究及其相互关系》，《内江师范高等专科学校学报》1999 年第 2 期。

[15] 简新华、刘传江：《世界城市化的发展模式》，《世界经济》1998 年第 4 期。

[16] 谢文蕙：《城市经济学》，清华大学出版社 1996 年版。

# “山地住宅建设与发展”
## ——中国区域城市化研究的重点问题*

改革开放以来，我国在经济发展方面取得了举世瞩目成就的同时，城市化也获得长足前进。2000 年我国城市化水平达到 36.7%，进入国际公认的 30%~70%的城市化加速成长时期，这之后的城市化速度将以年均 1.0~1.4 个百分点向前推进。至今有关城市化的研究可以说是风起云涌，论著至少已有数十部，论文成百上千，但是“山地造城”的文章较为少见。只是在我们承担的教育部人文社科博士点课题（01JB790035 号）“中国区域化的城市发展道路研究”中，对不同经济发展类型区域的城市发展路径探讨时有所涉及。由于我国山地、高原、丘陵、沙漠占据了我国 80%以上的国土面积，中国国土经济学研究会发起举办的“中国山地住宅建设与发展研讨会”，实际上是倡议在我国加速城市化过程中城市布局地点的选择要充分结合国情、体现国情，是一个重要动议，是从中央到地方，从各级领导到一般群众都应该认真对待的重大国计民生问题。诚然，“山地造城”之中的文章问题是相当多的，欲把如此重大的问题研究深入，解决得好或比较好，我们认为必须按照中国地区差异大的特点，划分小同经济发展类型区域，做出系统深入的研究。结合我们正在完成的“中国区域化的城市发展道路研究”，认为要着重研究以下四个问题：

一是山地造城的基础理论研究。首先是总结山地造城的理论可行性研究，包括丘陵和山地（近山、浅山、中山、高原等）的适当区位造城，同平原地区造城的对比研究，及所造城市与其腹地的集聚与扩散效应分析，并纳入我国当前的区域城市化（区域化的城市）道路的理论之中。其中还包括总结各经济类型区域如何根据经济社会和自然条件布局城市，如何根据各经济类型区域的经济社会发展前景设置城市经济职能，如何根据城市经济职能设置城市经济结构、产业结构、行业结构，以及如何根据城市经济结构设置城市规模等山地城市化道路。

二是山地造城的现实基础研究。各经济类型区域的经济社会发展水平、发展阶段、经济社会发展的基本约束条件以及经济社会发展要素的空间组合和产业组合是山地造城道路的选择基础，应以省、市、区为分析的基本单位（诚然，若资料允许可细化或跨省）对上述经济社会条件分别做出分析，并设置系列评价指标，对上述经济社会条件做出综合评

* 参与者：张红。

判，划分出不同类型区域，归纳出不同类型经济区域的山地城市化道路。

三是山地造城的历史基础研究。评价和判别山地造城道路正确与否的标准，是山地城市发展是否符合其所在的经济类型区域的发展。为此，仍应以省、市、区为基础分析单位（若资料允许，可细化或跨省），分析既有各经济类型区域内城市职能结构及其发挥的作用，并设置系列指标，通过对山地城市职能结构，与其所在经济类型区域的经济发展相关性分析，找出各经济类型区域山地城市化的问题及其严重程度，为进一步研究奠定基础。

四是山地城市化道路的选择研究。鉴于各类型区域的经济社会和自然条件的不同，山地城市化存在的问题和城市化制约的因素不同，山地城市化的道路也会是不同的。这样就必须在前面理论研究和实证分析、分类基础上，为各类型经济区域制定出可供参考的"区域化"（具体区域特色）的山地城市化道路（路径）。在此基础上再为各"区域化"的山地城市化道路提供比较合理、合情的发展对策。

另外，在当今城市化过程中，还有几个要特别注意解决的问题：

（1）上述中国"山地造城"问题，是个涉及自然科学和社会经济科学极其复杂的土地科学利用问题，同时又是一个尚无系统总结与认识的城市化问题。因此，一开始就需要强调从实际出发，按照自然规律和经济社会规律，在各类型经济区域通过试点，遵循"实践—认识—再实践"的认识论和跟踪研究与总结、实践，逐步构造出具有中国特色的山地城市；同时总结出《中国山地造城土地利用科学》、《中国山地城市科学》。其间谨防一哄而起、一蹴而就的模仿、照搬。

（2）"山地造城"其内容和景观一定既要注重现代化，也要同当地的自然与人文景观相和谐，民族文化的发扬光大。

（3）要对农民进城后，其农村的原有住房、庭院等所占土地如何退为良田的办法、措施与政策做出研究与设计。

（4）要开展和加强"山地造城"的可持续性发展研究和山地各种自然灾害与山地城市发展的相关关系研究。

张敦富文集

# 三、投资环境

TOU ZHI HUAN JING

# 论投资环境*

在这一章里，我们将给出对投资环境这一概念的一些基本认识，以便使用这一概念对投资运动的规律做出科学分析，最终达到指导投资行为、避免重大投资失误的目的。我们将首先分析投资环境这一概念的含义及分类，然后介绍投资环境分析所依据的一些理论框架，最后阐明我们对于投资环境工作的一些基本看法。

## 一、投资与投资环境

要想理解投资环境是什么，首先必须明白什么叫作“投资”。

现代宏观经济学认为，社会在一年里新创造的财富叫作国民收入。马克思主义经济学认为，国民收入由“V+M”构成。国民收入的运用，一方面形成社会的消费，另一方面形成社会的储蓄，而储蓄将转化为投资。从实物角度来说，国民收入是一年里新增的社会产品，分为消费品和投资品两类。可见，投资从宏观经济的角度讲，是一个与消费相对立而存在的概念，是对消费的延迟。当然，社会在一年中发生的总投资，除了上述的一部分外，还必须加上固定资产折旧形成的那一部分。这两部分分别与社会的扩大再生产和简单再生产相对应。

从微观角度看，所谓投资，是指经济主体为获得经济利益而垫付货币或其他资源于某些事业的一种经济活动。投资可分为生产性投资和非生产性投资，前面给出的定义是就生产性投资而言的；非生产性投资则是指不是为了直接的经济利益，而是为了某种社会效益而进行的投资。对全社会来说，两种投资都是不可或缺的，都有其“投资环境”，那种认为非生产性投资是为了达到某一社会目的而进行的投资，因而不必考虑影响它的环境的说法是片面的。且不说这类投资在社会目标的选取上要受制于宏观社会经济状况，在进行投资决策时，非生产性投资也要有成本观念，从而也必须考虑诸如运费、公共设施等投资环境内容。

投资的首要含义是实物的投入。土地、厂房、机器、设备、原材料，以及一定的现金

* 本文选自张敦富：《投资环境评价与投资决策》，中国人民大学出版社 1999 年版，第 1~7 页。参与者：唐毅亭。

等，构成了引入要素的主要种类。投入要素的货币表现就是投资金额，因此投资有时只是指抽象的货币金额，有时却有极其确定的具体内容。投资很容易被人误解为只是固定资产投资。实际上，任何项目的投资，伴随着厂房、机器等实物形态的确立，必然会要求沉淀下一部分流动资产，它不但保证生产可以正常运行，而且还可以增加整个投资的安全性，提高收益率。西方企业中的财务日常操作对象，主要就是各种类型的流动资产和流动负债。

从某种意义上讲，投资是资本的动词形式。如果说资本是经济发展或增长中的关键要素的话，投资就是经济发展或增长中的一项关键活动。这是由发展经济学的理论所阐明的。我们知道，资本的本质是不断地追求利润，是增值，要达到这个目的，资本就不能停滞，必须不断运动，而投资正是一种极其重要的运动方式。资本的运动，投资的发生，在生产力范畴内，又意味着生产力的提高、经济的发展。投资被称为“经济发展的第一推动力，通过双重效应作用于经济发展”。从需求一方说，投资需要消耗各种投入要素，扩大了对资本品的需求，通过乘数效应大大增加国民收入；从供给一方说，投资的结果是形成一定的生产力，增加产出并改变供给结构，从而推动经济发展。

投资既然是一种社会经济活动，就不可能孤立地存在，而必然受某些条件的制约。投资环境就是指围绕投资主体存在和变化发展的并足以影响或制约投资活动及其结果的一切外部条件的总和，它包括与一定投资项目相关的政治、经济、自然、社会等方面的因素，是这些因素相互交织、相互作用、相互影响、相互制约而形成的有机整体。

在我们进一步阐述投资和投资环境的相互关系之前，必须先澄清一个问题，这里所讲的投资环境是直接投资的投资环境。所谓直接投资，是指投资者掌握股权，能够控制投资项目的投资，表现为实物资本的购买；而间接投资则是指投资者仅为获取利息（股息、红利等）而进行的不以控制企业为目的的投资，也就是把资本拿来买股票、债券，或干脆只是存款。前者是为利润而进行的，后者则是分割利润、获得定量的利息等。现代经济“存量”化的倾向，使人们不必直接面对实业投资，小额资本也可以通过现代信用制度参与到经济运行中去。实业投资主要由企业和政府来完成，我们正是要研究其投资环境；而间接的证券投资则是由企业、个人、政府三者来进行。并非所有的证券投资都是间接投资，例如，为了进入某个产业，挤垮竞争对手的恶意股票收购，其目的是控制某个项目，因而属于直接投资，也在我们的研究范围之内。

仅仅从字面上，也能大致了解投资与投资环境之间的关系。显然，这里隐含了这样一层意思，投资环境决定了投资的方向、数量和结构。这里，似乎投资是被动的一方。其实，我们认为，投资环境可以理解为区域系统特别是经济系统与投资或资本运动之间的中介。这里把投资环境看作是对区域系统的一种表现（在关心投资的有关人士眼中），因而有什么样的区域社会经济现实，即有什么样的投资环境，从而就引导资本做出什么样的运动。区域的性质、结构及其发展变化决定于投资环境的面貌特征及其变化趋势，从而对资本产生强烈的影响，决定其定向运动的规律。

当然，投资也不只是被动的。我们知道，区域社会经济整体的发展取决于两个方面：

其一是投入产出效率的提高；其二是投入的增加，即投资的发生。资本作为经济发展的第一要素，随时在重塑着区域社会经济现实，从总量和结构方面改变区域发展方向和水平，最终影响下一期投资环境的形成及其性质和特点。

从以上对投资和投资环境的关系阐述中可以看出，区域社会经济是隐含在投资环境表象下更为实在和深刻的东西。特别是区域经济系统，构成了传统投资环境研究的最重要的背景框架之一。

这样，问题就变为，区域经济如何决定投资环境，从而影响和决定投资，以及投资又如何进一步改变区域经济的发展水平、经济结构和特征。研究开始时，我们将投资环境中的社会、文化、法律制度等因素暂时省略掉，或者只作为经济影响要素来讨论它们。尽管似乎这些方面与经济环境总是被并列为投资环境的几个主要部分，但按照从抽象到具体的原则和历史与逻辑的统一，我们还是从基础做起。

投资环境作为对区域现实的反映，其本身也是一个复杂的有机整体。因而具有以下几个特征：

第一，系统性。区域是一个包含多要素相互作用、相互联系的有机整体，各部分并非孤立存在。投资环境因而是一个有机的系统，具有系统的各项特征，如层次性、整体性、结构性等。

第二，主导性。在不同发展阶段上，区域社会经济各要素中总有一个或几个要素居于主要地位，影响和决定了这一时期区域的性质和特征。在投资环境诸要素中，某一时期某一地区同样也只有一个或几个主导要素，它们在对投资活动的影响中居于决定和支配的地位，通常是某个经济要素，当然社会文化、政治法律要素也可能决定投资环境的性质和特征。

第三，动态性。这是指区域经济和投资环境均是不断发展变化着的。区域经济结构不断演进，水平不断提高，制度不断完善，由此决定投资环境也可以逐步完善，趋于高级化。由仅能吸引劳动密集型产业和“夕阳”产业投资逐渐发展为各种高新技术产业与知识密集型产业投资的天堂。

第四，地区差异性。这是投资环境最为显著的特征。投资环境本质上是一个空间概念，所在的区域不同，投资环境的内容也就大不一样。区域经济和社会发展的差别，解释了投资环境的地区差异性。投资环境的地区差异有两方面的内容：一是垂直差异，即区域的级差梯度所决定的一面；二是水平差异，即区域社会劳动水平分工所决定的一面。

## 二、投资环境分类

由上面的分析可知，投资环境是一个复杂的概念，要想进一步认识它，必须对其进行一番科学归纳整理，对投资环境进行分门别类的分析，以加深我们的理解，丰富投资环境概念的内容。

### （一）按投资环境的层次分类

上一节讲过，投资环境具有系统性的特征，因而表现出与此相关的层次性和结构性特征，这样我们就可以按照层次高低来认识一个地区和一种产业的投资环境。我们把投资环境区分为宏观投资环境、中观投资环境和微观投资环境。这三类投资环境研究的对象不同，内容也不一样，代表着对投资环境由粗到细的认识过程。

所谓宏观投资环境，是指影响整个社会资本运动的宏观社会经济变量和历史文化现实。它所研究的内容是全国或大区域范围内的国民经济发展、商业周期兴衰、国家政治法律制度变革、文化传统习俗的嬗变，以及国家之间、区域之间的地缘关系等。宏观投资环境决定了整个社会投资的流向、数量和结构，具有确定不移的内在必然性特征，因而宏观投资环境对投资的影响，也只限于趋势性、方向性、整体性等方面，并不排斥“违反常规”的投资发生的可能。

所谓微观投资环境，是指在经济社会个量水平上影响具体投资运动条件因素的总称。在大多数情况下，它研究单个独立投资项目的投资环境。微观投资环境与微观的社会经济运行的联系，从行业的角度说，是厂商选址的问题；从空间的角度说，是当地资源、区位优势的充分利用问题。据此，我们可以给出微观投资环境所要涉及的具体环境要素，首先是与供给或投入相关的运费、劳动费、水电费和污染排放费等因素；其次是与需求或产出相关的市场、竞争对手等要素；最后是与企业日常运行相关的协作配套、当地法律政策、风俗习惯以及金融保障保险等因素。

所谓中观投资环境，则是介于上述两者之间的一个层次。在很大程度上它研究地区范围内的经济、社会、文化和政治法律因素对投资的影响。中观投资环境承上启下，是最适宜阐述投资环境的一个层次，因而也是我们研究的重点。它的内容包括自然条件、产业结构和产业组织、技术水平、劳动力和资金等投入要素的现状和变化趋势、社会经济发展战略规划和政策，文化和价值观念以及社会文化生活的各个相关方面。

实际上，三个层次的划分是相当不精确的，有重复和交叉的地方，但是对于认识问题却是不可或缺的。我们认识一个地方的投资环境，总是先从宏观环境的分析开始，看看大气候是否有利于投资的进行。然后，再深入到当地社会、经济、文化、政治、军事、生活的各个方面，找到项目投资确实可以发生的依据。最后，才具体研究投资的微观环境，进行厂址选择，落实各类生产条件和企业的营运保障条件。

当然，有时候对三个层次投资环境的研究评价结果不尽一致，会对投资决策产生重大影响。这时我们必然会注意到各个层次投资环境所暗含的意义不同：宏观环境常常决定投资的大方面，具有指导意义；中观环境的好坏格外重要，因为它一方面深受宏观因素影响，另一方面又决定了企业微观环境的特征和主要方面；微观环境则属于“小气候”，小额投资要着重研究它，而大的项目则不会受微观环境要素很大制约。

## （二）地区投资环境与产业投资环境

根据研究需要，可把投资环境区分为地区投资环境和产业投资环境。前者是从地区的角度探讨投资环境要素的定向分布、组合及其变化对资本运动的影响和决定作用，解决的是投资投向何方、落实在何处才能获得最大利润的问题。后者是从产业和行业的角度研究资本投向哪一类产业、哪一个部门、形成什么样的实物资本形态的问题，在很大程度上，产业投资环境研究的内容是各个产业部门生长和发展的条件问题。产业经济学的大量研究成果指出，产业的出现、发展直至成熟、衰落，具有一定规律可循，各个产业之间的关系也并非偶然发生的，因此，对某个产业的投资必然要受到种种因素的制约或影响。这些因素的总和便称为产业投资环境。

产业投资环境与地区投资环境并不是截然分开、互不关联的，之所以要研究产业的投资环境，是基于这样一个事实：任何投资在落实到地域上之前，必须确定以什么样的内容投放下去，是投资于工业，还是交通运输业？打个比方，地区投资环境的内容类似于研究某个地方对一切植物的生长有影响的光、热、水、土等各种条件及其发展变化，并对该地是否适宜大多数物种生长作出判断；而产业投资环境则类似于研究所有植物的生长所需的特殊的光、热、水、肥、土等条件的组合，并以此为指导来分析哪几种植物生长所要求的条件在此地可以得到满足或不能得到满足。因此，我们认为地区投资环境是某地区的一些基本的、对任何一类资本运动都起重要影响的环境要素，是一种偏于宏观和整体的研究分析。而产业投资环境则是对地区投资环境的深化，具体研究影响各个产业的特殊的环境要素在当地当时的总状况和发展变化对资本运动的影响。因此，当我们评价后认为某地投资环境优于其他地方时，意思是说从总体上它具有优势，能够吸引足够的投资推动经济持续发展，而并非认为对该地区任何产业部门进行的投资都是合适的。例如，上海地区投资环境不可谓不好，但是从产业的角度来看，某些产业的投资环境是不好的，有些产业如采矿业则根本无法投资；而中国西部的某些省区尽管总体投资环境不如东部，但某些产业如原材料工业、多样化农业、能源和化学工业的投资环境则相对较好，具有比较优势。

## （三）硬环境和软环境

这是从环境要素的特征角度进行的划分。所谓硬环境，是指与投资活动直接相关的物质条件，又称环境硬件，是有形要素的总和。它包括物质环境（基础设施和生活服务设施）和区位环境（自然区位和经济区位）。所谓软环境又叫环境软件，内容十分广泛，包括社会、政治、法律和文化、观念、习惯、政府机构行政效率等无形的要素。

硬环境是投资得以进行的必要条件，如“七通一平”之类保证生产正常进行的要素。但由于当今各地区已投入到了社会分工和市场经济体系中，也由于当代新兴生产力的代表——各种高新技术产业对物质条件约束的不敏感性和对知识、文化等软性条件的敏感性，软环境在投资环境中的地位大大上升。有人认为，一个地区总体投资环境等于硬环境与软环境之乘积，软环境的改善能成倍提高该地投资环境水平。

尽管软环境的地位日趋重要，但目前对它的认识仍处于较浅层次上。软环境被看作是一大堆非物质因素的庞杂堆积。近年来，制度经济学的新发展，使得软环境的概念得以建立在科学的理论基础上。制度经济学认为，决定人类经济发展的根本原因是经济制度是否适宜，能否激发起全社会的创新、技术增长和资本积累，适宜的制度可以使“经济人”在决策时使个人利益与社会利益不自觉地吻合。所谓制度，是指规范人类行为的一系列习惯和规则，具体表现为政治法律制度、社会文化和风俗习惯等。在经济制度中，最根本的是产权制度，以及决策权的安排和资源配置方式三个方面，它们使经济活动朝可预期的方向运行。同样，投资活动和投资决策归根结底也是在一系列规则习惯的框架内进行的，我们称之为投资的制度因素或制度环境。制度环境是软环境概念的深化。这样，以前在分析中似乎神秘莫测的软环境，现在有了清晰的内容和作用方式，从而变得可理解了。比如说在软环境中，政府效率是重要的一项，政府行政效率的高低，在制度经济学中归因于行政制度。要提高行政效率，当然也该从行政制度入手了。

### （四）按其他标准进行分类

我们知道，投资环境是区域社会经济现实的反映，因而处于不断的发展变化之中。动态地看投资环境，就有了长期投资环境和短期投资环境的区别。前者反映投资环境未来的发展趋势，后者则是静态地把握投资环境。两者的最大区别在于，一个重视投资的长远利益，对长期投资产生重大影响；一个重视“当期”的投资环境，对短期的风险投资起着重要作用。

投资环境是由许多具体的环境要素组成的，因此，我们把这些要素称为“要素”环境，如政治环境、基础设施环境、金融环境、科技环境等。在这里要注意的是，由于投资环境的层次性，各要素不是处于同一层次上，因而必须克服把各种要素环境并列起来、等量齐观的做法。

投资环境中各要素的发展变化是不一致的。有的在长时期内稳定不变或变化很少，称为不变性要素；有的随着社会经济发展和历史推进，在不长时期内发生巨大而深刻的变化，称为可变性要素；还有少数因素在可控或不可控情况下迅速发生变化，如市场上的商情和各种政令等，称为快变性要素。当然，这三类要素的划分是相对而言的，而且在某些条件下，不变性要素和可变性要素会相互转化。

研究投资环境的目的，是改善投资环境，有效地吸引资金，推动经济建设，因而必然要涉及受资者对投资环境的一些主动操作。从这个角度看，按照各个环境要素是否和在多大程度上能受到受资者经济、法律、行政和社会舆论的控制，投资环境又分为完全可控环境、局部可控环境和完全不可控环境。

资本的本性是不断地增值，并且要求保证资金的安全使用。从资本的要求出发，又可将投资环境分为营利性环境，如低廉的劳动力资源、方便的水电交通等；安全性环境，如完善稳定的政治法律秩序；流动性环境，如外汇和金融制度；增长性环境，如扩张的市场或市场壁垒的减少等。

## 三、投资环境理论

投资环境这一概念是随着国际资本流动的剧增而出现的，实际上对投资环境的理论研究可以追溯到古典经济理论出现的时期。首先是国际贸易理论，它从宏观层次上阐明了投资环境所赖以存在的理论基石——地域分工学说；其次是经济布局学，它从微观企业的角度阐明了投资环境的另一理论支柱——区位理论；最后是现代区域科学，尤其是区域经济学，在其兴起和发展的大背景下，投资环境理论才得以建立在更加坚实的基础之上。

亚当·斯密是首先研究分工原因的经济学家。他提出的绝对比较成本学说认为，各国可以用以自己绝对优势生产出来的产品来换取自己不擅长生产的物品。这样分工协作，便可以创造出更多财富。李嘉图继而进一步放宽了产生比较利益的限制，认为只要一国在某种生产上具有相对比较优势，专业化生产和分工就是可能的。其原因在于，有的国家生产力水平很高，在很多种生产上都有绝对优势，但是其资源的稀缺性却不容许它进行所有的生产，而必须把自己相对劣势的生产转移到生产力水平较低且处于绝对劣势的国家中进行。这样，资源便得到合理配置，按比较利益分工的结果导致了社会财富极大增加。

那么，比较利益的差异又是如何形成的呢？俄林的要素禀赋论认为，商品间存在要素密集度的差异，有的产品需要投入更多的资本或更多的劳动和技术，有的产品则相反。因而按照产品对劳动、资本和技术的富集程度，又可将产业区分为劳动密集型产业、资本密集型产业和技术密集型产业。而地区间则存在生产要素禀赋的差异，拥有不同的要素组合。这样，各地区都生产能较密集地利用其充裕的生产要素的那些商品，以换取那些需要较密集地使用其稀缺生产要素的商品。之所以如此，是在假设需求条件不变的情况下，充分地利用自己充裕因而便宜的那种生产要素可以使得成本大幅度降低，而正是成本的差异造成了比较利益。

德国历史学派的李斯特认为，这样的比较利益和分工学说无疑是在强调落后国家只能进行农产品初级品的生产，而先进国家则进行制造业和先进工业的生产，固化了原来不合理的国际分工格局，因而提出了保护幼稚产业的理论，后来发展为动态比较利益学说。该学说认为，一国的比较优势并不是永远不变的，经过努力可以使比较劣势转化为比较优势。强调政府干预和贸易保护主义，致力于培育目前幼小落后但在将来有可能得到发展的产业。

国际贸易理论关于比较利益和地域分工的学说构成了投资环境理论的基石之一。投资在区际、国际间的流动，正是在比较利益的驱使和地域分工规律制约下进行的。投资环境理论也正是研究这个复杂的过程是如何表现出来的。

比古典经济学的先驱们稍晚一些，德国经济学家杜能和韦伯分别就农业区位和工业区位做了深刻的研究分析。他们从微观企业的角度出发，去寻求企业最佳区位，不可避免地要讨论企业所面临的微观投资环境问题。

杜能通过“孤立国”的假设，分析了不同农业生产如何在距城市不同距离的地块上配置，探讨了地租和运费在农业生产布局中的重大作用。在孤立国中，离城市市场越近，运费越少，但是地租越高，适合于高度集约化经营的不耐长途运输或运费因素较小的农作物生产；相反，离城市市场越远，地租越低，但运费反而越高，适合于粗放农作物的生产。杜能的农业圈层理论至今仍在农业投资环境理论中占据重要位置。

韦伯则研究了工业企业在选址布局上各个区位因素的作用。所谓区位因素，是指使某地从事经济活动比其他地区进行同类活动可能获得更大利益的各种因素，是一种微观比较成本因素。在区位因素中最重要的有三个，即运费、劳动力费用和聚集因素。

运费因素问题，实际上是在原料产地、燃料产地和消费市场之间寻求一个运费最低点。可以使用原料指数指标来计算地方失重原料的比重，从而判别企业的运费指向性。劳动力费用问题同样是寻找一个劳动力费用最低点的问题。聚集和分散因素是同一个问题的两个方面：前者指由于把生产按某种规模集中到同一地点进行，因而给生产销售带来的成本节约或利润增加；后者指因为把生产分散在多个点上进行，因而带来了成本节约和利润增加。运费因素、劳动力费用因素以及其他成本因素，使生产和经济活动在总费用成本最低点发生，而聚集与分散作用使这个过程以正反馈的形式改变原有布局形式。

经济布局学尽管主要是从企业成本角度对其选址生产进行了研究，但还是深刻揭示了微观企业投资环境的主要方面，至今仍有重大实践意义。

从 20 世纪 20 年代开始，在许多国家出现了诸如两极分化、环境污染等区域问题，促使区域科学日益发展起来。区域科学把区域看作一个有机整体，深入到区域结构的发展变动中，以求解决区域发展中出现的各种问题。区域经济学认为，区域产业结构的演化、生产和经济活动在空间有规律的转移，构成了区域发展变化的主要方面；政府可以通过各种区域政策引导区域社会经济协调发展，解决区域问题，使整个地区达到普遍繁荣。

我们知道，正是在区域科学逐步完善的时候，世界经济已经发展到了这样一个时刻：国际经济分工和产业化日益发展，国际贸易大大增加，科学和文化传播日益广泛，最重要的是国际资本特别是生产资本流动剧增。一方面是剩余资本的大量存在，另一方面是广大发展中国家亟待资金来推动本国民族经济的发展。这样客观上要求解决资本投向哪里、投入多少、怎样投入等实际问题。资本不但会产生利润，而且会带来技术、管理经验和市场，是经济发展的第一推动力。投资环境科学应运而生，它不但要为资本找到适于“生长”的地方，而且要使这种“生长繁殖”有利于当地经济的发展。

由于区域科学的发展，更是由于实践需要，投资环境科学的内涵和外延都得到了深化和丰富。对投资环境的认识不再是杂乱无章的各种环境因素的堆积，不再是仅就投资论投资。正如前文指出的，投资环境的面貌是区域社会经济大系统所决定的，投资环境运动规律是区域社会经济运行规律的具体表现。区域社会经济的发展变化构成了投资环境发展变化的框架，从而影响了（国际）资本的流动。

所谓区域社会经济系统，是指这样一个有机整体：它的主体是区域主导产业化部门，承担了地域分工的主要任务，以此为核心，建立起辅助性部门和为地区生产消费服务的自给性部门。各部门各企业通过经济和技术联系相互影响，适度分散与集中，形成以多层次城市为结点的由运输、信息网等组成的经济网络系统。区域社会经济的发展变化就表现为区域产业结构特别是主导产业群的继起及由此引起的区域空间网络系统的变迁。

弗农的产品生命周期论认为，各产业部门直至各工业产品均处于不同的生命循环阶段。它们如同生物一样，要经历从创新到发展、成熟，最终衰老的四个阶段，按照产业生命不同的阶段，我们把所有产业部门分为兴旺部门、停滞部门和衰退部门三类。地区主导产业部门当然也处于不同生命周期阶段上，一个区域经济整体的发展过程就是其主导产业不断由成熟、衰老的部门向处于创新和发展阶段的部门转化的过程。区域的发展水平，主要由其经济结构，尤其是产业结构来决定，由此形成了不同经济技术梯度。高梯度地区以兴旺部门为主导产业部门，产业结构先进；低梯度地区则正好相反，产业结构落后，增长率很低。创新活动由于其需要更多的市场、知识和技术因素因而主要发源于高梯度地区。随着产业技术的成熟，成本因素日益重要，经济活动向低梯度地区扩散。这样，由于不同梯度地区区域社会经济面貌不同，投资环境的差异很大，因而一个地区只对某几类产业来说，环境最优，只不过高梯度地区适宜的产业种类较丰富、较先进罢了。因此，投资环境也存在一个投资环境梯度问题，不同梯度的投资环境有不同的性质特征。

但是区域发展梯度也不是固定不变的。通过极化效应和扩散效应，经济技术梯度以及投资环境梯度会产生巨大变化。极化效应是指一个地区一旦经济“起飞”，具备了自我发展能力，就会不断自我累积有利因素，获得规模效益和聚集效益，以正反馈的形式不断壮大。扩散效应是指一个地区极化到一定程度，就有相当部分的发展要素通过与周边地区的经济技术联系扩散出去，从而带动低梯度地区的发展。可见，我们研究投资环境，一定要从发展的角度出发，寻求投资环境梯度的变化规律，从而指导改善投资环境的工作。

投资环境的研究经历了漫长的过程，对投资环境的认识也逐步丰富和深化。从最初只注意基础设施、区位条件等“硬件”到开始重视区域经济结构、社会文化因素等更为宏观和无形的因素。在此过程中对非经济因素的重视日益增加。人们认识到，投资的成功不仅是个投入产出的问题，而且涉及社会生活的各方面。投资环境不说包罗万象，也是极其广泛的，要随着各门经济科学的发展加以深化和提炼，逐步建立自己独立完整的理论体系。

## 四、投资环境工作的意义和作用

从以上所述我们可以看出，投资环境的含义已远远超出最初为投资者提供资本运用决策依据的范围，而成为一个投资者、受资者共同关心的问题。这本质上是由于对投资环境的认识反映了投资和受资双方的利益。如果没有正确、科学、深入地对投资环境的认识，不但投资者会因为盲目的主观决策而损害自己的利益，而且受资者也会因为盲目的外资引进深受债务问题之苦，延滞区域经济的发展。总之，只要发生了宏观上的资源配置不当，特别是资金的配置不当，就会引起难以更改的长期恶果。对投资环境新的研究，正是着重于宏观与微观利益并重，长期与短期利益兼顾，受资者与投资者利益结合，力图用政府的参与和投资环境政策，来缩小受资和投资双方的利益目标差，解决区域发展中市场失灵所引起的一些问题。

因此，作为反映受资、投资双方利益的投资环境起码具有两种功能：其一是为投资者提供可靠的分析评价，为其寻找最有利可图的投资场所。其二是为受资者出谋划策，改善当地投资环境，以吸引来最有利于当地社会经济发展的投资。但归结为一点，投资环境工作的目的是使两种功能“激励相容”、互相促进，引进资金和发展经济达到高度统一。事实上，资本的目的和发展区域社会经济的目的从长期看是完全一致的。很难想象大规模的投资丝毫不考虑当地经济发展的需求。但是短期的、局部的冲突总是存在的，如各种外部不经济问题。由于投资环境要素中有许多政府可控或部分可控的变量，因而完全可以通过控制要素变量而塑造新的投资环境，排斥某些不利于当地发展的投资发生。

那么，投资环境工作怎样才能起到这个作用，即它的运行方式是怎么样的呢？这就需要先弄清楚投资环境工作的内容。

与投资环境相关的理论研究工作和实践工作包括几方面内容：

1. 投资环境的理论研究工作

作为对具体实践的理论指导，投资环境研究必须在区域经济学、地域分工学说等的发展基础上，逐步建立、完善自己的学科体系。特别是要尽快建立投资环境评价的理论、方法和指标体系。

2. 投资环境评价工作

首先要尽快收集整理有关的基础资料，建立投资环境评价信息系统。与投资环境的两个功能相应，目前应顺着两条路线进行评价工作：一是分层次的地区投资环境研究和基本投资环境评价。基本投资环境评价除了从地区或区域角度进行的区域评价外，还应包括一些主要产业的粗略投资环境评价。这方面的工作一方面是为下一步改善投资环境提供指导，另一方面是为厂商的投资环境评价提供基础资料。二是从厂商角度进行的具体的项目投资环境评价工作。它在前面工作的基础上针对具体的投资项目对可能的投资场所进行投资环境评价。这方面的工作直接为项目周期中的可行性研究打下了坚实的基础。

3. 投资环境改善工作

在对投资环境深入认识的基础上，以地域为单位，政府为主体，结合区域社会经济发展战略和规划，针对当地投资环境的种种缺陷和特点，进行区域投资环境策划，作为改善投资环境的依据。投资环境策划是指充分考虑当地社会经济条件和发展战略目标，针对当地投资环境的性质特点，作出投资环境发展规划，并提出相应的实施政策建议和可行的调控、改善措施。此项工作需要专家、政府官员和当地企业代表以及投资者共同参与进行。改善投资环境、发展区域经济两者在实践中很难分开，主要是从各个环境要素的数量、质量上着手，运用经济、法律、行政和公共舆论等手段综合改善其投资环境。

投资环境工作在我国开展的时间不长，但发展很快，日益受到各方重视，不但各类企业开始在项目决策中求助于投资环境分析，而且政府部门也意识到它在减少盲目投资、合理配置资源方面的好处。特别是在实践中，投资环境评价工作还有可能形成一套自己的以投资环境评价有效性指导或引导投资主体行为的运行机制。从目前的发展态势看，投资环境评价极有可能采取由中立的社会咨询机构来进行的形式。当然这种社会咨询机构除了客观地为政府或企业做出科学的投资环境评价外，还可以开展投资环境策划工作，更深入地参与投资经济活动。

# 关于投资环境的理论与方法*

关于投资环境理论轮廓的展现，是在社会生产力大发展，科学技术日新月异，区际分工日益深化，区际与国际经济联系日趋紧密，投资和生产越出国界、区界，生产和资本更加社会化、国际化的趋势之下才逐步实现的。

尤其是近二三十年来，由于世界经济的巨大变化，不仅发达国家的跨国公司越来越注重其投资地点的选择，认识到投资环境是影响到投资效果、生产效益的重要因素，而且发展中国家也越来越重视投资环境问题，认识到它们自己国家和地区投资环境的好坏，一是关系到能否引进外资和先进的生产技术与管理经验，二是关系到它们本国和地区既定经济发展目标能否顺利实现。因而，不管是发达国家还是发展中国家，不管是资本家财团还是国际经济组织，都对投资环境的很多侧面进行了大量的理论探讨和实例分析，从而使投资环境这门科学有可能从实践上升为理论，并成为“投资学”“布局学”“区域经济学”等学科的边缘与交叉学科。

对投资环境的研究，虽然是第二次世界大战以后才真正开展起来的，但它的某些理论、原则和方法，却早已存在于古典经济学、现代西方经济学的一些分支学科中。因而要想探寻投资环境的由来、本质、运动规律和表现形式等，就应当了解其理论的发端和渊源。

“投资环境”这一概念，最突出、最明显的特点，是其空间地域差异性，投资于不同地区会产生完全不同的结果。这正是进行不同空间地域投资环境研究的必要性和必然性，也正是投资环境研究最一般、最根本、最起码的现实要求。由于投资环境的空间地域特性，我们认为几乎所有布局学的研究内容都自觉或不自觉地涉及了投资环境。从投资是地区经济发展、经济开发的“第一推动力”来说，投资实际上是最重要的经济活动之一，投资布局又是生产布局的历史与逻辑的起点。因而，在下面的研究讨论中，把经济布局学对投资理论的探讨放在开头，进而研究“区域经济学”对投资环境理论的贡献。第二次世界大战后，空间经济学或区域经济学，成为经济学的一个重要分支和研究重点，空间经济或区域经济不再是一个经济平面，而是一个纵横交织、上下关联，牵一发而动全身的有机整体。从投资经济学的角度看，区域经济学把投资环境放到区域经济这个有机整体中来考

* 本文选自张敦富：《中国投资环境》，化学工业出版社 1993 年版，第 1~30 页。该书获北京第三届哲学社会科学优秀成果二等奖。参撰者：唐毅亭。

虑，极大地推动了投资环境研究的进展。最后，将评论投资环境研究的最新进展和现状。

## 一、论投资环境理论研究动向

### （一）投资环境的理论基石——国际贸易理论中关于投资环境的讨论

西方国际贸易理论对于投资环境，没有作出明确的表述，甚至可以说根本未出现过这个名词概念。但是，从某种意义（首先是布局学意义）上来说，西方国际贸易的几位大师，从亚当·斯密（Adam Smith）到大卫·李嘉图（David Ricardo），再到赫克歇尔（E.F. Hecksher）和俄林（Berthl Ohlin），都从不同角度与侧面，逐步深入地为投资环境的研究奠定了最基本的理论基础。现在我们不仅依然在使用"比较成本""资源秉赋"等原则理论、方法、概念来分析和解释区域经济优势，从而粗略地判定投资环境的优势；而且由于他们的理论（比如地区资源秉赋理论）阐明了地域分工原理，使投资环境这一概念早就有了坚定的理论基础。试想，如果没有地域分工的概念，不但"国际贸易"的概念会随之消失，而且也绝对不会再有投资环境的概念。这是因为地域分工是布局学最为重要的依据之一，它又是讨论投资环境的依据。

首先研究地域分工原因的当推亚当·斯密。其在《国富论》中很浅显地表述了贸易和分工的原因在于，各国都可用以自己绝对优势生产出来的产品换取自己不擅长生产的物品。这样，大家由于分工协作，创造了更多的产品，产生了分工的利益，每个国家都取得其中一部分。由于这是以其某种生产的绝对优势为基础产生的，故称为绝对利益。亚当·斯密认为贸易和分工的基础就在于可得到绝对利益。

但是，亚当·斯密的绝对成本学说是建立在这样的前提之上的：所有参与分工的国家，它们必须在某项或几项生产上具有绝对优势。但是实际上，有的国家各项生产的生产力水平均很高，在几项产品上具有绝对优势，但其资源的稀缺性却不容许它进行所有产品的生产。而另一些国家却在任何生产项目上都无法同其他国家相匹敌，故而造成了资源的不能充分利用和闲置。我们知道，不管什么国家，只要它参与了国际分工和国际贸易，总有可能得到某种利益，而不是像上述的情况一样。这就是比较利益。

比较利益学说是李嘉图在对贸易进行了大量实证研究后提出来的。他认为，即使两国之间其中一国在各项产品的生产中均占优势，能以比对方便宜的成本生产出来，两国之间也可以建立国际分工，开展国际贸易。以下述例子作为证明。

在英国，酿一单位的酒，需 120 个劳动小时，织一单位布，需 100 个劳动小时；葡萄牙同样的产品，酒需要 80 小时，而布需要 90 小时。可见，无论哪一种生产，在葡萄牙进行都要比在英国便宜。如按亚当·斯密的学说，两种产品均应在葡萄牙进行生产，排除了英国参与分工的可能性。但是，相对而言，由于两国酒的生产成本比较为 80：120，小于布的生产成本之比 90∶100，所以葡萄牙在酒的生产上，比在布的生产上具有更大的比较利益。更进一步说，如果没有国际贸易，则各国酒与布的比价相当于其成本比例。在英国为 120∶100，在葡萄牙则为 80∶90，即在英国布便宜，而在葡萄牙恰好相反。实行开放后，英国进口酒，出口布；葡萄牙进口布，出口酒。不计运费，则两国酒与布的交换比例(贸易条件)，将在 120∶100 和 88.8∶100 之间，假设为 100∶100。那么英国专门生产布并出口，葡萄牙专门生产酒并出口，这比它们本国自给自足的经济可以换取更多的产品，或者说同样数量的产品成本下降了。这样，通过生产具有比较优势的产品，参加贸易的各方均获得了比较利益。

可见，比较利益理论，是国际分工理论的核心。国际分工，从空间经济的观点看，是一种地域分工。因此，比较利益在地域分工中的地位是举足轻重的。我们知道，地域分工，简单地说，是指各种不同的生产在不同地区的配置，每一个地区都专司一职，共同构成一个分工协作的生产体系。在这个概念中，隐含着这样一个事实：不同的地区，其影响生产的各种条件是不同的。项目厂址点是选择能最好地满足其生产条件的地方，否则将不能获得比较利益。因此，生产的地区配置这一过程，清楚地说明了投资环境对投资的作用。在这个意义上，我们说比较利益在投资环境中也发挥着举足轻重的作用。尽管今天比较利益的内涵大大丰富了，但并未改变其作用。某一投资环境之所以说好，能吸引国内投资的投入，正是因为它在某几类生产上具有比较优势。外国资本家正是看中了发展中国家在劳动成本上的优势，才把自己比较劣势的纺织、玩具生产转移给第三世界的。

比较利益理论是在自由资本主义经济的大背景下产生的，而俄林的要素秉赋理论则与垄断资本主义相联系。这个理论被认为继承和发展了古典的比较利益理论，阐明了比较利益差异形成的原因。

俄林认为，国际贸易格局的研究，是布局学研究的一部分。首先，价格是一个空间概念，正是价格在空间上的差异才引起了地区间贸易。这种贸易延伸到国外，就成为国际贸易。而价格的差异，在假设需求条件不变的情况下，是由供给因素引起的，最主要是由生产成本的差异引起的。亚当·斯密和大卫·李嘉图的研究到此就为止了。但是，究竟是什么使得各国生产的产品有成本差异呢?

俄林认为，商品间存在着要素密集度的差异，而地区间则存在生产要素秉赋的差异。要素密集度差异，是指生产某一特定产品对所需要的资本、劳动等要素的不同依赖程度。后来据此对产业进行了划分，如资本密集型产业、劳动密集型产业、技术知识密集型产业等。而生产要素秉赋差异，是指各地区、各国家所拥有的生产要素相对丰度的不同程度。俄林据此建立了自己的理论模型。

由于商品间，即产业间存在不同的生产要素密度差异。有的产品需要劳动多些，有的产品需要知识技术多些。而各地区由于它们的生产要素丰度也不同，有的地方资金充裕，有的地方劳动力充裕，因而不同的地方对于某一个产业来说对其所需的生产要素条件的满足程度是不同的。也就是说，不同的地区适宜于不同的产业生长。所谓“适宜”和“满足”，主要是指这种生产由于在这个地方发生，因而能够以较低的成本费用制造产品，于是可以看到这样的结果：资本密集型产业在资金充裕的国度得到了发展；同样，技术和劳动密集型的产业也植根于科技发达地区和劳动力剩余地区。各地都生产能较密集地利用其充裕的生产要素的那些商品，以换取那些需要较密集地使用其稀缺的生产要素的商品。至此，俄林把比较成本的差异，归结于各地区的要素秉赋差异。这样一来，就提供了一种可能性，即比较各地区生产要素供给上的差异，以确定地区间比较利益的不同和产品生产的地域，来安排区际和国际贸易的格局。

俄林的研究，对投资环境的理论具有很大贡献。任何一个投资环境，都有其独特的要素秉赋，有特殊的资本、技术、人才、人力的配合格局，因而常常只能满足一类或几类产业的生长。这里就有向哪个产业倾斜的问题。

一个地区并不要求具备完全的要素秉赋，它可以通过其中一些其本身丰裕的要素来吸引其他要素以形成现实的生产力。资源转换战略目前在我国中西部的地区发展战略思想中很流行，其理论根据就在于此。但由于不同的要素对其他要素吸引力强度不同，所以吸引力强度特别大的资金、技术等要素常常在这种相互吸引、争取主动的竞争中才占有绝对优势，能够不断改善其要素秉赋。而自然资源若非有特别的优点使吸引力大大加强，就不会成为一个要素的引力中心，至多也就能建立一些初级制造和采掘工业，资源转换战略因而对其是不现实的。

虽然俄林的要素秉赋论在西方国际贸易理论中占据主要地位，但还有其他许多理论不同意俄林的观点。其中的代表就是“里昂惕夫（Wassily Leontief）之谜”。

华西里·里昂惕夫用投入产出方法计算了美国进出口货物的要素密集度。结果发现，美国是在进口资本密集型的产品，而出口劳动密集型的产品。然而，通常人们认为美国是一个资本丰裕而劳动力缺乏的国家。这个结果与俄林的要素秉赋论大相径庭。对其他一些国家的同样研究表明，有的国家符合也有的国家不符合俄林的理论。对此的解释很多，其中之一认为，俄林的理论暗含这样的假设，即所有国家均处于同一经济水平之上。这当然与事实不符。故当比较处于相同经济水平的国家时，结论与预想的一样。而比较处于不国经济水平的国家时，结论就不符合俄林理论了。

由上述可见，从斯密到李嘉图再到俄林，其地域分工思想和比较利益格局都是静态的，因而从理论本身推导不出对发展的解释来。以此为指导思想形成的生产、贸易格局，必然是导致固化发达国家与落后国家的垂直分工体系。落后国家由于其比较优势常常在于低廉的劳动力，丰富的自然资源，无论是按照比较成本学说还是资源秉赋论，其国际分工方向都必然是初级产品和原材料工业，而与高新技术及资金密集型产业无关。因此几乎从比较利益理论最盛行的时候开始，落后国家就对它持强烈反对态度。

19 世纪后半期的德国，是当时资本主义世界的落后者。其历史学派的代表人物李斯特认为，德国经济发展的条件不同于英、法强国，不适用于当时流行的世界主义和自由贸易。因为自由贸易虽初看可以得到外国的廉价商品，似乎很合算，但其结果却是本国工业得不到发展，民族工业将永远落后下去。如果实行贸易保护主义，开始时国产工业品价格往往很高，但随着民族工商业的发展，价格是会降下来的。所以应当实行高关税，保护国内幼稚产业，用价值的牺牲换取生产力的发展。

李斯特保护幼稚产业的思想，以及发展经济学的其他一些思想（如不平衡增长理论、主导产业论等），成为战后日本据以指导其经济发展的产业政策的理论来源。日本的产业结构政策，其思想在于争取动态比较优势，它的政策依据是主导产业论。

主导产业论认为，国民经济的增长和发展不是平衡的，有的部门增长快，有的部门增长慢。如果一个高速增长的部门，其增长的原因来自创新活动，它又能通过与国民经济其他部门的关联把增长扩散出去，从而导致国民经济的高涨，那么这样的关键部门就叫主导产业部门。主导产业部门通过扩散效应带动国民经济增长。扩散效应有三种：其一，回顾效应，即主导产业增长提出对生产要素的新要求，导致其后向部门增长。其二，前向效应，即主导产业增长创造了能引起新的工业活动的良好条件，为更大范围的经济活动提供了可能性。其三，旁侧效应，即主导产业的兴起引起当地经济的一系列变化和发展。

既然主导产业部门的作用如此关键，而一个国家的主导产业在不同的时期是不同的[罗斯托（W. W. Rostow）就曾提出人类历史上的五种主导部门综合体系]，因此必须把着眼点集中于未来的主导产业上，以达到促进产业结构高级化和争取动态比较优势的目的。为达到此目的，就须由国家出面、制定实施扶植幼稚产业的政策，这里的幼稚产业，显然应是未来的主导产业、今天的战略产业。日本战后成功地实施了这一战略。例如，20世纪50年代日本汽车产业技术落后、生产成本高，而其纺织产品则由于劳动力优势而具有静态的比较优势。如按李嘉图与俄林的学说，日本产业的国际分工方向应为出口纺织品而进口汽车，但日本政府却积极扶植培育汽车产业，认为汽车工业必将在今后的经济增长中占据主导地位。20世纪70年代后，日本汽车果然成为世界汽车工业的王牌。现在，世界各国又把眼光转向信息通信、生物技术、航空航天等新兴产业，争相培植自己的战略主导产业。

由此可以看出，动态比较利益学说与静态的比较成本和资源秉赋学说大不一样。动态比较利益学说认为一国的比较优势不是静止不变的，而是经过努力可以改善、发展的。这个思想对投资环境的理论影响颇大，特别有力地改变着发展中国家对其自身经济发展条件、自投资环境的认识。一个国家或地区的投资环境，也许当时静态的分析认为，对一切先进的产业来说它都是很恶劣的。但是，如果对一个选定的综合战略产业群加以培育，集中力量来抓，是有可能逐步建立完善、先进的主导产业群的。这时再看其投资环境，必定是十分适宜于其主导产业群的。也就是说，主导产业的发展与整体投资环境的改善相辅相成、相互作用，共同构成了对动态比较利益的现实说明。对外资来说，动态比较利益的变化必须受到足够重视，否则将可能影响投资的长期利益。

### （二）投资环境理论的空间表征——经济区位论、布局学中关于投资环境的研究

如果说，国际贸易理论中对投资环境得到的认识基本上属于宏观方面的，在阐明地区之间、国家之间生产分工和区际贸易的同时，深化了我们对于宏观投资环境的认识的话，经济布局学的理论，则从微观上、从一个企业的角度阐明了如何决定企业区位的问题。与此同时，不可避免地讨论了一个企业所面临的微观投资环境的有关问题。诸如运费、劳动力工资成本以及聚集与分散因素等构成现代企业的投资环境的几个重要组成部分，在经济布局学大师们的著作中都得到了精辟的论述。

杜能（J. H. Von Thunen）的农业区位论研究了农业生产的布局问题，即不同的农业生产是如何配置在离城市不同距离的地块上的。他假设了一片均质的平原，中心是作为农产品市场的城市。农业生产在城郊进行，以利润最大化为其目标。利润 $P=V-(E+T)$，其中 V 是城市中农产品的价格，也是农产品生产成本，其中包括地租；T 是从生产地到城市运送农产品的费用。竞争的结果，各种农业生产均要求相同的利润 P，而 V 是一定的，故式中的变量为 E 和 T，特别是 E 中包含的地租更起关键作用。

离城市近的地方，地租很高，但几乎不需要运输费用和运输时间，故适合于高度集约化经营的、不耐长途运输的农作物，如新鲜蔬菜和鲜奶生产。这两类产品的生产可实行高投入，并以高产出来抵销地租高昂的影响。如果这类生产放在远离城市的地方进行，则不仅得不到充足的肥力补给，而且长途运输会使产品受损，远离市场，信息不灵，也会导致时鲜产品生产风险增大。因此，城郊最靠近城市的一圈土地逐步发展为提供居民菜蔬、果品、奶品、鲜花等的专业化农作圈，杜能称之为自由农作圈。

紧靠在自由农作圈的外面同样也形成了一个专业化的林业圈。这是由于薪柴的运费较高，不能长途贩运，但薪柴又是一种低值、易耗的产品，负担不起高昂的地租，改选在地租较低、离城较近的林业圈进行专业化生产。

在林业圈的外面，是轮作农业圈。以谷物和部分畜产品作为其专业化方向。这是因为其距城市较远，故运费不能在产品中占很大比重，所以种植易于运输、不易腐坏的谷物或干脆发展养殖业把谷草转化为牲畜赶到城市以节约运费。总的来说，单位面积的谷物也能够负担这一圈层的地租。

第四圈层叫作谷草农作圈。这一圈面积最大。由于离城市更远，运输的限制更突出，只适合于谷草式农作，广种薄收，并把低值的谷草全部转化为牲畜运到城市，以最大限度地节约运费。这样负担微薄的地租有余还可得到平均利润。

第五圈和第六圈分别是三圈式农作圈和畜牧圈。集约经营的程度在此进一步降低，靠极低的投入更多地利用自然力来与其他圈层竞争。这里的地租更加低。在此以外就是无人耕作生产的荒野了，在荒野上生产任何产品均不能得到平均利润，故只能弃荒。

上述杜能的农业圈层理论，对今天我们认识农业生产的投资环境仍有很大意义。比

如，现代城市近郊的农业，其产品多为牛奶、鲜花、蔬果等高值不耐运输的产品。故而在农业生产的投资环境决策中必须高度重视距消费地远近不同而引起的投资环境变化。

在杜能之后，韦伯（A.weber）对工业企业的区位选择进行了深入系统的研究，提出了工业区位论。韦伯的研究，重点在各种区位因素对工业分布的吸引作用。所谓的区位因素，指在特定地点或在某几个同类地点进行经济活动比在其他地区进行同种活动可能获得更大利益的各种影响因素的集合。由于它们的作用，企业可以降低成本，提高生产效率。

在这些因素中最为重要的有三个，即运费、劳动力费用和聚集因素。其中运费因素形成生产分布的原型，而劳动力费用和聚集因素则在此基础上对生产分布进行调整。

运费因素问题，实质上是在原料地、燃料地、消费地之间寻求一个最低运费点。原料分为广布原料和地方原料两类。广布原料是指各地区广泛分布存在的资源，而地方原料只分布在某些点上。地方原料又分为地方纯原料和地方失重原料，前者在加工中不损失重量，全部加进产成品中；后者则在加工中损失部分重量，只是部分地进入产成品中。在此基础上，形成了原料指数概念。

$$原料指数=\frac{工业生产中耗用地方原料的重量}{制成品重量}$$

原料指数如果大于1，说明生产中需要更多的原料，故应把生产配置在地方原料的产地，或者说地方原料产地对生产产生较大吸引力。相反，其值要是小于1，就表明生产中需要大量广布原料，因而制成品的运输费用要求尽量减少，这时如果把企业布置在消费地则最能节约运费。

劳动力费用因素同样会对生产布局产生重大的影响。一个产品如果在生产中要耗费大量劳动，则在低工资且有充裕劳动力资源的地方生产就可以节约成本耗费。故需在运费最低点与劳动力费用最低点之间进行抉择。

聚集与分散因素是一个问题的两个方面。前者是指由于把生产按某种规模集中到同一地点进行，因而给生产销售带来的成本节约或利润增加，它主要是与解决企业内部和外部规模经济问题，解决工业区域、城市规模问题有关。后者是指因为把生产分散在多个点上进行而带来的成本节约或利润增加，即主要与解决资源在各地区间按何种比例进行分配的问题有关。由于聚集，可使企业深化分工协作，便于采用新技术，合理组织劳动力，在购买原料运销产品方面享受优待，并且可以共同利用公共设施、基础设施和辅助企业。因而随着规模的扩大，企业效益上升很快。但是，聚集到达一定程度，又会造成管理不善，地租高涨、劳动力价格上升以及基础设施不堪重负等问题，从而产生相互之间的排斥力，并通过成本上升迫使某些企业离开聚集点。聚集因素所起的作用，实质上是对现有布局的固化，这可以解释为什么投资环境好的地区会越来越好，而投资环境差的地区往往落入不可自拔的境地。这种“马太效应”的不利与克服，正成为不同地区经济发展吸引资金中要着重考虑的问题。

在韦伯之后，经济布局学的研究侧重于成本分析，即通过成本影响因素的对比确定企业的最低成本点。这个方面的进一步延伸，与项目投资决策研究的内容几乎重合，带有很强的项目评估特征。

从以上所述可以看出，经济布局学对投资环境的讨论是很深刻的，但还局限在经济方面特别是局限在从企业成本角度进行。尽管如此，还是使我们对投资环境的各要素有了进一步的认识，特别是对运费、劳动力、聚集和分散因素三大要素的研究，至今还有重大的实践意义。一个地区投资环境之所以好，很大程度上表现在：该地区工资水平相对较低，科技人才充裕；交通运输网四通八达，投入物与产出物所需运费低廉；有较好的基础设施与公共设施以及广阔的市场；等等，从而可能享受规模经济带来的好处。这些因素构成了投资环境中经济环境的主要方面，在很大程度上决定了投资环境的好坏。

### （三）投资环境理论的新进展——区域经济学关于投资环境研究的探讨

考察投资环境研究的新进展可以发现，它们几乎都是在区域问题突出、区域科学兴起的大背景下取得的。

区域经济学是战后才建立起来的，主要因为从 20 世纪 20 年代开始在许多资本主义国家中，出现了不可胜数的区域经济问题，而在战后资本主义十几年的高速发展中不但没有获得解决，反而暴露出更多的问题。一时资本主义世界地区间两极分化愈演愈烈，不但发达国家与发展中国家差距越来越大，而且最富裕的发达国家内部也面临着一些地区萧条衰落、生产落后、经济环境恶化等困难，就是发达的地区也未能幸免区域状况恶化、城市问题成堆的困难。产业结构不合理、城市人口剧增、环境压力加大、社会问题层出不穷、基础设施不堪重负，结果是竞争力大大削弱，发展后劲不足等诸种问题的出现向布局学提出了新的挑战，传统的古典区位论根本不能解决这些区域问题。我们知道，整个区域是一个综合的有机整体，对某一企业有利的布局方案，可能正好违背了区域经济整体的利益。按照古典区位论的原理，发达地区区位优势明显，但如果把能推动经济迅速增长的高新技术部门和兴旺部门完全布局在发达地区，则落后地区就只能发展一些衰落的原材料、初级加工、劳动密集型部门，结果必然加剧地区两极分化，到头来最终损坏了国民经济的健康发展，对发达地区也未必有利。

因此，区域经济学认为，要把区域看成一个有机整体，它有自己的主导专业化方面，在更高一层次的大区域中担负一定的生产分工，它的产出是别的区域的投入，而它的投入也来自别的区域的产出。任何一个地区的发展，都可看作是其区域产业结构高度化的过程；淘汰衰落的产业部门，集中力量建设新兴的产业部门或兴旺部门，以主导产业群的依次继起来带动区域经济增长，保持区域经济活力和发展后劲。

第二次世界大战之后，许多殖民地国家取得了政治独立。作为落后地区，经济发展的问题越来越成为新兴独立国家的一件最紧迫的大事。区域经济学认为，落后地区的经济发展是一个经济结构转换的过程，要顺应世界经济结构变动的潮流，用更短的时间完成经济结构的演变升级，才能有希望赶超发达国家。

区域经济学的上述思想，使人们首次从空间角度看到了经济运动的真实情况：经济活动在一些地区集中繁荣，又同时在另一些地区衰落；生产力的进步使生产在空间扩散，越出区界、国界，生产和经济活动的中心在空间有规律地转移。

区域科学的贡献当然不止于此。区域经济学认为，地区经济不是一个独立于人意志之外的、自发的、完全竞争的市场经济。它强调国家干预对区域经济的重大作用。国家可以通过区域经济分析，按照区域科学所揭示的原理、原则、方法和要求来制定地区或国家发展的战略与规划，引导地区经济协调发展，解决各种区域问题，使整个地区达到普遍繁荣。

投资环境一旦与区域经济相结合，它就必须遵循区域经济运动的规律，服从区域经济发展的目标，并可能通过区域政策手段得以改善。于是，我们所说的投资环境，就不再是多种生产要素、社会政治情况的杂乱排列了，而是呈现出这样的秩序：最下面是基本的区域经济水平和结构，它与其他区域通过投入产出的物流，能量流以及信息流紧密相连，竖立其上的是区域政治和社会环境，它们共同组成了一个整体投资环境。这个投资环境影响和决定了区际投资特别是外资的投向、结构一总量；反过来外来资金的流入又不断改变着区域经济本身，从而也塑造着新的投资环境。

具体来说，区域科学起码从三个方面决定了投资环境的研究方向。

其一，使投资环境的研究从投资者的角度转变为也从受资者的角度进行。我们知道，投资环境的研究，是在战后海外投资大量涌现，为了适应投资者保证资金安全并获得高额利润的要求情况下产生的。所以它从一开始就是只从投资者角度讨论受资国（地区）是否能满足资本增值的要求，满足赚钱的动机。不仅如此，战后许多发展中国家由于发展经济的迫切要求，为了吸引外资，在考虑其本身的投资环境时，也是只从投资者角度出发，提供尽可能多的优惠政策，减免所得税或是提供优惠贷款的。在很多情况下，外资如期而至，却未能给地区（国家）经济发展带来任何好处。

实质上，受资国特别是落后的发展中国家和地区，其压倒一切的任务是发展本地区域经济，而不是单纯为吸引外资。也就是说，不但要引来外资，而且要引来有利于本地经济结构的改善、有利于消灭贫困、有利于发展特别是有利于投资环境良性循环的外资。这个目的与外资投入目的有很大分歧的一面，表现在对投资环境的研究上，就有了投资者的投资环境和受资者的投资环境的区别。前者指影响投资者资本的安全和增值的经济、政治、社会各方面因素的总和；而后者从某种意义上来说，是受资国区域整体特别是区域经济的现实，因此范围要大得多。另外，前者着重于环境对资本投入的影响，而后者着重于外来投资对于整个国民经济或区域经济的影响，因而后者强调不但要引来“金凤凰”而且要让它下“金蛋”。

投资环境研究角度的改变和视野的拓宽，使得对投资环境的研究从仅注重投资环境评价和评价方法的改进而推进到对投资环境运动规律的研究阶段，推进到改善投资环境、发展地方经济的阶段。

因此，投资环境的意义就更加重大了。它不仅决定投资者是否能够获利、获多少利，而且关系到落后国家、落后地区的经济发展是否能够顺利进行。落后国家与地区的经济发展，总是要求不断改善其投资环境、吸引外来的资金、技术、人才以及管理的方法和先进经验。不能想象，现代社会中孤立、封闭的地区能够发展，文明能够进步。但是，在吸引外资的时候，不要忘记要以我为主，以本地经济发展为目的，否则有可能导致新的区域问题，造成有增长无发展的局面，甚至为社会发展付出过于沉重的代价，如城市恶性膨胀、环境恶化、产业结构低水平重复得不到调整等。

其二，使投资环境的研究从以微观投资环境评价为主到也重视宏观投资环境的分析。早期对投资环境的研究，是从微观经济的主体企业出发而进行的，涉及的是影响企业利润和成本的生产投入要素情况，基础设施、公共设施情况。虽然也考虑当地宏观经济变量和社会政治环境，但大多泛泛而谈。而新的变化是对宏观变量的兴趣与日俱增，当地的经济发展水平、收入水平、经济结构、人口状况，以及其在国民经济中的所处地位、政府的社会经济战略目标步骤、政治体制和行政结构现状等方面成为投资者重视的因素。投资者们深刻认识到，一个地区只有经济充满活力，发展速度快，才能使企业在经济增长中得到好处。一个在微观投资环境中显得有利的项目，常常被发现违背了宏观投资环境的基本情况。一个微观投资环境评价不高的地区，在宏观环境中也许是几个经济中心相互吸引，相互联系的交结点，从而具备发展为次一级经济中心的可能。

宏观投资环境是由许多微观投资环境组成的，但远不是它们的简单相加，而是以其作为子系统的一个大系统。微观投资环境的运动汇合成宏观投资环境的变化，服从宏观投资环境运动的规律。因而我们对投资环境的考察，现在是从宏观开始到微观。对投资环境的评价顺序也一样。对于投资者来说，在宏观环境分析中证明是不利的项目，微观上再有利也是不可行的，因此微观利益现在显得不牢固、不可靠了。

其三，使投资环境研究从短期投资环境转向长期投资环境。这个问题实际上是从静态地看待投资环境到动态地看待投资环境，从注重环境现状到注重其发展变化。投资环境并不是一成不变的。单单因为前一期投资的加入，就可能使后一期的投资环境发生改变——常常是得到改善和提高。各个投资环境之间不是相互联系的，其他投资环境的变化，会导致所考察对象的变化。因此，许多在现在、在近期看来相当有利的投资，几年后可能因为投资环境变得不如以前而成为一个失败的项目；相反，有的投资却由于考虑了投资环境的发展趋势，预见到了可能出现的困难和机会，随着区域经济的发展而变得欣欣向荣。

因此，我们对于投资环境的考察研究，也必须从短期投资环境到长期投资环境进行深入的探讨分析。短期投资环境不尽如人意的地方，可以通过人为的努力逐渐给予改善，使其潜在优势逐步得到发掘、发扬。对于发展中国家和地区，这个问题更是要特别予以注意。因为发展中地区经济结构变动迅速，投资环境变化很快，如果不能把握长期投资环境的变化趋势、程度，就会使引进外资的过程受阻。例如，初期中国以其低廉、充裕的劳动力资源为优势，吸引外资，经济得到了长足的进步，经济实力今非昔比。但随着劳动力收入水平的迅速提高，生活水平的改善，劳动力费用低廉的优势不再突出，而由于生活水平明显改善却使得中国成为一个新兴的庞大的市场，其魅力更大，对外资的吸引力更强，很明显，今日中国的基本投资环境已经发生了巨变，对外资的吸引也从主要靠低工资向主要靠市场转变；自然引进的外资类型也从劳动密集型向市场导向型甚至技术资金密集型转变。

上述三个投资环境研究的变化，是同一事情的不同方面，都是由于区域经济和区域科学的发展而引起的。它丰富了投资环境的概念，深化了我们对投资环境的认识。

## 二、关于投资环境研究的基本理论

前面说过，若依然仅把对投资环境的研究局限于投资环境评价方法上，就不能更深刻地理解投资环境的完整含义。这是因为投资环境评价的结果，是某一特定环境的好坏或有多好、有多坏的价值判断。价值判断是从不同的角度和需要出发而进行的，含有较多的主观因素，因而它不能代替对投资环境本身的研究。当然，这并非意味着要把投资环境从经济现象中独立出来，而是说要研究其经济本质，研究它与其他经济范畴之间的关系，研究其运动规律和表现形式。这个研究工作量很大，本文只就这方面作一些尝试性的讨论。

### （一）投资环境的定义和分类

要理解“投资环境”的内涵与实质，首先要明白投资是什么。投资，一般是指经济主体为获得经济利益而垫付货币或其他资源于某些事业的一种经济活动。当然，这里指的是生产性投资。为获取某种社会效用的非生产性投资不是我们要讨论的对象。但要注意，这两种投资对于整个社会来说都是必要的、不可或缺的。

投资不仅包括固定资产投资，也包括流动资产投资。不管什么投资，都需要一定的、具体的投入物叫投资要素，例如，土地、资金、机器设备、原材料等，它们的货币表现为投资金额。

投资是经济发展的必要条件，是生产力增长的关键性手段之一，被称作“经济开发的第一推动力”。它对经济结构的调整，技术改造进步，都有重要的促进作用。

投资通过双重效应作用于经济发展。一方面，投资需要消耗一定的资本、劳动和土地，结果就扩大了对投入物的需要，通过乘数效应大大增加国民收入；另一方面，投资的结果是形成生产力，增加市场供给并改变供给结构，从而推动经济发展。

投资实际上是国民收入除去消费外的剩余，也包括一部分折旧和居民的延期消费。它的资金形态和物质形态是相互联系、相互影响的。任何一方面的偏废都会使投资难以完成。投资最重要的特点是其连续性。投资一旦开始，很难再做改变，它会持久地影响国民经济的各个方面。我们对投资环境的研究，目的之一就是要避免投资的盲目性，保证投资主体和国民经济的利益。

投资既然是一种社会经济活动，它就不能孤立地存在，而必须受某些条件的制约。投资环境就是指围绕着投资主体存在和变化发展的并足以影响或制约投资活动及其结果的一切外部条件的总称。它包括与一定投资项目相关的政治、经济、自然、社会等方面的因素，是这些因素相互交织、相互作用、相互制约而成的有机整体。

在我们理解这个概念前，要先澄清一个问题：这里所说的投资环境是直接投资的投资环境。直接投资是指投资者掌握股权，能够控制投资项目的投资；而间接投资则是指投资者仅为获取股息或债息、利息而进行的不控制企业的投资，也就是把资本拿来买股票、债券或进行贷款。前者是为利润而进行的，受剩余价值规律的作用；后者是为利息而进行的，受利率高低的影响而决定其流向。后者也讲“投资环境”，但这时投资环境仅指一国或一地区证券市场、金融市场的状况等，与前者所考虑的投资环境不是一回事。在这里，我们只谈直接投资的投资环境。

我们已经给出了投资环境的初步概念。但是在国民经济大系统中，投资环境的含义究竟是什么呢？

我们认为，某地的投资环境，可以理解为当地区域系统特别是经济系统与投资或资本流动之间的关系的中介。在这里，把投资环境看作对区域系统的一种表现。因而有什么样的区域系统就有什么样的投资环境，从而就引导资本做出什么样的运动。投资环境是表象，区域系统是其实质。区域的性质、结构和发展决定了投资环境的面貌及其变化趋势，对生产资本产生强烈的影响，决定了其空间运动的规律。

因而当我们论及投资环境时，就必须首先从区域经济的深度来考虑问题。正是区域的发展变化，最直接地改变了投资环境面貌。当然，构成投资环境的还有政治、自然、社会文化等因素。其中，自然的要素是区域经济的一个组成部分和运动基础，其他两个方面的要素由于不是起决定作用的因素，因而暂时把它们舍掉。

这样，问题就变为：区域经济如何决定了投资环境，从而决定了投资的流向、流量和结构，以及投资又如何进一步改变区域经济的发展水平、经济结构和特征。

既然把投资环境看作区域经济的表现形式，它就反映了区域经济的一些特征。为了进一步理解投资环境，我们需要就其分类作一番概览。对投资环境的分类很多，基本的分类有以下几种：

1. 按投资环境的构成要素分

从比较宏观的层次看，可以分为经济环境、政治法律环境和社会文化环境以及自然环境等几个方面。进一步细分，经济环境还可以分作宏观经济环境和微观经济环境（企业运行环境），后者包括企业的财务环境、市场环境等。政治环境也可细分为政治制度、政策、法律等几方面。社会文化环境和自然环境可从不同的微环境进行考察。

2. 按投资环境的层次分

我们知道，区域经济是有层次的，形成一个分级系统，投资环境也是如此。宏观投资环境通常指一国或几类地区连片范围内的投资环境，微观投资环境是指某个城市、县城、乡镇的投资环境，介于两者之间的，还有地区投资环境。各级投资环境与各级区域经济实体相对应，各有其不同的内容特征和利益。宏观投资环境不好的地方，也许有某个适于某类投资的小气候。相反，宏观投资环境很好的地区，也存在病变、局部环境不理想的区域。

3. 按软、硬环境分

这两个概念的划分并不是很绝对的。硬环境又称环境硬件，是指投资环境中有形的要素的总和；而软环境则指无形的投资环境要素。因而前者包括：物质环境（基础设施与生活服务设施）和区位环境（自然区位和经济区位）；后者则广泛得多，它包括：社会政治、社会法律和社会经济环境、社会文化，还包括人们的观念、风俗、习惯以及政府的行政办事效率等。

硬环境是人们首先注意到的环境要素，也是投资环境的物质基础。不能设想一个地区没有“七通一平”或“六通一平”而成为投资者眼中的风水宝地。但是现在软环境越来越在投资环境中起到重要作用。它可以使硬环境的吸引力倍增或倍减。这是因为一个地区的总体投资环境等于硬环境与软环境的乘积，而在一定时期内硬环境的变化是有限度的，所以软环境的改善能够弥补硬环境的缺陷，提高硬环境的效用，最终成倍提高整体投资环境的水平。

4. 按时期分

投资环境有现实的“当期”投资环境，也有未来的投资环境和过去的投资环境。在我们的分析中，仅重视短期投资环境与长期投资环境的意义与区别，也即从静态和动态来研究投资环境。一个企业或一个地区应该从长期投资环境角度来考察投资环境的优劣，着眼于区域经济水平和经济结构的长期变化和趋势，这样才能避免盲目性，才能获得持久稳定的长期利益。特别是发展中国家和地区，一定要避免许多短视的做法。例如，在对外开放的大潮中，许多地区政府急于“招商”，也不问这种投资能否给本地带来长远利益，以为投资就是“一切”。为了尽快吸引投资，大多以减税让利作为其王牌，而不下功夫从软、硬环境特别是软环境的改善一步步做起。这样引来的资本很可能是风险资本和短期投资，而当地经济急需的基础项目投资、高新技术项目投资却寥寥无几，这对地区经济的发展没有多少好处，投资者也不会获得长远利益。

### （二）投资环境运动规律

前面给出了投资环境的概念，现在来研究其运动变化的规律。投资环境是由区域经济整体所影响和决定的，因此，投资环境运动规律是区域经济运动规律的具体表现。我们就从区域经济运动规律出发，来探索投资环境是如何发展变化并影响（国际）资本流动的。

区域经济是指这样一个经济有机实体，它在国民经济大系统中占有一定位置，承（分）担一定的国民经济任务。任何一个区域经济有机体都是由若干产业部门所组成的。其中，区域专业化部门是其核心，它充分利用了地区优势，产出不是为了本地消费而是全部或大部分外销（出口），如果一个专业化部门能够在区域经济中占主导地位，通过前后关联、旁侧关联带动区域经济发展，我们就称为主导专业化部门。整个区域经济以主导专业化部门为核心，围绕它建立辅助主导产业生产的辅助性部门和为地区生产与消费服务的自给性部门。各部门通过生产、分配或经济技术联系结合起来，形成一个相辅相成的整体。并且，整个区域产业结构建立在合理的地域分工的基础上，各区域互为投入产出，互相协作，共同发展。在区域内，这些产业中的大、中、小企业又互相结合，适度分散与集中，形成以多层次城市为结点，由运输网、信息网等组成的经济网络系统。

因此，区域经济的发展，就表现为区域产业结构特别是主导产业群的变化和由此引起的区域空间网络系统的变迁。

弗农的产品生命周期论认为，各工业部门甚至于各工业产品均处于不同的生命循环阶段。它们和生物一样，在发展中历经创新、发展、成熟、衰老四个阶段。当一个产业部门由创新走向发展时，我们叫它兴旺部门。兴旺部门如果达到成熟阶段，增长率大大降低，我们叫它停滞部门。停滞部门走向衰老，甚至出现负增长时，我们叫它衰退部门。

我们知道，一个区域的特征是由其专业化部门尤其是主导专业化部门所决定的。如果区域主导专业化部门处于兴旺时期尚属于兴旺部门，并且有与之相适应的非主导产业部门相匹配时，则其产业结构处于最佳状态。这说明它不但经济实力雄厚，而且发展前景看好。相反，一个地区如果主导专业化部门属于成熟阶段的衰退部门，则说明地区经济发展无后劲，发展前景黯淡，甚至可能出现负增长导致经济水平下降。

因此，一个区域经济整体，发展的过程就是使其主导产业不断由成熟的、衰老的部门向处于创新和发展阶段的部门转化。可见一个区域的经济发展水平，虽然可以用诸如国民收入、国民生产总值等指标来衡量，但归根结底要从其经济结构，特别是产业结构来判定它属于哪一发展水平，处于经济阶梯的哪一个梯度。难以想象，一个人均收入只有 200 美元的地区却有着以航空、航天、电子、生物技术等部门作为主导的产业结构。于是，整个世界就在我们眼中显现出这样一幅图景：由于经济发展水平不同，所有国家和地区在世界经济体系中占据不同的位置。那些处于最高梯度的国家和地区，以兴旺部门作为主导产业，辅助性部门极为发达，有较高的增长率。处于次一级梯度上的国家和地区则以成熟部门为主导产业部门。而处于最低梯度的国家以停滞部门为主导产业。有些低梯度地区，甚至还没有形成自己的主导产业，它的经济只是作为高梯度产业结构综合体的辅助部门或补充部分而存在。

主导产业部门是决定区域经济性质和面貌的主要因素。有什么样的主导产业部门，就有什么样的辅助部门和基础部门，因而就有什么样的区域经济特征和面貌。例如，一个处于最低一级的区域经济实体，必然是以简单的劳动密集型产业或资源密集型产业为主导产业，而且主导产业片面发展，辅助性产业部门不齐全、水平低下，传统性部门只有简单的粮食加工、食品工业，生活设施极不完善，基础设施残缺不全。如果一个投资者面对这样一个区域，必然得出这样的结论：经济发展速度缓慢，外贸条件恶化，存在种种不可克服的经济困难，如赤贫、失业，企业素质差，技术水平低下，劳动力教育水平低因而人的素质低下等。那么，除非区域结构能得到调整改善，否则是不可能吸引到任何投资的。

但是，在这样一个梯度系统中，各区域间是什么关系呢?

区域经济梯度转移论认为，创新活动，包括新兴的产业部门，其产品、技术、营销手段、方法等大多发源于高梯度地区，然后逐次向低梯度地区推移，并且这个推移过程是通过多层次经济网络系统，主要是城市系统完成的。

创新部门之所以总是发生在高梯度地区，是由于这些地区特别是其中的大城市，是科技、市场信息的传播中心，它聚集了大量科研学术机构，并有了一支训练有素、技术熟练的专业生产大军。并且，在大城市进行创新活动，可以充分利用聚集经济效应，例如，利用当地发达的协作生产部门和服务部门，保证各种生产要素能及时以较低成本得利等。另外，创新活动的风险也可以得以降低，这是因为利用原有的生产条件进行试验、试产，总比重起炉灶要少走弯路。最后，由于新产品一般价格昂贵，只有高收入家庭或高投入的先进行业才能买得起，而高梯度地区恰能满足这个条件。总之，尽管高梯度地区有着工资高、地租高、运输费高昂等不利因素，但由于创新品种、技术或销售手段能够享有较高的垄断利润，所以足以支付成本而大大有余。

当一个部门或产品由创新阶段推进到发展阶段时，就不能再停留在“发源”地区了，而是要不断地向外扩散其生产。一方面，此时产品已为使用者所接受，需求量增大，因而要求大规模生产和销售；另一方面，由于新兴行业有利可图，竞争大大加剧，垄断优势不断减弱。这样，扩大生产的布局问题就突显出来了。为了在竞争中取胜，必须把生产转移到次一级梯度地区进行。因为这些地区地租较低，工资较低，运费也可能大大节省，而且这类地区生产力水平相对较高，技术水平较高，对新兴产品的接受能力较强。所以这些地区能够使处于发展阶段中、后期或成熟阶段初期的产业部门和产品的生产得到发展。

当一个产业部门或产品由发展阶段进入成熟阶段时，生产就进入标准化生产，其技术含量减少而劳动或资源含量增多。而劳动力资源正是第三梯度地区的优势，所以在第一、第二梯度地区进行这种生产远比在第三梯度地区进行同样的生产所费的成本要大。况且第三梯度地区也有能力接受这种不需要尖端科技和复杂工艺的生产。

这样，就形成了一个生产和技术由高梯度地区向低梯度地区逐次转移的规律。第一梯度地区都发展其占优势的产业部门和产品生产，而转移出其劣势产业部门。一个产业在某一梯度是优势产业，在其他梯度却很可能是劣势产业。

当我们说某地区的投资环境时，就意味着这样几重意义：它处于哪一个梯度，产业结构特征如何，处于经济发展的哪一个阶段（这个问题实际上和第一个问题同义，因为时间继起的阶段表现在空间上，就是各级梯度的并列存在），它的发展趋势是什么。在明确了上述问题后，才可能考虑投资的类型、数量，才可能使投资与区域经济发展的方向与经济梯度转移规律相符，顺应国际产业结构调整变化的潮流，因势利导，使投资取得成功。

以上所述，似乎给人一个印象，各地区都静止地停留在自己的位置上，固定在特定的梯度上，现存的梯度秩序永远不变。实际上并非如此，一个国家或地区，它所处的梯度是可以改变的，而且实际上是在不间断地变化、演进着。这是因为地区经济发展中有两种效应：极化效应和扩散效应。

极化效应是说任何一个区域，一旦发展到一定阶段，就会产生经济“起飞”，之后就具备了自我发展的能力，能不断地自动累积有利因素，在“越来越……”的模式中改变自己的梯度位置。“起飞”及其以后的发展过程，就是经济活动向该地区集中的“极化”过程。发达地区有强大的科技力量，便捷的交通通信，完备的基础设施和协作条件，以及雄厚的资本与集中的市场等。这些条件的结合会使兴旺部门常常产生于此，并迟迟不愿转移。聚集经济规模越来越大，并通过乘数效应加强极化效应，于是发达地区就越来越发达，落后地区在竞争中总是处于劣势，人才、资金向极化点流动，高梯度地区不断巩固其位置。

但是与此相反，在发生极化效应的同时，还发生扩散效应。随着高梯度地区的发展，周围地区的经济会发生不同程度的提高。这是由于高梯度地区的许多产业，如初级产品加工、劳动密集型行业、有污染工业、军事工业和旅游业等，它们的区位指向劳动和自然资源丰富、立法不完备、自然景观未遭现代生活破坏的低梯度国家和地区。因而低梯度地区通过各种各样的经济联系，也从高梯度地区的经济发展中得到了一定利益。

低梯度地区发展起来的产业，也要求集中在一些条件好的城市进行生产。到一定程度之后，这些产业的聚集地区即挤入“起飞”行列，开始小范围地产生极化效应，积累有利因素，从而提高自己的经济素质，有可能上升为高梯度地区。当然这个过程不是一蹴而就的。在攀登梯度时，一个地区必须逐次地淘汰自己的衰败主导产业群，更替和发展越来越先进的主导产业，直至以兴旺部门作经济主导部门为止，此时该地区便升至了更高一级梯度。一个落后地区之所以不能实行跳跃式发展，直接以兴旺或发展部门作主导产业的原因，是由于其区域经济水平低下，从而在科技、社会文化、生产力、基础设施等方面不能接纳先进产业，即使勉强发展了兴旺产业部门，也会由于竞争不过高梯度地区而告失败。

实际上任何一个国家和地区都不能停止发展，否则就要掉队。如果高梯度地区不在高新技术产业上进行高投入，从而与其他发达地区竞争，而是采取“保护措施”迟迟不愿转移停滞和成熟产业部门，最终也会沦为二流国家或地区。

在我们谈到投资环境时，就必须特别注意其发展变化，因为区域产业结构是不断变动和向前发展的，经济水平也是不断提高的，经济梯度上的位置也会发生相应变化，从而其中与投资相关的因素也会有极大的不相同。有鉴于此，我们认为可以仿照经济发展梯度建立一个投资环境梯度的概念。世界各地的投资环境并非杂乱无章，在各具特点的同时，它们有规律地处于一定的时、空秩序之中，发生规律性的变化。所有的投资环境都可以按其所处经济发展梯度分成高度不同的若干具有相似投资环境的面或相似空间。不同相似面或相似空间上的地区处于经济发展的不同水平，具有接受不同产业发展的条件。高梯度投资环境在资本、技术、(高级）人才、市场、交通、通信等方面具有优势。低梯度投资环境在自然资源、简单劳动力资源等方面具有优势。因此，高梯度地区对于兴旺部门具有较强的吸引力，而低梯度地区对于一些成熟、衰退的传统产业有较强吸引力。上面所说的是产业的垂直分工情况，即垂直在地域上的表现，实际上分工也表现在水平方向上，表现在处于同一梯度的国家和地区之间。

兴旺部门不是指某一个部门，而是指某一类部门。在生产国际分工日益深化的今天，兴旺部门甚至可以指一种产品、一种零件、一道工艺。同样的情况也可以在停滞和衰落部门看到。因此，现在高梯度地区可能发展的兴旺部门不止一种。至于某一具体的地区以什么兴旺部门作为自己的主导专业化部门则取决于其区域经济的具体情况。如果还不足以决定，则非经济因素就会被引入，社会、文化、政治、法律等因素正是在这个意义上发挥其作用的。同样，处于其他梯度上的地区在发展自己的主导专业化部门时，也会面临选择，需要具体情况具体分析。比如说，同是发展兴旺部门的发达国家或地区，具体发展何种产业，要看其国内、国际条件而定。比如，瑞士这个国家由于缺乏资源，就以发展精密机械工业为主；日本缺乏资源，但它人口众多、劳动力素质高，又具有优良的海运条件，所以就发展了大规模进口原材料和出口产成品的家电、汽车、钢铁工业。但是，中国台湾虽和日本一样是海岛，它却因起步晚等原因，没有建立如日本一样高级的产业结构，发展了就世界范围来说处于衰退或成熟阶段的纺织、电子装配等行业。可见，地域分工规律以不同形式表现出来，梯度规律是其形式之一。投资环境运动规律最终要受地域分工规律的制约。事实上我们一直强调这一点：区域经济的特征、性质、结构、水平及其所处的经济梯度和区位条件等，这些条件综合决定了投资环境的基本情况，同时也就决定了产业投资的空间转移和定向位置；反过来这一变化又使区域经济整体发生局部的或整体的质变，从而改变了区域投资环境的基本情况。总之，投资环境是区域的投资环境，不管它用什么指标表示出来，都是表示同一个区域经济实体的现实。

### （三）投资环境对策

前文我们研究的是区域经济对投资环境形成的作用与意义，并没有涉及投资环境是怎样作用于资本流动的。实际上，如果我们把资本的空间运动看作是代表了生产和经济活动的空间形式，则完全可以用区域经济运动规律来解释。也就是说，形成了一个这样的运动轨迹：区域经济的发展变化导致投资环境的变化，于是引起了资本流动和生产相应的空间运动，又使区域经济得到巨大的改变。现实中的极化作用是一个很好的例证：经济活动的聚集引起了进一步的经济聚集。可见不管是从区域经济变化到投资环境变化，还是从投资环境变化到生产和资本的空间运动，都是区域经济运动的表现形式，是同一个事物的两个方面。投资环境在其中。只起一个中介作用，这个中介不仅要反映区域的经济情况，而且要反映出区域的社会文化、政治法律等情况。这些人为因素的加入，使投资环境变为一个部分可调控的有机体，而且这些人为因素的作用有时还会相当的大，能有力地加速或延缓区域经济的发展和投资环境的变化。这样，就提供了一种可能和必要，即政府通过对各种调控“杠杆”手段的运用，作用于区域经济和区域的政治、法律、社会、文化因素，直接或间接地改善投资环境，吸引外来资金（包括国内、外资金），推动地区经济的发展。投资环境对策的研究，就是为此目的服务的。

投资环境对策的研究包括两部分：第一，对策的出发点；第二，怎样改善投资环境。对策的出发点问题常被人们忽略，诸如认为，改善投资环境就是为了多吸引外来资金。似乎外资一到，区域经济就可以“起飞”了，发展问题也就迎刃而解了。表现在实际中，就是只注意用各种优惠措施、优惠手段进行“招商”，而不注意这样做的结果是否对区域经济发展有好处，不注意引导外资为区域经济所用。实际上，要明确投资环境改善的目的，特别是在发展中国家，是为吸引外资、发展经济，吸引外资是手段，发展区域才是目的。

怎样才能使投资环境的对策合理，使投资环境改善得有利于区域经济的持续、稳定发展呢？基本的或说首要的一条，是要在改善投资环境对策制定之前，先做好或必须做好区域经济发展规划和发展战略谋划，在总体战略的框架中再来制定投资环境对策和改善投资环境的具体措施。区域发展规划和战略，从当地发展环境出发，要明确经济发展的有利条件因素和不利条件因素，根据区域优势制订发展规划，选择主导产业，并围绕主导产业建立辅助生产部门和服务部门，并制定出若干符合区域发展战略和区情的区域政策。其中，区域产业政策特别是产业结构政策是其他政策制定的依据，区域投资环境对策的制定也不例外。一套合理的投资环境对策，除了能够吸引外来资金、使投资者获取相当的利润外，还必须有利于区域经济结构的合理化、高级化。相反，那种只为吸引外资而吸引外资的投资环境对策，必然导致区域产业结构不合理，造成区域病变，减慢发展速度甚至丧失发展的时机。这是因为投资者是受市场经济规律约束的，一般情况下，市场经济能够合理地配置资源、布局生产。但正如迈达尔的累积因果论所论证的那样，市场经济对很多区域经济问题是束手无策的，比如大城市膨胀、地区片面专业化、地区产业结构老化等。因此，不能指望投资者会把资本自动投资向国民经济健康发展所需的方面和地区。各国和各地区政府必须通过区域投资环境这一媒介，来吸引外资和内资。

从政府的角度看，区域投资环境要素中，有些是其直接可控的，有些则不是。比如一个地区的区域经济水平、结构、人民生活习惯、消费偏好等就属于后者，不能直接调控，但可通过发展经济、教育、舆论引导等方法、途径逐步使其改变。而政府政策、基础设施、银行信贷等则是政府可通过经济或非经济手段在短期内改变的，因而成为政府改善投资环境的主要调控对象。

那么，怎样改善投资环境呢？从某种意义上来说，发展区域经济的途径、办法，也是改善投资环境的途径、办法。但因为投资环境仅是区域经济实体的表现和反映，两者不在同一个层次上，所以改善投资环境的办法有其侧重点。从我国和其他发展中国家的实践来看，主要的做法有以下几种：

（1）基础设施的建立和完善是改善区域投资环境的必要条件。投资的基本条件是当地要有基本的生产和生活条件，不能设想一个没有“七通一平”（指交通、通电、通信、供水、排水、排污、煤气和土地平整）的地方可以搞生产，更不用说吸引投资、发展经济了。

（2）大力培养科技人才，提高劳动者普遍素质。人是生产中最主要的因素，发展中国家多是以廉价的人才资源来吸引外资。如果想使经济获得进一步发展，不但要大力培养相当数量的科技专门人才，更要注重提高劳动者普遍素质，尤其是对知识、技术密集型产业，人才问题更是投资首要的考虑对象。

(3) 保持社会安定、健全法律制度。稳定的、有秩序的社会经济环境，不但可减低投资的风险成本，而且是发展的首要条件。

(4) 提高政府行政工作效率。这是许多发展中国家急待改进的一个重要方面。行政效率的高低，关系到投资（无论是地区内投资还是外资）是否能顺利进行、顺利回收，当然也关系到区域经济建设的快慢。总之，资金有时间价值，烦琐的手续和政府机关部门的相互扯皮是使投资者望而却步的一个主要因素。

(5) 实施体现产业政策精神的财税制度，有针对性地吸引区外资金和国外资金参加本地经济建设。

(6) 建立出口加工区、保税区、高技术产业园区等各种开发区，集中有限的人力、财力、物力，低成本、有效率地引进区外资金和国外资金。

(7) 加强区域形象宣传和形象塑造。如果把一个投资环境比作商品，买方是投资者，卖方是地区政府，则进行一些成功的广告宣传、公共关系工作能使商品卖个好价钱，找到合适的投资者。

改善投资环境的办法，当然不止以上七个方面的措施。但无论采取什么样高超的花招与手段，必须解决好在引进区外资金和国外资金以后的“消化、吸收”问题。这不仅仅是对区外资金和国外资金带来的先进技术、管理经验要消化、吸收，区外资金和国外资金的投入产出，必须注重要与本地经济相耦合。尤其要避免形成中、外两张皮和再出现新的二元结构现象，否则不但不会对当地经济发展起到推动或拉动作用，还会耗尽当地宝贵资源，扼杀当地幼小的经济，甚至妨害整个地区经济乃至全国国民经济健康地发展。

## 三、研究投资环境的基本方法

迄今为止，对投资环境进行研究的重点一直放在对某国（地区）投资环境的评价方面，可以说是一种实证性的研究。研究者通过大量案例分析，找出影响投资的数量、结构、方向等最重要的若干因素。然后，再对这些因素进行排队，分配权重，采用各种方式给各因素打分，例如，专家评定，对投资者、咨询者通过问卷进行调查等，最后算出投资环境的总分。分数的高低意味着投资环境的优劣。这种方法叫作“因素打分法”。近年来虽然出现了一些对投资环境研究方法的新的探讨，如环境参数评价体系等，但均由于其操作起来难度太大，效果又不见得有多么奏效而未能取代因素打分法的主导地位。

## (一) 投资环境因素分析法

如前所述，所谓投资环境，就是对投资的方向、总量、结构、效率等各方面施加影响的各种因素的总和。投资环境的层次不同，使我们可以从一国的宏观层次来研究它，也可以从一个地区甚至一个项目设置地点来研究它，因而不同层次投资环境分析中所涉及的因素可多可少，大不一样。但是，一般来说，对目标投资国家或地区进行评估所考虑的因素可分为以下几类：

1. 政治环境

政治环境又可细分为政治的稳定性、国有化的可能性以及当地政府的产业和对外资的政策等。

政治的稳定性关系到受资国（地区）吸引区外资金的类型和数量。长期的大额资本投资都把资金的安全性放在首要位置加以考虑。就算利润率预期很高，但政治动荡风险太大，也会使长期投资者望而却步。当然，高的利润率可以吸引短期的投机性投资，但这种投资对受资国的经济发展不能起到很好的作用，因此一国、一地区的政治稳定性，是吸引区外资金的一个关键性因素。政治的稳定性，又可从以下几个方面来衡量：对外战争的危险；种族、宗教、社会不同阶层之间的冲突可能性；政府的更迭；政策的连续性。

国有化的可能性是外资担心的一个重要政治因素。在发展中国家，引进外资的初期，当地政府可能推出尽可能多的优惠条件，而一旦工业有了基础，羽翼渐丰，可能就不再容忍外资对国民经济的控制和剥削，要求把外资项目收归国有。特别是那些从事采矿、对自然资源进行初级加工的行业更易遭到国有化的威胁。在许多国家，这种国有化的损失是有补偿的，如当地政府出资收购，而在另一些国家，就是没收，后者风险较前者就要大得多。自改革开放以来，在中国尚未发生这类事情。之所以提出这一问题，是为了避免此类事例的发生，以使投资者放心大胆地把资金投放到中国的资源开发与基础建设上，使中国经济建设建立在更加坚实的基础上，加快建设步伐。

当地政府的产业政策是从发展地区经济、加速产业升级出发而制定的。对外资的政策是受资国经济发展战略和产业政策的引申。一般来说，受资国（地区）政府总是鼓励外资进入地区经济发展的“瓶颈”产业和潜在或实际的主导产业。对这方面的分析，可以从以下几个方面进行：允许外资进入的工业部门有多少；允许外资对企业的控制程度大小；对外资在市场、资金、利润等方面的控制；减税免税等优惠措施等。

2. 经济环境

经济环境是投资环境中最根本的组成要素。一个国家或地区的经济体制、经济结构、经济发展水平的情况，直接限定了投资的目的、方式、规模和结构。而且它本身还通过对政治环境、文化环境等方面的影响，间接地对投资发生作用。理解经济环境，必须从以下几个方面来考虑：

(1) 经济制度包括从最根本的所有制形式、分配制度到劳保、工会、计划、对企业的管理等方面的一系列制度。一个国家或地区的经济制度，直接影响投入资金的方式。如果一个国家对所有权看得很重，不愿意外国人拥有全部资本，那么投资最好选择合资或合作生产形式；一个国家在工人的权利、工会、工资方面的特殊规定，也可能对企业的经营战略产生重大影响。

(2) 经济结构和经济发展水平实质上更为主要的是经济结构的不断演进和升级。发展的水平越高，新兴的兴旺产业部门在结构中就越占主导地位。不同发展水平、不同结构下的国家和地区，对资本吸引的原因是不同的。发达国家之所以吸引了外国资本，是由于外资急需得到高新技术、管理经验和高级消费品市场；而发展中国家之所以能引进外资，是由于其可降低生产的人工成本以及作为潜在市场的身份极为诱人。

(3) 经济增长地区经济充满活力，每年有 5%~10%的增长，表明这些地区结构合理，存在日益提高的收入水平和日益扩大的市场，以及较多的投资机会和较小的风险。而如果在经济停滞、增长缓慢的国家和地区投资，必然会面临国民经济的一些痼疾，如市场萎缩、技术工人缺乏等，从而不能分享经济成长带来的好处，不能从日益变大的蛋糕中分取一块，甚至要承担蛋糕变小带来的损失。

(4) 物价这是涉外投资者很关心的一个因素。一国高物价及高通货膨胀率会使企业成本上升，投资计划和会计控制的实施更加困难。如果高通货膨胀率影响到本国币值与投资国币值的变化，还会增加汇率风险。但一般认为，轻微的通货膨胀率很可能会促使市场需求增长，使投资活跃。总之，稳中有升的物价有利于增强投资者的信心。

3. 财务环境

事实上，这里所述的财务环境和下述的几个要素均可归于经济因素一类，但是对于一个企业来说，这几个要素是与单个企业经营密切相关的微观要素，不同于上述的宏观经济环境，是一种大环境中的小气候，有必要提出来分别讨论。

财务环境可以从以下几个方面进行考虑：

(1) 资本与利润的外调投资者利益的最终实现，要求其能真实地掌握所得利润和所有资产的处置权利。如果东道国对资本和利润汇出有强烈的严格控制，使投资者不能真正得到利润——这种情况很可能在许多发展中国家发生，因为当地政府为了有效地使用外汇，常常实行各种形式的外汇管制。除非得到外汇，否则即使法令准许汇出利润也是一句空话，因而无法得到潜在投资者的青睐。这一点，无外汇管制的发达国家很占优势。

(2) 汇率受资国货币的汇率，特别是用投资国货币所表示的汇率，对投资者来说是一个需要特别关注的问题。尤其是在发展中国家的投资，由于发展中国家倾向于压低本国货币汇价以利出口，因而其货币常是软货币。资本进入该地区，或者从该地区获得的利润，如果不实现增值或调出该地区，则极可能蒙受汇率下降，东道国货币贬值带来的损失。此外，汇率如果不规则地频繁变动，会使经营者的计划控制和财务会计核算遇到困难。

(3) 税率这个因素是显而易见的，如果投资设在保税区或开发区，优惠的税收减免将有利于生产渡过初期困难局面。更要注意关税的高低，一国对原料、半成品、成品的进口关税税率不尽相同。特别是以成品在东道国市场出售的产品，对其进口原料和半成品的税率应该加以注意。

（4）资本市场如果在当地可以筹集到一定资本，如通过合资则可以大大节省投入的资本量。如果公司要求对企业的完全控制权从而不考虑合资，则可以在东道国银行借入流动资金、发行股票或债券。可见，完善高效的资本市场，是吸引外资的一个重要因素。

4. 市场环境

考察市场环境因素，可以从以下几个方面着眼：

（1）市场规模。很多外资的目标都是获取东道国一定份额的市场，特别当东道国运用关税和各种非关税壁垒保护其国内市场时，对东道国进行直接投资，就成为绕开壁垒、扩大出口的好方法。衡量市场规模的大小，是每一个以内销为主的投资者都要关心的问题。像中国、印度、巴西这样巨大的市场和潜在市场，会对外资产生强大的吸引力。

（2）营销区位。公司要占领一个地区的市场，就必须认真选择生产经营地点，使以该点为中心的营销系统、分销网点能够有效地覆盖整个市场，从而提高销售量，降低销售成本。在这里，能够方便地利用一些营销的辅助机构，如广告、电视、报刊等，增加对投资的吸引力。

5. 基础设施

基础设施是保证生产经营顺利进行的必要条件。方便而便宜的水电、交通运输、电讯电话，可以降低投资额和营运成本。如果需要外资来解决“七通一平”的话，由于这类项目一般投资周期长、利润率低，外国投资者常常不愿把资金投放在这些方面。因此，这种改善地区投资环境“搭舞台”的项目，是当地政府必须积极、主动、认真承担的工作，而且做得越早、越快、越好，就越能为吸引高质量的外资打下必要的物质基础。

6. 技术条件

技术条件好的地方，投资者可以充分利用当地的技术力量，使生产尽快达到预期的水平。因为一个国家、一个地区的科技文化教育水平，决定了它接受、消化新技术的能力。

（1）科学技术水平外资的一个重要目标，就是获取使用东道国（或地区）的先进技术，以跟上科学发展的潮流。在科技水平高的国家或地区投资，可以享受技术发展带来的好处，使企业保持高度的创新能力。这就是为什么现代外资的主要流向集中在发达国家和地区的主要原因。

（2）专业技术人员和一般技术人员的水平如果工资低，且工人和专业人员的技术水平也低，则效率工资必然高昂，可能使企业的成本不像预料的那样下降。某些专业技术人员的缺乏和工人素质的普遍低下，会使技术引进工作变得几乎不可能，从而增大了投资风险。相反，如果东道国（或地区）有着训练有素的劳动大军以及门类齐全的专业人才，则可能对资本—技术密集型的产业投资产生巨大的吸引力。

7. 法律制度与行政制度

法律、行政制度是保证外资能否顺利运用的关键性制度因素。法律制度特别是经济法规的不健全，法治程度不高，都会使投资者受到意外的损失。例如，专利被模仿、商标侵权、合同违约等这一类意外风险，常使外商望而却步。

行政机关的职能清楚，互不扯皮，手续方便，行政效率高等无疑会使外商感到事顺心悦。相反，普遍的官僚作风则使投资者不得不放慢步伐，增加不必要的成本和时间耗费，甚至蒙受不合理长官意志的损失。因此，行政机关的办事效率是软环境的极为重要的组成部分，是吸引外资的一个有利因素。

8. 文化环境

文化环境是引进外资容易忽视但确实又潜在的起着重大作用的因素。东西方文化的差距，历史文化的渊源，不同的社会风俗习惯，等等，迫使投资者从谈判到红利分配，从商标品牌到产品花色都要作相应调整。忽视文化因素的严重后果，可能是对其投资、产品的抵制，在其他方面也会碰到数不清的麻烦。

以上所述这些因素，在采用因素打分法进行环境评估时，既可以全部使用，也可以只采用其中一部分，甚至增加某些投资者更关心的因素。确定了所要考虑的因素后，就要着手搜集资料，然后分因素逐个打分评估，给出每个因素的权重，最后求出该投资环境的总分。

一般来说，国际上采用的都是五分制评估（优、良、中、差、劣）；投资环境的总分由下式求得：

$$\text{投资环境总分}=\sum_{i=1}^{n}W_i(5a+4b+3c+2d+e)$$

其中，i 表示所考虑因素的个数（几个个数）；W 指分配给每个因素的权重；a、b、c、d、e 是对每个因素进行评估的专家或投资者意见之比重。

这样，当总分越接近“5”时，表示投资环境越好。总分超过“3”可列为可考虑的投资环境，“3”以下的分数表示根本不能予以考虑的投资地区。

在这里，投资的权数是个很难解决的问题。由于投资项目的性质不一，当地资源或公司资源的稀缺程度不一，甚至投资决策者的性格特征，都会使权重 W 的值发生变动，从而影响投资环境总评价的高低。例如，一家以利用当地廉价劳动力为目的的电子装配企业，由于产品面向国际市场，故而对东道国的市场环境不太重视，分配给这个因素的权重值也就较低；但该企业由于物价水平而产生工资水平的变动，对劳动法规如是否允许妇女从事该种职业、劳保要求如何等方面则相当敏感，因而要赋予相应较大的权重。

使用多因素评估法的先驱首推罗伯特·斯托伯（Robert. B. Stobangh）的“等级尺度法”（Ratingscale）。此外，美国国际商业公司的商业环境风险指数（Beri）和日本的大量实证研究也采用了这一方法。现简单介绍一下斯托伯的“等级尺度法”。

斯托伯认为，一地的投资气候（Investment climate）优劣，可用 8 个因素分别测定。每个因素按其对投资的有利程度给予不同的分数，总计相加得出总分。总分范围从 8~100 分，分值越高则投资环境越好；反之则越差。这 8 个因素是：①资本外调的自由（0~12

分)；②允许外国拥有所有权比例（0~12 分)；③外国企业与本地企业间的差别待遇（0~12 分)；④币值稳定（4~20 分)；⑤政治稳定（0~12 分)；⑥给予关税保护的态度（0~12 分)；⑦当地资本供应能力（0~10 分)；⑧年通货膨胀率（2~14 分)。

对其中每一个因素，设置不同的等级，给予相应的得分。分数以 2 分为最小增减数，即级差常数为 2。如下所示：

（1）外商股权因素（0~12 分)。①准许并欢迎全部外资股权（12 分)；②准许全部外资股权但不欢迎（10 分)；③准许大部分股权（8 分)；④准许半数以下股权（6 分)；⑤准许小部分股权（4 分)；⑥准许极小部分股权（2 分)；⑦不许外商拥有股权（0 分)。

（2）政治稳定性因素（0~12 分)。①长期稳定（12 分)；②稳定但因人而异（8 分)；③内部分裂但政府掌权（6 分)；④国内外有强大反对力量（4 分)；⑤有政变可能（2 分)；⑥极可能政变或激变（0 分)。

可见，打分具有较强的主观倾向。股权分析也就比政治稳定性的打分要可信一点。减少主观随意性的一个方法，是让各方面人士都参与打分。但是，由于投资者、受资者、研究人员的利益和目的不同，价值判断标准不同，而常使评分标准产生根本性差异。尽管如此，我们可以通过投资环境分数水平、分数结构分析以及对打分者的动机分析来深化对投资环境的全面认识。

当评定了各因素得分后，对其加和得到总分，并且对几个国家或地区投资环境总分进行比较。如果某一地区分值特别高，则很可能成为受资国（地区）。但如果几个地区投资环境总分不相上下，则正像高考分数不能成为衡量学生成绩的绝对尺度一样，必须对各地区投资环境进行进一步全面深入分析。总之，多因素评估法只是给出了一般投资环境优劣的一个粗略认识，仅供投资环境初步分析时使用。如果投资者明确其投资目标，则其必须依照这个目标来调整自己对投资环境的认识，重新重点考虑与实现其目标有密切关系的几个关键因素，否则可能会走入目标误区。比如说，目标是获取高技术，则即使东道国（受资地区）其他方面再好，因其中科技文化水平不高，对其总评价也不会很高。

外资的投资动机是利润最大化。虽然短期内有的外资为了其他战略目标，可以暂时放弃利润目标，甚至亏本在海外投资经营，但若从外资的总的长期利益看，一项投资，必须是直接或间接地有助于公司长期利润的最大化以及利润的稳定增长。

但是在获取利润这个总目标下，任何资本均有其从属于此目标的其他次一级动机，这些次一级动机的实现将使总目标能在长期内稳定达到。这些次一级目标是：降低成本；获取原材料半成品的稳定供应；发展当地市场和区域市场；获取先进管理经验与技术；追随竞争者；风险分散。

当然，仍有一些其他次级目标，如获取受资国出口配额等，这些次一级目标应引起各方面的更多注意。有时一项投资本身看来完全得不偿失，但由于其完成了这些目标中的一个，就可以使总公司的利润得以稳定增长。因而，我们有必要仅就与这些目标相关的投资环境要素进行进一步评估，看它们是否能满足上述次级目标。这就是所谓的关键因素评估法。

例如，若投资的次级目标是降低某产品生产成本，则有如表1所示的关键因素评分表。

**表1 关键因素评分表**

| 关键目标 | 劳动生产率 | 运作条件 | 地理区位 | 评分 |
|---|---|---|---|---|
| 国家或地区 | (0.5) | (0.3) | (0.2) | — |
| A | 3 | 4 | 2 | 3.1 |
| B | 4 | 5 | 3 | 4.1 |
| C | 2 | 3 | 2 | 2.3 |

注：0.5、0.3、0.2分别是三个要素的权重。

由表1可以看出，B国（或地区）更有利于实现投资的次要目标，它的投资环境就这一投资项目来说优于A国和C国。

## （二）投资环境系统计量评价方法

前文关于投资环境要素的评估法，把各要素不分主次排列，并给予不同权重，具有相当的主观随意性，难以说明各要素之间的关系。

特别是要进一步分析时，就必须完全抛弃这种打分表法，寻求更细致的因素分类。这实际上反映了打分法需要随着对投资环境的系统认识而进一步发展，以使权重分配得更合理，使打分更客观准确。因此，就出现了引入系统思想的一类投资评价方法。

这种方法认为，任何一国（地区）的投资环境，是由组成环境各要素相互作用、相互联系而形成的一个有机体系。这个环境体系最大的特点是其层次性。假如把投资环境整体看作上个集合"I"，则其可由几个较大的子集组成，即：

I={S，T，N}

其中，S为社会经济，T为物质技术环境，N为自然地理资源环境。每一个大的子集，又可层层细分为处于不同层次的小子集。例如，S可分为政治环境和经济环境。经济环境又可分为经济水平与结构、经济体制、生产要素供应、外资引进情况等；生产要素供应又可分为劳动、土地、资本等的供应等。如此细化，直至达到能够说明问题的程度。上述投资环境各要素之间的这种层次关系，可以用一个图论中的树形图来表示。在系统思想中，这些树形图上的要素，必须遵循以下一些规则：

首先，每个要素均有其位置。它先是与其他要素并列处于同一层次中，换个说法，也就是处于同一集合中或它们共同组成这一层的集合。它的上一层，指这个要素与其并列要素的总集；它的下一层，指以其为总集的每一个子集。比如说，宏观经济环境的位置与社会环境并列，组成总集社会经济环境，它本身又可分成子集经济发展情况、国民收入情况、通货膨胀情况等。总之，子集的集合等于其总集。下一层次的环境要素集合等于上一层的某个要素。因此，实质上各层要素都能独立地表现总的投资环境的优劣。

那么，我们为何不简单地取其一层要素进行分析评估来说明投资环境优劣呢？主要是因为如果取上层要素作分析，则显得笼而统之，不能做出科学的精确评价；如果仅取下层要素作分析，则各要素间又显得毫无关联，难以确定各要素权重，也不能说明问题。因此只能采用多层次的因素系统分析，并且选择合适的总的层次数以及每一层次的要素的适应个数，以达到既能准确地分析每一个下层要素，又能宏观地概括总投资环境优劣的目的。

其次，处于环境要素系统图中的各要素权重分配，根据如下原则进行：由于每一上层要素都是其所有下层要素的集合，因而它的权重也就是下层要素权重的和。于是，权重的分配只发生在同一层次各要素之间，而上下层要素之间只存在权重传递的问题。

例如，假定整个投资环境为 1，则 S、T、N 的权重分别是 0.5、0.3、0.2。权重在属于同一层次的社会经济环境、物质技术环境和自然地理资源环境之间进行分配。又假设 T 的权重为 1，则基础设施、生活设施、外联条件分配权重的结果是 0.4、0.3、0.3。自然我们仍可把这三个要素的权重分别设为 1，给它们的下一层要素分配权重。那么，生活设施在总投资环境中的权重大小是多少呢？可以用 T 在总环境中的权重 0.3 乘以生活设施在 T 中的权重 0.3 得到 0.09，这就是权重的传递过程。

在对一个投资环境系统内的各要素作出分析后，在环境树形图中我们还给定了每一要素在其所在层次、所在集合的权重。然后我们可以通过对最下层的要素作出比较精确的评分，层层汇总，得到一个较为客观的总分。这样，因素评分法的科学性、精确性就大大加强了。

### （三）综合评价指标（参数）体系

以上的评价方法，特别是环境系统评估法，都基于一个假设，即“整体等于部分之和”，从而通过对每一个“部分”的分析评价，再加和得到总的评价。事实上，这是有悖于系统思想的。举例来说，一个地区其他投资环境再优越，由于其某个方面的缺憾，如运输条件因某种原因特别差，也可能使整个投资环境显得不再那么有利可图。但是如果运输“瓶颈”一旦得以解决，从而使投资环境其他方面的潜力释放出来，则投资环境会得到较大幅度的改善。这种情况是并非仅用权重就能够清楚表示出来的。一个国家，尽管各方面条件似乎不太优越，但其总和却可能显示出其是一个有相当吸引力的投资场所。可见，对投资环境，必须有综合评价的思想，也就是说，要找出一些能够综合表现投资环境的指标——假如我们以前所做的是评价一台机器零部件的好坏的话，现在做的是从机器的各项性能指标上来评价它，即建立一个评价信息系统。当我们输入一些相关数据时，就能得到关于某个投资环境优劣的指数表现，再对其作出分析和具体评价。

这些指标可以是下列指标中的几个或全部，视需要研究的对象而定。

1. 投资系数

它是投资在一定时期内的利润额 P 与投资额 T 的比值 P/T。它表示投资的效果如何，进一步表示投资的获利能力，因而这个参数在考察非营利性投资如医院时，可以省略不用。

2. 投资乘数

它表示投资增量与获利增量之间的关系。投资乘数 K=ΔY/ΔI。这个参数中的国民收入增量 ΔY 不全为投资者获得，因而它是从受资国角度来研究投资环境的。受资国的边际消费倾向越大，则投资乘数越大，少量增加投资即可引发国民收入的成倍增长。因而此时受资国急于引进外资，从这个意义上讲此时投资环境好。

3. 边际耗费倾向

它表示耗费增加额与获益增加额的比率。此数值越高，则耗费越多，对投资者越不利。

4. 投资饱和度

这个参数在微观意义上仅指投资的边际效率与利率之比。投资的边际效率是指投资每增加一单位所获得的利润增加额。如果这个增加额大于利率，则说明投资还可继续增加，直到收益减少到等于利率为止。在这点以前，称为投资未饱和，这点之后称为投资已饱和。这个参数在宏观意义上，是指某一投资对象（比如一地区、一项目等）已投入资金量与可投资额（投资容量）的比值。该值≥1 时称为投资饱和，应停止投资。

5. 基础设施适应度

它是指一个地区交通通信、能源、水源等基础设施对于投资项目的适应程度。可先分别计算每一项基础设施的现实能力与所需能力的比值，再对其加权平均后得出一个一般的适应度来。权重的选择，依投资项目的性质而定。

6. 投资风险度

它是指投资由于投资环境的变化而丧失部分或全部利益，对此之估计即风险度。

7. 有效需求率

它是指社会平均利润或利息与投资产生的利润之比。

8. 国民消费水平

它是指一地区居民储蓄额与国民收入额之间的比值，反映出一地区人民生活水平。它可表示为：当地居民储蓄总额/当地居民收入。储蓄总额表示人们消费倾向的高低，而国民收入则反映生产发展水平。因此，当储蓄额高且国民收入也高时，表示该地区生产力发达，但消费过少，因此有利于生产资料工业的投资。当两个数额都小时，表示生产力既不发达，边际消费倾向不高，投资效果不会太好。

9. 资源增值率

它表示一地区生产技术与管理在资源转换中增值大小。它相当于资源加工产品价值总额/资源初级产品价值总额。若此值很高，说明当地生产技术、管理水平很高，各方面条件较好。

10. 优化商品率

它是一地区名优商品与全部商品总额的比值，表示该地生产力状况、科学力量和企业竞争能力状况。

以上 10 个指标，基本可以较全面反映一个地区投资环境的状况。但是这 10 个指标不可能在一地区都显示为适宜投资，或都显示为不适宜投资。一地区投资环境总有某些长处，也有不利之处，这样就要对10个指标进行综合评价。

评价的过程是这样的。首先计算出各指标的数值，其次选择世界上公认投资环境好的地区的同类指标，求出所研究的投资环境与公认投资环境好的地区的相似度。两者越相似，则表示投资环境越好，越不相似，则表示投资环境越差。

上述评价方法，其优点在于综合性，在于其数据的客观性。但是这种方法以某一“公认的投资环境好的地区”作为比较标准，似乎也有不妥之处。如前所述，因为任何投资目标不同，建立的产业性质不同，生产的产品特征不同，对投资环境条件的要求就不同，用同一个标准去衡量，很可能是削足适履。比如说，中国香港的投资环境不能说不好，可是对于以降低成本为目的的简单劳动密集型产业投资或自然资源密集型投资，就未必能在一个像中国香港这样的地区获利。可见，利用这些参数时，也离不开定性分析，给予它们不同的权重，借以反映影响项目投资的各参数的相对重要性，以使评价结果更加客观和真实。

### （四）“冷热国”对比法

这是美国学者在研究美国、加拿大等国家地区的大量国际投资者的资料后提出来的。他们认为，影响一国或一地区投资环境的因素，从宏观角度考虑有以下几个：

1. 政治稳定性

这是一个风险因素，在无内乱或战争威胁，政府稳定、政策连续性强的地区投资，可以减少投资者的意外风险损失。因此，稳定性高的地区有利于吸引外资，特别是有利于注重资金安全性的长期资本。我们把政治稳定性高称作这一地区的一个热因素；反之如果政治稳定性低，则被看作是一个冷因素。

2. 市场机会

市场机会是指企业能够加以利用变为其本身企业机会的市场因素。如果一个地区经济处于上升阶段，发展速度较快，市场中各种潜在的或可见的需求不断涌现，企业有可能根据其内部资源状况对其加以充分利用，则称此地市场机会是一个热因素；反之则是冷因素。

3. 经济发展与成就

经济发展与成就是指一国或一地区经济发展的水平、速度、经济结构等方面的特征。一个地区如果在这些方面比另外的地区出色，则由于企业可充分利用东道国经济增长的好处，就可以增加营利，减少风险，从而认为它是一个热因素；反之则是一个冷因素。

4. 地区与文化的差距

这是企业关注的一个重要方面。地理与文化差距越小，则投资国与受资国的国民价值判断、信仰、风俗等极为接近，那么，在投资时就可以更好地适应东道国的各种风俗习惯，在对待当地员工、公共传播媒介以及消费者时，可以做到知己知彼，不致犯大失误。因此，如果两地地理与文化差距很少，则视之为热因素；反之则相反。

5. 法令阻碍

这是对投资活动的限制性因素。任何一个国家在利用外资时，必然会对其作出一定限制。特别是发展中国家，对外国资本的抽走、外商在合资企业中的股权比例安排、进口关税的限制以及各种业绩要求等都会做出某些规定。对外资来说，当然限制越少，就越可能被视作热因素。

6. 实质阻碍

投资的实质阻碍是指各种人力无法控制的因素，如战争、自然灾害等。抛开这些风险因素不说，即使自然条件的差别，也会造成实质性阻碍，特别是对热带经济作物投资时更是如此。于是，实质性阻碍很少被看作是一个热因素。

7. 文化一元化程度

一个国家如果文化统一则凝聚力强，可以利用的优秀传统多，这时可把它作为一个热因素。

以上 7 个因素可分为更多的子因素，也可对其进行冷—温—热分析。如果热因素多而冷因素少，就认为其投资环境好。但是，这个方法实质上未摆脱因素评分法的概念，只不过评定的指标划分简单了，只有冷、热、温三种等级，并且评估的 7 个要素全是宏观因素，因此显得此法更加笼统和浅显，故只作为初步认识投资环境之用。

调查并选定若干评估项目，选择不同类型的外商投资企业若干家，按社会经济统计的原理进行调查。由外资企业的高级管理人员对受资国投资环境进行口头和笔头评价，评价标准可采用 5 分制，然后综合其意见，计算出平均有百分之几的企业对受资国环境持肯定、否定或其他中间态度（见表 2）。

**表 2 投资环境评价打分征询表**

| 评估项目 | 评估标准 | | | | |
|---|---|---|---|---|---|
| | 5 | 4 | 3 | 2 | 1 |
| 政府政策法令 | $X_{11}$ | $X_{12}$ | $X_{13}$ | $X_{14}$ | $X_{15}$ |
| 法律 | $X_{21}$ | $X_{22}$ | $X_{23}$ | $X_{24}$ | $X_{25}$ |
| 税收 | $X_{31}$ | $X_{32}$ | $X_{33}$ | $X_{34}$ | $X_{35}$ |
| 劳动生产率 | $X_{41}$ | $X_{42}$ | $X_{43}$ | $X_{44}$ | $X_{45}$ |
| 基本设施 | $X_{51}$ | $X_{52}$ | $X_{53}$ | $X_{54}$ | $X_{55}$ |
| 市场 | $X_{61}$ | $X_{62}$ | $X_{63}$ | $X_{64}$ | $X_{65}$ |
| 人才资源 | $X_{71}$ | $X_{72}$ | $X_{73}$ | $X_{74}$ | $X_{75}$ |
| 资本利润汇出 | $X_{81}$ | $X_{82}$ | $X_{83}$ | $X_{84}$ | $X_{85}$ |
| 结论 | $\frac{\sum X_{i1}}{N}$ | $\frac{\sum X_{i2}}{N}$ | $\frac{\sum X_{i3}}{N}$ | $\frac{\sum X_{i4}}{N}$ | $\frac{\sum X_{i5}}{N}$ |

注：其中 $X_{iy}$ 是对第 i 项因素持第 y 项态度的企业数（y = 1，2，3，4，5），N 是被调查企业总数。

这种方法不但可以很快得出结论，而且还可以分别计算出企业对第 i 项要素的平均评分 K，$K=(5X_{i1}+4X_{i2}+3X_{i3}+2X_{i4}+X_{i5})/N$，这个 K 值可以作为改善投资环境的一个依据。但是这种方法明显受被调查者主观色彩影响，从而使评估不可能很准确。

### （五）投入产出方法

投入产出理论认为，在区域经济中任何部门都与其他部门相互依存，它们通过部门间的投入产出联系起来。他通过编制投入产出表，深入剖析区域系统内部（及区域间）各组成要素和要素间相互关系，全面评估区域各部门发展过程中与其他部门之间的相互影响、相互制约关系及其数量界限（数量关系）。与此同时，投入产出方法可以用于研究区域内某一产业变化及其扩散过程，预测产业间经济乘数变化的差异。

我们知道，区域投资环境的主要内容是区域的经济环境，而经济环境的骨骼是区域产业结构。投入产出方法正是综合研究分析与预测区域产业结构的有力工具，因而它也成为研究投资环境的一种方法。在研究中，我们建立区域投入产出模型和区域间投入产出模型。通过大量的资料搜集、整理、计算工作，得出部门间的直接消耗系数和完全消耗系数。这样，就可以预测某部门的增长能够使别的部门增长多少，以及它与其他部门投入产出间的各种各样的联系（主要是数量关系）。这些数据，对于投资环境的研究相当重要。因为以上介绍的投资环境研究方法，都把注意力集中在打分评价投资环境优劣上，说到底，只是一种质上的定性研究。要使研究深入，使其量比，就需要知道投资环境各要素，特别是经济环境各要素之间的量的比例和关系，这样才能使投资者避免盲目性，知道资本该往哪儿投才能搭上产业增长的快车，知道资本投下会引起哪些后果，这些后果又会怎样转过来影响投资的长远利益。

### （六）系统动力（态）学（仿真）方法

系统动力（态）学（System Dynamics）是建立在信息反馈控制理论的发展、决策理论的发展、模拟方法的建立和高速数值电子计算机技术发展基础上的一种定性、定量交融建模技术，是一门连续仿真（且反馈）的方法论。运用此种技术和方法，可以探讨系统（比如投资环境系统）的结构、决策与时间滞延等因素是如何相互作用、相互影响，以及它们又是如何作用于系统的发展与稳定的。国内外实践已经证明，该种建模技术及其应用，是一种更适宜于解决社会、经济、环境等这样一类客观系统问题的方法。因此，有人把“系统动力（态）学”方法誉为“社会、经济运行实验室”。诚然，国家或地区的投资环境问题和项目区位选择问题，都可以采用该种方法进行分析、研究与决策。

研究国家或地区投资环境和项目区位选择问题，核心是为了获取最佳综合投资效益。其中，关键性问题是处理好地区经济发展与地区投资条件，项目布局指向性与具体区位选择之间的相关关系。而系统动力学方法不仅可以揭示和反映地区发展同地区条件、项目布局指向及具体区位状况的相关关系，而且特别能以反馈特征来揭示，反映出决策目标同条件之间适应或不适应以及适应或不适应的程度，甚至可以揭示出适应或不适应主要集中于什么条件和问题上。因此，我们在研究国家或地区的投资环境，以及投资项目的区位选择时，应当采用“系统动力学”这种“社会、经济运行实验室”作为重要的分析、研究、决策工具（由于篇幅所限，此不详述。有关方法，可参见有关系统动力学的书籍）。

但是，应当注意到，实践一再证明，任何一种模型与方法，都不是尽善尽美的，都有其优点和缺点、长处和不足，也有一定的适用性和局限性。因此，我们主张在可能情况下，至少应当采用两种或两种以上的方法来研究同一个问题，目的是相互参照、补充和矫正，使研究与分析的结果尽可能科学一些，逼近实际一些。这样，就又涉及所采用的两种或两种以上方法如何选择的问题。从理论研究和实践效果看，我们认为所采用的方法应当是具有不同性质和不同思路的方法，比如采用“因素分析法”和“投入产出法”，或者“投入产出法”和“系统动力学法”等。这样，有的是以定性分析为主与定量分析为主相结合；有的是以结构分析为主与仿真、反馈为主相结合，使研究结果更具科学性、可靠性。

上面谈到的各种投资环境的研究方法，除了最后两种有可能发展为真正的投资环境研究方法外，其他方法实质上都还仅是一些评价方法。其中最大的特征，就是从投资者的角度出发，对投资者能否获利做出一个关于投资环境优劣的价值判断。这当然有助于我们深化对投资环境的认识，但是这种判断无疑是片面的。要想使我们对于投资环境的认识全面起来，深入下去，有必要寻求更好的研究方法，特别是综合定量研究方法（比如前面提到的几种方法并行使用）。

不管有多少种投资环境评价方法，投资环境的评价过程基本是相同的。下面介绍一下投资环境研究的程序。

（1）制订研究计划这个步骤主要是为了确定研究的目的、步骤和方法，以及其他配套的人、财、物计划。研究的目的是整个研究计划的核心，有什么样的目的就有什么样的方法，也就需要什么样的资料。投资环境的研究目的是对投资环境作出价值判断，诸如好或坏等。但仅此是不够的，对好坏的判别应该看研究投资环境的目的是什么：它是投资国政府为了指导投资者投资流向而进行的，还是受资国为了改善投资环境而进行的，或仅出于学者研究的需要而进行。此外，投资环境的目的还须细化，即到底是研究何类投资的投资环境，是制造业？采矿业？交通运输业？还是农产品加工业？因此，我们在探讨投资环境研究的目的时，必须说清楚是从何种角度出发，最终目的是什么。目的不同，判断的标准就不同，也会导致不同的甚至相反的结论。

除了进行对研究本身做出计划外，还要做出相应实施计划的人、财、物安排，以保证计划的顺利完成。

（2）初步收集资料阶段确定了投资环境研究的目的、方法之后，就面临收集资料的问题。初步收集的资料，当然多数是成文的二手资料，从中可以看出别人对所研究的投资环境的看法。这个阶段的工作，主要是为正式评价做准备。

（3）初步评价阶段对特定投资环境的认识，总是逐步深入的。先认识宏观环境、一般环境，再认识微观环境，直至投资所关系到的特定环境。初步评价的结果，是评出若干具有好的投资环境素质的国家和地区，或者是对某一地区投资环境得出概括性的看法。

(4) 进一步收集资料这个步骤，是为了详细分析某一段投资环境的好坏，按照所采用的分析方法如“等级尺度法”来调整、增删投资环境因素，再按这些因素分门别类去收集尽可能详尽的资料。这时所收集的资料，应该也必须大多是第一手资料。在收集资料过程中会发现新的问题。这时就要反馈到计划里，修订研究的步骤和具体方法，调整人、财、物的安排，使之更符合研究的目的与要求。

(5) 对资料的分析处理阶段现在多依靠电子计算机等高科技技术来完成。数据输入后，按所编排的程序运算得出所需的中间结果和最终结果，直至对投资环境做出最终评价。

(6) 做出结论把评价的结果与研究目的对照分析，如果是从受资国（东道国）主场进行的研究，目的是进一步改善投资环境，就必须特别注意评价低的部分并分析其原因；如果是从投资者的角度，为了降低生产成本而进行的投资环境研究，则必须注意对受资国（东道国）工资、物价水平及其增长程度作出可靠的评价。

基本的研究步骤如上所述。但对于特定的投资环境研究，可以根据需要增减某些阶段或内容，以使研究工作做到少花钱、多办事、办好事。总之对投资环境的研究评价工作，国外已开展多年了，而中国才刚刚开始。照搬别人的研究评价结果当然不行，应该在研究方法的“洋为中用”上下功夫，总结出一套中国切实可行的研究、评价方法体系。这个工作，不论是对于中国的东部经济较发达地区及其对外开放区域吸引外资，还是对于中、西部地区的开发、建设，都有相当重要而巨大的理论意义与实践意义。

# 关于地区投资环境的综合分析评价*

一地投资环境的好坏优劣，直接关系到其资金投入的经济效益，进而影响到人们对其投资决策的做出。因此，本文对于地区投资环境做一综合分析评价便有着很重要的理论和现实意义。因篇幅所限，要想分省逐个进行分析评价有较大困难。为不失一般性，从简便角度着眼，这里将我国 30 个省市区（暂不包括中国香港、中国澳门、中国台湾）划分为九个区域，分别进行论述。这九个区域分别为：

Ⅰ东北区：包括辽宁、吉林、黑龙江三省。为保持省、区级行政区划完整性，内蒙古东三盟一市（呼伦贝尔盟、兴安盟、哲里木盟、赤峰市）未划入该区，这样利于分析评价。

Ⅱ华北区：包括内蒙古、山西、河北、北京、天津、山东共六省（自治区、直辖市）。

Ⅲ华中区：包括河南、湖北、湖南、江西四省。

Ⅳ西南区：包括四川、贵州、云南三省。

Ⅴ华南区：包括广西、广东、福建、海南四省（自治区）。

Ⅵ西北区：包括陕西、甘肃、青海、宁夏四省（自治区）。

Ⅶ华东区：包括上海、江苏、浙江、安徽四省（直辖市）。

Ⅷ西藏区：包括西藏自治区全境。

Ⅸ新疆区：包括新疆自治区全境。

## （一）地区投资环境评价指标体系的确立

评价某地投资环境的好坏，必须有一定的审视角度和评价指标体系，并且为使最后得出的结论具有准确性和科学性，这一评价指标体系应越综合全面越好。这里所选择的审视角度包括下面五大方面：

（1）地区经济基础及现状水平的高低。该方面又含下面几个具体的评价指标：①人均国民收入水平的高低；②1985~1989 年该地区国民收入的年递增速率；③人均工业固定资产原值拥有量；④地区经济效益水平高低（这又可从农业劳动生产率、工业劳动生产率、工业百元资金利税率等方面来加以评价衡量）。

---

* 本文选自张敦富：《中国投资环境》，化学工业出版社 1993 年版，第 185~191 页。该书获北京市第三届哲学社会科学优秀成果二等奖。参撰者：胡细银、陈旭舟。

(2) 地区经济社会发展条件。该方面又含下面几个具体的评价指标：①地区交通运输条件的好坏，这里用交通便利指数[①]来表示；②劳动力资源丰度，用该地区成人识字率与劳力总数之积来表示；③地区科技水平的高低，该指标用该地每千人中科技人员所占数量与每个人专利获批准量的几何平均值来表示；④市场容量，用该区人均社会商品零售总额和人口密度两指标的几何平均值来表示。

(3) 资源丰度。该方面又由以下几个评价指标组成：①矿产资源丰度，它用地区 45 种主要矿产资源储藏价值总量（用人民币元表示）和人均总量的几何平均值来表示；②水资源，又包括水能资源和水量资源两个方面，其丰度指标均用资源总量和人均总量的几何平均值来表示；③土地资源，含耕地、林地、草地三个方面，各自的丰度也都用资源总量和人均总量两指标的几何平均值来表示。

(4) 吸引外资的位置、政策条件与现状水平。该方面的评价指标包括：①地理位置，主要从交通方便和经济开发中所处位置的有利与否等角度来衡量其好坏；②国家对地区采取的优惠投资政策，中国目前有 4 个经济特区、14 个对外开放城市，还有一系列对外开放区、27 个高新技术产业开发区等，与其他地区相比，这些地方在投资和对外资金的吸引上采取了一系列优惠政策措施，具有优先投资发展的条件；③地区目前已吸引利用的外资数额大小。

(5) 经济活力。该方面的评价指标包括：①地区经济开发程度指标，用地区单位国土面积社会总产值与地区全员劳动生产率的几何平均值来表示；②地区经济自我发展能力，用地区自我积累来表示。地区自我积累率等于地区国民收入与地区消费两者差值与总国民收入之比。

应当指出的是，上述五大方面的评价指标只是从宏观的角度对一地的投资环境进行综合透视评价，至于微观投资应考虑的因素，限于篇幅本节将不予介绍。

## (二) 各指标的权重分配与评价方法

上节提出的五大方面的指标，在地区投资环境评价中都应考虑到，但并不是说各方面的指标都同等重要，这就要求在评价过程中分清主次，分别赋予不同的权重。为此，我们事先采取了调查分析的方法，通过多次信息反馈后，最后得出各项指标权重如图 1 所示。

关于评价方法，这里运用“多指标综合价值评定法”来进行评价。其具体做法如下：

(1) 求出各指标的价值评定系数 $K_{ij}$。这里，i=a，b，c，d，e；j=1.2 或 1.4。

如人均国民收入指标 $a_1$ 的价值评定系数为 $K_{a1}$ = A 的权重 × $a_1$ 的权重，考虑到计算时的方便，在计算中将 A、B、C、D、E 的权重都乘以 100，得：

$K_{a1} = 0.25 \times 100 \times 0.25 = 6.25$

---

① 一地交通便利指数 =（该地铁路、公路、水运总长度/地区国土面积）/货物平均运距，货物平均运距=地区货物总周转量/货运总量。

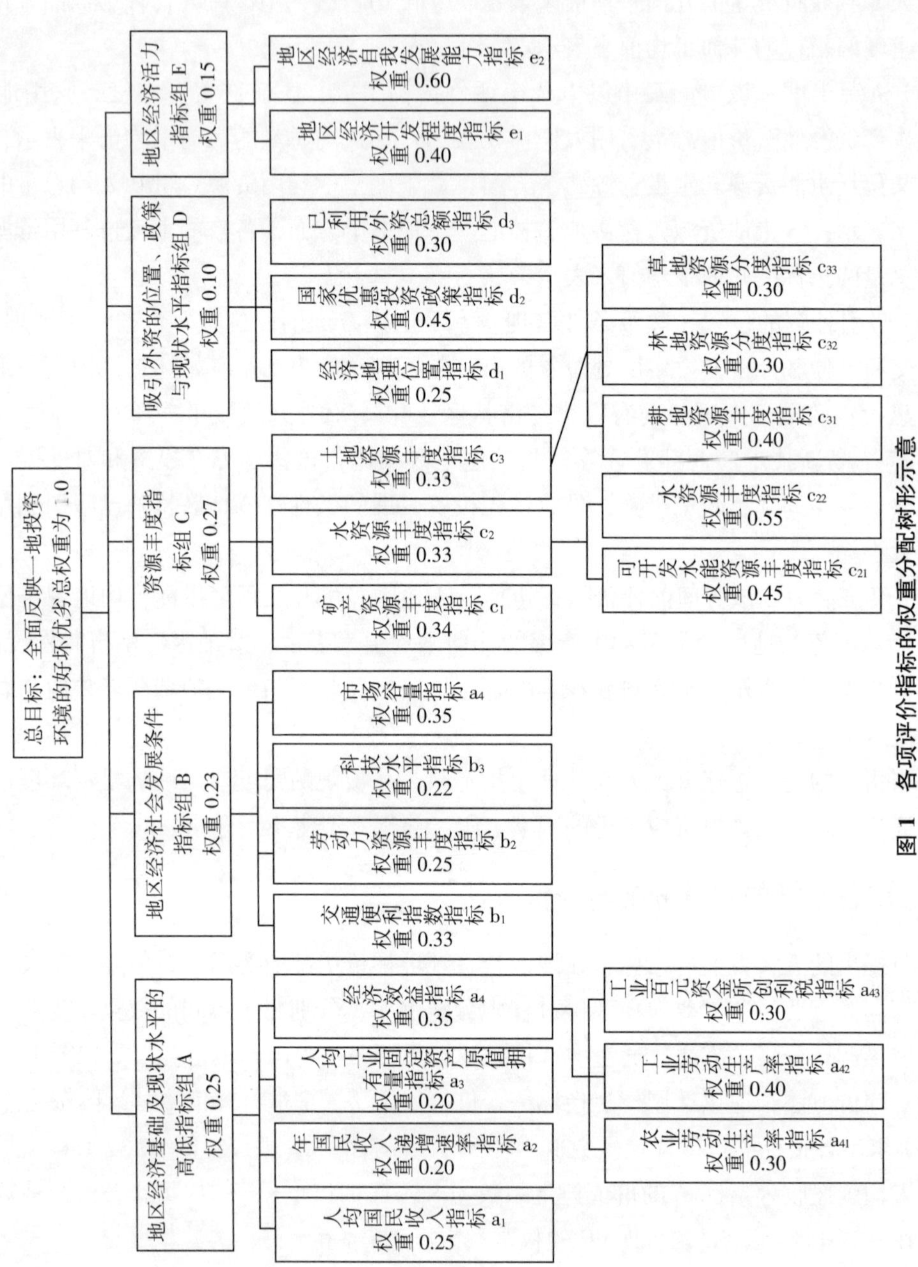


图1 各项评价指标的权重分配树形示意

同样，对于经济效益指标 $a_4$ 中的百元资金利税率指标 $a_{43}$ 的价值评定系数 $Ka_{43}$ 有：

$Ka_{43}$ = A 的权重 × $a_4$ 的权重 × $a_{43}$ 的权重 × 100

即 $Ka_{43} = 0.25 \times 100 \times 0.35 \times 0.3 = 2.625$

以此类推。

（2）将各项指标的原始数据进行极差标准化，以消去不同量纲的影响而便于各指标间的比较。极差标准化的公式为：

$$X'_{ij} = (X_{ij} - \min_j \{X_{ij}\}) / (\max_j \{X_{ij}\} - \min_j \{X_{ij}\}) \quad (1)$$

式（1）中，$j = \overline{1.2}$ 或者 $\overline{1.4}$，或 $X'_{ij}$ 为原始数据，$X_{ij}$ 经标准化后所得的无量纲数据。

如东北区人均国民收入指标原始数据为 1229 元，而全国九大区域中该项指标最低的是西南区，为 549 元，最高的是华东区，为 1234 元，标准化后东北区的本项指标为：

$$\frac{1229 - 549}{1234 - 549} = 0.9927$$

（3）求出各项评价指标的得分。如上述东北区人均国民收入 $a_1$ 项指标此时的得分为：

$M_{a_1} = 0.9927 \times K_{a_1} = 0.9927 \times 6.25 = 6.2044$

（4）求出各大区域投资环境的综合得分。一地投资环境的综合得分就是将其五方面指标的得分逐个加总求和：

$$Ma = Ma_1 + Ma_2 + Ma_3 + Ma_4 + Mb_1 + Mb_2 + Mb_3 + Mb_4 + Mc_1 + Mc_2 + Mc_3 + Md_1 + Md_2 + Md_3 + Me_1 + Me_2 \quad (2)$$

其中，$Ma_4 = Ma_{41} + Ma_{42} + Ma_{43}$

$Mc_2 = Mc_{21} + Mc_{22}$

$Mc_3 = Mc_{31} + Mc_{32} + Mc_{33}$

按照上述方法步骤，求得中国各大区域投资环境的综合得分如表 1 所示。

## （三）评价结果分析

根据表 1 的结果可知，中国九大区域中，以华东地区综合投资环境最好，总得分为 65.66 分，位居九大区之首；第二、第三、第四名依次为华北、华南、东北三区，不过它们的差距不是太大，总得分在 53.38 分到 52.46 分之间；华中区位居第五，总得分为 42.64 分，与位居第六的西南区（总得分为 39.42 分）比较接近；而西北、新疆、西藏三区投资环境则较差，总得分依次分别为 26.68 分、26.44 分和 15.48 分，分别仅为第一名华东区的 40.63%、40.26%和 23.58%。

若从各个指标组的角度来考察，根据表 1 又可得到如表 2 所示的结果。

表 2 中，A 组指标反映的是地区经济基础及现状水平的高低。从其各自的得分情况来看，以华东区和东北区最高，分别高出平均水平 67.99%和 62.27%，表明两者的经济实力极为雄厚；其次为华南和华北两区；新疆区略高于平均值；而华中、西北、西南、西藏四区经济基础及现状发展水平则比较低，尤其是西藏区，仅及平均水平的 6.89%。

表 1 全国九大区域各自投资环境综合评价得分情况

| 项目 / 地区 | A 指标组得分 | | | | | | B 指标组得分 | | | | C 指标组得分 | | | | | | D 指标组得分 | | | E 指标组得分 | | 总得分 M | 序秩 R |
|---|---|---|---|---|---|---|---|---|---|---|---|---|---|---|---|---|---|---|---|---|---|---|---|
| | $a_1$ | $a_2$ | $a_3$ | $a_4$ | | | $b_1$ | $b_2$ | $b_3$ | $b_4$ | $c_1$ | $c_2$ | | $c_3$ | | | $d_1$ | $d_2$ | $d_3$ | $e_1$ | $e_2$ | | |
| | | | | $a_{41}$ | $a_{42}$ | $a_{43}$ | | | | | | $c_{21}$ | $c_{22}$ | $c_{31}$ | $c_{32}$ | $c_{33}$ | | | | | | | |
| 东北区 | 6.2044 | 2.2885 | 5.0000 | 2.6250 | 1.4529 | 1.5616 | 1.6652 | 2.5404 | 5.0600 | 2.0999 | 3.1101 | 0.0826 | 0.1485 | 1.7948 | 0.9802 | 0.1442 | 1.6668 | 3.5001 | 0.3900 | 2.7552 | 7.3962 | 52.4646 | 4 |
| 华北区 | 3.5675 | 1.8165 | 2.8045 | 1.1323 | 2.1025 | 1.7879 | 1.3229 | 5.3452 | 4.0450 | 2.0337 | 9.1890 | 0.0064 | 0.000 | 3.5640 | 0.3686 | 0.4354 | 1.6668 | 3.5001 | 1.0227 | 2.1732 | 7.5033 | 55.3815 | 2 |
| 华中区 | 1.3688 | 2.9495 | 1.5245 | 0.5888 | 1.7399 | 1.7519 | 4.1715 | 5.7500 | 2.0286 | 2.7646 | 1.6616 | 0.3147 | 0.4303 | 2.3840 | 0.4737 | 0.0302 | 1.0418 | 2.5002 | 0.1668 | 2.3592 | 6.6420 | 42.6426 | 5 |
| 西南区 | 0.0000 | 2.9495 | 1.2355 | 0.0000 | 1.5362 | 1.9215 | 2.2110 | 4.3263 | 1.4345 | 1.6233 | 8.2932 | 1.3492 | 0.7968 | 2.6463 | 0.9628 | 0.2229 | 0.4168 | 2.2500 | 0.2220 | 1.1208 | 4.7583 | 39.4219 | 6 |
| 华南区 | 2.9925 | 5.0000 | 1.3345 | 1.3508 | 2.4045 | 2.2126 | 5.8580 | 3.5817 | 2.2062 | 2.9095 | 0.4379 | 0.2033 | 0.7689 | 1.5685 | 0.6463 | 0.0716 | 2.5000 | 4.5000 | 3.0000 | 2.6130 | 6.8985 | 53.0583 | 3 |
| 西北区 | 0.6388 | 2.5220 | 2.4740 | 0.3504 | 1.4665 | 0.8715 | 0.3666 | 1.3024 | 2.8356 | 0.7990 | 3.0735 | 0.3997 | 0.1803 | 3.2293 | 0.3232 | 0.5277 | 0.0000 | 0.5000 | 0.1716 | 0.6810 | 3.9654 | 26.6785 | 7 |
| 华东区 | 6.2500 | 3.1745 | 2.6195 | 1.6375 | 3.5000 | 2.6250 | 7.5900 | 4.7696 | 3.4590 | 4.6000 | 0.9960 | 0.0000 | 0.1441 | 1.9631 | 0.0000 | 0.0000 | 2.5000 | 4.0001 | 0.8274 | 6.0000 | 9.0000 | 65.6558 | 1 |
| 西藏区 | 0.2738 | 0.0000 | 0.0000 | 0.5384 | 0.0000 | 0.0000 | 0.0000 | 0.0000 | 0.0000 | 0.0000 | 0.0000 | 4.0095 | 4.9505 | 0.0000 | 2.6730 | 2.6730 | 0.4168 | 0.0000 | 0.0000 | 0.0000 | 0.0000 | 15.4850 | 9 |
| 新疆区 | 2.6825 | 3.0510 | 2.5545 | 2.4927 | 1.2814 | 0.7560 | 0.0478 | 0.3036 | 2.3868 | 0.3519 | 1.5074 | 0.1913 | 0.2955 | 1.5136 | 0.0628 | 0.3034 | 0.8333 | 0.9999 | 0.0171 | 0.3900 | 4.4127 | 26.4352 | 8 |

**表 2 九大区域五大制表组的各自得分情况**

| 指标组／地区 | A | B | C | D | E |
|---|---|---|---|---|---|
| 东北区 | 19.1324 | 11.3655 | 6.2584 | 5.5569 | 10.1514 |
| 华北区 | 13.2142 | 12.7468 | 13.5544 | 6.1896 | 9.6765 |
| 华中区 | 9.9234 | 14.7147 | 5.2945 | 3.7088 | 9.0012 |
| 西南区 | 6.7877 | 9.5951 | 14.2712 | 2.8888 | 5.8791 |
| 华南区 | 15.2947 | 14.7147 | 3.6965 | 10.0000 | 9.5115 |
| 西北区 | 8.3232 | 5.3036 | 7.7337 | 0.6716 | 4.6464 |
| 华东区 | 19.8065 | 20.4186 | 3.1032 | 7.3275 | 15.0000 |
| 西藏区 | 0.8181 | 3.0901 | 3.8740 | 1.8503 | 4.8027 |
| 新疆区 | 12.8181 | 3.0901 | 3.8740 | 1.8503 | 4.8027 |
| 平均 | 11.7903 | 10.1989 | 8.0047 | 4.2900 | 7.6299 |

B 组指标组反映的是地区经济社会发展条件情况，以华东区得分最高，比平均水平高出 100.20%，说明其条件最好；其次为华中和华南两区，分别比平均水平高出 44.28%和 42.72%；华北和东北两区略高于平均水平；其余西南、西北、新疆、西藏四大区域发展的经济社会条件则较差，尤其是西藏，处于全国最低水平。

C 指标组反映的是各地区自然资源的丰度状况。总水平以西南、西藏、华北三区最高，分别比平均水平高出 78.29%、78.10%和 69.33%；西北和东北两区资源较丰富，接近于平均水平，而华中、华南、华东、新疆四区则较差。若分别从矿产、水资源及土地资源三个方面来进一步分析，结合表 1 则又不难发现，中国九大区域中，矿产资源以华北、西南两区最为丰富；华中与新疆分别位居第五、第六；华南、华东、西藏三区则较少。至于水资源，无论是水力还是水量，均以西藏区最大，西南区位居第二；其余依次为华南、华中、西北（西北主要是水力资源）三区，而新疆、东北、华东、华北水资源则比较贫乏。土地资源的分布，则又以西藏、华北、西北三区最为丰富，分别比平均水平（3.2845）高出 62.76%、32.99%和 24.23%；西南区也在平均水平之上，东北区接近平均水平；而华中、华南、华东、新疆四区土地资源丰度则较低。若考虑土地资源构成，则上述九区又各具特色；华北、西北、西南、华中四区主要是耕地资源丰富，华东区接近平均水平；林地资源又以西藏区多，其次为东北和西南两区，华南区也有一定的数量；草地资源仍以西藏区最广，其次为西北、华北两区，新疆和西南分别位居第四、第五，其余各大区则较少。

D 指标组反映的是吸引外来资金的经济地理位置、政策与现状。从其综合得分来看，以华南区最高，表明其三个指标的综合水平最好；其余依次为华东、华北、东北三地区，它们的综合得分也都高于平均水平，说明这三个地区对外来资金也颇具吸引力；华中和西南两区该方面也具有一定的竞争力，略低于平均水平；而新疆、西北、西藏三区则较差。

E 组指标反映的是地区经济的活力程度。从各区域的得分情况来看，华东区为九大区之首，比平均水平高出96.59%，比第二名的东北区也高出47.767%；华北、华南、华中三区经济活力程度也较好，均高于平均水平；西南、新疆、西北、西藏（即广义上的中国西部地区）四大区域经济比较缺乏活力，没有外源力的推动和帮助，很难达到经济发展的较高水平。

本节对各大区域的综合投资环境及相应的五大构成方面做了分析评价。应当说，虽然各区域之间的投资环境好坏有一定差距，从东到西有逐渐转劣的趋势，但实际上每个区域又有其独具优势的投资环境因素。即便是综合环境最差的西藏区，其水资源、林地与草地资源的丰富程度在九大区域中也是数一数二的。如何使目前综合投资环境较好的地区使其环境条件能得到不断改善，并在促进中国经济整体繁荣发展的前提下，发挥各区独特环境条件优势，这是目前的一项重大课题，也是下面两章要重点进行论述的问题。

# 论地区投资的部门取向选择*

地区投资环境的综合评价，有助于对资金的地区投入结构做出正确的决策；而地区投资取向的选择，解决的是资金在各地区、各部门如何分配的问题。中国是一个发展中国家，虽然各大地区之间的经济发展水平不尽相同，但总的来说都不是太高，资本积累能力有限。因此，就要求做到充分合理地利用手中的有限资金，将其投在最需要的地方。如果将有限资金平均投入所有产业部门，平行发展所有产业，一方面会导致资金的分散，造成"广种薄收"，造成不良经济后果，另一方面也不利于充分发挥地区优势。因此，在各地区资金的部门投入使用上，应根据各自的特点，在保持经济协调发展的同时，适当采取资金投入倾斜政策。但资金投入中应将哪些部门作为重点，这还是有待人们解决的问题。本章将围绕此中心问题展开讨论。

## 一、地区重点投资部门选择的原则

地区重点投资部门选择应以调查预测为基础，以投资效果为目标，以市场、资源、地域分工、地区产业体系的结构、形成和发展为背景进行综合研究，选择各地区具有丰富资源条件、广阔市场前景、经济上具有营利性和合理性（地域分工、地区产业结构合理化及演进）的产业部门，从而为在某一地区从事投资活动的投资者正确选择资金的产业部门投向提供依据。

选择地区的重点投资部门应考虑以下原则：

### （一）部门投资效果最优原则

一般来说，在一个特定地区，某一产业部门的生产条件、市场、技术水平及合理的生产规模等因素在一定时期内是比较稳定的。因此，特定地区的某一产业部门都有一个大致确定的资金投入产出效率。这里采用反映资金投入产出效率的两个指标——全部资金净产

---

* 本文选自张敦富：《中国投资环境》，化学工业出版社 1993 年版，第 192~224 页。该书获北京市第三届哲学社会科学优秀成果二等奖。参撰者：胡细银、陈旭舟。

出率和净产值与物耗比来体现一个特定地区各产业部门的投资效果，以此作为选择重点投资部门的重要参考依据。一个特定地区某产业部门全部资金净产出率及该地某产业部门的净产值物耗比的计算式为：

$$地区某产业部门全部资金净产出率=\frac{地区某产业部门净产值}{地区某产业部门全部资金} \tag{1}$$

$$地区某产业部门净产值物耗比=\frac{地区某产业部门净产值}{地区某产业部门物耗} \tag{2}$$

式（1）中的地区某产业部门全部资金包括固定资产净值和定额流动资金年平均余额两个部分。

上述指标值越大，则表明该地区这一部门的投资效果越好。同一地区不同部门之间的比较可得出各部门投资效果的优劣；不同地区同一部门之间的比较，可得出不同地区投资优势部门的分布。

中国各地区、各部门资金净产出率及农业部门净产值物耗比见表 1 和表 2。

**表 1　各地区工业部门全部资金净产出率**

| | 东北 | 华北 | 华东 | 华南 | 华中 | 西南 | 西北 | 西藏 | 新疆 |
|---|---|---|---|---|---|---|---|---|---|
| 煤炭采选业 | 0.15 | 0.22 | 0.17 | 0.28 | 0.26 | 0.18 | 0.13 | 0.33 | 0.23 |
| 石油和天然气开采业 | 0.36 | 0.14 | 0.70 | — | 0.06 | — | 0.22 | — | 0.21 |
| 黑色金属矿采选业 | 0.17 | 0.22 | 0.18 | 0.34 | 0.25 | 0.26 | 0.24 | 0.49 | 0.24 |
| 建筑材料及其他非金属矿采选业 | 0.32 | 0.32 | 0.46 | 0.30 | 0.36 | 0.31 | 0.25 | 0.33 | 0.35 |
| 采盐业 | 1.01 | 0.62 | 0.41 | 0.53 | 0.32 | 0.53 | 1.24 | — | 1.76 |
| 木材及竹材采运业 | 0.36 | 0.33 | 0.48 | 0.52 | 0.34 | 0.50 | 0.22 | 0.57 | 0.33 |
| 自来水生产及供应业 | 0.07 | 0.05 | 0.07 | 0.22 | 0.17 | 0.11 | 0.14 | — | 0.05 |
| 食品制造业 | 0.21 | 0.23 | 0.23 | 0.28 | 0.23 | 0.24 | 0.20 | 0.22 | 0.21 |
| 饮料制造业 | 0.25 | 0.29 | 0.25 | 0.25 | 0.22 | 0.22 | 0.23 | — | 0.26 |
| 烟草加工业 | 0.71 | 0.91 | 1.57 | 1.01 | 0.75 | 1.13 | 0.74 | — | 1.10 |
| 饲料工业 | 0.21 | 0.20 | 0.22 | 0.20 | 0.24 | 0.25 | 0.24 | — | 0.22 |
| 纺织业 | 0.23 | 0.27 | 0.33 | 0.26 | 0.30 | 0.30 | 0.29 | — | 0.26 |
| 缝纫业 | 0.37 | 0.36 | 0.38 | 0.50 | 0.33 | 0.28 | 0.30 | 0.19 | 0.27 |
| 皮革、毛皮及其制品业 | 0.23 | 0.23 | 0.28 | 0.30 | 0.21 | 0.19 | 0.17 | 0.29 | 0.17 |
| 木材加工及竹、藤、棕、草制品业 | 0.23 | 0.23 | 0.26 | 0.28 | 0.22 | 0.17 | 0.23 | 0.50 | 0.27 |
| 家具制造业 | 0.27 | 0.28 | 0.32 | 0.30 | 0.31 | 0.30 | 0.30 | 0.14 | 0.28 |
| 造纸及纸制品业 | 0.28 | 0.30 | 0.34 | 0.33 | 0.29 | 0.32 | 0.23 | — | 0.31 |
| 印刷业 | 0.34 | 0.32 | 0.39 | 0.34 | 0.32 | 0.33 | 0.33 | 0.17 | 0.27 |
| 文教体育用品制造业 | 0.30 | 0.27 | 0.41 | 0.40 | 0.37 | 0.31 | 0.29 | — | 0.29 |

续表

| | 东北 | 华北 | 华东 | 华南 | 华中 | 西南 | 西北 | 西藏 | 新疆 |
|---|---|---|---|---|---|---|---|---|---|
| 工艺美术品制造业 | 0.33 | 0.39 | 0.49 | 0.45 | 0.35 | 0.34 | 0.22 | 0.22 | 0.20 |
| 电力、蒸汽、热水生产及供应业 | 0.12 | 0.17 | 0.20 | 0.16 | 0.14 | 0.16 | 0.15 | 0.06 | 0.15 |
| 石油加工 | 0.49 | 0.28 | 0.50 | 0.40 | 0.48 | 0.38 | 0.72 | — | 0.22 |
| 炼焦、煤气及煤制品业 | −0.01 | 0.12 | 0.07 | 0.08 | 0.08 | 0.12 | 0.20 | — | 0.27 |
| 化学工业 | 0.29 | 0.37 | 0.34 | 0.30 | 0.30 | 0.29 | 0.19 | 0.06 | 0.33 |
| 化学纤维工业 | 0.20 | 0.25 | 0.30 | 0.21 | 0.21 | 0.17 | 0.15 | — | 0.28 |
| 医药工业 | 0.32 | 0.36 | 0.32 | 0.31 | 0.31 | 0.35 | 0.27 | — | 0.16 |
| 橡胶制品业 | 0.35 | 0.43 | 0.43 | 0.33 | 0.33 | 0.40 | 0.35 | — | 0.29 |
| 建筑材料及其他非金属矿物制品业 | 0.26 | 0.30 | 0.38 | 0.32 | 0.32 | 0.27 | 0.23 | 0.12 | 0.21 |
| 黑色金属冶炼及压延加工业 | 0.33 | 0.31 | 0.18 | 0.27 | 0.27 | 0.29 | 0.18 | — | 0.31 |
| 金属制品业 | 0.32 | 0.32 | 0.36 | 0.31 | 0.31 | 0.33 | 0.27 | 1.00 | 0.44 |
| 机械工业 | 0.21 | 0.26 | 0.32 | 0.30 | 0.30 | 0.24 | 0.18 | 0.09 | 0.19 |
| 交通运输设备制造业 | 0.21 | 0.24 | 0.24 | 0.25 | 0.25 | 0.23 | 0.17 | 0.18 | 0.22 |
| 电气机械及其他器材设备制造业 | 0.29 | 0.33 | 0.34 | 0.30 | 0.30 | 0.30 | 0.26 | 0.17 | 0.27 |
| 电子及通信设备制造业 | 0.23 | 0.24 | 0.27 | 0.26 | 0.26 | 0.29 | 0.27 | — | 0.22 |
| 仪器仪表及其他计量器具制造业 | 0.25 | 0.28 | 0.35 | 0.24 | 0.22 | 0.28 | 0.24 | — | 0.22 |
| 塑料制品业 | 0.25 | 0.27 | 0.31 | 0.25 | 0.27 | 0.25 | 0.24 | — | 0.23 |

**表 2　各地区农业部门净产值物耗比**

| 地区 | 种植业 | 林业 | 牧业 | 副业 | 渔业 | 地区 | 种植业 | 林业 | 牧业 | 副业 | 渔业 |
|---|---|---|---|---|---|---|---|---|---|---|---|
| 东北 | 1.5473 | 1.8626 | 0.9402 | 2.5291 | 1.5365 | 华北 | 1.9864 | 3.0833 | 1.3519 | 1.6315 | 2.1173 |
| 华东 | 2.3979 | 5.4748 | 0.8326 | 1.0375 | 1.7217 | 华南 | 2.0379 | 3.1686 | 1.3295 | 4.9443 | 1.7316 |
| 华中 | 2.1901 | 4.1698 | 1.4549 | 1.8109 | 5.5540 | 西南 | 2.8365 | 3.7016 | 1.1249 | 2.5900 | 4.0184 |
| 西北 | 1.6806 | 2.3661 | 1.4417 | 1.6536 | 2.3351 | 西藏 | 2.1250 | 3.0000 | 6.4627 | 3.8544 | — |
| 新疆 | 1.7778 | 2.6364 | 2.0711 | 2.0960 | 2.5461 | | | | | | |

## （二）带动地区经济增长的原则

带动地区经济增长的原则主要是从国家或地区角度的部门选择而言的。

对一个地区进行投资可以扩大该地区的再生产能力，从而使地区经济得以发展。因此，投资不仅可以使投资者获利，而且还具有带动资金投入地区经济增长的功能。后者正是从国家或地区角度选择重点投资部门而需要重点考虑的一点。

现代区域经济增长的实质是产业部门的成长和递进过程。但在经济发展的不同阶段，各产业部门在经济发展中所处的地位不相同。一般而言，成长首先从在产业系统中处于主要支配地位的一个或几个产业部门开始，通过“扩散效应”影响产业相关链上的各个产业，带动促进这些产业的发展，从而推动地区经济增长。因此，从带动地区经济增长的要求看，地区的重点投资部门同时也应该是地区产业体系中的主导产业，它应具有主导产业部门的双重作用特点。一方面，它是全国产业体系中同类产业的主要生产供应基地，同其他地区的同类产业相比，它能以较少的投资、较快的速度、较低的成本和较高的生产率集中进行大规模生产，产品的专门化率高，主要面向全国（乃至世界），参与全国（乃至世界）地域分工和交换，以自己的特色充实、完善上级区域系统乃至全国经济大系统；另一方面，它又是所在区域经济增长的驱动轮，推动区域产业结构演化的主角，它的发展能够带动区域经济的增长，决定地区产业结构的层次，从而构成地区经济的主体核心。

作为地区经济发展的主导产业部门，地区重点投资部门的选择应依据以下几个因素：

1. 市场需求

市场需求是生产发展和竞争的动力，对任何一个产业部门进行投资都必须考虑其产品的现时需求和需求前景。选择地区重点投资部门不仅应当考虑上述投资经营对产品市场需求的一般依赖关系，更要注意到地区重点投资部门的产品主要是面向外部市场，即面向全国乃至世界市场，以外部市场的现时需求和市场潜力为依据。

从目前到今后一个较长时期，中国各产业部门面临的市场需求发展趋势是：农业、原材料、能源和电子工业产品的需求在较长时期内将稳定增长，且规模较大；轻纺工业、交通运输设备、机械工业不仅具有良好的国内需求市场，且拥有较好的国际市场需求（或潜在需求）。此外，随着经济的发展，对建筑业、建筑材料、化工（尤其是精细化工）部门的产品需求也将不断增加。

（1）农业是国民经济的基础，粮食又是基础的基础。在过去相当长的时间里，经济发展之所以不稳定，一个重要的原因就是农业发展缓慢和收成不稳定。粮食稳定增长是经济发展和产业结构调整的关键。在中国这样一个人口众多的社会主义国家，没有稳定的粮食生产就没有国民经济繁荣，也就没有国家和社会的安定。这条原则已为无数事实所证明。

中国目前农业生产水平较低，农产品供给较为短缺。以粮食为例，1990 年中国粮食产量为 4.2 亿吨。据估计，在今后 10 年中，中国人民的粮食消费需求将达到 5 亿吨，其他农产品也存在类似的情况。受低供给水平的限制，中国城乡居民的农产品消费水平很低，1989 年人均消费量（千克）为：粮食 242.3，食用植物油 5.4，猪肉 15.6，牛羊肉 1.6，家禽 1.8，鲜蛋 6.0，水产品 6.3，食糖 5.0。随着经济发展和人民生活水平的提高，国内市场对农产品的需求总量将大大增加。而国际市场需求是推动中国农业生产的另一重要力量。国际市场对农产品的需求以名、优、稀、珍、特新产品和鲜活产品的需求量大为特点。

（2）能源与电力产业。能源是其他产业的基础。目前，中国经济发展仍处于持续工业化阶段。世界上发达国家工业化过程一般分为三个阶段，即重工业化、高加工度化、技术集约化。中国目前正处于重工业化阶段，估计到 21 世纪三四十年代才能完成工业化的全过程。在上述工业化三个阶段的每个阶段中，能源都是其他产业的发展基础，人类生活也脱离不了对能源的需求，所以能源是各行各业生产与人民生活的基本条件。尤其是在重工业化阶段，原材料、交通运输业都必须超前发展，因此对钢铁、有色金属、重化工产品的需求规模很大，这些都是高耗能产品。所以，在这一阶段，能源工业的产品市场需求是很大的。即使到了高加工度化阶段，加工产业对能源的需求有所减缓，但需求量仍很大。这是由于在高加工度化和技术集约化阶段中，虽然第一产业、第二产业对能源的需求有所减少，但由于第二产业及家用电器的普及和人民用电水平的提高，对电力的总需求是不会减少的。电力生产又需要大量的一次能源，所以这两个阶段中能源的需要量很大。

据预测，到 2000 年中国一次能源需求量为 14.77 亿吨标准煤，见表 3。

**表 3　一次能源需求量预测**

| | | 一次能源需求量（亿吨标准煤） | 水电发电量（亿度） | 煤炭需求量（亿吨） | 天然气（亿立方米） | 核电发电量（亿度） | |
|---|---|---|---|---|---|---|---|
| 1995 年 | 绝对数 | 12.57 | 1610 | 12.3 | 1.76 | 230 | — |
| | 年增长率（%） | 3.71 | 6.96 | 3.28 | 3.28 | 6.0 | — |
| 2000 年 | 绝对数 | 14.77 | 2400 | 14.45 | 200 | 300 | 350 |
| | 年增长率（%） | 3.28 | 8.31 | 3.28 | 2.56 | 5.1 | |

资料来源：李京文：《技术进步与产业结构—分析》，经济科学出版社 1989 年版。

电力消费水平的增长与国民经济增长之间也有密切的联系。从中国 30 多年国民经济发展的实践以及国外发达国家多年的经验来看，在工业化的初、中期，电量的增长应超前于工业产值的增长。根据 20 世纪末中国国民经济发展目标，按电力弹性系数[①] 1.16 测算，20 世纪末中国电量需求为 12243 亿度[②]。

长期以来，中国能源和电力生产一直处于供不应求的状态，能源和电力供应不足严重影响了生产能力的发挥，给工农业生产造成了重大损失，如仅缺电一项就造成每年 500 亿元左右的工业产值损失。然而，从上述能源、电力需求发展趋势看，在今后相当一段时间内，中国对能源、电力的需求还将呈现不断上升趋势。因此，能源、电力的发展不仅需要弥补现已形成的供给缺口，还要进一步满足经济发展对其供给需求的增长。总之，能源、电力的发展面对的是巨大的市场需求压力。

（3）原材料产业。原材料产业是钢铁、有色金属、化工和石油化工、建材和森林采伐等工业的总称。按其目前在国民经济中的重要程度来说，主要指如下一些产品：钢铁、

① 电力弹性系数 = 年平均电力消费增长率/年平均国民经济增长率。
② 李京文：《技术进步与产业结构分析》，经济科学出版社 1989 年版。

铜、铝、铅、锌、塑料、水泥、原木等。

原材料产业是国民经济中的基础产业。首先，其在整个物质生产过程中处于经济流程的上游阶段；其次，原材料产业的需求量决定了其基础产业的地位。从产业关联的角度看，表现为感应度很高，大多居于各产业之前。根据历史经验，原材料的消费弹性在工业化初期阶段至少略大于1。

中国是发展中的社会主义国家，正处于工业化初期阶段，因此是一个对原材料的需求量极大的大国。国民经济各部门需要数量庞大、品种优良、种类繁多的原材料，但由于基础设施薄弱，原材料工业起点低，原材料短缺局面十分严重，目前，国家每年需要花费大量外汇进口各种原材料。如1989年仅钢铁和有色金属两项进口金额就达69.11亿美元，占进口商品总额的11.68%。中国目前原材料供应短缺不仅是总量性的，而且还是结构性的。这表现为生产还未能适应多品种、多规格、高质量的需求发展趋势。

（4）机电产业。机电产业是一个庞大的工业部门群，它包括金属制品业、机械制造业、交通运输设备制造业、电气机械及器材设备制造业、电子及通信设备制造业、仪器仪表及其他计量器具制造业。机电产业的各部门感应度都比较高，如重型机械工业的感应度（不考虑积累作用）高达2.75。其他机电产业部门的感应度也较高（见表4）。机电工业另一个特点是其产品在中国固定资产积累中的比重大，重机械产品占更新改造固定资产投资的20%。这是因为，科学技术的发展是社会生产发展和生产技术进步的基础，而科学技术成果在很大程度上是通过机械电子装备为中介转化为生产力，从而推动社会发展的；反过来，科技成果又往往是依赖先进的机械电子装置为手段得到的。因此，机械电子装备是社会生产发展的主要物质基础，其发展的好坏直接影响到国民经济的整体发展速度和效益。据预测，到2000年，为了满足中国替代进口产品、积累和人民消费水平提高的要求，并可有出口产品，机电工业总产值应达到860.0亿元左右。大型石化、冶金、动力机械等成套设备的进口替代需求强烈，节能通用机械、交通运输设备尤其是汽车、生活用机械将成为国内需求的热点。国际市场对中国机械产品的需求主要是消费性机械以及简易机械等中、低档产品。

**表4 机电产业部门感应度**

| 部门 | 生产用电子工业 | 生产用重工金属品 | 重工机械修理 | 动力机械 | 生活用机械 | 生活用其他机械 | 汽车 | 农业机械 | 其他机械 | 飞机 |
|---|---|---|---|---|---|---|---|---|---|---|
| 感应度系数 | 2.097 | 1.927 | 1.792 | 1.759 | 1.735 | 1.642 | 1.551 | 1.4 | 1.373 | 1.279 |

资料来源：李京文：《技术进步与产业结构分析》，经济科学出版社1989年版。

（5）轻纺工业。轻工业、纺织工业基本属于消费资料生产部门，其产品主要供人们生活的吃、穿、用消费。

在生活资料的需求基本满足以后，消费支出将更多地投向享受资料和发展资料。现代化的生产要求劳动者有较高的文化、技术修养，也必须为劳动者创造更好的生产生活环境与条件，因此发展资料将会增长很快。一般来说，非耐用消费品和低档产品主要属于生存资料，耐用消费品、高档产品和文化、科技、体育用品主要属于享受资料，随着人民收入的增多，对享受资料需求的增长将比对生存资料需求的增长更快。因此，可以认为，随着中国经济的发展和人民生活水平的提高，城乡居民消费需求结构中，“吃”的比重会逐步下降，“穿”和“用”的比重将会逐步上升。食品消费需求结构中，直接消费农产品的比重将大大增加，同时各种酒类和饮料的消费需求也将迅速增长。对纺织服装产品的需求将趋向高档化，高档面料和高档织物（如毛、丝、麻、呢绒）服装及各种新款式、新花色服装的需求量增长较快。随着人均收入水平的进一步提高，耐用消费品在消费支出中的比重增长加快，尤其是各种安全可靠、低能耗、可组装、功能多样、维修方便的家用电器和家具等高档耐用消费品需求的增加尤为明显。

20 世纪 80 年代以来，美国、日本、欧洲经济发达国家为适应国际市场的激烈竞争，凭借其发达的科学技术和雄厚的资本优势，不断将工业生产转向资本密集型和技术密集型产业。同时，逐渐将劳动密集型的日用轻工业品生产转到新兴发展中国家，这种趋势增加了轻纺工业品的国际贸易量，近些年，亚太地区的韩国、中国台湾及中国香港地区、新加坡的经济发展很快。目前随着工业化水平的提高，劳动工资大幅度增加，再加上资源缺乏，生产成本逐步上升，这些国家和地区轻纺工业产品价格便宜的优势正在消失，不得不向出口产品的更高层次转移，所以，世界消费品市场的发展态势，特别是亚太地区的经济崛起为中国扩大轻纺工业的外贸出口提供了良好的时机。

总之，随着中国经济的发展和对外贸易的扩大，中国各产业部门的发展将面临一个较好的国内、国际需求市场，都必然会提出增加投资的要求。但是，中国仍处于持续工业化阶段，对农业、能源电力、原材料、机电设备的需求将稳步上升，而这些部门还是以往发展相对不足的产业部门，目前供需关系已相当紧张。因此，为了克服“瓶颈”制约，提高中国经济发展的技术水平，在资金有限的情况下，对这些部门进行倾斜式的重点投资既是形势所迫，也是十分必要的。轻纺工业与人民群众日常生活关系密切，同时轻纺产品又是中国的重要出口产品，具有较好的经济效益，因此国家和地区在安排投资分配计划时也应予以必要的重视。

2. 比较优势

有关比较优势的理论阐述最早见于大卫·李嘉图的《政治经济学及赋税原理》一书。他认为各国和地区生产某种产品的相对成本（也称相对价值或机会成本）各不相同，通过各种产品成本的比率比较，借助在比较成本范围内自然形成的汇率和针对区域比较优势的区域经济政策，可以将比较优势转换成绝对优势商品价格的绝对差，从而成为地区和国家组织生产的依据。

在不同区域某种商品的生产函数不变的前提下，可以认为，比较优势的产生是由于各个区域生产要素禀赋比率不同和不同商品需要不同的生产要素搭配比例。

如图 1 所示，要素禀赋分析包括：①土地资源的数量和质量；②矿产资源的种类和数量；③劳动力的数量和素质；④资金的数量及其所体现的技术水平；⑤技术知识的数量及其所体现的技术水平等。

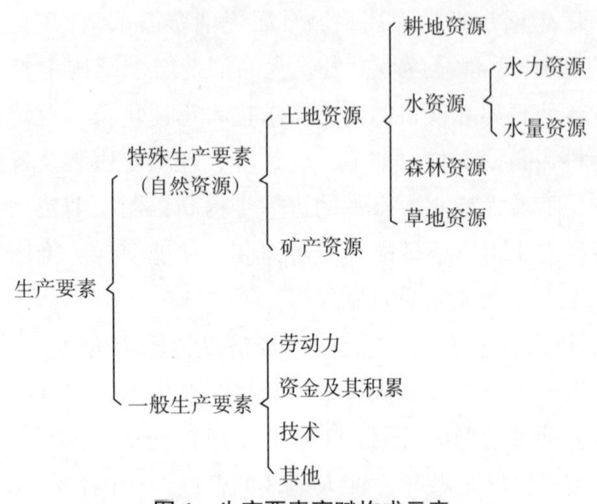


**图1　生产要素禀赋构成示意**

有一点需要特别说明，生产要素禀赋所强调的生产要素丰度是指其经济丰度即生产要素价格的高低。生产要素价格相对较低，说明该种生产要素相对较丰富；相反，生产要素价格相对较高，说明该种生产要素相对不足。在有关经济研究中为了分析方便，通常用生产要素的物理丰度（生产要素的实物数量和质量）代替生产要素的经济丰度。这是因为物理丰度是决定经济丰度的一个重要因素。但生产要素的物理丰度毕竟只是决定生产要素供求关系的一个侧面，经济丰度不仅取决于生产要素的物理丰度而且还与市场对这种生产要素供给的需求相关。因此，生产要素禀赋分析应该适当包括必要的生产要素需求分析。

比较优势的实质是各种产品成本的比率比较。本文给出“产业经济效益系数”作为衡量比较优势的指标。

$$E_{ij}=\frac{P_{ij}/(C_{ij}^{1}+C_{ij}^{2})+P_{ij}/(V_{ij}-P_{ij})}{\sum_{j=1}^{k}P_{ij}/\sum_{j=1}^{k}(C_{ij}^{1}+C_{ij}^{2})+\sum_{j=1}^{k}P_{ij}/\sum_{j=1}^{k}(V_{ij}-P_{ij})}$$

其中，$E_{ij}$ 为 i 地区 j 产业的产业经济效益系数；$P_{ij}$ 为 i 地区 j 产业部门的利税总额；$C^{1}_{ij}$ 为 i 地区歹产业部门的固定资产净值，$C^{2}_{ij}$ 为定额流动资金；$V_{ij}$ 为 i 地区 j 部门的净产值。

全国各地区产业经济效益系数见表 5。

3. 产业规模与扩张弹性

按比较优势理论，在生产要素禀赋比率差异不存在的情况下，地域分工便可能发生。但是，经济发展历史表明，在要素禀赋比率相似、收入水平相近的同质区域内，地域分工还是可以发生的。

**表 5 各地区工业部门经济效益系数**

| | 东北 | 华北 | 华东 | 华南 | 华中 | 西南 | 西北 | 西藏 | 新疆 |
|---|---|---|---|---|---|---|---|---|---|
| 煤炭采选业 | 3.55 | -0.87 | 0.18 | -0.55 | 0.03 | 3.84 | 4.58 | 4.20 | 0.96 |
| 石油和天然气开采业 | 9.85 | -22.29 | -2.34 | — | -11.50 | -84.53 | 20.77 | — | 12.37 |
| 黑色金属矿采选业 | 0.44 | 0.74 | 0.00 | 1.62 | 0.47 | 1.74 | 2.08 | 1.86 | 0.59 |
| 建筑材料及其他非金属矿采选业 | 0.89 | 1.31 | 0.77 | 1.28 | 1.00 | 0.96 | 0.91 | 0.89 | 0.82 |
| 采盐业 | 0.92 | 0.75 | 2.59 | 1.44 | 1.56 | 0.20 | 1.92 | — | 1.28 |
| 木材及竹材采运业 | 0.78 | 1.07 | 4.73 | 1.63 | 1.95 | 1.61 | 2.97 | 1.15 | 1.41 |
| 自来水生产及供应业 | 0.45 | 0.00 | 0.81 | 2.00 | 1.48 | 1.67 | 1.43 | — | 1.08 |
| 食品制造业 | 0.98 | 0.89 | 0.90 | 1.43 | 0.67 | 1.16 | 1.17 | 0.46 | 1.15 |
| 饮料制造业 | 1.37 | 1.62 | 0.91 | 0.68 | 0.73 | 0.63 | 1.21 | — | 2.35 |
| 烟草加工业 | 1.95 | 1.07 | 3.58 | 4.04 | 1.34 | 0.54 | 0.61 | — | 0.43 |
| 饲料工业 | 1.22 | 0.75 | 1.27 | 0.55 | 1.24 | 1.31 | 1.76 | — | 5.11 |
| 纺织业 | 0.66 | 0.99 | 1.09 | 0.67 | 0.98 | 1.35 | 1.37 | 0.72 | 0.97 |
| 缝纫业 | 0.93 | 1.23 | 1.28 | 0.61 | 0.76 | 0.96 | 0.75 | 2.05 | 0.96 |
| 皮革毛皮及其制品业 | 0.78 | 1.10 | 1.48 | 0.68 | 0.93 | 0.48 | 0.75 | 0.00 | 0.59 |
| 木材加工及竹、藤、棕、草制品业 | 0.77 | 1.36 | 1.25 | 0.92 | 0.92 | 1.07 | 1.34 | — | 2.42 |
| 家具制造业 | 0.84 | 1.27 | 1.13 | 0.79 | 0.75 | 1.06 | 0.95 | 0.00 | 1.40 |
| 造纸及纸制品业 | 1.24 | 0.94 | 1.09 | 0.39 | 0.83 | 0.98 | 0.71 | — | 1.51 |
| 印刷业 | 0.71 | 1.29 | 1.14 | 0.84 | 0.70 | 1.14 | 1.14 | 1.17 | 0.81 |
| 文教体育用品制造业 | 0.91 | 1.01 | 1.42 | 0.54 | 0.73 | 1.12 | 0.86 | — | 1.39 |
| 工艺美术品制造业 | 1.10 | 1.03 | 1.10 | 0.81 | 0.91 | 1.26 | 0.64 | 0.70 | 0.95 |
| 电力、蒸汽、热水生产及供应业 | 0.45 | 0.60 | 1.70 | 0.69 | 2.18 | 2.89 | 2.69 | 0.12 | 0.62 |
| 石油加工 | 0.76 | 1.01 | 1.36 | 2.28 | 1.43 | 1.04 | 0.76 | — | 1.87 |
| 炼焦、煤气及煤制品业 | -2.70 | 2.92 | 0.13 | -0.52 | -0.74 | 1.81 | 4.80 | — | -0.44 |
| 化学工业 | 1.17 | 1.28 | 1.04 | 0.67 | 0.74 | 0.88 | 0.91 | 0.00 | 0.72 |
| 化学纤维工业 | 0.76 | 0.60 | 1.27 | 0.71 | 1.21 | 1.96 | 0.52 | — | 1.33 |
| 医药工业 | 0.84 | 1.36 | 1.14 | 0.89 | 0.67 | 1.11 | 0.91 | — | 2.98 |
| 橡胶制品业 | 0.96 | 1.10 | 1.00 | 0.65 | 1.01 | 1.29 | 1.60 | — | 1.00 |
| 建筑材料及其他非金属矿物制品业 | 1.01 | 1.26 | 0.81 | 1.08 | 0.95 | 1.00 | 1.11 | 1.29 | 0.94 |
| 黑色金属冶炼及压延加工业 | 0.93 | 1.65 | 0.84 | 0.80 | 1.32 | 0.60 | 0.46 | — | 0.37 |
| 金属制品业 | 1.04 | 1.07 | 1.15 | 0.59 | 0.84 | 1.16 | 0.93 | 0.00 | 1.08 |
| 机械工业 | 0.62 | 0.98 | 1.42 | 1.02 | 0.86 | 0.91 | 0.52 | 0.00 | 0.64 |

续表

| | 东北 | 华北 | 华东 | 华南 | 华中 | 西南 | 西北 | 西藏 | 新疆 |
|---|---|---|---|---|---|---|---|---|---|
| 交通运输设备制造业 | 0.92 | 1.03 | 1.12 | 0.83 | 1.29 | 0.84 | 1.18 | 0.65 | 0.89 |
| 电气机械及器材设备制造业 | 1.01 | 1.06 | 1.07 | 0.70 | 1.01 | 1.19 | 1.10 | 0.00 | 1.12 |
| 电子及通信设备制造业 | 0.87 | 0.96 | 1.26 | 0.55 | 0.82 | 1.11 | — | — | 1.17 |
| 仪器仪表及其他计量器具制造业 | 0.81 | 0.88 | 1.32 | 0.86 | 0.68 | 0.98 | — | — | 0.00 |
| 塑料制品业 | 0.97 | 1.34 | 1.07 | 0.71 | 0.79 | 0.92 | — | — | 2.13 |

资料来源：《中国工业经济统计年鉴》，1990 年。

1961 年，林德（S. B. Linder）提出“代表性需求重复理论”，即在收入水平接近、需求格局类似的工业区域间的贸易理论。小岛清在分析林德的理论后指出，所谓收入水平接近、需求格局类似，意味着资本、劳动的禀赋比率近似，按比较优势理论是几乎不会发生的。小岛清认为在比较优势不存在的条件下，决定分工的主要原因是规模经济。由于这种分工不能通过市场机制自动实现，需要当事双方的某种协议加以实现，所以他将这种分工称为协议性分工。

协议性分工理论补充和完善了比较优势理论，它证明，即使在相对成本差距不存在或者说要素禀赋比率相同的条件下，分工仍然是一种必然趋势，这种分工以规模经济为导向。

一个地区产业部门的集中程度和规模可以用产业部门的区位商表示。其计算公式为：

$$Q_{ij}=\frac{P_{ij}/\sum_{j=1}^{n}P_{ij}}{K_j/\sum_{j=1}^{n}P_j}$$

其中，$Q_{ij}$ 为 i 地区 j 部门的区位商值；$P_{ij}$ 为 j 地区 j 部门的总产值；$K_j$ 为全国 j 部门的总产值。

本文对全国 9 个地区的 36 个工业部门区位商进行了计算（见表 6）。

有关 Q 值的讨论可分三种情况：

$Q>1$：表明所研究的产业在该地区的专业化集中程度超过全国水平；

$Q=1$：表明所研究的产业在该地区的专业化集中程度同全国水平相同；

$Q<1$：表明所研究的产业在该地区的专业化集中程度低于全国水平。

区位商只是反映了一个地区某种产业部门的专业化集中程度，要分析该部门对更高一级地域分工体系的意义，还要结合考虑其产业水平。

从发展来看，地区产业部门的规模有一个从无到有、从小到大，然后逐渐相对萎缩的过程。产业结构的变化趋势预示着地区产业结构和分工格局的变化。投资活动具有超前性，因此分析投资重点部门的产业规模优势，不仅要考虑静态规模现状，还应当考虑其动态演变趋势。产业扩张弹性可以动态地描述一个产业扩张和萎缩的程度，其计算公式为：

**表 6 各地区工业部门区位商值**

| | 东北 | 华北 | 华东 | 华南 | 华中 | 西北 | 西南 | 新疆 | 西藏 |
|---|---|---|---|---|---|---|---|---|---|
| 煤炭采选业 | 1.2085 | 1.8493 | 0.3529 | 0.3110 | 1.2012 | 1.1359 | 1.0527 | 1.0807 | 0.7014 |
| 石油和天然气开采业 | 3.4711 | 1.1546 | 0.0417 | 0.0000 | 0.5929 | 1.2632 | 0.4570 | 9.5441 | 0.0000 |
| 黑色金属矿采选业 | 0.3419 | 1.5859 | 0.2137 | 2.0692 | 0.9571 | 0.3249 | 2.2161 | 1.1352 | 5.7215 |
| 建筑材料及其他非金属矿采选业 | 0.8387 | 0.9748 | 0.8748 | 1.0577 | 1.3168 | 1.2171 | 1.0733 | 1.0822 | 4.3551 |
| 采盐业 | 0.9435 | 1.7289 | 0.3850 | 0.5110 | 0.5364 | 0.8268 | 1.7390 | 0.3351 | 0.0000 |
| 木材及竹材采运业 | 4.0019 | 0.4868 | 0.0448 | 1.2049 | 0.4657 | 0.4181 | 1.2840 | 0.6113 | 4.4439 |
| 自来水生产及供应业 | 0.9526 | 0.8186 | 0.7086 | 1.8941 | 1.3074 | 0.9903 | 0.8727 | 0.6446 | 0.0000 |
| 食品制造业 | 0.9526 | 0.9769 | 0.8549 | 1.4186 | 0.9881 | 0.8072 | 1.1766 | 1.2906 | 1.0120 |
| 饮料制造业 | 0.8120 | 1.1606 | 0.8046 | 1.3114 | 0.9807 | 0.6985 | 1.3349 | 0.8771 | 0.0000 |
| 烟草加工业 | 0.4132 | 0.5444 | 0.6158 | 1.1403 | 1.5736 | 1.1123 | 3.4550 | 0.4260 | 0.0000 |
| 饲料工业 | 0.7273 | 1.1402 | 0.7922 | 1.7539 | 1.0715 | 0.5473 | 0.9002 | 0.8718 | 0.6242 |
| 纺织业 | 0.4769 | 1.0531 | 0.5070 | 0.6849 | 0.9240 | 0.8525 | 0.6298 | 1.3794 | 0.5777 |
| 缝纫业 | 0.6847 | 1.0084 | 0.2149 | 1.5328 | 0.8683 | 0.5906 | 0.5332 | 0.6478 | 1.0153 |
| 皮革、毛皮及其制品业 | 0.5923 | 1.0353 | 0.1314 | 1.4616 | 0.8941 | 0.8246 | 0.6542 | 2.4377 | 2.4509 |
| 木材加工及竹、藤、棕、草制品业 | 1.9153 | 0.6495 | 0.6944 | 1.6065 | 0.945 | 0.7560 | 0.7572 | 0.345 | 3.3533 |
| 家具制造业 | 0.7799 | 1.1464 | 0.8307 | 1.7340 | 0.9963 | 0.8202 | 0.6860 | 0.8038 | 2.6194 |
| 造纸及纸制品业 | 1.2117 | 0.9140 | 0.7791 | 1.4191 | 1.1253 | 0.6615 | 1.0520 | 0.4487 | 0.0000 |
| 印刷业 | 0.7266 | 1.0787 | 0.8471 | 1.3386 | 1.0593 | 1.0654 | 1.2093 | 0.8836 | 4.9786 |
| 文教体育用品制造业 | 0.4050 | 0.71719 | 1.6759 | 2.9137 | 0.4416 | 0.1907 | 0.3231 | 0.1643 | 0.0000 |
| 工艺美术品制造业 | 0.2376 | 1.3720 | 1.1773 | 1.9832 | 0.6896 | 0.5075 | 0.2170 | 0.4666 | 3.7800 |
| 电力、蒸汽、热水生产及供应业 | 0.9710 | 1.1789 | 0.6806 | 1.0203 | 1.1641 | 1.6084 | 1.0355 | 1.1791 | 3.7274 |
| 石油加工 | 2.3351 | 0.8432 | 0.6923 | 0.9496 | 0.4907 | 1.1007 | 0.0186 | 2.1101 | 0.0000 |
| 炼焦、煤气及煤制品业 | 0.7969 | 1.9350 | 0.9899 | 0.1512 | 0.5029 | 1.3740 | 0.7700 | 0.1409 | 0.0000 |
| 化学工业 | 0.8972 | 1.1410 | 1.0005 | 0.8673 | 1.0382 | 0.9173 | 1.0233 | 0.3620 | 0.0521 |
| 化学纤维工业 | 1.2226 | 0.9265 | 0.8939 | 1.2775 | 1.0248 | 0.7904 | 0.8986 | 0.5664 | 0.0000 |
| 医药工业 | 0.7356 | 0.6654 | 1.7147 | 1.3002 | 0.6927 | 0.2764 | 0.4601 | 0.2285 | 0.0000 |
| 橡胶制品业 | 1.0125 | 1.1724 | 0.9697 | 1.0111 | 0.9582 | 0.8174 | 0.7877 | 0.7095 | 0.0000 |
| 建筑材料及其他非金属矿物制品业 | 0.6869 | 0.9906 | 1.2897 | 1.7630 | 0.7155 | 0.5749 | 0.5603 | 0.8376 | 0.2061 |
| 黑色金属冶炼及压延加工业 | 0.9059 | 0.9673 | 0.9652 | 1.1652 | 1.1874 | 0.9131 | 0.8872 | 0.8029 | 3.8542 |
| 金属制品业 | 1.4772 | 1.0810 | 0.8550 | 0.3906 | 1.0674 | 0.7739 | 1.2985 | 0.5763 | 0.0000 |
| 机械工业 | 0.9678 | 1.0755 | 1.1541 | 1.0972 | 0.7900 | 0.8002 | 0.8787 | 0.4339 | 0.1444 |

续表

| | 东北 | 华北 | 华东 | 华南 | 华中 | 西北 | 西南 | 新疆 | 西藏 |
|---|---|---|---|---|---|---|---|---|---|
| 交通运输设备制造业 | 0.9681 | 1.0109 | 1.1457 | 0.7097 | 0.9352 | 1.8056 | 1.0408 | 0.5155 | 0.0830 |
| 电气机械及其他器材设备制造业 | 1.3840 | 0.8724 | 0.7252 | 0.6179 | 1.4636 | 1.2678 | 1.2395 | 0.6632 | 2.2443 |
| 电子及通信设备制造业 | 0.8792 | 0.7629 | 1.1728 | 1.6550 | 0.8300 | 0.8650 | 0.8160 | 0.2782 | 0.1686 |
| 仪器仪表及其他计量器具制造业 | 0.5706 | 0.7821 | 1.4289 | 1.1339 | 0.5280 | 1.7416 | 0.9966 | 0.2866 | 0.0000 |
| 塑料制品业 | 0.7702 | 0.7348 | 1.3894 | 0.5355 | 0.7858 | 1.9636 | 1.4439 | 0.0301 | 0.0000 |

资料来源：《中国工业经济统计年鉴》，1990 年。

$$E_i = \frac{(Q_{i,t+1}/Q_{i,t})}{\sum_{i=1}^{n} Q_{i,t+1} / \sum_{i=1}^{n} Q_{i,t}}$$

其中，$E_i$ 为 i 产业的扩张弹性；$Q_{i,t}$ 为 i 产业在 t 时点的产值；$E_i>1$ 表示 i 产业部门产出增长速度大于总产出的增长速度，i 产业呈扩大趋势；$0<E_i<1$ 表示呈相对萎缩趋势；$E_i=0$ 表示呈绝对萎缩趋势。

全国 9 个地区 36 个工业部 1984~1989 年的产业规模变动趋势见表 7。

**表 7 产业扩张弹性**

| | 东北 | 华北 | 华东 | 华南 | 华中 | 西南 | 西北 | 西藏 | 新疆 |
|---|---|---|---|---|---|---|---|---|---|
| 煤炭采选业 | 1.0461 | 0.9449 | 1.3363 | 0.5985 | 1.1509 | 0.6875 | 0.4824 | 0.5463 | 0.5160 |
| 石油和天然气开采业 | 1.1856 | 0.8662 | 3.4873 | 0.0000 | 1.1144 | 73.9489 | 0.3099 | 0.0000 | 1.1077 |
| 黑色金属矿采选业 | 0.7149 | 1.0326 | 0.8182 | 0.5607 | 1.1485 | 1.7082 | 1.1532 | 6.2191 | 1.1277 |
| 建筑材料及其他非金属矿采选业 | 0.9763 | 1.2152 | 0.9876 | 1.0923 | 1.0972 | 0.8833 | 0.6323 | 2.1458 | 0.5011 |
| 采盐业 | 2.3242 | 1.1534 | 0.9953 | 0.2706 | 0.7808 | 1.7646 | 0.4902 | 9.2595 | 2.8838 |
| 木材及竹材采运业 | 1.3942 | 1.0196 | 1.0750 | 1.0092 | 0.9456 | 0.6836 | 0.6517 | 5.7985 | 0.5006 |
| 食品制造业 | 1.0243 | 1.1154 | 0.9811 | 0.9012 | 0.9525 | 0.5583 | 0.9465 | 4.4499 | 0.7552 |
| 纺织业 | 0.8290 | 0.8332 | 0.9069 | 0.9269 | 0.7846 | 1.7845 | 1.1341 | 0.2341 | 1.1014 |
| 缝纫业 | 0.7243 | 0.7746 | 0.8764 | 1.3684 | 0.7930 | 0.5615 | 0.7013 | 0.4176 | 0.8805 |
| 皮革、毛皮及制品业 | 0.8325 | 0.9568 | 1.2157 | 1.6153 | 0.9575 | 0.9794 | 0.6936 | 0.9121 | 1.3132 |
| 木材加工及竹、藤、棕、草制品业 | 0.8740 | 0.8255 | 0.8726 | 1.1552 | 0.9111 | 0.6916 | 0.9208 | 1.2053 | 0.8044 |
| 家具制造业 | 0.7230 | 0.8325 | 0.7886 | 0.9453 | 0.7356 | 0.6187 | 0.8081 | 0.4936 | 1.0387 |
| 造纸及纸制品业 | 1.1479 | 1.1756 | 1.1650 | 1.2460 | 1.2327 | 1.8422 | 1.4511 | 1.0424 | 0.9309 |
| 工艺美术品制造业 | 0.6533 | 1.0949 | 0.9310 | 1.3426 | 0.9530 | 0.6738 | 1.1542 | 0.5923 | 1.3159 |
| 电力、蒸汽、热水生产及供应业 | 0.8663 | 0.9563 | 1.1124 | 1.0265 | 0.9449 | 0.6216 | 0.8089 | 0.8850 | 1.3221 |

续表

| | 东北 | 华北 | 华东 | 华南 | 华中 | 西南 | 西北 | 西藏 | 新疆 |
|---|---|---|---|---|---|---|---|---|---|
| 石油加工业 | 0.9319 | 1.2420 | 1.0994 | 1.5223 | 1.1103 | — | 0.4991 | — | 1.0324 |
| 化学工业 | 1.06 | 1.2067 | 1.2030 | 1.1292 | 1.3492 | 1.0711 | 1.1101 | 1.7638 | 0.9547 |
| 医药工业 | 1.2486 | 1.0212 | 0.9926 | 1.0438 | 1.1842 | 2.0908 | 1.4823 | 0.7154 | 1.2930 |
| 化学纤维工业 | 0.8539 | 0.8816 | 0.9929 | 2.1890 | 1.4385 | 22.6387 | 1.9418 | 1.0784 | — |
| 橡胶制品业 | 0.8096 | 0.9200 | 0.9042 | 0.8170 | 0.8559 | 0.5663 | 0.6565 | 1.3102 | 1.7014 |
| 塑料制品业 | 1.0095 | 1.0839 | 0.9639 | 1.4764 | 0.9771 | 1.3160 | 1.0659 | 1.2885 | 1.6655 |
| 建筑材料及其他非金属矿物制品业 | 1.2113 | 1.1102 | 1.1122 | 1.3893 | 1.0981 | 1.1067 | 9.9729 | 0.8106 | 0.6045 |
| 黑色金属冶炼及压延加工工业 | 1.2343 | 1.2688 | 1.2637 | 0.6609 | 1.2238 | 1.8991 | 1.5403 | 2.2053 | 1.3530 |
| 金属制品业 | 0.9012 | 0.9899 | 1.0077 | 1.1303 | 1.0755 | 1.2344 | 1.0411 | 0.9628 | 0.6748 |
| 机械工业 | 0.8385 | 0.8912 | 0.9426 | 0.7380 | 0.9418 | 1.0109 | 1.2107 | 0.5128 | 1.0517 |
| 交通运输设备制造业 | 0.8890 | 0.9205 | 0.9426 | 0.6200 | 0.8654 | 1.4075 | 1.7163 | 0.3315 | 0.7906 |
| 电气机械及其他器材设备制造业 | 1.1163 | 1.1475 | 1.0203 | 1.3677 | 1.2181 | 1.9067 | 1.0759 | 0.5767 | 1.2278 |
| 电子及通信设备制造业 | 0.1044 | 0.9066 | 0.9158 | 0.7488 | 0.8849 | 1.1871 | 1.9751 | 0.1387 | 0.0146 |

注：本表结果是利用 1985 年中华人民共和国工业普查资料及 1990 年《中国工业经济统计年鉴》上的有关数据计算后得到。

4. 产业乘数效应

国民经济中各产业部门通过投入产出关系链相互关联。在这一个统一体，任何一个产业部门的增长都会通过投入产出链引起其他相关产业的增长，从而导致整个国民经济的成倍增长。这就是通常所说的乘数效应。

在区域经济活动中，投资重点部门和非重点部门的地位和作用不同，它们之间的相互作用是不对称和不可逆或部分不可逆的。重点投资部门的乘数效应是区域经济发展的重要机制。

一般来讲，产业的乘数效应与产业的影响力系数和感应度系数呈正相关关系。

任何一种产业活动通过产业间投入产出关系链，必然影响和受影响于其他相关产业的生产活动。这里，一种产业影响其他产业的程度为影响力，受其他产业影响的程度叫作感应度。如果把这种程度系数化就得到影响力系数与感应度系数。若以 $b_{ij}$ 代表列昂节夫链逆矩阵的要素，则影响力系数可以表示为：

$$V_j = \sum_{i=1}^{n} b_{ij} \Big/ \left( \frac{1}{n} \sum_{i=1}^{n} \sum_{j=1}^{n} b_{ij} \right)$$

其中，分子是 j 列要素的列的和；分母是该列和的全部产业的平均值；$V_j$ 是 j 产业的影响力系数，它综合地表明该产业对其他产业的生产诱发程度有多大影响。

感应度系数可用下列公式表述：

$$S_i = \sum_{i=1}^{n} b_{ij} / \left( \frac{1}{n} \sum_{i=1}^{n} \sum_{j=1}^{n} b_{ij} \right)$$

其中，$S_i$ 是指 i 产业的感应度系数；分子为 i 行要素的行的和，表示各产业的最终需求每增加一单位时，i 产业生产被诱发的产值的总和；分母是这种诱发值的平均值。

各产业部门乘数效应见表 8。

**表 8 各产业部门乘数效应**

| 产业部门 | 影响力系数 | 感应度系数 | 综合波及效果 | 产业部门 | 影响力系数 | 感应度系数 | 综合波及效果 |
|---|---|---|---|---|---|---|---|
| 煤炭采选业 | 0.8054 | 1.0679 | 0.9592 | 医药工业 | | | 1.8372 |
| 石油和天然气采选业 | 0.7012 | 1.0246 | 0.8638 | 化学纤维工业 | | | 1.8372 |
| 黑色金属矿采选业 | 0.9205 | 0.6946 | 0.8057 | 橡胶制品业 | | | 1.8372 |
| 建筑材料及其他非金属矿采选业 | 0.8056 | 0.6523 | 0.7289 | 建筑材料及其他非金属矿物制品业 | 1.0290 | 0.9604 | 0.9947 |
| 食品制造业 | 1.0469 | 0.9344 | 0.9906 | 黑色金属冶炼及压延加工业 | 1.1470 | 2.2334 | 1.6902 |
| 饮料制造业 | 1.0469 | 0.9344 | 0.9906 | 有色金属冶炼及压延加工业 | 1.1470 | 2.2334 | 1.6902 |
| 烟草加工业 | 1.0469 | 0.9344 | 0.9906 | 金属制品业 | 1.1222 | 0.8714 | 0.9968 |
| 纺织业 | 1.2099 | 1.8178 | 1.5138 | 机械工业 | 1.1485 | 1.5599 | 1.0740 |
| 缝纫业 | 1.2059 | 0.6164 | 0.9102 | 交通运输设备制造业 | 1.2304 | 0.9177 | 1.0740 |
| 皮革、毛皮及其制品业 | | | 0.9102 | 电气机械及其他器材设备制造业 | 1.2129 | 0.9598 | 1.0863 |
| 木材加工及竹、藤、棕、草制品业 | 1.1445 | 0.6803 | 0.9124 | 电子及通信设备制造业 | 1.2895 | 0.9478 | 1.1186 |
| 家具制造业 | 1.1445 | 0.6803 | 0.9124 | 仪器仪表及其他计量器具制造业 | 1.0676 | 0.6081 | 0.8380 |
| 造纸及纸制品业 | 1.1039 | 1.1207 | 1.1123 | 有色金属矿采选业 | | | 0.8075 |
| 印刷业 | | | 1.1133 | 塑料制品业 | | | 1.8372 |
| 文教体育用品制造业 | | | 1.1123 | 农业 | 0.7229 | 2.0832 | 1.4031 |
| 电力、蒸汽、热水生产及供应业 | 0.8187 | 1.0874 | 0.9533 | 建筑业 | 1.1918 | 0.4468 | 0.8793 |
| 石油加工 | 0.8626 | 1.0075 | 0.9351 | 货运邮电 | 0.8120 | 0.9425 | 0.8773 |
| 炼焦、煤气及煤制品业 | 1.1734 | 0.5425 | 0.8570 | 商业 | 0.8241 | 1.5981 | 1.2111 |
| 化学工业 | 1.1185 | 2.5559 | 1.8372 | | | | |

按影响力系数和感应度系数，可将产业部门分成四类：

第一类：与所有部门的平均值相比，这类部门无论是影响力系数还是感应度系数，都高于平均值，属于中间需求型部门。包括纺织业、纸制品业、化学工业、黑色金属冶炼及压延加工业、有色金属冶炼及压延加工业、机械工业、印刷出版业、橡胶制品业等。

第二类：与所有部门平均值相比，影响力系数高，但感应度系数低，属于最终需求型部门。包括食品制造业、饮料制造业、烟草加工业、缝纫业、木材加工及竹草编织业、家具制造业、炼焦及煤制品、建筑材料及其他非金属矿制品业、金属制品业、交通运输设备制造业、电器机械及其他器材制造业、电子通信设备制造业、仪器仪表及其他计量器具制造业、建筑业等。

第三类：与所有部门的平均值相比，影响力系数低，但感应度系数高，属于中间需求型基础产业。包括煤炭采选业、石油和天然气开采业，电力、蒸汽、热水生产及供应业、石油加工业、农业、商业。

第四类：与所有部门的平均值相比较，影响力系数和感应度系数均低，如黑色金属矿采选业、建筑材料及其他非金属矿采选业、有色金属矿采选业、货运、邮电业等。

各国和地区根据不同时期国民经济所面临的问题，选择不同性质的产业作为主导产业。

如日本，首先，选择了中间需求型基础产业，目标是解决经济发展的基础设施部门落后的限制。其次，为解决经济发展中原材料的限制而突出发展了中间需求型产业部门。最后，在高速增长时期，突出发展了具有高收入弹性及对国民经济增长具有明显拉动作用的最终需求部门。

### （三）国民经济协调发展原则

讨论上述两项原则时，我们是将问题限定在生产部门或地区的范围内进行的，然而，一个国家国民经济的各个产业或地区都不是孤立存在的，产业与产业之间、地区与地区之间存在密切的经济联系，而且正是因为存在这种经济联系，才有了国民经济的地区结构和产业结构。国民经济要在健康发展的道路上稳定地成长，必须要使其各子系统相互紧密配合和协调一致，从而互相促进发展，形成一个协同耗散结构。合理的地区结构和产业结构是国民经济协同耗散结构的最主要内容。

投资的实质是追加生产要素，形成直接或间接的社会生产力。投资结构就是追加的生产要素在国民经济各子系统、各层次运用的构造和组合。通过调整投资结构可以有力地改变现存的国民经济产业结构和地区结构。如果说现存的产业结构和地区结构是以往投资的结果，那么未来的产业结构和地区结构则是现时投资的结果。通过调整投资在产业间、地区间的分配比例，可以提高一些产业和地区在国民经济中的地位，相对降低另一些产业和地区在国民经济中的比重。

现存的产业结构、地区结构是存量，投资的产业结构和地区结构是增量。增量的改变会使存量发生变化。但增量的改变方向不是任意的，而是由存量结构的演变趋势决定的，为实现存量结构合理化服务的。

在国民经济的产业结构方面，中国所面临的问题首先是各产业之间规模比例不协调，国民经济流程存在“瓶颈”限制。此外，积压与短缺并存，生产技术落后、设备老化与科学技术成果相对过剩、不能在生产中应用并存，资金短缺与畸形膨胀、巨额浪费并存等也都是中国产业结构中结构性矛盾的突出表现。解决产业结构中长期存在的这些矛盾，必须从整个产业结构的改造和进步性变化着眼，在加强农业、能源、电力、原材料、交通运输和邮电通信等基础产业的投资建设、缓解“瓶颈”制约的同时，大力发展机械、电子产业，以推动整个产业结构的高度化演替。

地区间经济发展差距急剧拉大，地区产业结构严重趋同，以及东北老工业基地近年来经济增长不景气是中国国民经济地区结构的主要问题。当然，解决这些问题需要制定和实施一系列的区域经济政策，如区域经济布局政策、区域经济发展政策、区域经济组织政策和区域经济调控政策。然而，调整投资地区结构却是实施上述这些政策的重要现实手段，中国投资结构的调整应采取以下措施：

（1）结合“适度倾斜、点轴开发”战略，将投资建设总体布局的重点放在充实、完善、提高兰州—成都—昆明沿线的以东地区。在重点开发沿海的同时，还要安排必要的资金对长江流域地区、陇海铁路沿线地区、京包—包兰沿线地区和黄河上游地区进行开发建设，尤其是对开发轴线上的某些城镇中心、工业中心的发展要予以重点支持。

（2）根据“行业”和“地区”相结合的优势区位倾斜政策，选择环渤海海湾地区、沪宁杭地区、闽粤沿海地区、山西能源重化工基地、长江中游地区、三线地区、黄河上游地区作为重点投资发展地区。对这些地区的优势产业在投资方面予以相应的支持。

（3）依据沿海和内陆腹地及陆地边境地区的发展战略，确立各地区的投资重点。沿海地区以产业结构高度化和拓展国际市场为目标，重点投资建设好沿海出口产业带和几个高新技术产业基地。内陆腹地以加快对外开放，充分发挥区内矿产资源、农业资源的优势为目标，对能源、原材料工业的建设和农业开发进行重点投资，使内陆腹地成为全国能源、原材料的主要基地，商品粮和其他农副产品的农业基地，以及若干重要机电产品的基地。陆地边境地区则以加强农业基础，保护、改善生态环境，积极勘探、开发国家急需又为本地区特有的资源，发展边境对外贸易为目标，以商品粮、林业、牧业、棉、糖、瓜果生产基地、矿产资源开发基地以及边境对外贸易区的建设为投资重点。

最后值得一提的是，在选择地区重点投资部门的实践中，会遇到如何处理上述三项原则之间的关系问题。这一问题实质上是一个整体利益与局部利益的关系问题。原则上，局部利益必须服从整体利益，在确保整体利益的前提下，承认局部利益存在的客观性和必要性。在安排总体发展计划时，要充分考虑局部利益，尽量为获取较好的局部利益创造条件。

## 二、地区重点投资部门的选择

部门投资效果最优原则、带动地区经济增长原则和国民经济协调发展原则是选择地区重点投资部门的三条基本原则。根据这三条原则，结合各地区的现有基础和条件，对各地区的重点投资部门做如下选择。

## (一) 东北区

1. 以种植业、林业为主，兼顾畜牧业的农业

东北区现有耕地3亿多亩，占全国耕地总面积的14%以上。这些耕地大多分布在地势平坦、土壤肥沃的平原或山间河谷平地，种植业生产的自然条件或机械化作业条件都十分良好。长期以来，东北区一直是中国粮食及大豆、甜菜等经济作物的主要商品生产基地。

本区还拥有占全国总面积9.3%的可利用草原，尤其适宜饲养大牲畜，是中国以商品牛为主的畜牧业基地。

东北区的森林资源十分丰富，全区森林面积近5亿亩，林木总积蓄量23.5亿立方米。全区森林资源以大、小兴安岭及长白山区最为著名。这些是中国森林连片、资源集中又适宜大规模采伐的主要地带，是全国主要的用材林基地。东北区的木材采运及木材加工业的区位商值分别为4.0019和1.9153，远远高于其他地区。因此，在全国强调大力发展农业之际，作为中国重要的粮食、经济作物、畜牧业及林业生产基地，东北也应相应地加强对农业（主要是种植业）、畜牧业和林业的投资建设，充分发挥本地区的资源优势，为农业的发展作出应有的贡献。

此外，农业是国民经济的基础，对农业进行重点投资可以为东北这个老工业基地经济的稳定发展提供可靠的基础。

2. 煤炭采选业与火电生产

东北区的煤炭储量占全国总量虽不足9%，但这些资源开发利用的经济意义很大。因为东北区的工业以消耗大量能源的重化工业部门为主，全区能源消耗占全国能源消耗的1/5，但目前东北区能源生产与消耗的规模很不适应，尤其是煤炭、电力供需关系十分紧张，因此，根据全国能源的地区平衡要求，在适当增加东北地区煤炭调入的同时，要充分利用本地的煤炭资源，对煤炭采选及建立在煤炭采选基础上的火电生产进行重点投资建设。

此外，选择煤炭采选业为重点投资部门还因为：

(1) 煤炭采选业是东北区具有较强比较优势的产业部门。东北区煤炭采选的经济效益系数为3.55，居全区各工业部门的第二位。

(2) 煤炭采选业已形成一定的生产规模。专业化集中程度高于全国平均水平，区位商为1.2085，且生产规模仍处于扩张之中。

火电与煤炭是能源工业中两个密不可分的部门，煤炭采选业的发展将为东北地区扩大火电生产、缓解用电紧张局面提供可能和条件。因此，在选择地区重点投资部门时，应将煤炭和火电生产结合起来，统一考虑。

3. 石油开采

选择石油开采为东北区重点投资部门是因为：

(1) 东北区石油资源丰富，其储量占全国总量的20%以上，是中国重要的石油生产基地。只有对东北区的石油工业进行倾斜式重点投资，才能发挥这个老石油基地在稳定东部

石油生产方面的作用，实现国家“稳定东部、发展西部”的石油发展战略。

（2）部门投资效果好。东北石油开采业的资金净产出率为0.36，位于各区同行业之首，反映出较好的部门投资效果。

（3）东北区石油开采具有很强的比较优势。东北区石油开采业的经济效益系数为9.85，居全区各工业部门之首。

（4）石油开采的专业化集中程度高。东北区石油开采业的生产规模大，专业化集中程度高，区位商值达3.4711，远远高出其他产业。

4. 黑色金属矿开采与冶炼工业（主要是钢铁工业）

选择这一部门为重点投资部门是因为：

（1）铁矿是东北区最优势的矿种，其储量占各区之首。长期以来，钢铁工业一直是东北具有区际意义的产业部门，其产品面向全国。因此，在经济发展对钢铁材料的需求不断增加的情况下，选择钢铁工业作为东北区重点投资部门是国民经济协调发展的必然要求。

（2）与全国其他地区相比，东北区是黑色金属冶炼及压延加工的理想布局地区。因此，这种选择也是部门投资效果最优原则的要求。

（3）黑色金属冶炼及压延加工业具有较大的影响力系数和感应度系数，分别为1.1470和2.2334，具有较大的综合波及后果，对整个产业体系具有较强的带动作用，可以推动和促进机械、交通运输设备制造部门的发展。

5. 机电工业

机电工业包括机械工业、交通运输设备制造业、电气机械及其他器材设备制造业、电子及通信设备制造业，将这些部门选为投资重点是因为：

（1）产业结构高度化演替的要求。中国产业结构演替趋势是以机电工业为核心向高加工度化方向发展，这就要求对这些产业部门加以重点发展。东北是中国重要的机械工业基地，机械、交通运输设备、电气机械及其他器材设备的生产专业化集中程度都接近或超过全国平均水平（区位商分别为0.9681、1.3840和0.8792）。因此，应将这些部门选作东北的重点投资部门，以推动中国产业结构的演替。当然，东北地区在推动国家产业结构演替的同时，也将从根本上改变目前以高能耗、高物耗的重化工业占较大比重的产业结构。

（2）可以为现有企业的技术改造提供必要的现代化生产装备。中国许多企业都存在技术落后、设备老化的问题，东北区作为中国最老的工业基地，问题尤为严重，技术落后、设备老化已成为近年东北工业增长不景气的一个重要原因，因此，发展这些产业部门才能为现有企业进行技术改造、提高生产效率提供必要条件。

6. 食品制造业、烟草加工业、纺织业、缝纫业

选择这些部门进行重点投资是因为：

（1）东北区拥有丰富的粮食、畜产、甜菜、亚麻、柞蚕等资源，这些资源是发展食品制造、纺织、缝纫等产业的必要条件。

（2）东北是中国人均工资高、购买力最强的地区。这些产业的发展具有较好的市场条

件，而且肉乳制品、营养食品、亚麻、柞蚕丝纺织品在区外和国外市场也具有较强的竞争力。

（3）具有一定的比较优势，这些产业部门的比较经济效益系数大多居东北区各业中上水平，具有一定的比较优势。其中，烟草加工业的比较优势尤为明显。

（4）可以改变长期以来形成的重化工型的单一化工业结构，促进轻重工业协调发展，使工业结构向多元化方向发展。

7. 建材矿采选及加工制造业

选择建材工业为重点投资部门是因为：

（1）东北（主要是辽宁中南部）是全国主要的建材生产基地之一。这一地区建材工业的原料资源比较丰富，又靠近煤炭产地，能够提供一定量的能源和多种混合材料。

（2）东北是中国三大工业基地之一，区内工业发达，人口稠密，城市集中，建筑材料的消费量很大，而且水泥尤其是高标号水泥及特种水泥、玻璃等产品还有较强的国内、国际竞争能力，具有较好的市场需求。

## （二）华北区

1. 煤炭采选业、石油和天然气开采业

选择煤炭采选业、石油开采业作为华北区重点投资部门是因为：

（1）华北拥有丰富的煤炭、石油资源。全区煤炭探明储量占全国一半以上，而且煤种齐全，煤质优良，有全国最好的动力煤、优质肥煤、焦煤和适用于多种用途的无烟煤，其中，冀东、冀南—豫北、豫西、晋北、晋东及晋东南是中国重要的煤炭生产基地。本区冀中、渤海湾沿岸及部分海域已探明的石油储量约占全国的30%，海域部分的油气资源具有良好的前景。目前华北区已建成胜利、冀中、大港等油田。凭借优越的煤炭、石油资源，华北区已成为中国最大的能源输出区，煤炭、石油及制品的外调对全国的经济发展具有战略意义。因此，为了缓解全国能源的“瓶颈”制约，应在华北区重点投资发展煤炭采选及石油开采工业。

（2）华北区的煤炭、石油工业具有较大的产业规模。华北区煤炭采选业的区位商值为1.8493，居全国同行业之首，石油和天然气开采业的区位商值为1.1546，也名列全国前茅，反映出华北区具有较大的产业规模和较高的专业化集中生产程度。

（3）本区冶金、建材、化工部门发展的必要条件。华北区同时还是中国重要的钢铁、建材、化工原料生产基地，煤炭、石油和天然气采选业的发展是这些部门发展的必要条件。

2. 黑色、有色金属矿采选业、建筑材料及其他金属矿采选业

选择这些部门是因为：

（1）优厚的资源条件。华北区拥有丰富的铁矿、石灰石、铝矾土、硫铁矿、海盐、稀土金属等矿产资源。铁矿石储量总计达120多亿吨，占全国的28%。河北迁安、滦县，内蒙西部，山西的岚县、五台山地区及山东的莱芜地区是大型铁矿分布区。大型铝土矿主要

分布在山西的孝义及阳泉地区，河北、内蒙古、山东的石英玻璃原料及河北的高岭土等建筑材料矿资源储量都较丰富。

（2）专业化集中程度高。华北区黑色金属矿采选业、建筑材料及其他金属矿采选业的区位商分别为 1.5859 和 0.9748，接近或超过全国平均水平。

（3）这些部门是原材料工业的基础。虽然这些产业的影响力系数和感应度系数都不大于 1，但它们却都是华北原材料工业的基础，这些部门生产能力的大小对华北的原材料工业具有特殊意义。

3. 黑色、有色金属冶炼及压延加工业、建筑材料及其他非金属矿物制品业、炼焦、煤气及煤制品业

这些都属广义的原材料工业，选择这些部门是因为：

（1）具有较好的选择工业基础。如前所述，在优越的矿产资源基础上，华北区目前已建立了规模较大、专业化集中程度较高的原材料矿产资源采掘业，为原材料工业的发展奠定了基础。

（2）具有较好的部门投资效果。华北区黑色金属冶炼及压延、建材制品、化工、炼焦及煤制品业的资金净产出率分别为 0.31、0.30、0.37 和 0.12，大多居全国同行业的前茅。因此，这些产业部门在这一地区具有较好的投资效果。

（3）具有较旺盛的市场需求。本区工业发达，人口密集，城市尤其是大中城市集中，经济发展对金属材料、化工材料及建材的需求量很大。此外，钢材、铜材、铝材及其他贵金属和稀有金属材料、水泥、陶瓷、玻璃等建筑材料及主要化工产品一直是具有重要区际意义的产品。

（4）具有较强的比较优势。本区较好的多种资源组合条件，使这些部门拥有较强的比较优势，经济效益系数较高，如炼焦、煤气及煤制品业是本区最具比较优势的部门。

（5）专业化集中生产规模接近或超过全国平均水平。这些部门的区位商值分别为：炼焦、煤气及煤制品 1.9350，化学工业 1.1409，建材制品 0.9673，黑色金属冶炼及压延 1.0810。

（6）具有较强的影响力。这些产业的影响力系数都大于 1，且除建材制品外，感应度系数也大于或接近 1，因此还具较强的综合波及效果。

4. 机械工业、交通运输设备制造业、电气机械及器材设备制造业、电子及通信设备制造业

这些部门属广义的机电工业，选择这些部门为投资重点是因为：

（1）有一定的专业化生产基础。京津地区是全国重要的综合性机械工业中心，具有很强的新产品研制、开发、生产能力。本区的数控机床、汽车、铁道运输设备、船舶、高精尖电子产品及重型、矿山机械等产品在全国占重要地位。

（2）较好的部门投资效果。除电子及通信设备制造业外，其他各部门的资金净产出率值均居全国同行业的中上水平，是这些部门较为理想的布局地区。

（3）具有较大的综合波及效果。各部门的影响系数分别为：机械工业 1.1485，交通运输设备制造业 1.2304，电气机械及器材设备制造业 1.2129，电子及通信设备制造业 1.2895，仪器仪表及其他计量器具制造业 1.0676。除仪器仪表及其他计量器造业外，各部门的感应度系数也都接近或超过 1，因此具有较强的综合波及效果。

5. 以种植业、畜牧业为主的农业

在华北区对农业进行重点投资是因为：

（1）土地资源优厚。本区的黄、淮海平原及西部的河谷平原地形开阔、土层深厚，十分有利于种植业的发展。黄土高原地区虽然地形破碎，水土流失严重，土地较为贫瘠，但仍有不少对农业生产有利的条件。全区耕地面积 2.9 亿亩，占全国耕地面积的 13.5%。内蒙古自治区的可利用草原面积为 3 千多万亩，占全国的 14%，1989 年畜牧业总产值 311.3 亿元，占全国的 17.4%。内蒙古东部属大兴安岭林区，是本区重要的林业资源分布区。在优厚的土地资源基础上，华北区建立起了以粮、棉为主的种植业和林牧业生产体系。

（2）农业是国家“八五”计划和十年规划的重点发展部门。发展农业，减少粮、棉产品的调入也是本区经济发展的重要目标之一。

（3）提供生活必需和轻纺工业的原料。本区工业发达，人口众多，农副产品和畜牧产品的消费量大。纺织、食品、烟草等工业部门已形成一定的生产规模，农副产品和畜产品原料的消耗量较大。因此，在组织好适当农副产品调入的同时，也应积极投资种植业、畜牧业、林业，发展本地的农业生产。

6. 食品制造、饮料制造、烟草加工、纺织、缝纫，皮革、毛皮及制品业

对这些部门进行重点投资是因为：

（1）本地的农副产品、畜产品为这些部门的发展提供了一定的条件。本地区的粮食、棉花、烟草、皮、毛都是这些产业生产的重要原料。

（2）已有一定的生产基础。华北区食品、饮料、纺织、缝纫业的专业化集中程度都接近或超过全国平均水平，这些部门的区位商分别为：食品 0.9769、饮料 1.1606、纺织 1.0531、缝纫 1.0084。天津是全国仅次于上海的重要轻工业城市，胶济沿线的纺织、烟草、饮料，石家庄的纺织，内蒙古的毛、皮加工都有较强的基础。

（3）具有一定的比较优势。除食品制造业外，这些部门的经济效益系数分别为：饮料制造业 1.62，烟草加工业 1.07，纺织业 0.9，缝纫业 1.23，皮革、毛皮及其制品业 1.10，均居华北各产业的中等或中上水平。

（4）对整个产业体系有较强的影响力。这些产业部门的影响力系数在 1 以上。

## （三）华东区

1. 以种植业为主，渔业、林业并举的农业

对农业进行重点投资是因为：

（1）自然条件好，是中国重要的农产品生产基地。华东地区地处中、北亚热带向暖温

带过渡的中纬度地带，面向太平洋，受季风气候控制，雨量充足，且季节分配比较均匀，光热资源较丰富，气候兼有南北之利，适于种植亚热带和温带多种作物，也有条件发展多熟制。本区大部分地区地形平坦，北部和中部地区分别为黄、淮海平原和长江中下游平原的组成部分，其间湖泊成群，河流纵横交错；南部的皖南、浙西和湖南为丘陵和中低山地，沿海和许多江河下游多为冲积、淤积平原。大部分土壤经人类长期改良，耕层深厚，结构性好，养分含量丰富，特别是长江下游与太湖一带，可以说是得“水”独富、得“土”独肥之地。再加上华东各地人民在历史上的大力开发与不断改造，已拥有耕地 2.4 亿亩，占全国耕地总面积的 11.4%。占本区面积 30%左右的亚热带丘陵又是发展亚热带果木、毛竹、茶叶的主要基地。华东沿海海洋及内陆水网淡水水生生物资源十分丰富，是发展渔业生产的有利条件。1989 年华东渔业产值达 93.65 亿元，占全国渔业总产值的 26.1%。华东地区目前已是中国粮食、棉花、油料、蚕茧、生猪、水产品、黄麻和茶叶的主要商品生产基地。这一地区的农业生产状况对全国农业生产形势的影响很大。

（2）稳定经济基础的需要。农业是国民经济的基础，本区工业发达，人口众多，城市集中，在这样一个经济发达地区，必须要有较高的农业生产水平，才能保证整个地区经济的稳定发展。但是，农业仍然是本区区域经济发展中的一条短处。近年来，粮、油、棉、猪等发展缓慢，其主要原因之一是农业投入减少。因此，只有对农业进行重点投入，才能稳定本区经济发展。

（3）发展轻纺工业的需要。本区是中国重要的轻纺工业基地，其中，纺织、食品等大都是以粮食等农副产品为原料的。因此，重点投资发展农业有利于这些部门的发展。

（4）投资效益好。该区目前农业生产每投入 1 元资金可得产值 3.4 元，比全国平均高出 8.97%。同时，农业部门感应度系数高达 2.09，对其他部门的发展也具有良好的促进作用。

2. 黑色、有色金属冶炼及压延加工业

将这两个部门选作重点投资部门是因为：

（1）华东是中国重要的工业基地，钢铁等金属材料的消耗量大，需求品种多，是全国金属材料的重要消费区之一。在消费地投资建设黑色、有色金属冶炼及压延加工业可以稳定本地区工业发展的基础，有一定的发展条件。本区的宁芜地区在当地资源的基础上已建立起了拥有一定数量铁矿、铜矿等的采掘工业；徐淮还有一定的煤炭资源，为利用当地资源发展黑色、有色金属冶炼及压延加工创造了一定的条件。此外，本区地处东部沿海，众多的深水良港是发展和兴建港口型钢铁基地的重要有利条件。

（2）产业呈扩张趋势。黑色金属冶炼及压延业的产业扩张弹性为 1.2637。

3. 电力生产及其供应业

在华东地区重点投资电力工业是因为：

（1）华东地区是全国经济最发达、城镇及人口分布密度最高的地区。本区年用电量约占全国的 1/7 以上，因此电力投资的需求拉动很强。

（2）有一定的发展条件。华东徐淮地区的煤炭资源、浙江的水力资源是华东可供开发利用的重要资源。华东区拥有可供开发的水能资源 563 万瓦。一些重要负荷中心陆上或水上交通运输比较便利，可以从华北等地调入煤炭发展火电。在华东沿海地区有建设核电站的有利条件。

（3）具有一定的比较优势。华东电力工业的经济效益系数为 1.70，是本区较具比较优势的部门。

（4）产业规模呈增长趋势。产业扩张弹性为 1.1124。

4. 机电工业

机电工业包括机械工业、交通运输设备制造业、电气机械及其他器材设备制造业、电子及通信设备制造业、仪器仪表及其他计量器具制造业，对这些部门进行重点投资是因为：

（1）基础好、发展水平高。机电工业是华东的重要工业部门。电子、仪器仪表、民用机械、发电设备、汽车、船舶、轻纺机械生产的协作配套能力强，单机配套能力在 90%以上，大型设备的成套率也在 80%以上。目前已形成上海、南京、杭州、无锡、苏州、常州和合肥等机械工业中心。华东地区技术力量与智力资源雄厚，具有很高的技术引进、吸收、消化能力和新技术、新产品的研制、开发、设计、生产能力。精密仪器、精密机床、电子计算机、现代电子及通信设备生产等高精尖和新兴行业都已有了一定的技术基础和生产规模。

（2）具有较好的部门投资效果。华东地区这些工业部门的资金净产出率分别为：机械工业 0.32，交通运输设备制造业 0.24，电气机械及其他器材设备制造业 0.34，电子及通信设备制造业 0.27，仪器仪表及其他计量器具制造业 0.35，均居全国前列。

（3）具有较强的比较优势。由于这些部门生产受自然资源和自然条件的限制较小，而主要受技术、协作配套等基础条件的影响，因此，华东地区雄厚的技术力量、较强的协作配套能力便构成了这些产业的比较优势。这些产业的经济效益系数都较高，分别为：机械工业 1.42，交通运输设备制造业 1.12，电气机械及其他器材设备制造业 1.07，电子及通信设备制造业 1.26，仪器仪表及其他计量器具制造业 1.32，是华东地区具有较强比较优势的生产部门。

（4）专业化集中生产程度高、除交通运输设备制造业外，华东地区这些产业部门的区位商值分别为：机械工业 1.1475，电气及通信设备制造业 1.4289，仪器仪表及其他计量具制造业 1.2894，表明具有较高的专业化生产规模。

（5）这些部门的影响力系数较高，且具有较强的综合波及效果。这些部门的影响系数为：机械工业 1.1485，交通运输设备制造业 1.2304，电气机械及其他器材设备制造业 1.2129，电子及通信设备制造业 1.2895，仪器仪表及其他计量器具制造业 1.0676。综合波及效果分别为：机械工业 1.3542，交通运输设备制造业 1.0740，电气机械及其他器材设备制造业 1.0863，电子及通信设备制造业 1.1186，仪器仪表及其他计量器具制造业 0.8380。因此，这些产业部门对整个产业结构有较大的带动作用。

(6) 能推动产业结构高度化演替。受资源的约束，改变目前产业结构高能耗、高物耗的状况，促使产业结构向低能耗、低物耗的高、新技术方向发展是华东工业发展所面临的重要问题。这些部门一方面是一些高、新技术产业化的生长点，对于实现高、新技术产业化具有重要意义；另一方面，这些部门又可以为其他产业的技术进步、提高生产效益提供精良装备。

5. 化学工业、化学纤维工业、石油加工、建筑材料及其他非金属矿物制品化学纤维

对这些部门进行重点投资是因为：

(1) 有一定的发展条件。目前华东的南京、上海等化学工业、化学纤维工业和石油加工工业中心能通过水运或管道比较便利地从国外获得生产原料，本区的硫铁矿和石灰石等化学矿和建材矿的采掘业也是重要的发展条件。

(2) 工农业生产发达，上述部门的产品需求量大。本区工农业生产发达，对化肥、化工原料、化纤原料、水泥、玻璃等产品的需求量大，因此具有较强的投资需求拉力。

(3) 部门投资效果较好。华东地区这些部门的资金净产出率为：化学工业 0.34（全国第三），化学纤维工业 0.30（全国第二），建筑材料及其他非金属矿物制品业 0.38（全国第二），是这些部门较为理想的投资建设地区。

(4) 已形成一定的专业化生产规模。华东地区这些产业部门的区位商为：化学工业 1.0005，化学纤维工业 1.7197，建筑材料及其他非金属矿物制品业 0.9652，石油加工业 0.6923。除石油加工业外，其他部门均已具有较高的专业化集中生产程度。而且，这些部门的产业扩张弹性分别为：石油加工业 1.0994，化学工业 1.2030，化学纤维工业 0.9929，建筑材料及其他非金属矿物制品业 1.1122，表明产业规模仍呈扩张趋势。

(5) 化学工业和化学纤维工业的综合波及效果高达 1.8372。

6. 食品制造、烟草加工、缝纫，皮革、毛皮及其制品业、文教体育用品制造业

选择这些部门进行重点投资是因为：

(1) 本区农业经济发达，粮食、棉花、油料、蚕茧、生猪、水产品、黄麻和茶叶的生产水平较高，这为上述部门的发展提供了重要的工业原料。

(2) 这些部门是华东地区的支柱工业部门。华东地区轻重工业比例一直保持在 55∶45 左右，而上述这些部门又是最主要的轻工业部门，因此这些部门的发展对稳定华东地区经济具有重要意义。

(3) 部门投资效果好。华东区上述部门的资金净产出率为：烟草加工业 1.57，纺织业 0.33，缝纫业 0.38，文教体育用品制造业 0.41，均居全国第一位；食品制造 0.23，皮革、毛皮及其制品业 0.28，也居全国前列。

(4) 具有较强的比较优势。本区这些产业的经济效益系数为：食品制造业 0.90，烟草加工 3.58，纺织业 1.09，缝纫业 1.28，皮革、毛皮及其制品业 1.48，文教体育用品 1.42。从经济效益系数看，除食品制造业外，上述部门都是华东区较具比较优势的产业部门。

(5) 具有较大的市场需求量。某些部门的产品主要用于人民生活消费，本区人口众

多，消费需求量大。此外，本区这些部门的产品在全国其他地区也具有很强的竞争能力。

(6) 专业化集中生产程度高。从各部门的区位商值看，纺织业、缝纫业，皮革、毛皮及其制品业、文教体育用品制造业的区位商均大于1。

(7) 主要的出口创汇产业部门。轻纺工业产品是中国出口商品结构中的重要部分，而其中华东地区的轻纺产品出口又是全国轻纺产品出口的重要组成部分。

## (四) 华南区

1. 以种植业为主，渔业、林业并举的农业

将农业选作华南区的重点投资部门是因为：

(1) 优越的自然条件和发达的农业基础。本区地处亚热带和热带范围，年平均气温在20℃左右，雨量充沛，热量充足，而且雨热同季，为农作物生长提供了十分有利的条件。一般作物一年可三熟，在热带地区水稻也可三熟，热带、亚热带生物资源异常丰富，热带、亚热带经济作物在全国占重要地位。经长期的开发本区目前拥有耕地1.8亿亩，占全国耕地总面积的8.4%。华南地区林业资源十分丰富，树木种类极多，除杉、松、桉等高级用材林外，还有贵重的樟、楠及许多亚热带特有经济林。林地总面积4.2亿亩，占全国林地总面积的14.7%；林木蓄积量6.1亿立方米，占全国林木蓄积量的6.6%，是中国以发展用材林为主的速生丰产林基地的重要组成部分。华南还拥有丰富的水产资源。华南濒临中国近海最大水域——东海和南海，拥有多处著名渔场，沿海滩涂还有较好的水产养殖条件。内陆水网地带又是中国重要的淡水水产基地之一。1989年华南渔业产值84.4亿元，占全国渔业产值的24.1%。因此，发展种植业，尤其是热带、亚热带经济作物种植业及林业、水产的自然条件十分优越，并已形成较高的生产水平。

(2) 发展外向型经济的需要。加强农业基础是一项全国性的经济发展战略任务，作为对外开放的沿海地区，华南发展农业是因为考虑到发展外向型经济的需要。外向型经济要求将目前农业生产的自给半自给的自然经济状态，迅速转变为商品经济状态。这就要求通过重点投资来改善农业生产条件，调整农业生产结构。

(3) 发展工业生产的需要。本区的甘蔗、橡胶、油棕及热带、亚热带水果是橡胶、化工、制糖、食品等工业生产的重要原料，重点投资发展农业可起到稳定这些部门原料供应的作用。

2. 电力生产及其供应业

重点投资电力部门是因为：

(1) 增强区域经济薄弱环节，电力生产发展不足在很大程度上限制了国家急需而华南地区又十分丰富的有色金属资源的开发利用。

(2) 拥有丰富的水力资源。华南地区煤炭资源贫乏，但拥有丰富的水力资源。全区可供开发的水力蕴藏量为2762余万瓦，其中，西江流域的条件十分有利于梯级开发。此外，还可利用现有的交通条件发展港口和铁路电站，核电生产也有一定条件，并已开始起步。

(3) 已具有一定的专业化集中生产规模，华南地区电力、蒸汽、热水生产及供应业区位商值为 1.0203，略高于全国平均水平；因此部门的产业扩张弹性为 1.0265，表明规模呈扩张趋势。

3. 有色金属矿采选业、有色金属冶炼及压延加工业

这两个部门又可统称为有色冶金工业。在华南地区对它们进行重点投资是因为：

(1) 拥有有色金属矿产资源优势，开发利用条件好。广西大厂、富钏、贺县、恭城一带的锡矿储量占全国的 40%，居第一位。铅锌矿在国内也占有较重要的地位，其中锌矿储量占全国的 18.8%，铅矿储量仅广东就占全国的 13.2%，主要分布在仁化、凡口和韶关大宝山，其中凡口是中国最富的铅锌矿。本区铝土矿资源也较丰富，储量约占全国的 16%，主要分布在广西平果一带。此外，铜矿、钨矿、钽矿等也较丰富，储量在全国三个富钽矿区中居首位。福建、广东的钨矿也占有一定地位，福建行路坑钨矿是中国三大钨矿之一。最后，华南地区有色金属与水电资源的良好地域组合为有色金属矿资源的开发利用提供了有利条件，如广西平果的铝土矿与红河水力资源的良好组合是建设大型铝工业基地的极好条件。

(2) 已形成一定的生产能力。经过多年的建设，华南区已建成如广西来宾锰矿、韶关冶炼厂这样的大型有色冶金企业及一批中、小企业，已形成一定的生产能力。

(3) 协调各部门经济发展的需要。有色金属冶金是中国国民经济发展中的薄弱环节，华南乃至全国都存在有色金属冶金材料供应紧张的问题。因此，在资源条件优越又具有一定基础的华南重点投资发展有色金属冶金，可以为协调国民经济部门的发展做出贡献。

(4) 具有较大的影响力系数和感应度系数。有色金属冶炼及压延加工业的影响力系数为 1.1470，感应度系数为 2.2334，都较大，具有很强的综合波及效果。

4. 机械工业、交通运输设备制造业、电气机械及其他器材设备制造业、电子及通信设备制造业

在华南地区重点投资这些部门是因为：

(1) 具有一定的发展基础。华南地区工业结构虽然以轻工业为主，但经过发展已在广州、福州、厦门及南宁、柳州等地建立起了一批机械（尤其是轻工机械）、船舶、家用电器、电子及通信设备生产企业，为进一步发展奠定了基础。

(2) 较高的影响力和综合波及效果。这些部门的影响系数分别为：机械工业 1.1485，交通运输设备制造业 1.2304，电气机械及其他器材制造业 1.2129，电子及通信设备制造业 1.2895。综合波及效果：机械工业 1.3542，交通运输设备制造业 1.0740，电气机械及其他器材设备制造业 1.0863，电子及通信设备制造业 1.1186。因此，这些产业部门的发展对整个产业体系具有较强的带动作用。此外，这些部门的发展又可为其他工业部门的技术改造与技术进步提供先进的技术装备。

(3) 具有一定的部门投资效果。这些部门的投资净产出率分别为：机械工业 0.30，交通运输设备制造业 0.83，电气机械及其他器材设备制造业 0.30，电子及通信设备制造业

0.26，在全国各区中居中等或中上水平。从资金净产出看，具有一定的部门投资效果。

（4）具有一定的比较优势。华南这些产业部门的经济效益系数分别为：机械工业 1.02，交通运输设备制造业 0.83，电气机械及其他器材设备制造业 0.70，电子及通信设备制造业 0.55。除电子及通信设备制造业外，各部门在华南地区都具一定的比较优势。

（5）已形成一定的专业化生产规模。华南的电气机械及其他器材设备制造业、电子及通信设备制造业的区位商分别为 1.6549 和 1.3139，远远高出全国平均水平。机械工业的专业集中生产规模也接近全国水平。电气机械及其他器材设备制造业近年来发展迅速，产业扩张弹性为 1.3677。

*5. 食品制造、烟草加工、缝纫业，皮革、毛皮及其制品业、造纸及其纸制品业*

对上述这些部门进行重点投资是因为：

（1）用具有较好的生产条件。华南地区热带、亚热带经济作物资源十分丰富，为这些部门的发展提供了稳定、充足的原料来源。邻近港澳等国际商业市场，能及时了解掌握产品市场的商品信息，这对于发展缝纫业，皮革及毛皮制品业、食品制造业等受产品款式、口味影响较大的工业部门尤为有利。

（2）这些部门是华南地区的支柱产业部门。华南地区除珠江三角洲、厦门、福州、南宁等地外，经济发展水平较低，轻工业比重大，因此投资发展这些部门可以起到稳定经济的作用。

（3）具有很好的部门投资效果。这些部门资金净产出率分别为：食品制造业 0.28，烟草加工业 1.0，缝纫业 0.50，皮革、毛皮及其制品业 0.30，造纸及纸制品业 0.33，均居全国各区的前列。从资金净产出率看，这些部门在华南区具有较高的投资效果。

（4）很高的专业化集中生产程度。本区这些部门的区位商值分别为：食品制造业 1.4186，烟草加工业 1.1403，缝纫业 1.5328，皮革、毛皮及其制品业 1.4616，造纸及纸制品业 1.4191。从区位商看，这些部门在华南区已形成很高的专业化集中生产程度。另外，华南区缝纫业与皮革、毛皮及其制品业扩张弹性较大，分别为 1.3684 和 1.6153，表明近来产业规模扩大较快。

（5）具有一定的比较优势。华南上述产业部门的经济效益系数分别为：食品制造业 1.43，烟草加工业 4.04，缝纫业 0.61，皮革、毛皮及其制品业 0.68，造纸及纸制品业 0.39。从经济效益系数看，烟草加工及食品制造是华南最具比较优势的部门，缝纫业，皮革、毛皮及其制品业也有一定的比较优势。

## （五）华中区

*1. 以种植业、渔业为主，兼顾林业的农业*

对以种植业、渔业为主的农业进行重点投资是因为：

（1）本区自然地理条件优越，是全国重要的农产品商品基地。首先，本区平原和丘陵占全区面积的 1/4 以上，经长期开发现有耕地 3.3 亿亩。其次，水热充足，作物一般可二年三熟或一年二熟，是中国最重要的稻谷、小麦产区和商品粮基地之一。华中区平原河网稠密，湖泊星罗，是中国重要的淡水水产养殖基地，1989 年华中区渔业产值达 141.22 亿元，占全国渔业总产值的 40.6%。全区 85%的土地是低山丘陵，这些地区土地类型多样，除河谷平原及部分丘陵开垦为耕地外，大部分土地是发展亚热带速生用材林、毛竹、油茶、油桐等经济林木和果树生产的主要土地资源。总之，华中区的棉花、油料、红黄麻与苎麻生产居全国前列，烟草、茶叶、油茶、生漆、淡水鱼、毛竹、芦苇等在全国占有主要地位。

（2）发展农业是中国“八五”计划和十年规划中提出的一项经济发展战略任务，作为中国重要的农业生产基地，华中地区更应将农业作为重点部门加以发展。历史经验表明，农业的稳定发展离不开投入的增加。近年来，华中区乃至全国农业之所以徘徊不前，很大的原因是对农业投入的减少。因此，对农业进行重点投资是实现稳定农业发展战略任务的必要措施。

（3）农业为华中地区的轻工业提供了重要的原料。华中区轻工业总值中以农产品为原料的产值比重远远高于全国平均水平，因此，农业的发展可稳定轻工业的原料来源。

2. 有色、黑色金属矿采选业，有色、黑色金属冶炼及压延加工业

这些部门属广义的冶金工业。对这些部门进行重点投资是因为：

（1）具有丰富的矿产资源。华中区拥有铜、铝土、铅、锡、钨、锑等占全国储量 20%以上的有色金属矿资源，以及占全国总储量 10%以上的铁矿资源。

（2）有较好的生产基础。华中区现已建立了有色金属和黑色金属的采掘和冶炼加工工业体系。武钢是中国重要的钢铁基地。华中区由于地理位置优越，燃料供应便利，利用进口富矿还可以进一步扩大生产能力。

（3）具有较大的需求拉动。长期以来，钢铁、有色金属材料等的供应不足是中国经济发展的主要“瓶颈”之一，华中区又是中国重要的机械工业基地，钢铁、有色金属等材料的消耗量很大。因此，在华中区对这些部门进行重点投资具有重要意义。

3. 电力、蒸汽、热水生产及供应业

对这些部门进行重点投资是因为：

（1）电力供应紧张是中国经济发展的重要限制因素，华中区也不例外。电力供应短缺是华中区域经济发展的重要“瓶颈”。华中区用电量占全国 15%，因此，在这一地区投资建设电力工业不仅可以缓解本地的电力供应紧张局面，而且还具有全国意义。

（2）具有较好的资源条件。华中区水力资源十分丰富，可开发水能资源总量达 5.98 万千瓦，占全国总量的 13.7%。在山地向平原过渡的地带，河流落差最为集中，有多处可供建大型或特大型电站。此外，河南西部的煤炭资源也是华中发展电力工业的重要资源。

（3）在较好的资源条件基础上，华中区已形成一定规模的电力生产能力。华中区电力、蒸汽、热水生产及供应业的区位商值为 1.1641，略高于全国平均值。

（4）具有很强的比较优势。华中区电力生产资源组合条件较好，形成较强的产业比较

优势。华中区电力、蒸汽、热水生产及供应业的经济效益系数高达 2.18，居全区各产业之首。

4. 机械工业、交通运输设备制造业、电气机械及其他器材设备制造业、电子及通信设备制造业、仪器仪表及其他计量器具制造业

选择这些部门为投资重点是因为：

（1）已形成一定的生产基础。经过多年的建设，在武汉（动力机械、重型机床、锅炉、特种水泵、铁路车辆、船舶、特种汽车、自动化仪表）、十堰（汽车）、郑州、洛阳（履带式拖拉机、轴承）、长沙、株洲、湘潭（电力机车、铁路交通车辆、电气机械及器材）、南昌（农用机械）等地建起了一批各具特色的机械工业企业，其中一些产品在全国享有很高的声誉。

（2）具有一定的部门投资效果。这些部门的资金净产出率分别为：机械工业 0.25，交通运输设备制造业 0.26，电气机械及其他器材设备制造业 0.26，电子及通信设备制造业 0.26，仪器仪表及其他计量器具制造业 0.22。部门投资效果居全国各区同行业的中上水平，其中交通运输设备制造业的投资效果居各区之首。

（3）具有一定的专业化集中生产规模。华中区上述各部门的区位商值为：机械工业 0.9352，交通运输设备制造业 1.4636，电气机械及其他器材设备制造业 0.8300，电子通信设备制造业 0.5280，仪器仪表及其他计量器具制造业 0.7858，除电子及通信设备制造业外，各产业部门的专业化集中生产规模均接近于全国平均水平，其中交通运输设备制造业和专业化集中生产规模高于全国水平，电气机械及其他器材设备制造业的产业扩张弹性大于 1。

（4）具有较强的带动作用和提高整个产业结构技术水平的作用。这些产业部门的影响力系数均大于 1，而且除仪器仪表及其他计量器具制造业外，感应度系数也均大于或接近 1，且有较强的综合波及效果。在华中地区的机电工业中，生产设备、设施的生产占较重要地位，因此，这些部门的发展可以为提高本区乃至全国的生产技术水平提供必要的技术装备。

5. 食品制造业、烟草加工业、纺织业、家具制造业、文教体育用品制造业

对这些部门进行重点投资是因为：

（1）本区农业经济水平较高，粮、棉、红黄麻、苎麻、烟草等农产品原料资源丰富，具有比较稳定的原料来源。

（2）本区人口众多，一方面可以为发展这些部门提供比较充裕的劳动力供应，另一方面又形成了较大的市场需求。

（3）本区交通运输比较方便，为产品的外运及部分生产原料、辅助材料的调入提供了较为便利的条件。

（4）具有一定的部门投资效果。这些部门的资金净产出率为：纺织业 0.33，家具制造业 0.31，文教体育用品制造业 0.37，居各区前列。从资金净产出率看，华中区是这些部门

较理想的投资布局区。

## （六）西北区

1. 种植业、畜牧业并举的农业

在西北区对种植业和畜牧业进行重点投资是考虑到：

（1）西北区自然条件的特点。西北地区气候干旱，土地资源的特点是耕地少，林地少，草地多。全区耕地 2.2 亿亩，占全国耕地总面积的 10.2%；有林地面积 1.7 亿亩，仅占全国森林总面积的 5.7%；全区草地面积 7.7 亿亩，占全国总面积的 19.7%。从土地资源看，农业的发展应该是种植业和畜牧业并举。由于气候干旱，光热条件好，昼夜温差大，因此，在有稳定的水源供给地区十分有利于棉花、甜菜、瓜果的生长，产品品质优良。

（2）为开发大西北奠定基础。从长远看，西北将成为中国下一世纪的重点开发地区。大规模的经济开发，需要有坚实的农业基础，而目前西北区的农业经济水平比较低，因此必须早做准备。从近期看，西北区开发重点是国家急需的紧缺资源的开发利用。资源开发规模的扩大，势必要求本地区农产品，尤其是粮食的自给率要相应地有所提高。

（3）为轻纺工业发展提供充足的原料。棉花、甜菜、瓜果等经济作物及乳、肉、毛、皮等畜产品是西北区轻纺工业的重要原料，因此，重点投资发展种植业和畜牧业可以为轻纺工业发展奠定稳定的原料供应基础。

2. 煤炭采选业、电力、蒸汽、热水生产及供应业

在西北区重点投资这两个能源生产部门是因为：

（1）能源资源蕴藏丰富，开发利用的经济效益高。本区能源资源储量大，水力资源占有较大优势。全区拥有水能资源 5056 万千瓦，其中可供开发的水能资源为 3340 万千瓦，分别占全国的 11.3%和 8.8%。位于青、甘、宁三省（区）交界地区的黄河上游峡谷带，坡陡谷狭，落差大，流水急，是有名的“水电富矿区”。从龙羊峡到青铜峡的 900 千米距离，天然落差达 1324 米，可建 15 座梯级电站，装机 2700 多万千瓦，大部分坝址距离负荷中心不远，一般在 100~200 千米，而且淹没损失小，搬迁人口少，工程造价低，经济效益高。煤炭资源全区已探明储量 1400 多亿吨，约占全国资源总量的 1/5，仅次于华北地区，居第二位。本区煤炭资源不仅在数量上占有很大优势，而且储量分布集中，如陕西黄陵渭北煤田以及新发现的神府煤田均是储量在几十亿、数百亿甚至上千亿吨以上的大煤田。这些煤田储量大、质量好，埋藏浅，构造简单，开采容易。

（2）可以缓解能源限制对本区乃至其他地区经济发展的不利影响。西北区是水资源“富矿区”，同时又是有色金属资源的集中分布区，因此重点投资发展水电将为扩大本地有色金属资源开发规模奠定基础。陕西、宁夏的煤矿不但对本地区具有很大的经济意义，而且还可以就近支援西南和东部地区，为缓解这些地区能源紧张的不利局面做出一定贡献。

（3）具有较大的比较优势。西北地区煤炭采选和电力、蒸汽、热水生产及供应业的经济效益系数分别为 4.58 和 2.69，居全国各产业的前列。这表明，这两个部门是西北区具

有较大比较优势的产业部门。

(4) 已形成较大的专业化集中生产规模。西北地区两个产业部门的区位商分别为：煤炭采选业 1.1359，电力、蒸汽、热水生产及供应业 1.6084，专业化集中生产的规模高于全国平均水平。

3. 有色金属矿采选业、有色金属冶炼及压延加工业

这两个部门统称为有色金属冶金工业。在西北重点投资发展有色金属冶金工业是因为：

(1) 拥有很大的有色金属矿产资源优势。西北矿产资源丰富，其中有色金属矿尤为突出，甘肃的镍、铂、钴和青海的锂、陕西的铼等最为重要，其储量均占全国的绝大部分。如甘肃金川镍的储量占全国总储量的 68%，铂占 75%。甘肃的锑、陕西的钼和汞的储量也分别占全国的第二、第三位。全国三大铅锌矿本区就拥有两座。

(2) 具有较好的开发条件。从资源的地位分布看，有色金属矿资源与水力资源的分布构成较好的地域组合，高耗能有色金属冶炼能较便利地得到充足的能源供应。

(3) 有色金属材料紧张是中国经济发展中的严重制约因素，在“八五”计划和十年规划中，国家将有色金属材料列为重点发展项目。从有色金属资源种类看，西北地区蕴藏的有色金属矿种大多正是国家目前最紧缺、最急需的，因此，重点投资发展这些部门不仅可以推动本区的原材料基础工业的发展，还可以起到支援全国的作用。

4. 采盐业

重点投资采盐业是因为：

(1) 拥有独特的盐类化学矿资源优势。青海柴达木盆地的湖盐资源富冠全国，此地有大小盐湖 20 余处，湖盐储量有 533 亿吨。盐湖中还富含钾、硼、锂、镁、钽、碘等多种资源，其中钾盐达 2 亿吨，镁盐 19.4 亿吨，占全国总储量的 95%~100%；硼矿储量占全国的 1/3 左右。此外，甘肃、宁夏以及阿拉善盟境内也有相当丰富的盐矿资源。

(2) 部门投资效果好。西北区采盐业的资金净产出率为 1.24，居全国各区之首，具有很好的部门投资效果。

(3) 具有较大的比较优势。西北区采盐业的经济效益系数为 1.92，居全区各产业的前列。从经济效益系数看，采盐业是西北区具有较大比较优势的部门。

(4) 已形成一定的专业化集中生产规模。西北区采盐业的区位商为 0.8268，接近全国平均水平。

5. 石油加工业

重点投资石油工业是因为：

(1) 有一定的资源条件，并已形成一定的生产规模。本区是中国石油的“故乡”，目前仍具有一定的石油开采规模，这就为石油加工奠定了原料基础。西北区石油加工业的区位商为 1.1007，表明已形成一定的专业化集中生产能力。

(2) 部门投资效果好。西北区石油加工业的资金净产出率为 0.72，居全国各区之首。从资金净产出率看，具有很好的部门投资效果。

6. 炼焦、煤气及煤制品业

重点投资这一部门是因为：

（1）有丰富的煤炭资源和一定规模的煤炭采选能力。前文已指出，西北地区的煤炭资源丰富，并且已形成较大的专业化集中生产规模，因此，发展炼焦、煤气及煤制品具有充足的原料保证。

（2）可以加深资源的加工利用，以便资源发挥更大的经济效益。炼焦、煤气及煤制品业可以通过对煤炭资源的加工，使资源进一步增值。

（3）部门投资效果好。西北区该部门的资金净产出率为 0.2，居各区同行业第二位。这表明在西北地区投资该部门可以获得较好的投资效果。

（4）具有很强的比较优势。本区炼焦、煤气及煤制品的经济效益系数为 4.8，列全区各产业前茅，因此从经济效益系数看，该产业是西北区具有很强比较优势的产业。

（5）具有较大的专业集中生产规模。西北区该产业的区位商为 1.3740，居全国各区同行业的第二位。

（6）炼焦、煤气及煤制品是具有较大影响力系数的产业，该产业的影响力系数为 1.1734。

7. 电气机械及其他器材设备制造业、电子及通信设备制造业

将这两个部门选择为西北区的重点投资部门是因为：

（1）已建立了较强的基础。西北区在发展国防工业的过程中，电气、电子工业捷足先登，集中了全国的一批高级技术人才，先后引进了一批生产线，承担着电子计算机、电真空器件、半导体器件、电子元件等一系列国家重要产品研究任务。先进的技术装备和较强的研制力量，使西北主要是陕西成为全国重要的电子、电气工业基地。

（2）具有一定比较优势。西北区这两个部门的资金净产出率分别为：电气机械及其他器材设备制造业 0.26，电子及通信设备制造业 0.27，在全国同行业中居中上水平。

（3）具有一定的比较优势。西北地区电气机械及器材设备制造业、电子及通信设备制造业的经济效益系数分别为 1.24 和 1.18，在西北各产业部门中居中等偏上水平，因此这两个部门在西北区具有一定的比较优势。

（4）已形成一定的专业化生产能力。西北区电气机械及其他器材设备制造业和电子及通信设备制造业的区位商分别为 0.8650 和 1.7146，前者接近于全国平均水平，后者远远高于全国平均水平。

（5）具有较大的影响力系数和较强的综合波及效果。这两个部门的影响力系数和综合波及系数分别为：电气机械及其他器材设备制造业 1.219、1.0863；电子及通信设备制造业 1.2895、1.1185，具有较强的带动作用。此外，这两个部门的发展还可以为西北区乃至全国的生产技术进步提供先进装备。

8. 纺织工业、食品制造业

在西北区重点投资纺织业和食品制造业是因为：

（1）具有比较充裕的生产原料。农、牧产品是这两个产业部门的重要原料。西北区棉花、甜菜、瓜果等经济作物和乳、肉、皮、毛等畜产品的生产为纺织、食品制造业的发展奠定了原料基础。

（2）具有一定的部门投资效果。西北区纺织和食品制造业的资金净产出率为 0.29 和 0.22，纺织业的净产出率居全国中上水平。

（3）具有一定的市场需求。西北区的轻纺工业产品以价格低廉、质量一般、结实耐用的中低档产品为主，这正好适应中国低收入劳动者的消费需要，因而具有一定的市场需求。

（4）具有较好的比较优势。西北区食品制造业和纺织业的经济效益系数分别为 1.17 和 1.37，居全区各产业的前列。从经济效益系数看，比较优势较强。

（5）目前已形成一定的专业化集中生产规模。食品制造和纺织业的区位商值均在 0.8 以上，接近于 1。纺织业的产业扩张弹性为 1.1341，产业规模呈继续扩大趋势。

### （七）西南区

1. 种植业、林业、畜牧业并举的农业

在西南区将种植业和林业、畜牧业作为投资重点是因为：

（1）复杂多样的土地资源适宜于种植业、林业、畜牧业的共同发展。西南区土地类型极其复杂多样，其中，山地占绝对优势，宜林、宜牧地广，宜农（指种植业）地相对较少。本区现已拥有耕地 3.1 亿亩，占全国耕地总面积的 14.5%；林地 6.5 亿亩，占全国林地总面积的 22.6%；草地 5.6 亿亩，占全国草地总面积的 14.0%。这样的土地资源有利于多种农业经济的综合发展。本区种植业产品中稻谷、小麦、玉米、麻、甘蔗、晒烟等产量在全国名列前茅；全区林木蓄积量 24.9 亿立方米，占全国林木蓄积量的 26.7%，而且橡胶、咖啡、油棕、茶叶、桐油、生漆、白蜡、柑橘等经济林果的产量也居全国前列。1989 年，全区畜牧业总产值达 241.77 亿元，占全国畜牧业总产值的 13.5%。

（2）国家对西南区经济发展的要求。国家对西南区经济发展的初步设想是把西南区建成既可以独立存在，又能发挥支援全国现代化建设基地作用的地区。这在农业上就要求西南区的粮食等基本农产品有一个较高的自给率，同时又要发挥森林、草地资源的优势，大力发展林业、畜牧业，积极支援国家建设。

（3）木材及竹材采运业的部门投资效果好，比较优势强。木材及竹材采运业的资金净产出率达 0.50，居全国第二位。木材及竹材采运业的经济效益为 1.16，居本区各产业的中上水平。

（4）稳定经济的需求。西南地区产业结构演替已步入工业化中期，因而轻纺等传统产业在相当长的时期内仍将占主导地位。这些部门的发展状况对稳定地区的经济有重大的影响。轻纺工业的发展离不开稳定充足的农副产品原料供应。

2. 电力、蒸汽、热水生产及供应业、煤炭采选业

这两个产业是西南区最重要的能源生产部门，对它们进行重点投资是因为：

（1）拥有富裕的能源资源。西南区能源资源的富裕程度仅次于华北，所不同的是西南的水力资源异常丰富，在西南区的能源资源结构中，其比重约占1.8亿千瓦。主要分布于长江（包括大渡河、岷江、金沙江等）、红水河、怒江、澜沧江等大江大河的干支流上，目前的开发利用程度很低。本区的煤炭探明储量为742亿吨，约占全国总储量的10%。西南地区的煤种齐全，分布集中，而且一般埋藏较浅，水文地质条件简单，易于开采。

（2）目前西南区的能源供应不能满足日益增长的需要，特别是四川、云南缺口较大，影响了工农业生产的发展，限制了资源尤其是有色金属矿资源的开发利用。

（3）有较好的部门投资效果。本区这两个部门的资金净产出率为：煤炭采选0.18，电力、蒸汽、热水生产及供应业0.34，居全国同行业的中上水平。因此，从资金净产出率看，具有较好的部门投资效果。

（4）具有很强的比较优势。西南区煤炭采选业和电力、蒸汽、热水生产及供应业的经济效益系数分别为3.84和2.89，居全区各产业的前茅。

（5）已形成一定的专业化集中生产规模。西南区这两个产业的区位商分别为：煤炭采选业1.0355，电力、蒸汽、热水生产及供应业1.0527，略高于全国平均水平。

3. 黑色金属矿采选业、黑色金属冶炼及压延加工业

重点投资这两个部门是因为：

（1）丰富的资源赋存。西南地区的钡、钛、铁等黑色金属矿储量占全国总量的20%以上，其中四川攀西地区与铁矿伴生的钒、钛储量不仅全国第一，而且举世无双。钒、钛储量分别占全国总量的72%和92%，黔、滇二省锰的保有储量占全国的22%。这种资源共生的组合条件有利于发展铁合金和特种钢材的生产。

（2）国家对西南地区的要求。国家对西南地区的经济发展要求在黑色金属（主要是钢铁）材料方面则是自给有余，而目前生产能力距这一要求尚有一定的距离。

（3）具有很好的部门投资效果。西南区黑色金属矿采选业、黑色金属冶炼及压延业的资金净产出率分别为0.26和0.29，居全国同行业的第三、第四位。

（4）已形成很大的专业化集中生产规模。本区这两个部门的区位商值为：黑色金属矿采选业2.2161，黑色金属冶炼及压延加工业1.2985，均居全国同产业的前茅。西南区黑色金属矿采选业、黑色金属冶炼及压延加工业的产业扩张弹性均大于1，产生规模仍处扩张之中。

（5）黑色金属矿采选业的影响力系数接近1，黑色金属冶炼及压延加工业的影响力系数和感应系数都很大，具有很强的综合波及效果。

4. 有色金属矿采选业、有色金属冶炼及压延加工业

在西南地区重点投资发展有色金属工业是因为：

（1）具有有色金属矿产资源优势。有色金属矿是西南区矿产资源中的一大优势。以探明储量计，居全国第一位的有铜、铅、锌、钴、汞、钒、钛等，居全国第二位的有铝土矿和锡。铜矿主要分布在云南省的东川、易门、大姚等地，其中西南区富铜矿在全国占重要

地位。铅锌矿以云南省的兰坪、会泽，川西的会理及会东等地区最为集中，其中兰坪为全国最大型的铅锌矿床，在世界上也是屈指可数的。锡矿主要分布在云南，其中仅个旧一地的锡矿储量就占西南区的2/3以上。贵州的修文—清镇是中国最大的铝土矿带之一，品位高，埋藏浅。

（2）已形成一定的生产基础。在本区丰富的矿产资源基础上，已建立起一批有色金属矿采选、冶炼加工企业，锡、铅、锌、锰、汞、铝等有色金属材料在全国各区中占第一、第二位。

（3）可以向国家提供急需材料。上述西南区生产能力和生产规模较大的有色金属材料大都为国家急需的短缺材料，因此发展西南地区的有色金属冶金工业可以对缓解中国有色金属材料供应紧张局面起到一定的作用。

（4）有色金属矿采选业的影响力系数为0.9025，接近于1，而有色金属冶炼及压延加工工业的影响力系数（1.1470）和感应度系数（2.2334）都很高，具有较强的综合及效果。

5. 化学工业

重点投资化工部门是因为：

（1）拥有丰富的化工矿产资源。西南区主要化工矿产资源有磷矿、盐矿和天然气，储量均居全国首位，为发展化学工业提供了必要的资源条件。

（2）具有较好的部门投资效果。从西南地区化学工业资金净产出率（0.29）看，西南区的化学工业具有较好的部门投资效果。

（3）已形成一定的专业化集中生产规模。本区化学工业的区位商值为1.0233，略高于全国平均水平。而且，西南区化学工业的产业扩张弹性为1.0711，表明产业规模呈继续扩大趋势。

6. 机械工业、交通运输设备制造业、电子及通信设备制造业、仪器仪表及其他计量器具制造业、电气机械及其他器材设备制造业

在西南区重点投资这些广义机电工业和产业部门是因为：

（1）已形成实力雄厚的机械工业基础。西南区机电工业起步虽较晚，但经新中国成立后大规模的投资与建设，特别是“三线”时期的建设，已建立了技术先进、设备精良的机电工业基础。目前西南区已能生产各类机床、动力设备、矿山机械、冶金、石油设备、电器仪表、运输设备及部分轻工机械。其中，动力设备、大型吊车、起重机、中小型民用金属船舶、军工机械和电子仪表等在全国占有重要地位。

（2）具有较好的部门投资效果。西南区这些部门的资金净产出率分别为：机械工业0.24，交通运输设备制造业0.23，电气机械及其他器材设备制造业0.30，电子及通信设备制造业0.29，仪器仪表及其他计量器具0.28。这些部门的资金净产出率在各区同行业中居中上水平，其中电子及通信设备制造业居各区之首。从资金净产出率看，这些部门在西南区具有较好的投资效果。

（3）具有一定的比较优势。本区上述部门的经济效益系数为：机械工业0.91，交通运

输设备制造业 0.84，电气机械及其他器材设备制造业 1.91，电子及通信设备制造业 1.11，仪器仪表及其他计量器具制造业 0.98，水平居中。

（4）目前已形成一定的专业化集中生产规模。西南区上述各产业区位商分别为：机械工业 1.0408，交通运输设备制造业 1.2395，电气机械及其他器材设备制造业 0.8186，电子及通信设备制造业 0.9966，仪器仪表及其他计量器具制造业 1.4439。从区位商看，专业化集中生产规模水平已超过或接近全国平均水平，而且上述部门的产业扩张弹性均大于 1，产业规模呈扩张趋势。

（5）较高的影响力系数和较强的综合波及效果。这些部门的影响力系数为：机械工业 1.1485，交通运输设备制造业 1.2304，电气机械及其他器材设备制造业 1.2129，电子及通信设备制造业 1.2895，仪器仪表及其他计量器具制造业 1.0676，综合波及效果均大于 1。

7. 食品制造业、烟草加工业

重点投资这两个部门是因为：

（1）拥有丰富的原料资源。西南区是中国农业发展历史悠久的地区之一，良好的气候条件，辽阔的地域，复杂的地势，经长期开发利用，形成了本地区农产品丰富多彩的特色。从热带到温带的各种作物、山林特产、畜牧产品应有尽有，从而为这些部门的发展提供了充足的原料。

（2）具有较稳定的市场需求。西南区人口众多，1988 年已有 1.7 亿人，占全国总人口的 15.9%，形成较大的市场容量。云南的卷烟在国内享有很高声誉，具有很强的竞争力。

（3）发展以农产品为原料的食品制造、烟草加工业可以提高农产品的附加价值，促进农业发展。

（4）可以起到稳定西南地区经济水平的作用。西南地区的产业结构演替已步入工业中期，因而食品、烟草等部门在相当长时期内仍将占主导地位。这些部门的发展对稳定地区经济水平意义很大。

（5）具有很好的部门投资效果。西南地区上述两部门的资金净产出率分别为：食品制造业 0.24，烟草加工业 1.13，均居各地区同行业的第二位，因此具有很好的部门投资效果。

（6）专业化集中生产规模大。西南区这两个产业部门的区位商为：食品制造业 1.1766，烟草加工业 3.4550，具有很大的专业化集中生产规模。

## （八）西藏

1. 电力工业

重点投资电力工业是因为：

（1）得天独厚的能源资源。西藏的煤炭资源短缺，石油资源远景不明，但水能、太阳能、风能、地热能却十分丰富。西藏拥有可开发水能资源 5659 千瓦，占全国总量的 14.9%。西藏是中国也是世界地热资源最为丰富的地区之一，它处于古地中海—喜马拉雅地热带的东段，初步发现的热水点已达 53 处，不少热泉水温均达 40~50℃，有 3 处达

80℃以上，其中 2 处超过 100℃。本区又是全国太阳辐射高值区，全区日照时数多在 2000 小时以上，年日照百分率多在 50%以上，光能资源居全国首位。西藏又是全国多风区之一，风能潜力很大。

（2）加快地区经济发展的需要。西藏目前经济发展比较落后，需加快地区经济发展，首先必须奠定稳定坚实的能源基础，为资源开发、生产发展提供可靠的能源。

2. 畜牧业、林业和种植业

重点投资畜牧业、林业和种植业是因为：

（1）独具投资优势的林、牧业资源条件。由于西藏高原地势高，80%以上地区海拔高度在 4000 米以上，最热月平均气温在 10℃以下，热量不足，仅能满足牧草生长的需要。1988 年全区拥有草地 70531 万亩，占全国草地总面积的 7.5%，是全国五大牧区之一，还是中国牦牛和藏系绵羊的主要生产基地。西藏的森林资源是中国西南部林区的重要组成部分之一，现有林地 17502 万亩，林木蓄积量 14.3 亿立方米，占全国林木蓄积量的 15.3%。西藏拥有耕地 572 万亩，主要分布于南部和燕南边缘河谷地带，适宜于发展粮食、油料和瓜果蔬菜生产。

（2）森林工业具有较好的投资效果。西藏木材及竹材采运和木材加工及竹、藤、棕、草制品业的资金净产出率分别为 0.57 和 0.50，都是全国最高的，而且木材及竹材采运和林木加工及竹、藤、棕、草制品业的经济效益系数也较高，是西藏具有一定比较优势的产业部门。最后，从本区这两个产业的区位商值看，木材及竹材采运和木材加工及竹、藤、棕、草制品业是西藏具有很高专业化集中生产规模的产业；从产业扩张弹性看，这两个产业的规模仍处于扩张之中。

（3）可以提高农产品自给率，为加工业和传统手工业提供原料。提高粮食、油料和蔬菜、瓜果等农副产品自给率是西藏大规模开发前期准备工作的一项重要内容，是将来西藏经济大发展的必要基础。农、牧产品也是西藏食品、毛纺、皮革、制毯、制糖等加工工业和传统手工业的重要原料。因此，农牧业的状况将影响到这些加工工业和传统手工业的稳定和发展。

3. 食品制造业、纺织业、缝纫业，皮革、毛皮及制品业

选择这些部门进行重点投资是因为：

（1）具有一定的原料供应基础。西藏地区农牧业生产是这些加工工业部门农牧产品原料的必要保证。

（2）可以满足当地人民的生活需要。这些部门的产品大多是人民生活需要，而且其中还有一部分是当地少数民族群众的特需品，所以应该重点投资发展。

（3）产品具有民族、传统特色和商品优势。西藏的毛纺、制革、制毯等大多是具有民族和传统特色的产品，具有较大的商品优势。

（4）可以对当地经济起扶植作用。西藏经济基础薄弱，经济发展水平较低，而且目前又不具备大规模开发的条件，因此，重点投资这些部门是扶植当地经济的重要途径。

## （九）新疆

1. 以种植业和畜牧业为主的农业

选择这两个产业部门作为投资重点是因为：

（1）有利的自然条件。新疆绿洲连片、成带分布。绿洲地带水资源丰富，水土资源结合条件好，是重要的粮食、优质长绒棉、瓜果、甜菜、油料作物的重要产区。目前，新疆拥有耕地 0.58 亿亩。1988 年种植业产值达 78.4 亿元。新疆草地资源十分丰富，全区可利用的草原面积为 5044 万亩，占全国可利用草原面积的 22.6%，是发展畜牧业的重要有利条件。

（2）为迎接大规模的经济开发做准备。农业是经济发展的基础，为了适应大规模的经济开发，新疆必须要有更高的农产品尤其是粮食的自给率，这就要求抓紧建设。

（3）为发展轻纺工业提供原料，为发展对外贸易提供货源。棉花、甜菜、瓜果等经济作物及乳、肉、皮、毛等畜牧产品是新疆轻纺工业的主要原料，也是新疆的主要出口商品。因此，重点投资农业可以为发展轻纺工业、扩大对外贸易创造条件。

（4）畜牧业生产具有很好的部门投资效果。新疆畜牧业的净产值物耗比仅次于西藏而居全国第 2 位，反映出具有很好的部门投资效果。

2. 煤炭采选业、石油和天然气开采业

在新疆重点投资这两个部门是因为：

（1）具有优厚的资源条件。新疆的煤炭资源主要分布于天山北麓，其储量占全国的 2.5%，居各省区的第 8 位，而且煤田储量大、质量好、埋藏浅、构造简单、开采容易，并靠近城市，开发运输尤为方便。新疆的克拉玛依和冷湖油田是中国目前的大型油田，初步勘探表明，塔里木、准噶尔、吐鲁番盆地等大型淤积盆地具有很好的油气开发远景，仅塔里木盆地的石油远景储量即达 380 亿吨。

（2）中国石油工业发展的需要。国家在“八五”计划和十年规划中明确指出，中国石油工业发展的战略方针是“稳定东部，发展西部”。重点投资建设新疆石油工业是“发展西部”的重要内容之一。

（3）具有较好的部门投资效果。新疆这两个部门的资金净产出率分别为：煤炭采选业 0.23，石油和天然气开采业 0.21。从资金净产出率看，具有较好的部门投资效果。

（4）具有较强的比较优势。新疆煤炭采选业和石油和天然气开采业的经济效益系数分别为 0.96 和 12.37。石油和天然气开采业的经济效益系数居全区各产业之首，煤炭采选业居中上水平。

（5）已形成一定的专业化集中生产规模。新疆这两个部门的区位商值接近或超过 1。从石油和天然气开采的扩张弹性（1.1017）看，石油开采规模呈增长趋势。

3. 石油加工、化学工业

选择这两个部门是因为：

（1）具有可靠的原料供应。如前所述，本区目前已经形成较强的石油开采能力，这为发展石油加工、石油化工、化肥等生产创造了有利的原料供应条件。

（2）化学工业具有较好的部门投资效果。新疆化学工业的资金净产出率为 0.33，居各区同行业的中上水平。

（3）石油加工业具有较强的比较优势。由于拥有丰富的资源条件，新疆石油加工业的经济效益系数为 1.87，居全区各行业的中上水平，具有较强的比较优势。

（4）可以提高资源的利用效益。发展以石油、煤炭为加工对象的石油加工、化学工业，可以在一定程度上改变目前不合理的贸易结构，提高资源开发利用的经济效益。

# 论地区投资环境的改善途径*

分析表明，中国各地区的投资环境都还存在这样或那样的问题，解决这些问题正是创造一个良好投资环境的关键。本文将围绕各地区的重点投资部门，针对各地区的具体情况，提出各地区投资环境的改善途径。

## （一）东北区投资环境的改善途径

1. 制定有效的政策和措施，恢复老工业基地经济发展的生机

近年来东北区经济发展缓慢，经济效益低下，工业劳动生产率和工业百元资金所创利税指标仅居全国第 7 位和第 6 位。其主要原因是工业基础老化；产业结构中重化工业比重大，而重化产品价格又不够合理，大中型骨干企业因管理体制存在问题而缺乏活力，因此，国家应首先制定有利于老工业基地恢复生机的财政政策，适当调整上缴积累比例，使东北地区迅速提高自我改造、自我调整能力；进一步调整重化工产品的价格，使东北重化工工业能在一个比较公平的竞争环境下发挥优势。其次要推进技术进步，增加技术改造、设备更新的投入，为东北经济发展创造良好的物质基础。最后要进一步完善承包经营责任制，搞活大中型骨干企业，提高大中型骨干企业经济活力，发挥其骨干作用。

2. 大力加强教育事业，提高劳动者素质

要把教育事业作为一项重要的战略任务来抓。改革教育体制，调整教育结构，逐步形成普通教育、职业教育、业余教育相结合的教育体系，为经济发展培养各种专业人才。普及九年制义务教育，普遍提高劳动者文化素质。

3. 进一步加强综合运输网和邮电通信基础建设

在交通运输建设方面，要在合理配置各种运输方式的基础上，逐步实现合理分工、分流及联合运输，逐步形成海（运）、陆（运）、空（运）、内（河）运输与管道运输多种方式紧密结合的综合运输网。重点抓好以下几个方面：①增加南北铁路运输线；②大连、营口港重点扩建及和尚岛、丹东、锦州新港区的开发；③松花江航道整治，同江、黑龙江边境贸易港口的扩建；④改建和兴建一批地方机场，形成大中小相结合的航空运输网。建设

* 本文选自张敦富：《中国投资环境》，化学工业出版社 1993 年版，第 225~234 页。该书获北京市第三届哲学社会科学优秀成果二等奖。参撰者：胡细银、陈旭舟。

多种手段、多层次的邮电通信网络，以适应经济发展的需要。

4. 改善农业生产基础条件

要保持耕地面积的相对稳定，加强农田基本建设，改善农业生产条件，增强抗灾能力。

5. 加强环境资源保护，改善生态环境

东北地区由于长期忽视环境资源保护和生态建设，环境污染及资源、生态破坏严重。因此，必须把保护和改善生态环境、实现良性循环作为一项重要工作。要加强对重点城市污染区和重大污染源的综合治理。要采取技术和工程措施，运用法律、经济和行政的手段，整治江河湖海的污染，防治农田污染和水土流失；改造治理草原，坚决制止森林过伐。为保持生态平衡，在大、小兴安岭、长白山地区划定一些自然保护区，同时要把植树造林工作持久地坚持下去。

坚持改革开放，完善与投资有关的政策与法规体系，按商品经济机制与国际惯例安排地区的经济活动，以吸引更多的外部资金投入。

## （二）华北区投资环境的改善途径

1. 提高经济效益，加快经济增长速度

劳动生产率和工业百元资金所创利税水平较低是华北投资环境存在的一个重要问题。由于经济效益较低，近年来经济增长速度明显减慢。解决这一问题需要从两个方面着手：首先，国家应结合重点发展能源、原材料的产业政策，对华北区的经济发展实施财政、税收、价格等方面的政策性倾斜，改变目前华北能源生产微利或亏损状态。其次，推动产业部门的技术进步，改善企业经营管理体制，向技术和管理要效益，通过提高各部门的生产效率来加快地区经济增长速度。

2. 提高地区经济开发程度

华北区拥有北京、天津、石家庄等经济发达的中心城市和地区，但同时还存在大量的经济落后地区，从而影响了总体开发程度。因此，应积极发挥各地的资源优势和有利条件，扶植落后地区的发展，使地区经济开发程度有一个较大的提高。通过地区经济的全线推开，为地区经济增长创造一个容量较大的需求市场。

3. 完善交通运输网络，畅通区内外经济联系

本区交通运输的主要功能，一是服务于煤炭外运，以充分发挥全国能源基地的作用；二是加强以首都北京为中枢的政治、经济、文化交流和国际交往。交通运输方面要抓好以下几项建设：①围绕煤炭基地的煤炭外运，新建、改建铁路运输线，使华北煤炭基地的煤炭能及时通过陆地、海上输送到华东、华中与华南等广大地区；②改造京沈、京通线，加强华北与东北的物资交换；③加强沿海港口建设，扩大港口吞吐能力；④发展以北京为中心的航空运输；⑤建设一批连接中心城市的高速公路。

4. 发展现代化的邮电通信事业

建设电缆、微波、卫星、数据通信相结合的现代化通信网络和多层次、多渠道的四通

八达的邮政网络，进一步扩大与国内其他地区和国外的邮政通信业务，发挥大中城市的信息中心作用。

5. 改善农业生产基础条件

水土流失、洪涝、干旱、盐碱及草场沙化是本区农业生产基础条件存在的严重问题。解决这一问题的措施是：①要通过调整用地结构，进一步发展和完善承包制，控制人口增长，建立统一管理机构来搞好水土保持，制止黄土高原水土流失；②应通过根除洪水灾害、排涝治碱、治旱、治沙、改土，对黄淮海平原进行综合治理；③加强草场建设，提高草场生产力；④把林业生产以采伐为重点转移到营造、抚育、采伐相结合上来。

6. 加强水资源的保护

华北区水资源紧缺是影响投资环境的重要限制因素。目前比较切实有效的措施是抓好工农业生产和城市居民生活节约用水，调整种植结构，减少耗水性大的作物，修缮灌溉系统，提高灌溉效益，限制大耗水工业的发展，改变工业流程，提高水的重复利用率。滨海地区的工矿既要扩大海水利用，还要抓好城市居民的计划用水和节约用水。

深化改革，塑造与完善市场机制，健全与投资有关的法律法规环境，开辟外来投资区和高科技工业园区，以迅速促进本区经济的发展。

### （三）华东区投资环境的改善途径

1. 进一步加强经济发展的基础

华东区的固定资产原值人均拥有量与它在中国经济发展中所处地位很不相称。这一方面固然与本区以劳动密集型部门为主的产业结构有关，另一方面也反映出国家与地方对华东经济基础的投入太少，造成基础薄弱。今后应结合产业结构调整和技术进步，进一步充实地区的经济实力。

2. 改善农业生产条件，提高农业劳动生产率

农业仍然是华东经济发展中的一条短腿。近年来，农业劳动生产率徘徊不前，农业经济发展缓慢，主要原因是农业投入减少，农业基础设施老化，耕地减少，生态环境恶化，特别是价格政策不利于农业生产的发展。因此，应该采取以下措施：①发展农用工业，强化农业服务体系，推进适度规模经营；②增加对农业的物质技术投入，改善农业生产条件；③依靠科学技术进步，加快农业现代化步伐；④继续调整农产品价格。

3. 加强教育、科技事业，提高劳动者素质，推动技术进步

从全国各地区的对比来看，华东地区劳动力素质和科技水平是比较高的，但从华东地区投资环境各方面的对比来看，具有一定文化水平的劳动力资源丰度和科技水平的不足却是本区投资环境的主要限制因素。要充分认识教育是社会经济发展的基础和根本潜力所在，通过多层次、多形式的发展办学，使教育事业的规模有较大的发展，培养更多的专业技术人员和具有一定文化水平的普通劳动者。

加快科技体制的改革步伐，把科技工作的重点转移到为经济建设服务的轨道上来，形

成科技与经济密切结合的机制，以科技进步推动经济发展。

4. 大力发展以交通运输、邮电通信、金融、保险、信息产业为主体的第三次产业，改善投资物质环境

在交通方面：①要充分利用长江这条黄金水道和沿海港口条件大力发展水运；②要改造和扩建现有铁路和站场，特别是枢纽站，提高客货运输通过能力，新建沟通区内联系的铁路线；③提高区内主要公路等级，发展山区公路；④改建和扩建现有机场，选择有条件的大中城市和重点旅游区辟建新机场，形成区内外强大的航空网；⑤要加强综合运输枢纽的建设，使铁路、公路、水路、航空等多种运输方式连接成网，协调发展。各种运输方式合理分工、各得其所。

在邮电通信方面：①要扩大区内外大中城市市内和长途通话能力；②积极采用先进技术，逐步建立综合业务数字通信网；③建立区内外通信网络，发展邮件直达业务。

大力发展金融、保险业，利用现代化手段发展多种形式的信息服务，提高对资金的社会需求与供给的调节功能。全面、系统、综合地抓好信息情报业，协调沟通经济、技术、生产各部门之间的信息，国际经济技术和国内经济技术的信息，上层决策管理机构与基层科研生产经营单位之间的信息，逐步形成信息的综合利用网络，使各级政府部门、各生产企业、科研单位的决策管理、生产经营、科学研究行为都有充分而准确的信息为依据。

5. 加快发展和完善各种新兴市场

技术市场、资金市场、劳务市场、生产资料市场、信息咨询市场是促进各种生产要素得到合理流动、组合的有效手段，应逐步培育这些市场的发育成熟，为生产、管理、决策服务，使整个社会的经济活动得到妥善的调节和灵活的运转。同时，要充分利用该区有利的经济地理位置和国家赋予的经济发展优惠政策，大力吸引外资，兴办三资企业。这不但有利于该区经济的迅速发展，而且也能为中国其他地区的发展提供有益的经验、启示和帮助。

### （四）华南区投资环境的改善途径

1. 加强经济基础，提高地区经济的自我发展能力

华南区国民收入居全国第4位，人均固定资产拥有量居全国第7位，经济发展的基础比较薄弱。华南应结合技术密集型、资金密集型产业的发展，结合产业技术进步，采用多种渠道、多种形式的筹资方式，增加工业固定资产建设，为提高经济发展水平奠定雄厚的物质基础。

2. 改善农业生产条件，提高农业劳动生产率

华南地区耕地资源数量居全国第7位，因此耕地的合理利用和保护显得尤为重要，一方面要严格控制对耕地的占用，稳定耕地面积；另一方面要动员各种力量进行农田基本建设修缮、兴建各种农业基础设施，提高耕地资源质量。调整种植业结构，发展精细农业和外向型农业，增加农业科技应用投入，提高农业资源利用率和农业劳动生产率。

3. 振兴科技教育事业，提高劳动力素质

华南地区矿产资源比较贫乏，因此要增强其产品在国内外市场上的竞争力，根本出路在于依靠技术进步，推行科学管理，降低资源消耗，提高劳动生产率。

加快科技进步，必须加快科技体制的改革，形成科技同经济紧密结合的机制，使科研单位和科技工作者的主动性、创造性能够充分调动和发挥出来。充分利用华南外引内联的优势，大力开展科技交流和合作，实行技贸结合，以市场换技术，加快国内外先进科技成果的引进、消化、吸收、创新和推广应用，以具备不断解决国民经济发展中关键技术难题的科研开发和新技术应用能力。

科技的发展、经济的振兴，最终都离不开劳动者素质的提高和大量专门人才的培养。目前华南区劳动者素质和专门人才的数量都很难适应本区经济发展的需要。因此，要把教育事业作为一项重要的战略任务，改革教育体制，调整教育结构，逐步形成各类普通教育、职业教育、业余教育相结合的，灵活、开放的教育体系。要根据社会经济发展的需要，积极发展中等专业教育和职业技术教育，增加高等教育的缺门、短线专业和专科教育，尤其要增加能适应外向型经济需要的专业，加快经济、外贸人才的培养。普及义务教育，提高普通劳动者素质。

4. 大力发展交通和邮电通信，改善对外联系条件

港口和铁路是华南发展交通运输的重点，发展华南商品经济，使其发挥内引外联的枢纽作用，加强港口建设，扩大港口腹地，提高港口吞吐量十分重要，其中增建与港口配套连接广大内地的铁路又是关键。

为扩大港口腹地，应尽快修建南（宁）昆（明）铁路和南（宁）防（城）铁路，与此同时，还要改造湘桂、黔桂和黎湛线，加强和发挥湛江港的作用。东部要针对有利于扩大厦门、汕头港口腹地的需要，新建连接湘南、赣南和闽南的铁路，使之西连京广线，东通厦门、泉州港，为闽南三角地和汕头特区经济的繁荣创造更好的条件。要加速鹰厦铁路的电气化建设，做好外（洋）福（州）线和漳平至泉州港的延线工程。这样就可以把厦门、泉州等港口的腹地扩大到江西、湖南、湖北、河南等省区。

港口建设既要保证重点，又要大、中、小并举，使之形成一个货流分集快速、运转灵活的集散中心。福建沿海港以福州、厦门、湄州湾为中心，广东和广西应以广州、湛江、北海、防城、汕头为中心，海南则以海口、八所、三亚为中心。要加强港口城市基础设施的建设，如机场、通信设备、供水供电以及各种服务行业。

应根据本区以低山丘陵为主的地理环境特点，重视公路网建设，加强航空运输建设，发展内河水运。

加速邮电通信现代化，在经济发达地区建设移动电话网和无线传呼系统，提高电话普及率，形成联结城乡、省际、港澳地区和国外的先进邮电通信网。

5. 搞好特区和开放城市建设，进一步开发沿海地区

对外开放、搞活经济是中国社会主义建设的一项基本国策。根据全国经济振兴的战略

部署，国家开辟位于华南的深圳、珠海、厦门、汕头和海南省为经济特区，把福州、广州，湛江、北海纳入我国沿海十四个开放城市之列，因此搞好特区建设，做好开放城市的工作是华南投资环境改善的一个重点。

在经济特区内，要进一步建立和完善特殊的经济政策和特殊的管理制度。对沿海开放城市，一是要扩大城市自主权，让它们有充分的活力去开展对外经济活动；二是对前来投资的外商给予优惠待遇，以便更好地利用外资，引进先进技术。有条件的城市可以兴办经济技术开发区，以便更合理地安排引进技术先进的项目。

当前，无论是经济特区还是开放城市，都要加强引用外资和引进技术工作，加速对现有企业的技术改造，生产有特色、竞争性强的对外出口商品和国内紧缺产品；要抓紧交通、码头、能源、厂房、福利设施等基础设施建设，改善外资投资环境；要健全和完善涉外经济立法和管理体制，加强人才培养和精神文明建设。

6. 振兴金融，加强对外贸易经济服务

通过金融体制改革，逐步建立金融市场体系，振兴金融业，使金融机构充分发挥调节经济的积极作用。不断深化外贸体制改革，同时大力引进推广应用现代贸易手段，加快实现对外贸易的现代化，提高对外贸易的服务质量。

## （五）华中区投资环境的改善途径

1. 加强经济发展的基础建设、提高经济发展水平

华中区人均工业固定资产价值拥有量较低，仅居全国第 6 位。这反映了产业结构水平较低，地区经济基础的实力欠雄厚，因此，要结合产业结构调整和技术进步，制定优惠的财政、金融、税收政策，增强地区经济发展实力，促进固定资产规模的扩大。要提高固定资产折旧率，加快设备更新。依靠先进技术的设备，提高生产率，进而提高经济发展水平，使经济发展与充实经济基础形成良性循环。

2. 加强改善农业生产条件，提高农业劳动生产率

华中区农业自然条件虽然总的来说比较优越，但洪涝危害十分严重。长江中下游这一农业发达地区也是中国洪涝灾害最为频繁的地区之一，其中以江汉平原和洞庭湖平原尤为严重。因此，增加投入，整治江、湖，兴修农田、水利设施，提高抵御自然灾害的能力是改善农业投资环境的重要方面。“科学技术是第一生产力”，农业的发展离不开科学技术，尤其是华中地区现有农业生产已达到一定水平。要进一步挖掘农业生产潜力，登上农业生产新台阶，必须从体制到财政、金融、税收政策等各方面创造一个良好的农业科技投入环境。

3. 振兴科技教育，提高本区科技水平

进一步深化科技体制改革，增加科研成果开发应用推广经费。在一些大中城市设立“高技术开发区”，推动科研成果向生产力的转化。采取多渠道、多形式、多层次的办学方式，培养社会经济发展急需的各级各类短缺人才，壮大经济建设的技术队伍。

4. 改善外贸投资环境，提高外资引进能力

从各地区已利用外资总额指标对比看，华中地区的外资吸引能力仅居全国第7位。因此，要制定和完善一系列财政、金融政策，注重提高政府有关部门的工作效率，提供较完善、较便利的服务。要尽量按国际惯例管理外资，创造良好的外资投资“软”环境。要积极搞好对外合作项目的宣传工作，增强海外对华中地区的了解和投资兴趣。

5. 加强交通、邮电通信建设

华中地区交通运输建设应以长江航运为中心，建设综合运输网。长江的开发首先要以航道为中心，实施灌溉、发电、水产兼顾的综合开发水资源的方针，对长江水系进行全面的综合治理。一方面及早做好干支流上游的水土保持工作，最大限度地减少航道淤塞；另一方面要积极治理荆江河曲，稳定河床，疏浚碍航险滩，沟通干支流，形成江、河、湖、海相通、干流支流直达、水陆相连的综合动力体系。陆路运输除了加强对现有铁路线路的技术改造、增加公路网的密度和提高公路等级、增加货流量外，还应增辟新的铁路线，为增强华中区与东南沿海的经济联系和对外贸易提供更为便捷的口岸。具备了这些条件，华中区各产业生产的投入产出、运输、销售、协作联系就能十分顺利进行。这样既可以发挥其位居全国中枢、四通八达的优势，又能减轻其远离海港这一不利因素的影响，在对外开放、对内搞活的经济方针政策下，使本区的外向辐射力与内部凝聚力有机地结合起来。

加强邮电通信建设，尤其是农村、边远山区、落后地区的邮电通信建设，为这些地区的经济发展创造有利条件。除满足传统通信需要外，还要积极发展现代通信技术手段，以适应经济发展的需要。

## （六）西北区投资环境的改善途径

1. 创造一个有利于投资的良好政策环境

西北地区的经济发展水平低，对投资的吸引力自然也就较小。要使投资能启动本区的经济发展，使投资和经济发展进入一个良性循环，就必须有一个良好的政策环境，通过政策引导投资，推动经济发展。首先，国家要实行“产业”和“地区”相结合的区位倾斜政策，通过财政、金融、税收等手段为西北地区发挥资源优势、推动经济发展创造条件。其次，西部地区要根据本地区的特点，制定产业结构政策、产业组织政策和产业技术政策。产业结构政策要强调区内经济发展优势的组合，强调综合产业链的形成和产业体系的建立完善。产业组织政策要有利于提高生产水平的企业组织形成。应制定以点式跳跃和梯级推移相结合的技术进步路线，以应用研究为主、研究开发为辅的技术进步模式为核心的产业技术政策。

2. 加强改善农牧生产的生态条件和基础条件

西北地区气候干旱，生态系统十分脆弱，因此，农牧业生产的生态环境和基础条件对生产发展尤为重要。要积极建设生态防护林，保护好现有的耕地资源，建设好农田灌溉设施，改善灌溉条件。在实行以草定牧、严格控制载畜量的同时，要大力建设人工草场，提

高草场生产力。

3. 发展教育与科技事业

要提高西部的投资吸引力，必须创立一个良好的人才环境和技术环境。除了要拥有大批专业技术人才外，还要拥有充足的具有一定文化素养的普通劳动者。要形成能迅速将科学技术转化为生产的科技应用体制。为此，在继续办好高等教育的同时，要重点发展技术教育，培养中初级技术人才，提高劳动力素质。要在继续加强科技研究的同时，大力兴办科技咨询业，疏通技术要素的流通渠道。

4. 大量发展交通运输与邮电通信，加强区内外联系

本地区虽有陇海、包兰、兰新、青藏等铁路及众多的公路，但对地域辽阔的西北地区来讲，显得微不足道。目前，西北某些地区之间的交通联系仍十分困难。交通运输建设的重点是对现有东西干线——陇海、兰新、包兰铁路进行技术改造，加强西北对外交通联系。此外，还应修建宝（鸡）中（卫）线、包头—西安—安康线、西宁—阳平关等区内骨干铁路，沟通区内联系。要不断完善大西北公路网的建设，发展民航客运，建设由西北通向内地的油、气运输管道。

对现有技术落后的邮电通信进行改造，采用适用技术扩大西北区的邮电通信能力。

这样，通过交通运输与邮电通信，逐步缩短西北与东部沿海的差距，沟通区内外技术经济联系，为提高西北地区的投资吸引力创造良好的物质条件。

5. 合理开发和利用水资源，加强水资源的保护

西北的水资源非常有限，这正在成为全区牧业、农业（种植业）、工业和城镇人口发展规模最主要的限制因素。所以，必须把合理用水、节约用水，加强水资源管理、控制配套作为改善投资环境的重要任务来抓。要搞好流域规划和区域用水平衡，千方百计地维持干旱区良性生态系统，提高水资源的利用率。为了达到这个目的，必须做到：严格控制用水量，防止生态环境恶化，做好上游与下游、地表水与地下水利用通盘规划与合理布局。

利用该区与周边伊斯兰国家相接壤的有利环境和西亚石油资本具有“东进”意向的有利机遇，实行沿边开放战略，加快市场导向的经济改革，以求为外资的进入创造一个良好的经济法律环境，弥补本区发展资金的不足。

### （七）西南区投资环境的改善途径

1. 制定可行、有效的经济政策，提高投资吸引力

西南区经济开发程度低（居全国第6位），经济总量规模小（人均国民收入指标是全国最低的），资源的开发利用程度低。这虽然需要通过必要的资金投入来推动经济发展，但是由于经济开发程度不高，经济发展水平太低，又大大削弱了对投资的吸引力。为此，必须制定一系列必要的资金投入来推动经济发展，但是由于经济开发程度不高，经济发展水平太低，又大大削弱了对投资的吸引力。为此，必须制定一系列的有效政策，形成投资与经济发展的良性循环机制。第一，国家应该给西南区以优惠、灵活的政策待遇，允许地

方政府结合本地实际，能够灵活变通，使西南地区能够在全国压缩基建规模的情况下，基建投资依然有所增长，以增强西南地区的经济实力；第二，在处理好东、中、西部发展关系，在促进西南区原材料生产的同时，给西南区更大的发展加工业的权利；第三，西南区要抓住新的机遇，推进产业调整，用适度的倾斜政策区别对待不同产业；第四，着力组织产业链和产品链，提高产业的关联度和加工度；第五，强化鼓励技术进步政策，尽快提高重点产业的技术进步；第六，以改革为动力，打破部门、行业、地区界限，调整产业组织结构，提高产业规模经济效益；第七，采取结构性贸易政策，参与国际、国内竞争。

2. 加强农业基础，巩固农、林、牧生产基地

改造云贵两省的低产田，提高经营集约化程度；进一步加强四川盆地农田基本建设，建设好以成都平原为主的商品粮生产基地和油料生产基地；要进一步改良川西高原草场，大力建设人工草场；要保护好云贵两省和四川盆地边缘山地的森林资源。在改善农、林、牧生产基础条件的同时。应制定农业科技推广应用措施，落实农业科技推广应用所需的必要投入，提高农业劳动生产率，为吸引农业投资创造条件。

3. 大力加强教育、科技事业

除政府增加教育资金，培养高中级专业人才外，同时应鼓励多渠道、多层次、多形式办学，尽快培养各级各类社会经济发展急需的专业人才。深化科技体制改革，促进科学技术向生产力的转化，提高生产技术水平和产业技术构成。

4. 大力加强交通运输邮电通信建设

交通和通信是沟通区内外联系的重要手段，是重要的物质投资环境因素。西南区内部需建立以铁路、水运为骨干、公路为网络的运输体系，积极发展水陆联运。为此：①改建区内现有铁路，增强运输能力；②为配合区内资源开发新建区内铁路；③整治川江和金沙江，充分发挥水运作用；④根据本地区边远山区的特点和世界交通运输发展趋势，发展航空运输。为适应经济开放的需要还应增强和增辟同外部联系的通道。改造湘黔、黔贵铁路，增加东南向通过能力，重点开发川江至金沙江航道，加强与东部沿海各省的联系。新建南昆铁路，打通向南海的最近出海口。

邮电通信建设要经济合理地提高技术起点，大力采用微波、光纤、卫星中继等新技术手段，建立立体通信网络，为沟通区内外信息交流创造条件。

利用西南区临近港澳地区和东南亚的有利地理位置，大力对外开放，使本区成为一个对外资具有强烈吸引力的地区，以加快区域性经济发展进程。

### （八）西藏投资环境的改善途径

1. 大力加强教育事业，发展民族文化

西藏人口的文化素质较差，技术、管理人才尤其是少数民族技术、管理人才十分缺乏，因此必须优先大力加强教育事业，发展民族文化。

2. 发展交通运输，便利区内外联系

除了积极创造条件修通青藏铁路，加速青藏、青川藏、滇藏和新藏公路的建设外，还要重点加快区内公路网的建设，争取全区公路网密度达到每 100 平方千米面积的土地上有公路 1.8 千米。要集中力量修通那曲—阿里、日喀则—阿里的公路。要加速区内民用航空事业，使拉萨与阿昌、昌都、那曲、日喀则能直接通航。

要针对西藏地理位置和环境条件，利用现代化手段发展邮电通信业。

3. 以改良草场为重点，改善畜牧业生产条件

根据本区草场广阔，但牧草产量不高的特点，在合理控制载畜量的同时，要积极改良牧草，提高牧草产量。在水源条件较好的地区努力发展人工草场，使之成为全国人工草场基地之一，以增加饲料产量，调节饲草供应和季节不平衡性，使畜牧业得到稳定发展。

要积极增加本区南部和东南部边缘河谷地带农业生产的科技投入，积极培养、推广适应本区自然条件的优良作物品种，以提高农业劳动生产率。

4. 加强矿产资源的勘探工作

由于地质勘探工作尚未广泛深入开展，西藏的矿资源总的来说处于“家底不清”阶段，为此要加强资源的勘探，为进一步开发利用做准备。

实行对沿边开放战略，加强与国外及东部沿海地区的联系与贸易，为自身的经济发展积累有用的经验，同时根据自身财力不足的状况，应采取优惠政策吸引外部资金的进入。

### （九）新疆投资环境的改善途径

1. 创造能发挥当地资源优势的政策环境

新疆经济发展水平低，自我发展能力差，经济增长缓慢，这些都是新疆投资环境的主要不利因素。但是，新疆所拥有的丰富资源蕴藏却可能吸引来大量的投资，问题是如何将这种可能性转化为现实的投资吸引力。从政策上来讲，国家应结合紧缺资源的开发利用，对新疆实行财政、金融、税收、价格等方面的倾斜。地方应制定有利于发挥资源优势，提高资源开发利用效益的产业政策，有区别地对待不同产业。在产业技术政策方面，要发展、推广适用技术，尤其是要搞好重点投资部门的技术进步；坚持技术与贸易相结合，大力引进国内外先进技术；开发推广小型专门化技术，振兴地区经济；深化改革，促进科技与经济发展的产业布局政策。以资源开发为契机，扩大经济总量规模，提高经济发展，从而进一步增强地区的投资吸引力。

2. 大力改善交通、通信条件

要大力发展交通运输与邮电通信，改变目前深居内陆，交通联系十分不便的不利状况。目前交通建设要重点抓好兰新铁路的技术改造，扩大通过能力。在进一步完善新疆境内公路运输网的同时，还应当考虑沟通新疆境内南北铁路的建设。

与交通运输一样，现代化的邮电通信也是投资环境的重要物质因素。新疆应根据技术适应性，发展现代化的通信事业。

3. 加强教育事业，提高劳动者文化水平

在继续加强专业技术人才培养的同时，要重点抓好义务教育制度的贯彻、落实，抓好职业教育，提高普通劳动者的科学文化水平，为经济发展提供充足的合格劳动者。

4. 加强改善农牧业生产条件

新疆地处西北部内陆，气候干旱，种植业生产在很大程度上受灌溉条件的制约。因此，要加强以灌溉设施为重点的农田基本建设，改善农业基础条件。针对本区荒漠草原比重大、单位面积草场产草量低等特点，在开发利用草地资源的同时，要积极做好保护建设工作，为畜牧业的长期稳定发展创造条件。

5. 积极为引进外资和发展对外贸易创造条件

要积极利用因国际政治环境变化而形成的有利条件，制定灵活的地区性政策，积极发展与苏联、西亚及东欧的贸易。要加强对外贸易和引进外资所必需的金融、税收、海关和管理服务，在有条件的地区开辟出口加工区，为利用外资开发新疆的资源创造条件。

6. 加强水资源和生态环境的保护

新疆气候干旱，水资源十分有限，经济发展在很大程度上将受到水资源的约束。因此，要合理开发利用水资源，严格控制用水量。新疆的生态环境因干旱而十分脆弱，所以还应将保护生态环境作为改善新疆投资环境的一项重要任务。

新疆是中国对西开放中具有战略意义的一个地区，应利用其与众多周边国家接壤的优势和自身的资源优势，采取开放和鼓励外资进入的优惠政策，开辟转口贸易中心、出口加工区和对外经济技术开发区，以迅速带动全区及周边地区的经济发展。

# 论中国投资环境的新变化*

中国正处于迈向现代化的一个非常重要的发展阶段，一方面，中国的经济增长和经济改革，造就了巨大的投资市场，但国内资本远不能满足投资需求。另一方面，中国虽已成为世界第二大外资流入国，但由于全球经济一体化和资本一体化的推进，国际投资十分活跃，加之受亚洲金融危机的影响，世界范围内对国际投资的争夺更加激烈。在这富有挑战性的历史机遇面前，中国将继续扩大开放，利用外资，改善投资环境，积极参与国际分工和国际交换，努力把中国经济推向更高层次的国际经济大循环。

## 一、中国投资体制改革的深化

投资是经济增长的基本动力，是经济生活中最为活跃的因素。投资的质量与效果、投资的规模与方式直接受制于投资体制。中国投资体制经历 20 年的改革，已初步形成投资主体多元化，投资决策多层次，资金来源多渠道，投资方式多样化，项目建设市场化的新格局。现正在继续加大改革力度，建立和完善符合社会主义市场经济体制要求的适合国情、充满生机活力的投资体制。

1. 规范各类投资主体行为，投资增长转向提高质量和水平

投资体制的首要问题是投资决策主体，因此，国家把改革的重点放在了引导和规范各类投资主体上，以约束其投资行为。

首先，明确投资主体，推进企业自主决策。坚持以公有制为主体、多种所有制共同发展的方针，进一步明确非公有制经济的法律地位，继续深化国有企业改革，搞好国有企业的战略性调整，促使国有企业真正成为市场竞争主体和法人实体。以推进企业投资接受国家产业政策指导，在法律制度约束下自主决策，自担风险。

其次，界定投资范围，明确投资方向。根据效益、市场要求和投资活动的性质，将建设项目分为竞争性、基础性和公益性投资项目，并重新确定融资方式。竞争性项目由企业

---

* 本文选自吴郁文、张敦富、陈佳源、刘清泉：《21 世纪中国区域经济发展》，中国轻工业出版社 2001 年版，第 126~138 页。参撰者：陈红儿、付晓东。

作为基本的投资主体，向市场融资，对符合产业政策的企业，扩大法人主体决策权限；基础性项目除国家加大中央政策性投融资外，加重企业和地方的投资责任；公益性投资项目主要由政府拨款建设。随着改革的深化和实践的发展，将进一步合理界定政府投资和企业投资的范围，根据政府为整个社会经济正常运转提供服务的职能，政府将逐渐退出营利性投资领域，投资企业和其他投资主体不愿投资的公益性和基础性项目。因此，一些原来应由政府投资的项目，如基础建设项目，也将通过实行“公共工程特许权协议”（即 BOT）、基础设施经营权、有偿转让等方式适当地转化为企业行为，由企业投资建设，以提高投资的质量和效益。

最后，国家依法加强和改进对外商投资项目审批管理，改善对外商投资企业的监管，提高投资的质量和水平。依照国家产业政策，对外商投资方向实施有效的指导。1995 年国家发布了《指导外商投资方向暂行规定》与《外商投资产业指导目录》，于 1997 年又根据变化了的实际情况对“外商投资产业指导目录”进行了重新修订，进一步明确了投资的产业重点和限制的领域，加强了外资的区域和产业的导向。随着中国市场经济体制的发展，对鼓励、允许、限制、禁止外资进入的领域和参与程度，对外资控股和收购国有企业的审批权限，对不同产业和行业的经济规模标准和技术标准，都将做出更为明确具体的规定，促进项目经济规模和技术水平的提高，促进利用外资与调整国内产业结构、产品结构的有机结合，促进国民经济稳定、协调、健康的发展。

2. 规范融资方式和渠道，依靠市场配置资金

随着投资主体的多元化发展，投资的资金来源相应发生了很大的变化。1978 年在固定资产投资中，国家预算内投资占到 62.2%，到 1996 年底这一比重下降到 2.7%，同时，国内贷款、利用外资、自筹资金的比重分别达到 19.5%、11.7%和 66.1%。

20 世纪 90 年代后，外商投资出现了新变化，主要表现在跨国公司投资、基金投资、证券投资、外商直接收购国内企业等方面，这表明中国利用外资的主要途径除过去的国外产业资本和国际金融组织及政府贷款之外，又加入了金融资本。

近年来，中国金融市场的一个显著变化是股票、债券市场的迅速发育成长。1998 年 4 月底上市公司已达 784 家，国内股票总值突破 2 万亿元。企业通过发行股票、债券增加直接融资的份额，社会民众也因此而成为投资者，开辟了新的投资渠道，整个社会的信用化程度不断提高。

金融市场的另一个明显变化是，越来越多的外资金融机构（尤其是外资银行）竞相涌入中国市场。截至 1997 年底，已有外资银行 142 家，中外合资银行 5 家，从事银行业务的合资、独资财务公司 7 家，外资保险公司 8 家，中外合资保险公司 1 家，其中 9 家外资银行获准经营人民币业务。同时，外国金融机构代表处 544 家，到 1995 年 6 月底，在我国正式营业的 113 家外资银行总资产已达 145.1 亿美元，放款余额达 98.1 亿美元。

今后一个时期，国家一是实行稳健的货币政策，合理确定货币供应量，保持人民币币值稳定。二是根据产业政策和信贷原则，加大信贷结构调整力度，对于鼓励类的项目将积

极安排配套资金，提高资金使用效益。三是建立统一的、有透明度的货币市场，基本放开同业拆借利率，大力发展中央银行国债公开市场业务，灵活运用中央银行再贷款和再贴现等调控工具。四是认真贯彻《证券法》，整顿和规范现有证券市场。进一步开拓证券市场的规模和深度，创新融资工具和交易方式。在扩大现有证券品种规模的同时，大力发展证券投资基金、产业投资基金以及可转换债券等新的金融产品，适度提高直接融资比重。五是在允许外商投资企业进入银行间外汇市场和人民币经常项目完全可兑换的基础上，进一步拓宽外资进入中国市场的渠道，同时对金融机构进入市场的条件、业务状况、资产负债状况和风险控制程度等进行全面监管。

3. 建立严格投资责任制，强化风险约束机制

1996年国务院发布《关于固定资产投资项目试行资本金制度的通知》，同年国家发展和改革委员会出台《关于实行建设项目法人责任制的暂行规定》。

试行资本金制度，就是要求在投资项目总投资中，除项目法人从银行或资金市场筹措的债务性资金外，还必须拥有一定比例的资本金。资本金是由投资者认缴的出资额，投资者可按其出资的比例依法享有所有者权益，也可转让其出资，但不能以任何方式抽回。凡属经营性投资项目，包括国有单位、集体单位以及个体和私营企业的经营性项目均纳入此项管理。公益性投资项目不实行资本金制度，外商投资项目按有关法规执行。这一制度使投资主体的责权利得到了统一，体现了“谁投资、谁决策、谁负责、谁受益”的原则，有利于投资风险约束机制的建立以及投资规模的控制和投资效益的提高。

对项目实行法人责任制，就是项目法人要对项目的筹划、筹资、借贷、还贷、建设、经营等一系列投融资活动实行全方位、全过程负责，并享有充分的自主权。按照市场经济的要求，项目法人必须真正进入市场，成为投资主体、建设主体、生产主体、市场主体。项目法人责任制确立了投资决策的责任机制，严格区分了政府对项目投资的审批权限与业主的投资决策权限，在明确投资主体的同时，把风险责任落到项目法人，不允许以政府决策、首长决策代替法人决策，用集体责任顶替个人责任。这将改变过去投资主体“缺位”或“虚置”的状况，将推动项目在立项、建设过程中讲时效、讲质量、讲回报，把项目实施过程中的工期投资、质量控制、投资控制落到了实处。

此外，国家将全面推行工程招标制、项目监理制和合同管理制，以及推进投资决策信息服务和预报、预警系统的建立，从而从体制、机制上强化投资风险意识约束和进一步降低投资决策的风险，促进国民经济健康发展。

4. 完善宏观调控体系，构建稳定公平的政策环境

一个能够使投资顺利进入的投资环境是国民经济持续快速发展的必然要求。投资环境的优劣又由体制和政策等因素所决定，随着我国经济体制改革的深化，特别是经过财税、金融、外汇、投资、价格等一系列的重大改革后，我国市场经济的体制环境和政策环境发生了重大变化，以产业政策为基础，综合运用经济、法律和必要的行政手段的投资调控体系基本建立起来了。投资的导向由国家计划转向依靠产业政策导向和市场导向。产业政策

导向就是运用国家制定的“国家产业政策纲要”所确定的产业发展基本原则、主要目标、发展重点及产业组织、技术和布局政策等，对投资行为进行约束和影响；市场导向就是利用间接调控作用市场，由此产生的市场供需和价格信号变化对投资进行诱导。投资的宏观调控实施，将实行中央统一确定调控政策和目标，中央和省、市、自治区两级负责的原则。对投资总量的控制将从资金源头入手，主要运用经济手段进行间接调控，建立起中央银行宏观调控体系和中央政策性投融资体系，国家专业银行向国有商业银行转化。

构建稳定公平的投资环境的一个重要措施就是对外商投资企业实行国民待遇，使外商能够按照国际惯例在中国投资、经营，从而为内外资企业创造公平竞争的条件。这是完善投资环境的一项根本性措施。

考虑到保持吸收外商投资政策的连续性，给予外商投资企业国民待遇将采取渐近的方式，有步骤、有计划地进行。在试点的基础上，逐步开放外资企业产品内销市场，放开外商投资国内市场的限制；允许外资企业实行新的投资方式和经营方式，如采用 BOT 方式、发行债券方式和投资基金方式。在保留必要优惠的前提下，进一步规范内外资企业的税制，逐步取消税收减免；对外服务实行无歧视待遇，取消内外双重价格，如在公共服务、涉外旅游、国内客运等方面，对外商实行与国内居民同一价格待遇，在能源保证、原材料供应、运输、服务中介等方面，实行外资企业同国内企业一样的待遇；加强知识产权保护。

5. 建立健全严格有序，公正平等的法律环境

市场经济在某种意义上是法制经济。法制是建立和完善投资宏观调控体系不可缺少的组成部分。自 1979 年我国颁布《中外合资经营企业法》以来，由全国人民代表大会和国务院制定的各种涉外经济法规达 200 多种。这些法规中，有保护和促进外商投资的法律法规；有加强对外资管理的法律法规；有提高利用外资质量的法律法规；有规范外商投资方式的法律法规等。此外，我国已参加华盛顿公约、多边投资担保机构，并与 40 多个国家签订了双边投资协定。

近年来有些法规进行了修改，从而更有利于保护投资者权益，更符合国际惯例，法规的透明度不断提高。国家在对外开放上做了一系列重大改革和政策调整，包括首次颁布的《外商投资产业指导目录》《证券法》以及新颁布的《合同法》，大幅度降低关税，推行外商投资企业银行结售汇，实行加工贸易保证金台账制，对国家鼓励发展的国内投资项目和外商投资项目进口设备免征关税和进口环节增值税等，并扩大了中西部地区利用外资的审批权限。这些政策将有利于创造一个公平竞争、有序经营的氛围。

今后，国家一是加快立法步伐。把对外开放中行之有效的做法以法律的形式固定下来，把政策上升为法律，从立法上给投资者以保护，从根本上保持政策的连续性和稳定性。继续制定和完善规范市场主体和市场行为的法律，制定和完善振兴基础产业和支柱产业，规范政府行为、保护环境、保护知识产权等方面的法律。如在对外贸易上，根据《对外贸易法》，加快制定《反倾销条例》《反补贴条例》《保险措施条例》《进出口货物管理条例》《技凑进出口条例》《进出口：商会条例》以及《对外贸易代理条件》等。这些法规的出

台与实施，将促进依法管理，依法经营。

二是增加法规和政策的透明度。今后只实施正式公布的涉外法规和政策，撤销涉外内部规定。对于新制定的涉外法规、制度和政策，要及时对外发布。

三是认真贯彻落实各项涉外法律法规和政策，维护其权威性和严肃性，使有法必依，执法必严。

## 二、中国投资环境的新变化

中国经济体制改革已经走过了20年的历程，其本身发生了根本性的变化。同时，我国始终保持社会政治稳定、经济持续高速增长。中国投资环境总体水平已迈上了一个新的台阶，市场化、国际化水平不断提高；政府综合运用经济、法律和行政手段调控投资的能力不断增强；市场竞争机制不断加强，市场导向作用日趋明显，市场秩序走向规范，市场体系更加完善；各项政策和管理的统一性和透明度不断提高；市场经济的中介服务体系逐步形成。

自1995年开始，我国进入了利用外资政策的调整期。吸引外商投资开始由注重外商投资的数量向注重质量、提高利用外资的水平方向转变，由优惠政策导向向市场导向转变，由倾斜政策向国民待遇转变。今后吸引外资将主要依靠优越的投资环境、健全的法制、高效的管理与服务、有吸引力的市场来实现。

根据中国经济发展总体战略目标及投资体制改革等要求，中国投资环境将发生以下变化：

*1. 政府职能进一步转变，宏观调控由直接方式转向间接方式*

作为经济调控的重要主体——政府将进一步转变职能，实现政企分开，提高办事效率。政府转变职能的方向，一是维护良好的市场秩序，为企业在市场经济中竞争创造良好的外部环境，二是加强政策引导，提高决策的一致性和科学性。通过政府机构改革，国务院组成部门从40个减少到29个，把综合经济部门逐步调整和建设成为职能统一、具有权威的宏观调控部门，把专业经济管理部门逐步改组为不具政府职能的经济实体，或改组为国家授权经营国有资产的单位，或改组为自律性行业管理组织，实现了预定目标。同时，要求各级政府及其部门按照“管方针、管政策、管规划、管监督”的方向，按照市场经济的“效率、公开、公平、竞争”的原则，积极推进行政管理体制改革，强化宏观管理、弱化微观管理，把管理工作重点转移到调查研究、制定规划、制定政策上。这些措施将克服机构臃肿、职能交叉的弊端，消除各自为政、政策法规不统一，难以协调、服务效率不高等问题。

宏观调控体系将进一步完善，国家将继续推进投资、财政、税收、金融、物价、对外经贸等体制的深化改革。改革是发展的动力，妨碍发展的许多体制上的深层次矛盾，只有通过改革才能得到解决。建立和完善以现代信息网络技术为基础的经济运行预测、预警、监控系统，以及完善以科学决策、民主决策为依托的决策调控体系，综合运用财政、金融、国际收支、贸易、收入分配等符合通行规则的政策工具，并采取经济、法律、行政手段互相结合的方式进行宏观间接调控，创造一个稳定的、安全的、公正的经济社会环境，以确保经济的有序运行。

2. 中国经济持续发展，市场环境平稳，投资机会更为广阔

20 年来，中国经济始终保持快速发展的势头，国民生产总值平均增长 9.8%。1998 年，世界经济在金融危机的冲击下受到极大影响，中国同时又遇到了特大水灾，但中国仍保持了金融的稳定，人民币不贬值，经济增长达到了 7.8%。

目前中国经济正向工业化中级阶段迈进，已进入一个以产业升级和经济结构调整为重心的新发展阶段。因此，投资也将在保持总量快速增长的同时，把重点放在结构调整和提高投资增长的质量上，在集中力量搞好大规模基础设施建设的同时，将切实提高投资过程中的技术创新水平，加大装备工业、高新技术工业为主导的支柱产业的投资力度，结合经济结构调整实行企业大规模的技术改造。伴随工业化进程的市场化，特别是有中国特色的城市化进程的快速推进，中国市场容量及其增长潜力，在世界上是独一无二的，中国有着广阔的投资机会和旺盛的投资需求。

中国人口众多，经济总量的稳定扩张、市场物价的平稳、产业与贸易的扩大，不仅使投资机遇增多，也使投资风险降低，投资回报完全可靠。

3. 对外开放更加统一规范，适应国际经济运行规则

对外开放是中国长期奉行、坚定不移的方针。扩大对外开放程度，提高对外开放水平包括三层含义：一是地域概念，要把国外的通行规则引入国内，把沿海对外开放的做法引申到内地，扩大利用外资的规模和提高利用外资的质量，促进国内经济、内地经济的发展，逐步缩小我国与发达国家以及国内地区之间的发展差距，推动全球经济一体化进程。二是产业概念，或市场概念，要把尚未开放的产业领域或市场逐步依照国际惯例对外开放，比如，我国将通过试点逐步扩大对金融、保险业的开放，通过改革进出口商品管理制度，修改出口配额管理办法。逐步扩大招标的商品范围，进一步减少联合经营和指定经营的商品，通过试点积极进行中外合资经营外贸，继续放开外贸进出口经营权。三是广义的技术概念，要把各种在市场经济中通行的国际惯例及做法逐步用到我国市场经济的实践中去，比如利用 BOT 方式、项目融资方式、推动出口的买方信贷制度等，在对外服务领域，发展中介机构，发挥诸如进出口商会、外商投资企业协会、外经贸企业协会、律师事务所、会计师事务所及公证、咨询机构等在对外经贸活动中的协调指导、咨询服务作用。此外，对外开放的统一性还包括对内外资企业实行同样的税收、费用标准、外汇金融、产业导向等待遇政策。

4. 税收与外汇政策更趋国际化、规范化

中国将伴随着国民经济发展规划的制定和实施，逐步削减关税，自 1997 年 10 月 1 日

起，政府再次大幅度降低进口关税，使关税算术平均税率由23%降至17%。到2000年争取把我国进出口关税总水平进一步降至15%左右；逐步削减和消除有悖于世界贸易组织规划的非关税措施。逐步在税收上创造内外资企业平等的竞争条件，统一税率和税前列支标准，对内外资企业实行统一的出口退税政策，清理和废除现行对内外资企业的各项所得税减免政策，按照产业政策制定新的税收优惠政策，加强税收对投资方向的引导作用。

外汇体制改革的重要内容之一，是逐步取消贸易和非贸易正常对外支付的汇兑限制。根据国民待遇原则，将外商投资企业外汇买卖纳入银行结售汇体系。我国从1996年12月1日开始实行了人民币经常项目下可兑换，此举使我国外汇体制进一步向世界经济一体化方向发展。人民币汇率将在国家外汇储备增至1000亿美元以上的条件下，继续保持稳中有升的走势，为国际收支、对外贸易、吸引外资创造平稳的经济环境。在用汇信贷政策上，国家将给予外资企业与内资企业同等的待遇，对有效益、有市场的出口继续予以支持。

5. 正确引导外资投向，放宽外商投资领域

在吸引外商投资方面，继续积极引导外商投资方向，按照《指导外商投资方向暂行规定》和《外商投资产业指导目录》的要求，引导外商投资与我国产业结构调整相结合，更多地投向农业、出口型项目、高新技术产业、基础产业和基础设施。逐步扩大BOT等投资方式的试点，包括研究制定关于转让经营权等方式利用外资的规范化管理办法，加强和改进外商投资项目的审批管理，认真执行外商投资项目自用设备进口免征关税和进口环节增值税政策。

同时，根据我国银行、保险、零售商业等对外开放，利用外资试点经验，有步骤、有控制地开放服务、贸易业。在中西部地区试办中外合资零售商业，探索利用外资开发矿产资源，引导外商投资向中西部地区，有步骤地放宽外商投资领域，同时依法加强对外商投资企业的管理。

6. 调整投资方向，向中西部倾斜，进一步发挥地区优势

（1）国家加大对中西部地区的支持力度，优先在中西部地区安排资源开发和基础设施建设项目，逐步加大国家投资和利用外资的比重。国家还将实行中央财政转移支付制度，并逐步完善、提高国家用于中西部地区的贷款比重。为更好地发挥中西部地区的资源优势，国家今后应实施投资诱导政策，在股份发行额方面予以政策倾斜，以更好地吸引外来资金，加快中西部地区开发的步伐。

（2）引导外资更多地投向中西部地区。我国利用优惠政策吸引外资，成功地启动了沿海地区的开放进程，由于中西部地区开发成本高、投资利润率低，更需要依靠优惠政策扩大开放、吸引外资。国家将采取地区倾斜与产业倾斜相结合的手段，对中西部地区具有优势的农牧业、资源开发业、原材料加工业等给予倾斜待遇，鼓励外资进入。国家鼓励外商对军转民企业进行技术改造，鼓励外商与沿海地区企业联合，在中西部地区建立中外合资企业。国家还将通过政策性措施，提高政策性贷款用于中西部地区的比重；把国际金融组织和政府贷款用于中西部地区的比重由目前的40%提高到60%以上，以此改善中西部地区

的投资环境，提高中西部地区的利润率水平，从而增强中西部地区对外资的吸引力。为了加大中西部地区对外商投资的引入，1996 年国家把中西部地区省一级政府对外商投资项目的审批权限，从 1000 万美元以下提高到 3000 万美元。此外，国家已把 BOT（Build-Operate-Transfer）融资方式作为引进外资的重要形式加以试点，这种在国际上较流行并在发展中国家建设基础设施中成功运用的融资方式，也将会在我国中西部地区的基础设施建设中发挥积极的促进作用。

为了改变我国引进外资银行地区分布严重不平衡的状况，促进中西部地区金融市场的发展，有关部门正积极探索通过降低审批条件、简化审批手续、提供土地、水电等优惠条件，放开业务限制等措施，鼓励外资银行到中西部申办分支机构。也有一些学者提出考虑设立中西部产业开发基金，鼓励投资者向中西部的农牧业、能源、矿业、基础设施产业投资。并结合当前正在进行的银行体制改革，选择武汉、重庆、西安等城市，率先建立区域性资本市场和区域金融中心，合理引导中西部地区的资金回流，带动整个中西部地区实现经济腾飞。

1996 年的统计数据表明，国家对中西部的倾斜政策效应已经显示出来。当年外国政府贷款使用额的 47%，国际金融组织贷款使用额的 40%都投在中西部地区。中西部的一些省区启动较快，投资力度在增大，全年投资增长高于全国平均水平的省区共有 9 个，除上海、江苏、浙江三个沿海省市外，其余 6 个（河北、河南、贵州、青海、宁夏、甘肃）均是中西部的省、自治区。

（3）加大对贫困地区的支持力度，扶持民族地区经济发展。为解决中国的剩余贫困人口（1997 年底 5800 万人）的温饱问题，中国政府于 1994 年就颁布了《国家八七扶贫攻坚计划》，国家在实施政府救济型扶贫的同时，大力推进开发型扶贫，实施“以工代赈”的反贫困战略，并根据民族地区的特点，继续组织中央各部门、社会各界和东部沿海地区，以多种形式从生产、投资、财政、人才、干部等多方面实行倾斜的政策导向，支持贫困地区、民族地区和三峡库区的工程建设。在中国，反贫困不是一个在短期内能完成的任务，即使扶贫计划完成，防止脱贫人口的返贫以及引导脱贫人口逐步走向富裕仍是个长期艰巨的任务。

（4）鼓励东部沿海地区向中西部地区投资。中国东部沿海地区经过 20 年的改革开放和经济的技术高速增长，自我积累、自我发展已大大增强，特别是国家对沿海开放地区实施优惠政策，不仅使该地区外向型经济得到充分的发展，而且积累了较丰富的国际经济交往经验，东部地区在立足于实现更高水平的发展，有条件的率先基本实现现代化的同时，也完全具备了帮助和支持中西部地区改善投资环境，发展外向型经济的实力和能力。此外，随着东部经济的快速发展和富裕程度的提高，劳动力价格和土地成本不断上升，东部地区在吸引外资上的某些优势渐渐丧失。因此，按照互补互利、先富帮贫困的原则，加强东部与中西部的技术合作与经济联合，有利于实现中国区域经济协调发展，国家在改革上诱导、积极推动沿海发达地区的资金、技术和人才合理流向中西部和落后地区，鼓励东部沿海地区采取多种形式与中西部地区联合开发资源，利用中西部地区丰富的劳动力资源，发展劳动密集型产业。进而在中西部地区运用观念与知识创新、技术与工艺创新、制度与机制创新和市场创新，吸引和用好国内外每一笔投资，加速第一、第二、第三产业的发展，使其从无到有、由弱到强、从关联松散到关联紧密、由低质蠕动变为优质快速发展，并越来越加入到全国人民经济大循环之中，成为国家经济不可或缺的重要组成部分，跟上全国发展的速度与步伐。这也就是实现我国社会经济真正的普遍高涨与发展，向着第三步战略目标阔步前进，对世界的和平、民主与可持续发展做出更大贡献，使中国真正屹立于世界民族之林。

# 关于投资决策及其程序*

## 一、投资决策概述

### （一）投资决策的概念

投资本质上是为实现一定的社会经济目标而对资源所进行的配置。一个国家或地区在一定时期内为达到一定的社会经济发展目标，如经济增长、充分就业等，必然要建设为数众多的投资项目。从广义上说，社会对投资项目的需求是无限的。然而，投资项目建设所需要的经济资源，无论是投资所需资金，还是其他人力、物力条件都是有限的。资源的这种有限性决定着一个国家或地区在一定时期内不可能"百业俱兴"。正是因为资源的这种有限性，所以一个国家或地区，必须制定一定时期内的投资政策，拟定一定时期内的投资规模和投资方向，并在繁多的项目中做出排序和选择。具体地说就是要建设某一些项目，放弃或暂时放弃另一些项目，使有限的资源得到充分而有效的配置和利用，从而使不断增长的社会经济目标的需求和资源的有限性之间达到"最佳结合"，实现一种动态的均衡。以上是从宏观、中观或是从一宗投资来讲的。同样，企业和其他投资主体为实现一定的经济目标，有效地发挥其有限的投资资金的作用，也必须在不同的投资方向、投资项目上作出选择，使有限的资本运用于最有利的投资项目，更好地实现其经营目远。上述各种投资主体为实现其社会经济运作目标，对投资规模、投资方向、投资项目等的规划选择和策划决定过程，就是投资决策。

对"投资决策"这一概念，有的人仅仅把它理解为投资方案的最后抉择，认为投资决策是一种判断，是从许多投资方案中甄别、筛选和抉择的逻辑思维过程，也就是人们常说的是投资方案的"拍板"。实际上，这是不恰当、不完全的。对投资方案的判断、选择或"拍板"仅仅是投资决策全过程的一个环节。人们对投资方案的确定不应仅仅根据不充分

---

* 本文选自张敦富：《投资环境评价与投资决策》，中国人民大学出版社 1999 年版，第 221~239 页。参撰者：胡建平。

的依据主观地予以确定，一般要经过由提出问题、确定目标、收集信息、拟定方案、分析评价到最后选定方案等一系列阶段构成的系统过程来确定。如果没有“拍板”之前的各个方面的研究判断，这样的投资决策将成为一种主观武断行为，也就不能称其为科学的决策，在过去乃至最近十多年这种例子是不胜枚举的。所以说，应该把投资决策理解为是一个内涵和外延都很丰富的复杂的策划过程，它包括选定投资方案之前所必须进行的一切研究、分析、评价等活动。同时，由于现实投资活动中存在着大量不确定性因素，在预测中难以完全准确把握，并且在投资实施过程中还会产生大量的随机因素，为避免投资决策在一些方面的失误，还必须对投资实施过程中的各种状态及时地进行信息反馈，不断修正和调节投资方案等，以达到投资的总体目标函数相对最优化的目的。从这种意义上说，就不应把投资决策理解为一个静态的、一次性即完成的过程，而应当理解为一个动态的、不断修正和调控的过程。

对投资决策的概念应把握以下几个要点：第一，投资决策是人的主观能动性的反映，是在投资实践活动之前的一种主观认识活动；第二，投资决策是为实现一定的投资目标而对投资方案进行规划、评价直至做出最后抉择的全部活动；第三，投资决策是一种不断滚动完善的动态过程。

如果从投资活动的范围来考察，投资决策可以分为宏观投资决策和微观投资决策。宏观投资决策是指国家从国民经济整体的角度，对一定时期内投资建设的方向、规模、结构、布局及其重大建设项目做出的规划、判断和抉择。微观投资决策，即对具体项目的投资决策，是对拟建项目在未来建设和生产过程中可能遇到的经济技术问题以及其他一些根本性问题做出的规划、分析、判断和抉择。一般地说，宏观投资决策体现着国家经济发展的总体战略，因此，宏观投资决策是微观投资决策的依据和指导，而微观投资决策是宏观投资决策的最终落实。也就是说，任何宏观投资决策只有通过微观投资决策才能得以实现，没有微观投资决策，再好的宏观投资决策也只能是空中楼阁。可见，宏观投资决策和微观投资决策关系十分密切。但是，必须看到，宏观投资决策和微观投资决策常常存在着矛盾。微观投资决策和宏观投资决策往往会不尽一致，甚至相互抵触。在这种情况下，微观投资决策就必须服从宏观投资决策。当然，这种服从在市场经济条件下必须依靠间接的调控手段来实现，而不是靠传统的行政手段。此外，宏观投资决策又要根据具体情况和微观投资决策做出适当的调整。

### （二）投资决策系统与投资决策体制

做出科学的决策是决策系统的功能。研究投资决策必须研究投资决策系统。根据决策理论，决策系统是决策者和决策对象在一定条件下合二为一构成的一个特殊的对立统一体。决策者是决策系统主观能力的体现者，它既可以是个人，也可以是决策机构；决策对象是在人的意志指导下，能对之施加影响且具有明确边界的系统。决策者和决策对象之间通过信息而相互影响、相互制约、相互作用。此外，决策系统还包括决策理论和方法、决策结果两个要素。由上述五个基本要素构成的决策系统的基本结构可用图1来表示。在这五个要素中，决策主体是主导因素，决策指令的输出受决策主体的主观因素影响很大。例如，风险偏好型决策主体与风险厌恶型决策主体，其最终的决策结果肯定是不同的。决策主体在决策过程中是否讲究科学，是否讲究民主，对决策结果也有重大影响。因此，决策系统的正常运行，科学的决策指令的输出，离不开高素质的决策者，离不开决策者的科学与民主精神。

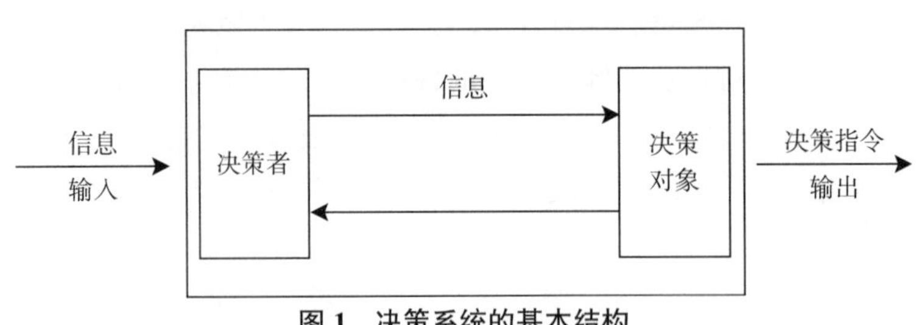


**图1 决策系统的基本结构**

投资决策作为投资领域的决策活动，投资决策系统也是由五个基本要素构成的。投资决策系统的决策者是各类投资主体，包括国家、企业和个人等。投资主体是投资决策系统主观能力的体现者。投资决策系统的决策对象是投资项目（或投资规模，投资结构）。投资决策系统中决策者和决策对象相互影响、相互作用的信息包括各种经济技术情报、国内外市场动态、投资环境状况、投资资金来源等各方面有关的信息。投资决策系统的理论和方法主要有科学观测的理论与方法、工程规划的理论与方法、可行性研究和项目评估的理论与方法、决策分析的理论与方法等。投资决策系统的决策结果是投资方案及有关技术经济指标。在构成投资决策系统的这五个基本要素中，投资主体是主导性要素，它通过对来自各方面的与投资活动有关的信息处理，拟订出投资方案并对投资方案进行技术经济分析和判断，最后做出投资决策指令，使其主观意图得到最终体现。相对于投资主体，其他四个要素则处于从属性地位，是投资主体主观意图所作用的对象和手段。但它们反过来制约着投资主体的行为，使投资主体必须按照客观经济规律办事。

投资决策体制是投资决策系统的具体化，是关于投资决策管理的制度和运行机制。投资决策体制是投资体制的核心内容。它包括投资主体行为、项目决策程序和投资责任约束等方面。我国已确立了社会主义市场经济的改革目标，在市场经济条件下，作为市场主体的企业必须成为真正的投资主体，真正拥有投资决策权。同时，企业投资主体应与政府（包括中央政府、地方政府）投资主体有相对明确的分工，政府主要投资于公益性项目和基础性项目，企业主要投资于竞争性项目。在项目决策程序方面，由于现行项目审批制度的种种弊端，随着建设项目由投资者自主决策制度的建立，必须相应建立项目备案登记制度，将项目的立项决策与行政管理公开。再者，必须强化投资责任约束，规范投资主体的行为。为此，应推广和完善投资法和责任制，并建立项目后评价制度和投资法律制度，逐步形成权、责、利相统一的投资主体内外部约束机制。可以肯定，随着改革的日益深化，投资决策体制将不断扬弃传统模式，形成适应社会主义市场经济的新模式。

### （三）投资决策科学化

我国在经济建设上对决策问题的重视和广泛开展科学的投资决策研究是与经济体制改革的步伐相一致的。在中华人民共和国成立后的很长一段时期内，在经济建设中我们靠的主要是一种经验决策。在“一五”时期，我国曾搞过“技术经济调查”“设计提案”等类似可行性研究的工作。20 世纪 60 年代初搞过“工厂规划”，即先定项目，再编制计划任务书等。总体上看，这一时期的投资建设决策比较科学。“十年动乱”时期，则搞起“四边”（边勘察、边设计、边施工、边生产）工程和“四当年”（当年设计、当年施工、当年建成、当年投产）工程，投资决策完全靠“拍脑袋”，基本建设战线拉长，投资效果极差，投资决策上出现了许多重大失误。由于投资决策的失误所造成的损失也是巨大的，据估计大约损失 1000 亿元以上。沉痛的教训告诉我们，经济建设是十分复杂的系统工程，搞经济建设必须进行科学的决策，仅靠经验，即使非常有经验的决策者也是不行的，在我国目前的条件下就更不可行了。

如果说在中华人民共和国成立之初的一段时期内，由于我国总体发展水平极其低下，百业待兴，客观上存在着生产的增长赶不上需求增长的矛盾，在这种情况下，我们或许用不着多么周密的科学分析论证，只凭经验判断来决策，投资失误的可能性也会比较少。那么，当经济发展到一定水平以后，在社会经济活动越来越复杂、越来越多、影响越来越大的情况下，仅凭经验进行决策必将会出现问题，造成不该有的损失。

20 世纪 70 年代后期至 80 年代初，随着改革开放的不断深入，在吸取以前的经验教训的基础上，投资的科学决策问题得到了重视，在工程建设中引入了可行性研究的理论与方法。所谓可行性研究就是通过对影响拟建工程项目投资效果的各种技术经济因素进行全面、综合分析，把握各种技术经济因素制约和影响项目投资效果的规律性，并对项目的投资效果做出预测，从而对项目在技术上、工程上、经济上的可行性做出判断，为投资决策提供可靠依据的一种科学方法。1981 年国务院颁布的《关于加强基本建设计划管理、控制基本建设规模的若干规定》中指出，“把可行性研究作为建设前时期工作中的一个重要技术经济论证阶段，纳入基本建设程序”。从 1983 年国家发展和改革委员会下达《关于建设项目进行可行性研究的试行管理办法》到 1987 年 9 月颁布的《建设项目经济评价方法与参数》，再到 1993 年国家发展和改革委员会和建设部颁布的新版《建设项目经济评价方法与参数》，标志着我国可行性研究的理论与方法日臻完善和成熟。随着我国经济体制改革的深化，市场经济体制的建立和完善，投资体制中存在的一系列问题的克服，实现科学的投资决策就可水到渠成。

## 二、投资决策的一般程序

### (一) 科学的决策应当符合一定的程序

有句话叫作"眉头一皱，计上心来"，这句话道出了凭经验决策的简单快捷，这样的决策虽然没有按照什么"决策程序"来进行，但事实也常常证明其正确性。所以，有人认为靠决策者的经验和聪明才智就可做出正确的决策，不必非按什么决策程序来进行。我们认为这种观点是片面的。不可否认，一些决策者仅凭经验和自己的聪明才智曾在某些重大问题上作出过正确的决策，但他们解决的更多的是一般性决策问题。这些决策问题常以相同或基本相同的形式重复出现，其产生背景、特点及内部与外部的有关因素已全部或基本上被决策者所掌握，这也就是所谓的规范性决策，或者叫常规型决策。对于这种规范性决策，仅靠决策者长期处理此类问题的经验作出正确的决策是不难的。现在处理这类问题时已逐步采用自动化决策系统，决策者只要把相关数据输入计算机，就可找到最佳的决策方案。

然而，现代社会的决策者所面临的客观事物通常是极其错综复杂的。在这种情况下，决策问题具有很大的偶然性和随机性，而且往往缺乏准确可靠的统计数据与情报资料，使决策者很难看清问题的全貌。我们把这类具有大量不确定性因素、无先例可循或偶然发生的非重复性决策活动叫作帮非规范性决策或非常规型决策（这里"非重复性"是指决策的目标、内容，而不是指工作形式）。解决这类非规范性决策问题仅靠决策者本人所具有的丰富的经验、渊博的知识、敏锐的洞察力和活跃的逻辑思维是不够的，还必须依靠一整套有效的决策体制、严格的科学决策程序，并且要充分利用一系列现代化的决策方法才能保证决策的科学性和正确性。

决策程序之所以是决策科学性的保证，是因为决策程序是对存在于各种决策工作中的共性的东西的科学抽象。事实上，虽然我们所面对的决策问题的类型和情况错综复杂，想给各种决策工作以一个统一的、普遍适用的计算公式是不可能的，但各种决策活动都是一个提出问题、分析问题、解决问题的过程，这是所有决策工作的共性。决策程序就是对决策活动这种共性的总结和概括，是关于决策活动所必须经过阶段的科学划分。共性寓于个性之中，个性必须服从共性。任何科学的决策都应该符合科学的决策程序，或者说遵循科学的决策程序，才能保证决策的科学性和正确性。

### (二) 决策的一般程序

一个决策过程要经过哪些步骤呢？杜威在 1900 年所著的《如何思考》一书中把决策过程分为三个步骤：第一步，弄清问题是什么；第二步，找出可能的解决方法；第三步，选出最优解决方法。他的这三个步骤的观点为多数决策者所接受。美国管理学家西蒙在 20 世纪 60 年代初也主张决策过程分为这三个步骤，到 20 世纪 70 年代中期，他提出应该把决策的执行和检验列入决策过程。他认为决策是一个动态的过程，上述三大步骤仅仅是从选择目标到作出决定为止，他主张决策过程分为四个步骤，即确定目标、寻找各种可能方案、选择最优方案和信息反馈。

综合有关的决策学理论，在进行重大问题决策时，决策程序一般可以划分为五个阶段：确立目标阶段、信息处理阶段、拟定方案阶段、评估决策阶段和反馈调控阶段。决策程序的这五个阶段可用图 2 表示。

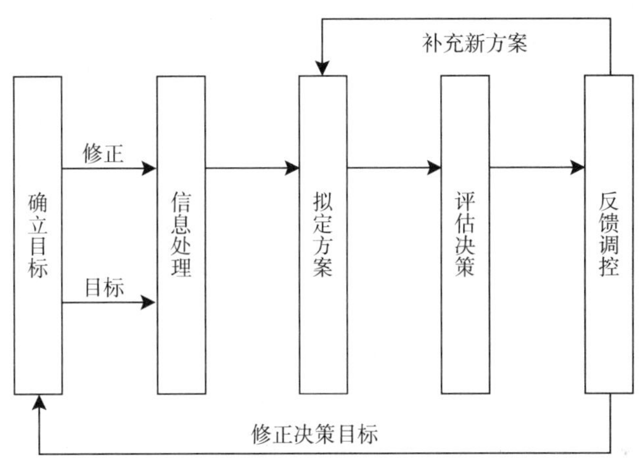


**图 2　决策程序框图**

决策程序的第一步是确立目标阶段。明确决策的目标是决策者所面临的首要问题，也是决策成败的关键所在。有了明确的目标，才能有效地进行信息的搜集和处理，才能拟定出达成目标的各种方案，并根据目标的要求去评价方案，选择出最好的方案，从而做出科学的决策。由于目标选择的失误或模糊导致决策失误的事例是很多的。目标必须明确和具体，在时间、地点和数量上都要予以确定。此外，目标还应有主次之分，有些目标是必须达到的，有些则是希望达到的。这样会更有利于最优方案的拟订和选择。

第二步是信息处理阶段。搜集有关的各种信息并加以处理、传送和使用，是决策科学化的重要的前提条件，在决策目标确定后花大力量进行的工作就是调查研究、收集各方面有关的信息并做出有关的科学预测。信息量的大小及正确与否，直接影响着决策的质量。决策目标决定着信息收集和处理的范围和深度。而信息所揭示的问题又会反过来进一步修正决策的目标，使目标更明确、更具体、更实际。

第三步是拟订方案阶段。在提供的数据情报的基础上制定出各种待选择的决策方案，即拟订方案阶段。对一些比较简单的决策问题，可以由决策者凭着本人的经验和知识，去研究每一项目标、每一个细节，耐心和仔细地去寻找可能的决策方案。对一些复杂的决策问题，需要依靠有关决策参谋机构，汇集各方面的专家一起制定方案。在制定多种方案中，要广泛地运用智囊技术，如头脑风暴法、对演法、哥顿法等。

第四步是评估决策阶段。在这个阶段主要由智囊系统中的高级研究人员或聘请的专家小组，采用现代化的分析、评估、预测等方法对各种方案进行评估。内容主要是对各投资方案的审查评价及对其报酬函数、效用函数作出定性、定量、定时的分析，对决策的后果作出预测，并在此基础上权衡、对比各预选方案的利弊得失，将各种方案排序，提出取舍意见。

这里所谓的决策就是对各种方案进行总体权衡、合理判断，最后做出方案的抉择，是一种狭义的决策。在决策前进行的大量调查研究和预测以及方案的拟订和评估，都是为最后选定方案、做出决定提供依据的。这些资料和方案的科学性、准确性是决策正确与否的前提。但是由于决策者本人的素质、判断力、工作魄力以及对未来情况的想象力等主观因素，再加上预测存在的种种不能控制的变量因素，就使预测可能产生偏差或失误。此外，获得最高评分的决策方案一般虽认为是最好的措施，但它可能并非最完善的决策方案，而只是各方案中缺点相对较少的一个。因此，如何进行合理的分析，摒除一些假象和不可能实现的情况，最后做出能灵活适应复杂环境的有效决断，对整个决策活动具有决定性意义。在仔细估量方案的各种不良后果以后，决策者有时会不选择原来认为最好的决策，而是依靠其经验和判断能力，经再三权衡，选择一项得多失少的方案作为最后选定的方案。决策方案确定后就开始着手决策方案的具体实施落实。

第五步是反馈调控阶段。选择最后决策方案并付诸实施并不意味着决策活动的彻底完结。“智者千虑，必有一失”。在决策方案实施过程中会产生一些决策之前没有考虑到的因素，以往考虑到的因素也具有不确定性。这就要求在决策阶段必须及时向决策系统反馈信息，从而制定应急措施或补充方案来对付可能发生的问题，使决策方案的实施得以顺利进行，决策目标得以最终实现。

以上五个阶段是对决策程序的一般性概括。掌握决策的这一基本程序无疑有助于重大决策问题的研究和分析，保证科学决策的顺利完成。

### （三）投资决策的一般程序

投资决策的程序是投资决策过程要经过的几个阶段或步骤。一般来说，一个投资项目，它的决策程序可以划分为五个阶段，即提出项目建议书（投资立项）、可行性研究阶段、项目评估决策阶段、项目监测反馈阶段和项目后评价阶段见图 3。

投资决策的第一个阶段是投资立项，其实质就是确定投资的目标，这是整个决策过程的出发点和归宿。不过，一般情况下，一个项目在刚开始提出时对它的各个方面的认识可能是模糊的，目标可能不是十分明确。但是在这个阶段，要尽可能地使投资的目标明确、具体。如何使其更明确和具体呢？检验投资目标是否建立有三条标准：其一是每个目标是否是单一含义的；其二是目标是否能具体落实；其三是衡量目标能否达到。也就是说，必须弄清目标的含义，不能不同的人有不同的理解；目标必须能层层分解，具有可操作性；

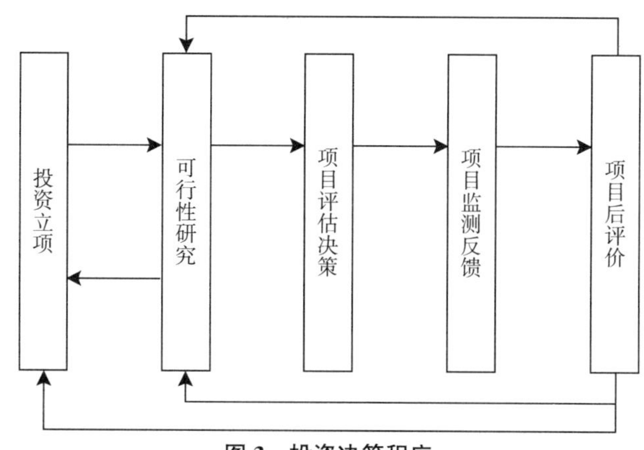


**图 3 投资决策程序**

目标有量化指标，只有目标量化了，才便于衡量目标实现的程度。

第二个阶段是可行性研究阶段。这一阶段实际上可以再分为信息处理和拟订方案两个方面。要进行一项决策，必须开展广泛的调查研究，这是作出正确决策的前提。信息处理就是要弄清各方面的实际情况，广泛查阅、收集分析有关文献资料并进行科学的预测分析。之后，根据调查研究的结果和预测分析，针对已确立的目标，提出若干个实现预定目标的备选方案。为达到目标，在拟订每一备选方案时，必须注意以下三点：一是方案的可行性，二是方案的多样性，三是方案的层次性。方案的可行性，即要求在拟订方案时做好可行性研究，要做到经济上合理，技术上先进。方案的多样性，就是各种方案要尽量不同。

第一个阶段确定的目标由于信息量有限，可能不全面、不合适，要根据第二阶段的分析结果，不断修正第一阶段的目标。

第三个阶段是项目评估决策。项目评估阶段主要是对第二个阶段的投资方案进行综合性的评定和估算。进行项目评估决策必须先确定评价准则，即确定项目评估的一系列参数，然后对各个方案实现目标的可能性和各个方案的费用和效益做出客观的评价，提出方案的取舍意见，然后由决策机构做出最后抉择。

投资决策的实施，即用现代的预测方法和决策方法对不同的方案进行综合性分析、权衡，对比各方案的利弊，并将各方案按优先顺序排队，最后确定最终投资方案并付诸实施。这是决策程序中最为关键的环节。在决策实施过程中若发现方案有问题，则需要进行信息反馈，对可行性研究提出修正。

第四个阶段是项目监测和反馈阶段。投资项目决策之后就进入建设实施阶段。在项目的建设实施过程中需要对项目进行监测，若发现方案有问题，要及时进行信息反馈，对原方案提出修正。换句话说，该阶段的主要目的就是进行反馈控制，使项目沿着预定方向发展。

反馈控制对投资决策系统来说是十分重要的。其任务在于准确而迅速地把决策实施过程中出现的问题，即把决策本身和客观环境之间矛盾的信息输送给决策系统，从而使决策系统能够及时根据客观情况的变化，对决策方案进行相应的调整与修正，使优势尽可能发挥，矛盾、问题以及有可能产生的损失与失误尽可能减少。反馈在整个决策方案实施过程中是极为重要的，它使决策与环境在一个大系统中，通过执行、反馈、修正这样的循环运动，使决策方案始终保持其正确性。

第五个阶段是项目后评价阶段，它包括在项目建成投产进行生产运营一段时间后，在项目各方面情况较为明朗的情况下，对投资项目进行全面的分析评价。这方面的工作我国刚刚开展起来，其主要目的在于对投资项目决策的结果进行监察，总结投资决策的经验教训，改进项目管理，并为项目更好地发挥效益服务。

## 三、投资决策研究的主要问题

### （一）投资项目的概念

所谓投资项目是指按一个总体设计进行施工建设的建设工程。一般将它区分为基本建设项目和更新改造项目。投资项目是积累资金转化为生产资金的具体形式，或者说任何投资总要具体化为一定的投资项目。一个国家或地区一定时期的投资总额总是由许许多多的投资项目所构成的。在我国经济建设的实践中，投资项目的概念随着投资概念的发展，经历了一个由小到大、由窄到宽的认识过程。

中华人民共和国成立初期，我们还没有确立投资项目这一概念。当时只把投资理解为基本建设投资。在法规制度中把投资项目称为建设单位，而把其中的某一单项工程称作项目。直到 1960 年，为适应计划和施工管理的需要，才分别改称“建设项目”和“单项工程”。这一时期的投资建设项目是基本建设项目，它一般是指按照一个总体设计进行施工的基本建设工程。它由一个或几个互有内在联系的单项工程组成，建成后是在经济上可以独立经营、行政上可以统一管理的企业和事业单位。

20 世纪 60 年代，随着经济的发展，工业企业增多，企业拥有的固定资产相应增多，生产中磨损度和技术陈旧的设备增多，企业更新改造任务繁重。于是 1967 年把原有企事业单位的一部分固定资产更新和技术改造项目从基本建设项目中划了出来，从而有了更新改造项目，它是对原有企业进行设备更新或技术改造的项目，是具有独立设计文件并列入更新改造计划的建设项目。

1979 年实行改革开放的方针，鼓励采用外国的资金和技术，组建中外合资、合作企业和外商独资企业，因此又有了中外合资项目、中外合作项目、外商独资项目等利用外资项目。

根据建设性质的不同，基本建设项目可分为新建项目、扩建项目、改建项目和新项目等。新建项目是从无到有，在原有企业之外建设的新项目。固定资产原有规模很小，经扩大生产规模后，新增固定资产价值超过原有固定资产价值3倍以上的扩建项目也称为新建项目。扩建项目是在原有基础上扩大生产能力，主要包括现有企业为扩大原有产品的生产能力，或增加新产品的生产能力而新建或扩建分厂、基本生产车间和其他工程的项目。有些分期建设的项目，在一期工程之外建设的各期工程，都视为扩建项目。改建项目是原有企业为提高产品质量、提高技术水平而对固定资产进行整体改造的项目。重建项目又叫恢复性建设项目，指过去有基础但因受破坏需要恢复原有规模的建设项目。

按建设规模可把基本建设项目分为大型、中型和小型项目。按国民经济行业分为生产性建设项目，包括工业、农业、交通、邮电、建筑、商业、地质等；非生产性建设项目，包括房地产、文教、卫生、科研、福利、金融保险等。

更新改造项目以投资限额为标准，分为限额以上项目和限额以下项目。我国规定，能源、交通、原材料项目投资在5000万元（含5000万元）以上的为限额以上项目，其他行业项目投资在3000万元（含3000万元）以上的为限额以上项目；利用外资的更新改造项目，投资额在500万美元（含500万美元）以上的为限额以上项目。投资额在上述数字以下的称为限额以下项目（见图4）。

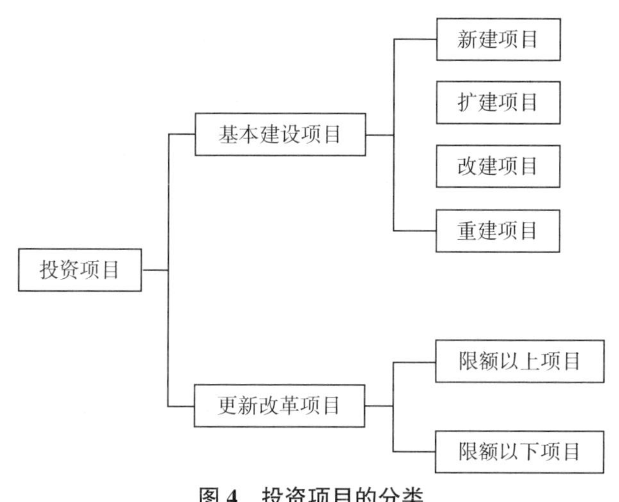


**图4　投资项目的分类**

## （二）项目周期及其阶段划分

项目周期是指从最初的意向和规划开始，直到项目建成投产运营为止的全过程。一般可将项目发展周期划分为三个时期：投资前时期、投资时期和生产时期。每一个时期又可以划分为若干阶段，每个阶段又包含着几项重要的内容，诸如咨询、工程设计建设和生产活动等（见图5）。

投资决策时期（投资前时期）主要是开拓投资项目，并对项目进行规划、研究，并作出最后的投资决策。进行投资决策是这一时期的核心任务，而进行可行性研究则是实现这一任务的最为重要的工作。因为可行性研究的结论是投资决策最重要的依据。这一时期的

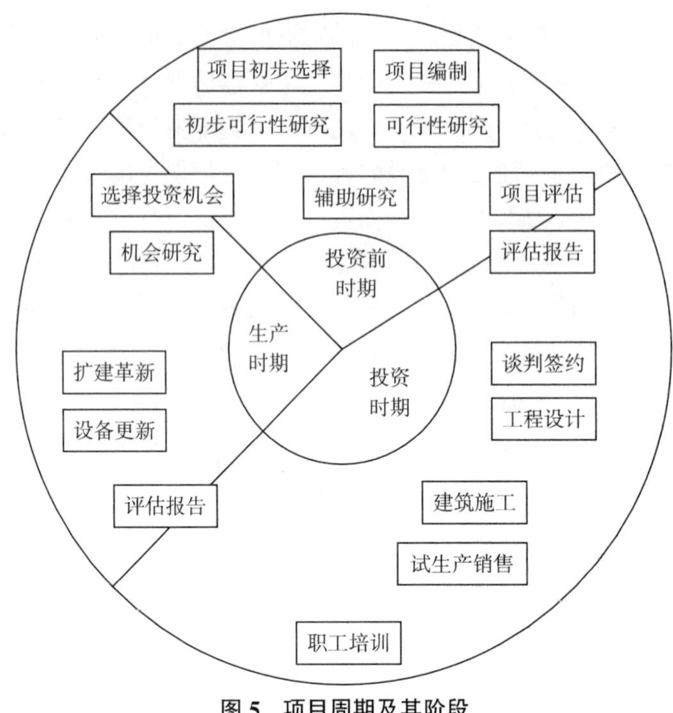


**图 5 项目周期及其阶段**

工作对整个投资活动的成败具有决定性意义，是决定项目投资命运的关键时期。

投资实施时期（投资时期），主要是谈判及签订合同、工程项目设计、施工安装、职工培训和试生产销售。这个时期的工作重点是控制建设周期和投资费用，缩短建设周期，防止项目投资总额被突破。

投资增值时期（生产时期），是项目正式建成及生产运营并获取经济和社会效益的时期。

根据以上所述，我们可以看出，可行性研究及评估在整个项目周期中所处的地位和作用十分重要。我们所进行的可行性研究主要是解决投资决策时期的投资决策问题的，为投资决策提供基本依据的，而投资决策问题的解决决定着整个投资活动的成败。所以说，可行性研究的成败决定着投资活动的成败。

## （三）投资前时期的研究

投资前时期的研究工作一般包括五项内容，即机会研究、初步可行性研究、辅助研究、可行性研究和项目评估。机会研究是鉴别投资机会的；初步可行性研究是对项目的初步选择和确定；可行性研究是进一步拟定项目，最后进行评价和做出投资决定；项目评估是在做出投资决策之前对建设项目的可行性研究方案从第三者的角度进行审定性评价。

（1）机会研究。一般又分为一般机会研究和具体项目机会研究。一般机会研究目的是通过研究指明概略的投资建议。其内容包括：①地区研究，查明某一地区或某一港口的内地贸易区内的各种投资机会；②分部门研究，分析在某一部门内的投资机会；③以资源为基础的研究，以综合利用某一自然资源或以工农业产品为出发点，谋求找到各种投资机会。

具体项目机会研究是将一般机会研究后提出的项目设想转变为具体的投资建议。具体项目机会研究比较粗略，主要是靠笼统的估计，其投资额一般根据相类似的工程估算。机会研究的功能是提供一个可能进行建设的投资项目。机会研究时间 1~2 个月，精度为±30%，费用很少。

（2）初步可行性研究。它是在机会研究的基础上进行的较为系统的研究工作。许多工程项目在机会研究之后虽有一定的可行性，但还很难决定取舍，需要进行初步可行性研究工作。其主要目的是分析机会研究的结论；在占有详细资料的基础上对投资机会做出抉择，确定是否应进行详细可行性研究；确定哪些关键问题需进行辅助性专题研究，如市场调查、科学实验、工厂试验等；判明这个项目设想是否有生命力。

初步可行性研究是机会研究和可行性研究之间的一个过渡阶段，它们的区别主要在于所获得资料的详细程度不同。如果在资料充分的情况下，可直接进行详细的可行性研究，而不再进行初步可行性研究。初步可行性研究时间需半年左右，精度为±20%，费用占总投资额的 1%。

（3）辅助研究。仅包括项目的一个或几个方面，而不是所有的方面，它只作为初步可行性研究、可行性研究或大规模投资建设的前提和辅助手段。主要包括：市场研究，原料和辅助材料、燃料等方面的研究，建设厂址的研究，经济规模的研究，设备选型的研究等。

在大多数情况下，投资前的辅助研究是在进行可行性研究之前或者与可行性研究一起进行的。它是可行性研究不可缺少的一部分。

（4）可行性研究。是进行更加深入的投资经济论证的阶段。此阶段应回答以下问题：一是资源及市场情况；二是项目的规模；三是厂址选择；四是采用的工艺技术；五是外部协作条件；六是建设时间、资金及建成后的经济和社会效益；七是能否筹集到所需的资金。总之，是要论证技术是否可靠，是否实用和先进，企业是否盈利，国民经济效果和社会效益是否明显。可行性研究的时间为 1 年以上，精度在±10%，费用约占总投资的 1%~3%。

（5）项目评估。是投资咨询机构从第三者的角度对建设项目可行性研究方案的评价。它与可行性研究的区别在于：

第一，它是贷款银行和国家综合部门委托投资咨询机构对拟建项目的可行性研究报告进行的审查性质的再论证。由咨询机构对委托部门负责。我国拟建项目的可行性研究报告，大多由主管部门或企业委托本系统的研究机构编制，设计机构仅对主管部门或企业负责。

第二，目的不同。评估报告通常是对多方案的择优，因而决定项目取舍的依据应当偏重项目评估。可行性研究只是为多方案比较提供依据。

第三，着重点不同。评估偏重于国民经济效益分析，而可行性研究则着重于从企业角度看项目的盈利情况。

# 关于投资机会选择与市场预测*

## 一、投资机会选择与市场预测概述

### （一）投资机会选择的含义

投资机会选择（又称投资机会研究）是投资可行性研究的第一阶段，其主要任务是鉴别投资机会，为项目的投资方向提出建议。具体地讲，就是根据国民经济发展的长远规划、行业规划、地区规划、经济建设方针、建设任务和技术经济政策，在一个确定的地区或部门内，结合资源分布、市场预测和建设布局等条件，选择建设项目，寻求最有利的投资机会。

根据研究对象的不同，投资机会选择可以分为两类：一类是一般机会研究，常由国家和社会机构进行，具体包括以地区为基础的研究和以资源利用为基础的研究；另一类是具体项目机会研究，在对某种产品扩大生产可能性的投资机会做出最初鉴别之后，将项目设想转变为概略的投资建议。

投资机会研究是相当粗略的，通常不是通过设备的报价单详细计算，而是通过类似项目来估算费用，其精度只要求达到±30%，其所花费用占投资总额的0.2%~1.0%。

### （二）投资机会选择的主要内容

投资机会研究可分为一般机会研究和具体项目机会研究。一般机会研究就是对某个指定的地区、行业部门鉴别各种投资机会或是识别利用某种自然资源或工农业产品基础上的投资机会研究。具体项目机会研究是在一般机会研究基础上，把项目的设想转变为概略的项目投资建议，以引起投资者的注意，使其做出反应，从几个有投资机会的项目中做出选择。

* 本文选自张敦富：《投资环境评价与投资决策》，中国人民大学出版社 1999 年版，第 240~257 页。参与者：赵先信。

一般投资机会研究包括部门（行业）结构研究、地区结构研究和资源研究三大类，它是具体项目机会研究的基础，也是本章论述的核心内容。具体项目机会研究包括的内容比较少，概括起来有以下七个方面：第一，扩大加工工业所必需的自然资源情况，如发展木制品工业用的木材资源；第二，人口增长、购买力增长、对消费品需求的增长情况和趋势预测；第三，替代进口产品的必要性和可能性；第四，在经济发展水平、资金、劳动力、自然资源和其他社会条件大体相同的其他国家获得迅速发展的工业部门的情况；第五，现有工业企业综合利用、多种经营的可能性；第六，出口的可能性；第七，国际经济发展计划和有关政策。

### （三）市场调查与预测的重要性

投资项目的评估离不开市场调查和市场预测。作为生产、分配、流通、消费的重要一环，市场实际上已成为整个经济活动的基础，特别是在市场经济条件下，整个经济的运行主要由“看不见的手”来调节，市场导向是投资行为的主要参考。占有准确、及时、翔实的市场信息是全部可行性研究的基础和关键。完备的市场调查和准确的市场预测是论证项目的最可靠的依据。

## 二、经济规划与投资机会选择

国民经济运行状况、发展趋势及相应的经济规划对选择投资机会有重要的指导作用，是开展投资机会一般研究的主要内容。对经济规划的分析从两个方面着手：一是部门（行业）结构分析，二是区域结构分析。具体如下：

### （一）部门（行业）结构与投资机会选择

1. 部门（行业）结构分析

投资活动究其本质是个复杂的结构问题，涉及国民经济结构、产业结构、部门结构、需求结构等许多方面。投资机会的选择就是通过对结构问题的分析，找出适当的投资方向，确立合理的投资规模，制定出相应的投资结构战略。对一般性投资而言，最初的工作总是要对现有部门（行业）的发展格局、规模及结构进行分析，预测其可能的变动趋势，结合相应的产业政策，对投资的产业安排做出意向性的构想。这一过程与部门（行业）结构密切相关，是投资机会选择最基础也是最关键的工作。

从产业规划及产业发展的过程看，产业结构始终处于动态的演进过程中。我国在社会主义建设过程中曾实行过“重工业优先发展”和“农轻重为序”的不同发展战略；工业化的深入又提出“一、二、三次产业发展战略”；近年来随着对世界新技术革命的对策研究，由劳动密集型转向技术密集型的产业发展战略等。我国在今后一个长时期内的投资结构的变化，将同时面临着多方面的重要转折。一是过去对工业、交通、运输依赖程度很低的农业对工业品的消耗量和对交通运输的需求量将增大，随着农业集约化程度的提高，将有大量的农业剩余劳动力和其他生产要素以各种形式转移到工业、交通、建筑、商业领域，逐步完成由农业国转为工业国的过程。二是大力发展新兴工业部门，直接采用新技术革命的成果，在某些领域完成工业化向现代化的转变。三是仅有国内经济发展战略已不适应经济迅速发展的需要，必须进一步对外开放，加强国际间的经济交往。上述转变将成为影响投资机会选择的首要因素。

2. 产业结构演进的一般规律

从世界产业结构的变化趋势看，无论发达国家还是发展中国家，在工业化初期，一般都是农业占的比重较大，工业和其他产业的比重较小。当工业发展到一定程度之后，就会带动建筑业以及商业服务业的发展，并反过来改造农业，使农业机械化、化学化，从而农业的比重大大降低，工业和其他产业的比重大大上升，形成以工业为主导的产业结构。在工业内部，一般是轻工业比重大，然后在生产资料优先增长规律的作用下，重工业开始有较快的发展，并逐步超过轻工业。当轻重工业都有相当的发展之后，轻重工业的比例、工业结构以至于产业结构（包括基础结构、制造加工业结构）就会相对稳定在一定的水平上。商品经济高度发展，农业、林业、矿业等第一产业和制造业、建筑业等第二产业的发展，越来越需要有一些部门为其提供产业前产业后服务，这就需要商业、交通运输业、邮电通信业、咨询业、金融业等第三产业的发展，而且第三产业比重会不断提高。

随着科学技术的进步，原有的产业结构又开始酝酿着新的变化，一旦出现科学技术的重大突破和进展，迟早会引起产业结构的变化。当前，世界新技术革命浪潮的掀起，以劳动、资金密集型为主的产业结构正被新的知识、技术密集型的产业结构所代替。

从生产力发展的一般规律来看，发达国家产业结构发展变化的过程也是我国经济发展的必经阶段。但我国目前尚处于工业化阶段，是一个比较落后的“农业工业国”，因此，投资战略的重点是：第一阶段，即近中期，是以农业、能源、交通邮电、教育、科技、电子工业作为投资战略的重点；同时应充分利用新技术特别是电子技术，对钢铁、煤炭、石油、机械、纺织、轻工、运输和建筑等传统产业进行技术改造，使其达到或接近世界先进水平，打入国际市场，换取外汇，为建立国民经济新技术结构、新产业结构积蓄力量。第二阶段，即中长期，在改造原有技术群和产业群的基础上，建立起新的技术群和产业群，尽快进入全面的经济振兴，把我国建成一个现代化经济强国。上述投资重点，将成为未来中国产业投资机会的最密集领域，是选择投资机会的宏观依据。

3. 部门投资结构演变趋势的考察与预测

产业结构和投资结构之间常常是一种互为因果的关系。其中需求结构变动是导致两者变化的主要因素。在社会需求的推动下，部门投资结构总是或缓或快地向着需求方向演变。因此，投资机会选择的首要目的，就是尽可能快速准确地认识部门投资结构的演变趋势，及时捕捉投资机会。

对部门投资结构的演变趋势，需要从多侧面，采用多种方法进行考察和预测。粗略地划分，各种预测方法可分为两大类：一类是调查研究法，另一类是平衡规划方法。

（1）调查研究方法。首先，应当不断深入地进行市场调查，从价格变动、购销情况及居民家庭的购物计划中发现社会需求结构变动的苗头，推测部门投资结构演变趋势。其次，应当注意观察企业的投资动向，广泛了解科技人员的新产品开发意向，从中发现对部门投资结构可能带来较大影响的因素。最后，应当比较研究经济发达国家在各个发展阶段上需求结构演变的共同规律，为预测本国需求结构及部门投资结构演变趋势提供参考。

（2）平衡规划方法。运用平衡规划方法考察和预测部门投资结构，需要拥有大量系统的、准确的资料。资料的准确性与系统性是决定预测结果价值高低的主要因素。中国多年来采用固定资产生产能力平衡表来规划安排部门投资结构。里昂惕夫提出的投入产出方法，是一种更科学的部门平衡方法。考虑发展因素后的动态投入产出表，则可用于编制中长期投资规划，预测部门投资结构的演变趋势。

在具体从事投资机会选择时，调查研究与平衡规划两类方法应当结合起来使用。调查研究接触鲜活的现实，便于发现新苗头，给人以战略性启发，往往易于发现投资机会，确定初步意向；平衡规划方法经过周密计算，可以得出定量方案，往往利于项目可行性的进一步论证。取两者之长，相互参照印证，就可以加强投资机会选择的战略性、准确性。

4. 行业规划

行业规划就是根据国民经济发展的要求对国民经济各行业发展问题工作的研究、安排和部署。它包括行业科技发展规划和技术改造规划两种，具体内容如下：

（1）技术发展的总方向和分阶段的目标。

（2）技术政策：包括产品政策、工艺技术路线、技术装备政策、综合利用政策。

（3）已取得的科技成果的完善、系统开发和推广应用，新技术的引进消化推广。

（4）技术改造：包括改造的方向、目标、重点及实施步骤。

（5）重大措施：包括需要采取的重大经济政策、行政手段和技术管理手段等。

在我国，行业规划由国家发展和改革委员会、国家科学技术委员会、国防科学技术工业委员会组织国务院有关部门、中国科学院、高校等单位进行，主要按农业、能源、交通、钢铁、有色金属、化工、煤化工、机械电子、医疗保健、环境保护、纺织、食品、基础研究、生物技术、大规模集成电路和计算机、光导纤维通信、新型材料等专业方向分别进行。

### （二）区域结构、区域规划与投资机会选择

区域规划是以经济上具有内在联系的一定区域为对象，对该区域内自然资源的开发利用，是对城镇分布和人口配置以及工业、动力、交通运输等工程设施建设所作的总体部署和安排。包括综合性规划和专题性规划两种。

概括起来，区域规划工作大致包含以下内容：

（1）地区资源的综合经济评价。

（2）合理部署工业：①对现有工业结构、生产发展特点、分布进行调查研究，确定重点部门新、改、扩、迁建等工业分布调整；②对工厂尤其是大型骨干企业进行选址定点；③搞好区内工业的总体布局。

（3）合理部署农业，搞好工农结合：①确定农、林、牧、渔的地区分布，合理规划副食品基地和食品、轻工行业原料基地；②搞好土地规划，解决与公交、城建的关系。

（4）搞好城乡规划，包括城镇和乡村居民点的规划建设。

（5）统一规划区域性的基础设施，包括交通运输、邮电通信、给排水、供电供热等。

由于区域之间的差异，不同的区域在经济发展水平、经济结构、需求结构及资源禀赋等方面都有很大不同，各自的投资环境在质量、类别、机制上均有差异，加上受区域规划尤其是产业规划和基础设施规划等方面的影响，不同的区域的投资机会呈现出很大的差异性。根据区域投资环境状况，发展区域投资的优势方向，是捕捉投资机会的关键。下面分别就我国发达地区、发展中地区和不发达地区等论述其与投资机会选择的关系。

1. 发达地区投资机会选择

我国发达地区习惯上指东部沿海地区。东部经济地区在自然条件与社会经济条件方面有许多特点：第一，经济地理位置优越，交通发达，信息灵通，同国内外有广泛的经济联系；第二，工业基础雄厚，特别是加工工业十分发达，工业门类齐全，投资效益比较高，资金相对富裕，自我改造和发展能力较强；第三，海洋资源得天独厚，如石油资源开发潜力大；第四，科技文教发达，智力资源雄厚，技术密集程度高；第五，沿海地区实施外向型经济战略，是对外开放的前沿阵地。这个地带是我国开放程度最高，经济上最成熟的地带，在全国具有举足轻重的地位。

该地带也面临着一系列制约经济发展的因素：第一，能源、原材料资源不足，淡水缺乏；第二，产业结构比较落后，工业结构中，物资消耗高、运量大、污染严重的传统工业占的比重大；第三，工业布局比较集中，城市膨胀病相当严重；第四，设备老化，基础设施薄弱；第五，交通紧张，环境污染比较严重。

因此，发达地区投资机会主要聚集在产业结构的调整方面，具体内容如下：

（1）从内向型经济转向外向型经济。这种转变涉及产业结构、部门结构、产品结构的调整，因此，要按国际市场需要来组织生产，大力组织产品、劳务、技术出口，引进必要的资金、技术、设备及原材料。

（2）用先进技术来改造传统产业，以提高其技术管理水平，尤其要大力扶持乡镇企业中具有出口创汇能力的企业，增强其在国际市场上的竞争能力和创汇能力。

（3）积极建立、发展高新技术产业，提高其在整个产业结构中的比重，逐步提高技术产品在出口创汇中的比重。

（4）以贸工农为序，实现农村总体经济结构的调整。

（5）大力发展第三产业，尤其对交通通信业应加强基础结构改造，为“外引内联”创造良好的投资环境。

(6) 建立不同规模、各具特色的经济协作区，如长江三角洲经济协作区、京津唐经济协作区等。

2. 发展中地区投资机会选择

我国发展中地区的基本特点是其过渡性和中间地位，主要表现在以下几个方面：

(1) 在地理位置上，处于发达地区与不发达地区的结合部，可以同时吸取其他两大经济地带的优势，补其所短，又便于同时从东西两个方向上开拓市场，促进自身商品经济的发展和地区专门化水平的提高。

(2) 在自然资源上，能源基础型矿产，黑色、有色金属大宗主体型矿产及稀有战略型矿产方面均有极大优势，并有极为重要的稀有金属和多金属带，矿床成群成组出现，分布密度大，相对集中。

(3) 中部还有极为丰富的水资源和水利电力资源，它的资源丰度优于东部，且运输条件远较不发达地区为好，京沪、京广、宝成、昆渝等铁路纵贯南北、东西，黄河、长江横穿东西，离发达地区消费区较近，因而开发的经济技术条件较好。

(4) 在人口密度上既不同于发达地区的人口过于密集，也不同于不发达地区的地广人稀。

(5) 在经济技术基础上，与东部比还有较大差距，但其农业基础相对雄厚，是全国最主要的商品粮供应基地，某些优势农业原料、优势矿产资源基础上的轻纺工业、采掘工业等也在全国居于较高水平。

(6) 国有经济单位的科技人员总数不及东部发达地区，但占职工比重高于东部发达地区。可以说，发展中地区兼具其他两类地区之长，而短处又不如欠发达地区那样突出。在开发过程中、其优势较易发挥，短处较易弥补。这是我国重点建设项目最密集的地区。

因此，发展中地区的投资机会主要集中在以下几个方面：

(1) 加强能源和原材料基地的建设投资，其中包括重点开发以山西为中心的煤炭基地和渭北煤田、两淮煤田，长江中上游支流的水电站建设，湖北、湖南、陕西等地的金属矿产和非金属矿产开发。

(2) 提高 20 世纪 50 年代以来建设的一些大型工业基地的综合生产能力，尤其是给这一地区的轻工业发展以足够的重视，这包括调整本地区内部的工业布点：建立、发展与主体工业相配套的工业生产，发展轻工业，提高本地区消费的自给水平和承担起转移发达地区轻工业生产的任务。

(3) 加速完成“军转民”的过程，中部地带生产力配置的一个重要任务，是要把“三线”建设中投下的大量基建投资的潜力充分挖掘出来。因此，这一地带要发挥国防军工和科研力量集中的优势，通过军工企业与民用企业的协作生产和加速军用技术向民用工业的转移，提高本地区的工业技术水平和经济效益。

(4) 发展同发达地区、不发达地区的横向联系，积极承接发达地区转移的工业品生产，加强区际运输通道的建设投资。

3. 不发达地区投资机会选择

我国不发达地区的优势是地域辽阔，空间容量大，能源矿产资源及大农业后备资源丰富，矿种齐全，配套程度较高，而且发现新矿区、新矿种以及现有矿区扩大储备的潜力都远比上述两个地带大。这里是我国资源的后方，也是潜在的市场和投资场所。

不发达地区的弱点和不足是经济基础薄弱，一缺资金，二缺技术，三缺人才，在全国战略布局中不可能跨越中部而马上作为全国经济开发的重点地区，近中期主要是有重点的发展国家急需的资源，发展满足本地区需要的日常消费品工业，做好大规模开发的前期准备工作。这主要包括加强资源的普查和勘探工作；重点开发目前国家急需又有条件开发的本地资源，抓好交通运输建设；抓紧人才的培养；组织好民族特需品生产；调整土地利用结构与农业生产结构；抓好生态农业，恢复生态平衡等。

同发达地区及发展中地区相比，不发达地区的投资机会将主要集中在资源开发上，包括各种能源、矿产资源及农业生产资源，资源优势是不发达地区经济启动的基础，加上廉价的劳动力资源有可能使资源开发成为地区投资的主导方向。资源的开发近期内不可能全面大规模地展开，而只能是有选择地分步骤地进行，区域内的开发活动仍将仅限于部分投资条件较好的地区。对不发达地区而言，首要的任务是就地区资源情况进行全面准确的了解，并制订相应的投资开发计划，统筹安排，全局考虑，以利于地区开发的有序展开。

## 三、市场调查与预测

市场调查和预测又称市场研究，包括市场需求、市场供应、产品、价格、市场行为等许多方面。市场是投资机会选择和整个项目可行性论证中具有决定性和基础性作用的因素。

### （一）市场调查

1. 市场调查的一般方法及步骤

市场调查的方法基本上有直接调查和间接调查两类。直接调查是走出去或请进来，直接与产、供、销各方见面，了解历史与现状，取得数据。这样调查得来的资料可靠性大。间接调查是通过发信函、调查表，或从报纸广告等途径中取得市场资料。具体来讲，市场调查方法有以下几种：

（1）普遍市场调查。这是对市场进行全面调查的方法。这种方法准确性高，但调查费用昂贵，所需人力与时间也较多。这种调查往往要由全国性的机构来组织或协调，否则难以开展。但对一些使用范围有限的产品，项目评估小组也能完成调查任务。比如对成套设备、专用设备的生产与供应情况的调查等。

（2）抽样市场调查。这是运用最广泛的调查方法。抽样调查又可分为随机抽样与非随机抽样两种。前者按照随机概率原则抽取样本，后者根据经验选取样本。

（3）固定样本的连续调查。就是先用随机抽样法选出调查对象，再将这些调查对象作为固定样本，长年累月反复进行调查。这种调查要经历比较长的时间，有的甚至是几十年。对项目论证来说应充分利用此种调查方法已取得的成果。

（4）专家咨询调查。这是利用专家的经验和学识，对经济、技术、市场的现状和未来发展作出个人判断的一种调查方法。这种方法应用简便，且有相当的准确性。专家调查法通常又有三种形式：一是个别征求意见；二是召开专家会议；三是以信函形式进行调查。

做市场调查工作要遵循一定的步骤，才能收到比较好的效果。市场调查有如下步骤：第一，明确调查目的、调查对象或目标，以及调查费用幅度和时间要求；第二，确定所需要的资料及收集资料的方式；第三，设计调查问卷，制订调查计划；第四，实施调查，要注意调查人员的素质；第五，对调查中所得资料进行分类、综合整理和分析；第六，写出市场调查报告，如果仅做了较简单的市场调查，也可不必专门写市场调查报告，而将调查结果直接用于市场预测；第七，跟踪调查，也就是根据市场发展情况对调查结果进行反馈，以便改进下一次的调查工作。

2. 国内市场调查

具体的市场调查可分为国内市场调查与国际市场调查。国内市场调查中，供应量的调查与需求量的调查也有它们各自的特点。

（1）国内需求量调查。主要任务是搞清国内市场最近或前一些年度对某产品的需求量情况，以便对未来的需求作出预测。市场需求资料的一个重要来源是商业、物资等产品销售部门；另一个重要来源是统计部门、主管工业部门、综合经济部门等国家经济部门；第三个重要来源是直接向客户或消费者调查。他们不但可以提供其自身对产品需要量的资料，而且可以提供第一手的供求信息。这些都是分析判断市场需要量的重要依据。

（2）国内供应量调查。主要任务是搞清产品的现有生产能力和现有企业生产该产品的潜力，以及生产该产品的在建或拟建工厂的情况，以便预测该产品未来的供应能力。这些资料一般可从计划部门、统计部门、有关企业主管部门及投资、金融等部门去收集。国内现有供应能力也可以通过销售量的调查了解到。我国大部分产品主要通过物资、商业部门销售，通过对历年销售资料的分析，也可以了解到产品的供应情况。

3. 国外市场调查

国外市场调查也包括需求与供给两个方面。

（1）国外需求调查。这种调查的目的是了解该项产品有无进入国际市场的可能。我国对外贸易均要通过外贸部门，外贸部门对国际市场的情况比较了解。同时，外贸部门也可提供该项产品的出口情况，如出口量、出口地区、今后的出口计划和出口前景等。国外市场需求调查除应掌握需求数量方面的资料以外，还应了解国际市场对产品规格、性能、型号、质量等方面较具体的要求。此外，国际市场往往受到政治、经济形势的影响，还受到贸易保护主义的限制。所以，在调查国外市场需求情况时，也要了解可能会对这种需求产生影响的政治、经济、贸易政策等方面的情况。

国外市场需求的调查除可依靠外贸部门提供资料外，也可从各类出版物、国际经济事务专家、出国考察访问人员、国际金融机构等多种渠道得到帮助。

（2）国外供给的调查。了解该项产品的进口量。产品进口量可向外贸部门了解，主要是调查了解当前和历史上该项产品的进口情况以及未来可能的进口趋势。从发展趋势看，外贸权限将会逐渐下放。今后各地区、各部门及外贸扩权企业将拥有一定的外贸自主权。在这种情况下，供应量调查就不能仅仅通过外贸部门来把握了。

在市场调查中，除需了解国内外市场产品供需情况以外，还要收集获取市场研究所必需的相关资料。这些资料有：

（1）经济发展趋势。包括国民经济发展战略、经济计划、国民经济发展速度、国民收入增长率、各行业发展规划、各经济部门发展比例等资料。

（2）人口增长趋势及其构成的变化。包括年龄构成、性别构成、文化构成、职业构成、民族构成等方面。

（3）消费水平变动的参数。

（4）价格方面的资料。

（5）产品的社会拥有量。

### （二）市场预测

市场调查的根本目的是进行市场预测，只有对未来的市场情况进行正确估计，才能正确评估建设项目的经济效益。

1. 市场预测分类

市场预测是一门掌握市场动态变化的学问，它是运用科学方法对市场商品供需发展趋势的分析和预见。市场预测有很多种类。

如果从预测的范围来分，有宏观的市场预测和微观的市场预测。前者包括人口预测、能源预测、工业结构预测、国民收入或国民生产总值预测等，这是为整个国民经济发展提供依据的；后者就是产品供需的预测，它是为企业或公司提供决策依据的。

按市场预测的内容分，有产品供给预测、产品需求预测、资源预测、生产资料需求预测、消费资料需求预测、价格预测、对外贸易预测等。

（1）产品供给预测。主要是对现有产品生产能力的发展变化作出预测。它是在市场供给调查的基础上进行的，应该首先对现有企业生产发展计划作出分析，还要充分掌握今后新建企业的情况，包括这些企业的生产能力、生产规模、产品结构、产品质量等。此外，还要弄清楚预测期内哪些科学技术将投入生产，对企业生产能力和产品质量有哪些影响，对改善产品结构、增加新品种有多大作用等。将产品目前的生产供应能力、今后可能新增加的生产供应能力、今后替代品的出现等因素综合考虑，就能得出产品的未来供给情况。

（2）产品需求预测。产品需求预测即在市场需求调查基础上所进行的需求预测，又称市场潜量预测，一般从以下四方面着手：第一，通过预测国民收入的发展变化及其分配，了解市场需求的变化。只要了解预测期内国民收入总量的变化，积累与消费的比例及使用方向等，就能大体了解市场需求的变化总趋势。第二，根据经济、技术、社会发展计划，分析预测产品的社会需求。在采用这种方法时要充分考虑到今后经济结构的变动、经济的超速增长等复杂因素的影响。第三，根据已掌握的产品需求方面的历史资料，运用相关分析方法，找出该产品需求同经济发展之间的关系，然后根据经济发展的要求做出预测。第四，分析居民的货币收支情况，以便对消费品需求做出正确预测。

产品需求预测所用方法主要有以下几种：

其一，购买力估算法。其基本思路是，首先测算居民对商品的购买力，其次分析购买力的投向，最后按某类商品在购买力中所占比重估算出需求量。

商品的购买力＝货币收入－非商品支出±储蓄增减额±货币净流入流出额

其二，相关产品法。市场中两种商品之间有时在生产和需求之间存在密切的关联，存在正比例关系的称互补产品，存在反比例关系的称替代产品。其基本思路是，根据历史资料得出两种产品间的相关弹性系数，再根据已知产品的需求增长率来推算另一产品的未知需求增长率，进而推算出现在的需求量。相关弹性系数的计算公式为：

$$\text{相关弹性系数}=\frac{\text{因变量需求增长率}}{\text{自变量需求增长率}}$$

其三，最终用途法。这种方法主要适用于中间产品的市场潜量预测。其基本思路为，首先鉴别产品的一切可能用途，其次确定部门消费系数和部门生产活动规模，最后确定产品需求量。需求量计算公式为：

$$\text{需求量}=\sum_{i=1}^{n}(\text{生产规模}\times\text{消费系数})+(\text{出口}-\text{进口})$$

（3）生产资料需求预测。进行生产资料需求预测必须注意生产资料需求的特点，对生产资料的需求一般由三组因素决定。

第一组因素是经济发展的因素。经济发展必然要求生产资料的生产有相应增长。这组因素中重要的有国民经济计划、国民经济发展速度等，其他还包括国民经济各部门发展比例、扩大再生产类型、技术进步的影响、生产资料利用情况、设备更新情况等。

第二组因素是间接影响生产资料需要量的因素。比如说人口数量及其构成，社会消费基金的增长情况，消费能力和消费倾向的变化等。

第三组因素是直接决定各个企业对生产资料需求的因素。制约企业经济力量的因素主要有国民收入总值及其分配，企业生产发展基金总值及增长速度，折旧政策、税收政策，生产资料价格等。

总之，在进行生产资料需求预测时，应尽可能全面地考虑上述因素，提高预测水平。

（4）消费资料需求预测。消费资料需求的变化与人们的收入水平变化密切相关。在项目研究中需要进行需求预测的消费资料主要是耐用消费品，另外就是人们大量消费的消费品。消费资料需求是由包括人们心理因素在内的综合性因素决定的。在进行消费资料需求预测时要充分考虑到不同消费品，不同消费对象，不同消费水平、条件、倾向等对于消费需求的决定性影响。

预测消费品需求的增长时，也可以利用一些经济发达国家的数据。这些国家目前的收入水平和相应的消费水平也就是若干年后我们可能达到的水平。不过在做这种分析时要考虑各个国家的社会经济结构不同、国内外经济形势的变化及产品价格的升降等因素。

在消费资料需求预测中，还要考虑“配套产品”和“代用产品”的影响。比如照相机需求量的增长，会引起胶卷需求量的相应增加。而化纤织物需求量的增长，则会引起棉织品需求量的减少。

对于一些原来未生产过的新产品，在预测需求量时，可根据类似产品的需求量，考虑到代用程度、质量、性能、价格等因素，预测其市场需求量。

按预测时间的长短，又可分为长期预测、中期预测和短期预测。5 年以上为长期预测，1 ~5 年为中期预测，1 年以下为短期预测。

2. 市场预测程序

市场预测也有一定的程序。大体可分为三个阶段：第一阶段，确定预测目的，要弄清预测对象及产品的名称、用途和特点，是中期还是长期预测，预测的地区范围多大，多长时间完成等；第二阶段，资料的收集、整理和分析，用于市场预测的资料主要从市场调查中得来；第三阶段，对资料进行加工整理以后，选用适当的预测方法做出预测分析。预测方法选择的正确与否，在很大程度上将决定预测工作的成败。

3. 市场预测方法

常用的市场发展趋势预测方法有如下几种：

（1）直观法。根据熟悉未来市场需求情况的人们的判断与推理，依靠人们的经验和综合分析能力进行预测。常用的有以下几种方法：经理人员评判意见法、基层销售人员意见汇集法、用户需要直接调查法、专家意见法（德尔菲法）。

（2）历史引申法。利用历史资料和数据，按时间顺序排列，预测未来的需求量。常用的方法有：移动平均数法、指数平滑法、季节变动分析法、趋势预测法。

（3）因果分析法。利用事物间的因果关系来预测未来，需要足够的历史资料。常用的方法有：回归分析法、相关分析法。

（4）产品寿命期分析法。就是对处于不同寿命期内的产品的销售量的趋势进行预测分析。根据产品生命周期理论，产品进入市场后，经历四个阶段：投入期，这是产品进入市场试销和开拓市场的时期，这期间消费者不熟悉其性能，需经一定时期推广，销售量缓慢上升；成长期，产品销路打开，性能为消费者熟知，生产扩大，成本降低，利润增加，市场竞争弱，这时销售量迅速上升；成熟期，产品已逐步满足市场，竞争产品进入，供应量接近饱和容量，这时销售量趋稳；衰退期，产品老化，逐步被新产品淘汰，趋于退出市场，这时销售量下降迅速。

利用产品寿命期原理进行市场发展趋势分析主要采用以下方法：

1）销售趋势分析法。将历年的销售量绘成图表，判别其所处阶段，进而分析长期发展趋势。

2）产品普及率分析法。一般产品普及率越高，需求量发展趋势就越差。其计算公式为：

$$产品普及率=\frac{历年生产累计量+历年进出口累计量}{人口/家庭数量}$$

3）销售增长率法。按销售增长率的经验数据判别产品所处的寿命期阶段，进而分析市场发展趋势。其计算公式为：

$$销售增长率=\frac{销售量的增长量}{时间的增长量}\times 100\%$$

当销售增长率大于10%时，产品处于成长期；当销售增长率介于0.1%~10%时，产品处于成熟期；当销售增长率小于0.1%时，产品处于衰退期。

# 关于投资项目生产建设条件和技术方案评价*

## 一、投资项目生产建设条件评价

### （一）项目生产建设条件评价的要领和意义

项目生产建设条件是指保证项目建设和生产顺利进行的基本条件。它既包括项目系统内部自身的建设施工条件，如项目建设地址的工程地质、水文地质、地形地貌、气象气候等自然条件，也包括项目建成投产后的外部生产经营条件，如项目生产所需的自然资源、原材料、燃料和动力供应条件，项目所在地的交通运输、通信、水、电、气等基础设施条件，劳动力供应条件及项目外部协作配套条件。

项目生产建设条件评价就是对拟建设项目的建设施工条件和生产经营条件进行审查和分析，据以评价项目建设的可行性。这项工作在明确产品方案和生产规模的基础上进行，是开展项目的工艺技术方案、设备造型方案、工程设计方案以及项目实施计划评价的前提条件。

项目生产建设条件是项目建设和生产的物质基础，对项目建设工期、工程造价以及项目建成投产后设备生产能力利用率和经营成本有着重大影响。没有建设条件做保证，项目的建设和生产就会成为无米之炊。因此，项目生产建设条件评价是项目评价的重要组成部分，是项目决策的重要依据。

### （二）项目建设施工条件评价

1. 建设资金条件

项目所需的建设资金是否落实，筹资方式是否恰当，是否符合有关政策法规的规定，是直接关系到项目能否顺利建设的重大问题。如果建设资金不落实，项目将因资金短缺而

---

* 本文选自张敦富：《投资环境评价与投资决策》，中国人民大学出版社 1999 年版，第 258~298 页。参与者：王金佑。

被迫停工，延误建设工期，使项目不能及时投产。这样不仅加大建设成本，而且因耽误投产时间而造成更大的经济损失，或因不能完成项目全部建设规模而影响工程整体效益的发挥。从宏观上看，还会拉长全国的在建工程战线，影响宏观投资效益，影响财政、信贷平衡。因此，项目建设前必须对建设资金条件进行认真分析，主要从以下几个方面进行评价：

（1）分析评价项目建设总投资是否落实。认真仔细地估算项目总投资，尤其需要注意设备价款、建筑造价以及主体和辅助工程投资是否低估，不能留缺口，不能搞“钓鱼工程”。

（2）分析评价资金来源的正当性和可靠性。项目建设资金的来源应符合国家有关财政、信贷政策以及公司企业法规。对各种来源渠道应进行可靠性分析。

（3）分析评价资金来源的使用条件，尤其是国际性融资和使用外汇条件，注意分析国际市场价格和汇率的变化，以保证外汇物资的顺利采购。

2. 建设场地条件

建设场地条件包括项目建设地址的地形、地貌、工程地质、水文地质条件以及施工现场的供电、供水条件等。建设场地条件评价，主要应抓住以下几个方面的重点：

（1）分析评价建设地址的地形、地貌、工程地质和水文地质条件能否满足项目建设的需要。充分考虑建设场地条件可能给施工总平面布置、建筑材料、施工机械和施工技术等方面造成的影响，尤其是地下水位和土壤耐压力对基础工程和地下深部施工带来的不利影响，并采取有效可行的措施。

（2）分析评价项目建设是否符合节约土地资源、节省场地费用的原则。项目建设应尽量不占或少占良田，尽量利用空地、荒地。要详细估算土地补偿费、青苗补偿费和拆迁费等场地费用。

（3）分析评价项目建设施工所需的供电、供水条件。要保证项建设施工期间有稳定连续的供电和供水条件，防止供应中断而影响施工质量和施工进度。

3. 设备供应条件

设备供应是否及时、是否配套齐全、质量是否合格，将直接影响到项目能否顺利竣工投产运转，没有必要的设备，项目就建立不起来；设备不能及时供应，就会影响施工进度；设备质量不过关，项目建成后也不能正常生产。设备供应条件的评价，主要是分析评价设备供应厂商是否落实，是否签订了订货合同，其资信情况是否良好，设备供应厂商是否已组织安排生产、加工订货和保证如期供应。

4. 设计力量条件

项目设计，一般可分初步设计和施工图设计两个阶段。对于技术复杂而又缺乏设计经验的项目，可在初步设计后，增加技术阶段。对于技术简单、设计确有把握的项目，可用方案设计代替初步设计。对于涉及面广的大型矿区、油田、林区和联合大型企业等建设项目，为解决总体部署的重大问题，需进行总体规划或总体设计。

项目设计是保证项目顺利建设施工的重要条件。因此，必须根据项目的性质、特点、建设规模和技术设计的难易程度，来评价承担项目设计单位的技术力量和技术装备等状况，以达到项目总体设计方案合理，初步设计和施工图设计能满足施工要求等目的。

5. 施工力量条件

施工力量条件包括施工队伍的人员数量、技术水平、管理水平和装备水平等方面的内容。施工力量的强弱，对于建设工期、工程质量以及工程造价都有重大影响。施工力量条件的评价，主要调查分析施工企业的资信状况以及人员素质。技术水平、管理水平和装备水平方面的情况，评价其是否能确保工程质量，是否能按期竣工。一些大型特殊工程，施工质量要求高，甚至有特殊要求，因而需要特殊的专业施工队伍来承担。

## （三）项目生产经营条件评价

1. 自然资源条件

自然资源条件是指在一定时间、地点条件下能够产生经济价值，以提高人类当前和未来福利的自然环境因素和条件。目前还不能利用的自然要素，如地震、台风、暴雨、沙漠等，就不能称为自然资源。随着人类对自然界认识的不断深化，科学技术的日益进步，自然资源的范围将逐步扩大。

自然资源按其自然属性可分为矿产资源、土地资源、水资源、气候资源和生物资源等；按其经济功能可分为工业资源、农业资源、交通资源、医疗资源、旅游资源等；按其再生性质可分为可再生资源和不可再生资源。

自然资源的第一大特征是分布不均衡性。任何自然资源都需要特定的条件和环境才能形成。由于各地区自然条件和自然环境条件不相同，它们所拥有的自然资源的种类、质量、数量、利用价值也不尽相同，甚至存在很大的差异。因此，在对项目的自然资源条件进行分析评价时，必须分析资源分布的不均衡特征，结合项目所在地的资源情况，充分发挥地区资源优势，扬长避短，以提高项目的投资效益。

自然资源的第二大特征是数量有限性。自然资源无论是其绝对数量，还是其相对数量，对于任何国家在任何时候都是有限的。不可再生资源需要经过漫长的地质年代才能形成，相对于人类活动的历史而言，它们是不可再生的，持续的开采利用将使之枯竭。可再生资源虽然可以循环利用，但是在一定时期内其可利用数量也是有限的。因此，在对项目的自然资源条件进行分析评价时，必须注重研究分析资源的有限性，对项目建设和生产的制约和影响，力争通过项目评价和选择最大限度地合理分配和有效利用有限的资源，为社会创造更多的财富。

项目自然资源条件的分析评价除应注意自然资源的上述两大特征外，还应分析自然资源的质量、开发利用的可能性和经济性等问题，采取科学的方法，进行综合评价，做出符合实际的结论。自然资源条件的分析评价具体包括如下内容：

（1）审查和分析项目所需资源是否具备有关部门关于该项资源的研究报告和资料。例如，以矿产资源为开发对象的采掘工业项目，必须具备国家矿产储备委员会批准的关于该项资源储量、品位、开采价值以及运输条件的资源勘探报告，以确定该资源是否符合项目的基本要求。

（2）分析和评价项目所需资源的种类和性质。例如，对于开发矿产资源的项目，必须分析和评价矿产资源的矿床规模、类型特征、矿体形态及其大小、矿产品位和结构、伴生的有用和有害元素、矿石的物理性能和化学性能。

（3）分析和评价项目所需资源的可供数量、质量和服务年限。例如，对于矿产资源开发项目，必须分析矿产的地质储量和工业储量，以确定年开采量和服务年限；分析矿体的埋藏深度和储存方式，以确定资源开采方式，是露天开采还是地下开采；分析矿产性质，以拟定资源的综合利用方案。

（4）分析和评价资源的深加工程度。一般情况下，提高资源的加工程度，可以充分发挥和利用资源的优势，挖掘资源的使用价值，增加利用资源的经济效益。

（5）分析和评价资源的稀缺程度。对于需要利用稀缺资源的项目，必须进行稀缺资源的供需分析，并对其替代资源和开辟新资源的可能前景进行预测和研究。

（6）分析和评价资源供应的分散性和不稳定性。对于利用生物资源的项目，必须分析影响该项资源分散性和不稳定性的在素，寻求适当的解决方法和途径，以保证资源供应具有可靠的来源。

2. 原材料供应条件

工业项目所需的原材料，一般包括未加工的原料、经过加工的工业材料、制成品、辅助材料以及工厂用品等。原材料是工业生产所必需的基本条件，其供应能力如何，将直接决定项目的既定目标能否得以实现。

分析和评价投资项目的原材料供应条件，没有必要涉及所需的全部原材料，而应着重对其中主要的或关键性的原材料供应条件进行分析和评价。

（1）分析和评价原材料的品种、数量、规格、供应量能否满足项目生产能力的需要。应根据项目设计生产能力、选用的工艺技术和设备性能以及项目物料估算所需原材料的数量，并预测原材料供应来源的可靠性和保证程度。

（2）分析和评价原材料的质量和性能能否适应生产工艺的要求。注意分析特定项目对原材料在质量和性能上的特殊要求，因为它们直接影响到该项目的生产工艺、设备选型、产品质量和资源利用程度。

（3）分析和评价原材料的价格及其变动趋势。原材料的价格对于确定项目技术经济的可行性和合理性往往起着制约和决定性作用。因此，在评价时应根据原材料价格过去的变化情况，预测其未来变化趋势，估计原材料供应的价格弹性和互补性，选择物美价廉的原材料或其代用品，以达到原材料的优化利用。

（4）分析和评价原材料的运输方式、运输距离和运输费用。原材料的运输方式、运输距离和运输费用对项目生产过程的连续性和成本费用有很大影响。因此，在评价中，应对原材料的运输方式、运输距离和运输费用进行详细的计算分析和评价，尽量注意就地取材，以缩短运输距离，减少运输费用。

（5）分析评价原材料的存储设施条件。原材料的合理储备量及其相应的存储设施条件，是项目持续生产经营的保证。特别是在原材料来源和运输发生困难时，原材料储备量和存储设施尤为重要。

（6）分析和评价原材料的国内和国外来源情况。原材料的供应，首先要立足于国内。如果必须从国外进口时，则应说明需进口的理由，对进口原材料一定要注意供应的稳定性和运输环节。应考虑国外供应有变化时需采取的应变措施，并预测用国产原材料替代的前景。

3. 燃料、动力供应条件

项目所需的燃料，主要包括固体燃料、液体燃料和气体燃料；所需动力，通常包括供水、供电、供气、供风等动力设施及其供应能力。

燃料和动力是项目生产经营不可缺少的重要物质条件。在评价中，应抓住以下几个方面的重点进行分析评价：

（1）分析和评价燃料品种、规格的需求量和可供量。项目所需燃料种类，一般可根据项目本身生产工艺和设备选型的要求，并依据所选燃料对产品生产过程、成本、质量、厂区环境、生态平衡的影响程度而定。同时，还需分析评价燃料供应的有关政策、供应数量和供应方式，落实燃料存储设施。

（2）分析和评价供水条件。项目所需用水，主要有原料用水、锅炉用水、冷却用水、工艺用水和冲洗用水等。供水条件的分析，应根据项目对水源、水质的基本要求，分析评价水文地质资料和化验数据，并计算用水量、供水价格对成本的影响，分析评价生产中对工业用水的综合利用设施、污水净化设施、供水泵站和管网等供水设施是否完备。

（3）分析评价供电条件。供电条件的分析，需估算最大需电量、高峰负荷、备用量、按生产工艺要求计算的日耗电量、年耗电量及其对产品成本的影响，还需计算变电站、输电线路及自备电厂的功率及其投资。

（4）分析评价其他动力供应条件。其他动力供应条件的分析，要计算需求量、供应方式及其对产品成本的影响，分析自备设施规模、选型、管网布置及其投资费用，并分析其技术经济上的合理性和安全性。

4. 运输和通信条件

交通运输条件是项目物资供应和产品销售的重要条件，它关系到项目建设和生产所需的物资能否及时保证供应，也关系到项目产品的生产成本。通信条件包括电传系统和邮传系统，主要用以传播现代科学技术和市场信息，它是现代生产系统顺利运行的重要条件。对运输和通信条件的分析评价，主要应抓住以下几个方面的重点：

（1）分析评价项目所需的运输方式和运输设备。运输方式的选择可以从厂内和厂外两种运输方式进行分析。厂内运输方式的选择取决于运输的载体形式、性质和生产工艺要求；厂外运输方式与设备的选择涉及运输物资的类型和特点、运输量的大小和运输距离等因素。运输方式和运输设备的选择应进行多方案技术经济分析比较，在保证货物进出通畅和企业生产流转的同时，降低运输费用。

（2）分析评价装、运、卸、储等运输环节的能力及运输组织管理是否协调，能否保证项目建设和生产活动的连续性。

（3）分析评价相关交通运输项目的投资保证性。如项目采取铁路运输方式时，应分析与估算铁路接轨、编组站、仓储设施等相关投资和同步建设问题，以保证项目建设或投产后能充分、及时地发挥投资的效益。

（4）分析和评价通信设备、通信线路等相关投资及其是否能与拟建项目同步建设。

5. 外部协作和配套条件

外部协作和配套条件是指为拟建项目提供零部件、半成品或包装品的前序项目（协作厂）条件，以及拟建项目产品加工销售市场的后序项目（协作厂）条件。外部协作和配套条件是项目建设中不容忽视的一个重要问题，有些项目由于没有外部协作配套条件致使其效益受到严重影响。外部协作配套条件的分析，主要抓住以下几个方面的重点：

（1）分析和评价前序协作配套条件。主要调查协作厂对拟建项目所需零部件、半成品、包装品的供应能力、规格、交货期和运输条件，以及协作厂的地址和技术力量；分析评价协作件的保证程度，以及协作件的质量、价格和运输费用对项目产品的质量和成本的影响。

（2）分析评价后序协作配套条件。主要应在分析项目产品需求时考虑后序协作配套条件，最好与协作厂签订合同，把供需关系固定下来，使产品的销售有保证。

（3）分析评价前序和后序项目是否与拟建项目同步建设。前序和后序项目应与拟建项目在建设时间上、生产技术上以及生产能力上保持同步。时间上的同步，就是拟建项目与前序、后序项目的建设在时间安排上要相互衔接，同时建成投产，同时发挥效益。技术上的同步，就是拟建项目所采用的技术水平应与前序、后序项目技术水平相适应。生产能力上的同步，就是拟建项目与前序、后序项目的生产能力相互适应。同步建设是一个比较复杂的问题，需要进行多方面的调查，做出综合分析和评价。

6. 劳动力供应条件

项目生产建设需要一定数量和质量的劳动力，包括主要生产工人、辅助生产工人、技术人员、管理人员以及服务人员等。劳动力供应条件的分析，应主要抓住以下几方面的重点。

（1）分析评价项目的劳动定员。项目的劳动定员应根据项目产品方案、生产能力、生产工艺和组织机构设置，结合部门或行业的劳动定额标准、参考国内外同类企业的情况确定。

（2）分析主要生产工人或辅助生产工人的来源、素质和落实情况，评价项目投产后一般劳动力的保证程度。应根据项目主要工种的技术水平要求，结合人员来源的素质制定培训计划，需送国外培训的要单列计划，说明培训时间、国别、人数、专业以及培训方式。

（3）分析经理人员、技术人员的来源、质量和落实情况，评价项目投产后技术人员和经理人员的保证程度。

（4）分析评价工艺技术复杂的项目需要聘请外国专家和雇用外国技术工人的来源和落实情况。

## 二、投资项目生产规模方案的选择

### （一）生产规模及其研究的意义

生产规模是指劳动力、生产资料和产品在企业中的集中程度，其衡量指标有职工人数、生产能力和固定资产价值等。在项目评价中，主要使用的是生产能力指标，它是指企业在一定生产技术条件下和一定时间内可能生产某种产品的最大能力。生产能力一般按年计算，通常以实物产量或标准实物产量表示，如年产多少万吨钢，年产多少万吨标准煤；有些企业以装机容量或设备能力表示，如多少万千瓦的电站，多少万枚纺锭的毛纺厂；有些企业则以加工处理的原材料量表示，如年加工原油多少万吨。

企业按生产规模大小可分为大、中、小型企业。不同行业部门划分标志和标准有所差别。例如，钢铁联合企业，以产品生产能力为标志，年产钢材 100 万吨以上的为大型企业，10 万~100 万吨的为中型企业，10 万吨以下的为小型企业；发电厂以装机容量为标志，装机容量在 25 万千瓦以上的为大型企业，2.5 万~25 万千瓦的为中型企业，2.5 万千瓦以下的为小型企业；通用设备制造厂以固定资产原值为标志，固定资产原值在 3000 万元以上的为大型企业，800 万~3000 万元的为中型企业，800 万元以下的为小型企业。随着国民经济的发展，企业机械化和自动化程度的提高，企业规模的划分标准也会发生相应的调整和变更。

不同规模的企业具有不同的技术经济特点，它们在国民经济中的地位和作用也各不相同。一般来说，大型企业便于采用先进的科学技术，机械化和自动化程度较高，有利于提高劳动生产率；大批量的生产，能合理有效地利用原材料，降低产品成本费用，提高经济效益。这些技术经济优势，决定了大型企业在国民经济中的主导地位，起到骨干企业的作用。然而，大型企业需要大量的建设资金，建设周期长，投资回收期长，产品转向慢，因而对市场的适应性差。这些技术经济劣势，决定了国家不可能也不应该建设过多的大型企业。中小型企业具有投资少、见效快、生产灵活性大、市场适应能力强的优势，但在采用先进技术、运用高效率自动化生产设备和资源有效利用等方面却不如大型企业。

生产规模的大小，不仅关系到项目产品市场需求的满足程度、技术方案的选择、原材料及能源供应的满足程度，而且还关系到项目的投资效益以及整个国民经济的企业规模结构。因此，加强生产规模的研究，确定合理的项目生产规模，对于优化项目方案，提高投资效益以及建立大小适宜、配合协调的企业规模结构具有重大意义。

## （二）项目生产规模的制约因素

制约项目生产规模的因素很多，主要有如下几个方面：

1. 产品的市场需求量

制约项目生产规模的因素首先是产品的市场需求量及其需求范围和时间。一般情况下，项目的生产规模不能大于市场预测的需求量。如果项目产品的市场需求最大，需求范围广，需求时间长，应考虑建设大型项目；相反，如果项目产品的市场需求量不大，需求范围较小，需求时间短而急，则应考虑建设中小型项目。

2. 原材料、能源供应及其他生产建设条件

原材料、能源供应及其他生产建设条件是保证项目建设和生产顺利进行的条件。如果原材料和能源供应不足、运输困难、土地紧张、资金短缺或协作配套条件不充分，即使产品的市场需求量很大，项目的生产规模也只能定得小一些。但是如果这些条件能够在短期内得到改善，则可考虑将生产规模适当扩大。

3. 行业特点、产业政策和发展规划

拟建设项目生产规模的大小必须符合行业特点、产业政策和发展规划的要求。一般情况下，项目生产规模不能低于国家规定的低限。例如，汽车工业项目，微型汽车 10 万辆/年以上，中型汽车 6 万辆/年以上，重型汽车 5000 辆/年以上，轿车 20 万辆/年以上。发展规划要求集中生产的项目，生产规模可以大一些；而一般消费品项目，为了防止造成运输和供应困难，应接近市场布局，其生产规模可以小一些。

4. 生产工艺技术和设备

生产工艺技术决定着主导设备的技术经济参数，从而制约着项目的生产规模。标准化、系列化的生产技术和设备，规定了其特定的生产能力。项目生产规模必须符合这一特定生产能力的要求，否则就达不到应有的劳动生产效率。

5. 规模经济

规模经济是指在相同的生产、技术和管理条件下，企业的经济效益随着生产规模的变化而变化的规律。一般来说，生产规模越大，单位产品分摊到的固定成本费用越少，单位产品的盈利率也就越高。但是，生产规模扩大，带来的“经济”并不是无限的，规模达到一定程度后，规模的扩大只能带来经济效益的下降，直至亏损。规模经济的基本原理如图 1 所示。

图 1 中，A 点是起始经济规模，如果生产规模小于 A 点，企业就会发生亏损。其原因是，在 A 点以前，生产批量小，单位产品分摊的固定成本费用多，企业不可能盈利。因此，OA 段属于亏损生产规模区间。

E 点是最大经济规模，如果生产规模大于 E 点，企业就会发生亏损。其原因是，在 E 点以后，生产规模过大，企业超负荷运转，势必会提高产品生产成本，企业同样不能盈

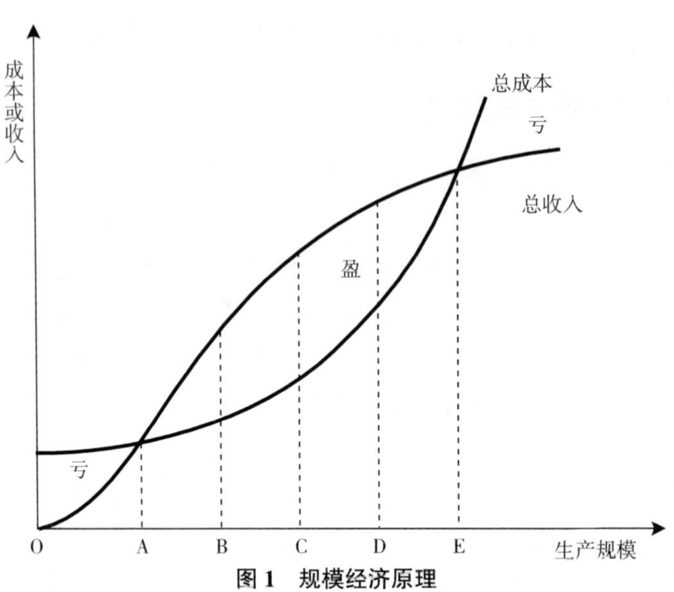


**图 1　规模经济原理**

利。因此，AE 段是可行生产规模区间。

C 点是最优经济规模，在这点上企业收入相对最大，成本相对最低，利润最高。因此，拟建设项目的生产规模应据此而定。然而，由于主观条件的限制影响，项目的生产规模很难恰好定在 C 点上，而是在 C 点左右的一段区间范围内。BD 段就是合理生产规模的区间。

由此可见，项目的生产规模会受到规模经济因素的影响，既不能小于起始经济规模，也不能大于最大经济规模，而应在包含最优经济规模在内的合理生产规模区间内，根据项目本身的特点、条件，综合考虑各种影响生产规模的因素加以选择和确定。

## （三）确定项目生产规模的基本方法

项目生产规模的确定一般采用逼近法，逼近法是一种由近而远、由粗而精、逐步分析和确定项目生产规模的方法，其基本步骤如下：

1. 确定项目的最大生产规模

（1）测算由市场需求决定的最大生产规模（$Q_1$）。在产品市场需求预测的基础上，根据项目产品的竞争能力，同时考虑同行业竞争对手、进出口贸易以及预测本身的误差等因素，预测项目产品占有市场的份额，并遵循“以销定产”的原则，测算由市场需求决定的最大生产规模。

（2）测算由生产建设条件决定的最大生产规模（$Q_2$）。根据项目建设资金可供量的限度，原材料、能量和动力的限度，建设场地的限度、协作配套条件和交通运输能力的限度，以及项目其他生产建设条件的限度，测算由生产建设条件决定的最大生产规模。

（3）测算由规模经济因素决定的最大生产规模（$Q_3$）。根据项目产品的销售收入函数、成本费用函数，同时考虑销售税金及附加因素，并考虑同类企业情况，利用盈亏平衡分析方法，测算规模经济决定的最大生产规模。

（4）确定项目的最大生产规模（$Q_{max}$）。选择 $Q_1$、$Q_2$ 和 $Q_3$ 中最小者为项目的最大生产规模，即：

$$Q_{max}=\min(Q_1, Q_2, Q_3)$$

2. 确定项目的最小生产规模

（1）测算由规模经济因素决定的最小生产规模（$Q_4$）。它所利用的资料和方法与测算 $Q_3$ 的相同。

（2）查询国家产业规模政策规定的最小生产规模（$Q_5$）。向有关政府部门查询国家对项目所在行业规定的最小生产规模。例如，火电厂单机容量不能小于 20 万千瓦，水泥生产需在年产 70 万吨以上。

（3）测算由工艺技术和生产设备决定的最小生产规模（$Q_6$）。根据项目采用的工艺技术，选定相应的生产设备，按厂商能够提供设备的最小规格，遵循工艺流程各环节设备生产能力协调配套的原则，测算由工艺技术和生产设备决定的最小生产规模。

（4）确定项目的最小生产规模（$Q_{min}$）。选择 $Q_4$、$Q_5$、$Q_6$ 中最大者为项目的最小生产规模，即：

$$Q_{min}=\max(Q_4, Q_5, Q_6)$$

3. 制定生产规模比较方案

在项目的最小生产规模（$Q_{min}$）和最大生产规模（$Q_{max}$）的区间范围内，根据厂商能够提供生产设备的各种规格，按工艺流程各环节生产能力协调配套的原则，制定各种可能的生产规模方案。

4. 确定项目最优的生产规模方案

采用一定方案的比较方法，对项目各种可能的生产规模方案进行分析和评价，从中选出最优的生产规模方案。方案比较的方法很多，这里仅介绍最小费用法。该方法首先估算各方案单位产品费用，其计算公式如下：

$$A=C+K\times E$$

式中，A——单位产品费用，C——单位产品经济费用，K——单位产品投资额，E——项目所在部门的投资效果系数（投资回收期的倒数）。

然后，比较各方案产品费用，其中最小者为最优方案。

值得注意的是，以下几种情况不宜进行项目建设：

第一，当由市场需求决定的最大生产规模小于由规模经济因素决定的最小生产规模，即 $Q_1<Q_4$ 时，项目不宜建设。

第二，当由生产建设条件决定的最大生产规模小于由规模经济因素决定的最小生产规模，即 $Q_2<Q_4$ 时，项目可暂时不建，等建设资金宽松、交通运输能力提高或其他生产建设条件得到解决时，再重新考虑建设项目。

第三，当由市场需求、生产建设条件和规模经济等因素决定的最大生产规模小于由工艺技术和生产设备决定的最小经济规模，即 $Q_{max}<Q_5$ 时，一般不宜单独建厂，可考虑是否存在利用设备的闲置生产能力进行联合建厂的可能。

第四，当由市场需求、生产建设条件和规模经济等因素决定的最大生产规模小于国家产业规模政策规定的最小生产规模，即 $Q_{max}<Q_6$ 时，项目一般应予以否决。

### （四）项目生产规模方案的制定和选择案例

假设拟建项目的产品为某种轻工业品，根据对制约该项目产品生产规模因素的分析研究，确定该项目的最大生产规模为 160 万件/年，最小生产规模为 60 万件/年。该产品完全采用流水线生产，设备厂商能够提供 60 万件/年、70 万件/年和 90 万件/年三种规模的流水线。

据上述条件，在最大生产规模和最小生产规模的区间范围内，项目有五种生产规模方案，即：

方案Ⅰ：安装一条 60 万件/年的生产线；

方案Ⅱ：安装两条 60 万件/年的生产线；

方案Ⅲ：安装一条 70 万件/年的生产线；

方案Ⅳ：安装两条 70 万件/年的生产线；

方案Ⅴ：安装一条 90 万件/年的生产线。

估算这五个方案的有关技术经济指标（见表 1）。

**表 1　不同规模方案的技术经济指标**

| 投资方案 | Ⅰ | Ⅱ | Ⅲ | Ⅳ | Ⅴ |
|---|---|---|---|---|---|
| 生产规模（万件/年） | 60 | 120 | 70 | 140 | 90 |
| 投资额（万元） | 5040 | 8280 | 5320 | 9380 | 6570 |
| 经营成本（万元/年） | 5160 | 8940 | 5740 | 9590 | 7020 |

采用最小费用法，计算各规模方案单位产品费用（项目所在部门的投资效果系数为 15%）如下：

方案Ⅰ：$A_1=(5160\div60)+(5040\div60\times15\%)=98.60$（元/件）

方案Ⅱ：$A_2=(8940\div120)+(8280\div120\times15\%)=84.85$（元/件）

方案Ⅲ：$A_3=(5740\div70)+(5320\div70\times15\%)=93.40$（元/件）

方案Ⅳ：$A_4=(9590\div140)+(9380\div140\times15\%)=78.55$（元/件）

方案Ⅴ：$A_5=(7020\div90)+(6570\div90\times15\%)=88.85$（元/件）

计算结果表明，方案Ⅳ的规模最佳。因此，拟建项目的生产规模宜定为 140 万件/年。

## 三、投资项目建设地址的选择

### （一）项目建设地址的选择

项目建设地址的选择实际上就是建设项目在地域空间上的落实过程。它涉及自然、社会和经济等多方面因素，一经选定建设，就不宜轻易拆迁变动，因而是一个具有全局性和长远性的重大问题。建设地址选择的合理与否，不仅影响项目本身的发展和经济效益，同时还影响到建设地区的经济发展方向、速度、结构及其在地域分工的作用和地位；不仅影响到经济效益，而且还影响社会和生态效益。因此，项目建设地址选择是可行性研究的重要工作环节和重要组成部分。

对于工业项目而言，建设地址的选择一般要经历建设地区、建设地点和厂址选择三个不同层次的工作阶段。不同阶段所涉及的问题、所要考虑的因素各不相同，因而所要遵循的原则也不尽一致。

1. 项目建设地址选择的原则

(1) 项目建设地区的选择，必须符合全国生产力布局规划的要求。项目建设地区的选择主要从增量上改变全国生产力布局的态势，是实现生产力布局规划的重要手段和途径。如果项目建设地区的选择与布局规划相违背，那么布局规划就成为一纸空文，布局规划的目标也就无法实现，从而使全国生产力布局处于无序状态，投资项目的宏观经济效益低下。因此，建设地区的选择以全国生产力布局规划为重要依据。

(2) 项目建设地区的选择必须符合地区经济发展不平衡的客观规律。综观世界各国生产力布局演变过程，地区经济发展走的都是由不平衡到逐步平衡的相辅相成的道路。国民经济地区间均衡配置的实现，必须以提高原有经济重心区作为向新地区展开的出发点和依托，始终把提高原有经济重心区和开发新地区两者紧密结合起来，要将有限的财力、物力优先放在解决关键资源和关键产业、见效快、效益高的地区，保证重点地区先行一步，同时把重点地区的发展和其他地区的开发有效地结合起来。

(3) 项目建设地区的选择必须符合社会劳动地域分工的客观规律。各地区自然资源和自然条件的不同，构成劳动地域分工的自然基础；各地区现有经济发展水平与特点，经济地理位置的不同，以及各地区生产诸要素的不同需求比例，构成劳动地域分工的经济基础，两者最终反映为不同地区同种产品生产费用的区间差异。项目建设地区的选择应充分利用地域分工的绝对利益和比较利益。趋利避害，扬长避短，破除不顾具体条件、各地区自我封闭体系的框框，杜绝不必要的重复布点和重复建设。

(4) 项目建设地区的选择必须充分考虑社会安定和国防安全的要求，区域经济差异过大，在一定程度上会影响社会的安定，因此，项目建设地区的选择要在统筹兼顾原则下，积极扶持少数民族地区和贫困地区的经济发展，逐步实现共同富裕的目标。此外，项目建设地区的选择要处理好国防前沿地区与战略腹地的关系，重要工业与产品的生产能力要有纵深配置。要做到“寓军于民”，和平时期，国防工业完成军品任务后的剩余能力转成民品生产；战时，民用工业能按战略动员计划有条不紊地转产军品。

2. 项目建设地点选择的原则

（1）项目建设地点的选择必须符合地区生产力布局规划的要求。在全国生产力布局规划下，各地区应根据当地自然、社会和经济情况，制定本地区的生产力布局规划。项目建设地点的选择是实现地区生产力布局规划的重要手段和途径，必须符合地区生产力布局规划的要求。否则，就不能充分利用本地区的优势，就不能改善和优化地区生产力布局，从而妨碍地区经济的发展。

（2）项目建设地点的选择必须符合提高社会劳动生产率的客观规律。根据各类项目生产、流通与消费的不同特点，使它们分别或同时接近原料、能源产地、消费市场或交通枢纽。加工过程原料失重大的农产品和矿产品初加工项目，应尽可能就原材料产地布点；原料失重少，成品不便运输或成品规格、品种繁多，市场需求变化频繁的项目，宜就市场配置；能耗大的项目，宜就能源基地安排；技术密集型项目则应摆在工业和科技力量雄厚、协作配套条件完备的城市。

（3）项目建设地点的选择应处理好集中与分散的关系。项目在地点分布上要有一定程度上的集中，这样可以节约基础设施和公共设施的投资，降低信息成本，便于专业化分工与协作。但是，如果项目过多地集中于少数地点，将会使项目远离原料、燃料产地，出现人口密度过大、交通拥挤、征地困难、水源不足、农副产品供应紧张、环境污染等一系列不容易解决的问题。因此，应根据项目的特点和各地情况，选择适当的项目建设地点，处理好集中与分散的关系。

3. 厂址选择的原则

（1）厂址选择必须符合区域和城市规划的要求。区域及城市规划是一定时期内，区域和城市发展及各项建设的综合部署，是建设和管理区域和城市的基本依据。厂址选择必须严格遵守区域及城市规划的规定，根据项目的性质和特点，按区域及城市功能分区布点。

（2）厂址选择应节约使用土地。随着经济的发展和人口的增加，土地越来越紧张，厂址选择应贯彻节约用地的原则，不占或少占良田，不给农业发展设置障碍。在土地特别紧张的地区，不应当安排大量占地的项目。

（3）厂址选择应避开场地条件恶劣的地区。不要在地震、断层、滑坡、泥石流、崩塌区布置项目。厂址选择要避开高温、云雾和风沙地区。场地外形的长宽要成一定比例，避免场地过窄而影响项目的平面布置。

（4）厂址选择应有利于专业协作。选址周围应有良好的外部协作和配套条件，以促进项目与其他企业之间进行专业化分工与协作，提高劳动生产率，节约投资费用。

（5）厂址选择应注意环境保护。要考虑项目排放的废水、废气和废渣对周围环境的影响，注意环境保护和生态平衡，保护自然风景区和名胜古迹。生产区和生活区分布应符合安全和卫生防护的要求。

(6) 厂址选择应方便职工生活。厂址除要满足生产的要求外，还要方便职工的生活，包括日常购物、子女教育、医疗卫生、文化体育等方面的物质和文化生活。

## (二) 厂址选择的具体要求

厂址选择应根据拟建项目的生产工艺特点对厂址的要求，以及外部条件和周围环境对生产经营的影响，对各种因素和条件进行利弊分析，初选出若干厂址方案，以供方案比较选优之用。项目对厂址的具体要求主要有以下几个方面：

1. 地基要求

首先，对地基的要求表现为对地基承载能力的要求。普通工业建筑要求地基耐压力为每平方厘米 1.5~2 千克，而锻压车间则要求 3~4 千克。如果地基承载能力达不到要求，则应进行人工改造，但为此需花费大量的投资费用。

其次是对地基稳定性的要求。产生地基不稳定的主要因素有地震、溶岩洞、陷穴、滑坡以及古墓、矿坑等。地震对项目建设影响较大，一般情况下，在 6 度以下地震裂度区域内，不必采取防震措施也可建设项目；在 6 度以上的区域建设项目，则需采取一定的防震措施。溶岩洞、陷穴、滑坡以及古墓、矿坑等具有一定区域性质，一般可以避开，如确实无法避开时，可采取填土打实等措施，防止建筑下陷。

最后是对地基水文地质的要求。地基的水文地质状况对工程建筑寿命长短和土建投资的高低有一定影响。一般项目要求静止的浅层地下水位在 5 米以下；如果不到 4.5 米即发现地下水，须进行排水，始能施工建设；地下水位在 0.5~2.5 米时，地下建筑要求有防水措施。地下水的化学性质对工程基础也有一定影响，如含有硫酸盐类化学成分的地下水，对地基有较强的侵蚀作用，为此需增加防蚀措施（如利用火山水泥或矿渣水泥做基础材料）。

2. 地形要求

项目用地的自然坡度和其选用的运输方式、工艺特点和排水坡度相适应。一般工业项目用地坡度在 0.5%~2%，以利于工业建筑、构筑物的安排，厂内交通运输系统的布置和自然排水的便捷。如果项目用地的自然坡度超出正常比例区间时，土石方工程量就会大大增加，从而提高工程造价。

项目对用地形状和面积的要求因项目的性质、自动化程度、运输方式、工艺流程、建筑密度和建筑层次而定。一般要求是地形完整，长宽比例适宜。若地形破碎，地带狭窄，周边界线复杂，常常无法充分利用土地面积。

地势的高低是保证项目正常生产的一个重要条件。通常把 50 年一遇的洪水标高作为一般项目安全生产的条件。位于湖泊、水库沿岸的项目，还要考虑水的波浪冲动高度。必要时，应考虑采用筑堤防洪措施。重要项目不应位于水库下游地区，以避免溃坝冲毁或淹没的危险。

3. 水源要求

水在现代工业中主要用作原料、蓄热、冷却、洗涤和调湿等，从其来源上看，有地表水和地下水两种。项目对水源的要求表现在水量和水质两个方面。电力、钢铁、石油化工、合成纤维等行业项目需要大量用水，应紧靠大型水源选址。食品、人造纤维、印染、制药、感光胶片等行业项目，不但需要较多的用水，而且对水质、水温要求严格。例如，造纸工业对水的透明度和颜色、食品工业对水的化学成分、纺织工业对水的温度、丝织工业对水的铁质含量都有一定的要求。

4. 电力要求

项目对电力的要求表现在供电量和供电可靠性两个方面。对大量耗电的炼铝厂、铁合金厂和电炉炼钢等项目，在选址时应接近电源，以减少电能损耗，节约设备投资。对在生产过程中不能断电的项目，如冶炼厂、化工厂等，除有充分的电力供应外，还要求供电的可靠性，这就需要有双回路或自建电厂，以保证正常生产。

5. 交通运输要求

项目性质不同所要求的交通运输方式也不同。铁路运输的特点是运量大、效率高、运费低，但建设投资大，用地面积多，并且要求地形平坦。因此，只有需要大量燃料、原材料和生产大量产品的冶金、化工、重型机器制造厂或大量提供原料、燃料的煤、铁、有色金属开采业，以及有大量厂外运输或有一个固定原料基地的项目，才应铺设铁路专用线。

水路运输费用最为低廉，对于木材、造纸原料、砖瓦、矿石、煤炭等大宗货物的运输应尽量采用水运，但应注意解决枯水期和冰冻期运输的途径。此外，还需考虑是否需要转运、转运量大小、转运装卸是否方便等因素，这对能否采用水运影响很大。

公路运输机动灵活，建设快，投资少，是那些运输量少、无法采用铁路运输的投资项目宜采用的主要运输方式。当利用现有公路进行运输时，沿途必须经过的公路构筑物和桥梁、涵洞应能满足最大和最重产品或原件通过的要求。

### （三）厂址选择的步骤和方法

厂址选择一般要经过选址前准备工作、现场踏勘和方案比较三个工作阶段。各阶段的工作内容和方法如下：

1. 选址前准备工作

选址前的准备工作主要是根据项目的产品方案和生产规模，对有关技术经济指标进行估算。主要的估算指标有原材料、燃料的需要量（吨/年）；运输量，包括运入量、运出量（吨/年），同时，提出是否需要专用线；用水量（吨/天），包括生产、生活和消防的最大用水量和平均用水量，以及对水质的要求；用电量，包括生产、生活照明，分别列出设备容量和全部容量（千瓦）；各种设备的数量和规格；建筑面积（平方米），分别列出生产区和生活区的建筑面积；用地面积（公顷），包括生产区、生活区、渣场、码头编组站、施工基地等用地指标；职工人数（人）；其他指标，如施工建材的需要量和运输量（吨），“三废”排放量（吨/天）等。

根据上述指标编制工厂组成，绘制选址前总平面布置草图与工厂用地的外形尺寸要求。此外，选址前的准备工作还包括为下一步的现场踏勘编写调查提纲。

2. 现场踏勘

现场踏勘是厂址选择的关键环节，其目的是初选出几个厂址方案，为方案比较提供基础资料。步骤和要求如下：

第一，会同选址地方的有关部门和单位收集选址有关资料，了解该地区区域和城市规划等方面的情况，并对拟选地点的基础资料进行初步分析。

第二，要明确项目的特殊要求，对关键性因素和条件进行深入细致的重点调查分析。例如，对运输量大的项目应重点调查交通运输条件；对用电量大的项目应重点调查供电条件；对用水量大的项目则应重点调查水源条件。

第三，在重点调查的基础上，根据项目的一般要求，调查分析其他生产建设条件、消费条件和职工生活条件。

第四，通过调查分析，进一步研究在某些地点建厂的可能性和合理性，并结合当地情况，草拟工厂总平面轮廓、对外交通运输方式、“三废”排放方式和废渣场地，以及职工居住区的位置。

第五，在有可能选中的厂址地段，进行选址阶段的初步勘测，以了解厂址的工程地质、水文地质情况。勘测点多少、范围大小与勘测深度，视项目建设规模、性质与不同要求决定。

3. 方案比较

根据现场踏勘对厂址进行初步取舍之后，应对具备建厂条件的几个厂址方案进行进一步的比较分析。厂址方案比较的内容包括地理位置、地形、地质、水文、气候、拆迁情况、四邻条件（包括协作条件、环境影响、交通运输、水、电等基础设施条件）和投资、经营费用等，如表2所示。

**表2　厂址方案比较**

| 序号 | 项目 | 厂址方案 | | |
|---|---|---|---|---|
| | | Ⅰ | Ⅱ | Ⅲ |
| 1 | 地理位置 | | | |
| 2 | 面积与外形 | | | |
| 3 | 地形与地势 | | | |
| 4 | 土石方工程 | | | |
| 5 | 工程地质 | | | |
| 6 | 地下埋藏 | | | |

续表

| 序号 | 项目 | 厂址方案 | | |
|---|---|---|---|---|
| | | Ⅰ | Ⅱ | Ⅲ |
| 7 | 地下水位 | | | |
| 8 | 地震烈度 | | | |
| 9 | 防洪条件 | | | |
| 10 | 占地类型 | | | |
| 11 | 交通运输 | | | |
| 12 | 供水与排水 | | | |
| 13 | 供电条件 | | | |
| 14 | 原材料、燃料条件 | | | |
| 15 | 协作配套条件 | | | |
| 16 | 建筑施工条件 | | | |
| 17 | 职工生活条件 | | | |
| 18 | 环境保护 | | | |
| 19 | 建设投资 | | | |
| 20 | 经营费用 | | | |

厂址方案比较，必须抓住关键性的制约因素，做定性和定量分析。对各方案的优点和缺点应有全面认识，不能因为某方案有某方面的优点，就简单地接受该方案，而否决其他方案；相反，也不能因为某方案有某方面的缺点，而简单地否决该方案。实际上，不存在能满足项目一切要求的厂址方案。这就要求方案比较坚持辩证唯物的观点，综合分析和评价各厂址方案。

厂址方案比较的方法很多，常用的有最小费用比较法和分级评分比较法两种。

（1）最小费用比较法。最小费用比较法是在预定的建厂地区内，选择几个较为合适的厂址方案，估算出各方案的建设投资和年经营费用，然后再计算各方案的年生产费用，其中最小者即为最优方案。年生产费用的计算公式如下：

$$A = C + I/T$$

式中，A——年生产费用；C——年经营费用；I——建设投资；T——基准投资回收期。

在估算建设投资和经营费用时，只要算出各方案不同部分和影响经营成本部分的费用即可，相同部分可略去不计。以供水工程为例，假设水源都是地面水，只是由于厂址位置不同，标高不同，致使建设投资和经营费用有所不同。在方案比较时，可以只计算输水管线的建设费用和扬水高度所需的运行费用，至于取水构筑物及净水设备等共同部分，可以不计算。

（2）分级评分比较法。分级评分比较法是一种将定性问题定量化的方案选优方法。该方法首先确定比较方案所需要考虑的各种因素，并按其对方案确定的重要程度给予一定权重，再对各方案的各种因素进行分级评分，最后将各方案因素评分值与其相应的权重相乘，得出综合评分，其中最高者即为最优方案。方案总分值的计算公式如下：

$$S=\sum_{i=1}^{n}P_i\cdot W_i$$

式中，S——方案总分值；n——对比因素的个数；$P_i$、$W_i$——第 i 个因素的评分和权重。

## 四、投资项目技术方案评价

### （一）项目技术方案评价的概念和意义

投资项目的技术方案主要包括工艺技术方案、设备选型方案、工程设计方案和项目实施方案。项目技术方案评价就是对项目所采用的各种技术方案进行多方面的综合分析论证，从中优选和推荐一个先进、适用、合理和可靠的最佳方案。这项工作在项目建设必要性和建设条件评价的基础上进行，是开展项目经济评价的前提条件。

项目采用的技术方案的优劣对项目的投资支出、成本费用、投资效益有决定性影响，直接关系到项目的生存和竞争能力。项目在技术环节上的任何缺陷都将成为项目实施和生产经营过程中的隐患，都可能直接造成项目投资不经济，甚至给投资项目以致命打击。这样的教训在中外投资项目建设领域并不少见。因此，对项目技术方案必须进行认真细致的调查、分析和论证，充分考虑技术开发、技术创新、技术转让和技术引进等各种因素对技术方案选择的影响，这对于确保投资决策的科学性，提高项目建设的成功率具有重要意义。

### （二）项目技术方案评价的基本原则

1. 先进性原则

投资项目拟采用的技术，应在同行业中居领先地位，是先进技术。这不仅要求项目的生产工艺和机器设备具有先进性，而且还要求工程设计和项目实施方案也具有先进性。先进技术的突出特点是效率高、成本低、用人少、积累大，这些主要通过各种技术经济指标表现。不同行业具有不同特点，衡量其技术先进性的指标也有所差异。例如，高炉炼铁主要选用高炉利用系数，石油化工厂主要选用原油综合利用率，火电厂主要选用煤耗指标等。

评价项目技术的先进性，还需考虑技术寿命期。一般来说，初期阶段的技术虽具有先进性，但尚不成熟，有待于生产和社会的进一步检验，具有较高的风险，因而不宜在生产中普遍推广使用；成长阶段的技术具有较强的生命力和竞争力，可在领先性项目中采用；成熟阶段的技术具有商品化的特点，可在一般项目上采用，但必须注意分析和研究其可能被淘汰的时间期限，处于衰退阶段的技术会被迅速淘汰，故不能继续采用。

2. 适用性原则

项目拟采用的技术应与生产要素的现有条件相适应，符合国情、国力和科学技术发展政策。根据我国实际情况，判断技术适用性的具体标准主要有以下几个方面：

（1）能否充分合理有效地利用有限的资源，降低原材料和能源的消耗。

（2）能否改善产品结构，提高产品质量，并有利于新兴产业和创新产品的开发。

（3）能否提高劳动生产率，有利于创造就业机会。

（4）能否适应企业的技术水平和管理水平。

（5）能否相对节约资金。

由此可见，先进技术不一定是适用技术，适用技术未必就是先进技术。在技术选择时，应根据国内外的社会经济背景、科学技术背景以及项目在国民经济中的地位和作用做出不同的抉择。一般来说，先导产业项目应以先进技术为主，以实现赶超世界先进水平的目标；支柱产业项目应以适用技术为主，以满足增强国力、迅速提高人民生活水平的需要。

3. 经济性原则

项目拟采用的技术应能以一定的消耗获得最大的经济效益。评价技术经济性既要注重项目本身的经济效益，也要考虑由此产生的相关部门和企业的效益；既要考虑现时的、近期的经济效益，也要注重技术被消化吸收后在较长时期内发挥作用而带来的经济效益；既要着眼于可用货币度量的经济效益，也要考虑难以用货币度量的社会和生态效益。

4. 可靠性原则

项目拟采用的技术应该是安全的、可靠的；否则，可能因技术的缺陷给人类社会和自然界带来危害，具体表现为对人类健康、安全的危害，破坏自然环境和生态平衡，损害社会机能，加速资源的消耗。因此，在开发和利用某项技术时，需要考虑其可能带来的不良影响和危害，并从社会角度、劳动保护、生态平衡角度进行可靠性分析和评价。对于可能发生的危害，采取积极的防范措施，以减轻和避免技术负效益。

综上所述，技术的先进性是技术选择的依据，技术的适用性是技术选择的条件，技术的经济性是技术选择的目标，技术的可靠性是技术选择的前提。这四项原则的地位对于不同行业、不同性质的项目各有侧重，但它们是相互联系的有机体，应体现和贯穿项目技术方案评价的全过程。对项目技术方案评价总的要求是：先进适用、经济合理、配套协调、确保安全。

### （三）项目工艺技术方案评价

工艺技术是指对各种原材料、半成品进行加工或处理，改变它们的形状、尺寸、性质，使之成为预期产品的方法和技术。工艺技术按其性质可分为生产技术、加工技术、制造技术、操作技术和检测技术等。这些技术按其是否受法律保护可分为专利技术和专有技术。项目取得工艺技术的途径主要有三条：一是技术贸易，二是技术开发，三是折资入股。

工艺技术方案评价就是分析评价项目工艺技术的选择是否符合先进性、适用性、经济性和安全性的要求。具体包括以下几个方面的内容：

1. 拟采用的工艺技术是否安全可靠

工艺技术的采用一般需要经过实验室研究、中间实验和工业制造三个阶段。实验室研究是根据基础研究的成果，以某项新工艺、新产品为对象，进行应用的可行性研究；中间实验是以实验室研究成果为基础，进行较大规模和较长时间的试验，以验证和改进工艺技术；制造阶段是指工艺技术进入生产领域，进行实际生产应用的阶段。项目拟采用的工艺技术必须是经过中间试验，并经权威机构鉴定为合格过关、安全可靠的成熟技术。

对危害性较大又必须采用的先进工艺技术，必须采取切实可行的防范治理措施，以保证生产工作人员的人身安全和环境不受污染。对于初次采用的工艺技术，应对使用中可能遇到的风险和困难进行细致调查，深入研究，分析利弊得失。切不可冒险行事，把建设项目当作实验场所。

2. 拟采用的工艺技术是否具备先进的技术经济指标

进行工艺技术先进性分析评价，一是要选择适当的技术经济指标，二是要选择合理的比较对象。技术经济指标的选择要体现资源利用效率和资源消耗系数等方面的特征，当涉及多项指标时，要进行分项评分，综合评价。比较的对象，一般选择国内同类企业原有的工艺技术，不一定非选世界最先进的工艺技术不可。当然，绝不能选择即将淘汰的、各项技术经济指标相当落后的工艺技术作为比较的对象。

3. 拟采用的工艺技术能否保证产品的质量

产品质量的好坏，主要由生产产品的工艺技术决定。随着生产和技术的发展，消费者对商品质量的要求越来越高，企业经营者把产品的质量当作产品的生命，其好坏将直接决定企业的生存和发展能力。因此，项目拟采用的工艺技术必须保证产品的质量。

4. 拟采用的工艺技术是否与原材料供应相适应

相同的产品，由于工艺技术不同，对原材料性质、特点等方面的要求不尽相同。在一定的情况下，原材料能决定所采用的工艺技术，如石灰石的性质决定水泥厂采用湿法还是干法工艺技术。为此，工艺技术的选择，必须与所用原材料的性质、特点相吻合，要充分发挥本国、本地区的资源优势，节约稀缺资源，提高现有资源的合理配置和综合利用效益。

5. 拟采用的工艺技术是否经济合理

项目拟采用工艺技术的经济合理性表现为工艺成本的高低。工艺成本主要由原材料、燃料和动力费用、运转维护费用、人工费用和固定资产折旧费用等要素构成。在分析评价工艺方案的工艺成本时，可采用年费用比较法和最小年成本法，将可供比较的各工艺方案进行比较，从中选择出工艺成本最低的方案。

此外，在进行工艺技术方案选择时，还应分析和评价拟采用的工艺技术是否与本国、本行业和本地区的吸收能力和管理水平相适应，是否与劳动力资源的数量和质量相适应。是否能节约资金，提高资金产出率，是否能减少和避免坏境污染和生态破坏。

## （四）项目设备选型方案评价

设备是指生产和生活中所需的各种机械和装置的总称。就工业项目而言，设备包括生产设备、辅助设备、服务设备及备品和工具。生产设备是指直接改变劳动对象形态和特征的各种机械和装置，如各种机床、平炉、纺织机等；辅助设备是指保证生产设备完成工艺要求的各种机械和装置，如蒸汽锅、发电机、传送带、汽车等；服务设备是指为生产、管理和生活服务的各种机械装置，如电脑、传真机、医疗器皿、住宅设施等；备品和工具是指各种备用设备、易损件备用品和工器具。

设备选型方案根据选定的工艺技术方案生产规模来确定。设备选型要体现工艺技术方案的先进适用性和经济合理性，要保持整个工艺流程中各工序的前后平衡、协调，以求得较高的设备利用率、建筑设施利用程度和劳动生产率。具体地说，设备选型方案包括以下几项内容：

1. 拟选设备生产能力配置是否合理

在理论上，各工序、工段设备额定生产能力等于设计生产规模要求该工序、工段所具备的生产能力。然而，在实际中，这种理想的生产能力配置是很难达到的。其主要原因在于：设计生产规模是根据主导设备的额定生产能力，结合其他制约规模的因素分析确定的，其他设备只能尽量与主导设备的额定生产能力相吻合配置，因此，整个工艺过程中各工序之间、主要设备与辅助设备之间的额定生产能力是很难完全吻合的。为此，必须对设备生产能力配置比例进行核定，避免各工序之间设备生产能力配置差异太大而造成设备生产能力的浪费。核定设备生产能力比例的基本方法如下：

（1）核定单台（套）设备的年生产能力。其计算公式为：

单台（套）设备年生产能力＝设备单位时间额定生产能力×设备有效工作时间

（2）核定应配置该设备的台（套）数。其计算公式为：

该设备应配置台（套）＝设计规模要求该设备的年生产能力÷单台（套）设备年生产能力

经过上述计算，再结合项目实际情况进行综合分析，进而核定设备生产能力配置的合理比例和数量。

2. 拟选设备是否配套

项目拟选设备的配套性是指各种相关联的设备和器具在数量、技术指标和参数上的吻合程度及其适应性。设备的配套性可分为单机配套、机组配套和项目配套三个层次。单机配套是指一台机器中各种工具、部件和附件要配备齐全；机组配套是指一台设备的主机、辅机等设备要配合成套；项目配套生产设备与辅助设备及其他设备要相互配套。分析和评价项目拟选设备的配套性，必须首先考察单机的配套性，其次再考察机组的配套性，最后对项目的配套性进行多方面的综合分析和评价，以充分发挥和利用设备的生产能力，提高设备投资效益。

3. 拟选设备运转是否稳定可靠

设备运转的稳定可靠性是指设备按规定的生产条件，在一定时间内，无故障地完成规定功能或发挥额定生产能力的概率。因此，拟选设备可靠性的分析实质上是可靠性理论在设备选型方案比选中的具体应用。拟选设备可靠性分析的目的是能否保证项目生产正常运行，能否保证产品质量和性能。

4. 拟选设备是否经济合理

拟选设备的经济合理性是指拟选设备在满足工艺技术要求的前提下，投资少，营运成本低，经济效益好。分析和评价拟选设备的经济合理性一般采用费用效益分析法。该方法主要考虑拟选设备寿命期内的总费用和总效益两个因素，并计算出设备综合效率，据此进行设备选型方案的比选。设备综合效率的计算公式为：

设备综合效率=设备寿命期内总效益÷设备寿命期内总费用

式中，设备寿命期内总效益一般用产量、销售收入或利润等指标表示，但也要考虑质量、交货期、安全生产和环境保护等因素；设备寿命期内总费用包括设备从设计、制造、安装、试验、维修、革新直到报废为止的全部支出，主要由设备购置费和营运费构成。计算总效益和总费用时，应考虑时间价值因素。

5. 设备选购方案是否合理

设备的选购应立足于国内。如确需引进设备时，必须事先做好考察联系的工作，选择好适当的国家和厂家。对于大宗的设备采购可采取“国际竞争性招标”的办法，从投标者相互竞争中选购物美价廉的设备。对于一般设备的采购应进行多方询价，从中选出理想的厂商进行谈判签约。

## （五）工程设计方案评价

投资项目的工程设计方案主要包括总平面设计方案、建筑物空间设计方案和建筑物结构设计方案三个方面的内容。对拟选项目工程设计方案的分析和评价，应遵循坚固适用、技术先进、经济合理的原则。

1. 总平面设计方案评价

总平面设计是指建筑物、构筑物、交通路线、地上地下工程技术管线及绿化、美化设施总体布置的设计。方案的评价主要从以下几个方面进行：

（1）总平面设计方案是否满足生产工艺流程的要求。总平面设计应保证生产过程的连续性，主要作业线无交叉、无逆流现象，使生产线最短、最直接，各建筑物布置紧凑。

（2）总平面设计方案是否适应厂内外运输的要求。总平面设计应根据项目投入产出物的种类、数量，以及不同运输方式的要求，布置厂内外运输路线，并从运量、运距、运输成本、运输负荷、投资及经营费用等方面，对不同运输方案进行分析和评价，从中选择最优方案。

（3）总平面设计方案是否适应厂区自然条件和城市规划的要求。总平面设计应结合建设场地的地形、主导风向、地下水位等自然条件，合理布置厂房和构筑物，为生产、运输和生活创造良好的环境。建筑物的外形、高度、朝向应符合城市规划的要求，与周围建筑群体和地形相互配合、统一协调。

（4）总平面设计方案是否满足卫生、防火和安全保护的要求。总平面设计应按卫生、防火、防噪声等方面的要求布置建筑物和构筑物，必要时应设置防护间隔距离和安全绿化带。

（5）总平面设计方案应符合节约用地的要求。总平面设计应按节约用地的要求，合理布置车间，合理留用土地。对于在原厂内新建车间和附属工程，应注意新建筑物与原有建筑物之间的协调性。

分析和评价总平面设计方案的主要技术经济指标有全厂土地利用系数、生产区场地利用系数、生产区建筑系数、生活区建筑系数、全厂绿化系数、用地比例结构、建筑工程量和生产经营费用等。

2. 建筑物空间设计方案评价

建筑物空间设计是指厂房的柱网、层高、层数、面积、体积以及厂房（车间）平面布置等方面的设计。建筑物空间设计应根据生产工艺的要求，选择合理的厂房层数和层高、面积和体积，合理布置厂房（车间）平面，确定合理的柱网。

按层数，厂房可分为单层厂房和多层厂房。单层厂房适用于需要跨度大、层高、生产时震动强、散热多，以及有生产设备、起重设备的车间，如钢铁联合企业中铸工、锻工、轧钢等车间；多层厂房适用于工艺过程紧凑，需要利用重力输送原料组织垂直流程，设备和产品重量轻以及需要保持恒温、恒湿等轻型车间，如化工厂、仪表厂、食品厂等。单层厂房的高度主要取决于车间内部的运输方式；多层厂房的层高应综合考虑生产工艺、采光、通风以及建筑费用等各方面的因素。在保证生产工艺需求的前提下，应尽量降低层高，节省工程造价。

厂房（车间）的平面布置应该保证生产线的合理布置，使设备安置与生产操作者有一定的空间，各工序之间密切联系，车间之间及其内部运输方便，并适应全厂的工艺流程。厂房（车间）的平面布置中最关键的是确定合理的柱网，即确定柱子的合理跨度和间距。柱子跨度和间距的大小通常根据设备的尺寸及布置情况、投入产出物运输及生产操作所需的空间来决定，同时还应考虑结构方案的技术可能性和经济合理性。

厂房的面积和体积应按生产工艺要求，根据设备外形尺寸确定，在不影响生产能力的前提下，尽量减少厂房（车间）的面积和体积，节省建筑造价，提高单位面积产品产量。

分析和评价建筑物空间设计方案的技术经济指标主要有生产面积、辅助面积和服务面积的比重，每个生产工人所占的生产面积，单位设备所占的生产面积，单位产量占地面积和建筑面积等。

3. 建筑物结构方案评价

建筑物结构一般有砖混结构、钢筋混凝土结构、预测力钢筋混凝土结构和钢铁结构等形式。目前厂房建筑结构已朝“轻质、大跨、空间、薄壁”方向发展，并以薄壳结构、悬索结构、折板结构等装配式结构，以及现浇混凝土筒体结构，逐渐替代以往广泛采用的梁板结构。

建筑结构形式的选择应根据适用、美观、经济的原则，因地制宜，就地取材，降低运输费用，切实做到技术先进、经济合理、安全适用、施工方便。在满足生产工艺要求的前提下，广泛采用新结构、新构件、新材料，节省“三材”，促进工程设计的标准化，构件预制工厂化，施工机械化，逐步提高建筑工业化水平。对于某些有特殊要求（如恒温、防震等）的厂房，应根据具体情况，特殊考虑。

分析和评价建筑结构方案的技术经济指标主要有建设工期、劳动消耗、建筑造价，以及结构构件的造价、劳动消耗、材料消耗、装配程度、统一化程度、使用期限等。

## （六）项目实施方案评价

项目实施方案是指项目决策研究、资金筹措、勘察设计、技术选择、设备采购、建筑施工以及试车投产和正常生产等各工作阶段的时间进度安排计划。在工艺技术方案、设备选型方案和工程设计方案确定之后，应编制项目实施方案，确定合理的建设顺序、建设时间、建设工期以及投产和达产时间，使各工作环节相互衔接和配套。如果项目实施计划安排不当，将会影响整个项目建设进度，拖延建设工期，从而增加项目投资总额，降低项目的投资经济效益。为此，需要对项目各工作阶段和环节进行统一规划，综合平衡，编制合理而又可行的项目实施方案。

1. 项目实施方案的编制方法

项目实施方案的编制方法主要有线条图和网络图两类。

（1）线条图法。线条图也称横道图，是一种传统的计划管理方法。它把项目实施划分为若干作业活动或工作单元，用横坐标表示时间，纵坐标表示各项作业活动，每项作业活动用一线条表示，两端表示该作业活动的起止时间，其长度即为完成该项作业活动所需的时间（如图 2 所示）。

线条图编制简便，形式通用，图像直观，一般工程项目的实施方案都使用这种编制方法。但在线条图中看不出各项作业活动之间的相互联系及对应的前后环节，因此不能适应大型复杂项目实行现代化管理的需要。

（2）网络图法。网络图也称流线图，是一种现代的计划管理方法。最初是由美国两个单位研究出来的。一个是杜邦公司，该公司在维修化工设备时提出了关键路径法（CPM）；另一个是美国海军在研究北极星导弹时提出的计划评审法（PFRT）。这两种方法在概念上和方法上基本相同，主要区别在于时间估计的方法不同。在长期实践中，两种方法都不断地改进和完善，已逐渐融合在一起。

网络图由圆圈和箭线组成，具体包括活动、事件和线路三方面内容。活动是指一项作业或工作，以箭线表示，箭尾表示活动的开始，箭头表示活动的结束，箭线上方标写活动

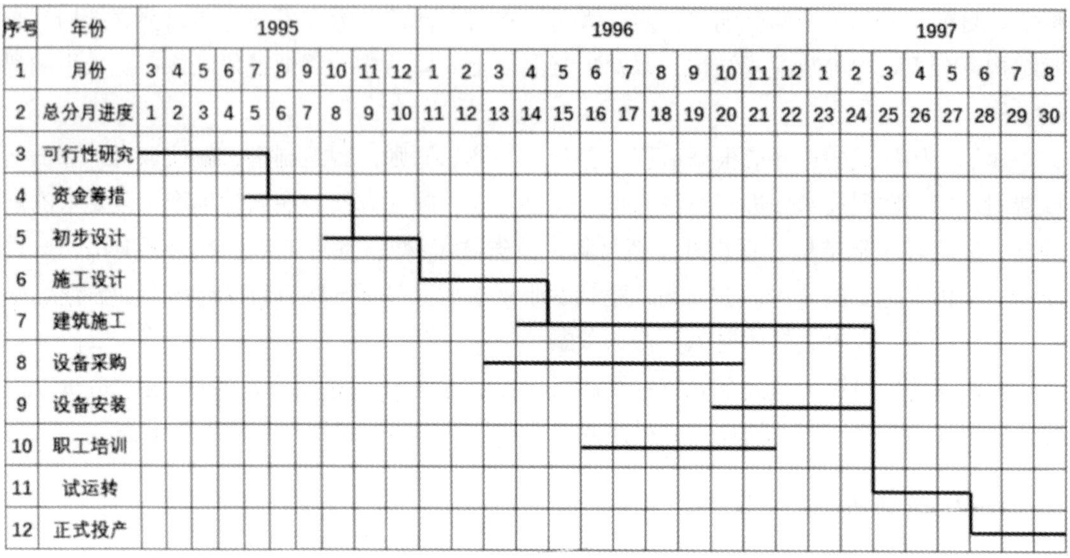

| 序号 | 年份 | 1995 | | | | | | | | | | 1996 | | | | | | | | | | | | 1997 | | | | | | | |
|---|---|---|---|---|---|---|---|---|---|---|---|---|---|---|---|---|---|---|---|---|---|---|---|---|---|---|---|---|---|---|---|
| 1 | 月份 | 3 | 4 | 5 | 6 | 7 | 8 | 9 | 10 | 11 | 12 | 1 | 2 | 3 | 4 | 5 | 6 | 7 | 8 | 9 | 10 | 11 | 12 | 1 | 2 | 3 | 4 | 5 | 6 | 7 | 8 |
| 2 | 总分月进度 | 1 | 2 | 3 | 4 | 5 | 6 | 7 | 8 | 9 | 10 | 11 | 12 | 13 | 14 | 15 | 16 | 17 | 18 | 19 | 20 | 21 | 22 | 23 | 24 | 25 | 26 | 27 | 28 | 29 | 30 |
| 3 | 可行性研究 | | | | | | | | | | | | | | | | | | | | | | | | | | | | | | |
| 4 | 资金筹措 | | | | | | | | | | | | | | | | | | | | | | | | | | | | | | |
| 5 | 初步设计 | | | | | | | | | | | | | | | | | | | | | | | | | | | | | | |
| 6 | 施工设计 | | | | | | | | | | | | | | | | | | | | | | | | | | | | | | |
| 7 | 建筑施工 | | | | | | | | | | | | | | | | | | | | | | | | | | | | | | |
| 8 | 设备采购 | | | | | | | | | | | | | | | | | | | | | | | | | | | | | | |
| 9 | 设备安装 | | | | | | | | | | | | | | | | | | | | | | | | | | | | | | |
| 10 | 职工培训 | | | | | | | | | | | | | | | | | | | | | | | | | | | | | | |
| 11 | 试运转 | | | | | | | | | | | | | | | | | | | | | | | | | | | | | | |
| 12 | 正式投产 | | | | | | | | | | | | | | | | | | | | | | | | | | | | | | |

**图 2 项目实施进度线条图**

代号，箭线下方标写完成该活动所需的时间。事件是指某项活动的开始或完成，事件也称结点。第一个事件是整个工程的开始，最后一个事件是整个工程的结束。线路是指从网络图第一个事件，顺着箭线方向，到最后一个事件为止，中间由一系列首尾相接的结点和箭线所组成的通道。网络图中，可能有许多条线路，每条线路的时耗有长有短，其中时间最长的一条线路称为关键线路。

运用网络图编制项目实施方案的工作步骤如下：

第一，提出项目实施方案所要达到的具体目标，如建设工期、资源消耗、工程造价等。

第二，把建设项目分解为若干作业活动或工作单元，并确定各作业活动或工作单元的先后顺序和相互关系。

第三，估算各作业活动或工作单元的时耗。在有标准定额资料的情况下，按工时定额或劳动定额估算时耗。在没有标准定额资料的情况下，通常采用三点估算法，将时耗分为最乐观值 a、最可能值 b 和最保守值 c，然后求其平均值 $\bar{t}$。其计算公式如下：

$$\bar{t}=\frac{a+4b+c}{6}$$

第四，绘制网络图。编制方法有两种：一是顺序法，即从项目实施始点事件开始，为各项活动确定其后继活动，直到项目实施终点事件为止；二是逆序法，即从项目实施终点事件开始，为每项活动确定其前项活动，直到项目实施始点事件为止。

第五，计算事件的最早开始时间和最迟结束时间。其计算公式如下：

$$T_E(j)=\max[TE(i)+t(i,\ j)]$$

$$T_L(i)=\min[TL(j)-t(i,\ j)]$$

式中，$T_E(j)$——j 事件的最早开始时间，$T_E(i)$——先行事件 i 的最早开始时间，t(i,

j）——事件 i 和 j 之间活动的时耗；$T_L(i)$——i 事件的最迟结束时间，$T_L(j)$——后继事件 j 的最迟结束时间。始点事件 $T_E(1)=0$，终点事件 $T_L(n)=T_E(n)$。

第六，计算各项活动的总时差，确定关键线路。事件 i 和 j 之间活动的总时差 R（i，j）的计算公式为：

$$R(i, j)=T_L(j)-T_E(i)-t(i, j)$$

在网络图中，总时差为零的活动为关键活动，关键活动的连线即为关键线路。

第七，优化项目实施方案。即利用时差不断改善项目实施的最初方案，在满足既定工期条件下，寻求资源消耗最小、成本最低；或在既定的人力、材料和资金条件下，寻求工期最短。具体措施包括利用时差，从非关键线路抽调人力、设备集中于关键线路；在关键活动上采用新工艺、新技术和新方法；对关键活动进一步分解，采取平行作业或增加班次等。

例如，某项目实施可分为 A、B、C、D、E、F 六项活动，各项活动的时耗分别为 2、5、1、7、6、3 个月，它们之间的关系如图 3 所示。

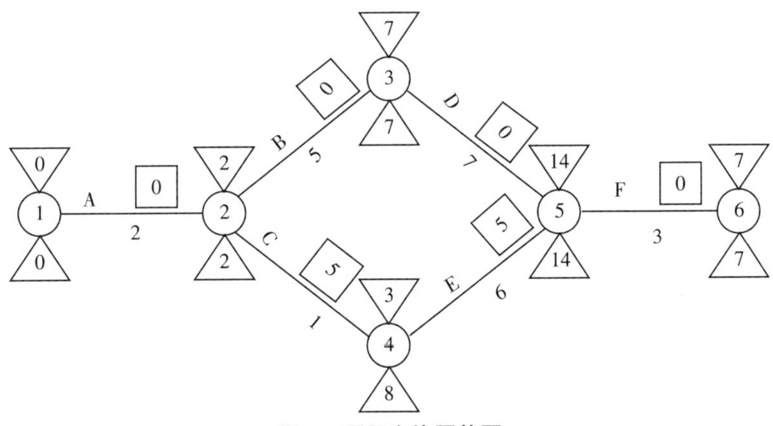


**图 3 项目实施网状图**

根据已知条件，可以计算事件的最早开始时间和最迟结束时间以及各项活动的总时差，计算结果分别标在网络图中▽、△和□等图形内。由此可见，A、B、D、F 四项作业活动为关键活动，它们的连线即为关键线路。

2. 项目实施方案评价的主要内容

（1）分析和评价各阶段工作在时间上的衔接性和交叉性。如出国考察一般在可行性研究前进行，在项目评估前结束；国外设备的招标或比价一般在项目批准后开始，初步设计前后结束；设备交货应与施工进度相衔接，职工培训与建筑施工同时进行。

（2）分析和评价项目实施进度与资金筹措时间和数量是否相互协调。资金筹措应考虑国内外财政与银行贷款、股票、债券、出口信贷租赁等各种引资方式。资金筹措时间应能满足项目实施进度的要求。项目实施进度应考虑资金筹措时间，统筹安排。

（3）分析和评价施工力量能否与施工进度相协调。要了解项目采用何种施工方式，是出包还是自营，如果是出包施工，是否已做好招标准备，是否已拟定招标范围；如果是自营施工，施工水平如何，主要建筑材料来源是否落实。

（4）分析和评价设备订货与项目实施进度是否协调。项目实施进度不仅要考虑设备询价和取得设备资料的时间，还要考虑设备订货顺序及时间安排。

（5）分析和评价项目试产、投产和达产的时间。引进设备要将试产时间安排在采购合同规定的质量考核期之内。要明确竣工投产日期，以及达到生产能力的分年进度，以便计算各分年的成本和收益。

# 关于投资方案比较与决策分析*

## 一、投资方案比较

项目评价和决策归根结底是一种方案比较，是通过比较来选取最优方案。项目的优选和排队是通过项目间的比较来进行的；同一项目的多方案比较贯穿于项目可行性研究的始终。在项目可行性研究过程中进行各项主要经济和技术决策（如工厂规模、产品方案、工艺流程和主要设备选择、原材料和燃料供应方式、厂址选择、工厂布局以及资金筹措等）时，都应根据实际情况提出各种可能的方案进行筛选，并对筛选出的几个方案进行经济计算，结合其他因素的详细论证比较，最后作出抉择。因此，方案比较是寻求合理经济和技术方案的必要手段，是项目经济评价的重要组成部分。

### （一）互斥方案及其比较

这里所说的投资方案的比较主要是指互斥方案的比较。所谓互斥方案是指为达到同一目标而设置的彼此可以相互替代的方案，也就是说，方案具有排他性，采纳方案组中的某一方案，就会自动排斥这组方案中的其他方案。互斥方案的比较可按各个方案所含的全部因素（相同因素和不同因素）计算各方案的全部经济效益和费用，进行全面的对比，也可以仅就不同因素计算相对经济效益和费用，进行局部的对比。

方案比较的方法很多，常用的方法有净现值法、净现值率法、年等值法、差额投资内部收益率法、最小费用法等，所对应的判断指标有净现值、净现值率、年等值、差额投资内部收益率和费用现值及年费用等。净现值法是指通过计算各方案的净现值来比较方案优劣的方法，以净现值大者为优。年等值法是指通过计算各方案年等值来比选方案，年等值最大的方案为最优方案。差额投资内部收益率法是指通过计算差额投资的内部收益率来比选方案。差额投资内部收益率大于基准收益率时，投资大的方案优于投资小的方案；反

* 本文选自张敦富：《投资环境评价与投资决策》，中国人民大学出版社 1999 年版，第 449~465 页。参与者：胡建平、张红。

之，投资小的方案优于投资大的方案。最小费用法是指通过计算各方案的费用，比较其大小，费用最小的方案为最优方案。

一般而言，用来比较各方案的经济合理性，可以选择以上这些方法和指标中的一种来进行。但是，在不同的情况下，不同的指标会有差异，有时甚至会出现矛盾。例如，净现值（NPV）与净现值率（NPVR）这两个指标在方案比较和项目排队中有时会得出相反的结论。假设 A、B 两个方案投资现值为 $I_a=200$，$I_b=340$，净现值分别为 $NPV_a=100$，$NPV_b=160$，那么，按净现值进行比较，应选择方案 B，按净现值率进行比较则应选择方案 A。因此，在具体进行方案比较时，应根据不同的情况选择合适的方案比较方法和指标。

选择方案比较方法和指标，一般应注意：第一，比较各方案是否有相同的产出效益。当多个方案都可以满足同样的需求，即产出效益相同，这时可以采用最小费用法。特别是在各方案的产出效益相同却难以估算的情况下，采用最小费用法最为简便。它只需计算各方案的费用，比较其大小，费用最小的方案为最优方案。第二，明确各方案有无资金限制条件。在没有资金限制的条件下，应选用净现值法和年等值法；在有明确的资金限制条件下，应选用净现值率法。当两个方案的投资均满足资金的约束条件且两个方案自身的经济指标都满足要求时，比选这两个方案，应采用差额投资内部收益率法。差额投资内部收益率大于基准收益率时，投资大的方案为优。第三，方案计算期是否相同。对计算期不同的方案，可以采用局部比较法，如年值法和年费用比较法。如果采用净现值法、费用现值法或其他方法时，则需对各比较方案的计算期做适当处理后再进行比较。总之，选用何种方案比较方法和指标，应根据各方案的特点和要求来确定。投资方案比较方法和指标的适用范围如表 1 所示。

**表 1　投资方案比较方法和指标的适用范围**

| 用途指标 | 净现值 | 内部收益率 | 净现值率 |
|---|---|---|---|
| 项目经济评价（独立项目的可行性判断） | NPV＞0 时，可考虑接受 | IRR＞i 时，可考虑接受 | NPVR＞0 时，可考虑接受 |
| 方案比较（互斥方案选优） | 无资金限制时，可选 NPV 较大者 | 一般不直接用，可计算差额投资内部收益率（ΔIRR），当>i 时，以投资较大者为优 | 存在明确的资金限制时，选择 NPVR 较大者 |
| 项目排队（独立项目按优劣排序的最优组合） | 不单独使用 | 一般不采用 | 按 NPVR 大小将项目排序，选满足资金限制条件的项目组合，使 NPV 最大 |

注：IRR 为内部收益率。

## （二）差额投资内部收益率法

差额投资内部收益率法是通过计算两个投资额不相等的方案的差额投资部分的内部收益率，来比较两个方案的优劣。差额投资内部收益率定义为两个投资额不相等方案各年净现金流量差额的现值之和等于零时的折现率。财务评价和国民经济评价时其表达式分别如下。

财务评价时：

$$\sum_{t=1}^{n}[(CI-CO)_2-(CI-CO)_1]\times(1+\Delta FIRR)^{-t}=0$$

其中，$(CI-CO)_2$——投资大的方案的年净现金流量；$(CI-CO)_1$——投资小的方案的年净现金流量；ΔFIRR——差额投资财务内部收益率；n——计算期。

国民经济评价时：

$$\sum_{t=1}^{n}[(B-C)_2-(B-C)_1]\times(1+\Delta FIRR)^{-t}=0$$

其中，$(B-C)_2$——投资大的方案的年净效益流量；$(B-C)_1$——投资小的方案的年净效益流量；EIRR——差额投资经济内部收益率。

两方案比较时，不是对两方案的 IRR 指标进行比较，而是按上述公式计算差额投资内部收益率（ΔIRR），并与基准收益率或设定的收益率（$i_c$）进行对比，当 $\Delta IRR\geqslant i_c$ 时，以投资大的方案为优；当 $\Delta IRR<i_c$ 时，以投资少的方案为优。之所以这样做，原因在于比较内部收益率指标有时可能会与净现值发生矛盾，而差额投资内部收益率则与净现值相一致。

现在我们用差额内部收益率指标来判断。当 $\Delta IRR>i_c$ 或 is 时，投资大的 A 方案较优，同使用净现值（NPVA > NPVB）的判断结论相一致；当 $\Delta IRR<i_c$ 或 is 时，投资小的 B 方案较优，也同使用净现值（NPVB > NPVA）的判断结论相一致。因此，在方案比较中，一般不直接采用内部收益率指标，而采用差额投资内部收益率指标。

多个方案进行比较时，要先将投资由小到大排序，再依次就相邻方案两两比较，从中选出最优方案。

## （三）方案比较的其他几种方法

1. 净现值法

将分别计算的各方案的净现值进行比较，以净现值较大的方案为优。

2. 年值法

将分别计算的各比较方案的净效益的等额年值（AW）进行比较，以年值较大的方案为优。年值的表达式为：

$$AW=\left[\sum_{t=1}^{n}(S-I-C'+S_v+W)_t(P/F,\ i,\ t)\times(A/P,\ i,\ n)\right]$$

或

$$AW=NPV\times(A/P,\ i,\ n)$$

其中，S——年销售收入；I——年全部投资（包括固定资产投资和流动资金）；C′——年经营费用（成本）；$S_v$——计算期末回收的固定资产余值；W——计算期末回收的流动资金；（P/F，i，t）——现值系数；（A/P，i，n）——资金回收系数；i——社会折现率或财务基准收益率；NPV——净现值。

3. 净现值率法

净现值率是净现值与投资现值之比。其计算公式为：

$NPVR = NPV/I_p$

其中，$I_p$——方案的全部投资的现值。

净现值率说明该方案单位投资所获得的超额净效益。用净现值率进行方案比较时，以净现值率较大的方案为优。

4. 最小费用法

当方案的效益相同或效益基本相同，但又难以具体估算时，为简化计算，可采用最小费用法，包括费用现值比较法和年费用比较法。

（1）费用现值比较法（简称现值比较法）。是计算各比较方案的费用现值并进行对比，以费用现值较低的方案为优。其计算公式为：

$$PC = \sum_{t=1}^{n}(I - C' + S_v - W)t \times (P/F,\ i,\ t)$$

（2）年费用比较法。是计算各比较方案的年等额费用并进行对比，以年费用较低的方案为优。其计算公式为：

$$AC = \left[\sum_{t=1}^{n}(I - C' + Sv + W)t \times (P/F,\ i,\ t)(A/P,\ i,\ n)\right]$$

或

$AC = PC \times (A/P,\ i,\ n)$

5. 最低价格法（最低收费标准法）

对产品产量（服务）不同、产品价格（服务收费标准）又难以确定的比较方案，当其产品为单一产品或能折合为单一产品时，可采用这种方法，分别计算各比较方案净现值等于零时的产品价格，并进行比较，以产品价格低的方案为优。

最低价格（$P_{min}$）可按下式求得：

$$P_{min} = \frac{\sum_{t=1}^{n}(I + C' - S_v - W)t \times (P/F,\ i,\ t)}{\sum_{t=1}^{n}Q_t(P/F,\ i,\ t)}$$

其中，$Q_t$——第 t 年产品（服务）量。

6. 静态差额投资收益率法

当两个方案产量相同或基本相同时，可采用静态的简便的比较方法，包括静态差额投资收益率法或静态差额投资回收期法。其计算公式为：

$$R_a = \frac{C'_1 - C'_2}{I_2 - I_1} \times 100\%$$

$$P_a = \frac{I_2 - I_1}{C'_1 - C'_2}$$

其中，$R_a$——静态差额投资收益率；$P_a$——静态差额投资回收期；$C'_1$、$C'_2$——两个比较方案的年总经营成本；$I_1$、$I_2$——两个比较方案的全部投资。

当静态差额投资收益率大于社会折现率或财务基准收益率，或静态差额投资回收期短于基准投资回收期时，投资大的方案较优。

### （四）计算期不同方案之间的比较

方案比较时一般要求各方案具有可比性，计算期相同是方案可比的条件之一。然而许多情况下各方案的计算期并不一定相同。对于计算期不同的方案进行方案比较时，采用年值法和年费用比较法较为简便。如果需要采用净现值法、费用现值法或其他方法时，则需对比较方案的计算期做适当处理后再进行比较。一般有两种处理方法：①以诸方案计算期的最小公倍数作为比较方案的计算期。这种方法称为方案重复法，即将诸方案计算期各年净现金流量或费用流量进行重复，直到与最小公倍数计算期相等，然后计算各指标，进行方案比较。②以诸方案中最短的计算期作为比较方案的计算期。以净现值为例，其表达式为：

$$NPV_1 = \sum_{t=1}^{n_1} (S_1 - I_1 - C_1' + S_{v_1} + W_1) \cdot (P/F，i，t)$$

$$NPV_2 = \left[ \sum_{t=1}^{n_2} (S_2 - I_2 - C_2' + S_{v_2} + W_2) \cdot (P/F，i，t) \right]$$

$$(A/P，i，n_2) \times (P/A，i，n_1)$$

其中，$NPV_1$，$NPV_2$——两方案的净现值；$S_1$，$S_2$——两方案的年收入；$I_1$，$I_2$——两方案的年投资费用；$C_1'$，$C_2'$——两方案的年总经营成本；$S_{v_1}$，$S_{v_2}$——两方案的计算期末回收的固定资产余值；$W_1$，$W_2$——两方案计算期末回收的流动资金；$n_1$，$n_2$——两方案的计算期；$(P/F，i，t)$——现值系数；$(A/P，i，n_2)$——资金回收系数；$(P/A，i，n_1)$——年金现值系数。

## 二、投资决策分析的基本概念

前述方案比较是一种确定型决策，即投资决策系统的全部事实都能准确地列举出来，在投资决策系统的约束条件下，只有一种可能结果的决策。此外，还有不确定型和风险型的投资决策问题，这类投资决策问题则需要运用决策分析的理论与方法来解决。

## （一）决策分析的数学模型

一个投资决策问题往往是比较复杂的，为了揭示它的本质，研究它的内部量的规律性，需要采用科学抽象的方法，建立起数学模型。模型虽不等于实际问题本身，但它反映了实际问题最本质的特征和量的规律性，这样就为科学决策提供了可靠依据。

1. 决策数学模型的构成

（1）状态体。一个决策问题总涉及一个系统，系统处于不同的状况称为状态。状态是由不可控制的自然因素即随机因素所引起的结果。把状态数量化，得到一个随机变量，称其为状态变量，常记为 x，它是决策者不能控制的变量。全体状态所构成的集体，称为状态集，记为 S={x}。

（2）决策集。一个决策问题中，为达到预想的目标提出的每一个方案，称为决策，将其数量化后称为决策变量，常记为 a；决策变量的全体所构成的集合，称为决策集，记为 A={a}，决策变量是决策者可控制的变量，可根据不同的状态人为地确定。

（3）状态的生存概率。系统的每种状态发生或存在的可能性，简称为状态的生存概率，常记为 P（x）（其中 x 为状态变量）；一个决策问题的所有状态的生存概率都应给出，即应知道状态变量的概率分布律，分布律常记为 P。

（4）报酬函数。在系统中，对应选取的决策 a 与可能出现的状态 x 两者的结果或效益称为报酬值，常记为 r（a，x），当 a 取任意决策变量，x 取任意状态变量时，r（a，x）为 a、x 的函数，称为报酬函数，其意义可能表示收益值，也可能表示损失值。

（5）决策准则与最优值。决策者依据不同的愿望选择不同的决策准则，根据决策准则确定最优值，因此，最优值是决策者预想目标的数量标志，常记为 V。

综上所述，一般地，一个决策问题的数学模型是一个五重数组结构，即（S，A，P，r，V）。其中 S={x}，x 为系统的状态变量；A={a}，称为决策集，a 为决策变量；P 表示状态 x 的概率分存律，P（x）称为状态的生存概率；r=r（a，x）称为对应决策为 a、状态为 x 的报酬函数；V 是在决策者选择某种决策准则意义上的最优值。

2. 决策数学模型的表示方法

状态集为有限或可数集的决策模型，称作状态为离散的决策模型。它的表示方法有如下几种形式：

（1）表格法。具体用法见表 2。

**表 2 表格法**

| xP（x） / a r（a，x） | x | x | … | x | … |
|---|---|---|---|---|---|
| | P（$x_1$） | P（$x_2$） | … | P（$x_3$） | … |
| $a_1$ | r（$a_1$，$x_2$） | r（$a_1$，$x_2$） | … | r（$a_1$，$x_j$） | … |
| $a_2$ | r（$a_2$，$x_1$） | r（$a_2$，$x_2$） | … | r（$a_2$，$x_j$） | … |
| ⋮ | ⋮ | ⋮ | ⋮ | ⋮ | ⋮ |
| $a_i$ | r（$a_i$，$x_1$） | r（$a_i$，$x_2$） | … | r（$a_i$，$x_j$） | … |

（2）矩阵法。常见的矩阵类型有以下四种：

报酬矩阵为：

$$r=\begin{bmatrix} r_{11} & r_{12} & \cdots & r_{1j} & \cdots & r_{1n} \\ r_{21} & r_{22} & \cdots & r_{2j} & \cdots & r_{2n} \\ \vdots & & \vdots & & \vdots & \vdots \\ r_{m1} & r_{m2} & \cdots & r_{mj} & \cdots & r_{mn} \end{bmatrix}$$

状态矩阵（状态向量）为：$X=(x_1, x_2, \cdots, x_n)$

决策矩阵（决策向量）为：$A=(a_1, a_2, \cdots, a_m)$

生存概率矩阵（概率向量）为：$P=(P_1, P_2, \cdots, P_n)=P(x_i)$

（3）决策树法。决策树法是把每一个决策与各种状态的相互关系，用树形图表示出来，并注明对应的生存概率及报酬，进行选择最优决策的方法（见图 1）。

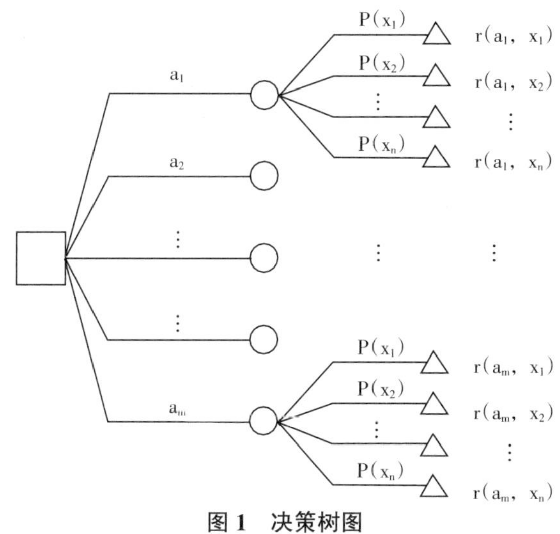


**图 1　决策树图**

如图 1 所示，方框为出发点，称为决策点。从该点画出 m 条折线，每一条表示一个决策方案，这样的线叫方案枝。各方案枝末端的圆圈，叫作事件点或机会点。从该点出发引出 n 条折线，代表自然状态，称为概率枝，上面标明每个状态的生存概率。最后的三角符号表示报酬（结果）。这样的图形称为决策树。

这种表示法比较直观，能随意删去非最优决策分枝，增加新的因素时，也可随时增添新的分枝。决策树便于采用图算法。

（4）几何法。将表格中的每一行报酬函数值 r（a，x）作为一个点的坐标，对有限状态的决策模型来说，令

$R_i=\{r(a_i, x_1), r(a_i, x_2), \cdots, r(a_i, x_n)\}$

在 n 维空间中确定出一点 R。

这种方法只有在三维以下的空间里有直观意义。这种方法对决策问题的理论研究及几

何解释带来了很大方便。

### （二）状态的生存概率、主观概率

在一个决策问题中，系统所处的状态是客观存在的自然现象，它不依人们主观意志而改变，是由不可控制或不确定的随机因素影响的结果，即状态变量 x 为随机变量。因此，系统状态的划分，要从系统本身的物理意义出发，状态发生（存在）的概率，只遵循自己的分布规律，它是系统状态的客观属性。这种状态发生（存在）的概率称为状态的生存概率。但是，由于决策问题十分复杂，系统状态变幻莫测，状态的生存概率的分布律往往不能直接确定；同时，在某些时候，概率分布律还会受到不同决策的影响。要准确地预知状态的概率，必须在拥有大量历史资料或多次重复相同决策问题的条件下，全面掌握状态出现的统计规律后才能做到。然而在现实中，许多决策问题是一次性的，或决策问题的实施代价相当大，不能重复。因此，人们为了寻求这一决策问题的最优决策，只得对各种状态的发生（存在）的可能性，凭个人经验及对系统的了解给予估计和预测。这样做虽然与客观的状态生存概率有偏差，但总算满足了决策问题的需要，实现了决策者的愿望。完全凭个人的主观意志，判断给出的状态生存概率，称为状态生存的主观概率，有时也称为先验概率。

主观概率是人对状态出现可能性的一种信任程度，是靠决策者个人的“内省”的办法来决定的。因此，它与事件客观属性的概率不同，它是客观概率的推广。但主观概率的给出绝不能说是随心所欲，主观臆断，因为它是基于对事件已有信息的一种理智的判断，而且随着信息量的增加，对事件可能出现的可能性的判断的准确性也在提高。主观概率仍记为 $P(x)$，$(x\in S)$。

主观概率和客观概率一样，也满足下列三条性质：

（1）$P(x)>0$。

（2）$P(S)=1$。

（3）如果 A、B 是 S 的子集，我们称 A、B 为概率事件，当 $AB=\psi$ 时，A、B 为互斥的，此时有：

$$P(A+B)=P(A)+P(B)$$

若 $A_iA_j=\psi(i\neq j,\ 1<i,\ j<n)$，则：

$$P(A_1+A_2+\cdots+A_n)=P(A_1)+P(A_2)+\cdots+P(A_n)$$

给出主观概率的方法可用德尔菲（Delphi）法等方法。

### （三）报酬函数和效用函数

1. 报酬函数

对于给定的一个基本决策模型（S，A，P，r，V），当决策 $a\in A$，状态 $x\in S$ 时，我们来讨论报酬函数 r（a，x）的有关问题。

报酬函数 r（a，x）是决策 a 与状态 x 的二元函数。由于状态集 S 和决策集 A 可为有限或可数集合，也可为连续集合，所以报酬函数可取有限或可数个值，也可以连续地取值。

报酬函数 r（a，x），有时我们理解为决策者的收益值，有时理解为决策者的损失值，这要根据决策问题的实际意义来定。在投资决策中它可以理解为净现值、年等值等，也可理解为费用现值、年费用等。当讨论收益问题时，我们的目的是选取方案使期望收益最大，总假定使 r（a，x）期望值最大的决策 $a^*$ 存在；当讨论损失问题时，我们的目标是选取方案使期望收益最小，总假定使 r（a，x）期望值最小的决策及 $a^*$ 存在。

在决策分析中，报酬函数针对系统状态 x 取数学期望值 Ex［r（a，x）］，常简记为 Er［(a.x)］，称为期望报酬值。

当 x 为离散型随机变量，其生存概率分布律为 $P(x_i)=P_i(i=1,2,\cdots)$ 时，有：

$$E[r(a,x)]=\sum_{i=1}^{\infty}r(a,x_i)P(x_i)$$

$$=\sum_{i=1}^{\infty}r(a,x_i)P_i$$

当 x 为连续型随机变量，其生存概率离散函数为 f(x)时，有：

$$E[r(a,x)]=\int_s r(a,x)f(x)dx$$

E［r（a，x）］在某种概率分布 P 下，还依赖于决策变量 a 的选择，因此，它是 a 的函数。我们设期望报酬值为 Er(a)，即 Er(a)=E[r（a，x)]。

决策的目标是选择最优决策 $a^*$，使期望报酬值为最大（或最小），即：

$Er(a^*)=Max\{Er(a)\}=Max\{E[r(a,x)]\}$

并称它为期望报酬最优值，它是决策的目标值，记为：

$V=Er(a^*)$

使 Er(a)取得最优值的以 $a^*$ 为最优决策。这是简单的决策模型的解法程序。

2. 效用函数

效用函数是决策者对收益、损失价值的主观偏好程度的一种标志。

如果一个决策问题能够多次反复出现，人们完全可以用状态的客观概率与期望报酬值来寻求最优决策。但当一个风险型决策问题只作一次决策时，人们就不一定用期望报酬值来指导决策了。

例如，一投资方案记为 $a_0$ {120，0.6；-40，0.4}，这个决策 $a_0$ 的期望报酬值为：

$Er(a_0)=120\times0.6+(-40)\times0.4=56$（元）

它给出了选择 a 方案的平均收益，但不是 $a_0$ 方案的肯定收益。决策 $a_0$ 有 60%可能获得 120 元报酬，使 $a_0$ 具有较大的诱惑力，但有 40%的可能损失 40 元，这又使 $a_0$ 具有较大的风险。

如果另有一个方案 $a_1$，它以概率 1 得到 50 元的报酬，对决策者来说，应选择 $a_0$ 还是

选择 $a_1$ 呢？这将由决策者主观意志来决定。具体来讲，决策者必须找到一个以概率 1 出现的与及 $a_0$ 方案等价的方案 $a_1$，再将 $a_1$ 与 $a_0$ 相比，才能做出选择。

## 三、投资决策分析方法

如前所述，投资者可以划分为三种类型：风险厌恶型、风险偏好型和风险中间型。决策理论指出，绝大多数投资者属于风险厌恶型，在实际生活当中，风险偏好型的投资者是很少的。无论投资者属于哪种类型，他们都是按照期望效用值最大化的准则来进行决策的，而不是按照期望报酬值最大化的准则来进行决策。或者说按照期望报酬值来进行投资决策只是决策问题中的一个特例，即在投资者属于风险中间型决策者的时候所进行的决策是依据期望报酬值最大化的准则。下面我们只简单介绍风险中间型投资者进行不确定型和风险型决策的方法。

### （一）不确定型投资决策

所谓不确定型投资决策，指由于投资决策系统的随机性，使决策系统的全部状态不能准确地列举出来，即每一投资方案有非单一可能的结果，并且各种可能的结果没有规律可循，既不符合统计规律，也不能处于决策者的控制之下，在难以估计各种结果可能出现的概率的情况下进行的决策。

对于这类投资决策问题，一般可采用最小最大收益法和最大最小后悔值法。

1. 最小最大收益法

这种方法是在所有方案最小收益值中选择最大值并据此选取最优方案的决策方法。即先找出各个方案的最小收益值，然后将其加以比较，这些最小收益值中最大的一个所对应的方案为最优方案。

例如，某公司计划投资建设某项工程以增加某种新产品的生产能力。经过对该项目的可行性研究，认为该工程投产之后，市场对这种新产品的需求量有三种可能情况：需求量高，需求量一般，需求量低。但由于缺乏详细而准确的资料，对各种可能情况出现的概率无法估计，在项目的可行性研究之后，提出了如下三个方案（见表 3），表中数据为各方案在不同需求量情况下的年销售利润。

**表 3 不同需求量的最小年销售利润**

单位：万元

| | 第一方案新建 | 第二方案扩建 | 第三方案改建 |
|---|---|---|---|
| 需求量较大 | 4000 | 5000 | 3000 |
| 需求量一般 | 2500 | 3000 | 1500 |
| 需求量较小 | -1500 | -4000 | 1000 |
| 各方案中最小值 | -1500 | -4000 | 1000 |

从表 3 中可以看出，在各方案最小销售利润中，第三个方案的最小销售利润最大。因此第三个方案为最优方案。

2. 最大最小后悔值法

这种方法是在各方案中选择一个决策后不感到后悔的方案，所谓后悔值是指由于选错方案而少获得的收益或多蒙受的某些损失。具体地说，这种方法是选出各方案的最大后悔值，然后在这些后悔值中选一个后悔值最小的方案为最优方案。

仍以上面刚刚举过的例子为例。

先计算三种情况下的后悔值，如果未来市场需求量较大，那么各方案的后悔值为：

方案Ⅰ：5000－4000＝1000

方案Ⅱ：5000－5000＝0

方案Ⅲ：5000－3000＝2000

如果未来市场需求量一般，那么各方案的后悔值为：

方案Ⅰ：3000－2500＝500

方案Ⅱ：3000－3000＝0

方案Ⅲ：3000－1500＝1500

如果未来市场需求量较小，那么各方案的后悔值为：

方案Ⅰ：1000－(－1500)＝2500

方案Ⅱ：1000－(－4000)＝5000

方案Ⅲ：1000－1000＝0

以上计算结果可归纳如表 4 所示。

**表 4　各方案最大后悔值**

单位：万元

| | 第一方案 | 第二方案 | 第三方案 |
|---|---|---|---|
| 各方案最大后悔值 | 2500 | 5000 | 2000 |

从表 4 中可以看出，第三方案的后悔值为 2000，它小于第一方案的后悔值 2500 和第二方案的后悔值 5000，因此，第三方案为最优方案。

对于不确定型决策问题，是采用最小最大收益法，还是采用最大最小后悔值法，主要依据决策者已掌握的资料和计算数据，还要结合有关方面的经验来确定。

## （二）风险型投资决策

风险型决策，也称随机型决策。这种决策的特点是，影响或决定拟建项目的各种因素（如建筑材料和设备人力供应情况、建设客观条件的变化、价格的浮动、新技术的采用和发展等）是否会发生，在事前有些是知道的，有些则难以预料，不能肯定其发生，但能估计未来各种因素发生的可能程度（概率）。也就是说，由于未来事件的发生是随机型的，所以，这种决策就存在一定的风险性。风险型决策通常须具备以下几方面的条件：

- 决策目标明确；
- 存在两个或两个以上的建设方案可供选择；
- 存在着使决策人员难以控制的某些客观条件；
- 各种不同方案的损益情况能够计算出来；
- 决策人员难以肯定将来究竟会出现哪种状况，但对其出现的概率可以加以估计和确定。

风险型投资决策，可以采用决策树方法进行分析研究。采用这种方法，对各种方案以及这些方案各种状况可能性的大小即可能出现的概率，及其可能产生的后果报酬值，都简明地画在一张决策树上。然后找出报酬期望值最大的方案即最优方案。

## （三）投资中的风险比较

利用期望报酬值的大小我们选择出了最优投资方案，下面我们探讨分析投资方案风险大小的简单方法。

投资方案各种可能结果概率分布的分散程度，可以用数学上的标准差来表示，其计算公式为：

$$\sigma = \sqrt{\sum_{i=1}^{n} (R_i - \bar{R})^2 P_i}$$

式中，$\sigma$——概率分布的标准差，$R_i$——第 i 种状态的报酬值，$\bar{R}$——期望报酬值，$P_i$——第 i 种状态发生的概率。

我们可以用标准差 $\sigma$ 来表示投资方案风险的大小。如果 $\sigma$ 大，说明投资方案报酬值的变动幅度大，方案的风险大；如果 $\sigma$ 小，说明投资方案报酬值的变动幅度小，方案的风险小。

# 关于投资项目后评价*

## 一、投资项目后评价概述

### （一）项目后评价的概念

关于项目后评价，国内外理论与实际工作者从不同角度提出了许多定义，主要有以下几种：

第一，项目后评价指项目决策完成并开工建设后，对项目进行的再评价，其内容既可以是对项目实施过程中的监测评价，也可以是对项目投产后运营状态的评价，或者是上述两者的结合。对项目实施过程的监测评价又称项目中评价，其作用在于及时反馈信息，改进项目管理，使项目沿既定方向发展。项目运营状态的评价又称结果评价或影响评价，其目的在于检测项目实施取得的实际效果与预期效果的偏差，总结投资项目管理的经验。

第二，项目后评价指项目竣工投产时，对项目的准备、决策、实施及项目所产生的实际效益的再评价。其目的在于总结、评价项目竣工投产阶段以前各阶段项目管理的经验和教训，检验项目投产所能产生实际效益的能力，分析项目投产时实际形成的生产能力与设计生产能力的偏差及其原因。

第三，项目后评价指项目达到设计生产能力后，对项目实际运行状态及影响的评价，其目的是通过衡量和分析项目运行状况与预期目标间的差距及其产生的原因，针对项目实际运行状态中的问题提出改进措施，提高项目运行效率。

第四，项目后评价指项目达到设计生产能力后的经济评价，包括项目财务后评价和项目国民经济后评价两部分。其目的在于衡量和分析项目实际经济效益与预测经济效益的偏差程度及其原因，为今后的项目决策反馈信息。

第五，项目后评价指当项目达到设计生产能力之后，对项目准备、决策、实施、试生

---

* 本文选自张敦富：《投资环境评价与投资决策》，中国人民大学出版社 1999 年版，第 466~490 页。参与者：胡建平。

产直至达产后的全过程所进行的评价。其内容包括项目前期工作评价、项目实施过程评价、项目试生产情况评价和项目达产后的影响评价。其目的是通过对项目投资全过程的实际情况与预计情况的比较研究，衡量和分析实际情况与预计情况的偏差程度及其原因，全面总结项目投资管理经验，为以后改进项目管理和制定科学合理的投资计划和政策反馈信息，并针对具体情况，提出有效的改进措施，为项目更好地发挥效益服务。

结合我国的实际情况，最后一种后评价的定义比较合理，即后评价是在项目建成投产并达到设计生产能力后，通过对项目前期工作、项目实施和项目运营情况的综合研究，衡量和分析项目的实际情况及其与预测情况的差距，检验有关项目预测和判断是否正确并分析其原因，从项目完成过程中吸取经验教训，为今后改进项目准备、决策、管理、监督等工作创造条件，并为提高项目投资效益提出切实可行的对策和措施。

## （二）项目后评价的特点

1. 项目后评价特点

与项目前评价相比，项目后评价具有以下特点：

（1）现实性。项目后评价分析研究的是项目实际情况，所依据的数据资料是现实发生的真实数据或根据实际情况重新预测的数据；而前评价分析研究的是项目未来的情况，所用的数据都是预测数据。

（2）全面性。项目后评价既要分析项目的投资建设过程，又要分析项目建成后的经营过程，不仅要分析项目投资经济效益，而且要分析其经营管理，发掘项目的潜力。

（3）探索性。项目后评价要分析企业现状，发现问题并探索未来的发展方向，因而要求评价人员具有较高的素质和创造性，把握影响项目效益的主要因素，并提出切实可行的改进措施。

（4）反馈性。项目后评价的主要目的在于为有关部门反馈信息，为今后的项目管理、投资计划和投资政策的制定积累经验，并以此检验项目投资决策的正确与否。

（5）合作性。项目后评价需要多方面的合作，如专职技术经济人员、项目经理、企业经营管理人员、投资项目主管部门等，只有各方面融洽合作，项目后评价工作才能顺利进行。

2. 项目后评价与前评价的差别

项目后评价与前评价有较大差别，主要表现在以下几点：

（1）评价所处的阶段不同。前评价是在投资项目决策之前的前期工作阶段进行的，主要是为投资决策提供依据；而后评价则是在项目投产运营一段时间后，对投资项目从投资立项直到生产运营全过程的评价，主要是总结投资决策的经验。

（2）评价的目的不同。前评价直接服务于项目的投资决策，是为项目决策提供基础数据的，其结论是项目取舍的依据；后评价间接作用于项目投资决策，是投资决策的信息反馈。通过后评价反映出项目建设过程和投产运营阶段出现的一系列问题，将各类信息反馈到投资决策部门，从而提高未来项目决策的科学化水平。

(3) 评价的主体不同。前评价主要由投资主体（企业、部门或银行等）或投资计划部门组织实施，后评价则由投资的监督管理机关或单位的后评价机构组织实施。

(4) 评价的内容不同。前评价主要是对项目产品、方案、市场需求情况、生产建设条件及技术方案等进行分析评价，对项目的经济和社会效益进行科学预测；后评价除针对前评价的内容进行再评价之外，还要对项目决策和实施效率等进行评价，并且要对项目实际运营状况进行较深入的分析。

(5) 评价的依据不同。前评价主要依据历史资料和经验资料，以及国家和部门颁发的政策、规定和参数来衡量建设项目的必要性、合理性和可行性；后评价虽然也参照有关的国家参数等，但主要是直接与项目前评价的预测情况或国内外其他同类项目的有关情况进行对比，检验项目的实际情况与预测情况的偏差，并分析其产生的原因，提出改进意见。

### （三）项目后评价的作用

项目后评价对于提高投资决策科学化水平、改进项目管理、提高投资效益等方面发挥着极其重要的作用。具体地说，项目后评价的作用主要表现在以下几个方面：

一是总结项目管理的经验教训，监督和改进项目管理工作。投资项目管理是一项十分复杂的活动，它涉及银行、计划、主管部门、企业、物资供应、施工等许多部门，项目能否顺利完成和取得预期效果，主要取决于这些部门能否相互协调、密切合作、保质保量、按时完成各项工作。项目后评价通过对已建成项目的分析、研究和论证，较全面地总结项目管理各个环节的经验教训，以指导未来的项目管理活动。

通过项目后评价，针对项目实际效果所反映出来的项目建设过程中存在的问题，提出切实可行的改进措施和建议，促使项目运营状态正常化。对某些因决策失误，或投产后经营管理不善，或环境改变导致生产、技术或经营状况陷入困境的项目，通过后评价可以为其找出生存和发展的途径。对某些发展前景不乐观的项目，可制定出补救措施，并为主管部门重新制定或优选方案提供再决策依据。

二是提高项目投资决策的科学化水平。项目前评价是项目投资决策的依据，但前评价中所作的预测是否正确，需要后评价来检验。通过建立和完善项目后评价制度和科学的方法体系，一方面可以增强前评价人员的责任感，促使评价人员努力做好前评价工作，提高项目预测的准确性；另一方面可以通过项目后评价的反馈信息，及时纠正项目决策中存在的问题，从而提高未来项目决策的科学化水平。

三是为国家制订投资计划、产业政策和技术经济参数提供重要依据，完善和强化国家对建设投资的管理。通过项目后评价我们可以发现宏观投资管理中存在的问题，以便国家及时有效地修正某些不适合经济发展的技术经济政策，修正某些已经过时的指标和参数。同时，国家还可以根据后评价所反馈的信息，合理确定投资规模和投资流向，协调各产业、各部门之间及其内部的各种比例关系，充分地运用法律、经济和行政手段，建立必要的法令、法规、制度和机构，促进投资管理工作走上良性循环。

## 二、投资项目后评价的内容和方法

### （一）项目后评价的内容

项目的类型不同，后评价的内容也就不同。这里只讨论一般工业项目后评价的具体内容。一般工业项目后评价的内容可以有不同的划分方法。

1. 与前评价相对应角度的项目后评价内容

从与前评价相对应的角度看，项目后评价主要包括以下几个方面的内容：

（1）项目建设必要性的后评价。即从国内外市场上产品的实际供求状况，来验证项目前评价所作的市场需求预测是否正确。通过分析产品销售量、市场范围、持续时间、产品价格和市场竞争力等方面的变化情况，提出新的趋势预测。如果项目实施结果偏离预测目标较远，要分析产生偏离的原因，并提出相应的补救措施。此外，建设必要性后评价还需重新评价建设项目是否符合国家产业政策、地区规划和行业规划、布局经济和项目规模经济等的要求，是否属于重复引进项目等。

（2）项目生产建设条件的后评价。即分析和衡量项目的实际生产条件和建设条件，并与前评价的预测情况进行比较，若两者存在较大的偏差，应分析其原因并提出对策和建议。生产建设条件后评价的内容包括：厂址条件的再评价；实际影响建设项目的人文、地质、矿藏、地理环境、交通运输等因素的再评价；项目建设组织管理的再评价；资源储量、品位、成分以及开采、利用条件的再评价；原料、辅助材料、燃料的种类、数量、来源、渠道和供应方式的再评价；所需公用设施的数量、供应方式和供应条件的再评价；生产组织管理机构的设置、运行效率、招聘工人的方式、人员技术结构和人员培训的再评价等。

（3）项目技术方案的后评价。即对工程设计方案和项目实施方案的再评价。工程设计方案的后评价内容包括：项目构成范围的再评价；项目土建工程量的再评价；技术来源、主要技术工艺及设备选型和工艺流程的再评价；引进技术、设备的国外分交或与外商合作制造方案的再评价。项目实施方案再评价的内容主要包括：项目施工方式和技术方案的再评价；项目实施进度、成本、质量的再评价等。

（4）项目经济后评价。包括项目财务后评价和项目国民经济后评价两部分。项目财务评价是从企业（项目）角度对项目投产后的实际财务效益的再评价；国民经济后评价是从宏观国民经济角度，对项目投产后的国民经济效益的再评价。此外，在项目经济后评价时应尽可能地对项目的实际社会效益和环境效益进行再评价。

2. 以管理性质划分的项目后评价内容

从项目建设程序所规定的不同工作阶段的管理性质看，项目后评价主要包括以下几个方面的内容：

（1）项目前期工作的后评价。主要包括项目立项条件的再评价；项目决策程序和方法的再评价；项目勘察设计的再评价；项目前期工作管理的再评价等。

（2）项目实施的后评价。主要包括项目实施管理的再评价；项目施工准备工作的再评价；项目施工方式和施工管理的再评价；项目竣工验收和试生产的再评价；项目生产准备工作的再评价等。

（3）项目运营的后评价。主要包括生产经营管理的再评价；项目生产条件的再评价；项目达产情况的再评价；项目产出的再评价；项目经济后评价等。

## （二）项目后评价的工作程序

依据我国的项目决策体制、项目管理权限及项目审批程序的规定，国家计委提出我国项目后评价的程序按三阶段形式进行。

1. 建设单位进行自我评价阶段

即由利用国外贷款项目的中方单位或负责国家重点建设项目后评价工作的单位，开展项目后评价工作，负责编报《项目后评价报告》，并按隶属关系报送行业或地方主管部门，同时上报有关部门备案。

项目后评价阶段的工作步骤如下：

（1）提出问题，明确后评价的任务。提出要进行后评价的单位既可以是国家计划部门、银行部门和各主管部门，也可以是企业（项目）本身。

（2）建立后评价机构，筹划准备项目后评价。提出单位可以委托设计单位、工程咨询公司等其他单位进行后评价，也可以自己组织实施。承办后评价工作的单位必须做好筹备工作，制订出项目后评价的实施计划。

（3）深入调查、收集资料。项目后评价资料应包括项目的立项、决策和建设实施的资料，以及项目建成后的效益资料等。

（4）对实际资料和数据的完整性和准确性进行审查测算与核实。依据核实后的资料与数据进行对比分析、研究和论证，采用科学的方法合理评价项目实际成果，找出存在的问题，总结经验教训，提出今后的改进措施和建议。

（5）编制项目后评价报告，提交委托单位和上级有关部门。

2. 行业或地方主管部门对《项目后评价报告》进行初步审查阶段

主要由主管部门对项目后评价报告和项目建设实际情况进行深入考察，结合行业或地方建设项目所反映出来的共性问题、特点与经验，站在国家的立场上，从行业或地方的角度出发，提出对项目后评价报告的初步审查意见。最后，由主管部门完成《项目后评价审查报告》，并报送国家计委，抄送有关部门和单位。

3. 对《项目后评价报告》的复审阶段

由国家计委组织有关方面或聘请专家对项目单位的《项目后评价报告》和主管部门的《项目后评价审查报告》进行复核审查，从国家整体利益出发，从微观与宏观相结合角度提出《项目后评价复审报告》，报国家计委并发至有关部门和单位。

由行业主管部门或地方安排的后评价项目，其审查报告报国家计委备案后，国家计委将组织有关方面进行抽查复审。而由国家计委直接下达的后评价项目，将由国家计委全面进行第三阶段的复审工作。

## （三）项目后评价的方法

项目后评价的方法，概括地说就是比较法（或称对比法）。即对项目投产后的实际效果与决策时期的目标相比较，从中找出差距，分析原因，总结经验和教训，提出改进意见和措施。具体地说，项目后评价的定量分析方法有以下几种：

1. 效益评价法（也称指标计算法）

通过反映项目准备、决策、实施和运营各阶段实际效益指标的计算，来分析和衡量项目投产后所取得的实际效益。它是把项目产生的实际效果或产出，与项目实际发生的成本或投入加以比较，进行盈利分析。其效益指标的计算完全以实际的统计值为依据，为统计分析，并相应地使用前评价中曾使用过的经济参数进行效益测算，以便在计算口径一致、条件可比的情况下判断项目决策是否正确。

2. 影响评价法（也称指标对比法）

通过项目完成后产生的客观影响与立项时预期的目标相比较，即将项目后评价指标与项目决策时的预测指标（或国内外同类项目的相应指标）进行对比，衡量项目实际效果同预测效果或其他同类项目效果之间的偏差，从中发现项目目标存在的某些问题，从而判断项目决策的正确性。影响评价的大量工作是测定和调研项目所产生的各种现时影响和效果，而且不仅要从中找出项目实际效果与预期目标之间的差距，更重要的是提出切实有效的措施与建议，为今后类似项目的决策提供借鉴。

3. 过程评价法

即把项目从立项、决策、设计、采购直到建设实施各环节的实际进程与事先制订好的计划、目标相比较，通过全过程分析评价，找出主观愿望与客观实际的差异，查明导致项目成败的主要环节和原因，使今后同类项目的目标与实施计划的制定得更切合实际。按照现行建设程序，过程评价的内容应包括前期工作中的决策过程评价，设计工作和建设准备阶段的评价，建设实施到竣工验收阶段的评价，交付使用后生产经营阶段的实际效果的评价。

4. 系统评价法

在后评价工作中，只有将前述三种评价方法有机地结合起来，进行系统的综合分析与评价，才能获得最佳的评价结果。实际上，评价工作最重要的影响因素是项目效益。效益评价就是从成本与效益分析角度，判断项目决策目标的正确与否。而决策目标的正确与否又和决策过程是否科学息息相关；项目效益也与设计、施工质量、工期进度和投资估算是否正确密不可分。因此，项目后评价需要采用综合性的系统评价方法进行。

## 三、投资项目过程后评价

一个建设项目从提出到清理报废为止的全过程，可以分为项目前期工作、项目实施和项目运营三个阶段。每一阶段对投资项目实际效益的发挥都有重大影响，因此，项目后评价必须对包括以上三个阶段的建设项目全过程进行评价。

### （一）项目前期工作后评价

项目前期工作是建设项目从酝酿决定到开工建设以前进行的各项工作，是项目建设全过程中一个重要组成部分。一个项目成功与否，主要取决于立项、决策等前期工作的好坏。因此，这阶段的工作影响到项目建设的全局，起着决定性的作用。前期工作的后评价是整个项目后评价的重点。

项目前期工作后评价的任务是评价项目前期工作的实际业绩，分析和总结项目前期工作的经验教训。其主要内容包括以下几个方面：

1. 项目筹备工作的评价

主要分析和评价：项目筹建机构及其领导班子是否健全，其人员构成及素质如何，组织领导工作是否得力，各项工作制度和岗位责任是否明确落实；项目筹建机构的设立是否符合投资体制改革的基本方向，有什么经验教训可资借鉴等。项日筹备工作评价应从分析项目筹建计划入手，重点考核和评价项目筹备工作的效率，总结经验教训。

2. 项目决策的评价

主要分析和评价：项目可行性研究单位资格审查情况，可行性研究的委托方式；项目可行性研究的依据是否可靠，可行性研究的内容、深度和实际耗时是否符合国家有关规定和建设单位的要求；项目决策程序是否符合规定，项目决策效率和质量如何等。

3. 厂址选择的评价

主要分析和评价：厂址选择是否符合国家建设布局及城镇建设规划的要求；是否有利于节约土地和投资以及环境保护和生态平衡；工程地质、水文地质等自然条件是否符合建厂要求；与原材料供应地和销售市场的距离是否经济合理；是否具备能源供应、交通运输、动力、水源等建厂外部条件；是否有利于与其他厂家开展生产技术协作；是否经过多方案比选；厂址选择对项目实际效益的影响如何等。

4. 征地拆迁及“三通一平”工作的评价

主要分析和评价：征地拆迁工作进度是否符合计划要求；征用土地的标准是否符合国

家有关规定；是否贯彻节约用地的方针，征地数量是否严格控制在有关部门批准的总体设计范围内，是否存在多征少用、征而不用的情况；“三通一平”工作是否按计划完成，其费用开支是否体现了勤俭节约的方针以及国家的有关规定。

5. 勘察设计工作的评价

主要分析和评价：承担勘察设计任务的单位技术力量与建设项目工程技术要求是否相适应，其资格和信誉如何；如有两个以上单位配合设计，是否委托主体设计单位负责全面组织协调工作；是否用合同明确设计的委托方和被委托方的责任；设计效率如何，实际设计周期是否超过了合同规定的设计周期，给项目建设造成多大影响；设计质量、依据、标准、规范、定额等是否符合国家规定，是否满足建设单位和施工单位的实际需要，是否存在实际设计标准超过国家规定标准的情况，原因何在；设计方案在技术上的可行性和经济上的合理性如何等。

6. 委托施工的评价

主要分析和评价：委托施工是否体现了建筑业和投资体制改革的要求，根据工程的具体情况，分别采取单独招标、分批招标或整体招标等多种方法；施工队伍的资格审查情况如何，是否选择了那些信誉好、工期短、造价低且能保证工程质量的单位承揽工程；施工合同双方职责是否明确，是否发生互相推诿、互相扯皮的现象；在工程招标投标过程中是否存在行政干预和其他不正当竞争，其后果如何等。

7. 资金与物资落实情况的评价

主要分析和评价：资金来源是否正当、可靠，资金总额是否符合项目开工建设的要求，项目实际投资总额是否超过计划投资额，其原因何在；建设该项目所需要的主要建筑材料在开工是否落实，供货货源和合同规定的时间是否适应建设进度的需要，实际供货是否违约，原因何在；项目所需成套设备是否与有关单位签订供货合同或与有关单位合作生产，实际到货时间是否适应建设进度的需要；材料、设备订货是否遵循了事先调查、“货比三家”的原则，材料、设备的实际货款是否超出了计划的规定，原因何在等。

### （二）项目实施后评价

项目实施后评价的任务是评价项目实施过程中各主要环节的工作业绩，分析和总结项目实施管理中的经验和教训，研究项目实际效益与预期效益的偏差在多大程度上是由项目实施过程造成的，其原因何在，从而为今后进一步改进项目管理工作积累经验。项目实施后评价主要包括以下几个方面的内容：

1. 项目开工的评价

主要分析和评价：项目开工条件是否具备，手续是否齐备，是否有经有关部门批准的开工报告；项目实际开工时间与计划开工时间是否相符，提前或延迟的原因是什么，对整个项目建设乃至投资效益的发挥影响如何等。

2. 项目变更情况的评价

主要分析和评价：项目范围与设计变更与否，原因何在；项目范围与设计变更对项目建设工期、建设成本、投资总额的实际影响如何等。

3. 施工项目组织管理的评价

主要分析和评价：施工组织方式是否科学合理，是否符合施工管理体制改革的要求，推行施工项目经理承包责任制；施工项目经理是如何选择的，素质如何，工作实绩怎样；施工项目进度及其控制情况如何；施工项目成本及其控制情况如何；施工技术与方案的制定依据是什么，有何独到之处，对施工项目进度和成本有何影响，有何经验教训等。

4. 项目建设资金供应与使用情况的评价

主要分析和评价：建设资金供应是否适时、适度；建设资金运用是否符合国家财政信贷制度的规定；资金占用情况是否合理，项目竣工验收后的剩余资金和未完工的在建工程的资金占用情况如何；考核和分析全部资金的实际使用效率等。

5. 项目建设工期的评价

主要分析和评价：各单位工程实际开工、竣工日期，实际建设工期变化率特别是定额工期率指标；实际建设工期与计划工期或其他同类项目实际工期的偏差及其产生原因；计算建筑安装单位工程的施工工期及变化；投产前生产准备工作情况及其对建筑工期的影响等。

6. 项目建设成本的评价

主要分析和评价：主要实物工程量的实际数量是否超出预计数量，超出多少，原因何在；设备、工器具购置数量；其他基本建设费用中的土地征用数量，以及项目临时设施工程的建设数量等是否与预计情况相符；购置设备的选型和质量与设计中所列的设备规格、型号、质量标准是否相符；它们对建设成本的增减有何影响；主要材料实际消耗量是否与预计情况相符，材料实际购进价格是否超出了该预算中的预算价格，其规格、质量是否达到了设计要求，以上情况对建设成本的增减有何影响；各项管理费用的取费标准是否符合国家有关规定，是否与工程预算中的取费标准相一致等。

7. 项目工程质量和安全情况的评价

主要分析和评价：实际工程合格率及优良率；优良工程的经验与不合格工程的教训；有无重大质量事故，其经济损失如何；工程安全情况如何，有无重大安全事故发生等。

8. 项目竣工验收的评价

主要分析和评价：项目竣工验收组织工作及其效率，竣工验收委员会组成是否符合国家有关规定；项目竣工验收的程序是否符合国家有关规定；项目竣工验收是否遵循有关部门规定的验收标准；项目竣工验收各种技术资料是否齐备，是否按有关规定对各种技术资料进行系统整理，由建设单位分类立档，并在竣工验收后交生产使用单位统一保存；收尾工程和遗留问题如何处理、处理方案及实际执行情况，对项目投资效益有何影响等。

9. 同步建设的评价

主要分析和评价：相关项目在时间安排上是否同步，对项目效益有何影响；项目所采用的技术与前序、后序项目的技术水平是否同步，对项目效益有何影响；相关项目之间的实际生产能力是否协调、配套，对项目效益有何影响；项目内部各单项工程之间建设速度是否满足要求，技术水平、生产能力是否相互配套；项目同步建设方面有何经验教训等。

10. 项目生产能力的评价

主要分析和评价：项目实际生产能力多大，与设计生产能力的偏差如何，原因何在，对项目实际投资效益有何影响；项目实际生产能力与产品实际成本的高低，有何关系；项目的生产规模是否处在合理经济规模范围内；项目实际生产能力与产品实际市场需求量的关系如何；项目实际生产能力与实际原材料来源和燃料、动力供应及交通运输条件是否相适应，对项目投资效益有何影响等。

11. 项目单位生产能力投资的评价

主要分析和评价：这是项目后评价的一个综合指标，它反映项目建设所取得的实际投资效果，是竣工验收项目全部投资使用额与竣工验收项目形成的综合生产能力之间的比率。将它与设计概算的单位生产能力造价比较，可以衡量项目建设成果的计划完成情况，综合反映项目建设的工作质量和投资使用与管理情况。与同行业、同规模的竣工项目比较，在消除不同建设条件因素后，可以反映项目建设的管理水平。

## （三）项目运营后评价

项目运营后评价是通过项目投产后的有关实际数据资料或重新预测的数据，衡量项目的实际经营情况和实际投资效益，分析其与预测情况或其他同类项目的经营状况和投资效益的偏离程度及其原因，系统地总结项目投资的经验教训，并为进一步提高项目投资效益提出切实可行的建议。项目运营后评价主要包括以下几个方面的内容：

1. 企业经营管理状况的后评价

主要分析和评价：企业投产以来经营管理机构的设置与调整情况；现实经营管理机构是否适应企业生存和发展的需要；企业管理人员的配备的情况，管理人员是否适应企业现在和未来发展的需要；经营管理的主要策略是什么，实施结果如何；现行管理规章制度如何；企业经营管理中有哪些经验教训等。

2. 项目产品方案的评价

主要分析和评价：项目投产以来产品规格和品种的变化情况；产品方案调整的成本如何，对项目投资效益有何影响；现行产品方案能否适应市场需求，与前评价产品方案相比有多大变化，这种变化在多大程度上影响到项目投资效益；产品销售方式的选择及其对产品销售的影响等。

3. 项目达产年限的评价

项目达产年限是指投产的建设项目从投产之日起到其生产产量达到设计生产能力时所

经历的全部时间。项目达产年限评价的内容和步骤如下：第一，计算项目实际达产年限。如果进行后评价时，项目已达产，达产年限即投产之日到实际达产之日所经历的时间；如果进行后评价时，项目尚未达产，则需据现实生产能力来推测达产年限。第二，与设计的或前评价预测的达产年限进行比较，分析实际达产年限与设计或预测达产年限的差距及其原因。第三，计算项目达产年限变化所带来的实际效益或损失。第四，得出项目达产年限评价的结论及经验教训，如尚未达产，可提出有效措施促使项目早日达产。

4. 项目产品生产成本的评价

项目产品生产成本评价的内容和步骤如下：第一，计算项目实际产品生产成本，包括生产总成本和单位生产成本；第二，分析实际总成本和单位生产成本的构成及其变化情况；第三，与前评价中的预测成本进行比较，计算实际生产成本变化率，并分析实际生产成本与预测成本的偏差及其产生的原因；第四，分析项目实际生产成本变化对项目效益的影响，提出降低生产成本的有效措施。

5. 项目产品销售利润的评价

项目产品销售利润评价的内容和步骤如下：第一，计算、分析投产后历年实际产品销售利润、各年的变化情况及其原因；第二，计算实际产品销售利润变化率；第三，分析实际产品销售利润偏离预测值的原因及各种因素对实际销售利润的影响程度；第四，分析提高实际产品销售利润的对策和建议。

6. 项目经济后评价

这是项目后评价的核心内容之一，将在下一节具体阐述。

7. 对项目可行性研究水平的评价

项日可行性研究水平评价主要是对项目可行性研究的内容和深度进行评价，其内容和步骤如下：第一，考核项目实施过程的实际情况与预测情况的偏差；第二，考核项目预测因素的实际变化与预测情况的偏离程度，主要包括总投资及产品产量、价格、总成本费用、销售收入、国家参数及各项费率等的偏差；第三，考核可行性研究各假设条件与实际情况的偏差，主要有销售量、通货膨胀率、借款利率等的偏差；第四，考核实际投资效益指标与预测投资效益指标的偏离程度；第五，考核项目实际敏感性因素和敏感性水平；第六，对可行性研究深度进行总体评价，方法是根据上述各项的考察，综合计算预测情况与实际情况的偏离幅度，然后根据确定的标准，评价可行性研究的深度；第七，分析影响可行性研究深度水平的原因；第八，总结项目可行性研究的经验教训。

## 四、关于投资项目经济后评价

投资项目经济后评价是整个项目后评价的核心内容，它是以项目建成投产后的实际数据为依据，重新预测项目生命期内的各项经济数据，计算出主要投资效益指标，并将其与前评价预测的有关经济效益指标进行对比，从经济角度分析和总结项目全过程的经验和教训，提出项目进一步优化的建议和措施，为今后的类似项目投资的决策提供借鉴。

## （一）项目经济后评价实际基础数据的测算

1. 实际财务数据的测算和评价

（1）投资估算与资金来源评价。主要包括以下几个方面的内容：

1）建设项目投资评价。主要评价：竣工决算的正确与否；直接投资、间接投资、配套投资、筹建费用以及储备的后续项目准备费用等使用情况如何，是否存在浪费或节约的情况；工程概算预算的准确程度如何，咨询准备和审定概算时的估算费用与实际支付的余缺情况及其原因；是否有无效投资部分费用；设计、采购的经济性、投资构成比例和投资变化的合理性如何等。

2）资金筹措和运用情况评价。主要评价：资金渠道是否符合国家规定；各项资金来源与前评价相比是否有变化；资金筹措方式和数额能否满足项目实际需要；外汇来源及国内配套资金实际上能否落实；资金的使用安排是否得当；流动资金占用量和周转期是否合理；前评价数额与投产后实际数额的偏差及其发生原因等。

3）利用外资评价。主要评价：利用外资的方向、范围、规模是否合理；资金筹措方式如何，有否集资经验；不同借款种类的筹资成本、汇率风险、使用条件等的差异何在。

（2）产品实际生产成本费用分析和评价。主要包括以下几个方面的内容：

1）将项目前评价预测的产品成本与投产后实际发生的生产成本进行比较，检验预测的生产成本及其各项费用是否与实际情况相符。

2）分析前后两种生产成本费用的差距大小及其原因。

3）根据项目投产后的情况，重新预测项目未来阶段的成本费用发展变化趋势。

（3）项目的销售收入和利润分析和评价。主要包括以下几个方面的内容：

1）将项目前评价预测的销售收入与实际的销售收入比较，检验产品预期销售价格和产品质量是否符合投产后的现实情况和预测变化趋势；分析实际销售收入与预期收入的差距及其原因；根据项目投产后的情况重新预测项目计算期内未来时期的销售收入及其发展趋向。

2）将项目前评价中预测的计算期内各年获得的利润额与投产后实际利润额，以及后评价重新预测的利润变化情况进行对比，分析影响利润变化的原因。

2. 实际经济数据的测算与评价

（1）收集与测算实际经济数据所需的有关基础资料，主要有产出物与投入物的品种和数量，国家近期颁发的影子价格和国家参数等。

（2）投入物与产出物中各项经济价格的调整与分析，即在财务评价基础上，将产出物、投入物区分为外贸货物、非外贸货物及特殊投入物三种类型，并按各种类型货物影子价格的确定原则进行价格调整。分析经济价格及所施行的调整是否符合投产后的实际情况，如有较大偏差，则需研究、评价偏差产生的原因，提出修正对策和预测项目计算期内未来时期的经济价格变化趋势。

（3）项目经济费用与效益的调整与分析。根据核实的经济价格，按照项目费用和效益划分的范围，对项目固定资产投资、流动资金、产品生产成本费用与销售收入等财务数据进行调整，并检验调整后的经济费用与效益同实际情况相比有何变化。

## （二）项目经济后评价基本报表

项目经济后评价的基本报表的格式、编制方法与项目前评价基本相同。所不同的是最后还要编制一张技术经济效果评价指标综合对照表，即“后评价与可行性研究基本经济数据、评价指标对照表”（见表1）。

**表1　后评价与可行性研究基本经济数据、评价指标对照表**

| 序号 | 名称 | 单位 | 可行性研究报告 | 自评报告 | 初审报告 | 复审报告 | 备注 |
|---|---|---|---|---|---|---|---|
| 1 | 基本数据 | | | | | | |
| 1.1 | 年产量（业务量） | | | | | | |
| 1.2 | 总投资 | | | | | | |
| 1.2.1 | 固定资产投资 | | | | | | |
| 1.2.2 | 投资方向税 | | | | | | |
| 1.2.3 | 物价上涨因素 | | | | | | |
| 1.2.4 | 建设期利息 | | | | | | |
| 1.2.5 | 流动资金 | | | | | | |
| 1.3 | 总占地面积 | | | | | | |
| 1.4 | 建筑面积 | | | | | | |
| 1.5 | 职工总人数 | | | | | | |
| 1.5.1 | 生产工人 | | | | | | |
| 1.6 | 总产值（正常年） | | | | | | |
| 1.6.1 | 总产值（达产年） | | | | | | |
| 1.7 | 年销售收入（正常年） | | | | | | |
| 1.7.1 | 年销售收入（达产年） | | | | | | |
| 1.8 | 年销售利润（正常年） | | | | | | |
| 1.8.1 | 年销售利润（达产年） | | | | | | |
| 1.9 | 利润总额（正常年） | | | | | | |
| 1.9.1 | 利润总额（达产年） | | | | | | |
| 1.10 | 年销售税金（正常年） | | | | | | |
| 1.10.1 | 年销售税金（达产年） | | | | | | |

续表

| 序号 | 名称 | 单位 | 可行性研究报告 | 自评报告 | 初审报告 | 复审报告 | 备注 |
|---|---|---|---|---|---|---|---|
| 1.11 | 总成本费用（正常年） | | | | | | |
| 1.11.1 | 总成本费用（达产年） | | | | | | |
| 1.12 | 经营成本（正常年） | | | | | | |
| 1.12.1 | 经营成本（达产年） | | | | | | |
| 2 | 经济评价指标 | | | | | | |
| 2.1 | 财务内部收益率 | | | | | | |
| 2.2 | 财务净现值 | | | | | | |
| 2.3 | 投资利润率 | | | | | | |
| 2.4 | 投资利税率 | | | | | | |
| 2.5 | 投资回收期 | | | | | | |
| 2.6 | 借款偿还期（固定资产） | | | | | | |
| 2.7 | 经济内部收益率 | | | | | | |
| 2.8 | 经济净现值 | | | | | | |
| 2.9 | 投资净效益率 | | | | | | |
| 2.10 | 经济外汇净现值 | | | | | | |
| 2.11 | 经济换汇成本 | | | | | | |
| 2.12 | 经济节汇成本 | | | | | | |
| 3 | 技术经济指标 | | | | | | |
| 3.1 | 单位新增生产能力投资 | | | | | | |
| 3.2 | 单位新增生产能力耗能 | | | | | | |
| 3.2.1 | 煤 | | | | | | |
| 3.2.2 | 电 | | | | | | |
| 3.2.3 | 石油 | | | | | | |
| 3.3 | 单位新增生产能力耗水量 | | | | | | |
| 3.4 | 单位新增生产能力主要材耗 | | | | | | |
| 3.4.1 | 其中：钢材 | | | | | | |
| 3.5 | 实物劳动生产率（职工） | | | | | | |
| 3.6 | 实物劳动生产率（工人） | | | | | | |
| 3.7 | 全员劳动生产率（职工） | | | | | | |
| 3.8 | 建设工期 | | | | | | |
| 3.9 | 万元投资三大材料消耗 | | | | | | |
| 3.9.1 | 钢材 | | | | | | |
| 3.9.2 | 材料 | | | | | | |
| 3.9.3 | 水泥 | | | | | | |

## （三）项目经济后评价实际经济效益指标

1. 建设项目财务效益后评价

即根据国家现行的财税制度的规定和国家或主管部门认可的经济评价方法，重新分析预测已建成项目的费用和效益，考察项目的实际盈利能力、清偿能力及外汇平衡情况等财务状况。主要指标有：财务内部收益率、财务净现值、投资回收期、投资利润率、投资利税率、国内借款偿还期等。

2. 项目国民经济后评价

即从国家整体角度考虑项目的费用和效益，用影子价格、影子汇率、影子工资和社会折现率计算、分析项目对国民经济带来的净效益，评价项目在经济上的合理性。主要指标有：经济内部收益率、经济净现值、经济外汇净现值、经济换汇（节汇）成本等。

3. 建成后的社会效益评价

应结合项目的性质和行业、地区特点，着重对项目给地区或部门经济发展以及提高人民物质文化生活等方面带来的效果进行定量或定性分析，主要考察项目的就业效果、分配效果、积累效果和环境效果等指标。

4. 技术进步与规模效益后评价

对项目所采用的先进技术和科学技术与智力投入所产生的技术进步效益进行后评价；对项目达产后的实际效果，对比国内外同类项目（同等规模），评价其规模经济效益水平，分析效益偏差，提出改进建议。

## （四）项目后评价中预期效益指标与实际效益指标的对比分析

1. 对比指标

为了从效益方面衡量项目前评价的深度，需要定量分析效益指标前后的偏离程度。项目后评价与前评价效益指标的对比指标主要包括项目建设工期、单位生产能力投资、达产年限、投资回收期四项固定资产投资经济效果指标，以及项目经济评价中规定的各项经济效益指标。

（1）实际建设工期。它是反映项目实际建设速度的指标，指建设项目从开工之日起到竣工验收为止所实际经历的有效时间。这项指标的相对变化率是：

$$\text{实际建设工期变化率}=\frac{\text{实际建设工期}-\text{设计建设工期}}{\text{设计建设工期}}\times 100\%$$

（2）实际单位生产能力投资。它是项目实际投资总额与项目竣工后实际形成的综合生产能力的比值，比值越小，说明投资的效果越好。

$$\text{实际单位生产能力投资}=\frac{\text{竣工验收项目实际投资总额}}{\text{竣工验收项目实际形成生产能力}}$$

这项指标的变化率为：

$$\text{实际单位生产能力投资变化率}=\frac{\text{实际单位生产能力投资}-\text{设计单位生产能力投资}}{\text{设计单位生产能力投资}}\times 100\%$$

（3）实际达产年限。指项目从投产之日起到实际产量达到设计生产能力为止所经历的时间。如果在项目后评价时点，该项目尚未达到设计生产能力，实际达产年限可按下式计算：

$$\text{设计生产能力}=\text{第一年实际产量}\times[1+(\text{平均年生产能力增长率})]^{n}$$

式中，n——实际达产年限。

此项指标的变化率为：

$$\text{实际达产年限变化率}=\frac{\text{实际达产年限}-\text{设计达产年限}}{\text{设计达产年限}}\times 100\%$$

（4）实际投资回收期。这是用项目实际产生的年度净收益或根据实际情况重新预测的项目年度净收益来抵偿实际投资总额所需要的时间。其表达式为：

$$\sum_{t=1}^{PR_t}(RCI-RCO)=0$$

式中，RCI——实际现金流入量；RCO——实际现金流出量；$PR_t$——投资回收期。

此项指标的变化率为：

$$\text{实际投资回收期变化率}=\frac{\text{实际投资回收期}-\text{预测投资回收期}}{\text{预测投资回收期}}\times 100\%$$

同样，可以测算出实际净现值、实际内部收益率、实际投资利润率、实际投资利税率等财务与经济效益指标及其变化水平。

2. 指标对比方法

指标对比的方法主要有三种：一是将实际指标与前评价所确定的方案指标相对比；二是将实际指标与主管部门确定的行业标准相对比；三是将实际指标与国内外同类项目所达到的最佳指标相对比。

在进行指标对比时应充分考虑指标的可比性，应注意前后指标计算口径、方法的一致性，可采用绝对数、相对数或增减数等形式的指标。实际指标的计算可针对具体情况，剔除各种意外和不可抗力等因素的不利影响，并说明原因。

3. 指标对比结果的评价

对指标对比的结果要采用合目的性准则与合规范性准则相结合的方法进行评价。

（1）合目的性评价。指实际指标达到或超过可行性研究所定方案指标的百分比，以此考察预期指标的实现程度。可行性研究所确定的方案指标是合目的性评价的基准。

（2）合规范性评价。即判别项目实际经济效益的优劣。合规范性评价的基准是以部门（行业）规定的基准收益率和标准投资回收期等定额指标作为项目取舍的依据。当实际指标与参照基准偏差较大时，应通过因素分析的方法寻找影响指标变化的主要原因。

在指标评价中要特别注意关键指标的作用，如内部收益率、净现值、投资回收期等。

如果这些主要评价指标低于判别基准，即使其他指标达到或超过基准的百分比较高，也不能得出合目的性强或效益好的结论。

## 五、投资项目后评价报告

工业项目的后评价报告的内容主要包括以下几个方面：

### （一）总论

说明项目后评价的目的、后评价工作的组织管理、后评价报告编制单位、后评价工作的起始和完成时间、评价资料来源和依据、后评价方法以及建设项目实施总体概况。

### （二）项目前期工作后评价

项目前期工作后评价包括以下几项内容：

项目筹备工作：筹备单位名称、组织机构、筹备计划及筹备工作效率等分析和评价。

项目决策工作：项目可行性研究单位名称、资格，项目可行性研究的编制依据、起始和完成时间，项目决策单位、决策程序、决策效率和决策质量等分析评价。

项目征地拆迁工作：征地拆迁工作进度、征地原则、土地补偿标准等是否符合国家有关规定等分析评价。

项目委托设计与施工：设计单位名称及资格审查，委托设计方式，设计费用，设计方案的技术可行性和经济合理性，设计标准和质量，委托施工方式，施工队伍资格审查及施工合同等分析评价；建设物资、资金落实情况等分析评价。

### （三）项目实施后评价

项目实施后评价包括以下内容：

（1）项目开工评价；

（2）项目变更评价；

（3）施工管理评价；

（4）项目建设资金供应情况评价；

（5）项目建设工期评价；

（6）项目建设成本评价；

（7）项目工程质量评价；

（8）项目竣工验收与试生产的评价；

（9）项目实际生产能力与单位生产能力投资的评价。

### （四）项目运营后评价

项目运营后评价包括以下内容：

（1）项目达产情况评价；

（2）项目产出物的种类与数量、产品销售情况评价；

（3）企业的性质与职权；

（4）主管机关的有关情况；

（5）企业经营管理的评价；

（6）劳动组织和人员培训评价。

### （五）项目经济后评价

项目经济后评价包括项目财务后评价和项目国民经济后评介。

项目财务后评价。包括项目财务状况及预测、项目实际财务指标、主要财务指标的对比与分析，以及财务状况的前景与改进措施等。

项目国民经济后评价。包括项目国民经济效益状况与预测，项目国民经济效益指标与计算，评价指标的对比分析，国民经济效益的前景及其措施等。

### （六）综合结论

对以上各项内容给出基本结论。包括项目准备、决策、实施和运行各阶段的主要经验教训，对可行性研究及评价决策水平的综合评价，项目发展前景预测，为提高项目未来经济效益制定相应的对策和措施。

在具体工作中，项目后评价报告应按国家计委和建设部规定的条例和格式进行编制。

# 关于投资项目国民经济评价*

## 一、国民经济评价概述

### (一) 国民经济评价的概念和必要性

国民经济评价是按照资源合理配置的原则，从国家整体角度考察投资项目的效益和费用，采用影子价格、影子工资、影子汇率和社会折现率等参数，计算分析项目给国民经济带来的净贡献，评价项目的经济合理性。它是项目经济评价的重要内容，是投资项目决策的依据。

任何投资者个体或群体，乃至一个地区，所拥有的资金、外汇、自然资源、信息和技术资源，相对于其不断增长的物质文化生活都是有限的。投资项目评价的目的是将有限的资源用于最有利于满足人们利益需求的项目上去。对于企业所有者来说，企业财务利润的高低，是其决定项目取舍的依据；而国家政府决定项目取舍的依据则是投资项目的社会利润。

企业利润可能与社会利润相一致，但其条件是相当严格的：第一，充分就业。在失业或就业不足的情况下，企业对于劳动者的支出会高于社会的真正损失。第二，完全竞争。在竞争不完善的市场上，企业的效益和费用都可能被高估或低估。同时，完全竞争还包括不存在税收和补贴。从企业角度看，税收是一种支出，而就整个社会而言，它显然不是支出；补贴的情况则正好相反。第三，微量影响性。即投资项目的投入和产出量对于整个社会来说是一个极其微小的量，不足以引起消费者剩余和生产者剩余的产生。第四，同样的边际消费效用。即同样 1 元钱的收益不论到谁的手里，无论是政府还是个人，无论是穷人还是富人，都具有同样的效用。第五，同样的贴现率。即企业财务贴现率与社会贴现率相等。第六，不存在外部效果。即投资项目的效果和费用全部在项目的收益和支出中得到反映。第七，不存在集体产品。即投资项目的任何投入或产出在供给一个人时，就排斥供应

* 本文选自张敦富：《投资环境评价与投资决策》，中国人民大学出版社 1999 年版，第 378~409 页。参与者：王金佑。

给他人的可能性，在某个人消费时，就剥夺了其他人的消费。

只有在以上条件都成立时，企业财务评价结论才能作为国民经济评价的结论。然而，现实经济生活中，完全满足上述条件的情况是不存在的，即企业利润与社会利润不一致。因此，有必要从社会整体角度对投资项目进行国民经济评价。

### （二）国民经济评价的目标和内容

国民经济评价的目的是更有效地合理分配和利用有限的资源，最大限度地促进国民经济增长和满足国家经济发展的需要。因此，国民经济评价的主要目标是国民收入增长目标、创汇节汇目标和风险承担能力目标。根据国民经济评价的这几个基本目标，国民经济评价应包括如下内容：

（1）国民经济效益费用分析。主要计算分析投资项目在整个计算期内国民经济效益费用流量情况，以考察项目对国民经济的净贡献。主要计算的指标有经济净现值、经济净现值率和经济内部收益率。

（2）经济利润比率分析。主要计算分析投资项目达到设计生产能力正常年份的经济净效益流量与投资的比率，以考察项目在正常生产年份的国民经济获利情况和盈利水平。主要计算指标是投资净效益率。

（3）经济外汇效果分析。主要计算分析投资项目在计算期内各年份的经济外汇流入和流出情况，以考察项目的经济创汇能力。主要计算指标有经济外汇净现值、经济换汇成本和经济节汇成本。

### （三）国民经济评价与财务评价的主要区别

国民经济评价以财务评价为基础，两者在形式上和内容上有许多相似之处，但它们之间存在本质的差别，主要表现在如下几个方面：

（1）两种评价的出发点和目的不同。财务评价是站在企业立场上，从企业的利益出发，分析评价项目的财务净收益；而国民经济评价则从国家角度分析评价项目对整个国民经济以至于整个社会产生的净收益。

（2）两种评价的分析对象不同。尽管两种评价都采用某些相同的分析方法，如净现值法、内部收益率法等，但它们分析的对象是不同的。财务评价分析的对象是企业财务利润；而国民经济评价分析的对象则是国民收入净增值。

（3）两种评价中费用和效益组成内容不尽一致。在财务评价中，凡是流入或流出项目的货币收支，均视为企业的费用和效益；而在国民经济评价中，只有当项目的投入或产出能够给国民经济带来负贡献或正贡献时，才被当作费用或效益。

（4）两种评价中计量费用和效益的价格尺度不同。财务评价关注的是实际货币效果，它必然要采用预测的实际交易价格计量项目投入和产出物的价值，这种实际交易价格即市场价格或称财务价格。国民经济评价关注的是对国民经济的贡献，因此必须采用体现资源合理有效配置的影子价格计量项目投入和产出物的价值。

### （四）国民经济评价的程序

国民经济评价的内容和范围广泛，计算也较为复杂，通常可按如下程序进行：

（1）辨识投资项目经济费用和效益的内容。从国家宏观角度出发，以是否减少或增加国民收入为标准，辨识投资项目的费用和效益。投资项目效益和费用的辨识，要根据项目的具体情况，分门别类地列出纲目表，以避免费用和效益计算的遗漏和重复。

（2）确定项目投入物和产出物的影子价格。根据收集整理的有关数据资料和国家有关部门的规定，通过对项目投入物和产出物的供求关系及其宏观经济影响方向和力度分析，确定投入产出物的影子价格。

（3）重新计算项目的费用和效益。根据影子价格对项目投入产出物的财务价格进行调整，重新计算项目的投资支出、生产成本和销售收入，并对可计量的间接效益和间接费用分别列项计算。

（4）编制国民经济评价报表。在费用和效益计算的基础上，根据评价的目的和要求编制国民经济评价报表，包括经济效益费用流量表、经济外汇流量表和出口（替代进口）产品国内资源流量表等。

（5）计算国民经济评价指标。按照国家统一规定的社会折现率、影子汇率、影子工资率等参数计算经济净现值、经济内部收益率、经济净现值率、投资净效益率以及经济外汇净现值和经济换汇节汇成本等国民经济评价指标。

## 二、影子价格

### （一）影子价格的概念

影子价格的概念最早来源于线性规划。人们在用线性规划求解最优配置的问题时，发现线性规划的对偶解是一组价格。在这组价格下，资源可得到最优配置。由于这组价格来源于对偶解，因此，称为影子价格，也称最优计划价格。

从定价原则看，影子价格能充分地反映产品价值，反映市场的供求关系和资源的稀缺程度；从产出效果看，它有利于资源的最优配置。因此，影子价格是人们对所用资源和生产产品的一种评价，它不直接表现为实现的价格。对于投资项目而言，项目投入品的影子价格就是投入资源的机会成本，产出品的影子价格一般来说就是消费者的支付意愿。支付意愿是消费者为获得某种商品和劳务愿意支付的价格；机会成本就是资源用于某种用途，而不得不放弃它原先用于或可以用于其他用途所能取得的效益。

精确地确定影子价格是极其困难的，在目前甚至可以说是不可能的。为了方便实用，在项目评价中影子价格是以国际市场价格为基础，并以此为依据调整国内市场价格而得到的。这对于我国这样一个执行对外开放政策的国家来说也是合理的。因为，对于一个对外开放国家，项目的投入物和产出物的进出口贸易本身就是资源运用上一种可供选择的机会，并直接引起该国资源的增加或减少。

国际上现有四种影子价格的计算方法，即L-M法、UNIDO法、S-V-T法和UNA法。L-M法是由牛津大学福利经济学家I. Little和经济数学家J. Mirrlees于1968年提出来的，其代表作是《发展中国家工业项目分析手册》；UNIDO法是《项目评价准则》一书所倡导的方法，该书是英国经济学家P. Dasugpta和美国经济学家S. Marlin于1972年为联合国工业发展组织编写的；S-V-T法是世界银行研究人员L. Squire和H. V. Tak在其1975年出版的《项目经济分析》中提出的；UNA法是联合国工业发展组织和阿拉伯工业发展中心于1977年出版的《工业项目评价手册》中提出的。

我国目前试行的影子价格计算采用UNIDO法，但在价格的具体确定上吸收某些L-M法和S-V-T法的优点。具体方法就是先将项目投入物和产出物分为外贸货物、非外贸货物和特殊投入物三种类型；然后，以我国价格水平上的人民币作为计算基准，根据投入产出物的来源、贸易费用率等参数，求取各类货物的影子价格。

### （二）影子汇率

汇率是用一个国家的货币折算成另一国家的货币的比率，也可以说，是以本国货币表示的外国货币的“价格”。官方汇率是指官方如财政部、中央银行或经指定的外汇专业银行所规定的汇率，而影子汇率则是国外货币与国内货币购买力的真实比率，实际上就是外汇的影子价格。

在国民经济评价中，之所以要测定影子汇率，是因为在国家实行外汇管制和外贸管制的情况下，官方汇率往往低估了外汇的真实价值。影子汇率不仅起着本币与外币换算系数的作用，其取值还直接影响项目或方案决策中投入物和产出物的进出口选择。影子汇率一般可用下式求得：

$$SER=\left(1+\frac{\sum_{i=1}^{n}X_iS_i+\sum_{i=1}^{n}M_it_i}{\sum_{i=1}^{n}X_i+\sum_{i=1}^{n}M_i}\right)\times OER$$

式中，SER为影子汇率，OER为官方汇率，$X_i$为第i种出口货物用外汇表示的离岸价总额，$S_i$为第i种出口货物补贴率（如对出口货物征关税，则$S_i$为负），$M_i$为第i种进口货物用外汇表示的到岸总额，$t_i$为第i种进口货物的关税税率。

### （三）外贸货物的影子价格

外贸货物是指其生产或使用将直接或间接影响国家进出口的货物。包括项目产出物中直接出口、间接出口和替代进口者；项目投入物中直接进口、间接进口和减少出口者。

外贸货物的影子价格以实际可能发生的口岸价为基础，通过影子汇率将以外币计算的口岸价换算为以本币计算的口岸价。具体定价方案如下：

1. 产出物（按出厂价计算）

（1）直接出口产品（外销产品）的影子价格（SP1）：离岸价格（FOB）乘以影子汇率（SER），减去国内运输费用（$T_1$）和贸易费用（$D_1$）。其表达式为：

$SP_1 = FOB \times SER - (T_1 + D_1)$

（2）间接出口产品（内销产品、替代其他货物使其他货物增加出口）的影子价格（$SP_2$）：离岸价格（FOB）乘以影子汇率，减去原供应厂到口岸的运输费用（$T_2$）及贸易费用（$D_2$），加上原供应厂到用户的运输费用（$T_3$）及贸易费用（$D_3$），再减去拟建项目到用户的运输费用（$T_4$）及贸易费用（$D_4$）。其表达式为：

$SP_2 = FOB \times SER - (T_2 + D_2) + (T_3 + D_3) - (T_4 + D_4)$

原供应厂和用户难以确定时，可按直接出口考虑。

（3）替代进口产品（内销产品、以产顶进、减少进口）的影子汇率价格（$SP_3$）：原进口货物的到岸价格（CIF）乘以影子汇率，加上口岸到用户的运输费用（$T_5$）及贸易费用（$D_5$），再减去拟建项目到用户的运输费用（$T_4$）及贸易费用（$D_4$）。其表达式为：

$SP_3 = CIF \times SER + (R_5 + D_5) - (T_4 + D_4)$

具体用户难以确定时，按到岸价格计算（如图 1 所示）。

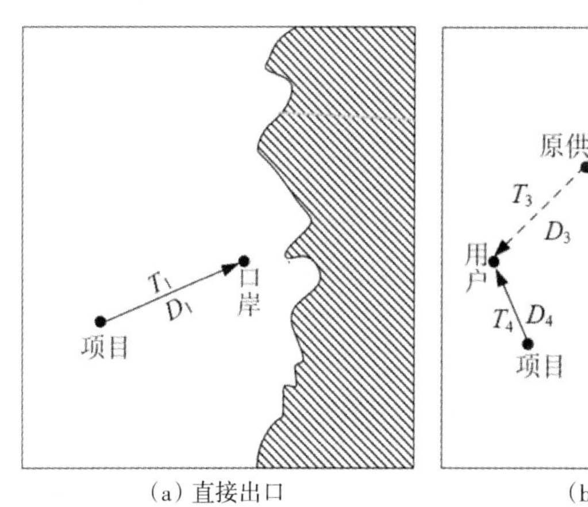


（a）直接出口　　（b）间接出口　　（c）替代进口

**图 1　产出外贸货物影子价格计算示意图**

2. 投入物按到厂价格计算

（1）直接进口产品（国外产品）的影子价格（$SP_4$）：到岸价格（CIF）乘以影子汇率，加上国内运输费用（$T_1$）和贸易费用（$D_1$）。其表达式为：

$SP_4 = CIF \times SER + (T_1 + D_1)$

（2）间接进口产品（国内产品，如木材、钢材、铁矿、铬矿等，以前进口过，现在也大量进口）的影子价格（$SP_5$）：到岸价格（CIF）乘以影子汇率，加上口岸到用户的运输费用（$T_5$）及贸易费用（$D_5$），减去供应厂到用户的运输费用（$T_3$）及贸易费用（$D_3$），再加上供应厂到拟建项目的运输费用（$T_6$）及贸易费用（$D_6$）。其表达式为：

$$SP_5 = CIF \times SER + (T_5 + D_5) - (T_3 + D_3) + (T_6 + D_6)$$

原供应厂和用户难以确定时，可按直接进口考虑。

（3）减少出口产品（国内产品，如石油、煤炭和有色金属等，以前出口过，现在也能出口）的影子价格（$SP_6$）：离岸价格（FOB）乘以影子汇率，减去供应厂到口岸的运输费用（$T_2$）及贸易费用（$D_2$），再加上供应厂到拟建项目的运输费用（$T_6$）及贸易费用（$D_6$）。其表达式为：

$$SP_6 = FOB \times SER - (T_2 + D_2) + (T_6 + D_6)$$

供应厂难以确定时，可按离岸价格计算（见图 2）。

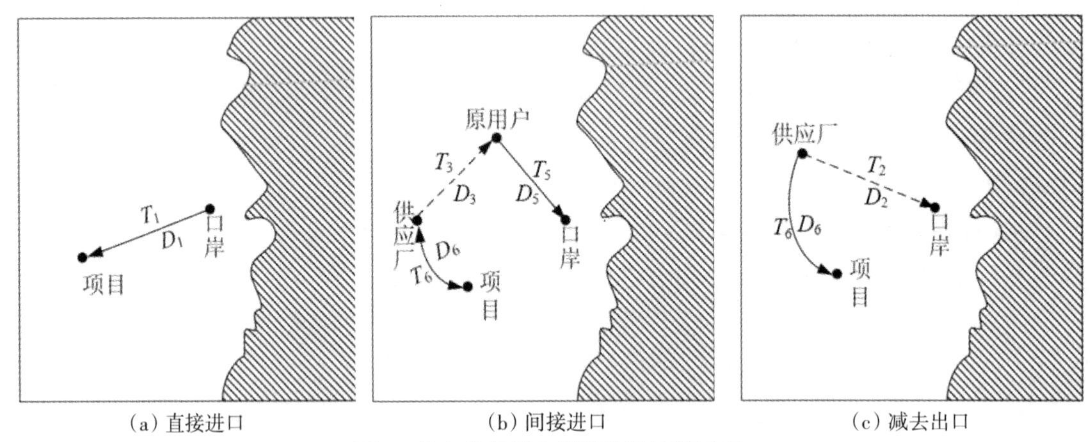


（a）直接进口　　（b）间接进口　　（c）减去出口

**图 2　投入外贸货物影子价格计算示意**

上述影子价格计算公式中，外贸货物的到岸价和离岸价可根据有关海关统计资料，在分析某些重要货物的国际市场价格走势和剔除倾销、暂时紧缺及短期波动等因素影响的基础上，按货物的质量差价，予以确定。

贸易费用是指物资系统、外贸公司和各级批发站等部门，花费在流通中以影子价格计算的费用，如经手费、储存费、装卸费、短途倒运费等。贸易费用一般根据综合贸易费率计算。具体方法如下：

$$进口货物贸易费用 = 到岸价 \times 影子汇率 \times 贸易费率$$

$$出口货物贸易费用 = \frac{离岸价 \times 影子汇率 - 国内运费}{1 + 贸易费率} \times 贸易费率$$

$$非外贸货物贸易费用 = 影子价格 \times 贸易费率$$

通常，贸易费率取值为 6%。对于少数价格高、体积小、重量轻的货物，可适当降低贸易费率。由厂家直接供应的货物一般不计算贸易费用。

## （四）非外贸货物的影子价格

非外贸货物是指其生产或使用将不影响到国家进出口的货物。除了所谓“天然”的非外贸货物如建筑、国内运输等基础设施和商业的产品和服务外，还有由于运输费用过高或受国内国外贸易政策和其他条件的限制不能进行外贸的货物。

非外贸货物的影子价格，一般根据它的投入产出对国民经济的影响，通过分解成本法或国内市场价确定。具体定价方法如下：

1. 产出物

（1）增加供应数量满足国内消费的产出物。供求均衡的，按财务价格定价；供不应求的，参照国内市场价格并考虑价格变化的趋势定价，但不应高于相同质量产品的进口价格；无法判断供求情况的，取上述价格中较低者。

（2）不增加国内供应数量，只是替代其他相同或类似企业的产出物，致使被替代企业停产或减产的。质量与被替代产品相同的，应按被替代企业相应的产品可变成本分解定价；提高产品质量的，原则上应按替代产品的可变成本加提高产品质量而带来的国民经济效益定价，其中，提高产品质量带来的效益，可近似地按国际市场价格与被替代产品的价格之差确定。

（3）产出物按上述原则定价后，再计算为出厂价格。

2. 投入物

（1）能通过原有企业挖潜（不增加投资）增加供应的，按可变成本分解定价。

（2）在建项目满足拟建项目需要的，按全部成本（包括可变成本和固定成本）分解定价。当难以获得分解成本所需要的资料时，可参照国内市场价格定价。

（3）项目计算期内无法通过扩大生产规模增加供应的（减少原用户的供应量），参照国内市场价格，按国家统一价格加补贴（如有时）中较高者定价。

（4）投入物按上述原则定价后，再计算为到厂价格。

3. 非外贸货物的成本分解法

成本分解原则上应是对边际成本而不是平均成本进行分解。如果缺乏资料，也可分解平均成本。成本分解的目的是要将非外贸货物从财务价格计算的单位成本或单位可变成本，换算为影子价格计算的单位成本或可变成本。成本分解的具体步骤如下：

（1）按费用要素列出非外贸货物的财务成本、单位货物的固定资产投资额及流动资金，并列出该货物生产厂的建设期限和建设期各年的投资比例。

（2）剔除上述数据中包括的税金。

（3）按影子价格对外购原材料、燃料动力等投入物的费用进行调整。其中有些可使用给定的影子价格或换算系数。对重要的外贸货物应自行测算影子价格。重要的非外贸货物可留待第二轮分解。有条件时，也应对投资中某些比例大的费用项目进行调整。

（4）工资及福利费用和其他费用原则上不予调整。

(5) 计算单位货物总投资（包括建设投资和流动资金）的资本回收费用（M），以代替折旧、摊销和流动资金利息。计算公式为：

$$M=(I_f-S_v)\times(A/P,\ i_s,\ n)+(W+S_v)\times i_s$$

当 $S_v=0$ 时，则：

$$M=I_f(A/P,\ i_s,\ n)+W\times i_s$$

式中，$I_f$ 是换算为生产初期的单位建设投资，按可变成本分解时为零；W 为单位流动资金占用额；$i_s$ 为社会折现率；n 为生产期。

$I_f$ 可由下式求得：

$$I_f=\sum_{t=1}^{m}I_t(1+i_s)^{m-1}$$

式中，$I_t$ 为建设期第 t 年调整后的单位建设投资；m 为建设期。

(6) 必要时对上述分解成本中涉及的非外贸货物进行第二轮分解。

综合上述各步之后，即可得到该种货物的分解成本。

## (五) 特殊投入物的影子价格

1. 影子工资

影子工资是指国家和社会为建设项目使用劳动力而付出的代价，实质上就是劳动力的影子价格。影子工资由劳动力的边际产出和劳动力就业或转移而引起的社会资源消耗两部分构成。劳动力的边际产出是指一个建设项目占用的劳动力在其他使用机会下可能创造的最大效益。劳动力就业或转移而引起的社会资源消耗包括培训费、搬迁费等。

正确确定影子工资，必须搞清三个问题：第一，本项目职工究竟来自哪里；第二，职工从别处转移到项目中来，将使别处产出下降多少；第三，这种劳动力的转移对社会资源的耗用有何影响。

实际评估工作中，一般采用影子工资换算系数计算影子工资。其计算公式为：

影子工资 = 财务工资 × 影子工资换算系数

影子工资换算系数是项目国民经济评价参数，是影子工资与财务工资的比率。根据我国劳动力状况、结构以及就业水平，一般建设项目的影子工资换算系数为 1。在建设期内使用大量民工的项目，如水利、公路项目，其民工的影子工资换算系数为 0.5。对于就业压力大的地区占用大量非熟练劳动力的项目，影子工资换算系数可小于 1；对于占用大量短缺的专业技术人员的项目，影子工资换算系数可大于 1。

2. 土地的影子价格

土地是项目的特殊投入物。在国民经济评价中，土地影子价格包括拟建项目占用土地而使国民经济为此放弃的效益，即土地机会成本，以及国民经济为项目占用土地而新增加的资源消耗（如拆迁费、剩余劳动力安置费等）。

土地影子价格 = 土地机会成本 + 新增资源费用

土地的机会成本按照拟建项目占用土地而使国民经济为此放弃的该土地“最好可行替代用途”的净效益测算。其计算公式为：

$$OC=\sum_{t=1}^{n}NB_0(1+g)^{t+m}(1+i)^{-t}$$

$$=\begin{cases}NB_0(1+g)^{m+1}\times\dfrac{1-(1+g)^n(1+i)^{-n}}{i-g}(\text{当 } i\neq g \text{ 时})\\ nNB_0(1+g)^m(\text{当 } i=g \text{ 时})\end{cases}$$

式中，OC 为土地机会成本；$NB_0$ 为基年土地的“最好可行替代用途”的单位面积年净效益；n 为项目占用土地的期限，一般为项目计算期；t 为年序数；m 为基年（即土地净效益测算年）距项目开工年数；g 为土地最好可行替代用途的年平均净效益增长率；i 为社会折现率。

土地最好可行替代用途的净效益，应根据项目占用土地的种类，分析项目计算期内技术、环境、政策、适应性等多方面的约束条件，选择该土地最可行的替代用途 2~3 种（包括现行用途）进行比较，以其中净效益最大者确定。

在国民经济评价中，项目实际征地费用可以划分为三部分：一是机会成本性质的费用，如土地补偿费、青苗补偿费等；二是新增资源消耗费用，如拆迁费用、剩余劳动力安置费、养老保险费等；三是转移支付，如粮食开发基金、耕地占用税等。

对第一部分费用应按机会成本计算方法另行计算；第二部分费用应换算成按影子价格计算的费用；第三部分费用则不计为费用。

某港口工程项目，征用耕地 75.6 公顷。1990 年开始征地建设，项目计算期为 30 年。其实际征地费用总额为 3968.1 万元，每公顷平均为 52.5 万元，征地费用的构成见表 1。

**表 1　项目实际征地费用**

单位：万元

| 序号 | 费用名称 | 费用总额 |
|---|---|---|
| 1 | 土地补偿费 | 405.6 |
| 2 | 青苗补偿费 | 33.8 |
| 3 | 撤组转户老年人养老费 | 156.5 |
| 4 | 养老保险金 | 11.5 |
| 5 | 剩余农业劳动力安置费 | 835.3 |
| 6 | 粮食开发基金 | 340.0 |
| 7 | 农转非人口粮食差价补贴 | 219.3 |
| 8 | 耕地占用税 | 567.2 |
| 9 | 拆迁费 | 1236.9 |
| 10 | 征地管理费 | 162.0 |
| 11 | 合计 | 3968.1 |

在项目实际征地费用中，前两项属于机会成本性质，需另行计算。粮食开发基金和耕地占用税属转移支付，不计为费用。其余各项费用则为新增资源消耗，需换算成影子价格。

第一步，计算机会成本。该地的现行用途为种植水稻，经分析还可用于种植小麦和蔬菜。经比较，在这三种可行替代用途中，种植蔬菜的净效益最大，NB 为每公顷 18087 元。规划期内种植蔬菜的年净效益增长率为 2%。$NB_0$ 计算年份是项目开工年份，所以 $m=0$。社会折现率取 12%，项目计算期为 30 年。据此，可计算每公顷土地的机会成本为：

$$OC = NB_0(1+g)^{m+1} \times \frac{1-(1+g)^n(1+i)^{-n}}{i-g}$$

$$=18087 \times (1+0.02) \times \frac{1-(1+0.02)^{30} \times (1+0.12)^{-30}}{0.12-0.02}$$

$$=173334 \text{（元）}$$

土地机会成本总额 = 173334 × 75.6 = 1310.4（万元）

第二步，计算新增资源消耗。新增资源消耗中的拆迁费主要为建筑施工费用，用房屋建筑工程影子价格换算系数 1.1 换算成影子费用：

影子价格下的拆迁费 = 1236.9 × 1.1 = 1360.6（万元）

其他几项新增资源消耗费用不做调整，其总额为：

156.5 + 11.5 + 835.3 + 219.3 + 162.0 = 1384.6（万元）

土地新增资源消耗总额 = 1360.6 + 1384.6 = 2745.2（万元）

汇总土地的机会成本和新增资源消耗，可计算土地影子费用为：

土地影子费用总额 = 1310.4 + 2745.2 = 4055.6（万元）

土地的影子价格为每公顷 53.65 万元。

## （六）社会折现率

社会折现率是从国家角度对资金机会成本和资金时间价值的估量，实际上就是资金的影子价格。社会折现率是项目国民经济评价的重要通用参数，是项目国民经济评价中作为计算经济净现值的折现率和衡量经济内部收益率的基准值，同时也是项目经济可行性和方案比选的主要判别依据。

采用适当的社会折现率进行项目国民经济评价，有助于合理使用建设资金，引导投资方向，调控投资规模，促进资金在短期与长期项目之间的合理配置。

根据我国在一定时期内的投资收益水平、资金机会成本、资金供求状况、合理的投资规模以及项目国民经济评价的实际情况，社会折现率取值为 12%。

# 三、费用和效益的辨识及度量

## （一）费用和效益的概念及辨识原则和度量标准

投资项目的效益就是项目对投资目标的贡献，费用则是项目对目标的负贡献。效益和费用同处于目标追求下的对立统一之中，没有费用就没有效益。因此，费用和效益的辨识要遵循目标决定原则。

根据目标决定原则，在财务评价中，凡是减少财务利润的货币支出都是投资项目的费用；凡是增加财务利润的货币收入都是项目的效益。在国民经济评价中，凡是减少国民收入的都是项目的费用；凡是增加国民收入的都是项目的效益。

由于财务评价和国民经济评价的目标不同，两者所包括的费用和效益的内容不尽一致。有些是财务评价中的费用和效益，但不构成国民经济评价中的费用和效益，如税金、利息、补贴等转移支付；有些是国民经济评价的费用和效益，但不构成财务评价中的费用和效益，如环境污染损失、技术扩散作用等外部效果；还有一些在两种评价中都列入费用和效益，但它们的度量标准和度量方法却有所不同，如投入品费用和产出品效益。费用和效益评价的内容如图 3 所示。

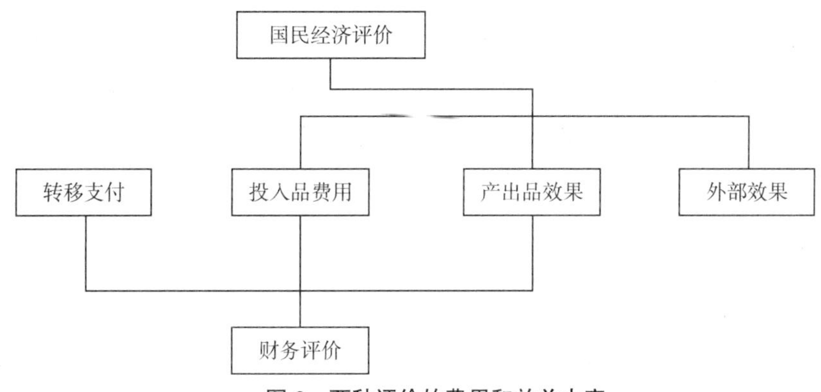


**图 3　两种评价的费用和效益内容**

## （二）转移支付

项目在投资建设和生产经营过程中的某些货币收支并不真正反映资源投入产出的变化，而只表现为资源的支配权从某个经济主体转移到另一个经济主体手中，因而不会引起社会最终产品的增减，即国民收入不会发生变化。这种不伴随资源增减的纯粹性货币转移称为转移支付。

与投资项目有关的转移支付主要有税金、工资、利息、土地费用和补贴。转移支付伴随着货币收支发生，因而是财务评价中的费用和效益；但转移支付不伴随着国民收入的增减，因而不是国民经济评价中的费用和效益。

（1）税金。项目在投资建设和生产经营过程中，需缴纳一系列的税金，如固定资产投资方向税、关税、增值税、营业税、消费税、资源税、城市维护税、教育费附加和所得税等。这些支出实际上只是将资源支配权由企业转移给国家，并不伴随着资源的变化和国民收入的增减。因此，在进行国民经济评价时，这些税金都不是项目的费用，可不予以计算。

（2）工资。项目为雇用劳动力在财务上实际支付的工资及附加费，是项目将资源支配权转移给职工，故在国民经济评价中不列入费用。应列为费用的是劳动力的机会成本，以及为安排劳动力而使国家付出的其他代价，即影子工资。

（3）利息。项目为国内贷款所支付的利息，是企业将资源支配权转移给金融机构，故在国民经济评价中不列为费用。但国外借贷利息的支付，则是企业将资源转移到国外，从而使国民收入减少，应列为项目的费用。

（4）土地费用。为项目建设征购土地的实际支付，是项目将资源支配权转移给地方、集体或个人，故在国民经济评价中不列为费用。应列为费用的是土地的机会成本和新增资源消耗，即土地的影子价格。

（5）补贴。补贴实质上是与税金流向相反的一种转移支付，是国家将资源支配权转移给项目，故在国民经济评价中不应列为项目的效益。

### （三）投入物费用和产出物效益

投入物费用和产出物效益，在财务评价中，一律按预测的财务价格进行计算。在国民经济评价中，先要判断项目投入物和产出物的性质，即属于外贸货物还是属于非外贸货物，然后再根据其来源和去向及其以后对国民经济的影响和市场供求状况确定各类投入物和产出物的影子价格，最后按影子价格计算投入费用和产出效益。

### （四）外部效果

1. 外部效果的概念和分类

外部效果是指那些与投资项目本身没有直接联系的间接效益和间接费用。这些间接的费用和效益，不是投资项目本意要产生的效果，也不由投资项目本身承担和享有。外部效果的范围很广泛，关系复杂，一般可从如下角度进行分类：

（1）按其对社会总生产和总消费是否有影响，可分为技术性外部效果和价格性外部效果。技术性外部效果是那些能够真正引起项目之外的生产和消费发生变化的效益和费用。例如，造纸厂的排废，使附近区域的鱼类生产下降；水电站的建设，其间接的防洪和灌溉效益，使受益土地的粮食产量增加。前者属于技术性间接费用，后者属于技术性间接效益。价格性外部效果，也称钱币性外部效果，是指那些不会影响项目之外的生产和消费，而只是由于某些商品和劳务的相对价格发生变化产生的间接费用和间接效益。例如，由于棉纺织项目的投产，致使棉布供应量增加，棉布价格下跌，致使其他棉纺织厂的利润下降；另外，制衣厂、棉布消费者却因此受益。前者为价格性间接费用，后者为价格性间接效益。

（2）按其是否能用货币来计量划分，可分为有形外部效果和无形外部效果。有形外部效果是指那些能够以货币计量的间接效益和间接费用。例如，水电站建设引起粮食增产的效益；为新建项目服务的配套服务所需的投资支出和其他费用等。无形外部效果是指那些不能用货币计量的间接效益和间接费用，如技术扩散效益、城市犯罪率、环境的舒适性等。

（3）按其联系范围来划分，可分为相邻外部效果和乘数外部效果。相邻外部效果，包括“正向”相邻效果和“逆向”相邻效果。正向相邻效果是指某生产初级产品的项目对以其产出物为原料的其他经济部门和行业所产生的间接效果；逆向相邻效果是指某生产项目的建立，对那些为它提供原材料或半成品的其他产业所产生的间接效果。乘数外部效果是指某生产项目的投入，可以使原来闲置的资源利用起来，产生一种连续的外部效果。以劳动力为例，当劳动力过剩的情况严重时，项目的投入利用了一部分劳动力；由于这部分劳动力的消费活动，又会引起食品、服务等行业的发展，依次连锁地发展下去。

2. 外部效果的处理原则

外部效果是从事物普遍关联的角度考虑项目的效果，因此它的辨识和度量极其困难，极易遗漏和重复计算。实际工作中，对外部效果的处理应遵循以下原则：

（1）主要相关效果原则。理论上，外部效果应在全社会范围内辨识。但这在实践中是不可能的，也是不必要的。因此，在外部效果分析时，应当选择主要的相关部门进行外部效果的辨识。

（2）范围一致性原则。间接费用和间接效益的考察范围应当一致。否则，就会高估间接费用，低估间接效益；或者低估间接费用，高估间接效益。

（3）价格性外部效果不计原则。价格性外部效果作用异常复杂，往往正负共存，互相抵消，因而一般不予计算。

（4）技术性外部效果双重原则。有形的技术性外部效果要以货币度量计算，无形的技术性外部效果一般只作定性的说明。

（5）乘数外部效果时移量摊原则。乘数外部效果的计算要考虑时间因素和其他拟建项目因素。因为随着时间的推移，社会剩余生产能力和剩余资源会有变化；其他拟建项目也可能产生同样的效果，因此应进行分摊辨识与度量，避免重复计算。

（6）外部效果内部化原则。相互关联的多个项目，互有外部效果，如可以将这些项目作为一个综合项目考虑，则各单个项目的许多外部效果就变成内部效果，消除许多外部效果辨识与测度上的困难，只需考察项目综合体费用和效益即可。

# 四、国民经济评价报表的编制

## （一）国民经济评价报表的种类及其用途

编制国民经济评价报表的目的是计算国民经济评价指标提供数据资料，根据国民经济评价的需要，应编制国民经济效益费用流量表、经济外汇流量表和出口（替代进口）产品国内资源流量表。

根据项目是否涉及国外投资和国外贷款，国民经济效益费用流量表可分为全部投资经济效益费用流量表和国内投资经济效益费用流量表。前者以全部投资为计算基础，可用于计算全部投资的经济内部收益率、经济净现值和经济净现值率等评价指标。后者则以国内投资为计算基础，将向国外贷款者还本付息和外国投资者权益以及外籍人员工资等财务情况考虑在内，可用于计算国内投资的经济内部收益率、经济净现值和经济净现值率等评价指标。

不涉及国外投资和国外贷款的项目，国内投资就是全部投资，因而可只编制全部投资经济效益费用流量表。涉及国外投资和国外贷款的项目，除应编制全部经济效益费用流量表以外，还要编制国内投资经济效益费用流量表。

经济外汇流量表和出口（替代进口）产品国内资源流量表用来计算投资项目的经济外汇净现值、经济换汇成本和经济节汇成本等评价指标。

## （二）经济效益费用流量表的编制

1. 全部投资经济效益费用流量表的编制

全部投资经济效益费用流量表的基本格式如表 2 所示，其编制方法如下：

（1）销售收入。用项目产品影子价格乘以其各年产量或用财务评价中各年销售收入乘以价格转换系数，即可得到调价后的销售收入。其价格换算系数为：

价格换算系数 = 影子价格 ÷ 财务价格

（2）回收固定资产余值。以调整后的固定资产原值为依据计算，残值率不变。

（3）回收流动资金。按调整后的流动资金填列。

（4）间接效益。由于采用影子价格计算项目投入产出物的费用和效益，因此，大部分间接效益已经得到计算。这里的间接效益是指需要单独计算的间接效益，如水电站的防洪和灌溉效益等。

（5）建设投资。首先，将财务建设投资中设备和材料进口的关税、消费税和增值税，以及固定资产投资方向调节税、利息支出和其他转移支付予以剔除；其次，根据影子汇率、影子价格和运输费、贸易费，调整国内外设备的购置费、安装费和建筑费；最后，确

表 2 经济效益费用流量表（全部投资）

单位：万元

| 序号 | 项目 \ 年份 | 建设期 | | 投产期 | | 达产期 | | |
|---|---|---|---|---|---|---|---|---|
| | | 1 | 2 | 3 | 4 | 5 | … | n |
| 1 | 效益流量 | | | | | | | |
| 1.1 | 销售收入 | | | | | | | |
| 1.2 | 回收固定资产余值 | | | | | | | |
| 1.3 | 回收流动资金 | | | | | | | |
| 1.4 | 间接效益 | | | | | | | |
| 2 | 费用流量 | | | | | | | |
| 2.1 | 固定资产投资 | | | | | | | |
| 2.2 | 流动资金 | | | | | | | |
| 2.3 | 经营费用 | | | | | | | |
| 2.4 | 间接费用 | | | | | | | |
| 3 | 净效益流量 | | | | | | | |

定土地的影子价格。财务建设投资减去剔除额，加上调增额，减去调减额，即可得到调整后的建设投资。

(6) 流动资金。可根据原材料的影子价格和调价后的产品销售收入、经营费用等，重新估算流动资金。最低需用天数和周转次数不变。

(7) 经营费用。对财务经营成本中的原材料、燃料、动力等进行调价，工资福利以及其他各项经营成本，一般可不做调整；在特殊情况下，有时需要对工资福利以及其他几项重要的经营成本进行调整。

(8) 间接费用。同间接效益一样，只填列需要单独计算的间接费用，如环境污染带来的鱼类产量下降、粮食产量下降等。

2. 国内投资经济效益费用流量表的编制

国内投资经济效益费用流量表的基本格式见表 3。

表 3 中与表 2 中相同的项目，按表 2 中相应项填列。

国外投资者权益：在生产期只包括外国投资者分得的利润；在计算期末，还包括回收资本金和回收盈余公积金。

其他流至国外的资金：主要包括外籍职工的工资、技术转让费、设备租赁费和补偿贸易品等。

## (三) 经济外汇流量表的编制

经济外汇流量表的基本格式如表 4 所示。

**表 3　经济效益费用流量表（国内投资）**

单位：万元

| 序号 | 项目＼年份 | 建设期 | | 投产期 | | 达产期 | | |
|---|---|---|---|---|---|---|---|---|
| | | 1 | 2 | 3 | 4 | 5 | … | n |
| 1 | 效益流量 | | | | | | | |
| 1.1 | 销售收入 | | | | | | | |
| 1.2 | 回收固定资产余值 | | | | | | | |
| 1.3 | 回收流动资金 | | | | | | | |
| 1.4 | 间接效益 | | | | | | | |
| 2 | 费用流量 | | | | | | | |
| 2.1 | 建设投资中国内资金 | | | | | | | |
| 2.2 | 流动资金中国内资金 | | | | | | | |
| 2.3 | 经营费用 | | | | | | | |
| 2.4 | 流至国外的资金 | | | | | | | |
| 2.4.1 | 国外偿款还本付息 | | | | | | | |
| 2.4.2 | 国外投资者权益 | | | | | | | |
| 2.4.3 | 其他 | | | | | | | |
| 2.5 | 间接费用 | | | | | | | |
| 3 | 净效益流量 | | | | | | | |

**表 4　经济外汇流量表**

单位：万元

| 序号 | 项目＼年份 | 建设期 | | 投产期 | | 达产期 | | |
|---|---|---|---|---|---|---|---|---|
| | | 1 | 2 | 3 | 4 | 5 | … | n |
| 1 | 外汇流入 | | | | | | | |
| 1.1 | 销售外汇收入 | | | | | | | |
| 1.2 | 外汇借款 | | | | | | | |
| 1.3 | 其他外汇收入 | | | | | | | |
| 2 | 外汇流出 | | | | | | | |
| 2.1 | 建设投资中外汇支出 | | | | | | | |
| 2.2 | 进口原材料 | | | | | | | |
| 2.3 | 进口零部件 | | | | | | | |
| 2.4 | 技术转让费 | | | | | | | |
| 2.5 | 外汇借款还本付息 | | | | | | | |
| 2.6 | 国外投资者权益 | | | | | | | |
| 2.7 | 其他 | | | | | | | |
| 3 | 净外汇流量 | | | | | | | |
| 4 | 产品替代进口收入 | | | | | | | |
| 5 | 净外汇效果 | | | | | | | |

表 4 中的各项数据以实际发生的外汇收支为依据。表中，技术转让费是指生产期支付的技术转让费；国外投资者权益是指国外投资者分得的利润，在计算期末还包括回收资本金和回收盈余公积金；净外汇流量等于外汇流入减去外汇流出；净外汇效果等于净外汇流量加产品替代进口收入。

### （四）出口（替代进口）产品国内资源流量表

出口（替代进口）产品国内资源流量表是一张反映项目为生产出口或替代进口产品而耗费国内资源状况的表格。其基本格式如表 5 所示。

表 5 出口（替代进口）产品国内资源流量表

单位：万元

| 序号 | 项目＼年份 | 建设期 | | 投产期 | | 达产期 | | |
|---|---|---|---|---|---|---|---|---|
| | | 1 | 2 | 3 | 4 | 5 | … | n |
| 1 | 建设投资中国内资金 | | | | | | | |
| 2 | 流动资金中国内资金 | | | | | | | |
| 3 | 经营费用中国内资金 | | | | | | | |
| 4 | 其他国内投入 | | | | | | | |
| 5 | 国内资源流量合计 | | | | | | | |

为了计算方便，当投入项目的资源主要是国内资源时，可通过项目资源流入总量减国外资源流入量求取；如果投入项目的资源主要是国外资源，可直接计算国内资源流入量。

## 五、国民经济评价指标的计算和判别标准

### （一）经济净现值

经济净现值（ENPV）是用社会折现率将项目计算期内各年的经济净现金流量折算到基准期的现值之和。其表达式为：

$$ENPV=\sum_{t=1}^{n}(B-C)_t\times(1+i_s)^{-t}$$

式中，B 为效益流量，C 为费用流量，$(B-C)_t$ 为第 t 年的净效益流量，$i_s$ 为社会折现率，n 为计算期。

经济净现值是反映项目对国民经济净贡献的一项绝对指标。如果经济净现值大于零，表示项目除能得到符合社会折现率的盈余外，还可得到以现值计算的超额盈余，此时，项目在经济上可行；如果经济净现值小于零，表示项目不能得到符合社会折现率的盈余，此

时，项目在经济上不可行；如果经济净现值等于零，则表示项目正好能得到符合社会折现率的盈余，此时，项目在经济上是边缘项目。

### （二）经济净现值率

在投资方案选择时，当各方案投资值相等时，可以采用经济净现值指标进行比较选择，经济净现值越大的投资方案越好；如果各投资方案的投资现值不等，则需要结合经济净现值率（ENPVR）来衡量。

经济净现值率是投资项目经济净现值与全部投资按社会折现率折算的现值之和的比率。其计算公式为：

$$ENPVR = ENPV/I_p$$

式中，$I_p$ 为项目全部投资按社会折现率折算的现值之和。经济净现值率表示投资项目单位投资现值所能带来的经济净现值数额。在评价单个投资项目时，要求其经济净现值大于或等于零；在进行多方案比较选择时，应选择经济净现值率大的投资项目。

### （三）经济内部收益率

经济内部收益率（EIRR）是使项目在计算期内的经济净现值等于零时的折现率。其表达式为：

$$\sum_{t=1}^{n}(B-C)_t \times (EIRR)^{-t} = 0$$

式中，$(B-C)_t$ 为第 t 年的经济净效益流量。经济内部收益率的计算方法与财务内部收益率的计算方法相同，也可用试算插入法计算，其计算公式如下：

$$EIRR = i_1 + \frac{ENPV_1}{ENPV_1 - ENPV_2} \times (i_2 - i_1)$$

式中，$i_1$ 为试算的低折现率，$i_2$ 为试算的高折现率，$ENPV_1$ 为低折现率的经济净现值（正值），$ENPV_2$ 为高折现率的经济净现值（负值）。

经济内部收益率是反映项目对国民经济贡献大小的一项相对指标。根据内部收益率的特性，如果项目的经济内部收益率大于社会折现率，项目的经济净现值大于零，此时，项目在经济上可行；如果项目的经济内部收益率小于社会折现率，则项目的经济净现值小于零，此时，项目在经济上不可行；如果项目经济内部收益率等于社会折现率，则项目的经济净现值等于零，此时，项目在经济上是边缘项目。

### （四）投资净效益率

投资净效益率（NBR）是指项目正常生产年份的经济净效益流量与全部投资的比率。其计算公式如下：

$$NBR = (B-C)/I$$

式中，（B－C）为正常生产年份的经济净效益流量，I为全部投资，包括建设投资和流动资金。

投资净效益率表示项目在正常生产年份单位投资对国民经济所做的净贡献，它是一项横向指标，考察项目在某个横断面（正常年份）的经济盈利水平和盈利能力。在项目初选阶段，投资净效益率可作为筛选的依据。

## （五）经济外汇净现值

经济外汇净现值（ENPVF）是指项目在计算期内各年的经济净外汇流量，用社会折现率折算到基准期的现值之和。其计算公式为：

$$ENPVF=\sum_{t=1}^{n}(FI-FO)_t\times(1+i_s)^{-t}$$

式中，$(FI-FO)_t$ 为第t年的经济净外汇流量。

经济外汇净现值是衡量项目对国家外汇的净贡献或净消耗的一项动态指标。从外汇收支平衡的角度看，经济外汇净现值正为好，负为差，等于零为中。

## （六）经济换汇成本

经济换汇成本是指投资项目在计算期内为生产出口产品所投入的国内资现值与生产出口产品的经济外汇净现值的比率。其计算公式为：

$$经济换汇成本=\frac{\sum_{t=1}^{n}DR_t(1+i_s)^{-t}}{\sum_{t=1}^{n}(FI-FO)\times(1+i_s)^{-t}}$$

式中，$DR_t$ 为第t年为生产出口产品投入的国内资源流入量（包括投资、原材料、工资及其他投入，用影子价格和影子工资计算，以人民币衡量）；FI为生产出口产品的外汇流入（以外币衡量）；FO为生产出口产品的外汇流出（包括应由出口产品分摊的投资及经营费用，以外币衡量）。

经济换汇成本反映生产出口产品收入1美元外汇，需要多少人民币成本。经济换汇成本以低于影子汇率为好，等于为中，大于为差。

## （七）经济节汇成本

经济节汇成本是指项目在计算期内生产替代进口产品投入的国内资源现值与生产替代进口产品的净外汇效果现值的比率。其计算公式为：

$$经济节汇成本=\frac{\sum_{t=1}^{n}DR'_t(1+i_s)^{-t}}{\sum_{t=1}^{n}(FI-FO)'_t(1+i_s)^{-t}}$$

式中，$DR_t'$为第 t 年为生产替代进口产品投入的国内资源（用影子价格和影子工资计算，以人民币衡量）；$(FI-FO)_t'$为第 t 年生产进口替代产品的净外汇效果。

经济节汇成本反映项目由于生产替代进口产品而节约 1 美元外汇所需的人民币金额。经济节汇成本以低于影子汇率为好，等于为中，大于为差。

## 六、投资项目综合评价

### （一）投资项目综合评价的概念和意义

投资项目综合评价是在项目必要性评价、生产建设条件评价、技术评价、财务评价、国民经济评价以及不确定性分析和评价的基础上。全面分析和综合评价项目的可行性。

投资项目综合评价要从国家整体利益出发。使宏观效益和微观效益相结合，并用系统的、整体的和综合的观点，从经济、技术、政治、军事和社会各个方面，对建设项目进行全面的论证和分析。例如，对大型水利枢纽工程，除了对项目本身的经济效益进行评价外，还需要对其环境和社会效益进行评价，即应对航运、安全、防洪、发电、灌溉以及土地淹没、移民、生态平衡等各方面的利弊进行分析。综合评价的目的是通过对每个建设方案进行全面审查，并在多方案比较中选择综合效益最好的方案，为有关决策部门的决策提供依据。

判断一个投资项目是否可行，需要做多方面、多层次的研究和分析。从分析的范围来看，既要有宏观分析，又要有中观和微观的分析；从分析的内容来看，既要有生产建设条件和技术方面的分析，也要有经济和社会方面的分析；从分析的方法来看，既要有定量分析，也要有定性分析。通过各方面的分项分析和评价，可以从不同角度了解项目的可行性情况，但还没有形成一个完整的结论性意见。为此，需要在各分项评价的基础上，进行综合分析和评价，最终提出总结性意见。

项目各分项评价结论之间的关系一般有两种情况：一是各分项评价结论都相同；二是各分项评价结论不尽相同。前一种情况容易处理，如果各分项评价结论都认为项目可行，那么项目综合评价的结论也是可行；反之，各分项评价结论都认为项目不可行，毫无疑问，项目综合评价的结论也是不可行。后一种情况处理起来就不那么容易了，它涉及多种因素和多种目标，需要进行多因素、多目标决策分析和综合评价，才能判断项目是否可行。

由此可见，在各分项评价的基础上，进行项目的综合评价是十分必要的，它对提高项目评价的科学性、客观性和可靠性具有重大意义。

### （二）投资项目综合评价的程序和方法

投资项目综合评价不是简单地罗列各分项评价的结论，而是要以各分项评价为基础，结合拟建项目的具体情况，提出项目综合评价的结论和建议。为此，投资项目综合评价应按以下程序和方法进行：

第一，整理各分项评价资料。在进行项目综合评价之前，评价人员已对各分项内容（包括项目建设的必要性、生产建设条件、设备技术、财务和国民经济效益等）进行了评价。在综合评价阶段，应对各分项评价所得出的资料数据进行整理、归类，剔除重复和错误的内容，增补一些遗漏的内容。

第二，进行综合评价。在整理、修正分项评价结论的基础上，采用系统分析法、多目标决策法、德尔菲法或模糊数学方法，对项目进行综合评价，并提出最终结论。

在提出最终结论时，应注意各分项评价结论的地位和作用。项目的生产建设条件和设备技术可行是项目最终可行的必要条件。在生产建设条件和技术可行的前提下，财务评价和国民经济评价的结论均可行，项目应予通过；国民经济评价结论不可行的项目，一般应予以否定。对某些国计民生急需的项目，如果国民经济评价结论可行，而财务评价结论不可行，应重新考虑方案，必要时也可向主管部门提出采取相应经济优惠措施的建议，使项目具有财务上的生存能力。

应当指出，项目综合评价是一项积极性的活动，评价人员不能仅仅局限于判断项目是否可行，而应该充分发挥主观能动性，对拟建项目提出一些改进的建议。国外银行在项目评价时经常使用的一个词是“重新组合”，即对拟建项目的某些内容加以修改，重新组合拟建项目。“重新组合”是项目综合评价的重要内容之一，要求评价人员有较高的素质，确能提出切实可行的好建议，使拟建项目各项内容达到最佳排列组合。

第三，撰写项目评价报告。根据各分项评价和综合评价所得的资料数据，填写项目评价有关的基本报表和辅助报表，并做相应的文字说明和分析，最后撰写项目评价报告。

### （三）项目评价报告的内容和撰写要求

1. 项目评价报告的内容

建设项目的类型多种多样，既有新建项目，也有改扩建项目；既包括生产性项目，也包括非生产性项目。项目的建设性质、建设规模不同，其评价报告的内容和重点也不相同。一般来说，项目评价报告应包括以下内容：

（1）项目概况。主要介绍项目的名称、性质、建设规模、建设地址、主要产品、职工定员、组织机构和隶属关系；投资主体的名称、法定地址、法定代表。对于改扩建项目，还要介绍原有企业的历史沿革、组织机构、现有领导和职工情况，以及近几年来企业的生产经营和财务状况等。

（2）项目建设必要性评价。主要评价项目是否符合国家规定的投资方向，是否符合国家产业政策和区域政策，是否符合社会和经济发展的需要，项目建设规模、产品的性能、品种、规格构成是否符合国内外市场需求的趋势。

（3）项目生产建设条件评价。主要评价厂址是否合理，是否符合城市规划、国土规划、土地管理等方面的要求和规定；工程地质和水文条件是否能满足项目建设的需要；项目所需的原材料、燃料等是否有可靠的来源；供电、供水、供热、交通运输等是否落实、可靠，配套项目是否同步建设。

（4）项目技术评价。主要评价项目采用的工艺、技术、设备是否符合国家的技术政策；是否先进、适用、可靠；是否能满足合理利用资源的要求。

（5）项目财务评价。主要根据国家现行财税制度和价格体系，分析和计算项目直接发生的财务效益和费用，编制财务报表，计算评价指标，考察项目的盈利能力、清偿能力以及外汇平衡等财务状况。

（6）项目国民经济评价。主要是按照资源合理配置的原则，从国家整体角度考察项目的效益和费用，用货物影子价格、影子工资、影子汇率和社会折现率等经济参数，分析和计算项目对国民经济的净贡献，评价项目的经济合理性。

（7）项目不确定性分析。主要采用盈亏平衡分析、敏感性分析和概率分析的方法，评价拟建项目的风险承担能力。

（8）项目环境和社会效果。主要采用定性说明的方法，综述项目难以用货币计量的环境和社会效果，如劳动就业效果、社会进步效果等。

（9）结论和建议。在以上各项评价的基础上，经过综合评价，提出是否投资建设和是否发放贷款等结论性意见，也可在建设规模、产品方案、工艺技术方案、设备选型和厂址选择等方面提出一些改进建议。

2. 项目评价报告的撰写要求

项目评价报告是项目评价工作成果的集中体现，是作出投资决策和确定是否贷款的依据。因此，评价人员要认真撰写评价报告，具体要求如下：

（1）语言要简练准确。项目评价包括的内容十分丰富，既有定量分析，又有定性说明；既有图表公式，又有文字推理和论证。这就要求评价人员在撰写评价报告时着力使语言简练、准确、明快；避免拖泥带水。不搞文字游戏和数字游戏；用词要朴实、准确，避免使用夸张性的词句。

（2）结构要紧凑严谨。不同性质、不同规模的建设项目，其评价内容和评价重点有一定差别。评价人员应根据拟建项目的具体情况，确定其评价的内容和重点，紧凑而严谨地安排评价报告的结构，既要做到全面科学，又要保证重点突出，避免结构松散、平均使用力量和篇幅，增强评价报告的实用性。

（3）论据要充分可靠。项目评价的论据直接关系到投资决策的正确性和准确性。为此，评价人员应尽可能全面地收集各方面的资料数据，并对收集到的数据资料做一番去粗取精、去伪存真、由此及彼、由表及里的制作工作和整理工作。如果综合分析后发现所掌握的资料不能满足项目评价的需要，就需要进行进一步的调查研究，以确保项目评价的论据充分可靠。

（4）结论要客观明确。项目是否投资建设会涉及一些利益主体或集团的利益。评价人员不能受某种观念或利益主体的影响，而应站在公正的立场上，进行客观、公正的论证评价，并作出明确的结论。要避免模棱两可的结论，要严禁有意改变和伪造基本数据，影响项目评价结论。

此外，评价人员应严守保密纪律，严守国家机密和商业秘密。参加评价工作的单位和个人，未征得委托单位和提供待评文件单位的同意，不得将项目评价的有关文件和资料数据对外提供。

# 关于投资项目影响评价*

## 一、投资项目的社会影响评价

投资项目评价一般分为技术评价、经济评价和社会评价三个方面，其中经济评价又包括财务评价和国民经济评价两种类型。改革开放以来，我国在对投资项目进行论证决策方面有了长足的发展，已基本建立了全国统一的投资项目财务评价与国民经济评价方法。我们以银行贷款项目为例加以说明。银行对贷款项目评价的内容一般包括承办者（企业、集团）承办项目能力和项目选址分析、项目产品市场预测和分析、建设规模分析、技术和工艺分析、财务数据预测和财务效益分析、国民经济效益分析、不确定性分析等，并形成总评价，提出贷款决策意见。这些无疑是项目决策程序中不可缺少的，它不仅避免了许多重复建设和盲目建设，而且确保投资项目在经济上合理可行。但是，我们也应该看到对项目的社会评价的研究还缺乏深度和系统性，尚无统一的评价标准，这是当前投资项目评价工作所面临的主要问题。

目前，我国许多投资项目评价中，常常缺少社会评价的内容，或虽有涉及，也只有少量定性分析，蜻蜓点水，未进行深入的定量分析，导致一些项目虽然在技术上可行，经济上合理，但常常陷入无法进展的困境。世界银行调查指出，不仅是能源、钢铁、化工等大型工业项目，即使是与国计民生息息相关的农村开发、交通、水利、文化教育、卫生以及其他有关项目，如果有悖于项目地区受益社团的利益，也不会得到大多数人的理解与参与，调动不了项目所处地区，乃至与此相关的其他建设力量的积极性，就会失去项目赖以生存的客观条件和环境，技术经济效益再好的项目，也会遇到难以预料的困难，达不到项目的预期目标。例如，在建设一座水库时，尽管列入了淹没投资，但棘手的移民问题常使水库建设久拖不决；工业项目可能带来的环境恶化，也使地方政府对建设项目的配合会更加小心谨慎；建设在偏远地区的项目会因文化、卫生和其他生活条件改善的困难，难以招聘到合适的技术人才和管理人员；引进技术项目和三资企业项目与项目地区的语言、文

* 本文选自张敦富：《投资环境评价与投资决策》，中国人民大学出版社 1999 年版，第 410~429 页。参与者：杨旭辉。

化、观念上的差异，会影响到这些项目预期效益的实现；等等。因此，无论是对国家，对地方政府，还是对投资项目承办者，投资项目的社会评价都是十分重要的。

### （一）投资项目社会评价的概念

对于投资项目社会评价的概念，尤其是社会评价的范围，目前国内外尚无统一认识。综观世界银行与各国对投资项目的社会评价方法，可将其分为广义社会评价和狭义社会评价。在西方国家普遍采用的投资项目费用效益分析方法中，将项目的经济评价称之为社会评价，这是狭义社会评价；而近一二十年世界银行在开发投资项目中推行的一种社会学家参与的分析和综合评价，一般称之为广义社会评价。如加拿大的社会评价，除分配效果外，还包括环境质量与国防能力等方面的影响分析；法国和巴西的社会评价，则指项目的国家宏观经济分析；美国的社会影响评价、英国的社会分析与世界银行推行的社会评价基本上属于同一类别，着重于项目对当地社会环境的影响分析。

归纳起来，当今比较流行和使用较多的社会评价主要有四种：一是包含在国民经济评价中的社会效益分析；二是经济评价加入分配分析；三是项目的国家宏观经济分析；四是引入社会学家参与的社会评价。

我国现已在部分项目的国民经济评价中做了一些社会影响评价与分析，它基本上属于第一种。根据发展经济学的观点，社会评价是从社会角度出发，考察、研究和预测投资项目对实现社会目标方向的贡献。评价的核心是该项目的国家利益和项目对地区发展的贡献。它反映的问题主要有四个方面：第一，预测和分析投资项目可能为项目承办者（比如国家或地区）增加多少财富；第二，预测和分析由于项目所产生的效益与财富在未来的诸方面分配是否合理；第三，研究项目承办者及项目所在地区管理机构是否在项目建成后变得更有效能；第四，分析项目承办者及项目所在地区的人们赖以生存的环境质量、文化卫生状况等物质生活质量能否得到改善。其中最为重要的是，社会财富的增加和分配的公平性分析。

### （二）投资项目社会评价的理论基础

社会评价，是西方福利经济学对投资项目社会价值分析的实际运用。西方福利经济学，尤其是新福利经济学是项目社会评价的理论基础。福利经济学属于规范经济学（应当是什么），是在一定的社会价值判断标准之下，研究整个经济的资源配置与社会福利的关系，以及与此有关的各种政策问题。换句话说，福利经济学是研究社会福利达到最大最优时的资源配置。项目的社会评价是分析评价项目对实现国家（地方）各项社会发展目标所做出的贡献和影响。其所研究的具体问题是项目建设与社会构成要素之间的相互影响、相互制约的关系，而这些构成要素又可以归纳为社会福利目标的内容。因此，福利经济学，尤其是新福利经济学构成了投资项目社会评价的理论基础。

传统的福利经济学以国民收入数量和国民收入分配作为衡量社会福利的基本标志。随着发展经济学理论的进一步发展，新福利经济学在继承传统的福利经济学理论的同时，又赋予其新的内涵，即仅仅用国民收入总量来衡量是不够的，还需要考虑到消费者的“生活质量”问题。其中主要包括医疗、娱乐、文化教育、生活环境、生态环境、就业、住宅、心理安全以及城市中的噪声和空气污染等一系列问题。这些新福利经济学所要考虑的指标，恰恰是社会评价所要考虑的内容。

### （三）投资项目社会评价的特点

投资项目社会评价与财务评价、经济评价相比，具有以下几个显著特点：

（1）宏观性。尽管项目评价本身只涉及对单个项目的评价，因而属于微观问题，但对其所进行的社会评价与其财务评价也是很不同的。经济评价的范围仅限于评价项目的经济效益，不涉及其他领域；而对项目的社会评价必须从宏观角度来考察项目投资建设对全社会所带来的贡献与影响。因此，从这个角度讲，投资项目的社会评价，是对项目的全面分析评价，既有与经济活动有关的社会效益、环境生态效益评价的内容，还有更广泛的非经济的社会效益评价问题。所以，项目的社会评价在某种意义上讲被宏观化了。这种宏观化主要表现在两个方面：第一，它通过影子价格等方法来帮助解决全社会的资源配置问题；第二，它通过分配权数等方法来帮助解决全社会的收入分配问题。

（2）长期性。经济评价计算期一般不超过 20 年，但社会评价所考虑的是近期和远期的社会发展目标。项目对居民健康、寿命的影响，对生态与自然环境的影响，对居民文化水平、人口素质的影响，对地区产业结构和经济发展的影响等，可能是几十年甚至是几代人的问题。一个非常典型的例子是长江三峡工程，不能仅考虑其建成后几十年内的经济效益和社会效益，更要考虑的是建成后所引起的社会生态环境变化对子孙后代生存、发展环境的影响，以及可能引发的自然地理条件变化对子孙后代利益的影响。因此，社会评价在时间界定方面具有长期性。

（3）定性效益和定量效益相结合。社会评价难度较大，需要花费大量的时间，又必须进行较多的价值判断。由于构成要素纷繁复杂，评价人员应坚持定性效益评价与定量效益评价相结合的分析研究方法。例如，对环境保护和生态平衡的影响，对提高地区和部门科学技术水平的影响，对城市整体改造的影响，对提高资源综合利用的影响等，现在还只能以定性效益评价为主；就业效果、收入分配效果、机构效率效果、节能效果等评价，现在已经可以采用定量效益分析评价的方法。

（4）评价指标的价值性和非价值性相结合。在对投资项目进行财务与国民经济评价时，所采用的评价指标都是采用价值形态，即以货币作为度量尺度。但投资项目的社会评价指标主要是福利经济学指标涉及的社会各构成要素。虽然有的也采用价值形态的评价指标，但更多的则是采用非价值形态的评价指标。投资项目的社会效益分为有形外部效益和无形外部效益。有形外部效益是指那些能以货币计量的外部效果，包括技术外部效果、价格外部效果和相邻部门效果三种。无形外部效益是指不能用货币计量的项目效果。例如，社会治安、民族团结等，它们常常涉及政治、民俗、伦理和道德诸方面的价值观念，不具有价值形态的量化价格表征。实际上，投资项目社会评价中，除经济指标之外的大部分指标都是尚无法用价值形态表征的正、负效益。所以，其评价指标表现为价值形态指标和非价值形态指标相结合，这也是现阶段投资项目社会评价的一个重要特征。

### （四）投资项目社会评价的一些定量指标

1. 社会财富增值分析

关于投资项目的对比分析，是以现值法进行计算。其具体计算方法是：承办者或项目投资地区对项目的总投资以 A 表示，项目寿命期 T 内的生产经营总费用为 B，营运总收入为 C，项目寿命期结束时的残值为 D，则该地区的财富增值 E 为：

$$E=C-(A+B)+D$$

同时，还可以通过“乘数效应”来判断项目对地区财富的增值能力，其乘数效应公式为：

$$\Delta Y=\Delta I\times\frac{1}{(1-b)}$$

式中，$\Delta Y$ 为项目实施而增加的收入量；$\Delta I$ 为最初的项目收入；b 为项目所在地区平均消费倾向，$0<b<1$。

2. 社会财富分配分析

（1）就业人员工资性收入。即投资项目对项目所在地区就业人员工资性收入的影响分析。如果一地区在无新投资项目安排情况下，当地就业人员的平均年工资收入为 $Z_1$，若有新投资项目安排时的平均年工资性收入为 $Z_2$，其工资性收入变化则为 $\Delta Y$，故：

$$\Delta Y=n(Z_2-Z_1)$$

以现值法计算项目寿命期就业人员的工资性收入变化为：

$$Y=\sum_{t=1}^{T}\Delta Y_t a$$

式中，a 为折现系数；t 为年数；T 为项目寿命期。

（2）最大工资性收入群体。在项目就业者 N 中，他们在项目实施前分别来自社会各方面，既有可能是靠领社会救济度日的失业者，也有可能原来就是有收入的就业者。因此，在进行本项测算时，应视项目就业者在无项目时的具体情况，根据他们无项目时的年工资性收入水平划分为 m 个群体：$N_1$，$N_2$，$N_3$，…，$N_j$，…，$N_m$，则：

$$N=\sum_{j=1}^{m}N_j$$

这些群体分别对应有不同的 $Y_1$，$Y_2$，…，$Y_j$，…，$Y_m$，则：

$$Y=\sum_{j=1}^{m}Y_j$$

式中，年工资性收入变化最大群体 $N_j$ 为项目的最大受益群体，其占全体就业者的百

分比为 $(N_j/N)\times100\%$。

(3) 就业率。设项目所在地区原有就业人数为 N，因项目增加的就业人数为 ΔN，则因项目增加的就业比率，n 为：

$$n=(\Delta N/N)\times100\%$$

3. 机构效率与效益分析

(1) 机构效率变化率。以每百名生产工人所需管理人员的比例来表示，无项目时机构效率为 $g_1$，则：

$$g_1=(Na'/Na)\times100\%$$

有项目时机构效率为 $g_2$，则：

$$g_2=(Nb'/Nb)\times100\%$$

项目承办者或项目所在地区的机构效率变化为 Δg，故：

$$\Delta g=g_2-g_1$$

(2) 机构效益分析。以项目管理人员为项目承办者，项目所在地区或国家创造财富的能力用 Q（元/人）来表示，则：

$$Q=E/Nb'_b$$

式中，Q 为投资项目所在地区或国家由于项目投建创造财富的能力（元/人）；E 为项目投建地区财富增值总额；Nb′为项目投建地区在该项目中的就业人数。

4. 文化和卫生水平分析

(1) 成人文盲率分析。若项目承办地区在无项目时的总成人数、成人中的文盲人数和成人文盲率分别为 $N_0$、$n_0$ 和 0，有项目时的总成人数、文盲人数和成人文盲率分别为 N、n 和 β，则项目建成投产较无项目时的成人文盲降低率变化为 Δ，则：

$$\Delta\beta=\beta_0,\ \cdots,\ \beta=(n_0/N_0)\times100\%-(n/N)\times100\%$$

(2) 生产工人技术等级率、人均文化设施面积、居民医护率、千人病床数等指标均可采用此方法进行分析。

5. 社会环境分析

人均住房、绿化、道路面积、年人均饮用水量、用地量、用气量、用电量、城市饮用水质量、城市噪声、城市大气质量等，都可按文化和卫生水平分析的方法进行分析和计算，并用来表征投资项目的社会评价结果。

## 二、投资项目的环境影响评价

### （一）投资项目环境影响评价概述

随着经济建设和发展，人类的经济活动对环境的影响日益深刻。为了减缓其不利影响，协调社会经济发展与环境保护之间的关系，迫切需要开展投资项目环境影响评价研究。

1. 环境影响评价的概念

环境影响评价是对投资项目的开发建设活动所引起的环境变化（包括自然环境和社会环境的变化）进行预测、评价及提出减缓环境负影响措施的工作。

环境影响评价是环境规划、环境管理、环境决策的工具，它同开发项目的可行性研究报告一起使用，以保证投资项目在经济上、技术上与环境上都是可行的、合理的，从而使投资项目成为一项可以持续发展的开发计划。环境影响评价可以使投资项目有更为理想的损益比，并能更好地体现整个社会的长远利益。

2. 环境影响评价的作用

在传统的经济发展中，往往考虑的是眼前的、直接的经济效益，没有或很少考虑环境效益。其结果是生产发展了，环境也被污染和破坏了，环境污染制约了经济的进一步发展，导致经济发展和环境保护工作的尖锐对立。开展项目环境影响评价可以改变这种状况。通过对投资项目的经济效益与环境效益进行评价、协调，找出既能发展经济又能保护环境的办法，使经济建设、城乡建设和环境保护协调发展。项目环境影响评价的作用主要有以下五个方面：

（1）投资项目环境影响评价是实现生产合理布局的重要手段。生产布局不合理，是造成环境污染和破坏的重要原因。例如，一个大量排放污染气体的工厂，位于居民区的上风向或主导风向，即使该厂采取严格的大气污染治理措施，居民区还是受害。虽然花费了大量的治理费用，其环境效益却非常有限。通过环境影响评价就可以避免这种布局出现，防止污染发生，改变"先污染，后治理"的被动局面。

（2）投资项目环境影响评价为城市规划提供了依据。一个城市的环境质量如何，环境自净能力和环境容量的大小，制约着它的发展。通过环境影响评价，研究环境的有利条件和不利因素，研究环境的自净能力和环境的容量，可以从环境保护角度提出城市的发展方向、规模、产业结构及合理布局等建议，通过环境影响评价和城市规划成果的相互反馈，能够制定出生产高效、生活舒适、交通方便和环境优美的城市规划。

（3）投资项目环境影响评价是控制新污染源的手段。一个投资项目或一个开发区存在许多新污染源。环境影响评价可以预测出这些新污染源污染物的排放量、排放浓度，并能指出它们是否满足污染物排放标准。通过对污染物环境浓度的预测，可以判断它们的环境影响是否符合环境质量标准。这两者只要其中一个不符合标准，环境主管部门就要限制污染物的排放量，使它既符合污染物的排放标准，又符合环境质量标准的要求，从而防止新污染的发生。

（4）投资项目环境影响评价有助于优化污染治理方案。投资项目可行性研究报告通常给出污染治理方案。环境影响评价可以从备选方案中再选出整体最优的方案，以供实施。环境影响评价可以充分利用自然净化能力，实现人工与自然的结合，减少不必要的经济损失，选出优化的环境工程治理方案。

（5）投资项目环境影响评价是对投资项目实施环境管理的依据。在环境影响报告书中，对投资项目提出了环境保护措施及建议。因此，它是环境主管部门执行“三同时”制度的依据，也是环境主管部门对投资项目竣工验收的依据。环境影响报告书的详细资料是环境保护主管部门实施环境管理的系统资料，也是建设单位对投资项目投产后实施环境管理的系统资料。这些资料定量地记录了投资项目可能对环境产生的损害，以及项目应该采取何种保护措施以减少这种损害。环境保护对策措施包括减少环境损失的措施、补偿不利影响的措施和改善环境的措施三个方面，它是环境管理的重要依据。

3. 环境影响评价的工作程序

投资项目环境影响评价工作大致分为三个阶段：第一个阶段为准备阶段，主要工作是研究有关文件，进行初步的工程分析和环境现状调查，筛选重点评价项目，确定各单项环境影响评价的工作等级，编制评价大纲；第二个阶段为正式工作阶段，其主要工作是进一步做工程分析和环境现状调查，并进行环境影响预测和评价；第三个阶段为报告书编写阶段，其主要工作是汇总、分析第二个阶段工作所取得的各种资料和数据，给出评价结论，完成环境影响报告书的编写。

投资项目环境影响评价工作程序如图 1 所示。

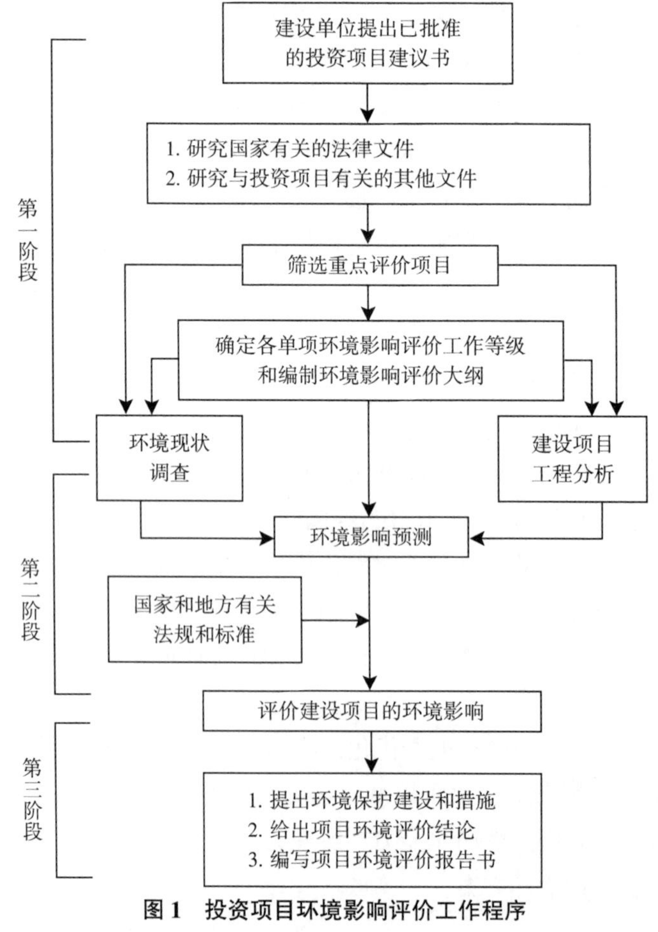


**图 1　投资项目环境影响评价工作程序**

4. 环境影响评价的内容

对投资项目环境影响进行评价的目的是从经济效益、环境效益与社会效益出发，对投资项目进行综合的、卓有成效的可行性研究，从而达到合理开发资源、保护环境和促进经济发展的目标。环境影响评价从工程与环境相互影响的关系中，论证项目建成后可能对自然、社会、经济和生活环境造成的直接与间接、近期与远期的影响，提出实施最佳方案的可能性，使之达到布局合理，既可获得满意的经济效益，又使环境受到的损害得到有效控制，使影响的范围与程度尽可能最小。投资项目环境影响评价的内容一般包括以下几个方面：

（1）建设项目的环境影响评价。根据建设项目的地理位置、建设项目的性质、规模，如果建设项目是工厂，则应根据其工艺流程、物料平衡和作业制度等，确定建设项目对环境可能产生的影响类型、规模、范围和延续时间。例如，排放“三废”的种类、数量和变化情况等对土地利用的影响，填挖的土石方量、占用土地面积、毁林面积等。对建设项目的环境影响分析，应该包括投资项目基建、投入使用直至服务期满的整个过程。可能时应建立建设项目对环境影响与时间的函数关系。

（2）评价区域环境条件与有关的环境过程及环境变化规律的研究。

1）区域自然环境评价。包括：①评价区域自然条件，如地质、地貌、气象、地表水、地下水、土壤、植被、动物、自然保护区等；②评价区域环境质量现状；③评价区域与投资项目有关的环境过程、环境变化规律研究。根据不同投资项目对环境的不同影响，确定评价的内容。例如，评价区域水体污染（包括有机物、重金属和农药等）与净化规律；评价区域大气污染规律；评价区域水土流失规律；评价区域植被演变规律；评价区域的主要地球化学过程。

2）区域社会环境评价。包括区域社会条件概况，人口及其构成，人体健康状况，区域发展历史，主要名胜古迹和风景区，社会环境质量现状，等等。

3）区域环境预测。主要包括以下内容：①受资地区项目涉及自然环境要素的预测，如水体、大气、土壤、农作物污染预测；水土流失预测等。应特别说明哪些影响是可以恢复的，哪些影响是不可恢复的。②受资地区项目影响的各社会环境要素的预测，如人体健康的变化、人口与社会经济状况的变化、名胜古迹受破坏的可能性等。③受资项目影响整个评价区域环境质量变化的预测，有些项目应根据投资项目基建、投入使用和服务期满不同阶段分别加以说明。

4）投资项目的环境对策分析。包括评价区域环境标准，对于以污染为主要影响的投资项目必须研究其区域环境标准，并在此基础上确立企业的排放标准。区域环境标准和企业排放标准只能严于而不能宽于相应的国家标准。

5）投资项目环保方案分析。包括投资项目环保方案的环保效果分析；投资项目环保方案的经济损益分析；投资项目环保方案和补救措施或替代方案的研究分析；投资项目最优环保方案的选择。

6）评价区域的环境经济分析。包括评价区域环境经济模式研究和投资项目的不同开发方案的区域环境经济比较。

7）编制与提交投资项目的环境影响报告书。环境影响报告书应该写得内容充实，条理清楚，立论明确。描述的内容不宜过多，报告书的篇幅不宜冗长。对于以污染为主要影响的投资项目应同时研究编制环境污染监测方案。

## （二）投资项目的环境影响识别

投资项目环境影响识别，是通过一定的方法找出投资项目造成环境影响的各个方面，定性地说明环境影响的性质、程度、可能的范围，为环境影响预测指出目标，为污染综合防治指出方向。

1. 环境影响识别的目的

投资项目的环境影响，是指投资项目在施工兴建、竣工后正常生产和服务期满后，产生或诱发的环境质量变化或者是一系列新环境条件的出现。

任何投资项目的开发都会对环境产生或诱发一定的影响。环境影响分直接影响和间接影响、有利影响和不利影响等。环境影响识别的目的在于找出环境影响的各个方面，特别是不利的环境影响，为环境影响预测指出目标，为污染综合防治指出方向；通过污染综合防治，控制不利影响，使其减少到符合环境质量标准的要求和人们可以接受的程度，从而使经济建设、社会建设和环境建设同步发展。

投资项目的环境影响识别使环境影响预测有的放矢，减少盲目性；使污染的综合防治更具体、实际，有针对性，避免泛泛议论。准确的环境影响识别会提高环境影响评价的可靠性、针对性和实用性。因此，环境影响识别是环境影响评价中的重要环节，做好这项工作具有十分重要的意义。

投资项目的环境影响，按其污染物排放的种类、性质、数量、污染途径及开发建设活动方式的不同，可以分成许多类型。

（1）按环境影响的层次分类，有直接环境影响和间接环境影响两类。直接环境影响是指投资项目污染源排放的污染物（或能量）直接作用于接受者产生的危害。如工业生产中排入大气的二氧化流、氮氧化物（NOx）烟尘等污染物，它们直接作用于人体、动植物和建筑物等而产生危害。间接环境影响是指投资项目污染源排放的污染物（或能量），在其传输、扩散的过程中产生了转化过程，形成了二次污染物，二次污染物直接作用于人体、动植物和建筑物等产生危害。如排入大气的碳氢化合物（CnHm）和氮氧化物等一次污染物达到某一数量时，在阳光（紫外线）作用下会发生光化学反应，生成二次污染物。参与光化学反应的一次污染物和二次污染物的混合物所形成的烟雾污染现象，称为光化学烟雾。光化学烟雾对人体、动植物和建筑物等的影响，就称为间接环境影响。光化学烟雾的危害比一次污染物的危害大很多倍。间接影响往往比直接影响危害性大，绝不能忽视。

（2）按环境影响的可恢复性分类，可分为可逆影响和不可逆影响两类。可逆影响是指施加影响的活动一旦停止，环境状况可得到恢复。如噪声的环境影响，当噪声发生源停止工作，噪声即刻消失，环境恢复了原来的平静。又如森林砍伐对自然生态的破坏，当人们实行边砍伐边植树造林的措施时，破坏的自然生态又可以恢复。不可逆影响是指投资项目一旦对环境产生某种影响，就不可能恢复到原来的环境状态。如采矿业，采矿对地质环境的影响是不能恢复的，属不可逆影响。又如珍稀植物、动物的物种一旦灭绝，将在世界上永远消失，不再复生。

(3) 按环境影响的性质分类，可分为污染影响和非污染影响。污染影响是指投资项目在开发建设和投产使用过程中，或项目服务期满后排放和残留的环境污染物，对环境产生化学性污染和物理性污染危害。工业建设的绝大部分项目都产生污染影响，如机场、港口、通信工程等也产生污染影响。非污染影响是指投资项目对环境的主要影响不是污染因素，而是以改变土地的利用方式、生态结构、土壤性状、诱发地震等为主的环境影响。如水电水利工程的主要影响是改变了土地利用方式，大量的农田、草坡变为水库的淹没区，淹没区的居民搬迁，水库截流后对下游农业、生态的影响，可能诱发地震等。

(4) 按污染程度分类，可分为重污染影响和轻污染影响。重污染影响是指投资项目排放的污染物种类多、数量大，污染物的毒性大而且难降解，易于在生物体内蓄积的环境影响。如冶金、有色金属冶炼、化工、石油化工、石油炼制、火电、核电、纸浆厂、制革、印染、水泥、电镀等工业项目均产生重污染影响。轻污染影响是指投资项目排放的污染物种类少、数量小，污染物毒性低所产生的环境影响。如机械、电子、纺织工业等。

(5) 按建设项目的阶段分类，可分为建设阶段的环境影响、服务期环境影响和服务期满后的环境影响三种。建设阶段的环境影响是指投资项目在开发、建设、施工期间产生的环境影响。它包括建筑材料和设备的运输、装卸、贮存等过程产生的影响；施工场地产生的扬尘、施工污水、施工噪声的影响；土地利用以及地形、地貌改变的影响；拆迁移民等对社会文化经济产生的影响。投资项目服务期的环境影响，是指投资项目建设竣工后，投入正常运行、正常生产时对环境产生的影响。服务期的环境影响持续时间长，是环境影响评价的重点，也是投资项目环境管理的重点。投资项目服务期满后的环境影响是指投资项目使用寿命期结束以后对环境产生的影响，或残留污染源对环境产生的污染影响。如采矿、油田开发服役期满后，对地质环境、地形、地貌、植被、景观和生态资源产生的影响。

(6) 按影响的环境要素分类，可分为对大气环境的影响，对水环境（江河湖、水库、地下水、海洋）的影响，对土壤环境的影响，对生态环境的影响。

在实际工作中、投资项目的环境影响是多方面的，是上述各种影响错综复杂的组合。因此在分析投资项目的环境影响时，必须找出主要的环境影响，使其针对性增强。

2. 环境影响识别依据

投资项目对环境产生的影响主要取决于两个方面：一方面是投资项目的工程特征；另一方面是投资项目所在地的环境特征。

投资项目的行业不同，原辅料消耗不同，生产的工艺和排放污染物的种类、数量差别悬殊，对环境的影响各不相同。投资项目排放的污染物（能量或影响因子）是产生环境影响的根源。因此，只有充分认识掌握了投资项目的工程特征，才能做好环境影响识别。

投资项目所在地的环境特征不同，对同样数量的同一污染物的敏感程度会有很大区别，产生的环境影响当然也就不同。因此，做好环境影响识别，同样需要充分了解投资项目所在地的环境特征。

（1）投资项目的工程特征。关于投资项目的工程特征，主要应当了解如下内容：项目性质、规模、产品、产量；原辅料消耗和燃料种类、产地、成分、单耗、总耗、利用率；供水量、循环利用率、逐级重复利用率；生产工艺、管理水平；向环境排放的污染物种类、性质、数量、浓度、排放方式、排放去向、排放口位置、排放时间等。

（2）投资项目所在地的环境特征。投资项目所在地的环境特征，主要指自然环境特征、社会环境特征、环境质量现状和环境功能。

自然环境特征主要了解地形、地貌、气象、水文地质、土壤状况、植被等。

社会环境特征主要了解人口分布、工业布局、土地利用、农业布局及发展状况、绿化、文物古迹和遗址、风景旅游地、环境功能分区等。

环境质量现状主要了解大气环境质量现状（各种污染物在大气中的一次浓度、日平均浓度）、水环境（江河、湖泊、水库、海洋、地下水）中各种污染物的浓度、水体自然净化能力、土壤环境现状、生态环境状况。同时还应充分了解环境（大气、水体、土壤）对污染物的扩散、稀释和纳污能力，污染物在环境中的迁移和转化规律。

此外，还要了解投资项目所在地的环境功能区划，投资项目的性质应和当地的环境功能相协调。

3. 环境影响识别方法

环境影响识别方法主要有两种：一种是利用环境影响识别表进行；另一种是根据投资项目排放的污染物（能量或影响因子）对环境要素的影响逐一分析的方法。

环境影响识别表是为进行影响识别而设计的表格。在表格中设计了一般投资项目可能对环境产生影响的各个方面。当进行环境影响识别时，用识别表中的各项内容逐一对建设项目提出询问，判断建设项目对其是否产生影响。对识别表中的各项逐一识别后，对有影响的各项目统一分析，找出主要环境影响和次要环境影响，据此确定环境影响预测和评价的重点及各个方面。

## （三）投资项目环境影响预测及评价

1. 大气环境影响预测及评价

投资项目的大气环境影响预测及评价是环境影响评价重要的环节之一。进行环境质量评价，特别是环境影响评价，需要掌握大气环境质量在时间和空间上的变化，不仅需知其背景值和现状，还特别要掌握和预测其未来变化。模式法是进行大气影响评价常用的方法。此方法是利用模式计算，模拟大气污染物的排放量与大气环境质量之间的关系。对大气环境进行影响评价，常用的模式是大气扩散模式。现有的大气扩散模式有多种类型。按污染源的性质可分为点源、线源、面源和多源扩散模式。按下垫面条件可分为平原、城市和各种复杂地形的模式。按气象条件分则有蔓延型扩散模式、封闭型扩散模式及准静风扩散模式等。按时间尺度可分为短时间（1~24 小时）模式和长时间（月、季、年）模式。按空间尺度可分为小尺度、区域及全球模式。

2. 河流环境影响预测及评价

投资项目对河流的环境影响是广泛而深刻的。投资项目的河流环境影响预测及评价，必须根据河流的水文特点、污染物的性质建立数学模型。河流水质数学模型是描述水体中污染物随时间和空间迁移转化规律的数学方程（微分的、差分的、代数的等），它是进行河流环境影响预测的有力工具。

（1）河流水质模型。河流水质模型可分为一维、二维和三维模型。一切真实的水体都是呈空间三维分布的。一维模型是假设水体在垂直方向和侧向完全混合。二维模型是假设有一个方向完全混合，如在比较浅而宽的河流中，假设垂直方向完全混合。

多数水质模型都以物质守恒和能量守恒为基础，给定水质参数以及影响这些参数的重要的物理、化学和生物学过程，就能提出质量平衡方程。但要考虑三种现象：各种成分由外界输入水体；各种成分通过水体的迁移；水体中引起成分浓度减少或增加的反应等。

污染成分的输入可分为点源及非点源两种形式。点源的物理和生化特性比非点源明确，非点源变化比较复杂。因目前资料不足，非点源污染一般不予考虑。

河流成分的迁移取决于水体的水文特性和水动力学特性。在流动的河流中，平流迁移占主要地位。在潮汐河口中，扩散是主导的迁移现象。

为了减少模型的复杂性，往往假设河流系统的水质模型是静态的。

（2）一维河流水质模型。一维河流中任意成分浓度的偏微分方程为：

$$\frac{\partial C}{\partial t}+u\frac{\partial C}{\partial x}=\frac{1}{A}\frac{\partial}{\partial x}\left(ExA\frac{\partial C}{\partial x}\right)+S$$

式中，C 为特定成分的浓度；t 为时间；x 为沿河流的距离；E 为扩散系数；u 为断面平均流速；A 为河床断面积；S 为特定成分的点源或沉淀项。

这个算式表示在河流系统的某一特定位置上浓度对时间的变化，$\partial C/\partial t$ 取决于沿 x 方向成分流量的变化。

扩散项和平流项的影响取决于流速场的测定，如果流速 u 按空间分布测定，并考虑时间变化，扩散项就可以取消，可以包含在计算误差范围内。如果水流的描述很粗糙，如对不规则断面取平均数，或用静态流近似时变流，则扩散项起主导作用。

许多影响河水浓度的反应往往视为一级反应，即反应率和河水浓度成正比。高级反应可能比较准确，但对自然水生态系统，以一级反应为基础进行河水浓度预测是可行的。

对投资项目的大气、水环境及噪声的影响进行预测及评价之后，要根据其综合影响确定合适的选址，并提出相应的环境保护措施。

### （四）投资项目环境保护措施评价

投资项目环境影响评价，应在叙述有关综合利用和回收的工艺技术方案、设备选型的基础上，对各种环境保护措施作出评价。具体内容包括以下几项：

（1）分析控制、防止和治理环境污染的设施和工程，是否做到与主体工程同时设计、同时施工和同时投产，即“三同时”的要求。

（2）分析环保工程的投资是否准确可靠，是否纳入投资总额中，所需资金的来源是否落实、有无保证，在时间安排上能否满足“三同时”的要求。

（3）分析环境措施在技术上是否合理可靠，是否存在替代的生产工艺来解决环境污染问题。

（4）分析通过环保措施的实施，项目各项有害物质的排放能否达到国家规定的环境标准要求，能否保证环境应有的质量。

（5）分析环保措施的经济性，即分析环保措施所需的投资与不治理所造成的污染损失之间的比例关系。对于能用货币计量的污染损失应进行定量计算；对于不能用货币计算的污染损失，要作出比较符合实际的定性分析和说明，以便确定污染治理的必要性和治理程度。

### （五）环境影响评价报告

项目环境影响评价报告是在对拟建项目的环境污染及其防治措施进行综合分析、论证、选择最佳方案的基础上编写的。其基本内容如下：

一是建设项目概况。主要包括项目名称、建设性质、建设地点、建设规模、产品方案和生产工艺；主要原材料、燃料、水的用量和来源；废水、废气、废渣、粉尘及其他污染物的种类、排放量和排放方式；废弃物回收利用、综合利用和污染物处理方案、设施和主要工艺方法。

二是建设项目的环境背景。主要包括建设项目的地理位置；周围地区的地形、地质、水文、气候、生物、矿产的情况；周围地区的人口、城市、村落的情况；周围地区和现有工矿企业分布情况，以及大气和水的环境质量状况。

三是建设项目的环境影响。主要包括对周围地区的地质、水文、气候和自然资源可能产生的影响，防范和减少这种影响的措施及最终不可避免的影响，各种污染物最终排放量，及对环境质量的影响范围和程度；噪声、震动对周围生活居住区的影响范围和程度；绿化措施，包括防护地带的防护林和建设区域的绿化。

四是建设项目环境保护可行性技术经济论证。

五是建设项目环境影响评价结论和建议。

# 关于交通通信业投资环境分析*

目前，中国的交通运输业和邮电通信业由于过去对这两大产业在国民经济部门结构中的基础地位及先行特点认识不足，因而行成了国民经济的薄弱环节，很不适应新形势下国民经济和社会发展的需求。改革开放以来，此问题在中国宏观经济结构中变得日益突出并得到了充分重视，制定了相应的投资倾斜政策，并强调指出：今后相当长一段时间内调整和改造产业结构的基本方向之一是发展以综合运输体系和信息传播体系为主轴的交通运输业和通信业。这标志着中国两大基础产业进入了一个新的发展时期，要求结合中国国民经济和社会发展战略对两大产业在时序和空间上的发展作出总体部署和安排，制定相应的发展战略。因此，本章拟从宏观角度出发，侧重于外部环境的分析，以两大产业中基础设施部分的投资为重点，框架介绍中国两大产业的建设环境。

## 一、交通运输和通信业投资环境概述

### （一）交通通信在国民经济中的地位和作用

交通业系由铁路、公路、水运、航空及管道五种运输方式组成的综合运输体系，通信业包括邮电通信、情报通信及广播电视通信三个层次的立体通信网络。交通通信共同构成国民经济结构的组成部分，并成为推动社会经济发展的重要物质基础，现代化的交通通信手段已成为衡量社会经济发展水平的重要标志。因此，人们将交通运输业称为国民经济的“循环系统”，将通信业称为国民经济的“神经系统”。

之所以将交通运输业称为国民经济的“循环系统”，其依据是：①货运对象范围扩大，从以农产品和手工业品为主，转向大工业的矿物能源、原材料以及半成品和成品；②人与货物的位移总量迅速增加，资源的流动和移动规模也越来越大；③运输业投资增长迅速，超过了绝大多数其他经济部门，居民交通费用迅速上升，交通运输业占用资源的数量成为

---

* 本文选自张敦富：《中国投资环境》，化学工业出版社 1993 年版，第 411~435 页。该书获北京市第三届哲学社会科学优秀成果二等奖。参与者：赵先信。

社会经济的基本比例之一；[④] 交通构成了经济增长最重要的基础结构和物质环境，运输及相关的能源、钢铁、建筑和机械制造业共同形成为国民经济中的最庞大和最主要的基础产业群。

在现实的经济生活中，这种国民经济运输化的特征如下：从横向来看，交通运输作为必不可少的物质基础已经渗透到国民经济的各个领域，并且成为联系国民经济各环节的纽带。国外的研究资料表明，在现代生产条件下，产品在机器上生产出来的成本只占销售网终端价的10%~20%，其他是由储存、运输、开发研究及销售等组成的，有时以运输所占比重最大，有的产品其运输费用达到总成本的70%以上。从纵向来看，正是交通运输的发展促进了社会生产的发展，并塑造了经济活动的空间组织形态，交通运输的发展史实际上相当于社会生产的发展史。以蒸汽时代、电气时代及电子时代著称的三次产业革命都是以成功地推出了先进的交通运输方式而作为其物质基础的。交通运输方式的变革大大改变了时空在距离上的意义，可见其在国民经济中的重要性。

同样道理，人们把通信业称为“神经系统”也是由于现代经济发展的“信息”程度越来越高，使得国民经济具有更多的“信息经济”的特征。这首先是由现代经济活动的特点决定的。在现代各种经济活动中，几乎离不开信息的收集、加工、传输和储存，信息贯穿于从预测到决策的各个环节。其中既有科研、生产、市场方面的情报交流，也有金融、通信、教育等方面的活动。因此，现代社会经济的信息海洋迫切要求有高效准确的信息处理和传递手段，否则就无法控制现代经济的循环过程，高效和谐的国民经济系统就无从建立。现代科技进步特别是高科技成果使得通信手段日臻成熟与完善，使通信业日益发展壮大，从而产生巨大社会经济效益。在这方面，除了人们通常所提到的它能提高社会劳动生产率，节约人力和资金，加速资金周转和生产发展以及节约能源外，更重要的还在于它的巨大的投入产出比。国外的研究表明，对通信建设的每 1 元投资，法国可产生 2.2 元，日本产生 2.5 元，印度产生 4 元的社会经济效益。据国际电信联盟有关通信与社会效益的研究报告的统计分析，越是通信落后的国家，对通信的每单位投资产生的社会经济效益越大。中国邮电科技部门的研究结果表明，中国增加一个单位的信息要素投入对国民经济的边际贡献是增加物、能要素的 15.8 倍，该比值是美国的 2.5 倍，法国的 2.4 倍，韩国的 4.6 倍。正是由于这个原因，使 20 世纪 70 年代中期以来，国民经济信息化浪潮从美国、欧洲和日本迅速向广大发展中国家扩展，信息劳动者及信息产业的附加值已超过工业，成为国民经济的主体成分。

### （二）交通通信在构成地区投资环境中的地位和作用

交通通信和供电、供水、供热、供气以及排水、排污系统、环境保护系统、社会生活服务系统和旅游设施等共同构成投资硬环境系统。投资环境与经济活动之间存在十分紧密的联系，地区投资环境的优劣往往决定着该地区的开发方向和开发强度，也影响到该地区的投资容量。通过前面交通通信与社会经济活动关系的论述，可概略知道其在地区投资环境构成中的作用。考虑到投资环境要素构成的复杂性，根据通常的分类方法，将其并入硬环境中的“基础设施”类。

首先确定从不同角度反映投资环境性质和特征的指标体系，然后根据重要程度的差异，对各项指标赋予相应权值。目前广泛用来确定各指标权值的方法是“层次分析法”（AHP）中的“灰色对比分析法”。该方法是一种系统分析的方法，它把复杂的问题分解为若干个有序的层次，然后根据一定客观现实的判断，就每一层次的相对重要程序给出定量的表示，即所谓构造比较分析矩阵。利用系统矩阵通过求最大特征根及特征向量来确定出各个层次元素的相对重要性，即权值。表1是运用此方法分析所得的结果，通过发出大量的问卷，有针对性地进行咨询，咨询对象包括研究机构、投资开发公司、政府机关等，并参阅美、泰、日等对中国投资环境的评价资料，然后通过咨询表达的意见集中进行计算机处理。从表1中数据可知，在地区投资环境评价中，基础设施是硬环境中四个指标因素中权值最高的一个，相应的地位也最为重要。交通通信作为基础设施的重要组成部分，其在地区投资环境中的地位和作用也得到了相应明确的反映。

**表1　投资环境评价指标权重的咨询结果**

| 主指标 | 权重 | 子指标 | 权值 | 主指标 | 权重 | 子指标 | 权值 |
|---|---|---|---|---|---|---|---|
| 硬环境因素 | 0.425 | 地理位置 | 0.093 | 软环境因素 | 0.575 | 法律因素 | 0.085 |
| | | 工业基础 | 0.108 | | | 政策优惠 | 0.071 |
| | | 基础设施 | 0.133 | | | 文化因素 | 0.052 |
| | | 资源保障 | 0.091 | | | 市场条件 | 0.081 |
| | | 社会服务 | 0.060 | | | 劳动素质 | 0.073 |
| | | 政治因素 | 0.082 | | | 行政管理 | 0.071 |

## 二、交通运输需求预测

预测运输需求量及其结构，掌握供求变化趋势，是交通运输项目投资决策的前提，也是研究中国交通运输业投资环境首先要做的基础性工作。从宏观经济角度看，要取得国民经济持续、稳定、协调的发展就必须对作为基础产业的交通运输业作出合理规划，这包括确定其在整个国民经济发展中的比例，交通运输业内部的投资结构及投资方向等，这种规划的基础就是对全局范围内需求发展趋势的科学预测。从微观经济角度看，搞清需求预测也是对具体交通运输项目进行经济评估，以便对投资时间及投资规模进行合理决策的前提条件。

需要指出的是，运输预测没有必要十分精确，也不可能十分精确。这首先是由于运输供需的运动规律。从运输供给方面看，运输能力的增加通常需要大量投资且建设周期较长，所以运力往往是以较大幅度跳跃式增加的，但对运输的需求却是一点一点逐渐累加的。这一特点表明运力（即供应量）往往有较大余地，因而对需求的预测不必十分精确，而且一般交通运输建设要求有20%的备用运力。其次是因为运输项目建设周期长，经常采用分期建设的方法，有机会在各阶段对预测量进行修正。

常用的预测方法很多，其中较适用于交通运输量预测的大致有四种，即经验判断法、时间趋势法、回归分析法、线性规划法，后三者适用于中、长期预测，其中回归分析法更为实用。下面采用一元回归方法① 作出预测案例分析，一是展示预测过程，二是揭示预测交通运输发展的具体途径与方法。

需求预测案例：影响运输需求的因素很多，比如生产发展水平，人口变动情况，生活水平，国家宏观的经济结构及经济布局，国家政策及国际贸易发展情况等。鉴于交通运输量与国民经济各项指标特别是社会总产值之间存在很强的相关性，这里取社会总产值为自变量对2000年的运输需求进行预测。预测内容包括客运量、旅客周转量、货运量、货物周转量四项。

第一步就是确定2000年中国社会总产值。这里采用“八五”计划和十年规划所要求的数字与1980~1990年平均增长率的平均值（见表2和图1）。

---

① 参数估算法一元线性回归预测模型的数学表达式：

$y=A+BX$

式中：

Y——预测对象，此指运输需求量；

X——影响因素，此处选用社会总产值；

A，B——确定回归系数。

确定回归系数，采用最小二乘法估算，首先，建立如下方程组：

$$\begin{cases}\sum Y = nA + B\sum X\\ \sum XY = A\sum X + B\sum X^2\end{cases}$$

其次，按以下公式求出回归系数A和B：

$$A = \sum \bar{Y} - B\sum \bar{X}$$

$$B = \frac{\sum XY - \bar{Y}\sum X}{\sum X^2 - \bar{X}\sum X}$$

$$B = \frac{\sum XY - \bar{Y}\sum Y}{\sum X^2 - \bar{X}\sum X}$$

回归预测模型建立后，是否与实际数据有比较好的拟合度，其模型的线性关系的显著性如何，能否用来进行实际预测，需要数理统计和经济意义上的检验。常用的统计检验有R检验和F检验等。这里采用相关系数R来描述变量x和y之间线性关系的强弱。

相关系数R的计算公式是：

$$R = \frac{\sum (X_i - \bar{X})(Y_i - \bar{Y})}{\sqrt{\sum (X_i - \bar{X})^2 \cdot \sum (Y_i - \bar{Y})^2}}$$

式中：

$\bar{X} = \frac{1}{n}\sum X$，为X的平均值；

$\bar{Y} = \frac{1}{n}\sum Y$，为Y的平均值。

R的值域为$0<|R|\leqslant 1$，只有当$|R|$接近于1时，才能用一元线性回归模型来描述Y与X之间的关系。一般而言，通过观察所得R的大小就可以知道变量间线性相关程度的高低。交通运输发展的具体途径与方法。

**表 2　2000 年社会总产值预测（1980 年不变价，亿元）**

| 预计口径 | 社会总产值 | 1990 年后平均年增长率 |
|---|---|---|
| 按“八五”计划和十年规划要求 | 42273 | 6% |
| 按 1980~1990 年平均年增长率 | 65235 | 10.7% |
| 平均值 | 53754 | 8.58% |

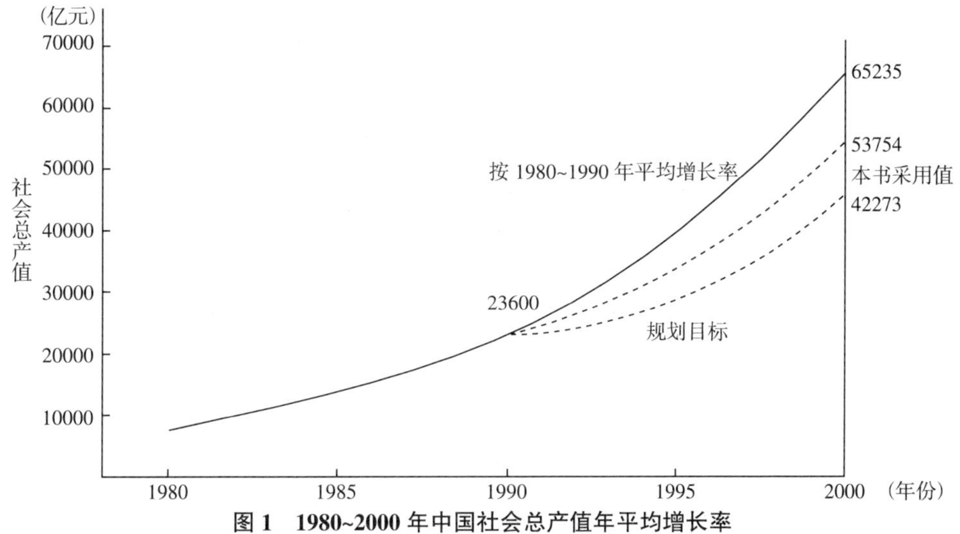


**图 1　1980~2000 年中国社会总产值年平均增长率**

第二步是根据历年有关资料，求出各自的回归系数，建立函数关系。运算数据采自 1980~1987 年，1990 年统计数字用于数据比较（见表 3）。

**表 3　历年有关资料统计**

| 项目＼年份 | 1980 | 1981 | 1982 | 1983 | 1984 | 1985 | 1986 | 1987 | 1990 |
|---|---|---|---|---|---|---|---|---|---|
| 社会总产值（亿元） | 8532 | 8733 | 9898 | 10910 | 12511 | 14648 | 16154 | 18429 | 23600 |
| 客运量（万人次） | 341785 | 384844 | 42893 | 470614 | 530617 | 620206 | 688212 | 861026 | 773405 |
| 旅客周转量（亿人千米） | 2281 | 2500 | 2744 | 3095 | 3620 | 4437 | 4897 | 5926 | 5612 |
| 货运量（万吨） | 546537 | 523764 | 548242 | 576887 | 716907 | 745762 | 823558 | 953082 | 967685 |
| 货物周转量（亿吨千米） | 12026 | 12143 | 13049 | 14054 | 15694 | 1812 | 20148 | 22229 | 26322 |

注：①以上资料根据《中国统计摘要 1991》（中国统计出版社）整理而成。

②社会总产值以 1980 年不变价格计算。

③交通运输量内部结构详见《中国统计摘要 1991》。

第三步是代入 2000 年社会总产值，得出预测结果。其中，客运量预测见表 4，旅客周转量预测见表 5，货运量预测见表 6，货物周转量预测见表 7。

**表 4 客运量预测**

| | | 预测公式 | 相关系数 | 年份 | | 1990~2000<br>年均递增（%） |
|---|---|---|---|---|---|---|
| | | | | 1995 | 2000 | |
| 社会总产值 V（亿元） | | | | 35658 | 53754 | 8.58 |
| | 总计 | － 52043.08+47.51002V | 0.991461 | 1642069 | 2501810 | 12.46 |
| 铁路 | 运量比重 | 81807.06+1.85877V | 0.820637<br>9.02 | 148087<br>7.26 | 181723 | 6.71 |
| 公路 | 运量比重 | −144619.83+43.995699V | 0.991306 | 1424179<br>86.73 | 2220325<br>88.75 | 13.11 |
| 水运 | 运量比重 | 4267.84+1.5636358V | 0.852623 | 67024<br>4.08 | 95321<br>3.81 | 12.64 |
| 民航 | 运量比重 | −498.11+0.091889V | 0.963887 | 2778<br>0.17 | 4442<br>0.18 | 11.34 |

**表 5 旅客周转量预测结果**

| | | 预测公式 | 相关系数 | 年份 | | 1990~2000<br>年均递增（%） |
|---|---|---|---|---|---|---|
| | | | | 1995 | 2000 | |
| 社会总产值 V（亿元） | | | | 35658 | 53754 | 8.58 |
| | 总计 | － 737.54+0.354659V | 0.997688 | 11909 | 18327 | 12.56 |
| 铁路 | 周转量<br>比重 | 129.68+0.1508948V | 0.996292 | 5510<br>46.56 | 8241<br>48.97 | 12.16 |
| 公路 | 周转量<br>比重 | −860.37+0.1829577V | 0.987806 | 5664<br>47.56 | 8975<br>48.97 | 13. 19 |
| 水运 | 周转量<br>比重 | 78.01+0.00657096V | 0.985208 | 312<br>2.62 | 431<br>2.35 | 9.25 |
| 民航 | 周转量<br>比重 | −84.86+0.0142352V | 0.986646 | 423680<br>3.55 | 680<br>3.71 | 12.05 |

**表 6 货运量预测结果**

| | | 预测公式 | 相关系数 | 年份 | | 1990~2000<br>年均递增（%） |
|---|---|---|---|---|---|---|
| | | | | 1995 | 2000 | |
| 社会总产值 V（亿元） | | | | 35658 | 53754 | 8.58 |
| | 总计 | 13906.08+43.535444V | 0.984677 | 1692293 | 2480110 | 9.87 |
| 铁路 | 运量比重 | 81861.58+3.2805326V | 0.991363 | 198839<br>11.75 | 258203<br>10.41 | 5.85 |
| 公路 | 运量比重 | 55364.79+34.928545V | 0.977643 | 1300846<br>76.87 | 193214<br>77.94 | 10.34 |
| 水运 | 运量比重 | −3744.27+4.8340948V | 0.949267 | 168630<br>9.96 | 256108<br>10.33 | 11.34 |
| 管道 | 运量比重 | 6431.48+0.4903586V | 0.990533 | 23915<br>1.41 | 32785<br>1.32 | 7.68 |
| 民航 | 运量比重 | −9.592+0.002040133V | 0.987400 | 62.3<br>0.004 | 100.1<br>0.004 | 12.44 |

**表 7 货物周转量预测结果**

| | | 预测公式 | 相关系数 | 年份 | | 1990~2000 年均递增（%） |
|---|---|---|---|---|---|---|
| | | | | 1995 | 2000 | |
| 社会总产值 V（亿元） | | | | 35658 | 53754 | 8.58 |
| | 总计 | 2732.31+1.058063V | 0.998238 | 40461 | 59607 | 8.52 |
| 铁路 | 周转量<br>比重 | 2312.68+0.3937743V | 0.998847 | 16254<br>40.17 | 23329<br>39.14 | 8.22 |
| 公路 | 周转量<br>比重 | −858.67+0.1844847V | 0.992925 | 5709<br>14.11 | 8958<br>15.03 | 10.04 |
| 水运 | 周转量<br>比重 | −837.16+0.472451V | 0.989708 | 17584<br>43.46 | 26126<br>43.83 | 8.38 |
| 管道 | 周转量<br>比重 | 866.79+0.0149543V | 0.972643 | 900<br>2.22 | 1171<br>1.96 | 6.40 |
| 民航 | 周转量<br>比重 | −2.818+0.000486363V | 0.992411<br>0.04 | 14.5<br>0.04 | 23.3 | 11.28 |

通过以上预测结果可知，到 2000 年，中国客运量将超过 250 亿人次，旅客周转量将超过 18300 亿人千米，货运量达 248 亿吨，货物周转量将超过 59000 亿吨千米。根据交通部的预测，沿海主要港口货物吞吐量达到 12.5 亿吨。上述指标分别为 1990 年的 3.2 倍、3.3 倍、2.7 倍、2.3 倍和 2.27 倍，年均增长 12.46%、12.56%、9.87%、8.52%和 8.4%，因此欲满足如此巨大的市场需求投资额将十分巨大。另外，现要求国民经济的发展速度比原规定的更高，这无疑对交通运输业的发展提出更加艰巨而紧迫的要求。关于 2000 年交通运输需求展望见图 2 和图 3。

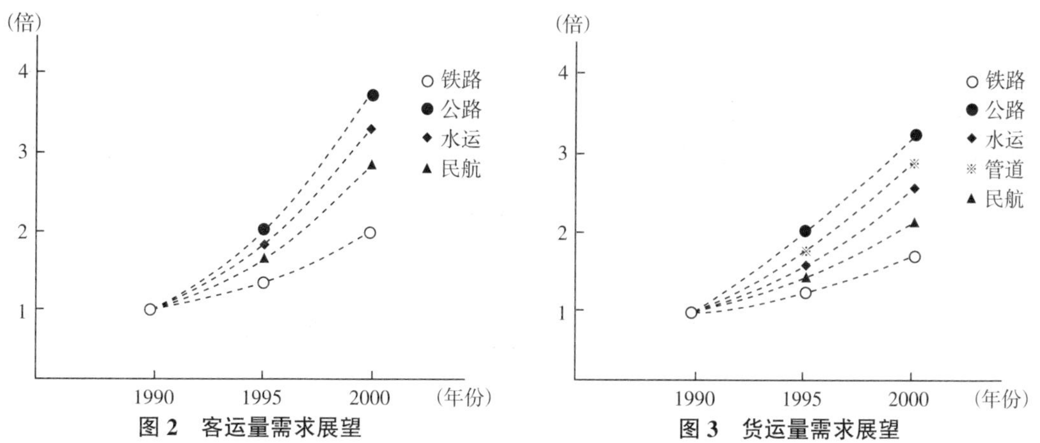


**图 2 客运量需求展望** **图 3 货运量需求展望**

参照以上预测结果，可对中国 2000 年交通运输基础设施规模作进一步的估计。考虑到中国资金短缺的实际情况以及距 21 世纪末时间较短，对其交通运输的供需适应程度可提出以下三种可供选择的目标：①基本适应，即到 2000 年时，综合运输能力基本适应运输量增长的需求；②有较大缓和，即能源、外贸物资和旅客运输的紧张状况有较大缓和，主要运输通道较为畅通；③继续紧张，甚至进一步恶化，严重制约社会经济的发展。

在以上三种目标中，比较可行的选择是第二种目标，即有较大缓解。这是因为交通运输项目投资数额巨大，建设周期长，运力形成有很强的滞后性，“九五”末期投入资金到2000年还不能形成运输能力，因而实现基本适应目标有较大困难。至于第三种目标则应竭力避免。据此，可对2000年交通基础设施建设作出如下设想安排：

铁路方面，根据统计，1990年底铁路营业里程为53378千米，其中复线里程为13024千米，电气化铁路里程为6941千米，复线率和电气化率为24.4%和13.0%。到2000年，若按基本适应目标，路网规模应达到10万千米；按有较大缓和目标其发展规模为铁路营业里程达到7.5万千米，其中国家铁路为6.5万千米，地方铁路为1万千米。铁路的装备水平达到：复线率30%、电气化率26%、内燃率45%。

公路方面，1990年全国公路通车里程为100万千米，其中等外路占到28%，黑色路面23%，且90%是20世纪60年代以后修建的渣油表面处理路面。根据有较大缓和目标，到2000年这种状况将从根本上得到改善。公路总里程达到125万千米，比1990年增加23万千米，其中高等级公路达到18500千米（含高速公路3000千米），比1990年翻两番。

沿海港口方面，沿海主要港口建设中级以上生产性泊位500个，新增加吞吐能力5亿吨，加上货主码头新增吞吐能力2亿吨，全国沿海港口中级以上生产性泊位达到1100个，其中深水泊位约650个，港口吞吐能力达到12.5亿吨，比1990年翻一番多。

内河航运方面，1990年全部天然河道总长度约43万千米，通航里程为10.92万千米，但与内河航运能力相比仍有待进一步开发。为此应在长江、珠江、淮河和黑龙江的重点建设区域，建成以三级以上航道为骨架，四五级航道为基础的内河航运网络。

民航和管道运输方面，通过前面预测结果分析可以知道，在各种运输方式中，民航的客运量增长很快，这与中国现阶段民航运力形成强烈反差。因此，到2000年，中国的航空运输业除需迅速增辟航线外，还将面临着一系列从机场到机型的更新及扩建任务，特别是在沿海城市及国家重点旅游城市。1990年全国输油（气）管道总长度为1.59万千米，到2000年需发展到4万~5万千米。其中在原油运输方面，随着西北及海上原油产量的迅速增加，需新增管道8000~9000千米，成品油管道需达到7000~8000千米。

## 三、交通运输业投资的自然环境分析

自然条件是劳动地域分工的自然基础，也是影响运输布局的重要因素。运输作为地区间联系的纽带，各种运输线路要经过自然条件不同的地区，而各种运输线路对自然条件的要求不同，如水运要求具有一定条件的水道和水域；铁路、公路和管道要求尽量绕开、回避或克服自然障碍，如高山、大川、沙漠、沼泽以及地质复杂地带。因此，自然条件对交通运输业的发展及布局有很大影响，一个国家自然地理环境的特点往往就反映在交通运输方式及其构成上，这种影响在很大程度上决定了交通运输的空间分布特征。

### （一）位置及疆域

中国幅员辽阔，海陆兼备，自然条件错综复杂，具有发展各种交通业的优势。首先是海陆兼备的地理位置，一方面便于从陆上与亚欧大陆的许多国家交往，另一方面又有可能同各大洲的沿海国家建立方便的海上联系，为中国的对外开放，发展对外交流，提供了多种对外联系的交通运输渠道与途径，促进了中国交通运输业的形成与发展。

中国疆域十分辽阔，是世界上面积最大的国家之一。有长达 2.28 万千米陆地疆界，同中国直接接壤的邻国是：东北面的朝鲜，北面的苏联和蒙古，西面和西南面的阿富汗、巴基斯坦、印度、尼泊尔、不丹和锡金，南面有缅甸、老挝和越南；也有长达 1.8 万千米的海岸线和宽阔的海疆，环绕中国大陆东部边缘的海域从北到南依次为渤海、黄海、东海和南海，并同太平洋连成一片。大陆海岸线北起中朝边境的鸭绿江口，南迄中越边境的北仑河口，分布在大陆海岸线外侧的 6000 多个大小岛屿的海岸线长度达 1.4 万千米，与大陆海岸线加在一起总长度超过 3.2 万千米。

中国疆域辽阔还反映在国土在纵深的延伸上。即从其最北端黑龙江省漠河（黑龙江主航道中心线，北纬 53°30′）至最南端的南沙群岛的曾母暗沙（北纬 4°15′），南北跨越纬度约 49°，相隔 5500 千米左右；从最东端的黑龙江省抚远县（乌苏里江汇入黑龙江处的耶字界碑东角，东经 135°5′至最西端的新疆维吾尔自治区乌恰县以西的帕米尔高原（东经 73°40′），东西跨越经度约 62°，相距约 5200 千米，时差逾 4 小时。

上述这种辽阔的疆域、广大的范围决定了中国发展交通运输的必要性和有利条件。交通运输的直接目的就是克服空间距离，节约时间价值。中国的自然条件复杂多样。自然资源分布有强烈的地域性差异，与社会经济活动的空间集聚构成两个相反的梯度差，这在客观上决定了交通运输的重要性质和作用。

### （二）气候条件

中国由于背倚世界最大的亚欧大陆和濒临全球最大的太平洋，两者之间强烈的海陆差异等因素造成了独特的季风气候，加之幅员辽阔，地形复杂，使中国拥有多种多样的气候类型，各地区的降水量有很大不同。从总体上看，中国陆面年降水总量为 6 亿立方米，依据各地径流量大小等状况，全国可分成五个径流地带：①丰水带，包括广东、福建、中国台湾的大部分地区，江西、湖南的山地，广西南部，云南西南部和西藏东南部，年降水量 >1600 毫米，径流深 >900 毫米；②多水带，包括桂、滇、黔、川以及秦岭一淮河以南的长江中下游地区，年降水量 800~1600 毫米，径流深 200~900 毫米；③过渡带，包括黄淮海平原、晋陕的大部分地区，东北的大部分地区，川西北和藏东，年降水量 400~800 毫米，径流深度 50~200 毫米；④少水带，包括华北西部，内蒙古、陇、宁、新疆西部和北部以及西藏，相当于荒漠草原和草原地带，年降水量 200~400 毫米，径流深 10~50 毫米；

⑤缺水带，包括内蒙古西部和准噶尔、塔里木、柴达木三大盆地，以及陕北沙漠区，相当于荒漠地带，年降水量<200毫米，径流深不足10毫米。

综观以上径流资源分布态势，可以看出东部多、西部少，东部又是南方多、北方少，其中华北又比东北少这一特点。比如，长江年平均流量约3.24万亿立方米，年径流量占全国总径流量的38.3%；珠江流域的广东省径流量占17.7%；中国台湾、海南面积只为全国的0.71%，而径流量却占全国的4.85%；秦岭淮河以南，河流的水量丰富，季节变化小，冬季不结冰，有利于水运发展；黄河以北的河流，水量季节性变化大，夏季水量大而冬春水量少，河水含沙量大，又有或长或短的结冰期，给水运带来了一定困难。截至1980年底，全国内河通航里程为10.8万千米，秦岭和淮河以南13个省市、自治区的内河通航里程为9.5万千米，约占全国通航里程的88%，每平方米千米为37千米，为这些地区发展水运创造了有利条件；东北地区通航里程为6544千米，每千平方千米只有5.32千米；华北地区通航里程为6544千米，每千平方千米只有0.19千米；西北通航里程只有陕西、甘肃两省有829千米外，其余广大地区的河流都不能通航。

## （三）地形、地貌及地质条件

中国国土辽阔、地形复杂多样。概括地说，中国地形有三个基本特点，即地势西高东低呈阶梯状向海洋倾斜；地貌类型复杂多样；山区面积宽广，高差很大。

地势西高东低，呈阶梯状向海洋倾斜，是中国地形的总轮廓。大抵从内陆的西部欧亚大陆的腹地起，向东一直延伸到纵贯南北的东部海岸，逐级下降，由两条山岭组成的地形界线，明显地把大陆分成三个阶梯，形成一个具有三级阶梯特点，向海洋倾斜的巨大斜面。这种地形特征，决定了中国珠江、长江、黄河、黑龙江等巨川的基本流向，都是自西向东分别流经中国不同的纬度地带，汇入海洋，这有利于沿海与远洋各条航线同各条主要内河航运干线串成一体，有利于发展河与海的航运联系，沟通东西之间及江海之间的交通。

中国是一个多山的国家，山地和高原所占面积很广。如以海拔高度计算，海拔500米以上的占全国总面积的84%，500米以下的仅占16%（见表8）。

**表8 中国领土面积按海拔高度分配的比例**

| 海拔高度（米） | <500 | 500~1000 | 1000~2000 | 2000~5000 | >5000 |
|---|---|---|---|---|---|
| 占全国总面积（%） | 16 | 19 | 28 | 18 | 19 |

资料来源：任美锷主编：《中国自然地理纲要》，商务印书馆1985年修订第3版。

中国地貌的基本类型，按形态可分为山地、高原、丘陵、盆地和平原五类。全国的高原、盆地和平原，一般都具有顺直的边界、鲜明的轮廓，并与巨大的山脉相间排列。在全国土地总面积中，山地约占33%，高原约占26%，盆地约占19%，平原约占12%，丘陵约占10%。另外，在全国独特的自然环境中，有在温暖湿润的东部和南部地区发育成的红层地貌，在西南部石灰岩广泛分布区的岩溶地貌。在干旱的西北内陆地区，分布着以风力作用为主的沙漠景观，在西部高山上还有独特的山岳冰川地貌等。

中国山地、高原和丘陵三项合计面积占全国总面积的69%，而且地势高峻崎岖，海拔高于1000米的山地和高原即占全国土地总面积的一半以上。大抵以兰州—昆明线为界，此线以西，绝大部分为高山和极高山所盘踞，海拔多在3000米以上；此线以东，则多为中山和低山，海拔为500~2000米。

上述地形、地貌、地质环境对交通运输业的发展有重大影响，主要表现在对铁路、公路的选择和工程建设方面。根据铁路、公路目前的筑路技术和运输工具的技术性能，一般来说可通过各种地区，运输作业基本上不受季节影响。但是，为了达到一定的通过能力和运行速度，保证列车安全，铁路、公路线路要达到一定的技术标准，即保持一定的弯度、坡度和承载能力，这就要求克服两点间的高程差，不良地质地区等许多自然障碍。因此，海拔高度，地面坡度，地形起伏，水文地质及各种施工条件，对铁路、公路的工程量、投资、运输能力、运营费用和能源消耗都有很大影响。以铁路为例，在各种地形条件下，不同等级的铁路干线工程量及造价差别很大，不同类型地形的工程量及造价情况大致如表9所示。

**表9 铁路干线每公里平均工程数量造价**

| 年通过能力 | 土石方（万立方米） | 桥梁（延长米） | 隧道（延长米） | 造价（万元） |
|---|---|---|---|---|
| 平原地区 | | | | |
| 300万吨以下 | 2.5~415 | | 无 | 40~50 |
| 300万~800万吨 | 35 | 24 | 无 | 60~70 |
| 800万吨以上 | 46 | 26 | 无 | 80~90 |
| 丘陵地区 | | | | |
| 300万吨以下 | 8~9 | 29 | 62 | 90~100 |
| 300万~800万吨 | 10 | 32 | 66 | 110~120 |
| 800万吨以上 | 11 | 40 | 70 | 130~140 |
| 山地 | | | | |
| 300万吨以下 | 10~11 | 36 | 80 | 150~160 |
| 300万~800万吨 | 11~12 | 45 | 106 | 170~200 |
| 800万吨以上 | 11~12 | 57 | 247 | 200~250 |

资料来源：王德荣主编：《中国运输布局》，科学出版社1986年版，第29页。

从表9中数字可以看出，丘陵地区的铁路工程量和造价一般比平原地区高0.6~1倍，山地分别比平原地区和丘陵地区高2倍和0.6倍。在一些困难地区修建的铁路，工程量和造价还要高得多。如成昆线和襄渝线，大中桥和隧道的长度分别占线路长度的40%~55%，其造价要比表9所列数字大得多。

## 四、交通通信业投资的社会经济环境分析

交通运输业及邮电通信业的发展应能适应国民经济和社会发展的要求，并注重考察这种要求，作为其产业发展布局的依据。在研究其投资环境时，就应当从其与社会经济之间的相互关系出发，对未来国民经济及社会发展作趋势考察，推断总体发展水平和空间演化格局，预计其发展态势，并以此作为交通通信产业投资研究的宏观依据。

在中国目前开放、开发的形势下要求交通通信业的发展与其相适应，特别是要求有相应的空间布局网路模式。这种交通通信模式除具备自身的技术特征外，还将反映日益加深的国民经济运输化和信息化特征。这里将此种目标模式成为“开放通达的交通通信网路模式”。

关于这种网络模式可作如下理解：它是一种与中国对内对外开放相适应的交通通信网络模式；是一个开放的系统，有利于客流、物流、信息流在地区间、国际间的高效流动，是实现地区比较优势和国际比较优势的重要物质基础和手段。就国内而言，它是一个全国性的统一的综合网络系统，系统具有较强的有机性；就国际而言，它应能很好地与国际交通通讯网络实现联网，具有很强的开放性。目前扩大对外开放强调“要积极主动地开展同周边国家、发展中国家以及其他国家的运输合作关系，加快地方边境贸易口岸的公路、航道、港站等交通基础设施建设，积极开发边境界河航运，增开国际货运班轮和客班轮航线。做好同关贸总协定有关的服务贸易项目的海运方面的准备工作。此外，这种网络模式是与建立在区际分工协作基础上的区域开发相适应的，就微观投资主体而言，它在投资环境中的评价应能令人满意；就宏观积极布局而言，它应能有利于国家或地区宏观经济布局的开展，与国家及地区的开发战略保持时间及空间序列上的一致性。

现结合中国客观存在的地域分异来具体说明这种开放通达网络模式。根据地区具体的开放、开发态势，阐述交通通信业所面临的外部环境。由于自然及历史的原因，中国各个地区之间在资源禀赋、产业布局、产业政策、人口分布、城镇化水平以及生产组织形态等方面存在差异；同时在开放及开发的内容、形式、程度等方面也不完全相同，这些都将影响到交通通信网络的建设。根据传统的东、中、西三大地带，拟从东部沿海、西部及中部地带三个地域单元进行说明。

### （一）东部沿海地带

我国东部沿海地带包括辽宁、天津、河北、山东、江苏、上海、浙江、福建、广东、广西和海南，包括 4 个经济特区，14 个沿海开放城市，长江三角洲、珠江三角洲、闽南三角洲地区、山东半岛和辽东半岛。与中西部相比，沿海地带社会经济发展水平最高。

沿海地带是中国对外开放较早地带。优越的区位条件吸引了大量投资，对内陆广大地

区有着很强的吸引力和辐射力，在内地与海外的经济联系中起着重要的中介作用。它是中国生产力布局的主轴线之一，是中国工业高度集聚的地区。由于实行外向型经济政策，因而对原材料、能源、市场及信息有着巨大的需求。从产业结构看它属于加工类型区或加工主导类型区，已处于网络开发阶段，同时也是国内外信息联系最频繁的地带。根据这一地带国民经济及社会发展的需要与特点，结合其自然条件，从进一步改进、完善其交通运输网络的发展模式所需投资方面看，总的来说，必须较集中地用于沿海、沿江水道和陆路大通道的进一步开拓与改善上，用于推动科技进步，加快运输现代化步伐，建设以远洋、江海运输为导向，以临海、临空为主要特点的综合运输体系的建造与形成上。

1. 关于加强沿海港口投资项目的建设

港口作为沿海地区的门户，是与国外进行客、货交流的主要口岸，是从事远洋运输和沿海运输的基础。沿海有着众多优良的深水港湾和常年不冻港，有着海港开发的优越自然条件。

但是，目前中国沿海港口建设不能适应国民经济发展和外贸运输急剧增长的需要，压港压船情况严重。突出表现是港口少，并且分布不尽合理；现有港口码头泊位少，吞吐能力低，港口集疏运输能力紧张。针对上述问题，必须适当集中相当的投资进行港口开发建设。

（1）投资开发建设新港口。结合自然条件及其腹地状况，加强港口资源开发，完善港口体系。可分东北、华北、山东、苏沪浙、福建及粤桂六大海港开发建设区段，进行统一规划开发，使之分别成为大、中、小港口相配套，专业职能相协调的港口体系。其中尤以投资建设福建沿海口岸和广西沿海钦州湾的港口为迫切，福建沿海有许多良港资源，而广西沿海钦州湾除港口条件优越外，还是整个大西南地区的出海通道，应筹集一定投资加紧开发建设。

（2）投资增加码头泊位，扩大吞吐能力。港口吞吐能力，主要是靠码头泊位的多少和大小，目前要增加煤炭、散装粮、木材、集装箱等高专业化泊位，加强深水航道及深水港区建设，以充分发展港口吞吐能力。

（3）投资扩大港口集疏运输能力。中国沿海港口进出口货物的集疏运输除了上海、黄埔两个港口以水运为主外，其他港口货物的集疏主要通过铁路进行。但是，目前铁路干线及其编组站的能力已远远不能适应港口集疏运输的需要，有相当的部分区段只能满足需求的 40%~70%，急需筹资加强复线建设和电气化改造，如哈大线、徐连线等。另外，由于港口和航运条件差、能力低，限制了长江、珠江等水道集疏运输能力的发挥，有待进一步投资整治。

港口开发建设对于一个国家或一相当大的地区来说，无论是发展经济，还是社会的开化与发达，都具有十分重要的意义，在经济的成长和启动时期，应作为投资重点。一个技术先进、布局合理、泊位众多、集疏运输畅通、大中小相结合的沿海港口体系，应是沿海开发建设的目标。

2. 筹措投资着力加强大通道建设

沿海地带虽然社会经济相对发达，但能源、原料却严重不足，需进行大量调入，产成品又需要大量调出，具有大进大出的运输特点。由于中国能源、原材料的区域分布特点，长期以来形成了北煤南运、西煤东运和北油南调的运输格局。这样在中国东部沿海地区也就形成了陆上与水上两条运输大通道。陆上大通道主要是以京沪、沪杭铁路为主轴，以及由输油管道、公路国道和京杭大运河相互配合的运输通道。目前，这一通道，尤其是铁路的运输能力已超饱和或趋于饱和，迫切地需要集中投资加强技术改造，争取实现100%复线，并提高电气化率。此外，还要筹措相当资金继续加强浙江、福建沿海地区地方铁路的建设，争取及早使温州、福州、厦门、汕头一线贯通，推动地区经济的加速发展。

关于沿海海运大通道投资建设问题，即拓展和加强沿海能源运输大动脉问题，沿海海运大通道北起辽宁的丹东，南至广西的防城，其作用可与京沪、京广铁路并驾齐驱。为解决中国南方能源匮乏、陆路运力不足的矛盾，交通部自“五五”计划着手建设此通道。据报道，在这条长1800海里的航线上，有300余艘能源专用船舶昼夜穿行，年运量达1.3亿吨，货运周转量占全部南运能源的40%。当前重要的是继续开发此通道，加强能源上装船港和能源下卸码头的建设，扩大装卸能力。这条海上能源运输大动脉已规划决定及早建设成为南北运输投资布局的重要线路。

3. 民航发展要上新台阶

民航运输是适应现代社会省时高效的先进运输方式，沿海地区外向型经济的发展对民航提出了很迫切的要求，但当前沿海地区普遍存在的问题是机场数量少、规模小、航线少、机型老化、管理手段落后。因此，发展航空运输应在沿海主要城市新建或扩建大型国际机场，开辟新的国际航线，更新机型；航空管理手段应逐步由程序指挥，运程雷达管理转为以计算机为核心的自动化航空管理。目前沿海地区大型机场建设发展较快，且多为地方筹资，如福州长乐国际机场、海南三亚凤凰国际机场等。

4. 公路建设

根据沿海地区国民经济发展目标和未来产业布局态势，到20世纪末，其地区客运需求量中公路将占到90%，货运需求量份额为60%。但从目前的公路现状看，干线空度小、等级低，区内外联系不畅。根据统计，一、二级公路分别只占公路通车里程的0.26%和3.7%。主要国道、公路的年平均日交通量都在3000辆以上，有相当数量路段要达5000~6000辆甚至更高，大大超过了公路的改造能力和改造速度，致使平均车速不超过30千米/小时。

据此，沿海地区公路建设应重点放在提高路网密度，改善公路质量上。一是要加速联系区内各主要城市的高等级公路的建设，其中高速公路为重要形式；二是根据国家统一规划的公路网，完善区内国家级骨架公路的建设，以利于区际联系；三是加强桥梁及立交桥等配套设施的建设。沿海地区交通运输处于全国最高水平，有着众多的运输方式，运输方式之间的有机衔接是开展综合运输，实现开放通达目标中很关键的一环。

## （二）西部地区

西部地区包括陕西、甘肃、宁夏、四川、云南、贵州、青海、新疆、西藏 9 个省（自治区）。人口稀疏，工农业比较落后。根据经济技术水平与地理位置相结合的原则，习惯上又将兰州—成都—昆明一线以东称作近西部，以西称作远西部。

该区社会经济发展在三大地带中处于最低水平。交通运输水平也较低。铁路网密度为 24 千米/万平方千米，公路网密度为 561 千米/万平方千米。

与经济技术东西向梯度分布相反，中国自然资源尤其是土地资源和矿产资源是呈西东向梯度分布的。西部地带的煤炭、有色金属、水利、磷、钾盐资源以及农业资源，轻纺资源在全国占重要地位。其中占绝对优势的有铅（41%）、锌（42%）、镍（30%）、汞（91%）、天然气（65%）、钒（68%）、钛（97%）、钾盐（99%）、芒硝（85%）、云母（85%）等。

这种资源和经济技术水平的反差决定了本区产业结构中的产业资源主导性特点。除个别省会城市周围集中了一些现代化加工工业以外，制造业均处于较低水平，制造业产值同全国总产值之比均低于 1.2%，采掘业在工业中占重要地位，其中河套地区、黄河上游沿岸、河西走廊、天山北麓、滇中、黔中等地区是主要的工业集聚区，这种现状决定了地区开发中的资源开发导向。目前，西部地区特别是远西部地区也是中国资源勘探的主要场所。由于受自然条件的限制，今后相当长一段时间内，人口和产业都处于“基地式”点状投资开发阶段。

在沿边对外开放方面，本区的新疆、西藏和云南处于前沿地带，成为中国中西部地区对外开放的门户和通道，与苏联、阿富汗、巴基斯坦、印度、尼泊尔、锡金、不丹、缅甸、老挝、越南等许多国家和地区接壤，面向中亚西亚、南亚及其他更广阔的市场。长期以来，以边境贸易及旅游等为主要形式的对外交流发展很快，涌现了如霍尔果斯、吐尔戈特、塔肯什肯、红其拉甫，云南的宛町、瑞丽，西藏的日喀则、樟木、聂拉木、亚东等著名边境口岸城市。

这种资源开发及沿边开放的形势，要求本地区交通运输网络能有相应的开放通达模式。首先，这种模式应能发挥交通运输在地区经济发展中的引导功能，即对地区经济结构、规模和空间布局发挥引导和反馈作用，从而将交通运输优势转化为生产优势。这主要表现在以下三个方面：①促进地区经济增长级的形成和发展，通过现代交通运输方式的介入，促进具有潜在优势的地区经济中心的生长，并带动周围地区的发展；②优化产业投资区位，尤其是对以资源开发为基础的产业而言，交通运输条件对其投资区位和投资规模的影响特别重要；③促进产业或地区间的分工与协作，因为交通运输是实现分工协作的中介环节。

其次，这种模式应能适应国际贸易的需要，开展国际联运，促进双向交流，改善经济关系。以口岸城市为依托，寻找出海口，打通中西部城市走向国际市场的通道，同时改善西部内陆地区的区位条件，优化地区投资环境，带动整个地区的社会经济发展，以利于沿边对外开放战略的实施。

结合上述要求及本区的现状特点、开放通达的交通运输网络模式，应以资源开发和沿边开放为契机，建设本区交通运输骨架，初步形成内外联系通畅的交通运输网络。同时加强外向性，改善本区在全国乃至国际上的交通区位条件，形成以铁路、公路为主，民航、管道、水运相配套的运输通道。

1. 加强骨架通道建设

西部地区交通运输设施处于全国最低水平，不仅内部交通网络不完善，而且缺乏区内、区际联系的主要通道。根据资源开发及沿边开放要求，重点应加强骨架通道建设。

（1）区内通道在西北地区主要是围绕塔里木油气资源的开发，打通入南疆的运输通道，以利勘探开发的顺利进行。为此，在铁路方面应修建吐鲁番至喀什铁路，继续延伸南疆铁路至库东，争取 2000 年前后到达阿克苏与兰新铁路构成西北区铁路布局的基本框架。公路方面，应沟通盆地周围与盆地腹地。目前，第一条直达塔克拉玛干大沙漠中心的公路已于 1990 年动工兴建，这条公路北起轮南，南至塔中，全长 345 千米，工程相当艰巨；在西南地区，为了适应磷、煤、铁矿资源的开发，适应农业、冶金、工业等发展需要，必须加快铁路通道建设。云、贵是中国磷矿石的主要产地，是全国各地的磷肥生产所急需的，攀钢二期工程即将建成，加之四川人口众多，能源调入量和客运量都很大，必须修建入川北道路，使北部逐步形成大能力的双线道路，修建南昆线、成达线、内昆线以及实现成昆、湘黔、川黔线电气化，改造宝成线。此外，为了加强西北、西南地区间的联系，还应修建两地间联系通道。即自成都—甘孜到青海曲麻莱再至格尔木一线铁路，以利于新疆物资入川。考虑到运量形成，此线可作远期目标考虑。

（2）区际通道在南部应发挥长江黄金水道作用，加强航道整治及沿江码头建设，同时修建入川北通路。在西北部重点解决出疆物资的运输问题。今后十年，石油工业将采取“稳住东部，发展西部”的方针。东部石油开采取决于运输条件，新疆大量物资的外运也受铁路制约，第二欧亚大陆桥的开通，国际联运货物对铁路运输能力也有新要求。因此，必须加紧宝鸡—中卫新线建设，以及兰新复线和包兰、青藏线的技术改造，同时铺输油管道。另外，伴随着南疆的开发，有必要建设新疆与内地联系的第二大动脉，故远期可考虑修筑青新铁路（库尔勒至格尔木），与青藏铁路接轨。

（3）国际通道的建设西部沿边地区对外开放发展迅速，边贸、旅游等双向交流活动日趋活跃，货运量、客运量增长较快，并涌现了一大批口岸城市，这就有必要积极主动地开展同周边国家的运输合作。这不仅有助于缓解国内运力紧张的局面，而且有助于寻找西部地区在邻近各国及印度洋获得近距离的物资补给通道，根本改善交通区位条件。为此，在交通基础设施方面，要加强现有国际公路的建设，并要开辟联系太平洋及印度洋的“第三大陆桥”。

在国际公路方面，第一条是中巴国际公路的建设，以卡拉奇港作为出海通道，通过此公路向西亚陆运和海运。该公路经喀什至红其拉甫山口再到巴基斯坦北部重镇吉尔吉特，南进 200 千米便可抵达卡拉奇港。第二条是经拉萨—曲水—江孜—康马—亚东口岸，向西南约 70 千米便可接上南去孟加拉国国的铁路进入吉大港。第三条是经日喀则—拉孜—定日—聂拉木—樟木口岸，向南 60 千米便可接上去印度的铁路。“第三大陆桥”的具体情况是，在北部湾方面相应修通南昆铁路，然后将此铁路经昆明往西，一平浪经楚雄到祥云、大理一线，从大理向西继续延伸便可与缅甸支那接通。因为有两大出海口，西南民族地区的外贸就可从南部沿海港口分流出去了。第三大陆桥的贯通，对西南民族地区经济开发具有十分重要的战略意义。

2. 产业密集带地区为交通运输业投资的重点区域

鉴于西部大多数地区目前的产业和人口还处于“基地式”点状开发状态，应确定交通运输业投资重点区域，这也是由西部地广人稀的特点所决定的。具体有：以新疆哈密地区与甘肃敦煌、玉门、酒泉连同青甘交界处的肃北、阿克赛等地的三省、区边沿地带；新疆的克拉玛依—乌鲁木齐一线，西南的川、滇、黔交界处。云南资源比黔藏更为富足，面积比贵州大一倍多，也应作为西南交通重点投资区。

3. 民航发展

中国西部地区除了发展公路、铁路交通外，发展航空交通尤其必要。这是因为西部地区地广人稀、地形复杂，对其他运输方式的限制性较大。以西北地区为例，就集中了高山、沙漠、盆地等多种地貌类型，且气候条件复杂，加上城镇布局较分散，相互间距离较大，比较经济可行的方案便是发展民航运输，这也是西部地区实行对外开放和加强内外联系的必要保障，有利于对外经贸及地区游业的发展。西部地区尤其是新疆地区，民用航空发展迅速，应以乌鲁木齐为中心进行西部地区航空建设，将乌鲁木齐建设成为联系中亚及欧洲的国际性航空港。

## （三）中部地带

中部经济带包括黑龙江、吉林、内蒙古、山西、河南、安徽、江西、湖北、湖南九个省、自治区。在全国三大地带格局中，中部地带国民经济及社会发展水平介于东、西部地带之间。

资源丰富、开发程度高是该区的突出特点。中部是中国矿产资源的富集带，能源和各种金属、非金属资源都有较大储量。在全国 45 种主要矿产中本区有 19 种占有明显优势，13 种占有绝对优势，储量占全国 50%以上。这种资源禀赋特征使其成为现阶段中国重要的能源、原材料基地，煤炭、电力、铜和铅土等的生产在全国具有举足轻重地位。这在客观上决定了本区产业发展以资源开发和加工并重为主要特征。

从区域开发的总体格局看，中部地区目前正处于点轴开发阶段。当前中国三大国家级开发轴线有两条位于本区，即长江流域地区和陇海铁路干线区。前者是以长江干线为中轴线，以长江干流及湘江、汉江、赣江等支流组成的网络为骨架，以上海、南京、武汉、重庆为支撑城市，辐射联系各自腹地内的中心城市与广大农村，使其成为一个横亘东西、带动南北的产业密集带，其中内河航运是发展沿江经济走廊，实施长江轴线开发战略的关键。后者是陇海铁路干线地区。这一开发轴线是要充分发挥能源、矿产资源优势，采取资源转换战略，并以“三西”[①]能源、原材料基地为中心，逐步建成中国能源、原材料生产带。该线也是中西部地区重要的对外通道。

从中国宏观经济布局看，东部、西部临海，地域辽阔，加工工业大量集中在本区，而主要原料、燃料资源分布在北部和西部，从而使地区间形成强大货流。“北煤南运、西煤东运、北油南运”是货物流的主要特征，广大的中部地区由于地理位置的关系正好处于上述强大货流经过的区域：是国家展开总体运输布局，进行全国性运输大通道建设的重点投资区域。地区运输的建设与全国运输网的建设存在高度的投资统一性。

此外，中部地区的黑龙江、吉林、内蒙古等还是中国实施沿边开放战略的重要地区，与俄罗斯、蒙古的边境贸易有良好基础，且呈现出巨大潜力。出现了绥芬河、黑河、满洲里、二连哈特等重要口岸城市，进出口货流增加迅速。当前出口物资主要有轻纺产品、机电产品、粮油食品和土畜产品等，进口物资主要有钢材、木材、机械、化肥、水泥等。特别是随着俄罗斯远东地区的进一步开发，远东地区丰富的煤、石油、木材及天然气资源必将在东北地区有更大量的输入。未来的东北亚经济圈的形成，将对对外贸易运输通道的建设提出更高的要求。

能源、原材料基地建设必须和外运通道的建设相配套，产业走廊的形成需要交通走廊的建设做依托，跨地区的强大货流需要由国家统一规划建设的综合运输通道做保证，而沿边开放则与第一欧亚大陆桥的建设密切相关。所以，具有全国意义的综合多种运输形式的交通走廊的建设应是本区交通运输业的建设模式和主要投资方向。本区交通走廊建设是实现全国综合运输战略的最关键部位，这种交通走廊是保证全国开放通达运输网络模式建设的关键环节，是全国客货流动的主渠道，为此，一要做好交通走廊的投资开发建设，二要做好走廊关节，即运输枢纽的同步发展。

1. 能源、原材料外运走廊建设

截至 1988 年底，以山西、内蒙古西部、宁夏、陕西、河南西部为主要范围的能源基地，煤炭资源占全国探明储量的 75%以上，其中山西、内蒙古西部及陕西分别占基地总储量的 34%、29%及 23%。到 2000 年，预计这个地区煤炭生产量将占到全国煤炭生产总量的 60%，煤炭腹地运输及煤炭每吨产量所需的平均运量将大大增加，仅山西一省每年约需运出煤炭 4.5 亿~5 亿吨。

目前煤炭外运主要通过铁路进行，由于基地水源不足，煤炭浆化运输受到限制，同时由于该区煤炭特别是晋煤发热量高（通常在 6000 千卡/公斤），铁路运输比发电输送更加经济，决定了现有以铁路为主的运输结构不可能有大变化。但从现状看，铁路运力不足已

① 指山西、陕西及内蒙古西部。

成为煤炭外运的突出问题，构成基地发展的“瓶颈”。根据《国家“八五”计划》要求的原煤产量进行估算，地区煤炭经铁路运出量将由1990年的1.9亿吨增加到1995年的2.7亿吨，故外运通道建设十分迫切。除对已有的外运通道进行技术改进，修建复线和电气化，进一步增加现有线路的通过能力外，还应加紧新线建设。目前，大秦铁路二期工程已交付运营，该线属可供重载单元列车行驶的电气化复线，每年可承运1亿多吨煤炭。另外还要继续进行侯（马）月（山）线、焦（枝）柳（城）线，济源—石门段复线建设。修建石（门）长（沙）线，改造焦柳线石门—柳州段，形成大能力的能源运输通道；对（北）京原（平）线进行电气化改造。修建准噶尔—大同铁路；东南方向上修建神木—朔县—石家庄—新港口铁路，该线应按和大秦铁路相似的规模建设；为了向东北运煤，秦皇岛以北的铁路运输能力需要加强，应修建集宁—通辽地方铁路，以连接三北，承担西煤东运的任务。

2. 进出山海关交通走廊的建设

东北是中国比较发达的工业基地，始终承担着全国石油、林木、钢铁和粮食等物资的供应任务。同时，需要从关内调进的煤炭、冶炼钢铁用的原材料和轻工业品量每年以较快速度增加，形成进出关的庞大货流。从现状看，沈山、京（北京）通（通辽）等区段的通过能力均已饱和，有些则长期超负荷运行，煤炭、粮食、木材等重要物资经常积压待运。因此应改造建设进出关通道，除对沈山线进行电气化改造外，还必须修建秦皇岛—沈阳运煤为主的新通路。形成以沈（沈阳）—山（山海关）、秦（秦皇岛）—沈（沈阳）、京（北京）—通（通辽）铁路为主体，与公路、管道及西部港口相连接沟通关内外的大交通走廊。

3. 第一欧亚大陆桥的建设

第一欧亚大陆桥的运营有较好基础，时间较长，从现实的运力及运量出发，近期内开发前景要比第二欧亚大陆桥大。当前应该对滨（哈尔滨）—洲（满洲里）滨（哈尔滨）—绥（绥芬河）铁路及与之配套的牡（牡丹江）—林（吉林）—鸡（鸡西）线进行复线改造，并应同时修建七台河至滴道的分流线，解决煤炭外运问题，争取把这条两端与俄罗斯接壤的铁路建成以输送煤炭、木材、进出口物资为主的东北北部大通道。此工程应为东北亚经济技术合作及投资开发的重要项目。

4. 区际通道网的建设

从前面有关中国经济布局的论述可以看出，地区间强大货流以及中部地区所处的地理位置，决定了本区发展交通的重点是区际大通道的建设。它们穿过客货密集带，多种运输方式相互衔接，是全国交通网的骨干线路。具体分析应重点强化以下7条主要区际通道。这7条区际通道和东部地区的陆上通道（即由高等级公路、铁路、航空和京杭大运河所组成的山海关至杭州以远的陆上南北大通道，前文已述及）一起形成“四纵五横”的综合运输网络。

首先是南北方向上的“三纵”：①从哈尔滨至大连的由高级公路、铁路、输油管道相衔接的海上南北通道；②以京九铁路为主，由干线公路、航空等组成的南北新道路建设；③以京广铁路，广州到海南的海上、空中线路组成的北京至广东、海南的中部南北通道。

该通道是横跨中国大陆腹地的主动脉，其中京广高速公路正在动工举建。

其次是东西方向上的“五横”：①由大秦铁路及干线公路所组成的秦皇岛至大同以远的北路东西通道；②由高等级公路、铁路、航空所组成的天津至太原以远的中路东西通道；③由高等级公路和铁路所组成的连云港至西北的东西通道；④以长江为主干，与相应铁路、公路航空相连接的上海至西南的东西通道，这一区域同时又是长江开发轴线；⑤以珠江水系和干线公路、铁路及航空相连接的广州至昆明的南部东西通道。

与交通走廊建设紧密相关联的是走廊关节即运输枢纽的建设。运输枢纽是交通运输网的重要组成部分，它汇集了多种运输方式，形成了多种运输方式的换装（换乘）点。因此，它在运输上配置的合理性对完成运输任务有着重大关系，影响到各种运输方式的综合利用和整个运输网运输效率和效益的提高。另外，在运输枢纽内要完成大量的客货运输作业（包括各种运输方式的客货到发、中转，不同运输方式之间的换装（换乘）和联运，以及各种运输方式的运输技术作业和动力供应等工作，集中反映了各种运输方式互相衔接，协调配合的错综复杂的关系。中部地区运输方式多，节点也很多，故在进行通道开发的同时，配套做好枢纽建设工作，以发挥综合运输效益。

## 五、通信需求及发展

### （一）需求特点及规模

根据统计，“七五”期间中国综合通信能力、邮电业务量平均增长分别为21.1%和20.1%。大大超过国民经济中其他相关指标的增长速度。“八五”第一年邮电通信发展速度继续加快，业务总量增长了31.4%，市话交换机容量和长话业务线路分别增长了25.5%和35%，这种发展速度不仅在国内各行业中是较高的，在世界上也是少有的。日本在1964~1974年，通信的年平均增长速度为15.4%。亚洲“四小龙”在经济起飞期其通信发展速度大部分年份只保持在15%左右，最高年份也不过20%。根据邮电部门所作的预测，中国邮电通信发展的迅猛势头还将继续较长一段时间。

从需求看，自改革开放以来，中国邮电通信已经受到两次需求浪潮的冲击。20世纪80年代初，由于邮电通信严重滞后，通信能力极不适应“对内搞活，对外开放”的要求，受到了新中国成立以来第一次需求浪潮的冲击；80年代中期以后，随着沿海开放区的扩大和外向型经济的发展，各行各业对邮电通信的需求急剧增加，形成了第二次浪潮冲击。现在改革开放已进入社会主义市场经济阶段，邮电通信正面临着第三次需求浪潮的冲击。这次浪潮与前两次相比，来势更迅猛，范围更广泛，程度更迫切，对通信手段的要求更趋多样化和高科技化。随着改革开放的不断深入及社会经济的相应发展，这种需求趋势将会变得越来越强烈。

但由于过去邮电通信业基础差、欠账多，目前的能力远不能满足需求。当前市话容量严重不足，长途通信普遍紧张，一级干线长话忙时溢出比高达59.2%，应答试呼比只有8.9%；农村通信十分落后，自动化水平低，邮政能力弱，邮件传递时间长。由此可见，日益增加的供需矛盾也为邮电通信业的进一步发展提供了契机。

目前邮电通信业正处于经济起飞的大发展时期，也可称为超常发展时期。单因素的相关分析已不能很好地预测通信需求的发展趋势及规模。国家邮电科研部门运用数理经济分析认为，通信需求应该与人均GNP、人均受教育水平以及产业结构、城市化程度、商品贸易额呈某种正比例关系；与人际分布距离，单位通信能力占用资产呈某种反比例关系。在29个典型国家数据样本基础上进行逐步回归运算，最后求出一个三变量非线性模型：

$$Tel = K \cdot G^a \cdot E^b \cdot D\left[1 - \theta e^{\lambda(r - r_0)}\right]$$

式中，Tel——通信主线普及率；G——人均GNP；E——人均受教育程度；D——第三产业劳动者比重；$1-\theta e^{\lambda(r-r_0)}$——技术发展饱和因子；K、a、b——弹性系数。

经处理得到全国通信主线与社会经济协调发展的数量关系，跟踪研究结果表明，1983~1989年，主体通信能力只能满足社会需求的50%左右（见表10）。同时，运用该模型对2000年时主体通信能力在继续紧张、基本协调和明显超前三种目标选择下的投资进行了分析预测（见表11）。

**表10　1983~1989年国家的主体通信能力**

| 年份 | 实际千人主线数 | 测算千人主线数 | 适应度 | 年份 | 实际千人主线数 | 测算千人主线数 | 适应度 |
|---|---|---|---|---|---|---|---|
| 1983 | 2.45 | 4.34 | 0.56 | 1987 | 3.61 | 7.73 | 0.47 |
| 1985 | 2.89 | 5.77 | 0.50 | 1988 | 4.31 | 8.78 | 0.49 |
| 1986 | 3.29 | 7.30 | 0.45 | 1989 | 5.16 | 8.82 | 0.59 |

**表11　2000年主体通信能力在三种目标选择下的投资预测**

| 目标 | 主线数 | 进网话机数 | 需要投资 |
|---|---|---|---|
| 继续紧张 | 1712.6万 | 3360万 | 1000亿元 |
| 基本协调 | 3425.2万 | 6720万 | 2500亿元 |
| 明显超前 | 6650.4万 | 13440万 | 7000亿元 |

到2000年要实现通信与社会经济基本协调的目标，需要2500亿元以上投资，这大致反映了2000年的需求规模。

## （二）需求特点

（1）对外开放的不断扩大，要求邮电通信既要有量的增加也要有质的飞跃。当前，一个由沿海向沿边、沿江和内陆省区推进的全方位、多元化的对外开放格局正在形成。随之而来，全国各地对邮电通信的需求将会比以前更为迫切。这种需求表现在量上是长途线路电话容量、邮政运输和处理能力的增加；表现在质上则是通信网技术装备的现代化，包括数字传输、程控交换、移动通信、数据通信等多种先进通信手段的综合运用。

（2）社会主义市场经济的发展将加大对邮电通信依靠程度。市场经济，表现为生产和流通的进一步信息化、金融化、社会化和国际化，要求企业走向市场，参与竞争。企业、金融业及证券业为谋求发展，必须更快、更准确地了解掌握国内外信息，从而引发更大需求。

（3）人民消费水平的日益提高将带来家庭信息需求的急剧增长。据有关材料统计，在省会以上城市和沿海开放城市，住宅电话申请比例超过了 50%，有的近 80%，形成一股很强的住宅电话热。可以预料，住宅电话将成为 20 世纪 90 年代城市家庭的消费热点，像电视机、电冰箱一样进入千家万户，呈现大幅度增长趋势。

（4）国民经济发展速度的加快，要求邮电通信继续保持较高的增长势头。20 世纪 90 年代是国民经济上新台阶的时期，这一趋势要求作为先行产业和基础设施的邮电通信必须继续以较高速度发展。

通信需求的地域结构与中国的对外开放格局有很大的一致性。为贯彻实施国家对外开放战略，客观上要求邮电通信业的发展要服务于全方位开放的需要，加强全网的规划和协调，重点建设沿海、沿江、沿边地区的邮电通信业。

## （三）通信发展

邮电通信业在确定投资方向及投资重点时应结合上述要求，在时间及地域空间上作出合理安排，制定相应的总体发展战略和地区布局方案。关于总体发展战略，邮电部门提出了邮电通信业三步走的战略构想。与国民经济三步走战略相适应，第一步是适应温饱水平的需要，把电话普及率提高到 1.1%，并在几百个城市开通了国内、国际电话直拨，适应了改革开放的需要。目前是第二步，向小康水平的通信网迈进，要使中国电话达到 9000 多万门，电话普及率达到 5%，其中特大城市及沿海主要开放城市及“八五”末达到 20%，“九五”末达到 30%~40%。同时，建成全国的骨干线传输网，使全国所有的省会以上城市都由大容量的光缆、数字、微波和卫星地球站联系起来，形成多种手段的天上、地下的干线通信网，提高全网自动化程度，“九五”末，全国县以上电话网基本实现传输交换数字化。到 21 世纪 20~30 年代，电话普及率将提高到 40%，通信普遍采用了新技术，实现通信网络的综合化、智能化和宽带化，开发各种新业务，从而基本建成适应中等发达国家水平的现代化通信网。

（1）沿海开放地区的通信发展沿海开放地区的国民经济及社会水平最高，对通信的需求也最大。本区邮电通信的突出问题是市内电话容量小、线路少、供需矛盾较大。尤其在大城市和开放城市，长途电话人工接线仍占较大比重，长途传输（尤其是市到县）仍以明线为主。现有交换机制还比较落后，仍以纵横制、步进制和旋转制为主。程控电话所占比例较低，通信网络容量小、装备水平低、数据通信发展缓慢，针对这种状况，要求以满足沿海地区经济和社会需要为目标，把发展电信放在突出位置，城市和乡村协调发展，以城市为重点，分阶段分层次地完善和形成高效、健全、方便的综合邮电通信网。为此到2000年，在增客扩容的同时，加快农话、市话网并网的步伐，着力实现全自动程控拨号；开办各种新兴业务，如数据通信、移动通信、磁卡电话、可视电话会议、卫星小数据通信等。传输设施应增加长话通路、市话中继和用户线对，发展光缆、数字微波及卫星通信等先进的传输型式。“八五”期间应在完成已安排的南沿海光缆等项目外，再完成烟台—大连的跨海微波建设，并延伸到连云港、上海、杭州、福州、广州，使沿海长途通信再增加一条微波通信线路。远期发展以光缆、数字微波、卫星通信为主要传输手段的统一的ISD通信网络，以适应本地区电话和对外话务的要求。

(2) 沿江地区邮电通信业的发展以上海浦东开发区为龙头，直至重庆的沿江区域的通信发展应尽快改变落后状况。上海浦东邮电通信建设应高起点、高速度，面向21世纪，以此带动长江流域各省的通信发展。沿江各开放城市和地区应加速本地城乡电话网的自动化和数字化建设，并纳入全国国际长途自动网。积极开发通信的新业务。近期要建成沿江大容量数字干线通道，逐步形成四通八达、多种通信手段相结合的数字干线通信网。“八五”期间要在已建沪宁汉光缆系统上进行扩容，并继续向西延伸，建设汉渝光缆。拟新建、扩建沪宁汉段干线数字微波，并在汉渝成模拟微波干线段增装数字微波通道，形成沿江大容量的光缆与数字微波通信系统兼备的数字大通路；对沿江开放的36个城市除干线大通路已通过的城市外，其他各城市也均应与一级干线沟通；要大力发展沿江各省的无线移动通信，并逐步实现联网与漫游；积极配合国家重点建设工程，为三峡开发等工程建设提供良好的通信服务。

(3) 沿边开放城市的通信发展鉴于沿边地区通信基础较差，近期应以长途电话实现国内和国际直拨，市话实现自动化，积极扩充容量，适应需求，开辟移动通信等业务为重点，争取在较短时间内解决边境通信的急需。

除上述几个重点发展区域外，广大的中西部地区也应结合本地区实际情况，本着高起点的原则，统一规划，有步骤、有重点地进行。中部地区人口密度大，是提高电话普及率的关键所在。目前中部有6个省市决定走出一条内陆省份全方位开放，高起点发展的路子，并确定在发展战略中将综合运输体系和信息传递网络作为对外开放和经济发展的战略重点，这为中部地区通信业的发展确定了方向。西部地区应结合经济发展的实际需要，重点做好技术改造工作，尤其解决边境地区的通讯问题。

## 六、投资及政策分析

交通通信业是国民经济的先行和基础部门，投资大、周期长，故需结合国民经济及社会发展对其进行投资战略的研究，以确定合理的投资结构，制定合理的投资政策。在这方面，除进行本国的纵向历史比较外，结合国外的具体经验是十分有益的。

### (一) 交通运输业投资及政策

从交通运输的投资结构分析入手，其投资结构是指交通运输投资在国民经济总投资中所占比重，各种运输方式的投资和每种运输各个环节之间的分配量和比例。投资结构与经济结构紧密相关。

(1) 交通运输业投资不足。中国交通运输业仅占国民生产总值的 1.1%，而苏联为 1.4%，韩国为 2%，巴西为 3.3%。如果把私人购置车辆计算在内，发达国家的投资比重则更高。长期以来中国在这方面的投资比重见表 12。

**表 12 交通运输业投资在各个期占全国投资比重**

| 时期 | 中国 | 同时期日本 |
|---|---|---|
| | 占全国投资比重（%） | 占实际公共投资比重（%） |
| “一五”1953~1957 年 | 15.3 | 19.2 |
| “二五”1958~1962 年 | 13.5 | 29.5 |
| 三年调整 1963~1965 年 | 12.7 | 47 |
| “三五”1966~1970 年 | 15.4 | |
| “四五”1971~1975 年 | 18.0 | |
| “五五”1876~1980 年 | 12.9 | |
| “六五”1981~1985 年 | 13.3 | |
| 1983~1985 年平均 | 14.3 | |
| “七五”1986~1990 年 | 11.4 | |

从发展来看，“一五”期间，交通运输基建投资占全国总投资的 15.3%，大体能适应国民经济的发展需要，除了“三五”“四五”期间投资比例比较接近或略超过这个比例外，其他各年则不断下降，直到 1983 年才逐渐回升。而相应时期内，日本的投资比例则高得多。由于措施得力，日本的交通运输业迅速发展，适应了经济高速发展的需要。这说明就中国目前的经济发展形势前景而言，适当增加交通邮电业的投资具有十分长远的意义。

(2) 交通运输内部投资结构不合理。铁路、公路、水运、民航、管道五种运输方式中，每种所分配的投资额和投资比例是各不相同的。总的来看，以往在发展交通运输的指导思想上重视铁路，忽视其他运输方式的发展，因此铁路的投资大大超过其他运输方式的投资。1950~1978 年，在交通运输业的投资中，铁路占 62.6%、水运占 17.9%、公路占 16.5%、管道和民航运输占 3%。由于交通运输业内部投资结构不合理，致使水运、民航、公路、管道运输发展缓慢，优势无法发挥，而铁路负担过重，长期超负荷运行。比如水运，中国内河通航里程差不多等于铁路里程的 2 倍，但内河航道淤塞严重，却因无资整治而无法发挥优势，通航里程由 17 万千米缩短到 10 万多千米。原来的水运运量大、耗能少、成本低的优势皆被这些不利条件抵消，形成水运成本与铁路运输成本相当的反常现象。投资结构不合理，对公路运输影响也较大。20 世纪 50 年代末，由于管理体制的变化，除少数国防公路外，一般公路建设不再列入国家计划。中国公路建设长期没有国家投资，导致目前公路里程少、路网稀、质量差、标准低、发展慢的局面。

（3）投资效果差，大量投入的资金无法及时形成有效的运输能力。主要表现在投资方向不合理、项目选择不当造成大量运力的闲置和浪费。全国交通运输业由于缺乏综合发展的长远规划，各种运输业往往只考虑本身的需要进行建设，对某些重大建设项目未能进行充分的技术经济论证，仓促上马，往往出现盲目建设，重复建设的现象。结果是“重点投资”“重点浪费”，从而严重影响了投资效益。

针对上述情况，拟对交通运输业各种运输方式的投资重点做如下论述：

1. 投资重点分析

（1）铁路应调整投资结构，重点放在进一步对现有线路的挖潜和改进货运效率上。以营业线改遗为主，有步骤地分建新线，大力改造机车与车辆工业。

东北和东部沿海地区，铁路干线总长度为 1.6 万千米，占全国营业里程的 30%，担负的货物周转量却占全国铁路货物周转量的 70%。这些线路的通畅与否对铁路运输和国民经济发展有重大影响。因此，对京广铁路以东线路要进行强化改造。通过电气化、扩建站场和堆场、修复线等方式大幅度提高运输能力。特别是在堵塞线路上，完成沪杭、浙赣、淮南、徐连复线建设和鹰厦线电气化改造以及宣杭线新建等工程。

在强化改造旧线的同时，要根据国民经济和社会发展需要有步骤地修建新线，近期有京（北京）—九（九龙）、南（南宁）—昆（昆明）线及“中取华东”[①] 战略计划。以地方为主合资修建广（州）、梅（县）、汕（汕头）线，苏北铁路和金（华）、温（州）线，开辟福建二通道（横峰至南平），修建一些连接港口与腹地的铁路，着手修建芜湖长江大桥，以使整个华东路网有较大发展。有步骤地进行技术改造，大幅度地提高机车与车辆的生产能力和产品质量。所有这些项目每年总计需要投资 70 亿~100 亿元。

（2）公路运输对发展商品经济和旅游事业，促进地域性经济开发有着不可取代的优势。公路在运输结构中的比重到 20 世纪末将会有较大的发展。公路运输将是小批量、多货点、快速、直达货物的最佳运输方式，它将在东部地带的港口集疏运、中短途客货运输、零担鲜活货物运输中发挥独特作用；将在西部地带沟通城乡、开发山区、扶贫致富、活跃农村经济中发挥作用；将在中部城乡间、城镇间各种运输方式中充分发挥其机动灵活的特点。故公路建设应改变大部分由省和地方政府管理及投资的状况，国家应加强国家道路网管理和投资的安排，改造和新建国道“断头路”，提高公路等级，增加通过能力，修建乡村公路使之到 2000 年比目前大体上翻一番。为保证扩建公路网，养护公路以及提高和改善各种类型的公路需要，各级政府应建立财政机制，为公路建设提供资金保障。

---

① “中取华东”指华东地区新建宣杭线、横（峰）南（平）铁路及徐连复线、浙赣复线等一系列铁路工程规划。

(3) 中国最近几年在港口建设上付出了较大努力，港口发展较快。为提高港口现代化水平并增加港口的通过能力，重点是码头散装货装置和集装箱化，以减少船舶的在港作业时间。内陆集疏运系统也是港口发展必不可少的组成部分，包括联合运输、转运站和内陆货运站，其中大连至沈阳，天津至北京和上海至南京是三个主要港口的重要运输线，应综合研究这些线路运输，为港口和港口发展的各种运输方式安排合理的投资。

(4) 国内水上运输尽管水运近几年来已有一些发展，但仍未能充分发挥其经济优势，在沿海航线，线路的平均货运密度为3600万吨，长江仅为1400万吨。而铁路一条单线年运量可达2000万吨，复线每年能承运9000万~10000万吨。

20世纪60年代初，中国内河航道网通航里程曾超过17万千米，之后则逐年下降，至1982年通航里程缩至10.9万千米，缩减的部分原因是修筑水渠、灌溉及发电等其他工程，而忽视了水运。到20世纪末，随同水电发展的宏大计划，必须认识到利用水道进行运输的重要性，在水电工程规划的早期阶段就应统筹规划，做好投资项目决策分析，以达到最大投资经济效益。

水运的投资重点应放在沿海及沿江的运输上。近几年沿海运输比内河运输发展得快。适应了沿海省市的运输要求。因此，当前的任务是强化这条海上运输线，以缓解陆上运输的压力，同时注意两者的衔接，避免在拥挤的港口（如上海港）花费昂贵的中转费。对各部门管辖下的航道，有必要采取统一的标准，重视发展支流的航运事业，建设现代的联运码头与铁路和公路衔接起来，使水运形成一个基本完整的体系。

因此，从现在到2000年，运输部门包括铁路、公路和港口以及公路车辆、船泊、内河航运和民用航空，每年总计投资额将占到国民经济生产总值的2%以上。与其他国家相比，这个比例应当是比较合理的。

2. 投资政策分析

交通运输的建设，一次性投资大，建设周期长，回收速度慢，在目前财政状况和财政体制下，仍由国家作为单一投资主体是不现实的。要实现以上交通发展目标，必须改革投资体制，形成多元主体的投资渠道，实行多元化、多层次投资。在财政“分灶吃饭”的体制下，要按“统筹规划、条块结合、分层负责、联合建设”的方针，由国家、地方、企业共同投资加强基础设施的建设。从而逐步形成高效合理的投资体制，完善投资政策，以促进交通运输业的迅速发展。

(1) 国家继续实行向交通运输业倾斜的投资政策，增加对交通运输的投入。为此，还增大国家预算资金投入。根据中国社会科学院计量经济研究所的产业政策研究，要使2000年中国国民经济步入协调发展的轨道，需要发展最快的就是交通运输业，如果国民经济按7.2%的速度增长，交通运输业占全国建设投资的比重达到25%~30%，这就要求国家对交通运输业优先发展，重点投资。为此，须大力调整产业结构，削减非生产性的和重复的建设项目，压缩加工工业的建设规模，以提高交通运输业的投资比例。为使交通建设与能源建设比例严重失调的状况得到改善，交通投资与能源投资的比例应为0.8∶1；煤、电力、运输三者投资应综合平衡，统筹安排。另外，国家的重点投资方向应以建设对国民经济有重大影响，社会效益显著和跨省区的、开发性的线路网的骨干路、主要枢纽、港口设施为主。

（2）建立交通建设投资基金，增强自我积累机制。为此，可作如下考虑：①将征收的能源交通重点建设基金按一定比例作为固定的交通建设投资基金。应将从全国公路养路费、内河航道养护费和运输、装卸企业、民航企业以及交通装备工业企业征收的基金（目前每年约 20 亿元）分别返还给中央主管部门调剂使用。②对预算外建设项目开征交通配套的交通附加费。所有预算外建设项目都需要建设配套的交通设施，开征这项附加费是合理的，这样做也有利于控制预算外建设规模。③对铁路和内河建设建立专项基金。铁路可按货物周转量每吨公里加收 1 分钱作为铁路新线建设基金。内河按 1 度水电 1 分钱向用户征收航道建设费，用于补贴碍航闸坝复航及河流渠化的通航设施。

（3）建立投资导向机制，鼓励合资建设交通事业。这是解决投资来源的一个根本性思路。通过国家计划安排，或者由交通运输部门与地方政府有关部门及企业协商，用中央预算内资金的交通建设基金，对全国综合运输网规划内的建设项目，采取参股、补贴、贴息等办法，吸引地方、部门、企业将资金投入交通建设，或合资建设铁路、公路干线、江海港口、航道和机场等交通基础设施。采取税利分流等办法，使地方、部门和企业在资金投入后有利可得。支持地方自办铁路、民航，鼓励旅游部门与民航部门合办航空公司和合资建设机场。合资的方式可以多种多样，如由交通部门和地方合资，由交通部门、地方和企业合资。由企业和地方合资，由地方和国外经济组织合资。在资金筹措的方式上可以是举债建路或合股建路等。同时由国家指定的金融机构发行交通建设债券，用交通建设基金保值贴息，引导社会资金流向交通产业。

中国十余年改革的实践证明，在目前国家财力有限的情况下，欲加速交通运输业的发展，使其成为国民经济发展的先导，就必须改变传统的国家投资，独家修路的模式，实行中央、地方、企业、群众多方集资，联合建设的新模式。在这方面，铁路建设已积累了许多成功的经验。根据统计，十年来铁道部和地方，企业合资修建铁路已达 16 条，线路长达 5690 公里，投资总额达 203.3 亿元。已建成通车的 4 条，共计 1133 公里。其中的“广深模式”“三茂模式”被证明为成功的模式，拟在京九大干线上推广。

（4）试行股份制。目前国家资金短缺，而民间则握有大量资金，银行存款已突破 8000 亿元。因此，应当采取股份制吸引一部分用于交通基础设施，为此所组建的交通公司就必须完全按企业的性质从事经营管理，可先在一两条有条件的新站建设中试点，取得经验后再推广。

（5）进一步放宽政策，扩大使用外资渠道。利用外资形式很多，外国（企业）的直接投资及间接投资都可以根据实际情况加以选用，应尽可能地争取多使用港、澳、台资和侨资，特别是外国政府贷款及国际金融机构贷款，取消一些不必要的限制和禁止利用外资办交通的规定。这就要求适度开放国内运输市场，允许与外商合资建铁路，修机场，办民航。对于外商投资开发经营成片土地时，可在地块范围内建设和经营专用港区和码头。鼓励中外合资或外商独资建设公路（包括独立大桥和隧道）。

### （二）通信业投资政策分析

当前正是中国邮电通信业大发展时期，通信市场有广阔前景，是 20 世纪 90 年代及 21 世纪世界上最大的潜在市场。应从社会经济发展条件及邮电通信自身的情况出发，确定通信产业投资重点，制定产业政策。

（1）国家继续实行投资倾斜政策的同时，多渠道集资进行通信建设，实行国家、地方、集体、个人一起上的方针。

邮电通信是资金和技术密集型的行业，所需投资较大。在大中城市一个门市内电话交换机的综合造价平均需 2000~3000 元。建设一公里同轴电缆需几万元。进口一套万门程控电话交换设备，需要外汇 400 万~500 万美元，连同国内配套工程，需要投资 2000 多万元。邮电通信业这种投资特点要求国家继续实行投资倾斜的政策予以重点扶持，制定相应的优惠政策，增强通信部门自我积累能力。多方集资，依靠社会集资进行通信建设。由于通信业投资数额巨大，国家财力有限，即便调整了邮电的投资，积累率也不可能太高。根据到 2000 年通信建设规划构想，所需投资总额通过国家及邮电积累的投入只能满足 2/3，尚有 1/3 缺口，这就需要面向社会，通过拓宽筹资渠道予以解决。国家“七五”计划中明确规定“省内通信工程，主要依靠地方和群众集资兴办，国家对一些重要工程给予必要资助”“鼓励城乡集体和个人兴办交通邮电事业”。

实践证明，调动各方面积极性，多渠道筹集资金，组织联合建设，是加速通信建设的有效途径。据不完全统计，“六五”期间，全国社会通信建设集资约达 12 亿元，对通信建设，尤其是对市内电话的建设和先进通信设备的引进起了重要作用。天津市“六五”期间增加 4.5 万门程控交换机，有一半资金来源于社会集资；青岛市 5 年中增加市话容量 1 万多门，地方投资和社会集资占 80%以上。

（2）加强宏观调控，使公用电信网和专用电信网协调发展。

由于电信事业严重落后，不能满足国民经济各部门的通信需要，各部门陆续建立起通信网。根据统计，各部门分别从国家取得的通信建设资金，远远超过了通信部门。这不但分散了建设资金，且使专用网的发展处于失控状态，造成有的网路潜力未能充分发挥，有的则是重复建设未能形成规模效益。针对这种状况应加强宏观调控，统一规划使用公用网和专用网，真正做到协调发展，互相补充，并组织联合建设，互利互惠，同时通过立法明确关系，统一技术体制和标准。

（3）合理配置通信生产能力，有重点、多层次、分步骤地进行通信建设。

全国通信建设都应本着“新技术，高起点”的方针。从国情出发，通信业更应“统筹规划，条块结合，分层负责，联合建设”，不应片面追求全国平衡，同步推进；这是因为中国幅员辽阔，各地区经济、文化的发展很不平衡，甚至差别十分悬殊，客观上存在地域差异，因此通信建设必须保证重点。在建设规模上，大小并举；建设时间上要有先后之分，切忌“一刀切”，不能平均使用力量和互相攀比。据此确定邮电通信建设的重点是沿海、沿江、沿边地区。同时，也相应考虑一般地区和边远地区的通信建设，以求得邮电通信全程全网的协调发展，努力满足社会对通信的需求。

（4）实行符合国情的技术经济政策，努力推进中国科技进步，发展通信基础工业。

进行通信建设，既要考虑技术的先进性又要考虑经济合理性，注重经济效益，在采用通信设备上，要立足于国内生产，同时辅之以适当引进。

近几年来，经过电讯部门及其他非电信部门的努力，中国通信技术进步很快，设备国产化程度大为提高。目前已把科技攻关作为发展通信业的一个重要战略组成部分。根据国家通信行政部门制定的“八五”邮电计划纲要，国家“八五”科技攻关计划和国家“863”高科技计划，在“八五”期间和未来十年中，通信技术的发展是要重点做好技术开发、科技攻关和高技术研究三个方面的工作。主要是继承和发展“七五”科技成果，努力跟踪并掌握世界通信领域的高新技术，重点开发光纤通信、移动通信、程控交换、数字微波、分组交换、卫星通信、综合业务数字网等技术；重点开发数字移动通信、综合业务数字网、高次群光纤通信系统、公用分组交换数据网等技术，积极开展高科技研究。在2000年掌握智能综合宽带通信网关键技术，包括高速光纤传输系统，宽带综合交换与智能网，多媒体终端、个人移动通信、通信软件工程与通信CAD技术，为21世纪的国家通信网建设提供良好的技术基础，进一步缩短与发达国家之间的差距。

在通信工业上，应发挥科研、生产、使用三结合的优势，加强产品的替代进口。目前通信国产设备能力已具有相当水平，从交换设备看，上海贝尔公司到1993年年产量可达万门，加上引进西门子和NEC两条生产线，每年可提供300多万门的交换设备；从传输设备看，光缆的生产厂家已经很多，武汉长飞公司的光缆年产量可达到4000千米，而后可提高到7000千米。特别是上海已将通信产业作为其第三支柱产业，预计“八五”期末产值可达到500亿元。通信工业的崛起必将极大地推动中国通信产业的发展。

# 关于区域经济发展中投资方向、投资结构的数量分析*

中共十一届三中全会以来，中国地区经济得到了很大发展：党的十四大和八大确定了中国搞社会主义市场经济，就更加要求区域经济有一个充分的发展。实践证明，资金是区域开发与发展的第一推动力。那么，在区域经济开发与发展中，如何确定和用好投资，就成为各级、各类地区及其部门、产业、行业普遍关心的问题。下面拟从区域经济运行动力特性、区域产业（行业）市场适应性、区域产业（行业）发展投入产出要素和区际经济贸易格局选择作出分析，相应地对区域经济开发与发展中投资方向、投资结构做出探讨①。

## 一、通过对区域经济运行动力（盈利率）特性的分析，看既有投资的贡献，确定新增投资方向

一地区经济运行的“动力特性”，是指该地区经济运营时所获得的盈利（即净产值，或附加价值）数量及其与运营过程中所有投入物（物资和劳务）价值形态的对比关系——盈利率大小和特性，它是衡量区域经济活力（能力）最核心、最本质的东西。从投资角度讲，它是以往投资对地区经济发展推动的结果。一般对区域经济运行动力（盈利率）特性，可做如下三方面的分析②。

（1）从区域内各产业、行业或企业盈利率排序分析，寻查和确定投资方向。对区域内各产业、行业或企业盈利率排序，进行相互比较和与平均水平比较，同时联系区域和产业的发展阶段论，来确定区域产业进一步投资的方向。

---

* 本文选自张敦富：《中国投资环境》，化学工业出版社 1993 年版，第 519~531 页。获北京市第三届哲学社会科学优秀成果二等奖。参与者：杨世祺、张红。

① 从方法论的观点看，区际经济发展中投资方向、投资结构的数量分析，应当采用“区域和区域间投入产出模型”或“系统动力学”方法最为科学、适宜。然而，中国各地区和区域间的经济数据不完备、不配套，也不易获得，所以现阶段该种方法往往不宜采用。为此，我们探寻和借鉴了其他一些适合中国现状的定量分析方法。

② 本文在定量分析过程中，拟采用一套虚拟或借用数据，以便较深入地进行必要的讨论与研究，下面所运用之数据雷同，不再作注明。

如表 1 所示，高于 × × 区域盈利率平均水平的产业、行业有金属制品业、日用硅酸盐制造业、日用化工业等。这些行业均属非农产品为原料的行业；在低于平均水平的行业里，除塑料制品行业外，均为以农产品为原料的行业，按国际贸易标准划分这些行业是以初级加工为主的产业，其盈利率低是符合世界产业状况的。因此，区域经济发展战略应以提高盈利率为产业结构调整的原则和目标，则调整投资方向已经明确。

**表 1　× × 区域工业盈利率（净产值率、附加价值率）对照**

| 行业名称 | × × 年工业盈利值（万元） | × × 年产品销售收入（万元） | 盈利率（%） | 全国同行业盈利率（%） |
|---|---|---|---|---|
| 1. 造纸 | 979.0 | 3920.4 | 24.97 | 32.6 |
| 2. 日用机械 | 1285.9 | 2440.9 | 52.68 | 59.2 |
| 3. 日用硅酸盐 | 1020.8 | 3026.9 | 33.72 | 50.8 |
| 4. 日用化工 | 948.2 | 2872.1 | 33.01 | 38.3 |
| 5. 食品 | 929.5 | 5137.0 | 18.10 | 19.6 |
| 6. 缝纫 | 415.8 | 1785.3 | 23.30 | 35.1 |
| 7. 塑料 | 680.9 | 3251.6 | 20.94 | 26.3 |
| 8. 皮革 | 470.8 | 2698.3 | 17.45 | 26.2 |
| 9. 金属制品 | 1592.8 | 2935.9 | 54.25 | — |
| 10. 轻工机械 | 267.3 | 609.4 | 43.06 | — |
| × × 区域工业 | 8824.2 | 31124.5 | 28.35 | — |
| 全国相应工业 | 6062129.4 | 15175943.9 | 39.95 | — |

在众多非农业产品为主要加工对象的行业中，又以哪个或哪几个行业为重点呢？

从表 2 中考察，销售收入不足全行业一半的非农产品加工行业，而盈利却占全行业盈利的 67.5%，其中的金属材料加工行业，虽其销售收入不及农产品加工行业销售收入的 50%，不及全行业销售收入的 20%，而其盈利值却为农产品加工行业盈利的 117.21%，为全行业盈利的 38.14%，即盈利最大。究其原因，该类行业是以精深加工制品为主，生产专业化强，社会化程度高，产品历经各专业加工企业增值。故从对行业（产品）投资的调

**表 2　× × 区域工业行业按加工对象分类的盈利率状况**

| | × × 年工业净盈利值（万元） | 净盈利比重（%） | × × 年产品销售收入（万元） | 产品销售收入比重（%） | 盈利率（%） |
|---|---|---|---|---|---|
| 工业行业合计 | 8596.5 | 100.0 | 28264.5 | 100.0 | 30.4 |
| 农产品加工业 | 2792.3 | 32.5 | 13072.4 | 46.2 | 21.4 |
| 非农产品加工业 | 5799.2 | 67.5 | 15192.1 | 53.2 | 38.1 |
| 其中：金属材料 | 278.0 | 56.5 | 6039.0 | 39.7 | 54.2 |
| 非金属材料 | 2520.1 | 43.4 | 9152.0 | 60.2 | 27.5 |

整看，加强以金属原料加工产业为中心的行业（产品）投资结构，对地区经济发展具有至关重要的战略意义。

（2）从区域各产业（行业）盈利率同所在大区或全国相应产业（行业）盈利率对比分析，明确区域在劳动地域分工中的地位，优化资源配置。

全国对比，××区域各行业盈利率排序状况与全国基本雷同。也可以说，该区域行业水平存在着全国一般情况的影响。但是，××区域各行业盈利率低于全国相应行业的水平，是一个共性的问题。从结构效益分析，原因主要是：该区域内行业关联普遍松散，相互依赖程度弱；而全国范围内的相应行业间的关联与依赖程度要强于该地区。这又说明一个值得注意的问题，即全国这个大系统，包括着区域子系统，一般大系统资源配置、调度与产业、行业结构、规模与该区域禀赋资源的配置关系相对于全国大系统，有相对的不足。因此，××区域经济发展和产业结构调整的新增投资方向，就是构造一个具有高级性能的开放系统。首先是发挥区域内既有产业、行业和天赋资源的优势，使已出现的不足降低到最低限度。其次是强化该区域同所在大区、全国和国际大系统的物质，能量、信息的交流，以加速区域产业结构高级化进程，提高盈利率，使财富积累、人民生活水平的提高跨越天赋资源的限制与束缚，为区域社会经济发展战略目标的实现做出更大贡献。

（3）剖析工资、资本效率，探索新增投资重点倾斜方向，提高经济运行盈利率。

为切实调整、优化区域产业（行业）结构，获取深层综合结构效益，必须从动态上作出较深入的探讨，以使调整优化产业结构具有可操作性。

**表3 ××区域“××”期间工业行业系统劳动、资金的效率与效益分析**

| | 百元盈利所需工资（元） | 百元盈利所需工资变动（%） | 百元固定资产净值盈利（元） | 百元固定资产净值盈利变动（%） | 百元流资平均余额盈利（元） | 百元流资年均余额盈利变动（%） | 百元资金盈利（元） | 百元资金盈利变动（%） |
|---|---|---|---|---|---|---|---|---|
| 1. 金属制品 | 15.4 | –16.6 | 127.7 | 0.8 | 128.6 | 7.5 | 64.0 | 4.3 |
| 2. 日用机械 | 13.6 | –1.4 | 117.4 | 6.4 | 392.3 | 9.4 | 90.3 | 7.1 |
| 3. 轻工机械 | 31.1 | –5.2 | 64.0 | –1.6 | 102.7 | 9.5 | 39.5 | 3.2 |
| 4. 日用硅酸盐 | 18.3 | –8.2 | 131.7 | –1.4 | 164.9 | 0.7 | 73.2 | –0.5 |
| 5. 日用化工 | 19.1 | –14.5 | 207.5 | –6.1 | 194.0 | 0.5 | 100.3 | –2.4 |
| 6. 造纸 | 16.1 | –7.8 | 114.7 | 5.8 | 227.5 | 11.8 | 76.2 | 8.0 |
| 7. 缝纫 | 23.7 | 3.6 | 268.2 | –2.4 | 109.8 | –6.3 | 77.9 | –5.1 |
| 8. 皮革 | 30.0 | –2.7 | 112.6 | –12.5 | 77.8 | 1.3 | –46.0 | –3.4 |
| 9. 塑料 | 40.5 | –2.7 | 52.5 | –3.0 | 78.5 | 2.0 | 31.5 | –0.9 |
| 10. 食品 | 28.7 | –0.9 | 76.5 | 5.5 | 85.6 | 0.7 | 40.4 | 3.4 |
| ××区域工业 | 25.2 | –3.2 | 109.7 | –0.2 | 140.1 | 4.3 | 61.5 | 1.8 |

比如，通过对表 3 分析可知，× × 区域“× ×”期间产业运营百元盈利额所需平均工资下降 3.2%，百元资金净盈利额上升 1.8%，上升、下降都不大，即人工（工资）成本和资金成本的投入可产生的效益都不理想，尤其百元固定资产净值的盈利率还出现了平均负增长。从该区域经济运行的整体上看，之所以出现上述情况，并非偶然。通过对表 4 的观察可知：盈利下降并非个别行业，大约有 2/3 的行业是负盈利，究其原因，又必须从工资和资金效率的动态变化上进行探讨。就所研究 × × 区域的资料表明，它未形成以农产品加工和以非农产品或金属材料加工的分布特点（大概中国相当多的区域产业、行业都具有这种特点）。原因是边际效益、规模效益规律所致呢，还是生产要素的调配、使用、管理的问题呢？一般来说，若区域内产业、行业尚不发达，则应以规模经济—边际效益、规模效益战略为主；若产业、行业已较发达，则多采用调整优化产业、行业或企业结构为主的战略。但是，一个区域内各产业、行业直至企业（产品），到底采用哪种发展战略，必须给予具体分析。比如，× × 区域的食品、造纸、金属制品、日用机械等行业，固定资产投入的边际和规模效益都还处于递增阶段，从理论上讲应采取规模经济战略。但还必须看到，以农产品为原料加工行业增长速度已经减缓下降，因此，在扩大规模的同时也应考虑生产要素的调整与优化，否则就会出现战略上的失误。如前所述，该区域的非农产品加工和金属制品行业，其更大的效益将会来自产业、行业结构的调整优化上。为了更具体地了解生产要素（主要是工资、资金）投入增长同规模、效益增长的关系，我们通过分析研究把 × × 区域的产业、行业划分出了三种模式（见表 4）。

**表 4　× × 区域工业“× ×”期间生产要素年均增长与其总产值盈利年均增长对照表**

| | 投入要素年均增长 | | | | | 规模和效益年均增长 | |
|---|---|---|---|---|---|---|---|
| | 资金要素 | | | 劳动要素 | | | |
| | 固定资产年均增长（%） | 流动资金年均增长（%） | 全部资金年均增长（%） | 工数年均增长（%） | 工资总额年均增长（%） | 工业总产值年均增长（%） | 工业盈利年均增长（%） |
| 1. 金属制品 | 23.8 | 9.4 | 17.2 | 3.9 | 14.7 | 15.3 | 17.6 |
| 2. 日用机械 | 27.3 | 18.5 | 25.3 | 13.7 | 27.7 | 48.0 | 29.6 |
| 3. 轻工机械 | 21.3 | 11.1 | 16.9 | 4.6 | 15.2 | 11.3 | 21.6 |
| 4. 日用硅酸盐 | 18.7 | 18.5 | 18.6 | 4.9 | 14.7 | 17.5 | 19.3 |
| 5. 日用化工 | 23.5 | 17.6 | 20.2 | 10.0 | 18.4 | 20.0 | 18.2 |
| 6. 造纸 | 16.2 | 11.9 | 14.9 | 6.8 | 15.4 | 27.5 | 29.9 |
| 7. 缝纫 | 18.6 | 15.9 | 21.6 | 7.4 | 19.5 | 14.2 | 15.4 |
| 8. 皮革 | 27.8 | 12.3 | 17.6 | 4.1 | 10.7 | 7.3 | 13.8 |
| 9. 塑料 | 22.3 | 18.3 | 20.7 | 10.4 | 17.4 | 19.5 | 20.7 |
| 10. 食品 | 11.0 | 15.8 | 12.8 | 6.9 | 15.6 | 21.7 | 16.7 |
| × × 区域工业 | 18.5 | 14.5 | 16.8 | 6.2 | 15.6 | 19.1 | 19.4 |

一是须着力用投资等手段构造的效益、规模增长型行业发展模式。该地区内有以造纸和日用机械为代表的行业，其特点是效益和规模增长高于要素的投入增长，这是结构优化、生产要素配置合理所致。其中最为突出的企业，在要素投入与效益、规模上的特点是：规模（总产值）年增长率为37.2%，效益（净产值）递增39.5%，平均职工人数、全年工资总额、生产用资本年递增率分别为13.2%、24.3%、30.8%，分别比规模和效益低23个、13个、6个百分点和26个、15个、9个百分点。此种模式，是地区制定发展战略所刻意追求的发展模式，因此必须用投资等手段着力塑造。

二是须节制投资、效益和规模缓慢萎缩型行业发展模式。该种类型以皮革皮毛及其制品行业、缝纫行业、日用化学行业等为代表，其特点是规模和效益增长率幅度的大小皆不及生产要素投入的增长幅度大。其原因除产品的市场竞争激烈，非生产性开支较大外，主要是生产要素配置、协调、管理使用上存在着一定程度的问题。这类行业、企业在制定区域发展战略时，必须节制资金的投入，着力进行重点调整和组织协调。

三是须适量投资的效益、规模同人工、资金成本同步慢速蠕动型行业发展模式。这类行业、企业的特点是：除年职工递增率较大的低于其他生产要素和规模、效益年递增率外，工资成本、资金成本递增速度同规模、效益递增速度基本持平（大约在5%以内）。而且，这类行业或企业，在区域内所占比重大（即个数多），其效益又不佳，因此它们成了实现××区域经济发展战略的主要障碍。正是由于这样一批行业和企业的存在，如前所述，确定在稳步发展中，以适量资金的投入保证调整产业、行业结构，优化生产要素配置，组织以金属加工产业为中心的行业网络，就作为该区域经济发展战略的中心环节。

## 二、通过对区域产业（行业）系统的市场适应性分析，透视投资倾斜的应有态势

区域产业、行业（或产品）市场适应性，是指产业、行业运行中的各个环节与市场的前向、后向关联顺畅或不顺畅，不能仅仅狭义地或片面地认为只是产业、行业对市场需求的适应程度。产业（行业）与市场的前后关联，是指产业运行过程中的所有投入（原材料、燃料、动力、辅助材料、劳力等）都必须从市场中购入，而其产出（产品）又必须同市场需求相适应，为消费者（生活资料或生产资料消费者）所承受，购买利用，才最终实现生产的全过程。从世界各国和中国的产业、行业发展来看，不同时期，不同产业、行业都会有同市场的适应与不适应的状况。而这种适应或不适应，又往往表现在产业、行业或企业的开工率上，因此，“开工率”或说是产业、行业市场适应程度的指标。在不考虑内部管理因素的情况下，开工率的状态表征着区域产业、行业与市场前后关联的适应程度。下面从开工率着手来考察区域产业、行业同市场适应性的诸方面来探寻投资倾斜的依据。

（1）区域产业、行业（产品）“生产能力利用率”在区域内的比较分析。“生产能力利用

率”是开工率的另一种表示方法，可说它从正面反映着行业、企业（产品）的市场适应程度。比如，根据××区域第二次工业普查提供的《1985年主要产品生产能力》资料，对26个行业产品进行了生产能力利用率分组、分类分析（见表5）。

**表5 ××区域工业行业生产能力分类**

| 生产能力利用率分组 | 行业产品数 | 占产品数比重(%) | 生产能力利用率分组 | 行业产品数 | 占产品数比重(%) |
|---|---|---|---|---|---|
| 90%以上 | 5 | 19.2 | 70%~90% | 5 | 19.2 |
| 50%~70% | 13 | 50.0 | 50%以下 | 3 | 11.5 |
| 合计 | 26 | 100.0 | — | — | — |

注：××区域工业行业平均开工率水平：

$$\bar{X}=\frac{\sum X_i f_i}{\sum f_i}=\frac{95\times5+80\times5+60\times13+25\times3}{5+5+13+3}=66.5\%$$

式中：$X_i$——生产能力利用率分组指标“中数”；$f_i$——分组行业产品数；$\bar{X}$——平均生产能力利用率。

生产能力利用率在90%以上和70%~90%的各有5个产品，各占产品总数的19.2%；生产能力利率在50%~70%的有13个产品，占产品总数的50.0%；生产能力在50%以下的有3个产品，占产品总数的11.5%。这26个行业、企业产品的平均开工率水平为66.5%。

（2）对区域产业、行业（产品）生产能力利用率的区际比较分析。生产能力利用率的区际比较分析，主要是对所研究区域（××区域）产业、行业开工率进行分类，并探寻它们同全国（或所在大区）相应行业开工率水平的相关关系。为此，根据××区域第二次工业普查资料和全国相应行业资料列出表6。

**表6 ××区域工业各行业与全国相应工业行业生产能力利用率对照及相关分析数据表**

| 行业 | ××年××区域工业行业生产能力利用率(%) | ××年全国相应工业行业生产能力利用率(%) | 秩 | | $d_i$ | $d_i^2$ |
|---|---|---|---|---|---|---|
| | | | ××区域工业行业 $X_i$ | 全国工业行业 $Y_i$ | | |
| 1. 食品 | 60.7 | 88.0 | 3 | 1 | 2 | 4 |
| 2. 缝纫 | 69.8 | 91.6 | 3 | 1 | 2 | 4 |
| 3. 皮革 | 87.5 | 73.9 | 1 | 6 | −5 | 2.5 |
| 4. 造纸 | 70.0 | 86.4 | 2 | 4 | −2 | 4 |
| 5. 塑料 | 63.3 | 81.2 | 6 | 5 | 1 | 1 |
| 6. 日用硅盐 | 68.2 | −86.2 | 4 | 3 | 1 | 1 |
| 7. 日用化工 | 67.2 | 65.5 | 5 | 7 | −2 | 4 |

注：N＝7。

运用 Spearman 秩相关系数（Rs）公式：

$$S\left(Rs=1-\frac{6\sum_{i=1}^{n}d_{i2}}{N^3-N}\right)$$

算得秩相关系数 Rs 仅为-0.143，即说明××区域各行业开工率（或行业生产能力利用率），受全国相应行业开工率的影响微不足道。

（3）对区域产业、行业（企业产品）市场前后关联适应程度的分析。研究××区域的产业、行业（产品），可说选定的是不受国家计划控制之产品，即基本上是受市场调节的货物。因此，各产业、行业产出产品年销售量和年末库存量，生产产品所需投入的原材料、燃料、动力等的年消费量和年末库存量，从一定程度上反映了各产业、行业和产品的市场前、后关联和适应状况。据此进行资料分析，从深层次探讨产业、行业生产能力利用率，反映市场适应性。对××区域 28 个企业的存量（产品库存量）和贮量（生产要素：原材料、燃料等库存量）进行了考察和研究（见表 7），联系它们的开工率和市场适应性可划分为如下几种类型。A 类：低存量、低贮量——市场适应性较强。属此类的行业、企业有 9 个，占拟分析企业数的 32.4%。该类企业的运营特点是：工艺过程相对简单，生产周期一般不长，在市场供需基本平稳情形下，既无法高存量，也无必要高贮量。因此，其平均生产能力利用率一般偏高，且基本上都高于××地区相应产业、行业系统平均生产能力利用率。该类行业、企业产品与市场的关系表现出比较景气，即市场适应性较强。具体企业产品有时出现的市场问题，调查分析多为政策性因素所致。该类行业、企业是区域经济的活力所在，在新增投资上应予以着力支持。B 类：低存量、高贮量——市场适应性有脉冲式波动。该类企业产品具有市场适应性（即其市场后向关联性较好），故存量较低，生产能力利用率高于该行业系统的平均水平。但是，该类企业的市场前向关联性存在一定具体问题，即一般原料生产具有季节性，且需求替代性又较差，故须高贮量以确保市场后向关联的持续与适应。另外，属于此类的企业还有另一种情况，即行业、企业产品对原材料依赖性大，市场供应紧张，随着时期的推移价格上涨幅度大，则企业被迫加大原材料的库存量，这既是常有也是可以理解的。这一类行业、企业一般与国计民生关联较大（如食品工业），因此在新增投资安排上要适当予以保证。C 类：高存量、低贮量。D 类：高存量、高贮量，这两个类型共同的突出特点是产品的市场适应性较差，其生产力利用率基本上都低于所属行业系统的平均水平。因此，在制定区域产业发展战略时，调整其产品结构的市场适应性是首要任务，那么在资金的投入方向和投资结构的安排上必须以保证调整其结构市场适应性为目标。

（4）对产业、行业产品区际（联系）市场占有能力的分析。对产业、行业产品的生产与适应性的各种情况分析得出产品大致有三种现实的市场，即区域内市场、区际市场和国际市场，产品与市场的适应性也有三种，即区内、区际和世界。如果产品的区际和世界市场适应性（即区际市场占有能力），采用“出口创汇”（正统的或确切地指国际贸易的出口

表 7 ××区域工业行业 1985 年产品销售与库存、原燃料消耗与库存一览表

| 行业 | | 产品销售额（万元） | 年末产品库存价值（万元） | 库存占销售比重（%） | 原燃料动力库存价值（万元） | 年末原燃料动力库存价值（万元） | 原燃料库存占消耗比重（%） |
|---|---|---|---|---|---|---|---|
| | 1. 食品 | 522.9 | 167.1 | 3.20 | 4483.4 | 648.2 | 14.46 |
| 缝纫 | 2. 时装 | 219.9 | 12.5 | 5.68 | 139.5 | 31.2 | 22.37 |
| | 3. 服装 1 | 1866.2 | 7.3 | 0.39 | 1140.4 | 102.7 | 9.00 |
| | 4. 服装 2 | 1786.2 | 21.5 | 1.20 | 1179.6 | 183.2 | 15.53 |
| 皮革 | 5. 皮革 1 | 1086.9 | 23.4 | 2.15 | 831.9 | 235.6 | 28.32 |
| | 6. 皮革 2 | 793.2 | 47.2 | 5.95 | 541.4 | 126.8 | 126.8 |
| | 7. 皮革 3 | 342.0 | 18.5 | 5.41 | 249.0 | 68.6 | 27.55 |
| 造纸 | 8. 造纸 1 | 941.3 | 11.3 | 1.20 | 593.1 | 187.4 | 31.59 |
| | 9. 造纸 2 | 2884.0 | 41.9 | 1.45 | 2145.1 | 167.1 | 7.79 |
| 日化 | 10. 日化 1 | 242.1 | 52.6 | 21.73 | 133.9 | 25.9 | 19.34 |
| | 11. 日化 2 | 713.6 | 24.4 | 3.42 | 575.1 | 153.9 | 26.76 |
| | 12. 日化 3 | 1918.1 | 3.6 | 0.19 | 1354.9 | 327.0 | 24.13 |
| 塑料 | 13. 塑料 1 | 749.0 | 15.3 | 2.04 | 605.7 | 38.0 | 6.27 |
| | 14. 塑料 2 | 1149.1 | 47.7 | 4.15 | 886.5 | 242.9 | 27.40 |
| | 15. 塑料 3 | 852.0 | 40.9 | 4.80 | 504.6 | 108.1 | 21.42 |
| | 16. 塑料 4 | 573.9 | 45.8 | 7.98 | 363.6 | 224.1 | 6.63 |
| 日用硅酸盐 | 17. 玻璃 | 2224.2 | 4.40 | 1.98 | 1308.2 | 217.5 | 16.63 |
| | 18. 瓷厂 | 336.8 | 7.0 | 2.08 | 174.8 | 53.8 | 30.78 |
| | 19. 搪瓷 | 432.9 | 12.9 | 2.98 | 303.7 | 58.4 | 19.23 |
| 轻工机械 | 20. 轻工 1 | 421.1 | 1.9 | 0.45 | 229.8 | 60.6 | 26.37 |
| | 21. 轻工 2 | 844.3 | 21.6 | 2.56 | 661.7 | 78.5 | 11.86 |
| | 22. 轻工 3 | 365.0 | 17.6 | 4.82 | 168.2 | 66.73 | 9.65 |
| | 23. 轻工 4 | 484.2 | 9.2 | 1.90 | 316.6 | 45.91 | 45.50 |
| | 24. 轻工 5 | 270.9 | 6.8 | 2.51 | 105.1 | 29.3 | 27.88 |
| | 25. 轻工 6 | 560.0 | 9.1 | 1.63 | 211.6 | 105.7 | 49.95 |
| | 26. 轻工 7 | 638.8 | 35.5 | 5.56 | 288.5 | 104.2 | 36.12 |
| | 27. 轻工 8 | 2441.5 | 0.7 | 0.03 | 843.4 | 210.9 | 25.01 |
| | 28. 轻工 9 | 765 | 642.4 | 5.54 | 375.1 | 117.6 | 31.35 |
| 合计 | | 31095.9 | 784.5 | 2.52 | 20494.2 | 3819.0 | 18.63 |

盈利）来表征的话，那么前面所分析的各种类型行业、企业中，凡产品出口创汇则说明这些产品已具有了占有一定区际市场和世界市场的能力。比如据资料分析，上面 A 类 9 个企业中，有 7 个是出口创汇企业，占 A 类企业数的 77.8%，产品出口收购额占当年全行业系

统的 88.9%。通过对行业、企业产品市场适应性的各个侧面的分析，尤其是某些行业产品的市场适应性由小到大、由近及远、由区内至区外、由国内到国外的拼搏过程，说明中国各种类型区域内的产业、行业，应当根据自身的发展战略，从市场前、后关联这两个关键点着手，以新增投资投向和投资结构安排为主要操作杠杆，不断地调整其产业结构，首先是使某产业、行业占领区内市场，进而打入区际市场，再以国内市场为依托，发展外向型经济，参与国际竞争，并且密切注视国际市场上下关联适应性的波动及变化，调整区域产业、产品结构，不断提高出口创汇能力。

## 三、通过对区域产业（行业）发展投入要素分析，优化资金和生产要素的配置

通过区域产业结构运营、发展对区域经济发展战略目标的实现做出更大贡献，在从产业经济运营盈利率、行业产品市场适应性等方面分析外，还须从市场需求导向、区际联合出口导向发展模式和生产要素投入惯性对产业结构后续发展模式进行探讨，从而为今后生产要素投入的方向和重点提出同区域产业、行业结构调整方向相适应的战略。

（1）硬要素对产业结构发展的影响分析。产业经济运行中所需投入要素以其有形与无形来划分，生产力三要素：劳动力、生产资料、生产原料为有形实体性生产要素，称之为“硬要素”。它们以各自的性质、数量及其间的组合搭配影响着产业经济系统的运行特征；科技进步、生产经营管理水平、进取欲望观念与政策等为无形非实体性生产要素，称之为“软要素”。它们驾驭生产三要素的特性和品质，既影响着产业经济运行系统的特征，更从深层次影响着产业经济运行系统的发展速度和演化、更进方向。

1）劳动力要素投入的影响分析。劳动力要素对产业结构发展的影响，表现在两个方面：一是其数量影响，二是其质量影响。就中国（包括所假拟地区）现阶段以及今后几十年内，对发展各种产业来讲，劳动力的数量可说都是充裕的，这对于发展各地区劳动密集型产业、行业，提供了有利条件；对于产品打入国际市场，以劳动力成本含量低使其在竞争中处于有利地位。然而，一地区各产业产品，尤其是劳动密集型产品，无论在国内区间市场，还是在国际市场，要在竞争中取胜取决于劳动力充裕状况下的劳动力质量。

中国劳动力的质量、素质状况，对于现代化产业来讲，主要表现在两个方面：一是劳动者的体质、力量，以及对待体力劳动反映的敏捷程度和适应速度等，即质的生理适应性。对于一般年轻人来讲都具有这种优势，中国现阶段各地区人口中年轻人所占比重较大，因此各地区具备着较充裕的、生理适应性强的劳动大军。二是劳动者的思想觉悟、文化程度、劳动技能等，是劳动力素质更为重要、更为集中的体现，这也是从深层影响和驾驭区域产业结构运行、区际间经济交往和合作最活跃的因素。

比如，根据××区域资料，××年职工平均年龄为 33 岁，从劳动人口学分析，该年

龄段劳动人口的体力能胜任现代化产业的基本要求。但是，从劳动力的文化修养、劳动技能来看，该区域工业产业系统××年职工受教育程度平均仅有初中水平（这大概是中国较发达地区的普遍情况），表明在劳动力更重要的素质方面，存在着与产业现代化要求不相适应的矛盾。根据资料我们作出了××区域工业职工不同年龄组与其所受教育程度的对比分析，从中可以看出全体职工大体以青壮年为主，大约占75%，青年和老年约占25%，职工的学历状况是初中和小学水平的约占66%，高中水平的约占23%，大专、大专以上和中专、技工水平的约占6%，而文盲约占5%。如此素质结构的职工队伍，必然影响区域工业的发展，梗阻产业结构、产品结构的高度化。

上述分析和举例说明了××区域劳动力数量充裕，质量、素质较为低下的特点。上述劳动力的特点和状况，在中国各地区是普遍存在的。它既说明了急需增加教育投资提高劳动者素质，以适应产业、产品的更进和工艺技术的提高；也为各地区设立专项教育投资，着重发展、培训带有区域专门化特色的人才、素质指明了方向，还为加强区际人才交流创造了前提，成为区际联系与协作的重要内容和方面。

2）生产资料要素投入的影响分析。对于工业产业系统来说，生产资料要素主要是生产装备各要素。根据××区域工业系统所提供的资料看，其生产用固定资产存量约为4.72亿元，每百元固定资产原值提供的产值为294.55元，每百万元固定资产原值所容纳的劳动力是251人，与此相对应的生产劳动装备率是3985.5元（原值/人）。为分析情况和问题，将上述数据与全国相应系统做成表8。

**表8 ××区域工业行业××年固定资产各主要指标与全国相应工业行业固定资产各相应指标比较**

| | 固定资产净值原值 | 百元固定资产总产值（元/百元） | 百元总产值所需固定资产原值（元/百元） | 百万元固定资产容纳劳力数（人数/百万元） | 人均劳动技术装备率（元/人） |
|---|---|---|---|---|---|
| ××区域 | 0.825 | 324.005 | 37.345 | 276.1 | 4384.05 |
| 全国 | 0.814 | 251.350 | 48.136 | 134.2 | 9030.45 |
| 差异（%） | 1.35 | 28.91 | −22.42 | 105.74 | −51.5 |

从表8中可以看出如下几个特点：第一是××区域所研究工业产业系统生产装备水平较低。这说明：一是该类产业产品的生产手段相对落后，在生产工艺和市场竞争中有其不利方面，欲改善其不利处境，急需增加技改投资；二是表明该区域工业系统新增投资投向必须是着力在利用低成本劳动力和提高劳动装备水平上，以及用于区际经济联合协作和发展出口外向型经济上。第二是为××区域新增投资在其产业、产品结构调整提供了较充分的机会与条件。联系现有生产装备水平较低，和前述劳动力素质较差的状况，该两项投入要素无论是规模的扩大，还是质量的提高，都会为区域产业、产品的调整做出贡献；尤其是装备水平提高劳动力素质又与之适时匹配，是推动产业、产品结构高度化的关键渠道与动力。第三是投资应该更多一些地瞄准该区域所具有的区际合作和外向型竞争的潜力与优

势。从表8还可分析出如当装备水平提高一倍时，当然会带来劳动生产率的提高，然而劳动力成本一般提高不大，因此无论在区际联合协作还是外向型国际市场竞争中，都会处于有利地位。

3）生产原材料要素投入的影响分析。经济学研究告诉我们，区域经济发展也有阶段性。在工业产业发展的初期阶段，由于经济发展水平低，运输不畅，运力不足，则原材料远距离运输必然会使产品成本加大。随着经济、技术的发展，尤其步入现代工业发展阶段，工业发展不再仅受一两个因素的影响和制约，而是受市场投资、资源、技术等多种因素的综合作用。然而尽管如此，原材料投入要素依然是一个很关键性的因素。正是这个原因，地区经济发展战略的核心——产业结构调整的基点：一是强调科学技术的先导作用，二是突出配置的合理与优化。因为科学技术在一定时期有一个相对稳定阶段，而资源投入具有经常性，则资源配置的合理与优化是一个不间断的趋近过程，因此须对原材料要素投入影响的许多方面作分析。比如，××区域工业产业系统采用的原材料要素，呈现出一种复杂交叉现象：农产品加工工业大量使用非农业资源，直接或间接来自农业的原材料只占总原材料的1/5，4/5的非农业原材料在开放和区域接近沿海的情势下，大多数或主要依靠进口，而其产品出口份额相对偏低，造成用汇困难，贷款增加，负担加重，资金周转阻滞，效益低下的状况，因此这种资源配置必须予以调整。再比如，从单位产出原材料、燃料动力消耗来考察区域原材料使用效果：根据第二次全国工业普查资源，作出××区域工业单位产出原材料消耗及其与全国同期相应工业水平的比较见表9。

**表9　××区域工业行业原材料、燃料、动力消耗与全国相应工业行业平均水平的比较**

| | | 万元产值消耗原材料（钢材，吨） | 万元产值消耗燃料（煤炭，吨） | 万元产值消耗（电，度） |
|---|---|---|---|---|
| ××区域工业 | | 0.54 | 1.08 | 1597.48 |
| 全国工业 | | 0.14 | 1.92 | 1471.30 |
| 比较差异 | 绝对数 | 0.40 | -0.84 | 126.18 |
| | 百分比（%） | 285.71 | -43.75 | 8.58 |

从对比中可以看出，一方面，××区域工业产业运行中，原材料配置的投入效率尚有很大潜力可挖，另一方面，资源要素尚有很多利用不当、不充分之弊端，亟待改善。

（2）软要素对产业结构发展的影响分析。软要素相对于硬要素既是无形又是非实体性因素。把科学技术进步、生产经营水平、进取欲望与观念，以及政策法规等归入软要素之中。它们虽被称为软要素，但从某种意义上讲，它们更为重要，它们有驾驭硬要素的品行与特性。由于资料和篇幅所限，下面仅就科技进步对产业结构发展的影响作一点探讨。

“知识就是力量”“科学技术是第一生产力”已被人们认识和接受。科技进步对地区产业结构发展的影响和作用，一般表现在产业结构的就业结构、投资结构、产值结构等指标上，而在以产业结构协调发展为主要目标的区域经济中，总产值和产值结构最为重要，故须探讨科技进步对地区总产值和产值结构的影响和贡献。运用××区域的特定时期（比如某个五年计划）及其前后的数据，获得两个该区域工业行业总产值增长模型：

$$y_1=0.107+0.427k_0+1.000l_1 \quad (1)$$

$$y_2=0.126+0.382k_0+0.332l_2 \quad (2)$$

式中，$y_1$——在考虑劳力增长时的工业行业总产值增长速度；$k_0$——资金增长速度；$l_1$——劳动力增长速度；$y_2$——在考虑工资增长时的工业行业总产值增长速度；$l_2$——工资增长速度。

另外须作说明的是，上述模型未考虑价格调整因素。经实验，（2）式好于（1）式；就一般而言，由于系统状态是系统惯性的表征，因此上述模型可以用来考察系统的动力特性（效益结构、产值结构等）。

为了着重考察技术进步对工业行业动力特性的影响，还须引入柯布—道格拉斯生产函数：

$$Y=AK^{a}L^{(1-a)}\ (0\leqslant a\leqslant 1) \quad (3)$$

式（3）中（结合前述情况定义中各变量），Y 为××区域工业行业净盈利（净产值）；K 为固定资产年末净值；L 为年平均职工人数；a=0.5（取中数，即视为一般情况）。

通过式（1）、式（2）、式（3），获得××区域工业行业“某个五年计划”期间技术进步、资金和劳动投入对工业总产值增长速度的贡献，以及××区域与全国相应情况的比较（见表 10）。

**表 10　××区域某个五年计划期间技术进步、资金、劳力对工业产值增长之贡献，技术进步与全国之比较**

| | | 技术进步对产值的贡献 $E_a$（%） | 资金投入对产值的贡献 $E_k$（%） | 劳动投入对产值的贡献 $E_l$（%） | 比较值（%） | | | 技术进步速度 a 五年平均 | 技术进步对产值增长贡献 $E_a$（%）五年平均 |
|---|---|---|---|---|---|---|---|---|---|
| | | | | | $E_i=E_a-E_k$ | $E_i=E_a-E_l$ | | | |
| ××区域 | 模型 $y_1$ | 20.1 | 14.5 | 65.5 | 38.9 | -69.4 | ××区域<br>全国 | 0.06<br>0.01 | 30.9<br>9.5 |
| | 模型 $y_2$ | 49.2 | 26.5 | 23.9 | 82.6 | 105.5 | 比较 | 5 倍 | 2 倍 |

从代入数据计算中可知，在工业行业（产值）发展中，除应充分利用劳动力优势外，还应当特别注重技术进步因素。比如反映××区域工业行业动力特性的两个模式［式（1）、式（2）］，都说明技术进步对总产值的影响和贡献均在 20%以上，到某个五年计划期末高达 30%，比全国高 2 倍；技术本身发展的速度，××区域为 6%，而全国为 1%，比全国高 5 倍。这里要说明的是：①××区域工业行业技术进步速度高于全国 5 倍，原因是起点低，当然也说明某个五年计划期间该地区工业经济已有较大起动与发展。②从上述技术进步对工业产业产值的贡献来看，［尤其式（2）的计算值］表明随着工业经济的进一步发展，技术进步将越来越占据举足轻重的地位。因此，产业和产品结构调整必须贯彻以技

术进步为先导，并且在瞄准调整方向情况下，坚持一个时期。这样既会使有限的资金通过集中化投入，创造出一批具有区域专门化特色、能推动区域联合协作以及以国际市场需求为导向的行业企业，又会在技术更新、产业产品结构调整的同时，淘汰落后观念与经营方式、方法，推广和建立先进的经营管理制度，促进整个工业行业的快速、持续、稳定、协调发展，为××区域经济发展战略的实现作出更大贡献。

## 四、投建产业、行业（企业）区位的确定——国际贸易格局的选择

区域经济发展除了表现在区域内经济的量、质的提高与结构逐渐高级化外，还表现为区际贸易——区际经济联系协作的强化。这种区域间经济联系协作的加强，当然又推动了区域经济的发展。区域联系协作的增加主要表现为区际贸易量的增长，具体是表现为区际间贸易品种及其运输量的增大。但是，欲建立出一套区际贸易（显示区域经济联系协作）量与区域经济发展相关联的函数模式实际上是比较困难的（虽然“地区间投入产出模型”从理论上提供了比较理想的分析工具，但运用到实际中时，由于具体数据和所需参数不易获得等原因，至今在国际上也还未成功）。有鉴于此，我们认为在以充分利用“绝对利益”原则和“比较利益”为原则，着重考虑几个主要影响因素的前提下，结合实践经验，是可以把区域联合协作——区际贸易的内容、方式、方法的模式确定下来的，而且既定的模式还会随着区际贸易的发展不断改进与完善。

在区域经济联系与协作过程中，“绝对利益”原则和“比较利益”原则，尤其是“比较利益”原则，自始至终都是在起决定性作用的，即区际贸易增强或衰弱，都取决于“比较利益”原则的实现程度与状况。因此，两原则就成为区域经济联系与协作最根本的内涵，也是选择、确定区际贸易格式以及投建产业、行业（企业）区位的理论依据。比如，若暂不考虑一些主要影响因素，运用“绝对利益”原则和“比较利益”原则，即可行的选择与确定两个或几个地区之间联系协作模式（见表 11）。

A、B 两地区都生产而且都需要 i、j 两种产品，但是 A 地区生产 i 产品的费用低于 B 地区，生产 j 产品的费用又高于 B 地区。若 A 地区生产全部 i 产品，向 B 地区提供所需 i 产品，不再生产 j 产品，B 地区生产全部 j 产品，向 A 地区提供所需 j 产品，不再生产 i 产品，则如此 A、B 两地区分别投资兴建对本区最有利之产品，从而形成地区间分工、贸易模式，比 A、B 两地区同时投资生产 i、j 产品自给自足有利。

表 12 是按“比较利益”原则建立的 A、B 两地区分别兴建 i、j 两种产品，从而形成区际贸易模式。即在 A 地区生产 i、j 两种产品的生产费用都低于 B 地区的情况下，借助两种产品在两地区生产费用的差值幅度不同这个关键点，让 A 地区投资生产差值幅度大的产品，B 地区投资生产差值幅度小的产品，依然比两地区分别自给自足有利。

**表 11 区际联系与协作“绝对利益”或投建产业、行业（企业）区位选择示意表**

| | 产品/指标/地区 | i 产品 | | | j 产品 | | | |
|---|---|---|---|---|---|---|---|---|
| | | 需要量（吨） | 生产量（吨） | 单位产品生产费用（万元/吨） | 需要量（吨） | 生产量（吨） | 单位产品生产费用（万元/吨） | 生产费用（万元） |
| 地区自给情况 | A 地区 | 500 | 500 | 2 | 1000 | 1000 | 3 | 1000+3000=4000 |
| | B 地区 | 1000 | 1000 | 3 | 500 | 500 | 2 | 3000+1000=4000 |
| | A、B 两地区生产费用总合：8000 万元 | | | | | | | |
| 地区分工情况 | A 地区 | 500 | 1500 | 2 | 1000 | — | — | 3000 |
| | B 地区 | 1000 | — | — | 500 | 1500 | 2 | 3000 |
| | A、B 两地区分工生产费用总额：6000 万元 | | | | | | | |
| | A、B 两地区分工比不分工利得：8000 万元 – 6000 万元 = 2000 万元 | | | | | | | |

**表 12 区际联系与协作“比较利益”示意表**

| | 产品/指标/地区 | i 产品 | | | j 产品 | | | |
|---|---|---|---|---|---|---|---|---|
| | | 需要量（吨） | 生产量（吨） | 单位产品生产费用（万元/吨） | 需要量（吨） | 生产量（吨） | 单位产品生产费用（万元/吨） | 生产费用（万元） |
| 地区自给情况 | A 地区 | 500 | 500 | 2 | 1000 | 1000 | 3 | 1000+3000=4000 |
| | B 地区 | 1000 | 1000 | 4 | 500 | 500 | 4.5 | 3000+2250=6250 |
| | A、B 两地区生产费用总和：10250 万元 | | | | | | | |
| 地区分工情况 | A 地区 | 500 | 1500 | 2 | 1000 | — | — | 3000 |
| | B 地区 | 1000 | — | — | 500 | 1500 | 4.5 | 6750 |
| | A、B 两地区分工生产费用总额：9750 万元 | | | | | | | |
| | A、B 两地区分工比不分工利得：10250 万元–9750 万元=500 万元 | | | | | | | |

然而，区际间分工、区际贸易格局的选择是一个极为复杂的过程，它至少还受如下五种因素的影响和制约：①产品生产原料指数的变动影响与制约。根据韦伯的区位论，产品原料指数大于 2 的属原料地指向，反之属市场指向。随着工艺技术的发展，原材料在产品生产中地位逐渐下降，因而产品生产地趋于分散化，这一方面强化了区际贸易联系，另一方面，如若各区域都围绕某种原材料进行深加工则又会限制区际贸易的发展。②由于交通运输现代化，使空间距离相对缩短，运输成本下降，增加了区际联系。然而，由于体制等原因，市场既定格局与壁垒又限制了区际贸易的扩大与强化，尽管如此，必须充分认识到运输成本在区际联系中是一种起长期作用的有利因素。③地区经济的发展，一部分产业专业化程度提高，区际贸易增强；另一部分或更多的产业构成综合发展，又限制了区际贸易的扩大。两相加合，区间联系是加强还是减弱，须依具体交往运量来确定。④地区资源禀赋，限制着区域经济结构的完善和区域经济的综合发展，因此它在区域贸易中起着启动和

促进的作用。当然，科学技术的进步又可以从另一方面（比如单位产品所耗费资源量减少）削弱区际联系与往来。⑤上述诸种因素的交叉与综合影响，使区际贸易的多寡不易确定。比如中国的某些地区虽然资源禀赋条件好，但市场容量、交通条件差，限制了地区经济的综合发展，地区经济的增长明显地依赖着区际贸易量的扩大。中国的另一些地区，虽然没有多少资源，但有较多的资金和劳动力，有利于投资发展深加工、精加工产业，需要一定量的资源输入，更要有相当数量的产品输出。则这种输入、输出的要求强化着区际分工和区际贸易联系与往来。但是，情况又非那么简单，除地区经济发展阶段和水平的影响、制约外，价格因素也在其中起着错综复杂的作用。总之，区际间分工、区域联系与协作——区际贸易模式具有不确定性。但是，无论其格局的确定或不确定，以及现在的确定和将来的不确定，或者相反，都是取决于“比较利益”原则。那种不顾具体情况盲目扩大区域资源的输入、输出数量，或者任意提高区域自给率的做法，都是错误的。欲正确地选择和确定区际间分工、区域联系协作的内容、方式、格局，都必须遵循“比较利益”原则，充分认识和分析区域经济发展同区域输入、输出运量的具体条件，同时，还必须在长期经济动态运行过程中，确立地区专业化部门，通过区际间分工、区际贸易保证区域经济社会多方面需求的实现和综合区力的不断提高。

# 认识投资环境建设的重要性*

投资环境是一个庞大的复杂动态系统，它涉及有形的自然资源与自然条件等，也包括着所有无形的观念形态、民俗民风、情报信息等，既有与人类生产、生活有影响的硬投资环境要素，也有软投资环境要素；既有产业、行业投资环境要素，也有区域投资环境要素。这些投资环境要素，不但自身都处在不间断的运动变化之中，而且它们之间相互关联、相互作用、相互影响和相互制约。由此可知，投资环境的建设所涉及的广度和深度，不只是几个部门和单位所能包揽和胜任的，这需要多部门、全社会协同配合——这也是由投资环境自身特点所决定的。

投资环境建设是指按照投资的增值属性和价值规律，改善构成投资环境要素的质量，有效地调整配置投资环境要素，使其达到最佳的投资效果。可见，投资环境建设是一个改善、调整、重组和优化投资环境的过程，投资环境的优劣直接影响所在国家或地区的经济发展。如何进行投资环境建设，处于不同经济发展阶段的国家和地区具有不同内容与重点，即便是处于同一经济发展阶段的国家或地区，由于其自然的、社会的、经济的、历史的、文化的等方面差异，也会有截然不同的内容与重点。概括地讲，投资环境对于每一个具体地域来说是其既定的社会经济、政治法律、自然条件，地理区位以及人们文化素质与观念等的总和。

投资环境建设，是一个复杂的系统工程，具有长期性、艰巨性和地域性特征。所谓长期性是其建设过程必须涵盖着人们思想观念的进步与现代化以及社会经济文化的提高与发展。因此，它不是一朝一夕修几条路、减免一点税收就可以完成的。所谓艰巨性，不仅是指投资环境牵涉面广，投资环境建设触及各个方面的问题和矛盾，而且它是动态的、不断变化的。所谓地域性，是指投资环境建设工作总是要落脚到某一地域范围上。各个地域的社会、经济发展状况和自然条件千差万别，使投资环境建设的主要矛盾和运动特征截然不同，其投资环境建设也就不能“一刀切”，而是必须顾及地域特点。另外明确和强调投资环境的地域性，也是提醒人们了解和认识各个地区投资环境建设的不可替代性，即某一地区投资环境建设与改善的途径、方式、方法，不能照搬、照套利用其他地区已有的模式，各个地区应根据自己在经济发展中要解决的重大问题进行投资环境建设。

---

* 本文发表于《经贸导刊》，2002 年第 6 期，第 7~9 页。参撰者：孙久文。

投资环境建设与地区经济发展密不可分，地区经济结构的升级经济水平的提高，本身就是投资环境建设的最主要内容，而投资环境建设，又是提高地区投资效益，吸引国内外投资，加速地区经济发展必不可少的前提。投资环境内容丰富，投资环境建设涉及面极广，不可能在同一个时期内面面俱到地建设和改善所有投资环境因素，只能按照具体地区的具体条件抓住主要矛盾，进行建设改进工作。

把握投资环境的两个特性，有助于抓住要害，完善投资环境：其一是稳定性，投资环境虽是一个动态变化系统，但其所包括的各子系统变化是有规律的，有条件的选就决定了投资环境评价标准和改善措施有其相应稳定性。其二是方向性，投资环境既然是一个系统，它就具有结构性，结构性对系统而言，表现在两个方面：一是在影响系统好坏的诸多因素中存在关键因素和联系；二是既定的环境因素结构对不同性质的投资项目（部门、行业、产品）具有差别纳入性，即投资导向性。比如，通过投资环境个别关键因素的建设与改善，能否使不发达地区经济较快启动起来，或使发达地区经济迈上新台阶。

在我国的一些不发达地区，同是在改革开放的形势下，有些地区不是凭借丰富的自然资源去发展基础产业、基础设施等“硬”投资环境建设，而是把精力和财力着重去搞减免税收、炒房地产等“软”环境建设，到头来既未吸引来资金也延误了区域经济开发的时机。另有一些不发达地区，既重点抓了地区产业、基础设施等“硬”投资环境建设，使交通、通信大为改观，相应地也在“软”环境上加强了建设，不但在税收上适当优惠，也在人才培养、政府办事效率等方面注意改进，结果不但吸引来了内资也吸引来了外资，丰富的自然资源得到有效开发利用经济得到发展，形成后来者居上。

关于投资环境建设内容，首先是投资环境各要素子系统的改善。投资环境要素子系统主要分如下几类：①投资（主要是外资）优惠政策子系统包括投入优惠、产出优惠和其他优惠；②社会政治环境子系统，包括政治环境、法律环境、行政效率等；③经济环境子系统，包括市场环境、经营竞争环境、基础设施、劳动力资源及素质、科技创新、协作条件等；④自然地理环境子系统，包括地域区位、气候条件、资源条件及组合等；⑤社会服务子系统，包括金融服务、生活服务等。每个子系统根据需要还可细分。各环境要素子系统既独立又相互联系，相互交织，相互影响、相互作用，这就使投资环境要素质量的提高和规模的扩展异常复杂和艰巨，是投资环境建设成为一项复杂的系统工程的原因所在。

二十多年来，随着我国的改革深入和社会经济的进步与发展，各地区投资环境都有了较大的改观。许多地方已从以劳动力、自然资源为主要优势的低级投资环境，向具有一定市场容量、一定加工能力与技术优势要素的更高级投资环境转变，在一些大城市，甚至形成了以资本技术、人才管理为优势的投资环境。同时人们对投资环境建设的内容和机理、机制也有了更深的认识：首先是“硬”投资环境建设（“七通一平”产业结构，自然条件等）必须和“软”投资环境建设规律、人才、工作效率管理水平等）同步进行，“硬”环境效能的发挥，常常取决于“软”环境的质量与完备程度，比如制度环境能成倍地提高或降低“硬”环境的效率。其次是在注重微观投资环境建设的同时，必须重视宏观投资环境的建设。一些地方为达到吸引外资发展地区经济的目的，过多地迁就外资对微观投资环境的某些要求，诸如提供税收、进出口外汇、财政基础设施等方面的很多优惠。问题是这样做的结果，不仅对地方经济造成压力，也常常不符合国家或地方的长远利益和整体利益，导致各地政策优惠大战，相互攀比。实践证明只有宏观和微观投资环境同时改善，才能既满足引资国或地区的发展要求，也满足投资者获取利润的欲望，达到投资方与引资方“双赢”的效果。这是为什么呢？我们知道，宏观投资环境是指一个国家或地区的社会政治、经济体制、文化素质等发展水平。宏观投资环境建设好了，地区经济潜在的生产力就会更多、更快地转化为现实的生产力，就会稳定协调投放于这类地区的投资，就可以得到经济高速增长的“搭快车”利益，这样的宏观投资环境有利于投资者，否则，只重视微观投资环境建设，宏观投资环境不加改善，常常是一叶障目，“捡了芝麻，丢了西瓜”，引资也只能产生一时效果，不会持久，不能实现可持续发展，这也是我国进行西部大开发制定政策的基本出发点。所以，微观投资环境建设必须与宏观投资环境建设相协调，不能脱离长远利益和整体利益，单纯地为引进外资而引进外资，甚至为引进外资而盲目攀比优惠度等，这方面的许多教训是要认真吸取的。

# 创建和开展“中国投资环境评价、评审”制度*

关于投资方向或资本投向，一直是国内外区域开发、投资立项中人们最为关切的问题。对于这个问题，考察和总结国内外经验、教训，结合中国国情，我们认为，欲使我国今后的各项建设事业不再出现或少出现长期困扰我们，并迄今尚未解决的“一哄而上”、盲目引进、重复建设、比例失调、投资效益低下等弊端，使投资方向得到切实、有效、及时的宏观调控，确保我国社会主义市场经济的顺畅发展，从现在起必须在我国开创并推行以下三方面工作：

## 一、大力开展中国投资环境研究

考察在世界市场经济发展中起核心作用的资本运动的特征和规律，可以得知资本或投资具有极强的力图增值（殖）的属性，这种属性与经济运行价值规律，在社会经济生活中要求人们遵从它的这种固有的、桀骜不驯的品格。自古至今，不论社会制度如何，亦不管地位多么高的权威人士，在社会经济活动中，凡是遵从资本运动属性和经济规律的，投资效果就好，经济就得到发展；凡是忽视它的这种属性和规律的，投资就会产生失误，经济也就得不到应有的发展，甚至惨遭破坏。资本的这种品格、属性及其在经济运行价值规律中的顽强表现，是贯穿于社会经济运行全过程之中的。然而决定投资效果的，首先占据第一位的是投资方向或资本投向，而且又以其空间投向或投资区位选择最为关键，其次才是投资项目宏观、中观、微观的可行性研究问题。

关于资本的空间投向或投资区位选择的至关重要性，环视国际投资操作程序，回顾我国 40 多年来投资建设中的许多经验教训，都是可以深切地体会到的。第二次世界大战以来，国际投资活动发展非常迅速。先是在工业发达国家之间相互投资，进而扩展到工业发达国家到发展中国家进行投资；近年来又出现了发展中国家进行海外投资，除发展中国家相互投资外，也到工业发达国家投资。总之，国际投资活动日渐频繁，资本流向日趋复杂

---

* 本文是选入中国软科学学会第一届学术年会论文集的论文。

多样。然而，国际投资活动并非杂乱无章的，不是在国际间、区际间无序的运动，而是严格地按照资本增值（殖）和价值规律的要求在运行。比如，每一笔国际投资活动，它的第一步工作都是首先考察、研究若干准备投资国家或地区的投资环境好坏，并对其中几个投资环境较好的国家或地区进行对比研究，从中选出最为适合、最为理想的国家或地区作为投资地点。第二步才做进一步的可行性研究，看是否能达到投资目标。由此可见，投资的空间地域条件，亦即投资环境分析，应当说是整个国际投资活动中最为重要的阶段或最为关键的环节。如果所研究的国家或地区的投资环境不理想，达不到宏观投资区位选择的目标与要求，也就不会再做进一步的投资可行性研究。

新中国成立 40 多年来，社会发展和经济建设取得了举世瞩目的巨大成就，使中华民族真正矗立于世界民族之林，并且中国在世界大家庭中起着越来越重大的作用。但是，我们在经济建设中投资方向失误的教训是很多的，其中最为严重和最为突出的是投资区位选择方面的失误。而且，这种失误又是长时期、不断反复出现的。比如，20 世纪 50 年代末的“大跃进”，六七十年代的“新跃进”“洋跃进”，大、小“三线建设”，80 年代以来的盲目引进、重复建设，乃至新近的“房地产热”“开发区热”等，可以说其中相当多的投资没有起到投资的作用被浪费掉了。这种投资的弊端，表现出来的另一种严重后果就是减缓了我们国家社会经济发展的进度，降低了我们国家综合国力提高的速度，使我们国家在国际经济发展对比中处于不利的地位。在这种严酷的事实面前，我们应该清醒了，不能再让投资失误状况延续下去了。如何才能做到防止和减少投资失误，自改革开放以来，我国经济管理部门和经济界，在党和政府的领导支持下，开展了从中央到地方的国土规划，以及各省市地县的发展战略研究等工作，可以说通过这些工作摸清了家底，明确了各级各类地区的发展方向，各级领导也都开始力图防止投资失误的出现。但是，事实是投资失误依然存在，并且由于投资主体多元化，投资失误的次数和额度更为庞大。原因就在于未真正重视和探索到科学决策投资方向、投资区位选择的途径与方法。如前所述，总结国内外的经验教训，我们认为，在我国社会主义市场经济体制逐步确立的前提下，应该注重投资或资本的增值（殖）属性，从研究投资环境入手，是避免和减少投资空间区位选择失误的重要途径与方法。为此，我们建议在国土规划、区域（地区）发展战略等各种区域经济研究的基础上，开展各级各类地区和各产业、行业直至企业的投资环境研究工作。

关于投资环境分析、评价的具体理论与方法，国外已有诸多论著，在我国可说是刚刚开始。在我国开展投资环境研究工作，可以先借鉴国外理论与方法，进而结合中国的实际，总结出具有中国特色的投资环境理论与方法。我们深信，这一研究工作如果真正能够在我国扎扎实实地长期开展起来，不但会使各级各类地区经济发展得到事半功倍的效果，使有限的投资真正用在刀刃上，而且会使我们的各级各类投资决策尽可能地减少一些形而上学，多一些按实际情况、客观规律办事的作风。

## 二、积极进行中国投资环境建设

“投资环境建设”，是按照投资或资本增值（殖）属性和经济运行价值规律，改善或提高构成投资环境要素之质量，卓有成效地调整配置投资环境要素，使其达到最佳投资效果和促进地区经济发展，调整、重组和改善投资环境的过程，即称为“投资环境建设”。对于受资国家或受资地区如何进行投资环境建设，处于不同经济发展阶段的国家和地区具有不同情况和内容，即使是处于同一经济发展阶段的国家或地区，由于其自然的、社会的、经济的、历史的、文化等方面的差异，也会有截然不同的内容与重点。概括地讲，“投资环境”对于每一个具体地域来说是其既定的社会经济、政治法律、自然条件、地理区位以及民风民俗和人们文化素质与观念等的总和。

投资环境建设，是个复杂的系统工程，具有长期性、艰巨性和地域性特征。所谓长期性，是指其建设过程必须涵盖人们思想观念的进步与现代化，以及社会经济文化的提高与发展。因此，它不是一朝一夕“修几条路”“减免一点税收”就可以完成的。所谓艰巨性，不仅是指投资环境牵涉面广，投资环境建设触及各个方面的问题和矛盾，而且它是动态的，不断变化的。所谓地域性，是指投资环境建设工作总是要落实到某一地域范围上。各地域之社会、经济发展状况和自然条件纷繁多样，使不同地域之间投资环境建设的主要矛盾和运动特征截然不同，其投资环境建设也就不能“一刀切”，而是必须顾及地域特点。另外，明确和强调投资环境的地域性，也是提醒人们了解和认识各级各类地区投资环境建设的不可替代性，即某一地区投资环境建设与改善的途径、方式、方法，不能照搬、照套其他地区已有的模式，并且投资环境建设问题是各级各类地区，都必须要解决的重大发展的前提问题。

进行投资环境建设，一开始就必须明确建设目标，不能为建设投资环境而建设，为改善而改善，而且要始终不渝地为实现建设目标服务。我们认为，虽然各级各类投资环境建设任务千差万别，但它们的建设目标是共同的，即使投资（包括外资）获得好的效果和加速地区经济发展。投资环境建设与地区经济发展密不可分，地区经济结构的外延、经济水平的提高，本身就是投资环境建设的主要内容；而投资环境建设，又是提高地区投资效益，吸引国内外投资，加速地区经济发展必不可少的前提。投资环境内容丰富，投资环境建设涉及面极广，不可能在同一个时期内面面俱到地建设和改善所有投资环境因素，只能按照具体地区之具体条件，抓住主要矛盾，进行建设工作。如何抓住具体地区的主要矛盾，通过总结国内外投资环境建设工作的经验，有两点可以参照与遵循：其一是投资环境虽是一个动态变化系统，但其所包括的各子系统是有规律的，即变化是有条件的，人们只能顺应规律促其变化，这就决定了投资环境评价标准和改善措施有其相应的稳定性；其二是投资环境既然是一个系统，它就具有结构性。就结构性系统而言，有两个方面的表现，在影响系统好坏的诸因素和关系中，只有部分因素和关键结构相联系，构成系统的稳定性；既定的投资环境对性质、特点不同的部门、行业和项目具有差别纳入性，即投资导向具有方向性。把握以上两个特性（稳定性和方向性），是抓住要害、促使投资环境系统向评价标准方向转化、完善投资环境的关键。

关于投资环境建设内容，首先是投资环境各要素子系统的改善。投资环境要素子系统，主要分为以下几类：①对投资（主要是外资）优惠政策子系统，包括投入优惠、产出优惠和其他优惠；②社会政治环境子系统，包括政治环境、宏观经济环境、法律环境等；③经济环境子系统，包括市场、环境、投资要素环境、经营竞争环境、基础设施环境等；④自然地理环境子系统，包括历史上与国外、与华侨的关系，地域区位、气候条件、资源条件及组合等；⑤社会服务子系统，包括行政效率、金融服务、生活服务、劳动力资源及素质等。每个子系统下面的内容，还可继续细分。各环境要素子系统相互影响、相互作用，宏观环境要素与微观环境要素相互交织。这就使投资环境要素质量的提高和规模的扩展异常复杂和艰巨，是使投资环境建设成为一项复杂的系统工程原因之所在。然而，这些要素的建设与改善，从另一个角度讲又是社会经济的进步与发展，只要按照投资环境诸要素做出优先建设、改善的排序与组合，纳入投资环境建设的总体战略与计划，就可以使投资环境建设得到稳步前进，投资环境逐年获得改善。

近十多年来，随着我国改革的深入和社会经济的进步与发展，各地区投资环境都有了较大的改观，有的已从以劳动力、自然资源为主要优势的低级投资环境，向具有一定市场容量、一定加工能力与技术优势要素的更高级投资环境转变；在一些大城市，甚至形成了以资本、技术、人才、管理为优势的投资环境。由于上述的变化，我们对投资环境建设的内容和机理、机制也有了较深切的认识和体会。第一，“硬”投资环境建设（“七通一平”、产业结构、自然条件等）必须和“软”投资环境建设（法律、人才、工作效率、管理水平和思想观念等）交替同步进行，而且“硬”环境效能的发挥，又常常取决于“软”环境的质量与完备程度，比如制度环境水平的高低，能成倍地提高或降低“硬”环境的效率。当然，又不能顾此失彼，由于某些环境（减免税收、压低房地产价格等）比较易于操作，而不去认真地做那些基础性的“硬”环境建设，这样投资环境未得到真正的改善，经济也就得不到真正的发展。第二，在注重微观投资环境建设的同时，必须重视宏观投资环境的建设。作为发展中国家的中国，迫切需要外资对国民经济建设与发展的推动。因此，中国投资环境的改善，首先是和吸引外资相联系，这就使改善投资环境的工作不可避免地产生一种倾向，即片面地从外资要求出发，为达到吸引外资发展地区经济的目的，不适当地给外资过多的优惠，对地方经济造成压力。产生这种状况的原因，就在于过多地迁就外资对微观投资环境的某些要求，诸如提供税收、进出口、外汇财政等方面的过分优惠，在基础设施方面也依外商的要求做了某些改善。问题是这样做的结果，常常不符合受资方（国家或地区）的利益。因为，外资总是以牟取利润为唯一出发点，它不大关心投资地区经济结构外延的提高和经济水平的发展。但是受资方，比如代表受资方的国家或地区政府、企业，则必须予以特别的注意，即引进外资必须服务和遵从地区经济发展战略。这也就是使宏观投资环境得到应有的重视。实践证明，这是投资方与受资方二者利益协调的契合点，因为只有宏观投资环境的改善，才能既满足受资国、受资地区的发展要求，也满足投资者获取利润的欲望。这是为什么呢？我们知道，宏观投资环境是指一个国家或地区文化素质等的社会发展水平。宏观投资环境建设好了，地区经济潜在的生产力就会更多、更快地转化为现实的生产力，就会稳定协调地向前发展。投放于这类地区的投资，就可以得到经济高速增长“搭快车”利益，所以说宏观投资环境建设与改善有利于投资者。另外，宏观投资环境的建设过程，也就是社会经济发展与现代化过程，因而它必须遵从和服务于地区经济发展战略与产业政策的要求，同时宏观投资环境建设也必须符合地区发展的长远利益。相反，如果只重视微观投资环境建设，常常是一叶障目，“捡了芝麻，丢了西瓜”。所以，微观投资环境建设必须服从宏观投资环境建设，不能脱离地区发展的长远利益，单纯地为引进外资而引进外资，以及为引进外资而盲目攀比优惠度等，这方面的许多教训是要认真汲取的。

投资环境建设，需要通过一系列措施加以实现，考察总结国内外经验，结合我国国情特点，大多数地区需要进行如下一些投资环境建设措施：

第一是基础设施的建设与完善，特别是城市基础设施的配套与充实。我国的许多地区经济发展进入成熟和成长阶段，其他不发达地区也在积极准备条件，经济开始启动性发展。但是各地区几乎无一例外地存在产业结构上的严重矛盾，其中最主要的又是基础产业和基础设施的严重滞后，以致制约了生产的正常运行，扼制了经济的顺畅发展。诚然，也就不可能吸引来相当规模、相当数量的外资。

第二是社会经济管理水平，特别是各级政府部门工作效率、工作质量急待提高。这是发展中国家和不发达地区普遍存在的问题。政府机关办事拖拉、官僚作风等使海外投资者望而却步。

第三是教育为本，提高人民的素质，特别是提高科学文化水平。高水平训练有素的科技人员，是众多重要的先进、尖端产业发展的必备条件。从国家、地区经济发展的长远考虑，教育的普及与提高、科学文化事业的发展，是宏观投资环境建设的一个最根本最主要的方面。

第四是在上述三方面做了一定工作、具备了一定条件的地区，依据劳动地域分工、国家产业政策和地区发展战略，选准地区特长或特色，集中人、财、物营造地区投资小环境，是用好投资、吸引外资的重要经验。

投资环境建设，是一个直接关系到国家或地区经济发展、社会进步的大问题。我们必须给予极大的重视，并通过深入研究和借鉴外国成功的投资环境建设方式、方法，逐步总结整理出适合我国国情各级各类投资环境建设方略、途径与方法，以卓有成效地加速我国投资环境建设。

## 三、建议创建和推行“中国投资环境评价、评审制度”

考察和总结国内外投资决策的经验教训，欲卓有成效地解决我国经济建设中长期困扰我们、迄今尚未解决的诸多投资决策弊端，除大力开展投资环境研究、积极进行投资环境建设外，我们认为还必须建立和实行投资环境评价、评审制度。这一方面是投资环境研究和投资环境建设本身的要求，另一方面也是确保投资环境研究成果和投资环境建设方案的科学性、权威性，最终保证投资决策正确性的需要。

创建和推行中国投资环境评价与评审制度，是投资环境研究与投资环境建设本身的要求，原因就在于投资环境是一个庞大的复杂动态系统，它不仅涵盖所有有形的社会经济“构筑物”，自然资源与自然条件等，也包括所有无形的观念形态、民俗民风、情报信息等，即所有对人类生产、生活有作用有影响的“硬”投资环境要素和“软”投资环境要素。这些投资环境要素，又都分别或同时属于宏观、中观、微观范畴，它们不但自身都处在不间断的运动变化之中，而且它们在纵向上、横向上，乃至纵横交叉方向上有相互关联、相互作用、相互影响和相互制约的联系与影响。对它们的研究，既不能仅作定性研究，也不能只作静态研究，而是要作出定量的动态的分析与探讨；同时，也不能只作一时一地的投资环境研究，而是要把所研究地域置于与其相关联、相联系的大区域，乃至全国、全世界投资环境之中，视其投资环境优势、劣势及其改善途径之所在。另外，研究任何地域、产业、行业投资环境，都应该参照和借鉴国内外投资环境研究成果，这是当今投资环境研究的要求，现代情报、信息技术的发展也提供了这种可能。

由上述概略分析可知，任何一项投资环境研究所涉及的广度和深度，都不是少数学科、少数部门单位所能包揽和胜任的。这需要多学科、多部门协同配合，综合攻关。这是由投资环境本身的学科特点决定的，对它的研究只能采取多学科综合协同式的考察分析与研究，才能避免和克服过去有过、现在依然存在的弊端“自己立项、自己设计、自己审批”等违反科学的思路与方法。而是必须对投资环境研究成果实行评价、评审制度。这一方面能够促进和保证投资环境研究的综合性，多学科多部门联合攻关，推动投资环境研究的发展与提高；另一方面以制度形式对投资环境研究成果进行评价、评审，又必须是由高一层次的管理部门或学术组织来主持与组织，并负起评价、评审的法律责任，从而逐步杜绝以往研究的伪科学行为，并为投资环境研究的健康发展做出贡献。

对投资环境建设工作，即对投资环境建设方案的设计、选择与实施以及方案实施后的效果追踪，也都要实行评价、评审工作。仅就投资环境建设方案的设计与选择来说，投资环境建设方案的设计是在投资环境研究基础上产生和形成的，从某种程度上讲，它已经是一个综合研究的科学成果。实践证明，这种成果即建设方案往往不是一个，多是两个或两个以上，所以就产生了建设方案的选择问题。这种选择正确与否，对地区投资环境建设来说是至关重要的，也可以说它对地区经济发展是“牵一发而动全身”的决策性工作。因为这直接关系到采取了这种建设方案，能否按构想与设计顺利实现地区社会经济发展战略目标。比如，通过某项或某几项投资环境的关键性建设与改善，能否使地区经济从不发展逐步步入较快启动阶段；从经济成长类型加快步入经济成熟类型；使经济较成熟的类型区继续保持其繁荣，或向更加繁荣稳定的方向发展。这些同投资环境建设方案的选择关系重大，或说有直接的因果关系。

举例来说，在我国的一些不发展地区，同是在改革开放的形势下，有的只凭借有较丰富的自然资源，不去搞必要的基础产业、基础设施等“硬”投资环境建设，而是把精力和财力着重去搞“减免税收”“炒卖房地产业”等“软”环境“建设”，到头来既未吸引来资金或外资，也延误了区域经济开发的时机，经济依然徘徊在不发展阶段；同时，也有的不发展地区，既重点抓了基础产业、基础设施等“硬”投资环境建设，使交通道路大为改观，通信不但与国内联网而且与国际通信网络连接起来，相应地也在“软”环境上给予了重点突破式的有序建设，不但在税收上适当优惠，也在人才培养、政府办事效率等方面注意改进、改善，结果不但吸引来内资，也吸引来外资。如此，不但各种资源得到有效开发利用，经济得到发展，而且后来居上，超过了原来经济上较发达的地区。显然，投资环境建设方案的选择，投资环境要素改善的排序与组合，绝非单一部门、单一学科所能奏效之事，必须由多学科、多部门组成综合评价、评审组织，并由高一层次的管理部门或学术单位主持，方能对方案与要素排序、组合做出正确抉择。这种抉择，对主持评价、评审单位和个人来讲，必须负有法律责任，对于所抉择的投资环境建设方案，则具有必须执行、实施的法律效力。

由上述可知，投资环境研究、建设及其评价、评审，都是综合性、学术性、政策性很强的工作，在国际上也仅是近20年新开创的研究领域和事业。该类工作又是影响巨大，作用深远的事情。因为它直接关系到区城开发、项目区位选择的成败。因此，无论投资环境研究与建设，还是投资环境的评价与评审，都需要给予充分的认识和极大的重视。尤其对投资环境的评价与评审工作，急需以制度形式把它确定下来，并贯彻执行。我们知道，自改革开放以来，我们国家已经推行了“环境影响评价制度”和“项目可行性研究的评审制度”这两种制度。对我国的环境保护和项目的微观决策起到了极好的作用，避免和减少了众多失误。然而，在我国40多年的经济建设中，宏观和中观的投资失误甚多，有的至今还在延续。如何扼制宏观、中观投资决策失误之弊端，创建和实行“中国投资环境评价、评审制度”是一个重要的途径与方法。只要将投资环境评价、评审制度广泛深入地推行开来，一是会加速推动我国的投资环境研究与建设；二是会使我国的宏观、中观投资决策做到有根有据，可以最大限度地减少和避免在全国无根据地“一会儿西移”“一会儿东倾”等投资方面不适当的大转移，也可以大大减少和避免盲目引进、重复建设等重大的投资失误；三是可以加速实现我国投资环境研究、建设及其评价、评审制度的规范化，从而使其研究、建设与评价、评审及早同国际惯例接轨，为更多地吸引外资，更好地使用国内外投资创造环境条件；四是该种制度的建立与推行，还可以使我们经济管理部门、投资决策部门及我们的干部和工作人员多一些从实际出发的决策观念，少一些“一刀切”形而上学的工作作风。这样可以提高投资决策的科学性、权威性，加速地区经济开发与发展。总之，我们认为，在深化改革扩大开放，加速建立社会主义市场经济体制的今天，建立和推行“中国投资环境评价、评审制度”，已是势在必行，而且早推行早得益，更主要的是会少一些投资决策失误。

为了开展和推行投资环境研究、建设及其评价、评审制度，我们提出了成立“中国投资环境学会”的建议。它获得了国家教委、国家计委的批准，得到了有关经济管理部门、大专院校、研究机构，以及理论界领导、专家、教授的积极热情的响应，也得到企业界、新闻界、出版界有影响人士的大力支持和帮助。现在它已通过民政部注册登记。“中国投资环境学会”的成立，会对中国乃至世界投资环境事业的开展做出应有的贡献。

为了在我国积极开展投资环境研究，搞好投资环境建设，我们呼吁：应该尽快创建和开展“中国投资环境评价、评审制度”，以提高我国的投资效果，加快社会主义建设。

# 对八届全国人大三次会议第662号建议的答复*

李超等31位代表：

你们提出的关于“创建和开展中国投资环境评价、评审制度”的建议收悉。现答复如下：

你们提出的建议很好，对我们的工作思路启发很大，有助于我们从一个新的角度去研究和把握投资领域中存在的问题和今后工作的方向。中国投资环境研究包括对我国整体投资环境的研究和对各地区投资环境的研究这两个方面的内容。对我国整体投资环境的研究，有助于我们看到优势、找出不足，从而优化投资环境，更好地吸引和利用外资，提高投资效率。对各地区投资环境的研究，可以帮助我们合理地配置资源，搞好投资地区规划，实行合理的区域发展战略。对中国投资环境中的“软”环境研究，特别是对制度环境研究尤其重要，这有利于推进我国经济体制改革。

开展中国投资环境研究工作，创建和推行“中国投资环境评价评审制度”，是非常有意义的。我们在实际工作中已进行了一些有益的探索，如在项目评估、审批过程中，我们增加了社会评价的内容和环境考核指标。最近，我们又考虑在中观经济范围内实行投资环境考核制度，如在上报国务院的《关于深化投资体制改革的决定》中明确提出，要建立地方投资环境考核制度，定期检查、评比地方投资环境优劣等级。当前的问题是怎样使这一工作系统化、制度化，具有较强的可操作性。对此，我们正在探索，如果你们有好的意见和建议，请及时与我们联系，以改进工作，进一步推进我国投资环境评价、评审制度的创建和开展。

国家计划委员会

办公厅

1995年6月23日

---

* 本文是“创建和开展中国投资环境评价、评审制度”一文曾于1995年3月八届全国人大第三次会议期间，争得河南省李超等31位代表签名，形成正式大会提案，转至国家职能部门——当时的国家计委，委里研究后，该委办公厅给提案代表的答复函件。

# 四、资源与可持续发展

ZHI YUAN YUKE CHI XU FA ZHAN

# 论人类与其生存环境的协调发展*

## 一、人类的生存环境

环境是人类赖以生存的物质基础，也是人类从事社会经济活动的前提条件。为了正确地处理人与环境之间复杂的对立统一关系，理解环境对社会运行的影响，首先应对环境有一个全面的认识和了解。

### （一）环境的含义及组成

环境是相对于某一中心事物来定义的，是作为该中心事物的对立面而存在的。两者既相互对立，又相互依存、相互制约、相互作用和相互转化。在讨论社会运行时，我们所指的中心事物是人，因而将环境定义为：围绕着人群的空间以及其中可以直接或间接地影响人类生活、生产和发展的各种自然的和非自然的因素的总和。

大体说来，环境由自然环境、工程技术环境和社会环境组成。地球从内向外呈圈层带状构造，在地球表面分布着岩石圈、水圈和大气圈，它们之间相互作用又产生了土壤圈和生物圈，这些圈层共同组成了人类的自然环境，为人类的诞生和发展创造了适宜的条件。人类从自然界产生以后，通过征服自然、改造自然的活动，又产生了一个技术圈和相应的社会圈，给自然环境打上了人类活动的深刻烙印，从而把自然环境改造成既包括自然因素、工程技术因素，又包括社会因素的人类生存环境。它的范围下起岩石圈表层，上至大气圈下部的对流层顶，包括了整个的土壤圈、水圈、生物圈以及技术圈和社会圈。如今，随着科学技术的进步，经济增长和发展，人类活动的空间已远远超过了这个范围，向下已深入地壳深处，向上已登上月球。但是，人类的活动仍主要集中于地表几个圈层的交错带上，因为只有这里才能提供人类生活所必需的水、空气、粮食等基本物质条件以及政治、经济、文化等活动所必备的工程技术条件和社会条件。

---

* 本文选自郑杭生、李强：《社会运行导论》，中国人民大学出版社 1993 年版，第 120~187 页。该书获国家社会科学基金项目优秀成果二等奖。张敦富撰写。

自然环境是人类产生和发展的最根本的物质基础，是由生物及其生存环境所组成的。生物与其生存环境以一定的形式结合在一起，生物之间、生物与环境之间不可分割地相互联系、相互作用，彼此进行着连续的能量流动和物质循环，形成具有一定的结构和功能的有机整体即生态系统。一个完整的生态系统由非生物物质、生产者有机体、消费者有机体以及分解者有机体这四部分所组成。非生物物质包括水、二氧化碳、氧气、氮气、矿物盐类、酸、碱及其他元素和化合物，它们组成了大气、水和土壤。生产者有机体是指含有叶绿素的绿色植物，还包括进行化学能合成和光合作用的某些细菌。太阳能是维持生态系统运转的能量的源泉，绿色植物通过光合作用汲取太阳能，并以化学能的形式将其储存固定下来，供植物本身或其他消费植物的有机体使用。此外，绿色植物在进行光合作用时，将水和二氧化碳合成有机质，从土壤和水中汲取某些矿物元素合成营养物质。由此可见，绿色植物是生态系统存在并正常运转的必不可少的物质和能量的供应者。消费者有机体主要指动物，它们不能自己生产食物，只能利用植物或其他动物中现成的有机物质，从中获得能量和养分。分解者有机体包括细菌、真菌和某些原生动物以及其他小型有机体，它们以分解有机物为生，从生态系统中的废弃产品中和死亡有机体内取得它们的能量，把动物、植物的复杂的有机大分子还原为较为简单的化合物或元素，释放归还到环境中去，供生产者有机体再利用。

自然生态系统具有以下特性：

（1）整体性。由于生态系统是由相互关联、相互作用、相互影响的各个部分所组成，因而它是一个有机的整体。系统内任何一个组成部分的变化必然引起其他组成部分的变化，从而改变生态系统的结构，影响到能量流动和物质迁移过程，最终也影响到整个生态系统的作用和功能。

（2）区域性。不同区域的生态系统有着不同的结构，不同结构的生态系统具有不同的功能。原因是在不同区域，水、热、光、空气、土壤等环境条件不同，生物种类各异，生物群体之间、生物与环境之间的关系千差万别，形成了多种多样、因地而异的生态系统。

（3）开放性。生态系统是一个开放系统，它不仅与相邻的生态系统进行着能量的转化和物质的迁移，更重要的是，它是在天文因素的影响下，在地质条件的基础上，在来自地球内部的内能和主要来自太阳辐射的外能的共同驱动作用下，产生和发展起来的。由于生态系统是开放系统，与外界存在着物质和能量的交换，因而它既受外界条件的影响，也给外界以作用，它的存在状态和发展趋势受内、外因变化的双重约束，表现为三种可能的情况：第一，由于外界输入的负熵流大于内部产生的熵，那么系统就向有序化的方向发展，这就意味着进化；第二，由于外界输入的正熵流或输入的小负熵流不足以抵消内部产生的正熵流，从而使整个系统的熵值增加，系统就向无序化方向发展，这就意味着退化；第三，由于外界输入的负熵流与内部产生的熵正好相等，则系统达到非平衡的稳态，即非平衡系统的动态平衡。稳定态与非稳定态总是经常相互转化的，稳定态是相对的、有条件的、暂时的和动态的，它常常因为条件的变化而失稳。当系统内部的物质和能量的迁移、转化过程以及系统与外界进行的物质和能量的迁移、转化过程的结果使熵值减小，那么，它就向进化的方向发展，由量变到质变，经过涨落振荡，跃迁到具有更大的自由能，更高级、更复杂结构的稳定态；反之，如果导致熵值增加，则会朝相反的方向发展。

工程环境是在自然环境的基础上，由人类在进行生产实践活动时所形成的工业、农业、建筑、交通等工程设施所构成的人工环境，是一个整体的技术圈。工程环境是人类按照自己的意志，凭借自己的智慧，利用自然规律、征服和改造自然的产物，无论在结构上，还是在功能上都与原生的自然环境有显著的差别。

社会环境是由经济、政治和文化等要素组成的。经济是基础，政治是经济的集中表现，文化则是经济和政治的反映。一定的经济基础和政治、文化等上层建筑组成了多种多样的社会环境，共同构成了丰富多彩的社会圈。

### （二）人与环境关系的形成与发展

人类在诞生后很长一段岁月里，过着采集、渔猎的生活，生产力极为低下，几乎全体人员都是劳动者。生产规模小，生产过程简单，劳动者自身的生产与物质资料的生产都处于盲目状态。人类主要是以生活活动、生理代谢过程与自然环境进行物质和能量的交换。人类主要是利用环境中的自然生物资源而很少有意识地改造环境。人们盲目滥用自然资源，可能会造成局部地区的自然生物资源的匮乏，从而引起饥荒。为了消除这种威胁，人类被迫尝试食用一切可能食用之物，扩大自己的活动领域，学会适应在新环境中生活的本领。

人类社会发展史上第一次大分工——农业和畜牧业的分工，不仅是生产发展史上的一次大革命，而且也是人类与环境关系上的一次大改进。人类不仅由简单地利用生物资源扩大到利用气候、水利和土地资源，而且由单纯地利用环境资源到利用和有意识地改造环境资源相结合，从而逐渐将自然景观转变为人文景观，把自然植被转变为人工植被，改变了生物群落的组成、结构及其空间分布状况，把自然生态系统转变为人工生态系统，大大提高了土地对人口的承载能力。在这个过程中，人类社会进入到奴隶社会、封建社会。在处理人与环境的关系时，由于缺乏全局的和长远的观点，也会相应地产生一些环境问题，使生物资源、气候、水利资源以及土地资源受到破坏。

随着生产力的进一步发展和现代化大工业出现而发生的第二次大分工，同样是生产发展史上的一次大革命，人类与环境关系上的一次大变革。建立在现代科学技术成果之上的渔猎、种植、畜牧、养殖以及各种工业大幅度地提高了劳动生产率，增强了人类利用和改造环境的能力。人类不仅大量利用生物资源、气候、水利资源、土地资源，而且还大量使用矿产资源，大规模地改变了环境的组成和结构，从而也改变了环境中物质、能量和信息的传递、交换系统，扩大了人类的活动领域，增加了物质资料生产的种类，提高了产品的数量和质量，丰富了人类的物质生活。人类与环境的关系更为复杂，人们在生产、生活过程中对环境的作用，无论是在空间规模还是在影响程度上都是空前的。在地球上，已经很难找到一处未受人类活动影响的自然环境。如果说农业生产主要是生活资料的生产，在生产和消费过程中所产生的各种废弃物品是可以纳入物质的生物小循环而得以迅速净化、重复利用的话，那么，工业生产则主要是生产资料的生产，大量深埋在地下的矿物原料被开采出来，投入到环境中去，许多工业产品以及在生产和消费过程中所排放的废气、废水和废渣都是生物和人类所不熟悉的，难以降解、同化和忍受的，因而其产生的影响更为深远，问题更为严重。环境污染和生态危机已经对人类的生存和发展、对社会的运行产生极为不良的影响，甚至危及人类的未来，从而迫使人们对这些问题进行充分认识，并且唤起人们的环境意识。

### （三）环境资源及其特性

美国学者阿兰·兰德尔将资源定义为“由人发现的有用途和有价值的物质”[①] 作为“资源”，应当能被输入生产过程变成有价值的物质，或者也可以直接进入消费过程满足人们的某些需要而产生价值。国内学者从经济的角度出发，认为自然资源是自然条件中可以利用的部分，是在当前生产力水平和研究水平下，为满足人类对生产和生活的需要，可以被利用的自然物质和自然能量。

以上所定义的“资源”及“自然资源”只是自然环境的一部分，而“环境资源”这一概念所包括的范围更为广泛，它不仅包括上述“资源”及“自然资源”，而且还包括自然界中与人类生产和生活紧密联系、息息相关的各种自然环境要素和人工环境要素。

环境资源具有以下特性：

（1）可利用性。环境资源具有“效用”，可以满足人们的某些欲望或需要。一方面，它为人类的生产提供各种能源、原材料，是一切劳动资料和劳动对象的第一源泉，这是环境资源的经济效用。另一方面，它还为人类提供生命活动所必不可少的水、空气等物质，并且依靠自身的抗逆性减轻自然灾害和不适当的人类活动对人们的生产、生活所产生的冲击和影响；在一定限度内容纳污染物质，利用自净能力降解其中的有机污染物以及“固定”非生物降解的污染物，从而减少污染的危害，这是环境资源的生态效用。

（2）稀缺性。有许多重要的环境资源在数量上都是有限的，这种有限性在人类对资源开发规模和开发程度空前增大的今天尤为明显。土地是有限的，淡水是有限的，森林是有限的，矿藏也是有限的。

（3）区域性。由于自然条件的差异，人类活动影响的方式和程度不同，环境资源在地表的分布是不平衡的。无论在数量上还是在质量上都呈现出显著的地区差异，每一种环境资源都有其特殊的分布规律。

（4）整体性。构成环境资源的各个要素是按一定的方式，有规律地组合成一个有机的整体，彼此之间有错综复杂的联系。其中任何一个组成部分或要素的改变，常常会引起一

① ［美］阿兰·兰德尔：《资源经济学》，商务印书馆 1990 年版，第 12 页。

系列的连锁反应，从而导致整个环境资源系统的变动。

环境资源的种类繁多，根据其起源、固有特性及其对社会经济发展的作用，可以分为以下几种类型：

（1）永续环境资源。主要是大气空间环境中的太阳光能、热能以及各种气体物质。这类环境资源相对稳定，在一般情况下不会由于人类的利用而显著减少，若能科学地开发、利用，尚有扩大其用途的可能，并可以长期为人类所利用。

（2）可再生环境资源。这类资源主要是生物圈中的各类生物资源，诸如森林、草场、微生物、动物等。它们能依靠自身的繁殖活动而再生产出来，在研究、掌握其生长、生殖规律的基础上，进行合理的开发利用和科学的经营管理，不但能长期为人类造福，而且还能在质与量上不断提高和不断扩大。

（3）不可再生的非耗竭环境资源。这主要指覆盖于陆地表面的土壤层，它包括农业用地、城镇用地以及工业建设用地等。这是人类“原始的食物仓”“原始劳动资料库”和“劳动资料”，并且为劳动者“提供立足之地，给劳动过程提供活动场所。”总之，土地是人类赖以生存和发展的不可缺少的劳动资料和劳动对象。一般来说，它被建筑物占用之后，即丧失原有的“食物仓”“劳动对象”和“劳动资料”的作用，从这个意义上讲，土地是不可再生的；但是，土地被建筑物占用，并未被耗尽，一旦建筑物被拆除，土地尚能复原（当然，这需要一个过程），这又说明土地是非耗竭性环境资源。

（4）永续又可耗竭环境资源。这主要指水资源，包括淡水资源和海水资源。海水资源数量巨大，可以说是取之不尽用之不竭的，淡水资源仅为海水资源的2%~3%，而分布在陆地上的仅为其很少的一部分，但它可以在全球水分循环的过程中得到周而复始的补充，因而可以认为是可永续利用的；但是，由于人类不合理的过度开发、使用，导致耗用量大于补给量，可能会造成某些地区淡水资源日趋减少，甚至枯竭，不但会影响该地区人们的生产和生活，而且严重时还危及人们的生存。由此看来，水资源又是可耗竭的环境资源。

（5）不可再生的可耗竭环境资源。这主要是从地壳中发掘、开采出来的常规能源、矿物资源等。由于它们是在漫长的地质年代和地质环境中形成的，储量有限，开发耗用后，即告减少，直至耗尽。

环境资源具有不同的类型和特性，要求人们在生产和社会活动中客观、正确、深刻地认识和了解其一般规律和特殊规律，并利用这些规律合理地开发、管理好环境资源，在取得最大的经济效益的同时也取得最大的生态效益和社会效益，实现人类社会与环境的协调发展。

## 二、社会运行与环境资源的关系

### （一）社会运行对环境资源的依存关系

人类是环境的产物，环境是人类生存的基本条件，离开了环境，就不会有人类社会，更不会有社会运行。人类的一切生产、生活活动都是以环境资源为物质基础，以各种环境为场所而进行的。人类社会的经济发展与增长，实质上就是被开发、利用的环境资源在数量、品种上不断增加，规模和范围不断扩大的过程。

在人类诞生的初期，人们只能利用住所附近的自然生物资源，以采集野果、猎捕野兽、打捞鱼虾为生。森林是人类主要的活动地域。后来，人类学会了种植粮食、驯养动物，形成了种植业和畜牧业。这大大提高了生产力，人类不再仅仅能利用自然生物资源，而且还学会了利用气候资源、水利资源和土地资源；人类不仅能利用环境，而且能够改造环境，使其向着有利于人类的生产、生活的方向发展。

随着生产力的进一步发展，近代出现了以蒸汽机为标志的第一次工业革命，极大地提高了人类征服自然、改造自然的能力。大量的深埋在地下的矿产资源得到了开发和利用。由动植物残骸被埋入地下经过千百万年所形成的化石燃料成为主要的能源，它们是工业增长和经济发展的主要动力，煤炭被称作“工业的粮食”，石油被誉为“工业的血液”。铁、锰、铬等黑色金属以及铜、铅、锌、铝、锡等多种有色金属矿床被大规模地开采，这些原料是整个现代化大工业生产的重要物质基础。农药、化肥、农业机械得到了广泛的使用，大幅度地提高了粮食产量，并生产出大量的农产品原料。农业的发展，归根结底仍是能量大量投入的结果，也就是化石燃料大量使用的结果。因为农药的制造、化肥的合成、农业机械的运转都需耗用大量的化石燃料。

由于科学技术的进步，人类知识水平的提高，对资源的利用手段和方式也得到了改进。许多新的资源被不断发现、勘探出来，一些过去因品位较低、开采困难而被视为无用的资源也得到了利用。同时，人类活动的空间也不断延伸、扩大，自然障区逐渐缩小、消失。欧美一些国家已建立了地下核电站，并着手研究讨论在地下将煤层煤气化和在地下储存石油和天然气的问题。人类的智慧已经开始向沙漠宣战。有人制订了“阳光绿洲计划”，利用照射沙漠的强烈的太阳光，从海水和地下水中获得淡水，然后在沙漠里种植植物。南极大陆历来被当成寒冷的、人类活动的“禁区”，但据勘测，那里除了蕴藏有石油、煤、铁和铀等地下资源外，周围海域中的生物蛋白资源也异常丰富。日本学者设想，在21世纪建立“南极之镇”，用圆屋顶覆盖全镇，里面的温度可以调节，并设置娱乐中心等文化生活设施，依靠电子计算机、通信卫星等各种通信手段以及各种现代化的交通工具与外界交流、联系，人们将如同在日本本土上一样舒适、方便地生活和工作。美国正在研究制订太阳发电卫星计划，在外层空间把高于地面 4~11 倍的强烈的太阳辐射能转换成电能，利用微波传送到地面。大规模的城市将于 21 世纪出现在海上，那里气候温和、食物丰富，由附近海上和海中之太阳能源的成套设备和海洋温差发电来提供能源，人们将大规模地开采海底丰富的石油、金属矿产资源。

近年来，“生态农业”已经引起人们的重视，有可能取代“石油农业”。所谓“生态农业”，就是将农业看成一个开放的生态、经济、技术复合人工系统，按照自然规律，运用生态学原理、系统工程方法和现代科学技术来进行农业生产。农业生产的对象是生物有机体，农业生产过程是利用生物群落将生态系统中潜在的生产力转化为实用生产品的过程。建立生态农业，可以合理利用农业资源，在正常运行、状态良好的生态系统内进行生产，持续不断地为人类提供更多的产品。生态农业的主要内容有：充分利用太阳能，加速物质循环和能量转化；提高生物能的利用率和营养物质的再循环率，实现多次增殖；保护各种农业资源，力争做到永续利用；建立大农业生产体系，农林牧副渔全面发展；有机农业与无机农业相结合，生物防治与化学防治相结合，有机肥与化肥相结合；重视科学技术的作用，实现投入少、能耗低、产出多、效益高的良性循环。生态农业的兴起标志着人们对生态规律的认识进一步加深，并将这一规律应用于生产实践之中，求得经济发展与环境保护的协调，对人类社会的发展具有非常深远的意义。

当前，以微电子产品、生物工程和新能源、新材料为主的新技术革命正在全球范围内蓬勃兴起。有人认为，随着新技术革命的开展，信息知识日益成为最重要的资源，自然资源的地位将下降，优势将丧失。这种观点是片面的，包括自然资源在内的自然力是“特别高的劳动生产力的基础”。不管新技术革命的前景如何，自然资源的丰度及开发利用状况总是影响生产力发展水平、经济结构以及社会生活方式的主要因素之一。新技术革命并不导致自然资源贬值；相反，它将开辟自然资源开发的新途径和使用的新手段。优势资源同新技术相结合，将更有利于地区经济的发展。高技术产业耗能耗料少，在某种意义上说是正确的，可是这种产业所必需的精致原料的制备需要消耗大量的起始原料。例如它是高技术工业中的重要原料，单位用量很少，可是提炼一单位铌，却要消耗 500 单位的含铌铁矿石。从世界能矿资源的消费情况来看，发达国家占有绝对优势，而正是在这些国家，新技术产业产生、发展起来。美国人均年耗费能源 12.5 吨标准煤，苏联、联邦德国均为 6.2 吨，日本为 4.2 吨，远高于第三世界国家及世界平均水平。1985 年，美国、日本、苏联及联邦德国消费的铝金属占全世界铝金属消费总量的 56.80%，铜占 52.00%，铅占 47.89%，锌占 46.50%，铁矿占 53.03%，原钢占 52.07%。

## （二）对环境资源错误开发、利用方式所造成的恶果

自人类在地球上产生以来，人类活动的结果使地表的面貌发生了深刻的变化。为了维持生存和发展生产，人们大规模地开发、利用周围的环境资源。人类从物理环境中获取矿物作为工业生产的原料，通过有意识地增减生物物种和数量（比如农田中的除草……）来

满足农业生产的需要，在生产和生活过程中向环境排放各种废弃物品，从而改变了生态系统的结构，影响了生态系统的物质迁移和能量流动状况。生态系统是一种控制系统和反馈系统，具有一种反馈机制使其可以自我调节、自我维持。在一定限度内，它可以忍受一定的外界压力，具有一定的“弹性”，借以维持相对平衡。但是，当外界压力增大到超过“生态阈限”时，这种恢复原状的自我调节能力便随之降低，以致消失。此时，原有的平衡状态被破坏，生态系统衰退，甚至面临崩溃，这就是“生态失调”或“生态破坏”。环境在一定的限度内可以容纳一定数量的污染物而不影响环境的结构和功能，此为“环境容量”。但是，当人类排入环境的污染物超过了环境容量时，便会产生种种环境问题，环境质量下降，人体健康受到威胁。生态失调与环境污染是人类不合理地利用环境资源所造成的主要损失。

环境问题一开始就伴随着人类的诞生而出现。在作为社会的人还没有产生的时代，人类尚未意识到人与自然之间的关系，人与其他物种一样，与自然共处于一个共生、互利、和谐的统一体中。这个时候的环境问题是由于人们滥捕滥捞、过度采集而造成的生物资源的匮乏，但这种影响是很小的，是容易消除的。随着人类社会向前发展，人们利用、改造自然的能力有所提高，人与自然的关系建立在一种征服与被征服的基础之上。人类为了获得更多的财富来满足自身生存和繁衍的需要，一方面把大自然当成取之不尽、用之不竭的“仓库”，随心所欲地进行掠夺式的开采和浪费；另一方面又将大自然作为具有无限容量的大“垃圾箱”，向其中肆无忌惮地倾倒生产和生活废弃物。虽然在这个时期，土沃水美的美索不达亚平原成为不毛之地，“丝绸之路”变成茫茫的沙漠，但环境问题还仅限于局部范围之内，并未成为影响世界的主要问题。在700~800年前，从人类使用煤炭作为能源开始，环境污染逐步引起人们的注意。但是，环境污染造成公害并成为社会问题则是在18世纪末到20世纪初的产业革命完成的过程中开始的。在这个期间，首先是纺织工业，然后是煤炭、钢铁、化工等重工业都大量使用煤炭作为燃料，从而产生了较为严重的二氧化硫和烟尘以及其他有毒物的污染。在20世纪30~40年代，随着石油和天然气的生产和消费量急剧增长，石油在燃料构成中的比重大幅度上升，内燃机在全世界得到了广泛的应用，于是，因使用汽油、煤油、柴油等石油产品所造成的碳氢化合物、氮氧化物、二氧化碳和一氧化碳污染日趋严重。后来，煤炭的消费量也逐步增加，到1938年，世界煤炭的消耗量已超过石油的5倍，因而，二氧化硫与烟尘的污染也随年俱增。在这段时期，出现了比利时马斯河谷事件，美国多诺拉烟雾事件以及洛杉矶光化学烟雾事件，它们震惊了整个世界。第二次世界大战结束后，许多国家都致力于发展本国工业的生产，石油、煤炭的消耗量空前增加，在60年代，每年因燃烧石油和煤炭而排放到大气中的二氧化硫已超过1亿吨。全世界每年生产的汽车已达2000多万辆，由汽车排出的废气而引起的洛杉矶型光化学烟雾在许多城市出现，危害面逐渐扩大。由于重化工工业的发展，大量的有毒废弃物排放到环境中，对人体健康造成很大伤害。在这期间，出现了英国伦敦烟雾事件、日本四市哮喘事件、水俣湾汞污染事件、神通川镉稻事件、爱知县米糠油事件，表明环境污染已严重泛滥，产生的危害触目惊心。

进入20世纪70年代以后，环境问题已不是某个国家和地区的局部问题，而是成为跨越国界和地区界限的全球问题，严重威胁着人类的生存和发展。其具体表现为：①森林资源锐减，物种消亡速度增加；②耕地减少、水土流失加剧、土地沙漠化严重；③水资源缺乏；④酸雨危害蔓延世界各大洲；⑤二氧化碳浓度增高所造成的“温室效应”，导致全球性气候变迁；⑥臭氧层的破坏带来了一系列恶果：如使植物生长率下降、使动物免疫功能变化、使一些生物寿命缩短等。总之，环境问题已经日益严重地威胁着人类自身和人类社会的良性运行。因此，也正是自70年代以来，保护环境、改善人类生存环境的问题越来越受到专家学者和各国政府的重视。

下面，我们将人类保护环境以实现社会良性运行的战略做一简介。

## 三、环境保护战略的演变过程及其发展趋势

### （一）环境保护战略的演变

自20世纪50年代以来，人们对环境保护战略进行了多方面的探索，虽然取得了一定的成效，但从全球范围来看，环境污染仍在继续加重，自然生态仍在继续恶化，问题并未得到根本、彻底的解决。为了寻求更为有效的环境保护战略，须从回顾、总结以往的环境保护战略入手。发展至今的环境保护战略，大致经历了以下三个发展阶段：

1. 单项技术治理阶段

在过去相当长的一段时期里，人们只顾追求经济的增长、生产规模的扩大和物质产品的丰富，而对于由人类对环境资源不合理的开发、利用所产生的环境问题并没有给予足够的重视。直到20世纪30年代以后，环境问题日益严重，公害事件屡屡出现，人们的生产、生活受到了很大的威胁和影响，这才迫使人们开始认识、了解环境问题，并设法解决之。在70年代以前，环境问题还仅仅被认为是由工业化过程中产生的污染问题，环境保护工作只是治理工业废气、废水和废渣，及运用工程技术来减少污染。这期间，各种单项治理技术得到了较快的发展，如用生物净化法来处理城市生活污水和工业废水；使用消烟除尘、烟道气脱硫技术来防治煤的燃烧对大气的污染；用催化燃烧技术来治理有机废气污染等。

单项治理技术，所采用的是“头痛医头，脚痛治脚”的方法，对排污口的污染物进行净化、处理，虽然可以在短期内、局部范围里对环境污染有所控制，环境质量也有所改善，但无法从根本上解决环境问题。

2. 综合防治阶段

1972年6月5日在瑞典首都斯德哥尔摩召开的联合国人类环境会议是人类环境保护

史上一个重要的里程碑，标志着人类对环境的觉醒以及对环境问题认识的进一步加深。会议明确指出，环境问题不仅是一个技术问题，而且也是一个重要的社会、经济问题，光靠自然科学的方法无法从根本上解决环境问题。因此，必须有一种更为全面的观点，从发展过程中去解决环境问题。在《斯德哥尔摩人类环境宣言》中，代表们指出："为了这一代和将来的世世代代保护和改善人类环境，已经成为人类一个紧迫的目标，这个目标将同争取和平和全世界的经济与社会发展这两个既定的目标同时实现。"人们已逐步认识到，要解决环境问题，首先应研究掌握人类经济活动和环境之间相互影响、相互作用的机制和规律，然后将其应用于发展过程的每一阶段，在制定和实施发展规划的过程中，始终高度重视对环境的影响，不仅要考虑经济效果，同时也要注意环境效应。

在这期间，解决环境问题的措施由单项治理发展到综合防治。所谓综合防治，就是将环境当成一个有机的整体，根据当地的环境条件，按照污染物的产生、迁移和归宿的各个环节，采取法律、行政、经济和工程技术相结合的措施，并且综合考虑区域规划、资源利用、能源构成、有害物质的净化处理等因素，以期制定出整体上的最优防治方案，用最少的费用取得最优最大的环境效果。综合防治遵从以下原则：第一，技术和经济相结合。在制定方案时，不但要考虑技术上的先进性，而且还要考虑经济上的合理性。第二，以防为主，防治结合。通过建立环境影响评价制度，对大型工程的实施和重要的人类活动对环境造成的影响预先加以测定和估计，并采取各种措施加以治理，尽可能地减少、缩小不利影响，从而使人们在与环境污染的斗争中摆脱先污染后治理的不利与被动局面，并减少行动的盲目性。第三，人工治理与自然净化相结合。人工治理是解决环境问题的主要措施，但同时也应认识到自然界有"自净"能力，若能充分利用这种能力，就可减少相当数量的治理费用。第四，发展生产与保护环境相结合。生产部门在发展生产的过程中应加强资源管理，防止资源浪费，并通过改革工艺、综合利用，实行企业内部的环境综合治理，既可提高生产原料的使用效率，又可减少污染物的排放量和处理量。

3. 谋求持续发展阶段

法国学者佩鲁在20世纪80年代初提出了"新的发展哲学"，这是"新的发展"概念在理论上的系统化。新的发展哲学以社会和人的发展为中心，经济增长只是一种手段，任何发展战略的出发点应当是社会和人的需要，这种需要不仅指人的基本需要，而且还包括与民族的文化和传统相一致的、系统生态环境、文化和精神需要。这种观点认为，经济增长并不一定等于发展，经济的进步也不一定等于社会与人的进步。现实说明，经济的增长和国民生产总值的提高并不意味着全体社会成员的经济条件和政治待遇得到了改善；但是，如果没有经济的增长，也就不可能有社会与人类的进步。在增长、发展和进步的关系中，生态环境价值起着关键的作用，它是决定增减经济增长速度的基础，是检验增长目标是否合理的前提，也是评价经济发展的标准。佩鲁的这些观点为人们处理环境与经济发展的关系方面指出了一个全新的思路。

1987年2月在日本东京召开的世界环境与发展委员会第八次会议上通过了题为《我们

共同的未来》的报告，人们在环境问题的认识上有了一个重要的飞跃。环境问题，从根本上来讲就是一个资源问题，人类对资源的不合理使用和浪费是造成环境问题的根源。以往人们认为资源是大自然赋予人类的无限的财富，因而不承认资源具有价值，为了追求国民生产总值在短期内的上升而不惜采取掠夺的方式开发利用资源。由此产生的资源空心化现象，最终将导致经济的衰退，甚至引起世界性的大危机，人类的生存也受到威胁。报告指出，地球是一个大世界，人类活动及其影响已超过了国家、部门和有关大领域的界限，各种引起公众关注的全球性危机尤其如此，环境危机、发展危机、能源危机是相互关联的危机。目前各种发展趋势使越来越多的人贫困化，同时又使环境状况更加恶化。报告呼吁："需要有一条新的发展道路，不是一条仅能在若干年内在若干地方支持人类进步的道路，而是一直到遥远的未来都能支持全球人类进步的道路。"这条道路就是"持续发展"，即在不危及后代人满足其环境资源需求的前提下，寻求满足我们当代人需要的发展途径，这是人类对环境问题进行深刻反思之后所得出的结论。持续发展强调经济、社会发展同环境保护必须协调一致，要满足所有人的基本需求，向所有人提供实现美好生活愿望的机会。为了达到这个目的，发展中国家的经济增长要达到一个新阶段，发达国家的人民应根据地球上的生态条件来决定自己的生活方式。为了保护我们的地球，发达国家应对全球性的环境危机负起责任，应帮助发展中国家摆脱贫困，进而达到保护和改善全球环境的目的。

### （二）当代持续发展战略的基本原则

在持续发展的总目标的指引下，世界各国的行动原则是：

（1）发展经济。一个以贫穷为特点的世界将永远无法摆脱生态的和其他的灾难。要从根本上解决环境危机必须以振兴经济为前提，这对于发展中国家尤为重要。为此，一方面要提高环境资源库的价值；另一方面发达国家也应采取紧急、有效的措施，来促进世界经济的发展。

（2）提高发展质量。未来的发展应该是以持续、公平、稳定和安全为重要目标的新型发展，而不单单只是经济的增长。

（3）保护和改善资源。持续发展要求以充足的资源为基本条件。因此，必须改革生产手段，高效、合理地使用环境资源。对于可再生的生物资源，实行增值以保证能够永续利用；对于可循环再生或循环再用的资源，实行充分利用；对于不可再生资源，实行节约和综合利用的原则。此外，还应大力发展无污染产品，提倡低废和无污染技术，严格执行环境法规，采取各种有效措施，把污染控制在尽可能低的水平上。

（4）保持适宜的人口数量。适度的人口是人类社会持续发展的必要条件，而当今世界人口膨胀所造成的压力是导致环境危机的一个重要原因。所以，各国的人口政策应同整个人类的经济、社会发展计划相协调。当前，控制人口数量是全世界尤其是发展中国家的紧迫任务。

（5）控制新技术的危害。新技术是经济发展的主要动力，它还提供了减缓资源消耗速度的可能性。但是，它也包含着很大的危险性，其中包括新的污染形式以及使地球上出现可以改变物种进化过程的生命形式的新变种。因此，在采用新技术之前，必须评估其潜在的环境效应，并采取适当的控制措施，减少、消除其危害。

（6）在决策过程中协调环境与经济的关系。各国政府在决策过程中能否协调好经济与环境的关系在相当大的程度上决定了持续发展能否实现。

（7）调整国际经济关系，加强国际合作。资源退化和贫困化是紧密相连的，而旧的国际经济关系阻碍了贫困化的消除。因此，长期的持续发展要求调整国际经济关系，改变南北不平等的经济格局，以促进公正的、与环保战略相一致的贸易、资本和技术流动。当前的环境问题已超越了国家、地区之间的界限，成为全球性的问题，这个问题的彻底解决，有赖于世界各国的努力与合作。

从上述环境保护战略的三个发展阶段来看，为了实现真正的持续发展，我们必须从过去偏重于治理或防治的环境管理的战略转移到以环境资源的合理开发、利用、保护为核心的环境资源管理战略上来。以环境资源管理的战略为指导，最终实现人类与其生存环境之间的协调发展。

# 论资源资本化、价格化与可持续发展*

资源，是当今世界关注的重大问题之一，它已经成为制约我国社会经济发展的关键性因素。社会经济发展史表明：资源，自古至今一直是以其不可或缺的物质基础的性质，支撑着人类和人类社会的存在和发展；人类社会的文明，社会经济的发展从某种意义上讲，就是资源开发、利用深度的不断增加，广度的不断扩大，并且随着社会经济的现代化，愈加显示出资源对经济发展的支持和制约作用。

## 一、资源开发利用中存在的问题

资源在全世界和我国的开发利用过程中，都还存在着严重的问题，主要表现在：

### （一）人口与资源的矛盾加剧

人口压力增大，造成资源开发规模不断扩大，许多资源迅猛减少，面临枯竭。例如，从世界范围来看，自工业革命以来，矿产资源的开发、耗用速度呈加速或超加速趋势发展。全世界煤炭开采总量 1860 年不足 2 亿吨，1981 年已达 38 亿吨；石油产出量 1920 年不到 1 亿吨，1979 年已达 32 亿吨，铁、铜、铝等十大金属生产总量，从 1965 年的 6.4 亿吨增加到 1985 年的 8.93 亿吨。20 年间净增加 2.5 亿吨。致使这些资源的采储比失调，资源面临枯竭。其他，诸如可再生性森林等生物资源，不易耗竭或可再生性土地资源、淡水资源等，由于过量采伐，或长时期滥用、侵吞，有的也在急剧消失之中，比如热带雨林，据估计 75 年后将砍伐殆尽；有的则在迅速退化、劣变，比如土地沙漠化全球已达 40 亿公顷，且每年还在以 600 万公顷的速度吞噬着现有的森林、田野和村庄。

我国也有类似状况。我国是第三资源大国，又开发建设仅 40 余年，一般来说，资源的开发利用尚处前期阶段。但是，我国人口众多，致使资源的开发、利用出现一些特殊情况。一是人均资源占有量大大低于世界人均占有量。比如，人均耕地、林地、木材蓄积

* 本文选自吴郁文、张敦富、陈佳源、刘清泉：《21 世纪中国区域经济发展》，中国轻工业出版社 2001 年版。参撰者：孙久文。

量，分别仅为世界人均量的1/5、1/6、1/8，人均淡水资源、矿产资源尚不足世界人均量的1/4、1/2等。二是人口基数过大，年人口绝对增加量也是一个巨大的数字（1500万人口以上），因此人均资源占有量锐减。

### （二）在对资源的开发、利用中，存在不合理与浪费

在我国经济运行中的主要表现是：资源开发利用率尚很低，资源浪费既普遍又很严重，各种资源消耗过快。比如，矿产资源采选回收率比现代发达国家低10%~20%；在1986年前的3年中，我国国民生产总值增长6.8倍，而同期的能源投入却增长14.1倍，生铁23.4倍，四种有色金属35倍，反映出典型的外延式扩大再生产的增长方式。

近年来，随着我国经济增长方式的转变，经济增长与资源消耗的比例有了很大变化，在经济增长的同时，降低了对能源和资源的消耗，取得了很大进步，但与国外发达国家相比，仍然有很大差距。例如，1995年每千克能源产生的GDP，我国是0.7美元，美国是2.6美元，日本是6.2美元，韩国是1.8美元，由此可见，我国在加速经济发展过程中，对资源的开发利用仍然存在着极大的不合理和不经济。

### （三）资源开发利用对生态环境产生重大影响，造成一些地区生态系统的破坏和环境的恶化

由于资源开发过程中不注意环境保护，造成地面不均匀沉降，露天开采则常常破坏当地的植被系统，开采过程中又造成水资源和空气的严重污染，而在冶炼加工过程中，对环境的污染就更加严重。

上述人口、资源和环境问题的融合与叠加，要求人们在开发利用资源的途径、方法上，必须进行彻底的改革。否则，人类社会的生存、发展将迅即失去资源这个物质基础。必须探索一种新的发展战略和途径——在保护资源的同时，科学、合理、经济、有效地开发利用资源，求得人类社会的可持续发展。

## 二、可持续发展

毫无疑问，可持续发展战略是我们所谋求的新的既科学的保护资源，又充分合理有效地开发利用资源，从而使社会经济获得持续、稳定、协调发展的战略。很显著，这种新的发展战略，以社会和人的发展为中心，经济增长只是一种手段，任何发展战略的出发点，都应当是社会和人的需要。这种需要不仅指人的基本需求，而且还包括与民族的文化和传统相一致的需要，使资源获得有效保护的系统生态环境的需要，以及文化和精神上的需要。经济增长并不一定等于发展，经济的进步也不一定等于社会与人类的进步。现实说明，经济的增长和国民生产总值的提高，并不意味着全社会成员的经济条件、生存环境和

政治待遇得到了改善；但是，同时也认为如果没有经济的增长，也就不可能有社会与人类的进步。在增长、发展和进步的关系中，以保护资源和合理而有效地开发利用资源为核心的生态环境价值起着关键性作用，因为它是决定增、减经济增长速度的基础，是检验增长目标是否合理的前提，也是评价经济发展的标准。

世界环境与发展委员会于 1987 年提出《我们共同的未来》的报告，报告呼吁："需要有一条新的发展道路，不是一条仅能在若干年内在若干地方支持人类进步的道路，而是一直到遥远的未来都能支持全球人类进步的道路"。这条道路就是"可持续发展"。即在不危及后代人，而且满足其资源需求的前提下，寻求满足我们当代人需要的发展途径，这可以说是人类对资源与发展问题进行深刻反思之后，所得出的结论。

在可持续发展总目标的指引下，从资源与发展的角度讲，世界各国今后的行动内容和原则是：

——发展经济。因为一个以贫穷为特点的世界，将永远无法摆脱各种灾难。要从根本上解决各种危机，必须振兴经济，这对于发展中国家尤为重要。为此，一方面要提高资源库的价值，另一方面发达国家也应采取紧急、有效的措施，来促进世界经济的发展。

——提高发展质量。即未来的发展，应该是以持续、公平、稳定和安全为重要目标的新型发展，而不仅仅是经济增长。

——保护和改善资源。持续发展要求以充足的资源为基本条件，因此必须改革生产途径与手段，力求高效、合理地使用资源。

——保持适宜的人口数量，应当或必须认识到，适度人口是人类社会可持续发展的必要条件。而当今世界人口膨胀所造成的压力，是导致世界性各种危机和问题的一个重要原因。所以，各国的人口政策应同整个人类的经济、社会发展计划相协调。当前，控制人口数量是全世界尤其是发展中国家的紧迫任务。

——控制新技术的危害。实践证明，新技术是经济发展的重要动力，并且它还提供了减缓资源耗用速度的可能性。但是它也包含着很大的危险性，其中包括以新的形式污染与破坏资源。因此，在采用新技术之前，必须评价其潜在的效应，并采取适当措施，使其危害减少或消除。

——协调环境与经济的关系。各国、各地区政府在若干重大决策过程中，能否协调好经济与开发利用资源所引起的环境关系问题，在相当大程度上决定着持续发展能否实现。因此，必须予以特别的重视。

——调整区际、国际经济关系，加强区际、国际合作。资源的退化、劣变、衰竭和地区社会经济的贫困化是紧密相连的。以往的旧的区际、国际经济关系妨碍着贫困化的消除。因此，欲实现长期的持续发展，要求调整区际和国际经济关系，促进更加平等的、同资源保护战略相一致的贸易、资本和技术的流动，并用以取代旧的区际、国际经济关系。

## 三、资源资本化

通过对资源与发展之间存在问题的反思和资源与可持续发展之间关系的探讨，可以看到，欲使资源充分、合理、持久地支撑社会经济的发展，必须强化对资源的管理，最有现实意义和实质性作用的是资本化和价格化。资源的资本化，是实现资源产权管理合理界定资源所有权、管理权、经营使用权的前提和依据；资源的价格化，既是资源资产化的要求，实现资源产权管理的必要手段，又是使生产运行科学化，资源配置、使用合理化，经济发展走上良性循环的关键途径与措施。

关于资源资本化，是为了加强对资源的管理，而把“资源”视为“资本”的一种理论或主张。因为，资源和资本在社会学与经济学中，它们的内涵和外延是不相同的两个概念。资源是指一切能为人类提供生存、享受、发展的自然物质与自然条件，及这些物质与条件相互作用而形成的自然生态环境和人工环境；它是一种作用于人类社会经济生活的“源本”物质要素或物质力量。资本则是指已为付出经济代价者所占有，总是归属于一定所有者，并为所有者带来权益的那些物质和条件。资源与资本既有区别，又有联系。它们的区别是：资源有的有特定所有者，有的无特定所有者，而资本总是有特定所有者；有的资源有特定所有者，但其并未付出相应经济代价，而资本所有者总是已付出经济代价；资源（指有所有者的资源）和资本，对所有者来说，有拥有而不利用，或既拥有也利用之状况，但资源拥有不利用一般不带来权益，利用才带来权益，资本无论拥有或利用都能带来权益；资源是作为作用于人类社会经济生活“资本”物质要素发挥作用的对象物，而资本则不会作为“资源”物质要素发挥作用的对象物。总之，从自然物质与自然条件有无归属来看，资源比资本包括的范围广泛；而从已有归属的资源和资本进行分析，那些已经作用于人类生存、享受和发展的物质要素，比如人们已经拥有的生活资源，就不会再作为“源本”物质要素发挥作用，因而不属资源之列。从这个角度讲，资源又比资本狭窄了些。

资源与资本是有紧密联系的。资本是由资源转化而来的，资源是资本的物质前提和基础。资本由资源转化而来，这个“转化”，也就是说资源变化为资产是有条件的，是经历了一定过程的。这“条件”和“过程”就是人类对资源施以改造、影响和加工，在资源上附加了人的活劳动。在资源中赋予了人类的物质劳动。因此，资本亦即财富。

至此，我们对资源和资本的概念、联系与区别从理论上进行了剖析，明确了它们的含义和作用。然而，我们切不可再想当然地自以为是或形而上学地生搬、硬套。因为想当然地自以为是或教条地照抄、照搬，已使我们在处理资源与发展的关系上吃尽了苦头，原因就在于以往的人们和现在相当多的人们，认为资源是天赐之物，是用之不尽、取之不竭的，因而对资源的开发利用不仅粗放，而且掠夺、滥用和挥霍。这种观念和做法，在古代使水草丰美的美索布达米亚、小亚细亚变成了不毛之地；在现代使水土大量流失，森林急剧减少，矿产资源迅速枯竭……整个人类面临着失去生存基础的灾难。严酷的事实要求我们必须革新观念，改变做法。必须真正认识到保护资源的极端重要性和紧迫性，对资源必须予以认真的保护，科学、合理地开发。为了确保这两个方面的实现，资源资本化势在必行。如前所述，资源与资本是不等同的，而资源资本化，主要是把资源视为资本。在管理上将其划入资本领域，以便把资源犹如资本一样施以严格管理。这既是资源资本化的出发点，也是其归宿。

## 四、资源价格化

视资源为资本，加强对资源科学而严格的管理，使科学管理下的资源成为可持续发展的基础。其中的关键是如何实现对资源科学而严格的管理。根据我国的国情和实践，“资源价格化研究和实施”是实现对资源科学而严格的管理，使经济运行科学化，资源配置、使用合理化，可持续发展得以实现的基本途径。

关于资源价格化问题，是一个复杂的理论问题和现实问题。目前，国内外尚在探索之中。其基本内容包括以下几个方面：

### （一）资源价格的依据

（1）资源价格的理论依据。按照马克思主义的观点，价格取决于价值，价值取决于社会必要劳动时间。马克思指出：“价格毕竟可以完全不是价值的表现。本身不是商品的东西，例如良心、名誉等，也可以被它们的所有者拿去换货币，并通过它们的价格，取得商品的形态。所以，一种东西尽管没有价值，但能在形式上有一个价格。在这种场合，价格表现就像数学上的某些数量一样，是想象的。”从这些精辟、透彻、符合实际的论断中可以知道，对于非商品物来说，若被其所有者用以换取货币，那么就使其取得商品形式。但是，这种商品与价格的关系，同真正的商品与价格的关系是不同的。这种非劳动产品，没有价值的东西，使其具有的价格，不是由于它取商品形式而有价格，而是它被赋予了价格才取商品形式。这种非劳动产品、无价值的东西，可以具有价格的逻辑思路与实际状况。对于我们所研究的资源价格来说是适用的，此乃资源价格依据之一。

（2）资源价格的内在依据。资源价格的论点，除了不与马克思主义经典作家价值理论相悖，以及恰好符合其非劳动产品无价值的东西可以具有价格的论断外，我们认为最根本的依据是资源具有形成资本形式的本质与属性。

资源是人类一切活动，尤其是社会经济活动的前提与基础，并且是社会经济发展的界限。资源之所以能够成为人类社会经济活动的前提与基础，是有其深层根据的，在遵守自然与规律的前提下，通过对资源的加工，使其使用价值更加聚集，更加突出或更加完善罢了。脱离开自然资源和自然条件的这种属性——内含着的使用价值之功能，人类的劳动是什么也创造不出来的。

由上述诸种引证和分析，可以清楚地看到，资源秉赋着使用价值这一属性，是资源资产化的基础和根据，也是可以赋予资源价格最基本的依据。

（3）赋予资源价格的外在依据。资源秉赋着使用价值，是赋予其价格的内在依据。然而，不是所有秉赋着使用价值的资源都要赋予价格。比如，可供人类永续利用的资源——太阳的光能、热能和大气等。现在对人类来说，还是取之不尽、用之不竭的物质与能量，赋予其价格尚无必要。

对于资源中的可再生性资源（动、植物和微生物等）、不可再生的非耗竭性资源（土地等）、永续又可耗竭性资源（水资源等）和不可再生的耗竭性资源（矿产资源等）来说，它们除了秉赋使用价值外，还有一种特性，即资源的有限性。资源有限性的表现是：资源不可能总是无限制地以现成的生活资料和生产资料的起始原料形式供给人类，即人类在把资源作为一般对象物进行开发、利用、加工和改造过程中，如若不作适当规划管理，便会引起资源的无节制的耗费，并导致资源与条件的改变，遇到人类赖以生存、活动的环境基础的限制和最高界限。

如何才能实现和达到经济有效地使用资源的目的要求呢？赋予资源价格，是必需的和最为有效的手段。这是人类社会，或说是社会经济发展至今的一种必然结果。然而，这是在人们认识到资源具有稀缺性时，被迫欲采取的一种战略决策。因此，稀缺性是使资源形成资本形式的亦即赋予资源价格的又一必要条件，或外在根据。

总之，资源秉赋着使用价值，是形成有价格之资产的内在根据，资源具有稀缺性，是形成有价格之资产形成的外在条件。资源可以取价格化形态，既有内因，也有外因，就是说具备充分的必要的条件，即资源可以并应当赋予价格。

### （二）确定资源价格的基本方法

既然资源价格在理论上能够成立，研究确定资源价格的方法，就显得十分重要。

第一，以“影子价格”为依据来确定资源价格。“影子价格”理论，是由荷兰经济学家詹思·丁伯根提出的，不过他当时主要是将其用于自由经济中的分散决策，故常被称为“预测价格”。萨缪尔森发展了詹思·丁伯根的“影子价格”理论，使其成为主要反映资源是否得到合理配置的“预测价格”概念，并从三个方面对“影子价格”做出了比较具体的说明：①“影子价格”是以线性规划为计算方法的“计算价格”；②“影子价格”是一种资源价格；③“影子价格”是以边际生产力为基础的。另外，他还把商品的边际成本称为“影子价格”。

我们研究的“资源价格”，完全可以采用“影子价格”的理论与方法予以确定，其具体方法，可运用“参照权数”的方法。“参照权数”，即寻求一个“参照系列”，将我们所研究的某种资源的全部使用价值与其对应，并求出各种比例系数。这些比例系数即为“参照权数”。比如利用国际价格、到岸价格或离岸价格都可以作为替代型影子价格；用本国相应物质价格与之相比较，即可得参照权数。当然这种权数再乘以本国相应资源价格，即资源影子价格。按影子价格赋予资源的价格，应当使资源在使用中起到两方面的作用：一是使资源产生合乎社会需要的效用，实现最大的综合效用；二是使社会生产的运行机制的耗费最经济，达到最小的总消耗。

第二，资源的机会成本，替代价格和补偿价格理论与方法。①资源的机会成本理论与方法：资源的机会成本是以资源的稀缺性和有限性为前提，其出发点是资源的个别应用、消费过程中价格的确定，是以各部门、行业乃至整个社会的经济利益作为参照系。具体来说，机会成本就是一种资源用于这种用场而不用于他种用场，或放弃他种用场所带来的损失或所付出的代价。也可以这样来表述，即一种资源不同使用方式的比较成本或比较利益。运用机会成本赋予资源价格，是一个从个别到一般反复进行的社会过程。其具体做法是，同一资源用于一种生产活动所产生的成本和效益，与用作其他生产活动所产生的成本和效益进行比较，分析和评价，从中选择最优来实现。②资源的替代价格理论与方法：资源的替代价格，着重反映不可再生资源的稀缺性，以及人类社会对该种资源的要求和消费不断增长之间的矛盾。其目的之一是限制对不可再生资源的需求与消费，延长其使用时间。然而，不可再生或非补偿性资源的稀缺性是相对的，因为人们对资源的要求，主要不是特定物质，而是物质的性能，而某种或某些物质性能，在一定经济技术条件下，可以被另一种或另一些物质替代。比如，钢和水泥在某种情况下，是可以被另一种或另一些物质替代的，在某种情况下又可相互替代使用。不可再生或非补偿性资源的价格，应该根据发现、创造和获得替代资源的费用来确定。需要注意的是，由于资源替代价格的产生，常常是在该种资源使用的后期，或接近于枯竭之时，替代价格变动大，且缺乏确定性，故非补偿资源价格只能作为预测性参照。但是，可以作为重要参数。③资源的补偿价格理论与方法：资源补偿价格理论与方法，着重反映可再生资源的恢复与更新要求。该类资源价格，是依据补偿原则，按照补偿费用来确定所耗用的资源价格。故该种资源价格，以视被补偿的资源费用水平来确定。

第三，资源的区位价格理论与方法。资源区位价格理论与方法，着重反映资源所处地域区位的差异。即资源都是落脚到具体地域上的，因此，资源的区域分布，使其具有区域属性和功能的变化，因而产生不尽相同的区位价格。

# 论生态环境保护的有效途径：对环境资源价格的科学核算*

如前文所述，人类的生存与发展必须与环境相协调，这样，就要对环境资源进行管理。那么，怎样实施这种环境资源管理的战略呢？我们认为对环境资源的管理不能停留在定性的研究上，还要进行定量的研究。即应对于环境资源的确切价格进行核算，从而比较精确地分析环境资源与人类社会之间的交换关系。为此，我们引进了“环境资源价格”的概念。我们认为，将环境资源价格化是实现环境资源配置使用合理化的关键措施，是实现人类与其生存环境协调发展科学化的重大步骤，是环境保护与社会运行在更深层次结合的纽带，也是社会良性运行得以实现的重要保证。

## 一、环境资源价格的含义与依据

### （一）环境资源与经济资源

环境资源，是指一切能为人类提供生存、发展和享受的自然物质和自然条件，以及人工环境。它超出自然资源的范围，包括了社会经济内容。其中的自然物质和自然条件，是在一定社会经济条件和一定科学技术水平，以及人类不同发展阶段所需要的物质与条件，而不是其全部；亦即能为人类和人类社会的发展提供使用价值前提和基础的自然物质与自然条件。

经济资源，是环境资源经过人类劳动的投入或协助，成为人类与人类社会具有使用价值的物质与条件（即社会财富）。

环境资源是经济资源的前提与基础，经济资源是人类对环境资源加工、改造的结果。

### （二）环境资源价格的经典作家理论依据

环境资源价格，是我们赋予环境资源的。因为，按照马克思主义经典作家的定义，价

* 本文选自郑杭生、李强等：《社会运行导论》，中国人民大学出版社 1993 年版。本书获国家社会科学基金优秀成果二等奖。

格是由价值决定的，价值又是由社会必要劳动时间决定的。环境资源，尤其是其自然物质和自然条件那一部分，是天赐之物，不是劳动产品，它本身没有价值，当然也就没有根据价值引出的价格。但是，我们提出的环境资源价格的论点，并不与马克思主义价值理论相悖。不仅如此，我们恰恰是运用经典作家的价值理论，结合环境资源价格的调查研究，提出环境资源价格的依据、理论与方法。

我们知道，价格取决于价值，价值取决于社会必要劳动时间，这是马克思价值理论最本质的规定。但是马克思价值理论的全部内容绝不仅限于此。马克思主义经典作家从来未讲不是劳动产品从而没有价值的东西就不可以有价格，就不能取商品形式。而是根据社会经济运行的实际，对价值与价格的多种关系进行了阐述和发掘。比如马克思在《资本论》第一卷中即指出“……但价格毕竟可以完全不是价值的表现。本身不是商品的东西，例如良心、名誉等，也可以被它们的所有者拿去交换货币，并通过它们的价格，取得商品的形态。所以，一种东西尽管没有价值，但能在形式上有一个价格。在这种场合，价格表现就像数学上的某些数量一样，是想象的”。① 从这些精辟、透彻、符合实际的论断中，可以知道，对于非商品物来说，若被其所有者用以换取货币，那么就使其取得商品形式。但是，这种商品与价格的关系，同真正的商品与价格的关系是不同的。这种非劳动产品、没有价值的东西，使其具有的价格，不是由于它取商品形式而有价格，而是它被赋予了价格才取商品形式。这种非劳动产品（无价值的东西），可以具有价格的逻辑思路与实际状况，对于我们所研究的环境资源价格来说是适用的，此乃环境资源价格依据之一。其价格名称，可以继续采用马克思的用语：“虚幻价格”。

### （三）环境资源价格的内在依据

环境资源价格的论点，除不与马克思主义经典作家价值理论相悖，又恰好符合其非劳动产品无价值的东西可以具有价格的论断外，我们认为最根本的依据是环境资源具有形成经济资源的本质与属性。

马克思曾说：“土地（在经济学上也包括水）原来就会以食料、现成的生活资料供给于人类……”（自然为人供给这少数产物……）② “……所有那些不过由劳动才和大地脱离直接联系的物品，都是自然已有的对象，例如从水（鱼的生活要素）中捕获的鱼，从原始森林采伐的木材，从矿山采出的矿石”③ “……土地既是人的食料的原始仓库，又是他的劳动手段的原始仓库”④ “……土地本身……是劳动者立足的处所，是他的过程得以进行的工作场所。”⑤

从马克思对土地的论述中可以看到，土地——引申为一般环境资源，是自然资源，亦

① 马克思：《资本论》第 1 卷，第 81 页。
② 同①，第 172 页。
③④ 同①，第 173 页。
⑤ 同①，第 175 页。

是我们定义中的环境资源，它具有满足人类生活活动、生产活动及其所有活动过程所需要的本质属性。其具体表现是土地具备着供给人类以现成的生活资料、生产资料，包括劳动对象、劳动资料——劳动手段和活动场所的功能。也就是说土地（引申之，可以泛指一切环境资源）这种环境资源，对人类和人类社会具有着使用价值的特性。但是，以上所说，主要还是处于自在状态的环境资源，未经人类劳动的投入和协助，以现成的生活资料和生产资料供给人类。这种现成的“天然产物，是数量很小的”[①]。

环境资源是社会运行，主要是社会经济运行的前提与基础。环境资源之所以能够成为人类社会经济运行的前提与基础，是有其深层根据的。正如马克思在论述劳动手段时所说：“他（指劳动者——引者注）利用某些物品的机械属性、物理属性和化学属性，把它们当作发挥能力的手段，适合于他的目的而在别的一些物品上面发生作用。”[②] 紧接着马克思在注释中引用了黑格尔的一段话：“理性强有力，也有狡智。它的狡智，一般地说是由间接的活动构成。当它按照事物本身的性质，使它们互相发生作用，互相发生影响的时候，它不直接干预其中的过程，但是可以实现自己的目的。”[③] 这些表述，说明人类的生产活动，也只能是利用环境资源与环境条件的属性和功能。马克思还说：“撇开社会生产的不同发展程度不说，劳动生产率是同自然条件相联系的。这些自然条件都可归结为人本身的自然（如人种等）和人的周围的自然。外界自然条件在经济上可以分为两大类：生活资料的自然富源，例如土壤的肥力，鱼产丰富的水体等；劳动资料的自然富源，如奔腾的瀑布、可以航行的河流、森林、金属、煤炭等。在文化初期，第一类自然富源具有决定性的意义；在较高的发展阶段，第二类自然富源具有决定性的意义。”[④] 也就是说，无论是具有肥力的土壤，能够丰产鱼类的水体，还是能够提供动力的瀑布、煤炭，供航行的河流……它们之所以能够成为人类生活资料和生产资料的富源，就是因为它们本身秉赋着使用价值的功能与属性。人类劳动的投入与协助，只是也仅仅是在遵从自然与生态规律的前提下，通过对环境资源的加工，使其使用价值更加聚集、更加突出或更加完善罢了。脱离开环境资源和环境条件的这种属性——内含着的使用价值之功能，人类的劳动是什么也创造不出来的。

由上诸种引证和分析，可以清楚地看到，环境资源秉赋着使用价值这一属性，是形成经济资源的基础与根据，也是赋予环境资源价格的深层的内在依据。

### （四）环境资源价格的外在依据

环境资源秉赋着使用价值这一属性，构成环境资源价格的内在依据。然而，不是所有秉赋使用价值的环境资源都使其具有价格。比如，可供人类永续利用的环境资源——太阳

---

① 马克思：《资本论》第 1 卷，第 172 页。
② 同①，第 173 页。
③ 同①，第 173 页。
④ 同①，第 560 页。

光能、热能和大气资源等，现在对人类来说，还是取之不尽、用之不竭的物质或能源，赋予其价格当无必要。

对于环境资源中的可再生性资源（动植物和微生物等）、不可再生的非耗竭性资源（土地等）、永续又可耗竭性资源（水资源等）和不可再生的耗竭性资源（矿产资源等）来说，它们除了秉赋使用价值之外，还有一种特性，即环境资源的有限性。环境资源有限性的表现是：环境资源不可能总是无限制地以现成的生活资料和生产资料的起始原料形式供给人类。即人类把环境资源作为一般对象物进行开发、利用、加工和改造过程中，如若不作适当规划与决策，便会引起环境资源无节制的耗费，并导致环境资源与环境条件的改变，遇到人类赖以生存、活动的环境基础的限制或最高界限，产生“生活富源”“生产富源”的减少、贫化、衰竭和耗尽，这就是环境资源的有限性或稀缺性。

正如人们常说的“物以稀为贵”，环境资源稀缺性强化，便会使环境资源与环境条件遭到破坏和恶化；使产业进步遇到的环境束缚和限制加强；越是社会经济的更高发展阶段，整个环境资源与条件，更具有重要意义。正是这个原因，需要全社会有控制地更加经济有效地利用环境资源。这里又包括两层意思：除了大规模地有效地“占有或驯服自然力（环境资源与环境条件）”外，还包括合理的节约使用、消费环境资源，以求达到永续利用，使环境资源与条件永久性地经济有效地为人类服务下去。

如何才能实现和达到节约并经济有效地使用环境资源的目的要求呢？赋予环境资源价格，是必需的和最为有力的手段。这是人类社会，或说是社会经济发展至今的一种必然结果。然而，这是在人们认识到环境资源具有稀缺性时，被迫采取的一种战略决策。因此，稀缺性是使环境资源形成经济资源的必要条件，或称外在根据。

总之，环境资源秉赋着使用价值，是形成经济资源的内在根据；环境资源具有稀缺性，是形成经济资源的外在根据；环境资源可以经济资源化，既有内因，也有外因，就是由于具备了充分而必要的条件，亦即环境资源可以并应当赋予价格。

## 二、核算环境资源价格的理论与方法

环境资源秉赋着人类和人类社会的使用价值，它在被开发、被利用过程中，又呈现出有限性和稀缺性，从而构成赋予环境资源价格的充分必要条件或根据，亦即对环境资源可以定价的原理和准则。但是它们是一些普遍的原理和准则，对环境资源赋予价格，还必须加以具体化，这就是核算环境资源价格的具体理论与方法。

### （一）环境资源影子价格的理论与方法

我们认为，前面在论述环境资源价格的依据时，所提及的马克思主义经典作家对非劳动产品从而没有价格的东西，可以具有“想象的”“虚幻价格”的理论，同现在国际上比较流行的“影子价格”理论是相通的。由于影子价格在世界各国的经济活动和交往中，得到广泛的运用，其理论和方法已比较成熟；影子价格更多的是从整个社会对环境资源的使用和耗费着手研究问题，用以直接确定自然资源的社会价格。所以，我们将影子价格理论与方法作为研究环境资源价格的主要理论与方法。

“影子价格”理论，是由荷兰经济学家詹思·丁伯根提出的。不过他主要是将其用于自由经济中的分散决策，故常被称为“预测价格”。萨缪尔森发展了詹思·丁伯根的“影子价格”理论，使其成为主要反映资源是否得到合理配置的“预测价格”的概念，并从三个方面对“影子价格”做出了比较具体的说明：第一，“影子价格”是以线性规划为计算方法的“计算价格”；第二，“影子价格”是一种资源价格；第三，“影子价格”以边际生产力为基础。另外，他还把商品的边际成本称为“影子价格”。

我们所研究的“环境资源价格”，完全可以采用“影子价格”的理论与方法来予以确定，其具体方法可以是运用“参照权数”的方法。参照权数，即寻求一个“参照系”，将我们所研究的某种环境资源的全部使用价值与其对应，并求出各种比例系数，这些比例系数即“参照权数”。比如利用国际价格、到岸价格或离岸价格都可以作为替代型影子价格，用本国相应物资价格与之相比较，即可得到参照权数。当然，这种权数乘以本国相应环境资源价格，即环境资源影子价格。按影子价格赋予环境资源价格，应当使环境资源在使用中起到两方面的作用：第一是使环境资源产生合乎社会需要的效用，实现最大的综合效用；第二是使社会生产运行中的耗费最经济，达到最小的总消耗。

### （二）环境资源的机会成本、替代价格和补偿价格理论与方法

1. 环境资源的机会成本理论与方法

环境资源的机会成本，是以环境资源的稀缺和有限性为前提，其出发点是环境资源的个别应用、消费过程中价格的确定，是以各部门、行业乃至整个社会的经济利益作为参照系。具体来说，机会成本就是一种环境资源用于这种用场，而不用于他种用场，或放弃他种用场所带来的损失或所付出的代价。也可以这样来表述，即一种环境资源不同使用方式的比较成本或比较利益。运用机会成本赋予环境资源价格，是一个从个别到一般反复进行的社会过程。其具体做法是同一环境资源用于一种生产活动所产生的成本和效益，与用作其他生产活动所产生的成本和效益进行比较、分析和评价，从中选择最优来实现。

2. 环境资源的替代价格理论与方法

环境资源的替代价格，着重反映不可再生环境资源的稀缺性，以及人类社会对该种环境资源的需求和消费不断增长之间的矛盾。其目的之一是限制对不可再生资源的需求与消费，延长其使用时期。然而，不可再生或非补偿性环境资源的稀缺性是相对的。因为人们对环境资源的需求，主要不是特定物质，而是物质的性能。而某种或某些物质性能，在一定经济技术条件下，可以被另一种或另一些物质替代。比如钢和水泥在某种情况下，是可以被另一种或另一些物质替代；或钢和水泥在某种情况下可以相互替代使用。

不可再生或非补偿性环境资源价格，应该依据发现、创造和获取替代资源的费用来确定。需要注意的是，由于环境资源替代价格的产生，常常是在该种环境资源使用的后期，或接近枯竭之时，替代价格变动大，且缺乏确定性。故非补偿性环境资源价格，不能完全依据替代价格，而只能作为预测性参照。但是，可作为重要参数。

3. 环境资源的补偿价格理论与方法

环境资源补偿价格理论与方法，着重反映可再生环境资源的恢复与更新要求。该类环境资源价格，是依据补偿原则，按照补偿费用来确定所耗用的环境资源价格。环境资源价格，视补偿该种环境资源费用的水平确定。

### （三）环境资源的区位价格理论与方法

环境资源区位价格理论与方法，着重反映环境资源所处地域区位的差异。即环境资源都是落脚到具体地域上的，因此环境资源的区域分布使其具有区域属性和功能的变化，因而产生不尽相同的区位价格。

环境资源区位价格，既要顾及环境资源本身的地域区位分布，又要考虑人类利用环境资源时活动场所的区位性。亦即必须综合考虑影响环境资源价格的各种区位因素。

## 三、关于土地资源价格的核算

我国和世界各国的政府、学者及环境、经济工作者，都在为环境保护和经济发展的协调积极工作。近年来，人们已经认识到，要解决环境问题，应当把保护环境同保护环境资源有机地结合起来。要从过去偏重抓污染治理，转移到抓环境资源的合理开发、合理利用上来。亦即从环境管理步入环境资源管理，建立以合理利用环境资源为核心的环境管理战略。为了实施这一战略，除了前面已对环境资源的一般价格进行研究、探讨外，还必须对最重要的关键性环境资源——诸如土地、水、能源和森林等环境资源的合理价格水平进行科学的分析与计算，正确地反映出它们的真实价值和对国民经济产生的应有效果——包括经济效益、生态环境效益和社会效益，只有这样，才能使保护环境资源有牢固的科学基础，社会经济的持续发展才能得以实现。

下面我们首先来研究土地资源价格问题。土地是人类生存和发展的最基本的条件。正如马克思所指出的那样："土地是一切生产和一切存在的源泉"①；是人类"不能出让的生存条件和再生产条件。"②"劳动并不是它所生产的使用价值即物质财富的唯一源泉……劳动是财富之父，土地是财富之母。"③但是，土地是自然产物，而不是劳动产物。土地的稀缺

①《马克思恩格斯全集》，第12卷，第757页。

② 同①，第25卷，第950页。

③《马克思恩格斯全集》，第23卷，第57页。

性是它的重要特征之一。尤其在我们国家，由于人口众多，十分珍惜每一寸土地，合理地利用每一寸土地，应该成为我们的国策。

## （一）土地资源价格的理论依据和意义

### 1. 土地资源价格的理论依据

土地资源价值是土地资源价格的理论基础，但对土地资源价值的不同理解和分歧，就会得出全然不同的地价公式。

我们认为，在分析我国目前的土地资源是否具有“资源价值”时，不能脱离具体的经济条件。一般来说，要使土地资源所有权在经济生活中失去作用，必须具备两个条件：第一，土地归全社会所有；第二，商品经济为产品经济所取代。这两个条件缺一不可。存在着商品经济条件下的社会，即使土地实行全民所有，土地禁止买卖与出租，在实际经济生活中，或多或少，或明或暗地，总还会存在一定的土地市场。目前，我国城市土地中，类似的现象大量存在。同样，如果商品经济消失了，但是依然存在着个人或集团对土地所有权的垄断，土地照样可以用作活动和娱乐的空间场所，而不能自由出让。所以对于目前我国土地资源的价格中是否包括“虚拟的资源价值”，答案是肯定的。因为，一是我国还存在着土地集体所有权；二是土地所有权和使用权的分离尚普遍存在，每个使用土地者都有其独立或相对独立的经济利益，是一个商品生产单元，故土地资源所有权必然要求在经济上得到体现。所以，在商品经济条件下，不管是否对土地投入了“资本”，只要被使用，它便具有相应的价值。该种价值由“土地资本”和“土地的资源价值”组成。“资源价值”虽是一种虚拟价值，但它“同样是一定量的人类劳动的体现，是人类劳动的一个迂回”。

在现实生活中，土地资本和土地实体是不可分割的。在我国有计划的商品经济条件下，人为地把土地资本和土地本身区分为商品和非商品，不仅没有什么实际意义，反而可能引起人们思想上的混乱，同时也不利于对国土的合理整治，不利于对土地资源的最佳利用和对产品（特别是农产品）成本计算经济效益的正确评价。

### 2. 土地资源价格的意义与作用

土地资源价格，在当前我国城乡经济体制改革中，更具有重要的理论意义和现实意义。它主要表现在以下几个方面：第一，有利于正确处理集体经济与土地承包者，以及土地承包者之间的物质利益关系，有利于鼓励农民对土地投资（特别是长期投资）以保持和提高土地肥力，确保农业的持续稳产高产。第二，有利于保障集体土地所有权，保障农民的经济利益，保障农业扩大再生产。第三，是正确评价企业经济效益的基础。因为土地资源具有不同质和不同区位的特性，只有从价格上予以区分，才有利于经营者的物质利益。第四，土地资源价格，是其他环境资源价格，以及整个价格体系改革的基础。因为，土地资源是矿产资源蕴藏的场所，是一切生物资源，如森林、草原、农作物的生存空间及营养钵。第五，有利于促使人们爱惜土地资源，从经济上限制耕地不必要的减少与浪费。

## （二）影响土地资源价格的因素

土地资源价格，是由一系列因素综合作用的结果。为了探讨我国有计划的商品经济这一特定条件下，土地资源价格的运动规律，有必要对影响土地资源价格形成的各种因素作扼要剖析。

影响土地资源价格的主要因素是：农产品供求、地理区位、土地质量、税收、利息及土地投资等。

1. 农产品供求因素

在这里我们认为亚当·斯密的地租理论依然可以参考。其地租理论的突出贡献是：第一，地租取决于市场价格超过劣等地生产成本（包括平均利润）的余额；第二，生产主要粮食作物的耕地的地租决定了其他大部分耕地的地租。这两点结论，是在坚持劳动价值论的基础上，从市场供求规律中得出来的。

我们在具体利用这一理论确定土地收益时，必须充分注意我国的现实，农产品的实际值远远小于理论值，要使其价格立即达到与价值相当的程度，又是不现实的，但是在计算土地收益时，不应采用实际价值，而应采用理论价值。

2. 土地资源质量差异因素

利用土地肥力指标测量土壤质量之差别，工作量过大，实际工作中，是取其外在经济指标来反映土壤质量差异的。

土地资源肥力级差的收益公式是：

$$F = C_0\frac{Q - Q_0}{Q_0}(1 + \bar{P}')$$

式中：F——土地资源肥力级差收益值；$C_0$——劣等土地单位产品成本中的肥力价值；Q——一块优等土地单位面积产量；$Q_0$——同优等土地同位置之劣等土地单位面积产量；$\bar{P}'$——社会资本的平均利润率。

由上述公式可知，只要设法求得劣等土地的产量和成本，则任何一块不同肥力所带来的收益差别，均可由该块土地的常年产量确定。

3. 土地资源的地理区位差异因素

德国经济学家杜能最早（19 世纪上半叶）研究了地理区位与土地收益的关系。尽管其成果不完全适合我国当前的情况，但其理论对研究我国土地区位与土地收益和土地资源价格的关系，仍具指导意义。在实际土地资源价格调查中，证实了近郊地价高于远郊，距离城市越近地价越高，地价上涨速度越快的状况；当然，远离城市的偏僻地带，位置就不太起作用了。

土地资源的地理区位与其价格的关系式是：

$$Y = Ae^{-ax}$$

式中：Y——土地资源价格；x——土地到城市之距离；A——函数图像之截距（因为

该式为指数函数）；a——函数图像之衰减速率指数；e——自然对数值。

土地资源区位级差系数（K）公式：

$K = Y/Y_0 = e^{a(x_0 - x)}$

式中：K——土地区位级差系数；$Y_0$——某一地理区位处的最劣质土地净收益；Y——同最劣质土地处相同区位的肥力较高土地的净收益；$x_0$——最劣质土地到城市的距离；x——肥力较高土地到城市的距离；a——土地区位与土地价格指数函数的衰减速率指数；e——自然对数值。

通过各地区的抽样调查，可大致描绘出收益衰减曲线（图象从略），确定出与土地区位和土地收益相关联的土地区位级差系数 K（K=1，2，…，n；令区位最劣的位置级差系数为 1），最后划出土地资源的区位等级。

4. 税收影响因素

一般税收因素的影响表现在两个方面：土地纯收益下降，或是农产品价格上涨。前者由生产者承担，后者由消费者承担，两者比例由农产品需求决定。

按照税收性质划分，又有与经营规模成比例的税，与土地收益成比例的税，前者对每个地块作用相同，后者对不同收益的地块产生不同影响。我国对农业生产者征收的是农业税，是一种与土地收益相关的税。这种税（T）是与土地规模成比例的税种，是土地收益的直接扣除。

5. 利息影响因素

土地能给其所有者带来一定的经济收益，且是长久的。土地资源价格，应是系列土地收益的总和。但是未来的土地收益，只有通过贴现方能转化为现值。其公式是：

$$P_n = \int_0^n B_n/(1+P)\,dt$$

式中：$P_n$——土地资源价格；$B_n$——土地资源净收益；n——土地资源出卖年限；P——贴现率。

顺便提及的是关于通货膨胀对土地资源价格的影响问题，现在理论界有争论，总的看法是对土地资源价格影响不大。

6. 土地投资因素

集体所有制单位对土地的投资，有两种类型：一类是短期投资，比如人工肥力投资；另一类是长期投资，比如电灌、机井等设施投资。前一类，从土地收益贴现标准中取出（对短期投资的补偿）；后一类，常常是部分地从折旧于以往的收益中，尚有残值时，被国家征用，就以加大征用资金予以补偿。

## （三）关于土地资源价格的计算方法

通过上述关于土地资源价格理论依据的探讨和影响土地资源价格因素的分析，计算土地资源价格的公式就不难确定了。

土地资源价格的理论公式的设计是：

假若最劣等土地的产量为 $Q_0$，亩成本为 $C_0$，社会资金平均利润率为 $\bar{P}'$，银行利息率为 i。再假若国家欲征用一块土地，该地块的常年产量（通常取近三年的平均产量）为 Q，相距城市的距离为 x，承担的农业税为 T，地上有关设施拆余价值为 Z，则该块土地资源的总价格为：

$$P_n=\int_0^n\left[K\cdot\frac{Q-Q_0}{Q_0}\cdot C_0(1+\bar{P}')-T\right]/_{(1+i)}\,dt+Z$$

若该地块属永久性转让、征用，即 n→∞，那么土地价格总公式就表达为：

$$P_n=\left[K\cdot\frac{Q-Q_0}{Q_0}\cdot C_0(1+\bar{P}')-T\right]/i+Z$$

式中的 K 为由 x 决定的土地位置——区位级差系数：$K=e^{a(x_0-x)}$。

## 四、关于水资源价格的核算①

水是宝贵的环境资源，也是构成人类生活环境的基本要素。水资源充足、水质良好是经济建设、城乡建设和环境建设的重要物质基础。在现代社会中，人类对水资源的依赖程度越来越大，每年耗用的水资源数量远远超过了其他任何环境资源的使用量。依据近些年的统计，全世界煤炭、石油、金属矿物和非金属矿物等生产总量每年约为 80 亿吨，而所用水资源量则近 30000 亿吨。

随着人口的增长、工农业生产的发展和人民生活水平的提高，水资源的作用日益为人们所重视。特别是目前，世界上不少国家和地区，已经不同程度地发生了水资源危机，水源不足越来越成为一个严重的社会问题。而由于水资源价格偏低，用水浪费和破坏水源的情况十分突出。因此，从保护和合理开发、利用环境资源的角度出发，制定科学的水资源发展战略和总体规划，搞好水资源的管理、开发、利用和保护，对保证国民经济的健康发展和人民生活水平的提高，具有特别重要的意义。其中，合理确定水资源价格，则是发展战略和总体规划中不可或缺的重要内容与依据。

### （一）水资源价格的依据

1. 我国的水资源总量及其使用状况

第一，我国的水资源总量。我国平均降水总量约 6 万亿立方米，折合平均降水深度为 628 毫米，低于全球陆面（834 毫米）和亚洲陆面（740 毫米）的年降水深度。降水到达地面后，约有 56%的水量被植物的蒸腾及土壤和地表水体的蒸发所消耗；只有 44%的水量

① 对水资源价格核算，不同于土地资源（理论研究），故结合对我国水资源及其价格调查成果予以分析、阐述。

形成地面径流，是我国水资源总量的主要来源。

水资源总量为地表水和地下水的总补给量（也就是降水所形成的产水量）之和。即全国多年平均地面径流量为2.61万亿立方米，全国地下水的补给量为7700亿立方米，扣除地表水与地下水相互转化的重复水量6900亿立方米，全国平均水资源总量为（26100+7700-6900）=2.72万亿立方米。

第二，我国水资源使用状况。我国目前水资源的使用状况是：农村每年用水量达4195亿立方米，占总用水量的88%。其中，灌溉用水约4000亿立方米，占总用水量的84%；农村人畜用水、农村生活用水约80亿立方米（每人每天平均用水标准为28升），牲畜饮用水约57亿立方米（平均每头每天饮用水标准为26升）；牧业及其他用水包括草场灌溉、造林用水、渔业和芦苇用水等约57亿立方米。

城市及工业用水量共约572亿立方米，占全国总用水量的12%。其中工业用水263亿立方米，火电厂用水260亿立方米，城市生活用水49亿立方米。截至目前，我国城市生活用水和工业用水所占比重不大，与国外相比尚处很低的水平。比如我国城市生活用水量为49亿立方米（1980年），人均用水量为87公升/天。一般大城市人均用水量为100~150公升/天，最高为200~250公升/天，最低70~100公升/天。而且用水标准，北方低，南方高。国外一般大城市人均用水量为200~300公升/天，最高在600公升/天以上，最低在100公升/天以上。我国城市生活用水标准与人民生活水平不高、供水水源不足有紧密的关系。

工业用水增长率同工业产值增长率有一定的正相关关系，我国1979年比1949年工业总产值增长了41.5倍，而工业用水仅增长了11倍（工业用水量263亿立方米，占全国总用水量的5.5%），原因之一是水资源欠缺。尤其我国的北部和西部广大地区，水资源不足，已成为制约工业发展的极为重要的因素。

现在，虽然我国水资源利用量仅为水资源总量的22.7%，但是由于我国水资源分布极不平衡，时程变化极大，构成了我国水资源开发利用的最大难点。要获得较多的可利用水资源量，则要付出很高的代价。

第三，我国水资源存在诸多问题。其一，我国水资源总量（2.64万亿立方米，占全球总量的5.1%）居世界第六位，但按人均和单位耕地占有量，水平很低。是世界上人均水平最低的国家之一（2600立方米/人·年），仅为世界的1/4，美国的1/5，俄罗斯和印度尼西亚的1/7，加拿大的1/50。单位耕地占有量（19500立方米/每公顷），仅为世界均值的1/2。

其二，水资源地区分布不均，水土资源组合极不平衡。全国有一半国土年降水少于400毫米以下，黄、淮、海三流域径流量只占全国的6.6%，而耕地却占全国的40%。南方水多耕地少，北方水少耕地多。

其三，水量季节分配不均，年际变化大。我国每年60%以上的降水，集中于夏秋之交的三四个月内，且多暴雨；丰水年雨水过多，以至洪涝；枯水年雨水过少，又干旱缺水。

水旱灾害频繁出现，是我国农业很不稳定的重要因素。

其四，全国工农业用水增长迅速，供需矛盾突出。此种问题，在城市和工业用水中更明显。城市与工业用水虽所占比重还不大，但用水集中，增长快，且已有城市出现缺水。比如 1979 年 154 个城市缺水，日缺水 880 万吨；1984 年 192 个城市缺水，日缺水 1200 万吨。

2. 对我国水资源价格的调查与分析

我国水资源价格，北京市的水价很有代表性。北京市地面水水价，1983 年调价后，也还是低的（见表 1）。

**表 1 北京市地面水水价**

| 水价标准 | | 原价（厘/$m^3$） | 现价（厘/$m^3$） | 提价率（%） |
|---|---|---|---|---|
| 工业 | 消耗 | 8.0 | 40 | 400 |
| | 贯流 | 1.5 | 15 | 900 |
| 水电 | 结合 | 0.2 | 1.0 | |
| | 梯级 | 0 | 0.5 | 400 |
| | 专用 | 1.0 | 2.5 | |
| | 蓄能 | 0 | 0.8 | 150 |
| 城市 | | 5.0 | 6.0 | 20 |
| 农业 | | 1.0 | 6.0 | 500 |

1986 年又采用超定额加价收费法，即超定额 10%，加价 100%；超 20%，加价 200%；超 50%，加价 300%（此法不尽合理，对压缩用水量起到一定作用）。即便如此，水价还是不高的。

由于水资源价格偏低，一方面，引不起用水部门的重视（不少工业用水户用水成本尚不足其生产总成本的 1%，有的仅占千分之几；农业用水户用水成本也只占其生产成本的百分之几），相当多的用水部门在生产成本核算中从不考虑用水成本，当然也不会有节水积极性。另一方面，水资源价格低，水资源的大量宏观经济效益、社会效益和环境效益，绝大部分转移到了使用水资源的单位，从而又掩盖了用水单位的严重浪费行为。

比如，国民经济中的一些主要产品单位水耗量，长时期地超出国外同类产品耗水量几倍、十几倍，甚至几十倍（见表 2~表 4）。

**表 2　国内外吨钢水耗**

| 厂名 | 耗水（$m^3$/吨钢） |
|---|---|
| 联邦德国威斯特法灵汉特钢厂 | 4.33 |
| 法国索里梅钢铁厂 | 3.75 |
| 美国凯经公司方塔那钢厂 | 4.00 |
| 日本扇岛钢铁厂 | 4.00 |
| 日本神户加古川钢铁厂 | 5.81 |
| 意大利塔兰托钢铁厂 | 6.20 |
| 中国鞍山钢铁公司 | 38.70 |
| 中国武汉钢铁公司 | 64.10 |
| 中国包头钢铁公司 | 41.10 |
| 中国太原钢铁公司 | 63.70 |

**表 3　每吨原油耗水**

| 国名 | 补充新水（吨） |
|---|---|
| 俄罗斯 | 2~5 |
| 法国 | 0.5 |
| 联邦德国 | 3.4 |
| 中国 | 7 |
| | |
| | |
| | |
| | |
| | |
| | |

**表 4　每吨新闻纸的水耗**

单位：$m^3$/吨水

| | 国家 | 水耗 |
|---|---|---|
| | 芬兰 | 83 |
| 瑞典 | | 96 |
| | 中国 | 170~200 |

又如，我国的工业用水的重复利用率也很低（见表 5、表 6）。

**表 5　我国部分地区工业用水重复利用率**

单位：%

| 天津 | 北京 | 济南 | 石家庄 | 郑州 | 全国 |
|---|---|---|---|---|---|
| 16 | 46 | 20 | 20 | 12 | 10 |

**表 6　世界一些国家工业用水重复利用率**

单位：%

| 美国 | 日本 | 苏联 | 联邦德国 | 捷克 | 南非 |
|---|---|---|---|---|---|
| 56.7%（1968 年） | 51.7%（1970 年） | 54%（1971 年） | 63%（1965 年） | 65.7%（1963 年） | 80%以上（1962 年） |
| 87%（1985 年） | 70%（1980 年） | 80%~95%（1990 年） | | | |

如果仅从上述两个方面算一下细账，即可知我国工业用水的浪费是十分惊人的。我们知道，我国的工业用水在社会总耗水中所占比重尚不大，如果农业和城市用水也做做比较、算算细账，也会得到如此结果，甚至更为严重。

如何逐步根治我国一方面水资源不足，到处缺水告急；另一方面又用水不计成本，大量浪费水资源的问题呢？我们认为，除去必须强化管理和积极开发各种节水型技术外，还必须认识到水资源价格是促使与实现全社会合理使用和节约使用水资源的深层有效手段！合理而有效的水资源价格，是水资源经济管理的主要组成部分之一，它在水资源经济机制管理中起着重要的杠杆作用。在水资源经济运行的开发、供应、使用和处置排放四个环节上，都需要通过水资源价格因子的作用，方能达到国民经济运行对水资源的要求，使水资源经济的四个环节达到合理与和谐，实现水资源的合理开发、合理调度、合理使用和合理处置排放，变冲突为协调，变矛盾为一致，真正提高水资源的使用价值，充分发挥水资源的经济效益，大量减少废水水量，为国民经济持续、稳定、协调发展做出水资源应有的贡献。为此，我们必须对制定水资源合理价格的原则、方法与测算作出研究与探讨，为水资源的有偿使用制度的建立创造有利条件。

### （二）关于核算水资源价格原则的探讨

如何确定水资源价格？我们认为主要应考虑以下几个原则：

第一，水资源商品化原则。在有计划的商品经济条件下，交换产品是商品。供水单位的水资源，多是生产出来的。该单位需要收回投资，取得盈利，不能无偿供水。那么，确定水资源价格，首先必须从水资源的商品属性出发，计算其完全成本，包括供、排水及污水处理费用。

不仅如此，在将来有条件时，还应将水资源在形成、构造各种类型地区环境和改善环境方面的作用价格化，利用“影子价格”“机会成本”等理论与方法，设计出它的“虚幻价格”，附加到水资源的完全成本中。

第二，水资源有偿使用原则。为实行有偿使用水资源，首先是要明确“有偿使用”的内容。我们认为有偿使用，其一，应包括水资源的生产费用和再生产费用；其二，应包括补偿和治理由于生产水资源和排放处置废水产生的外部不经济费用（虚幻价格的大部分）；其三，由于各地区区位不同，水资源丰度不一，应遵循水资源的稀缺性，规定水资源的级差价格。

第三，供求关系制约原则。水资源商品化，水资源价格受供求关系的制约。制定水资源价格必须充分考虑不同情况下的供求关系，随着供求关系的变化调整水资源价格。

第四，时间价值和地区差别原则。制定水资源价格，必须考虑其投资的时间价值，水资源开发资金按复利法计算回收。并且要使水资源价格与利率同步增长。

由于我国地域广阔，各地区自然条件差别大，水资源供求状况不同，成本各异，确定水资源价格时，应反映出水资源的地区差异水平——水资源价格区划。

### （三）计算水资源价格的方法及其公式

计算水资源价格的方法，主要由“水资源基本定价公式”和“总水价公式”两部分构成。

水资源的基本定价公式是：

水资源价格＝K＋P＋R

式中：K——成本；P——利润；R——资源税。

总水价公式是：

$$S_{总}=S_{供}+r_1\cdot S_{排}+r_2\cdot S_{污}$$

$$r_1+r_2=R_{排}$$

式中：$S_{总}$——总水价；$S_{供}$——供水价；$S_{排}$——排水价；$S_{污}$——直接排入环境的污水水价（它们的单位皆为元/千立方米）；$r_1$、$r_2$——单位时间进入排水系统和环境中的污水量，分别占用水系统（供水）水量的比重；$R_{排}$——排水率（$R_{排}=r_1+r_2$）。

当前，我国有供水水价，尚无排水水价和污水水价。尤其应注意的是污水排入环境之中，会降低环境质量，损失环境效益，故排污收费的概念要扩大，并且应当逐步使其数额抵偿环境损失。

另外，还有三个较为基本的水资源价格测算公式：

其一是供水成本公式：

$$供水成本=\frac{固定资产折旧费+大修折旧费+维护管理费+财产保险费}{年供水量}$$

其二是反映不同供水保证率的水资源价格公式：

$$S_{pi}=\frac{0.1\times K_p(1-b)c}{K_{pi}(K_{pi}-1)w\sum_{i=1}^{n}\frac{1}{K_{pi}}}$$

$$\left(K=\frac{Q_{pi}}{Q_0};\ K_{pi}=0;\ i=1,\ 2,\ \cdots,\ n\right)$$

式中：$S_{pi}$——保证率为 Pi 的供水价格；pi——第 i 级用户供水保证率；$K_{pi}$——保证率为 Pi 的年来水量模比系数[①]；$Q_{pi}$——保证率为 $P_i$ 的年来水量；$Q_0$——平均年来水量；w——供水系统的年供水量；c——供水系统的年供水费用；b——水费净收入与供水费用之比，即利润与成本之比。

“反映不同供水保证率的水资源价格公式”，是考虑到水资源在不同部门的利用具有不同特点和各部门对水的不同要求。比如工业和城市生活用水同农业对用水的需求有很大区别，这种差异用不同保证率表示。工业与城市生活供水为一级保证率 95%，农业用水为二级保证率 75%，城市环境用水为三级保证率 50%。

其三是考虑盈利和资金时间价值的单位供水价格公式：

$$单位供水价格=\frac{运营费用+[(t+1)\times r^{-1}\cdot t]}{年供水量}+水资源费$$

① 模比系数，指多年平均来水量与特定年来水量之比。

式中：t——年资金现值；r——复利率为8%时的整付复利系数（查表得出）。

公式“$[(t+1)\times r^{-1}\cdot t]$”为增加的供水费用所得值，即为折旧和水利部门的利润；资源费为国家绝对收入。“单位供水价格”公式符合“水资源价格”公式：“水资源价格=K+P+R”。

## 五、关于矿产资源价格的核算

矿产资源，是环境资源中不可再生可耗竭性资源，是“天”赐予人类的天然赋予地壳内或地壳上的固体、液体和气体物质的富集物，是大自然经过亿万年的地质过程（物理的、化学的和生物的）形成的具有使用价值的地质体。矿产资源是人类社会发展和经济增长的物质基础与源泉。随着社会经济和科学技术的进步与发展，矿产资源的稀缺性日益突出，迫使人们越来越认识其有偿使用的必要性。为此，必须研究和确定矿产资源的价格问题。不仅如此，我国工业发展的基础性起始原料——矿产资源，长期价格与价值背离，导致巨量资源浪费，矿山遭到不同程度的破坏与损失。欲彻底扭转诸种不利局面，确定矿产资源合理的价格，建立矿产资源使用付（合理）费（用）制度势在必行。

### （一）核算矿产资源价格的依据

从环境资源的矿山资源特点出发，我们认为，核算矿产资源价格的基础，应由矿产资源成本价格和虚幻价格形成，虚幻价格又包括更新与替补价格和环境补偿价格两部分。

*1. 矿产资源的成本价格*

按照马克思主义经典作家的定义，矿产资源在尚无人类劳动投入与协助之前，是没有价值的。当人们通过地质普查与勘探工作，甚至附以化验、研究等，将其使用价值（包括：矿产资源的产地、区位、种类、品位、储量、产状、开采条件和开采技术特性等）揭露出来，把矿产资源潜在的使用价值转化为现实的社会使用价值，从而使矿产资源具有了价格。因为，人们在探寻、发现和探明矿产资源使其成为现实的劳动对象过程中，付出了大量的物化劳动和活劳动，亦即地质普查和勘探，是矿产资源开发、开采之前的必需的劳动投入，在有计划的商品经济条件下，亦必然以价值形态凝结在矿产资源之中，需要通过赋予矿产资源成本价格形式，使其得到补偿与实现。

*2. 矿产资源的虚幻价格一*

矿产资源是环境资源中的不可再生可耗竭性资源，随着采掘工业的发展和矿物产品的不断增加，矿产资源不断减少，直至消耗殆尽和枯竭。从社会再生产的角度来考察，这种矿产资源的减少和枯竭，必然会影响社会再生产的正常运行，这是应当避免或必须避免的。为此，人们则需要通过地质工作探寻新的矿产资源，或者研究与消耗殆尽、枯竭的矿产资源功能相似的替代资源，以确保社会再生产的正常运行与发展。然而，这又需要大量资金的投入，并占用大量的物化劳动与活劳动。这一部分资金和劳动量的支出（我们称之为“矿产资源耗竭补偿费”），也应该在矿产资源的价格中体现。

*3. 矿产资源的虚幻价格二*

在矿产资源的生产过程中，除了减少矿产储量外，还对环境、生态进行了不可避免的破坏。从社会、经济角度来看，这种环境、生态的破坏，是一种经济损失。因为欲使环境、生态得以恢复，必须投入一定量的劳动和资金，进行矿山复垦、生态复原和环境污染治理。这些费用，也必须体现于矿产资源价格中。

### （二）影响矿产资源价格的因素

构成矿产资源价格的因素，主要有如下几种：

（1）矿产资源的超额利润因素。矿产资源的超额利润由几个层次构成：第一，同类矿产资源由于在不同地区蕴藏丰度、品位状况、开采难易程度和地理区位（运输条件）等存在差异，则投入相同劳动量和资金，产出的矿产资源产品在数量、质量上大不相同。比如，在相同投入条件下，开采储量大、品位多、易采易选的矿产资源，所得矿产品数量多，且质量好；开采品位低、难采难选的矿产资源，所得矿产资源产品数量少，且质量差。这一优一劣相比较，即得第一个层次的超额利润。

第二，由于蕴藏丰度大、品位高、地理区位好的矿产资源，一般是极为有限的，故其产品供不应求，为了满足社会需要，必须开采劣等矿山，则矿产资源产品的社会生产价格，就以劣等矿山的生产价格来确定。那么劣等矿山矿产资源产品生产价格与社会生产价格也必须有一定差额（否则劣等矿山即停止生产），即第二个层次的超额利润。

第三，矿产资源的储量价格。因为矿产资源在其载体——矿山中，在一定品位前提下，必须达到一定储量方有开采价值（不同矿产资源起始储量不同）。当然，储量越大、越集中，越具有开采价值，并且由此产生的储量价格优势越大，进而又会提高和稳定其超额利润。另外，由于矿产资源是可耗竭性资源，那么一个矿山的矿产资源储量，逐步进入衰竭期时，其储量价格优势便随之降低和逐步消失，由储量价格形成的超额利润也随之减少以至消失。

（2）矿产资源的地质勘查劳动力和资金投入因素（前面已论及，不再赘述）。

（3）矿产资源的更新与替代开发费用因素（前面已论及，不再赘述）。

（4）矿产资源的开发、生产的环境生态补偿费用因素（前面已论及，不再赘述）。

### （三）确定矿产资源价格的方法及其计算公式

由以上讨论可知，矿产资源价格由矿产资源的实际价格和虚幻价格两部分组成。实际价格包括勘查期间（及其前、后）的所有直接与间接劳动投入和资金投入；虚幻价格包括更新、替代补偿和环境、生态补偿等。下面分别给出其函数形式的表述：

（1）矿产资源的地质勘查费用的公式是：

$$
\begin{aligned}
D_c &= (C+V)+M \\
&= X\cdot\alpha + X\cdot\beta\cdot\gamma' \\
&= X(\alpha+\beta\cdot\gamma')
\end{aligned}
$$

式中：$D_c$——探明某矿区并取得相应资料的地质勘查费；X——探明矿区矿产资源的工业储量；α——历年探明某种矿产资源的单位储量成本；β——历年探明某种矿产资源的单位储量资金占用量；γ′——社会平均资金盈利率。

（2）矿产资源的更新、替代补偿和环境生态补偿公式是：

$$D_i = \frac{\sum_{j=1}^{3} X_i \cdot K_i}{T} - \sum_{j=1}^{3} X_j \cdot K_j$$

式中：$D_i$——某全矿区某矿产资源全部工业储量的更新、替代开发补偿费和环境生态补偿费；$X_1$——某矿区主矿工业储量；$X_2$——某矿区共生矿工业储量；$X_3$——某矿区伴生矿工业储量；T——该矿区最佳服务年限；$K_1$、$K_2$、$K_3$——分别为主矿、共生矿、伴生矿所能提供的所有超额利润量；i——市场年利息率。

上述公式，也可表达为：

$$D_i = \sum_{j=1}^{3} X_j \cdot I_j \cdot b_j\ (m+n)$$

式中：$I_1$、$I_2$、$I_3$——分别为某矿区主矿、共生矿和伴生矿的矿产资源产出率；$b_1$、$b_2$、$b_3$——分别为主矿、共生矿、伴生矿矿产资源产品的市场价格；m 和 n——分别为更新替代补偿费用率和环境生态补偿费用率。据世界资料测算，m 一般可取矿山总产值的 4%；n 一般可取矿山总产值的 1%。

（3）某矿产资源矿山生产全部矿产品的总生产价格公式为：

$$D_a = \sum_{j=1}^{s} X_j \cdot I_j \cdot b_j - \left( \sum_{j=1}^{s} X_j \cdot I_j \cdot b'_j + D_e + D_i \right)$$

式中：$(D_e+D_i)$——矿山储量所包含的价值的货币表现形态，它和 $D_a = \sum_{j=1}^{s} X_j \cdot I_j \cdot b_j$ 一起可以构成矿山生产全部矿产品的总生产价格，即如上公式。$b'_j$（j=1，2，3）为矿区探明主矿、共生矿、伴生矿矿产品的单位生产价格。

至此，我们即可以利用前述公式的适当组合，求得一定矿山总储量之价格公式，即：$D_t = D_a + D_c + D_j$。

若矿山经营单位一次性从国家购买全部储量使用权，则须按上式算出总储量价格一次付清；假若采用按每年向国家交纳资源使用费的办法，则须采用如下公式计算：

$$S=\frac{D_t}{\sum_{j=1}^{3}X_j\cdot I_j}\cdot\sum_{j=1}^{3}y_jD_j$$

式中：$y_i$——矿山经营单位年矿产资源产量；S——矿山经营单位每年向国家交纳的资源使用费额数。

# 关于我国资源价格的研究*

当前，世界面临严重的资源与环境挑战。因此在社会经济发展中，把保护环境和保护资源有机地结合起来，使经济发展有持久的、永续利用的物质基础，使人类社会保持良好的生态平衡，已成为当今全球性的重大问题。

我国的环境污染和生态破坏从本质上来说，主要是能源、资源的不合理开发和不合理使用所造成的。因此，我们的环境保护工作不仅要抓污染治理，而且更重要的是要着眼于保护环境与保护资源的统一，要从过去偏重抓污染治理，转移到抓自然资源的合理开发、合理利用，把能源、资源的保护和节约作为环境保护的出发点，建立以合理利用自然资源为核心的环境管理战略。为了使自然资源能合理开发和充分利用，必须对最重要的资源、能源的现行价格水平进行科学的分析和计算，正确反映出它们的真实价值和对国民经济产生的效果，包括生态环境效益和社会经济效益，只有这样，保护自然资源才有牢固的科学基础。

过去我们承认的理论是，自然资源没有价格，或者即使有价格，也严重偏低，这是我国价格体系和价值理论的严重缺陷，也是造成自然资源浪费和短缺、生态环境污染和破坏的一个重要因素。

造成资源没有价格或价格严重偏低的最根本原因是，长期以来我们不承认社会主义经济是商品经济，因此，导致了自然资源的无偿使用。"价值"是伴随着商品经济出现的一个经济学的概念。从马克思主义政治经济学的价值理论看，商品交换体现着生产者之间互相交换劳动的一种关系，价值是人与人之间关系的一种反映，没有商品交换也就没有价值。

自然资源无偿使用是否定商品经济的必然结果。在过去的经济体制下，由于企业没有相对独立的经济利益和经营权，所以自然资源的有偿使用也就没有什么意义了。

自然资源有偿使用是商品经济的普遍现象，在商品经济中，由于自然资源的所有权和经营的分离以及自然资源的有限性，产生了自然资源的有偿使用制度，使自然资源取得了价格的形式。自然资源有偿使用一方面体现了自然资源所有者和经营者的经济利益关系，另一方面又通过影响资源产品价格形成，而促进了自然资源的节约，也有利于自然资源的合理利用。

---

* 本文选自刘文、王炎庠、张敦富：《资源价格》，商务印书馆 1998 年版，第 49~59 页。

新中国成立以来，我们对土地、矿藏、森林、水源等自然资源一直实行无偿使用的制度。这种制度在其他社会主义国家也曾长期实行。例如，苏联长期流行着资源免费的理论观点，甚至认为这是社会主义制度优越性的一个方面。

西方在研究这个问题时，大多以“资源的稀缺性”为出发点。西方经济学家认为一种资源能满足人们的一定需要，就称这种资源具有“效用”，如果这种资源取之不尽，不需花费任何努力就能满足这一需要，这种资源就不稀缺，因此就不具有价值。反之，如果不努力就不能取得这一效用，就不能满足这一需要时，这种资源就是稀缺的，这一稀缺的资源本身就具有价值。稀缺的资源具有价值，也就是说，人们情愿放弃其他的效用来换取它。随着工业化和城市化的发展、人口的增长，清洁的水、原始森林、土壤等都变成了稀缺的资源，它们都有了内在的价值，要获得这些资源，人们就不得不放弃对其他效用的需求，由此，产生了自然资源的价值问题。

西方经济学认为，自然资源如同商品，具有价值，其理论基础就是主观效用价值论。它把主观“效用”作为衡量客观“价值”的尺度，否认价值是生产关系的反映；否定威廉·配第和亚当·斯密所奠定的、由马克思科学地加以发展的劳动价值论。对于这些我们是不能同意，也不应效法的。但是，遵照马克思主义价值学说的一般原理，研究如何把价格作为经济调节的重要杠杆，来促进自然资源的合理配置和利用，实现既保护资源和环境，又发展社会经济，无疑其有重要的理论和实际意义。

正如世界发展与环境委员会所指出的，“所以需要进行这项研究是因为许多国家的现行经济政策，包括资源的价格、补贴租税收存在偏差，它既不能鼓励经济效益的提高，也无助于自然资源和环境的保护，因此，必须通过正确确定资源价格，合理调整这些经济手段的水平，使经济增长和资源保护得到协调。这项研究是一种具有深远意义和建设性的贡献”。

长期以来，我国对自然资源实行无偿使用的理论依据是，它们不是人类劳动的产品，因而没有价值，不能计算价格，现在，对于这种说法应当重新认识，做出新的估价；马克思并不认为任何未经劳动加工的物品都不具有价格。相反，马克思说过，各种质量的未耕地的价格就是由具有相同质量和相同位置的耕地的价格决定的。“未耕地的价格，和它的地租一样，在土地未被实际利用时，完全是想象的……一旦找到买主，就会实现……未耕地部分的价格是由已耕地部分的价格决定，所以只是已耕地上的投资及其结果的一种反映。”[①] 可见，当既有经过劳动，又有未经过劳动的同一类物品同时进入市场成为商品的时候，前者的价格就成为决定后者价格的一种影子价格。清洁的水可供人使用，这就表明原来没有受到污染的能够直接供人使用的水是具有价值的。同样，原始森林是没有经过人类劳动的，但它能吸收二氧化碳而放出氧气供给人类，还能涵养水源保持水土，防风固沙，调节气候，净化空气等。如果它没有这些功能，人类必须通过投资，投入物化劳动和活劳动，

① 《马克思恩格斯全集》第 25 卷，人民出版社 1994 年版，第 753 页。

才能满足人们的上述需要。这就说明原始森林也是有价值的。

根据马克思主义政治经济学关于劳动创造价值的观点，“人类劳动的凝结，就是价值”。有些自然资源，如森林和土地虽然有使用价值，但是，由于它们不是劳动的生产物，所以不是商品。但森林和土地作为自然资源却又具有价值。它们在资本主义条件下，是以自然资源所在地的地租的资本化面目出现。事实上，当人们需要获取或占有某种自然资源时，往往根据其使用价值的大小，或者说需求的迫切程度、自发地赋予价值，作为等价交换的尺度。从这一点出发，我们就不难理解，为什么同样属于自然资源的珍贵动物，例如熊猫和老虎，人们以其观赏价值（即使用价值）为由，赋予它们很高的交换价值并作为商品流通（然而它们并非由人类劳动创造，人类不过是在捕捉过程中消耗了一定的劳动），且在流通交换过程中，其价格之高往往是捕捉过程中劳动总消耗的几倍甚至几十倍、几百倍。开矿、捕鱼也是同样道理。所以，就自然资源本身来说，它没有价值，应该理解为没有绝对价值（即不是人的劳动所创造的），但却具有相对价值（即假如这些资源能再生的话，人们将付出巨大的劳动才能获得，如人工养殖熊猫和老虎、人工育林等劳动过程）。再生的森林、净化的水无疑是劳动的生产物，被开垦的处女地也是劳动的生产物。它们作为自然资源出现时本身不具有价值，而欲以再生面貌出现，则需要通过“劳动的凝结”，成为有价值的东西。这种“劳动的凝结”包含在自然资源之中，以相对价值体现是合情合理的。

森林是有价值的自然资源，它既有重要的使用价值，又有价值。但是，长期以来，把森林资源看作同阳光、空气一样，是无价值的，导致了乱砍滥伐。事实上，毁了林就失去了水，也毁了土地和农牧业。人类对森林的意义并不是一开始就完全认识的，只是在漫长的历史过程，在森林破坏带来的灾难性后果中，才逐步意识到保护森林的重要性。

美国曾经是一个森林资源十分丰富的国家，从 1920 年至 1940 年，原始森林被盲目大量砍伐，面积由 3.3 亿公顷减少到不足 4000 万公顷，1934 年又发生了一场大风暴，刮走了 3 亿吨地表沃土，很多地区变成不毛之地。其实，世界上多数发达国家的森林资源都经历过盲目性的掠夺和破坏性的采伐，以至世界森林的一半已化为乌有。接受了如此严重的教训后，美国、瑞典、加拿大、日本等国对森林的保护和管理都给予了应有的重视。例如，日本的国土仅为我国面积的 1/26，每人平均耕地仅为我国的一半，但现在日本的森林面积却已增长到 24 万多平方公里，占全国土地总面积的 67%，并且绿化了绝大部分荒山和石山，为农牧业的生产和人民的生活创造了一个良好的环境。

然而在我国，历史的教训还未被普遍重视和完全接受。森林是一种可再生资源，它与其他矿藏资源相比有其自身的特点和发展规律，即一方面可开发利用，另一方面又能不断更新，永续生产。但是，森林与农业又有所不同，它生长周期长、收效慢、砍伐容易、成林困难，而且影响重大。要把破坏了的森林恢复起来一般都要几年、几十年，甚至更长的时间。我们掌握森林的这些特点，就是要从自然资源的价值论出发，根据自然规律和经济规律，对森林资源赋予合理的适当的价格。

可见，说自然资源不是劳动的产品，因而不具有价值，不能有价格的观点，在理论上是不能成立的。这种观点在实践上已经带来了许多不良后果。首先，助长了人们对自然资源的掠夺性使用和破坏。例如，矿产品开采中的挑肥弃瘦、森林的乱砍滥伐等。其次，使资源产品价格严重偏低。这是很清楚的，同自然资源有偿使用相比，在自然资源无偿使用的制度下形成的资源产品价格必然要低得多。这种偏低的资源产品价格是造成自然资源浪费和粗放经营的一个基本原因。

在自然资源的价值理论基础上，人们提出了用经济手段管理自然资源的问题。一种意见是，自然资源是有价值的，因此不能无偿使用，应根据丰富和贫瘠的程度，用征收自然资源税的办法来促使人们合理地利用自然资源，并使自然资源的消耗得到补偿。另一种意见是，进一步研究自然资源的价格，并把这种经济手段运用到资源经济研究中对自然资源的合理利用和保护上来。

西方经济学家试图按照资源经济学的观点来评价自然资源，并探讨用货币量来估价自然资源。他们通常采用下述几种方法：

第一种方法是根据自然资源的各种“评价因素”的得分，再乘以一个不变的货币系数，以此来确定其经济价值。例如，湖泊资源价值的评价因素可包括：①渔业收益（直接的或间接的渔业收入）；②娱乐价值（旅游、钓鱼、狩猎、划船的收益）；③净化效益（处理污水的能力）及其经济收益；④调节河流水量及物质循环上所起的作用及其经济效益；⑤自然保护功能（如作为候鸟栖息地）及其经济价值。先对这些评价因素分别进行估值评分，再乘以一个不变的货币系数，最后求得该湖泊资源的经济价值。这种方法的缺点是难以客观地确定所谓的“货币系数”。

第二种方法是所谓“功能评价法”，就是先分别计算资源的各种功能的价值，然后求出资源的总价值。以森林为例，它的功能或作用一般包括：①保护农田和保持水土的动能；②水源涵养和水分调节的功能；③卫生保健和游憩的功能；④木材生产的功能；⑤特殊的或历史上的价值等。日本林野厅就是应用此法，对森林公益效能进行了详细的调查和计算，由此得出每公顷森林的平均价值。这种方法的不足之处是难以确定如卫生保健和游憩等功能的切实价值。

第三种方法称“能量评价法”，即根据资源经济系统所生产的总能量折算成货币价格的评价方法。这个新型价值学说的基本设想是：自然资源是人类社会经济系统的组成部分，而能量与货币的转换在经济学上又是完全可能的。实际上，一个国家国民生产总值与它的总能耗的比例可以使能量与货币联系起来。确定能量单位价值的公式为：

$$\text{UVE（能量单位价值）} = \frac{\text{GNP（国民生产总值）}}{\text{TEC（总能耗）}}$$

按照资源经济学的方法，首先计算出一种自然资源所生产的总能量，然后乘以能量单位价值，就可以得出这种自然资源的总能量价值。其公式为：

$$\text{TEV（总能量价值）} = \text{TE（总能量）} \times \text{UVE（能量单位价值）}$$

西方经济学家认为，能量评价法是一种比较好的计算资源价值的方法。但是，应该看到，自然资源除物质循环和能量交换外，还可以有其他的功能，如景观、保健和科研等价值。因此，对于一个低能量价值的自然资源来说，如果它具有风光明媚、整洁安宁的特色，也可能有一个较高的经济价值。这恰好说明能量评价法也有一定的局限性。

这些都是西方经济学关于资源价值的理论和计算方法。但是不管怎样，把价格作为一种经济手段，来促进自然资源的合理配置和利用，对防止资源破坏，确实具有重要的意义。

我国的自然资源供应紧张，是国民经济发展的制约因素，这是不容置疑的。应在这个基本估计的基础土，形成中近期的经济发展战略。一系列投资决策、技术引进、人才培养、外资利用的安排，莫不与此有关。

同时，自然资源的价格偏低或严重地偏低，这也是事实。水资源价格仅为成本的 1/4，20 世纪 80 年代的原油和煤炭的价格均大大低于国际市场价格，半数以上的煤矿赔本。价格调整的一个重要内容，就是提高自然资源的价格。

由此产生了一个问题：能源等资源的供不应求，是真的不够用，还是因为价格过低造成了浪费。如属前者，我们投资增加能源等资源的生产是必要的；如属后者，就不能光靠投资增加能源等资源的生产，而必须提高价格，不然只能造成更多的浪费。然而，现在还有人并不认为价格的提高会导致使用量的减少和生产量的增加。他们认为在社会主义社会生产量和使用量主要由计划确定，大部分消费由公家负担，价格所起的作用有限。

其实，并不尽然，任何一种工艺路线的选择，设计方案的比较，这些构成我们的计划的每个环节，无一不与价格有关。当能源等资源价格低时，有些能源等资源消耗大的建设项目通过经济评价将被认为可行，能源等资源消耗大而其他消耗小的产品设计及工艺路线将被采用。而当能源等资源价格高时，其选择将有很大的不同。可见价格依然是制订计划的依据。

我们已经习惯于这样一种经济环境，以致有时候竟感觉不到价格的作用。正好像我们习惯于地心引力的作用，时常觉察不到它的存在一样。现代的经济理论经过严密的论证，已经发现经济活动的引力——价格的作用。无所不在的价格，在暗地里指挥着人们的一切经济行为。西方经济学家称价格为管理经济活动的“无形的手”。

无论严格的理论分析还是经济统计的实际记录，都证明了价格会引导消费和生产发生变化。价格上升会导致需求减少；反之，则需求增加，这称为价格需求弹性。价格上升百分之一使得需求减少的百分数，称为价格需求弹性系数。长期的价格弹性系数大于短期的价格弹性系数，因为消费者有足够长的时间来调整自己的设备性能、产品设计和工艺流程，他将采用其他商品来替代涨了价的商品。以能源为例，能源涨价会促使人们采用较昂贵的高效的锅炉、电机和发动机，用更多更好的保温材料来代替能源，购置仪表或自动控制装置来监督并节约能源。水资源的情况也是如此。价格较低时，用水量增加，价格较高时，用水量减少。按照美国的计算，水需求价格弹性系数为 0.4。根据我国各地区节水效果的调查，水的价格弹性系数按目前的用水构成计算，为 0.05~0.1。水价过低造成用水不合理，北京市每年平均缺水 9.5 亿立方米，缺水 20.7%。如果按上述水的价格弹性计算，则水价提高 2~3 倍，对缓和北京缺水问题可以起到一定的作用。

**表 1　我国同国外主要产品单位水耗的比较**

| 钢 | （$m^3$/吨） |
|---|---|
| 德国威斯特法伦钢厂 | 4.33 |
| 法国索里梅钢铁厂 | 3.75 |
| 美国方塔那钢厂 | 4 |
| 英国阿普雷-福罗丁罕钢铁厂 | 4.94 |
| 意大利塔兰托钢铁厂 | 6.2 |
| 日本钢铁公司 | 15.6 |
| 中国 | 40~80 |
| 新闻纸 | （$m^3$/吨） |
| 芬兰 | 83 |
| 瑞典 | 96 |
| 中国 | 170~200 |

石油的情况也与此类似。20 世纪 80 年代，一方面柴油、汽油、煤油供应全面紧张，另一方面当作燃料直接烧掉的油每年多达数千万吨（包括油田自烧），占总产量的 1/3。近些年虽然大力压缩烧油，可是收效甚微，由于原油价格过低，对节约原油的刺激不强。

同国外相比，我国能源等资源利用的浪费和破坏是十分严重的。

**表 2　我国同世界主要国家的单位产值能耗的比较**

| 国　家 | 公斤标准煤/美元 | 与中国的% |
|---|---|---|
| 中　国 | 1.38 | 100.0 |
| 美　国 | 1.04 | 75.3 |
| 苏　联 | 0.96 | 69.0 |
| 日　本 | 0.49 | 35.5 |
| 加拿大 | 0.95 | 68.8 |
| 前西德 | 0.44 | 31.8 |
| 法　国 | 0.34 | 24.6 |
| 英　国 | 0.50 | 36.2 |

从总量平衡来看，能源等资源不应该短缺，可是从某些地区、某些企业来看，能源等资源不足又确实是存在的。以往与这一矛盾现象同时存在的就是价格的混乱。同一地点、同一时间、同一品种甚至同一供需双方，煤炭可以有若干种不同的价格，包括统配价、协议价、出口加价、地区协作价，另外还有条件众多的非价格差别（主要是物物交易的形

式)。有低价煤炭供应的“重点”单位，其经济行为显然不同于依靠高价煤维持的企业的行为，它对于煤炭显然是不会珍惜的，这就是一方面存在浪费，另一方面供应紧张的经济原因。目前随市场机制的改善，情况有好转。我们要使国家宝贵的能源及其他资源在任何场合都被同样珍惜地使用，就必须向每个企业提供同样的价格信息。在这种浪费和不足同时存在的情况下，确实很难判断能源及其他资源究竟是多了还是少了，可以肯定的是，能源及其他资源分配和使用中的问题远远大于其总量问题。

按照一般均衡理论，只有当资源条件最差的矿山按供需均衡价格出售矿山资源所得的资金盈利率超过了社会的边际资金产出率时，才能说明资源是不够的。这句话的含义是，我们总能找到一个足够高的资源价格，它能保证资源供需的均衡。如果这个价格非常高，以致生产条件最差的矿山也能获得超额利润，才能说明资源是紧缺的。

# 论资源资本化、价格化是构建中国资源保障体系的基础工作*

**摘　要：**在中国国土资源开发利用过程中，进行资源资本化、价格化等研究是一项重要工作。本文分析了当前存在的有关问题，剖析了资源及资本等相关概念，认为二者既有区别，又有紧密的联系。同时，对资源价格的理论依据和确定资源价格的基本方法进行了探讨。

**关键词：**资源；资本化；价格化；体系；中国

资源，是当今世界关注的重大问题之一。资源，从古至今一直是以其不可或缺的物质基础和性质，支撑着人类社会的生存和发展，随着资源开发深度的不断增加，资源利用广度的不断扩大社会经济的现代化，愈加显示出资源对经济发展的支持或制约作用。而今，鉴于我国资源——尤其国土资源的特点，在直面 WTO 的状况下，更存在如何把握才能使其安全、有效地确保中国的稳定、快速、健康地发展的问题。我们认为关键是要对资源（国土资源）进行资本化、价格化研究工作，从而构建中国资源保障思路与体系。

## 一、存在的有关问题

### （一）人口压力增大，人口与资源的矛盾加剧，造成资源开发规模不断扩大，许多资源迅猛减少，面临枯竭

矿产资源的开发和耗用，近年来呈加速或超加速的态势。例如，我国的煤炭开采，进入 20 世纪 90 年代后一直在 10 亿吨以上，1995 年最高时曾达到 13.61 亿吨，1999 年为 10.45 亿吨。石油开采维持在 1.5 亿吨左右，1999 年为 1.6 亿吨，自 20 世纪 90 年代中期钢产量达到 1 亿吨之后，年开采铁矿石多在 3 亿吨以上。目前，许多矿产资源的保有储量减少，资源保证程度降低，进口资源产品大幅度上升。其他诸如可再生性的森林等生物资

*参撰者：孙久文。

源，不易耗竭或可再生性的土地资源、淡水资源等，由于过量采伐，或长期滥用、侵吞，也处在急剧恶化或消失之中。

由于人口基数过大，年人口增加量是一个巨大的数字，因此人均资源占有量尚在锐减之中。比如人均耕地 20 世纪 60 年代为 1.5 亩左右，现在仅有 1.2 亩左右了。所以，我们必须正视资源耗竭这一严峻的现实。

### （二）在对国土资源的开发、利用过程中，都在不同程度的不合理与浪费

这种状况在我国经济运行中的主要表现是：资源开发利用率尚很低，资源浪费既普遍又很严重，各种资源消耗过快。近年来，随着我国经济增长方式的转变，经济增长与资源消耗的比例有了很大变化。在经济增长的同时，降低了对能源和资源的消耗，但与国外发达国家相比，仍然有了很大差距。例如，每千克能源产出的 GDP，1995 年时我国是 0.7 美元，美国是 2.6 美元，日木是 6.2 美元，韩国是 1.8 美元，由此可见，在我国加速经济发展的过程中，对资源开发利用仍然存在着极大的不合理性和经济效益差的问题。

### （三）资源开发利用对生态环境产生重大影响，造成一些地区生态系统的破坏和环境的恶化，这是目前我国资源开发利用中存在的一个极其严重的问题

由于资源开发过程中不注意环境保护，造成一些地区生态平衡被破坏，沙漠吞噬大量农业和草场；而矿产资源开发的不合理，造成地面不均匀沉降，露天开采则常常破坏当地植被系统，开采过程中又造成水资源和空气的严重污染，而在冶炼加工过程中，对环境的污染就更加严重。

面对如此资源状况，加之我国已经入世，怎样才能做到既能使资源获得合理的开发利用，又能使资源得到应有的保护？我们认为，这就是要在实施可持续发展战略、强化对资源管理的过程中，深入进行资源资本化、价格化的研究工作，并据此制定资源管理政策，构建中国入世后的资源安全保障体系。

## 二、有关概念剖析

通过对资源与发展之间存在问题的反思，以及对资源与可持续发展及对入世后两种资源、两个市场之间关系的探讨，可以看到，欲使资源充分、合理、持久地支撑社会经济的发展，就必须强化对资源的管理。对资源管理的强化，包括两个市场中的两种资源。而最有现实意义和实质性作用的是实现资源的资本化和价格化。资源的资本化，是实现资源产权管理合理界定、资源所有权、管理权、经营使用权合理划分的前提和依据；资源的价格化，既是资源资本化的要求和实现资源产权管理的必要手段，又是使资源生产运行科学化、资源配置使用合理化、经济发展走上良性循环的关键途径与措施。

关于资源资本化，是把“资源”视为“资本”的一种理论或主张。资源和资本在经济学中，是内涵不相同的两个概念。资源，是指一切能为人类提供生存、享受、发展的自然物质与自然条件，以及这些物质与条件相互作用而形成的自然生态环境和人工环境。它是一种作用于人类社会经济生活的“源本”物质要素和物质力量。资本，则是指已为付出经济代价者所占有，归属于一定所有者，并为所有者带来权益的那些物质和条件。资源与资本既有区别，又有联系。它们的区别是：资源有的有特定所有者，有的无特定所有者，所有者并未付出相应经济代价。而资本总是有特定所有者，对所有者来说，资源拥有而不利用一般不带来权益，利用才带来权益。资本无论拥有或利用都能带来权益。资源是作为作用于人类社会经济生活“资本”物质要素发挥作用的对象物，而资本则不会作为“资源”物质要素发挥作用的对象物。总之，从自然物质与自然条件有无归属来看，资源的资本化包括的范围广泛，而从已有归属的资源和资本进行分析，那些已经作用于人类生存、享受和发展的物质要素，比如人们已经拥有的生活资源，就不会再作为“源本”物质要素发挥作用，因而不属资源之列。从这个角度讲，资源又比资本狭窄了些。资源与资本的紧密联系是：资源是资本的物质前提和基础，资本由资源转化而来，这个“转化”就是说资源变化为资产资本的实物形态是有条件的，是经历了一番过程的，那么这个“条件”“过程”又是什么呢？这个条件和过程就是人类的物质劳动。

至此，已对资源和资本的概念及其联系与区别从理论上进行了剖析，明确了它们的含义和作用。

为了尽快缓解我国所面临的严峻形势，更好更充分地接纳运用“两个市场”中的“两种资源”快速构建起我国可持续发展的“资源安全保障体系”，必须对资源资本化、价格做出探索。

## 三、有关理论探讨

视资源为资本，使科学管理下的资源成为可持续发展和国家资本安全保障体系的基础，其中的关键是该种管理必须同可持续发展和国家资源安全保障体系相衔接。参考国内外的有关研究，根据我国的国情和实践，资源价格化的实施，是使资源资本化和实现对资源经济运行科学化，资源配置合理化，可持续发展得以实现，国家资源安全保障体系环境建立的基本途径。

关于资源价格化问题，是一个复杂的理论问题和现实问题，国内外尚在探索之中。其基本内容与途径主要包括以下两个方面：

### （一）资源价格的理论依据

第一，资源价格的价值论依据。按照马克思主义的观点，价格取决于价值，价值取决于社会必要劳动时间。马克思指出：价格毕竟可以完全不是价值的表现。一种东西尽管没有价值，但可能在形式上有一个价格。在这种场合，价格代表就像数学上的某些数量，是想象的。从这些精辟、透彻、符合实际的论断中，可以知道，对于非商品物来说，若被其所有者用以换取货币，那么就使其取得商品形式。但是，这种商品与价格的关系，同真正的商品与价格的关系是不同的。这种非劳动产品，没有价值的东西，使其具有的价格，不是由于它取商品形式而有价格，而是它被赋予了价格才取商品形式。对于我们所研究的资源价格来说，此乃资源价格依据之一。

第二，资源价格的内在依据。资源价格的论点，最根本的依据是资源具有形成资本形式的本质与属性。资源是人类一切活动，尤其是社会经济活动的前提与基础。资源之所以能够成为人类社会经济活动的前提与基础，是有其深层根据的，在遵守自然与规律的前提下，通过对资源的加工，使其使用价值更加聚集，更加突出和更加完善。脱离开自然资源和自然条件的这种属性，内含着的使用价值功能，人类的劳动是什么也创造不出来的。资源禀赋决定使用价值这一属性，是资源资本化的基础和根据，也是资源价格最基本的依据。

第三，资源价格的外在依据。无论是对可再生或不可再生的资源的有限性都是适用的。资源不可能总是无限制地以现成的生活资料和生产资料的起始原料形式供给人类，即人类在把资源作为一般对象物进行开发、利用、加工和改造的过程中，如若不作适当规划管理，便会引起资源的无节制的耗费，并导致资源与条件的改变。因此，稀缺性是使资源形成资本形式，亦即赋予资源价格的又一必要条件或外在根据。

### （二）确定资源价格的基本力法

既然资源价格在理论上能够成立，研究确定资源价格的方法，显得十分重要。

第一，以“影子价格”为依据来确定资源价格。我们研究的“资源价格”，完全可以采用“影子价格”的理论与方法予以确定，其具体方法，可运用“参照权数”的方法。“参照权数”即寻求一个参照系列，将我们所研究的某种资源的全部使用价值与其对应，并求出各种比例系数。这些比例系数即为“参照权数”，比如利用国际价格、到岸价格和离岸价格都可以作为替代型影子价格；用本国相应物质价格与之相比较，即可得参照权数。当然这种权数乘以本国相应资源价格，即资源影子价格。按影子价格赋予资源之价格。

第二，以资源的机会成本、替代价格和补偿价格为依据来确定资源价格。资源的机会成本，是以资源的稀缺性和有限性为前提，其出发点是资源的个别应用、消费过程中价格的确定，是以各部门、行业及整个社会的经济利益作为参照系。资源的替代价格，着重反映不可再生资源的稀缺性，以及人类社会对该种资源的需求和消费不断增长之间的矛盾。其目的之一是限制对不可再生资源的需求与消费，延长其使用时间。然而，不可再生和非补偿性资源的稀缺性是相对的，因为人类对资源的要求，主要不是特定物质，而是物质的性能，而某种和某些物质性能，在一定经济技术条件下，可以被另一种或另一些物质替代。资源的补偿价格，着重反映可再生资源的恢复与更新要求。该类资源价格，是依据补偿原则，按照补偿费用来确定所耗用的资源价格。故该种资源价格根据被补偿的资源费用水平来确定。

第三，以资源的区位条件为依据确定资源价格。资源区位价格理论与方法，着重反映的是资源所处地域区位的差异。即资源都是落脚到具体地域上的，因此，资源的区域分布，使其具有区域属性和功能的变化，因而产生不尽相同的区位价格。

# 关于自然资源价格理论研究*

## 一、自然资源与经济资源

自然资源，是指一切能为人类提供生存、发展、享受的自然物质与自然条件，及其相互作用而形成的自然生态环境和人工环境。它超出经济资源的范围，包括了社会经济内容。其中，自然物质与自然条件，是在一定社会经济条件和一定科学技术水平，以及人类社会不同发展阶段上所需要的自然物质与自然条件，而不是其全部，亦即能为人类和人类社会的发展提供使用价值前提和基础的自然物质与自然条件①；自然生态环境，是自然物质在一定自然条件下，相互作用，相互影响，相互制约所形成的具有生态结构与属性的、遵循生态平衡规律的有机的自然环境。它是自然物质与自然条件的综合形态，亦可称为生态环境资源；人工环境，是经过人工干预的自然生态环境，亦即其中注入了人类的物化劳动。所以，此种环境又可称为人工环境资源。

我们认为，自然物质、自然条件、生态环境资源和人工环境资源，共同构成自然资源。它是人类和人类社会赖以生存、发展的物质基础。它在被人类利用的过程中，如果方式、方法不当，会被摧毁或破坏。这不仅由于自然资源（相当多数的环境资源）是有限的，而且因为自然资源的属性与功能是有条件的。自然资源属性与功能的根本依据，是自然资源具有生态结构和生态平衡规律。所谓自然资源的生态结构，是指地球表层诸要素（或称各子系统）的结构比例关系，及此种关系所决定的物质、能量、信息在其间的有序和有规律的交换过程。所谓自然资源的生态平衡规律，即上述交换过程不仅遵从其固有的结构比例关系，而且交换的“质”与“量”不会超越某个变化的区间；在这个区间内，自然资源系统，结构有序，功能增强，进化发展；超出这个区间，则结构紊乱无序，功能下降，系统退化，直至解体。所以，人类在利用自然资源的过程中，必须十分注意自然资源

---

* 本文选自刘文、王炎庠、张敦富：《资源价格》，商务印书馆 1996 年版，第 4~20 页。

① 对人类有用的自然物质与自然条件，总的来讲是在不断扩大。比如煤炭、石油和铀等，在未被人类认识和利用之前，尚不属于我们界定的经济资源；又如 10 万米以上的太空，在宇宙空间技术尚不发达之前亦不属于经济资源。

的生态属性与平衡规律，不断调整和改进利用自然资源的方式、方法，使自然资源得到应有的保护，成为人类生活、生产永续利用的富源。

经济资源，是自然资源经过人类劳动的投入和改造，成为人类社会的对人具有使用价值的物质与条件（即社会财富）。人工环境（资源），具有经济资源的特性。

自然资源，是经济资源的前提与基础，经济资源是人类对自然资源加工、改造的结果。

## 二、自然资源价格的含义与依据

### （一）自然资源价格来自经典理论的依据

自然资源“价格”，是我们赋予自然资源的。按照经典作家的定义，价格是价值的货币表现，是由价值决定的，价值又是由社会必要劳动时间决定的。自然资源，尤其是自然物质、自然条件、生态环境资源这几部分，是天赐之物，不是劳动产品，本身无物化劳动，没有价值，当然也就没有根据价值引出的价格。但是，我们提出的自然资源价格的论点，并不与马克思主义价值理论相悖。不仅如此，我们恰恰是运用经典作家的价格理论，结合自然资源价格的调查研究，提出自然资源价格的依据、理论与方法的。

我们知道，价格取决于价值，价值取决于社会必要劳动时间，是马克思价值理论最本质的规定。但是，马克思价值理论的全部内容并不仅限于此。马克思主义从未讲不是劳动产品从而没有价值的东西就不可以有价格，就不能取商品形式。例如，马克思在《资本论》第 1 卷中即指出：“……但是价格毕竟可以完全不是价值的表现。本身不是商品的东西，例如良心、名誉等，也可以被它们的所有者拿去交换货币，并通过它们的价格，取得商品的形态。所以，一种东西尽管没有价值，但能在形式上有一个价格。在这场合，价格表现就像数学上的某些数量一样，是想象的。”①

再如，马克思在《资本论》第 3 卷对地租的长篇剖析中指出：“地租是地主出租一块土地而每年由此获得的一定数额货币。……一看就知道，……是一个不合理的范畴，因为土地不是劳动产品，是没有价值的。”② “……在考察地租的各种现象形式时，……必须牢牢记住，就那些本身无任何价值，不是劳动产品的东西（例如土地）……来说，它们的价格可以由各种非常偶然的组合来决定。③ “瀑布和土地一样，也和一切自然力一样，没有价值，因为它不代表任何在其中物质化的劳动……瀑布本身没有价值，它的价格不过是所占超额利润的单纯反映……”④

---

① 马克思：《资本论》第 1 卷，人民出版社 1972 年版，第 120~121 页。
② 马克思：《资本论》第 3 卷，人民出版社 1974 年版，第 702 页。
③ 同②，第 714 页。
④ 同②，第 729~730 页。

从以上所引的若干明晰、透彻、符合实际的论述中，可以知道，对于非商品物来说，若被其所占有者用以换取货币，诚然也就使其取得了商品形式，并具有了用所换货币表征的价格。但是，这种形式上的商品同表征价格的关系，与真正的商品同价格的关系是不同的。因为，此种非劳动产品，内中没有物化劳动，亦即没有价值的东西，使其具有的价格，不是由于它取得商品形式才具有了价格，而是它被赋予了价格才取得了商品形式。这种非劳动的产品——本无价值的东西——可以具有价格的逻辑思路与生活中见到的实际情况，对于我们所研究的自然资源价格来说，也是适用的。或者说，此乃自然资源价格的依据之一。

### （二）自然资源价格的内在依据

自然资源具有价格的论点，除不与马克思主义经典作家价值理论相悖，而且符合其非劳动产品无价值的东西可以具有“想象的”价格的论断外；我们认为，最根本的依据是自然资源具有形成经济资源的本质功能与属性。

马克思曾说：“土地（在经济学上也包括着水）原来就会以食料，现成的生活资料供给于人类，所以无须有人的协力，已经当作人类劳动的一般的对象出现。所有那些不过由劳动才和大地脱离直接联系的物品，都是自然已有的劳动对象，例如从水（鱼的生活要素）中捕获的鱼，从原始森林采伐的木材，从矿山采出的矿石。

“土地既是人的食料的原始仓库，又是他的劳动手段的原始仓库。比方说，人用来投、用来磨、用来压、用来切的石块，就是土地供给于人的。”①

“土地本身又是这类一般的劳动资料，因为它给劳动者提供立足之地，给他的劳动过程提供活动场所。”②

从马克思对土地的论述中，我们可以看到。土地——引申为一般自然资源，首先是天然地存在的，是“上帝”的恩赐，是大自然的产物；其次它们以现成的形式满足人类的需要，天然地具备向人类提供生产、生活资料以及生产、生活活动场所的属性与功能。也就是说，“土地”等所有自然资源，对人类和人类社会具有使用价值、物质性效用的特性。

但是，以上所说的自然资源。是尚处于自在状态，来经人类劳动的投入和加工的自然资源。这种现成的“天热产物数量很小，并且完全不取决于人的。自然为人供给这少量产物，就像给青年人以少数钱，使他走上勤劳致富的道路一样。”③ 即这些现成的生活资料和生产资料数量是有限的，然而它却又具有人类活动一般对象物的深层内涵：自然资源是人类一切活动，尤其是社会经济活动的前提和基础，并且是社会经济发展的自然界限。亦即自然资源是人类活动的基础和经济发展的起始物质。正如马克思在论述劳动资料时所说，

① 马克思：《资本论》第1卷，第202~203页。
② 马克思：《资本论》第1卷，第205页。
③ 同②，第203页。

劳动者“利用某些物品的机械属性、物理属性和化学属性，把它们当作发挥能力的手段；适合于他的目的而在别的一些物品上面发生作用。”[①] 接着他在注释中引用了黑格尔的一段话：“理性强有力，也较狡智。它的狡智，一般地说是由间接活动构成。当它按照事物本身的性质，使它们互相发生作用，互相发生影响的时候，它不直接干预其中的过程，但是可以实现自己的目的。”[②] 这些表述，清楚地告诉我们：人类的生产活动，只能是服从和利用自然资源、自然条件所固有的属性与功能。马克思还说：“把社会生产的形态有的更为发展，有的更不发展这一点撇开不说，劳动生产率总是离不开各种自然条件。那些条件，可以拢总还原为人自己的自然（如人种等）和人周围的自然。外界的自然条件，又可从经济方面分为两大类：生活资料的自然富源，如肥沃的土地和富有鱼类的水等；劳动手段的自然富源，如可以航行的河道，树木、金属、煤炭等。在文明初期，前一类自然富源有决定作用；在较高的发展阶段，则是后一类自然富源有决定作用。”[③] 联系前面的论述，这里进一步综合概括地指明了：无论是具有肥力的土壤和能够丰产鱼类的水体，还是能够提供动力的瀑布、煤炭，以及可供航运之利的河流……它们之所以能够成为人类生活资料和生产资料的富源，原因就在于它们本身各具特殊功能的使用价值与物质效用的属性。人类劳动的投入与协助，只是也仅仅是在遵从自然与生态规律的前提下，通过对自然资源的加工、改造，使其所具有的使用价值、物质效用更加聚集、更加突出、更加完善罢了。脱离开自然资源和自然条件的这种属性——内含着的使用价值、物质效用的功能，人类的劳动是什么也创造不出来的，从上述的论述和分析中，可以得出如下结论：自然资源秉赋使用价值——对人类生活与生产活动具有物质性效用；自然资源的这一功能与属性，是自然资源形成或转化为经济资源最根本的基础与内在根据，也是赋予自然资源价格的首要依据。

### （三）自然资源价格的外在依据

自然资源秉赋使用价值、物质性效用这类属性，构成了自然资源价格的内在依据。然而，不是所有秉赋使用价值、物质性效用的自然资源都要赋予价格。那些可供人类永续利用的自然资源，比如太阳光能、热能和大气等，由于现在对人类来说还是取之不尽、用之不竭的能量与物质，赋予其价格尚无必要。

对于自然资源中的可再生性资源（动物、植物和微生物等）、不可再生的非耗竭性资源（土地等）、永续又可耗竭性资源（水资源等）和不可再生的耗竭性资源（石油、煤、铁等矿产资源）来说，除了它们秉赋使用价值、物质性效用外，还有一种极其重要的特性，即它们的有限性或稀缺性。根据自然资源对于人类和人类社会作用的考察，自然资源的有限性或稀缺性至少应包括如下三方面内容：一是人类活动使某些自然资源数量减少、

① 马克思：《资本论》第1卷，第203页。
② 同①，第203页。
③ 同①，第554页。

枯竭和耗尽；二是自然资源和自然条件的贫化、退化和质变；三是自然资源的生态结构、生态平衡被排毁或破坏。

自然资源的有限性、稀缺性，是人类在开发、利用自然资源的过程中表现出来的。首先是由于人口增加。社会经济发展，所耗用的资源数量与日俱增，从而自然资源迅猛减少以致枯竭。比如，地球上的森林曾多达 76 亿公顷，现在仅剩 26 亿公顷，如果以目前砍伐速度计算，人类的“肺叶”——热带雨林 75 年后将在地球上消失；随着人口的剧增，衣食住行等矛盾突出，迫使人们侵占更广阔的地域。向大自然进行肆意的攫取，导致近 2000 年来物种灭绝了 100 多个。尚有 2400 余种濒于灭绝。这不仅是天然“基因库”的丧失，也是生活资料和生产资料基地的减少与消失。再如，自工业革命以来，矿产资源的耗用速度呈现加速之势：1860 年全世界煤炭开采总量不足 2 亿吨，到 1981 年已达 38 亿吨；1920 年全世界石油出产总量不到 1 亿吨，1979 年达到 32 亿吨；铁、铜、铝等七大金属的生产总量，由 1965 年的 6.4 亿吨增加到 1985 年的 8.93 亿吨，20 年净增 2.53 亿吨。以煤炭、石油、天然气为例，就目前探明储量（可采储量）和世界平均消费水平计算，煤炭还可维持 288 年，天然气尚可维持 59 年，石油只能维持 30 年。如果按现在的世界人口数量，以美国的人均能源消费水平计算，世界能源的现有可采储量，煤炭、天然气、石油只能分别支撑 69 年、7 年和 5 年。

如上列举的虽然只是森林、物种和几个关键矿种的耗费、枯竭状况与趋势，但已把自然资源的有限性、稀缺性，明显地揭露出来。

其次是在人类同自然的交往中，自然资源处于对立面的地位，在一定的限度与范围内它可以一直消极、被动地顺从人类的意志，无声无息地为人类服务；然而自然资源的该种属性与功能又是有条件的，不仅如前所述不可再生自然资源（矿产资源、化石资源等）、可再生自然资源（生物资源等），如果无节制地耗费就会锐减以致枯竭，即使是不易耗竭的可再生自然资源，如土地和淡水资源等，如果肆无忌惮地滥用和侵吞，也会招致其质量退化、变劣，损害人类的生存、生活。

比如，农业的耕作方式不当，以及草原的过度放牧，毁林开荒等，不仅使良田受到侵蚀，有机质含量逐年下降，而且水土流失加重，土地沙漠化不断扩展。据有关资源资料揭示，有史以来，由于人类活动的影响，全球已损失 20 亿公顷土地，比现有的全球耕地还要多；目前，全球沙漠化面积已达 40 多亿公顷；每年水土流失土壤达 240 亿吨，影响和损害着 100 多个国家，而且沙漠化还在每年以 600 万公顷的速度，吞噬着现有的森林、田野和村庄。

又如，进入 20 世纪后，由于社会经济迅速发展，全球水资源的耗用量剧增，其中农业用水量增加了 7 倍，工业用水量增加了 20 倍。不仅在发达国家和发展中国家出现了缺水和严重缺水的城市与地区，世界上有 20 多亿人口饮用水紧张；而且随着现代工业和现代化大城市的发展，工业废水量和生活污水量也急剧增加，全世界每年污水量已达 4000 多亿吨造成 55000 多亿吨水体（占全球总径流量的 14%）的污染，地表水受到污染，地下水也遭到污染，现在世界上约有10亿以上的人口，不得不饮用被污染的水。

以上列举的虽然只是土地和淡水资源在某些地区的退化和质变的事例，但它不是个别地区的个别现象，而是具有全球性的普遍现象。

最后是自然资源、自然条件的被摧毁或被破坏，不仅表现为单项自然资源的枯竭和变劣。更为严重和更为基本的是，由自然资源、自然条件所构造的生态结构系统及其所遵循的生态平衡规律如果遭到摧毁或破坏，就不但不能实现人类活动的初衷，而且还会给人类带来灾难性的后果。

例如，恩格斯早在《自然辩证法》中就指出："美索不达米亚、希腊、小亚细亚以及其他各地的居民，为了想得到耕地把森林都砍完了。但是他们却想不到这些地方今天竟因此成为荒芜的不毛之地，因为他们把森林砍完之后，水分积聚和贮存中心也不存在了。阿尔卑斯山的意大利人，因为要十分细心地培养该山北坡上的松林，而把南坡上的森林都砍光了，他们预料不到这样就使山泉在一年中大部分时间都枯竭了，而且在雨季又使供水倾泻到盆地上去。"[①]

再以当今世界的环境污染和破坏为例。化石能源的利用，使人类社会获得巨大的推动和长足的发展，但又使大气中二氧化碳浓度上升，导致全球气温增高。这种全球性气候的变化，将改变整个地球的降水分布状况，打乱千万年所形成的适于人类生存、生活的环境体系；将使物种发生变异，改变现有生态结构；并将使极地冰雪融化，海拔低的沿海地带被淹没……这一切变异和变化，都是对现有生态系统和生态平衡规律的摧毁或破坏，将使人类面临生存根基毁灭的灾难。

同样，工业制冷工艺的发展，排放出大量氟利昂（氯氟化烃），破坏维护地球生命的大气臭氧层，也将损害、改变地球的生态系统；工业生产中排放的硫氧化物、氮氧化物，在大气中形成酸雨，不仅大面积地伤害、破坏着水生、陆生生态系统，也直接危害着人类的健康。

总之，自然资源价值的外在依据，不仅在于自然资源数量上的有限性、稀缺性。或者数量虽不减少，但质量却下降、变劣，还有一个更深层的内容，即每一种自然资源，不论其数量还是其质量变化，都将牵动、影响以至破坏整个生态系统。因此，从某种程度上讲，自然资源价格的确定，必须包括其内在和外在依据所包罗的内容，特别是外在依据所涉及的方方面面。从而，自然资源价格的理论公式和计量方法，也随着人们对其"内在依据""外在依据"尤其是"外在依据"研究的深入程度，以及考察、研究侧面的不同而不同。

① 恩格斯：《自然辩证法》，人民出版社1975年版，第148页。

## 三、确定自然资源价格的理论和方法

自然资源对人类和人类社会具有使用价值、物质性效用，在其被开发、利用的过程中，还存在有限性或稀缺性。内在的使用价值、物质性效用和外在的有限性或稀缺性，构成了赋予自然资源价格的充分且必要的条件或根据，亦即形成了可以对自然资源进行定价的原理和准则。但是，这些依据原理和准则，都只是确定自然资源价格的一般性思路；要确定特定的自然资源或自然资源的特定侧面的价格，还必须加以具体化。按照我们的调查研究和对国内外资料的分析归纳，大概有如下赋予自然资源价格的具体理论和方法。

### （一）确定自然资源的虚幻价格或影子价格的理论和方法

我们认为，马克思主义经典作家的“虚幻价格”（对非劳动产品从而没有价值的东西，可以具有“想象的价格”）理论，同现在国际上流行的“影子价格”理论是相通的，由于影子价格在世界各国的经济活动和交往中得到广泛的应用，其理论和方法也已比较成熟，并且影子价格的确定，又更多的是从整个社会对自然资源的使用和耗费进行研究。因而影子价格的理论和方法可以用来直接确定自然资源的社会价格。而且运用此种理论和方法所得到的自然资源价格，既能反映该种资源在整个经济运行中所起的机制性作用，又能反映所耗费、使用的资源对生态系统的牵动和影响。所以，我们将影子价格的理论和方法作为研究自然资源价格的主要理论和方法。

在市场经济中，商品价格既取决于成本，也取决于供求关系。当某种商品供大于求时，价格就要下跌；反之，价格就会上涨；供求相等时，它的价格保持不变，称为均衡价格。现行的市场价格体系由于税收等原因不能正确反映成本与供求关系。影子价格就是针对现行价格的缺陷。为实现合理分配稀缺资源而提出的一种计划价格。在费用—效益分析中，一个项目除有可用现行价格表示的经济效益和损失外，还有一些很难或不能用价格准确表示的社会效益和损失，如美学价值、健康影响等。对此西方经济学家提出了影子价格，认为影子价格能更好地反映机会成本。

各国在制定财政预算时，都会碰到同样的问题，即各部门要求的投资总额超过国家的财力，政府不得不根据经济发展目标，对各部门的要求进行取舍，确定轻重缓急的投资先后顺序。这就要求我们能找出各种资源的影子价格。影子价格最高的资源，应有投资优先权，因为某种资源的影子价格等于其边际生产率，影子价格最高表示社会能从该种资源的增产中获益最大。

按照马克思主义的经济理论，价值是社会平均必要劳动消耗，是构成价格的基础。社会价值不能用影子价格来表示，影子价格也不能反映真正的价值水平。实际上，影子价格的作用在于保证稀缺资源的正确分配和有效利用，所以它只是一种计算的手段，它类似于我们在技术经济分析中使用的计算价格。例如，在技术经济论证中，由于我国过去价格体系内煤炭的价格大大低于价值，而石油的价格大大高于价值，两者的比价很不合理，现在也还存在问题，因此不得不对这两种价格进行调整，采用一种计算价格。这种计算价格并不真正反映价值水平，而仅仅是消除一些明显的不合理性。由于影子价格是根据资源稀缺程度对现行价格做的修正，并且包括一些不能用价格表示的社会效益和损失，所以它能更全面地反映社会的效益和费用。在进行费用—效益分析时，除了尽可能计算间接效益外，采用相应的影子价格，具有十分重要的意义。

苏联著名经济学家列·维·康托罗维奇，为解决资源最优利用问题而提出“客观制约估价”理论，也就是“影子价格”理论。不过，它主要是用于国民经济计划工作中的集中决策研究之中，故亦称为“最优计划价格”。“影子价格”理论是由荷兰经济学家詹思·丁伯根提出的。不过，它当时主要是用于自由经济中的分散决策，故又常被称为“预测价格”。萨缪尔森发展了丁伯根的“影子价格”理论，使其成为主要反映资源是否得到合理配置和利用的“预测价格”的概念，并从三个方面作出了比较具体的阐发和补充：第一，“影子价格”是以线性规划为计算方法的“计算价格”；第二，“影子价格”是一种“资源价格”；第三，“影子价格”以边际生产力为基础。另外，他还把商品的边际成本称为“影子价格”。

我们所研究的“自然资源价格”，完全可以采用“影子价格”的理论和方法来予以确定，其具体计算可以运用“参照权数”的方法。所谓“参照权数”①，即寻找一个“参照系数”，将我们所使用、研究的某种自然资源的全部使用价值与之对应，并求出相应的各种比例系数，该比例系数即为“参照权数”。例如，国际价格、到岸价格、离岸价格等，都可作为参照系数，用本国相应物资价格与之相比较，从而获得相应的各种“参照系数”。从这种参照系数求出的参照权数再乘以我国相应自然资源价格，即得自然资源的影子价格。赋予自然资源影子价格，就会使自然资源在社会经济运行过程中起到两方面的作用：一是使自然资源尽可能产生合乎社会需要的作用，实现最大综合效用；二是使社会生产运行机制的耗费最经济，达到最小的总消耗。这两者结合，即可实现康托罗维奇所提出的计划工作中集中决策的资源最优利用，亦即促使人们实现资源的最优管理和使用——投入尽可能的少，产出尽可能的多。

“影子价格”是以线性规划为计算方法的“计算价格”，这是怎么一回事呢？其理论根据是什么呢？根据数学科学家的研究，凡是运用数学规划的线性规划研究与资源（包括广义资源或自然资源）有关的经济问题（比如企业为获取最大利润，根据各种设备的性能安排多种产品的生产）时，该线性规划数学表达式即为“原线性规划问题”，则“原线性规划”的“对偶规划”即为“影子价格”的计算方法。所以，采用线性规划的“对偶规划”计算出的（广义资源投入或消费）价格，一般就称为“影子价格”。从形式上看，原线性

① 确定自然资源价格，运用线性规划的对偶原理，更为科学和确切。但是在实际问题或实际工作中。往往又不易及时构建出反映实际情况的线性规划模型，因而“参照权数法”就成为平常被采用、简便易行和行之有效的方法。

规划的目标函数若为求取最大化或最小化，则其对偶规划的目标函数即为求取最小化或最大化；原线性规划约束条件的行向量为其对偶规划约束条件的列向量，原线性规划约束条件的列向量，为其对偶规划约束条件的行向量，且所有约束条件，一般由≥或≤约束，变为≤或≥约束，亦即根据所研究的同题，对原线性规划“短阵表”进行转换即得。

如前所述，荷兰经济学家丁伯根和苏联的康托罗维奇提出的“影子价格”的含义是，假若在有限的资源条件下，要获得最大的生产效益和社会福利，那么，这类资源应当具有“价格”。实际上，这时的“影子价格”仅仅表示该资源稀缺时的使用价值。“影子价格”对弥补和校正资源的市场价格或国家颁布的流通价格，合理地组织生产和使用资源提供了一个有力的手段。但上述方法仍有很大局限性，首先，对偶性问题主要针对物质生产和流通范围；其次，该方法所需资料和数据量大，计算复杂，尤其在实际工作上困难很多。针对这些局限性，一些经济学者主张将机会成本概念引入“影子价格”，将资源的多用途性（多功能性）与稀缺性结合起来，并将应用范围从纯物质生产部门延伸到整个社会。这种方法得到世界银行等国际组织的推荐。此外，国外一些经济学家还提出，对于美学，人体健康等诸如此类一些目前在费用—效益分析中尚无法计量的项目，也用“影子价格”来表示。当然，利用经济手段，把价格作为一种工具，来调整自然资源的合理配置，从而达到既保护了资源又促进生产的这一经济学目的，是有一定参考价值的。

## （二）自然资源的机会成本、替代价格和补偿价格的理论和方法

1. 自然资源机会成本的理论和方法

机会成本的概念是新古典经济学派提出的一项原理，它的概念所包括的范围比传统的会计成本更为广泛。在费用—效益分析中，把社会费用看作机会成本。这就是说，从社会的角度来看，费用是一种代价，由于某种决策或选择，把有限的资源用于某种用途后，就放弃了用于其他用途的机会。因此，费用就是效益的损失；一种抉择的费用，可由其他抉择的效益来评价。也就是说，某种商品的机会成本是指该商品假设用于其他用途时所能创造的最高价值。例如，准备建设一座水厂，费用为 100 万元，但由于国家的资金有限，若建设水厂，则必须相应地减少其他项目，如纺织厂或机械的建设。假如后两者的投资利润率分别为 1∶1.4 和 1∶2 的话，那么，140 万元和 200 万元即为水厂投资的影子价格。也就是说，水厂的费用—效益比值一般应高于 1∶1.4 或 1∶2，对社会来说才是可行的。

自然资源的机会成本，是以自然资源的稀缺性、有限性为前提，以自然资源的个别应用、消耗过程为出发点，以各个部门、行业乃至整个社会的经济利益作为参照系数而确定的价格，是一种比较逼近某种自然资源对人类社会的真实使用价值的表征。具体地说，自然资源的机会成本，就是将其安排这种用途，而不安排另外几种用途，或放弃其他用途所造成的损失、付出的代价，也可以说是一种自然资源不同使用方式、途径的比较成本或比较利益的价格表述。比如，某种自然资源被开发、利用于某种或某项生产活动，带来了新效益，增加了产品量，提高了产品质量，或者减少了生产的其他耗费等；而同一种自然资

源，用于不同部门、不同行业，不同项目的生产活动，所带来的或所增加的效益往往又是不同的或有较大差别的；该种自然资源的机会成本，一般即参照其在各部门、各行业的效用，结合整个社会经济状况、技术经济条件来确定，由此可知，采用机会成本自然资源定价，不是按自然资源的某种直接使用的个别收益来确定，而是按其使用过程中的社会收益及其关系来确定。所以。采用机会成本赋予自然资源价格，是一个从个别到一般反复进行的社会过程，这必须反映出自然资源的社会规定与调节。

2. 自然资源的替代价格理论和方法

自然资源的替代价格，是在研究不可再生性自然资源的稀缺性、有限性及其与人类社会对该种自然资源的需求、消费不断增加的矛盾时提出的。其目的一是促使人们更加合理、更加经济地节约利用不可再生性自然资源，或者说，以限制其需求与消费，求得延长自然资源的使用时间；二是提醒和策动人们去探寻、开发不可再生性自然资源的替代资源。我们认为，任何一种不可再生性或非补偿性自然资源的稀缺性都是相对的，因为人们对某种自然资源的需求，主要不是特定资源物质本身，而是其物质特性；这种自然资源的物质特性和性能，又可通过一定的技术经济条件，被另一种或另一些资源物质所替代，例如，钢铁、水泥和木料，在某些情况和条件下，可以用塑料物质替代；钢铁与水泥、木材在某些场合也可相互替代使用；等等。

科学技术的发展，为人类开发、利用自然资源不断探索、开拓出新的途径，也为人类不断扩展和开辟新的自然资源领域，从社会经济和技术经济的观点来看，不可再生性或非补偿性自然资源的价格，就应该根据发现、开发和获取替代资源的费用（成本）来确定。这是符合社会经济运行规律和价格经济学原则要求的。需要注意的是，自然资源的替代价格主要是或常常是在某种自然资源使用将尽，亦即接近枯竭之时，人们研究、开发替代物质的机会成本，并参照对社会经济发展的作用，以价格形态给出的；如此给出的自然资源替代价格，由于研究、开发的途径、方案不一，其变动幅度往往较大，并且缺乏确定性。所以，自然资源价格，尤其是不可再生的非补偿性自然资源价格，不能完全依据其替代价格来确定。自然资源的替代价格只能作为确定不可再生性自然资源价格的参照，或作为预测其价格的重要参数。

3. 自然资源的补偿价格理论和方法

自然资源补偿价格的理论和方法，主要是表征自然资源的有限性特征，它的具体运用，又着重反映出可再生性自然资源的恢复和更新要求。该类自然资源价格的确定，是依据补偿原则。虽然可再生性自然资源可依仗自然规律再生、恢复和更新，但这是在其被开发、利用极其有限的范围和幅度之内而言的。而今，人类在开发利用自然资源时，大多都是现代化的，其规模和强度大大超过了资源自身恢复的能力，欲使其继续再生、恢复和更新，就必须予以人为的或人工的协助。这种人为、人工协助的耗费，称为“补偿费用”，按照某种补偿费用来确定被替代自然资源的价格，不仅是合理的，而且是较为有效的、实用的。所以，自然资源价格尤其是可再生性自然资源的价格，以开发、补偿的资源费用来确定。不过其价格水平的高低，是在了解和掌握自然资源耗费补偿的上、下限的情况下，设计、确定的。可再生性自然资源被使用、消耗后，可以自然地恢复和再生。此之谓耗费补偿的上限，该种使用和消费为无偿；被使用、消耗后，超出了自然资源自然恢复、再生的限度和临界值，就不能自然地恢复和再生，而又能依靠人为、人工的协助来恢复和再生，此之谓耗费补偿的下限，这种自然资源的使用和消费是有偿的。那么，自然资源的补偿价格，即取其消费补偿价格的上、下限间的某个值或某个区间值。

### （三）自然资源的区位价格理论和方法

自然资源的区位价格理论和方法，着重反映自然资源所处地域的区位差异。即自然资源都是存在于具体地域内的，自然资源的区位分布，使其具有区域性特征，因此自然资源在被开发、利用的过程中，必然产生不尽相同的区位价格。

自然资源的区位价格，既要顾及自然资源本身的地域区位分布，又要考虑人类利用自然资源时其活动场所的区位性，亦即必须综合考虑影响自然资源价格的各种区位因素。

# 论人力资源学*

## 一、人力资源学的研究对象与内容

### （一）人力资源学的研究对象与内容

1. 人力资源学的研究对象

人力资源也称劳动力资源、劳动资源、人类资源，是存在于人体中的经济资源，指能够作为生产性要素投入社会经济活动中的具有劳动能力的人的总和，包括数量和质量各方面的指标，用来反映一个国家或地区的人口总体所拥有的劳动能力。

人力资源学是研究人力资源数量、质量、结构、开发、管理及其合理配置的科学。

人力资源学的研究对象是社会劳动力。只有在社会生产过程中，通过劳动者的劳动状况，才能体现人力资源的状况，包括人力资源的数量、质量、结构和人力资源的利用程度，以及人力资源的变化趋势。而简单劳动者的劳动能力，如果不放在生产过程中考察，就很难把握其作为经济资源所具有的地位和作用。因此，使用人力资源这一概念时，通常不是用来表示个别劳动者的劳动力，而是用来表示一个国家和地区总人口所具有的劳动能力，或者一个企业和单位劳动者所具有的劳动力。

2. 人力资源研究的基本内容

（1）人力资源的数量。人力资源具有量的规定性。大致分为三个方面：总体人力资源数量，指所有具有劳动能力的人，即一个社会的劳动力总和；可供人力资源，即有就业愿望的劳动适龄人口；在用人力资源，指已经就业的人力资源。

（2）人力资源的质量。表现为劳动力人口在体力、智力、职业能力等方面特点和水平。其衡量指标主要有人口健康水平、教育训练程度、职业技术发展。

（3）人力资源的结构。主要包括人力资源数量与质量的关系，即数量与质量结构；人力资源空间分布的关系，即地域结构；人力资源不同利用形态的关系，即利用结构。一个

---

* 本文选自石玉林：《资源科学》，高等教育出版社 2006 年版，第 559~587 页。参撰者：李玉江、孙凤芝。

国家和地区的人力资源结构，必须同该地区的社会存在、发展的需要相适应。

（4）人力资源的形成和投资。主要研究人力资源的投资形式、投资规模和投资方向问题，旨在揭示人力资源生产过程的基本规律，研究人力资源投资和开发的主体与投资收益。认为人力资源投资的主体有三个方面：国家、集体、个人和家庭。从当前来看，家庭和个人是主要的投资主体，同时国家每年也投入了大量资金。

（5）人力资源的成本和投入使用收益。人力资源的成本包括有形的、实际的物质投资，也包括个人投入的体力和智力的消耗，同时也包括在投资期间收入的损失。人力资源收益也包括三个部分：国家、单位和劳动者分别获得的收益。

（6）人力资源的配置。人力资源通过流动可以实现合理配置和优化组合，取得最佳劳动效益和经济效益。人力资源配置有产业、行业、部门、企业、地区之间的合理配置，也有企业内部人力资源与物质资源的最佳组合，还有人力资源之间的最佳组合。

（7）人力资源的市场和流动。人力资源是生产要素中最活跃、最重要的因素，唯有通过市场才能实现最佳的配置和取得最大效益。这里必须研究人力资源的商品属性问题，以及人力资源市场的性质、特点及运行调控机制等问题。人力资源流动研究旨在揭示人力资源流动的客观必然性、流动的规律性和流动的形式等。

（8）人力资源的价格。人力资源市场价格取决于人力资源成本及收益、人力资源的供求状况、人力资源的素质高低。

（9）人力资源的保护。人力资源是人类最为宝贵的资源，国家和社会应通过法律、经济、技术等手段给予切实的保护，对侵犯、践踏、损害、浪费人力资源的行为给予纠正和惩治。

（10）人力资源的发展。社会经济活动的主体是人，这体现在两个方面：一方面，人力资源是社会经济的推动力量；另一方面，人本身的全面发展又是社会经济活动的根本目的。因此，通过对人力资源开发利用规模的研究，使劳动者的能力和智力得到全面自由的发展。

（11）人力资源的管理。内容包括人力资源管理政策和人力资源管理组织、人力资源计划、招聘和选拔、人力资源开发和培训、人力资源绩效管理、人力资源保护、薪酬管理、人际关系研究等。

（12）人力资源的开发。内容包括心理开发、生理开发、伦理开发、智力开发、技能开发和环境开发，使特定范围的人力资源能够得以充分发展与合理使用。

### （二）人力资源学理论的产生和发展

将人力资源当作财富的源泉之一，首先可以见之于资产阶级古典政治经济学的有关论述。英国古典政治经济学家威廉·配第关于“土地是财富之母，劳动是财富之父”的名言，法国经济学家布阿吉尔贝尔关于“劳动时间决定价值”的著名论断，是人力资源思想的较早表述。后来，英国著名经济学家亚当·斯密在《国富论》中写道：“雇佣许多工人，是致富的方法”，并且认为人的能力，是一种资本，它可以成为社会财富的一部分，从而把当时的人力资源思想推到了最高点。

马克思批判地继承了古典经济学家的劳动价值理论，创立了马克思主义的经济学说。马克思主义经济学说是建立在劳动价值学说基础之上的。他精辟地分析了劳动力是价值和剩余价值的源泉。而经过教育的复杂劳动，应当等于加倍的简单劳动。马克思主义认为，人是劳动的主体，自然资源是劳动的客体。然而，由于资本主义生产关系，人又被资本所控制，劳动过程表现为资本的生产和再生产过程。后来，马克思主义又提出，“人被资本控制”的现象是一种“异化”，是对经济活动中主、客体关系的扭曲。在这里，马克思主义学说充分肯定了人力资源在经济活动中的决定作用。

在科学技术进步和经济发展的进程中，人力资源作用的特点日益明显，它对一国经济增长的贡献也越来越大。而且，人们发现，在不同国家，等量物质资本投入带来的产出差别迥异。在对诸如此类经济现象的分析中，人们认识到产出的不同是基于人力资源的质量存在着差异，从而产生了人力资本理论。1958 年，美国经济学家明瑟尔发表了题为“人力资本投资和个人收入分配”的论文，其后又发表了题为“在职培训：成本、收益与某些含义”的文章，他着重于用数学方法来说明劳动者接受教育及工作经验积累与他们收入差别之间的关系。后来，欧文·费雪在 1960 年出版的《资本和收入的性质》一书中，进一步发展了人力资本理论。然而，直到 20 世纪中叶，经典的、正统的西方经济学并没有真正把人力资源看作是一种资本，他们把人这个生产要素看作是“非资本的”。实际上，经典经济学中的劳动力指的是一种不包含知识和技能的自然形态的劳动力，是简单的劳动力数量的总和。

舒尔茨是西方公认的人力资本理论之父，他对西方人力资本理论做出了重大的贡献，并由此而获得了 1979 年的诺贝尔经济学奖，他的主要著作是《人力资本投资》《教育的经济价值等》。贝克尔的代表作《人力资本》被西方学术界视为“经济思想中人力资本投资革命”的起点。两者研究的共同点是以劳动力要素分析为中心，研究的主要内容在于阐述人力资本的概念、形成及其对经济发展的作用。阿罗于 1962 年发表的《边学边干的经济含义》一文中提出了“边学边干”的著名理论，则是对上述理论的补充。

20 世纪 80 年代中期以来，以知识经济为背景的新“经济增长理论”在美、英等国兴起。这种以技术内生化为特征的新经济增长理论把人力资本纳入模型中，从经济增长模型中阐发人力资本理论，其代表人物是卢卡斯和罗默尔。1986 年美国经济学家罗默尔发表了《收益递增和经济增长》，在文中建立了两个增长模型：简单的两时期模型和简单的两部门模型。在两时期模型中，罗默尔把知识作为主要的独立因素纳入生产函数，使之成为增长模型的内生变量。同时又把知识分解为一般知识和专业知识，一般知识产生外部效应，而专业知识产生内部效应。简单的两部门模型是在两时期模型的基础上建立的，在该模型中罗默尔把投入的人力资本区分为物质劳动或原始劳动和具有专业化知识的人力资本两种形式，认为只有人力资本才能促进经济增长。

1988 年卢卡斯发表了著名的论文《论经济发展的机制》，提出了两个经济增长模型：两个资本模型与两个商品模型。前者是他把舒尔茨的人力资本理论和索洛的技术决定论的增长模型结合起来并加以发展所形成的人力资本积累增长模型，在模型中强调劳动者脱离生产从正规或非正规的学校教育中积累的人力资本对经济增长的作用。后者是在阿罗人力资本积累模型基础上建立的。两个模型都是表示人力资本积累的增长模型。1990 年，罗默尔又建立了一个包括最终产品、中间产品和研究与开发（R&D）三部门在内的增长模型，克服了他本人（1986 年）和卢卡斯（1988 年）的模型中没有微观基础的缺陷，从规模报酬不变的柯布—道格拉斯函数中推导出如下结论：人均收入的增长率与社会投入研究与开发的人力资本比重成正比，与人力资本研究开发的边际生产率成正比，与时间贴现率成反比。

## 二、人力资源的使用

### （一）人员招聘

人员招聘是指通过各种信息，把具有一定技巧、能力和其他特性的申请人吸引到企业空缺岗位上的过程。人员招聘对企业发展具有重大意义。

1. 招聘的目的

招聘的直接目的就是获得企业需要的人，但除了这一目的外，招聘还有以下潜在目标：

（1）树立企业形象。招聘过程是企业代表与应聘者直接接触的过程，在这一过程中，负责招聘的人的工作能力、在招聘过程中对企业的介绍、散发的材料、面试小组的性别组成、面试的程序以及招聘、拒绝什么样的人等都会成为应聘者评价企业的依据。招聘过程既可能帮助企业树立良好形象、吸引更多的应聘者，也可能损害企业形象，使应聘者失望。

（2）降低受雇用者在短期内离开公司的可能性。企业不仅要能把人招来，更要能把人留住。能否留住受雇用者，既要靠招聘后对人员的有效培养和管理，也要靠招聘过程中的有效选拔。那些认可公司的价值观、在企业中能找到适合自己兴趣、能力的岗位的人，在短期内离开公司的可能性就比较小一些。而这就有赖于企业在招聘过程中对应聘者的准确评价。

（3）履行企业的社会义务。企业的社会义务之一，就是提供就业岗位，招聘正是企业履行这一社会义务的过程。

2. 招聘的原则

（1）因事择人。企业应依据人力资源计划进行招聘。无论多招了人还是招错了人，都会给企业带来很大的负面作用。除了人力成本、低效率、犯错误等看得见的损失外，由此导致的人浮于事还会不知不觉对企业文化造成不良影响，并降低企业的整体效率。

（2）公开。招聘信息、招聘方法应公之于众，并且公开招聘。这样做，一方面，可将录用工作置于公开监督之下，以防止不正之风；另一方面，可吸引大批的应聘者，从而有利于招到一流人才。

（3）平等竞争。对所有应聘者应一视同仁，不得人为地制造各种不平等的限制。要通过考核、竞争选拔人才。静止地选拔人才，靠“伯乐相马”、靠在“马厩”里“选马”、靠领导的直觉和印象来选人，往往带有很大的主观片面性。采用“赛马”的方法，以严格的标准、科学的方法对候选人进行测评，根据测评结果确定人选，就可以创造一个公平竞争的环境，这样既可以选出真正优秀的人才，又可激励其他人员积极向上。

（4）用人所长。在招聘中，必须考虑有关人选的专长，量才适用，做到“人尽其才”“事得其人”，这对应聘者个人以及企业都十分重要。

3. 人员招聘的途径

人员招聘就是通过各种途径和方法获取候选人的过程。招聘工作的成败在很大程度上取决于有多少人来应聘，应聘的人越多，企业选出优秀人才的可能性就越大。人员招聘的目标，就是要吸引尽可能多的人来应聘。

人员招聘的途径主要包括内部招聘和外部招聘。人们传统上认为招聘都是对外的，而事实上，企业内部人员也是空缺岗位的后备人员，而且有越来越多的企业开始注重从内部招聘人员。

企业内部候选人的来源主要有五个：公开招募、内部提拔、横向调动、岗位轮换、重新雇用或召回以前的雇员等。其中，公开招募是面向企业全体人员，内部提拔、横向调动和岗位轮换则局限于部分人员，重新雇用或召回以前的雇员就是吸引那些因企业不景气等原因而被企业裁撤的人或者在竞争中被暂时淘汰出去的人。从这些途径招募的候选人都可平等地参加选拔。

外部招募的人员来源较多，例如，熟人介绍来的、自己找上门来的、职业介绍机构介绍来的、合同机构和学校推荐来的等，他们可能是学校的毕业生、其他企业的员工，也可能是失业人员。

4. 人员选拔与人事测评

人员选拔就是从应聘者中选出企业需要的人员。由于这一步将直接决定企业最后所雇用的人，因而这是招聘过程中最关键的一步；同时，这也是技术性最强的一步，在这一过程中，需要运用多种测试方法，包括人事测评的有关技术。

（1）人员选拔的信息依据。选拔人员所依据的信息可以分为两大类：一为知识、技能、能力，二为人格、兴趣、偏好。根据这些信息，企业可以预测哪些求职者将来可能成功。因此，这些信息也被称为“预测因素”。人员选拔就是要了解应聘者的这些信息，并把它同企业的要求加以对比，然后作出判断。

（2）人事测评的含义。所谓人事测评，就是测评主体采用科学的方法，收集被测评者在主要活动领域中的表征信息，针对某一素质测评目标作出量值或价值的判断的过程，或者直接从表征信息中引发与推断某些素质特性的过程。根据测评目的的不同，可以把人事测评分为选拔性测评、开发性测评、诊断性测评、考核性测评等。

（3）人员选拔方法与人事测评技术。求职者信息可通过多种不同的方式收集，这些方式对应着各种不同的人员选拔方法。人员选拔过程中会用到多种人事测评技术，而且随着测评技术的发展和企业对测评的重视，对人事测评技术的应用还有发展之势。申请表、笔试、面试、评价中心、心理测试都是人事测评的常用方法。同时，企业在选择使用选拔方法时，必须考虑收集信息的成功率、类型和数量，同时也要考虑选拔方法的有效性。

### （二）人力资源的使用与调配

1. 人力资源使用的原则

研究人力资源的目的就在于合理地使用人力资源，最大限度地提高人力资源的使用效益。企业最基本的生产条件是劳动力、信息、资金、劳动工具和劳动对象，这些生产要素只有做到有机结合和不断协调发展，才能使企业高效运行，生产出高质量的产品，以满足和适应社会不断发展的需求。在所有生产要素中，人力资源是企业一切活动的主体，合理使用人力资源有利于提高企业的管理水平，有利于进一步提高员工的整体素质，从而不断增强新产品的研究开发能力，提高劳动生产率，提高设备使用率，节约材料和能源消耗，降低成本等。相反，人员使用不当，有的人没有事情做，该做的事情没有人去做，在人员使用上该用的不用，不该用的滥用，事情人人负责，出了问题又人人不负责，相互推诿扯皮。这样的企业不可能留住真正的人才，不可能有长久的生命力，所以合理使用人员对企业的生存和发展具有至关重要的意义。只有做到人尽其才，才能做到物尽其用，财尽其力，才能使企业得到长期的可持续发展。具体来说，人员使用要符合以下基本原则：

（1）人适其事。所谓人适其事，是指每个人都有适合自己能力和特长的岗位和具体工作。俗话说，没有不能用的人，只有用不好的人，就是说明个人没有找到适合其工作的岗位。所以企业要对员工的个性特长有深入的了解，针对其特点安排相应的工作，做到人适其事。

（2）事得其人。所谓事得其人，是指企业中的每项工作和每个岗位都找到合适的员工来承担。工作的责任要明确，责任人当然也要明确，不能出现无人负责的现象，而这个员工必须是能够完成这项工作的。所以，企业在使用人员上，一定要坚持为每个岗位找到最合适的人选，这样才能真正把工作做好。

（3）人尽其才。这是在企业中说的最多的一句话，但在实际中，很少有企业真正做到了人尽其才，许多员工的才能得不到完全的发挥，即使是在合适的岗位上。这与企业的人力资源管理的大环境直接相关，比如有些企业的某些薪酬政策，使员工产生干多干少一个样、干好干坏一个样的印象，自然人们就不会将能力发挥到极致，或者员工的职业发展通道与个人能力绩效没有直接的关系，而与资历正相关，员工也不会全力工作。所以人力资源管理的整个系统要能够调动员工的积极性，使其做到人尽其才，这样企业也才能获得员工最大的主观能动性和使用效益。

（4）事竟其功。所谓事竟其功，就是要使工作完成到最好，或者说获得在现有条件下最好的效果。这一个原则粗看上去与人员使用无关，但实际上反映了合理使用人员的结果，也是衡量是否合理使用人员的标准。

2. 人员调配的作用和意义

（1）人员调配的含义。人员调配指经主管部门决定而改变人员的工作岗位职务、工作单位或隶属关系的人事变动，包括在企业之间和企业内部的变动。

（2）人员调配的作用和意义。人员调配的目的和作用，从根本上讲是促进人与事的配合及人与人的协调，充分开发人力资源，实现组织目标。

具体而言，它有以下五个方面的作用：

1）人员调配是实现组织目标的保证：任何组织，无论是政府机关、学校、军队还是企业，实现自身的生存与发展，都离不开人力资源的保证。如果在每一个岗位、每一个职位上都有第一流的人员在工作，组织何愁得不到发展？但由于组织的外部环境、内部条件以及组织的目标和任务都在不断地变化，因此岗位、职位的数目和结构及其对人员的要求也必须不断发生变化，只有不断进行人员调配，才能适应这些变化，维持组织的正常运转和推动组织的发展壮大。

2）人员调配是人尽其才的手段：人的才能各异，各有所长，也有所短。只有放到最适合的岗位、职位上，人才能扬长避短，充分发挥出自己的潜能。但是，人与事的最佳配合不是一劳永逸的，而是动态的。有时，随着工作内容的扩充，设备的更新，人的能力变得越来越不适应；有时，人的能力提高，经验增加，兴趣转移，对眼前工作越来越不满足，甚至产生厌倦情绪。如果不及时对相应人员进行调配，不仅影响工作，更影响人员才能的发挥，影响杰出人才的脱颖而出。

3）人员调配是实施人力资源计划的重要途径：人力资源计划中确定的人员培训和劳动力转移的方案，都要通过人员调配手段来实现。及时将待培训人员调出，合理安排培训返回人员，按照人力资源结构合理化的要求，进行劳动力和干部的调动和组合，这是实施人力资源计划，提高人力资源开发水平和人力资源使用效益的基本途径。

4）人员调配是激励员工的有效手段：人员调配包括职务的升降和平行调动。职务晋升对当事人是一种内在激励，使其产生较强的成就感、责任感和事业感；平行调动虽不如晋升，但职工面对全新的工作环境、工作内容和工作要求，产生一种新鲜感和应付挑战的亢奋，从而提高工作积极性并有利于挖掘其潜在才能；对于降职的人，只要做好引导工作，也会促其变压力为动力，改正缺点，迎头赶上。

5）人员调配是改善组织气氛的措施之一：对于风气不正的班组、科室，通过人员调配可以扭转不良风气；对于互抱成见、难以合作的当事人，经做思想工作无效，采取组织手段使一方调离，仍不失为改善人际关系、优化工作环境的有效措施。

3. 人力资源调配的原则和类型

（1）人力资源调配的原则。人力资源调配事关工作成效和职工个人利益，应该谨慎行事，并遵循下述原则：

1）因事设人：因事设人是根据职位或职务对人员素质、能力的需要，挑选合适的人去担当。相反，为人设官或因人设事，则偏离了组织目标，也离开了“事”的需要，是一种不正常的人事调动，往往伴随着“裙带风”“帮派风”“以职行贿”等不正之风，是十分有害的。违背因事设人原则的非正常人事变动是机构臃肿、人浮于事的直接原因之一。

2）用人所长：用人所长，容人所短。对多数员工来讲，能发挥自己的业务专长是最大的愿望，而英雄无用武之地则成为最大的苦恼。领导者应该花费许多时间和精力，研究各类人才的不同特长，使其各得其所、各展所长。

3）协商一致：人事调配涉及面广，变动一个人的工作岗位，除了涉及调出、调入单位的领导外，有时还牵涉到三四个人的工作连锁变动。因此，在调配过程中，应贯穿深入细致的思想工作，做好各方意见的沟通工作，否则将影响部门与部门、人与人之间的正常关系。当然，万一协商而不能一致，争取上级领导的支持也是十分必要的。

4）照顾差异：人员之间在生理、心理、能力等各方面千差万别，适当考虑和细心照顾这些差异是搞好因材施用、人员调配工作的重要方面。主要应考虑五个方面的差异：性别差异、年龄差异、气质差异、能力差异、兴趣差异。

（2）人力资源调配的类型。对人员实施计划调配的类型，大体上有以下四种：

1）工作需要：这种类型是指因地区、部门或单位事业上的发展，例如，建立新的部门，建立新的分厂、车间、公司、门市部，形成新的生产和经营能力，需要调动一部分技术和管理骨干去组建新单位；或者对于正在发展中的组织充实工作骨干，加强技术力量和管理队伍；或者因干部退休、调离，需补充缺额而引发的人员调动。

2）调整优化：指对一些使用不当、用非所长或专业不对口的人员调整其工作，或者因优化组合，对富余人员、超编人员进行的工作调动。

3）照顾困难：指针对职工的一些具体困难，如夫妻两地分居、父母身边无子女、子女入学困难、上班离家太远、长期支边等情况而实施的照顾性调动。

4）落实政策：指根据国家有关的政策（如冤假错案的平反和对侨眷、台属、起义人员等统战对象的照顾等），对相应人员的隶属关系、工作关系所做的改变，均属于落实政策性的调配。

从调配涉及的范围角度，可将调配分为全国调配、地区或部门间协商调配、单位间协商调配、单位内部调配。

（3）人员调配的程序。一般而言，凡因工作需要调动人员，应按照干部管理权限直接由调出、调入干部的批准机关审核决定，直接调配。在调配前，单位领导应找干部本人说明情况，做好工作。

凡因个人原因要求组织调动的，一般按下列程序进行：①本人提出申请，填写调动审批表。②组织审核。③调出调入单位双方洽商。④调入单位发出干部调动通知。⑤办理调动手续。

4. 人员流动管理

（1）人员流动的原则。为了实现人员的合理流动，必须为人员流动规定一些必须遵循的原则。

1）用人所长的原则：应首先搞好人员的内部挖潜和调配，实现人员在本系统内部的合理流动，尽量使现有人员学有所用，提高其利用率，在此基础上再根据实际需要，引进必不可少的稀缺人员。

2）合理流向的原则：由于各地区、各部门、各单位事业的发展不平衡，人的素质和能力的发展也不可能同步。因此，各地区、部门和单位在一定时期对人员的需求与同时期本地区、部门和单位人员的供给之间产生不平衡。这种不平衡既有总量上的不一致，也有各级各类人员结构上的不一致。所谓合理的流动就是人员从多的地方向少的地方流，从人员闲置的地方向人员急需的地方流，从效益差的地方向效益好的地方流，以促进人员供需关系的平衡。

3）最佳社会综合效益原则：人员流动应该从全社会的需要出发，最大限度地发挥现有人员的经济效益和社会效益。从总体上看，我国人员缺乏，尽管大中城市、大型企业、沿海地区、高校科研单位人员相对多一些，这也是与小城市、农村、中小企业、边疆、生产第一线相比较而言的，并不是绝对的人员过剩。因此，在人员配置上，必然存在国家建设全局需要同地方、部门、单位需要之间的矛盾，发挥中心城市作用与发展乡镇企业的矛盾，发展教育科研事业同发展生产之间的矛盾，发展沿海开放地区与发展内地和老少边穷地区的矛盾，发展三资企业与发展国有大中型企业的矛盾。在这种情况下，衡量人员流向合理与否的标准，只能是综合社会效益，即不仅包括社会经济效益，而且包括社会政治的、文化的效益。仅就经济效益而言，也有眼前效益与长远效益、局部效益与全局效益的区分。市场调节机制虽然充满活力，但也有一定的盲目性，表现为重经济效益轻社会效益，重眼前效益轻长远效益，重局部效益轻全局效益。为了取得最佳的社会综合效益，还必须辅之以计划调节手段，在政策上加以引导。

4）自主原则：在人员流动中应该坚持自主原则，既允许用人单位根据工作需要选择人员，也允许人员在国家法律、法规和政策的范围内自主择业，这是不言而喻的。在人员流动中，应创造条件让供需双方直接见面洽谈，实行双向选择，做到两全其美。

（2）人员流动的形式。主要包括招聘、兼职、借调、承包、承租、领办和咨询等。

（3）建立和完善人员流动的内部机制和外部环境。人员流动的内部机制是指企事业单位在人力资源使用政策和具体制度上为人员的内外部流动创造条件，从企业内部流动讲，不搞岗位终身制，提倡内部的岗位轮换和竞争上岗，从而使员工在企业内部可以结合自己能力、特长和发展需要自主选择并有序流动。从对外流动讲，企业对选择离开本企业的优秀员工不要一味地堵、卡、拖，要更多地考虑背后的原因，同时对表现不称职的员工也不要只考虑面子和资历等，该走的一定要走，但该引进的也一定要引进和保留。只有这样，企业的人力资源管理工作才能实现人事相宜的动态平衡。

人员流动的外部环境就是要培育和完善社会主义的劳动力市场，尤其是人才交流市场。我国经济运行的目标模式是社会主义市场经济，不仅要建立资金市场、商品市场、原材料市场、科技市场、信息市场，还要建立社会主义劳动力市场，它是劳动力供求双方彼此平等洽商达成协议的场所，是人员合理流动的中介环节。因此，人才市场是劳动力市场的一个重要组成部分，是对人才流动进行社会调节和管理的专门服务机构。其业务包括收集、储存，提供各方面的人员和智力信息；定期举办人员智力洽谈会，为供需双方牵线搭桥；办理专业技术人员和管理人员的推荐、引进、招聘、借调、兼职、咨询等业务手续，承办专业培训等。人才市场的服务对象包括：在职的和离退休的各类人员，国家不包分配的大中专毕业生和电视大学、夜大学、函授大学、走读大学、成人自学考试等“五大”毕业生以及自学成才人员、社会闲散专业技术人员、农村乡土人员和被解聘的管理干部等。

## （三）人力资源的绩效考核

### 1. 绩效考核的含义

绩效考核是人力资源管理的核心职能之一，也是人们在管理活动中最常用的概念之一，对这个概念人们有从工作行为和工作结果角度的不同理解。一种观点认为绩效是在特定的时间内，由特定的工作职能或活动产生的产出记录，这是从工作结果的角度做出定义的；从行为角度来定义的，如坎贝尔将绩效定义为人们所做的同组织目标相关的、可观测的事情；博曼和穆特威德鲁定义绩效是具有可评价要素的行为，这些行为对个人或组织效率具有积极或者消极的作用。事实上，这两类定义方法都有其合理之处，行为是产生绩效的直接原因，而组织成员对于组织的贡献，则是通过其工作的结果来体现的。在某些工作类型中，工作的结果比较难以考核，那么将不得不以工作的行为或在工作行为中表现出来的个人特性来加以考核。为此，我们采取一种综合的办法来定义绩效，兼顾工作行为和结果：绩效是人们所做的同组织目标相关的、可观测的、具有可评价要素的行为，这些行为对个人或组织效率具有积极或消极的作用。

绩效可以在组织的不同层次上表现出来。比如，从组织整体的层次上，股东和潜在的投资人关注企业的经营业绩特别是股东回报，政府关注的是组织提供的就业岗位及是否遵守了环境保护法规等，员工关注的是工作的稳定与薪酬状况等，这些都是组织层次绩效的体现。一个生产或运作过程、一个职能部门、一个工作团队层次，也都有各自的绩效；个人层次是我们最关注的，也是绩效考核目前主要的任务所在。本章将集中在个人层次的绩效考核上，并适当介绍一些对组织的子部门进行考核的进展。

绩效考核就是收集、分析、评价和传递有关某一个人在工作岗位上的工作行为表现和工作结果方面的信息情况的过程。在企业和非营利组织的管理实践中，绩效考核作为评价每一个员工工作结果及其对组织贡献的大小的一种管理手段，每一个组织都在事实上进行着绩效考核。不管他们是否有意识地提高了自身的绩效考核水平，他们都在设法比较合理地衡量各个员工的绩效。由于组织是由其广大员工运行的，因此合理地评价每一个员工的绩效，并据此激励、表扬先进，鞭策后进是非常必要的。在人力资源管理已经得到越来越广泛重视的今天，绩效考核也自然成为企业在管理员工方面的一个最核心的职能，经过实践的探索和理论的推动，绩效考核现在已经取得了相当多的成果，并且成为企业鼓励员工积极性、获取竞争优势的一个重要来源。

2. 绩效考核的重要性

绩效考核在组织中的重要作用，体现在以下几个方面：

(1) 绩效考核是任用人员的依据。任用人员的标准是德才兼备，任用人员的原则是因事择人、用人所长、容人之短。要想判断人员的德才状况、长处短处，进而分析其适合何种职位，必须经过考核，对人员的政治素质、思想素质、心理素质、知识素质、业务素质等给予评价，并在此基础上对人员的能力和专长作出推断。招聘过程中的测评、甄选也可以提供这方面的资料，但是那是在员工并未在本组织中参加工作的情况下提供的，而事实上员工能否融入新的环境、能否在本组织中发挥出良好的绩效，以及体现在实际工作中的员工是否具备本组织所需要的能力、素质，尚需要在实际工作后通过绩效考核来加以评价。也就是说，绩效考核是“知人”的主要手段，而“知人”是用人的主要前提和依据。

(2) 绩效考核是决定人员调配和职务升降的依据。在人员调配之前，必须了解使用人员的状况，人事配合的程度，其手段是绩效考核。人员职务的晋升和降低也必须有足够的依据。这也必须有科学的绩效考核做保证，而不能只凭领导人的好恶轻率地决定。通过全面、严格的考核，发现一些人的素质和能力已超过所在职位的要求，而适合担任更具挑战性的职位，则可晋升其职位；发现另一些人的素质和能力已不能达到现职的要求，则应降低其职位；发现还有一些人用非所长，或其素质和能力已发生了跨职系的变化，则可进行横向调动。

(3) 绩效考核是进行人员培训的依据。人员培训是人力资源开发的基本手段，但培训应有针对性，针对人员的短处进行补充学习和训练。因此，培训的前提是准确地了解各类人员的素质和能力，了解其知识和能力结构，优势和劣势，需要什么，缺少什么，即对培训需求作出分析，为此也必须对人员进行考核。同时，考核也是判断培训效果的主要手段。

(4) 绩效考核是确定劳动报酬的依据。按劳分配是我们社会里公认的企业员工的分配原则，不言而喻，准确地衡量“劳”的数量和质量是实行按劳分配的前提。没有考核，发放报酬就没有依据。没有考核结果为依据的报酬，不是真正的劳动报酬，这是有些单位在分配上的平均主义或大搞特权等不正之风的基本特征。

(5) 绩效考核是激励员工的必要手段。奖励和惩罚是激励的主要内容，奖罚分明是劳动人事管理的基本原则。要做到奖罚分明，就必须科学、严格地进行考核，以考核结果为依据，决定奖或罚的对象以及奖和罚的等级。

考核本身也是一种激励因素，通过考核，肯定成绩，肯定进步，指出长处，鼓舞斗志，坚定信心；通过考核，指出缺点和不足，批评过失和错误，指明努力的方向，鞭策后进，促进进取。只有这样，先进的斗志更昂扬，后进的变压力为动力，使广大职工保持旺盛的工作热情，出色地完成组织交给的任务。

（6）绩效考核是平等竞争的前提。建立社会主义市场经济，需要鼓励企业竞争，也需要在企业内部鼓励员工平等竞争，创造“比、学、赶、帮、超”的良好气氛。而平等竞争的前提，是企业有良好的绩效考核依据，使员工能够在一个公平、公正的环境下开展竞争、提高各自的绩效，从而提高企业的竞争力。

管理学家研究表明，同一职位的不同员工之间的绩效可能存在非常明显的差别，而且越是在需要高层次知识和技能的工作岗位上，这种差别就越明显。

很多研究和实践都明确地证实了这样的观点：具有高水平绩效考核的企业，会通过多方面的手段提高企业的竞争优势。克雷曼指出：通过指引员工的行为趋向组织的目标，并监督员工行为以确保目标得以实现，恰当的绩效考核制度可以提高企业员工的工作绩效。绩效考核有助于企业做出正确的人力资源管理决策，在加薪、升职、解雇、降级、调动、培训和试用期结束等方面提高企业的人力资源管理水平。良好的绩效考核制度还可以保证企业依法行事，特别是在歧视、名誉类案件非常普遍的发达国家，这种绩效考核制度是保证企业依法行事非常重要的优势。在中国，类似的情形也越来越明显。

3. 绩效考核的内容

绩效考核的内容概括起来有品行考评、能力考评、业绩考评、工作态度考评和适应性评价等。简单地说，就是每一个员工工作成绩最重要的体现。虽然如此，但在实践中却并不是这样简单。哪些方面能够体现一个员工的工作成绩呢？如果企业有比较完善的人力资源管理制度的话，并且我们相信它是合理的，那么可以从工作说明书上去找到各个员工该完成的任务。完成工作说明书的要求，这是每一个员工都应该做到的。

在现实情况中，我国很多企业和事业单位经常在“德”“能”“勤”“绩”四个方面来考核工作业绩。这是一种比较全面的概括性的考核，在实际操作上要注意两方面的问题：①考核内容不必过分求全，关键是找出与每一个员工工作业绩关系最为紧密的内容，并将其进行深化和细比。人力资源管理的原理要求我们对员工不要求全责备，考核工作要体现这一点。同时，过于概括性的要求，在不同的考核之间以及被考核者之间可能都会产生不一致的理解，这样就不能有效地指导员工提高和改进绩效。当然，从“德”“能”“勤”“绩”四方面来考虑，作为设计绩效考核内容的初始步骤，不失为一种好办法。②对这四个方面应该有准确的理解。根据绩效的定义，如果从结果方面强调绩效时，只有“绩”才是我们所说的绩效，即员工的工作成果、员工对组织目标的贡献。强调行为时，其行为特点则包括“德”“能”“勤”等特征。目前，比较流行的观点是在考虑结果的同时，不局限于工作结果。特别是在管理水平比较高、员工个人不能全部决定工作结果的情况下，应充分地考虑人们所做的同组织目标相关的、可观测的行为或事情。在一般情况下，可以以定量的工作产出为主，辅以对工作态度和能力的考核。

4. 绩效考核的方法

绩效考核的核心，是收集到与每一个员工的工作状态、工作行为、工作结果有关的信息，并将其转化为对员工工作的评价，据此为与员工管理或开发有关的活动提供信息支持。因此，绩效考核的方法也就成为绩效考核的核心内容。

进行绩效考核有很多种方法，这都是人们在多年的管理实践中积累并经过管理理论工作者升华、改进的结果。需要说明的是，任何一种考核方法都具有优点和缺点及其特定的使用范围。介绍一些在实践中被应用得最为广泛，并且相当具有科学性的方法，侧重其可操作性，并分析它们的优点和缺点，以供大家在实际工作中根据实际情况来选用。

（1）民意测验法。民意测验法就是请被考核者的同事、下级及有工作联系的人对被考核者从几个方面进行评价，从而得出对被考核者绩效的考核结果。

民意测验法在我国很多国有企业和事业单位都有广泛的应用，它的优点是具有民主性、群众性，能够了解到广大基层员工，特别是与被考核者有直接工作联系的人员对干部的看法。它的缺点是只有由下而上，缺乏由上而下，受群众素质局限。如果某一位干部工作积极，很有开拓性，对于组织绩效来说可能是做了很大的贡献，却很可能在这个过程中得不到多数人的理解与支持，甚至影响很多人的眼前利益。这样，他在民意测验中就难以得到比较好的评价。

民意测验法适用于从事群众工作的干部，比如企业中的工会主席、工会干部、人力资源部门负责员工福利与劳动保护的干部等。

（2）共同确定法。最典型的共同确定法是各大学、科研部门和各个企业都在采用的评价科学技术人员、教师的工作绩效，特别是在评定职称中所采用的方法。这一方法的基本过程是：先由基层考评小组推荐，然后进行学科（专业）考核小组初评，再由评定分委员会评议投票，最后由评定总委员会审定。

这一方法的优点在于通过专家来评价，保证被考核人的水平、能力、素质等方面确实符合要求，得到比较公允的考核结果。其不足之处在于考核的结果可能受考核者的主观因素影响过多。但是在像评定职称这类很难用量化指标或行为因素来评定的考核中，这不失为一种可行的方法。

（3）配对比较法。由于人情、面子在世界各地都是影响绩效考核的因素，所以考核者往往不愿意对被考核者给出比较低的评价，容易造成“趋中趋势”的误差，以致分不出员工之间绩效的差别。为此，配对比较法应运而生。配对比较法就是将被考核者进行两两逐对比较，比较中认为绩效更好的得 1 分，绩效不如比较对象的得 0 分。在进行完所有比较后，将每个人的所得分加总就是这个人的相对绩效，根据这个得分来评价出被考核者的绩效优劣次序。当然，在避免趋中、强制排序方面，配对比较法是相当好的，其优点是准确度比较高。

（4）等差图表法。绩效考核的等差图表法在实际操作中主要考虑两个因素：一是考核项目，即要从哪些方面对员工的绩效进行考核；二是评定分等，即对每个考核项目分成几个等级。在确定了这两者后，即可由考核者按照评定图表的要求对被考核者给出分数。如按照工作质量、工作数量、工作知识和工作协调四个方面，每个方面分五档对员工用等差图表法进行考核。

等差图表法的优点是考核内容全面，打分档次可以设置较多。恰当地加以辅助要求，比如在某一档次不能超过或少于一定的比例，可以要求考核者给出具有一定区别性的考核成绩。它的另外一个优点是实用而且开发成本小。它的缺点一方面在于受主观因素影响，因为每个考核者给出的被考核者的分数都是个人主观的看法；另一方面在于这种方法没有考虑加权，被考核的因素对于考核的总结果都具有同样的重要性。此外，这样的图表不能指导行为，员工并不知道自己该如何做才能得到高分。这种方法对于在为绩效考核面谈而提供信息方面也不够成功。比如，如果你告诉一位下属："考核中反映你这个人不够可靠"，这显然会引起员工的不满。但是，如果你能够通过其他有些考核方法提供的信息向他明确指出"上周有 6 位顾客向我投诉你没回他们的电话"，那么员工感觉就会好一些，并且知道自己该如何改进。鉴于此，这种方法适用于考核工人、职员等基层的、工作行为和结果都比较容易被了解的员工。

（5）情境模拟法。情境模拟法是美国心理学家茨霍恩等首先提出的。情景模拟法是将被考评员工放进一个模拟的工作环境中，运用仿真的评价技术，对其心理问题的各种能力进行模拟现场考评。情境模拟，是为了适应当前很多管理和执行工作的开展而提出来的：工作越来越复杂，每一项任务的执行都需要多方面的素质和能力，而各不同任务所需要的素质和能力又是不同的。为此，单纯凭借远离工作的考试、测评无法全面考核出候选人是否能够适应工作。为此，利用仿真评价技术，通过计算机仿真、模拟现场等技术手段进行模拟现场考核，或者通过代理职务进行真实现场考核。它的优点是使被考核者真实地面对实际工作，能够表现出自己实际的水平；缺点是成本高，费时费力。因此，这种方法适用于关键岗位、特殊岗位的员工。

5. 绩效考核体系的设计

绩效考核是一件综合性很强，且很具有挑战性的工作，企业的最高领导和直线部门经理、人力资源部门在其中分别发挥着不同的作用，因此他们需要掌握的绩效考核的技巧、技能也不相同。我们可以从绩效考核体系的设计来考察绩效考核中需要决定的若干重要选择，并从中看出各种角色的管理者应分别掌握的技能。

绩效考核是一个复杂且需要连贯统一的流程。在这个过程中，企业领导直线经理及人力资源部门必须完成以下工作：

（1）建立共识。特别是人力资源部门与直线部门要在企业最高领导的统一指导性原则下，建立关于考核最重要的几个问题的共识，这才能保证双方在绩效考核过程中的紧密配合。这些问题包括：对绩效考核的必要性及目的的准确认识，共同制定考核制度和考核方法，共同确定考核指标体系及考核用量表。

（2）成立考核评审委员会。很多企业有薪酬委员会，在这种情况下可以使同一个委员具有两方面职责。在考核方面，评审委员会的职责包括：审查通过或修改考核标准、审查各单位的考核结果、处理投诉案件、改进考核办法。考核评审委员会执行的是企业管理职能，可以吸收企业中有经验、比较全面了解情况的老员工、技术骨干和外界专家参加进来。

（3）确定考核指标体系。这里既包括指标内容即考核哪些方面，也包括考核方法即怎样得到个人的考核得分，谁来打分，如何计算分数，等等。

（4）实施考核。这涉及培训有关人员、实施考核及上下沟通等。

（5）公布考核结果。公布考核结果，兑现奖惩，并处理投诉或抱怨。

（6）跟踪改进，提高绩效。与每个员工的个人职业生涯设计相结合，设法提高员工的绩效。

6. 绩效考核结果的应用

绩效考核的结果既可以供管理人员为人力资源管理的决策提供信息，也可以帮助人力资源开发找到恰当的方法，还可以用于员工个人在绩效改进、职业生涯发展方面提供借鉴。

（1）业绩提高。一个设计和联系都很合理的系统，能够有助于实现组织的目标和提高企业和员工业绩。比如，组织如果能够认真开发一套各岗位的行为锚定评分法的指标体系，也就给每位员工都提出了改进工作的明确目标。

（2）人力资源计划。一个设计完善的评价系统能够提供出一种对组织中人力资源优劣势的剖析来支持这项工作。

（3）招聘和选择。绩效考核等级可能会有助于对工作申请者业绩的预测。例如，它可以从一个公司中成功的经理们在执行重要任务时的行为来确定。于是这些数据为评价通过行为描述面试的申请者的反应提供了基础标准。在确认选择测试中，员工选择的正确决策将取决于评价结果的准确性。

（4）人力资源开发。如果人力资源经理发现，许多基层主管在管理纪律方面存在困难，那么就有可能建议在培训期间谈谈这个问题。通过识别那些对业绩有不利影响的缺陷，人力资源和直线管理人员有能力制定出人力资源发展方案，以允许个人发挥他们的优点，并使其缺点最小化。

（5）职业计划和发展。职业计划和发展可以从个人或组织的观点中看出来。无论怎样，绩效考核数据在评价一个员工的优缺点及确定其潜能时，都是十分重要的。经理可以利用这些信息来评议下级，并帮助他们发展和执行他们的职业计划。

（6）内部员工关系。绩效考核数据也常用于内部员工关系等几个领域中的决策，比如在动力、提升、降级、撤职、解雇和调动等方面的决策。例如，自尊对于动力是必不可少的。因此，评价制度必须按照一定的方式进行设计和贯彻，以保持员工的自我尊重。

（7）员工潜能的评价。有些组织在评价工作业绩时，试图评价一名员工的潜能。据说，未来行为的最好预测是根据过去发生过的行为。

当然，应用于不同的目的，对绩效考核就会有不同的要求。

显然，绩效考核的应用范围很广。我们可以把它们分成“管理应用”和“开发应用”，这样对于我们恰当地设计绩效考核制度及其执行、应用都是有好处的。管理应用，指的就是将绩效考核的结果应用于人力资源管理中计划、招聘、甄选、薪酬、晋升、调配、辞退等各项具体的人力资源决策之中。开发应用，考虑的是绩效考核可以提供员工优劣势的信息，据此帮助员工识别如何在现有的岗位上提高工作业绩，如何加强员工的学习和开发，以及为员工的职业生涯设计提供建议等。实践表明，对于一项绩效考核制度，不可能同时应用于多个方面，否则将造成绩效考核结果的不恰当运用，并带来很多管理问题。伊斯曼化学公司为了适应变化了的企业文化，重新开发了他们的绩效考核制度。在这一过程中，他们发现需要三个独立的绩效考核制度：第一个针对开发和指导，第二个针对报酬，第三个针对选择。

## 三、人力资源的优化配置

### （一）人力资源配置的含义与内容

1. 人力资源配置的含义

人力资源配置，是根据经济和社会发展的客观要求，科学合理地在地区、部门间分配人力资源，使其实现与生产资料的合理结合，充分发挥人力资源作用的过程。

人力资源在地区及部门间分配的排列组合，称为人力资源的配置。它是人力资源结构系统要素间分布的初始状态，以人力资源的增量为主要特征。人力资源配置要素在地区与部门间的转移式的排列组合称为人力资源的再配置。它是人力资源结构系统要素空间分布的动态发展状态，以人力资源要素存量流动为主要特征。

人力资源配置是人力资源管理中的一个重要环节。它是继人力资源的培训、开发之后进入使用阶段必须考虑的重要课题。培训开发只是第一次对人力资源潜能的开发，且有时侧重于个体；人力资源配置阶段的作用在于对人力资源的第二次开发，侧重于群体潜能开发，是更高层次、更为重要的开发。因此，重视群体人力资源的优化配置，以取得良好的整体效应。

人力资源的宏观配置，是指一个国家把全部人力资源按社会经济发展的客观要求，通过一定的方式分配到各地区、各部门的过程。

人力资源的微观配置，是指一个企业、单位如何科学地把人力资源分配到各个工作部门、各个岗位的问题。任何一个组织都要追求组织效率。组织效率决定于各个部门的效率，而部门的效率又决定于每个岗位的劳动者个人效率及其在各岗位是否主动、合理、科学地协作。组织内部人力资源配置，其最终目的是提高组织效率。

2. 人力资源配置研究的内容

（1）人力资源配置的范围。人力资源配置的范围既包括宏观领域，也包括微观领域；

既包括纵向系统的，也包括横向系统的；既包括地区的，也包括部门、单位的；既包括内部系统的，也包括外部系统的。人力资源配置的范围包括研究产业系统内各产业间、主导产业与非主导产业间的关系，行业系统内部轻重等行业间的关系，主导产业与非主导产业间关系的人力资源配置。另外，还可以围绕人员的专业、能力、职称等各要素的配置作更深层次的综合分析研究。

（2）人力资源配置的方法。人力资源配置的方法包括运用经济、法律、行政等方法进行配置的调控，运用预测、规划、计划等定性、定量综合方法进行配置的调控，以及运用直观性较强、操作程序比较简单的人力资源平衡表法、劳动力结构平衡表法等进行统计分析、综合平衡和调控。

（3）人力资源调控的标准和依据。人力资源配置必须与社会经济、政治、文化和科学技术之间的相互关系以及与配置本身的内在性质等方面结合，将人们生存和发展需要、满足程度或效用大小作为评估的根本标志，因而可对需要程度、效用大小作定性定量研究，设计出可操作性、实用性强的指标体系，并进一步转化人力资源的配置。

### （二）人力资源配置的原则和依据

1. 人力资源配置的原则

（1）效益原则。把企业人力资源配置的出发点和落脚点归结为一点，就是要提高组织效益，保证目标的实现。为此，在人力资源配置中，不仅要坚持个人与岗位之间的对应相适，而且要使组织的群体结构处于合理状态，这样才有可能使个人能力得到充分发展，从而获得较大的组织效益。

（2）充分就业原则。充分就业，既是一个重要的经济目标，又是一个重要的社会目标。可以说，这是当今世界不同经济体制、不同经济水平的国家所共同追求的目标。在人力资源供不应求与供求平衡的情况下，充分就业就容易实现；在人力资源供过于求的条件下，则应当通过各种措施扩大需求和减少供给，以求达到平衡。

（3）合理使用、提高效率的原则。人力资源的合理使用，既指人力资源投入的最高产出率，又应当包括经济上的投向及配置的合理，以及更为广泛的社会方面的内容。同时，由于人力资源在经济运行中的特殊地位，提高人力资源使用效率就尤为重要。

（4）个体素质与岗位要求对应的原则。个体素质是指个人的年龄、体质、性别、气质和专业技术水平等状况。要实现人与岗位的最佳结合，不仅要全面分析测定个体的素质状况和研究岗位要求，而且必须有人员能上能下、能进能出、自由流动的配套制度。这是坚持人与岗位相对应原则的基本环境。

（5）群体结构的合理化原则。进行人力资源配置，调节各地区、各部门和各行业的劳动力，并将追加的人力资源投放到不同的方向，以便形成一种良性的人力资源使用结构，即就业结构。一个企业的整体效益如何，不仅受个体素质的影响，还受群体结构的影响。企业的群体结构是指企业各种不同类型人员的配置及其相互关系。企业人力资源的群体结构的合理化是在其专业结构、知识结构、职能结构、年龄结构合理化的基础上形成的。

实现群体结构合理化的基本要求是：做到不同能级的人按能力高低为序合理地组合在一起。按能级原则配置人力资源，有利于充分利用人力资源，并且能够使他们的能力在这种合理的组织中得到发展。同时，人的能力不仅有高低之分，而且由于个人生理、心理条件和所受到的教育培训的程度和内容不同，其具有的素质也不同。因此，在人力资源配置中，应遵循互补的原则，就是通过专业互补、职能互补、生理互补和年龄互补来达到群体结构的合理化。

2. 人力资源配置的依据

从宏观上看，促使人力资源配置产生、发展、变化的基本依据和动因来自以下几个方面：

（1）各地区、各部门经济发展的客观需要。一个国家各个地区和各个部门之间的经济发展往往是不平衡的，人力资源的分布，应力求和经济发展的水平相适应，和产业结构相适应。人力资源配置与社会经济发展互相联系，互为因果，相互促进。社会经济发展推动着人力资源配置的变化，人力资源配置的优劣反过来又影响社会经济发展的方向、过程、速度和规模。但从根本上说，社会经济发展则为该对矛盾的主要方面，是人力资源配置发生、发展、变化的基础。

（2）自然资源分布不均的客观要求。在一个国家范围内，各地区的自然资源分布，是一个不以人的意志为转移的客观存在。现代科学无法改变自然资源分布的格局，因此只能按照自然资源分布的客观要求去分配人力资源。

（3）科学技术进步的要求。科学技术是第一生产力。科学技术的进步，不断地推动着产业结构、行业结构的连续变革。产业结构、行业结构的发展变化，又导致从事这些产业、行业劳动者的人力资源结构的变化。

（4）社会文化发展的客观要求。一个国家，不仅经济发展存在不平衡的现象，社会文化的发展也是不平衡的。这是由于经济、政治、地理和历史的原因，各国都形成了一些中心城市，这些城市往往是设施先进，文化教育、科学研究机构比较集中，工业、商业、交通运输发达，因而人力资源密集，人力资源质量也高。而中小城市和农村，社会文化发展水平较低，人力资源不太密集，人力资源的质量也相对较低。

（5）社会体制改革的要求。社会体制是社会的组织形式、机构和管理方法的总称。社会体制改革也会导致人力资源产业之间行业之间的流动、城乡之间的流动和配置。

### （三）人力资源配置的目标和规律

1. 人力资源配置的目标

从宏观上看，人力资源的运行目标是实现整个社会的人力资源宏观控制，即实现人力资源的社会总供给和社会总需求的基本平衡。在这一点上，人力资源配置的宏观运行目标与国家宏观调控的总目标是一致的。人力资源配置的宏观运行目标是整个人力资源配置目标的最高层次，也是概括的目标，只有实现了人力资源的宏观运行目标，才能使整个社会的人力资源布局与整个国民经济的发展布局相一致。

从中观上看，人力资源配置的运行目标是引导劳动者与用人单位正确地选择决策，优化劳动者与用人单位的配置，发挥人力资源的组合优势，形成现实的社会生产力。

从微观上看，人力资源配置的运行目标是提高劳动者的素质，增加劳动者的活力和效率，最大限度地调动各种劳动者的积极性和创造性，使劳动力在经济、社会舞台上能有效、有序地流动。

2. 人力资源配置的主、客体

人力资源配置的主体包括劳动力体系的运行主体，即劳动者、用人单位和宏观调控体系的调控主体——国家。

（1）劳动者。作为劳动力市场运行主体之一的劳动者，是劳动力供给的运营元素，是向劳动力市场供给劳动力的充满生机和活力的最基本的独立的活动细胞。劳动者是自己劳动力的所有者，即使在交换过程中，这种关系也不变。在社会主义市场经济体制下，劳动者要进入劳动力市场，必须具备四个条件：①具有一定的劳动力。②能向社会提供劳动力。③可以自由支配自己的劳动力。④有偿支付自己的劳动力。

在此前提下，劳动者不再由行政直接分配安排，也不再向用人单位无偿提供劳动力，拥有了真正意义上的择业权，彻底摆脱了行政计划的支配。

（2）用人单位。作为劳动力市场的另一运行主体的用人单位，是劳动力需求的运营元素，是向劳动力市场需求劳动力的充满生机和活力的最基本的独立的经济细胞。人力资源与用人单位的结合，其实质就是人力资源与其他生产要素的结合。由于劳动力总是载在劳动者身上，因此用人单位在交换过程中和交换过程后对劳动力并不拥有所有权，而只有使用权。在社会主义市场经济体制下，用人单位要进入劳动力市场，也必须具备四个条件：①有实际的劳动力需求。②能够自由地选用劳动力。③有对劳动力的支付能力。④用人能产生相应的经济效益。

在此前提下，用人单位不再由行政直接控制，拥有了真正意义上的用人权，彻底摆脱了行政计划的支配。

（3）国家。作为宏观调控主体的国家，对人力资源有着管理的职能。在社会主义市场经济体制下，国家转变政府职能，从过去的行政计划主体转变为宏观调控主体。国家的宏观调控职能主要有：制定和执行人力资源宏观调控政策，培育和发展劳动力市场，监督和调节劳动力市场运行，维护平等竞争，创造良好的人力资源环境，引导人力资源的合理流动，促进人力资源的优化，从而实现国家的经济、社会发展目标。国家宏观调控的手段是经济手段、法律手段和必要的行政手段。国家宏观调控行为的依据有五个方面：①经济、社会发展对人力资源的需求。②人力资源供给的可能性。③实现劳动力价值的规律。④产业政策对人力资源流动的影响。⑤人力资源配置的效益。

人力资源配置的客体——劳动力，即劳动者的劳动能力，它是劳动者智力与体力的总和，具有价值和使用价值。

劳动力时刻都载于劳动者的身上，离开了劳动者，劳动力也就不存在了。所以，在劳动力市场上，运行客体劳动力的微观活动受制于运行主体劳动者。但是，从另一个角度上看，由于劳动力市场需求的是劳动力，因而运行主体的宏观活动又受制于运行客体劳动力。

3. 人力资源配置的规律

人力资源配置是存在一定规律的，主要存在点线面体律、成比例置换律和边际效益递减律三个规律。

（1）宏观地域配置的点线面体律。一个国家或地区的经济要发展，充分利用地域优势，深刻了解地域限制是极其重要的。人力资源布局设计等战略决策也必须以本区域的自然资源、地理环境等地域因素为基点。人力资源布局与地域因素间存在这样一种规律性很强的现象，即在港湾、河口支流交汇地以及陆地交通枢纽处建立若干经济中心城市。利用这些经济中心城市的交通条件来集散人才、物资、信息、资金等生产要素。然后，以这些经济中心城市为“经济发展极”，派生出串串连锁集镇，利用这些经济连锁集镇的交通条件继续集散生产要素，次第构建联结各经济中心城市经济活动的“经济增长轴”。继而通过这些“经济增长轴”流动、扩散，将经济中心城市及经济连锁集镇的经济活动向广阔的网络腹地转移，逐渐形成大面积的“经济辐射面”，并最终建设起全面协调发展的立体经济区，带动整个国家、地区的经济腾飞。

（2）中观产业配置的成比例置换律。中观产业配置的“成比例置换律”表现为“克拉克定律”和“人力资源配置扩散规律”。

1）克拉克定律：人力资源产业配置存在依次更迭的规律：在特定经济区域内，劳动力首先集聚于第一产业以满足衣食需要。然后随着农业的劳动生产率的不断提高，农业劳动人口开始减少，剩余人力资源逐渐向第二产业转移，以生产各种工业产品。待工业的劳动生产率提高了，第二产业的劳动人口开始减少，剩余人力资源又逐渐向第三产业转移，以生产各种发展与享乐的生产资料。这种有秩序的人力资源结构流动还有一个特点，那就是总要先相对减少，再绝对减少，最终则不管相对还是绝对两种意义的减少都占主导地位。人力资源在三大产业间的这种梯度转移模式，经济学称为“克拉克定律”。

2）人力资源配置扩散规律：人才资源首先密集于第二产业工业，通过增加工业制造业的科技含量，提高劳动生产率，改善生产的技术构成来加速工业现代化进程。这样，实际上是推动了整个社会经济的发展，扩大了经济的外延，丰富了经济的内涵。有了工业化的前提，人力资源产业配置作“克拉克”式的梯度转移，就像装上了发动机。

在第二产业人才资源密集的基础上，人才资源同时向两翼扩散：一方面进入第一产业，促进人力资源作剩余转移；另一方面进入第三产业，扩大人力资源的新需求。这样就使人力资源的整个“克拉克”运动进入高潮，周而复始地流动起来，社会经济随之获得全面发展。

从长远发展的角度分析，人才资源将在各个产业间全面密集，以致最终改变人才资源少于人力资源的这个总比例。一旦这一点实现，社会经济的发展也将出现质的飞跃。

（3）微观组织配置的边际效益递减律。人力资源的边际效益是指在向一个处于经济活动过程中的经济实体作出的新的人力资源投放所获得的收益。根据“享乐递减法则”和经济活动实践，可以归纳出在社会经济活动中对每一个经济实体的人力资源投放都可以导致边际效益递减的现象，即向典型的人力资源稀缺的经济实体作出人力资源投入，这个经济实体的人力资源投入边际效益将会依顺序表现出三种情况：一是当经济实体的人力资源需求量很大时，其人力资源投入的边际效益明显且逐渐增大。二是当经济实体的人力资源配置向饱和靠拢时，其人力资源投入的边际效益则日益降低直至为零。三是当经济实体的人力资源配置已经过剩的时候，其人力资源投入的边际效益则出现越来越高的负增长。

与此同时，社会经济活动中的经济实体间人力资源投入边际效益并存三种情况：一批人力匮乏的经济实体，人力资源投入的边际效益呈现正增长；一批人力资源配置基本平衡的经济实体，人力资源投入的边际效益接近于零；一批人力资源过剩的经济实体，人力资源投入的边际效益显示负增长。经济实体人力资源投入的边际效益所产生的这种递减规律，体现了市场价值规律对经济实体人力资源更新机制的作用。

## 四、人力资源的薪酬和激励管理

薪酬是企业因使用员工的劳动而付给员工的钱或实物。薪酬分为直接薪酬和间接薪酬，直接薪酬包括基本工资、奖金、津贴、补贴和股权，间接薪酬即福利。

### （一）工资、奖金和福利

1. 工资

工资是工资是根据劳动者所提供的劳动数量和质量，按照事先规定的标准付给劳动者的劳动报酬，也就是劳动的价格。总体的工资可以分为三类：

（1）基本工资。员工只要仍在企业中就业，就能定期拿到的一个固定数额的劳动报酬。基本工资多以小时工资、月薪、年薪等形式（计时的形式）出现。基本工资又分为基础工资、工龄工资、职位工资等。

（2）激励工资。工资中随着员工工作努力程度和劳动成果的变化而变化的部分。激励工资有类似奖金的性质，可以分为下面两种形式：投入激励工资，即随着员工工作努力，程度变化而变化的工资。产出激励工资，即随着员工劳动产出的变化而变化的工资。具体形式有计件工资、销售提成等。

（3）成就工资。当员工工作卓有成效，为企业做出突出贡献后，企业以提高基本工资的形式付给员工的报酬。成就工资是工资的永久性增加，而激励工资是一次性的。

2. 奖金

奖金是指对员工超额劳动的报酬。企业中常见的有全勤奖金、生产奖金、不休假奖金、年终奖金、效益奖金等。

3. 津贴与补贴

津贴与补贴是指对员工在特殊劳动条件、工作环境中的额外劳动消耗和生活费用的额外支出的补偿。通常把与工作联系的补偿称为津贴，把与生活相联系的补偿称为补贴。常见的有岗位津贴、加班津贴、轮班津贴等。

4. 股权

以企业的股权作为对员工的薪酬，作为一种长期激励的手段，能够让员工为企业长期利润最大化而努力。

5. 福利

福利是劳动的间接回报，包括带薪的节假日、医疗、安全保护、保险、各种文化娱乐设施等。福利是指组织为员工提供的除工资与奖金之外的一切物质待遇。职工福利的内容可以分为两大部分：法定福利和企业福利。法定福利是政府通过立法要求企业必须提供的，例如，我国职工的法定福利包括员工集体生活设施（食堂、浴室等）、集体文化娱乐设施（员工俱乐部、员工活动中心等）、员工困难补助、必要的补贴（探亲待遇、上下班交通费补贴、冬季取暖补贴等）。企业福利是企业在没有政府立法要求的前提下主动提供的，例如，工作餐、旅游、通信补贴等。

## （二）人力资源的奖励和惩罚

1. 奖励的技巧

（1）对于不同的职工应采用不同的激励手段：对于低工资人群，奖金的作用就十分重要；对收入水平较高的人群，特别是对知识分子和管理干部，则晋升其职务、授予其职称，以及尊重其人格，鼓励其创新，放手让其工作，会收到更好的激励效果；对于从事笨重、危险、环境恶劣的体力劳动的职工，搞好劳动保护，改善其劳动条件，增加岗位津贴，都是有效的激励手段。为此，应对员工的需要进行调查，真正了解员工的需求。

（2）注意奖励的综合效价：尽量增加物质奖励的精神含量，不仅使获奖人在物质上得到实惠，而且在精神上受到鼓励，激励起荣誉感、光荣感、成就感和自豪感，从而使激励效果倍增。发达国家的一些成功的企业，特别重视颁奖会的仪式，绞尽脑汁使仪式搞得隆重热烈，震撼人心，让人终生难忘。有的公司举行一年一度的“奥林匹克运动会”，实际上是借用体育场召开大型颁奖会，每个获奖者绕万人会场一周，在全公司职工欢呼声中上主席台领奖。还有的公司把海军在军舰上的一些特殊仪式引进公司颁奖活动，提高奖励的震撼效果。这些经验值得我们借鉴。

（3）适当拉开实际效价的档次，控制奖励的效价差：效价差过小，搞成平均主义，会失去激励作用，但效价差过大超过了贡献的差距，则会走向反面，使职工感到不公平。应该尽量使效价差与贡献差相匹配，使职工感到公平、公正，才会真正使先进者有动力、后进者有压力。

（4）奖励措施的个性化：每个员工的需要带有个性化色彩，组织应实行按需激励，加大激励措施的个性化差异。

（5）适当控制期望概率：职工主观上认知自己获奖的概率。一般来讲，在劳动竞赛的动员阶段，应该提高广大职工的期望概率，使大家都以积极的姿态响应竞赛。当工作中遇到困难和挫折，灰心失望、信心不足时，则应及时地加以鼓励，使下降的期望值重新升高，充满信心地克服困难。当进入评比发奖阶段时，一般职工的期望概率往往普遍高，这时的工作是促使大家冷静、客观，使期望概率降到比较接近实际，否则会诱发一系列挫折心理和挫折行为。

（6）注意对期望心理的疏导：每次评奖阶段是职工期望心理高涨的时刻，希望评上一等奖的职工，一般总是大大多于实际评上一等奖的人数，一旦获奖名单公布，其中一些人就会出现挫折感和失落感。解决这个问题的办法是及时对职工的期望心理加以疏导。疏导的主要方法是将目标转移到“下一次”“下一个年度”，树立新的目标，淡化过去，着眼未来。特别要及时消除“末班车”心理，以预防争名次、争荣誉、闹奖金的行为发生。

（7）注意公平的心理疏导：根据亚当斯的公平理论，每位职工都是用主观的判断来看待是否公平的，他们不仅关注奖励的绝对值，还关注奖励的相对值。尽管客观上奖励很公平，也仍有人觉得不公平。因此，必须注意对职工公平心理的疏导，引导大家树立正确的公平观。正确的公平观包括三个内容：第一，要认识到“绝对的公平是不存在的”；第二，不要盲目地攀比；第三，不应“按酬付劳”，造成恶性循环。

（8）恰当地树立奖励目标：在树立奖励目标时，要坚持“跳起来摘桃子”的标准，既不可太高，又不可过低，过高则使期望概率过低，过低则使目标效价下降。对于一个长期的奋斗目标，一旦达到阶段目标，就及时给予奖励，即把大目标与小步子结合起来。这样可以使职工的期望概率较高，维持较高的士气，收到满意的激励效果。

（9）注意掌握奖励时机和奖励频率：奖励时机直接影响激励效果，犹如烧菜，在不同时机加入佐料，菜的味道就很不一样。奖励时机又与奖励频率密切相关，奖励频率过高和过低，都会削弱激励效果。奖励时机和奖励频率的选择要从实际出发，实事求是地确定。一般来说，对于十分复杂、难度较大的任务，奖励频率宜低；对于比较简单、容易完成的任务，奖励频率宜高；对于目标任务不明确，需长期努力方可见效果的工作，奖励频率宜低；对于目标任务明确，短期可见成果的工作，奖励频率宜高；对于只注意眼前利益、目光短浅的人，奖励频率宜高；对于需要层次较高，事业心很强的人，奖励频率宜低；在劳动条件和人事环境较差、工作满意度不高的单位，奖励频率宜高；在劳动条件和人事环境较好、工作注意度较高的单位，奖励频率宜低。

2. 惩罚的技巧

惩罚是一种负激励，如何搞好惩罚也是管理中的重要问题。

（1）不能不教而诛：应该把思想教育放在前边，只有对那些经教育不改或造成后果十分严重者才实施惩罚。

（2）尽量不伤害被罚者的自尊心：宣布惩罚的方式要有所选择，应使被罚者自尊心的损伤达到最小，特别应尊重其隐私权，不要使用污辱性的语言。

（3）不要全盘否定：应将其成绩和错误分开，不要一犯错误就全面否定其一切工作和个人的长处，在处罚的同时，应看到其闪光点，抓住其积极因素，促使其向好的方向转变。

（4）不要掺杂个人恩怨：不能在惩罚中掺杂个人好恶、个人恩怨，更不得以执行纪律为名行打击迫害、报复或排除异己之实。

（5）打击面不可过大：每次惩罚打击面不可过大，“法不责众”正是说明这样的道理。对于涉及较多人员的违纪违法事件，应该采用“杀一儆百”的办法，尽量缩小打击面，扩大教育面。

（6）不要以罚代管：惩罚只是管理的一个环节，而且带有一定的副作用，因此惩罚应慎用。不要过分依赖惩罚去推动工作、树立领导权威，更不应以惩罚代替全面的管理。

（7）不可以言代法：是否该罚，罚到什么程度合适，都不能由领导者主观决定，而应该有明确的标准，这个标准只能是有关的法律、法规。坚持依法惩罚，是确保惩罚权不被滥用、惩罚比较公平、公正的保证。常见的问题是，无法可依或有法不依、执法不严、以言代法，由领导者一句话决定惩罚大事是违背管理原则的。

（8）将原则性与灵活性相结合：坚持原则，就是严字当头，执法要严。“严是爱，松是害”，这句话在执行纪律、运用惩罚时十分重要。但鉴于事务的复杂性，在不违背法律、法规的前提下，掌握一定的灵活性则是完全必要的。惩罚中讲究灵活性就是要严得合理、严得合情，达到教育一大批的目的，这就是管理艺术。

3. 奖惩的综合运用

奖励和惩罚是规范人们行为的有效杠杆，是激励职工的基本手段，但奖励和惩罚如何恰当配合、综合运用，则是值得认真研究的。

（1）奖励和惩罚不是目的：这一点十分重要，如果把奖励和惩罚当作目的来追求，必然走偏方向。须知，对于一个企业而言，任何奖励和惩罚仅仅是推动工作的手段，而调动职工积极性才是目的。如果奖惩的结果，职工积极性反而降低了，那么奖励和惩罚是否成功就值得怀疑了。

（2）必须从组织目标出发给予奖惩：与之相对立的是从非组织目标（厂长的个人目标或小团体目标）出发给予奖励和惩罚。比如，把奖励作为培植亲信、拉帮结伙的手段，甚至少数人侵吞职工劳动成果的手段；把惩罚当作排除异己、打击报复、压制民主的手段，都是从根本上背离组织目标的。这样的奖励和惩罚，既不可能公正、公平，也不会调动起广大职工的积极性，因而必然丧失其激励的功能。

（3）应坚持以奖励为主：以惩罚为辅，奖励是一种正强化、正激励，可以直接满足人们的物质和精神的需要，对于调动员工积极性是一种比较理想的手段。而惩罚是一种负强化、负激励，是对非期望行为的一种惩罚，即剥夺其一部分物质的和精神的利益，使其物质和精神需要的满足程度降低，借此减少这种组织非期望行为，而转向组织期望的方向。这种手段也是有效的、不可缺少的，但其局限性较大。惩罚具有副作用，即负面影响，主要表现在惩罚不可避免地导致被罚者出现挫折行为和挫折心理，至少在短时间内影响其积极性，甚至影响干群关系、职工之间的人际关系，以致使人际矛盾激化。因此，应该以奖励手段为主，惩罚手段为辅，惩罚仅作为奖励的补充，这将会收到较好的效果。具体实施时，则视具体情况而定。

(4) 科学的考核是奖惩的主要依据：公正和公平的奖惩，必须建立在公正和公平的考核基础之上：这种考核方法应该有科学性，应该将定性与定量相结合，应该使考核制度化、规范化。在这样的考核机制下，才可能准确地判断每个人的功、过，以及每个人贡献的绝对量和相对量，才能公正地决定奖励谁、惩罚谁。

(5) 注意奖惩适度：只有奖惩适度才能服众，也才能收到激励效果。科学考核的结果，才能准确地判断其"劳"和"罪"的量，再依法度量，决定奖励和惩罚的档次。如果奖惩无度，小功大奖，则助长人们的侥幸心理；大功小奖，则缺乏应有的激励强度；小过重罚，会加重挫折行为；大过轻罚，不足以纠正非期望行为。所有这一切都会在职工中产生不公平感，因而达不到调动广大职工积极性的目的。若做到奖惩适度，还要求企业负责人实事求是，依法奖惩。

(6) 做到奖惩及时：根据斯金纳的强化理论，强化应及时提供，否则激励效果将大打折扣。因此，宜采用"大目标与小步子相结合"的方法，将五年的目标分解为每个年度、每个季度、每个月度的小目标，每达到一个小目标就强化一次，这种及时的强化，在时效上会增强激励效果。也就是说，奖励应有一定频度。同样，惩罚应及时，在大家印象最深时进行负强化，否则难于发生应有的震动。

(7) 应注意非正式组织的作用：非正式组织有其积极作用，也有其消极作用。我们在奖励和惩罚时，除了通过正式组织开展工作之外，还应关注非正式组织的反应，并及时开展工作，趋利避害，才会取得满意的激励效果。

(8) 认真疏导挫折心理：所谓挫折心理就是指动机受阻。毫无疑义，受处罚者必然产生挫折感，而且，受到奖励时也可能产生挫折感，如希望拿一等奖的得了二等奖，希望拿二等奖的得了三等奖。当然，自以为应该得奖，结果没有得到奖励的人，也会产生挫折心理。因此，应认真疏导。

(9) 思想工作应贯穿奖励和惩罚的始终：奖励和惩罚是一种杠杆，借以影响职工的行为，使其更符合组织目标的要求。人的行为受思想的支配，影响行为的关键一环是影响其思想。这就要求将思想工作贯穿于奖惩工作的全过程。思想工作的内容，大体上可以归结为以下几点：及时了解职工的需要，恰当地满足其合理的需要，纠正其不合理的需要，引导职工不断提高需要的层次，树立高尚的追求和高度的责任感。

特别是在实施奖励和惩罚的关键时刻，职工的思想起伏很大，斗争激烈，这正是开展思想工作、转变其观念的大好时机。如果错过时机，不仅难以进一步提高职工队伍的思想道德素质，也往往造成许多新的思想问题，甚至由于处理不好而使挫折心理、挫折行为产生极为不良的后果。

### （三）薪酬管理的目标策略

大体而言，薪酬管理策略包括雇佣工资、调薪金额、调薪时间与临时工作津贴等项目。薪酬管理的最终目标有以下五点：

（1）吸引和留住组织需要的优秀员工。

（2）鼓励员工积极提高工作所需要的技能和能力。

（3）鼓励员工高效率地工作。

（4）创造组织所希望的文化氛围。

（5）控制运营成本。

因此，良好的薪酬策略，其设定的目标必须切合实际，应该具备下列特征：

（1）独特性：企业必须制定出薪酬的一般原则，以利于全体员工遵守执行。然而，为了吸引人才，公司的薪酬应具有竞争性。

（2）程序性：在什么时候和什么情况下应该调薪，调整的幅度有多大，等等，这些都应该有规则程序可循。

（3）弹性：薪酬策略应该富有弹性，超出规则的特殊情况，应该有补救的办法。

（4）公布周知：薪酬策略应该让全体员工都知道，这样有利于提高员工的士气与凝聚力。

**主要参考文献**

[1] 王婷：《21世纪人力人才资源开发利用管理全书》，中国物价出版社1995年版。

[2] 李玉红：《区域人力资本研究》，科学出版社2005年版。

[3] 孙凤芝：《管理学原理》，中国海洋大学出版社2004年版。

# 世界人力资源开发的经验借鉴与我国的人力资源开发*

**摘　要：**在社会经济发展中，西方各国都十分重视人力资源在生产力发展中的重要作用，采取了许多行之有效的方法进行人力资源的发掘和培养，实践中取得了突出的成就。对于我们这样一个自然资源短缺而人口众多的国家来说，做好人力资源开发工作对于提高我国的人力资源整体素质、培养经济建设的优秀人才。促进我国的经济快速发展，实现我们中华民族的伟大复兴将具有十分重要的意义。因此，我们要重视借鉴西方发达国家人力资源开发的成功经验，搞好我国的人力资源开发。

**关键词：**人力资源；开发；借鉴

随着社会和经济的发展，世界各国都逐渐意识到人力资源在生产力因素中是最积极、最活跃的，并且起着动力性作用的因素，在未来社会中必将承担“第一资源”的角色，将是科学技术进步、产业结构调整和经济实力增强的首要决定因素。可以说，在21世纪，国际竞争的核心将是科学技术的竞争，而科学技术的竞争又归结为人才资源的竞争。因此如何做好人力资源开发工作将成为世界各国未来发展战略中一个极其重要的问题，对于我们这样一个自然资源短缺而人口众多的国家，做好人力资源开发工作将更为重要。对于我国人力资源整体素质的提高、优秀人才的培养以及对我国进一步深化改革开放，实现新一轮的经济发展和加速实现我们中华民族的伟大复兴都将具有十分重要的意义。

## 一、世界各国的人力资源开发及其经验借鉴

随着20世纪60年代人力资源理论的兴起，半个多世纪以来，世界各国对人力资源的开发实践也有了长足的进展。各个国家人力资源开发的思路和实践有很大的不同，通过对这些国家人力资源开发实践的研究，我们可从中探求可供借鉴的国际经验，对于我国在新时期下选择较为理想的人力开发战略，促进经济的现代化，有十分重要的意义。

---

*本文发表于《中州学刊》，2005年第6期，第62~64页。

1. 美国

美国是物质资源较丰富的发达国家，但其人力资源同样受到很大重视，这是因为美国意识到只有重视人力资源的开发和人力资本的投资，美国才能在世界经济中保持领先地位。美国在人力资源开发和利用方面有许多成功的经验。

一是高度重视教育。美国政府对正规教育的重视主要体现在：增加教育投资，由地方和州政府、联邦政府共同出资，建立完善的初等教育、中等教育和高等教育体系；提高教师待遇，增加入学人数；采取奖励和激励措施，提高教学质量等。除了重视正规教育外，美国还相当重视职业教育和继续教育。在职业培训上，使企业和高校相结合，由企业根据自己的实际情况提出培训要求；将职业培训法制化；用先进技术培训职工；使培训的形式多样化等。二是开发科技人才，扩充科技人才库。由于科技人才是人力资源中的高级人才，美国特别重视科技人才的开发，采取了很多措施。这些措施主要有：制定一系列十分完整、特殊的灵活政策，以引进国外杰出科技人才，使美国兼容并蓄了世界各种肤色、各种民族的优秀人才；鼓励美国青年攻读高学位等。三是人力资源开发的政策和制度较完善。美国完善的创业制度风险投资制度、资本市场制度和移民政策等不仅使美国本土的人力资源得到有效的开发和利用，并且使美国成功地利用了各国的人才，以致有“全世界为美国培养人才”这样一种说法。

2. 日本

日本在教育方面，除了大力开展义务教育增加教育经费外，还特别重视教师队伍建设。日本政府十分重视对教师的选拔和培养，以保证教师队伍的质量。采取的措施主要有：提高教师的社会地位和待遇，吸引优秀青年投身于教师事业，重视教师的在职培训和继续教育。日本政府除通过发展教育积极培养新一代的人才外，还采取各种措施使现有的专业人才潜能得到最大限度的开发。例如，成立学术交流机构，促进各类人才的横向联系；设立各种形式的咨询机构，以指导相关专业解决某些基本问题。另外，日本也特别重视国际合作，注意吸引和利用外国人才。

3. 德国

德国在人力资源开发方面所采取的措施主要有以下几点：一是强调人力资源是一切资源中最宝贵的资源的观念，重视对人才的开发利用，并且特别重视将人力资源转化为强大的生产力。二是政府和企业注重对教育、培训的投资。从职业教育方面来说，德国人力资源开发的一个突出特点是实行双轨制职业教育，即教育和实践相结合的教育机制，让学生一边在学校进行理论学习，一边到工厂企业进行实际操作训练。政府和企业共同负责职业教育，使供需双方有了密切的联系。值得特别注意的是，德国特别注意储备人才，为将来发展开发人才。各企业都把对学徒工的培养提高到非常重要的位置，这是为避免未来经济发展中出现人才短缺现象而对人才的事先培养，是非常具有战略眼光的一种人力资源开发方式。三是重视人力资源开发中的立法问题。德国在人力资源开发利用方面制定的法律主要有《劳动促进法》《职业教育法》《劳工法》《职业教育促进法》《企业章程法》《社会福利法》等。完善的法律体系，使人力资源开发工作有法可依，提高了人力资源开发的效率、加强了人力资源开发工作的稳定性。四是健全社会保障制度。德国在人力资源开发中特别重视健全社会保障制度，以此来促进社会安定，又为失业者提供就业培训。提高失业队伍的素质。德国健全的社会保障制度，为有效开发人力资源提供了必要的条件。

## 二、我国人力资源开发面临的主要问题

我国的人力资源开发工作虽然已取得了巨大成就。但由于我国是世界上人口最多的发展中国家，又处于改革发展时期，人力资源开发工作还有很多问题有待解决，总体上还处于低水平状态。就近期来说，我国人力资源开发与经济发展面临的主要矛盾和困难有以下几点：

（1）人口过剩与人才贫乏并存的矛盾。我国的人口已从新中国成立初的 4.5 亿猛增到了 13 亿，据预测到 20 世纪中叶将达到 15 亿~16 亿，人口过剩的同时将伴随着人才的贫乏，截至 1999 年，我国就业人口就有 7 亿多人，文化程度大专以上的仅占 3.8%，而初中以下的占 80%以上。从目前我国人力资源的现状来看，我国只能算是人口资源大国，而非人力资源大国。现代经济的发展需要以高素质的人才的充分供给为基础，在这种情况下，我国人口过剩与人才贫乏并存的现实会导致劳动力供求的不均衡，从而会产生一系列问题。

（2）人力资源投资收益特别是教育投资收益较低。长期以来，我国对人力资源投资相对重视，但由于受传统体制的束缚，人力资源开发部门长期存在的脱离经济、脱离生产、自我循环、自我服务的倾向一直得不到根本纠正，教育培训结构严重背离经济结构，社会急需的职业技能教育和相应的管理与操作水平尚未确立，使我国人力资源教育投资方向与经济发展的要求发生偏差，人力资源的培养教育与现实的经济发展不相适应，导致了人力资源投资的低效率，并进一步导致了现实各级各类专业技能人员严重短缺，无法支持深层次经济资源的开发利用，无法满足企业提高经济效率的要求。而与上述状况并存的是许多大中专生，甚至一些研究生毕业后找不到合适的工作，造成人力资源的浪费。

## 三、对世界各国人力资源开发的经验借鉴

针对我国人力资源建设中存在的问题，要有效开发我国的人力资源，首先要积极借鉴世界各国人力开发中的成功经验。归纳起来，主要有以下几点：

（1）保持国民经济持续、快速、健康发展，为人力资源开发创造一个较好的宏观经济环境。人力资源开发情况和国民经济的发展是紧密相关的。经济发展速度较高，可以解决

更多人的就业问题，同时也可以增加教育和科技的投入等，而人力资源开发反过来也可以在一定程度上促进国民经济良性发展，因此，我们要努力使人力资源开发和国民经济发展能够良性互动、相互促进。

（2）进一步加强对人力资源开发重要性的宣传与认识。事实证明，开展人力资源开发工作，必须加强对人力资源以及人力资源开发重要性的宣传与认识，以期形成一个尊重人才、尊重知识的社会风气，因为只有这样才能动员社会各方面的力量，才能为人力资源开发创造一个良好的社会经济环境。对于政府来说，要充分认识人才问题的紧迫性，把培养、吸引和用好人才作为一项战略性任务来抓，要站在战略高度来实施人才战略。

（3）人力资源的开发要具有较强的针对性和前瞻性，突出人力资源的实用价值。人力资源的开发必须要面向社会的需要和社会的发展。体现在教育上，则要求进一步进行教育体制的改革，强化素质教育，切实处理好培养优秀人才和提高劳动者素质的关系。发展教育一方面要结合我国国情，开展有针对性的基础教育，以提高广大劳动者的素质；另一方面可以通过高等教育，培养一些“高级人才”以适应未来的需要。另外，随着科学技术的进步和社会生产力的发展，知识更新速度不断加快，终身学习和继续教育越来越重要。因此，在重视基础教育、高等教育的同时，还要重视职业教育、成人教育，要致力于形成一种结构合理的终身学习和继续教育体系，构建一个学习型社会。

（4）要充分运用高科技手段进行人力资源开发。高科技手段的利用，可以提高人力资源开发的效率。例如，远距离多媒体教学在教育中的运用，可以为人力资源的开发提供更灵活的方式，在空间上，可以打破地域、区域的划分，整合教育力量；在时间上，可以给学生一个弹性的时间，从而使人力资源的开发能够符合现实情况，取得最佳的效果。

（5）人力资源的开发与促进相结合。从国际经验看，开发人力资源，进行就业培训，也是解决就业问题的有效办法之一。针对目前及今后我国就业压力逐渐增大的趋势，在人力资源开发的过程中应该特别重视就业问题。除了大力发展教育、开展培训工作，切实提高人力资源的素质外，还可以加快发展提供就业机会比较多的第三产业；继续大力发展中小企业、乡镇企业、劳动密集型产业，多层次、多渠道消化农村剩余劳动力等。

（6）为人力资源开发提供完善的法律保障。国外多是把人力资源开发活动，用法律的形式固定下来，使人力资源的开发受到法律的强制和保护。另外，国外关于人力资源开发的立法注重动态性，做到了与时代相结合，即根据不同时代的变化，对法律条文进行调整和修改，且不断补充新的内容，使这些立法具有很大的实用价值和现实意义。我国应借鉴国外有关人力资源开发立法方面取得的经验，加快我国人力资源开发方面的立法工作。我国除已公布实施的《教育法》《劳动法》等法律外，还应尽快制定具有时代特征的其他法律，使我国的人力资源开发工作在法律的保护下而得到加强，从而可以更好地开发我国的人力资源，使人力资源在我国的经济发展社会进步中发挥更大的作用。

（7）制定吸引出国留学人员回国创业的优惠政策和吸引外国人才的特殊政策。目前，我国还没有一套真正完整健全的海外学历回国管理办法，并且缺乏较好的运作机制和机构与留学人员进行沟通。在相关政策的制定上，我国应该更多地向发达国家特别是向美国学习，吸取其经验教训，制定出符合我国实际情况的吸引人才的政策，使我国的经济发展有更多优秀人才的支撑。

# 五、其他

QI TA

# 论知识经济的基本问题*

正当人类就要敲响21世纪的门扉时，知识经济的大潮扑面而来。

知识经济是当前世界经济发展呈现的最新态势，也是人类迈向21世纪即将面对的占主导地位的经济形式。目前，知识经济正以前所未有的变化速度，以摧枯拉朽之势渗透进社会生活的各个领域，给人类的政治、经济和文化生活造成了巨大的冲击。

## 一、知识经济的由来

如果追本溯源的话，知识经济问题发轫于20世纪中叶。自20世纪70年代以来，西方许多专家学者，通过探察与思考信息技术革命的巨大影响，对未来世界经济的发展趋势做了一些大胆的描述与预测。他们从不同的角度，以不同的方式，对未来的经济提出了种种说法。这里较著名的有阿尔温·托夫勒在《第三次浪潮》中提出了“后工业经济”，约翰·奈斯比特1982年在《大趋势》中提出了“信息经济”，英国福莱斯特1986年在《高技术社会》中提出了“高技术经济”“软经济”“非物质经济”“智能经济”“服务经济”“新经济”等概念。1996年，以发达国家为主要成员国的经济合作与发展组织（OECD）发表了“以知识为基础的经济”这个新概念。1997年2月，美国总统克林顿在一份报告中正式使用了：“知识经济”（Knowledge Economy）一词，它被认为是对经合组织提出的，是“以知识为基础的经济”的简化和发展。欧盟委员会在同年7月发表了《2000年议程》，提出“将知识化放在最优先地位”，由此，一场席卷全球的知识经济风暴开始形成。

事实上，任何新事物都不是突如其来、自然而然地产生的。知识经济的出现也不是空穴来风，而是社会生产力发展的必然结果。

### （一）知识经济是工业经济的嬗变和更新

迄今为止，人类历史上已经经历了两种经济时代，即农业经济和工业经济。发生于西方国家的工业经济，从18世纪中叶产业革命时开始，到20世纪90年代业经两百多年的

* 本文选自张敦富、付晓东等：《知识经济与区域经济》，中国轻工业出版社2000年版，第1~21页。参与者：付晓东。

发展历程。其中自第二次世界大战后的一段时期达到了它的顶峰。而科学技术的发展正是工业经济产生和发展的催化剂和驱动力。尤其是最近几十年，以高科技大发展为特征的科技革命，又极大地推动了工业经济的增长，并不断超越自身而向全新的经济时代挺进。

我们知道，早在 1946 年电子计算机就已问世。然而它在当时并没有像现在这样引起人们广泛的关注，也没能在生产和生活中普遍应用。这是因为，早期的电脑存在着诸如体积庞大，价格昂贵，操作不便，而且效能有限的缺点，因而不能超越工业经济和工业社会的范围，更不会对整个社会生产方式和生活方式产生太大的影响。只是到了 20 世纪 80 年代，经过多次更新换代后，电脑才以它特有的小体积、低价格、多功能、便利性而迅速得以普及。特别是随着互联网络的建立，电脑一跃成为信息传播、处理的重要手段，同时给我们的社会经济生活带来了富有革命性的巨变。

工业化是知识经济历史的和现实的基础，一般而言，国内生产总值（GDP）要达到人均 5000 美元左右才会具备知识经济萌芽和生长的条件。美国在 20 世纪 50 年代中期人均 GDP 按可比价格计算已达到这个水平。所以，我们要想跨入知识经济时代，必须加速我国的工业化建设。

### （二）知识经济是人类自身发展的需要

在传统的农业社会，种植业是人们赖以生存和发展的主要形式，而且对土地的依赖性极强。人类从事农业生产的直接目的仅仅为了满足基本的生存和种族繁衍的需要，分配形式表现为土地的占有量。这时期的生产力水平极为有限。工业革命把人们从土地的束缚中解放出来，生产活动表现为运用机器手段来开采自然资源，形成以制造业为中心的生产经营方式。其生产目的是满足人们对物质财富和利润的追求。这时的分配形式是以对有形资本的占有为基础的。此时的生产力水平已有了突飞猛进的发展，使人类积累了大量的社会财富和精神财富，形成了一度令人类感到自豪的工业文明。工业社会使社会分工越来越细，价值规律的作用越来越明显，最终造成了物质与精神的离异，创设了专业的科技文化产业。但是，工业经济在给人类带来福音的同时，也招来了恶魔。由于它过度依赖于资源和机器设备，并且对资源的无节制的、掠夺式的开采，由此引发了严重的环境污染问题，不但成为阻碍世界经济可持续发展的“瓶颈”，而且极大地危害了人类的生存空间，造成了人们生活质量的普遍降低。因此，对传统的农业文明与工业文明的深刻反思，在保护人类共同的家园的前提下构思新的经济发展模式，以达到人类自身的全面发展，便成为摆在我们面前一个格外严峻的课题。而知识经济时代的到来，正是人类道德觉醒和谋求进步的表现。

### （三）知识经济有赖于大量资本的投入

科学技术是生产力的要素，是促成经济起飞的关键。而高科技的研究和开发本身，需要大量的资本支持。据统计，战后半个多世纪，西方发达国家仅在科技研究与开发方面投入的资金，每年都不少于国内生产总值的 2%。冷战后，这种竞相增加科技投入的态势有增无减。如 1993 年，美国的科技费用开支高达 1663 亿美元，占国内生产总值的 2.66%，日本占 2.94%，德国占 2.48%，法国占 2.45%。1998 年美国总统克林顿在国情咨文中，许诺将国家的科研经费提高到占全部预算开支的 4.5%①。而这些巨额资本的来源主要有四个方面：一是从传统产业部门流入高技术部门；二是金融部门的贷款；三是高新技术企业自身的内部积累；四是国家的大力扶持。在多渠道资本汇集的形势下，难怪西方发达国家在高技术领域的投资规模像滚雪球似的越滚越大。

### （四）知识经济的发展空间源于高技术产品市场

高技术产品市场的形成，为知识经济的发展提供了广阔天地。据统计，面向个体用户的个人电脑从 20 世纪 80 年代开始，销量逐年增加，至 90 年代中期，全世界电脑的销量奇迹般地不断创造历史新高。1995 年达 5970 万台，比 1994 年增长 24.7%；1996 年达 7170 万台，比 1995 年增长 9.1%。照此速度，有人预计到 2000 年，世界个人电脑销售量将达到 13170 万台，销售额将达 2648 亿美元。像电脑一样，其他高科技产品的市场也在不断拓宽。因为西方具有较发达的工业基础，人们的社会生活水平业已达到一定的高度，因此对电脑等高科技产品的需求日益增长。同时高科技产品的更新异常频繁，从而能创造无限广阔的新市场。

除此之外，西方国家政府也通过制定相应的政策措施来引导和扶植这一新的经济形式，如加快教育和科研的改革、加大对高技术产业的投入等。

## 二、知识经济的内涵和特征

### （一）知识经济的内涵

“知识经济”的概念一经提出，便得到广泛的认同。但对这一概念的解说却在学者中间引起了许多争论。目前为各界普遍接受的定义是国际经济合作与发展组织在《以知识为基础的经济》报告中的定义：“知识经济是指建立在知识和信息的生产、分配和使用基础上的经济。”

知识经济的确切内涵到底是什么呢？

知识经济是相对于农业经济和工业经济而言的新型经济形态，是工业高度发展的必然结果，它脱胎于高度发展的工业经济，又具有完全不同于工业经济的新特征。农业经济以土地为最主要的生产要素；工业经济以资金、劳动为主要生产要素；知识经济则是以知识

① 李琮：《西方转向知识经济》，《世界经济》1999 年第 11 期。

为最主要的生产要素，是“以智力资源的占有、配置，以科学技术为主的知识的生产、分配和使用（消费）为最重要因素的经济”。不能把知识经济与工业经济完全割裂开来。人类社会经济的发展，其实是一个连续不断的过程。在第一个阶段，由于人们从事的是以占有土地为最主要手段的经济活动，这种经济活动占当时社会生产的主要部分，因而称之为农业经济社会。而后，随着工业革命和新技术的应用，以手工业为雏形的工业经济逐渐得到发展壮大，其经济规模超过农业经济，并占据社会经济规模的绝对主要部分时，社会也就演变为工业经济社会。工业经济高度发展，工业经济所依赖的三要素（即资金、劳动、知识）中，知识占有的比例越来越高，当它占绝对主导时，工业经济的主导产业，如机械、电子、石化、汽车等产业居社会经济的次要地位，而知识含量极高的一些新兴产业占据社会经济的主体时，将进入知识经济时代。据科学家预计，这些新兴产业主要是：信息科学技术、生命科学技术、新能源与可再生能源科学技术、有益于环境的高新技术、新材料科学技术、空间科学技术、海洋科学技术、软科学技术等。知识经济成分中也有资金、土地、劳动等生产要素，只是这部分在其组成部分中比例相对较小。

## （二）知识经济的特征

1. 经合组织关于知识经济特征的概括

总部设在巴黎，以发达国家为主要成员国的经济合作与发展组织认为，知识经济的主要特征如下：

第一，科学和技术的研究开发日益成为知识经济的重要基础。在 1993 年，全部 OECD 国家的工商业的科技研究开发有将近 2/3 的经费投入到技术产业上。在制造业中的高技术行业的工资也高于平均工资水平，并且促进了生产力的最快增长。与此同时，高技术产业也占据了工商业研究与开发（R&D）投入的大多数经费。在那些对高技术的高风险投资小心行事的国家，自 20 世纪 80 年代中期以来，也把服务业研究经费的 1/4 或更多比例花在高技术的 R&D 上。

第二，信息和通信技术在知识经济的发展过程中处于中心地位。在制造业的行业中，非电力机械（包括计算机）和电力机械（包括通信设备）是增长速度最快的部门。在美国、加拿大、荷兰、爱尔兰、瑞典和英国，其增长速度都超过了 10%。在半导体方面的资本投入，1992~1993 年北美洲和欧洲的 OECD 国家已经以 20%以上的速度增长；1993~1994 年和 1994~1995 年两个年度，北美洲、欧洲和日本都以 34%以上的速度快速增长。

信息和通信设备的部门与行业的投资中，金融、长途电信及零售业等方面的服务性产业占了巨大比例，在美国和英国高达 75%以上。这些投资随着管理规章制度的改革已经促进了服务领域生产力的提高。美国较之欧洲和日本，明显处于领先地位。

第三，服务业在知识经济中扮演了主要角色。工业经济向知识经济转变，在产业结构调整上表现为经济重心由制造业向服务业转换。20 世纪 80 年代，OECD 国家净增的 6500 万个工作岗位中，95%是由服务业提供的。例如在英国，80 年代初期，制造业在 GDP 中所占份额是服务业的 10 倍，然而到了 90 年代初期，制造业仅仅是服务业的大约 1.5 倍。在国际贸易中，服务业所占比重越来越大，全球化的势头正在加强。1975 年，服务业在世界贸易中占 1/4，1993 年增加到 1/3 以上。

第四，人力的素质和技能成为知识经济实现的先决条件。由于所有的经济部门都变成了以知识为基础，并以知识为增长的驱动力，以先进技术和最新知识武装起来的劳动力就成了决定性的生产要素。综观 OECD 国家，在制造业和服务业中的技能水平显著提高，产业更新向劳动力提出了更高的素质要求。除服务业之外，由于制造业本身也在更新换代，20 世纪 80 年代以来，制造业上新增加的大多数岗位都是需要高技能的白领阶层。

向知识经济的转变带来非常高质量的就业要求。在 OECD 国家，许多技术已经大规模地产业化，许多技术尚未实现为生产力，但蕴藏着巨大的开发潜力。新技术对未来就业的影响，人们还只是刚刚开始感觉到，很可能未来的工作将不是今天从事的那种产业。新一代将在崭新的产业中工作，其中一些将是老产业的杂交产物，例如尚处于萌芽状态的网上工作和多媒体产业，将制造业和服务业融为一体。显而易见，新一代计算机硬件和软件、通信设备（电话、电视和收音机等）以及高保真的视听技术的开发，将把生产者和传播者都带到崭新的产业中去。

2. 我国学术界关于知识经济特征的概括

在我国学术界，对知识经济的基本特征做了多角度、多层面的概括，可谓仁者见仁，智者见智。总体来看，主要有以下观点：

第一，知识经济产生的技术条件是电子和信息革命。信息技术的发展和传播是知识经济的关键因素。芯片技术、光缆通信技术、网络化技术以及软件技术的发展为知识经济时代的到来创造了技术条件，特别是知识可以转化为信息，并通过计算机和通信网络进行编码化和传播，彻底改变了知识的社会化生产、传播、应用及存储。

第二，知识经济是制造业和服务业一体化的经济。知识经济时代，制造业和服务业逐步一体化，而且服务产业将占据越来越重要的地位，特别是提供知识和信息服务将成为社会的主流。以致“数字经济”“网络经济”“虚拟经济”成为知识经济时代的新特点。技术进步促进商品生产效率的提高，这意味着购买力和就业机会（而不是增加值的变化）向服务部门转移。生产高附加值的产品和提供高增加值的服务是增强经济实力和国家竞争力的核心。在知识经济中，服务部门正在发挥着日益重要的作用，且服务活动日趋全球化。同时用户对提供服务的方式、渠道、质量以及时间等提出了更高的要求，因而更加强调技术的价值、服务的手段和人力资本的质量。

美国华盛顿服务业联合会主席鲍勃·瓦斯汀说，1996 年，美国服务部门——从运输到零售及批发贸易、商业和专业服务、教育、医疗、信息和无数其他行业的产值，占美国国内生产总值的 75%，它提供的就业岗位占总数的 80%。令人惊讶的是，美国经济 1996 年创造的 260 万个就业机会中，服务部门竟占了 240 万个（占 92%）。在这样的经济趋势中，美国大学系统的实力被公认为巨大的经济优势之一，它同时也是一台创造出口的机器。

第三，经济形态由加工转向服务。有充分的资料显示：在世界经济中，服务业的比重迅速上升。澳大利亚经济学家彼得·申汉教授说，虽然服务业并非一定能提供最终产品，但一些服务活动，如会计、管理、计划、R&D 等已处于生产部门的中心位置。据估计，服务活动在现代制造企业中占投入成本的 60%~70%。鉴于服务活动对这些部门的重要性，那些主要生产产品的公司通常也提供服务（如技术、管理、软件或其他咨询服务），并出售给其他公司，这种趋势越发显著。微电子技术的发展、全球网络化水平的提高，大大地“缩短”了人与人之间的距离，促进了服务业的发展。数万公里的光缆把海洋和大陆联系起来，互联网在一天 24 小时无休止地传递着各国的商业合同、咨询信息、现金交易、教育资源、医疗服务等，瞬息之间上百万条信息就可越过国界，越过海洋，甚至打破了数千年形成的文化界限。

第四，生产方式朝着分散化、非标准化方向转变。工业经济时代的生产方式，是集中化、标准化、专业化和社会化。也就是大批量、单一产品、高效率。以工厂为中心，集中成千上万的工人，形成大规模的生产。一条生产线，高效率生产出大量的单一的产品。

知识经济则是分散化和非标准化的生产方式。分散化生产即职工通过计算机网络，在家里或分散的小办公室指挥车间的运转。欧美正在流行的“SOHO”，就是“小办公室”或“家庭办公室”的生产方式。

在知识经济时代，是知识的生产率。劳动生产率已经不能创造更多的价值。由于技术的迅速发展，一个企业、一个国家，如果没有新的知识、新的技术，并转化为新的产品，那么，劳动生产率越高，产品积压越多，浪费越大，亏损越严重。知识经济时代的关键，是知识的生产率。即生产知识并把知识转化为技术、转化为产品的效率，即知识有用的程度。知识的生产率取决于知识的开发与传播，包括研究与开发、教育、培训等。

第五，知识经济的发展使资源和财富重新转移和分配。在农业经济社会中，土地是财富的体现，又是权力的象征，因此，土地是最为重要的资本。而在工业经济社会中财富发生了转移，尽管土地仍然有它的价值，但工作母机以及工业原材料已成为最关键的资本形态。财富已表现在工厂、矿山、铁路、水力运输设备等方面。恰恰是由于有了这种资本形态的转移，使得工业化国家的生产力极大地发展了，从而在从 1750 年后的近一个半世纪的时间中，工业化国家与非工业化国家的贫富差距拉大了。按人均 GDP 的情况比较，欧洲、北美洲等发达国家与第三世界国家的比例达 2.5∶1。而从 1900 年到 1990 年的 90 年间，这种差距更为悬殊，发达国家与发展中国家的人均 GDP 已达 8∶1。

现在世界上的贫富差距还在不断扩大，尽管人们对工业原材料和资源仍然抱有兴趣，对其所表现出的财富价值仍予认可，但是，以高技术为表现形态的新的生产力和最终为社会带来更高的价值的新分配准则，引起了人们的更大关注。人类社会自 20 世纪下半叶以来发生的急剧变革，已使知识经济形态渐渐显露出来。这种社会进步所带来的对知识的“赋值”是最为明显的。著名未来学家托夫勒将其称为“一种符号财富”，他指出：“没有人会因为苹果计算机公司或 IBM 公司的物质资产而购买其股份。起作用的并不是这些公司的建筑物或机器设备，而是其市场推销能力和社会关系、其公司管理的组织能力以及雇员们头脑中的那些突发奇想。它们所代表的不过是另一些象征性符号而已，而且这已达到令人惊异的地步。”

第六，知识既是生产要素，又是消费方式。知识作为最重要的生产要素，还具有不同于资本和劳动力的特征，它既是生产要素，又是一种消费方式。知识的生产要素作用已经在前面提到，而知识作为消费形式的意义也表现得越发明显。

例如，随着电视和 VCD 的普及，已有上百年历史的电影业遭到前所未有的冲击。但是，电影毕竟是一个知识型产业，除了电影导演、编剧、演员等的高知识含量的工作外，电脑后期制作技术以及灯光、音响的高技术化，也为电影业的复兴起到了关键作用。“好莱坞”与“硅谷”的联姻已经为社会带来了难以估价的利益，产生了巨大的影响，使得人们重新认识电影的魅力。显然，人们在领略“好莱坞”大片时的确是在进行着多种方式的知识消费。

从虚拟现实技术的发展看，发达国家有将其用在新的娱乐产业的趋势，可以预言，如同数年前电子游戏和电子书刊的冲击一样，高知识含量的信息消费正方兴未艾。

第七，在知识经济时代，社会主体、分配方式和劳动力结构都发生了巨大变化。工业经济时代，工人阶层是社会的主体；知识经济时代，作为工人阶级一部分的知识阶层成为社会的主体。将来到了知识经济的成熟期，工人阶级就变成了知识分子的一部分。正如马克思所预见的那样，体力劳动和脑力劳动的差别已经消失。

工业经济时代，主要是“岗位工资制”，人们都被钉在岗位上。知识经济时代，过渡到“按业绩付酬制”，人们凭自己的业绩，在市场上获得相应的价格，同企业之间没有人身依附，每个人都是经济的主体，都是主人。

工业经济时代，直接从事生产的工人，占劳动力的 80%。知识经济时代，直接在车间从事生产的工人，逐步被机器取代，占劳动力的比例反过来不到 20%。

第八，实现世界经济一体化。知识经济是世界经济一体化条件下的经济。知识经济依靠无形资产的投入实现可持续发展，显然依靠世界经济一体化。20 世纪 90 年代以来的美国经济，在本国的自然资源消耗没有大量增加的情况下持续增长，世界大市场是主要因素之一。与此同时，高技术产业较以前钢铁、机械和纺织等产业不同，产业技术领域十分广阔。仅以信息科学技术为例，任何国家都不可能在计算机技术、微电子技术、光电子技术、芯片技术、大规模集成电路技术、光纤技术、激光技术、网络技术和软件技术以及层出不穷的高新技术中全面领先，任何一个国家都可以充分利用自己的智力资源、发挥人力资本的优势，在世界大市场中占一席之地，成为世界经济一体化不可或缺的一部分。

世界经济一体化的进程，客观上进一步促进了全球范围内知识的传播与应用，成为推动知识经济发展的新动力。

第九，知识经济使传统的经济学原理发生了变化。工业经济以物质为基础。主要的生产要素是能源、原材料以及劳动力等。因为物质是稀缺的，所以遵循“稀缺原理”，做到以最小的投入达到最大的产出，经济增长服从“增长函数”。知识经济以知识为基础，知识成为经济增长的核心。而知识是“相对丰富”和可以“共享”的。也就是说，知识经济是知识、智力，无形资产的投入起决定性作用。当然，知识经济也需要资金投入，对于高技术产业甚至是风险资金投入，如果没有更多的信息、知识、智力的投入，它就不是高技术产业。目前美国许多高技术企业的无形资产已超过了总资产的60%。无形资产的升值也将带来社会价值观的变化，拥有更多知识的人获得高报酬的工作增多，知识强国的产出增加。

工业经济遵循“收益递减”原理。在工业经济时代，按照经济“增长函数”，资本和劳动力的投入，必须按比例进行。如果某一方，比如资本投入过多，就会造成“收益递减”。而知识经济则恰恰相反，表现为“收益递增”，即对知识的投入，会造成“收益递增”。1996年美国从电脑到电话等高技术方面的投资按年率计算猛增23.8%，经济却仍然健康持续地发展。

工业经济时代的基本特征是“周期性”。在工业经济时代，资本主义从来就没有摆脱过衰退周期和经济危机周期的怪圈。而知识经济时代的基本特征则是“持续性”。经济危机的周期被技术创新抹平了，经济衰退的周期也被迅速发展的科学技术大大弱化了。

知识经济是促进人与自然协调、可持续发展的经济。在人与自然协调、可持续发展的目标下，工业技术发明的指导思想发生了变化。传统工业技术发明的指导思想都是单一地、尽可能多地利用自然资源，以获取最大利润，而不考虑或极少考虑环境效益、生态效益；建筑在自然资源取之不尽、环境容量用之不竭的基础上，甚至以向自然掠夺为目的，这不能不说是技术与科学分离的悲剧，而高技术产生在多种自然资源几近耗竭，环境危机日益加剧的时代，它把科学与技术融为一体，反映了人类对自然界与人类社会的科学全面的认识。因此高技术的指导思想是科学、合理、综合、高效地利用现有资源，同时开发尚未利用的自然资源来取代已近耗竭的稀缺自然资源。

第十，管理模式发生重大改变。工业经济时代的管理重点是生产，是增加产量。所以生产环节成为管理的中心，其核心是提高劳动生产率。

知识经济时代，管理的重点是研究与开发、销售以及职工培训。产品量的增加，或者说产品的生产已变得非常容易，像“自我复制”一样。重点是知识的生产与开发，以及对掌握知识的人的培训。企业越来越承担起更多的教育责任。

由于知识的作用，使得传统的生产方式和管理方式也发生着显著的变化。现在一些发达国家的企业已经出现了以“知识流”作为生产组织的主要调控因素，一切围绕着对“知识”的生产、传播和应用来安排生产经营活动。一些企业将以前的物流管理变为对“知识流”的组织和应用，而制造技术的进步对制造能力和生产提高所产生的作用，使现代知识手段能够为产品和工艺的开发制造提供一种虚拟环境。这样就极大地缩小了制造成本、经营风险和上市时间。

第十一，学习将成为人们生存和发展的第一需要。知识经济的发展最终取决于人的素质。在知识经济社会里，更多的工作需要劳动者拥有良好的科学文化素养、坚实的专业技术知识和勇于开拓的创新能力，即使是普通岗位上的劳动者也是如此。在知识爆炸的时代里，变化是时代的主题，而要适应这个环境，人们就必须不断地掌握新的知识。无论是发达国家还是发展中国家，就业的趋势是，掌握高技能的劳动者会得到机会并获得高的报酬，而对简单劳动力的需求急剧下降。这个趋势表明，在一个以知识为基础的社会里，没有知识的人将难以生存。

由于知识和学习的重要性，知识经济社会中教育是排在首位的，教育和知识创新将会成为"基础产业"。教育是一个社会必不可少的建制，终身学习将是人们生存与发展的永恒主题。在知识经济社会里，知识创新呈几何级数增长；人们需要终身不断学习新知识、了解新情况、适应新环境，才能生存和发展。因此，终身学习正在成为人们生活的重要组成部分。

第十二，产生新的社会组织形式。江泽民同志指出："本世纪在科技产业化方面最重要的创举是兴办科技工业园区。"这一创举是一种新的社会组织形式，正如300年前工厂集中了自然资源、强壮劳力和新技术，通过科学管理创造了高于农业几十倍的劳动生产率一样，科技工业园区（Sciencepark）集中智力资源、信息、知识和高技术，通过现代管理实现规范化、网络化、国际化和产业化，来解决高技术产业的资金、技术、市场和风险问题，创造高于传统工业几十倍的劳动生产率。像300年前工厂吸引投资者和无地农民一样，来吸引大学和研究所的研究人员，为他们提供信息、技术、资金和市场等一切创业服务。这种新型的社会组织在各国都正处于建设和发展过程中。

## 三、知识经济发展的条件

知识经济是以知识的传播和技术的创新为表征的新经济形态，那么，影响和决定知识的生产、传播和应用的主要因素也自然而然成为发展知识经济的前提和条件。它们主要包括以下几个方面：

### （一）人力资源的富集是知识经济发展的核心要素

在知识经济形态中，人力资源实际上是一种特殊的资本性资源，这一资源的富集与开发，是实现社会经济良性运行、协调发展和增加社会财富的真正源泉。随着社会经济的发展，人们越来越清楚地认识到，现代社会的一切竞争实质上是人才的竞争。经济增长的内在动力可以归结为人力资本的积累与增长。正如1995年诺贝尔经济学奖获得者罗伯特·卢卡斯所言：现实经济是以不完全竞争为条件的，因而规模收益由于人力资本的积累而递增。产业化的人力资本不仅能使自身的收益递增，而且还可以使其他投入要素的收益递增，从而使经济增长长期化、动态化。[①]

通过分析 OECD 成员国的就业趋势也可以发现：对知识丰富和技术水平高的劳动力的需求在不断增长；反之，对知识和技术要求相对较低的一些行业，其就业率直线下降。由此可以看出，劳动力整体素质的提高是知识经济发展的先决条件。

## （二）科技和教育的投入是知识经济发展的第一驱动力

科技和教育对工业经济和社会发展的推动作用，已经得到历史事实的验证。21 世纪，科技和教育对社会生产力的巨大催化作用会进一步加强。知识经济的核心生产要素是知识、无形资产和知识型劳动者（即掌握了现代科技知识和熟练劳动技能的人力资源），科技和教育正是提供最新知识、无形资产和知识型劳动者的源泉。

众所周知，推动生产力进步和社会生活方式变革的关键和核心是技术创新能力。而技术创新能力需要高强度的科技和教育投入才能培育。据统计，1992 年底，OECD 成员国平均 R&D 占 GDP 比重为 2.3%，平均教育经费占 GDP 比重为 6.5%（其中美国为 7%）。

**表 1　三种经济形态的科研和教育投入强度**

| | 农业经济 | 工业经济 | 知识经济 |
|---|---|---|---|
| R&D 占 GDP 比重 | 0.3%以下 | 1%~2% | 3%以上 |
| 教育经费占 GDP 比重 | 1%以下 | 3%~4% | 6%~8% |

## （三）信息网络技术是知识经济发展的技术基础

电脑和通信是未来知识经济发展中的两大支柱。今后一二十年，通信技术发展带来的社会网络化、全球网络化将成为社会发展的重要内容。目前已在发达国家开始普及的综合数据通信网络（ISDN）将向着能以更高速度、更大容量提供信息服务的宽频带 ISDN 发展；光纤通信将从通信主干线路向用户终端线路普及，光纤通信技术如果达到实用化，其信息传输量又将比目前的光通信提高 10 倍，传输距离也加大几倍。[②]

计算机与通信组成的网络（CCN）还在把企业——包括“上游”企业（为其他企业生产中间产品、原材料的企业）和“下游”企业（生产最终产品的企业），发包企业（提出订货的企业）、承包企业（接受订货的企业）乃至流通行业等各方面的企业连成一体。众所周知，日本丰田汽车公司创造了一种零库存的“just in time”（意即“恰好，正好赶上”）生产方式（即原材料、零部件在生产用到它时刚好运到）。现在，由于企业之间信息网络的发展，“just in time”方式正在超越企业范围而向全社会扩展。利用卫星通信和光纤通信的国际信息网络正在继续发展并进一步充实。现在，利用卫星的移动电话（包括汽车电

---

① 吴文武、牛越生、赖辉：《中国人力资源开发系统论》，中国建材工业出版社 1996 年版。

② 范柏乃、江蕾：《知识经济：世界经济发展的新动态和中国的战略对策》，《科学·经济·社会》1999 年第 1 期。

话、个人携带电话等）全球网络已达到实用化。与此同时，利用卫星的车、船导航系统也在逐步普及，驾驶者可在液晶显示的地图上随时了解自己的位置以及通向目的地的最佳路线（包括关于尽可能避免交通阻塞的信息）。

芯片大大地提高了人类储存知识的能力。如现在几张光盘可以替代一个传统的图书馆。光纤和数字化技术大大提高了知识和信息的传递速度，细如毛发的光纤可在不到一秒钟的时间里传送《华尔街日报》创办以来的每期报纸的所有内容。虚拟现实可以使现实中各种可能发生的情况和经验变为可随时获取的知识，从而大大地提高了人们的学习机会和效率，减少学习的时间和成本。

事实上，芯片技术、光纤技术、计算机技术以及网络技术的发展，彻底改变了知识的生产、存储、传播的方式，使知识应用于制造业、服务业的速度大大加快了，使知识商品化的能力大大提高了。世界经济形态由此发生了重大的转移，人类开始进入一个崭新的时代。

### （四）高技术及其产业成为知识经济发展的主力军

目前，以高技术为中心的新的科技革命正在蓬勃发展，这是一场名副其实的波及全球的全方位的科技革命，对未来的社会经济将产生重大影响。从人类过去经历过的农业经济和工业经济时代，我们不难看出，高技术及其产业在未来将处于制高点的位置。

正是由于信息技术、生物技术、新材料技术、新能源技术、空间技术和海洋开发技术等高技术的迅猛发展，创造了许多新产品、新产业和新服务。并使这些知识和技术密集产业成为知识经济时代的主导产业。如在美国，工业经济时代的三大支柱产业是建筑业、汽车业和钢铁业。自 20 世纪 70 年代以来，这些产业的规模在不断地削减，而计算机、通信、生物技术、新材料和新能源等高技术产业却不断发展壮大。统计资料表明，在过去的 3 年内，美国经济增长中有 27%要归功于高技术产业，而汽车业仅占 4%，建筑业也只占 10%。OCED 的研究表明，工业经济时代高技术产业的比重大约为 12%，知识经济时代高技术产业的比重将上升到 55%以上；工业经济时代高技术产业的从业人员大约占 15%，知识经济时代高技术产业的从业人员将上升到 40%以上。因此，高技术及其产业不仅是未来经济发展的发动机和推动力量，而且将成为知识经济的主力军。

## 四、西方国家发展知识经济的战略部署与我国的因应措施

“知识经济”作为一个科学概念，虽然出现于 20 世纪 90 年代初期，但是，西方国家为适应这种技术——经济模式的巨大变化所进行的技术经济政策调整，早在 70 年代末期就已经开始了。进入 80 年代以后，西方国家的技术经济政策调整进一步演变为一场世界范围的经济改革浪潮。从技术创新的角度看，这次政策调整主要集中于以下几个方面：

### （一）充分发挥企业的技术创新主体作用

随着知识经济的兴起与发展，各国都对过去相当一部分管制规定加以清理，并根据实际情况加以调整。美国司法部在 1980 年反托拉斯诉讼指南中明确规定，如果企业只是进行合作研究可以免受反托拉斯诉讼，并且鼓励联邦实验室与企业进行合作研究。在里根执政时期，美国政府通过了许多重要的技术创新立法，其核心是减少企业由于合作研究而引起的反托拉斯诉讼，加强联邦实验室技术向工业企业的转移，促进研究开发成果的商业化。克林顿执政以后，美国政府进一步实施了一系列放松政府管制的措施，包括 1992 年卫生保健体制的全面改革，"里格—尼尔 1994 年跨州营业和跨州设立分行效率法"的通过以及 1996 年 2 月通过的公正电信法案等。

### （二）加大对科技开发的投入力度

根据经济合作与发展组织的有关资料，按 1987 年美元不变价格计算，1980~1995 年，美国的研究开发支出从 873 亿美元增加到 1321 亿美元，日本从 269 亿美元增加到 563 亿美元，德国从 214 亿美元增加到 302 亿美元，法国从 133 亿美元增加到 219 亿美元，英国从 147 亿美元增加到 174 亿美元。工业部门的研究开发支出增长更快，1996 年美国工业部门占全国研究开发支出的 63%，承担了全国 73%的研究开发活动，雇用了全国 79%的专职科学家和工程师。日本政府在加强基础研究方面更是雄心勃勃，1994 年 6 月，日本提出从科技立国转向科技创新立国，并且开始实施旨在加强日本基础研究实力的"战略基础研究推进制度"；1996 年日本科学技术会议发表指导今后 5 年科学技术方针的"科学技术基本计划"，提出到 2000 年要使日本的科学技术预算增加到 4.3 万亿日元，较 1996 年增加 1.6 倍。

### （三）加快技术成果产业化的进程

西方国家较普遍的做法是将科技发展的重点转向通过技术创新带动经济增长。克林顿执政以后，认为美国不可能在长时期内同时维持军用和民用两个强大的工业基础，而"技术是经济增长的发动机"，"投资于技术就是投资于美国的未来"。为了促进技术创新，克林顿政府大幅度调整科技政策，除一再延长研究试验支出的税收减免以刺激新技术投资以外，还采取了许多具体措施以促进联邦实验室研究开发成果的产业化。从 1992~1994 年，联邦实验室向工业部门发放的联邦专利许可数目翻了一番，联邦政府实验室获得的专利使用许可费增加了 77%，达到每年 2450 亿美元。根据经济合作与发展组织的有关资料，1989~1992 年，经合组织成员国政府用于资助工业企业研究开发与技术创新活动的支出从 64 亿美元增加到 100 亿美元，1993 年仍然维持在 87 亿美元的较高水平。

### （四）努力建设适应知识经济时代的基础设施

克林顿政府执政初期，克林顿与戈尔就提出建设国家信息基础设施（俗称信息高速公路），以便通过这样一个密切无间的通信网将计算机、数据库和消费用电子产品联结起来。1994 年 3 月，美国副总统戈尔又在国际电信联盟召开的一次会议上提出建设全球信息基础设施计划。为了帮助社区和非营利机构进入信息时代，美国政府通过商务部的电信信息基础设施援助计划，为社区、州和地方政府、保健中心，大学以及其他非营利机构提供竞争性对等赠款，以便将这些机构与网络联结起来，并允许用户在不同的网络之间相互接通。为了加强科学教育人才的培养，克林顿在 1996 年的一次讲话中宣布了总统教育技术倡议，明确提出了四个目标，即让每个学生都可以利用现代计算机和学习装置，让每间教室都与外部世界联结起来，教育软件将是所有课程不可分割的组成部分，所有的教师都要学会使用并讲授这些技术。

### （五）扩大国际科技合作与区域科技合作

以欧洲联盟为例，根据 1993 年签署的欧洲联盟条约，欧洲联盟四大主要目标之一，就是促进更好地开发利用具有潜在工业价值的创新、研究与技术开发成果。1994 年，欧盟制订了第四个研究与技术开发框架计划，投资 131 亿欧洲货币单位用于研究开发与示范、国际科技合作、研究成果推广与价值化、研究人员培训与流动四个领域、20 个计划的科技合作活动。一大批欧洲企业和研究开发机构围绕着这一计划而联系在一起，从而形成了一个各国政府、科技界和企业界共同参与的超国家大型科学计划。1997 年 5 月，欧盟委员会又提出了第五个研究与技术开发框架计划（1998~2002 年）供欧洲议会审议，计划投资 150 亿~160 亿欧元，重点从事生命与生态科学、信息技术以及可持续发展技术的研究。不仅如此，欧盟还将尤里卡计划扩大为包括俄罗斯以及一些东欧国家在内的有 25 个国家参与的庞大的国际科技合作项目。企业层次的国际科学技术合作也非常活跃。1986~1991 年，美国企业的海外研究开发投资由原来占公司开发总投资的 7.7%增加到 11.3%。1986~1990 年，日本和欧洲企业在美国的研究开发投入增加 95%以上，从原来的 58 亿美元增加到 113.2 亿美元。另外，各国跨国公司还普遍增加了海外开发机构的数量。到 1994 年底，有 304 家外国公司在美国拥有 645 家研究开发中心，美国目前在国外拥有 108 家研究开发机构。企业间策略性技术联盟发展迅速。20 世纪 80 年代上半期，世界上各类企业间达成的战略性技术联盟还只有 1560 个，1985~1989 年则又有 2632 个出现，从而使全球企业间的技术战略联盟在 80 年代末期达到 4192 个。

综观当今的世界经济，可持续发展已经成为世界各国的共识。以信息技术为主的高新技术产业迅猛发展，无形的智力资产日益受到高度重视，高科技越来越多地进入传统产业领域，国际贸易、金融、投资一体化趋势越来越明显。这些明显带有知识经济特点的社会经济现象表明，作为 21 世纪世界经济中占主导地位的知识经济已经开始成长。随着信息、技术和经济全球化的进一步发展，我们面临着挑战与机遇并存的历史选择关头，如何设计我国未来的可持续发展战略，确定具体可行的相应措施，是关系到一个国家和民族生死存亡的大问题。

知识经济是建立在工业经济高度发达基础之上的，没有高水平的工业经济，就不可能有效地发展知识经济。中国尚处于完成工业化并正在进一步提高的重要时期，工业经济规模和产业技术水平，与西方发达国家还存在着比较大的差距。但是，由于知识经济是一种向下兼容的经济，它能够从根本上转变工业经济的资源基础，知识对资源的替代和补偿作用将使工业经济的运行效率得到迅速提高。因此，我们要高度重视知识经济对于工业经济的改造功能，制定并实施正确的技术经济政策，尽快缩短与发达国家间的技术经济差距。

就目前而言，我国的信息、技术和其他高科技产业同发达国家的发展水平还有一定的差距，能否在有限的时间内赶超世界科技先进水平，成为问题的关键。为此，中国应当继续实施科教兴国和可持续发展战略，加强基础性研究和高技术研究，加快实现高新技术产业化，用高新技术改造传统产业，大力开发人力资源，增强自主创新能力，进一步促使信息和高新技术成果的商品化，促使科技、教育同经济的结合，顺应世界经济全球化趋势，抓住机遇，为知识经济时代的到来创造条件，做好准备。

# 论知识经济与城市化*

## 一、城市的发展

### （一）城市及其形成

城市一般是指具有一定规模，以非农业人口为主的居民点，是人口和社会经济活动的空间集中地，是生产力布局的特殊形态，也是人类社会进步的主要动力和具体体现。但是，对于城市概念的理解，因不同的学科、不同的场合而有所差异。地理学从人地关系的角度认为城市是具有一定规模的工业、商业和交通运输业等非农业人口为主的居民点。社会学则从人类社会活动方式的角度认为城市是占据某一特定地区的人口群体，以一定的行政管理组织结构、设施和手段而区别于其他群体的在地球表面的聚集地。

城市是社会生产力发展到一定阶段的产物，城市的产生与社会分工有着密切的关系。在原始社会，人们没有固定居民点，当然无法创造出城市。当第一次社会大分工即种植业从游牧渔业中脱离出来后，人们才结束了游荡生活，在合适的地点固定下来。种植业出现使农产品出现剩余，私有制得以产生，从而出现了商品交换，当手工业从农业中分离出来之后，从事手工业的人们不再以土地为生，而是寻求一些交通便利的地点定居，以利于农牧产品交换，从而在地域上出现了一种以产品交换为目的的新型居民点——城市。

从城市的形成历史来看，城市的产生既有军事方面的、政治方面的，也有经济方面的，甚至宗教文化等方面的原因，只是不同城市的形成具有不同的侧重而已。但从现代经济角度来看，城市的产生、发展与繁荣都与其经济发展密切相关，尽管不少城市仍具有军事、政治、文化等方面的职能。

从城市形成的经济因素来看，决定其形成和发展经济因素最主要的有比较利益和规模经济。比较利益是建立在劳动地域分工基础之上的，由于劳动生产率的不同，不同的人群各自生产不同的产品，通过商品交换从而使各自的福利水平都有所提高。比较利益是城市

* 本文选自张敦富：《知识经济与区域经济》，中国轻工业出版社 2000 年版，第 183~201 页。参与者：陆益美。

形成的第一动力，它的存在为市场商品交换提供了可能，进而为商业的产生提供了基础。所谓规模经济是指企业的外部规模效应，即因企业（或经济活动）的布局接近于其他企业（或经济活动）而产生的经济活动中的成本节约。规模经济的存在使经济活动和人口在一定区域内得以集中，特别是工业革命以后出现的工业城市，其形成和发展更依赖于规模经济的存在。

规模经济产生的原因在于企业布局的集中可以共享基础设施、公共服务等条件，从而降低交通运输费用等交易成本，节约信息获取成本，进而最大限度地获得利润，特别是那些处于同一产业链上的企业更是如此。正因如此，一旦企业能从最初的极点或增长极的布局中获利，就会吸纳更多的企业前来选址布局，企业的生产需要技术、劳动力等生产要素，也需要诸多的第三产业的服务，从而导致人口的增加和其他产业的发展，进而促进了城市的产生和发展。

### （二）农业经济时代的城市

自城市产生至 18 世纪中叶的工业革命前，农业和手工业是国民经济的主体，商品经济极不发达，因此可称为农业经济时代。

由于农业生产力的发展引起的社会分工是城市产生的根本动力，因此，早期的城市诞生于那些具有比较有利的灌溉条件、农业生产发达、农产品丰富的地区，或者交通便利的区域。当时的城镇数目少，规模也不大，一般拥有几千至几万人口，结构比较简单，职能单一，一般为军事据点或政治中心。城市内部经济基础也比较薄弱，商品交换量小，分布非常稀疏，而且极不稳定，兴衰变化比较大。

在中世纪世界各地先后进入封建社会，生产技术、生产工具和交通手段都比奴隶制时期要先进。城市农产品的取得主要是以贸易的方式。农业生产技术的提高，使剩余农产品更加丰富，手工业生产技术的发展，促进了手工业的分工协作；交通手段的提高和交通条件的改善，又促进了商品交换的扩大和商业的繁荣。随着人类历史上第三次社会大分工的出现，商业从手工业中分离出来。商业的形成与发展，不仅转变了城市的职能，使城市作为手工业中心和商品交换中心的职能得到了突出和强化；同时，通过商品流通和交换，使城市对周围地区的影响范围逐渐扩大，对人口的吸引力增强，城市规模不断扩大。

总之，农业经济时代的城市发展缓慢，例如，若把城市规模的起点定为 5000 人，在公元 10 世纪时，整个欧洲城市的人口占总人口的比重仅为 7%~11%，在此之后的 7 个世纪中，这一比重仅增加了几个百分点，大概为 11%~14%[①]。城市的功能是军事、政治和宗教中心，经济功能相当薄弱，主要是手工业和商品中心，对周边地区的经济作用不大，还不具备地区经济中心的作用。城市地域结构较为简单，无明显区分，一般以市政机构或教堂为中心，以城市道路为轴线向外延伸。城市的地区分布具有很大的局限性，主要分布在

① 保罗·贝洛克：《城市与经济发展》，江西人民出版社 1991 年版。

农业灌溉条件良好的河流两岸，或分布于交通运输（主要是水运）便利的地区。

## （三）工业经济时代的城市

1. 工业革命时期的城市

从 18 世纪下半叶的工业革命至自由资本主义的完结，前后虽仅有 150 多年，但城市的发展却远远超过了以往的几千年，并进入了一个崭新的阶段。工业化是城市发展的根本动力，工业革命结束了手工业的生产形式，代之以机器大生产，从而推动了生产的专业化和地域分工。工业生产在地域上的集中有利于生产协作；商品生产与交换带动了金融、信托事业的兴起，与此相适应，工商业集中的城市，科学技术、文化教育、交通、通信等基础设施以及各种服务行业也都得到了相应的发展。

与农业经济时代的城市相比，工业革命时期的城市具有以下特点：①城市发展加速，城市规模扩大，城市数目增加。以伦敦为例，在 1800~1850 年，其人口由最初的 86 万猛增到 232 万。同期，英国全境 5000 人以上城镇的数目从 106 个上升到 265 个，再比如，截至 1900 年，全世界城市人口的比重为 13.6%，1950 年为 28.7%，10 万人以上的城市数目由 38 座增加到 484 座，其中百万人以上的特大城市就有 71 座；1995 年世界城市化水平达到 45.3%。②城市职能趋于多样化。除了工业、商业等经济功能日益增强外，金融、信息、科技、文化及交通等功能也得到了加强，城市已成为国民经济和地区经济的中心，对国家或地区经济的发展起着重要作用。城市性质的这一变化可以从工业化以来制造业就业人口的增长得到反映：在 1800 年前后，除俄国以外的欧洲制造业就业人口仅有 600 万左右，到 1913 年这一数值猛增到 3800 万。③城市地域结构日趋复杂化，出现了明显的功能分区。例如，出现了面积较大的工业区、商业区、居民区以及仓储区等。城市的交通、通信等基础设施也明显得到改善，城市居民的生活质量大大提高。例如，以 1863 年伦敦建成了世界上第一条地铁为标志，类似城市公共交通运输已进入一个崭新的阶段。④城市地区分布差异显著。城市分布逐渐摆脱了农业生产的影响，在一些资源分布地区出现了工矿城市，铁路运输促进了内陆地区的城市发展，改变了农业经济时代城市分布十分局限的空间格局。但由于世界各地区工业化进程的差异，使城市的地区分布差异十分显著，发展中国家和地区的城市发展十分缓慢，城市数量少，规模小，即使少数较大的城市也主要分布于沿海地区。⑤城市病已在不少地区开始出现和发展。

2. 后工业化时期的城市

进入 20 世纪中期以来，大多数国家的经济都经历了一个快速发展时期，尤其是西方主要资本主义国家的经济进入了“黄金时期”。在此之后，西方发达国家逐步进入了后现代的发展阶段，而发展中国家也相继进入了工业化的起飞阶段。发达国家经济的快速发展，使得工业的载体——城市高度发展起来，新兴的发展中国家致力于民族工业，改变落后的农业国面貌，使产品更换、劳动地域分工以及第三产业迅速发展起来，也使得城市发展加速，而以微电子技术为主导的新科技革命极大地促进了全球范围产业结构的变化，产业在全球范围的转移速度大大加快，使得世界各地的经济发展水平有了一个新的提高。这都加速了城市的飞速发展，这一时期城市无论是在规模上，还是在范围上都远远超过了以往的各个时期，出现了特有的景象：①城市化波及全球，但地区分布不平衡。其中发展中国家的城市发展速度超过了发达国家。1950~1970 年的 20 年里，世界城市人口总数从 7.06 亿增加到近 14 亿，城市人口占总人口的比重由 1950 年的 28.6%提高到 1970 年的 38.6%，1980 年又上升到 41%，即在仅占全球陆地面积 0.3%的城市面积上居住着 41%的世界人口。在世界城市发展进程加快的过程中，发展中国家或地区的城市发展尤为迅速。据统计，1950~1980 年这 30 年间，世界城市人口增加了 2.5 倍，其中发展中国家增加了 3.6 倍，城市人口年递增率为 4.2%，大大超过了发达国家 1.9%的增长速度。②大城市规模继续扩大，出现了地域上连片的大城市群、大城市带、城市连绵区或产业密集带，大城市以其特有的空间优势和集聚效益吸引着工业和人口，城市规模不断扩大，数目不断增多。1950~1980 年，世界百万人口以上的大城市由 71 座增加到 234 座，在短短的 30 年中增加了 3 倍以上，并且出现了如墨西哥、圣保罗、纽约、东京、伦敦、上海等这样的千万人口的特大城市。城市地域不断向外扩张，大城市连同周围的中小城市，组成了大城市群或城市带。如美国东北部大西洋沿岸的巨大城市带，以纽约为中心，北起波士顿，南到华盛顿，长 970 千米，宽 48~160 千米，面积 13.9 万平方千米范围内，包括 5 个大城市，上百个中小城市，1970 年人口达到 4200 万，占全国总人口的 20%。像这样的城市带或城市群，在发展中国家也开始出现，如我国的沪宁杭城市群、京津塘城市群、辽宁中南城市群等。③城市功能向综合性方向发展。随着现代工业向城市集中，城市规模日益扩大，城市功能也日趋复杂多样。在每个城市中，由于生产专业化和社会化程度提高，劳动分工在加深，企业对各种生产服务提出了更多的专业化的要求，例如，货物营销要求有批发、运输、邮电通信、金融以及广告、研究机构的配合；在居民生活方面，随着劳动生产率的提高和个人收入的增加，对消费品的要求也向多品种、高档化方向发展，这就要求有相应的零售业、饮食业、文化娱乐、社会保险、医疗保健等多部门相配合。这样，以服务性为主要特征的第三产业日益壮大起来，成为推动现代城市发展的动力之一。如美国 1920~1977 年第三产业从业人员在经济活动总人口中的比例由 15.3%上升到 62.9%。第三产业的发展使城市功能更趋于多样化，城市尤其是大城市不仅是工业生产中心，同时也是商业贸易、交通通信、金融保险以及科技文化等中心。④城市空间组织发生了新的变化。早期城市规模不大，生产区和生活区毗连，没有明显的地域分工。工业革命促进了近代城市的发展，城市内部开始出现功能分区，如工业区、商业区、住宅区、文教区等。到了现代，城市规模扩大，经济活动日益频繁，内部这种功能分区也日趋明显，并按一定的原则呈现有规律的排列。如中心商业区、轻工业区、住宅区、近郊重工业区等。而且，由于现代化交通事业的发展，城市中心区人口密集、用地紧张、交通堵塞、犯罪率较高以及环境污染等“城市病”的发展，使人口和企业不断向城市周围地区扩散，出现了城市发展中的“郊区化”和“逆城市化”等新的倾向。即一些发达国家的大城市中心区日趋衰落，而郊区或卫星城镇发展迅速，出现了大量的工业区、住宅区、商业区、学校、道路、停车场等，它们与中心城有着密切联系，从而使原有的单一城市向组合城市发展。

### （四）知识经济时代的城市发展展望

随着21世纪的到来，人类社会正在跨入知识经济时代。在知识经济时代，产业结构将会更加高级化，第一产业、第二产业的比重将会更低，而第三产业的比重会更高。同时，第四产业也将兴起，人类社会的生产组织方式将大大改变。高新技术产业、信息产业等将主要依赖于科技教育发达、环境条件优越的人才济济的地区，作为工业经济时代以规模经济为基础的城市也终将产生巨大的变化。主要表现在：①城市规模扩大的趋势开始减弱，城市体系开始网络化，条件优越的中小城市将大大增加，城市的空间形态不再以连绵的大都市群为主要发展方向，而代之以城市的乡村化、花园化。②城市的内部功能区分化更为明显，科技城、大学城、高新技术工业园等地位将更加突出，以传统资源为基础的工业区的地位将下降。③城市居民的生产、生活方式以及精神面貌将发生巨大的变化，白领阶层将占据主要地位，“上班族”的比重将有所下降。④计算机网络技术，信息高速公路的迅速发展大大促进城市的“虚拟化”，“网络城市”开始出现。⑤城市的职能，尤其城市的经济职能将发生变化。所谓城市职能是指城市对城市本身以外的区域在经济、政治、文化等方面所起的作用。城市是社会劳动地域分工的产物，是在区域经济发展过程中兴起和成长起来的。因此，城市与周围区域总是密切地联系着，这种联系一方面表现为城市不断从周围区域获取能源、原材料、劳动力、粮食和蔬菜等生产要素和生活要素；另一方面，城市为了生存和发展，又不断向周围地区倾销产品或提供服务，城市里各种生产和服务活动均可分为为城市居民提供消费需要和满足城市以外区域居民消费需要两大部分。城市的生存和发展，取决于城市对自身以外的区域销售货物和提供服务的能力，如果这种对外能力旺盛，城市就会成长；反之，城市就要萎缩。一般而言，城市的职能主要包括：①一片或大或小区域的经济组织与指挥中心、信息中心和金融中心；②区域的交通中心、物资集散中心和贸易中心；③地区工业中心；④区域的科学、文教及各种服务行业集中的中心；⑤区域性的社会活动中心；⑥不同程度上的区域政治中心。

在知识经济时代，互联网的快速发展，使得网上购物交易等电子商务以及远程教育等变成现实，信息流取代物质流而成为经济社会的主要特征与形式，所有这些变化都极大地改变着城市的职能，使其趋于弱化。

# 二、城市化

## （一）传统意义下的城市化

1. 城市化的定义及其动力机制

城市化，又称城镇化，通常是指人口向城市地区集中和农村地区转变为城市地区（或指农业人口为非农业人口）的过程。这一过程使得城市人口增加，无论是城市人口的绝对数，还是城市人口占总人口的比重都在增长；城市数目增多；城市规模扩大等。其中，城市人口占总人口的比重是城市化的一个重要标志，因而也成为衡量城市化水平的最常用的指标。城市化的过程和特点受生产力发展水平、社会劳动分工的深化和社会所有制性质等多种因素的制约，农村人口转为城市人口这一过程虽与城市产生同时出现，但从城市发展的历史来看，工业革命前后，城市的性质、规模、数量、内容、形态都发生了巨大的变化，是城市经济生活在整个社会经济生活中占统治地位的一个历史转折时期。因此，我们通常所说的城市化，是指现代城市化，主要是指企业革命后的城市发展和城市人口集聚的过程。

工业化是现代城市化的基本动力。始于18世纪中叶的工业革命，使城市发展进入了一个崭新的历史阶段，城市的数量、规模以及城市人口占总人口比例都迅速增加。第二次世界大战以后，城市发展进入了现代阶段，工业化开始在发展中国家的城市化中显示出较强的优势度，在发达的工业国家则有所减弱。但是，从世界范围来看，工业对于城市发展的主导地位并没有动摇，这是因为世界上实现工业现代化的国家仍占少数，许多发展中国家正加速工业化的进程、促进国民经济的增长；即使在那些发达的工业化国家或地区，工业仍然是创造城市财富的基本手段。随着产业结构的调整，工业逐步向高技术、知识密集型方向发展，使工业企业的集聚方式发生了变化，一方面，仍然向工业较集中的大城市集聚，为现代工业所支配；另一方面，在环境条件优良的地区集聚，形成城市化的新类型。此外，在工业现代化阶段，技术和信息成为社会财富的重要组成部分，城市经济威力扩大到包括金融、通信、科技、服务在内的许多方面，以服务性为特征的第三产业的崛起，正在改变着城市的产业结构和就业结构，引起城市人口的迅速增长，成为现代城市化的又一重要推动力。

2. 城市化进程的规律性

纵观世界城市的发展历史，可以发现城市化进程表现出一定的规律性。城市自产生至工业革命前经历了漫长的历史时期，由于生产力水平低下，城市发展极其缓慢，城市人口占总人口的比例较低，到1800年也仅为3%左右。工业革命极大地提高了社会生产力，使得社会分工与协作加深和发展，商品经济逐渐成为社会占统治地位的经济形式，有力地推动了城市的发展和城市化的过程。1800~1900 年的 100 年间，世界总人口的上升率为 77.5%，而城市人口占总人口比例的上升率则高达 665.9%，城市化水平从 3%上升到 14%，1950 年上升到 28.7%，1980 年则进一步上升到 41%，1995 年达到 45.3%。

目前，世界范围的城市化进程仍然处于城市化水平不断上升阶段。但在一些发达国家中，当城市人口占总人口比例达到 70%~80%的时候，出现了城市化发展速度减慢的趋势。如英国的城市人口比重 1951 年曾达到 83.3%，1961 年下降到 76.3%，1971 年再下降到 70.7%，1985 年回升到 76%。法国 1954 年城市人口比重为 58.5%，1968 年为 70%，此后一直处于缓慢增长阶段，到 1985 年才达到 73%。美国城市人口比重 1970 年达到 73.5%，到 1995 年仅提高了 0.5%。

发达国家城市人口比重增长速度减慢的现象绝非偶然，它反映了城市化进入一定阶段的一种规律性。如果我们以发达国家城市人口比重达到 70%后开始出现减慢的现象，作为城市化进入成熟阶段的标志，把世界城市人口平均比重达到 90%作为城市化的饱和点，那么，我们就可以将城市化进程大致分为五个阶段：古代城市发展阶段、近代城市发展阶段、现代城市发展阶段、将来城市发展阶段、城市化成熟阶段。必须指出的是，从世界范围来看，城市化进程正处于城市化进程加快、城市化水平迅速提高的阶段，但一些发达国家已提前进入城市化的成熟阶段。

### （二）知识经济时代城市化内涵的扩展

传统意义的城市化是与工业化相伴而生的，并且工业化促进了城市化的发展。在工业经济时代，以制造业为主的第二产业占据主导地位。而制造业是集中化的大规模生产，规模经济效益促使许多任务厂聚集起来，共享规模经济效益，这样又促进了第三产业的发展，吸引了大量人口向工业区迁移，城市由此逐步形成。在城市内部结构中，传统工业区占据主导地位，其他功能区都是为工业区的生产服务的。而在知识经济时代，制造业和服务业逐步一体化，特别是提供知识和信息服务将成为社会的主流，以至于“数字经济”“网络经济”及“虚拟经济”成为知识经济的新特点。此外，知识经济最突出的特征是信息技术的广泛应用。就目前而言，全世界电脑已增加到 1.4 亿多台，互联网的使用者约 7000 万人，并以飞快的速度在发展着，预计到 2010 年将达 3 亿人。近年来，在全球信息高速公路的带动下，在全球 GDP 中，已有 2/3 以上的产值与信息产业有关。正是信息产业的迅速发展，尤其是信息高速公路、计算机网络技术的飞速发展将给人的体力和脑力带来新的解放，人类的生产、生活、思维、交流等方式，以及阅读、表达、购物、休闲、娱乐、欣赏等方式都将以新的方式出现。生产、流通、消费领域的电子化、智能化将使新的生产、流通、分配和消费的方式完全建立在新的手段和媒体之上，人们将以全新的眼光看待新的经济社会现象，用新的理念和规律把握新的经济运作方式。生产不是大规模集中化式的，而是以分散化生产方式为主。工人可以离开车间，通过计算机网络等信息操作和机器生产，出现无人车间和“家庭公司”“家庭办公室”。同时电子商务的出现，可使人们在家里用计算机进行网络购物、订货以及其他交易活动，因而可以说在知识经济时代人们的生产、工作与生活方式与以往的农业经济时代、工业经济时代发生了质的变化。知识经济时代经济的每个特点就是“经济的直接化”。什么是经济的直接化？简单地说，经济的直接化就是从工业时代的迂回经济向数字化的直接经济过渡。农业经济是一种直接经济，工业经济是一种迂回经济，而知识经济是从迂回经济重新回到直接经济。在农业经济时代，经济是自然经济，人们待在家里直接生产，直接消费，但社会化不充分，生产效率不高；工业社会中人们都到工厂里去兜着圈子为别人生产，再转着圈子卖出去，为了兜圈子，人们发明了火车、飞机等远距离运输工具；信息社会人们用网络直接交往，既保持了社会化的优点。又恢复了直接性的长处。在网络时代，一场翻天覆地的变化发生了：从间接的商场销售变化为网络直销，从迂回的生产厂房变为即时通信的虚拟办公室，从纸币到电子货币，从大批量中间生产到直接面向最终用户的迅速反应——一言以蔽之，工业社会迂回曲折的路径，在网络经济中，将被重新拉直！

在以“知识价值”为核心的新经济中，生产是以满足个人化的需要为原则的，生产单独面向每一个消费者，也就是说生产者将按照每一个消费者的特殊需要生产独特的产品，它彻底改变了工业化的生产方式。经济的直接化同时要求改变传统的企业模式和生产、经营战略，这就是“企业转型”的要点所在。

在城市内部结构中高新技术园区、科学城的金融、信息咨询等功能开始占据主导地位，传统工业地区居于次要地位，城市的发展主要依赖于智能资源的贡献。在知识经济时代人们不再像工业经济时代以追求城市便捷的基础设施、方便的生活条件为主，因为在知识经济的时代，城市不再拥有这方面的绝对优势。计算机网络已使整个地球变成了一个“村落”，“地球村”的出现使得人们转向追求生活环境优良、空气清新、水质好、无污染的环境中去工作与生活。这些变化都极大地扩展了工业经济时代城市化的含义。

所以，在知识经济时代，城市化的内涵可以表述为城市化是在特定地域空间系统中的一种复杂的社会过程，它既有包含人口和非农业活动在规模不同的城市环境中的集中过程及乡村景观转化为城市景观的地域推进过程，即“显性城市化”，而且还蕴含着城市文化、城市生活方式和价值观念等在农村的地域中的扩散过程，以及城市内部地域结构的分化和组合，即“隐性城市化”。城市化的发展水平已很难仅用农业人口占全国人口的比重这一指标进行测度，而代之以包括经济、社会等的复合性指标来测度，或者说，很难用简单的数学公式进行定量测度。

### （三）知识经济时代城市化发展的特点

由于知识经济时代的生产方式、生活方式与工业经济时代有许多不同之处，作为工业经济时代的工业载体——城市，在知识经济时代也将产生许多新的变化，表现出许多新的特点：①城市化波及全球的速度将更加迅速。在知识经济时代，信息产业是主导产业，其发展速度远比传统产业要快，飞速的科技创新和知识的传播使得生产的生命周期越来越短，而网络技术使得全世界变成“地球村”，并使得其他地区的人们得以较快地掌握新技术，从事新兴产业的生产，把一些传统产业向落后地区转移，这将促使整个世界城市化步伐的加快。②大城市、特大城市的比重将会下降，中小型城镇的比重将有所上升，乡村城市化的步伐将会加快。由于知识经济社会不再以传统的自然资源为基础，而是以智力资源为基础进行生产，同时网络技术的发展使得人们从事生产不必集中起来，因而工业经济时代大规模生产所带来的外部经济效益将会下降，这样导致其依赖大城市、特大城市的程度和比重也将下降。与之相反，条件优越的中小型城市以其优越的生产、生活环境，又不受交通、通信的限制，并且适应信息技术产业发展的要求，从而吸引众多人们居住，这样中小型城市的发展将会大大加快。③对于处在知识经济发展比较成熟阶段的发达国家而言，其城市化发展速度趋缓甚至下降；而对于工业经济飞速发展、知识经济尚未成熟或占较低比重的发展中国家而言，其城市化水平将仍有一段飞速发展期，然后发展放慢。

## 三、知识经济时代我国城市化发展的基本构想

### （一）当前我国城市化发展基本方针

“控制大城市，合理发展中等城市，积极发展小城市。”这是当前我国城市化发展的基本方针。围绕着这一基本方针，理论界争论十分强烈，其中代表性的论点有：

（1）大城市重点论。即以大城市为主，形成以大城市为中心的城市群和城市带。通过各种渠道，吸收资金，增加对大城市的投入，以容纳农村人口的涌入。其着眼点主要在于规模经济和节约土地。

（2）小城镇重点论。即以乡镇企业为突破口，大力发展小城镇，就近就地消化农业剩余劳动力，同时实现农村工业化和城镇化。其着眼点主要是防止城市大型化的种种弊端，促进工农结合、城乡结合和全国产业布局的合理化。

（3）并举论。即大中小城市和小城镇并举，以大城市为依托，以小城镇为主。其着眼点在于逐步形成一个规模结构比较合理，功能比较完善，空间结构相对协调发展的金字塔式的城镇体系。

### （二）改革开放以来我国城市化发展的特点及存在的问题

改革开放以来，我国城市化进程处于加速发展阶段，城市数量不断增加，城市以及城市经济和社会发展水平持续上升。城市化水平（以市区非农业人口占全国总人口的比重为测量指标）从 1978 年的 17.92%增长到 1998 年的 30.4%（见表 1）年均增长 0.60%。在这期间我国城市化发展的主要特点表现为：

**表 1 我国 1978~1998 年城市化的变动状况**

单位：%

| 年份 | 1978 | 1980 | 1985 | 1990 | 1995 | 1998 |
|---|---|---|---|---|---|---|
| 城市化水平 | 17.92 | 19.38 | 23.71 | 25.41 | 29.04 | 30.40 |

（1）城市数目仍保持较高的增长速度。从 1979 年到 1997 年，我国城市由 193 个发展到 668 个，增长了 3.46 倍，年平均增长 6.4%，从行政区级来看，农村经济自改革开放以来，连年取得成倍增长，使得作为地区性生产、贸易、服务集聚地的城镇表现出了向城市扩张的强劲冲动，基础设施和经济发展得到了长足的进步。同时由于建立了“地改市，市管县”的新体制，我国城市数量的增长呈现出地级市稳步上升、县级市数量快速增长的格局。从城市规模上看，小城市增长最快。从地区分布来看，城市化在东部沿海的发达地区呈现出快速增长的趋势和明显的地区优势，而西部地区城市化的发展则相对缓慢。

在城市数量增长，城市人口比重上升的同时，城市的综合实力也大大增强。首先是国内生产总值持续高速增长，其次是第三产业得到快速发展，特别是在 1988~1996 年，第三产业增加值年平均增长幅度达 19.3%。目前，城市的第三产业占其 GDP 的比重已从 1988 年的 28.6%上升到 1996 年的 37.2%，在非农业人口 200 万以上的超大型城市，1996 年第三产业占整个城市 GDP 的比重超过了第二产业，达到 49.3%。1996 年，我国 221 个地级以上的城市中，市区 GDP 超过 200 亿元的有 34 个，市区人均 GDP 在 10000 元以上的城市有 109 个。

（2）就城市化水平和城市密度而言，东部沿海地区高于中、西部地区。东部沿海地区城市化水平已超过 20%，比全国平均水平高 4.4 个百分点，而西部城市化水平为 10.4%，比全国平均水平低 5.6 个百分点。占全国土地面积 13.5%的东部地区，平均每 0.46 万平方公里就有一个城市，而占全国土地面积 56.39%的西部地区，平均每 4.78 万平方公里才有一个城市，东西部地区城市密度之差达 10 倍之多。

（3）在全部城市中，20 世纪 90 年代前半期，中等城市人口增加绝对量和比例都大于大城市和小城市，这与 80 年代正好相反，体现了目前我国城市的发展坚持实行严格控制大城市规模的方针。

（4）城市群、城市化逐步形成和扩大。在我国辽中南地区、京津塘地区、胶东半岛、长江三角洲地区、珠江三角洲地区已形成了以特大城市为中心的多层次的、功能互补的五大城市群。在中西部地区的沿着主要铁路干线也正逐步形成一些城市带，如齐齐哈尔—哈尔滨—牡丹江；长春—吉林—图们；石家庄—保定；新乡—焦作—郑州—洛阳；武汉—九江；长沙—株洲；成都—重庆；西安—咸阳等城市带已显雏形。

这一时期我国城市化水平发展很快，但仍存在诸多问题：

（1）城市化水平仍比较低。由于我国的经济水平不够发达，城市化水平也不可能过高。自 1950 年到 1990 年的 40 年间，世界城市人口占总人口的比重已由 1950 年的 28.4%上升到 1990 年的 50%左右。1992 年世界上已有 70 多个国家和地区城市人口占总人口的一半以上，高收入国家的城市化水平已达到 78%，中等收入国家为 62%，低收入国家也在 23%~40%，而我国在 1995 年城市化水平仅为 29.04%。这表明我国城市化水平处于世界的下游水平。

（2）产业结构不尽合理，第三产业比重偏低。无论是第三产业就业人数占就业总人口的比重，还是第三产业产值占国民生产总值的比重，在城市发展层次较高的国家和地区都已占 50%以上。1994 年，我国城市第三产业就业人数占总人口的比重仅为 27.7%，第三产业产值占国民生产总值的比重仅为 35.1%，其中 100 万人口以上的 32 个特大城市分别占 41.4%和 44.1%。

（3）县改市的速度过快。“八五”期间，有 158 个县改为市，加上“七五”期间的 145 个县改市，使 1985~1994 年，我国原有的县的数目由 2046 个减少到 1735 个，1990~1994 年，县级市的数目由 279 个发展到 413 个，增长了 48%，年均增长 10.3%。这期间，城市人口由 15038 万人上升到 19176 万人，增长了 27.15%，年均增长 6.2%，低于县级市平均增长水平 4.1 个百分点，而城镇化水平仅增加 2.2 个百分点，说明城市人口与城市化水平的增长速度远远低于县改市的发展速度。

### （三）知识经济时代下，我国城市化发展的一些基本构想

知识经济是建立在高度发达的工业经济基础上的，只有充分发达的工业和农业，国家以经济实力为后盾，大力发展科技，才能建立起适应知识经济时代要求的各种产业，以及社会生活方式。就我国整体经济而言，我国仍然处于工业化时期的快速发展阶段，处于传统农业向现代农业产业化过渡，传统工业向现代工业过渡的工业经济时代，我国产业的整体技术水平较发达国家落后至少 20 年，具有自主权的技术或产品更少，职工的素质普遍低下，在当今的竞争中处于不利的地位。以美国为首的发达国家掌握着世界上大部分知识产权，在竞争中占据有利地位。因此，知识经济时代的到来，对于我国的压力更大，形势更为严峻，这也可以从知识经济的一些衡量指标来说明：

（1）科技对经济增长率。知识经济要求达到 80%，而我国是 30%。

（2）R&D（研究与开发经费）占 GDP（国民生产总值）的比重。知识经济要求达 3%，而我国在“九五”时期为 1.5%，在 1994 年为 0.5%~0.7%。

（3）教育经费占 GDP 比重。知识经济要求达到 6%~8%，而我国 1996 年为 2.44%。

（4）产业结构。知识经济要求第三产业达到 70%以上，第一产业、第二产业分别占 10%和 20%以下。而我国 1996 年第三产业仅占 30%，第一产业、第二产业分别占 20.1%和 47.9%。从这些指标我们可以看出，我国经济整体上与知识经济指标差距很大。但这并不表明知识经济距我们很遥远，也不能说明我国某些区域或部门不会出现知识经济。以北京中关村为例，由于它具有知识密集，人才荟萃，一流大学和科研院所、高新技术公司云集等综合优势。又经历了十多年国内外市场经济的磨炼，创新发展了高新技术产业，尤其

是经历了信息产业的率先创新和成功探索，已显现了知识经济的萌芽。

正是因为我国目前仍处于工业化发展阶段，知识经济时代的到来给我们带来很大的压力与挑战。所以我国在未来相当一段时间内，是工业经济与知识经济并存，以大力发展工业经济为主，在既定的支柱产业和产业政策基础上做适度调整，加大高科技产业化和信息产业化的发展力度，在改造传统工业的基础上，促使产业结构的升级换代，促使企业制度创新和技术创新同步进行，提高工业生产率，为发展知识经济创造坚实的基础。

基于目前我国经济发展的现实背景，作为工业载体的城市与经济发展同样也面临着双重任务，一方面要大力发展工业经济，实现工业化；另一方面也要在一些城市条件好的科技园区大力发展知识经济。因而对目前我国城市发展中的大城市重点论、小城市重点论以及并举论等观点，我们认为单一采取任何一种论点都是不科学的，尤其是简单地利用人口规模控制来设计城市的发展。而科学的做法是应该面对当前经济发展的形式、特点及未来发展趋势，依据各地区的实际状况采取灵活的、多样化的发展战略，对于城市的人口规模、产业结构和内部功能区进行科学规划，建立促进知识经济发展的运行机制。

面向知识经济时代，我国城市化发展的具体构想如下：

(1) 在一些经济实力雄厚，科研单位、高等学校云集以及企业科研力量强的城市，如北京，上海、南京、广州、大连和天津等城市，应大力发展以信息技术产业为主的高新技术产业，同时大力发展金融、信息、咨询服务等第三产业，把一些传统产业，尤其是有污染、高耗能的第二产业向外转移，大力进行环境污染治理，改善交通条件，提高居民生活质量。在城市规模上，不宜笼统地严格控制人口，而应积极大量吸收从事高新技术产业的知识技术的创新型人才，对于从事低级产业的人员则应严格控制。在城市内部结构方面宜进行科学的规划，把商业区、科学城、文化教区及工业区合现地进行功能分区规划，促使产、学、研很好地结合起来，加快知识经济的创新、转化和生产，提高知识经济的比重。

(2) 在省会及有国家级高新技术工业园所在地的城市，要积极培育科技教育，在努力发展工业经济提高经济实力的同时，也要注重环境保护和已有的污染治理，实现可持续发展，要利用高新技术对传统工业的改造，提高技术含量与附加值，积极引进和培养各种人才，有重点地发展知识经济，为日后知识经济的全面发展打好基础。

(3) 在东部沿海地区条件优越的小城市及经济发达的乡村地区，可通过便捷的交通、通信、地理位置等条件，与沿海大城市共享智力资源，发展知识经济。同时大力发展第二产业、第三产业，实现乡村工业化，但要防止污染工业的上马，重点在于保护好环境，为进一步发展知识经济做好准备。

(4) 在内地的中小城市及镇，应以发展吸收大城市及沿海地区转移来的第二产业为主，以提高当地的工业基础和经济实力，吸收农村剩余劳动为。缓冲农村剩余劳动力对大城市的压力，充分发挥其增长极的作用。同时，大力发展科技教育，促进人才培养和引进，改善交通通信等基础设施条件，加强环境保护，为日后发展知识经济创造条件。在少数科教实力雄厚的大城市，如西安、成都等可以在当前积极地以知识经济发展为重点。

总之，在知识经济到来之际，我国的城市化发展道路不宜采取过去仅以人口规模为指标的发展方针来指导城市的发展，而且要适应知识经济发展的要求，参照各个城市自身的条件，采取多样化的道路，才能适合时代的要求，促进我国的城市化及整个国民经济的迅速发展。

# 论知识经济与区域市场*

区域经济发展依靠区域市场的不断完善。在知识经济条件下，区域发展的一个非常重要的组成部分便是建设一个统一、开放、竞争和有序的市场体系。市场是联系企业、政府和消费者的中介，其完善程度直接制约着市场机制作用的发挥。我们追求的最终市场目标应是商品跨行业、跨区域、跨国界自由流通、开放的大系统。从计划体制下解放出来的，有着明确产权界定和独立的经济利益的企业成为市场的主体，政府成为市场竞争的“裁判”，并为此制定一整套严密的竞争规则，在遵循此规则的前提下，在统一开放的市场体系中形成的价格信号引导企业去追求自身独立的经济利益。由于我国地域辽阔，自然条件千差万别，各地的经济发展水平、市场发育程度、人们的商品经济意识等存在着较大的差别，因此在我国一步到位建立统一完善的国内市场体系是很不现实的，而必须先发展各地的区域市场，在区域市场发育完善的情况下培育统一完善的国内市场。

## 一、知识经济对新型区际关系的影响

### (一) 知识经济对深化区域分工的影响

区域分工的基础是区域资源的组合特征及比较优势资源的存在。在知识经济的条件下，知识通过信息及控制技术能有效地改造一个地区的资源组合特征，强化其优势资源的地位，从而实现区域分工的深化，促进区域经济的发展。以下具体分析无形的知识生产要素与各种有形的生产要素，如自然资源、资本及人力资本的结合，在促进区域分工深化方面的作用。

1. 知识与自然资源的结合，促进区域分工的深化

自然资源是区域经济发展的基础，自然资源的作用程度和水平决定了知识和技术发展的水平。一般而言，知识和技术水平越高，区域自然资源利用程度越高，自然资源利用的

* 本文选自张敦富:《知识经济与区域经济》，中国轻工业出版社 2000 年版，第 202~219 页。参与者：刘勇、方孝成。

多样性也越大，从而可以为区域分工开拓越来越宽阔的领域。

在知识经济时代，由于强调人类的个性化和多样化，任何一种产品都不可能是大批量生产的，为满足人们的需求，必须提供大量的同一产品多样化和个性化的不同品种，这样看起来，这种产品对物质材料的要求（特别是质上的）并不低。而且，由于需求品种的多样化的出现，将为区域分工的深化提供更坚实的基础。目前是“一乡一品”，今后可能是“一乡一样式”，多个乡生产一个品种的各种样式，从而进一步促进区域专业化和分工的发展。

知识经济促进了自然资源利用的多样化，使自然资源优势地区的经济结构不断升级，并扩张着区域分工的领域。例如，煤炭产地开始时对外输出的仅是煤炭，随着技术进步，煤炭产地可将煤炭就地转化为各种煤化工产品和电力输往外地，从而实现区域经济的结构升级，同时也使产煤地区区域分工深化为煤化工基地和电力生产基地。又如，美国的中西部平原是美国的粮仓，是世界著名的玉米带，但该地区很少直接出口玉米，出口产品主要是肉、禽、蛋、奶等由玉米转化而来的畜产品，极大地提高了玉米的附加值，促进了区域结构的升级，深化了区域分工的范围，使玉米带进一步区域专业化为肉牛、奶牛、肉禽、禽蛋等不同畜产品的产地。

2. 知识经济与资本结合，促进区域分工的深化

资本是技术和知识的重要载体之一，技术和知识在资本上的体现分为三个阶段，即机械化、电气化和自动控制化。当资本进入全面的自动控制化阶段后，信息及知识的力量就会得到充分而直接的反映，成为知识经济改造传统产业的重要标志。

资本（主要指物质资本）的不断自动化、智能化，使生产中更多的工序变得轻松，减少了人们的体力劳动，大量的劳动力的节省，为实现经济发展和开拓第三产业提供了条件。一般而言，资本越发达，智能化水平越高，区域分工的可能性就越细，区域经济效益也就越高，第三产业也就越发达。

老工业地区的改造最能体现资本的自动控制化、智能化对区域经济发展的影响。传统的老工业基地一旦用先进的智能化装备获得改造，就能很快地焕发出勃勃的生机，产品获得升级换代，第三产业兴旺发达，区域经济结构得到提升，区域分工得到进一步细化和巩固。

3. 知识经济与人力资本结合，促进区域分工的深化

人是知识经济的创造者，反过来，知识经济又不断塑造一代又一代素质越来越高的劳动者。随着知识经济的到来，脑力劳动代替体力劳动成为经济发展的重要动力。而脑力劳动的多样性及深刻性都是体力劳动所无法比拟的。脑力劳动的分工将使人类劳动分工进入一个新阶段。人类更加美好的各种想法，将会由于脑力劳动更加深化的分工而获得越来越丰硕的成果，知识与发明会以更快的加速度发展。可以想象一个只有5%的人口从事体力劳动，95%的人口从事脑力劳动的新型知识经济的社会将会以怎样的日新月异的速度向前突飞猛进地发展。

### （二）知识经济在区域经济一体化方面的作用

知识经济是网络经济。信息的获得、处理及传播是知识经济的核心，高度发达的信息技术使全球经济一体化：区域市场的发展更加完善，任何区域都不可能是封闭的。区域间的开放程度空前扩大，区域间生产要素及产品的流动限制性障碍越来越低了，网络使全球各地人们“天涯若比邻”。

区域分工的目的在于专业化高效率的生产，然而要实现这种高效率的生产，必须有广阔的市场空间。因此，区域分工的深化，相应地要求空间市场范围不断扩张，加速经济空间一体化的进程。目前，全球化的发展势头日益强劲，充分体现了知识经济在促进空间市场一体化中的重要作用。具体来说，知识经济在空间市场一体化方面的作用体现在：

1. 知识经济将彻底改变经济活动对区域条件的依赖，为各区域经济创造相对平等的发展条件

知识经济以其便捷的、无所不在的信息网络，拉平了各区域的区位条件，能在一定程度上一视同仁地促进所有地区的发展。美国知识经济的起源地——硅谷——并不具有什么特别的区域优势条件，因为知识经济对客观自然环境的要求并不高，只需要相对安静的环境和一群具有创新精神的年轻人。另外，知识经济形态的特征之一就是以创造力为经济发展的主要动力之一。它对资本的依赖很小，因此知识型产业投入相对较小。发展知识型产业受环境条件限制较小，这种产业具有普遍性，因此，无论是发达地区还是落后地区都可在同一起跑线上开展竞争，在同一个网络环境条件下，缩小各区域间发展的距离。

2. 知识经济的到来，将给落后地区加速发展并赶上发达地区提供难得的机遇

知识经济以前的经济形态都比较过分地依赖于某种有形的生产要素，如土地、资本、劳动力等，由于这些有形的生产要素区域差距较大，且难以改变，因此经济发展区域差距就成为不可避免的经济现象。但在知识经济时代，最重要的生产要素是以数字化信息为基础的无形的知识。知识经济彻底摆脱了有形生产要素的限制，落后地区同样可以凭借其与世界相连的网络与世界其他地区同步了解世界的动态，在知识领域与发达地区竞争，并以其后发优势跨越若干发展阶段，直接进入知识经济时代，从而大大缩小与发达区域的发展距离。

3. 老工业基地在知识经济时代将彻底获得新生并从根本上走出困境

知识经济带给老工业基地的将是彻底自动化、智能化的设备改造，传统的工业生产工艺将具有自我调控适应多样化个性需求的柔性能力，工业生产再也不是大批量生产单一产品的刚性模式。在全面的计算机控制下，任何有形产品的任何一个部分和零件都可实现在线的自我调整并按人们需要做任意修改。工艺设备本身也不会成为实现这种修改的障碍。由于工业生产工艺的高度智能化和工艺的高度细化，工业生产将不必集中于一定的地区形成工业区，也就是说工业基地将可能逐步消失，代之以高度分散的工业生产点，以适应知识经济时代个性化、多样化的要求。

## 二、知识经济条件下的区域市场

区域市场是区域经济发展到一定程度后，产生于区域之间的统一市场。地域分工是区域市场产生的前提和基础。在进入知识经济的过程中，由于地域分工发生了根本的变化，区域市场必然会发生质的变化，由狭小变为宽广，由个别发展到普遍，成为联系各区域的纽带和桥梁。

### （一）区域市场的界定

要严格地界定区域市场的内涵与外延并不是一件简单的事情，目前学术界存在着较多的争论。但首先应必须明确的是，区域市场是一个与国内统一市场相对应的概念，是形成国内统一市场的一个中间过程，任何一个国家在其发展市场经济的过程中，均不可能一蹴而就地建成全国统一的国内市场，因为国内各个组成部分的自然条件、人文环境、经济发展状况都是有差别的，必须根据这些条件的相对同质性发展区域市场，通过区域市场的完善来培育国内统一市场。其次应明确的是每一个发育比较完善的区域市场均是一个相对完整与独立的市场体系，根据本区域的特色而确立的比较优势可以说是各个区域市场相互区别的根本标志。各个区域由于自然、人文、经济条件的不同，在一个国家乃至全球的商品经济的发展过程中和产业结构的构建中均可以找到自己独特的位置。建立区域市场的目标便是充分利用区域内外的资源，发挥本区域的比较优势，最终实现各区域间的协调发展。在区域市场的完善与区域经济发展过程中，各区域的中心城市居于核心地位。最后应明确区域市场与地方市场是两个不同的概念。区域市场的形成、发展、完善受经济规律的支配，而与地方保护主义相联系的地方市场则与其相反，是人为的行政干预的结果，各行政单元为了维护本地区的局部利益，采取与中央政府相违背的地方保护政策，违反经济规律，人为地限制本地区与其他地区的商品与生产要素的流通，实行地区封锁。随着各行业竞争的加剧及大量的投资所导致的生产能力的过剩，市场目前已由卖方转向买方，形成于20世纪80年代末期的地区封锁与地方保护主义目前有愈演愈烈之势，这已严重影响了全国统一市场的形成。区域市场是在区域分工的基础之上遵循经济规律逐渐形成并发展起来的，而非行政干预和人为控制所能主导的。一般来说，区域市场通常包括若干个省级行政单元，它所涉及的经济区也都是一级经济区，只有在一级经济区内才能形成相对全面的区域分工。另外，人们基于常识的一种认识上的偏差，即市场仅包括商品交换场所，事实上还包括生产要素、劳务、证券交易场所，不仅指有形的交易地点，还包括供需关系与买卖关系。基于上述分析，我们可以对区域市场作出如下界定：所谓区域市场是指建立在区域分工基础上的，以一定的区域单元和行政单元为依托，以区域的中心城市为核心，充分利用区内资源，发挥地区优势，发展区域间生产和流通协作，促进生产和技术进步，实现区域经济协调发展为目标的市场空间组织形式。任何事物都处在永恒的运动之中，从长期变化趋势来考察，区域市场的边界也是处于动态的变化之中的。但在一定时期内却是固定的，因为社会劳动地域分工格局在一定时期内不发生根本性变化，通过识别劳动地域分工可明确区域市场的具体边界。

如果我们对区域市场的内涵做进一步的考察，我们会发现，区域市场具有经济性、区域性、综合性、互补性四大特征。①经济性是指区域市场的形成由经济因素决定，受经济规律支配，自然、行政、法律等因素不能直接创造区域市场，而只能通过影响、规范与管理交易行为和交易关系而间接作用于区域市场。②区域性是指区域市场是一定空间范围的市场，其发育过程不同于自发形成的小范围市场，也不同于地方市场与全国统一市场，区域市场的发育与成长和区域经济发展密切相关，每个区域市场发育的具体步骤带有区域色彩。③综合性既指区域内交易行为与交易关系的综合性，又指区域范围识别的综合性，一级综合经济区以外任何形式的区域都具有功能单一或分工体系不全的缺陷，不能作为识别区域市场要素的综合性。区域市场活动主体、调控主体、中介组织、物质基础、规则等是相互依存的，必须综合协调地完善这些要素，否则，任何一项要素的缺陷都会阻滞区域市场的发育。④互补性是指区域市场经济活动主体在分工基础上形成相互依赖与合作关系，在平等市场、等价交换的基础上彼此相互依存。区域市场是各种经济活动主体相互依存的中介活动，分工越发达，区域内的相互依赖程度就越深。

### （二）区域市场形成的基础

一般而言，区域市场的形成需要以下三方面相辅相成的条件：

(1) 劳动地域分工是区域市场形成的先决条件。只有实现劳动地域分工，才可能产生地域间交换，只有产生地域间交换需求，才有可能产生区域市场。

分工是由人类的交换倾向引起的。区域分工一方面促进专业化地域不断出现与发展，另一方面致使各地域相互依赖程度加深。地域间相互依赖关系通过交换来体现，而交换必须通过市场来进行，正是劳动地域分工及其所带来的经济利益增长促使区域市场应运而生，没有劳动地域分工，就不可能产生区域交换，也就不可能促使区域市场的发育。

同时，区域市场完善与否又直接影响到区域分工程度。如果区域市场不完善，则区域内各地区不能通过交换顺利实现其优势产品的价值，这意味着各地区无法获得购买其不能生产或生产缺乏比较优势但又是必需的产品，交换关系中断会割断地区间经济联系，使劳动地域分工不可能进行下去。可见区域分工要受区域市场发育程度的限制。

总之，劳动地域分工完善是区域市场发育的决定性基础，而区域市场发育又会推动区域分工，包括区内分工与区际分工的深化；区内分工越发达，区域市场就越完善，从而推动区域分工，促进区际市场的不断完善，全国区域市场连接成网，最终形成有序的全国统一市场。

(2) 区域开放是区域市场发育的重要基础条件，即使劳动地域分工格局已经形成，区域封锁也会妨碍劳动地域分工，因而将限制区域市场发育。

一般而言，国内贸易不会存在关税与政治壁垒，但在开放程度不高的国家，区域内各地区域间往往存在许多经济、行政、法律等交易障碍。区域封锁产生的原因不尽相同，但它们都是不开放的表现，都会损害区域市场的发育。区域开放既要求打破封闭状态，又要求消除封锁。

区域开放包括区内开放与区际开放。区内开放指区内各地域单元间打破封闭状况与消除封锁，其表现是区内各级行政区间的生产要素、商品、信息等自由流动以及价格、投资、金融、财政等政策统一，但不一定要求区域间生产要素的完全流动与政策的完全统一（这并不意味着区域封锁，区域间生产要素不完全流动与政策不统一可能是由于区际联系基础缺乏，区域间距离过长、时间差异过大等）。只有在生产要素、商品、信息等在区内能完全自由流动且价格政策统一之后，才可能产生普遍的交易关系并形成交易场所，从而形成区域市场。区际开放是全国各区域间相互开放，贸易障碍完全不存在，其主要表现是全国各区域间生产要素、商品等自由活动以及市场机制普遍发生作用。区际开放是全国统一市场形成的前提，也是区域市场不断完善的保证。即使区内普遍开放，区际开放程度始终不高也会扭曲区域分工与交易，从而阻碍区域市场第二步发育。为此区域市场发育既要求区内开放，也要求区际开放，在区域市场发育初期，区际开放主要是防止区域形成封闭体系。

（3）经济体制完善是区域市场发育的体制保证。市场经济体制从目标确立到体制完善需要一个过程，要做许多工作，比如规范各种经济活动主体以及各级政府行为，健全各种市场规则与政策法规、建设市场联系的基础设施、树立竞争、合作、开放的市场意识与观念等，而这些也正是区域市场完善所必须具备的。即使体制目标已经明确，若不尽快完善体制，也会妨碍区域市场发育。例如，在企业与政府行为不规范的情况下，企业运行受到非经济因素尤其是行政因素的干扰，地方政府会以地方利益作为行为准则，这样，地区封锁将不可避免。市场规则不健全，交通服务设施短缺，市场意识不强同样会招致封闭或封锁，从而阻碍区域市场发育。同时区域市场发育又是市场经济体制完善的重要内容与标志之一。区域市场的发育会进一步推动全国统一市场的形成，促进经济体制完善，而经济体制完善又会为区域市场完善提供宽松的环境与保证，两者相辅相成，共同促进。

以上诸方面是相互依存、相互促进的，任何一方面的缺陷都会妨碍区域市场的发育与完善。

### （三）区域市场的功能与区域经济调控

区域市场的基本功能是在区域经济发展过程中对资源配置起基础性调节作用，完善的区域市场能引导企业做出正确的区位决策。促使区域内生产要素在空间上合理组合，能促进区域内与区域间分工不断深化，开放程度不断提高，能加强区域内与区域间的相互依存关系与横向经济联系，活跃区域内外的经济竞争与合作，能加快全国统一市场形成的进程。此外，完善的区域市场还能对深化体制改革起积极的推动作用。但应注意，区域市场客观上不是万能的，它存在着一定的功能缺陷。区域市场功能缺陷包括区域市场缺陷与区域市场失灵。

区域市场缺陷指区域市场本身发展到一定程度后必然带来的问题或表现出的不足，主要包括：

（1）区域市场存在着反应滞后与不确定性，市场信号总是出现在供求关系之后，而且不可能会真。市场价格信号滞后常常给长期经济行为带来困难，从而引发区域经济结构失衡乃至区域经济关系紊乱。市场信号不全与不确定会增大企业对风险的估计。在企业对某一项目风险估计过高时，尽管该项目具有相当大的潜在利益且对社会有利，企业也不会迅速作出投资决策。

（2）区域市场缺乏反映区域长期动态发展的能力，其调节具有短期性。区域产业发展存在一定的周期性，处在创新期的产业一般生产成本较高，生产率低，若不采取特殊政策对其加以保护而任凭市场自由调节，就有可能抑制其发展，因而限制了区域技术创新，使区域产业结构不能适时调整，区域经济失去了长期持续发展的后劲。

（3）区域生产的分工、集中与联合有可能形成垄断。完全的市场调节不仅不能自动消除垄断，反而会使垄断盛行，因为市场垄断可获取超额利润。区域垄断会损害消费者利益，或使企业丧失技术革新与发展生产的积极性。绝对的垄断有可能造成区域内垄断者欺行霸市、扰乱市场秩序。

（4）区域市场本身难免黑市、灰市的流行以及诸如权钱交易、偷税漏税、走私、地方与中央政府讨价还价等“寻租”行为。市场活动的根本目的是获利，因此，市场机制本身不但不能限制反而在规则与制度不健全的情况下会助长不合理的获利行为。

区域市场失灵是指区域市场对某些问题鞭长莫及。其一是不能反映区域经济活动的社会成本与收益。某些非竞争性的区域经济活动，如区域基础设施建设，其规模经济要求大，外部效果明显，个别成本与收益和社会成本与收益相差很大，区域市场反映不出这种差异；有些资源利用量大或对环境影响较大的经济活动的社会成本与收益也不可能通过区域市场直接反映，如在流域内的林业部门的直接收益（个别收益）是林业收入，但其间接收益是涵养水源、改善环境、河运与灌溉等多方面的收益。这些收益若得不到反映，则会影响林业生产积极性。其二是不能保证社会总供给与总需求的平衡。区域市场经济活动主体众多，每个主体的投入与产出都通过区域市场调节。但不能保证区域社会供求关系自动平衡。其三是不能自动消除区域经济发展差距与保证充分就业等区域社会目标。在区际经济差距较大的国家，纯市场机制作用的结果往往是落后地区陷入“贫困恶性循环”，文化水平低，缺乏专业生产技能的人沦为失业者。这种现象与整个国民经济协调发展和人民文化、生活水平普遍提高的要求背道而驰，会妨碍全国统一市场的形成。

可见，区域市场在调节区域经济发展时存在一定的局限，而且这种局限不仅会引起许多问题，而且会影响甚至破坏区域市场本身的发育。因此，必须设法弥补区域市场的缺陷与不足。一般认为，必须将市场与计划结合起来。就区域经济运行而言，也就是要在发挥区域市场基础性调节作用的同时加强区域经济调控。区域经济调控的主要直接作用是纠正区域市场缺陷与弥补区域市场失灵，它与区域市场是保证区域经济合理运行的两个不可或缺的机制。

值得注意的是，区域市场与区域经济调控的不同性质和不同作用范围。区域市场调节是以区域价格为机制，以获取个别经济利益为动力的一种自动的、直接作用于区域经济运行的调节，它局限于经济领域。区域经济调控是各级政府职能的一部分，它是在认识区域经济与区域市场调节运行规律的基础上以区域规划、区域经济政策、行政规定、法律等为手段，以区域经济持续协调发展为目的的一种主动自觉的间接作用于区域经济运行的调节，它的作用领域不严格局限于经济领域，有可能是社会、国际政治等领域。区域经济调控的主体是各级政府部门。明确界定与规范各级政府的调控权限与职责是合理调控区域经济的首要前提。

政府调控区域经济的职能主要体现在区域市场难起作用的领域，概括而言有两个方面：一是纠正区域市场缺陷，包括规范市场行为规则、提供市场信息、监督市场活动、预防与打击投机、垄断与寻租活动等；二是弥补市场失灵，主要包括组织与制定区域经济规划与政策，协调区际关系与供求平衡，防止区域经济大幅度波动，组织基础设施与外部经济的部门建设，保护区域自然资源与生态环境等。为保证各级政府有效地履行其职能，必须处理好中央与地方各级政府的事权与财权划分、各级政府与企业的关系以及地区之间的竞争与合作关系，并以立法形式加以确立。

目前，妨碍我国区域市场发育的因素还较多。由于区域市场发育的核心动力是经济利益，为此，明确获利机制与规则应是我国区域市场发育的基本着眼点，是我国经济体制改革的关键点。完善区域市场的对策框架概括来说是以明确获利机制与规则为中心，不断完善区域市场形成的基础，在充分发挥区域市场基础性调节作用的同时加强区域经济调控，逐步形成适应市场经济要求的区域经济运行体系。

## （四）知识经济条件下，我国培育区域市场的对策

目前在我国培育区域市场尚面临着如下难题：

1. 市场分割与地区封锁是制约区域市场发育的体制性障碍

近年来，由于放权让利改革不完善、不彻底，致使地方政府的权利“无约束”地膨胀，加之宏观调控体系不健全，使地方政府的市场分割行为和地方保护主义倾向得以滋生和蔓延，构成了我国区域市场发育进程上的最大障碍。

市场分割与区域开放原则、区域等价交换原则严重背离，人为地肢解了统一市场的形成，干扰了健全市场体系的正常进程，严重扭曲了本已形成或即将形成的商品经济的内在关系。可以说，区域市场与区域分割是一对矛盾体，开拓区域市场就是对市场分割的否定；反过来，只有冲破市场分割，才能开拓与发育区域市场。

2. 区域产业结构趋同所导致的区域分工淡化是区域市场发育的动力性障碍

区域分工是区域市场产生和发展的原动力。然而，自20世纪80年代以来，区域产业结构趋同的趋势不断加强，不仅东、中、西三大地带的产业结构具有高度的一致性，而且绝大多数省、自治区和直辖市均已建立起门类齐全、产业相同、结构重复、规模相似的生产体系，甚至原本差别较大的城乡产业结构也出现了某种程度的一致性。区域产业结构趋同使本已深化了的区域分工得以回归和淡化，丧失了应有的分工效益、合作效益和规模效益，更严重的是使区域市场的发育失去了原动力。

3. 过度倾斜的区域经济政策是区域市场发育的政策性障碍

20世纪80年代我们在区域政策上采取了过渡向沿海倾斜的方针，虽然加速了沿海地区经济发展，但也破坏了市场公平竞争和机会均等的原则，致使区域间同等努力得不到同等的收益，造成了区域间不合理的贸易格局，导致了沿海率先改革开放地区的商品大规模冲击其他地区市场，严重抑制了区域市场的发育。

4. 认识上的模糊是区域市场发育的思想性障碍

关于区域市场，目前有两种模糊认识：一是认为我国的市场已是统一市场，因此不必再发育区域市场；二是认为建立区域市场必然会伴随着地区商品封锁和垄断的产生，激化区域之间的矛盾和贸易摩擦，破坏社会主义统一市场的形成。这两种认识都没有真正弄清区域市场和社会主义统一市场的内涵。社会主义统一市场应是全国范围内的商品实现过程，没有人为的限制，商品流通畅行无阻，至少从制度上讲，不存在地区或部门的封锁和分割。通常所说的统一市场是指行政性统一市场，而真正的经济性统一市场在我国还未形成。统一市场不能脱离不同形式的区域市场而存在，区域市场是统一市场的区域化形式。区域市场的开放性不仅是对外的，同时是对内的，其最终归宿是形成一种区际与区内有序的经济运行机制。因此，区域市场不仅不会产生地区封锁和分割，而且会促进区域分工的深化和区域经济联系的扩展，抑制结构趋同。认为社会主义只有统一市场，忽视甚至否认区域市场的存在和发展，其结果造成了宏观经济发展中的诸多不合理现象。事实上，地区封锁和市场分割的深层原因恰恰就在于区域市场发育不良。

针对以上问题，在发育区域市场时可以从下几个方面入手：

第一，消除区域市场发育的体制性障碍，从体制上保证区域市场的建立和发育。这包括两方面内容：一是推进经济要素配置主体由政府向企业的转移，将政府对各种经济资源的直接行政干预限制在最必要的范围内，从而改善企业间借助市场发生横向联系的条件，减少国内市场产生地方割据的可能性，为建立区域间较合理的经济流向奠定基础；二是尽快划分中央与地方的经济事务，建立中央政府对地方政府的行为约束机制和调控体系，消除地方政府行为的无约束状态。

第二，制定统一的、平等的区域经济政策，以保证区域间比较利益的实现。区域经济政策应该是覆盖所有区域的，不应是以个别或一部分地区为导向的。同样，区域经济政策应是公平合理的，过度倾斜的区域经济政策不利于区域间等价交换，最终只能导致区域利益关系的扭曲和区域市场的破坏。

第三，改革不合理的价格体系，是实现区域间等价交换的基本前提。在现行价格体系中，能源、原材料和初级产品等价格偏低，而加工工业制成品的价格偏高。这种不合理的价格体系造成资源省区与加工省区之间的不等价交换和严重的利益关系扭曲，导致区域产业结构趋同化和区域之间相互封锁原料，分割市场，严重影响区域市场的形成和发育。因此，加强和深化价格体系改革，就成为建立和发育区域市场的当务之急。

第四，调整区域产业结构和区域分工体系，促进区域联合。逐步矫正区域经济建设中自成体系的思想，努力调整区域产业结构，消除区域产业结构趋同现象，提高区域生产专业化和区域分工的水平，促进区际间经济交流和交换的发展的同时，以中心城市为依托组建各种联合产销集团、批发企业集团、专业或综合批发交易市场、联合投资公司和各类代理、中介服务组织，以促进区域间商品流通和区域市场发育。

第五，加强交通运输、邮电通信等市场基础设施建设，以促进生产要素的自由流动和市场的充分发育。长期以来，我国交通运输和邮电通信建设的发展严重滞后于工农业生产的发展，沟通区域间经济联系的主要交通干线处于超负荷运转状态，邮电通信联系也不顺畅。这种状况降低了区域商品交换的频率，增加了区域间经济联系的信息成本，对区域市场的扩大和全国统一市场的形成构成很大障碍。因此，加强交通运输和邮电通信的建设，就成为促进我国区际市场形成和发育的必要措施和前提条件。

第六，建立区域经济协调的组织和市场监察仲裁组织，从组织上保证区域市场运行的有序化。区域经济协调组织必须由区域市场所覆盖的所有地区参加，其任务是研究和确立区域市场的目标模式、组织原则和运行方向，制定市场规则和价格、税收、贸易政策，协调区域间利益，市场监察仲裁组织必须由中央政府派出或由有关地区共同参与，其主要任务是根据区域市场的原则和政策对市场运行和利益主体的行为进行监督、协调，以保护各地区的合法权益和保证市场的正常运行。

## 三、知识经济时代区域市场发展的前景

知识经济时代的到来，要求我们对区域市场重新进行一番审视。

首先，随着知识经济时代的到来，业已存在的经济全球化和区域集团化趋势将大大加强，力求融入国际经济主流并谋求在其中发挥举足轻重的作用的中国不得不大力推进区域市场的健全和全国统一市场完善的进程。

分工的完善、生产率的提高，以及地理上的大发现，使得国际贸易在16世纪有了突飞猛进的发展。严格来说，自那以后，随着资本主义生产方式的日趋发展与成熟，随着从封建桎梏中解放出来的生产力极大提高，国际贸易迅猛发展，世界经济一体化就已迈出了步伐，只是在20世纪之前的二三百年的时间里，这种进程缓慢。进入20世纪之后，由于

人类智慧累积的递增效应而导致的生产力呈几何级的提高，这种趋势大大强化了。第二次世界大战后，相对稳定的国际环境为国际化提供了难得的机遇。同时，以电子为基本特征的新一轮科技革命对人类社会生产模式、生存意识、文化观念等诸多方面进行了一次全面的更新。信息，这一知识经济的基本要素，在获得了其得以广泛传播和联络的物质基础之后，其在人类生活中所扮演的角色得到了浓墨重彩式的强化，同时也为经济全球一体化提供了最坚实的物质基础。当今，任何一位具有长远战略眼光的企业家，都会在广泛搜集国际信息的基础上，制定其全球范围的经营战略，这是知识经济时代对高层企业管理人员的必然要求。作为对经济全球化的一种具体体现，区域经济集团化获得了长足的发展。当今的世界，从经济角度而言，可以说是亚太、北美、欧盟三分天下。中国，作为东亚地区的经济大国，在东亚地区发展模式中扮演着重要的作用。为了顺应国际经济一体化这一知识经济时代不可抗拒的历史潮流，中国应大力加强区域市场和全国统一市场的建设，这是时代的要求。最基本的一点，是从完善信息系统入手，为区域市场的完善和全国统一市场的健全提供基本的基础，通过网络和信息高速公路将全国各主要市场联系起来，并与国际接轨，这样，通过信息的全国联网并与国际接轨，可以使生产者、消费者更能作出理智的、符合经济规律的决策，有利于经济规律发挥作用，有利于中央部门进行宏观调控。由于有充分的商业信息以供资源配置优化之用，资源的利用效率无疑会大大地提高。以此相伴，区域市场也将会更加完善，全国统一市场的步伐也会大大加快。

其次，知识经济时代的到来，打破了传统的以自然资源和人力资源优势为基础的传统的分工格局，使分工格局建立在知识这一无形的软的要素的比较优势之上，从而从根本上改变了传统意义上的区域市场形成的基础。区域市场面临着重大的调整和重新组合。

前面已论及，分工是区域市场得以形成和发展的基本条件，分工产生了相互需求，当这种相互需求得以系统化，在一个区域范围内得到完善的时候，区域市场便产生了。各个区域市场的形成都要最大化地发挥本区域的比较优势，但传统上，这种比较优势多为自然资源禀赋方面的，无论是东部、中部、西部三大经济带都莫不如此。但随着知识经济时代的到来，这些传统的形成基础将失去意义。知识，是人类在认识自然、改造自然、认识自身、改造自身的过程中的经验总结和智慧结晶，作为用于交换的人类产品，商品中都凝结了一定的人类智慧，可以说，任何一种商品莫不是人类在某一领域的知识的体现，但是，体现在商品中的知识都被商品的价值和使用价值所掩盖了，通常而言，一般的消费者关注的只是商品的价格及其实际的用途，而对于其科学原理包含在其中的人类知识则多不加以思考，这只是工程师、大学教授以及企业的 R&D 人员所关心的。虽然如此，纵览人类历史长河我们可以发现，人类社会生产的每一次进步，都使得其劳动产品中所包含的人类知识有了进一步的提高。知识作为经济的核心组成部分和精髓之所在，随着网络时代的到来，呈现出明显的与商品相分离的趋势，借助于网络这一现代化的大众传播媒介，知识与信息相结合，取得了自己独特的存在方式，从而极大地推动了人类文明的进程。知识经济时代的到来，标志着人类已经基本结束了为满足最基本的物质欲望而进行生产的时代，人类的消费将从物质消费的低级领域转入精神消费的高级领域。伴随着这一转换，人类社会的生产结构将发生根本性的变化。高度知识化的服务性行业将取代传统的工业部门而成为社会经济结构的主体，由于人类生产技术的高度发达，我们可以用仅为以前 1/10 乃至百分之一的能源、原材料、人力来生产出我们日常所需的物质产品。而用更多的资源来满足人类的娱乐和精神需求，在这方面的对应消费资源中，传统的自然资源的重要性将大大下降，而知识技术因素将成为决定性因素。不久的将来，知识技术也必将扩展成为一个多元性的范畴，在其中，不同的区域、地区均可以找到自己的优势，从而形成新的知识型的优势产业，区域市场在这一根本性的变革中将重新分化、组合。对于这方面的问题，尚须做进一步的探索。

# 论知识经济与产业政策和区域政策*

知识经济的产业发展比以往任何时候都更加需要科学的政策指导。除我们经常提及的产业发展和地区发展政策外，知识经济时代，创新是知识经济向前发展的动力，因此，人们将更加重视产业的创新政策。

## 一、企业管理政策

### （一）规模经济的新内涵

“规模经济”理论对工业经济时代的企业生产组织产生了重大的影响。当前，大型企业集团在各行各业中都占据着主要的地位，规模经济所显示出来的“集中出效益”的原则，在许多领域中发挥着重要作用。

在知识经济时代，企业的规模结构出现了多样化的趋势。

最初是从汽车工业开始实行的“泰勒制”，现在也以汽车工业开始被否定和改革。现在的制造行业越来越多地建立起柔性生产线。利用计算机和自动控制设备来控制和调节生产线的生产活动，使得一条生产线上能生产小批量、多品种的产品。事实证明，并不是只有大批量生产单一产品，才是最经济、最合理的。目前日本有的汽车厂可以在一条装配线上装配几十种汽车，可以按照顾客的订货要求做各种各样的调整。在过去的流水线上，每个工人都从事单一的、机械的、重复性的工作，这种情况正在逐渐改变。新型的团体工作制度使每个工人从事的工种、劳动内容可以变换，从而提高了员工的兴趣和追求技术的积极性。

近年来，一些研制高新技术产品的中小型风险企业不断涌现出来，这些小型企业带有浓厚的专业化和现代化的色彩。它们大都从事电子产品和生物技术等领域的开发，虽然承担着失败的风险，但新技术产品研制成功往往带来很大的社会效益和经济效益。由于新兴

---

* 本文选自张敦富：《知识经济与区域经济》，中国轻工业出版社 2000 年版，第 220~238 页。参与者：张志军、郑志强、熊军。

技术市场变化非常迅速，企业规模大就不容易调整和组织，相比之下，小企业灵活性很大，可以随时根据市场需要的变化更新产品、设备、工艺和技术人员。

因此，知识经济时代的规模经济，将是大中小结合的、合理的企业规模结构。一方面，“集中出效益”依然存在，另一方面，“小的是美好的”也被反复证明是确切无误的。

### （二）企业组织形式与管理方式的创新

知识经济条件下的生产将围绕信息和知识展开，企业首先要获取信息技术手段，清楚地知道现实需要，过去按研究—开发—设计—制造—销售的顺序进行新产品开发，现在变成掌握信息—确定商品概念—开发—设计—销售同步进行，从而大大缩短了开发周期，降低了成本并能快速适应市场。

托夫勒认为：当今世界，交易和作业的速度在加快，所有的变化都在瞬间发生，反应不只要“及时”还要“即时”，“速度经济”正在代替“规模经济”。缓慢、顺序、按部就班的工程正在为“同步工程”所取代。

由于市场、科技及消费者的需求都在变动，企业承受着来自各方面的压力，官僚组织的一统性已面临淘汰，一些新的组织形态与管理模式正在形成。

1990 年，美国的米歇尔·汉默率先提出“企业重建”这一全新的企业观念。所谓企业重建，是包括企业商务经营运作过程的基本的重新反思及根本的重新设计，务求企业在公司各关键方面，包括成本、品质、服务及速度方面有极为突出的改善。企业重建的本质是微电子技术基础上的企业再创造。

“企业再造工程”的思想注重将价值观、激励机制、人际关系、行为准则、心理状态等一系列文化气氛进行全面调整甚至根本转变，因而“企业再造工程”是一项系统工程，它是人、技术和组织的重新组合，是社会技术系统的重新设计。其大致内容如下：

（1）人的再造。包括：有主动性和创造性的人，有协作精神和自律的人，技术上的多面手。

（2）技术的再造。包括：模块化和标准化的产品结构，高级与柔性的设备和工装；先进的信息技术，先进的管理技术。

（3）组织的再造。包括：信息流和物流的简化，面向过程的组织结构，并行的工作流程，分布化控制。

成功地实施企业再造，将给企业带来三个层次的变化。首先是企业过程及其运营方式的变化，由信息技术的应用而带来的工作方式上的变化；其次是组织层次的变化，包括组织机构、运行机制和人力资源管理，是为了适应第一层次的变化，又反作用于第一层；最后是企业管理观念层次的变化，包括管理理念、企业文化、价值观念等，是为了适应过程、组织层的变化，反过来促使这些变化更加有效。

### （三）知识经济条件下的企业管理政策

在知识经济时代，企业是否具有创造、传播和使用知识的能力正成为其生存的决定性因素。因此许多公司和组织积极采取对策，加强对知识的管理。

企业对知识的管理政策包含两个层次：①信息管理。在这个框架下的研究者和实践者都受过计算机或信息科学的教育，涉及信息管理系统的构架建设、人工智能、创新工程。②人的管理。在这个框架下的研究者和管理者都受过哲学、心理学、社会学或工商管理的教育，初步涉及评估、变革和改进个人技能的领域。近 10 年来，新的知识管理者大量增加，包括知识办公室的领导、知识工程师、知识产权主任和知识产权控制者。

具体来讲，知识经济条件下的企业管理应该包括以下内容：

（1）人力资源管理。在企业内部信息系统上，列出企业每个职位需要的技能和评价方法，每个职员可以根据自己的情况，利用该系统对自己的能力作出评价，系统会帮你找出合适的职位。

（2）注重结构资本的积累。人力资本转化为结构资本，即企业除了人员外，该组织每年要增添某种东西，结构越来越大，所以企业高级管理人员的作用是将人力资本转化成结构资本，因为人力资本容易消散，而结构资本则可作为筹资成本，使公司增长。

（3）建立知识经理制度。知识经理的主要任务是将企业的知识变成企业的资本，其主要职责为：了解企业的外部环境和企业本身，了解企业的信息需求；建立和造就一个能够促进学习、知识和信息共享的环境，每个人都要认识到知识共享的好处，并为企业的知识库作出贡献；监督保证知识库内容的质量、深度、风格并与企业的发展一致；保证知识库设施的正常运行；加强知识集成，产生新的知识，促进知识共享的过程。

知识经济大力呼唤开放，坚决打破封闭，积极倡导合作，开展合理竞争；淡化等级制度，推行网络结构；尊重人的主体地位和人对技术自主选择的权利。未来社会将在经济领域发扬现代人文精神，这为知识经济的萌生准备了肥沃的土壤，造就了必需而又适宜的环境条件。

## 二、产业创新政策对区域发展的作用

产业创新政策是知识经济时代政府政策的中心，无论是产业发展政策还是地区发展政策，都是以创新作为其发展动力的。

创新是一个在制度、组织和文化背景下进行的活动。市场又很难使创新活动处于社会需求的、最优的水平，所以，今天各工业国莫不采取各种政策以推动本国的工业创新。此外，虽然西方许多国家都是市场经济国家，但市场在各国的作用并不相同，创新政策也很不相同，这造成了各国创新速率的不同。这说明，国家在推动创新上是大有作为的。

在步入知识经济社会之后，知识对整个经济发展的贡献度已上升到一个至关重要的地位，而创新又是与知识的产生、知识专业化为生产力发展紧密联系在一起的。同时，不同发展阶段、不同体制的国家对创新的激励是不一样的。如何根据本国的实际情况，制定合适的创新政策，促进创新的规模产生，是一个国家在知识经济社会生存并得以发展的必要条件。

## （一）创新政策

创新政策，是指科技政策和产业政策协调的结合，它是一个整合的概念。由于创新涉及从发明到商业化的技术、设计、生产、管理和销售各个环节，所以政府能够影响创新的手段是相当多的。不仅如此，创新在很大程度上是一个内生的经济概念，政府的许多行为都会对创新施加影响。

创新政策在西方的出现，有着一定的现实背景。长期以来，美国政府信奉自由主义的政策，很少制定什么正式的创新政策，只让市场来确定企业应该从事何种创新活动，应该投入多少资本、人力用于创新。日本则与此相反，日本政府高度介入一些企业的创新活动，其创新政策对日本经济的腾飞起着重要作用，日本现在在许多技术领域超过美国，显然与其创新政策的作用有关。正因如此，应不应该有创新政策，应该有什么样的创新政策，成为政府官员、学术界和企业家关注、讨论的热点。

关于创新政策的必要性，关键在于创新是有收益非独占性，隐含在新产品中的信息具有公共商品的性质。创新又具有较大的风险，创新活动比一般经济活动更需要资金，具有更大、更持久的社会收益，此外，市场在激励创新方面的自组织行为并不能使创新活动处于社会最优状态。

各国实践证明，政府在创新活动中最能发挥作用的领域有：

（1）基础研究。大多数基础研究是没有直接收益的，但它们却是大多数创新得以产生的基础。在市场经济制度下，企业一般不会去做没有直接经济收益的基础研究，这就需要超越企业局部利益的政府承担起组织、资助基础研究的责任。有些国家的政府实验室便是为此目的而建立。

（2）基础设施。技术创新活动依赖于许多公共设施，如通信、交通和标准化等。由于这些设施具有公共商品的性质，因而有赖于政府的投资、建设。

（3）社会收益大的创新。有一些领域的创新，如电子技术、能源、运输等产业的创新，其社会收益远大于个人收益，政府应促进这些领域的创新活动。

（4）避免创新的重复性。纯粹市场机制有时会在某些领域造成过度的重复投资，政府可采取一定措施加以防止。

（5）增强国际竞争力。如某些国家采取了某项创新政策，则其他没有创新政策的国家便会处于劣势。

（6）创新的扩散。扩散有益于全社会，只有通过扩散，社会才能最大限度地获取创新收益。但因多种原因，自然扩散速度相当慢，政府可以以某种方式加快扩散速度。

（7）合作研究。高新技术的投资需求大、风险大，企业往往不敢独担此任。政府可设法使企业在创新上进行合作。

### （二）产业发展的创新政策

产业发展是政府，特别是地方政府的重要目的。在产业发展中实施创新政策，是各级政府促进产业发展的重要手段。其主要方法有：

（1）政府资助。从 20 世纪 80 年代以来西方各工业国的情况来看，对创新给予直接资助，是各国政府普遍采取的手段，只不过侧重点不同而已。各国的 R&D 经费来源在一国所有 R&D 经费中的比例也大不相同。

（2）政府购买。现在看来，在半导体、集成电路等领域，政府购买所起的推动作用要比政府对 R&D 的直接资助大得多。政府购买促进创新的原因，可归结为两个方面：首先，政府部门的需求构成了一个大市场。政府既可以为本部门购买，也可以采取合适的手段，要求能源、交通等部门采用某些新产品。这种市场的保证自然有利于创新产品的问世。其次，政府部门的购买起着需求拉动的作用，在产品周期的早期阶段，这种拉动尤为重要。

（3）创新的政府导向。这一推动创新的措施是政府管制和资助的结合，是新技术革命时代的产物。为了迎接新技术革命的挑战，一些国家，如日本、法国等，在 20 世纪 80 年代提出了一些技术领域作为优先发展的对象，并制定这些领导的具体发展战略、方案，为它们筹措必需的资金。我国也有类似的措施，如“863”项目等。

（4）专利制度。专利制度是各国普遍采用的制度，它的作用不可低估。在美国，它被认为是最重要创新政策手段。我国自 1985 年 4 月 1 日起也开始实行专利制度，专利申请量逐年增加。自 1985 年到 1989 年，国内专利申请量已达 100703 件，其中个人发明的专利量为 67149 件，占申请总数的 67%。但现在看来，专利制度也有弊端，为此，有学者提出建立一种叫“创新专利”的制度。

（5）税收。税收也是各国普遍采用的推动创新的手段，其做法是给新产品和 R&D 活动以税惠、免税等。随着知识经济的到来，创新在社会中的重要性越来越强，各国有关的税惠政策更是五花八门。

（6）政府拨款给公共研究开发部门。这条措施与专利制度截然相反，它通过建立政府研究所、实验室、资助大学研究等，使创新活动公共化。美国、日本和欧洲各国都采取此类措施。经过几年的探索，各国通行的做法是组织实施竞争创新活动，然后让企业去开发这些成果的商业价值。这种做法的好处是能克服“搭便车”现象，防止重复研究。存在的问题是创新效率不高。故一般公共研究部门的主要研究领域为基础科学、社会收益大的技术科学。

（7）合作性创新。由于许多创新的风险高、资金需求多、涉及技术领域多，合作性创新现在欧洲已成为一个趋势。这种合作既能减少风险、减轻资金压力，又能在技术上进行互补。

经过政府组织的创新活动，将会使一些部门的发展速度加快。这些部门在发展中都必须进行产业区位选择。因此，政府的创新政策在客观上又要与区域开发的战略相衔接，通过创新部门的区域配置，促进地区的经济发展。

从地区发展的角度看，创新的作用表现为两个方面：第一个方面是为中央政府的创新活动准备好基础条件，这主要表现为投资软硬环境的改善、基础设施的完备和人居环境的美化等。第二个方面是地方政府仿照中央政府，本身在组织创新活动，这就需要地方经济发展做战略性的调整，以适应知识经济时代创新活动的要求，同时通过这种创新活动，使地区的整体经济发展水平能有较大的提高。

## 三、区域政策

### （一）区域政策概述

1. 区域政策的含义

有的人认为区域政策是指中央政府为平衡区域经济发展而采取的一系列政策措施；也有学者把区域政策理解为布局政策或者区域发展政策。一般来说，区域政策是指基于不同区域在自然禀赋条件、经济技术水平、社会文化传统等方面的诸多差异而制定的一系列有利于促进资源的空间优化配置，推动和协调区域经济发展，调控区域经济运行的各项战略、政策和措施的总称。因此，科学而合理的区域政策应该是由一系列相互联系、综合协调的单项政策共同组成的政策体系，其中主要包括宏观区域政策和区域发展政策两大子政策体系。前者主要是中央政府和较高级的地方政府制定的，旨在规划各区域的产业重点及方向，协调区际关系的政策总和；后者则主要是各级地方政府为促进本区域经济发展而采取的种种政策指导和规定着区域发展政策的基点和方向。区域发展政策则是宏观区域政策得以贯彻和落实的基础和前提，二者相辅相成，辩证统一。

2. 区域政策的必要性

区域政策的提出与实施源于20世纪20~30年代的西方“大萧条”时期。它的提出，从理论上说是对古典经济理论的一种否定。实践证明，市场的自发调节力量并不能实现宏观经济在空间层面上的均衡发展。要克服这种经济结构的地理惰性，在依靠市场作用的基础上，还需辅之以强有力的政府干预，即由政府制定各种区域政策，借助行政、经济诸杠杆调控区域经济运行，以求区域均衡发展。具体来说，制定区域政策来调控区域经济运行，主要基于以下四个方面的原因：

第一，市场经济在区域发展与运行方面存在功能失灵。市场机制主要以价格反映资源的稀缺程度，体现商品和劳务的成本或效用，市场作用下的劳动力与资本等要素的流动，取决于私人成本而非社会成本。因而在二者存在显著差异的地方，可能会导致资源的配置失误。从空间角度看，在生产或分配上存在密切的前、后向联系，或在布局上有着相似指向性的产业布局与某个拥有特定优势的区域会形成聚集经济效应，使生产或消费的私人成本收益低于社会成本收益。然而过度密集则会导致密集不经济，此时私人成本收益与社会成本收益会不成比例地增加，而企业总是倾向于在这种地方聚集。市场作用难以阻止这种聚集的趋势，外部不经济和环境恶化等问题却越发严重。此外，对于经济增长处于“起飞”临界状态的待开发区域来说，一般只有靠外力投资推动，并引发连锁成长效应而促进经济增长。但是这一投资本身的微观经济效应却不一定很好（尤其在社会经济基础设施上的投资），因而靠市场作用也难以实现。

第二，与产业经济不同，区域经济有其空间的不可移动性或不易移动性。要素分布不平等和现代经济活动的某些内在特点，使得区域间均衡发展必须不断地进行资源的空间再配置。然而，在正常的市场调节下，这一过程可能进行得过于缓慢。原因在于，市场是通过调节产业经济活动来调节区域经济的，因而这一过程取决于产业经济的特点，而现代产业经济的四个基本特征都可能会加剧区域经济的非均衡发展。一是农业在产业结构中的比重降低，农村劳动力向城镇迁移；二是制造业由于技术进步的作用对原料的依赖度渐渐低于对市场的依赖度；三是随着经济发展和收入水平的提高，服务业的比重上升，而有利于服务业发展的只是人口聚集的城市；四是自由竞争的市场条件不复存在，在不完全竞争市场中，如仅靠市场调节的缓慢作用来引导和调节资源在产业间和区域间的再配置，只能在产业兴衰的“事后”才能见效，这无疑会在客观上造成繁荣与衰退并存的区域不平等。

第三，在市场的调节下，区域差异扩大不可避免。市场对区域经济的调节作用，主要是通过竞争机制来解决区域资源配置的效率问题。但是，在这种市场力量的作用下，也会产生一种区域累积因果效应，从而加剧区域经济发展的不平衡。因为一旦某些地区由于初始的优势而比别的地区超前发展，那么由于既得优势和聚集经济，这些地区因市场的作用而持续、累积地加速增长。如此一来，即使是平等的产业竞争，也会表现为不平等的区域竞争。此时，市场无力集中支配资源，实现资源的区域倾斜配置。

第四，区域经济发展不平衡现象在国内一定时期存在。区域经济差异存在，不仅会影响国民经济的有效运行，引发宏观经济波动；如果差异过大，又处理不当，还可能导致更为严重的政治后果。因此，对于区域经济差异问题，我们必须予以高度重视，制定科学而合理的区域政策加以解决，不能等闲视之。

3. 区域政策的目标

任何经济政策都是为了解决一定时期内经济生活中的特定问题和矛盾的，因而政府在制定政策时考虑的首要因素是政策目标。那么政府实施区域政策的目标何在呢？

第一，有重点地在区域间进行资源的倾斜配置，实现区域经济非均衡增长。对于发展中国家而言，倾斜式非均衡增长是赶超型经济的本质要求。区域间非均衡增长，一是由于产业经济活动的空间非平衡分布，实施产业的非均衡增长的产业政策，必然要求相应的区域非均衡增长；二是由于聚集效益和自我累积的因果循环效应，使区域非均衡增长成为效率的要求。

第二，任何一个区域最终都能实现经济的自我持续的增长，这一点也叫区域经济的自我发展原则。这是区域间平等竞争的基础，也是每一区域应具有的基本权利。但是，这并不是说每一区域都应具有门类齐全的产业结构以实现经济流程的区内自我循环。

第三，在实现区域平等竞争的基础上，区域间在收入、就业、福利等方面的差异不应过大。尽管区域间发展失衡难以避免，即使区域不平等竞争完全消除仍会如此，但是，区域间收入水平、就业水平、福利水平的差距也不能过大。如果仅凭补偿原则（转移支付）尚不能达到这一要求，则应采取进一步措施对落后地区予以帮助。

第四，生产要素空间流动合理化。各区域的自然资源禀赋是区域政策无法干预的，但基于重要分布之上的生产要素区际流动，即资源的空间再配置就应避免一些不合理的现象的发生，如极化效应作用下落后地区人才、资金的过度外流，区域间不合理运输等引起的交易成本过高等。

第五，区域间及区域内人口、生产等社会经济活动应实现合理空间布局。这一点主要是城市化和城市体系的合理建设问题。

4. 区域政策的重点

（1）根据区域政策的上述目标，我们可以知道，区域政策的重点作用对象主要有两类区域：

第一类是重点发展区域。这类区域要么重点发展的产业较为集中，要么经济发展所需的战略资源较为丰富，它们都是从国民经济倾斜或持续、快速、健康增长的角度所做的选择，这些区域或者具有投入产出高效率，能够带动其他区域的经济发展（如我国沿海地区），或者具有保证国民经济持续增长后劲的重要资源，需要重点开发。

第二类是“问题”区域。这些区域的“问题”往往在于区域经济失调或区域企业竞争力衰退，其共同症状为长期经济增长缓慢，长期高失业率，生活水平低，人口大量外迁等，“问题”区域主要包括以下几类：

①落后地区。通常有两个标志：一是按某个标准看是过分低下的收入水平，二是高于平均值的失业水平和一种人口过多外流的倾向。归根结底，经济结构落后是落后地区不能跟上时代步伐的症结所在，这不仅是发展中国家经济发展的通病，而且在发达国家的一些地区也严重存在。因此，扶贫和落后地区开发，使其经济起飞并进入自我持续的经济增长，是国家区域政策的重要内容。

②萧条地区。经济萧条区的通病是经济结构陈旧，它们曾经是发达地区，但随着时代的发展，原有支柱产业大都由创新阶段进入了衰退阶段，但是这种区域由于种种原因未能及时调整产业结构，结果陷入了结构性危机之中。其主要症状是产品需求收入弹性低，销售市场难以扩大，且在低成本区域的挤压下，生产难以维持，企业开工不足，失业率高，地区经经济增长缓慢，人口外流。但是，它们与落后地区的显著区别在于这些地区人均收

入和生产力发展水平仍较高，经济有一定基础，科学文化也较发达。这些有利因素对萧条地区摆脱困境大有裨益。

③膨胀地区。膨胀地区的通病是经济结构臃肿、紊乱，其经济发展规模过大，超过了区域经济承载力，这类区域常见于发达国家和一些发展中国家的大都市区，突出的如美国的纽约—费城地区，英国以伦敦为中心的英格兰东南部地区，法国以巴黎为中心的中部地区，印度的孟买地区，缅甸的仰光地区等，这些地区表面上经济繁荣，经济总量在全国的比重大，兴旺产业在全国占的比重也大，就业率高，人均水平高，但是潜在的问题也很多，主要是新旧产业过度集中，造成严重的不经济和环境恶化，公共设施成本剧增，居民生活质量下降。

（2）在经济发展不同阶段，区域政策的作用重点也有所不同。如果把经济发展分为传统经济、经济起飞过渡转换、工业化和后工业化四个阶段，一般认为区域政策在经济起飞过程中最为重要，这一阶段经济社会的空间结构变化也最为剧烈，就区域而言，在起飞前漫长而缓慢地变化积累的过程中，区域政策尚无着力之点，难以发挥作用；进入后工业化社会后，区域政策的重要性也趋于减退，重点在于萧条衰退地区的再开发和过度密集的大都市的疏导；只有在经济起飞、城市化进入高潮、空间不平衡发展较快的时期，才是区域政策真正发挥作用的时期。其重点在于发展区域的资源倾斜配置，资源密集区的开发以及为保证这一发展有序而对空间不平等问题的处理、贫困地区的开发等。我国正处于这一阶段，因而尤其应重视对区域政策的研究与制定。

### （二）我国区域政策的基本内容

区域政策和产业政策一样，是一种异向性政策，即政策本身并不直接作用于各经济运行主体，而是通过其他经济手段导向而起作用。区域政策宏观布置即区域发展战略，选取重点发展区域以及实施产业布局的区域倾斜等，为信贷、税收、投资等财政金融杠杆和其他经济杠杆起到导向的作用，使这些杠杆能够对不同产业和区域实行区别对待，或者予以优惠，或者予以限制，从而干预了由市场调节的自发经济过程。因此，广义的区域政策包括区域投资政策、区域金融政策、区域财税政策、区域贸易政策、区域技术政策、区域发展支持政策和区域发展协调政策等。

在“平衡式”发展战略持续了二十多年之后，随着国内外形势的变化，已促进国民经济高速增长，提高宏观经济效益，逐步增强国家经济实力，尽快缩小与发达国家的差距。国家在改革开放后，采取了优先支持区位和经济条件较好的沿海地区经济发展的倾斜政策，国家投资布局重点的转移，对广东、福建二省实行“特殊政策、灵活措施”，率先在沿海地区开辟经济特区，对外开放城市经济开放区和保税区，以及 1988 年施行的沿海地区经济发展战略，是 20 世纪 80 年代国家东倾政策的重要组成部分。这一系列政策的实施，大大改善了沿海地区投资环境，有力地推动了沿海地区经济的迅速发展。目前，沿海地区特别是东南沿海地区已成为推动我国国民经济持续高速增长的最重要的力量。而且，通过一系列的传递、扩散机制和示范效应，沿海地区经济的高速增长也在一定程度上带动了内地经济的发展。

然而，这种以效率优先为特征的差别式地区发展战略，也致使地区间经济发展水平的绝对差异不断扩大。先改革地区和后改革地区相比，与市场化程度相关的要素利用水平及效率较高，增长速度也快。从 1978 年到 1995 年，我国东部与中部地区的人均 GDP 的相对差异由 33.1%上升到 45.5%，而东部与西部地区间的相对差异则由 45.9%，迅速增加到 56.5%。二者分别扩大 12.4 个和 10.6 个百分点，尤其是在 1992~1995 年，东部地区 GDP 年均增长为 16.93%，而中西部地区分别只有 14.09%和 11.40%，由此导致这期间东部与中西部间人均 GDP 的相对差异分别扩大了 5.6 个和 9.7 个百分点。

在这种情况下，为了促进各地区协调发展，中央对倾斜政策进行了重大调整，把加快中西部地区发展，逐步缩小地区差距提上了重要的日程。明确提出："从战略上看，沿海地区先发展起来并继续发挥优势，这是一个大局。发展到一定时候沿海多做一些贡献支持内地发展，这也是大局，沿海也要服从这个大局，从'九五'开始要更加重视支持内地的发展，积极朝着缩小差距的方向努力。"最近，中央又提出西部大开发的战略方针，西部开发的内容应当包括：

第一，优先在中西部地区安排资源开发和基础设施建设项目，作为全国性基地的中西部资源开发项目，国家实行投资倾斜。跨地区的能源、交通、通信等重大基础设施项目，以国家投资为主进行建设，调整加工工业的地区布局，引导资源加工型和劳动密集型产业向中西部地区转移。

第二，理顺资源性产品价格，增强中西部地区自我发展的能力。加人中西部地区矿产资源勘探力度。

第三，实行规范的中央财政转移支付制度，逐步增加对中西部地区的财政支持。随着全国经济的发展和中央财政实力的增强，逐步提高中央财政用于支持中西部地区的比重。

第四，加快中西部地区改革开放的步伐，引导外资更多地投向中西部地区，提高国家政策性贷款用于中西部地区的比重。国际金融组织和外国政府贷款 60%以上要用于中西部地区。

第五，加大对贫困地区的支持力度，扶持民族地区经济发展。继续组织中央各部门、社会各界和东部沿海地区，以多种形式支持民族地区和贫困地区的经济建设。

第六，加强东部沿海地区与中西部地区的经济联合和技术合作。鼓励东部沿海地区向中西部地区投资，组织好中西部地区对东部沿海地区的劳务输出。东部经济发达地区采取多种形式与中西部地区联合开发资源，利用中西部地区丰富的劳动力资源，发展劳动密集型产业，加强人才培训与交流。

### （三）知识经济下的我国宏观区域政策

在知识经济潮流迅猛涌来之时，现时的区域政策有待于重新考虑和修改。如前所述，知识经济在区域经济上凸显的四个特征，一般而言，将使整个社会消除区域之间天然差异的时间会比工业经济时期更短一些。那么，在经济活动日益全球化、信息高速公路迅速覆盖全世界的时候，区域经济发展将会呈现什么样的变化，国家应当采取什么样的对策呢？为了在完成工业化的同时全面推进我国的知识经济，在区域经济发展上，我国总的发展战略应当是：在工业经济的基础上，以知识经济为引导，推动区域内增长极高的培育和创新体系的形成；实施大规模的开发性投资战略，构建我国高新技术产业体系；以网络信息平台、交通设施等推动网络化发展和更好地利用扩散效应，从而实现有差异的各区域共同发展，相互促进。

区域政策的确定不仅要考虑区域经济已经发生的变化及由此形成的特征，也要考虑未来区域经济的发展趋势，因此，在中国经济市场化的过程中，在知识经济迎面而来之际，我们要重新审视一下我国传统上对区域协调发展的认识。尽管在任何条件下区域发展的目标都是“经济发展，同时社会全面进步”，但不能说一律采用跃升战略，就可以较好地消除地区间的经济发展的差异。我们应该在研究市场经济条件下和知识经济条件下区域发展的规律，研究各地区的实际优势和弱点的基础上，找出符合不同区域经济发展的不同对策和思路。不管承认与否，东、中、西三大地带无论在自然地理条件，还是在经济发展水平上，其梯度差异都是客观存在的。因此，我们应根据三大地带的生产力发展水平、资源禀赋（尤其是人力资源）等的不同，选择相应的战略，推动其经济发展。但是，我们也不能简单地按照传统上的“梯度发展战略”来理解，而应是广义上的“大区域战略”。

我国面向21世纪的区域发展政策是：

（1）东部沿海发达地区和一部分中西部经济发达城市，宜选择“全面推进”战略，以具备条件的大中城市作为区域经济增长和区域间的主要网络节点，集中力量推进部分城市创新体系建设和经济发展，通过扩散效应带动区域内经济的整体发展。

这类地区主动脉如珠江三角洲地区、长江三角洲地区、环渤海地区、重庆—三峡地区等，其工业经济基础较好，发展水平较高，同时在人力资源上也具有一定的比较优势。例如，北京、天津、上海、重庆、广州、西安、南京、武汉等城市，拥有为数众多的高等院校和科研院所，可以依托它们，走产学研一体化的发展道路，最终建立创新体系，追赶世界经济大潮。

这类地区现阶段的主要任务是：一方面，发挥知识对工业经济的引导作用，将原有的第二产业向高新技术产业提升和转化，有能力的企业应该抢占科技制高点，进入知识经济下的主导产业，如生物医药、信息通信等产业，培育企业自身的核心竞争力和竞争优势，以迎接未来的竞争。另一方面，鉴于知识经济正方兴未艾，其可能的行业和产业正在孕育之中，这些地区和企业应对电子商务、电子贸易等突破传统模式的第三产业，如软件业、咨询业等的商机有所预测和准备，以便化挑战为机遇，创造出一系列新的经济增长点。

就沿海地区而言，主要应注意以下几个方面的问题：第一，努力提高对外开放的水平，增加经济外向发展中技术要素对劳动力要素的替代，将“引进来”与“打出去”有机地结合起来，大力提高企业在国际市场上的竞争力，不断地增加沿海地区出口产品在国际市场上的占有份额。第二，加快产业结构调整和升级，重点培育若干优势主导产业，积极发展高新技术产业。适应扩大对外开放和知识经济的需要，大力发展商贸、金融、房地产、保险、咨询等现代化第三产业，加快基础设施建设。第三，加大改革力度，建立与外向型经济发展相适应的经济运行机制和经济管理机制，培养有利于知识创新的经济社会环境。第四，在继续加快珠江三角洲对外开放步伐的同时，将工作重点转向以上海为中心的长江三角洲地区。集中力量搞好上海浦东新区的开发开放，增强上海的经济辐射能力，带动长江三角洲产业结构调整与外向型经济的发展。

（2）广大中西部地区和其他沿海地区，宜选择“存量改造、增量发展、适度跃进”战略，以知识经济对于传统工业经济的引导和完善作用，对传统工业经济基础进行改造，同时，局部地区可依托高素质人才优势，以增量发展填补空白，发展某些知识经济的主导产业，进行适度跃进。

在条件成熟的地区，可以发展组织经济中典型的依赖于人力资本的产业行业，如软件业和咨询业等，作为增量加以发展，以对原有经济结构进行较大幅度的调整。例如，武汉的国家软件基地，应当充分发挥研发能力和创新能力，借助于人力优势，局部突破，推动武汉地区成为区域经济的增长极。

总的来看，要加快中西部地区的经济发展，除了在一定程度上依靠中央增加投资，在区内安排和加快一些重点建设项目之外，主要应依靠内陆地区加快改革开放进程和深化经济体制改革。第一，加快改革，大力发展商品经济。今后要大力推进扩大市场机制的改革，逐步放开价格，实施价格体系市场化，发展商品市场、资金市场与劳务市场。第二，发展资源密集型加工工业，提高资源加工能力和深度，并配套建设加工工业基地。这一点是推动地区工业化和承担全国地域分工的双重需要。第三，促进不同行业、不同部门的相互交叉渗透，加强经济流程的区内循环，因而应注重加强区内全国性产业和地方性产业的联系。第四，大力发展乡镇企业，促进农村经济的发展，地区工业化必须在农村经济的发展和农业劳动生产率提高的基础上推动。第五，大力发展横向经济联合，促进区域市场发育。第六，加快对外开放步伐，积极利用国际资源发展经济。

（3）老少边穷地区，宜选择“打好基础、台阶式跃进”的战略。政府对这类区域，应改“输血”为“造血”，加快其信息网络平台、交通、能源等基础设施的建设。这类地区从长远来看，最重要的问题是提高人的素质。只有人力资源的素质得以提高，才可能进一步发展知识经济，充分利用知识推进区域经济发展。目前阶段，这类地区应吸收沿海和中西部地区乡镇企业创业的经验和教训，适当发展适合当地自然资源的工业。同时，在农业发展上运用网络信息获得最新的科技知识，推动“三高一优”农业和副业的开展。例如，借鉴山东农民应用电子商务手段，扩大养殖业的经验，迅速将本地区有自然优势的农副业推向全国，甚至国外；反过来这将促进这类地区人力素质的提高。

此外，这类地区较重要的课题就是对自然资源和生态环境的保护和有效开发利用。可以先在适当的地区结合自然景观、人文资源的旅游业等无烟工业，利用现有的通道，如欧亚大陆桥、西南走廊等，配套发展服务业，达到发展经济培养当地人才，提高人力资源素质的目的。

最后，我们还要着手进行跨世纪的反贫困战略，以缓解地区差异问题。今后反贫困战略的指导思想应该是：以加大贫困地区改革开放的力度来促进其区域经济快速发展，同时必须在反贫困战略中融入制度化的区域政策，把政策调整与经济体制、政治体制的改革紧密结合起来，以争取今后扶贫开发工作的更大成效。其中，反贫困战略的要点为：第一，在目标选择上，坚持以经济开发为主的扶贫方针，把启动当地经济的内在活力、追求区域系统综合效益的优化作为扶贫开发的中心目标，促进贫困地区社会经济加速发展和人民生活水平稳步提高。第二，在产业建设上，坚持治本治标结合、基础结构优先的方针，因地制宜，发挥地区比较优势，建立适合国情的合理、高效的产业结构。第三，在空间布局上，统筹规划，突出重点，坚持点轴开发与协调发展相结合，非农业布局与城镇体系建设相结合，促进地区间合理分工和城乡的相互支持。第四，在区际关系上，从打通对外通道，改善两通（交通、流通）入手，把发挥地区比较优势与开拓国内外两个市场结合起来，逐步建立外向型经济，带动资源开发、基础建设和产业发展。第五，在政策措施上，坚持自力更生和争取外援相结合的方针，实行制度化的区域政策和系列化的优惠措施。当然，这些要点是原则性的，根据不同的地域类型、不同发展阶段的特点，找准系统动力因素与制动力因素相互矛盾的突破口，找准重点开发与协调发展的最佳结合点，是制定具体反贫困战略的核心问题。

# 北京应成为21世纪中国知识经济的中心首都发展战略*

## 一、21世纪北京的经济功能定位：知识经济中心

世纪之交，人类社会面临着历史性的重大转折——由工业经济向知识经济时代迈进。目前，世界范围内新一轮技术革命的序幕已拉开，各国为争夺知识经济时代入场券和座次的竞争已愈演愈烈。知识经济是以高技术产业为第一支柱，以智力资源为首要依托的经济。智力资源最密集、最丰富的地区，也就是知识经济发育的土壤最肥沃的地区。知识经济时代的到来为北京在21世纪的经济功能定位提供了历史性机遇。北京具有我国其他城市无法比拟的、得天独厚的智力资源优势，把北京建设成为全国的知识经济中心是一种必然的选择。

所谓把北京建设成为全国知识经济的中心，是指充分利用北京的智力资源优势，追踪世界知识经济发展的步伐，把北京建设成为我国知识经济最前沿领域，技术和产品的研究与开发中心、生产中心和传播中心，使我国能够在新一轮全球性知识经济发展的浪潮中积极应对挑战，并迅速崛起于21世纪世界强国之林。

### （一）北京成为知识经济中心的必要性分析

北京作为中国的首都，代表了中国这个正在崛起的大国经济发展、社会演进、科技开发的先进水平。同时也承担着积极跟踪、参与第四次科技革命，并在某些领域保持国际领先水平的责任。中国正是通过北京、上海等国际化大都市，接受第四次科技革命的挑战，应抓住机遇，把握世界科技、产业、经济发展脉络，推动高新科技及新型管理、组织方式的引进、吸纳、变革、创新、辐射、扩散，从而提高综合国力，实现发展的质的飞跃，真正成为21世纪的强国。北京发展知识经济不仅关乎其自身的经济发展前景，更具战略意义的是，它关系到下个世纪中国在国际政治、经济、文化等各个方面较量中的实力和位

*本文发表于《前线》，2000年第2期，第36~39页。参撰者：叶裕民、肖玉卓。

次，关系到中国几百年来强国之梦的实现。

北京的发展方向是21世纪的世界城市。北京是全国政治文化中心，国民经济宏观调控的决策中心，同时还是环渤海地区综合性特大城市。北京的“三中心”职能特征，决定了北京的大信息流量、大信息交换量、大信息消费量，要求北京有相应规模的信息基础设施，能够实现先进、有效的信息管理以及提供全球化、网络化、数字化的信息服务。

北京的发展处于紧资源的约束条件下。需求量的北京市能源需求量的95%，石油化工用原油的全部、冶金工业用铁矿石或铁精粉需求量的95%及有色金属、化工原料均依靠外省市或国外市场供应。北京是世界上14个缺水最严重的超大城市之一，人均占有水资源量为390立方米，相当于世界人均水资源量的1/25，全市每年平均缺水近2亿立方米。此外，北京地区的大气、水、噪声污染也相当严重。如不彻底转变北京的经济增长方式，将大大制约其可持续发展的能力。

以上分析表明，无论是北京在中国极其重要的地位，未来北京城市功能的全面实现，还是自身资源、环境因素的制约，都要求北京扬长避短，发挥在人才、智力资源上的比较优势，发展具有世界先进水平的电子信息业、文化博览业、现代服务业等知识经济的核心产业，提高其在国际经济、政治、文化交流中的地位，为21世纪中国的富强创造条件。

## （二）北京成为知识经济中心的可能性分析

1. 北京基本具备建立知识经济中心的经济基础

知识经济必须建立在工业经济充分发展的基础之上，即必须达到较高的工业化水平，农业基本实现现代化，第三产业充分发展，基础设施完善，市场经济发达，新技术高度发展等向知识经济过渡必不可少的条件。发展知识经济，没有雄厚的物质基础，没有基础科学的高度发展，没有大量高级人才，是不可想象的。所谓知识经济使不同的国家站在同一条起跑线上的说法是根本错误的。按国外研究成果，发展信息产业的基本经济条件是人均国内生产总值达到1000美元以上。1998年北京市人均国内生产总值18482元，约合2232美元（按1998年平均1：8.28计算），已大大超过这一界线。在北京市三次产业结构中，第三产业的增加值比重为56.6%，就业比重达53.3%。现代化的第三产业已经成为支撑北京市经济社会发展的重要支柱。因此，无论是从经济发展水平看，还是从产业结构看，北京市都具备了工业化后期的基本特征，具备了发展知识经济的物质基础。

2. 北京具备强大的智力资源优势和科研开发创新能力

发展知识经济必须具备强大的科研开发能力和技术创新能力，雄厚的人力资本是知识经济发展的前提条件，这一点恰恰是北京最突出、最得天独厚的优势所在。在全国范围内，北京人才数量、质量、科研开发能力、科技成果商品化水平都处于领先地位。北京是我国智力资源最密集的城市。1998年北京市万人拥有高等学校在校生人数171人，比上海高出40%，更是全国平均水平的6.3倍。同年每万人中拥有政府部门从事研究与开发的科技人员数91人，而上海仅为28人，全国平均更仅为4.7人。不仅如此，北京市的研发投入多，科研创新能力强。1998年北京市县级以上政府部门R&D（Research and Development，研究与开发）总投入141.51亿元，是上海市（44.04亿元）3.2倍，占全国的29.5%，是全国R&D投入最多、研发能力最强的城市。北京市还是我国最大的技术贸易交易市场，1998年北京市技术市场成交额81.6亿元，占全国的近1/5，比上年增长50.2%，连续11年居全国首位。大批高技术研究、开发和运用，为北京知识经济的发展注入了无限的活力。

3. 高新技术园区已经成为北京知识经济的增长极

高新技术园区是知识经济产业的特殊布局方式。美国加州的“硅谷”、日本的筑波城、印度的班加罗尔软件科技园都是成功的范例。目前，北京市高科技园一区五园的空间格局正在形成。中关村科技园区、亦庄经济技术开发区、丰台科技园区、昌平科技园区以及电子城正在逐步发展成为北京市高科技产业的增长极。其中，中关村科技园区是重中之重。1999年7月，国务院已经正式批准北京市政府、科技部《关于实施科教兴国战略，加快建设中关村科技园区的请示》。中关村将建设成为21世纪中国知识经济发展的龙头。根据中关村科技园区的产业发展规划，在21世纪初，将以软件产业、信息服务业和信息制造业为特色产业，以电子信息、光机电一体化、生物工程、新医药、新材料以及环保产业为支柱，同时带动中介服务业、文化体育产业、教育培训业以及商业、房地产业等相关产业的发展。10年后，一个世界一流的科技园区将在这里崛起。

## 二、如何建设知识经济中心

把北京建设成为全国的知识经济中心，是一个艰巨复杂的系统工程。其中，构建北京知识经济体系及其支持系统是其至关重要的环节。

### （一）构建北京具有知识经济特色的产业体系

北京发展知识经济，成为21世纪世界城市，有赖于北京有知识经济特色的产业体系的确立。以高技术为资源依托的高技术产业是知识经济时代的第一产业支柱。按联合国组织对高科技的分类，主要包括：信息科学技术、生命科学技术、新能源与可再生能源科学技术、新材料科学技术、环境科学技术、海洋科学技术、空间科学技术和软科学技术。根据前述分析，构建21世纪北京知识经济产业体系，必须发挥北京的人才数量大、质量好、科研开发能力强、高科技产业发展有一定基础的优势，建立以电子信息产业和文化博览业、服务业以及技术集约化的制造业为主的、独具特色的知识经济产业体系，同时不断调整与北京发展方向、首都功能不相适应的产业。

1. 电子信息产业

电子信息产业在知识经济时代将成为举足轻重的产业。北京市的电子信息产业拥有较好的发展基础，1996 年北京市的信息制造业和信息服务业增加值占北京 GDP 的 34%，远高于全国 9%的比重。在软件开发方面，北京代表了全国的先进水平。但是，与发达国家的信息产业相比，北京的信息产业还需要有一个大的发展，特别是需要建立以微电子产品为基础，以计算机、系统集成装备、通信产品和消费类电子产品为主的制造体系；重视软件产业的开发与发展；建立以高速宽带、综合业务数字网络为主体的计算机信息网络；围绕一系列“金”字工程，建立起一批关系到国民经济和社会发展的重点信息应用系统工程。

2. 文化博览业

作为拥有五千年文明史的中国首都——北京有着极其深厚的以及许多现代城市无法企及的历史文化基础，是典型东方文明的立体橱窗，对海内外有着极大的影响力和吸引力。北京市文化产业发达，是我国图书出版印刷业、教育培训业、国际国内会议业、文化博览业、新闻传媒业以及旅游业最发达的城市。以国际旅游业为例，1998 年北京市接待旅游人数 178.2 万人，占全国的 25.1%。国际旅游外汇收入 23.84 亿美元，占全国的 20%，相当于北京市 GDP 的 9.8%，远远高于全国 1.3%的比例。21 世纪，北京文化博览业的发展目标是建设成为世界性的国际会议中心、文化交流、国际博览中心以及著名的国际旅游城市。

3. 信息网络服务业

网络化是知识经济的特征之一。知识经济中信息网络服务业的地位如同制造业在工业经济中的地位。目前，北京市拥有大、中、小型计算机 2000 台，微型计算机 20 多万台，北京集中了 Internet 中国网用户总数的一半以上，北京的网络服务业正在迅速崛起。毫无疑问，随着我国信息产业的发展，以及我国与国际交往的增加，北京市的网络服务业市场将大大拓展，一个多元化的网络市场结构将逐步形成，包括制造业市场和服务业市场、企业市场和个人市场、国内市场和国外市场，这些网络市场将为北京市 21 世纪网络服务业的发展提供广阔的空间。

此外，北京要用现代技术武装、提高具有相对优势的传统制造业，主要包括汽车产业、机械电子工业和精细化工，促进制造业的深加工化和技术密集化进程。

## （二）建立北京知识经济体系的支持系统

为了在 21 世纪把北京建设成为中国知识经济的中心，确保北京市知识经济产业体系的发育和发展，迫切需要建立知识经济的支持系统，构筑通往知识经济的桥梁。

1. 体制支持系统

总的来看，北京市仍然存在与建立知识经济体系不相适应的体制特征，比如中央和地方各搞一套，各部门之间条块分割，科研与生产相脱节，创新激励不足，对无形资产评价及评估体系不健全，风险投资体制缺乏等。进入知识经济时代，要求北京市建立新的、现代化的经济运行机制。包括：第一，鼓励部门之间联合与协作发展的机制。打破部门界限，打破隶属关系的界限，加强合作，集中力量使北京市的科技优势得到充分发挥。第二，建立一套新的、面向市场的知识创新和技术创新机制，为中小企业、新兴产业的生存与发展创造良好的环境。第三，成立由市政府组织的专门机构，负责对全市信息产业统一规划和管理，实现信息资源共享，协调信息化中的各种矛盾，使信息产业走上规范化发展的轨道。

2. 资金支持系统

知识经济的支柱产业——高新技术产业是高投资、高风险和高回报的产业。需要建立规范的资金支持系统以保证知识经济的发展。为此，第一，要建立中央地方财政共同支持的专项基金。北京市知识经济的发展，不仅关系到北京自身经济的发展，更重要的是关系到中国知识经济发展的力度和发展水平问题，关系到中国在世界知识经济的浪潮中能否迎头赶上的问题。因此，北京知识经济所需要的大量资金投入不仅要靠北京市的大力支持，还要争取中央政府的大力支持。建议建立“中国高科技产业发展基金”，主要面向北京市高新技术产业的发展，确保北京市高新技术产业发展的资金来源。第二，要建立风险投资基金，促进高新技术产业的发展。建立风险投资基金是发达国家发展高新技术产业的成功经验。我国的风险投资已经得到逐步发展。今后是要进一步强化风险投资机制，使之真正成为北京市高新技术产业发展的主要融资渠道，成为北京市知识经济快速增长的“推动器”。

3. 科技支持系统

科技产业是知识经济的内在核心。科技以前所未有的规模进入经济发展的方方面面，以前所未有的速度改写着人类历史的进程。北京市应该充分利用现有的科技力量，再创经济发展的辉煌。第一，打破部门界限，将散落于国家、部门、地方、军队的科研力量联合起来，信息共享，优势互补，共同服务于北京市知识经济的发展。第二，引导市场主体企业成为科研开发的主体。在发达国家，大公司都有科研开发能力很强的科研机构。企业有了自己的科研开发能力，就具有创造市场的能力，而不是被动地追逐市场。我国的企业已逐步认识到这一问题，而不再将科研机构当成包袱。同时企业的科研机构应改变原有的思路，主动出击市场。

4. 人才支持系统

知识经济发展主要依赖于智力资源，而科技人才正是智力资源的载体。在知识经济浪潮席卷全球之际，世界各国又一次掀起了争夺资源的激烈竞争，只不过这一次争夺的既不是黄金，也不是石油，而是高技术人才。北京市知识经济的发展需要建立一个强大的人才支持系统。第一，要从关乎下个世纪中国命运的战略高度着眼，建立和完善人才培养、人才引进和人才保护制度，真正树立起尊重知识、尊重人才的社会风气，给高科技人才以施展才能的广阔天地。第二，大力开展各种类型、各种层次、适应各种需要的继续教育，使之符合知识经济时代就业结构剧烈变动的要求。第三，要进行产权制度的改革，建立真正的技术创新激励机制，要让创业者、主要经营者和技术骨干持有股份，成为企业真正的老板。第四，提高国民适应知识经济的素质和技能。知识经济绝不是象牙塔中少数人的奢侈品，而是与广大民众工作生活密切相关、息息相通的必需品。知识经济的发展必须得到民众最广泛的配合、参与和支持。为此，对知识经济发展中的新事物、新观念要加强舆论宣传，要普及相关知识，使信息化成为全民的共识。只有具备了良好的文化素质、较高的文明意识、严谨的纪律观念、健康的伦理道德的公民，才能从容应对 21 世纪社会经济发展的挑战；只有具备了这样优秀综合素质的国民的国家，才能在 21 世纪知识经济的大潮中昂然挺立。

# 关于区域性工业战略布局模型的探讨*

## 一、区域性工业战略布局问题的提出

党的十二大为我国今后20年的社会主义经济建设提出了战略目标，做出了战略部署，明确了战略重点（农业、能源、交通、教育和科技是经济建设的几个根本环节）。进而，又做出了市管县，建立若干经济特区，组建上海、东北、珠江三角洲，京津唐等经济网络和以山西为中心的能源重化工业经济区，以及开放沿海14个城市的决定。这是根据我国客观经济规律所做的地域空间新组合。经济战略目标在各级各类新经济区域的具体落实，就形成我国的总体战略布局；在每个区域的落实，就是区域性战略布局。其核心，对多数地区来讲，又是以研究不同发展时期区域性工业结构的确定、工业项目（新建、扩建、改建）的组织安排，即区域性工业战略布局问题。

## 二、区域性工业战略布局的方法及其特点

在地区空间上做出战略布局，是实现战略目标的重要途径，关于战略布局的方法与途径，现在有两种：一种是传统的简单递推法；另一种是在定性分析的基础上运用现代经济数学在电子计算机协助下做出定量分析的方案拟定法。传统的方法，虽然也可以做出战略布局的“可行性”方案，但其可靠性和精确程度差得多。前不久，我们在做某地区国土规划的工业结构与工业布局研究时，在这方面做了探索性的尝试。经过对几种方法的分析比较，确定并采用了定性分析与定量分析相结合的方案拟定法。其中，定性分析是运用生产布局的理论，对所研究区域的定性阐述与概括；定量分析是运用数学规划优化与系统动态学模拟，相互参照、协调，最后以协调方案为准的过程。该种方法的特点是：①自始至终

* 本文选自中国地理学会数量地理专业组：《数量地理学在生产布局中的应用》，科学出版社1988年版，第111~116页。

坚持"定性"指导"定量"，以"定量"修正、完善"定性"，力求"定性""定量"相结合；②把所研究地区各部门的各种生产活动，视为物质流、信息流、资金流，并构造成有机反馈系统，对地区工业战略布局进行模拟；③能把制约工业总产值增长的众多因素与条件囊括进去，并体现其影响与作用；④能把在时间与空间上都是分离，单凭人之经验无法把握的经济决策与经济效果，尽可能地统一起来；⑤电子计算机作为主要协助手段，可以处理繁多而复杂的数据、信息，而且准确迅速。

## 三、区域性工业战略布局模型及实例

我们采用的区域性工业战略方法，分为两个方面：一是定性研究取得区域性工业战略布局的"概念模式"；二是定量研究取得区域性工业战略布局的"数学模型"。

### （一）区域性工业战略布局的"概念模式"

运用生产布局学的理论，对所研究地区工业发展的客观条件，不同经济发展时期的财力、物力、人力特点，在全国或高一层次生产地域分工中的地位与作用进行综合分析和研究概括之结果，即"概念模式"。它既包括该区城在全国或高一层次经济区中的历史性职能，也包括现阶段专门化部门的确定、发展规模，其中特别强调发展的趋势和方向。例如，今后一段时期内，上海经济区是以轻纺、电子、机械、造船等加工工业为主体，原材料工业适当发展，加快向高精尖方向迈进，形成加工工业多品种高质量、科技先进、水陆交通发达、多部门协调发展，综合性较强的工业发展概念模式；"山西"经济区是以铁路建设先行，煤炭、电力、煤化工、冶金、建材为主体，建成铁路畅通，采掘、原材料、制造业协调发展的能源重化工基地工业发展概念模式。我们研究区域性工业战略布局概念模式，一是从理论上、总体上把握区域性工业发展的特点与方向；二是在建立合理的区域性工业战略布局数学模型时，取得正确的思路与指导。

### （二）区域性工业战略布局数学模型概要

设计与建立区域性工业战略布局数学模型，一般是运用投入产出与数学规划相结合的方法。我国现有统计资料不够完备，各地区运用投入产出尚有困难。从现实性情况出发，采用线性规划与系统动态（力）学模拟相结合的方法。建立区域性工业战略布局数学模型，从而获得逼近优化方案，是一种可取的可行性决策途径。以下就是我们在某地区国土规划前期工作的工业战略布局研究时的尝试。其具体做法是：用一组线性方程作约束条件，反映区域工业生产发展与资源（包括人力、物力、财力等）条件（包括运输、环境、生态等）的供求关系；用目标函数评价不同结构、布局方案的效益。与此同时，又用系统动态（力）学方法，对区域性工业战略布局各发展阶段进行具有反馈特性的系统动态模拟

(仿真)，并使线性规划的优化同系统动态学的模拟相结合、协调同步前进。以线性规划求得优化的最具效益方案，补偿系统动态学方法不具有优化的缺欠；以系统动态学方法的反馈系统动态模拟（仿真）弥补线性规划缺乏横向联系的不足，并在同步推进相互照中，修改、完善两种模型的计算结果和有关参数的值域等。所以，由此得到的可行性方案，既非单纯最优化方案，也非单纯系统动态学的模拟方案，而是两者的相互修正协调方案，称为“逼近优化方案”。

下面给出我们运用过的区域性工业战略布局线性规划模型、系统动态学模型设计概要和运用该模型所获得的某地区以 1980 年为基年，1985 年、1990 年、1995 年、2000 年预测、规划的两种（Ⅰ、Ⅱ）方案。

1. 模型的设计

关于设计地区性工业战略布局数学模型，大致包括指标体系和数学模型的设计，以及参数的选择与确定等几个方面。

（1）指标体系的设计。在设计指标体系时，应注意以下几点：①工业生产活动的投入量与产出量及其相互关系；②工业生产活动的经济、社会、环境效益与评价；③尽可能地适用于各类各层次地区，以便进行地区间的比较和统一。

我们采用的基本指标体系内有绝对和相对两种指标，绝对指标有：工业总产值 $Q^j$；总能耗量 $E^j$；总水耗量 $W^j$；总劳力量 $U^j$；总投资额 $I^j$；总耗材（钢材、木材、水泥）量 $\alpha^j$、$\beta^j$、$\nu^j$；总占地面积 $D^j$；总运输量（吨·公里数）$S^j$；总治理污染投资额 $P^j$。相对指标有：投资产值系数 $I_i^j$；单位产值能耗系数 $E_i^j$；单位产值水耗系数 $W_i^j$；劳动生产率 $V_i^j$；单位投资占地系数 $D_i^j$；单位产值运输量系数 $S_i^j$；单位投资耗钢材系数 $\alpha_i^j$；单位投资耗木材系数 $\beta_i^j$；单位投资耗水泥系数 $\nu_i^j$；环境保护投资系数 $P_i^j$（i=1，2，…，12，分别表示 12 个工业部门：1. 表示冶金，2. 电力，3. 煤炭，4. 石油，5. 化工，6. 机械，7. 建材，8. 建工，9. 食品，10. 纺织、皮革、缝纫，11. 文教、造纸，12. 其他。j=1，2，3，4 分别表示不同时点，即 1985 年、1990 年、1995 年、2000 年）。

（2）数学模型的设计。

①线性规划模型。区域性工业战略布局是多目标优化问题，而线性规划模型是研究单目标的，如何将其协调统一呢？我们根据多目标数学规划中的“约束法”，把目标分成两类：“收益类”和“费用类”，将全部“费用类”和部分“收益类”目标放入约束条件中，使目标化多为少，化众为一；从而使多目标优化问题构造为单目标优化的线性规划问题。

下面是以产值 $x_i^j$ 为中心变量的区域性工业战略布局线性规划模型：

A. 约束条件：

$$\left\{\begin{array}{lll}
\sum_{i=1}^{12}(X_i^j-X_i^{j-1})/I_i^j \leqslant I^j\begin{pmatrix}j=1,\ 2,\ 3,\ 4;\\ i=1,\ 2,\ \cdots,\ 12\end{pmatrix} & & (\text{新增投资约束})\\
\sum_{i=1}^{12}W_i^jX_i^j & \leqslant W^j\begin{pmatrix}j=1,\ 2,\ 3,\ 4;\\ i=1,\ 2,\ \cdots,\ 12\end{pmatrix} & (\text{水资源约束})\\
\sum_{i=1}^{12}E_i^jX_i^j & \leqslant E^j\begin{pmatrix}j=1,\ 2,\ 3,\ 4;\\ i=1,\ 2,\ \cdots,\ 12\end{pmatrix} & (\text{能源约束})\\
\sum_{i=1}^{12}X_i^j/U_i^j & \leqslant U^j\begin{pmatrix}j=1,\ 2,\ 3,\ 4;\\ i=1,\ 2,\ \cdots,\ 12\end{pmatrix} & (\text{劳动力约束})\\
\sum_{i=1}^{12}S_i^jX_i^j & \leqslant S^j\begin{pmatrix}j=1,\ 2,\ 3,\ 4;\\ i=1,\ 2,\ \cdots,\ 12\end{pmatrix} & (\text{运输力约束})\\
\sum_{i=1}^{12}P_i^jX_i^j/I_i^j & \leqslant P^j\begin{pmatrix}j=1,\ 2,\ 3,\ 4;\\ i=1,\ 2,\ \cdots,\ 12\end{pmatrix} & (\text{环保投资约束})\\
\sum_{i=1}^{12}D_i^jX_i^j/I_i^j & \leqslant D^j\begin{pmatrix}j=1,\ 2,\ 3,\ 4;\\ i=1,\ 2,\ \cdots,\ 12\end{pmatrix} & (\text{土地资源约束})\\
\sum_{i=1}^{12}\alpha_i^jX_i^j/I_i^j & \leqslant \alpha^j\begin{pmatrix}j=1,\ 2,\ 3,\ 4;\\ i=1,\ 2,\ \cdots,\ 12\end{pmatrix} & (\text{钢材约束})\\
\sum_{i=1}^{12}\beta_i^jX_i^j/I_i^j & \leqslant \beta^j\begin{pmatrix}j=1,\ 2,\ 3,\ 4;\\ i=1,\ 2,\ \cdots,\ 12\end{pmatrix} & (\text{木材约束})\\
\sum V_i^jX_i^j/I_i^j & \leqslant V^j\begin{pmatrix}j=1,\ 2,\ 3,\ 4;\\ i=1,\ 2,\ \cdots,\ 12\end{pmatrix} & (\text{水泥约束})\\
X_i^j & \geqslant X_i^{(-)j}\begin{pmatrix}j=1,\ 2,\ 3,\ 4;\\ i=1,\ 2,\ \cdots,\ 12\end{pmatrix} & (\text{下限约束})\\
X_i^j & \geqslant X_i^{(+)j}\begin{pmatrix}j=1,\ 2,\ 3,\ 4;\\ i=1,\ 2,\ \cdots,\ 12\end{pmatrix} & (\text{上限约束})\\
X_i & \geqslant 0\begin{pmatrix}j=1,\ 2,\ 3,\ 4;\\ i=1,\ 2,\ \cdots,\ 12\end{pmatrix} & (\text{非负约束})
\end{array}\right.$$

B. 目标函数：

$$\text{Max } Z=\sum_{i=1}^{12}X_i^j\begin{pmatrix}j=1,\ 2,\ 3,\ 4;\\ i=1,\ 2,\ \cdots,\ 12\end{pmatrix}\quad(\text{地区工业产值最大})$$

$$\text{Max } Z'=\sum_{i=1}^{12}\theta_i^jX_i^j\begin{pmatrix}j=1,\ 2,\ 3,\ 4;\\ i=1,\ 2,\ \cdots,\ 12\end{pmatrix}\quad(\text{地区工业净产值最大})$$

（$\theta_i^j$ 为第 i 部门净产值与该部门产值比例系数；若用此目标函数，相对指标体系都要化为与净产值有关的系数——所有有产值的地方皆乘以 $\theta_i^j$）

上述两种地区性工业战略布局优化模型的目标函数，在运行求解时，可选择其中之一。

②系统动态学模型。我们所采用的系统动态（力）学模型，即美国麻省理工学院佛瑞

斯特（J. W. Forrster）教授的“System Dynamics”及其专门的电子计算机语言——“DYNAMO”语言，以时间步进模式（5 年为一步长）进行模拟（仿真）。由于其比较宏大，在此只将其本公式概要地列出。

用 DYNAMO 语言所描述的 System Dyamics 基本公式概要：

L　$L_i K = L_i : J + (DT)(RA_i : JK - RS_i : JK)$

R　$OR \cdot KL = 1/AT(DT - IK)$

A　$DI\ K = (WID)(ASR \cdot K)$

A　$IS_i \cdot K = B_i \cdot K/SS$

A　SE·K=TABLE（TSE；DDR·K，A，B，C）

X　TSE=a/b/c/…

C　AT=(常数)

N　A=(常数)

式中：J、K、L 分别表示过去时段、现在时段、将来时段；

L、R、A 分别表示存量方程、速率方程、辅助方程；

X 表示紧连以上方程尾部，并作注释；

C、N 分别表示常数方程和初始方程；

L·K 表示现在 K 时刻的存量（单位）；

L·J 表示前一时刻（J）的存量（单位）；

DT 表示时刻 J 与时刻 K 之间的持续时间（时间度量单位）；

RA 表示加入存量 L 的流率（单位/时间度量单位）；

RA·JK 表示在 J 至 K 的时间流入的流率值（单位/时间度量单位）；

RS 表示存量 L 中流出的流速（单位/时间度量单位）；

RS·JK 表示在 J 至 K 的时间流出的流率值（单位/时间度量单位）；

OR 表示流率；

OR·KL 表示自 K 时刻至 L 时刻的平均流率（单位/时间度量单位）；

AT 表示调整时间（单位如年、月、日、小时等）；

DI 表示期望达到的存量（单位）；

I 表示现在已有存量数（单位）；

I·K 表示现在 K 时刻已有存量数（单位）；

DI·K 表示 K 时刻应达到的存量（单位）；

WID 表示期望应达到的数量所用的时间（如年、月、日、小时等）；

ASR·K 表示现在 K 时刻平均产生的存量（单位/时间度量单位）；

$IS_i \cdot K$ 表示现在 K 时刻第 i 部门某因素的相对数值（%）；

$B_i \cdot K$ 表示现在 K 时刻第 i 部门某因素的绝对数值（单位）；

SS 表示现在 K 时刻所有部门的某因素的总绝对数量值（单位）；

SE·K 表示现在 K 时刻的一个“TABLE”函数，其横坐标为从 A 至 B 每隔 C 取一次值；其纵坐标为 TSE，其值分别取 a，b，c，……

利用上述系统动态学模拟基本方程，在定性分析指导下，依照流图、因果关系图对模拟基本方程作适当定义、变换，即构造成具有反馈特性的区域性工业战略布局系统动态模拟模型。

（3）关于参数的选择、估计与确定。无论是线性规划模型，还是系统动态学模型，都有参数的选择、估计和确定的问题。这个问题，在经济预测与规划中起着关键性的作用。下面我们把做某地区国土规划几个片的工业战略布局时，选择与确定参数的思路、做法和途径，做一扼要介绍，以供参考。

第一，模型中所用的参数基本上都与过去几十年的经济统计资料密切相关，然而以往经济统计资料受历次政治运动影响极大，致使统计数据未能表现出应有的经济规律，今后的发展又不能脱离原来的基础，因此在试用了多种方法之后，认为运用模糊数学中的“染色定理”进行处理比较妥帖——即在定性分析的基础上给不同时期的数据以不同的权重。

第二，在选择、确定每一个参数时，必须详细研究各个时期的国情、国力，领导机关、计划部门的意向，以及各部门各行业所处地区特点、社会、经济、环境状况等。不同部门、不同行业的参数要多次反复地征求该部门、该行业专家的意见，还要与有关计划部门、领导部门更多地交换意见，协调统一思想，取得支持与帮助。

第三，要了解区内外、国内外有关各部门各行业的经济技术状况和发展水平、发展趋势，以便参照与借鉴。关于区域性工业战略布局预测、规划模型中用到的大量同资源有关的参数的确定，此次采用了“弹性系数法”①。我们体会到，这是选择、确定资源参数的一种较好的方法。国内外尚有不少这方面的数据资料可供借鉴。

第四，设计每个参数时，应同时设计几套方案。例如，高、低方案或高、中、低方案等。一是便于征求有关专家、部门意见时，采纳他人意见与见解；二是便于在电子计算机上计算模拟过程中，探讨各种方案的效应，从而对参数做出进一步的修改、选择与确定。

第五，所设计的每个参数及其值域，都必须有所根据或来源，绝不能无根据地假设与乱取。

第六，寻求各种参数时，除以上提及的方法外，目前常用的德尔菲法、回归分析法、滑动平均法、指数平均法等，也是此次设计参数时用过的方法，即每个参数的选择与设计，要试用多种方法和途径，通过分析比较，从中选取最适当的。

2. 逼近优化的区域性工业战略布局方案

我们运用前面所设计的指标体系、参数系列和线性规划、系统动态学模拟相结合的方

① “弹性系数法”是一种边际问题。例如“能源弹性系数”，即能源增长率与产值增长率之比。公式：

$$e^j=\frac{(\text{第 }j\text{ 年用标煤量}-\text{第 }(j-1)\text{ 年用标煤量})/\text{第}(j-1)\text{年用煤量}}{(\text{第 }j\text{ 年总产值}-\text{第}(j-1)\text{年总产值})/(\text{第 }j-1)\text{年总产值}}$$

式中：$e^j$ 为第 j 年能源弹性系数。此种系数能反映出工业生产发展的状况和技术进步水平。

法，在中国人民大学“Hp3000”电子计算机上，对国土规划中的一些地区性工业结构、布局进行了预测与规划，求得了一些地区体现工业战略目标，且逼近最优的工业战略布局方案。

下面我们用一个假设性的例子，说明应用“逼近优化方法”，对区域性工业战略布局进行预测、规划所得到的几类主要结果：

（1）获得评价被预测规划地区各时点（1985 年、1990 年、1995 年、2000 年）经济效益的若干绝对指标和相对指标。首先是地区工业总产值及其增长倍数，这是体现地区工业发展对实现工业战略目标贡献的标志。这里指出Ⅰ、Ⅱ两种方案，它们分别由 1980 年约 4.2 亿元增加到 2000 年的 23.14 亿元和 22.59 亿元，分别增长到 5.51 倍和 5.38 倍，即Ⅰ、Ⅱ两种方案都翻两倍半多。其次，从目标函数值——工业总产值的高、低和耗用资源的多少，以及产值递增速度、万元产值资源耗用量、投资系数、劳动生产率等，可以综合地评价Ⅰ、Ⅱ方案的经济效益，从中选优。然而，要注意，有时最优方案由于技术条件等原因，可能与实际不尽相符，次优方案反而比较实际，是可取的。

（2）获得预测、规划地区各部门分时点的产值、投资、资源（能源、水资源、劳动力等）消耗量、发展速度和增长倍数指标，从而分析各部门在各时点上对翻番的贡献大小，探讨是否符合计划工作的经验和各部门的发展趋势与可能。

根据预测、规划出来的地区分时点部门的产值、投资、劳力、能耗、水耗等绝对量，即可分析各部门在各时间的诸经济效益。诸如，从各部门的产值与投资算得部门投资系数；从产值与劳动算得部门劳动生产率；从产值与能耗、水耗算得部门能耗系数、水耗系数等。这些都是分析地区工业部门经济结构合理程度的重要标志之一。

（3）获得预测、规划地区分时点的经济结构状况的结构栏目。根据预测、规划的产值结构，可以研究各时点上部门结构的发展变化，分析地区工业的优势所在、轻重工业比例、能源工业的比重；根据预测、规划出来的各部门分时点的劳力结构、能耗结构、水耗结构、投资结构等，可以分析哪些部门是劳动力密集型，哪些是资源密集型，哪些是资金密集型、技术密集型……从而可以深入地研究地区工业战略布局条件与各部门发展的关系、发展的潜力和发展的趋势等问题。

# 山西能源基地开发的环境经济规划系列模型概要*

经济发展与环境保护，是当代人类发展生产过程中遇到的一大矛盾问题。我国在四化的进程中，也出现了这类问题。只要我们按客观规律办事，就会走出一条具有中国特色的环境与经济协调发展的环境保护路线，找到囊括“三个规划”（经济规划、城乡规划、环境规划）、“三个同步”（同步计划、同步设计、同步施行）、“三个效益”（社会效益、经济效益、环境效益）的方法。为此，近年来我们结合山西能源基地的开发研究在这方面做了一点探索，现概述如下：

环境经济污染综合防治模型，是一套模型的系列组合。它是在经济结构的全面规划，污染工业的合理布局，污染物的治理及控制指标的制定等各个污染防治环节上，多次运用数学规划求取最小排污量、最小治理量、最小环境投资及部门合理分担治理量的基础上，为决策者提供较为简捷、明确、有用参考数据的过程。现将主要模型的设计思想、参数的选择与确定、资料的处理和应用，概要分述如下：

## 一、最小排污量的经济结构模型

山西现拟经济开发规划污染物排放量超出环境容量，必然导致环境的恶化，地区环境目标值得不到实现。为了减少污染物排放，应当首先从调整经济部门结构上着手。以主要经济要求为约束，寻求最小排放量的经济结构，往往可以达到经济与环境的整体优化效果。

最小排放量经济结构模型是在一定的经济技术条件约束下，以各部门的产值 $X_i$ 为规划变量，各部门万元产值排污量 $C_i$ 为系数，求取最小的排污量 $S^{(1)}$ 为目标函数的一个数学规划问题。其数学模型为：

目标函数：

$$\text{Min } S^{(1)}=\sum_{i=1}^{n} C_i X_i \quad (n=12;\ i=1,\ 2,\ \cdots,\ n)$$

* 本文选自中国地理学会数量地理专业组：《数量地理学在生产布局中的应用》，科学出版社 1988 年版，第 117~122 页。此工作是应国务院技术经济研究中心和山西省人民政府的邀请在山西省计划委员会、省环境保护局的协同配合下，自 1982 年 2 月至 1983 年 6 月进行和完成的。本文主要探讨研究方法及其应用。

约束条件

$$\begin{cases}\sum_{i=1}^{n} X_i \geq Q\ (n=12;\ i=1,\ 2,\ \cdots,\ n) & (经济约束)\\ \sum_{k=1}^{r} X_k \geq q\ (r=3;\ k=1,\ 2,\ r) & (主导部门经济约束)\\ \sum_{j=1}^{M} X_i \geq \alpha^{(1)} q\ (M:待定值;\ j=1,\ 2,\ \cdots,\ M) & (相关部门平衡约束)\\ X_i \geq W_i^{(0)}\quad (初始约束) & (以1980年为基年)\\ X_i \leq a_i^{(2)}\ W_i^{(0)} & (最大增长约束)\\ \sum_{i=1}^{n} a_i^{(3)} X_i \leq N\ (i=1,\ 2,\ \cdots,\ n) & (资源约束)\\ X_i \geq 0 & (非负约束)\end{cases}$$

式中：$S^{(1)}$——在一定经济与环境约束下，低污染经济结构的最小污染物排放量。$X_i$——规划变量，即各工业部门产值。这里主要考虑12个工业部门（n=12；i=1，2，…，n）。$C_i$——各工业部门排污系数，即每万元产值污染物排放量。Q——基地现拟综合规划的总产值。$X_k$——基地开发某些主导工业部门规划产值。q——基地开发某些主导工业部门，现拟综合规划产值（煤、电已拟定）。$X_j$——基地开发与已确定主导部门的密切相关部门规划产值。$a^{(1)}$——主导部门及其相关部门之间的平衡系数。$W_i^{(0)}$——各部门初始产值，以1980年基准。$a_i^{(2)}$——各部门最大可能的年增长率。$a_i^{(3)}$——各部门万元产值所需资源数量。即各部门的资源消耗系数（如水耗系数）。N——各部门所需资源总量（山西能源基地开发水资源为主要约束）。

## 二、最小治理量布局模型

“环境容量”是大气、水域等稀释净化污染物的能力。现在人们已把环境容量视为宝贵的自然资源。特别是在当今我国工业大发展，污染物大量排放，人工治污资金有限的情况下，尽量利用环境容量，合理布局污染工业，减少人工治污量，最大限度地节省环境投资尤为重要，以经济发展与保护环境为约束，寻求经济合理分布，科学布局工业，往往可以达到经济效果与环境效果的统一。

最小治理量布局模型，是在一定的经济与环境约束下，以地区产值 $X_j$ 为规划变量、各地区万元产值排污量 $C_i$ 为系数，求取污染最小治理量 $S^{(2)}$ 为目标函数的一个数学规划问题。其数学模型为：

目标函数：$\text{Min}\ S^{(2)} = \sum_{i=1}^{n}\left(\sum_{j=1}^{m} \alpha_{ij} X_{ij} - M_i\right)\ (i=1,\ 2,\ \cdots,\ n;\ j=1,\ 2,\ \cdots,\ m)$

约束条件

$$\begin{cases}\sum_{i=1}^{n}\sum_{j=1}^{m}X_{ij}\geqslant Q_1\ (i=1,\ 2,\ \cdots,\ n;\ j=1,\ 2,\ \cdots,\ m) & \text{（经济约束）}\\ \sum_{i=1}^{n}\sum_{j=1}^{m}\alpha_{ij}X_{ij}\leqslant M_i\ (i=1,\ 2,\ \cdots,\ n;\ j=1,\ 2,\ \cdots,\ m) & \text{（环境容量约束）}\\ X_{ij}\geqslant W_{ij}^{(0)} & \text{（i 地区 j 部门初始产值约束）}\\ X_{ij}\leqslant \alpha_{ij}^{(4)}W_{ij}^{(0)} & \text{（i 地区 j 部门最大增长约束）}\\ \sum_{j=1}^{m}\alpha_{ij}^{(5)}X_{ij}\leqslant N_i\ (i=1,\ 2,\ \cdots,\ n;\ j=1,\ 2,\ \cdots,\ m) & \text{（i 地区某资源约束）}\\ X_{ij}\geqslant 0 & \text{（非负约束）}\end{cases}$$

式中：$S^{(2)}$——通过合理布局，充分利用环境容量的基地污染物最小治理量；$X_{ij}$——规划的 i 地区 j 部门产值，山西能源基地主要开发区拟为 m 个地区，因此，j＝1，2，…，m；$Q_i$——i 地区各部门规划时期的总产值；$a_{ij}$——i 地区 j 部门万元产值排污量；$M_i$——i 地区 j 部门经济发展初始产值（以 1980 年为基准）；$a_{ij}^{(4)}$——i 地区 j 部门经济发展最大可能增长率；$N_i$——i 地区资源总量。

## 三、最小环境投资治理模型

通过上述经济结构与工业布局的污染物削减，所剩污染物治理量，要通过多种治理途径和措施加以去除，以达到环境目标值。治理污染物的主要途径与措施大致有下列各类：

（1）技术改造（减少污染物的发生排放）。

（2）污染物尾部净化治理。

（3）调节和强化自然净化力。

（4）建设区域治理污染工程。

上述各类污染物治理途径与措施，在实施过程中环境投资效益（即去除每吨污染物所用投资和费用）和所需条件很不相同。因此，这些措施的不同组合方案，会有不同的环境投资。为此，需要开展最小环境投资治理模型的研究。

最小环境投资治理模型是以污染物最小治理量 $S^{(2)}$ 为主要约束，以各种不同治理措施 $X_k$ 为规划变量，其目标函数为环境治理投资最小的一个数学规划问题，其数学模型为：

目标函数：$\text{Min}\ U=\sum_{k=1}^{n}\alpha_k X_k\ (k=1,\ 2,\ \cdots,\ n)$

$\sum_{k=1}^{n}X_k\geqslant S^{(2)}\ (k=1,\ 2,\ \cdots,\ n)$（治理量约束）

约束条件

$$\begin{cases} X_k \leqslant \alpha_k^{(6)} S^{(2)} & \text{（技术约束）} \\ X_k \leqslant \alpha_k^{(7)} S^{(2)} & \text{（地区条件约束）} \\ X_k \leqslant \alpha_k^{(8)} S^{(2)} & \text{（社会条件约束）} \\ X_k \geqslant 0 & \text{（非负约束）} \end{cases}$$

式中：U——基地污染防治最小环境投资；$a_k$——K 类治理措施去除每吨污染物的投资（即各种治理措施的环境投资效益系数之例数）；$X_k$——各类治理措施的治理规划变量；$X_k{}^{(6)}$——各类治理措施，最大可能治理量与所需全部治理量即期望达到的总治理量的比例系数；$S_2$——各类治理措施期望达到的总治理能力；$X_k^{(7)}$——地区条件允许最大治理量与全部治理量的比例系数（如治理资金的局限等）。

## 四、部门治理量优化分配模型

调节强化自然净化力，建设区域性的集中处理设施，一般是地方环保部门和市政府负责实施的；而通过技术改造减少污染物排放、建设尾部治理工程，一般是由各工业部门担负的。由于地方环保部门要对各工业部门的治理量和允许排放量进行严格监督和环境管理，各工业部门污染物排放的地区负荷比例以及环境投资效益系数各不相同，为使各工业部门合理分担治理任务，经济有效地解决地区的环境污染问题，需要建立地区各工业部门污染物控制指标体系，因此，需要开展部门治理优化分配模型的研究。

部门治理优化分配模型由三个部分组成：

第一部分是部门技术治理优化分配模型，它是以各部门技术治理总量之和 $P^{(1)}$ 为主要约束，分部门技术治理量 $X_i^{(1)}$ 为规划变量，每万元投资技术改造污染物减少量 $a_i^{(1)}$ 为系数，总的技术治理投资 $U^{(1)}$ 最小为目标函数的一个数学规划问题。其数学模型为：

目标函数：$\text{Min } U^{(1)} = \sum_{i=1}^{n} \alpha_i^{(1)} X_i^{(1)} (i=1, 2, \cdots, n)$

约束条件

$$\begin{cases} \sum_{i=1}^{n} X_i^{(1)} \geqslant P^{(1)} (i=1, 2, \cdots, n) & \text{（治理总量约束）} \\ X_i^{(1)} \leqslant r_i^{(1)} P^{(1)} (i=1, 2, \cdots, n) & \text{（各部门上限约束）} \\ X_i^{(1)} \geqslant r_i^{(2)} P^{(2)} (i=1, 2, \cdots, n) & \text{（各部门初始约束）} \\ X_i^{(1)} \geqslant 0 & \text{（非负约束）} \end{cases}$$

式中：$r_i^{(1)}$——为 i 工业部门技术治理污染量期望值与所有工业部门技术治理总量 P 的比例系数；$r_i^{(2)}$——为 i 工业部门现有技术治理污染量与所有工业部门技术治理量 $P^{(1)}$ 比例系数。

第二部分是部门尾部治理最优化分配模型，它是以尾部治理总量 $P^{(2)}$ 为主要约束，各工业部门尾部治理总量 $X_i^{(2)}$ 为规划变量。各部门万元投资尾部治理量 $a_i^{(2)}$ 为系数，总的尾部治理投资 $U^{(2)}$ 最小，为目标函数的一个数学规划问题，其数学模型为：

目标函数：$\text{Min } U^{(2)}=\sum_{i=1}^{n}\alpha_i^{(2)}X_i^{(2)}(i=1, 2, \cdots, n)$

约束条件

$$\begin{cases}\sum_{i=1}^{n}X_i^{(2)}\geqslant P^{(2)}(i=1, 2, \cdots, n) & \text{（尾部治理总量约束）}\\ X_i^{(2)}\geqslant r_i^{(3)}P^{(2)} & \text{（各部门治理初始约束）}\\ X_i^{(2)}\leqslant r_i^{(4)}P^{(2)} & \text{（各部门治理上限约束）}\\ X_i^{(2)}\geqslant 0 & \text{（非负约束）}\end{cases}$$

式中：$r_i^{(3)}$——i 工业部门尾部治理污染量期望值与所有工业部门治理总量 $P^{(2)}$ 的比例系数；$r_i^{(4)}$——i 工业部门现有尾部治理污染量期望值与所有工业部门尾部治理总量 $P^{(2)}$ 比例系数。

第三部分是部门内部治理量，允许排放的分配模型。它是以部门内现有产值 $Q_i^{(0)}$ 与即将新增产值（$Q_i^{(1)}-Q_i^{(0)}$）分配污染物治理量 $S^{(3)}$、$S^{(4)}$ 和允许排放量 $S^{(5)}$、$S^{(6)}$ 的比例模型，其数学模型为：

$$S_i^{(3)}=\frac{q_i^{(0)}}{Q_i^{(0)}}S^{(3)},\quad S_i^{(4)}=\frac{q_i^{(1)}}{Q_i^{(1)}}S^{(4)}$$

$$S_i^{(5)}=\frac{q_i^{(0)}}{Q_i^{(0)}}S^{(5)},\quad S_i^{(6)}=\frac{q_i^{(1)}}{Q_i^{(1)}}S^{(6)}$$

式中：$q_i^{(0)}$——i 工业部门基年的产值；$q_i^{(1)}$——i 工业部门规划年份的产值；$S_i^{(3)}$——i 工业部门基年污染物治理量；$S_i^{(4)}$——i 工业部门规划年份污染物治理量；$S_i^{(5)}$——i 工业部门基年污染物允许排放量；$S_i^{(6)}$——i 工业部门规划年份污染物允许排放量。

## 五、各模型参数的确定与资料的应用

环境经济污染综合防治模型是由最小排放量经济结构模型、最小治理量工业布局模型、最小环境投资治理模型及部门优化分配模型四种模型组合而成。各个模型参数的确定和资料的收集应用，是本次模型研究的关键。现就其主要内容分述如下：

（1）环境经济污染综合防治模型组合中的最小排污量经济结构模型、最小治理量工业布局模型中，各部门和各地区的排污系数，可以根据多年各部门产值、各地区产值及其排污量资料用回归等数理统计的方法求得。但由于时间和资料的局限，本次规划一般采用加权平均法求得，即：

$a_i(\text{或 } C_i)=\sum S_i/\sum Q_i\times n_1$

式中：$a_i$——i 部门或 i 地区排污系数；$S_i$——i 部门或 i 地区排污量；$Q_i$——i 部门或 i 地区年产值；$n_1$——经实际典型调查而给予的修正系数。

$Q_i$ 和 $S_i$ 可由经济与环境统计年报中查得，但要注意根据统计资料得到的排污系数要和实际典型调查测算的资料相互对照，并予以修正。

关于山西能源基地各部门排放的污染物一般有水、气、渣三种。根据多年污染调查评价的研究，在污染综合防治中拟大气污染物以尘、水污染物以 $BOD_5$ 和渣以煤矸石为规划污染物。为数学规划的方便，我们将每一部门或地区多种污染物的排放系数都转化为部门或地区的环境治理投资综合系数 $\sigma_i$（这是一个综合指标）。投资治理污染物综合系数 $\sigma_i$ 的公式是：

$$\sigma_i = d_i + e_i + f_i$$

式中：$d_i$——i 工业部门治理一吨尘的环境投资；$e_i$——i 工业部门治理一种 $BOD_5$ 的环境投资；$f_i$——i 工业部门治理一吨渣的环境投资。

（2）环境经济污染综合防治模型组合中，最小环境治理投资模型与部门治理优化分配模型的各类治理措施，各部门技术和尾部治理措施的环境投资效益系数，可收集多年的环境投资及其污染物去除量用回归等数理统计方法求得，由于时间及资料的局限，本次规划采用加权平均法求得，即：

$$d_i(\text{或 } e_i \cdot f_i) = \frac{\sum U_i^v}{\sum S_i^v}\theta$$

式中：$d_i$（或 $e_i \cdot f_i$）——第 i 工业部门污染物尘或 $BOD_5$、渣的治理措施环境资本系数；$S_i^v$——第 i 部门多年某项治理措施的污染物去除量（v＝1，2，3；1 为尘，2 为 $BOD_5$，3 为渣）；$U_i^v$——第 i 部门某项治理污染物措施的投资总额；θ——根据实际典型工程而确定的修正系数。

（3）最小排污量经济结构模型约束条件中的现拟规划产值 Q、主导部门产值 $X_k$、各部门经济初始产值 $W_i^{(0)}$、资源约束总量 $N_1$ 等可由基地规划资料查阅获得。而与其主导部门密切相关部门之间的平衡系数 $a^{(1)}$、各部门最大增长率 $a_i^{(2)}$、产值资源消耗系数 $a_i^{(3)}$ 等，是同有关规划部门研究确定的。

（4）最小治理量布局模型中，各地区环境容量 $M_i$，利用预测组成果。

（5）最小环境治理投资和部门优化分配模型中的治理量约束，是由最小治理量工业布局模型计算出最小治理量 $S^{(2)}$，最小环境治理投资模型计算出技术、尾部总治理量 $X_i^{(1)}$、$X_i^{(2)}$ 而得。技术条件、地区条件、社会投资治理量占全部治理量比例系数 $r_i^{(1)}$、$r_i^{(2)}$、$r_i^{(3)}$、$r_i^{(4)}$ $a_i$ 及 $a_i^{(1)-(8)}$，则应邀集技术、工程、经济专家，讨论研究和试算分析而确定。

# 投入产出与线性规划模型在地区工业环境经济中的应用*

对于地区性工业结构的研究，应当用经济和环境双重指标去衡量。在研究区域性环境与经济问题中，多用经济发展结构的线性规划模型，然而该种模型欠缺对部门间关系的考虑，或至少是考虑不够。我们在对一地区工业结构的环境与经济问题的研究中，采用了“投入产出”与“线性规划”相结合的方法，建立了“区域性工业结构的环境经济模型”。模型中既包含了结构的优化问题，也考虑了部门间的关系；既有经济目标，也有环境目标。现就区域性工业环境经济结构模型的建立及其应用进行探讨。

## 一、区域性工业环境经济结构模型的建立

### （一）编制区域环境经济投入产出表

传统的投入产出表没有环境项目，在该投入产出表中加入环境项目，即得区域性环境经济投入产出，如表 1 所示。

**表 1**

| | 生产部门 | | 最终产品及消费领域 | 总产品（值） |
|---|---|---|---|---|
| 生产部门 | 1 | $A_{11}$ $A_{22}$ … $A_{1j}$ … $A_{1n}$ | $Y_1$ | $X_1$ |
| | 2 | $A_{21}$ $A_{22}$ … $A_{2j}$ … $A_{1n}$ | $Y_2$ | $X_2$ |
| | ⋮ | ⋮ | ⋮ | ⋮ |
| | i | $A_{i1}$ $A_{i2}$ … $A_{ij}$ … $A_{in}$ | $Y_i$ | $X_i$ |
| | ⋮ | ⋮ | ⋮ | ⋮ |
| | n | $A_{n1}$ $A_{n2}$ … $A_{nj}$ … $A_{nn}$ | $Y_n$ | $X_n$ |

* 本文选自中国地理学会数量地理专业组：《数量地理学在生产布局中的应用》，科学出版社 1988 年版，第 123~130 页。

续表

| | | 生产部门 | | 最终产品及消费领域 | 总产品（值） |
|---|---|---|---|---|---|
| 环境项目 | 资源 | 1 | $C_{11}$ $C_{12}$ … $C_{1j}$ … $C_{1n}$ | $G_1$ | $B_1$ |
| | | 2 | $C_{21}$ $C_{22}$ … $C_{2j}$ … $C_{2n}$ | $G_2$ | $B_2$ |
| | | ⋮ | ⋮ | ⋮ | ⋮ |
| | | k | $C_{k1}$ $C_{k2}$ … $C_{kj}$ … $C_{kn}$ | $G_k$ | $B_k$ |
| | | ⋮ | ⋮ | ⋮ | ⋮ |
| | | m | $C_{m1}$ $C_{m2}$ … $C_{mj}$ … $C_{mn}$ | $G_m$ | $B_m$ |
| | 排污 | | $P_1$ $P_2$ … $P_j$ … $P_n$ | R | Q |

表中：$X_n$——各部门的总产值或总产品；$Y_n$——为各部门的最终产值或最终产品；$A_{ij}$——为 j 部门生产中所需 i 部门产品（或化为产值）数量（即投入情况）。

用向量矩阵表示表 1 的上半部分，即：

$$AX+Y=X \tag{1}$$

$$(I-A)X=Y \tag{2}$$

（I–A）叫作列昂捷夫矩阵。方程（2）即综合平衡方程，是下面建模中约束方程的基础。令 $a_{ij}=A_{ij}/X_j$，则表中的 $A_{ij}X_j$，$a_{ij}$ 的意义是表示 j 部门生产单位产品所有消耗（或所需要的 i 部门产品（产值）之数量，因此称作“直接消耗系数”。

同样，表 1 下半部分中，令 $C_{kj}=C_{kj}/X_j$，则表中的 $C_{kj}=C_{kj}X_j$。$C_{kj}$ 的意义表示 j 部门生产单位产品（产值）所消耗（或所需要）的 k 种资源的数量，谓之曰“资源消耗系数”。

同理，令 $P_{kj}=P_{kj}/X_j$，则表中的 $P_{kj}=P_{kj}X_j$。$P_{kj}$ 表示 j 部门生产单位产品（产值）所排放的污染物数量，称作“排污系数”。

用矩阵形式表示表 1，得表 2。

**表 2**

| | 生产部门 | 最终产品及消费领域 | 总计 |
|---|---|---|---|
| 生产部门 | A | Y | X |
| 资源 | C | G | B |
| 排污量 | P | R | Q |

由表中最后一行得到：

$$Q=PX+R \tag{3}$$

即总排污量 Q 等于生产中排污量（PX）加消费领域排污量（R）。由表中第一行得到：

$$AX+Y\leqslant X \tag{4}$$

即所计划的产值（X）应大于生产消耗量 AX 与最终产品（Y）之和。由表中第二行得到：

$$CX + G \leqslant B \tag{5}$$

即生产中所消耗资源（cX）加消费领域消耗资源 G 应小于总资源 B。

## （二）区域性工业环境经济模型

下面将前面的方程（3）取最小排污量并定为目标函数；将方程（4）、方程（5）作为约束条件；再加上其他约束：X≥∞（基值约束）、最大增长约束 X≤L、总产值约束。

$$\sum_{j=1}^{n} X_j \geqslant G_0$$

各产值 X 为规划变量，建立区城工业环境经济投入产出线性规划模型的数学表达式为：

目标函数：MinQ = PX + R

约束条件

$$\begin{cases} (I - A)\ X \geqslant Y & \text{（投入产出平衡约束）} \\ cX + G \leqslant B & \text{（资源约束）} \\ X \leqslant L & \text{（最大增长约束）} \\ X \geqslant W & \text{（基值约束）} \\ \sum_{j=1}^{n} x_j \geqslant G_0 & \text{（总产值约束）} \\ x_j \geqslant 0 & \text{（非负约束）} \end{cases}$$

式中：（I－A）——列昂捷夫矩阵；I——n 阶单位方阵；C——资源消耗系数矩阵；Q——排污量；P——排污系数向量 $P = (p_1,\ p_2,\ \cdots,\ p_n)^T$；R——消费领域排污量；X——各部门产值向量 $X = (x_1,\ x_2,\ \cdots,\ x_n)^T$；Y——最终产品需求向量 $Y = (y_1,\ y_2,\ \cdots,\ y_n)^T$；G——消费领域所需环境资源向量 $G=(g_1,\ g_2,\ \cdots,\ g_n)^T$；B——总环境资源向量 $B(b_1,\ b_2,\ \cdots,\ b_n)^T$；L——最大增长向量，$L = (l_1,\ l_2,\ \cdots,\ l_n)^T$；W——基值向量 $W = (w_1,\ w_2,\ \cdots,\ w_n)^T$；$G_0$——总产值。

模型中只有部门产值 X 是变量，其余均为常数。只要资料完整就能求解出优化后的产值 X 模式的作用与应用：

（1）通过求解部门优化的规划产值 X 得到环境—经济整体优化的低污染产值与其经济结构。

（2）通过求解目标函数值，得到区域环境污染物最小排放量，为下一步利用环境容量进行污染物的优化削减打下基础。

（3）通过计算减少的排污量进一步估算出节省的环境投资。

## 二、实例分析

根据一假拟地区之资料进行实例分析，目的是验证模型的实用性和看看如何为决策者提供决策参考信息。

### （一）根据资料简化模型

由于资料所限对于所建模型需作为必要的简化：

（1）对于目标函数污染排污量，在此只考虑环境经济结构，调查各部门的生产量，使排污量减少到最小即 $Min(Q-R)=P\cdot X$。

（2）对于投入产出平衡约束 $(I-A)X\geqslant Y$ 中的最终产品 Y 较难估计，采用比例因子 $\sigma_i=Y_i/X_i$ 来进行简化，即将 $Y=\sigma X$ 代入方程中有：

$(I-A)\ X\geqslant\sigma X$

$(\sigma+A-I)\ X\leqslant 0$

$\sigma_j$ 可从历年的统计资料中获得，$\sigma=\begin{pmatrix}\sigma_1 & & 0\\ \sigma_2 & \ddots & \\ 0 & & \sigma_n\end{pmatrix}$

（3）对于资源约束，$CX+G\leqslant B$ 在此将总资源 B 与消费领域所耗相应资源 G 合并为一项 $B'$，即令 $B'=B-G$，则得资源约束为 $cX\leqslant B'$。

在上述考虑的基础上得到使用性简化模型为（括号中的数据为约束方程的顺序个数）：

目标函数：Min $(Q-R)=PX$

约束条件

| | | |
|---|---|---|
| 投入产出平衡约束 | $(A+\sigma-I)X\leqslant 0$ | （1~9） |
| 资源约束 | $cX\leqslant\beta'$ | （10~12） |
| 最大增长约束 | $X\leqslant l$ | （13~31） |
| 基值约束 | $X\geqslant W$ | （32~50） |
| 总产值约束 | $\sum_{j=1}^{14}X_j\geqslant G_0$ | （51） |
| 非负值约束 | $X_j\geqslant 0$ | （52） |

### （二）模型的进一步说明

1. 目标函数方面

在具体运用上述模型的目标函数方程时，可以使其分别为废水排污量、废气排污量、工业粉尘排污量、废渣排污量、“相对”排污量、环境最小投资六种目标函数，即：

水 $Min(Q_1-R_1)=P_1X$

气 $Min(Q_2-R_2)=P_2X$

尘 $Min(Q_3-R_3)=P_3X$

渣 $Min(Q_4-R_4)=P_4X$

“相对” $Min(Q_5-R_5)=P_5X$

投资 $Min(Q_6-R_6)=P_6X$

（1）部门分类（X）。设假拟地区的工业分为19个部门，即 $X=(X_1, X_2, \cdots, X_{19})^T$。

（2）排污系数。与目标函数相对应，使用了六种排污系数：$P_1$ 水排污系数、$P_2$ 气排污系数、$P_3$ 粉尘排污系数、$P_4$ 渣排污系数、$P_5$“相对”排污系数、$P_6$ 环境投资系数。前四种可以直接得到，后两种是由前四种综合标化获得。

1）关于“相对”排污系数：上面所提及的前四种单项排污系数不能反映各工业部门综合排污状况，通过将单项排污系数进行标准化处理，得到综合性指标，令其叫“相对”排污系数和环境投资系数。

“相对”排污系数是以各工业部门排污量占整个排污量的百分比进行标化的。它的求法是先求出各部门水、气、尘、渣四项排污量占总排放量的百分比。然后，将所得到的百分比相加取四者的平均值，再除以工业部门的产值。显然，调整结构之前“相对”放量Q=100%，即$100=P_1X_1+P_2X_2+\cdots+P_{19}X_{19}$；调整之后相对排放量必然小于100%，即 $P_1X_1'+P_2X_2'+\cdots+P_{19}X_{19}'<100$（X′为调整后的产值）。使用这种排污系数可以显示所有污染物的综合影响，这是环境规划与管理中很重要的一项内容和指标。

2）环境投资系数：环境投资系数是用环境治理投资反映排污量大小的综合性污染指标，即各种污染物是以其单位污染物治理投资为标化基础的，其单位是单位产值产生的污染物量所需治理投资。

表3中的六种排污系数（$P_1$，$P_2$，$P_3$，$P_4$，$P_5$，$P_6$），分别代入目标函数方程，可得到六种不同的目标函数值（$Q_1$，$Q_2$，$Q_3$，$Q_4$，$Q_5$，$Q_6$）。

2. 约束条件方面

所建模型约束条件分为六大类：①投入产出平衡约束；②资源约束；③工业部门最大增长约束；④工业部门基值约束；⑤工业总产值约束；⑥非负约束。现分述如下：

（1）投入产出平衡约束：$(\sigma+A-I)X\leqslant 0$。

为保证工业部门之间按综合平衡的要求发展，模型中必须纳入这个约束。这是本模型区别于一般线性规划模型的一个特点。

通过这一部分的推导可知，$(\sigma+A-I)$ 矩阵是由 $\sigma$ 的对角矩阵减列昂捷夫矩阵 $(I-A)$ 得到的。

$$\sigma = \begin{pmatrix} \sigma_1 & & & \\ & \sigma_2 & & \\ & & \ddots & \\ & & & \sigma_n \end{pmatrix}$$ 前面已定义为比例因子 $\sigma_j$，可由历年统计数据中查得。(I－A)矩阵可以由投入产出表中获得。

模型中有九个部门的平衡关系作约束。这九个部门是：农业、电力、化工、机械、纺织、铁路、邮电、公路、商业。后四个部门铁路、公路、邮电、商业属于服务性部门，其“产品”的量不能积累，只对生产起保证作用，则这四个部门用等式约束，即约束方程 6~9 为等式。

(2) 资源约束：$eX \leqslant B$。

模型中运用了三种资源约束，即水资源、投资和劳动力资源，B 是生产消耗资源最大允许量，其中，拟最大耗水允许量为 12.2 立方亿米，最大投资量为 125 亿元，劳动力资源为 140 万个劳力。则：

$$B = \begin{pmatrix} 12.2 \\ 125 \\ 140 \end{pmatrix}$$

(3) 工业部门的产值最大增长量 L 和基值量 W 约束：$X \leqslant L$；$X \geqslant W$。

为了使所计划的产值不高于生产上可能达到的产值，要有最大可能增长的限制 L。基值约束 W，即规划年份的产值不能低于基年的产值。L 和 W 的具体数据，设拟如下：

$L = (15, 5.639, 1.861, 8, 11.8, 0.2, 0.04, 6.5, 2.7, 2.42, 0.22, 6.2, 5, 16.169, 9.6, 2.3, 0.2, 30)^T$

$W = (7, 1.516, 0.36, 6.67, 9.524, 0.0689, 0.016, 0.9, 0.3, 0.5, 0.08, 1.3, 2.5, 9.3, 0.7, 0.1, 1.25)^T$

(4) 总产值约束：$\sum_{j=1}^{n} X_j \geqslant G_0$。

按计划要求到 2000 年工业总产值翻两番达到 68 亿元，故前 14 个工业部门产值之和应大于 68。

即 $\sum_{j=1}^{14} X_j \geqslant 68$

综合上述即给出假拟地区域工业环境经济投入—产出线性规划具体模型：

目标函数：$\text{Min}(Q-R) = \sum_{j=1}^{19} P_j X_j$

约束条件：

1) 投入产出平衡约束 $(I-A)X \geqslant \sigma X$。

农业 $\sum_{j=1}^{19} a_{1j} X_j \leqslant X_1$ (1)

电力 $\sum_{j=1}^{19} a_{4j}X_j \leqslant 0.5X_4$ （2）

化工 $\sum_{j=1}^{19} a_{8j}X_j \leqslant 0.9X_8$ （3）

机械 $\sum_{j=1}^{19} a_{9j}X_j \leqslant 0.9X_9$ （4）

纺织 $\sum_{j=1}^{19} a_{12j}X_j \leqslant 1.1X_{12}$ （5）

铁路 $\sum_{j=1}^{19} a_{16j}X_j \leqslant X_{16}$ （6）

公路 $\sum_{j=1}^{19} a_{17j}X_j \leqslant X_{17}$ （7）

邮电 $\sum_{j=1}^{18} a_{18j}X_j \leqslant X_{18}$ （8）

商业 $\sum_{j=1}^{19} a_{19j}X_j \leqslant X_{19}$ （9）

2）资源约束：$cX \leqslant B'$。

水资源 $\sum_{j=1}^{19} C_{ij}X_j \leqslant 12.2$ （10）

投资 $\sum_{j=1}^{19} C_{2j}X_j \leqslant 125.0$ （11）

劳动力 $\sum_{j=1}^{19} C_{3j}X_j \leqslant 140.0$ （12）

3）工业部门基值约束

19 个工业部门皆有：$X \geqslant W$ （13~31）

4）工业部门最大可能增长约束

19 个工业部门皆有：$X \leqslant L$ （32~50）

5）工业总产值约束（只考虑 14 个生产物质财富部门）$\sum_{j=1}^{14} X_j \leqslant 68.0$ （51）

6）非负约束 $X_j \geqslant 0$ （52）

## （三）模型的求解

我们就是运用最后这个纳入投入产出约束的模型，来求解区域性工业环境经济结构方案的。该模型中包括 19 个变量部门，52 个约束方程。求解过程中采用 FORTRAN 语言的单纯形法标准程序，在电子计算机上求得结果，从规划计算结果可知，运用不同种类的排污量为目标函数分别优化，可以得到多种经济与环境信息。

（1）以废水最小排放量为目标函数进行优化的结果是：废水排放量由 10591.55 万吨降为 8309.10 万吨，比原结构减少 21.55%。在总投入保持不变的情况下，而总的经济产值尚可增加 0.589 亿元。

（2）以废气排放量最小为目标函数进行优化的结果是：废气排放量由 1040.1 亿立方米降为 856.9 亿立方米，减少了 17.61%。经济总产值增加 0.916 亿元，总投资减少 16.343 亿元。

（3）以废渣排放量最小为目标函数进行优化的结果是，废渣排放量由 1122.11 万吨降为 956.63 万吨，减少 14.80%，同时总产值增加 0.952 亿元，总投资减少 16.440 亿元。

但是，以单项排污量指标作为目标函数不能完全反映综合排污情况，因而又引进和构造了两个综合指标，即相对排污量和环境治理投资，以其最小值作为目标函数的最优环境结构（见表 3）。

**表 3 以综合指标为目标的优化结构环境经济效益**

| 优化结构效益目标函数 | 排污量（%） | | 环境投资（亿元） | | 经济总产值（亿元） | | 建设总投资（亿元） | |
|---|---|---|---|---|---|---|---|---|
| | 优化结构占原结构之比 | 优化结构比原结构减少 | 原结构环境投资 | 优化结构节省环境投资 | 原经济结构总平均值 | 优化经济结构总产值 | 原结构建设总投资 | 优化结构所需建设总投资 |
| 以相对排污量和环境投资最小为目标优化结果 | 78.7 | 21.3 | 3.61 | 0.57 | 84.8 | 86.024 | 24.7 | 111.0 |

从上述研究结果表明，运用区域性工业环境经济投入产出线性规划模型，从经济与环境两个方面同步规划，寻求经济与环境整体优化结构，以此为参考信息，调整经济结构就能获得经济效益与环境效益的统一。因此，此项研究工作在我国许多地区，诸如原有工业基地、新开发建设的工矿区等都有探讨其环境经济结构优化的现实问题。也可以说，进一步开发这项研究工作，是经济发展的需要，也是环境保护的要求当然。我们的这个探索，还是初步的，尚有不少问题和许多有待商榷、改进的地方（比如，以排污量最小求得的环境经济的各种结构数据，有的不一定科学、合适，等等）。但是，我们认为，把一个地区的工业发展与环境保护合起来统一规划，是我们把工作重点转移到经济方面来，以及把环境保护定为国策的最有效的体现，也是实现经济与环境同步发展、协调发展卓有成效的途径和手段。

# 论环境规划*

环境是人类赖以生存和发展的物质基础。然而，由于人类社会的发展，尤其是近几十年来，人口的剧增、经济规模和生产强度的高速增长，以及地区的经济开发都市化地域的不断增加与强化，造成了环境的污染和破坏，使人类面临着资源枯竭与条件恶化的危险。因此，环境与人口、资源、发展成为当前世界上公认为经济发展中的四大问题。世界各国的政府、科学界都在寻求一种合理的发展战略——既能使经济持续稳定地发展，也能保护环境的战略。近年来，美国、英国、法国、联邦德国、日本、苏联、捷克斯洛伐克、巴西、菲律宾等国，都先后进行了这方面的探索与研究。其突出而显著的特点是，不但注意治理环境的污染与破坏，而且特别注意预防环境的污染与破坏，从而使环境保护进入规划研究阶段。

我国的环境问题，近些年来随着经济与社会的发展，也已经成为一个突出的问题。就我国现阶段的环境质量来说，其污染状况，已大致相当于 20 世纪 60 年代西方工业发达国家的污染水平，在一些重点城市，污染更为严重，直接威胁着人民的健康，也影响了生产的发展。我国目前的经济还不很发达，环境问题已经如此严重，如不采取有力的措施，到 21 世纪末实现党的十二大制定的战略目标时，环境问题将会十分严重或不堪设想。因此，这是我国经济大发展中，迫切需要解决的一个战略问题。总结国内外的经验教训，不能再走那种先污染后治理的环境保护弯路，也不能再采取那种只设置治理工程，就污染治污染，“头痛医头、脚痛治脚”的被动做法，而要在防患于未然、防治结合、综合防治上研究与开拓，即开展“环境预测与规划”。环境预测与规划是把经济发展与环境保护紧密结合为一个整体，提高经济效益和环境效益，贯彻与落实我国“全面规范，合理布局，综合利用，化害为利，依靠群众，大家动手，保护环境，造福人民”的环境保护方针，选择一条经济而有效的解决途径。适逢全国上下都在搞社会经济发展战略规划和国土规划纲要，环境规划应当是其不可缺少的重要组成部分。

* 本文选自王华东、张敦富等：《环境规划方法及其实例》，化学工业出版社 1988 年版，第 1~12 页。

# 一、环境规划的概念和内容

## （一）环境规划的概念和类型

总结国内外环境保护的经验教训，我们可以得出这样的认识：环境污染和生态破坏，归根结底是人类生产和经济活动的产物。而如今的环境规划则是解决发展经济和保护环境之间的矛盾，以便确保国民经济的持续发展，又能防止环境污染和生态破坏于未然。因此，进行环境规划研究对预防社会经济发展可能带来的环境污染和生态破坏具有重要意义。

尽管世界各国极为重视环境规划的研究，但对环境规划概念到目前为止还有不同的理解。

美国人 Donald-M. 提出，环境规划是合理安排环境以达到某种主要目标的过程。

英国的 Edington 等人提出，环境规划是努力平衡和协调人类为了自身利益而施加于环境开发行为的一种企图。

我国的学者、教授也提出了一些看法，如陈传康认为，环境问题是由于人类不合理的生产和消费活动，导致环境破坏和污染。为了解决环境问题，除了要进行相应的“三废”处理和综合利用外，还需要根据对环境的监测和调查资料，对环境进行质量评价，以便了解环境的破坏和污染情况，拟定改善环境的步骤和措施，特别是为不同区域拟定合理的改造利用措施。这些就是环境规划的内容。

刘天齐认为，环境规划是时间、空间环境安排的决策。

我们认为，环境规划是对一个城市、一个地区或一个流域的区域环境进行调查、质量评价和预测因经济发展所引起的变化，根据生态学原则提出调整工业部门结构以及安排生产布局为主要内容的环境保护，改造和塑造环境的战略布署。其中包括保护、修复和塑造环境问题。

环境规范可包括近期环境规划，中期和长远环境规划两个部分。前者是对所有选出的环境问题，用规划的方法提出解决环境问题的途径，后者是根据经济的未来发展所做出的环境影响预测，运用合理规划布局，提出解决环境问题对策的战略途径。

按照环境要素分，包括大气污染综合防治规划、水质污染综合防治规划、土地利用综合规划、噪声污染综合防治规划等。

按照区域类型分，包括城市环境规划、区域环境规划、流域环境规划等。

按照行政区划类型分，包括国家环境规划、省市环境规划以及区、县环境规划等。

目前，我国正在制订国家环境规划，各地区也应根据当地经济发展和环境特点以及环境污染所存在的问题，制订出当地的环境规划，以解决经济发展可能带来的环境问题。

总之，各种类型的环境规划都是针对不同类型的环境问题，采取包括调整经济结构、合理经济布局在内的一系列战略对策，来寻求和达到环境与经济的协调与同步发展。因此，环境规划实质上是环境与经济的综合规划。

## （二）环境规划的原则

进行环境规划需要考虑以下原则：

1. 符合国民经济计划总的要求

进行区域性环境规划必须根据国民经济发展的总体要求，结合本地资源和环境条件，对本地区的工业企业，特别是要对主导专业化与一般专业化部门的工业企业进行合理的布局。环境规划是在国民经济计划的基础上产生的，因此，在制订国民经济发展规划的同时，就应当制订环境规划。只有考虑环境因素的制约条件，才会更合理地规划经济发展的规模和结构，恢复和协调生态系统的动态平衡，保护环境质量，保护人体健康。因为社会经济发展与环境是相互依存、相互对立的统一体，是一个事物的两个方面，两者是相互制约又相互促进的。经济发展要受环境的制约，环境通过制约作用促进经济的合理发展。总之，它们之间的关系是，经济是主导，环境是基础。

2. 以生态规律和社会主义经济规律为指导

我们在制定环境规划时，必须根据自然规律，运用自然规律为四化建设服务。而生态规律是自然规律中最基本的规律之一。生态规律要求人们在开发和建设经济区，在建设城市和以城市为中心的地区经济网络过程中要有全局观点、长远观点和宏观战略观点，既要正确处理局部利益和全局利益的关系，也要正确处理眼前利益和长远利益的关系。

在我国，环境规划要真正付诸实施，必须将其纳入国民经济发展规划，并使其成为国民经济发展规划的一个有机组成部分，因此它又必须以社会主义经济规律为指导。在制定环境规划时，应以社会主义的基本经济规律、有计划按比例的经济规律以及价值规律为依据。

3. 符合建立生产地域综合体的原则

各地区在工业生产上，应以主导专门化工业和一般专业化工业为主体，同协作配套工业部门、基础设施工业部门，构成合理的工业经济体系，使原材料得到充分合理的利用。这样既有利于专门化工业部门的发展，也有利于综合防治、控制和消除对环境的污染，在农业上，实行以主导专业化部门为中心，全面发展，多种经营；在整个国民经济中，注意农、轻、重的比例关系，协调各方面的发展，使区域内的生态环境逐步实现良性循环。

4. 符合环境容量的原则

新兴工业企业的分布必须考虑所在地区和城市的环境特征及环境对污染物的容纳能力，使工业生产中排放的污染物数量控制在环境容量水平以下。这样，除控制污染物的排放浓度以外，还可以有效控制污染物的排放总量。

5. 环境目标的可行性原则

规划时应估算出对应于一定环境标准的允许污染负荷量，预测出未来经济发展产生的污染发生量，并应协调它们两者的相互关系，拟定应达到的环境目标时，应充分考虑这种环境目标的可行性，既要保证满足人民一定的环境质量要求，又要考虑实际的可能。为此，要综合考虑区域的性质、功能、环境特征、居民的实际要求和当前的技术经济水平，切实做到环境效益、经济效益和社会效益的统一。

## （三）环境规划的任务和内容

环境规划的任务，就是要解决国民经济发展和环境保护之间的矛盾。因此，必须在制定国民经济发展规划的同时做好环境规划，以期科学地规划（或调整）经济发展的规模和结构，恢复和协调各个生态系统的动态平衡，促使人类生态系统向更高级、更合理的方向发展，保护人体健康和自然资源，保护和促进生产力向前发展。为此，必须揭示经济发展和环境保护这一矛盾的实质，研究其间的对立统一关系，掌握它的发展规律，并寻求解决矛盾的途径和方法。

根据国内外环境规划研究的经验，我们认为，进行区域环境规划的研究可从以下四个方面进行：

1. 区域环境目标及环境指标体系研究

（1）区域环境特点及环境质量现状的研究。

（2）区域环境目标的确定根据区域环境功能以及区域未来技术经济发展状况来确定。

（3）区域环境指标体系的研究在研究区域环境特点及环境质量现状的基础上，选择能反映区域环境特征的环境要素和指标。这类指标可分为两类：一类是环境污染指标，其包括大气污染指标（如二氧化硫、氮氧化物及颗粒物等）、水环境污染指标（如 BOD、COD、DO、SS 及氨氮等）；另一类是资源保护指标，其中包括自然资源保护指标（如矿物、土地、水资源及生物资源等），文化古迹保护指标等。

2. 环境预测和环境问题研究

（1）环境预测研究根据各类经济区的经济发展规划，预测区域经济发展对环境的影响及其变化趋势。为此需要建立各种环境的预测模型。

（2）环境问题的研究根据环境预测的结果，筛选出主要的环境问题。

3. 环境规划研究

（1）区域资源合理利用与工业生产链研究根据区域自然资源的特点，建立合理的工业生产链，提高自然资源的利用率。同时确定重污染工业在区域工业部门中的适当比例。

（2）区域环境容量与污染工业的合理布局根据区域环境容量的特点，对重污染工业进行合理布局。

（3）区域能源合理结构研究，我们应该重点研究经济开发区的能源的合理结构，以便减少大气污染。

（4）区域水资源合理利用与环境污染综合防治的研究应研究区域水资源的合理利用及其区域环境污染的综合防治途径。

4. 对区域经济开发环境保护技术政策的研究

我们可以从资源、能源、水资源及土地资源等合理利用方面进行技术政策研究。同时，也应对环境保护投资、环境补偿及环境管理等方面进行技术政策的探讨。

下面，我们以山西能源重化工基地和长江三角洲经济开发区为例，具体说明区域经济开发中环境规划研究的主要内容。

山西能源重化工基地环境规划研究，可包括以下研究内容：

1. 山西能源重化工基地环境背景值和环境现状的调查研究

2. 山西能源重化工基地的环境目标和环境指标体系的研究

（1）环境目标根据山西能源重化工基地的环境功能及经济技术条件确定其环境目标。

（2）环境指标体系的确定结合山西能源重化工基地的特点，其环境指标应包括资源利用率、二氧化硫、尘、致癌物、放射性物质、植被覆盖率、水土流失及风蚀等。

3. 山西能源重化工发展的环境影响预测和环境经济损益分析研究

建立环境预测模型，预测因开发和建设对环境（包括大气、水及生态等）的影响，并且进行环境影响的损益分析。

4. 山西能源重化工基地环境规划优化研究

（1）山西采煤、坑口电站、煤化工及各工业部门的优化发展比例及发展速度研究。

（2）山西大中型企业充分利用环境容量进行合理布局研究。

（3）山西经济发展的资源利用率研究。

（4）山西经济发展的环境保护控制技术的优化组合的研究。

5. 山西能源重化工基地开发的环境保护经济技术政策研究

（1）环境补偿、环境保护技术投资比例、投资方对投资重点研究。

（2）能源政策研究。

（3）水资源政策研究。

（4）土地利用政策研究。

长江三角洲经济区环境规划研究，包括以下研究内容：

1. 长江三角洲经济区环境目标、环境经济指标体系和环境指标体系的研究

（1）本地区各个单项环境目标和综合环境目标的研究。

（2）本地区主要环境污染物和生态指标体系的研究。

2. 长江三角洲经济区环境质量现状和环境预测研究

（1）环境质量现状研究。研究主要城市和地区环境质量现状的分区；研究环境质量变化原因和规律性，包括污染源的状况分析、治理途径以及环境质量变化的规律性。

（2）环境预测研究。主要研究该区经济发展对环境影响预测，从而建立环境预测模型，研究该区经济发展对环境容量（包括自然环境容量和社会环境容量）的影响及其对经济发展的反馈作用的预测。

3. 长江三角洲经济区经济与环境协调发展规划方案的优化与经济损益分析研究

（1）经济与环境协调发展规划方案的优化研究。

（2）经济损益分析研究。

4. 长江三角洲水资源保护和合理利用以及主要水系污染的综合防治研究

（1）主要水系统一规划与综合利用研究。

（2）钱塘江、太湖水系水资源合理利用和保护研究。

（3）黄浦江、大运河水系水污染综合防治研究。

5. 长江三角洲经济区经济技术政策的研究

（1）鼓励开发和应用新技术，发展资源、能源消耗少、污染轻的新工艺、限制和改造落后工艺政策的研究。

（2）促进环境污染综合防治技术开发和利用政策的研究。

（3）加速能源结构合理化，促进高效清洁的能源在本地区尽快应用的政策研究。

（4）加速资源保护与合理利用，充分发挥资源经济效应的政策研究。

（5）有利于地区内外环境和经济发展统筹兼顾、全面布局，以达到更好的经济、社会和环境效益政策研究。

（6）与本地区经济发展相适应的环境补偿，以加速本地区环境面貌改观的政策研究。

（7）适合本地区实际情况的环境法规的研究。

## 二、环境规划的程序和方法

### （一）环境规划的程序

如果我们将环境规划按对象和性质分，它包括两个方面的内容：防治污染规划和生态保护规划。其中，防治污染规划又可分为水质污染防治规划、大气污染防治规划、废弃物处置规划、噪声防治规划等。研究制定这些规划大体上可按以下步骤进行：

（1）明确规划目标，建立表征规划目标的指标体系。

（2）进行区域环境预测，找出潜在矛盾，分析未来可能出现的各种环境问题。

（3）环境规划方案的优化。这是制定环境规划的核心所在，其包括如下内容：

1）提出问题并解决问题，研究达到预定环境目标的各种有效防治措施。

2）对于所有拟定实施的技术进行经济分析，社会影响分析、环境效益分析以及生态影响分析等。

3）将问题系统化，将筛选出来的切实可行的措施进行组合，形成多种总体规划草案。

4）将各种环境规划方案进行系统分析，建立数学模型，筛选出最佳总体方案。

5）概算实施方案的环境投资，评价它对经济的影响。

6）编制环境保护投资计划，确定环保投资方向、环保投资重点、投资构成、投资期限、评论投资效果。

（4）提出环境保护战略，研究环境技术政策和环境法规。

综上所述，环境规划的程序大致是：确定环境指标体系，进行环境预测，计算并做出经济损益分析，选出最优的环境规划方案，开展环境规划技术政策和环境法规的研究，最后达到环境规划的预期目标。其具体程序框图如图 1 所示。

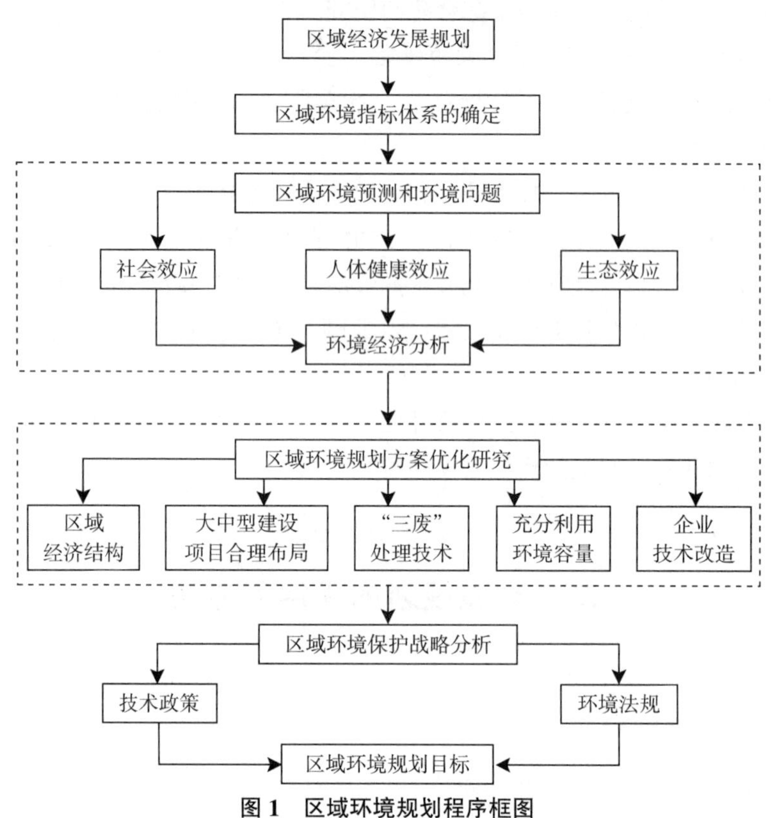


**图 1　区域环境规划程序框图**

## （二）环境规划的方法论

环境规划是一个多目标、多层次、多个子系统的大系统研究工作，包括环境区划、环境预测及环境规划优化或系统模拟研究等几个主要环节，需要运用各种方法与技术进行研究。环境规划工作的关键也就在于如何筛选运用各种不同的方法，将其组成一个方法系统，恰当地运用一系列的方法与技术来完成环境规划的任务。

其关键技术是环境区划技术、环境预测技术及环境规划技术，下面分别予以说明：

（1）环境区划技术。环境区划技术是环境规划的基础，应当在确定环境区划的原则之后，进行具体的分区。环境区划的原则，在我国的吉林省、辽宁省及京津唐地区进行过尝试。经验表明：环境区划研究，目的是从区域整体观点出发，根据自然环境和社会环境结构特点及其功能的分异规律，把特定的空间环境划分为不同的环境单元，研究其特点、结构与环境污染乃至环境破坏之间的内在联系，揭示工农业生产活动与环境以及人类生活之间的相互关系。研究各环境区域经济发展的环境负荷、承担能力及发展方向，对各环境区域提出环境管理的基本对策。

（2）环境预测和环境规划的技术研究。

环境预测技术是研究未来环境质量变化的基本工具、基本方法。环境预测方法基本上有两类：

第一，环境定性预测技术，是以逻辑思维推理为基础，如专家会议法、德尔菲征询意见法、历史回顾法，即对多年积累的环境监测资料进行回顾分析，以此为基础对未来环境状况做定性描述和环境交叉影响分析。

第二，环境定量器测技术，以运筹学、系统论、控制论、系统动态学仿真（模拟）和统计学为基础，通过辨识建立各种环境模型，用数学或物理模拟来进行环境预测。

近年来，未来学发展十分迅速，未来学中用到的方法已达 150~200 种，其中比较常用的方法有 15~20 种。其中很多方法可以应用于环境预测之中。可用于环境预测的方法，如趋势外推法（适用于环境监测资料积累比较完整、丰富，监测系列、周期比较长的地区。官厅流域、松花江流域可以运用趋势外推进行预测，因为两流域都有十年左右的监测资料。趋势外推法包括卡尔曼预测法，即通过 $t_K$ 时刻的观测值 $Z_K$，预测下一步的状态值）、回归分析法（由于环境质量变化涉及的影响因素比较多，一般可采用多元回归方法建立大气、水质及土壤等环境要素的环境质量变化模型，用以预测某一地区今后环境质量变化的趋势。在山西能源重化工基地的水环境质量变化预测中运用了这种方法）、马尔柯夫法（马尔柯夫过程是一种描述某一复杂系统状态转移的数学模型。我们运用马尔柯夫链预测了污染物在环境各要素间的分配趋势及比例，研究证明，用马尔柯夫链进行环境质量预测是一种可行的方法）。此外，还可以用投入产出模型以及系统动态（力）学模拟模型进行环境预测研究。

由于环境预测系统是一个复杂的灰色系统，部分子系统是白色系统，部分子系统是黑色系统，用灰色系统从整体及边界对环境系统做综合研究。其基本思路是将已知的与时间有关的环境数据群，按某种规则加以组合，构成动态的（或非动态的）组合体，亦称白色模块。再按照某种变换、解法来求解未来的灰色模块。在灰色模块中，按照某种准则，逐步缩小探索范围，即逐步提高白色度，达到预测目的。

环境规划技术，或称环境规划方法论。就一般而言，它是在环境预测基础上，运用线性规划、非线性规划、动态规划、系统优化及系统模拟等方法进行的。然而，实践证明，仅从数学上懂得各种数学规划方法是做不出环境规划来的。要真正地做出“环境规划”，还需要环境规划者的环境学素养以及经济学、生产布局学等学科知识与理论。因此，搞环境规划的有从事理论、工程、经济等几方面的人员组成一定形式的组织，通过协同努力，可能会事半功倍。由于环境规划的系统比较复杂，只运用一种规划方法，可能会使规划陷入歧途，因此在可能的情况下，运用两种或两种以上的方法，往往可以相得益彰，相互补遗与矫正。例如，采用大系统优化与系统动态（力）学模拟同步推进、相互协调的方法效果较好。

# 附　录

我的“论文集”后面加了两个“附录”。“附录一”主要有两点：一是拟说明“文集”中若干论文产生的背景；二是想把我从事专业学习和工作的某些节点做一些扼要的回顾性小结。“附录二”是在写完“附录一”后，联想起我长期以来学习、工作的动因何在，这对我来说是更应该写的。另外，还写了要说明的问题。

## 附录一

关于“附录一”的内容总体分三大时段：

**一、考入高校和留校及调到高教部工作**

我小的时候，家境比较贫困，知道上学不容易，能够刻苦努力。恰好我上的中小学，都是山东济南比较有名的学校，老师们都很有学识，他们给了我比较系统、全面、扎实的文理科基础知识！这为我以后的成长打下了比较坚实的基础！这是我首先要感谢的!!

20 世纪 50 年代中后期我从山东济南二中考入北京师大地理系。由于受中学对地理课不重视的影响，产生了将来不会有什么作为的思想，经过一段时间的学习、观察，看到有的大学老师在完成教学任务的同时，还承担着这样那样的社会工作，尤其完成着国家部委和地方政府委托的发展建设研究任务，不仅丰富发展了学科内容，对国家和地区发展也做出了贡献。进而还了解到这些承担课外任务的老师，不仅专业基础深厚，还有这样那样的专长。比如有的在国外留学时即对专业的某些前沿有相当研究，回国后结合中国国情研究出重大成果；有的有较好的数理化基础，将其运用到地理学的某些分支之中，使地理学专业在国家和地区发展建设中做出重大贡献！有鉴于此，我认识到，既然考入了地理学专业，就要尽最大可能把它学好，学深一些、学透一些！同时在可能的情况下，力争多学习一些数理化（这一方面，当时在学生中有一句惊世之语“学好数理化走遍天下都不怕!”；还看到马克思的一句名言“一种科学只有在成功地运用数学时，才算达到了真正完善的地步”。这叫我在学习地理学专业的同时，力争要学些“数理化”）。基于以上的认识和想法，我在专业学习上专心致志，认真刻苦，不仅学好每堂课，还把指定的参考书及尽可能找到的相关书籍都予以研读……同时我还积极认真地完成了各种野外实习任务。由于专业学习优秀，1959 年被评为校级优秀学生，1960 年初被选拔为预备教师，从学生中调出参加教研室学科建设工作。鉴于我深知自己尚未深入完整掌握专业的整体理论知识，故除完成教研室安排的专业学习外，还借工作之便到化学系较系统地学习了化学系的基础课程（“无机化学”“分析化学”“电化学”等），目的是想运用化学理论更好地参与研究当时在地理学界一个大的关注的热点“关于地球表面的化学元素迁移规律”和在可能时参加当时开展的“环境保护研究”。

1961 年大学毕业正式留校工作，我的志愿是搞专业教学，然而领导讲由于我入了党，是中共党员，安排我“做领导的耳目”，叫我在校部自然科学处（理科处）工作，主要是负责联系“数理化生地天”（数学、物理、化学、生物、地理、天文）六个系。工作期间，我除完成工作外，即借工作之便系统地听了数学系的基础课（“数学分析”“高等代数”“解析几何”；又由于 1962 年执行老教师上“第一线”，故这三门课老教师都讲得极好！我都坚持听到底，习题大都做了），这对我以后搞专业和教学都有极大的助力！之后，还是因为我是年轻党员，又在中央决定设立高教部时，1964 年调我到高教部人事司。据说鉴于我对高校理科设置等比较熟悉，又调我去了高教部计划司，要我参与研究直属院校专业设置、教辅编制、工资高低的调研及同国外的比较研究等。在 1964~1965 年我曾写过两个调研报告：一是“关于直属高校文理科专业急需强化理论课教师编制的建议”；二是“关于直属高校教师与中科院研究人员工资高低对比调研与建议”。据说在呈报到杨秀峰部长后，他只改了几处就打印下发，作为直属院校工作的参考意见。鉴于我比较认真努力，工作有了些成绩与起色，在司局里也就有了一定地位，心情也比较舒畅！由于在大学学习期间，对专业比较热爱，工作之余还是常常做些了解专业发展的事。尤其在“文化大革命”开始后，我有不少时间都花在了收集在校时喜欢的环保资料方面(这即是直到 1987 年、1988 年之所以很快在化工出版社出版了《环境污染综合防治》《环境规划方法及实例》两本书，是由于在教育部工作期间就有相关资料和研究的积累)。同时，由于文革中要求全民学习《毛泽东选集》，我是一直反复地学习毛主席的 《实践论》和 《矛盾论》。通过这种学习，我自认为受益匪浅！尤其对我后来在高校任教，从事科学研究指导博士、硕士研究生工作，都有切切实实地助益！其中核心就是想方设法“实事求是”和抓住“主要矛盾”等。

**二、从高教部“五七”干校回到高校任教**

20 世纪 70 年代从高教部“五七”干校按志愿分配到安徽师大任教，教工农兵学员。由于在干校三年多高强度劳动和到安徽师大昼夜兼程编写讲义、讲授课程等，长期过于辛劳，致使身体高烧不退，住院，由于“文革”期间大夫不负责任打针配药有误，虽退烧，但两腿浮肿，静脉内有多个硬块，行走刺痛，医治无效，反有发展。安徽师大只好批准我回京治疗，经过三年多中医治疗，有了好转，体力也有所恢复。鉴于母校——北京师范大学对我的关心，于 20 世纪 70 年代中后期调我回北师大任教，分配给我的任务是教《地形测量学》《遥感》和《地图学》。经过努力授课达标，也能较好地带学生完成野外实习任务。

在教一届工农兵学员后，即开始教 77 届、78 届。由于从 77 届开始即是“文革”后通过高考招入的真正大学生，他们学习欲望强，要求高。在给他们讲授“测量”“地图”和“遥感”课程后，他们提出了课本中的数学公式能不能给出推导和证明的问题？鉴于我在毕业留校的头几年较系统地学了数学系的基础课，我便尝试着一一给予了推导和证明。但其中有一个公式是地球仪（表面）上的一个圆，经过投影变为地图（平面）上的一个椭圆，如何推导与证明给出两者之间的数学关系。我一时推导不出来，便去数学系求教。问到年轻教师，都说无法证明。最后问到讲“微分几何”的老教师他指导我去查数学辞典，找“共轭理论公式”，运用这个公式应该可以作出推导和证明……如此做了之后，果真做出了推导与证明。之后，我把所有的推导与证明进行了整理和打印，在“全国地图学学会会议”上进行了散发，与会者反映说，这在师范院校甚至高校也是不曾有过的，这对高校专业师生学好相关专业课程有好处、有帮助。

再是我带领最后一届工农兵学员和 77 届大学生两次完成“地形测量学”野外实习任务，恰好两次都是水利工程，其中都有坝址测量和水库库容测量。鉴于我和学生认真负责，故测量成果（包括坝址两端测量数据与图形和库容地形测量数据与图形）都是一次测量与绘图，即达到工程要求精度，顺利通过水利部门工程师的验收。完成的地形测量与绘图任务，受到水利部门的称赞！（因为水利部门验收工程师讲，像他们从事的这种测量工作，他们本部门的技术人员做，也常常会有校正或部分返工的情况；你们一次即通过，可见工作认真负责。）

就我本人而言，我在认真完成“测量学”“地图学”和“遥感”教学任务的同时，一直在挤时间做我希望做的环境保护的研究！一方面我认为从事地理学专业的搞环保能更好地发挥地理学的优势；另一方面对国家和地区发展有更大、更直接的作用；还由于恰好北师大地理系王华东教授搞环保理论与教学极有成效和起色，他同我关系好，他希望我把数学知识用到环保规划中，并做出贡献！我们的这种默契，到 20 世纪 80 年代共同在化工出版社出版了《环境规划方法及实例》才得以展现！

**三、调到中国人民大学生产布局专业任教，获得实现梦想的机遇！**

如前所述，我考入大学地理系学习地理学专业，看到有才华的老师除完成教学任务外，还承担着对国家发展有重大作用的研究工作，从而立志向他们学习。然而，由于各种原因，从大学毕业留校到调往高等教育部工作等，都是教学行政的事，直到从高教部“五七”干校（自己填报志愿）分配至安徽师大，以及回到母校北师大教“测量学”和“地图学”等，虽然都较好地完成了教学任务，但总感觉没有处于“囊”中！这个“囊”即是“地理学科”诸多分支中，哪个分支和国家发展关联最直接、最密切？除了当时“时髦”的“环境保护”外，还有哪些？我在观察、寻找。调入中国人民大学生产布局专业（当时国家专业档案目录中称为“经济地理学专业”）任教后，通过一段时间的观察与了解，体会到该专业讲授的专业课程和承接的科研任务，都和国民经济发展紧密相关或就是其本身（国民经济）现实内容！相比“环境保护学”更直接地为国民经济发展服务！这使我越来越感觉到来人大生产布局专业任教是我实现人生梦想的好机遇！为此，第一是我先虚心向原人大布局专业八位比我年长10多岁的老教师学习；第二是主动积极地承担、完成有利于专业发展的教学、科研及至建设的任务。从1980年底到人大布局专业至2002年8月退休，从退休至今，大约我承担并完成了以下多个与专业教学、科研及关系专业生存、建设、发展的任务。下面，以历述“故事”的形式讲讲其中十个“故事”：

（1）由于认识到布局专业是研究国民经济核心内容的，所以除了开设“经济地图学”“遥感”基础课程和“工业布局学”专业课程外，还主动积极地多次给外专业和当时函授学院开设了“生产布局学”（涉及“工业布局”“农业布局”“商业布局”“区域布局”等）以及“环境经济”等课程。对于“工业布局学”，是领导安排我的主攻方向，也恰好是我最喜欢搞的专业内容。所以，对“工业布局学”我不仅昼夜兼程地学了本科和研究生学习的内容（人大布局专业的“工业布局学”除讲述工业的空间布局规律外，同时很注重各种工业的“技术经济学”问题），还在老教师的支持下，对工业项目空间安排的核心（我认为是“投资环境”）提出要予以研究的意向。记得当时即得到老教师的认可和鼓励！这即是数年后写出“中国投资环境”一书的由来与根据！关于我给外专业开设综合性的“生产布局学”和“环境经济学”课程，是我认为开设综合性“生产布局学”，有利于较全面地了解布局学的多方面布局规律理论与知识，以利于掌握“工业布局学”在全面、整体布局中的地位与作用，阐发“工业布局学”的理论与实践。开设“环境经济学”课程，是因为在调到人大之前，我对“环保”已有多年的关注和积累，还熟悉“环保”，有利于熟悉地区自然与社会状况，对“工业布局”“经济布局”有好处，还有，这也与来人大后曾多次参与完成“环保”相关的科研项目有关（后面将单独予以阐发）。

（2）1981年底、1982年初，人大生产布局学专业的老教师正带领着专业师生进行正常的教学、科研，尤其当时的国家计委正委托人大布局专业承担开展国家国土规划试点工作——“京津唐国土规划”之核心“京津唐工业布局与工业结构规划”的调查与研究，我个人同时也因对布局专业有了积极向上的认识，带着这种心情到我曾经工作过十多年的中央教育部文科司文科处“去玩”，一是想向他们（是我在教育部一起工作过的老同事，也是一起在“五七”干校劳动过的老战友）介绍一下我从事的专业对国家发展有用；二是想听听他们对我们这种专业今后将会如何支持其发展。不料，在我向他们讲了人大布局专业的一些情况后，他们便很不以为然地说，你还蒙在鼓里！你还是回部里工作吧（因为我原来在部里写材料还行）！我急切地问他们为什么，他们毫不掩饰地讲：你们专业要被撤销了！我极其愕然！我讲不会！他们从柜子里拿出中国人民大学的呈文给我看。人大呈文讲，由于人大是文科大学，生产布局专业和市场经济专业文理兼招，故申请撤销这两个专业（大意）。看完，我急匆匆赶回人大，告诉了本专业师生，大家都群情激愤！为了专业的生存，都要行动起来！79级布局班在班长带领下，去成仿吾校长住处请愿。学生回校告诉我说，成校长得知此事很生气，先是用拐杖咚咚咚地敲击地板，然后，刚要对同学们说话，一张嘴，下巴掉了（因为他年事已高，再加上一激动）！他爱人张颖帮他把下巴推上，并让他别太生气……稍歇息一会儿，他对同学们说这个呈文他不知道，呈文是背着他上报的，这两个专业对国家是有用的，他不同意撤销。他让他爱人给孙力余、霍余吾两个常务副校长打电话，要他们去教育部把呈文要回来！然后，又转向同学们说，你们先回学校安心好好上课。从而使“生产布局专业”即国家专业档案目录中的“经济地理学专业”，也即当今的“区域经济学专业”保留并发展至今。

在本专业学习、工作过的同学、同仁，得知本专业有过如此经历，见了我都说，本专业能够留存下来，并使其得到重大发展（2002 年初被评为全国重点学科——后面有一专题讲我作为本专业校属所所长 8 个年头所做的工作业绩），我做出了关键性的贡献！这在人大生产布局专业，即当今人大“区域经济学专业”发展史中应该把这一段坎坷经历载入其中，不应该将其抹掉！

（3）1981 年底，南京大学经教育部批准，开办了全国高校“数量地理学讨论班”，经计划系同意，我参加了这个讨论班。鉴于我既有的数学基础，较好地完成了该讨论班的学习与交流任务。其中，一是了解和梳理了国外数量地理学发展情况和内容；二是结合中国国情研讨了数量地理学应该如何发展等；三是交流和学习了如何将数量地理学公式程序化和上电子计算机进行演算等问题。鉴于当时人大的具体条件，尚无计算机的支持，没有可能单独开设“数量地理学”课程，而是在向学生讲“工业布局学”“生产布局学”及“环境经济学”时，运用了一些数量地理学的公式和知识，使讲授内容更受学生欢迎。更多更有效的是我把数量地理学的思路与方法用在了所承担的科研课题中。最为突出的是 20 世纪 80 年代前半期，在承担马洪同志主持的“山西能源基地开发规划研究”中的环境保护课题，该课题本由北师大环科所的车博士和人大的我与郭老师承担，由于北师大与人大的思路不同，故形成两个研究小组。北师大车博士本科和硕士都是数学学位，他提出研究要用“最科学的黑箱模型”，而且要把所涉及的因素都置入其中，进行最精确的运算、模拟，以得出“科学成果”。基于他的数学基础雄厚，又是环保博士，因此，山西省环保局所有人员几乎全被吸引过去；而人民大学两位老师（我和郭老师）基于“生产布局学”（经济地理学）理论的掌握和数量地理学的基础，认为要把“山西能源基地开发规划”中的环保问题研究出科学成果，首先是要实事求是，进而是抓住主要矛盾。因此，我们采用的模型是最贴近现实的简单回归和线性规划；而“变量”“系数”和“权重”不仅多采用现成的资料，更邀请各产业、行业的总工、技术权威予以调整、认可。如此分头研究、上机模拟计算，三周过去了，人大组已经出了结果，且比较科学合理；北师大组结果尚未出来。按规定是第四周向总课题汇报研究成果，并在全体大会上提出报告。直至第四周的最后一天，大会宣布开始了，北师大组依然未出结果，计算机上的模拟计算结果总是个“零”！当大会宣布再过几分钟即轮到“环保组”向大会作研究结果报告时，车博士带领他的研究组来到人大研究组，承认人大研究组研究结果，并同意以我们的成果向大会做汇报。事后在进一步总结时，车博士基本同意了人大组的研究思路。鉴于以上的成功，之后我又做了“重庆市经济与环境同步发展模型”“渡口市经济发展与环境保护同步协调发展模型”等研究，同时做了两市五年的环保顾问。

基于以上的经验，在带领研究生完成地区规划过程中，也能在建模上予以指导；在评审博士、硕士研究成果和学位论文时，也能提出意见和建议。

1981 年底，南大数量地理学讨论班结束后，即在全国地理学学会下成立了“数量地理学分会”，北大杨吾杨教授任理事长，我是常务理事。在开会时，曾向杨吾杨教授和数量地理学权威朱德威教授（北大数学系）研讨地理学建模问题时，讲了前面我的一些主张，他们都很赞成，并认为我主张的定性指导定量，定量抓住主要矛盾，以及用不同模型推演、计算同一目标，不同结果取其均值作为最终结果，可能更科学的思路与想法是科学可行的。

（4）鉴于我较好地完成了“山西能源基地开发规划研究”中的环境保护课题，北京市环科所邀请我对已经开展了 3~5 年的我国多种资源调研资料（16 开纸 40 多厘米厚）做出分析研究，并参考国内外研究成果，提出我国的资源价格公式与资源定价根据和思路。这在 20 世纪 80 年代前半期，由于“文革”的影响，思想还比较禁锢，但又想这是一个很值得研究、探讨的科学命题，几经商议，我便承接了下来，并且商定出书我任主编。就在我取回资料，熟悉资料和拟定撰写提纲，组织 4 名研究生查阅国内外有关资源价格研究成果，及至有了很大进展，各种资源价格有了较充分的可以结合利用调研资料理出撰写思路时，从开始至此，已花费了半个学期的时间，为了最后完稿时能交出版社出版（当时人大有说法，人大教师出版文章或著作，要向组织报告，研究方向和内容符合要求方能出版），即向系党总支作了报告。不料党总支讲，这书不能出版！因为资源里面没有人的物化劳动，不能有价格！这种研究是反马克思主义的！这样一来使我极为尴尬，不知所措。之后，在急切的思虑过程中，回忆曾在查阅国内外文献资料过程中，有过马克思对资源的阐述，为此，便去翻阅相关资料，尤其是在查阅到马克思的《资本论》时，第一卷第 81 页有如下的阐述：“……但价格毕竟可以完全不是价值的表现。本身不是商品的东西，例如良心、名誉等，也可以被它们的所有者拿去交换货币，并通过它们的价格，取得商品形态。所以，一种东西尽管没有价值，但能在形态上有一个价格。在这场合，价格表现就像数学上的某些数量一样，是想象的。”我认为这对我是一个最大最强的支持！我拿着《资本论》第一卷找了系党总支领导，给他们看了马克思的这段精辟、透彻、符合实际的论断。我还把我们国家花外汇购买别国铁矿石，我国向别国出口煤炭等讲了些实例。他们先是惊讶，作了一番议论和思考，最后，终于说你去出版你的书吧。

之后，我便组织研究生加快撰写每一个专题，按要求成稿后，交给了北京市环科所。该所应允将积极联系商务印书馆进行出版。之后，听说出版费遇到周折，出版时间一再向后推迟，近三年的时间，一直无音讯，参加撰稿的研究生都要毕业了，书若出版，是他们的学习业绩，所以，他们一再询问。直至 5 年后突然间 1996 年 1 月商务印书馆出版了《资源价格》一书。但书的封面及书内署名都未按商定的承诺，一是原商定我是主编，即出的书没有区分主编并把环科所的两人放在了我的前面；二是四名研究生撰写的七个章节未分别署名，只是将四名研究生集中开列了一下。全书北京市环科所的人只写了第二、第四章，我撰写了第一、第三章并组织、指导研究生撰写了第五章至第十一章七个章节和进行了全书统稿！

北京市环科所有关人士如此处理此事，有些太不合理！为此，我和研究生一起去找了他们，得到的答复是：①该所领导承认做法不合理；②说由于署名的二人已经退休、还乡不在北京，此事不好处理。事后，我和研究生又进一步议论，讲不管怎样，书中有我的名字，我们是做出了贡献！商务印书馆出版的这本《资源价格》对国家和社会是有用的！比如，当时国家土地管理局一个领导在一次全国性会议上讲，商务印书馆出版的《资源价格》一书，虽说篇幅不长，但对他们的工作——土地资源定价起了理论指导作用。

（5）1992 年 9 月学校收到深圳市政府和深圳机场公司信函，讲人大张敦富教授在深圳机场选址论证中提出重要佐证，特函告感谢！人大校刊和《科技日报》接连做出报道。校党委书记曾在不同场合（院系所领导、优秀教师、优秀党员等会议上）至少三次对我提出表扬，说我校教师也能对国家综合重大建设研究做出大贡献！

关于深圳机场选址论证我提供佐证之事，有一曲折过程。情况是 1987 年 7 月中科院环境生态研究中心受命，令其组织不同学科专家，对已基本选定的“深圳白石洲机场场址”做“最后的拍板认定”。据说已有不少专家和时任深圳市政府领导都同意该方案，尤其是时任总理的赵紫阳同志曾亲自到过现场亦基本认可，未提出异议。（当然也有专家提出过反对意见）如此一来，深圳市政府和正在组建的深圳机场公司，即想邀请位居科学大位的中科院环境生态研究中心组织专家做一走过场式的认可，即可动工了。据说中科院环境生态研究中心在组建该专家组过程中，确实是依据机场选址所涉及的学科进行了专家组建。我之所以被选入其中，据说是因为我是讲“工业布局学”课的大学教师，还参加过“京津唐国土规划研究”，较好地完成了“山西能源基地开发规划研究”的环境保护研究，重庆市和渡口市经济与环境同步协调研究等，会使评审论证更具科学性和代表性。在我们“深圳机场选址论证组”一行 9 人到达深圳后，先是由深圳市政府领导和正在组建的深圳机场公司负责人向我们介绍了深圳机场选址经过和几个其他选址情况，并着重介绍了已基本认定的“白石洲选址方案”和时任总理赵紫阳同志的认可话语。示意我们这次的评审任务主要是不提出太大异议、认可、签字即可。会后，便是一连几天到白石洲等地做现场踏勘、调研。就在现场踏勘、调研过程中，我了解到白石洲是坐落在深圳市内；为了将来飞机的起降、保证机场的净空区，要砍掉白石洲东面的两个大山头（预计削山头费用至少 2 亿元人民币）；砍下的山石，规划是用来填海造飞机跑道。然而，这飞机跑道相距深圳大学东南角教学楼不足一千米；还了解到白石洲紧邻的南边水域即是候鸟栖息地等。我从地理学科的教学与研究思想出发，尤其是从“布局学”（经济地理学）学科要求出发，即一定要实事求是、结合实际！考虑到“白石洲方案”与深圳市发展有极大的不协调和矛盾、弊端！越考虑越是如此！在我初次向带队领导谈了我的看法时，他不但不愿意听，而且告诉我说“你可不要给我找麻烦！”这使我很惊奇。他还叮嘱我说“我们来就是认可、签字、同意，就行了！”“前面的专家、领导都考虑得比你周到，赵总理都认可了，你能推翻吗?”进而叮嘱我说“会上你不要发言！”……这一来，我很不服气！我同其他专家交换了意见，会下有几位专家同意我的说法，而会上又不同意我的意见。会后问他们为什么会上会下说法不一?他们说是队领导要求他们这样做的。我越想越认为这太不正常了！太不科学了！这之后，大约有两个夜晚我基本没有睡着，越想越感到“白石洲作为深圳机场场址问题太大了！”因此，在最后一天签字认定时，评审队除我之外都签字同意“白石洲方案”，我坚决地拒绝了签字！回北京后，为了把我拒签的理由负责任地向深圳市政府和深圳机场公司领导讲清楚，我在去北京图书馆查阅西欧与北美等国进行机场选址资料的基础上，写了一个否定“白石洲机场选址方案”和建议采纳“黄田机场场址方案”的信函。从邮局挂号寄往深圳市政府和深圳机场公司领导。(该信函附后）我自认为我是负责任的，但未曾想过我的意见、建议会被采纳。因为我是少数，只是想“白石洲方案”将来会出麻烦，会出乱子。延迟至1989年初，突然我教过的一位78级学生（毕业分配至深圳大学任教）来看我，并告诉我说，我的意见、建议深圳市政府通过研究，又邀请国际专家进行了评估，9位专家8位同意我的意见、建议，一位同意“白石洲方案”，从而最后选定黄田方案，已开工建设深圳机场。这使我很受鼓舞！

关于当年我给深圳市政府和深圳机场公司领导的信函，现据存留的草稿附于下面：

深圳市政府和深圳机场公司领导：

你们好！

我是此次前去参加评审“白石洲机场场址方案”的专家之一，是中国人民大学生产布局专业的一位教师，名叫张敦富，在这次评审工作中，我没有按评审队领导旨意，签字认可该方案。我不是有意作梗，有意捣乱！我认为深圳机场“白石洲场址方案”有巨大的隐患和不科学性！我认为一定要否定它！另选其他场址！我认为应选珠江口的黄田作为机场场址，极为适宜！

我认为深圳机场“白石洲机场场址方案”的巨大的隐患和不科学性，至少有以下七点：①“白石洲”在深圳市区内，这首先是城市和机场二大实体重叠在一起，它们不会相互融合、相互促进，而定会是相互掣肘、相互干扰、相互矛盾、相互扼杀！②执行“白石洲选址方案”为了净空，首先是在白石洲方圆数百米至数千米内不得建高楼大厦；已建的高楼大厦可能要削低，尤其要花两亿元人民币砍掉白石洲东边的两大山头，这是多么不经济！③还说“白石洲方案”要把砍掉两个山头的土石方填海来做机场跑道，但这跑道距深圳大学东南角的教学楼还不到一千米！这是何等不适宜，至少有两个方面：一是飞机起降都要略过繁华市区，这是任何机场都很讳忌的！二是飞机的噪声极度扰民！(中科院环保生态中心评审队队长曾同我辩论说为防飞机噪声，深圳大学的教学楼内可以安双层玻璃；我说深圳市在南方，整天关门窗哪能行？他又辩解说用空调。我认为他的这些话都是不科学的辩解）④深圳市的淡水资源当时已趋紧张，若机场又叠加在市内，淡水资源更是难以解决！⑤据考察，白石洲南部水域地区即是候鸟栖息地，这在机场选址工作中是必须讳忌之事！世界上已有多次鸟禽撞入飞机发动机导致飞机失事事件的发生，所以机场选址白石洲，应视为极不适宜！⑥查阅西欧和北美诸国在机场选址案例，可以说没有一个机场场址选在城市之中！且大多数是机场场址与主要城市相距 20~30km 为宜！如此选址，有利于城市和机场两个系统的顺畅与充分发展，且还会相互促进、顺畅协调发展！⑦深圳市领导和深圳机场公司负责人也说过，若不选白石洲，选其他机场场址，比如“黄田机场方案”，不在深圳市政府管辖之内，那还能叫深圳机场吗？我认为这不是问题！若选黄田机场场址，(恰好同深圳市相距 20~30km）向中央、国务院提出申请，中央、国务院批准即可！

尤其是深圳机场建成后，随着机场业务的发展，该机场要建成国际机场，其设施要进一步扩建。选“白石洲”肯定是作茧自缚，而选“黄田”不但没有上述诸多弊端，反而有巨大的发展空间！以上即是我拒绝签字“白石洲方案”，而建议采纳“黄田方案”的理由所在。

以上意见、建议请考虑！

祝工作顺利！

中国人民大学计划系

生产布局专业　张敦富

1987 年 8 月 29 日

（6）在我着重承担布局专业“工业布局学”教学过程中，我除学习、承接老教师的思路、方法外，老教师也赞成并鼓励我要有突破，要有新想法。至 20 世纪 80 年代末，在备“钢铁工业布局”课的过程中，由于有其布局条件、布局环境问题，使我联想到任何工业项目在布局过程中，都有一个对其落实的条件分析，即“投资条件”“投资环境”分析问题！在抓问题要抓“牛鼻子”、抓住主要矛盾的思想指导下，提出了在市场经济条件下研究“中国投资环境问题”的想法！这个动议一经提出，即得到老教师的热情支持，使我得到很大鼓励！在完成既有教学、科研任务的同时，开始构思“中国投资环境”撰写思路与提纲。经过一两年的努力有了初步的构想和规划。在联系出版时，只有化工出版社愿意考虑，当然还要进一步研究，写出了编写总目录和三个章节供总编参阅、考虑、决断。之后，由于一直未得到出版讯息，若干章节都未安排人力撰写。时间延迟到 1992 年底，突然化工出版社领导、副总编等来我家找我，说社里决定迅急给我出版《中国投资环境》一书，叫我快快交稿，这当然叫我措手不及。

出版社之所以做出这种决断，据说是新任化工部长顾秀莲，出国考察回国后到出版社视察，同社领导和总编商议出版社发展问题，顾部长恰好坐在了总编椅子上，在问及总编如何开拓业务时，顺便看到了摆在桌子上的《中国投资环境》一书的三章书稿，她一边翻阅，一边问总编这类书准备出版吗？总编讲还未做最后决断，因为化工出版社一直都是出版化工工艺和化工技术之类的书，经济类的书籍还未出版过。顾部长听罢，一拍桌子说这类书不出版，出版社就关门吧！随即社领导开了紧急会议，决定迅急安排出版我的《中国投资环境》一书，并组建了“经济编辑室”。因为全书分六篇 28 章加 5 大案例，除已交稿的三章还要修改外，其他都还未落实撰写人员。

此事向刘再兴老教授讲了以后，他高兴地说这是好事！并立即安排他的博士、硕士生帮我撰写，我和我的研究生也积极投入撰写之中。从 1992 年底至 1993 年 5 月初，基本完稿，刘再兴教授在翻阅书稿后，写了“序”。鉴于该书是本专业的一种创新，是适应国家经济市场化的新发展，袁宝华校长欣然命笔给我题写了书名“中国投资环境”！诚然，这对我搞布局专业来说都是一种肯定和鼓励！书稿在交出版社后，社里为书的出版处处开绿灯，至 1993 年 9 月出版，且全是精装本（据说顾秀莲部长认为该书适应国家经济市场化形势，取用了 50 册，给中央领导参阅）。书出版后，得到业内专家和社会好评，获 1994 年北京市哲学社会科学优秀成果二等奖；美台港商购买了该书版权，出版了该书繁体字版本，在东南亚发行。鉴于该书的出版以及较好完成了多个科研课题，并开设多门专业课的授课业绩，1994 年我被评为教授、博士生导师，获国务院特殊贡献奖——国务院政府特殊津贴。

随着《中国投资环境》一书的面市，业内专家和社会影响及联系的增强，尤其国家市场经济的发展，促使我认识到急需联系更多专家、学者加强对投资环境的认知、研究与传播！因而便在 1994 年提出了在全国成立“投资环境学会”的动议。动议一经提出，迅急即得到中央教育部、国家计委的批准，进而又获得国家民政部批准和颁发的国家一级学会证书！我任法人、常务副理事长兼秘书长，人大一副校长任理事长。1995 年底在新华社礼堂召开了“中国投资环境学会成立大会”。会后随即就有多个省市区来函或来电欲成立分会等，也有多个单位或个人欲参加，反响极好！美台港商也来联系，一是拟参加学会活动，更是探讨如何引进投资。其中有一引起轰动的案例，即有一美籍华人唐修金来人大找我，持一中央单位的证明，说他是美籍华人可接洽相关事宜。唐修金讲他慕我之名（人大教授、投资环境学会法人、常务副理事长、兼秘书长）来找我，他代表美国花旗银行退休基金会，欲通过“中国投资环境学会”对中国某些项目、某些地区进行投资（当然通过学会做出投资论证报告）。每个投资项目，投资数额确定后，学会提成千分之几或万分之几(待议定)。为了郑重起见，美方已在北京饭店五层一会议室布置好了，等待我前去进行签字、举行郑重的签字仪式。这对中美都是好事。他们认为会成功！然而，此事对我来说异常突然！我必须向学校报告（其中他说到项目提成，我说只要有就全部交给学校）。待我向主管副校长汇报后，副校长讲，因为台湾李登辉访美，中央刚来通知所有涉美事宜一概停止，故此类事项不能办理！待我无奈返回，婉言谢绝对方时，对方极为不快。此后接连还有多个类似事件，有的是国外的，例如马来西亚等；有的是国内各省市的，大多是派我的博士、硕士研究生协助做出了该地区或城市的“投资环境的分析、评价”（至少有十多个）；再是由于我承担着多个必须完成的工作任务（后边有另文着重谈及任两所所长的工作事宜），故“中国投资环境学会”的工作无力给予张罗，所以成立三五年后，民政部叫暂停学会的活动。但是，诸多专家、学者和我的挚友，都认为一旦有余力，当可使其复活。因为，我国的市场经济越发展越需要投资条件、投资环境的分析与评价，所以该学会大有复活的可能性。

虽然我对这个学会无暇顾及暂停运作，但对“投资环境学”的研究却并未暂停。因为这是专业本身的内容。我是在先把“工业布局学”国内外相关论著学习基础上，进而把“技术经济学”和各种产业、行业经济学研究成果（诸如自1997年开始的每年一册的《中国产业发展报告》和《我国低碳经济发展框架与科学基础》等），甚至对具体企业生产车间的空间布局都予以了解、学习，这会使“工业布局规划”更具科学性。同样在《中国投资环境》一书出版后，为了掌握投资环境评价、评审的思路、方法、提高规划路径的可操作性，我在人民大学出版社出版了《投资环境评价与投资决策》一书，还把“投资项目可行性”、《建设项目经济评价方法与参数》（第二版）、〔中国计划出版社出版〕“金融与经济发展”〔《货币银行学》（修订版、黄达主编、四川人民出版社出版）〕内容引入我对学生开设的《区域经济学原理》的专业课之中（作为一个大专题讲解），从而使博士、硕士研究生不仅全面掌握“区域经济学”的应有内容，而且还突出地掌握了“工业布局学”“投资环境学”的相关理论与方法。因此当时我的博士、硕士研究生毕业时，受到用人单位的欢迎，其中有50%~60%被银行、保险、证券等金融部门录用。所以，我认为“投资环境学”是当今“区域经济学”的一个新的生长点，它在市场经济发展中，抓住经济运作的核心——“投资”如何在空间上布局，具有突出而有效的作为。

（7）1994年初，我被任命为校级软科所、区域经济所两所所长，这在人大“经济地理学专业”（是国家档案中的专业目录名称；国家在1995年调整专业目录时，将“经济地理学”专业调整为“区域经济学”专业内含“城市经济学”专业）发展史上，还是第一次晋升为院、系级别。在这之前，一直是计划系或计统学院的一个教研室，受到极大束缚。自此，直属学校，第一次有了人事权、财务权、教学与科研协调权和对外联系权等。就在我任两所所长前后，所内发生两件大事：一是所内八位老教师有六位离、退休；二是另两位是学科“领头羊”、博导，一位病倒且没了语言表达能力，另一位去世。两所所务和专业怎么办？就在这极其危难的当口，北京师大邬翊光教授联合北大胡兆亮量教授、杨吾杨教授、魏心镇教授、中科院胡序威研究员、社科院陈栋生研究员等，给了我鼎力支持和帮助，使我较快地树立起信心，较冷静地处理了难办之事，并决心做几件有利于专业发展的事。在我尽可能地团结所内教师、同仁共同奋斗的前提下，通过八个年头的不懈努力，使专业和所内的诸多方面都有了很大提升与发展！其一，八年中先是充分利用所内所有教师专业学术才华，承前启后完成了从经济地理学、生产布局学到区域经济学跨学科发展（从“既有生产分布”向“规划或计划中的生产分布”）的过渡，推进了区域经济学原理、城市经济学原理、产业布局学原理、“区域经济学导论”的研究，填补了区域经济学及其几个分支学科的空白，对构建区域经济学学科体系做出了突出贡献！这其中在抓专业学科业绩发展的同时，还完成了几件大事：第一是主持领导专业同仁撰写、出版了中国第一套“区域经济系列丛书（15卷本）”，在当时的社会上和区域经济学界都产生了极好的影响！第二是在充分调动和利用年轻教师积极性的同时，既为他们提高与成长着想，引导和支持他们（几乎全部）考入博士学位学习，也为本专业在全国继续领先奠定了坚实基础。第三是全所上下同心协力，承担和完成了数十项国家和地方科研课题，不仅继承和发扬了前辈理论联系实际、真心诚意为地区民众发展经济的传统，还开拓出用“数量地理学”“中国投资环境学”（开创了中国第一个投资环境学科!）“投资环境评价与投资决策”等服务地区经济发展的新实践领域。第四是在发扬前辈同国内高校、科研院所、中央及地方职能部门联系与协作传统的同时，进一步建立和强化了同美、英、法、韩等国的学术联系与交流。第五是带领全所首次（这在人大本专业是破天荒第一次）闯出了用教学与科研“创收”的新路子！不仅人人月月有了较高的奖金，主要是为本专业的教学、科研、各种学术活动创造了不可或缺的资金支持！诸如为每位教师和教辅人员及专业办公室配备了教学、科研及教辅现代化设备——笔记本电脑、复印机等，使工作效率极大提高。总之是使教学、科研工作进入现代化，同国际接轨。基于以上大发展的业绩，再接续前辈开拓的专业基础，中国人民大学区域经济学专业于 2002 年初（我 2001 年 8 月交班后半年）在国家区域经济学专业首次评审重点学科会议上，被评为全国重点学科（当时评审会只评上两个重点学科专业：一是中国人民大学区域经济学专业，二是南开大学区域经济学专业）。事后，评审组长厉以宁教授讲，评审工作按规定主要是考察被评审单位近五年的业绩！所以，我卸任人大区域经济研究所所长刚半年，即评为国家重点学科，我做出了重要贡献！

20 世纪 80 年代末开始，由于我在专业学术上做出一些业绩，尤其是 1994 年初至 2001 年 8 月任中国人民大学区域经济研究所、软科学研究所两所所长期间及其前后兼任了诸多学术任职，主要是中国人民大学校学位委员会和校学术委员会经济组成员，中国投资环境学会法人、常务副理事长兼秘书长、全国经济地理研究会常务副理事长、中国投资学会城市规划研究会顾问、中国软科学学会常务理事、中国资产评估学会常务理事、中国自然资源学会常务理事、中国地理学会常务理事、中国国土经济学会常务理事、中国国际工程咨询公司专家委员会委员、中国县市区长工作研究网高级顾问、国家发改委中国投资环境评价研究期刊专家委员会委员、巴黎第 12 大学客座教授、《城市经济、区域经济》执行编委、中国改革系列丛书《当代中国领导参考文库》特邀编委、《城市发展研究》杂志编委等。我也是区域经济学专业学术带头人，享受国务院政府特殊津贴。

（8）按我的志向、追求，自 20 世纪 70 年代中后期，尤其从 80 年代初开始到高校任教，搞区域经济学专业以来，由于我的执着努力，还是干出了些业绩。第一是截至 2004 年最后一个博士生毕业，共培养博士生 29 名（其中留学生两名、台湾生 1 名）、博士后 1 名、硕士生 32 名，访问学者 9 名（其中国外访问学者两名）。第二是完成国家、省部委及地方课题 30 多项，其中有数项获奖或获高评价，并产生波及与连锁效应，不仅招来更多的科研项目，还维护、提高和强化了中国人民大学区域经济学专业的声誉。除前面已经阐述过的“深圳机场选址论证”，获得深圳市政府和深圳机场公司因为我提出重要佐证，向中国人民大学函告感谢，人大校报和科技日报作出报导，产生极好社会反响外，还有多个科研项目完成后，也有类似结果。诸如，“九江市旅游发展总体规划研究”，该项目是通过全国竞标获得，成果完成后在省级鉴定会（吴传钧院士任主席）上被评为省内最上乘成果，当即就有数市县要求予以作旅游规划；完成国家哲学社会科学“八五”重点攻关课题“区域经济开发研究”后，即引来“大连市国际城市发展研究”和多个省市地的“九五”

“十五”规划研究，以及投资环境评价项目等。第三是主编、出版16部专业论著，包括《中国投资环境》（获北京市第三届哲学社会科学优秀成果二等奖）、《中国投资环境》（繁体字版本）《环境污染综合防治》《环境规划方法及实例》《环境经济》《产业布局学原理》《区域城市化道路研究》《投资环境评价与投资决策》《区域经济开发》《区域经济学原理》（获中共中央宣传部第八届“五个一工程”奖）《资源价格》《知识经济与区域经济》《西部开发论》《城市经济学原理》《中国区域经济差异与协调发展》《区域经济学导论》。参编、出版6部重要专业论著（后边将作出专门论述），《社会运行导论》（获国家哲学社会科学优秀成果二等奖）、《西方经济学大辞典》（主编“区域经济学”部分）《资源科学》撰写“论人力资源”《资源科技名词》（主编“人力资源科技名词”）这两部资源论著，获中科院自然资源学会“学科成就奖”——《国土经济学通论》（获社科院中国国土经济学会“学科建设奖”）《数量地理学在生产布局中的应用》等。我的专业思想火花主要是在论著的书籍中以章节形式作出表述。

（9）参编、出版六部优秀经典或重要论著：第一，我以人大区域经济学专业学术带头人身份带领博士生于20世纪90年代参加我国西方经济学权威胡代光、高鸿业主编的“九五”国家重点图书《西方经济学大辞典》（经济科学出版社2000年5月出版）任编委，主编“区域经济学”部分（第925~954页）。第二，基于我是地理系毕业，有自然地理学和经济地理学基础，工作后，尤其是20世纪80年代以来从事“生产布局学”“环境保护学”教学与研究，还对自然资源做了一定深度的研究，主编撰写出版了《资源价格》。（1990年6、7月即完稿，因故1996年1月方出版）故受到时任副校长郑杭生教授之邀，参加了他主编的《社会运行导论——有中国特色的社会学基本理论的一种探讨》（中国人民大学出版社1993年4月出版）一书中第十章，人类与其生存环境的协调发展（第170~187页）和第十一章，生态环境保护的有效途径对环境资源价格的科学核算（第188~215页）。撰写可以说我把所学、所实践、所研究的地理学、环境学、资源学较好地运用于其中。该书获得了“国家哲学社会科学优秀成果二等奖”。第三，据说我是人民大学唯一一个参加中科院系统学术活动的专业代表，具体参与的是“中国地理学会”，曾任常务理事。鉴于我在20世纪80年代参加并带领研究生对自然资源价格做过一定研究，并出版了《资源价格》一书，故挂靠中科院的“中国自然资源学会”邀我参加了该学会，并任常务理事。进入21世纪头一个10年里，该学会相继拟定出版两部重要论著：一是《中国工程院院士文库》中的《资源科学》（高等教育出版社2006年8月出版），由中国工程院院士石玉林主编；二是“全国科学技术名词审定委员会”指示“中国自然资源学会”编写出版《资源科学技术名词》（科学出版社2008年10月出版）。由于中科院所有学科皆为自然科学学科，只有我是来自中国人民大学以文科为主的单位，用会员们的话说我是泡在文科“大染缸”的。这两部大作中与文科相关篇章都希望我撰写。安排我为《资源科学》编委，“资源科学技术名词审定委员会委员、资源科学技术名词主要编写人”。经过我和研究生们共同努力，终于按要求为《资源科学》写出第二十章“人力资源论”（第 559~586 页）；为《资源科学技术名词》写出第 21 章“人力资源”（第 139~221 页）。由于这两部重要大作质量都达到上乘，故每位领衔撰稿人包括我在内都获得“中国资源科学成就奖”。第四，自 20 世纪 80 年代，我已参加并完成多项“地区与城市发展规划研究”“经济与环境保护协调发展研究”及“国土规划研究”等。我所从事的专业教学与研究同国土经济学相近、相交、相融，并做出一定成绩。当中国社科院原副院长、著名经济学家于光远发起成立“中国国土经济学会”后，到 80 年代中后期，即邀我参加学会活动，并任常务理事。至 21 世纪初，在开展国土经济研究活动 30 周年基础上，学会拟定编写一部《中国国土经济学》。在名誉理事长于光远等权威专家指导下，由谷树忠研究员执笔撰写。2010 年在政协礼堂召开的专家编委会上，讨论谷树忠研究员写出的《国土经济学》初稿时，因为初稿开列出的是学会 30 多年来着重对我国陆地国土的诸种研究及其发展；对沿海海域虽已列出，但不够深入。我结合当时正在着手撰写的《区域经济学原理》修订版——《区域经济学导论》编写提纲内所加入的我国 300 多万平方千米沿海海域开发和我国拥有世界最丰裕人力资源开发利用问题（这两大内容在我国“区域经济学”论著中是第一次列入，并做出系统阐述）提出两大修订意见、建议：①在分析、论述我国蓝色国土（四大沿海海域）开发、利用的基础上，着重分析其存在问题和加入我国丰裕的人力资源的开发利用。②全书应分上、中、下篇，上篇主要阐述国土经济学的基本概念和国土开发指导思想；中篇主要阐发国土开发的多种实践内容、途径与方法；下篇阐发国土开发展望及注意事项。如上意见、建议，基本被采纳。最终高等教育出版社 2012 年 3 月出版的 《国土经济学通论》全书内容分为上、中、下篇，对蓝色国土“四大海域”做出了更加深入的分析、论述，并开列出第十章人力资源及其经济分析。所以，我对我国第一部国土经济的编著做出了一定贡献！大概是如此原因，于 2013 年 11 月中国国土经济学学会向多年来对学会学术活动尤其对编著《国土经济学通论》做出贡献的专家颁奖时，也颁发给我“学科建设奖”！第五，科学出版社 1988 年出版的《数量地理学在生产布局中的应用》是我 1981 年底参加全国在南京大学举办的“数量地理学讨论班”后，组织的挂靠全国地理学会的“数量地理学专业组”主持下编写的第一部“数量地理学文集”。我在此文集中的三篇论文（“区域性工业战略布局模型探讨”“山西能源基地开发的环境经济规划系列模型概要”“投入产出与线性规划模型在地区工业环境中的应用”）都是把数理地理学应用到实践中，较好地解决了实际问题的总结。这三篇文章曾得到时任数量地理学专业组组长杨吾杨教授和数量地理学权威朱德威（北大数学系）教授的好评。他们讲这是实践中总结出来的。这也是在此后，我之所以能够对硕士生、博士生论文中涉及数量分析时，能够有把握地提出意见、建议的依据和由来。

（10）20 世纪 80 年代中期我评为副教授、硕士生导师和 90 年代初被评为教授、博士生导师，为给硕士生尤其是博士生、博士后开设专业课，我是在梳理我所掌握的专业理论与实践的基础上，学习吸纳老教师们（包括人大、北大、北师大、中科院、社科院的本专业博士生导师，我都对他们进行过采访）如何给博士生开设专业课的经验，形成我对博士生开设专业课的内容、思路与要求。依据国家对博士生的水平要求是“具有宽广、坚实的基础理论和系统深入的专业知识”。我认为，对本专业博士生来说，总的要求是学深学透“区域经济学”。为此，首先是通读基础性论著，①《中国经济地理学概论》（修订版）刘再兴等编著，商务印书馆出版（虽其用数据过时，但其思路、分析问题手法可取）。[①] ②《中国自然地理纲要》任美锷著、科学出版社出版（是研究中国区域经济问题必备之自然条件基础）。③《生产布局学》刘再兴等编写、《产业布局学原理》张敦富等编写，皆为人大出版社出版（是区域经济学专业基础性课程）。④《区域经济学》周起业、刘再兴等编著、人大出版社出版，《区域经济学原理》张敦富主编、中国轻工业出版社出版（是本专业基础理论课程）。⑤《城市经济学原理》张敦富主编，中国轻工业出版社出版（为专业基础理论课程）。⑥《中国投资环境》张敦富主编、化工出版社出版。⑦《投资环境评价与投资决策》张敦富主编、人大出版社出版（为专业基础理论课程）。

进而，在通读专业基础理论后，对“区域经济学”“城市经济学”再作深入的“分类”“分论”或“专论”研读。下面只开列出“分论”或“专论”纲目”：①分工论；②区位论；③结构论；④发展论；⑤增长论；⑥阶段论；⑦布局论；⑧趋势论；⑨规划论；⑩投资论；⑪政策论；⑫国土主体功能区划论；⑬区域人力资源开发论；⑭区域环境影响综合评价论；⑮［美］保罗·克鲁格曼的新经济地理理论；⑯定性与定量相结合的分析论；⑰海洋战略论等。以上 17 个分论、专论，其内都有国内外经典或重要的论著、文章。一般是博士生在上二年级时每两周学习 1~2 个分论、专论。学习方法有多种，有时是导师讲授分论、专论要点，指定重要论著，要求学生在研读重要论著基础上，写出研读笔记；有时是学生先研读分论、专论等重要论著，在课堂上做出讲解，导师做出总结；有时请校内外专家作专题报告，学生讨论，导师作总结，等等。主要目的是让学生学深学透。在博士生三年学习中，结合其将要完成的博士学位论文，争取研读 60 部专业论著。其中有 15~20 部为精读（要写出读书笔记，结合博士学位论文所用的主要理论论著 5~8 部，写出评价报告），40~45 部为泛读（要以读书笔记形式记录论述要点）。

鉴于“区域经济学”是应用经济学，其主要特征即与实际紧密联系（学科脱离实际即失去生命力）。其具体表现即能对具体地区揭示其发展症结，找准发展路径，对其发展做出符合时代要求的发展规划。从长期而言，所做出的一个个发展规划，能使具体地区由不发展到得到发展，由发展到大发展直至现代化。（当然这是一种理想的思路与想法，但这又是我们区域经济学专业的追求。）本专业的博士生在学习理论的同时，要研读若干较典型的“地区发展规划”，熟悉其搞规划的思路、技巧，研读其是如何运用区域经济学理论

① 近几年运用“全国经济地理研究会”的力量，在孙久文教授、张可云教授、付晓东教授推动下，组织全国各地有关专家，编撰出版约 40 本的《中国经济地理》丛书，这是最新版的中国经济地理国情作品，是中国区域经济学的基础性论著。应予以着重学习、参考。

与方法解决实际地区发展规划问题，学会寻找理论与实际相结合的当口和理论解决实际问题的思路与方法，以能较快地独立承接并较好完成“地区经济发展规划研究”。再是，我建议既然从事了区域经济学专业，就要有为专业做出添砖加瓦努力的决心和毅力，就要有心不间断地收集、熟悉国内外（尤其国内）各级各类地区（区域与城市）发展规划文本，及规划建设成果资料，从中汲取新构想、新思路、创新点。同时，还要不间断地到实际中去调查研究，增加对各级各类型地区自然、经济、社会的各种体察与认识，这是搞好本专业科研的本底与出发点。再是我认为搞好“地区经济发展规划”涉及方方面面的内容、因素，如同搞发明创造（我认为），可否参考或借鉴“TRIZ:神奇点金术”（2012 年 3 月 19 日《经济日报》第 13 版刊载）（发明问题解决理论）它可以给我们以启迪。再是，近年来我国诸多领域都在运用“大数据”做出科学决策，我们可否在更充分发挥数量地理学作用的同时，把“大数据”和“智能信息”理论与方法尽快纳入区域经济学学科与专业之中。

近年来，党中央针对中国国情，提出的改革新理念、新思路、新举措，抓住了中国发展的“牛鼻子”，破解了发展羁绊，卓有成效地驾驭了“经济新常态”，促使全国走上了可持续发展路径。我们搞区域经济的，今后必须不断认真、深入地学习中央改革新理念、新思路、新举措（诸如“五大发展理念”“供给侧改革”“五位一体”等），领会其实质，掌握其要领，将其与区域经济的理论、思路、方法相融合，用以促进全国各级各类型地区（区域与城市）经济的快速、健康、可持续发展。这应该是我们中国区域经济学专业工作者必须完成的任务和使命！

20 世纪 90 年代中后期至 21 世纪初，我给博士、硕士研究生开设了区域经济学专业课，反复参阅国内外经典经济学，尤其是目睹改革开放使我国经济社会获得快速发展的现实，使我产生了一种新认识和新想法。即当今世界经济的发展，基本上分为两种“出发点”与“归宿”，这就是以亚当·斯密为代表的资本主义和以马克思为代表的社会主义，前者认为“人”的天性即“自私”，崇尚产权私有，生产是为了个人发家致富；后者认为“人”是社会的“人”，批判“人的天性——自私”论，培养、造就、发扬人的无私论，使最大多数人获得最好的生活与发展。据此，我提出了研究“经济学与人类未来”——《民本经济学》的想法。当时（1998 年 10 月）曾安排在校博士生思考，并撰写《民本经济学》。之后，由于各种急办之事的干扰，搁置了下来。但我认为这是一个应该研究、应该开拓的一个方向。撰写《民本经济学》主要是对当今“现代西方经济学”为代表的经济学的“出发点”与“归宿”予以改造，* 阐发以“民众”“人民”“人类”为“本”的经济如何运作与发展，其中核心内容是对共产党领导中国社会经济所获得的巨大发展做出梳理与总结，用以起到“标杆”或“样板”的作用！全世界在构建“人类命运共同体”的同时，按“民本经济学”的思路，使世界最大多数人都会走上以“民众”“人民”“人类”为“本”的经济发展道路，都获得最好的社会经济的健康发展（这非我一人之力所及，可能需要多位有志后来者接续探索，方能逐步完成。）！

以上所述，是我自己的想法、思路或做法，有的还可能是遐想。只是想和区域经济学专业的“后来者”——博士生、硕士生交流与共勉！仅供参考。

中国人民大学经济学院区域经济学专业

**张敦富**

2017年10月

---

* 正如马克思所说所做，他是在对当时资本主义经典深入研究，并予批判的基础上，创建马克思主义的！那么，我们就要先学习“现代西方经济学”(这是从事“区域经济学”的应该的功课！）并考察其核心内容（“三大内容”“九个重点”）[①]在西方资本义社会经济运行“四大环节”中的作用与表现，同新中国尤其是改革开放以来经济运行的“四大环节”[②]，中国政府对其管理、运作作出对此分析，进而梳理、归纳、整理出可能吸纳的“现代西方经济学”的精华。

就依现在粗浅的认知，“现代西方经济学”核心内容中“三个原理”和“三个方法”基本上都可以承接、延用甚至发扬。当然，一结合实际会有调整与改革！重点是“三个假设”的内容，要予以剖析！关于“资源稀缺”和“保护个人产权”基本方向无可非议，应该如是操作，只是不同社会制度，可能会有不同操作与侧重面。关于“经济人”，这是要予以批判、改造的重点！因为资本主义的天职是“人不为己，天诛地灭！”而社会义则是“我为人人，人人为我！”所以，我认为《民本经济学》应该是梳理、总结新中国，尤其是改革开放以来中国政府管理、运作经济的成功经验为主脉，吸纳“现代西方经济学”的诸多精髓，改革其“出发点”与“归宿”，来构建出中国《民本经济学》的整体思路与脉络！

[①] “三大内容”，即“三个假设”“三个原理”“三种方法”。“九个重点”，即“三个假设”中的：①“经济人”假设；②资源稀缺假设；③保护个人产权假设。“三个原理”中的；④效益最大化原理；⑤供求原理；⑥等价交换原理。“三种方法”中的；⑦成本效益分析法；⑧均衡分析法；⑨帕累托（最优状态）标准。

[②] “经济运行“四大环节”，即“消费”“生产”“分配”“交换”。经济运行中“生产”是起点与手段，“消费”是归宿与目的，“分配”则展现为决定生产、消费人为作用最多的环节；“交换”是联系生产与消费两个端点、决定分配实现的流通环节：知晓“四大环节”各自在经济运行中的作用与特点，便于考察“现代西方经济学”核心内容在其中的作用与表现，以便做出深入分析。

# 附录二

## 一、父母的影响和教诲

在写完附录一时，恰巧党的十九大后人大校党委组织硕士研究生新党员开展“关怀老党员，传承人大情”志愿活动，对我这个入党57年的老党员进行采访，写出了“采访报告”。其中有“我从小受谁的影响最大、我为什么入党”等内容。这使我深深地联想到，我之所以努力向上，在家境异常困难的情况下，还上了小学、中学、大学，直至当上了教授，无一不是受了父（张敬敷）母（李新章）亲无微不至的关怀、支持、教诲和影响！这其中主要是在如何成长为一个有用的人的教诲与影响方面，这有言传，更有身教！诸如，在苦难境遇中，不气馁，勇于面对，敢于拼搏；在繁重工作和家务中，不辞辛劳，积极担当；在境遇好转时，志存高远，执着攀登……这些父母亲的品格，深深地指引、教育、影响着我！如今回忆起来，应该说我效仿、学习、发扬得很不够！

我1939年11月26日出生于山东淄博博山大街张家大门。这个“张家”，是个大户人家，计有46户，虽有共同的祖先，都姓张，但家境状况、贫富、地位有极大的差别，有地主老财、佃农农民、商人、煤矿工人、乞丐等。按毛主席的阶级分析法，即分为不同阶级。从我小时候到新中国成立前，我们家没有地，只有三间破旧漏雨的房子，爷爷、奶奶、两个有病的叔叔、我父母和我姐弟，共8~9人，这么多人全靠我父亲一人在邮局送信养活，生活极度窘迫！也正是家境窘迫，父亲买不起自行车，只能靠走路送信！他每天必须早早去上班，晚上八九点甚至更晚才能回家。有自行车的邮差，一个上午就送完（信）了。我父亲有个倔劲，那就是他靠走路送信，每天都把信送完，绝不拖到第二天！父亲小时候，由于家庭贫困，未上完初小，但由于他有胆识、有上进心，所以在混乱的年代里才留在了邮电局工作。具体情况是，父亲最初参加工作时，正值山东军阀混战。一次发生在火车站的军阀混战，死人遍地，让人心惊胆战。由于邮局的包裹都是火车运来，局里必须去人把包裹取回来，可是当时没有人敢去，不到17岁的父亲，听从安排，满身是血地从死人堆里把血染红了的包裹拉回到邮局，当场就得到了局长的赞扬和赏识，第二天就从“试用工”转成了正式邮电工人，留在了邮电局工作。从此，我父亲工作更加起劲，只要一进邮电局的门，脏活、累活他都抢着干，不论哪位员工的工作，只要他负责送的信还未集中起来，他都先去帮忙。之后，他才去完成他的“活”——送他的信。新中国成立前，他年年都在春节前领到“双享”（即两个月的薪酬）奖励！这也正是我们兄弟姐妹们每人能添置一件新衣过年喜庆的由来！新中国成立后，父亲到济南市邮电局工作，他依然勤恳、认真、刻苦地干。由于他跟同事们关系好，又特别注意学习，差不多邮局里的业务他都能拿得起来，所以他也就不再干送信的事，做了营业员。还是由于他身体好，不怕累，常年总是一个人干两到三个人的活。比如，他除了天天完成分内的业务外，局里每周、每月的营业财务小结，他都是用晚上的时间搞，等到局里作小结时，他拿出他做的结果，只要局长重点审核一下瞬间就通过了，节约了局里多位同事的时间！再如，营业厅的卫生，一是他天天一个人早去30~40分钟，打扫卫生，上班前处处整齐清洁；二是每个月他一个人在星期天邮局休息时用三四个小时对营业厅进行一次全面打扫。不仅柜台、地面清洁干净，且门窗擦得明净亮堂！父亲在邮电局工作的几十年，年年都是这么干的！所以，同他一起工作的同事，只要一提到我父亲，都是赞不绝口地说“他是一个闲不着、不知疲倦的人！”当然，这也就是我父亲年年获得“优秀员工”奖的根据和原因。

母亲是家庭妇女，但她很有悟性，对孩子如何成长、人生怎么做才有价值，有她的想法和主张。她的教诲使我终生难忘！母亲从小一直向往上学，可她从未进过校门。为了学东西，在家跟舅舅们学习了语文。由于她记性好，又特别注重随时随地地学习，认识了不少字，背过了不少诗词。报纸上的大标题差不多都能读出来。个别字她不认识，就圈个圈问人，而且还让人给她说说这个字是什么意思。我主编、出版的书，她见了特别高兴，她说“看来，没白让你上学！”之后，她就用放大镜一页一页地看，内容、大意多少也能说点，当然不一定对。直到她九十九岁时，她还能一字不差地背诵《木兰辞》。20世纪50年代，她跟我最小的弟弟妹妹学了拼音，基于她已基本学会，居委会就请她当了扫盲教师，教了20多个家庭妇女。由于她教法得当，扫盲效果挺好。在山东省济南市历下区的评比会上，她获得了“扫盲优秀教师”的称号。这在济南市是少有的。我小时候家里穷，上学会给家里增加大负担，母亲认为我是男孩里的老大，一是想重点培养我；二是认为只要我能走上好好学习的路子，弟弟妹妹们也会把学习搞好。因此，首先把我送进了学堂，同时多次叮嘱我说学习和做事都要专心致志，一心不可二用，同时要坚持和执着才能成才成器！在这些方面要向你舅舅们学习。我的大舅是山东淄博著名陶瓷绘画大师、市人大代表，他的画挂在北京人民大会堂；二舅是烟厂厂长；三舅是共产党员，青年时参加了乡村师范地下党，是四野财政部部长，1956年被授予大校军衔。博山老家据说是因四面环山，易攻难守，所以是八次解放。每次国民党军来了，腐化堕落，蹂躏百姓，欺行霸市，民不聊生！半米袋的国民党现钞，买不来半米袋的米。共产党八路军一来，从不扰民，亲近百姓，帮百姓排忧解难。比如把连队的粮食给饿肚子的百姓吃；农民漏雨的房子，帮助苫草、补瓦……母亲常把这些亲身经历和眼见的事实列举出来，开导我们说，咱不去听信国民党的宣传，对比对比就知道了。你舅舅们，尤其是三舅走对了。咱也听信共产党、八路军的！毛主席是对的，是咱们的救星！母亲的心意，深深地埋在了我的心里。这就是我为什么要加入中国共产党最初的也是埋在我内心深处的种子萌发的芽！

**二、我爱人和两个女儿对我工作的全力支持**

接续以上联想，还想到我自转到高校任教，尤其到人大任教（在职时）的二十多年，我是专心致志地搞了教学与科研。因为大学毕业头十几年，搞的多半是教学行政或虽是教学，但不是我内心想搞的学科。自1980年底，到人大生产布局学（区域经济学的前身）专业，恰好是我致力搞的学科专业，所以我即下决心在完成时任授课的同时，为了追赶上一直从事专业人的水平，我把所有的时间和精力都用在了搞学科专业上！其他的包括家务事一点也未做！之所以我能这么做，最主要的是得到了我爱人张建华和两个女儿张红、张欣的支持！这其中比较有代表性的是，20 世纪 90 年代初恰巧是我在学科、专业上须进一步下功夫（因为晋升为教授、博导，急需在学科专业上进行更深入的钻研），同时我被任命为人大区域经济和软科学两所所长之时，那么巧的是，我爱人（退休前 5~6 年）也在这个时段调到教育部审计局联合审计处工作。她为了全力支持我，她充分发挥她机敏、善思考、效率高的优点，高质量地完成她自己的一件件工作（多次得到司局领导和主管副部长的表扬！且由于展现出她有较强的审计能力和能较快写出合格审计报告，被任命为处长）的同时，把全部家务（包括孝敬老人、教育孩子等）承担起来，并做得都很到位。比如母亲说她就像自己的女儿。两个女儿也都在这段时间，在她们妈妈的帮助、安排下有了工作单位，而且干得都很出色。大女儿张红到了当时的国家土地管理局，从事土地地价评估工作，通过努力考取了高级经济师，获得英国皇家资深测量师和该协会中国北方区首届主席等，成为北京中地华夏土地房地产评估有限公司和北京中地华夏投资有限公司两公司董事长，并任北京市评标专家等。二女儿张欣，创立“中源国财管理咨询（北京）有限公司”并任董事长，任“北京源隆会计师事务所有限责任公司”总经理；北京市海淀区公共支出绩效管理行业协会法人、会长。主编、出版《预算绩效管理与财政政策评价：构建全周期预算绩效评价体系》《绩效评价与审计》（内刊）等，还应中国注册会计师协会邀请主持制定《会计师事务所从事财政支出绩效评价指引》。在全国经济信息核心期刊《中国财经资料》和《新理财》等刊物上发表多篇论文，诸如“技术指引是财政支评价指南针”“绩效评价指标体系”“绩效评价监控之道”“绩效评价与审计”“绩效管理暂行办法行业标准”等。女儿们的成长、成功，我未尽多少心血，她们都很体谅我。这对我是一种鼓舞和鞭策，使我心情舒畅，更好地完成了我的任务。总之，家庭的和谐、支持，成就了我在附录一中所述及的我对本学科、专业做出的一定业绩！讲到这里，自然地要说我要感谢我爱人张建华和两个女儿张红、张欣！

**三、关于“文集”出版还要说明的两点**

一是我主编、参编的 22 部专业论著，在编著过程中，大多都是由于多种任务在身，又时间紧迫，只好在我的授意下，请博、硕士研究生协助我完成。这之中起过重要作用的至少有 10 多位；* 二是我的“专业论文集”出版费问题，先是我两个女儿说她们出，差不多同时，几位博士说他们联合出……恰好这时是 2017 年底、2018 年初，我在给几位前辈老教授“拜年”时，说到了我“文集”出版费有两种意见……我的想法是谢绝博士、博士后的好意，由两个女儿出，事情简单、明快。但是前辈老教授说“不妥”，并说这么做有损于师生关系！“接收”是展现和强化师生情谊，更有意义！因此我便都接收了下来！至此，我把协助我编写论著的 10 多位博、硕士研究生和出资的博士、博士后和挚友（当然他们大部分都是协助我出版论著的成员）的姓名，一并列于后面 **，以示我诚挚的谢意!! 另外，收到的资金，超出了出版费，有剩余。根据这个现实，我想鉴于咱们博士、博士后已有多年在元旦或春节前后进行一次欢聚，这之前是轮流坐庄，今后咱们就运用这部分剩余坐庄。当然，这部分剩余也可以用在咱们其他共同举行的活动上。以上即是我的两点说明。

顺祝我的博士、博士后和挚友们身体健康！事业大成！家庭幸福！

中国人民大学经济学院区域经济学专业

**张敦富**

2018 年 5 月 26 日

* 文中所说我主编、参编的 22 部专业论著，是我到人大任教在职 22 年中努力奋斗业绩的一部分，即除了给本科生，博士、硕士研究生开设基础课、专业课外，还完成了 30 多项国家和省、部级科研课题，最后的八年还担任了区域经济研究所、软科学研究所两所所长！在如此纷繁重负工作中，我之所以都较好地完成了任务，主要是获得了多位博士、硕士研究生的积极、认真的支持与协助！这之中最为突出的主要有**蒋清海**博士（中国建设银行总行金融研究院副院长、研究员）、**张文合**博士（联合国科教文组织中国官员）、**胡细银**博士（深圳市宝安区区长）、**李丽萍**博士（中国人民大学实用经济学院副教授研究生生导师）、**胡建平**博士（国家开发银行驻塔吉克斯坦中国开发银行官员、研究员）、**唐毅亭**硕士（中国农业银行总行）、**覃成林**博士（广东暨南大学经济学院教授博导）、**李玉江**博士（山东师范大学地理学与环境学院原院长、教授、博导）和下面“**”名单中的多位博士、硕士！我永远铭记在心!!

** 为出版文集做出多种贡献的部分学生名单：

**金凤君**（博士，中国科学院区域可持续发展分析与模拟重点实验室常务副主任，中国科学院地理科学与资源研究所经济地理与区域发展研究室主任，二级教授级研究员、博士生导师）；**张满银**（博士，北京科技大学管庄校区副院长副教授、研究生导师）；**窦杰**（博士，中国民生银行总行民生商学院副院长）；**刘勇**（博士后，国务院发展研究中心发展部研究员）；**段枚焱**（博士，中国人民大学原区域与软科所，讲师）；**张红**（研究生，北京中地华夏投资有限公司董事长，高级经济师）；**李学锋**（博士、中国社会科学院城市发展与环境研究所所长助理、副研究员）；**张欣**［研究生，中源国财管理咨询（北京）有限公司董事长，北京源隆会计师事务所有限责任公司总经理，北京市海淀区公共支出绩效管理行业协会会长］；**叶裕民**（博士，中国人民大学教授、博士生导师，首都发展与战略研究院执行院长，公共管理学院学术委员会主任）；**王玉平**（博士后，中国科普研究所副所长、研究员）；**李静**（博士后，中央财经大学经济学院讲师，研究生导师）；**周维纾**（北京中地华夏投资有限公司总裁）；**付晓东**（博士，中国人民大学经济学院区域与城市经济研究所，教授、博士生导师）；**刘治彦**（博士，中国社会科学院城市发展与环境研究所党委委员，研究员、博士生导师；中国社会科学院城市信息集成与动态模拟实验室主任）；**孙久文**（博士，中国人民大学经济学院区域与城市经济研究所所长，二级教授、博士生导师）；**李吉平**（博士，江苏省南通市科技局局长）；**李青**（博士，中国社会科学院数量经济与技术经济研究所研究员）；**张泰城**（博士，中国井冈山干部学院原副院长、井冈山大学原校长）；**黄静**（博士，智招网副总裁）；**朴寅星**（韩国）（博士，汉城大学不动产研究生院主任教授）。

# 后记——不能忘怀的情谊！

在我爱人张建华（中央教育部原审计局联合审计处处长）和我的博士生付晓东教授的提醒下，现借“文集”出版之际，把长期积压在我心头的话表述出来，以了我心愿！这之中主要有三个方面：一是多年来对我主编专业论著有重要贡献的除了前面已提到的我的多位博士、硕士研究生外，还有李靖宇教授、吴殿廷教授、段学军研究员、包玉香教授、秦永楠学者、杨荫凯司长（国家发改委人事司）、周毅仁执行院长（国家发改委国家信息中心中国区域发展研究院）、陈学斌副司长（国家发改委农经司）、吴树林副司长（国家发改委地区司）、朱坚真博士、教授、博导（广东海洋大学副校长）、冯东方培士（原国家环境保护部研究员、英语口译员）、王建记者（《中国环境报》）等。他们都是在繁忙工作中挤时间为我撰写书稿的！我必须对我的这些教授、专家、学者、挚友等，补上我深深的谢意！！二是我上的中、小学恰好都是知名学校，小学五、六年级班主任是优秀教师；中学，尤其高中期间，主干课（语文、数、理、化）都是很有名气的老师讲，因此使我积累学到了系统扎实的文化基础知识！也培养了我肯于刻苦向上、努力钻研的品格！为上大学深造打下了比较坚实的基础！所以，中、小学老师们的谆谆教导，我是永志不忘的！在大学学习和步入教学岗位时期，获得了终生受益的教诲！最为突出的主要有：①给我开解“一大困惑”，使我终生治学、从业有方的时任系主任**周廷儒**院士。〔在上大三前，已学了不少地理学专业基础课，可是每一门几乎都是专门学院（我有高中同学考入这些学院）的内容，但都不深入，只讲了人家的一些概论，这将来怎么能为国家建设服务呢？鉴于我当时是学习班长，在向系主任汇报全班学习情况时顺便向他提出了这个“困惑”！他郑重地教导我说，你提的这个问题很重要，这是地理学的“特质”问题！它的特质就是“综合”！它为国家建设服务，主要就是用它的“综合”！在解决实际问题过程中，用“综合”把握住实际问题的总体，哪个侧面有欠缺就予以弥补……所以搞地理学的，在解决实际问题时……完成科研项目过程中，都要不断地再学习……周院士对我的开导，尤其是在我搞区域经济学专业之后，越来越体会到它的真谛！（比如，完成“深圳机场选址”和30多个地区和城市发展规划研究课题过程中过程中都是紧紧地抓住和运用了学科“综合”这个“利器”才较好完成研究任务的。）〕②教我忠于党、忠于国家才是合格人民教师的时任班主任**高如姗**教授。③教我如何讲好每一节课的**赵淑梅**教授和**褚广荣**教授。④教我占有并会运用数据和资料的**李文华**教授（比如，在完成“山西能源基地开发总体规划”的“环保规划”课题过程中，即是较好运用了李先生教过的这种思路才较好地完成了任务）。⑤教我忠于党的理想、事业并介绍我入党的**方开路**教授等。以他们为代表的地理系所有老师，对我的教诲是我在北师大获得人生正确定位、能为党和国家做出一定业绩的基础！是我终生感激不尽的！三是我调入人大经济地理学、生产布局学专业，即区域经济学专业后，比较快地从事“工业布局学”“生产布局学”和“区域经济学”的教学与科研工作，并做出了一定业绩，晋升为副教授、硕士生导师，教授、博士生导师，乃至获得国务院政府特殊津贴！这之中除了我夜以继日刻苦努力外，还与**刘再兴**教授、**杨树珍**教授对我真诚、热情的指教有着直接的关系！然而，就在我刚晋升教授、博导的同时，正要潜心进一步钻研区域经济学时，不幸的是这两位老教授、老博导，一位去世、一位脑溢血没有了语言……也还是在这个时机，学校任命我为区域所和软科学所两所所长！对我来说这是何等的重担！因为我既要承担起我和两位老教授、老博导所带的11位博士生和15位硕士生的教学与已承接的科研任务，还要完成两所合并诸多行政事务！就在这焦头烂额的当口，北京师大**邬翊光**教授、**王华东**教授联合北大**胡兆量**教授、**杨吾扬**教授★、**魏心镇**教授，中科院**胡序威**研究员、社科院**陈栋生**研究员等老前辈给了我真诚、积极的帮助与支持，使我不但没有误事，还较好地完成了教学与科研任务，甚至还发扬光大了前辈们的专业业绩——2002年初，在全国区域经济学学科、专业首届评审重点学科会议上，中国人民大学区域经济学专业被评为国家重点学科！在这里我要对以上多位老教授、老研究员，以及我来中国人民大学任教后曾对我有过多种指教和帮助的**吴传钧**院士、**陈述彭**院士★★、**方磊**司长（当时国家计委地区司）、**周起业**教授、**郭振怀**教授、**张国伍**教授等，致以衷心地感谢!!

**张致富**

2018年11月

★ 在我晋升为教授、博导后，为了给博士生讲好专业课，我除了从刘再兴教授、杨树珍教授那里获得众多启发外，还曾对所有能接触到的老教授、老院士都进行过请教式的采访。所以，我给博士生开设出的专业课，是综合了众多老博导的思路，加上我的理解而开设的。比如我给博士生、博士后开设的“区域经济学”多个“分论”等，以及要求博士生、博士后要熟悉《中国自然地理纲要》（任美锷主编）、《中国经济地理概论（修订版）》（刘再兴主编），这是搞中国区域经济的基础！（**杨吾杨**教授的观点）；还有要设计好地区、城市发展规划，我认为熟悉《产业发展报告》《项目经济评价方法与参数》等论著也很有助力！

★★ 我在晋升教授后，通过反复学习“区域经济学”和完成所承担的科研课题过程中，逐渐地感觉到“区域经济”与“经济地理”有着密不可分的关系！要完成一个地区的发展规划，首先要吃透那个地区的既有经济状况，即过去多次生产布局累积形成的结果！那么当今的区域规划即现今的规划或计划之中的生产布局！从这之中就可以洞悉“经济地理”和“区域经济”的相关关系与它们的不同。即**“经济地理学”是研究既有生产布局规律的学问（科学）；“区域经济学”是研究规划或计划之中的生产布局规律的学问（科学）**；所以，**“经济地理学”是“区域经济学”的基础，“区域经济学”是“经济地理学”的进一步发展。对一地区设计新的发展规划，即是对它们的充分运用**！当年在一次全国地理学会常务理事会会间休息时，我把上述想法对吴传钧院士、陈述彭院士讲了以后，他们都认为我讲得对，且吴院士还称赞我说“小张，你是真下功夫了！学得已经深入浅出了！……”当时**黄秉维**老院士（中科院地理所第一任所长、中国地理学会第一任理事长）正好也在场，他还高兴地说：“人大经济地理搞得很有起色，找个时间我愿意去和学生们讨论讨论……”

政府特殊津贴

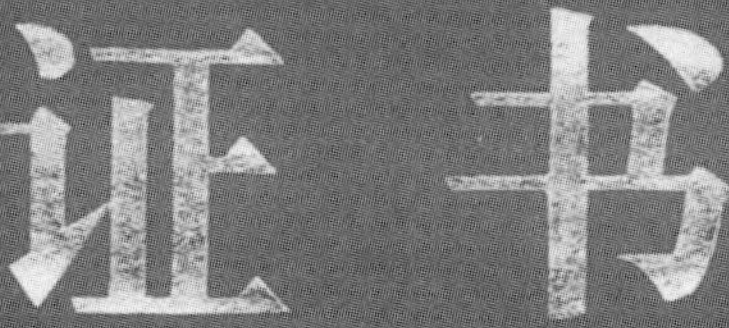


中华人民共和国国务院

# 证　书

張敦富　同志：

为了表彰您为发展我国高等教育事业做出的突出贡献，特决定发给政府特殊津贴并颁发证书。

国务院

政府特殊津贴第(97)3600028号　　一九九八年二月十八日

《区域经济学原理》　荣获精神文明建设"五个一工程"第八届"入选作品奖"。

中共中央宣传部

二〇[illegible]年九月

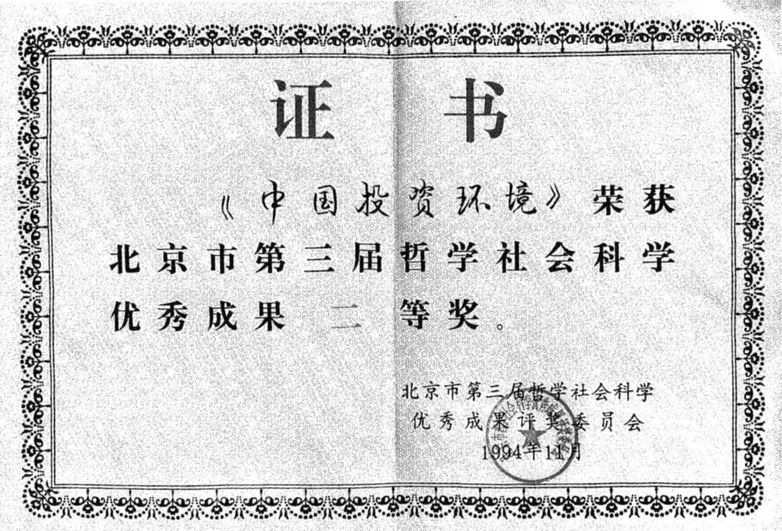

证　书

《中国投资环境》荣获

北京市第三届哲学社会科学

优秀成果　二　等奖。

北京市第三届哲学社会科学

优秀成果评奖委员会

1994年11月

中华人民共和国

社会团体登记证

社证字第1603号

中国投资环境学会符合中华人民共和国社会团体登记的有关规定，准予注册登记。

中华人民共和国民政部

部长：多吉才让

一九九四年四月一日

社团代码50001621—X

| | |
|---|---|
| 类　别 | 学术性团体 |
| 宗　旨 | 加强投资环境研究<br>促进投资获得最佳效果 |
| 业务范围 | 学术研究、咨询服务 |
| 活动地域 | 全国 |
| 会　址 | 北京 |
| 负责人 | 张敦富 |

中国资源科学成就奖
中国自然资源学会
2013年10月

聘书

兹聘 张敦富 先生

为资源科学技术名词审定委员会委员

2002年7月15日

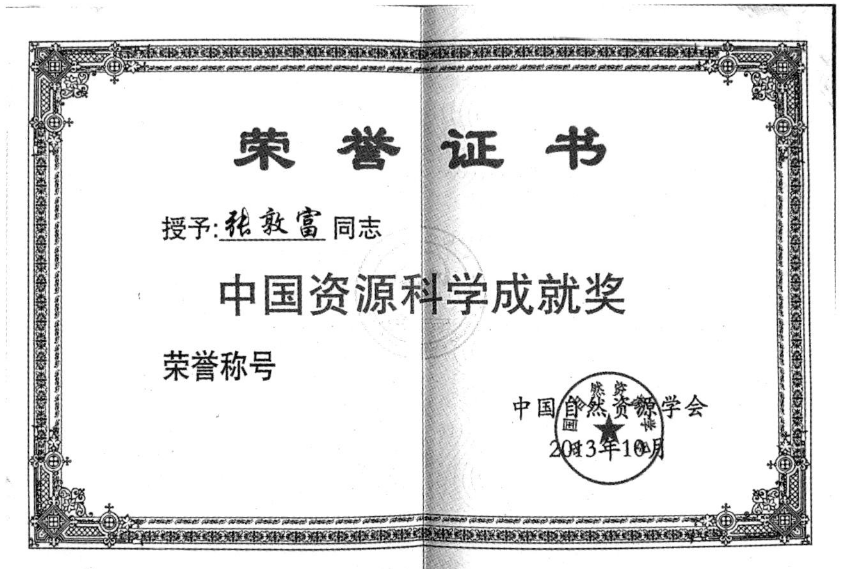

荣誉证书

授予:张敦富同志

中国资源科学成就奖

荣誉称号

中国自然资源学会

2013年10月

# 荣誉证书

张敦富 同志：

感谢您为中国国土经济学建设与发展作出的卓越贡献。值此学会成立三十周年之际，特授予您“学科建设奖”。

中国国土经济学会

2011 年 12 月 10 日

谨聘 **张敦富** 同志

为我公司专家委员会委员

聘期：三年

聘号：0055

中国国际工程咨询公司

一九九九年四月二十二日

聘书

*Certificate of Membership*

诚挚聘请 张敦富 先生为

国家发改委国际合作中心《投资环境论坛》内刊专家委员会委员

This is to certify Mr. Zhang Dunfu was admitted as a Expert Committee Member of the internal magazine *Investment Climate Forum* of International Cooperation Center of the National Development and Reform Commission

国家发展和改革委员会国际合作中心

中国投资环境论坛

International Cooperation Center of the National Development and Reform Commission

China Investment Climate Forum

2007

# 荣誉证书

張敦富 同志：

您撰写的《创建和开展中国投资环境评价评审制度》一文，在"新世纪改革发展与西部大开发战略学术研讨会暨优秀论文颁奖大会"优秀论文评选活动中，荣获二等奖。

特发此证

《中国改革发展战略丛书》编纂委员会

二〇〇一年四月

北京师范大学

一九五九年十月颁发给大学三年级张敦富同学的校级优秀学生奖章

北京师范大学

荣誉校友证书

张敦富校友，在祖国建设事业中，您弘扬母校的光荣传统，开拓进取，勤奋敬业，做出了突出贡献，为母校赢得了荣誉，特授予荣誉证书，以资表彰。

北京师范大学

党委书记 刘川生

校　　长 钟秉林

2007年9月8日

几次搬家，再加上一直未曾重视有关奖状、证书的留存，现在大约有19份未找到，主要如下：

（1）20世纪80年代前半期，获“山西能源基开发总体规划”中的“山西能源基地环境保护同步协调规划模型设计”（同时提出全国首次“关于煤炭开采环境补偿政策倡议”）优秀成果奖。

（2）1985年获得重庆市“经济发展与环境保护同步协调规划模型设计与实施方案”优秀成果奖。

（3）获重庆市环境保护顾问（1985~1990年）证书。

（4）1985年获四川省渡口市（樊技花市）“经济与环境保护同步协调发展规划模型设计与实施方案”优秀成果奖。

（5）获渡口市环境保护顾问（1985~1990年）证书。

（6）20世纪80年代中期获科技部“三峡库区工业结构与布局规划要点设计”优秀成果三等奖。

（7）20世纪80年代中期获科技部“三峡库区交通结构与布局规划要点设计”优秀成果三等奖。

（8）中国投资学会城市规划研究会顾问证书。

（9）中国软科学学会常务理事证书。

（10）2000年5月初至5月下旬，20多天里，法国巴黎第12大学邀我前去给研究生讲学（并邀我为客座教授），讲了两周“关于中国开发区和西部大开发及其投资环境问题”。

（11）中国资产评估学会常务理事证书。

（12）中国自然资源学会常务理事证书。

（13）中国地理学会常务理事证书。

（14）中国县、市、区长工作研究网高级顾问证书。

（15）《城市经济：区域经济》刊物执行编委证书。

（16）中国改革开放系列丛书《当代中国领导参考文库》特邀编委证书。

（17）《城市发展研究》杂志编委证书。

（18）中国系统工程学会《交通动输系统工程与信息》杂志编委证书。

（19）深圳市政府、深圳机场公司致函中国人民大学感谢张敦富教授为深圳机场选址（否定“白石洲机场场址”，建议选“黄田机场场址”）提出重要佐证。该“函件”和《中国人民大学校报》及《科技日报》所作出了评价报导。